1月1日　俄罗斯克麦罗沃国立爱乐乐团奏响"2014东南大学新年音乐会"

1月9日　2014年度国家科学技术奖励大会在京召开。东南大学作为第一完成单位共摘取5项国家科技大奖，通用类项目获奖数在全国高校中名列第三，蝉联全省冠军，并且刷新了江苏省高校的获奖纪录

2月27日　东南大学在群贤楼三楼报告厅召开党的群众路线教育实践活动总结大会，学习贯彻习近平总书记在中央教育实践活动第一批总结暨第二批部署会议上的讲话，对学校教育实践活动进行回顾总结，对巩固和发展教育实践活动成果进行部署安排

2月28日　全国工程勘察设计大师、中国电子工程设计院副院长兼总工程师、东南大学校友娄宇受聘东南大学兼职教授仪式暨学术报告会在四牌楼校区举行

3月3日　东南大学党委书记郭广银、副校长浦跃朴一行到无锡市江苏大为科技有限公司、常州市江苏金土地建设集团、丹阳市飓风物流股份有限公司等三家校董及合作企业考察交流,并到东南大学无锡分校巡查

3月19日　2014年东南大学学生科技节开幕式暨"蛟龙号"副总设计师胡震专场讲座在四牌楼校区群贤楼三楼报告厅举行

3月19日　国际著名神经生物学家、美国科学院院士、中国科学院院士蒲慕明教授做客东南大学人文大讲堂,就"科学与人生"话题展开演讲

3月22日　东南大学隆重举行研究生毕业典礼暨学位授予仪式

3月24日 中南集团—东南大学捐赠签约仪式暨校企合作交流会在四牌楼校区举行，中南集团曹永忠副总裁、东南大学浦跃朴副校长分别代表校企双方在捐赠协议书上签字

3月21日 "青创梦想创新创业基地"揭牌暨学生创业基金投资签约、创业导师聘任仪式在东南大学科技园长江后街园区举行

4月8日 东南大学与南京军区总医院签署全面合作协议，南京军区总医院来宾参观东南大学医院技能培训中心

4月14日 《中国教育报》走进高校新闻特别行动来到东南大学，著名历史学家、西北大学名誉校长张岂之教授作题为"感受中国优秀传统文化的亲和力"的演讲

东南大学年鉴 2014年

4月24日 东南大学2014年宣传工作会议在四牌楼校区召开

4月26日 中央芭蕾舞团"高雅艺术进校园"专场演出在东南大学举行

4月27日 著名英语教学与管理专家、新东方教育科技集团创始人、新东方教育集团董事长兼首席执行官俞敏洪先生到东南大学九龙湖校区为两千多名师生作主题为"梦想的力量"的精彩演讲

4月29日 中国驻美国大使馆公使陆慷参观无线谷并作演讲

5月7日　东南大学党委书记郭广银与前中国篮球国手吴成章共同为"中华全国体育协进会成立大会旧址纪念碑"揭幕

5月9日　国家社科基金重大项目"生命伦理的道德形态学研究"在东南大学正式启动

6月1日　生物科学与医学工程学院喜庆30华诞

6月6日　东南大学召开大会隆重庆祝建校112周年

东南大学年鉴 2014年

6月18日　东南大学举行2014年本科生毕业典礼暨学位授予仪式

6月27日　东南大学—蒙纳士大学苏州联合研究生院举行首届毕业生典礼暨学位授予仪式

7月9日　东南大学与欧维姆公司签署科技合作协议并共建联合研究中心

8月25日　国际奥委会主席巴赫与东南大学青奥志愿者亲切交流

9月1日 东南大学2014级本科生开学典礼在九龙湖校区体育馆隆重举行

9月22日 "2014东南大学新生文化季"开幕式隆重举行

9月22日 李培根院士为东南大学师生作主题为"自由·开放·超越"的精彩演讲

10月14日 诺贝尔奖获得者、东南大学名誉教授丁肇中走进东南大学发表精彩演讲

10月18日 力魔车队在"2014第五届中国大学生方程式汽车大赛"中勇破世界纪录

11月1日 "第五届中国特色社会主义论坛"高层研讨会在东南大学举行,"东南大学中国特色社会主义研究中心"正式揭牌成立

11月7日 由中国联合国协会主办、东南大学承办的第十一届中国模拟联合国大会在东南大学四牌楼校区举行

12月4日 由东南大学党委宣传部、党委学工部、党委研工部、团委、法学院主办,法学院学生会、法学院研究生会、江苏中虑律师事务所协办的"12·4国家宪法日宣传教育系列活动"在九龙湖、四牌楼、丁家桥三个校区同步举行

东南大学年鉴

(2014)

东南大学校长办公室 编

东南大学出版社
·南京·

图书在版编目(CIP)数据

东南大学年鉴.2014 / 东南大学校长办公室编. —
南京：东南大学出版社，2017.10
　ISBN 978-7-5641-7464-4

Ⅰ.①东… Ⅱ.①东… Ⅲ.①东南大学-2014-年鉴
Ⅳ.G649.285.31-54

中国版本图书馆 CIP 数据核字(2017)第 264456 号

东南大学出版社出版发行
(南京四牌楼2号　邮编210096)
出版人：江建中
网　　址：http://www.seupress.com
电子邮件：press@seupress.com
全国各地新华书店经销　　江苏凤凰扬州鑫华印刷有限公司
开本：787 mm×1092 mm　1/16　印张：53.25　彩插：8面　字数：1 276千字
2017年10月第1版　2017年10月第1次印刷
ISBN 978-7-5641-7464-4
定价：120.00元

本社图书若有印装质量问题，请直接与营销部联系。电话：(传真)025-83791830

主　　审　金志军

主　　编　姜平波
副 主 编　赵　光

主要编写人员（以姓氏笔画为序）

　　　　　　　王　萍　甘　锋　刘丽勤　刘海涛　汤咏梅　许启彬
　　　　　　　邢　彤　吴　敏　李　昕　李　震　李吉海　李庭红
　　　　　　　李昭昊　李黎藜　沈峥嵘　庞晋伟　姚　辰　赵会泽
　　　　　　　郝庆九　郝艳娟　钮长慧　唐　瑭　徐　军　徐继红
　　　　　　　高　莹　梅震宇　黄红富　舒晓梅　褚炜雯　滕　航
　　　　　　　潘京苏

目 录

概况 ………………………………………………………………………………… (1)
  学校概况 ……………………………………………………………………………… (1)
  机构与干部 …………………………………………………………………………… (4)
    党群系统 …………………………………………………………………………… (4)
      中国共产党东南大学第十三届委员会组成名单 ……………………………… (4)
      中国共产党东南大学第十三届纪律检查委员会组成名单 …………………… (5)
      东南大学第七届教代会暨第十四届工会委员会组成人员名单 ……………… (5)
      共青团东南大学第十九届委员会名单 ………………………………………… (5)
      东南大学党群系统机构及干部名单 …………………………………………… (6)
      中共东南大学各校区工委、基层党委、党总支、直属党支部及干部名单 … (8)
    行政系统 …………………………………………………………………………… (12)
      校长及校长助理 ………………………………………………………………… (12)
      行政机构及干部名单 …………………………………………………………… (12)
      校区、院系及干部名单 ………………………………………………………… (16)
      直(附)属单位及负责人名单 …………………………………………………… (20)
      各级人大代表、政协委员、民主党派成员、省政府参事任职情况及有关机构
        设置 …………………………………………………………………………… (22)
      2014 年成立或调整的各类委员会、领导小组名单 …………………………… (26)

重要文件与讲话 ………………………………………………………………… (32)
  中共东南大学委员会 2013 年工作总结和 2014 年工作要点 ……………………… (32)
  中共东南大学委员会 2014 年上半年工作小结和下半年工作补充要点…………… (39)
  东南大学 2013 年工作总结和 2014 年工作纲要 …………………………………… (46)
  东南大学 2014 年上半年工作总结和下半年工作补充安排 ……………………… (52)
  深入学习贯彻十八届三中全会精神　以新一轮改革推动学校发展再上新台阶
    ——在中共东南大学十三届代表大会 2013 年年会上的报告………………… (58)
  在 2014 年全校春季中层干部大会上的讲话 ………………………………………… (67)
  弘扬主旋律　凝聚正能量　服务大战略　加快构建适应世界一流大学建设需要的宣
    传工作新格局
    ——在东南大学 2014 年宣传工作会议上的讲话 …………………………… (76)

扎根　执着　贡献
　　——在2014年新教师入职研讨会上的总结讲话……………………………………(82)
在东南大学庆祝建党93周年大会上的讲话………………………………………………(87)
在第四期教师党支部书记暨第二期青年骨干教师培训班上的讲话……………………(92)
在2014年暑期工作研讨会上的总结讲话…………………………………………………(95)
在2014年秋季中层干部大会上的讲话……………………………………………………(98)
让青春在这里美丽绽放
　　——在2014年本科生开学典礼上的讲话………………………………………(106)
用勤勉创新成就精彩人生
　　——在2014级研究生开学典礼上的讲话………………………………………(109)
懂得珍惜　守望幸福
　　——在2014年本科生毕业典礼上的讲话………………………………………(112)
《东南大学章程》编制工作情况汇报………………………………………………………(115)
继往开来　乘势而上　努力开创世界一流大学建设的新篇章
　　——在东南大学112周年校庆大会上的讲话……………………………………(119)
关于调整学校企业改革改制工作领导小组成员的通知…………………………………(123)
关于成立东南大学总务处的通知…………………………………………………………(123)
关于成立东南大学—无锡集成电路技术研究所等单位的通知…………………………(123)
关于成立东南大学校史研究室的通知……………………………………………………(124)
关于成立东南大学国有资产监督与管理委员会的通知…………………………………(124)
关于成立东南大学院（系）综合改革试点工作领导小组的通知…………………………(125)
关于成立东南大学深入开展贯彻执行中央八项规定严肃财经纪律和"小金库"专项治
理工作领导小组的通知………………………………………………………………(125)
关于部分学科建设点布局结构调整的通知………………………………………………(126)
关于撤销东南大学驻北京办事处的通知…………………………………………………(127)
在全校开展"世界一流大学建设路径"大讨论活动的实施方案…………………………(128)
东南大学信息公开实施细则………………………………………………………………(130)
东南大学信访工作实施细则（修订）………………………………………………………(134)
东南大学实验室生物安全管理规定………………………………………………………(138)
东南大学"江苏高校优势学科建设工程"专项资金管理办法补充规定…………………(143)

发展规划工作…………………………………………………………………………………(144)
综述………………………………………………………………………………………(144)

党建与思想政治工作…………………………………………………………………………(146)
党风廉政建设与纪检监察工作…………………………………………………………(146)
组织工作…………………………………………………………………………………(149)
宣传思想工作……………………………………………………………………………(154)
安全保卫工作……………………………………………………………………………(157)

统战工作 …………………………………………………………………… (159)
老干部工作 ………………………………………………………………… (160)
国防教育人民武装工作 …………………………………………………… (161)
工会工作 …………………………………………………………………… (164)
共青团工作 ………………………………………………………………… (168)

学科建设与研究生教育 …………………………………………………… (176)
综述 ………………………………………………………………………… (176)
2014—2015年度博士学位研究生招生专业及指导教师名单 …………… (178)
2014—2015年度硕士学位研究生招生学科、专业 ……………………… (183)
江苏省优秀博士学位论文名单(2014年) ………………………………… (186)
江苏省优秀硕士学位论文名单(2014年) ………………………………… (187)
东南大学入选江苏省2014年度普通高校研究生科研创新计划项目名单(省立省助)
　………………………………………………………………………………… (188)
东南大学入选江苏省2014年度普通高校研究生科研创新计划项目名单(省立校助)
　………………………………………………………………………………… (191)
东南大学入选江苏省2014年度研究生教育教学改革研究与实践课题(省立省助)
　………………………………………………………………………………… (202)
东南大学入选江苏省2014年度研究生教育教学改革研究与实践课题(省立校助)
　………………………………………………………………………………… (203)
东南大学入选江苏省2014年度江苏省优秀研究生课程 ……………… (203)
东南大学入选江苏省2014年度江苏省企业研究生工作站名单 ……… (203)
2014年度新增博士研究生指导教师名单 ………………………………… (206)
2014年度新增硕士研究生指导教师名单 ………………………………… (207)
2014年博士学位授予名单 ………………………………………………… (207)
2014年学术型硕士学位授予名单 ………………………………………… (211)
2014年硕士专业学位授予名单 …………………………………………… (222)

科技工作 ……………………………………………………………………… (232)
综述 ………………………………………………………………………… (232)
2014年国家自然科学基金项目表 ………………………………………… (243)
2014年国家"863"计划项目表 …………………………………………… (260)
2014年国家科技支撑计划项目表 ………………………………………… (260)
2014年国家"973"计划项目表 …………………………………………… (260)
2014年国际合作项目表 …………………………………………………… (261)
2014年重大专项表 ………………………………………………………… (263)
东南大学2014年江苏省科技基础研究计划(自然科学基金)申报清单 … (265)
2014年江苏省临床医学专项表 …………………………………………… (270)
2014年度国家科学技术奖奖励项目表 …………………………………… (271)

  2014年度江苏省科学技术奖奖励项目表 …………………………………………… (272)
  2014年度高等学校科学研究优秀成果奖(科学技术)奖励项目表 ………… (274)
  2014年度其他级别科学技术奖奖励项目表 ………………………………………… (275)
  2014年东南大学专利授权表 …………………………………………………………… (277)
  2013年被SCI、EI、ISTP、CITA收录论文统计(2014年发布)……………… (336)

人文社会科学研究工作 ……………………………………………………………… (337)
  综述 ……………………………………………………………………………………… (337)
  2014年人文社会科学主要科研统计表 ……………………………………………… (342)

本科教育 …………………………………………………………………………………… (346)
  综述 ……………………………………………………………………………………… (346)
  本科专业设置一览表 …………………………………………………………………… (350)
  2014年新增国家"十二五"普通高等教育本科国家级规划教材(第二批) ……… (353)
  2014年获江苏省级重点教材立项建设项目 ………………………………………… (354)
  2014年新增国家级视频公开课建设项目 …………………………………………… (354)
  第一批"万人计划"教学名师特殊支持经费获批名单 ……………………………… (355)
  2014年江苏高校省级英语授课精品课程 …………………………………………… (355)
  "2014年校虚拟仿真实验教学项目"立项结果一览表 ……………………………… (355)
  2014年医学教学基地名单 ……………………………………………………………… (357)
  2014年国家级大学生创新创业训练计划项目立项信息一览表 ………………… (359)
  2014年江苏省高等学校大学生创新创业训练计划项目立项信息一览表 …… (365)
  2014年文化素质教育中心讲座及活动一览表 …………………………………… (370)
  2014届本科毕业生名册 ………………………………………………………………… (374)

国际交流合作与港澳台合作 ……………………………………………………… (392)
  综述 ……………………………………………………………………………………… (392)
  2014年与国(境)外高等院校及科研机构合作交流一览表 ……………………… (395)
  2014年东南大学授予国外(或地区)学者名誉教授、客座教授和名誉顾问名单
  ……………………………………………………………………………………………… (398)
  2014年东南大学举办国际会议情况 ………………………………………………… (399)
  2014年东南大学出国(境)人员名单一览表 ………………………………………… (400)

人才与人事工作 ………………………………………………………………………… (461)
  综述 ……………………………………………………………………………………… (461)
  院士名录 ………………………………………………………………………………… (464)
  "万人计划"专家名单 …………………………………………………………………… (465)
  "千人计划"专家名单 …………………………………………………………………… (465)
  "青年千人计划"专家名单 ……………………………………………………………… (466)
  全国杰出专业技术人才名单 ………………………………………………………… (466)

"长江学者奖励计划"特聘教授、讲座教授名单 …………………………… (466)
人事部"百千万人才工程"入选人员名单 ……………………………………… (468)
新增享受政府特殊津贴的人员名单 …………………………………………… (469)
江苏省"333高层次人才培养工程"第四期培养对象名单 …………………… (469)
江苏省突出贡献青年专家名单 ………………………………………………… (470)
江苏特聘教授名单 ……………………………………………………………… (471)
2014年度江苏省"六大人才高峰"入选人员名单 …………………………… (471)
2014年度江苏省双创人才入选人员名单 …………………………………… (472)
2014年度江苏省"青蓝工程"人员名单 ……………………………………… (472)
2014年度东南大学"优秀青年教师教学科研资助计划"表 ………………… (473)
2014年度入选东南大学青年特聘教授 ……………………………………… (474)
2014年度入选东南大学校内特聘教授 ……………………………………… (474)
2014年东南大学新聘兼职专家一览表 ……………………………………… (475)
2014年晋升高级专业技术职务人员名单 …………………………………… (476)
2014年专任教师年龄情况统计表 …………………………………………… (480)
2014年专任教师学历情况统计表 …………………………………………… (480)
博士后科研流动站一览表 ……………………………………………………… (480)
2014年年底在站博士后名单 ………………………………………………… (482)
2014年博士后获中国博士后科学基金特别资助情况统计表 ……………… (485)
2014年博士后获中国博士后科学基金资助情况统计表 …………………… (486)
2014年博士后获江苏省博士后科研资助计划资助情况统计表 …………… (488)
2014年应届毕业生进校名单 ………………………………………………… (490)
2014年调入引进人员名单 …………………………………………………… (490)
2014年离校人员名单 ………………………………………………………… (491)
2014年退休人员名单 ………………………………………………………… (491)
2014年死亡人员名单 ………………………………………………………… (492)

学生工作 ……………………………………………………………………………… (493)
综述 ……………………………………………………………………………… (493)

实验室建设与设备管理 ……………………………………………………………… (507)
综述 ……………………………………………………………………………… (507)
2013—2014年度实验室利用情况统计 ……………………………………… (511)
2013—2014年度教学科研仪器设备分布情况统计 ………………………… (519)

财务与审计工作 ……………………………………………………………………… (521)
财务工作 ………………………………………………………………………… (521)
审计工作 ………………………………………………………………………… (527)

继续教育 ……（530）
综述 ……（530）
远程教育专业设置一览表（2014年） ……（532）
远程教育学生人数统计表（2014年） ……（533）
成人教育专业设置一览表（2014年） ……（533）
成人教育学生人数统计表（2014年） ……（534）
2014年远程教育高起专毕业生名单（春季） ……（534）
2014年远程教育专升本毕业生名单（春季） ……（537）
2014年远程教育高起专毕业生名单（夏季） ……（540）
2014年远程教育专升本毕业生名单（夏季） ……（541）
2014年成人教育毕业生名单业余高起专毕业生名单 ……（544）
2014年成人教育业余专升本毕业生名单 ……（546）
2014年成人教育函授高起专毕业生名单 ……（548）
2014年成人教育函授专升本毕业生名单 ……（552）

教学科研服务工作 ……（556）
图书馆工作综述 ……（556）
档案馆工作综述 ……（560）
出版社工作综述 ……（562）
学报（自然科学版）工作综述 ……（564）
学报（哲学社会科学版）工作综述 ……（565）
学报（医学版）工作综述 ……（565）
网络与信息中心工作综述 ……（566）

后勤管理与基建工作 ……（569）
总务处工作综述 ……（569）
基本建设工作综述 ……（571）

医疗卫生工作 ……（575）
东南大学附属中大医院工作综述 ……（575）
东南大学医院工作综述 ……（579）

资产经营管理工作 ……（584）
综述 ……（584）

合作共建与校友会工作 ……（587）
基金会工作综述 ……（587）
2014年东南大学教育基金会奖助项目设置一览表 ……（588）
校友总会工作综述 ……（595）

校区与院系及其他 ……………………………………………………………… (613)

 丁家桥校区 ………………………………………………………………… (613)
 建筑学院 …………………………………………………………………… (614)
 机械工程学院 ……………………………………………………………… (617)
 能源与环境学院 …………………………………………………………… (619)
 信息科学与工程学院 ……………………………………………………… (622)
 土木工程学院 ……………………………………………………………… (625)
 电子科学与工程学院 ……………………………………………………… (629)
 数学系 ……………………………………………………………………… (636)
 自动化学院 ………………………………………………………………… (637)
 计算机科学与工程学院、软件学院 ……………………………………… (640)
 物理系 ……………………………………………………………………… (643)
 生物科学与医学工程学院 ………………………………………………… (647)
 材料科学与工程学院 ……………………………………………………… (650)
 人文学院 …………………………………………………………………… (653)
 艺术学院 …………………………………………………………………… (658)
 法学院 ……………………………………………………………………… (665)
 经济管理学院 ……………………………………………………………… (669)
 电气工程学院 ……………………………………………………………… (675)
 外国语学院 ………………………………………………………………… (678)
 体育系 ……………………………………………………………………… (681)
 化学化工学院 ……………………………………………………………… (686)
 交通学院 …………………………………………………………………… (689)
 仪器科学与工程学院 ……………………………………………………… (697)
 医学院 ……………………………………………………………………… (700)
 公共卫生学院 ……………………………………………………………… (705)
 马克思主义学院 …………………………………………………………… (708)
 吴健雄学院 ………………………………………………………………… (712)
 海外教育学院 ……………………………………………………………… (714)
 东南大学无锡分校 ………………………………………………………… (717)
 东南大学成贤学院 ………………………………………………………… (719)
 东南大学苏州研究院 ……………………………………………………… (724)
 东南大学建筑研究所 ……………………………………………………… (726)
 学习科学研究中心 ………………………………………………………… (727)
 智能运输系统(ITS)研究中心 …………………………………………… (729)

生命科学研究院……………………………………………………………………(731)

奖励与表彰……………………………………………………………………………(734)
　　2014年获上级表彰的先进集体、先进个人名单……………………………………(734)
　　东南大学校级荣誉名单………………………………………………………………(738)
　　2014年科研成果获奖情况……………………………………………………………(738)
　　2014年教学成果获奖情况……………………………………………………………(741)
　　2014年本科教学奖励金获奖名单……………………………………………………(744)
　　2013—2014学年本科生各类学科竞赛获奖名单……………………………………(745)
　　2014年度学习优秀生名单……………………………………………………………(761)
　　2015届推荐免试攻读硕士学位研究生名单…………………………………………(766)
　　2010级七年制生物医学工程专业本硕连读学生名单………………………………(770)
　　2009级七年制临床医学专业本硕连读学生名单……………………………………(770)
　　2014年江苏省本科优秀毕业设计（论文）评选获奖情况…………………………(771)
　　2014届校级优秀毕业设计（论文）名单……………………………………………(772)
　　2013—2014学年三好研究生、优秀研究生干部、单项奖和先进班集体名单……(777)
　　2014届第一批优秀硕士毕业生名单…………………………………………………(787)
　　2014届第二批优秀硕士毕业生名单…………………………………………………(789)
　　2013—2014学年江苏省级三好学生、优秀学生干部和先进班集体名单…………(792)
　　2013—2014学年东南大学先进班集体、三好学生标兵、优秀学生干部、三好学生名单
　　　…………………………………………………………………………………………(793)
　　2014届优秀本科毕业生名单…………………………………………………………(803)
　　2014届国防生表彰名单………………………………………………………………(805)
　　2013—2014学年东南大学获国家奖学金学生名单…………………………………(806)
　　2013—2014学年奖教金、奖学金获奖名单…………………………………………(808)

大事记…………………………………………………………………………………(831)

概　　况

学 校 概 况

东南大学是中央直管、教育部直属的全国重点大学，是"985 工程"和"211 工程"重点建设的大学之一。学校坐落于历史文化名城南京，占地面积 5 888 亩，建有四牌楼、九龙湖、丁家桥等校区。

东南大学是我国最早建立的高等学府之一，素有"学府圣地"和"东南学府第一流"之美誉。东南大学前身是创建于 1902 年的三江师范学堂。1921 年经近代著名教育家郭秉文先生竭力倡导，以南京高等师范学校为基础正式建立国立东南大学，成为当时国内仅有的两所国立综合性大学之一。郭秉文先生出任首任校长，他周咨博访、广延名师，数十位著名学者、专家荟萃东大，遂有"北大以文史哲著称、东大以科学名世"之美誉。1928 年学校改名为国立中央大学，设理、工、医、农、文、法、教育七个学院，学科之全和规模之大为全国高校之冠。1952 年全国院系调整，学校文理等科迁出，以原中央大学工学院为主体，先后并入复旦大学、交通大学、浙江大学、金陵大学等校的有关系科，在中央大学本部原址建立了南京工学院。1988 年 5 月，学校复更名为东南大学，校庆日为每年 6 月 6 日（原国立东南大学校庆日）。2000 年 4 月，原东南大学、南京铁道医学院、南京交通高等专科学校合并，南京地质学校并入，组建了新的东南大学。

东南大学不断探索办学、育人之道，积淀了优良深厚的历史传统。从两江优级师范学堂"嚼得菜根，做得大事"的理念，到"民族、民主、科学"的南高精神；从国立东南大学"止於至善"的校训，到国立中央大学"诚、朴、雄、伟"之学风，到南京工学院"严谨、求实、团结、奋进"的校风，百余年来，东南大学为发展科学、振兴中华而自强不息、追求卓越的奋斗精神，激励着每一个东大人去创造辉煌的业绩。

经过一百多年的创业发展，如今的东南大学已成为一所以工科为主要特色，理学、工学、医学、文学、法学、哲学、教育学、经济学、管理学、艺术学等多学科协调发展的综合性、研究型大学。全日制在校生 32 000 余人，其中研究生 14 000 余人，另有在职硕士研究生 3 300 余人。专任教师 2 659 人，具有博士学位的教师 2 015 人，占教师总数的比例为

75.8%，正、副高级职称1 800余人，博士生指导教师786人，硕士生指导教师1 786人，两院院士11人，国务院学位委员会委员2人，国务院学科评议组成员13人，国家"万人计划"专家8人，其中哲学社会科学领军人才1人，国家"千人计划"专家27人，"长江学者奖励计划"特聘教授、讲座教授40人，国家级教学名师奖获得者5人，国家杰出青年科学基金获得者35人，国家"十二五"863计划主题专家3人、国家科技计划专项专家1人、国家重大专项专家2人，人事部"百千万人才工程"国家级人选20人，全国十大青年法学家2人。

目前，学校设有29个院（系），拥有75个本科专业，29个博士学位一级学科授权点，49个硕士学位一级学科授权点，5个国家一级重点学科（涵盖15个二级学科），5个国家二级重点学科，1个国家重点（培育）学科，13个江苏高校优势学科建设工程二期项目立项学科（群），1个江苏省重点序列学科，14个江苏省一级学科重点学科，30个博士后科研流动站。有3个国家重点实验室，3个国家工程研究中心，2个国家工程技术研究中心，1个国家专业实验室，11个教育部重点实验室，5个教育部工程研究中心，并以此为依托形成了一批重点科研基地。近年来，学校大力加强学科建设，取得丰硕成果。在2012年第三轮全国学科评估中，15个学科进入前20%，有12个学科进入全国前七位，有10个学科位列全国前五位，其中生物医学工程、交通运输工程、艺术学理论等3个学科位列全国第一位，建筑学、电子科学与技术、风景园林学等3个学科位列全国第二位，土木工程、城乡规划学等2个学科位列全国第三位，信息与通信工程位列第四位，仪器科学与技术位列第五位，动力工程及工程热物理位列第六位，公共卫生与预防医学位列第七位，排名第一的学科数并列全国高校第七位。工程学、材料科学、数学、物理学、化学、临床医学和计算机科学等7个学科进入ESI世界前1%；工程学上升到第75位，进入ESI世界前1‰。

在长期的办学实践中，东南大学坚持"育人为本"的办学理念，不断加大教学投入，深化教育教学改革，努力推进素质教育，着力培养学生的创新精神和实践能力。学校在坚持"重基础、重实践、重素质"本科教育教学传统的同时，又进一步提出"卓越化、国际化、研究型"本科教育教学的新境界。东南大学是教育部、中国工程院联合实施高等工程教育改革试点的十所高校之一，是教育部"卓越工程师教育培养计划"和"国家大学生创新性实验计划"首批实施高校；是教育部、卫生部第一批"卓越医生教育培养计划"项目试点高校之一，是拔尖创新医学人才培养模式改革试点和五年制临床医学人才培养模式改革试点学校之一。学校共有5个专业入选国家级综合改革试点项目，23个专业入选国家特色专业建设点，40门课程入选国家精品课程，35门课程入选国家级资源共享课程立项建设项目，7门课程获国家级视频公开课荣誉称号，7个实验中心入选国家级实验教学示范中心及建设点，1个中心入选国家级虚拟仿真实验教学中心。52位教授当选新一届全国教学指导委员会委员，其中5位教授当选高等学校相应专业教学指导委员会主任委员，7位教授当选高等学校相应专业教学指导委员会副主任委员。11个团队入选国家级教学创新团队，连续三届获得国家级教学成果一等奖。30种64本教材获批"十二五"普通高等教育本科国家级规划教材。学校建有4个国家级基地、12个国家级人才培养模式创新实验区和12个国家级工程实践教育中心。吴健雄学院依托学校的重点学科，汇集学校一流教师，享用学校一流资源，配备个性化学习导师，是东南大学精英教育的"人才培养特区"。学校建有一大批校内外实践基地,课外科技文化活动丰富多彩。在第八届"挑战杯"中国大学生创业计划竞赛中获得两金一银,总分并列全国高校第一名。2014美国大学生数学建模竞赛中,获得特等奖2项、一等奖8项、二等奖24项,成绩位列来自世界各国高校7 000多参赛队中第二名。在研究生教育方面,东南大学以"培养高素质拔尖创新人才"为己任,积极推进研究生教育教学改革,不断转变教学模式,优化课程体系。2013年获得全国百篇优秀博士学位论文4篇,获全国百篇优秀博士学位论文提名奖3篇。目前,学校共获得全国百篇优秀博士学位论文20篇,全国百篇优秀博士学位论文提名奖31篇。2007年起,学校连续开展了"国家建设高水平大学公派出国留学项目"的选拔和推荐工作,共派出研究生953名,其中攻读博士学位367人。同时积极开展广泛的国内外学术交流,大力推进联合办学,与澳大利亚蒙纳士大学合作的东南大学—蒙纳士大学苏州联合研究生学院是教育部批准的第一个中外联合研究生院,已正式招生386人,已毕业26人;与法国雷恩一大的合作,开辟了研究生培养和科研合作的新渠道。

东南大学以"科教兴国"为己任,从国民经济和社会发展的需要出发,积极开展基础研究、应用基础研究和重大战略高技术研究,已成为在国内外具有较大社会影响的高新技术研究和辐射的重要基地。2014年,科研经费到款16.58亿元。发明专利申请1 914件,发明专利授权703件,申请PCT专利13件。SCI论文收录1 790篇,位列全国高校第20位;EI收录论文1 969篇,排名第13位。我校吕志涛院士牵头获得2014年度国家科技进步一等奖。2014年,以第一完成单位获得国家科技进步一等奖1项,国家自然科学二等奖1项,国家技术发明二等奖1项,国家科技进步二等奖2项。近五年来,东南大学共牵头获得国家级科技奖项18项。东南大学在近三届教育部高校人文社会科学优秀成果奖评奖中共牵头获得13项,其中一等奖1项、二等奖5项、三等奖7项。2014年东南大学共牵头获江苏省人民政府哲学社会科学优秀成果奖27项,其中一等奖4项、二等奖8项、三等奖15项。近五年来,东南大学共牵头获得国家社会科学基金73项,其中重大项目5项。

学校服务地方经济建设成效显著。江苏省内高校科技工作为江苏服务情况统计结果显示,东南大学在科技项目及团队、科技经费、科技基地、"四技"经费、科技成果转化及科技项目验收鉴定、专利情况、科技成果获奖等七项指标中每年均位列前茅,而且多数指标居全省高校第一。东南大学国家大学科技园作为科技成果转移转化、创新创业人才培养、高新技术企业培育和发展战略性新兴产业的平台,目前,创新创业载体达20余万平方米,在园企业300余家,毕业企业1 000余家,已成功培育了以江苏金智科技股份有限公司、途牛旅游网、江苏东大集成电路系统工程技术有限公司等为代表的一批高新技术企业。2006年6月创建的东南大学学生创业中心,已构建了包括学生创业基金、创业导师、创业培训等特别服务体系,办公载体面积达8 000平方米,学生创业企业80余家已入驻创业。2010年10月被教育部、科技部认定为全国首批"高校学生科技创业实习基地",2012年10月被江苏省教育厅认定为"江苏省大学生创业示范基地"。2013年1月,东南大学国家大学科技园当选为"江苏省大学科技园联盟"首届秘书长单位。

东南大学是我国具有较大国际影响的大学之一。改革开放以来,国际交流活动更加活跃,已与英国剑桥大学、美国麻省理工学院、马里兰大学、里海大学、瑞士联邦苏黎世高工、日本东北大学、德国慕尼黑工业大学、乌尔姆大学、澳大利亚蒙纳士大学、法国雷恩第一大学等100多所大学和研究机构签订了合作交流协议。现有来自100多个国家的留学生1 656人,其中学历生1 219人。在校硕士留学生294人,博士留学生120人。学校在美国和白俄罗斯设有3个孔子学院。

2006年夏季起,学校主教学区迁至九龙湖校区,由此掀开东南大学发展史上崭新的一页。九龙湖校区位于江宁经济技术开发区南部,总面积3 752.35亩。九龙湖校区建筑规划以东南大学的历史文脉为依据,采取公共核心教学组团与专业教学族群组团相结合的校园建筑形态,形成中西合璧、绿色开放的森林之城和活力之城。九龙湖校区已建成教学区、科研实验区、行政区、本科生生活区、研究生生活区、教师生活区、后勤保卫区等,总建筑面积约69万平方米。目前,学校图书馆面积6.69万平方米,藏有各类图书资料397.17万册。

今日的东南大学将秉承优良办学传统,按照"开拓创新、争先进位"的跨越式发展思路,凝心聚力,集成创新,团结奋进,坚持快速发展、特色发展、内涵发展、和谐发展,力争在2020年前后建设成为国际知名高水平研究型大学、在2035年前后跻身世界一流大学行列。

机构与干部

党群系统

中国共产党东南大学第十三届委员会组成名单

书　　　记　郭广银
常务副书记　刘京南
副　书　记　刘　波　刘鸿健
常　务　委　员　(以姓氏笔画为序)
　　　　　　丁　辉　王保平　刘　波　刘京南　刘鸿健　沈　炯　林萍华　易　红
　　　　　　郑家茂　郭广银　胡敏强(—2014.07)　浦跃朴　黄大卫
委　　　员　(以姓氏笔画为序)
　　　　　　丁　辉　王　炜　王志功　王保平　仲伟俊　刘　波　刘乃丰　刘京南
　　　　　　刘鸿健　李建清(—2014.06)　时巨涛　沈　炯　陆祖宏　林萍华
　　　　　　易　红　郑家茂　赵启满　胡汉辉　胡敏强(—2014.07)　郭广银
　　　　　　高建国　浦跃朴　黄大卫　管　平　樊和平

中国共产党东南大学第十三届纪律检查委员会组成名单

书　　　记　刘京南
副　书　记　孟　新(—2014.01)　吴荣顺(2014.01—)
委　　　员　(以姓氏笔画为序)
　　　　　　史兰新　朱小良　任祖平　刘京南　李久贤　李和渝　张　星　吴荣顺
　　　　　　陈宝安　孟　新　孟怀义　施建宁　秦　霞　郭小明

东南大学第七届教代会暨第十四届工会委员会组成人员名单

主　　　席　胡汉辉
副　主　席　吴映红　刘国兴　吴国新(兼职)　贾民平(兼职)
教代会暨工会执行委员会委员(25名,按姓氏笔画为序)
　　　　　　归柯庭　任卫时　刘国兴　孙伟锋　李　旗　李坤宇　步　兵　吴应宇
　　　　　　吴国新　吴荣顺　吴映红　张建琼　张福保　陈　烨　周　勇　周克毅
　　　　　　周建成　胡汉辉　姜平波　姚润月　贾民平　钱卫平　唐　萌　黄晓明
　　　　　　管　平
教代会暨工会委员会委员(50名,按姓氏笔画为序)
　　　　　　王　滢　王兴平　王跃东　归柯庭　冯莉莉　任卫时　刘汉义　刘国兴
　　　　　　江伟新　孙伟锋　杜国平　李　军　李　旗　李坤宇　李蓓蕾　步　兵
　　　　　　吴国新　吴荣顺　吴映红　邱振清　张建琼　张福保　陈　烨　陈文彦
　　　　　　范　斌　范克勤　周　勇　周克毅　周建成　赵志远　胡汉辉　胡伍生
　　　　　　姜平波　洪宗训　姚建楠　姚润月　贾　宁　贾民平　顾灿美　钱卫平
　　　　　　高庆华　郭正兴　唐　萌　唐慕萱　黄晓明　崔长征　蒋　珉　蒋明霞
　　　　　　管　平　缪　江

共青团东南大学第十九届委员会名单

书　　　记　周　勇
副　书　记　陆　挺　赵剑锋
常　务　委　员　(按姓氏笔画为序)
　　　　　　王安懿　付小鸥　纪　静　杨文燮　宋美娜　张　华　张　璐　陆　挺
　　　　　　周　勇　周文娜　赵剑锋

东南大学党群系统机构及干部名单

党委办公室
  主 任 时巨涛（—2014.06） 仲伟俊（2014.06—）
  副 主 任 周 虹（兼） 顾永红（兼）（—2014.09） 杨树东（兼）
  副处长级秘书 顾永红（—2014.09）

党委统战部
  部 长 时巨涛（—2014.06） 仲伟俊（2014.06—）
  副 部 长 杨树东 周 虹（兼）

党委发展规划部
  部 长 仲伟俊（—2014.06） 冯建明（2014.06—）
  副 部 长 张 胤（兼）

党 校
  校 长 郭广银（兼）
  副 校 长 刘鸿健（兼）（—2014.01） 孟 新（兼）（2014.01—）

社会主义学院
  院 长 郭广银（兼）
  副 院 长 刘鸿健（兼）（—2014.01） 孟 新（兼）（2014.01—）

党委组织部
  部 长 刘鸿健（—2014.01） 孟 新（2014.01—）
  副 部 长 邢纪红（2014.03—）
  组 织 员 陆 玲 李庭红 许 燕（—2014.06）

党委宣传部
  部 长 毛惠西
  副 部 长 施 畅 李小男
  《东南大学报》主编 郑立琪（—2014.06） 宋业春（2014.09—）

纪委办公室
  主 任 孟 新（兼）（—2014.01） 吴荣顺（兼）（2014.01—）
  副 主 任 李吉海

纪 检 员　夏建春　刘　静　刘　岚(挂职)(—2014.01)
　　　　　　王绍灵(挂职)(2014.05—2014.08)

党委武装部
　　部　　　长　姜亚辉
　　军事教研室主任　姜亚辉

党委学生工作部
　　部　　　长　孙莉玲
　　副 部 长　王　荣(—2014.06)　张晓坚(2014.11—)
　　心理咨询中心主任　孙莉玲(兼)
　　思想政治教研室主任　孙莉玲(兼)

党委研究生工作部
　　部　　　长　金保昇
　　副 部 长　赵松立

党委保卫部
　　部　　　长　任祖平
　　副 部 长　吴　扬(兼)　刘培高(兼)　李建平(兼)

党委老干部处
　　处　　　长　许映秋
　　副 处 长　张赛娟
　　丁家桥校区办公室主任　张赛娟(兼)

保密委员会办公室
　　主　　　任　沈　炯(兼)
　　常务副主任　李建清(兼)(—2014.06)　孙岳明(兼)(2014.06—)
　　副 主 任　周　虹

工　会
　　主　　　席　胡汉辉
　　副 主 席　吴映红　刘国兴
　　兼职副主席　吴国新　贾民平

团　委
　　书　　　记　周　勇(—2014.04)　陆　挺(2014.12—)

副　书　记　陆　挺（—2014.12）　赵剑锋
大学生艺术指导中心主任　洪海军

中共东南大学各校区
工委、基层党委、党总支、直属党支部及干部名单

丁家桥校区工委
　　书　　　记　蒋　波
　　副　书　记　王　亮

建筑学院党委
　　书　　　记　陆卓谟
　　副　书　记　李向锋

机械工程学院党委
　　书　　　记　张立武
　　副　书　记　张志胜

能源与环境学院党委
　　书　　　记　朱小良
　　副　书　记　司凤琪

信息科学与工程学院党委
　　书　　　记　李久贤
　　副　书　记　孙　威

土木工程学院党委
　　书　　　记　张　星
　　副　书　记　陈　镭

电子科学与工程学院、集成电路学院党委
　　书　　　记　施建宁
　　副　书　记　宋晓燕

数学系党委
　　书　　　记　李　涛
　　副　书　记　曹海燕

自动化学院党委
  书　　记　袁晓辉
  副 书 记　金立左

计算机科学与工程学院、软件学院党委
  书　　记　金远平
  副 书 记　裴　峰

物理系党委
  书　　记　王勇刚
  副 书 记　潘勇涛

生物科学与医学工程学院党委
  书　　记　洪宗训
  副 书 记　程　斌

材料科学与工程学院党委
  书　　记　封卫东
  副 书 记　李　磊

人文学院党委
  书　　记　王　珏
  副 书 记　王　兵　何　熠

经济管理学院党委
  书　　记　陈良华
  副 书 记　祝　虹

电气工程学院党委
  书　　记　冯建明（—2014.06）　顾永红（2014.09—）
  副 书 记　杨　蕙

外国语学院党委
  书　　记　马　强
  副 书 记　刘思明（—2014.12）　汤顶华

化学化工学院党委
  书　　记　肖　健

副　书　记　陆　娟

交通学院党委
书　　　记　秦　霞
副　书　记　陈　怡

仪器科学与工程学院党委
书　　　记　王　军
副　书　记　张豪裕

公共卫生学院党委
书　　　记　蒋羽飞
副　书　记　张　力

附属中大医院党委
书　　　记　管　平(—2014.06)　刘乃丰(兼)(2014.06—)
副　书　记　陈宝安
附属中大医院纪委书记　陈宝安(兼)

医学院党委
书　　　记　谭东伟
副　书　记　张俊琴

无锡分校党委
书　　　记　徐　悦
副　书　记　王　斌

继续教育学院党委
书　　　记　陆　海

成贤学院党委
书　　　记　李和渝
副　书　记　邢纪红(—2014.03)　王　荣(2014.06—)

苏州研究院党委
书　　　记　顾　芳
副　书　记　于向军

校机关党委
　　书　　记　吴　娟

离休干部党委
　　书　　记　钱炳昌
　　副 书 记　张　楠　殷　立

丁家桥校区离休干部党委
　　书　　记　方明宇
　　副 书 记　付逊芳　张赛娟

后勤服务集团党委（—2014.01）
　　书　　记　何　林（—2014.01）
　　副 书 记　邱佳川（—2014.01）

后勤党工委（2014.01—）
　　书　　记　何　林（2014.01—）
　　副 书 记　邱佳川（2014.01—）

产业党工委
　　书　　记　吴荣顺（—2014.01）　周　勇（2014.04—）
　　副 书 记　王松林　高　嵩（兼）　李　涛（兼）

体育系党总支
　　书　　记　王　强

吴健雄学院党总支
　　书　　记　李爱群（兼）
　　副 书 记　钟　辉

艺术学院党总支
　　书　　记　王和平
　　副 书 记　徐　进

法学院党总支
　　书　　记　孟　红
　　副 书 记　高　歌

马克思主义学院党总支
    书   记 袁久红(兼)
    副 书 记 袁建红

图书馆党总支
    书   记 黄松莺

东南大学医院直属党支部
    书   记 李向阳

生命科学研究院直属党支部
    书   记 邱振清

行 政 系 统

校长及校长助理

校   长 易 红
常务副校长 胡敏强(—2014.07)
副 校 长 浦跃朴 刘 波(兼)(女) 郑家茂 沈 炯 王保平 林萍华
          黄大卫
总会计师 丁 辉
校长助理 刘乃丰

行政机构及干部名单

校长办公室
    主   任 李 鑫
    副 主 任 华为国 姜平波
    副处长级秘书 赵会泽
    合作共建办公室主任 李 鑫
    驻北京办事处(—2014.06)主任 米永强(2014.01—2014.06)
    网络与信息中心主任 金志军
            副主任 王 健

国际合作处(港澳台办公室)
    处   长 史兰新

副 处 长 王 利
兼职副处长 李启明
港澳台办公室主任 史兰新(兼)
　　　　副主任 王 利(兼)

研究生院
院　　　长 沈 炯(兼)
常务副院长 金保昇
副 院 长 熊宏齐(—2014.06)
兼职副院长 王修信 董寅生 苟少华
学科建设办公室主任 赵林度
　　　兼职副主任 张为公(兼)
研究生招生工作办公室主任 宛 敏
研究生培养与学籍管理办公室主任 袁榴娣
　　　　　　　兼职副主任 舒华忠(兼)
学位与研究生教育研究办公室主任 郭 彤
研究生管理办公室主任 赵松立(兼)

教务处
处　　　长 雷 威
副 处 长 朱 明 王栓宏 张继文 吴 涓 沈孝兵
兼职副处长 丁德胜(兼) 梅姝娥(兼)
教育技术中心主任 姜昌金

科研院
院　　　长 胡敏强(兼)(—2014.07)
常务副院长 李建清(—2014.06) 孙岳明(2014.06—)
副 院 长 黄培林
基础研究与海外合作办公室主任 邱 腾(—2014.10) 费庆国(2014.11—)
先进技术与装备办公室主任 张晓兵
应用技术办公室主任 郑建勇(—2014.01)
高新技术与社会发展办公室主任 陆卫兵(—2014.11)
重大专项与协同创新办公室主任 任 刚
科研成果与基地管理办公室主任 方 红
先进技术与装备院(国防科学技术院)院长 李建清(兼)(—2014.06)
　　　　　　　　　　　　　孙岳明(兼)(2014.06—)
　　　　　　　　副院长 张晓兵 王继刚(挂职西藏民族学院科研处副处长3年)

应用技术院院长　黄培林(兼)
　　　　副院长　郑建勇(—2014.01)

社会科学处
　　处　　　长　邱　斌(—2014.01)　周佑勇(2014.01—)
　　副 处 长　甘　锋(2014.09—)
　　　　　　　邵永生(2014.09—,挂职新疆医科大学人文社科部副主任3年)

人事处
　　处　　　长　郭小明
　　副 处 长　达飞鹏　刘明芬　吴凌尧
　　兼职副处长　孙子林(兼)

学生处
　　处　　　长　孙莉玲
　　副 处 长　蔡　亮　张晓坚(—2014.11)　江雪华

发展委员会
　　主　　　任　浦跃朴(兼)
　　常务副主任　刘松玉(2014.12—)
　　副 主 任　胡　焱(—2014.06)　李　爽　米永强(2014.06—,保留正处级待遇)
　　　　　　　姚志彪(2014.06—)

发展规划处
　　处　　　长　仲伟俊(兼)(—2014.06)　冯建明(兼)(2014.06—)
　　副 处 长　张　胤

保卫处
　　处　　　长　任祖平
　　副 处 长　吴　扬　刘培高(兼)　李建平

财务处
　　处　　　长　任卫时
　　副 处 长　张晓红　孙红霞　刘　岚　王绍灵
　　校园一卡通管理中心主任　高　进

审计处
　　处　　　长　冀　民

副　处　长　李永华　张宇欣
兼职副处长　周　勤（兼）

监察处
　　处　　　长　孟　新（—2014.01）　吴荣顺（2014.01—）
　　副　处　长　李　瑛　李吉海（兼）
　　监　察　员　李　瑛（兼）　夏建春　刘　静

后勤管理处（—2014.01）
　　处　　　长　梁书亭（—2014.01）
　　副　处　长　林　晓（—2014.01）　周建华（—2014.01）　姚志彪（—2014.01）
　　　　　　　　胡建人（兼）（—2014.01）
　　总务办公室主任　林　晓（兼）（—2014.01）
　　国有资产管理办公室主任　姚志彪（—2014.01）

总务处（2014.01—）
　　处　　　长　梁书亭（2014.01—）
　　副　处　长　章荣琦（2014.01—）　姚志彪（2014.01——2014.06）
　　　　　　　　冯国强（2014.01—）　周建华（2014.01—）　胡建人（兼）（2014.01—）
　　　　　　　　沈建辉（2014.04—）

基本建设处
　　处　　　长　李维滨
　　副　处　长　汤　磊

保密办公室
　　主　　　任　胡敏强（兼）（—2014.07）
　　常务副主任　李建清（兼）（—2014.06）　孙岳明（兼）（2014.06—）
　　副　主　任　周　虹　张宁馨

资产经营管理处
　　处　　　长　吴荣顺（兼）（—2014.01）　江　汉（2014.04—）
　　副　处　长　闻一鸣（—2014.07）　过秀成　林　晓（2014.01—2014.04）

实验室与设备管理处
　　处　　　长　孙岳明（—2014.06）　熊宏齐（2014.06—）
　　副　处　长　孟正大　汪　丰（2014.06—）

丁家桥校区管理委员会
　　主　　任　蒋　波
　　党政办公室主任　王　亮(兼)
　　保卫办公室主任　刘培高
　　后勤办公室主任　胡建人

校区、院系及干部名单

建筑学院
　　院　　　长　王建国(—2014.12)　韩冬青(2014.12—)
　　副 院 长　董　卫　段　进　冷嘉伟　龚　恺　吴　晓　李向锋(兼)

机械工程学院
　　院　　　长　汤文成(—2014.11)　倪中华(2014.11—)
　　副 院 长　贾民平(—2014.11)　陈云飞　倪中华(—2014.11)　张志胜(兼)
　　　　　　　孙蓓蓓(2014.11—)　殷国栋(2014.11—)
　　工业发展与培训中心主任　张远明

能源与环境学院
　　院　　　长　钟文琪
　　副 院 长　王明春(—2014.12)　陈晓平(—2014.12)　黄亚继
　　　　　　　傅行军(兼)(—2014.12)　朱光灿　李舒宏　司凤琪(兼)
　　　　　　　肖　睿(2014.12—)　李益国(2014.12—)

信息科学与工程学院
　　院　　　长　尤肖虎(—2014.12)　洪　伟(2014.12—)
　　常务副院长　洪　伟(—2014.12)
　　副 院 长　陈晓曙(—2014.12)　崔铁军　孟　桥(—2014.12)　孙　威(兼)
　　　　　　　高西奇(2014.12—)　张在琛(2014.12—)

土木工程学院
　　院　　　长　吴　刚
　　副 院 长　叶继红　舒赣平　童小东　傅大放(—2014.12)　陈　镭(兼)
　　　　　　　王景全(2014.12—)

电子科学与工程学院
　　院　　　长　时龙兴(—2014.11)　孙伟锋(2014.11—)

副 院 长　汤勇明　孙立涛　叶莉华(—2014.12)　孙伟锋(—2014.11)
　　　　　　　宋晓燕(兼)　王著元(2014.12—)　仲雪飞(2014.12—)

集成电路学院
　　院　　　长　时龙兴(—2014.11)　孙伟锋(2014.11—)
　　副 院 长　李智群(兼)(—2014.12)　孙伟锋(—2014.11)　宋晓燕(兼)
　　　　　　　孙立涛(2014.12—)　汤勇明(2014.12—)　王著元(2014.12—)
　　　　　　　仲雪飞(2014.12—)

数学系
　　主　　　任　刘继军(—2014.11)　曹进德(2014.11—)
　　副 主 任　薛星美(—2014.12)　林金官　陈文彦　曹海燕(兼)
　　　　　　　虞文武(2014.12—)

自动化学院
　　院　　　长　费树岷(—2014.12)
　　副 院 长　(主持工作)　魏海坤(2014.12—)
　　副 院 长　叶桦(—2014.12)　孙长银　魏海坤(—2014.12)　金立左(兼)
　　　　　　　李世华(2014.12—)

计算机科学与工程学院
　　院　　　长　罗军舟
　　副 院 长　曹玖新　舒华忠　耿新　程光　裴锋(兼)

软件学院
　　院　　　长　罗军舟(兼)
　　副 院 长　曹玖新　舒华忠(2014.11—)　耿新　程光　裴锋(兼)

物理系
　　主　　　任　杨永宏
　　副 主 任　施智祥(—2014.11)　汪军(—2014.11)　戴玉蓉　潘勇涛(兼)
　　　　　　　邱腾(2014.10—)　倪振华(2014.11—)

生物科学与医学工程学院
　　院　　　长　顾宁(—2014.11)　顾忠泽(2014.11—)
　　副 院 长　汪丰(—2014.06)　徐春祥　谢建明　程斌(兼)
　　　　　　　赵祥伟(2014.11—)

材料科学与工程学院
  院   长 潘 冶(—2014.11) 薛 烽(2014.11—)
  副 院 长 余新泉(—2014.11) 薛 烽(—2014.11) 张亚梅 李 磊(兼)
       沈宝龙(2014.11—) 储成林(2014.11—)

人文学院
  院   长 樊和平(—2014.12) 王 珏(2014.12—)
  副 院 长 高晓红 张天来 王 兵(兼) 何 熠(兼)

艺术学院
  院   长 王廷信
  副 院 长 崔天剑 徐 进(兼)

法学院
  院   长 周佑勇(—2014.01) 刘艳红(2014.01—)
  副 院 长 孟鸿志(—2014.12) 龚向和(—2014.12) 高 歌(兼)
       欧阳本祺(2014.12—) 李煜兴(2014.12—)

经济管理学院
  院   长 徐康宁(—2014.12) 赵林度(2014.12—)
  副 院 长 何建敏(—2014.12) 李 东(—2014.12) 周 勤 张玉林
       仲伟俊(兼)(—2014.12) 祝 虹(兼) 陈志斌(2014.12—)
       舒 嘉(2014.12—)

电气工程学院
  院   长 黄学良(—2014.11) 赵剑锋(2014.11—)
  副 院 长 赵剑锋(—2014.11) 吴在军 高 山 杨 蕙(兼)
       黄允凯(2014.11—)

外国语学院
  院   长 陈美华
  常务副院长 刘思明(—2014.12)
  副 院 长 袁晓宁(—2014.10) 朱宏清(—2014.12) 汤顶华(兼) 刘克华
       马冬梅(2014.12—) 朱善华(2014.12—)

体育系
  主   任 蔡晓波
  副 主 任 章 迅(—2014.12) 方信荣(—2014.12) 沈 辉 金 凯
       王青禾(2014.12—)

化学化工学院
  院   长 林保平
  副 院 长 周钰明(—2014.12) 肖国民(—2014.12) 熊仁根 刘松琴
       陆 娟(兼) 周建成(2014.12—) 杨 洪(2014.12—)

交通学院
  院   长 王 炜(—2014.12) 刘 攀(2014.12—)
  副 院 长 黄晓明 陈一梅 陆 建 丁建明 程建川 陈怡(兼)

仪器科学与工程学院
  院   长 宋爱国
  副 院 长 倪江生(—2014.11) 李宏生 张豪裕(兼) 王立辉(2014.04—)
       严如强(2014.11—)

医学院
  院   长 滕皋军(—2014.11) 刘乃丰(兼)(2014.11—)
  副 院 长 张建琼(—2014.12) 孙子林 王立新 张俊琴(兼)
       晓 东(—2014.03) 赵春杰 姚红红(2014.12—)

公共卫生学院
  院   长 尹立红
  副 院 长 张力(兼) 金辉(2014.11—) 梁戈玉(2014.11—)

吴健雄学院
  院   长 易 红(兼)
  常务副院长 李爱群
  副 院 长 况迎辉 钟 辉(兼)

海外教育学院
  院   长 邱 斌
  副 院 长 杨智勇(—2014.01) 陶 咏 徐 健(2014.05—)
  白俄罗斯孔子学院院长 许克琪(副处级)
  孔子学院工作办公室

马克思主义学院
  院   长 刘 波(兼)(—2014.11) 袁久红(2014.11—)
  常务副院长 袁久红(—2014.11)
  副 院 长 袁健红(兼) 盛凌振(2014.11—)

直(附)属单位及负责人名单

图书馆
  馆   长 顾建新
  副 馆 长 范 斌 李爱国 钱 鹏

档案馆
  馆   长 钱杰生
  副 馆 长 肖太陶 李宇青 刘云虹(2014.06—)
  校史研究室主任 刘云虹(兼)(2014.06—)

高等教育研究所
  所   长 仲伟俊(兼)(—2014.06) 冯建明(兼)(2014.06—)

学报(自然科学版)编辑部
  主   编 毛善锋

学报(哲学社会科学版)编辑部
  主   编 徐子方(—2014.06) 徐 嘉(2014.09—)

学报(医学版)编辑部
  主   编 唐 萌

继续教育学院
  院   长 归柯庭
  副 院 长 曹效英 王燕蓉

校医院
  院   长 卫平民
  副 院 长 龚丽萍 叶 伟

无锡分校
  校   长 沈 炯(兼)
  常务副校长 时龙兴(—2014.01) 郑建勇(2014.01—)
  副 校 长 米永强(—2014.01) 王 斌(兼) 殷 缨(2014.04—)

苏州研究院
    院　　　长　沈　炯(兼)
    常务副院长　张为公
    副 院 长　李成明

常州研究院
    院　　　长　胡敏强(兼)(—2014.07)
    副 院 长　张小松

后勤服务集团(—2014.01)
    总 经 理　潘久松(—2014.01)
    副 总 经 理　虞献辉(—2014.01)　冯国强(—2014.01)　章荣琦(—2014.01)

附属中大医院
    院　　　长　刘乃丰(兼)(—2014.11)　滕皋军(2014.11—)
    副 院 长　刘志勇(—2014.11)　刘必成　邱海波　滕皋军(兼)(—2014.11)
    　　　　　卢　斌　陈　明(2014.11—)

建筑研究所
    所　　　长　齐　康

学习科学研究中心
    名 誉 主 任　韦　钰
    主　　　任　陆祖宏
    副 主 任　刘晓芸　柏　毅　钱卫平

生命科学研究院
    院　　　长　谢　维
    副 院 长　韩俊海(2014.11—)

智能运输系统(ITS)研究中心
    主　　　任　黄　卫(兼)
    副 主 任　钱振东

空间科学与技术研究院(AMS 研究中心)
    副 主 任　罗军舟(兼)

汽车工程研究院
　　院　　　长　易　红（兼）

教师教学发展中心
　　主　　　任　李霄翔

东南大学—南京通信技术研究院
　　理　事　长　易　红（兼）
　　院　　　长　尤肖虎（兼）
　　常务副院长　宋铁成

九龙湖校区建设一期工程后期工作处理小组
　　组　　　长　郭学军（兼）
　　副　组　长　陆惠民　倪秋云

出版社
　　社　　　长　江建中

建筑设计研究院
　　院　　　长　葛爱荣

城市规划设计研究院
　　名　誉　院　长　齐　康
　　院　　　长　王建国（兼）
　　常务副院长　段　进
　　总规划师　段　进（兼）

江苏东南大学资产经营有限公司
　　总　经　理　潘久松（2014.01—，保留原待遇）
　　副总经理　陆卫兵（2014.11—，保留原待遇）

各级人大代表、政协委员、民主党派成员、省政府参事任职情况及有关机构设置

各级人大代表

　　全国十二届人大代表：　易　红　崔铁军

江苏省十二届人大代表： 马向真（常委）
　　南京市十五届人大代表： 张建琼
　　鼓楼区十七届人大代表： 汤文浩
　　玄武区十七届人大代表： 吕晓迎　李建清　陈永平
　　江宁区十六届人大代表： 黄大卫

各级政协委员

　　全国十二届政协委员： 洪　伟
　　江苏省十一届政协委员： 罗立民（常委,科技）　舒华忠（教育）　何小元（党派）
　　　　　　　　　　　　　周　勤（党派）　薛　涛（党派）　滕皋军（党派）
　　　　　　　　　　　　　肖国民（常委,科技）　李启明（党派）　尹立红（党派）
　　　　　　　　　　　　　赵春杰（党派）　王雪梅（教育）　刘灿铭（党派）
　　　　　　　　　　　　　达庆利（常委,宗教）　吴智深（常委,教育）　王建国（教育）
　　江苏省十一届政协专门委员会：
　　提案委员会：李启明
　　文史委员会：王建国
　　经济委员会：周　勤
　　人口资源环境委员会：吴智深
　　教育文化委员会：刘灿铭　赵春杰
　　医卫体育委员会：尹立红
　　港澳台侨（外事）委员会：薛　涛
　　南京市十三届政协委员：许苏明（常委）　仇向洋　陈庆宁　杨永宏　陈薇
　　鼓楼区十一届政协委员：孙子林
　　玄武区十一届政协委员：贾民平（政协副主席）　孔令龙　徐盈之
　　浦口区三届政协委员： 董寅生
　　秦淮区十一届政协委员：李维滨（政协副主席）　王　铮　赵　军
　　江宁区十届政协委员： 陈美华（常委）

　　全国第九届伊斯兰教协会副会长：达庆利（2011.09）
　　江苏省第六届伊斯兰教协会会长：达庆利（2013.11.28）
　　全国中央文史馆馆员：陶思炎（2011.02）

民主党派成员、侨联成员在中央、江苏省、南京市的任职情况

　　民盟十一届中央委员：刘灿铭
　　农工党十五届中央委员：成　虎
　　九三学社十三届中央委员：罗立民
　　农工党十五届中央科技工作委员会委员：吴智深
　　民革十届江苏省委员会常务委员：马向真

民盟十一届江苏省委员会常务委员：肖国民
　　　　　　　　　　委员：梅姝娥
民建八届江苏省委员会委员：苟少华
民进八届江苏省委员会常务委员：尹立红
　　　　　　　　　　委员：吴国新
农工党十一届江苏省委员会副主任委员：吴智深
　　　　　　　　　　常务委员：何小元
　　　　　　　　　　委员：孙子林
农工党江苏省直属工委副主任委员：贾民平
农工党江苏省科教文委主任委员：黄培林
　　　　　　　　　　副主任委员：刘松琴
　　　　　　　　　　委员：衡　伟
农工党江苏省中青委副主任委员：陈惠苏
　　　　　　　　　　委员　张绍东
农工党江苏省经济联络委副主委：林保平
　　　　　　　　　　委员：高建明
农工党江苏省妇女委员会委员：徐　隽
　　　　　　　　　　委员　王玉华
农工党江苏省医卫委副主任委员：刘志勇
　　　　　　　　　　副主任委员：孙子林
致公党五届江苏省委员会常务委员：赵春杰
　　　　　　　　　　委员：薛　涛
九三学社七届江苏省委员会副主任委员：罗立民
　　　　　　　　　　委员：王修信　刘胜利
江苏省归国华侨联合会六届常务委员：吕晓迎
江苏省党外知识分子联谊会理事：崔铁军　陆　巍
南京市三届党外知识分子联谊会理事：邱　腾　肖　睿　杨永宏

省、市政府参事任职情况

　　江苏省政府参事室聘任参事：高祥生　何建敏
　　南京市政府参事室聘任参事：许苏明

民主党派东南大学机构设置

民革一届东南大学总支部委员会（2011.05.31 成立总支并换届）
　　主　任　委员：马向真
　　副主任委员：周　勤　李　伟

民盟东南大学委员会(2014.06.26 换届)
　　主 任 委 员:肖国民
　　副主任委员:钱瑞明　梅姝娥　王世和　薛星美　魏家泰
　　委　　　员:王秋严　陆建明　周子华　何　平　金志军　徐立臻　杨舒惠
　　　　　　　吴祖民　康学军　毛世怀　陈文彦　丁建东

民建一届东南大学总支部委员会(2012.12.05 成立总支并换届)
　　主 任 委 员:李启明
　　副主任委员:苟少华　滕皋军
　　委　　　员:周革利　朱纪军

民进四届东南大学委员会(2012.05.07 换届)
　　主 任 委 员:尹立红
　　副主任委员:董寅生　郭　毅　曹玖新
　　委　　　员:孙　瑾　郭　斐　韩俊海　梁衡弘　戴启明　高冲

农工党三届东南大学委员会(2011.11.08 换届)
　　主 任 委 员:何小元
　　副主任委员:贾民平　刘志勇　林保平　孙子林
　　委　　　员:章美华　高建民　王玉华　蔡永胜

致公党三届东南大学总支委员会(2011.12.27 换届)
　　主 任 委 员:赵春杰
　　副主任委员:李智群　薛　涛
　　委　　　员:马民华　程明霞
　　第一支部主任委员:李智群　副主任委员:雷立旭　委　　　员:卢爱华
　　第二支部主任委员:薛　涛　副主任委员:王大勇　委　　　员:姚京英

九三学社三届东南大学委员会(2013.05.18 换届)
　　主 任 委 员:王修信
　　副主任委员:赵剑峰　刘胜利　舒华忠　叶行舟
　　委　　　员:戴　丽　祁争建　辛海洋　郑意楠　柳　萍　徐启平　徐盈之
　　　　　　　施智祥　俞　燕　袁榴娣

社会团体机构设置

东南大学侨联四届(2012.12.08 换届)
　　名 誉 主 席:林中达　林金明
　　主　　　席:吕晓迎

副　主　席:李先宁　丁锡宁　李　丽
委　　　员:孙清江　李俐平

东南大学无党派知识分子联谊会(2014.01.08 成立)
会　　　长:崔铁军
副　会　长:杨永宏　田玉平　肖　睿　李维滨
秘　书　长:杨永宏(兼)
副秘书长:何　勇　李黎藜

(组织部　李庭红)

2014 年成立或调整的各类委员会、领导小组名单

关于成立工程管理专业本科教育评估领导小组和工作组的通知

(2014 年 1 月 16 日)

学校各有关部门单位:
　　为迎接住房和城乡建设部工程管理专业评估委员会对我校工程管理专业的评估,贯彻"以评促建、以评促改、评建结合、重在建设"的精神,促进专业教育的建设和特色创新,认真做好工程管理专业的自评及评建过程中的各项工作,特成立工程管理专业评估领导小组和工作组,现将成员名单通知如下:

一、领导小组

组　　长:郑家茂
副组长:吴　刚　雷　威
成　　员:(按姓氏笔画排序)
　　　　朱　明　华为国　孙岳明　孙莉玲　李小男　李启明　张　星　陈　镭
　　　　姜昌金　顾建新　梁书亭　童小东
秘　　书:朱　明(兼)

二、工作组

组　　长:吴　刚　张　星
副组长:童小东　李启明
成　　员:(按姓氏笔画排序)
　　　　王玉玲　王建梅　邓小鹏　成　虎　杜　静　李　贺　李德智　刘家彬
　　　　陆　彦　张培伟　陈　镭　宗周红　范圣刚　黎　冰
秘　　书:李德智　王建梅

(校通知〔2014〕20 号)

关于调整东南大学离退休工作领导小组成员暨成立东南大学离退休工作小组的通知

(2014年1月14日)

各党工委,各基层党委、党总支、直属党支部,党委各部、委、办,工会、团委:

因工作需要和人事变动,决定调整东南大学离退休工作领导小组组成人员。调整后的成员名单如下:

组　长:郭广银

副组长:刘京南　浦跃朴　王保平　刘鸿健

成　员:(以姓氏笔画为序)

　　　　卫平民　任卫时　许映秋　李　鑫　时巨涛　孟　新　胡汉辉　郭小明
　　　　梁书亭　管　平　潘久松

秘　书:张　楠　张赛娟　刘明芬

领导小组下设东南大学离退休工作小组,人员组成如下:

组　长:郭小明　许映秋

成　员:(以姓氏笔画为序)

　　　　刘　岚　刘明芬　刘国兴　汤士忠　邱佳川　吴　荣　张　楠　张赛娟
　　　　姚志彪　龚丽萍

秘　书:吴　荣(兼)　冯建芬

(东大委〔2014〕6号)

关于任命中共东南大学委员会后勤工作委员会委员的通知

(2014年3月24日)

各党工委,各基层党委、党总支、直属党支部,党委各部、委、办,工会、团委:

因工作需要,经研究决定:

任命冯国强、何林、邱佳川、周建华、季万龙、姚志彪、梁书亭、章荣琦、蒋永平、虞献辉等10位同志(按姓氏笔画为序)为中共东南大学委员会后勤工作委员会委员。

(东大委〔2014〕25号)

关于成立学校大气重污染应急工作领导小组的通知

(2014年4月8日)

学校各部门单位:

根据《江苏省大气重污染预警与应急工作方案(暂行)》《江苏省教育系统大气重污染应急工作方案》及《东南大学大气重污染应急预案》的要求及工作需要,结合学校实际,决定成立学校大气重污染应急工作领导小组。领导小组成员名单如下：

组　　长：胡敏强

副组长：浦跃朴　刘　波　黄大卫　刘鸿健

组　　员：(按姓氏笔画排序)

卫平民　毛惠西　任祖平　孙莉玲　李　鑫　李维滨　时巨涛　吴荣顺
金保昇　周　勇　胡汉辉　姜亚辉　梁书亭　蒋　波　雷　威　蔡晓波

领导小组下设办公室，办公室设在校长办公室，李鑫任办公室主任。

（校通知〔2014〕73号）

关于调整学校招标领导小组成员的通知

(2014年5月19日)

各校区，各院、系、所，各处、室，直属单位，各学术业务单位：

因工作需要和人员变动，经研究决定，现将学校招标领导小组成员名单调整如下：

组　　长：丁　辉

副组长：吴荣顺　任卫时

成　　员：(以姓氏笔画为序)

孙红霞　孙岳明　李　鑫　李维滨　梁书亭　冀　民

秘　　书：王永华

（校通知〔2014〕106号）

关于成立东南大学院(系)综合改革试点工作领导小组的通知

(2014年5月4日)

各校区，各院、系、所，各处、室，直属单位，各学术业务单位：

根据《东南大学院(系)综合改革试点方案》的要求及工作需要，经研究决定，成立东南大学院(系)综合改革试点工作领导小组。领导小组成员名单如下：

组　　长：易　红

副组长：王保平

组　　员：(按姓氏笔画排序)

仲伟俊　任卫时　孙岳明　李　鑫　李建清　时巨涛　金保昇　周佑勇
郭小明　梁书亭　雷　威

秘　　书：崔　琳

（校通知〔2014〕99号）

关于调整我校研究生招生工作领导小组成员的通知

（2014 年 5 月 4 日）

各校区，各院、系、所，各处、室、直属单位，各学术业务单位：

因工作需要，经研究决定，对我校研究生招生工作领导小组成员进行调整，调整后的成员名单如下：

组　　长：易　红

副组长：沈　炯　刘　波

成　　员：（按姓氏笔画为序）

　　　　　吴荣顺　金保昇　雷　威

秘　　书：宛　敏

（校通知〔2014〕98 号）

关于成立第四届华东区大学生 CAD 应用技能竞赛工作委员会的通知

（2014 年 5 月 23 日）

学校各有关部门、单位：

受华东区大学生 CAD 应用技能竞赛组织委员会的委托，我校承办第四届华东区大学生 CAD 应用技能竞赛。为做好本届竞赛的组织与管理工作，经研究决定，成立第四届华东区大学生 CAD 应用技能竞赛工作委员会，下设工作组。具体名单如下：

一、领导小组

主　　任：雷　威

副主任：张远明　沈孝兵

委　　员：（按姓氏笔画顺序）

　　　　　王明春　任卫祥　任祖平　李爱群　吴　俊　沈孝兵　贾民平　龚　恺
　　　　　崔天剑

秘　　书：方　霞　陈大林

二、工作组

组　　长：张远明　沈孝兵

成　　员：（按姓氏笔画顺序）

　　　　　方　霞　尹南南　甘为凡　杨延清　陈　伟　陈大林　施吉祥　洪　蔚
　　　　　骆　号　曹　莹

秘　　书：洪　蔚

（校通知〔2014〕111 号）

关于调整东南大学异地办学工作领导小组的通知

（2014年6月17日）

各校区，各院、系、所，各处、室，直属单位，各学术业务单位：

因工作需要和人员变动，经研究决定，现将东南大学异地办学工作领导小组成员名单调整如下：

组　　长：易　红
副组长：沈　炯　胡敏强　丁　辉
成　　员：（以姓氏笔画为序）
　　　　史兰新　任卫时　孙莉玲　李　鑫　吴荣顺　张为公　郑建勇　施建辉
　　　　郭小明　黄培林　雷　威　熊宏齐
秘　　书：芮振华

（校通知〔2014〕141号）

关于成立东南大学征兵工作领导小组的通知

（2014年7月1日）

各校区，各院、系、所，各处、室，直属单位，各学术业务单位：

按照中国人民解放军现代化建设要求，在校大学生已成为每年征集兵员的主要群体。根据上级兵役机关的要求和苏征〔2013〕22号文件精神，为加强我校征兵工作，提高征兵工作规范化、科学化水平，经研究，成立东南大学征兵工作领导小组。领导小组成员名单如下：

组　　长：刘　波
成　　员：（按姓氏笔画排序）
　　　　卫平民　毛惠西　任卫时　任祖平　孙莉玲　金保昇　姜亚辉　梁书亭
　　　　雷　威
秘　　书：陆　军
领导小组办公室设在武装部。
特此通知。

（校通知〔2014〕104号）

关于调整学校宝钢教育奖评审遴选小组的通知

（2014年9月26日）

各校区，各院、系、所，各处、室，直属单位，各学术业务单位：

因工作需要，经研究，决定调整学校宝钢教育奖评审遴选小组。调整后的小组成员名单如下：

组　　长:郑家茂
组　　员:(以姓氏笔画为序)
　　　　孙莉玲　李　爽　陆　挺　金保昇　郭小明　雷　威
秘　　书:宋云燕

（校通知〔2014〕224号）

关于调整学校国有资产经营管理委员会成员的通知
（2014年12月3日）

各校区,各院、系、所,各处、室、直属单位,各有关企业:
　　根据工作需要和人员变动情况,经研究决定,对学校国有资产经营管理委员会成员进行调整。调整后的成员名单如下:
主　　任:易　红
副 主 任:刘京南　王保平　丁　辉
成　　员:(以姓氏笔画为序)
　　　　江　汉　任卫时　吴荣顺　施建辉　郭小明　潘久松
秘　　书:孔庆燕

（校通知〔2014〕260号）

关于成立办公用房清理整改工作领导小组的通知
（2014年12月30日）

各党工委,各基层党委、党总支、直属党支部,党委各部、委、办,工会、团委;各校区,各院、系、所,各处、室、直属单位,各学术业务单位:
　　根据上级有关文件精神,为进一步做好办公用房清理整改工作,决定成立办公用房清理整改工作领导小组。领导小组下设办公室(设在校长办公室)。现将领导小组及办公室成员名单通知如下:
组　　　　长:郭广银　易　红
副 组 长:刘京南　王保平　黄大卫
成　　　　员:(按姓氏笔画为序)
　　　　冯建明　仲伟俊　任卫时　任祖平　许映秋　李　鑫　李维滨
　　　　吴　娟　吴荣顺　孟　新　郭小明　梁书亭　蒋　波
办公室主任:李　鑫
成　　　　员:(按姓氏笔画为序)
　　　　王　亮　邢纪宏　华为国　刘　岚　汤　磊　李吉海　吴　扬
　　　　吴凌尧　沈建辉　张　胤　张　楠　周　虹

（东大委〔2014〕73号）

重要文件与讲话

中共东南大学委员会
2013 年工作总结和 2014 年工作要点

一、2013 年工作总结

2013 年,在中央、教育部和省委省政府的领导下,校党委深入学习贯彻党的十八大精神,以作风建设为主线,以内涵式发展为主题,深入开展党的群众路线教育实践活动,全面落实"十二五"改革和发展规划,团结和带领广大师生员工开拓创新、争先进位,学校各项事业取得长足进展。

1. 作风建设取得阶段成果

制定并实施了党的群众路线教育实践活动实施方案,召开了教育实践活动动员大会,围绕党的十八大精神、十八届三中全会精神和习近平总书记系列讲话精神及教育实践活动必读书目等组织开展学习。校领导班子集中学习 12 次,举行中层干部理论学习报告会 5 场。校领导班子召开师生座谈调研会 41 次,征集意见建议 447 条。学校及二级单位领导班子认真对照检查、深刻剖析自我,召开了专题民主生活会并进行了情况通报。制定并公布了校领导班子整改落实方案,5 大类 74 项重点整改任务按时间节点有序推进。全面推进建章立制,梳理现行规章制度和管理办法共计 1 415 件,拟废除文件 331 件,新制定文件 99 件。通过制度的废改立行,巩固了教育实践活动成果。

2. 思想理论建设得到加强

举办了中层干部学习贯彻党的十八大精神专题培训班,与国家教育行政学院合作继续开展党的十八大精神网络学习,把思想和行动统一到十八大精神上来。改版"至善网",新建群众路线学习、中国梦等多个专栏,编发理论学习材料多期。举办"思想的力量——

马克思主义学术讲坛"6期,宣传马克思主义研究新成果。成立了"东南大学社会主义核心价值研究中心",打造高端学术平台,深入推进社会主义核心价值观的研究和培育。

3. 宣传和信息工作成果丰硕

学校新闻在中央级平面媒体报道共109篇次,中央电视台报道17次,《新闻联播》报道3次。新开通新华网、人民网微博,腾讯官方微信。开通全国高校首个腾讯官方微视,学校官方新媒体平台覆盖受众面达35万人次,影响力持续扩大,荣获腾讯网"全国高校新媒体综合影响力十强"称号。编辑出版《东南大学报》31期,获2012年度全国高校好新闻评选一等奖4项,获江苏省高校校报优秀作品奖15项,获奖等第与总量位列江苏高校第一。学校荣获新华网"2013中国最具魅力高校"称号。信息工作取得新成绩,荣获"江苏省2013年度信息工作先进单位"和"江苏省2013年度教育信息工作先进单位"称号。

4. 干部工作不断完善

进一步修订完善《东南大学中层领导干部选拔任用工作条例》,制定了外派干部回校工作安排相关规定,调整了中层干部首任年龄相关规定。试行院系拟晋升党务科级干部网络测评制度。根据上级要求,选派滇西挂职干部2名,援藏干部1名。组织推荐第六批科技镇长团团长人选2人,成员8人。选派"教授博士柔性进企业"人员27人。接收对口支援学校、长三角高校优秀中青年干部挂职项目来校挂职干部7人。加强干部教育培训,培训新任中层干部37人,选派4名中层干部参加中组部、教育部及江苏省委教育工委举办的培训班学习,选派10名中层干部参加由9所高校联合委托江苏省委党校举办的培训班学习。

5. 基层组织建设进一步加强

提高党建研究和实践工作水平,制定并实施了《东南大学党建研究项目管理办法(试行)》,12个项目立项。6个党支部工作法案例入选《江苏高校基层党组织优秀工作案例100例》。党组织和党员信息管理系统正式投入使用。评出2012年"最佳党日活动"一等奖4个、二等奖7个、三等奖17个。持续加强校内全覆盖的组织培训工作,培训新任支部书记198人、新生党员121人、预备党员2 646人、党员发展对象20班次近2 800人。新发展党员2 595人,其中教职工党员29人,学生党员2 566人。截至目前,全校共有党员16 631人,其中学生党员11 211人,教职工党员3 713人,离退休党员1 707人。

6. 学生思想政治工作扎实推进

开展了"中国梦·东大梦·我的梦"主题座谈会、"高举团旗跟党走"主题团日活动等"中国梦"主题教育活动。继续开展"国防文化季"系列教育活动,通过全省首批"国防教育示范学校"检查验收。成功申报并有序推进思想政治理论课省级"示范点"建设。开展了"我最喜爱的研究生导师"评选活动,树立研究生导师立德树人典范。推进学风建设,举办科学道德和学风建设报告会16场。广泛提升研究生综合素质,举办研究生人文与科学素养讲座150场。

7. 反腐倡廉建设持续深化

制定并实施了《东南大学贯彻落实中央改进工作作风、密切联系群众〈八项规定〉和〈实施细则〉的实施办法》，促进作风不断转变。坚持实施新任处级领导干部反腐倡廉教育培训。开设了新生党员"正确认识社会腐败现象"的专题党课。深入开展公款送礼、公款吃喝、奢侈浪费专项整治工作。积极开展重点领域、关键环节的监督检查。加强干部选拔任用监督工作，积极探索干部监督管理工作中的新机制、新方法。加强预防职务犯罪教育，开展警示教育活动3场。开展"校园廉洁文化活动周"活动，营造崇尚廉洁的校园文化氛围。

8. 和谐校园建设取得新成效

成立无党派知识分子联谊会，党外人士参政议政渠道进一步拓宽。数字化校园统战管理信息系统荣获2013年度全国统战工作实践创新优秀成果奖，是全国高校唯一获奖项目。开展了"2013年新生文化季""第27届校园文化节"等系列文化活动，师生文体活动丰富多彩。1人荣获"全国师德标兵"荣誉称号，多个单位和个人分别荣获省级"模范职工小家""工人先锋号""巾帼文明岗""五一巾帼标兵岗"称号。调增了教职工住房公积金和住房补贴的缴存基数。全年发放大病补助金284万余元，补助549人次。学校荣获"2012—2013江苏省高等学校和谐校园"称号。

9. 各项事业取得新进展

现代大学制度建设迈入新阶段，《东南大学章程》经教育部核准正式颁布实施。学科建设成果丰硕，排名第一的学科数并列全国第七位，进入ESI的各个学科排名均大幅提升，工程学ESI排名上升至世界第83位。学生创新能力培养持续加强，4篇论文获全国百篇优秀博士学位论文奖，3篇获提名奖。高层次人才队伍不断壮大，专任教师博士学位比例和师资队伍海外经历比例持续提高。科技工作保持快速发展良好势头，国家自然科学基金资助项目和资助经费取得良好成绩。国家级科技奖励再获佳绩，4项成果获2013年度国家科技大奖，覆盖三大奖项，获奖总数并列全国高校第5位。国际合作办学和留学生教育持续推进。国内首个中外合作研究生办学机构东南大学—蒙纳士大学苏州联合研究生院正式运行。海外留学生数量进一步增长。附属中大医院医疗条件得到明显改善，服务教学科研能力进一步增强。学校基础能力建设、后勤管理和服务、资产管理、发展工作、校友工作、图书档案、学报、独立学院、继续教育等各项工作均获得了长足进展。

二、2014年工作要点

2014年是贯彻落实十八届三中全会精神、全面深化改革的第一年，是全面完成学校"十二五"规划目标任务的重要一年。校党委的总体工作思路是：认真贯彻落实党的十八届三中全会精神，以深化改革、提高质量为主线，以巩固教育实践活动成果、强化执行狠抓落实为核心，以作风建设常态化、和谐校园建设持续化为保障，以释放改革新红利、提升办学新效益为落脚点，全力推动学校各项工作再上新台阶。

(一) 着力凝聚实现东大梦的精神力量

1. 与时俱进加强思想理论建设

认真学习党的十八届三中全会精神,原原本本学、针对任务学、结合实际学,掌握全会决议精神实质,为深化新一轮改革破除思想障碍、凝聚共识。抓好中层以上干部学习贯彻习近平总书记系列讲话精神培训工作。大力开展社会主义核心价值观的宣传教育与实践活动,做好十八届三中全会精神、习近平总书记系列讲话精神"三进"工作,多出理论研究和教学实践成果。精选主题,遴选高水平主讲专家,进一步提升理论学习辅导报告质效。(党委宣传部、社会科学处、马克思主义学院)

2. 深入加强内外宣传工作

召开2014年全校宣传思想工作会议,拓展宣传方法、整合宣传力量,协同构建大宣传格局。围绕学校教学科研、师资队伍建设、试点院系改革、现代大学制度建设、中国梦主题教育等开展有重点有价值的宣传工作。加强策划,深挖素材,提升新闻宣传的社会影响力。进一步提升运用新媒体开展对外宣传工作的能力与素质。改版校园网主页,加强对二级网站的日常监管,加快学校英文网站建设。进一步提升校报舆论阵地的思想性与引领性,面向师生接地气,加强特色栏目建设,提升校报的可读性和影响力。(党委宣传部、各部处、各院系)

3. 不断推进办学思路创新

开展世界一流大学推进路径专题大讨论,深入了解世界一流大学最新发展变化,深刻认识世界一流大学建设规律,探索中国特色世界一流大学建设有效路径,凝聚全面深化改革的共识。继续瞄准"十二五"确定的参照系——美国伊利诺伊大学香槟分校,持续做好动态跟踪、发展对比和经验汲取。做好"十二五"改革发展规划执行情况的中期检查,加强对已有改革的绩效评估,总结经验、发现差距、明确目标、调整进度。启动"十三五"规划前期研究工作。[党委宣传部、发展规划部(处)、各院系]

(二) 全面深化新一轮改革

1. 深化现代大学制度建设

按照推进治理体系和治理能力现代化的要求,完善学校内部治理结构,以《东南大学章程》的实施牵引配套制度建设,完善党委全委会和党委常委会、校长办公会议事决策规则,建立健全学术委员会、学位委员会、教学委员会等学术组织章程,启动师生员工权利保障及申诉制度的制定工作,推进大学章程精神落地生根。[党委办公室、校长办公室、发展规划部(处)、校工会、校团委、研究生院、科研院、教务处]

2. 推进以试点院系为重点的综合改革

制定并实施院系综合改革试点方案。按照先行先试、重点突破、示范引领的原则,大力推进综合改革,努力在课堂和实践教学质量保障机制、终身教职聘任制度、院系内部治理改革等重点或环节形成有效突破。建立试点改革定期交流汇报机制和动态调整机制,确保试点院系改革成为新一轮改革的先行者和示范者。根据教育部指导意见,深化人事制度改革。完善异地办学和社会服务机构设置、职能配置和运行机制。进一步明确直附属单位职能定位,理顺部门职责关系及岗位属性。[发展规划部(处)、人事处、各试点院系、各部处]

3. 深化教学质量保障机制改革

进一步有效提升课堂教学质量。切实强化教授给本科生上课制度。加强对教师尤其是青年教师教学能力素质的定期培训。加大与世界一流大学教学方面的合作交流,加大聘请国际优秀师资来校上课力度。健全教师公派出国交流培养中课程教学进修任务的要求和考核。完善学生评教制度和师资流出转岗制度,激励教师更好地履行教学工作天职,推动教学质量实现新的明显提升。(教务处、国际合作处、人事处、教师教学发展中心、各院系)

(三) 继续深化干部人事制度改革

1. 进一步加强领导班子和干部队伍建设

贯彻落实教育部党组《关于进一步加强直属高等学校领导班子建设的若干意见》,加强思想政治建设,提高领导科学发展的能力水平。认真贯彻执行民主集中制,增强领导班子凝聚力、战斗力和工作执行力,强化职业意识。认真贯彻执行《党政领导干部选拔任用工作条例》,进一步修订和完善学校中层领导干部选拔任用工作条例,构建有效管用、简便易行的干部选任机制。创新干部任期考核制度,推动学校改革目标任务的贯彻落实。切实组织好院系行政领导班子换届,优化新一届班子的学科、性别、年龄、学缘及个性结构,为院系新一轮发展选好配强干部。推动干部轮岗交流,加强党政交流、机关院系交流,进一步增强干部队伍活力。(党委组织部、各院系)

2. 大力加强高层次人才队伍建设

根据我校实际,研究部署加强高端人才队伍建设和学科人才梯队建设。根据学科发展,从强化优势学科地位、加强交叉学科、布点新兴学科等方面入手引育人才。调整人才资源政策,把握人才竞争态势和市场行情,完善不同人才计划引进支撑条件分类机制,构建动态、合理、有竞争力的人才引育机制,逐步形成各层次优秀人才不断涌现、不断跃级的良好局面。完善人才服务体系,营造具有竞争力人才工作软环境。召开校内各层次人才座谈会,为高层次人才队伍建设建言献策。(党委组织部、人事处、各院系)

(四) 持续深化立德树人工作

1. 深入推进学生思想政治工作

把培育学生的理想信念作为思想理论建设的核心任务,用远大理想激励前行,用坚定信念为人生导航。加强学生社会主义核心价值观教育,使"三个倡导二十四字表述"内化于心、外化于行。提升思想政治理论课的针对性、时效性,用好教材、建好队伍、讲好课程,努力让学生真心喜爱、终身受益。健全学生心理健康关爱机制,提升心育工作专兼职工作队伍的服务技能。把教育引导与关爱服务结合起来,帮助学生学会处理学习成才、择业交友、健康生活等具体问题。帮助家庭经济困难学生和学习困难学生顺利完成学业和就业。加强院团组织建设,着力推进团学骨干队伍建设,打造活力团支部。贯彻执行《全国大学生思想政治教育工作测评体系(试行)》,完成自评工作,以评促建提升学生思想政治教育工作规范化科学化水平。不断加强辅导员队伍建设。(党委学工部、党委研工部、校团委)

2. 完善学生社会实践和创新创业工作机制

大力弘扬志愿者精神,提高做好青奥会、研究生支教团、西部计划、苏北计划、绵竹计划等志愿者工作,增强学生社会责任感和社会实践能力。出台《东南大学社会实践管理办法》,加强社会实践工作保障。以暑期"三下乡"社会实践为重点,扩大服务范围、丰富服务内容,着力推动社会实践活动的项目化、基地化、规范化。继续拓展社会实践基地数量,推进就业基地与社会实践基地建设相结合。深入完善团委、教务处、科研院协同服务的学生科技创新工作体系,整合学生科技创新资源。持续做好大学生创业中心建设,优化创业活动与科研项目结合的模式。积极筹备2014年"挑战杯"全国大学生创业计划竞赛参赛工作,力争取得优异成绩。加强对科技创新类学生社团的指导和支持,做好"挑战杯"SRTP培育项目的选拔和持续支持。(校团委、教务处、科研院、各院系)

(五)继续营造风清气正校园环境

1. 巩固和扩大党的群众路线教育实践活动成果

召开教育实践活动总结大会,认真总结活动经验,凝练开展活动的理论、实践和制度成果,以钉钉子的精神推进学校各项改革任务贯彻落实。坚持把作风建设作为推动新一轮改革的重要保障,进一步建立健全反对"四风"、改进作风的各项规章制度,形成作风建设长效机制。持续完善机关后台服务机制,优化办事流程,加强机关服务后台技术支撑,持续改进机关作风,提升服务效能。(教育实践活动领导小组办公室、党委办公室、校长办公室、纪委办公室、机关党委)

2. 切实加强反腐倡廉建设

根据中央及教育部精神,结合学校实际制定《东南大学建立健全惩治和预防腐败体系2013—2017年工作规划实施意见》。开展党风廉政宣传教育月、校园廉洁文化活动周等活动,加强干部廉洁从政、教师廉洁从教、学生诚实守信的教育。落实中央纪委《关于加强廉政风险防控的指导意见》,对招投标、科研、招生、基建、采购、产业、国有资产管理等重点领域、重要岗位、重点环节开展专项治理,进一步完善内部监督制约机制。落实教育部关于高校科研项目、科研经费、科研行为管理的三个《意见》,进一步规范科研经费使用与管理。加强案件查办工作,维护党纪国法校规的严肃性。坚持和完善信访分析、信访监督谈话以及监察建议书等制度,强化信访结果运用,发挥信访案件综合效应。(纪委办公室、监察处、科研院、社科处)

(六) 不断推进和谐校园建设

1. 加强校园民主建设

深入探索和改进民主管理形式和方法,进一步推进各院系二级教代会的组织建设工作,充分发挥校、院系两级教代会民主管理和民主监督作用。建设教代会提案网络办理系统,提高提案办理效率。大力推进党务、校务、院系务公开,信息公开等工作,保障师生知情权、参与权、监督权。充分发挥民主党派、侨联、无党派知识分子联谊会等组织参政议政作用。实施人大代表、政协委员接待日制度。充分发挥工会、共青团、学生会、研究生会、退离休协会等群众组织的桥梁纽带作用。继续推进校、院系两级关工委工作常态化。(党委办公室、校长办公室、纪委办公室、党委统战部、党委老干部处、校工会、校团委、人事处、学生会、研究生会)

2. 加强校园民生建设

不断加强师生关爱工作,完善家庭经济困难学生资助体系。根据国家政策,结合学校财力,进一步改善教职工的工作条件和福利待遇。加快数字化校园建设,完善信息服务平台,进一步提升数字化图书馆、档案馆建设水平,为师生员工提供方便快捷的服务。打造与高水平大学建设相适应的后勤保障体系,满足师生员工不断增长的服务需求。加快大病医疗互助录入和计算系统的建设,力争早日实现大病医疗互助信息录入与公费医疗报销同步进行。持续推进多方合作共建的社区居家养老服务体系建设。(学生处、研究生院、人事处、后勤党工委、校工会、校医院、党委老干部处)

3. 加强文化校园建设

开展丰富多彩的师生文化活动,做好"五四"红歌会、新生文化季、学生科技节等系列精品活动。进一步优化校园建设规划,加快九龙湖校区后续工程建设,加强各校区基础设施改造和校园景观建设,不断美化校园环境。(校工会、校团委、基建处、总务处)

4. 加强平安校园建设

完善校园突发事件应急处置预案,强化信息研判和报送工作常态化机制。加强对课堂、讲座、校报、校内广播电视和校园网站的管理,守好思想舆论宣传阵地,营造良好校园环境。争取各校区所在政府部门支持,进一步加强校园周边综合治理。加强全员安全教育,强化校园安全保卫工作责任制,进一步完善校园安全防范体系。持续提高保密技术防范和保密管理水平。(党委办公室、校长办公室、党委宣传部、保卫处、保密办)

东大委〔2014〕16号

中共东南大学委员会 2014 年上半年工作小结和下半年工作补充要点

一、上半年工作小结

2014年上半年，校党委以中国特色社会主义理论体系为指导，深入贯彻落实党的十八届三中全会精神，以深化改革、提高质量为主线，释放改革红利、提升办学效益，以巩固教育实践活动成果、强化执行为核心，持续推动作风建设与和谐校园建设，年初确定的各项任务顺利推进。

（一）作风建设不断深化

1. 教育实践活动整改任务有力落实

根据学校教育实践活动整改落实方案，深入推进整改。校级领导班子5大类74项整改任务已完成70项，17项专项整治任务已完成16项，新制定和修订文件已完成114件。"两方案一计划"确定的整改任务，全部按时间节点完成，其余整改任务正加紧加快推进。

2. 作风建设扎实推进

以制度建设巩固作风建设成果，制定出台《东南大学领导班子密切联系师生加强作风建设的十项制度》等规定。持之以恒反对"四风"，加强党员领导干部廉洁自律有关规定和要求的执纪力度。积极推进机关部处后台服务建设，强化职能部门"六清一办"制度和多校区办公制度，机关作风和服务效能进一步提升。

（二）宣传思想工作有力加强

1. 思想理论学习进一步加强

坚持和完善校理论学习中心组学习制度，组织校理论学习中心组学习会6次，编发学习材料3期，认真学习中央要求和习近平总书记系列重要讲话精神，学习党和国家的教育方针政策，把握高等教育办学规律。

2. 宣传工作成效显著

召开了2014年全校宣传工作会议，进一步拓展宣传工作思路。在中央级媒体发稿175篇，省级媒体245篇，其他媒体103篇。获评江苏省教育宣传工作先进单位。1篇新闻作品获评江苏教育新闻一等奖，为高校唯一获一等奖作品。深化了与中央级媒体的互动合作。形成7大官方新媒体平台，新媒体粉丝突破48万。开展了青奥倒计时100天、112周年校庆等多主题网上宣传互动活动，网络新闻策划与推介机制成效显著。出版《东南大学报》16期，推出专刊2期。

（三）一流大学建设路径探索不断深入

1. 世界一流大学建设路径大讨论顺利开展

组织开展了"世界一流大学建设路径"全校大讨论，建设了专题网站，举办专题报告会2场，开辟校报专栏刊发讨论文章14篇，组织各院系撰写了专题研究报告，凝聚建设世界一流大学共识。

2. 加强顶层设计，促进内涵式发展

结合教育部颁布的《高等学校学术委员会规程》，设计了学术组织架构，对学术委员会等学术组织的章程进一步修改完善。加强顶层设计，对异地办学，加强理科、医科、人文社会科学学科建设，多校区功能定位和规划进行了深入调研论证，为促进学校内涵式发展提供解决方案。

（四）干部队伍和基层党组织建设不断强化

1. 干部人事管理科学化、规范化、制度化持续推进

结合教育实践活动整改，在充分调研和讨论的基础上，修订了《东南大学中层领导干部选拔任用工作条例》部分条款内容。中层干部轮岗交流、岗位调整14人次，新提拔中层干部9名。开展了年度党务科级干部选拔评聘工作，任免、调整党务科级干部25名。选派赴滇西边境山区挂职干部2名，选派定点扶贫干部1名，开展了第七批"科技镇长团"成员推荐工作，推荐选拔玄武区挂职干部1名，接收对口支援学校挂职干部3名。按照中央从严管理监督干部的要求，组织开展了领导干部个人有关事项报告填报工作，并完成了信息汇总综合分析。

2. 基层党组织建设进一步深化

按照中央"控制总量、优化结构、提高质量、发挥作用"的总体要求，下达年度发展党员指导性计划。新发展党员1 033人，其中学生党员1 022人，教职工党员11人。选派中层干部3人参加教育部及省委教育工委培训班，10人参加九校联合委托江苏省委党校举办的高校党政干部培训班。举办第四期教师党支部书记暨第二期青年骨干教师专题培训班，培训学员38名。培训预备党员1 108人，培训党员发展对象1 747人。

(五) 立德树人根本任务不断落实

1. 深入有效开展主题教育活动

打造了4个生活教育学园开展主题教育活动,将核心价值观教育融入学生日常生活。开辟了九龙湖"耕读园",开展爱劳动主题教育。利用校内建筑工地围合开展艺术绘画主题活动,创新美育工作。

2. 学生思想工作有力加强

深入开展五四运动95周年纪念活动。通过组织座谈会、辅导报告、理论学习等多种形式,广泛组织青年学生认真学习习近平总书记五四重要讲话精神。创新新生入学教育工作,荣获江苏省高校学生教育管理"创新奖"一等奖1项。获评省级三好学生24名、省级优秀学生干部14名、省级先进班集体15个。国防教育成效显著,顺利通过全省普通高校武装部规范化试点建设验收。研究生思想政治工作持续加强。组织开展了研究生党员干部系列专题讲座及培训。举办研究生科学与人文素养系列讲座62场。设立了研究生心理健康专项项目,支持院系开展心育工作。持续开展"我最喜爱的研究生导师"评选活动,激励研究生导师以学术造诣和人格魅力培育优秀人才。

3. 创新创业和实践育人体系建设进一步完善

围绕科技育人、创新驱动主线,以2014年东南大学学生科技节为载体,举办4大类共285场学术科技活动,参与学生突破1万人次。开展了"为祖国勤学修德·以实践明辨笃实"主题暑期社会实践活动,5 000余名学生组成数百支社会实践队伍深入农村、企业和社区,了解国情、接受锻炼。打造志愿服务平台,推进江苏大学生志愿服务西部计划和苏北计划,形成4个研究生支教团服务点。800余名青奥志愿者服务南京青奥会。4人获评"2013年度江苏省优秀青年志愿者"称号。

(六) 党风廉政建设扎实推进

党风廉政建设和反腐败工作深入推进

坚持从严治党、廉洁从教的工作理念,落实党风廉政建设主体责任和监督责任。根据"转职能、转方式、转作风"的要求,进一步聚焦监督执纪问责。开展了党风廉政宣传教育月活动,营造良好的校园廉洁文化氛围。深入开展党风廉政研究,成立了江苏省教育纪检监察学会东南大学分会并举办了首次研讨会。加强了重点部位和关键环节工作人员风险防范教育,先后组织重点岗位干部100余人参观警示教育基地。加强对干部选用、招投标、招生、考试等重点领域和关键环节权力运行的监督检查。对学校有关单位重大经济决策制度制定和执行、财务收支管理等5大方面、23项问题进行了专项检查。积极推进信访案件举报平台建设,完善了"信、访、电、网"四位一体信访举报体系。

(七) 和谐校园建设持续加强

1. 校园文化建设不断深化

加强榜样教育,发挥优秀学生示范效应,开展了"东南大学2014年最具影响力毕业生"评选活动。精心组织毕业典礼,营造了良好的典礼文化氛围。围绕"我的中国梦""与信仰对话"等主题广泛开展各类文化育人专项活动,涌现了一批有思想内涵、形式创新的思想教育类精品文化活动项目。以2014年南京青奥会为契机,落成"中华全国体育协进会成立大会旧址"纪念碑,充分挖掘传播东南大学体育文化历史底蕴。以"榜样在我身边"为主题,通过校园网开展校园安全文化建设,加强师生安全教育。

2. 校园民主和民生建设进一步加强

召开了教代会提案落实推进会,推进校园民主管理。协助各民主党派和侨联加强组织和队伍建设,学校民主党派组织新一轮换届工作顺利完成。加强和改进了学生会、研究生会、学团联等学生组织建设,充分发挥学生组织"三自"作用。深化利用社区资源服务离退休教职工,积极参与多方合作共建的社区居家养老服务体系的建设。

3. 学校各项事业取得良好成绩

入选江苏高校优势学科建设工程二期项目13个,入选江苏省重点序列学科1个。在国家第七届高等教育教学成果奖评选中,我校有一等奖1项、二等奖5项已通过公示,位列全国高校第8位。新增国家级精品资源共享课17门。5个项目通过国家级科技奖励初审答辩。1个协同创新中心已通过国家"2011协同创新中心"初评、现场考察、专家综合咨询,进入公示阶段。新增"千人计划"外专千人2人,青年千人3人,新增"万人计划"科技创新领军人才1人,哲学社会科学领军人才1人,教学名师2人。东南大学—蒙纳士大学苏州联合研究生院首届研究生正式毕业。附属中大医院医疗服务教学科研等工作进一步增强。学校基础能力建设、后勤管理和服务、资产管理、发展和校友工作、图书档案、学报、独立学院、继续教育等各项工作均取得长足进步。

二、下半年工作补充要点

2014年下半年,学校将按照年初确定的工作要求和总体部署,以全面深化改革、提升教育质量为主线,以持续转变作风、狠抓教育实践活动整改任务落实为中心,以院系行政换届、"十二五"改革发展规划的全面落实为重点,着眼学校第二步发展目标的实现,提前筹划学校改革发展相关工作,力争各项工作再上新台阶。

(一) 认真落实教育实践活动整改任务,深入加强作风建设和思想理论建设

1. 不断深化作风建设

认真抓好校领导班子教育实践活动整改任务方案、专项整治方案、制度建设计划的落实。深入抓好部处院系层面整改任务的落实,使党的优良作风往下扎根,向上结果。(教育实践活动领导小组办公室、各部处、各院系)

2. 进一步加强思想理论建设

结合世界一流大学建设使命和高等教育改革前沿动态等主题,组织开展好中心组理论学习,把学习贯彻习近平总书记系列重要讲话精神引向深入。继续开展"世界一流大学建设路径大讨论"。召开专题座谈会,凝练讨论成果,进一步明确有东大特色的一流大学建设路径,广泛凝聚师生扎根中国大地建设世界一流大学的共识,为学校创新办学思路,全面深化改革提供政策咨询。[党委宣传部、发展规划部(处)]

(二) 深化干部人事制度改革,增强干部队伍支撑能力

1. 继续深化干部人事制度改革

深入学习贯彻中央《党政领导干部选拔任用工作条例》,修订和完善我校中层领导干部选拔任用工作条例,拓宽选人用人视野和渠道,构建有效管用、简便易行的干部选任机制。探索实施干部职务任期制,推进干部人事管理的科学化、规范化、制度化。(党委组织部)

2. 做好院系行政换届

着眼学校长远发展实施新一轮院系行政换届,优化换届院系班子的学科、学缘、年龄、党派、性别及个性结构,为学校新一轮改革发展配强干部队伍。结合院系行政换届,推动学科交叉创新,推动干部轮岗交流,不断开发原有人才资源的潜力,不断增强干部队伍的活力。(党委组织部、各院系)

(三) 深入构建现代大学制度,全面深化改革创新

1. 完成学校"十二五"改革和发展规划中期执行情况检查

对"十二五"改革和发展规划中期执行情况检查总结,形成分析评估报告,对院系部处加快推进"十二五"规划的落实提出指导意见和建议。科学分析学校事业发展态势,进一步创新发展思路、发展战略,为"十三五"改革发展规划的预研和编制打下坚实基础。[发展规划部(处)、各院系、各部处]

2. 加快推进学校治理体系和治理能力现代化

以贯彻实施《东南大学章程》为龙头,以颁布实施学术组织章程为抓手,推进学校治理

体系建设,解放和发展学术生产力。继续深化试点院系综合改革,完善学术特区建设,不断推进管理体制和人事制度改革,全面探索有东大特色的现代大学制度。[发展规划部(处)、人事处、试点院系、学术特区]

(四)坚持立德树人,持续抓好学生思想政治教育

1. 深入开展社会主义核心价值观教育

持续开展"我的中国梦"系列主题教育,引领学生培育践行社会主义核心价值观。参照《高等学校辅导员职业能力标准(试行)》,健全辅导员工作各项规章制度,推进辅导员专业化培养。健全和完善家庭经济困难学生档案和贫困生动态管理库,切实做好助学体系的建设和管理工作。适当创新拓展军训内容,高质量完成军训任务。充分发挥资助工作的育人功能,指导受助学生开展爱心活动。坚持德智体美"四育融合",加强学生科学锻炼。(党委学工部、党委研工部、党委武装部、团委)

2. 大力做好学生创新创业工作

做好"创青春"全国大学生创业大赛、第十四届"挑战杯"全国大学生课外学术科技作品竞赛的参赛和筹备工作,力争取得优异成绩。坚持以学生创新创业顶级赛事为龙头,带动校内创新创业工作机制建设,形成基础前移、校内协同、机制合理、保障有力的学生创新创业工作新格局。(团委、教务处、科研院、各院系)

(五)持续加强党风廉政建设,营造风清气正校园氛围

1. 健全和完善党风廉政和反腐败制度建设

贯彻落实中央惩治和预防腐败体系建设2013—2017年工作规划,在教育部惩防体系五年工作规划的指导下,制定符合学校实际的实施办法。充分发挥组织协调作用,抓好任务分解和督促检查,保证反腐倡廉各项工作有效落实。进一步落实党委党风廉政建设主体责任和纪委监督责任,对学校二级单位主要负责人进行党风廉政建设主体责任集体约谈,并签订党风廉政建设责任书。在职能部门层面建立健全"三重一大"决策制度,进一步健全二级单位的集体决策程序和民主决策机制。(纪委办公室、各部处、各院系)

2. 加强权力运行的监督检查

结合院系行政领导班子换届,成立以校领导为组长的巡视组,开展新一轮巡视检查。加强巡视成果运用,进一步促进党风廉政建设责任制在院系的贯彻落实。严格贯彻落实教育部关于科研经费使用管理、自主招生等方面的规定和要求,根据驻部纪检组监察局的部署,深入开展专项检查,严肃惩处违纪违规行为,严格责任追究。在学校机关部处开展重要事项决策制度专项检查。(纪委办公室、科研院、各部处、各院系)

(六)深化和谐校园建设,为一流大学建设提供坚强后盾

1. 加强校园文化建设

颁布实施《校园文化建设纲要》,建立健全校园文化建设领导机制和工作机制,有序启动和推进大学文化建设相关工程,着力推进有东大特色的先进大学文化建设。健全和完善"校长文化专项"管理办法,集中有限资源积极支持一批优质文化项目。启动校史研究项目工程,加快推进校史馆一期工程建设。(党委宣传部、团委、档案馆、总务处、基建处)

2. 强化和谐校园建设和安全稳定工作

加强思想政治工作,完善师生员工权利申诉及终结机制,及时化解矛盾,保障各项改革顺利推进。继续协助民主党派、侨联和无党派知识分子联谊会加强组织和队伍建设,不断提升党外人士的参政议政能力和水平。进一步完善离退休工作领导机制与工作机制,努力提高离退休工作服务与管理水平。以"示范平安校园"建设为抓手,针对社会及校园安全新形势,加强校园内部日常安防,加强校园周边综合治理,加强对重要时间节点和重大活动中的安全防范,加强重要部位的安全保卫。进一步完善保密工作责任体系,加强保密宣传教育,全面强化保密管理,加大保密督查力度,促进保密工作再上新台阶。(工会、党委统战部、党委老干部处、党委保卫部、保密办)

东大委〔2014〕54号

东南大学2013年工作总结和2014年工作纲要

一

2013年,学校全面贯彻落实党的十八大和十八届二中、三中全会精神,深入学习贯彻习近平总书记系列重要讲话精神,积极开展党的群众路线教育实践活动,在教育部和江苏省委、省政府的正确领导,以及广大师生员工的共同努力下,坚持改革,不断创新,各项事业进展顺利,取得了较为优异的成绩。

(一)学科建设和研究生教育工作成效明显

完成"985工程"三期建设和实施情况总结,因学科建设成效显著,在"985工程"三期绩效奖励和促进高校内涵式发展经费方面获得了更好的支持。进入ESI的7个学科排名均大幅提升,其中工程学上升至第83位。在"十二五"江苏省重点学科建设情况评估中,3个学科获评优秀,位列全省第一。大力推进博士生招生制度改革,修订了《东南大学硕士研究生指导教师遴选办法》,提出新的导师考核方案。全面实施公共英语教学改革,推进研究生课堂教学质量保障体系建设。获全国优秀博士学位论文4篇,全国优秀博士学位论文提名奖3篇,取得历史最好成绩;获江苏省优秀博士学位论文13篇。获"宝钢优秀学生特等奖"1项。东南大学—蒙纳士大学苏州联合研究生院5个专业招收双硕士学位研究生141名。积极开展"国家建设高水平大学公派研究生出国留学项目"的选拔和推荐工作,派出研究生101名。立项建设硕士研究生全英文专业16个,建设全英文课程100门。

(二)本科教学和人才培养工作成果显著

完善专业分流相关政策和转系转专业管理办法,提出学期与教学安排完善方案,推进了教师教学发展基本工作。新增国家级综合改革试点项目1个,教育部第三批卓越工程师教育培养计划学科专业1个。获江苏省教学成果奖特等奖4项、一等奖7项、二等奖6项。52位教授当选新一届全国教学指导委员会委员,其中主任委员和副主任委员12位。获"宝钢优秀教师特等奖"1项。获国家级精品视频公开课2门,获首批国家级资源共享课立项建设课程19门。获省级重点立项与新编教材6部。获省级高等教育教改课题11项,其中重中之重2项、重点3项。国家大学生创新创业计划项目立项115项,获省级以上各类学科竞赛奖795人次。招生工作取得重要进展,生源质量进一步提升。毕业生年终就业率98.32%,其中本科生年终就业率98.6%,就业层次进一步提高。在学业辅导、经济资助、心理援助、就业指导等方面全方位加强对困难学生的帮扶工作,本科生全年发放各类奖学金、助学金、困难补助等经费达2 449.5万元。

(三)科学研究和科技服务工作取得新突破

以第一完成单位获得国家自然科学二等奖1项、国家技术发明二等奖1项、国家科技进步二等奖2项,获奖数量并列全国高校第5位,获奖种类涵盖国家三大奖项,取得历史最好成绩;以第一完成单位获得省部级科技奖励一等奖9项。获"973"项目(青年科学家专题)1项,获重大专项15项。获国家自然科学基金项目284项,资助经费达到1.75亿元。获国家杰出青年科学基金项目资助3项、优秀青年科学基金项目资助6项。获江苏省杰出青年基金项目资助8项,位列江苏高校第一。SCI收录论文1 475篇,位列全国高校第16位,较去年提升1位;EI收录论文1 618篇,位列全国高校第12位。科研经费达到15.36亿元,较去年增长了12.9%。发明专利申请1 611项,较去年增长了近20%;发明专利授权668项;申请PCT专利32件,较去年增长了158%。研究制定协同创新中心管理办法,获江苏省首批立项建设高校协同创新中心2个,新增校级协同创新中心4个。新增江苏省高技术重点实验室1个、江苏省工程技术研究中心2个,新建校企产学研联合研发中心12个,与20家以上大型企业开展了科技对接。作为技术依托单位获得江苏省重大科技成果转化项目8项。组织完成2012—2013年度质量管理体系的内部审核和管理评审工作,通过中国新时代认证中心质量管理体系民品的第一次监督审核和军品的第二次监督审核。装备承制资格通过现场审查。获各类国家社科基金项目18项,其中国家社科重大投标项目1项。建成省级人文社科基地3个,江苏省社科优秀创新团队1个。获教育部第六届高等学校科学研究优秀成果奖(人文社会科学)一等奖1项、二等奖1项、三等奖3项。

(四)师资队伍建设与人事工作取得新进展

新增"千人计划"国家特聘专家2人、"青年千人计划"3人,入选"万人计划"8人。新增"长江学者"讲座教授1人、"百千万人才工程"国家级人选2人。引进具有博士学位的教师117人,其中具有海外博士学位45人。引进急需的学科带头人9人,其中国家杰出青年基金获得者2人。专任教师总数达到2 573人,其中具有博士学位的比例达到74.7%。派出赴国(境)外进修的骨干教师63名。博士后科研流动站在站人数达到436人。启动学校定岗核编的研究工作,修订了《东南大学专业技术岗位晋升条件》《东南大学突出成果奖励暂行条例》《东南大学特聘教授条例》《东南大学青年特聘教授条例》等规定。完成2013年度专业技术职务评聘、专业技术岗位分级和职员晋升等工作,出台并实施了《东南大学单位综合考核及年度奖励性岗位绩效津贴分配办法》,完成2013年度院系职能部门综合考评工作。调整教职工提租补贴和住房公积金、住房补贴基数。

(五)国际合作交流与港澳台工作不断拓展

东南大学—蒙纳士大学苏州联合研究生院和联合研究院新大楼正式投入使用。与国(境)外25所大学正式建立合作关系。与白俄罗斯明斯克国立语言大学共建的孔子学院获"2013年度全球先进孔子学院"称号。派出赴国(境)外攻读学位、短期学习、交流的学生1 575名,较去年增长50%。派出赴国(境)外参加国际学术会议、学术交流、合作的教师905人次,较去年增长13.1%。聘请来校讲学、合作研究的外国专家900余名,聘请来校开设全英文授课专业课程的外国教授近百名。召开国际学术会议23次。在校海外留学生总人数1 622人,较去年增长了17.6%,其中学历生1 201人,占总人数的74%。

（六）围绕学校中心工作，其他各项工作进展良好

按照中央统一部署，在中央督导组的指导和学校党委的领导下，结合学校实际，认真扎实地开展党的群众路线教育实践活动，并已取得初步成果。《东南大学章程》正式实施，成为教育部第一批核准的高校章程。初步制定完成学术委员会、学位委员会、教学委员会等学术机构章程。提出试点学院综合改革方案，推进试点学院综合改革。总结学术特区建设经验，深化学术特区建设与拓展工作。梳理实验室设备管理与共享政策和体制，推进实验设备管理与维护机制改革。推进无锡分校、苏州研究院等异地机构管理体制与运行机制改革方案的制定工作。完善了支持成贤学院发展的有关政策，着力解决专业负责人、教学骨干以及学校教师在成贤学院兼职兼课和学生辅修问题。认真论证改善基本办学条件专项，强化了改善基本办学条件专项的科学性与可行性。研究决定成立校史编撰委员会和校史研究室。制定了《东南大学关于贯彻落实〈党政机关厉行节约反对浪费条例〉的规定》《东南大学国内公务接待管理实施细则》，健全了厉行节约反对浪费制度。制定《东南大学公费医疗管理补充规定》，完善了学校公费医疗制度，较大幅度调整了学校公费医疗药品目录版本，增加了职工体检相关检测项目。

学校资产公司运行良好，较好地实现了经营性资产的规范管理和保值增值，在中央国有资本经营预算项目申报中获得突破。依托学校自主知识产权组建科技型企业5家。继续推进大学科技园"一园多区"孵化载体和公共服务平台建设。设立奖助学金、奖教金项目184项，资金总额较去年增长21%。新成立境内校友会8个、境外校友会7个。积极争取社会捐赠，分别与唐仲英基金会、中南控股集团签署3 000万元和3 500万元的捐赠协议。

调整后勤管理体制，撤销后勤管理处、后勤服务集团，成立了总务处。注重提高后勤事务的师生参与度。完成地下管网信息系统和建筑节能监管平台一期工程建设。完成电增容改造项目3项，修缮工程7项，完成部分住宅区水电直供改造，完成4 000余平方米节能窗改造。出新校舍1.3万平方米，拆除违章建筑6项，完成九龙湖校区教学楼、图书馆和周边景观提升工作。完成浦口东校区资产清查以及晓庄校区和浦口校区房屋产权登记工作。完成九龙湖校区材料化工教学科研楼、四牌楼校区博士后公寓二期建设，顺利推进九龙湖校区土木交通教学科研楼、研究生宿舍3号院建设，基本建成九龙湖校区体育馆。启动九龙湖校区桃园学生宿舍和食堂的建设工作。启动附属中大医院门急诊大楼建设的前期论证工作。

校园民生不断改善，民主渠道建设进一步加强；安全稳定工作卓有成效，有力地保障了各项工作的开展；财务运行情况良好，财政总收入超过30亿元；各种审计监察规范有效；对外宣传成效明显；依法治校工作取得新进展；机关服务意识进一步增强，服务质量有所提高；数字化校园建设顺利推进；对口支援、滇西地区扶贫计划、信息公开等工作扎实开展。附属中大医院医疗服务、学科建设、科学研究、教育教学等各项事业取得较快发展。各校区、各院系、各直属单位在学校领导下顺利开展工作，均取得较好成绩。

二

2014年,是深入贯彻落实党的十八大和十八届二中、三中全会精神的重要一年,是进一步推进和深化管理体制机制改革的改革之年,是全面实施"十二五"发展规划纲要的关键之年。要做好今年的工作,我们必须深入学习贯彻党的十八大和十八届二中、三中全会精神,深入学习贯彻习近平总书记系列重要讲话精神,坚定方向、保持定力、统筹兼顾、突出重点、深化改革、狠抓落实,积极稳妥、务求实效;必须积极巩固党的群众路线教育实践活动所取得的成果,建立改进工作作风、密切联系群众的长效机制,确保党的群众路线教育实践活动惠及师生、取得实效;必须按照国家全面深化改革的战略部署和要求,认真分析当前教育改革发展形势,加大教育领域综合改革力度,全面实施"十二五"发展规划纲要,推进新一轮更加积极有效的改革,进一步夯实基础,促进学校综合实力和核心竞争力的显著提升。

(一) 2014年大力推进的重点工作

重点推进《东南大学章程》的实施,完善内部治理结构,推进依法办学,坚持面向社会,努力构建具有东大特色的现代大学制度。明确学校的制度框架、治理结构以及各主体的权利义务范围;调整并健全学术委员会、学位委员会、教学委员会等学术机构的职责,依据章程制定学术机构章程和运行规则;建立健全各项办事规则和办事程序,提高管理效能;明确和保护教职工与学生的基本权利,建立健全师生权利保障机制。重点推进体制机制改革创新,实施"试点学院"改革,完善"学术特区"建设。选择1—2个学院综合推进人才培养模式、师资队伍建设以及内部治理结构等多方面的改革;总结学术特区建设经验,完善学术特区用人方式、薪酬体系和考核机制,进一步加强学术特区扩展与深化工作,建设1个新的学术特区。重点推进教学基本环节建设,着力提高人才培养质量。提高课堂教学成效,改进教学方法,更新教学手段,大力实施互动式、研讨式教学,加快推进课堂教学从传统的知识传授型向研究型转变;确保专任教师中具有教授职称的教师为本科生授课;深化课堂教学的质量监控保障机制建设,完善校、院(系)教学督导制度和学生评教制度,切实保障课堂教学质量。

(二) 学科建设与研究生教育工作

认真总结评估"985工程""211工程"建设绩效,做好新一轮立项准备工作。做好江苏高校优势学科建设工程一期项目验收、绩效评估工作,积极申报江苏高校优势学科建设工程二期项目,力争获得支持的学科数有新的突破。提前酝酿、规划,做好院士工程相关工作。进一步修改和完善导师培训、导师考核等制度,做好新导师的遴选和导师培训。继续深化博士研究生招生制度改革,进一步扩大本科直博、硕博连读、申请考核等优质生源的选拔比例,提高生源质量。推进示范课程建设,建设研究生示范课程20门,遴选3—5个专业领域开展硕士专业学位示范课程建设。继续推进全英文授课专业课程资源建设,建设全英文授课专业17个。继续做好东南大学—蒙纳士大学苏州联合研究生院的专业建设及人才培养工作,选派100名以上优秀研究生至世界一流大学攻读学位或进行联合培养。及时把握优秀博士学位论文评选工作新动向,确保获得优秀博士学位论文2篇。制订和完善各类别(领域)专业学位论文的基本要求,完善和规范专业学位的授予标准。

(三)本科教学与人才培养工作

深入开展卓越人才教育培养基地、国家级大学生实践教育中心建设工作。建立课程标准与考核机制,加强英语(双语)授课课程、系列专题研讨课(含新生研讨课)、校企共建课程的建设与管理工作,强化教学资源建设,细化完善学期设置方案。加强人才培养模式优化建设工作,进一步完善以学生为中心、以教师为主导的理论教学、实践教学、自主研学、网络助学四位一体的教学模式。通过加大国际交流和联合培养力度、加快全英文授课专业建设、积极引进外籍教师等举措,大力提升人才培养的国际化水平。改善教学楼教师休息室环境,增设教学楼学生研讨室,集中对教室设施、教学设备进行维修维护。做好5个专业的专业认证(评估)工作。做好第七届国家级教学成果奖评审申报工作,力争取得好成绩。力争入选国家级虚拟仿真教学实验中心1个。加强教师教学发展示范中心、实验教学示范中心和大学生校外实践教育基地建设,力争获第五批国家精品资源共享课10门左右、国家级大学生创新创业训练计划项目120项左右。

(四)科研创新与科技服务工作

重点做好"973""863"重大专项、重大重点基金等科研项目的申报工作,确保获得牵头"973"项目1项、牵头各类重大重点项目8项,力争获得自然科学基金委创新群体1个,力争获得国家杰出青年基金项目2—3项、优秀青年科学基金项目5—6项,自然科学基金项目资助数量力争突破320项。科研经费在去年的基础上增长10%以上,发明专利申请量争取较去年增长15%,逐步提升发明专利申请的质量,申请PCT专利40件以上。继续加强激励和考核,确保高水平论文的持续快速增长。重点做好科技奖励的申报工作,力争获得牵头国家级科技奖励2项,提前酝酿和培育省级科技奖励。大力推进协同创新中心建设和培育组建工作,力争获得教育部2011协同创新中心认定1个,获得江苏省高校协同创新中心2个。进一步加强国防科研,在国防重大重点科研项目、国防重大专项等方面有新的突破。继续探索产学研合作新模式,调整产学研合作思路,新建产学研联合研究中心5个,实现与10家以上大型企业开展科技对接。加大人文社科科研工作,大力推进人文社科科研管理创新,确保国家社科基金、教育部人文社科研究项目、省社科基金等各级各类项目的立项数量取得快速增长。

(五)队伍建设与人事工作

改革高层次人才引进和培养的体制机制,着力抓好人才引进和培养工作,认真做好国家"千人计划""长江学者""万人计划"候选人的选拔推荐工作,力争新增"千人计划"国家特聘专家2—3人、"青年千人计划"6—8人,新增"长江学者"2—3人。做好江苏省双创团队、双创个人、江苏省特聘教授、"333"工程、青蓝工程和"六大人才"工程等人才建设项目。全年计划引进具有博士学位的教师100名以上,其中具有海外博士学位的教师不少于40名,专任教师中具有博士学位的比例力争达到80%。根据发展规划,引进急需的学科带头人10人以上。继续做好博士后管理工作,重点加强对新批博士后流动站的建设。加大对青年骨干教师的教学科研扶持和资助力度,研究提高青年教师住房货币化补贴、绩效津贴;进一步做好青年教师公派出国培养工作,研究制订青年教师出国进修期间绩效津贴的相关规定,健全学院与学校相结合的派出成效考核办法。进一步完善用人、考核、晋升体系,完善2014年度单位综合考核及教职工年度考核工作。做好2014年度专业技术职务评聘、专业技术职务岗位的设岗分级和职员晋升工作。

(六)国际合作交流与港澳台工作

重点深化与澳大利亚蒙纳士大学的合作,积极推进东南大学——蒙纳士大学苏州联合研究生院和联合研究院的工作。正式启动与法国雷恩一大3个合作办学项目的申报工作。聘请来校参与教学、科研的外国专家850名左右,重点完成3个国家引进智力"111计划"专项工作,吸引更多大师级专家来校讲学或合作科研。派出赴国(境)外进修、学习和参加国际学术会议的教师850人次左右。加大学生出国交流、进修和攻读学位的力度,派出赴国(境)外学习和交流的学生1300人次以上。召开国际学术会议15次以上。在保持海外留学生规模的基础上,大力提高海外留学生培养质量,拓宽学科覆盖面,提高留学生层次。进一步做好我校在美国和白俄罗斯3所"孔子学院"的工作。

(七)需要努力推进的其他工作

科学规划多校区功能定位和建设方案,重新制定《东南大学校园建设规划》,着力提高行政效率,降低行政成本。继续调研论证异地办学基本原则和思路,完善无锡分校、苏州研究院等异地办学机构的管理体制与运行机制。进一步加强会议管理规范,提高会议效率。继续完善学校经营性资产管理体制,加强对经营性资产的监管,大力推进大学科技园内涵建设,促进科技成果转化。继续研讨大型设备共享的政策和体制,制定科学合理的大型设备共享管理有关规定,提高实验设备使用效能。继续加强校友会、基金会工作,丰富办学资源,拓宽学校财源,壮大学校财力,重点加强奖助学金、奖教金工作。不断加强保密工作监督、检查的力度。进一步理顺和完善后勤服务管理体制、运行机制和考核监督体系,优化和整合后勤服务资源,以适应高水平研究型大学建设的需要。完成九龙湖校区研究生宿舍3号院和九龙湖校区土木交通教学科研楼主体工程建设,开工建设桃园学生宿舍、桃园食堂,完成学校电增容和主要区域水电改造,推进四牌楼校区、丁家桥校区学生宿舍空调安装工作,逐步完善九龙湖校区基础设施综合治理。加快数字化校园建设,完善信息服务平台,进一步提升数字化校园的建设与服务水平。提高校园服务功能,加快建设服务型机关。

全校各部门单位要认真学习贯彻党的十八大和十八届二中、三中全会精神,紧紧抓住实施"十二五"发展规划纲要的重要机遇,进一步巩固党的群众路线教育实践活动所取得的成果,以发展为主线,以改革为动力,积极实施扎实有效的新一轮改革,进一步振奋精神,凝心聚力,开拓创新,争先进位,加快提升学校的整体实力和核心竞争力,加快推进高水平研究型大学建设进入新阶段。

校发〔2014〕33号

东南大学 2014 年上半年工作总结和下半年工作补充安排

一

2014年上半年,学校认真贯彻落实党的十八届三中全会精神,深入领会"深化教育领域综合改革"的总体要求,紧密结合党的群众路线教育实践活动整改落实工作,牢牢抓住实施"十二五"发展规划纲要的重要机遇,围绕年度工作计划,凝心聚力,开拓创新,各项工作均取得较好成绩。

(一)不断加强内涵发展,学科建设与研究生教育工作取得新成效

进一步明确内涵发展思路,从学科建设与研究生招生、培养、管理、学位授予以及国际化等多方面,整体推进研究生教育综合改革。认真总结评估"985工程""211工程"建设绩效,在浮动奖励经费、统筹支持一流大学和一流学科建设中央专项经费方面获得较大支持。在江苏高校优势学科建设工程一期项目验收中,11个立项学科考核结果均为A等。入选江苏高校优势学科建设工程二期项目13个,入选江苏省重点序列学科1个。本科直博、硕博连读、申请考核的选拔比例从去年的37%提高到60%。遴选优博基金25项,培育对象项目6个,获江苏省2014年优秀博士学位论文11篇。建设全英文授课课程16门。经过"国家建设高水平大学公派出国留学项目"的选拔与推荐,被国家留学基金委录取研究生145名;被国家留学基金委录取博士生导师短期访问项目22人,位列全国第一。

(二)继续提高教育质量,本科教学与人才培养工作成效明显

进一步深化教育教学改革,推动人才培养模式及体制机制创新,以大力提高课堂教学质量为重点,创新教育教学方法,着力培养学生的创新精神和实践能力,进一步提升教育质量。在国家第七届高等教育教学成果奖评选中,我校有一等奖1项、二等奖5项已经通过公示,获奖总数并列全国高校第八位。1个专业以优异成绩通过住房和城乡建设部评估。获批第三批国家级精品资源共享课17门,使学校获得国家精品资源共享课立项建设课程达到35门,21门已上线运行。新增精品视频公开课课程9门,其中获得国家精品视频公开课称号1门。获教育部中国MOOC建设课程立项3门。新建企业实践基地17个,卓越计划培养基地1个。成功申报国家级虚拟仿真实验中心,支持建设校内虚拟仿真实验项目50个。获批与国外知名大学、公司本科生国际交流项目20项,获得交流资助67个,位列全国高校前十。进一步提升课堂教学质量,深入开展互动式、研讨式教学,认真开展评教工作,推动全校大范围听课,建立健全课堂教学质量监控机制。较好地完成本科生招生工作,录取平均分高出当地本一线100分以上的省市12个,较往年有较大提升,在江苏省内理科投档分位列全国各高校第8名。进一步加强毕业生就业服务工作,就业层次进一步提升,获2014年度全国毕业生就业典型经验学校。在思想政治教育、日常管理与服务、学生资助等方面取得较好成绩。

(三) 大力提升创新能力,科研创新与科技服务工作取得新突破

进一步加强科研工作管理的规范化,创新思路,强化服务,提升科研服务意识,增强科研组织协调能力,扎实推进制度建设,在项目申报、平台建设、团队建设、产学研结合等方面取得较好成绩。5名教师通过优秀青年科学基金项目答辩。获批国际合作项目2项、国际基本科研业务费项目2项、霍英东教育基金资助项目4项。获批江苏省自然科学基金项目67项,其中江苏省杰出青年基金项目7项。完成基本科研业务费的项目组织管理工作,立项33项。1个项目通过国家重点基础研究发展计划(973计划)项目评审,已进入公示阶段;1个项目通过GF973项目综合评审。积极组织国家奖申报工作,有5个项目通过了国家奖的初审答辩。1个协同创新中心已通过国家"2011协同创新中心"初评、现场考察、专家综合咨询,进入公示阶段;江苏高校协同创新中心立项2个。组织并完成了我校2013—2014年度的质量管理体系的内部审核工作。顺利通过中国新时代认证中心对我校质量管理体系军品的第三次监督审核和民品第二次监督审核。继续完善武器装备科研生产许可的规章制度。新建校企联合研发中心8家。获各级各类社科项目76项,其中国家社科基金项目12项,教育部社科项目立项16项。

(四) 加快推进人才强校战略,人事工作取得新进展

继续强化"人才强校"战略,积极推进人事分配制度改革,不断完善人才考核评价、专业技术职务评聘等工作制度,加快青年教师培养,加大人才引进力度,不断优化教师队伍整体结构。新增第十批"千人计划"外专千人2人、青年千人3人。新增"万人计划"科技创新领军人才1人,哲学社会科学领军人才1人,教学名师2人。新增全国十大杰出青年法学家1人。新增江苏省"青蓝工程"科技创新团队2个,中青年学术带头人9人,优秀青年骨干教师7人。引进急需的学科带头人5人。引进具有博士学位的教师50人,其中具有海外博士学位20人。派出青年骨干教师出国进修(含访问学者)61人。专任教师达到2628人,具有博士学位的教师占教师总数的75.2%。博士后在站人数达到486人,获得中国博士后科学基金一等资助3人、二等资助11人。启动实施新进专任教师合同聘用制度,施行两个聘期的聘任制度。提出了高层次人才引进培养措施,调整了35岁优秀青年教师、青年特聘教授的支持体系。出台并实施了在职教职工管理、用人激励机制及公派出国考核管理等相关文件。

(五) 稳步加强国际交流合作,顺利推进国际化与港澳台工作

坚持走国际化办学的强校道路,积极借鉴世界一流大学的办学经验,着力在高层次国际交流、国际重大科技项目合作、与国际知名高水平大学合作办学和具有国际影响力的海外高水平创新人才引进等方面开展工作,取得了较好的成绩。东南大学—蒙纳士大学苏州联合研究生院和联合研究院的各项工作进展顺利,联合培养的首届研究生正式毕业。与法国雷恩一大签署了3个合作办学项目协议,与美国田纳西大学签署了学生交换协议,与台北大学、东华大学、高雄医学大学3所高校签订两校交流协议书。加强在美国和白俄

罗斯3所"孔子学院"的工作,新增孔子课堂4个,总数达到11个,注册学生达1 116人。派出赴国(境)外参加会议、交流、合作和考察的教师516人次。派出赴国(境)外攻读学位、短期进修和学习交流的学生600多人。聘请来校讲学、合作研究的外国专家426人。举办国际学术会议8次。收到海外留学生入学申请592份,录取304人,其中三分之二为硕士和博士生,留学生生源素质进一步提高。新增2个全英文硕士项目。获得2014年"汉语桥"世界大学生中文比赛优秀组织奖,一名孔子学院学生获得"汉语桥"大赛第三名。

(六)围绕学校中心工作,其他各项事业进展顺利

《东南大学章程》经教育部核准颁布后,重点围绕章程积极开展相关工作,加快推进现代大学制度建设。结合教育部制定的《高等学校学术委员会规程》,调整并健全学术委员会、学位委员会、教学委员会等学术机构的职责,进一步修订、完善学术机构章程,争取下半年颁布实施。

认真贯彻十八届三中全会"深化教育领域综合改革"的精神,重点推进体制机制改革创新,选择2个学院进行综合改革试点,下大力气推进人才培养模式、师资队伍建设以及内部治理结构等多方面的改革。已全面梳理2个试点学院教学科研现状,并就拟推进的改革内容进行多次研讨,颁布实施《东南大学院系综合改革试点实施办法》。2个试点学院依据学校实施办法的精神和要求,广泛开展调研,着手制定实施细则,条件成熟的改革举措已逐步开始实施。

按照"转职能、转方式、转作风"要求,坚决纠正"四风",认真扎实推进监督检查工作。加强对人、财、物等重点部位和关键环节权力运行的监督检查。成立江苏省纪检监察学会东南大学分会,积极开展反腐倡廉理论研究和宣传教育,努力推进校园廉洁文化建设。

强化校内执行预算编制的全面化、科学化和准确性,有效发挥预算管理的调配职能。认真梳理和全面排查财务管理工作中存在的问题,开展财务自查自纠工作。加强审计工作力度,强化审计监督职能。

推进了原后勤集团下属企业改革改制、原东大集团关门清算和企业工商注销工作,完成了投资审批、备案、股权转让相关工作。深化大学科技园工作,进一步发挥了大学科技园服务区域经济建设、开展产学研合作的作用。

教育基金会评审奖助学金项目202项,获奖、受助人数3 431人,总金额达到1 394万元,较去年同期增长11.6%。

顺利推进九龙湖校区土木交通教学科研楼和九龙湖校区研究生宿舍三号院建设,基本完成九龙湖校区桃园学生宿舍和桃园食堂施工图设计。完成校西原锅炉房、原专家楼、老六舍、教学楼等楼宇的加固出新工作,完成九龙湖、四牌楼和丁家桥校区有关基础设施修缮工作,完成四牌楼、丁家桥校区3 040间学生宿舍的线路改造和空调安装工作,完成丁家桥校区和四牌楼校区沙塘园、校西的电力增容工作。

继续加强"平安校园"建设工作,逐步完善了技防系统。加大保密工作力度,进一步完善保密工作责任体系。进一步深化数字化校园应用与建设,推进校园无线网覆盖。进一步研讨大型设备共享的政策和体制,提出大型设备共享管理的有关思路,提高实验设备使用效能。积极推进对口支援和信息公开工作,修订出台《东南大学信息公开实施细则》。

中大医院不断改革创新,各项事业取得新进展。

上半年,学校各项工作顺利进行,为全面实现全年工作目标打下了坚实基础。下半年,我们需要进一步坚定信心,改革进取,扎实有效地推进各项工作。

二

2014年下半年工作的基本思路,是继续贯彻党的十八届三中全会精神,结合党的群众路线教育实践活动整改落实工作,认真落实"十二五"发展规划纲要,不断增强发展的紧迫感和使命感,振奋精神,励精图治,以加快建设世界一流大学为目标,以提升教育质量为主线,以加强内涵建设为重点,全面推进各项事业的综合改革,进一步提升办学水平和综合实力。下半年学校要重点推进和完成以下工作任务。

(一)学科建设与研究生教育工作

巩固和扩大改革成果,重点突破课程教学等薄弱环节,使研究生教育综合改革进一步取得实效。继续提高"985工程"和江苏高校优势学科建设工程建设成效,加强经费预算与管理。做好教育部评估中心组织的专业学位评估工作,准备启动学科的国际评估,力争取得好成绩。论证学科建设点布局结构的调整方案(二期)。提前统筹谋划,积极为明年院士推选工作做好相关准备。建立并实施新的研究生奖助体系,激发研究生勤奋学习、努力创新的热情。继续推进博士生招生制度改革,大力推进并严格规范本科直博、硕博连读和申请考核招生方式,进一步扩大优质生源选拔比例,着力提高博士生招生选拔质量。制定博士生导师招生条件,做好博士生导师招生资格审核。继续推进研究生公共英语教学改革,加强研究生教育国际化,不断提高研究生培养质量。继续大力推进示范课程建设,建设研究生示范课程20门,遴选3—5个专业领域开展硕士专业学位示范课程建设。

(二)本科教学与人才培养工作

进一步推动教授走上本科生讲台,确保课堂教学成效,重点提高人才培养质量,继续加强人才培养模式优化建设工作,细化流程,规范内容,提高服务能力与水平。做好3个专业工程教育认证工作,力争取得全优成绩,确保江苏省省级重点专业类(专业)中期检查取得好成绩。组织虚拟仿真教学与实验项目中期检查,集中投入和落实虚拟仿真教学实验平台建设。继续加强教师教学发展示范中心、实验教学示范中心和大学生校外实践教育基地建设,争取获得国家级大学生创新创业训练计划项目120项左右。进一步采取措施强化教学质量监督,继续组织实施大范围听课,帮助提高课堂教学效果,确保提升教学质量。组织申报第二批国家留学基金委项目,进一步拓宽国际合作渠道,推进高水平国际联合培养工作。切实提高学生管理和服务水平,发挥服务育人职能,重点抓好新生适应性教育、学生创新创业教育和日常管理与服务三个关键性工作。

(三)科研创新与科技服务工作

继续加大科研管理力度,不断提高基础研究能力,重点做好自然科学基金重大、重点项目的培育、申报与争取工作。力争获得自然科学基金委创新群体1个,优秀青年科学基金项目5—6项,自然科学基金项目资助数量力争突破320项。加强科研工作绩效考核力度,完善并实施院系科技工作考核办法。力争科研经费在去年的基础上增长10%以上,发明专利申请量争取较去年增长15%,逐步提升发明专利申请的质量,申请PCT专利40件以上。根据国家有关规定,修订完善我校科研经费使用和科研项目管理的相关文件,在充分调动科技人员积极性的同时,加强科研项目的过程管理。继续加强激励和考核,确保高水平论文的持续快速增长。拓宽国际合作渠道,与国外的研究机构、高校、企业建立密切联系,积极参加国际合作大型项目,力争新建教育部国际联合实验室1个。进一步加强与地方、企业的联系和合作,争取与企业合作申报政府的各类项目取得新成绩。进一步加强国防科研,力争在国防重大重点科研项目、国防重大专项等方面有新的突破。探索具有我校特色的技术转移工作,通过机制体制改革创新,促进产学研和技术转移工作取得新进展。加强教育部跨学科基地、省部级社科基地的建设,提前酝酿2015年度国家社科基金、教育部人文社科基金的申报工作,确保国家社科基金、教育部人文社科研究项目、省社科基金等各级各类项目的立项数量取得快速增长。

(四)师资队伍建设与人事工作

完善激励保障机制,加大年轻教师的支持力度,全面深化收入分配制度改革,加大人才培育和引进力度,优化结构,提高层次。做好国家"千人计划""长江学者"候选人的选拔推荐工作,力争新增"千人计划"国家特聘专家1—2人、"青年千人计划"3—5人,新增"长江学者"2—3人。认真做好国家、省各类人才工程,继续做好江苏省特聘教授、东南大学特聘教授、东南大学青年特聘教授、东南大学优秀青年教师教学科研资助计划的选拔工作。继续采取有效措施做好人才引进工作,力争引进高层次人才50名,重点加强海外博士学位获得者的引进工作,完成全年引进40名海外博士学位获得者的任务,力争专任教师中具有博士学位的比例达80%。继续派出青年骨干教师出国进修,并加强派出成效考核。做好2014年专业技术职务岗位的设岗分级和职员晋升工作。完善2014年度单位综合考核及教职工年度考核工作。完善直附属单位岗位设置方案,进一步加强各类岗位人员的定岗定编工作。继续做好博士后管理工作,重点加强博士后流动站的建设。

(五)国际合作交流与港澳台工作

按照年初制定的工作计划,根据国际化建设的实际需要,进一步扩大与世界一流大学交流的广度,努力提高国际交流与合作的层次。继续推进东南大学—蒙纳士大学苏州联合研究生院和联合研究院工作。推进与法国雷恩一大3个合作办学项目的申报工作。做好中国与非洲"20+20"合作项目,推进与赞比亚大学的合作交流。做好外国专家的聘请工作,继续聘请来校参与教学、科研的外国专家400名左右。继续加大学生出国交流、进修和攻读学位的派出力度,派出赴国(境)外学习和交流的学生700人次。召开国际学术会议10次以上。做好与台湾高校的学生互换短期学习工作,办好"2014东南大学与台湾部分大学青年领袖创新、创业研习营"。在保持海外留学生规模的基础上,大力提高海外留学生培养质量,提高留学生层次。进一步做好在美国和白俄罗斯3所"孔子学院"的工作。

(六) 其他工作

继续加大综合改革力度,不断深入实施院系综合改革,加快新型科研机构建设,力争取得实际成效。完善"学术特区"建设,加强学术特区扩展与深化工作。

继续推进世界一流大学建设路径讨论,通过分析比较、寻找差距、总结经验,积极探索并准确把握世界高等教育发展的内在规律,切实提高广大师生员工创建世界一流大学的自信心和使命感,认真提炼、研究创建世界一流大学的理念、方略和路径。

深化改革推进惩防体系建设,及时制定《东南大学建立健全惩治和预防腐败体系2013—2017年工作规划实施办法》。加大监察力度,坚持不懈抓好作风建设。结合院系行政换届,开展新一轮巡视检查,进一步落实党风廉政建设责任制。加强科研项目管理和科研经费预算、使用管理,迎接教育部科研经费专项检查。深入开展反腐倡廉宣传教育,不断推进校园廉洁文化建设。

加强学校和所办企业、二级事业单位资产管理工作,按财政部、教育部要求,做好国有资产产权登记;开展国有资产管理自查自纠工作;深入开展贯彻执行中央八项规定严肃财经纪律和"小金库"专项治理工作。

建立健全对全资、控股企业的全成本核算、经营考核目标,落实相关经济责任。研讨并推进校办企业及经营性房产地产的科学管理和有效运作。推介和转化科技成果,做好大学科技园的评估考核准备工作。继续做好后勤企业的改制和清算关停工作。

进一步加强校友会、基金会工作,抓住教育部即将颁布《高等学校理事会规程(试行)》的契机,调整相关工作思路,力争取得新的成效。进一步完善保密工作责任体系,提高保密意识和能力。继续探索和研讨异地办学的基本思路,完善无锡分校、苏州研究院等异地办学机构的管理体制与运行机制。

推进沙塘园教工食堂和新桃园食堂改造工作。做好九龙湖校区桃园学生广场改造,完成15项校区基础设施和有关楼宇修缮工程,完成校东老住宅区电力增容工作。竣工完成九龙湖校区研究生宿舍三号院工程,完成九龙湖校区土木交通教学科研楼主体工程施工。完成九龙湖校区桃园学生宿舍和桃园食堂两个工程的招标工作,做好开工建设准备。进一步加强完善后勤体制机制改革,不断提高后勤服务保障水平。

加快推进数字化校园建设,完善信息服务平台,进一步提升数字化校园的建设与服务水平。提高校园服务功能,加快建设服务型机关。继续加强校园安全、稳定及综合治理工作,重点推进示范平安校园建设。继续积极支持附属中大医院建设,帮助其提高医疗水平和教学科研水平。

学校各单位和机关各部门,特别是各级领导干部,要进一步振奋精神,抢抓机遇,深化改革,开拓创新,紧紧围绕学校中心工作,不断奋发进取,努力工作,确保圆满完成2014年度工作计划。

校发〔2014〕183号

深入学习贯彻十八届三中全会精神
以新一轮改革推动学校发展再上新台阶

——在中共东南大学十三届代表大会2013年年会上的报告

党委书记 郭广银

(2014年1月15日)

各位代表,各位同志:

这次党代会年会,是在全党全国深入学习贯彻党的十八届三中全会精神,我校党的群众路线教育实践活动扎实深入开展的时刻召开的。会议的主要任务是:回顾2013年校党委主要工作,深入学习贯彻党的十八届三中全会精神,动员全校广大党员干部和师生员工,解放思想,凝心聚力,加快实施"十二五"改革和发展规划,积极推动学校新一轮改革,为加快实现建设世界一流大学的"东大梦"而团结奋斗。

一、关于2013年校党委的工作

2013年,校党委贯彻中央的统一部署,在教育部、江苏省委省政府的领导下,以作风建设为主线,以内涵式发展为主题,扎实开展党的群众路线教育实践活动,深入实施"十二五"发展规划,各项工作取得长足进展。主要表现在以下几个方面:

1. 高水平大学建设取得优异成绩

《东南大学章程》作为首批大学章程经教育部核准正式颁布实施,我校现代大学制度建设走在全国高校前列。工程学科进入ESI学科百强,排位提升至世界第83位;在第三轮全国学科评估中,22个参评学科有10个学科位居前5名,比上一轮多了5个;8个学科进入前3名,比上一轮多了4个;生物医学工程、交通运输工程、艺术学理论3个学科位列全国第1名,比上一轮多了2个。4篇论文获全国百篇优秀博士学位论文奖,3篇获提名奖,继续保持良好势头。4项成果获得2013年度国家科技大奖,获奖总数并列全国高校第5位。专任教师博士学位比例和海外经历比例持续提高。国内首个中外合作研究生办学机构东南大学—蒙纳士大学苏州联合研究生院正式成立。海外留学生进一步增长。

2. 宣传思想文化工作进一步加强

深入学习党的十八大精神、习近平总书记系列讲话。开展了"中国梦·东大梦·我的梦"主题教育活动,持续进行最佳党日活动评选,举办2013年新生文化季、校园文化节等系列活动。在《新闻联播》等中央级媒体发稿量进一步增加,网络宣传工作形成特色。

3. 基层党组织和干部队伍建设持续加强

调整了中层干部首任年龄，制定了外派干部回校后工作安排相关规定，试行院系拟晋升党务科级干部网络测评。制定实施了党建研究项目管理办法，党组织和党员信息管理系统正式投入使用。各基层党委结合实际开展学习型、创新型、服务型党组织建设均取得新进展。

4. 党风廉政建设持续加强

坚持实施新任处级领导干部反腐倡廉教育培训，积极开展廉洁文化和警示教育活动；深入开展公款送礼、公款吃喝、奢侈浪费专项整治工作，积极开展重点领域、关键环节的监督检查，做好信访办案和严肃执纪工作。

2013年，学校民主党派、教代会和工会、附属中大医院发展、基础能力建设、后勤管理和服务、资产管理与经营、发展工作、校友、图书档案、学报出版、独立学院、继续教育、异地办学与社会服务等各项工作均按去年年初计划开展，确保学校全局工作平稳向前推进。

在这里，特别要向大会报告的是，去年7月3日以来，我们按照中央的统一部署，在中央第43督导组的直接指导和帮助下，学校领导班子、各二级单位扎实深入开展党的群众路线教育实践活动，正加快推进整改落实、建章立制工作，并开始进行初步总结工作。主要情况有以下几个方面：

① 学习教育贯穿始终

校领导班子把思想政治建设放在首位，围绕党的十八大精神、十八届三中全会精神和习近平总书记系列讲话以及教育实践活动必读书目等不断加强学习，共开展集中学习11次，总学时超过了13个半天，达到和超过了中央提出不少于3天的要求。

② 高度重视师生意见征求认领

校领导班子成员分成为6个小组深入院系、部门，召开各类座谈会41次，参会人数436人，共征集到意见建议447条，先后召开3次常委会对师生意见建议集中梳理讨论，根据工作分工逐一认领，做到每项意见建议都要回应、都有着落。

③ 认真撰写对照检查材料

书记和校长亲自主持起草班子对照检查材料，并对班子其他成员对照检查材料把关，班子成员自己动手撰写个人对照检查材料。多数班子成员利用节假日、深夜撰写修改材料，所有对照检查材料经历了数次修改，做到了"严、准、深、实"。

④ 认真开好高质量的专题民主生活会

去年11月13日，在中央督导组指导下，校领导班子用一整天3个单位时间（2个半天和1个晚上），召开了专题民主生活会。我代表班子作了对照检查，每个班子成员逐一对照检查，并开展了严肃认真的批评帮助。班子聚焦"四风"查找出了15个方面的突出问题，从理念信念、宗旨意识、政绩观、艰苦奋斗精神等4个方面分析了原因，从继续狠抓思想政治建设、深入践行师生为本理念、全面落实内涵发展要求、认真办好服务师生事项、坚决落实中央八项规定等5个方面提出了努力方向，并召开专门会议通报了专题民主生活会的情况。

⑤ 整改落实扎实有序推进

去年12月上旬,校领导班子制定了整改落实方案,提出了5大类74项重点整改任务,制作了重点项目责任分工细化表。校领导班子坚持言必行、行必果,扎实推进各项任务按时间节点不断落实到位。其中,全校会议梳理工作、增加教职工体检相关检测项目等11项工作已完成整改;不断坚持和完善校理论中心组学习、强化督查督办、强化服务师生等11项制度已制定和实施,并将长期坚持;启动了中层领导干部选拔任用工作条例修订、学术委员会等学术组织章程制定、第二轮数字化校园建设、老校区电力增容改造、新建九龙湖校区教工食堂用餐区招标等15项工作,将按时完成整改;其他37项重点整改任务也正在抓紧调研论证,将及时制订方案,并提交相关会议讨论决定后实施。总的来说,校领导班子所有整改重点任务都在按时间节点推进。

中央将于近期召开第一批党的群众路线教育实践活动总结大会。按照中央督导组安排,我校教育实践活动总结大会预定于2月底前后举行,会上将就校领导班子及成员开展教育实践活动情况进行民主测评,之后全校二级单位也将陆续召开总结大会。尽管前一阶段我们各方面的工作做得还是比较扎实的,但现在剩下不到1个半月的时间,下周马上就要放假,整改落实的时间很紧、任务很重。校党委全委会1月9日对我校教育实践活动情况进行了初步总结,党委常委会就进一步推进整改落实工作专门进行了研究部署。整改落实、建章立制是一项长期的工作,有些不可能在总结大会之前全部完成,完成的事项也有一个强化执行、长期坚持的问题。最近一段时间,学校、部处院系两级要重点针对总结大会之前明确需要完成的整改事项,再努把力、加把火,不煮夹生饭,一项一项兑现承诺,努力做到善始善终、善作善成,切实达到中央对教育实践活动的要求,避免回锅再热。要坚持师生员工满意为本,以整改落实的坚定决心和实际成效取信于民,努力获得师生员工的认可肯定。

同志们,2013年是我校捷报频传的一年,这些成绩和进步,是全校各级党组织和各部门齐心协力、狠抓落实的结果,是全校党员干部和广大师生员工艰苦努力、团结奋斗的结果,成绩和进步来之不易,需要倍加珍惜。在这里,我谨代表学校领导班子向大家表示诚挚的感谢!

二、关于做好2014年工作的思考

党的十八届三中全会及其通过的《决定》,阐明了全面深化改革的重大意义和未来方向,提出了全面深化改革的指导思想、目标任务、重大原则,描绘了全面深化改革的新蓝图、新愿景、新目标,布局了全面深化改革的战略重点、优先顺序、主攻方向、工作机制、推进方式和时间表、路线图,汇集了全面深化改革的新思想、新论断、新举措,实现了改革理论和政策的一系列重大突破,对今后一个时期我国经济社会发展具有里程碑意义。全面深化改革,是当前和今后一个时期国家发展的大势,我们要在这一大的时代背景下谋划明年及今后一个时期的工作,重点考虑以下几个方面的问题:

1. 要在全面深化改革的时代背景下进一步明确方位

我们想问题、办事情绝不能脱离全面深化改革的大形势、大格局。过去35年的改革历程证明,包括高等教育在内的任何事业都是在改革开放的大背景下得以推动,才取得令人瞩目的伟大成就。35年前,以恢复高考为标志,高等教育成为改革的一个重要突破口。这次三中全会开启了全面深化改革的窗口,《决定》对教育领域综合改革提出了明确的目标要求。习近平总书记一再强调"改革只有进行时没有完成时",他在今年的新年贺词中有5次提到改革。可以说,我们已处在一个全面深化改革的新时代,要求我们通过实施新一轮改革,推动学校既定目标的顺利实现。大浪淘沙,不改即退。我们要因时而变、随势而动,树立不改革就没有出路、不全面深化改革就没有更高层次发展的理念,深刻认识改革大势,准确把握改革方向,科学谋划改革蓝图,努力在新一轮发展中争取主动、占得先机。

2. 在全面深化改革的时代背景下进一步聚焦问题

改革是由问题倒逼而产生,又在不断解决问题中而深化。2006年以来,我们针对专任教师队伍规模偏小、层次偏低的问题,实施了人事制度改革,出台了50多项制度规定,有效推动了学校人才队伍规模扩大、结构优化、层次跃升。针对国际化水平与学校地位不相称的问题,"十二五"以来,我们提出并实施了国际化办学的强校战略,推动了国际交流合作深度发展、海外留学生规模结构根本改观。针对科技大奖、优博论文偏少的问题,我们改革了突出成果评价机制和研究生培养机制,推动这些方面工作不断取得新突破,等等。实践证明,只要树立问题意识,针对重大问题深化改革,我们就能够实现更好更快的发展。当前,高校办学国际化、治理法治化、人才高端化加速,人才尤其是高层次人才队伍已成为高校的核心竞争力,高校通过深化改革你追我赶、主动进取的态势日益明显。在充分肯定前面改革成绩的基础上,我们要以更高的要求和参照系,审视学校改革发展的重要方面,及时发现找准薄弱点。与世界一流大学建设的要求相比,我们高层次人才数量不够多、课堂和实践教学质量不够高、基层发展动力不够足、干部担当精神不够强等方面的问题还比较突出,需要按照全面深化改革的要求,进一步研究思考,找出答案,着力推动解决学校发展面临的一系列突出矛盾和问题,开拓改革发展新局面。

3. 在全面深化改革的时代背景下乘势而上

改革既有挑战,更有机遇。这几年,我们通过改革,使学校办学的各项核心指标都有了很大的提高,尤其是在学科建设、研究生教育、教学成果、科技大奖、三大论文检索等核心指标方面的成果是可圈可点的,有很多很好很令人兴奋的亮点。我们既要瞄准更高的目标,清醒地看到工作中还存在的差距,也要多讲多宣传大家共同努力取得的优异成绩,不要因少数单项指标暂时不理想就信心不足甚至灰心丧气,要始终有一种不满足、不懈怠、不服输的精气神。与世纪初相比,我们现在的发展环境要好得多,发展的层次水平也要高得多,必须在这个层面上进一步深化改革创新。现在各个高校都有这个认识,但最终是要看谁干得快、干得成、干得好。新一轮发展,是制度和人才之争,更是领导力和凝聚力之争。我们要坚持先易后难,全心谋划改革,全力推进改革,对方向明、见效快的改革,现在就要赶紧研究,今年和近期就可以加快推进,不能等待观望;对涉及面广、需要上级领导部门决策的改革,要适时跟进、不能落后;对认识还不深入、但必须推进的改革,要组织力量加强前期研究论证,努力找出规律,必要时在一定范围内先行先试;对把握不准、预期效益不高的事项,要稳妥审慎、凝聚共识,防止假改革,避免给后人留下新的遗憾。总之,全校各方面要一条心、下好先手棋,在一些想做、能做的事情上积极有所作为,继续保持学校加快发展的良好态势。

三、关于 2014 年校党委的重点工作

2014 年是贯彻落实十八届三中全会精神、全面深化改革的第一年,是全面完成学校"十二五"规划目标任务的重要一年。校党委常委会对 2014 年的主要工作思路进行了专题研究,学校党委工作的条线很多、涉及面也很广,下学期初的中层干部大会将进行全面部署和安排。在这里,我结合贯彻落实十八届三中全会精神,就其中一些需要深入思考、认真研究和重点把握的工作,先向大会作一个初步的报告。

(一)谋划部署新一轮改革,推动学校发展再上新台阶

贯彻落实十八届三中全会精神,包括教育领域的全国各条线、各方面都在积极行动。我们要按照"新三步走"的发展战略和"十二五"规划确定的发展目标,把握改革新机遇,随时准备新起跑,释放改革新红利。万事开头难,关键前两年,今年重点在现代大学制度建设、院系综合改革试点、教学质量保障机制改革等方面取得实质进展。

1. 深化现代大学制度建设

建立现代大学制度,本身就是一次深刻的制度改革,是新时期我国高等教育改革的努力方向、高校内涵式发展的必然要求。2007 年以来,我校自觉坚持建立现代大学制度的改革目标,着力促进新体制、新机制的形成,取得了开创性的成果。去年 11 月 28 日,教育部正式核准了《东南大学章程》(简称《章程》),校党政于 12 月 23 日正式发布了章程。制定出一个好章程,只是万里长征走完了第一步,关键还在执行和落实章程。首先是要认真学习《章程》,尽最大努力让《章程》人人知晓,增强全员依法治校观念,逐步形成依法治校习惯,真正把章程作为依法自主办学、实施管理和履行公共职能的基本准则和依据。同时,要以《章程》牵引配套制度建设,今年重点完善党委全委会和党委常委会、校长办公会议事决策规则,建立健全学术委员会、学位委员会、教学委员会等学术组织章程,启动研究并适时制定师生员工权利保障及申诉制度,推进大学章程精神落地生根,促进学校治理结构和治理能力现代化,进一步释放改革新红利。

2. 实施院系综合改革试点

院系是学校改革发展任务实现的最根本依托。试点学院作为一项综合性重大改革项目,已成为高校推进新一轮改革的突破口。我们要结合学校实际,在充分研究、广泛征求意见的基础上,出台院系综合改革试点方案。要将改革共识高、改革意识强、方案措施有力的院系列为改革对象,明确改革路线图、任务书和时间表,按照先行先试、重点突破、示范引领的原则,大力推进综合改革,努力在课堂和实践教学质量保障机制、终身教职聘任制度、院系内部治理改革等重点或环节形成有效突破。学校将加强院系综合改革试点的

动态跟踪,建立定期交流汇报机制和动态调整机制,确保学院改革成为新一轮改革的先行者和示范者。同时,学校鼓励相关院系结合自身优势和特色积极推进改革试点,形成院系改革梯队。

3. 深化教学质量保障机制改革

立德树人是学校的根本任务。我校在人才培养质量方面一直具有比较明显的优势,但与世界一流大学的建设目标相比,我们在人才培养模式、教学模式方面还有差距,特别是教师的教学态度、教学方法以及学生的学习方法和学习成效方面还有很多不足。我们一直在强调,本科教育是学校的立校之本,研究生教育是兴校之路,教学质量是学校的生命线,我们一刻也不能大意。应该运用底线思维,探索倒逼机制,进一步有效提升我校的教学质量。要在切实强化教授给本科生上课制度的基础上,进一步加强对教师教学能力的培养培训。要进一步加大与世界一流大学在教学方面的合作交流,聘请更多的国际一流师资来校上课尤其是讲授专业课,在更广泛的对比中明确努力方向;要在教师公派出国交流培养中,明确提出课程教学的进修任务,回国后进行教学能力提升的考核;要加强对教师尤其是青年教师教学能力素质的定期培训,促进他们提升教学能力。同时,对教学责任心差、教学质量达不到要求、学生反映强烈的不合格教师,要通过转岗甚至解聘等方式适时调整出专任教师队伍。要通过各种措施,激励教师增强从事教学的责任感和荣誉感,更好履行教学工作天职,推动教学质量实现新的明显提升。

此外,学校还将继续研究深化以下几方面的改革:及时跟进教育部《关于深化直属高等学校人事制度改革的指导意见》,在学校办学自主权扩大的同时,进一步简政放权,推动管理重心下移。完善异地办学和社会服务机构设置、职能配置和运行机制。进一步明确直附属单位职能定位,理顺部门职责关系及岗位属性,从而最大限度地保证改革的系统性、整体性和协同性。

(二)深入学习贯彻党的十八届三中全会精神,为学校实施新一轮改革提供正确导引

新一轮改革将触及深层次问题,不可避免涉及利益调整,牵一发而动全身。要取得改革的预期成效,必须全面准确把握全面深化改革的部署要求,正确、准确、有序、协调推进改革。近段时间以来,我们结合党的群众路线教育实践活动,把学习三中全会精神作为重要内容,举行了理论中心组学习,召开了专题宣讲会,有的同志还进行了自学。但与中央的要求和学校改革的需求相比,我们的学习还只是初步的,2014年要在进一步深化学习上下功夫,着力增强改革意识、强化改革意志、凝聚改革共识。重点把握以下几点:

1. 原原本本学,掌握精神实质

把握改革大势、确定改革方位,避免盲人摸象、手足无措,要求我们必须把加强学习、吃透精神作为推进新一轮改革的重要前提。三中全会《决定》为全面深化改革设置了航标、指明了方向,必将对国家发展、单位工作和个人生活等各方面产生重大而深远的影响。《决定》全文经习近平总书记逐字逐句亲自审阅修改,提出了一系列新思想、新论断、新举措,出现了不少以前党代会或中央全会文件没有出现过的新词汇,有的很新颖甚至显得生僻，比如综合评价多元录取机制、院士退休和退出制度、权力清单制度、橄榄型分配格局、医师多点执业、涉法涉诉信访依法终结制度等，都会对我们的办学产生影响。可以说，《决定》在词汇上有讲究、微言中藏大义，看看标题、一目十行，只能知其大概，很难全面准确理解词汇的丰富内涵、把握改革举措实质。要按照中央的要求，认真组织好中层以上领导干部学习三中全会精神轮训班，系统、全面学习《决定》，一条一条、一句一句、一字一字地用心研读、细细揣摩。要选择高水平的培训辅导专家，对《决定》进行正确解读，帮助大家把为什么改、改什么、怎么改真正搞清楚、弄明白，增强改革的责任感使命感。

2. 针对任务学，破除思想障碍

学习的目的全在于应用。学习三中全会精神，理所当然是要针对学校新一轮改革任务，有的放矢地深入学。当前，在不同层面、不同方面客观上对改革存在一定程度的观望情绪、畏难情绪，也有急躁心理，各方面的改革动力都需要进一步激发。《决定》提出，进一步解放思想、解放和发展社会生产力、解放和增强社会活力，这"三个进一步解放"深刻总结了改革开放35年来，以思想引领变革、以创新激发活力的宝贵经验，贯穿《决定》全篇，为我们思考谋划新一轮改革提供了一个标尺。要认真思考自身思想解放得如何，与世界和国家发展大势是否有脱节的地方，与先进兄弟高校相比有没有差距，有没有思想僵化、故步自封的现象，解决改革动力不足的问题。要理性审视改革措施是否能够有利于解放和发展学术生产力、提高办学效益这一根本目的，注重改革措施的具体实效，真正体现中央"胆子要大、步子要稳"的要求。要深入思考和正确处理释放活力和有序改革的关系，有序释放基层改革活力，通过不断统一事权与利权来激发院系改革的积极性、主动性和创造性，不断增强自我发展的能力。

3. 结合实际学，凝聚改革正能量

当前学校最大的实际就是进一步加快发展、继续争先进位，加快发展必须深化改革，深化改革需要凝聚共识。教育实践活动意见征求表明，我们在一些重要改革方面还需要进一步达成共识，凝聚力量，保证改革顺利推进，确保改革取得成功。要按照《决定》提出的"创新高校人才培养机制，促进高校办出特色争创一流"要求，瞄准"十二五"确定的参照系——美国伊利诺伊大学香槟分校，持续做好动态跟踪，深入进行发展对照。要在全校广泛深入开展世界一流大学建设规律及推进路径的专题大讨论，借助各类平台，采取多种方式，围绕大学理念、治理结构、教学科研及服务社会等进行系统的宣传、分析和讨论，更深入地了解世界一流大学最新发展变化，更好地熟悉和把握世界一流大学建设的基本规律，探索加快世界一流大学建设的有效路径，进一步凝聚深化改革的共识。同时，还要进一步加强对国内外一流大学改革发展进展的调研掌握，进行深入系统的对比研究和分析。结合"十二五"规划执行情况的中期检查，加强对已有改革的绩效评估，总结经验、发现差距、明确目标。启动"十三五"规划前期研究，把脉新一轮改革，使我们的各项改革把握规律性、富于创造性、更具前瞻性。

（三）进一步强化组织保证和人才支撑，确保新一轮改革有力有序有效推进

我校历来有抢机遇、抓改革的好传统，现在正面临新一轮改革的重大机遇，一定要全力把住抓好落实。是否把得住，关键在组织；抓不抓得好，关键在领导；能不能落实，关键在人才。顺利推进和完成各项改革任务，对我校的各级领导班子和领导干部是一个新的考验。要着眼于改革发展的各项艰巨任务，下大力气加强干部和人才队伍建设。今年重点抓好以下几个方面的工作：

1. 切实组织好院系行政领导班子换届

今年是院系行政领导班子换届年，下半年学校将启动这一工作。这次是大换届，对未来5—10年甚至更长时期的学校发展具有重大战略意义，要站在事关学校、院系发展大局的战略高度谋划这次换届，在进一步摸清底数的条件下，认真制定好换届实施方案。要针对任务组织好换届，按照发展规划确定的目标选好选准干部，进一步提升院系班子整体素质，更好适应新一轮改革的需要。要着眼未来组织好换届，合理确立新一届班子的学科结构、性别结构、年龄结构、学缘结构及个性结构等，进一步优化院系班子结构。要在推动交流中组织好换届，加强党政交流、机关院系交流，增强班子和队伍活力。要在平稳交接中组织好换届，由于任期和年龄的关系，有些同志在这次换届中即将离开行政班子，他们为院系的建设、学校的发展作出了突出贡献。但"人事有代谢，往来成古今"，这是人类社会发展的普遍规律。我相信，即将退出班子的同志一定会讲政治、讲大局，从院系和学校的根本利益、长远发展出发，站好最后一班岗，在平稳做好新老交替、前后交接中发挥积极作用。"江山留胜迹，我辈复登临"，当看到年轻人在我们工作基础上创出更好业绩时，我们一定会感到由衷的喜悦。

2. 大力加强高层次人才队伍建设

人才是推进改革、实现目标的"第一资源"，而高层次人才则是"稀缺资源"和"战略资源"。高校之间的竞争归根到底是人才尤其是高层次人才的竞争。近年来，我校实施人才强校战略，通过人事制度改革，人才队伍规模得到快速壮大，队伍结构大幅优化，高层次人才引育不断取得新成果，人才优势在教改成果、全国优博、科技大奖、学科评估等核心产出方面的贡献显著。同时，我们也要看到，与学校发展的目标相比，与清华、上交大等高校相比，我校在院士、千人计划、青年千人、长江学者、杰出青年基金获得者等高层次人才方面总量还不够多、增长得也还不够快。对这一问题，学校党政高度重视，近期已就进一步加强高层次人才队伍建设进行初步研究，将及时出台相关文件。要根据学科发展，从强化优势学科地位、加强交叉学科、布点新兴学科等入手引育人才，巩固优势、培育学科新的增长极。要及时调整政策，把握人才竞争态势和市场行情，对不同人才计划的引进支撑条件进行梳理，构建动态、合理、有竞争力的引育机制，逐步形成各层次优秀人才不断涌现、不断跃级的良好局面。要加强软环境建设，院系主要领导和学科带头人是人才引育的主体力量，要有宽阔的胸襟和高远的眼光，敢于和乐于引进、培养胜于自己的人才，用十足的诚意和有效的方法以诚感人；要尊重学科和个性差异，完善考评机制，根据不同人才实施不同的考评，推动优势互补、团结协作；要完善人才服务体系，人才服务不只是人事处一个部门的工作，也不仅仅是院系的事情，应该是全校各部门、各方面共同的重要任务，大家都要关心和跟进人才队伍建设工作，主动为人才工作铺路搭桥，既把握大的政策，又注重细节服务，在日常工作和生活细节上给人才更多的照顾，使其有师道尊严和主人翁的感觉，营造具有竞争力的软环境。总之，既要大力引进人才，又要全力支持人才成长，推动人才早日崭露头角。

3. 激励广大干部勇于担当

政治路线确定之后，干部就是决定的因素。习近平总书记强调，三中全会开启了新的改革窗口，全党同志要勇于迎接新挑战，继续奋发有为。实施新一轮改革，推动学校发展再上新台阶，我们必然面临很多难题、矛盾和风险。广大干部尤其是中层以上领导干部要主动迎接考验，想干事、会干事、干成事，在难题面前要敢闯敢试、敢为人先，在矛盾面前要敢抓敢管、敢于碰硬，在风险面前要敢作敢为、敢担责任，主动参与改革、组织改革、推动改革。今年要进一步完善干部选拔任用相关制度，修订中层领导干部选拔任用工作条例，完善公开选拔、竞争上岗制度，完善民主推荐、民主测评制度，提高干部工作民主质量，构建有效管用、简便易行的干部选任机制，真正把信念坚定、为民服务、勤政务实、勇于担当、清正廉洁的好干部选拔出来。要完善干部考核评价机制，结合院系行政领导班子换届，创新干部任期考核制度，细化考核指标，加强在人才引进、学科建设、教学质量、科研成果以及和谐校园建设等方面的考核，推动学校改革目标任务的贯彻落实。坚持把作风建设作为推动新一轮改革的重要保障，继续推进整改落实、建章立制，建立健全改进作风常态化制度，以钉钉子的精神推进学校各项改革任务的贯彻落实。

各位代表，各位同志，2014年校党委还要持续抓好党风廉政建设、和谐校园建设这两个常抓不懈的工作，全力支持校行政推进各项改革、落实各项具体工作。让我们在校党委领导下，全校团结一心、扎实工作，为完成既定的工作任务而不懈努力，全力推动学校改革发展再上新台阶！

再过几天就要放假了，马年春节就要来临。各部门、各单位要认真做好学期末的扫尾工作，组织好慰问困难教职工工作，安排好假期值班工作，做好假期留校学生工作，保证假期校园安全稳定。在春节关口，各级领导干部要严格遵守廉洁自律各项规定，严格执行中央改进作风八项规定，营造风清气正的过节氛围。同时借这个机会，我在这里向各位同志，向大家并通过你们，向全校师生员工及大家的亲属拜个早年，祝大家新年身体健康、家庭幸福、工作顺利、马到成功！

在 2014 年全校春季中层干部大会上的讲话

郭广银

（2014 年 2 月 21 日）

同志们：

今天是农历马年的正月二十，我们在这里召开 2014 年春季中层干部大会，首先我代表学校党委和行政，向大家拜个晚年，祝大家在新的一年里身心健康、工作顺利、家庭幸福、马到成功！

刚才，易红校长对学校 2013 年的行政工作作了全面回顾和总结，全面部署了 2014 年的行政工作，提出了推进各项工作落实的具体要求，我完全赞同。

下面，我对校党委 2013 年的工作作简要的回顾，并对 2014 年党委工作要点作一下强调。

一、2013 年工作简要回顾

2013 年，在中央、教育部和省委省政府的领导下，校党委以中国特色社会主义理论体系为指导，以作风建设为主线，以内涵式发展为主题，深入开展党的群众路线教育实践活动，全面落实"十二五"改革和发展规划，团结和带领广大师生员工开拓创新、争先进位，学校各项工作事业取得长足进展。

1. 作风建设取得阶段成果

制定并实施了党的群众路线教育实践活动实施方案，召开了教育实践活动动员大会，围绕党的十八大精神、十八届三中全会精神和习近平总书记系列讲话精神及教育实践活动必读书目等组织开展学习。校领导班子集中学习 12 次，举行中层干部理论学习报告会 5 场。校领导班子召开师生座谈调研会 41 次，征集意见建议 447 条。学校及二级单位领导班子认真对照检查、深刻剖析自我，召开了专题民主生活会并进行了情况通报。制定并公布了校领导班子整改落实方案，5 大类 74 项重点整改任务按时间节点有序推进。全面推进建章立制，梳理现行规章制度和管理办法共计 1 415 件，拟废除文件 331 件，新制定文件 99 件。通过制度的废改立行，巩固了教育实践活动成果。

2. 思想理论建设得到加强

举办了中层干部学习贯彻党的十八大精神专题培训班，与国家教育行政学院合作继续开展党的十八大精神网络学习，把思想和行动统一到十八大精神上来。改版"至善网"，新建群众路线学习、中国梦等多个专栏，编发理论学习材料多期。举办"思想的力量——马克思主义学术讲坛" 6 期，宣传马克思主义研究新成果。成立了"东南大学社会主义核心价值研究中心"，打造高端学术平台，深入推进社会主义核心价值观研究和培育。

3. 宣传和信息工作成果丰硕

学校新闻在中央级平面媒体报道共109篇次,中央电视台报道17次,《新闻联播》报道3次。新开通新华网、人民网微博,腾讯官方微信,开通全国高校首个腾讯官方微视,学校官方新媒体平台覆盖受众面达35万人次,影响力持续扩大,荣获腾讯网"全国高校新媒体综合影响力十强"称号。编辑出版《东南大学报》31期,获2012年度全国高校好新闻评选一等奖4项,获江苏省高校校报优秀作品奖15项,获奖等第与总量位列江苏高校第一。学校荣获新华网"2013中国最具魅力高校"称号。信息工作取得新成绩,荣获"江苏省2013年度信息工作先进单位"和"江苏省2013年度教育信息工作先进单位"称号。

4. 干部工作不断完善

进一步修订完善《东南大学中层领导干部选拔任用工作条例》,制定了外派干部回校工作安排相关规定,调整了中层干部首任年龄相关规定。试行院系拟晋升党务科级干部网络测评制度。根据上级要求,选派滇西挂职干部2名,援藏干部1名。组织推荐第六批科技镇长团团长人选2人,成员8人。选派"教授博士柔性进企业"人员27人。接收对口支援学校、长三角高校优秀中青年干部挂职项目来校挂职干部7人。加强干部教育培训,培训新任中层干部37人,选派4名中层干部参加中组部、教育部及江苏省委教育工委举办的培训班学习,选派10名中层干部参加由9所高校联合委托江苏省委党校举办的培训班学习。

5. 层组织建设进一步加强

提高党建研究和实践工作水平,制定并实施了《东南大学党建研究项目管理办法(试行)》,12个项目立项。6个党支部工作法案例入选《江苏高校基层党组织优秀工作案例100例》。党组织和党员信息管理系统正式投入使用。评出2012年"最佳党日活动"一等奖4个、二等奖7个、三等奖17个。持续加强校内全覆盖的组织培训工作,培训新任支部书记198人、新生党员121人、预备党员2 646人、党员发展对象20班次近2 800人。新发展党员2 595人,其中教职工党员29人、学生党员2 566人。截至目前,全校共有党员16 631人,其中学生党员11 211人,教职工党员3 713人,离退休党员1 707人。

6. 学生思想政治工作扎实推进

开展了"中国梦·东大梦·我的梦"主题座谈会、"高举团旗跟党走"主题团日活动等"中国梦"主题教育活动。继续开展"国防文化季"系列教育活动,通过全省首批"国防教育示范学校"检查验收。成功申报并有序推进思想政治理论课省级"示范点"建设。开展了"我最喜爱的研究生导师"评选活动,树立研究生导师立德树人典范。推进学风建设,举办科学道德和学风建设报告会16场。广泛提升研究生综合素质,举办研究生人文与科学素养讲座150场。

7. 反腐倡廉建设持续深化

制定并实施了《东南大学贯彻落实中央改进工作作风、密切联系群众〈八项规定〉和〈实施细则〉的实施办法》，促进作风不断转变。坚持实施新任处级领导干部反腐倡廉教育培训。开设了新生党员"正确认识社会腐败现象"的专题党课。深入开展公款送礼、公款吃喝、奢侈浪费专项整治工作。积极开展重点领域、关键环节的监督检查。加强干部选拔任用监督工作，积极探索干部监督管理工作中的新机制、新方法。加强预防职务犯罪教育，开展警示教育活动3场。开展"校园廉洁文化活动周"活动，营造崇尚廉洁的校园文化氛围。

8. 和谐校园建设取得新成效

成立无党派知识分子联谊会，党外人士参政议政渠道进一步拓宽。数字化校园统战管理信息系统荣获2013年度全国统战工作实践创新优秀成果奖，是全国高校唯一获奖项目。开展了"2013年新生文化季""第27届校园文化节"等系列文化活动，师生文体活动丰富多彩。1人荣获"全国师德标兵"荣誉称号，多个单位和个人分别荣获省级"模范职工小家""工人先锋号""巾帼文明岗""五一巾帼标兵岗"称号。调增了教职工住房公积金和住房补贴的缴存基数。全年发放大病补助金284万余元，补助549人次。学校荣获"2012—2013江苏省高等学校和谐校园"称号。

9. 各项事业取得新进展

现代大学制度建设迈入新阶段，《东南大学章程》经教育部核准正式颁布实施。学科建设成果丰硕，排名第一的学科数并列全国第七位，进入ESI的各个学科排名均大幅提升，工程学ESI排名上升至世界第83位。学生创新能力培养持续加强，4篇论文获全国百篇优秀博士学位论文奖，3篇获提名奖。高层次人才队伍不断壮大，专任教师博士学位比例和师资队伍海外经历比例持续提高。科技工作保持快速发展良好势头，国家自然科学基金资助项目和资助经费取得良好成绩。国家级科技奖励再获佳绩，4项成果获得2013年度国家科技大奖，覆盖三大奖项，获奖总数并列全国高校第5位。国际合作办学和留学生教育持续推进。国内首个中外合作研究生办学机构东南大学—蒙纳士大学苏州联合研究生院正式运行。海外留学生数量进一步增长。附属中大医院医疗条件得到明显改善，服务教学科研能力进一步增强。学校基础能力建设、后勤管理和服务、资产管理、发展工作、校友工作、图书档案、学报、独立学院、继续教育等各项工作均获得了长足进展。

这些成绩的取得，是全校各级党组织和各部门齐心协力、狠抓落实的结果，是全校党员干部和广大师生员工艰苦努力、团结奋斗的结果，成绩和进步来之不易，需要倍加珍惜。在这里，我谨代表学校领导班子向大家表示诚挚的感谢！

同时，和我们的建设目标以及"四个发展"的要求相比，我们以下方面的工作还需要进一步加强。一是教育实践活动整改方案的落实需要一抓到底，作风建设永无止境，要坚持从群众最关心的具体问题抓起，从群众不满意的地方改起，解决好联系和服务群众"最后一公里"问题。二是高端人才队伍的引进和培育工作需要持续加强，需要改革和创新体制人才工作机制,抢占人才制高点。三是需要更大力度加强顶层设计,不断发挥和增强科学规划对事业发展的引领作用,为深化新一轮改革创新,提升内涵发展提供新路径。

以上问题需要我们校、院系两级领导班子和领导干部团结一心,依靠全校师生员工智慧和力量,通过创造性的工作,努力克服并加以解决。

二、2014年工作总体安排

2014年是贯彻落实十八届三中全会精神、全面深化改革的第一年,是全面完成学校"十二五"规划目标任务的重要一年。校党委的总体工作思路是,认真贯彻落实党的十八届三中全会精神,以深化改革、提高质量为主线,以巩固教育实践活动成果、强化执行狠抓落实为核心,以作风建设常态化、和谐校园建设持续化为保障,以释放改革新红利、提升办学新效益为落脚点,全力推动学校各项工作再上新台阶。

工作要点将校党委2014年的工作概括为6个大的方面,共16个要点,已经印发给大家,请大家认真阅读并结合各单位的任务分工,创造性地开展工作,把各项工作落到实处。下面,围绕学校党委的工作要点,我主要讲以下几点意见。

(一)着力凝聚实现东大梦的精神力量

思想理论建设事关社会主义办学方向,事关培养什么人、怎样培养人的根本性问题。我们要始终把思想理论建设放在学校党的建设的第一位,全面贯彻党的教育方针,以思想的力量、真理的力量,凝聚为建设世界一流大学的东大梦团结奋斗的强大正能量,引领和推动学校事业不断发展。

1. 与时俱进加强思想理论建设

十八届三中全会召开以来,我们通过理论中心组学习、报告会、座谈会、宣讲会等形式,认真学习了党的十八届三中全会精神,我们还要进一步原原本本、针对任务、结合实际深入学习,掌握全会决定精神实质。同时,要认真学习贯彻习近平总书记系列讲话精神,党的十八大以来,习近平总书记围绕坚持和发展中国特色社会主义、实现中华民族伟大复兴的中国梦,发表了一系列重要讲话,深刻回答了新的历史条件下党和国家的一系列重大理论和现实问题,为我们在新的历史起点上实现新的奋斗目标提供了基本遵循。中央已明确要求将学习习近平总书记系列讲话精神作为重大政治任务,教育部及相关司局将依托国家教育行政学院开展直属高校分管校领导和相关部门干部的专题轮训。学校党委也将组织全校中层以上干部进行专题学习培训,用讲话精神武装头脑、指导实践、推动工作。要抓好中层以上干部学习贯彻习近平总书记系列讲话精神培训工作,大力开展好社会主义核心价值观的宣传教育与实践活动。

2. 深入加强内外宣传工作

经过多年的努力,我校基本形成了多种宣传方式和手段协调运用的宣传格局,在中央和地方主流媒体的发稿量明显提升。但与学校事业发展、师生员工和海内外校友的新要求相比,我们的内外宣传工作还存在一些薄弱环节,仍有很大的努力空间。比如,校内宣传全员覆盖的问题,让广大师生员工及时了解校情、知道学校工作动态,还需要在整合宣传资源、拓展宣传渠道上下功夫。又比如,进一步提升学校知名度和美誉度问题,需要发挥全校各方面的力量,加强素材掌握和策划,提升新闻宣传的社会影响力。今年要通过召开全校宣传思想工作会议,研究部署新时期的宣传思想工作,拓展宣传方法、整合宣传力量,协同构建大宣传格局。围绕学校教学科研、师资队伍建设、试点院系改革、现代大学制度建设、中国梦主题教育等开展有重点有价值的宣传工作。要进一步提升运用新媒体开展对外宣传工作的能力与素质。改版校园网主页,加强对二级网站的日常监管,加快学校英文网站建设。进一步提升校报舆论阵地的思想性与引领性,面向师生接地气,加强特色栏目建设,提升校报的可读性和影响力。

3. 不断推进办学思路创新

在去年的党代会、教代会年会上,校党政提出了推进新一轮改革的基本思路。改革就会有利益调整,深化改革关键是要凝聚共识,思想认识统一了,行动上才能步调一致,遇到困难才能共同克服。我们建设世界一流大学,必然要遵循一流大学建设的基本规律,比如教师如何教学科研、职员如何服务、学生怎样学习,等等,这些都有基本的规律甚至公认的标准。关键在于我们要深刻认识,努力达成共识。开展世界一流大学推进路径专题大讨论,深入了解世界一流大学最新发展变化,深刻认识世界一流大学建设规律,探索中国特色世界一流大学建设有效路径,凝聚全面深化改革的共识。继续瞄准"十二五"确定的参照系——美国伊利诺伊大学香槟分校,持续做好动态跟踪、发展对比和经验汲取。做好"十二五"改革发展规划执行情况的中期检查,加强对已有改革的绩效评估,总结经验、发现差距、明确目标、调整进度。要启动"十三五"规划前期研究工作,提早思考和谋划下一个五年的发展思路。

(二) 全面深化新一轮改革

改革创新是东大的优良传统,也是推进我们事业发展的强大动力。去年,学校党委和行政经认真研究讨论当前的发展形势,结合我校实际确定了今年全面深化新一轮改革的三项重点任务。

1. 深化现代大学制度建设

十八届三中全会决定提出,全面深化改革的总目标是完美和发展中国特色社会主义制度,推进治理体系和治理能力现代化。现代大学制度既是高校可持续发展的重要保障,也是国家治理体系和治理能力现代化的重要因素,必然成为我们新一轮改革的重要内容。去年11月16日,教育部正式核准了《东南大学章程》,学校已于12月23日正式转发,标志着我校现代大学制度建设实现新的突破,走在了高校前列。但制定出一个好章程,只是万里长征走完了第一步,关键还在于落实章程。我们要以《东南大学章程》的实施牵引配套制度建设,完善党委全委会和党委常委会、校长办公会议事决策规则,建立健全学术委员会、学位委员会、教学委员会等学术组织章程,启动师生员工权利保障及申诉制度的制定工作,着力完善学校内部治理结构,推进大学章程精神落地生根。

2. 推进以试点院系为重点的综合改革

现代大学制度是顶层设计，而通过院系综合改革、激活院系发展活力，则是争取改革新红利的重要方向。要深刻认识推进院系改革的重要性和必要性，增强参与改革的紧迫感和责任感，积极主动参与改革。要认真制定并实施院系综合改革试点方案，按照先行先试、重点突破、示范引领的原则，大力推进综合改革，努力在课堂和实践教学质量保障机制、终身教职聘任制度、院系内部治理改革等重点或环节形成有效突破。建立试点改革定期交流汇报机制和动态调整机制，确保试点院系改革成为新一轮改革的先行者和示范者。根据教育部指导意见，深化人事制度改革。完善异地办学和社会服务机构设置、职能配置和运行机制。进一步明确直附属单位职能定位，理顺部门职责关系及岗位属性。

3. 深化教学质量保障机制改革

进一步有效提升课堂教学质量。切实强化教授给本科生上课制度。加强对教师尤其是青年教师教学能力素质的定期培训。加大与世界一流大学教学方面的合作交流，加大聘请国际优秀师资来校上课力度。健全教师公派出国交流培养中课程教学进修任务的要求和考核。完善学生评教制度和师资流出转岗制度，激励教师更好地履行教学工作天职，推动教学质量实现新的明显提升。

（三）继续深化干部人事制度改革

改革的有序有效推进关键在组织。各项改革任务的落实抓不抓得好，关键在领导干部。改革任务能否落实，关键在人才。今年我们将继续深化干部人事制度改革，加强领导干部、组织和人才队伍建设，确保新一轮改革有力有序有效推进。

1. 进一步加强领导班子和干部队伍建设

实现创造世界一流大学的东大梦，关键在于把学校领导班子和干部队伍建设好。教育部党组前不久发布了《关于进一步加强直属高等学校领导班子建设的若干意见》，对加强校级领导班子建设提出明确要求，我们校级领导班子及成员要认真学习，切实加强思想政治建设，认真贯彻执行民主集中制和党委领导下的校长负责制，努力增强领导班子凝聚力战斗力和工作执行力。根据干部工作形势要求，中央对《党政领导干部选拔任用工作条例》作了修订，体现了党的十八届三中全会精神，吸收了实践的新成果新经验，是新形势下深化干部人事制度改革的重大举措，为我们进一步做好干部选拔任用工作提供了基本遵循。我们要通过组织中心组学习等方式，让每个党员干部都了解《条例》内容精神。同时，要围绕《条例》的贯彻实施，进一步修订和完善学校中层领导干部选拔任用工作条例，构建有效管用、简便易行的干部选任机制。要创新干部任期考核制度，推动学校改革目标任务的贯彻落实。切实组织好院系行政领导班子换届，优化新一届班子的学科、性别、年龄、学缘及个性结构，为院系新一轮发展选好配强干部。推动干部轮岗交流，加强党政交流、机关院系交流，进一步增强干部队伍活力。

2. 大力加强高层次人才队伍建设

根据我校实际,研究部署加强高端人才队伍建设和学科人才梯队建设。根据学科发展,从强化优势学科地位、加强交叉学科、布点新兴学科等方面入手引育人才。调整人才资源政策,把握人才竞争态势和市场行情,完善不同人才计划引进支撑条件分类机制,构建动态、合理、有竞争力的人才引育机制,逐步形成各层次优秀人才不断涌现、不断跃级的良好局面。完善人才服务体系,营造具有竞争力人才工作软环境。召开校内各层次人才座谈会,群策群力,谋划高层次人才队伍建设的思路和做法。

(四) 持续深化立德树人工作

立德树人是教育的根本任务,我们要培养具有远大的理想、坚定的信念、健全的人格、健康的体魄、宽广的国际视野、扎实的知识基础和优秀的创新能力的创新性人才,必须加强对学生的理想信念教育,增强学生走中国道路、建设中国特色主义信心信念,增强学生的社会责任感、创新精神和实践能力,激励广大同学在实现中国梦的奋斗中追逐青春梦想。

1. 深入推进学生思想政治工作

把培育学生的理想信念作为思想理论建设的核心任务,用远大理想激励前行,用坚定信念为人生导航。加强学生社会主义核心价值观教育,使"三个倡导二十四字表述"内化于心、外化于行。提升思想政治理论课的针对性、时效性,用好教材、建好队伍、讲好课程,努力让学生真心喜爱、终身受益。健全学生心理健康关爱机制,提升心育工作专兼职工作队伍的服务技能。把教育引导与关爱服务结合起来,帮助学生学会处理学习成才、择业交友、健康生活等具体问题。帮助家庭经济困难学生和学习困难学生顺利完成学业和就业。加强院系团组织建设,着力推进团学骨干队伍建设,打造活力团支部。贯彻执行《全国大学生思想政治教育工作测评体系(试行)》,完成自评工作,以评促建提升学生思想政治教育工作规范化科学化水平。不断加强辅导员队伍建设。

2. 完善学生社会实践和创新创业工作机制

大力弘扬志愿者精神,做好青奥会、研究生支教团、西部计划、苏北计划、绵竹计划等志愿者工作,增强学生社会责任感和社会实践能力。出台《东南大学社会实践管理办法》,加强社会实践工作保障。以暑期"三下乡"社会实践为重点,扩大服务范围、丰富服务内容,着力推动社会实践活动的项目化、基地化、规范化。继续拓展社会实践基地数量,推进就业基地与社会实践基地建设相结合。深入完善团委、教务处、科研院协同服务的学生科技创新工作体系,整合学生科技创新资源。持续做好大学生创业中心建设,优化创业活动与科研项目结合的模式。积极筹备2014年"挑战杯"全国大学生创业计划竞赛参赛工作,力争取得优异成绩。加强对科技创新类学生社团的指导和支持,做好"挑战杯"SRTP培育项目的选拔和持续支持。

(五) 继续营造风清气正校园环境

作风建设永远在路上,我们要认真贯彻落实党中央对深化教育实践活动、全面推进党的作风建设的要求,把抓作风、改作风锲而不舍、坚持不懈地深入下去。

1. 巩固和扩大党的群众路线教育实践活动成果

召开教育实践活动总结大会,认真总结活动经验,凝练开展活动的理论、实践和制度成果,以钉钉子的精神推进学校各项改革任务贯彻落实。坚持把作风建设作为推动新一轮改革的重要保障,进一步建立健全反对"四风"、改进作风的各项规章制度,形成作风建设长效机制。持续完善机关后台服务机制,优化办事流程,加强机关服务后台技术支撑,持续改进机关作风,提升服务效能。

2. 切实加强反腐倡廉建设

根据中央及教育部精神,结合学校实际制定《东南大学建立健全惩治和预防腐败体系2013—2017年工作规划实施意见》。开展党风廉政宣传教育月、校园廉洁文化活动周等活动,加强干部廉洁从政、教师廉洁从教、学生诚实守信的教育。落实中央纪委《关于加强廉政风险防控的指导意见》,对招投标、科研、招生、基建、采购、产业、国有资产管理等重点领域、重要岗位、重点环节开展专项治理,进一步完善内部监督制约机制。落实教育部关于高校科研项目、科研经费、科研行为管理的三个"意见",进一步规范科研经费使用与管理。加强案件查办工作,维护党纪国法校规的严肃性。坚持和完善信访分析、信访监督谈话以及监察建议书等制度,强化信访结果运用,发挥信访案件综合效应。

(六) 持续加强和谐校园建设

和谐校园建设是学校实现内涵发展的必然要求和有力保障,是我们实现"和谐发展"的有力抓手。我们要持续不断地加强和谐校园建设,促进师生个体、校内各群体与学校共同发展、和谐发展。

1. 加强校园民主建设

深入探索和改进民主管理形式和方法,进一步推进各院系二级教代会的组织建设工作,充分发挥校、院系两级教代会民主管理和民主监督作用。建设教代会提案网络办理系统,提高提案办理效率。大力推进党务、校务、院(系)务公开、信息公开等工作,保障师生知情权、参与权、监督权。充分发挥民主党派、侨联、无党派知识分子联谊会等组织参政议政作用。实施人大代表、政协委员接待日制度。充分发挥工会、共青团、学生会、研究生会、退离休协会等群众组织的桥梁纽带作用。继续推进校、院系两级关工委工作常态化。

2. 加强校园民生建设

不断加强师生关爱工作,完善家庭经济困难学生资助体系。根据国家政策,结合学校财力,进一步改善教职工的工作条件和福利待遇。加快数字化校园建设,完善信息服务平台,进一步提升数字化图书馆、档案馆建设水平,为师生员工提供方便快捷的服务。打造与高水平大学建设相适应的后勤保障体系,满足师生员工不断增长的服务需求。加快大病医疗互助录入和计算系统的建设,力争早日实现大病医疗互助信息录入与公费医疗报销同步进行。持续推进多方合作共建的社区居家养老服务体系建设。

3. 加强文化校园建设

开展丰富多彩的师生文化活动,做好"五四"红歌会、新生文化季、学生科技节等系列精品活动。进一步优化校园建设规划,加快九龙湖校区后续工程建设,加强各校区基础设施改造和校园景观建设,不断美化校园环境。

4. 加强平安校园建设

完善校园突发事件应急处置预案,强化信息研判和报送工作常态化机制。加强对课堂、讲座、校报、校内广播电视和校园网站的管理,守好思想舆论宣传阵地,营造良好校园环境。争取各校区所在政府部门支持,进一步加强校园周边综合治理。加强全员安全教育,强化校园安全保卫工作责任制,进一步完善校园安全防范体系。持续提高保密技术防范和保密管理水平。

同志们,久久为功的韧劲、驰而不息的精神,是成就改革大业的基石。党的十八届三中全会以来,我们处在全党全国上下心气高、劲头足,抓改革的大环境之中。我们要不断增强机遇意识、责任意识、紧迫意识,提高主动性、自觉性,顺势而谋、乘势而上,始终保持昂扬向上的斗志,拿出百折不回的韧劲儿,不断开拓创新、争先进位,为我校全面深化改革,提升内涵发展开好新局。

党委和行政的其他很多重要工作,在要点和纲要中都一一列出来了,希望大家认真阅读领会,及时传达学习,创造性地贯彻落实。时代在发展,要求在提高,2014年学校改革发展的任务非常繁重,让我们紧密团结在以习近平同志为总书记的党中央周围,紧紧依靠全校师生员工,开拓创新,奋发有为,真抓实干,勇争一流,圆满完成2014年的各项工作任务,为实现早日建成世界一流大学的东大梦而不懈奋斗!

弘扬主旋律　凝聚正能量　服务大战略
加快构建适应世界一流大学建设需要的宣传工作新格局

——在东南大学 2014 年宣传工作会议上的讲话

党委书记　郭广银

（2014 年 4 月 24 日）

老师们、同志们、同学们：

今天，我们在这里召开 2014 年全校宣传工作会议。这次会议是在深入推进教育实践活动整改落实，我校启动新一轮改革、加快世界一流大学建设步伐的关键阶段召开的一次重要会议。会议的主要任务是：贯彻落实党的十八大、十八届三中全会和全国宣传思想工作会议精神，深入学习贯彻习近平总书记系列讲话精神，分析我校宣传思想工作面临的新要求、新任务和新挑战，研究加强和改进我校宣传思想工作的新思路、新途径，大力弘扬主旋律，凝聚改革发展正能量，提升宣传工作服务学校改革发展的能力和水平，加快构建适应世界一流大学建设需要的宣传工作新格局。

下面，我代表学校党委，就进一步加强和改进宣传思想工作讲以下三个方面的意见，与大家一起讨论。

（一）充分认识和正确把握新要求、新任务和新挑战，进一步增强做好我校宣传思想工作的紧迫感和责任感

习近平总书记在全国宣传思想工作会议上的讲话，站在党和国家全局的高度，深刻阐述了事关我国宣传思想工作长远发展的一系列重大理论和现实问题，进一步明确了新形势下宣传思想工作的方向目标、重点任务和基本遵循，并强调指出："经济建设是党的中心工作，意识形态工作是党的一项极端重要的工作"，从而把宣传思想工作的地位和作用提高到了一个新的高度。这一重要讲话精神，是指导我们进一步加强和改进我校宣传思想工作的纲领性文件。讲话精神发布以来，我校校、院系两级党委，结合深入开展党的群众路线教育实践活动，进行了多次传达学习，提高了大家对宣传思想工作重要性的认识，增强了大家的阵地意识、责任意识，为进一步创新我校宣传思想工作打下了较好的思想基础。

任何改革的实施、工作的推进，都需要准确把握内外环境的变化，做到因势而谋、应势而动、顺势而为，宣传思想工作也不例外。做好新时期新阶段的宣传思想工作，必须牢固树立问题导向，认清时代特征，把握发展大势。一是把握全球化的时代背景。当前全球化进程不断加快，市场经济在全球范围内不断扩展，正成为世界绝大多数国家统一的经济形态，成为维系世界各国利益的共同经济基础。包括高等教育在内的众多行业由此进入全球竞争与合作的新阶段。二是把握网络化的时代背景。随着信息技术创新加速，虚拟空间、虚拟产品、虚拟社会等不断发展,互联网正在重塑生产模式、交易模式、交往模式甚至学习模式。高校的人才培养、科学研究、社会服务以及文化传承创新等日益依托互联网平台开展。三是把握中国和平崛起的时代背景。经过改革开放30多年的发展,我国经济总量跃居世界第二位。美国《时代》周刊主编扎卡里亚曾于2009年末发表文章,说21世纪头十年影响世界最重要的事件既不是2001年的"9·11事件",也不是随后发动的阿富汗战争和伊拉克战争,而是"中国崛起"。党的十八大确立了"两个一百年"的宏伟奋斗目标,全面深化改革,加快和平崛起,实现中华民族伟大复兴的中国梦成为当代中国的发展主题。可以说,全球化、网络化、中国崛起在当代交织发展,这是我们高校宣传思想工作面临的时代背景,也为我们加强和改进宣传思想工作提出了新的挑战。

改革发展,舆论先行。学校宣传工作具有引领方向、凝聚力量、服务大局的重要职能,是保障学校可持续发展的一项重要工作。多年来,我们贯彻中央精神,结合学校实际,不断增强宣传意识,拓展宣传阵地,改进宣传方式,提高宣传实效,全力呐喊助力,宣传思想工作取得了积极成绩,为学校改革发展稳定作出了重要贡献。在这里,我代表学校党委,对宣传工作战线的各位同志、各位同学付出的智慧和辛劳致以衷心的感谢!在全球化、网络化和中国崛起的时代背景下,我校的宣传思想工作面临不少需要尽快解决的问题,以下几方面问题显得比较迫切和突出。

1. 筑牢防线战线的任务更为复杂繁重

长期以来,我校坚持社会主义办学方向,坚持党委领导下的校长负责制,贯彻落实党和国家的教育方针,推动了学校改革发展稳定工作不断向前发展,不仅为国家发展、社会稳定作出了重要贡献,也为师生员工全面发展创造了良好的校园政治环境。同时,我们也要清醒地看到,有些西方国家并不希望中国崛起,把中国崛起视为其利益的最大威胁,看作是对其价值观、统治方式和治理体系的一种挑战,从而采取各种手段延缓甚至扼制中国崛起。实际上,西方一些国家通过各种敌对势力对高校干部师生的"西化""分化"图谋从未停止并日益加强,对高校干部师生以宗教传播、公益活动、科研项目支持等名义进行的渗透越发增多,形式更隐蔽、手段更丰富、渠道更多元。同时,我国社会转型对人们思想观念的冲击不断显现,在高校一些干部师生中出现了信仰缺失、理想信念淡薄、价值观扭曲、社会责任感弱化等突出问题,对学校人才培养产生负面影响,同时也成为影响社会稳定、国家长治久安的潜在因素之一。作为一所百年名校,我校不可避免成为思想观念交汇、各类价值观交融的前沿阵地,这是不以人的意志为转移的客观现实。如何在新的时代背景下巩固马克思主义在意识形态的指导地位,抓好干部师生的理想信念教育、核心价值观教育,把立德树人真正落到实处,是全校各级党组织、广大党员干部必须认真思考、主动应对的重大问题。

2. 凝聚正能量的工作亟待进一步加强

团结是力量之源。团结是东南大学的一个优良传统,已经凝练到严谨求实、团结奋进的校风当中,成为我们克服各种困难、推动办学不断取得新业绩的重要优势。当前,我们凝聚力量的工作面临一些新的情况,例如,师生来源日益多样化,近年来我校不断拓展师资来源,每年引进的教师中有一半左右具有海外学习或研究经历,另有一部分教师来自于国内一流高校。我校大力发展留学生教育,留学生总数已超过1 600人,来自100多个国家和地区。这些师生有着不同的教育经历,经历了不同文化的熏陶,甚至具有不同的价值观念。这种结构性变化,丰富、活跃了大学文化,提升了我校国际化的水平。宣传思想工作在适应国际化办学实践方面还需要加大力度,改进工作,创新模式。同时,宣传思想工作中仍存在针对性不够强、覆盖面不够广、传播速率与效能不够高的情况,师生员工对学校改革发展情况仍有不够了解的现象,影响了认同感的形成,也一定程度上制约了改革措施的推进。如何通过我们的宣传工作把大家凝聚起来,增强大家对东大的认同度、归属感,专心学习、潜心治学,这是我们需要重视的一个重要问题。又比如,随着学校改革尤其是人事与分配制度的改革,岗位聘任与管理日益多样化、动态化,教职工的利益诉求日益多样化、个性化,解疑释惑、协调矛盾的工作日益艰巨,这对我们的宣传思想工作也提出了新的要求。

3. 提升办学声誉的进程需要进一步加快

办学声誉是大学办学实力、关注度、影响力的综合体现,体现为一所大学的品牌价值。办学声誉对学校的招生、教学、科研、社会服务以及文化传承的有效性具有重大影响。近年来,随着学校改革发展的深化,我校的办学声誉有了进一步的提高,但与学校的发展水平和发展目标相比,我校的办学声誉还有一些不尽如人意的方面,存在进一步提升的空间。比如,在办学声誉的知晓广度上,仍然有相当多的人群对我校的办学地理位置、学校性质等基本情况不知晓不了解,并存在媒体的误传播和普通个人间的误宣传。在办学声誉的知晓深度上,社会一些行业对我校的办学层次、办学特色、学科优势等还不够了解,我们在一些重点行业、重点领域的项目争取、就业等方面工作存在较难介入的现象。此外,在体现机制上,声誉管理未形成有效合力,学校的优良办学传统、人才培养、科学研究和社会服务成果未及时形成好的办学声誉成果,同时仍存在极少数不重视声誉维护甚至损害学校声誉的现象,例如极少数干部的违纪违法行为、极少数师生的学术学风不端行为,都在一定程度上损害了学校办学声誉。这些现象的存在,需要我们在加快改革、提升教育质量、增强办学能力的同时,进一步加大对学校办学声誉的管理。这次宣传工作会议,特邀了中国传媒大学董关鹏教授作声誉管理方面的专题讲座,这有助于我们进一步理解声誉管理的内涵、目标和主要方法,促进我校声誉管理工作水平提升。

(二)瞄准世界一流大学建设的宏伟目标,着力推进我校宣传思想工作创新

习近平总书记强调,宣传思想工作要把围绕中心、服务大局作为基本职责。从我校来说,宣传思想工作要紧紧围绕世界一流大学建设这一中心,全力服务改革发展稳定大局。在新的时代背景下,宣传工作要有为有位,必须推进宣传思想工作创新,以创新破解难题,以创新打开工作新局面,以创新务求工作新成效。

1. 围绕巩固防线战线推进宣传思想工作创新

高校宣传思想工作具有明显的育人功能和社会导向功能,不管是思想教育,还是内外

宣传,首要的是要站稳立场,把准把好方向关。要创新学校意识形态教育和管理工作,要牢牢掌握意识形态工作领导权、管理权、话语权,巩固马克思主义在学校意识形态领域的指导地位,坚持社会主义的办学方向。要加强理论学习,改进宣传模式、创新话语表述、更新概念内容,坚定广大党员、干部的马克思主义、共产主义信仰,脚踏实地为实现党在现阶段的基本纲领而不懈努力,扎扎实实做好每一项工作。要理直气壮地宣传中国发展成就,宣传高等教育改革发展成果,引导师生员工更加全面客观地认识当代中国、看待外部世界,用正面宣传鼓舞人、激励人,增强自信心和自豪感。要坚持开放思维,积极主动地宣传世界高等教育和科技文化领域出现的新情况新变化,大力传播新思想新观点新知识,科学扬弃为我所用,发挥好思想文化交流借鉴平台功能,在交流借鉴中提升宣传思想工作水平。要创新阵地建设,互联网是宣传工作最大机遇,也是最大的挑战,各级领导干部必须树立"过互联网关"的意识,主动适应信息技术和新媒体的发展趋势,加大对广播、校报、校内电视台等校内媒介的改造升级,与时俱进搭建微博、微信等互联网宣传的新平台,构建全媒体、全业务、全覆盖的校园宣传网络,用正面宣传占领网络,发挥好各类宣传阵地整体效能,确保阵地不弱、阵地有位、阵地有为。

2. 围绕凝聚发展正能量推进宣传思想工作创新

当前,学校"十二五"规划进入关键期,新一轮改革已经启动,需要广大师生员工形成共同的认知、协同的行动,宣传思想工作必须承担起这一重要职责。要用作风转变凝聚正能量,作风建设是新一届中央领导集体治国理政的重要切入点,取得的初步成效已为广大人民群众所认可。我们按照中央要求集中开展了教育实践活动,目前正进一步推进整改落实。要充分认识转变作风的正能量凝聚功能,更加积极主动地宣传整改工作取得的进展和成效,推动作风建设深入开展,用好的作风团结带领广大师生员工,推进各项改革任务落实。要用目标任务凝聚正能量,我们已经确定了建设世界一流大学的目标任务,需要全体师生员工发挥聪明才智、共同团结奋斗才能实现。要结合正在开展的"世界一流大学建设路径"大讨论,加强对学校发展目标任务的宣传力度,让目标任务深入人心,使责任意识落实到人,真正把思想和行动统一到学校既定的发展目标上来。要用真情凝聚正能量,宣传思想工作归根结底是做人的工作,需要把学校的可持续发展和师生员工的全面发展有机统一起来,既通过耐心的思想教育和细致的宣传动员解决思想问题,又要尽最大努力关注关心师生员工的学习工作生活,用真情吸引人、感染人,让广大师生员工体会到东大精神家园的美好。要用东大精神凝聚正能量,进一步凝练东大传统和时代精神的内涵,持续倡导、弘扬"止于至善"的校训,不间断地开展东大精神的解读、宣传和学习,不断增强师生对学校的认同感和归属感。

3. 围绕提升办学声誉推进宣传思想工作创新

办学声誉是社会各界对大学的认可度、信任度和满意度,是衡量大学社会价值的重要指标,是一所大学办学实力的重要体现。在市场经济体制和高等教育大众化条件下,通过声誉管理提升办学声誉,是改进学校管理的必然要求,是创新宣传工作的重要内容。要切实增强声誉意识,随着我校国际知名高水平大学建设进程的加快,不管是争取各类资源还是参与国际高等教育竞争与合作,都需要良好的声誉作为基础,必须从学校社会价值和竞争力的高度认识办学声誉提升的重大意义,积极主动地将声誉管理纳入学校管理尤其是宣传工作的视野。良好的办学声誉是学校日积月累的成果,筑之不易、毁之轻松,各级党组织、各部门以及各位领导干部要从学校办学声誉的角度开展工作、处理问题。每位师生员工要从自我做起,把维护东大的办学声誉作为自己言行的基本底线。要科学设计声誉管理规划,努力构建符合学校发展定位、发展目标和发展战略的覆盖近期、中期、长期的声誉管理规划。近年来,我校持续开展的"感知东南"活动,以吸引优质生源为目标,以学术和文化为核心,以建立"优质生源基地"为载体,动员知名专家教授走进重点中学,有效扩大了学校在全国若干重点中学师生中的影响力,已成为行之有效的声誉推送项目。要认真总结已有声誉管理的成功经验,进一步紧扣学校发展目标、发展战略、改革事项等实施进程,针对不同发展阶段学校办学声誉存在的短板,设计相应的声誉推送项目,循序渐进、有条不紊地提升学校办学声誉。

(三)加强组织协同,努力构建全员参与的大宣传格局

要开创学校宣传思想工作的新局面,需要我们胸怀大局、把握大势、着眼大事,把宣传思想工作同学校各项工作更加紧密地结合起来,动员学校各方面力量积极参与支持宣传思想工作,最大限度地发挥宣传思想工作的生产力、竞争力作用。

1. 进一步增强宣传思想工作意识

学校宣传思想工作担负着引领方向、凝聚人心、营造氛围的职责。学校各单位主要负责人在做好中心工作的同时,要自觉把宣传思想工作摆上突出的位置,切实负起领导责任,强化责任意识、阵地意识,带头抓、积极抓、善于抓、抓得好宣传思想工作,真正做到守土有责、守土负责、守土尽责。学校各级党组织要引导师生牢固树立东大共同体意识和东大品牌意识。积极弘扬健康向上、积极进取,崇尚科学、追求真理、勇于创新的校园主旋律,不利于学校稳定的话坚决不说,有损学校形象的事坚决不做,共同维护东大人共同的精神家园,维护和提升学校的品牌价值。

2. 进一步完善宣传思想工作体制机制

构建大宣传的工作格局,离不开体制机制保障。学校层面要建立健全党委统一领导、党政齐抓共管、党委宣传部组织协调、全校各单位积极参与、全力配合协同的体制机制。要明晰和制订学校宣传战略,分步骤地规划实施东南大学品牌提升规划,为塑造和维护世界一流大学品牌提供有力的组织机构、人力资源和资金投入保障。宣传部门要进一步健全突发事件新闻报道快速反应和应急协调机制,健全完善学校新闻发言人制度,维护好学校的声誉。要进一步健全新闻策划机制,充分开发和实现好新闻素材的宣传价值,推出更多的宣传项目,产出更多的优秀稿件,不断提升学校的知名度、美誉度。全校各单位要明确分管领导、落实工作人员开展宣传工作、进行网页维护等,打造坚强有力的基层宣传思想工作阵地。要严格遵守宣传工作纪律,涉及党和国家内政、外交和学校重大决策的对外宣传,未经宣传部同意和安排,各单位、部门和个人不得擅自接受境内外媒体采访。

3. 进一步整合用好宣传思想工作资源

要开辟宣传思想工作的新境界、新局面，必须多措并举、协调推进、整合资源，努力形成强大的宣传思想工作合力。要把整合利用校内宣传资源作为基础工作，进一步加强宣传部门与各基层单位的密切联系，努力构建重大宣传活动及时沟通、协调联动的工作格局。要加快建立校内新闻素材资料库，收集有价值的新闻线索并实时更新，精心策划有深度的宣传报道。要积极发挥我校人文社会学科优势，组织策划教授专家积极主动地发声，增强校内外的影响力。要把拓展利用校外宣传资源作为新的工作重点，密切与海内外各类媒体的联系，积极主动地选择媒体建立战略伙伴关系，牢牢把握话题设置权，持续推出展示学校综合实力、办学理念、大学精神的新闻稿件。要积极联系海外媒体，不断拓展在国际上展示东南大学形象的工作途径。此外，校友也是我们做好宣传工作的依靠力量和宝贵资源，要进一步密切与海内外广大校友的联系，借助校友的力量、校友的工作成绩，宣传东南大学在人才培养等方面的优势，使每一位毕业的东大学子成为东大的最好名片。

4. 努力建设高素质的专兼职宣传思想工作队伍

宣传思想工作要强大起来，关键是要建设一支政治强、业务精、作风正、能干事、肯干事的高素质工作队伍。习近平总书记强调，宣传思想工作干部一定要有两把刷子。党委宣传部门要主动适应宣传工作的巨大变化和严峻挑战，牢固树立终身学习的理念，切实加强学习型部门建设，持续提升专职工作队伍的理论素养和业务技能，建设一支有理想、有激情、有功底、有能力的专职宣传工作队伍，使每位干部都能够成为让人信服的宣传思想工作行家里手。全校院系部门和师生员工中蕴藏着宣传工作的丰富资源和强大力量，是宣传思想工作创新最重要的基础，要紧紧依托各级党组织、各级团组织，加强对大学生新闻社、学生记者团、研究生记者团等宣传社团建设的指导，建设一支以宣传委员、通讯员、学生记者为主体的基层宣传工作队伍，定期抓好教育培训，提高业务水平。要创新相应的宣传工作考核激励机制，进一步加大对宣传工作的投入，加大对宣传工作先进单位和个人的表彰奖励力度，充分调动宣传工作人员的积极性、主动性和创造性。宣传工作干部要坚持"三贴近"，走基层、转作风，把握学校发展脉搏，积极主动到院系部门、师生员工中捕捉采写新鲜素材，做到工作上能沉底、宣传上接地气，努力成为学校改革发展的呐喊者、助力者。

老师们、同志们、同学们，凝聚师生员工力量，提升学校办学声誉，促进学校深化改革，宣传思想工作担负着重大责任、也大有可为。我们要深入学习贯彻习近平总书记同志的重要讲话精神，紧紧围绕学校新一轮改革发展目标，凝心聚力、奋发向上，扎实工作、务求实效，努力把我校宣传思想工作做得更好，为学校早日建成世界一流大学汇聚更加强大的正能量！

谢谢大家！

扎根　执着　贡献

——在 2014 年新教师入职研讨会上的总结讲话

党委书记　郭广银

（2014 年 3 月 28 日）

老师们、同志们：

在教师教学发展中心的精心组织、相关部门的通力配合和大家的认真参与下，经过两天的研讨学习，我校 2014 年新教师入职研讨会的全部议程已圆满完成。在这里，我代表学校党委和行政，向加入东大、完成入职学习的各位老师表示热烈的欢迎和衷心的祝贺！由于你们的加入，我校教师队伍又注入了新鲜血液、增添了新的力量，建设世界一流大学的东大梦也因为你们而更有动力、更有希望。

教育大计，教师为本。教师发展，不仅事关教师个体的事业成功，更决定学生的成长成才，也决定学校的办学水平。重视教师发展培养培训，努力提升教师个体发展能力，全面促进学生成长成才，大力推动学校追求卓越，已成为世界各国教育改革发展的趋势潮流。"十二五"以来，我校坚持走国际化办学的强校道路，大力实施人才强校战略，于 2011 年成立了教师教学发展中心，借鉴国外一流大学教师发展培训经验，结合我校实际，不断完善教师发展培训工作，着力提升教师发展的能力和水平，在努力形成科学性、时代性、前沿性的教师发展模式方面进行了积极而有益的探索。

我看了这次研讨会的日程安排，层面丰富而明确，内容充实而新颖。在学校领导层面，易红校长代表学校向大家提出了新的期待，郑家茂副校长谈了新入职教师如何对待自己的职业发展；王保平副校长和大家分享了高校领导访问美国高校的学习及启示。在校职能部门层面，教师发展中心李宵翔主任谈了教师职业发展的挑战和应对策略，人事处处长郭小明、教务处处长雷威、研究生院常务副院长金保昇、科研院副院长陆卫兵分别向大家介绍了学校的人事、教务、研究生教育、科研方面的有关政策。在教师层面，人文学院王步高老教授与大家一起回顾了东大的人文和科学传统，原教务处处长陈怡老教授与大家一起探讨了教育的本质和教师发展的关系，生命科学研究院青年教师韩俊海教授、外国语学院金晶副教授分别与大家分享了科研成长和教学的经验。在研讨会之前的一个星期里，教师教学发展中心还进行了青年教师发展需求的相关调研。我们组织大家一起开展交流研讨、介绍情况、分享经验，主要目的还是希望强化各个部门对教师发展的认识，增进广大青年教师对自身职业发展的自觉，在从事教育的道路上走得更快、更好、更高，不为自己的从教选择而后悔，不辜负学校的期待。

教师发展的内涵非常丰富，大家已经交流研讨得比较全面了。在这里，我就坚定从教的信念方面补充几点体会，与大家一起交流共勉。

(一) 扎根讲台、承扬传统,把投身教育作为志业

有人把教师对待职业的态度分成三种。第一种是把教师作为职业,这种类型的教师,把职业视为付出劳动、交换薪酬、养家糊口的谋生手段。第二种是把教师作为事业,这种类型的教师,把职业视为实现个人价值的舞台,他们渴望来自他人尤其是学生的肯定,工作往往会成为他们生活的核心,关系着他们的喜怒哀乐以及成就感。第三种是把教师作为志业,这种类型的教师,把教育作为崇高的信念,视为意义的旨归,将职业与生命融为一体。对于教师职业的深刻理解和执著信念,使他们通过学生的卓越发展,让自己的生命得以丰富和扩充。我校的前身两江师范学堂监督(校长)李瑞清先生曾说,要"视教育若性命",我理解讲的就是要把教育当作我们教师的志业。

古人讲"君子立长志,小人常立志"。国学大师王国维先生曾说"古今成大事业、大学问者,必经过三重之境界:昨夜西风凋碧树,独上高楼,望尽天涯路,此第一境也;衣带渐宽终不悔,为伊消得人憔悴,此第二境也;众里寻他千百度,蓦然回首,那人却在,灯火阑珊处。此第三境也"。这启示我们新入职的青年教师,选择一种职业意味着选择了一种生活方式,要达到理想的境界必然经过艰苦的历程,其间也不一定会一帆风顺,要成就大事业、做大学问,就要始终志存高远、坚持志业。

在东南大学110多年的办学历程中,一代代东大师者无怨无悔地在东大的三尺讲台上传道、授业、解惑,培育了一代又一代的英才。他们当中的杰出代表,有我国著名教育家、科学家,从事大学教育五十多年的南京工学院老院长钱钟韩院士,深谙教育艺术和科学的东南大学第一批教学名师管致中教授、陈景尧教授、单炳梓教授等,有培养出一批院士学生的"无冕院士"丁大均教授,有东南大学第一个国家教学名师奖获得者蒋永生教授等,有80多岁仍活跃在本科生课堂、带大一本科生参加国际学术会议的恽英教授;东南大学校歌歌词作者、建设了两门国家精品课程的王步高教授,还有国家教学名师王炜教授、戴先中教授、吴镇扬教授、李爱群教授、李霄翔教授等等,他们是教育工作者的光辉榜样,希望新入职的老师们,以这些东大先贤名师为标杆,继承和弘扬他们的优秀品格,立定脚跟,扎根讲台,努力成为东大精神薪火的继承者、传递者。

(二) 养成大德、传播大爱,以执着的追求彰显大学精神

教育事业之所以应当是教师的志业,是因为教育事业的特殊性和崇高性。教师是人类灵魂的工程师,担负着影响人、塑造人的崇高使命。德国哲学家雅斯贝尔斯说"教育本身就意味着:一棵树摇动另一棵树,一朵云推动另一朵云,一个灵魂唤醒另一个灵魂。"汉代著名哲学家杨雄在《法言》篇中特别强调了师者的使命是"铸人",他用"孔子铸颜渊"来诠释"铸人"就是"塑造灵魂、造就英才"。东南大学校训所出的《大学》开头就说,"大学之道在明明德、在新民、在止于至善。"新民就是强调,大学的使命在于造就一代又一代的新人。曾经在国立东南大学时期来校讲学的梁启超先生强调,"新民"在于开启民智、培育民德,以图实现国家民族的富强文明。

有教育家把大学之大归结为大德、大爱和大学问。我个人认为,东大历来提倡的爱国、爱校、爱学生的"三爱"能够很好地涵摄大德、大爱和做大学问的大学精神。作为东大

的老师,可以从坚持"三爱"精神出发,在做大学问的同时,养成大德、传播大爱,以执着的追求彰显大学之大,成就东大之大。

首先是要爱国家。大学的"大德"意味着一所大学的教师应有担当民族责任的德性。我校中央大学时期,校长罗家伦先生把为中国建立有机的民族文化作为学校永久的使命。他认为"大学若不负起创立民族文化的使命,便根本失掉大学存在的意义,更无法领导一个民族在文化上的活动。"强调"要把一个大学对于民族的使命认清,从而创造一种新的精神,养成一种新的风气,以达到一个大学对于民族的使命"。作为东大人,我们要继承和坚守这种担当意识和使命意识,用不懈的学术努力,肩负起文化兴国、学术立国使命,为实现中华民族伟大复兴的中国梦作出应有的贡献。

第二是要爱学校。东南大学是所有东大人组成的学术共同体、思想共同体、文化共同体、道德共同体。作为这个共同体中的一员,大家同舟共济、同命相系、一荣俱荣、一损俱损。在校园共同的工作、生活中,大家作为新的东大人,要树立东大人的理念,树立牢固的共同体意识,珍惜和维护学校荣誉,恪守学术道德,担当道德责任,关心学校发展,积极建言献策,努力把东南大学作为大家共同的精神家园来营造好、维护好,这也就是李瑞清先生所倡导和坚持的"视学校若家庭"。

第三也是最根本的是要爱学生。教师基于传播真理而对学生的爱是超越了回报要求的神圣的爱。孟子曾经说过,君子有"三乐",其中一乐就是"得天下之英才而育之。"我们的学生,在全江苏省录取的是高考前2 000多名,文科是前700多名,而江苏每年参加高考的人数约在45万人左右,在全国其他省份我们录取的名次还要更前。可以说,我们的学生是同龄人中千里挑一、万里挑一的精英。教师可以不必强于学生,但不可以不爱学生。因此,我们东大的每一位老师都要牢固树立一种爱才、惜才的意识,秉持李瑞清先生倡导的"视学生若子弟"的大爱精神,在吸引更多优秀学生进入东南大学的同时,把学生的成长成才作为我们的根本任务,通过自身的教育教学工作,努力使每位学生成长为具有远大的目标、坚定的信念、健全的人格、健康的体魄、宽阔的国际视野、扎实的知识基础和优秀的创新能力,能够报效祖国、造福人类、引领社会的栋梁之才。

(三) 宁静致远、有为有位,为建设世界一流大学贡献力量

自第一所大学诞生以来,大学已经有了1 000多年的历史,仍然经久不衰,证明了大学的存在具有重大的、不可缺少的社会价值。作为大学教师,也必然有其职业价值。现代大学的职能已经从传统的教学拓展到了科学研究、社会服务和文化传承创新等更宽广的领域,对大学教师的价值定位也产生了影响。我个人理解,除了培养人才的本职之外,大学教师最核心的价值在于探究学术、培育创新成果,并用这些成果为社会作出重大贡献。

首先是要做大学问。大学是探究高深学问的场所,要建设世界一流大学,我们的教师就要从事一流的学术研究,要有做大学问的气魄和自信。要从事一流的学术研究做大学问,我们的教师要有更多在海外一流大学、一流实验室、师从一流名师从事学术研究的经历。同时,我们的教师还要放眼国际、学术"预流",能够追踪世界学术前沿,进入世界学术新潮流和世界一流大学的国际同行同台竞争,要能够把握未来学术发展方向,积极参与并引领世界学术潮流,为人类知识和智慧增长发挥更大作用。

其次要立志作大贡献。世界一流大学的标志之一就是产出有一大批影响人类文明和社会经济发展的一流成果。当前我国经济发展的转型升级和国家创新驱动战略的实施,既为大学的学术研究提出更高的要求,也为大学努力实现内涵发展提供了宝贵的机遇。我校信息学院尤肖虎教师团队在移动通信技术领域荣获国家技术发明一等奖;黄卫院士团队的大跨径桥梁钢桥面铺装成套关键技术及工程应用荣获国家技术发明二等奖;交通学院把握机遇,服务我国高速公路建设重大需求,取得全国学科评估排名第一的优异成绩。这些成果对中国信息产业、高速公路大发展作出了重大贡献。在作大贡献的同时,相关学科水平快速提升,一批杰出优秀的教师脱颖而出。除此之外,学校还有很多成功的案例。这些成功案例一致表明,"有为才能有位"。服务国家重大战略需求既是国家重点建设大学应尽的责任和义务,也是现代大学建设发展寻求新的突破和发展的最佳选择。为此,我们新入职的教师在教学科研中要努力把自由探索和国家战略需求有机结合,要尽快凝练和找准学术方向,融入和加入学术团队,积极服务国家重大战略需求,承担国家重点学术课题,争当本学科领域的领军者。

再次,要坐得冷板凳。科学的精神是一种献身的精神。马克思说"在科学的入口处,正像在地狱的入口处一样,必须提出这样的要求:这里必须根绝一切犹豫;这里任何怯懦都无济于事。"我校尤肖虎教授团队荣获国家技术发明一等奖的科研成果,经历了1G时代学习,2G时代模仿,3G时代追赶,4G时代抢得话语权,甚至超越国际同行,经历了4代学者近20年的努力,体现了东大人对科学长期不懈的追求精神,体现了十年磨一剑的韧劲和勇攀科学高峰的精神。这些案例启示我们,在建设一流大学的征程中,我们的青年教师要做大学问、出大成果,要有淡泊名利、宁静致远的良好心态,要勇于坐冷板凳,敢于坐冷板凳,会坐冷板凳,这也是东南大学"止于至善"精神传统的体现。

(四)以人为本、关爱青年,为青年教师发展提供更好条件

周恩来同志指出:"谁掌握了青年,谁就掌握了未来。"青年教师是东南大学建设世界一流大学的生力军,东南大学要建设世界一流大学,需要一代又一代青年教师的接续奋斗。学校将持续不断努力,不断深化改革创新,为青年教师健康成长和良好发展提供优良的制度环境和文化生态。

1. 不断促进教师考核评价的科学化

学校将进一步完善重师德、重教学、重育人、重贡献的考核评价机制。改进教学科研评价办法,强调科研对人才培养的贡献度,促进科研、教学研究与人才培养相结合。完善教师分类管理和分类评价办法,明确不同类型教师的岗位职责、任职条件和考核要求,引导广大教师安其位、尽所能、展所长。

2. 不断完善优秀教师"传帮带",帮助青年教师尽快成长

学校将进一步建立健全基层教学组织,坚持集体备课,完善青年教师参与教学团队、创新团队的制度;建立完善青年教师职业导师制,对青年教师的教学理念、方法、技能以及职业规划等方面给予指导;健全老中青教师传帮带机制,充分发挥教学名师和优秀教师的示范引领作用,帮助青年教师提升教育教学水平;创新教师教学技能培训模式,组织开展教学观摩、教学能力竞赛等活动,激励和引导青年教师重视教育教学工作。

3. 努力为青年教师搭建成长平台

学校将在已有的基础上,进一步拓宽渠道,加大力度支持青年教师赴海外进修深造,参加国际学术交流和合作研究。积极吸纳青年教师参与重要学术活动、重大项目研究等,鼓励青年教师在教学科研和社会服务实践中大胆探索、发挥所长,对于成就特别突出的青年教师予以破格任用。充分发挥青年教师在学校建设发展中的作用,鼓励其积极参与学校的民主决策和管理。

4. 大力推进青年教师专业发展能力

学校将充分发挥教师教学发展中心的教师培训、教学研究、教学评价、教学咨询等功能,帮助青年教师专业成长,促进教师培训工作制度化、规范化、专业化,为教师发展提供专业化的支持,为教学质量提供内生性的保障。在开展教学培训的同时,进一步加强对教育理念、教学方法、教学技术和教学艺术的研究,创造机会让不同学科的教师相互进行跨学科的交流。鼓励青年教师到企事业单位挂职锻炼,到国内外高水平大学、科研院所访学以及在职研修等,促进青年教师在教学科研、社会实践中锻炼成长。

5. 不断改善青年教师民生

新入职的教师,年纪较轻,事业刚刚起步,收入偏低,受大环境影响,青年教师目前面临的最大问题是住房问题,近年来学校不断提高青年教师的住房公积金和住房补贴额度,目前学校正在研究青年教师住房补贴领取办法改革,加大力度帮助青年教师解决住房问题。此外,学校还通过努力争取地方政府的支持,通过争取公租房解决和缓解部分青年教师的住房困难。

老师们、同志们!青年教师的成长关乎学校未来,抓好青年教师的培养工作是一项长期而艰巨的战略任务。学校将持续不断努力,为青年教师的发展创造更好的条件。我们也诚挚地期望新入职的老师们,充分认识自身肩负的使命与责任,把个人发展与事业发展有机结合起来,把教师发展培训与个人学习提高紧密结合起来,努力朝着成为一名卓越教师的方向不懈努力。同时也希望大家为教师职业发展积极建言献策,帮助学校进一步开拓思路,采取更加有效的措施,把青年教师的培养工作做得更好。诚挚地祝愿新入职的老师们在东南大学的舞台上更好地展示自己的个人才华,在教学和科研岗位上更充分地实现个人价值,在培养人才、科学研究和社会服务中实现自己的梦想,为东南大学加快实现建设世界一流大学的东大梦作出贡献!

祝大家工作顺利、心情愉快、身体健康、家庭幸福!

谢谢!

在东南大学庆祝建党 93 周年大会上的讲话

校党委书记　郭广银

(2014 年 6 月 23 日)

同志们!

今天,我们怀着激动和喜悦的心情,在这里召开大会,隆重纪念中国共产党成立 93 周年。在此,我谨代表学校党委向全校全体共产党员和党务工作者,致以节日的问候! 尤其要向离退休党员老同志,表示崇高的敬意! 向刚刚受到表彰的先进基层党组织和先进个人表示衷心的祝贺! 向刚刚宣誓的新党员同志们表示热烈的欢迎,希望你们以受到表彰的先进个人为榜样,坚定理想信念,努力实践全心全意为人民服务的宗旨,在思想上入党,努力争创优秀、争当先进! 当前正是我校深入贯彻落实教育实践活动整改任务和深入实施"十二五"改革发展规划,全面深化学校事业改革,加快建设国际知名高水平研究型大学和世界一流大学的重要时期。去年 7 月到今年 1 月我校参加了中央党的群众路线教育实践活动第一批教育实践活动,包括校领导班子全体成员在内的广大党员干部普遍接受了一次党的作风建设的再教育,接受了一次党性修养的再洗礼。在这里,我想结合参加教育实践活动的心得体会以及学校事业发展面临的形势和任务,就东大的党员同志如何持续不断地加强党性修养,努力践行社会主义核心价值观,积极投身学校全面改革发展谈几点看法和同志们共勉。

(一) 坚持不懈地争当修养党性的模范

党性修养是共产党员的立身大本。孟子说,"先立乎其大者,其小不能失也"。对共产党人来说,无论是老党员还是新党员,从我们入党宣誓的那一刻起,坚持不断地修养党性就成为每位共产党员立德、立身、立业、立言的立身大本和终身课题,要加强党性修养,坚定理想信念、提升人生境界、加强理论修养、坚守党的纪律成为党性修养的题中应有之义。

1. 坚持不懈地加强理想信念

党的十八大报告指出:"对马克思主义的信仰,对社会主义和共产主义的信念,是共产党人的政治灵魂,是共产党人经受住任何考验的精神支柱。"这一重要论断,深刻阐明了共产党人不懈的精神追求,揭示了新形势下加强理想信念教育的极端重要性。习近平总书记指出,理想信念就是共产党人精神上的"钙",没有理想信念,理想信念不坚定,精神上就会"缺钙",就会得"软骨病"。我们要坚守共产党人精神追求,守住共产党人安身立命的根本,要把共产党人精神上的"钙"补足、补好,做到高举中国特色社会主义旗帜坚定不移,为共产主义奋斗终生矢志不渝,坚决在思想上政治上行动上与以习近平同志为总书记的党中央保持高度一致，以服务人民的实绩体现共产党人的理想信念。

2. 坚持不懈地加强自身的理论修养

荀子讲"学不可以已"，毛泽东同志强调"活到老，学到老""生命不息，学习不止"，并用一生真正实践。习近平同志指出，要炼就"金刚不坏之身"，必须用科学理论武装头脑，不断培植我们的精神家园。对东南大学共产党人而言，要建设国际知名高水平研究型大学乃至世界一流大学，必须通过学习，不断借鉴世界一流大学建设经验，深入探索和掌握高等教育办学规律，用马克思主义中国化的最新成果武装自己，用发展着的马克思主义指导我们的办学实践。

3. 坚持不懈地陶冶情操提升境界

中国传统的修养文化十分重视人生的境界提升。国学大师王国维先生指出，"有境界自成高格"。对共产党人而言，要加强党性修养必须保持崇高的精神追求，牢记党的性质和宗旨，把为人民服务作为最大追求，坚持在拼搏奉献中不断开辟人生和事业的新境界。毛泽东同志用"一个人能力有大小，但只要有这点精神，就是一个高尚的人，一个纯粹的人，一个有道德的人，一个脱离了低级趣味的人，一个有益于人民的人"来概括共产党人的人生境界。我们要坚持运用马克思列宁主义的立场、观点和方法去研究和处理各种问题，不断提升自身的理论境界；要坚持解放思想、实事求是的思想路线，不断提升自己的认识境界；要坚持恪尽职责、忘我不断提升自己的工作境界；要坚持以慎促廉、心怀敬畏，手握戒尺，自觉抵制各种歪风邪气侵蚀，不断提升自身道德境界。共产党员人生境界的提升，离不开日常工作学习和生活中的修养和磨砺，要管得住小节、耐得住寂寞、稳得住心神，慎独慎微、慎情慎友，任何时候都不放弃原则。要多一点时间加强学习、丰富自己，着力净化自己的生活圈、朋友圈，做到人际交往有礼有道，日常生活"自重、自省、自警、自励"，如此才能在自我修养中不断提升党性修养和人生境界。

4. 坚持不懈地自觉接受党的纪律的约束

"没有规矩，不成方圆。"毛泽东同志说："加强纪律性，革命无不胜。"习近平总书记强调，"遵守党的纪律是无条件的"。中国共产党是靠革命理想和铁的纪律组织起来的马克思主义政党，纪律严明是我们党的光荣传统和独特优势。严明的纪律是巩固党的团结统一、增强凝聚力战斗力的重要保证，是新形势下巩固党的执政地位、提高党的执政能力的重要举措。作为共产党员，我们要严守党的政治纪律，坚决执行党的路线、方针、政策，在思想上政治上行动上同以习近平同志为总书记的党中央保持高度一致，维护中央权威，保证党的集中统一。要深入学习《党章》，进一步强化政治纪律意识；要深入学习党的理论体系和路线方针政策，坚决遵守党的政治纪律，维护政治纪律的严肃性；要深入学习党史国史，牢固树立使命意识，切实履行维护政治纪律的职责；要认真遵守党的群众纪律，贯彻落实中央八项规定精神，为东南大学贯彻落实党的教育方针，全面深化改革提供有力的纪律保障。

(二) 争当践行社会主义核心价值观的表率

去年12月,中共中央办公厅印发了《关于培育和践行社会主义核心价值观的意见》,明确了党的十八大提出的"三个倡导""24个字"为基本内容的社会主义核心价值观,回答了我们要建设什么样的国家、建设什么样的社会、培育什么样的公民的重大问题。高校承担着立德树人的根本任务和引领文化发展的重大使命,争当践行社会主义核心价值观的表率是东南大学全体共产党员义不容辞的责任。

1. 把培育践行社会主义核心价值观与东大的学科优势和载体优势结合起来

要充分发挥我校哲学社会科学的特色优势,推进校内学科的协同创新机制建设,充分发挥社会主义核心价值观研究中心的作用,加强社会主义核心价值观的研究和传播,争当社会主义核心价值观的研究和传播基地。要积极探索运用思想政治理论课"第一课堂"、课外社会实践"第二课堂"、宿舍学园生活实践"第三课堂"等三个载体,着力构建具有东大特色的培育践行社会主义核心价值观的长效机制和工作体系,推进社会主义核心价值观进课堂、进教材、进学生头脑。要充分发挥学校新媒体传播的优势,运用现代技术手段,充分用好微博、微信、微视、微电影等方式,以新颖亲切、师生爱听爱看、乐于参与的方式,把核心价值观教育渗透到校园生活的方方面面,引导转化为广大师生的日常价值观和生活实践,使社会主义核心价值观在师生思想意识深处扎根发芽。

2. 把培育和践行社会主义核心价值观与传承止于至善的东大精神紧密结合起来

东南大学要扎根中国大地创建世界一流大学,不仅要在教学、科研、学科建设等硬指标上赶上世界一流水平,更要在精神文化等软实力上对世界作出自己的独创性、引领性贡献,形成自己的独特的办学理念、办学风格。要实现这一远大目标,最根本的就是扎根中国大地吸吮中华民族漫长奋斗历史中积累的文化养分,胸怀全球吸收世界一流大学先进的办学治学经验,遵循高等教育本质规律,高高举起社会主义核心价值观这面先进的精神旗帜,让社会主义核心价值观成为我们育人之本、兴校之基。同时,我们还要坚持不断地深入实施文化引领战略,加强以"止于至善"校训精神为核心的校园文化体系建设,用独特的校情校史和大学精神潜移默化地教育引导广大师生,使东南大学成为培育和践行社会主义核心价值观的示范引领基地。

3. 要把培育践行社会主义核心价值观和发挥广大党员干部师生的先锋模范作用结合起来

培育践行社会主义核心价值观,要坚持发挥广大党员干部和教师的带头作用,突出党员学生这个重点,发挥好先进典型的示范作用,推动形成全校干部师生共同践行的生动局面。广大党员干部要切实增强为师生服务的宗旨意识,树立正确的权力观、地位观、利益观,坚持党和人民的利益高于一切,吃苦在前,享受在后,克己奉公,无私奉献。坚持不懈地反对"四风",紧密联系师生,时刻以高标准要求自己,做师生践行社会主义核心价值观的"领头雁"。广大党员教师要认真贯彻党的教育方针,带头践行社会主义核心价值观,自觉增强立德树人、教书育人的荣誉感和责任感,学为人师,行为世范,做学生健康成长的指导者和引路人。广大党员同学,要"扣好人生的第一粒扣子",树立和培育社会主义核心价值观,沿着勤学、修德、明辨、笃实的实践途径,努力把核心价值观的要求变成日常的行为准则,进而形成自觉的信念理念,努力成为社会主义核心价值观的坚定信仰者、模范践行者和自觉推广者。

(三) 做实现东大梦、中国梦的生力军

党的十八大描绘了全面建成小康社会、加快推进社会主义现代化的宏伟蓝图,发出了向实现"两个一百年"奋斗目标进军的时代号召,作为伟大中国梦的东大篇章,建设世界一流大学的东大梦是全体东大人的共同理想。

1. 坚持用东大梦汇聚建设世界一流大学执着奋斗的强大精神力量

结合党和国家"两个百年"的宏伟目标,东南大学确立了2020年前后建设成为国际知名高水平研究型大学、2035年建设成为世界一流大学的目标。为实现这一目标,我们要在深入贯彻落实"十二五"改革发展规划和教育实践活动整改任务的同时,继续开展好"世界一流大学建设路径"大讨论,通过开展校内大讨论凝聚全体师生校友对东南大学创建中国特色世界一流大学的共识,通过大讨论发掘和借鉴世界一流大学的办学经验,总结我们办学面临的困难和不足,明确我们体制机制改革的方向,进一步坚定全体师生共同携手建设世界一流大学的决心和信心。

2. 持续不断地实施全面深化改革,为世界一流大学建设提供不竭的动力

改革创新是东南大学光荣的传统,也是东南大学实现建设目标的制胜法宝。当前,我校的事业发展已进入全面深化改革的"深水区"和"攻坚期",加强学校的顶层设计、健全现代大学制度、深入加强大学文化建设,提升高等教育内涵是我们最难啃、但必须要啃的硬骨头。我们要以敢于攻坚碰硬,敢于涉险滩的精神,紧紧围绕立德树人的根本任务,加快构建充满活力、富有效率、更加开放、有利于学校科学发展的体制机制。要以《东南大学章程》的颁布实施和完善为着力点,深入探索和构建现代大学制度建设。要以试点院系改革、学术特区改革为抓手,全面深化人才培养体制机制改革和人事制度改革。要以《校园文化建设纲要》的实施为抓手,着力建设以东大精神为核心的先进的大学文化建设机制。要以美国伊利诺伊大学香槟分校为参照系,全面跟进后续的学习借鉴,不断提升国际化办学水平。要通过全面深化改革,为学校各项事业实现快速发展、内涵发展、特色发展、和谐发展提供新的强大动力。

3. 要把加快创建中国特色、世界一流大学伟大事业和加强党的建设新的伟大工程紧密结合起来

习近平总书记指出,加强和改进高校党的建设,是促进高等教育科学发展、建设高等教育强国的根本保证,是全面贯彻党的教育方针、培养社会主义事业建设者和接班人的必然要求,我们要不断加强和改进学校党的工作为学校各项事业发展提供强有力的组织保证。

（1）要不断加强和改善党的领导。认真贯彻落实党的教育方针，继续健全和完善党委领导下的校长负责制，进一步坚持和完善三重一大决策制度，不断提升决策科学化、民主化水平。要充分发挥党委总揽全局、协调各方的领导核心作用，不断增强顶层设计能力和水平，有效破解制约学校发展的瓶颈难题；要始终坚持育人为本，促进学生的全面发展；要毫不动摇地推进改革创新，毫不动摇地推进内涵发展，要大力加强和改进新形势下党的作风建设，始终保持同广大师生的血肉联系。

（2）要着力加强基层服务型党组织建设。要不断健全和完善党代会年会制度，加强党内基层民主建设，健全党内生活制度，不断健全和创新党组织活动形式，不断增强基层党组织的创造力、凝聚力和战斗力，切实为学校中心工作和重大决策服务。要按照党内政治生活的要求，坚持党要管党、从严治党，强化党内政治生活，强化党组织和党员的角色意识和政治担当意识，让爱党、忧党、兴党、护党成为校内各级党组织和广大党员师生的自觉行动。

（3）要着力加强干部队伍建设。以修订和完善学校中层干部选拔任用规定为抓手，推动解决干部选拔任用工作中的突出问题，不断提高选人用人水平，切实做好干部选拔任用工作，调整优化干部考核评价制度机制，完善和落实从严管理干部制度，努力建设一支能干事、会干事、要干事的干部队伍，为学校各项事业改革发展提供有力的干部队伍支持。

同志们，我们党已经走过93年的光辉历程，在中国革命、建设和改革的不同时期，东大的党组织和共产党人始终站在人民革命、改革开放和科教兴国和人才强国建设的最前沿。让我们紧密团结在以习近平同志为总书记的党中央周围，继承和弘扬东南大学共产党人的优秀传统，勇担历史使命，身先士卒，积极投身学校各项改革，不断推进学校党建工作迈向新台阶，为早日实现世界一流大学的东大梦作出更大贡献。

在第四期教师党支部书记暨第二期青年骨干教师培训班上的讲话

校党委书记　郭广银

（2014年6月30日）

各位老师，同志们：

　　大家上午好！按照校党委的工作安排，今天我们在这里举行我校第四期教师党支部书记暨第二期青年骨干教师培训班，首先我代表学校党委和行政对参加培训的各位学员表示热烈的欢迎！对为筹备这次培训付出辛勤劳动的各位老师和同志表示衷心的感谢！

　　我校历来重视教师党支部书记和青年骨干教师队伍建设。学校把教师党支部书记作为储备后备干部的重要渠道之一加强培养，从优秀青年教师党员中选拔党支部书记，选好配强教师党支部班子。为提升教师党支部书记综合素质和能力，学校党委把教师党支部书记培训班纳入学校党员干部培训体系的总体计划，至今已举办至第四期。自去年以来，学校又根据中央要求，结合实际增设了青年骨干教师培训班平台，着力加强青年骨干教师的思想政治素质，形成了对青年骨干教师进行业务培训与思想政治培训"双轮驱动""两面提升"的格局，有力促进了青年骨干教师的综合素质能力的提升和全面发展，凝聚了广大青年骨干教师为实现建设世界一流大学的东大梦和中华民族伟大复兴的中国梦而奋斗的正能量。

　　鉴于培训对象的共同点是45岁以下、有博士学位的骨干教师，和当前正值培育和践行社会主义核心价值观的重要时期，今年的专题培训采用了"两班合一"的模式，设在学期结束后，通过统筹兼顾，节省了时间和人力成本，提高了培训效率，符合中央八项规定精神。我看了一下这次培训的总体安排。可以看出，这次培训党委组织部进行了精心的设计。有以学校开展党的群众路线教育实践活动为主要内容的校情通报，有校内外专家关于社会主义核心价值观以及"沂蒙精神"的专题报告，还有到革命老区党性教育基地的现场学习，既有理论学习又有实地参访，安排紧凑、主题鲜明、内容丰富，我想这次培训一定会收到理想的效果。在这里，我想就青年骨干教师和党支部书记如何深入践行社会主义核心价值观谈一谈看法，和大家一起交流。

　　践行社会主义核心价值观是党赋予高校教师新的使命。党的十八大提出，要倡导富强、民主、文明、和谐，倡导自由、平等、公正、法治，倡导爱国、敬业、诚信、友善，积极培育和践行社会主义核心价值观，回答了我们要建设什么样的国家、建设什么样的社会、培育什么样的公民的重大问题。核心价值观承载着一个民族、一个国家的精神追求，体现着一个社会评判是非曲直的价值标准。人类历史的发展历程表明，大到一个民族、小到一个单位，如果缺乏甚至没有精神追求，就不可能具有持续的发展动力，甚至还有可能是一盘散沙。我们这样一个有着13亿多人口、56个民族的大国，已经成为世界第二大经济体，进入了加速转型、和平崛起的重要阶段。应对前进风险,凝聚发展正能量,全面深化改革,必须确立反映全国各族人民共同认同的价值观"最大公约数",全国人民在核心价值观的引领下同心同德、团结奋进,进一步增强道路自信、理论自信、制度自信,从而让中华民族以更加自信、更加自强的姿态屹立于世界民族之林。

践行社会主义核心价值观是现代大学的社会地位作用的必然要求。在新的时代背景下,大学已从社会的边缘走入了社会的中心,经济社会发展在日益倚重大学的同时,也对高校的办学更加关切,对高校的领导干部、教师、学生等主体的行为中体现出来的价值观念更加关注。大学是培育民族精神、维系国家文化认同的堡垒,是全社会先进文化的引领者和风向标。因此包括大学青年骨干教师在内的大学教师必须争当践行社会主义核心价值观的模范,承担起引领文化风尚的重大使命。

践行社会主义核心价值观是东南大学扎根中国大地建设世界一流大学的必然要求。大学是吸收世界先进文化成果、传承人类文明的窗口,是联结古今、沟通中外的桥梁和纽带。从国际化大背景看,中国一流大学的高校教师承担着践行社会主义核心价值观,传播和塑造国家文化形象和高校国际形象的使命。当今世界国家与国家之间存在着政治博弈、利益博弈、价值观博弈等多种形态。其中最高层次的是价值观的博弈。其中价值观的博弈主要依赖文化机构、文化产品和文化产业。正如司马迁在《史记·孔子世家》中强调"有文事者必有武备,有武备者必有文事。"不贡献价值观和先进文化的国家不叫强国。当前随着改革开放的深化,我国与世界上其他文明、民族、宗教和发展模式交流日益广泛。同时,我们要看到在国际软实力竞争日趋激烈的形势下,我国在文化交流中仍然处于相对弱势。提升以核心价值观为内核的文化软实力,是高校作为文化机构的天然使命。在东南大学创建世界一流大学过程中,东大的青年骨干教师在国际交流与合作中努力践行社会主义核心价值观,为中国文化形象和东南大学文化形象代言是必修的课程之一。

践行社会主义核心价值观,是教师职业特点的内在要求。立德树人是高校教师的根本任务。教师是立教之本、兴教之源,承担着让每个学生健康成长、办好人民满意高等教育的重任。习近平总书记在今年五四讲话中,深入论述了社会主义核心价值观的重大意义、丰富内涵、历史渊源和实践要求,对广大高校师生自觉践行社会主义核心价值观提出了殷切期望。他强调教师承担着最庄严、最神圣的使命。教师要铭记教书育人的使命,甘当人梯,甘当铺路石,以人格的魅力引导学生心灵,以学术造诣开启学生的智慧之门。对广大教师尤其高校教师践行社会主义核心价值观提出了殷切的期望。希望全国广大教师牢固树立中国特色的社会主义理想信念,带头践行社会主义核心价值观,自觉增强立德树人、教书育人的荣誉感和责任感,学为人师、行为世范。青年骨干教师是我校教师队伍的重要组成部分,也是学校推动科学发展、办好人民满意高等教育的重要倚靠力量。既来之则安之,我们既然选择了这个岗位,也就选择一种使命。要像东南大学前身两江师范学堂李瑞清校长那样,视教育若性命,要立足本职忠诚于党和国家的教育事业,认真贯彻党的路线方针政策,践行社会主义核心价值观,为东大的事业发展,为中国高等教育,为全面建设小康社会,为实现中华民族伟大复兴作出应有的贡献。

正人者必先正己。我们的青年骨干教师学识渊博,视野宽阔,与学生年龄接近,与学生接触较多,对学生的思想行为影响更直接。因此青年骨干教师的思想政治素质,道德情操对学生的健康成长具有重要的示范引导作用。叶圣陶先生曾说"身教最为贵,知行不可分"。播撒阳光的人首先自己就要充满阳光。我们的青年骨干教师要践行社会主义核心价值观,必须学会正确处理教书与育人的关系,在教学中引导学生正确看待现实社会发展,带头践行社会主义核心价值观,做学生的"学问之师"和"德行之师",在重视科学知识传授的同时又要重视学生的道德养成,要把自己人生的扣子扣好、扣对,为学生扣好人生的第一粒扣子做好榜样。

培育践行社会主义核心价值观,教师党支部应该当仁不让地发挥示范引领作用。一个支部就是一座堡垒。党支部作用发挥得好不好,支部书记是关键。长期以来我校的教师党支部书记作为党支部的"班长",承担了支部活动"设计师"、党员群众的"服务员",支部党员的"教师"等多重角色,为基层党组织建设、为学校事业发展积极奉献、为党员同志热心服务,可以称得上是党内的"义工"。当前,我校的事业发展已进入全面深化改革的"深水区"和"攻坚期",全面深化改革为加强基层服务型党组织建设提出了更高的要求。教师支部书记要建好支部,必须带头坚定理想信念,带头践行社会主义核心价值观,通过学习不断提高党务工作技能和工作艺术,学会用伟大的理想感召人,用科学的理论武装人,用良好的形象带动人,用人格的魅力感染人,用创新的活动凝聚人。如此,才能真正把教师支部建成人才培养、科学研究、社会服务和文化传承创新的坚固战斗堡垒,使支部的党员教师积极争当践行社会主义核心价值观的先锋模范,为建设中国特色世界一流大学注入新的动力。

这次培训班以校内培训和校外培训相结合的方式进行。校外培训依托中组部党员干部教育培训基地的优质教育资源,主要以现场教学的方式,以及讲授式、体验式、参与式、音像式、研讨式等多种教学方法,帮助大家了解和感悟"沂蒙精神",了解我们的国家是从哪里来的,要到哪里去,帮助我们继承革命传统、弘扬民族精神,进一步坚定我们对中国特色社会主义的道路自信、理论自信和制度自信。

参加培训的老师和同志都是来自教学、科研一线的骨干教师,平时业务忙、工作任务重,希望大家珍惜本次培训机会,全身心投入学习,在学习的过程中深入思考在新时期如何发挥青年骨干教师的引领作用。教师党支部书记要用培训所学指导支部工作,创新工作方式,进一步提高支部工作的吸引力、凝聚力、战斗力,推动所在党支部的建设和学校基层党建工作迈上新台阶,为实现世界一流大学的东大梦而共同努力和奉献。

最后,提醒大家在学习培训过程中注意安全,服从校党委组织部以及临沂大学的统一安排,确保培训工作顺利进行。

预祝培训班取得圆满成功!

在 2014 年暑期工作研讨会上的总结讲话

校党委书记 郭广银

(2014 年 8 月 21 日)

同志们:

这次暑期工作研讨会,我们围绕全面深化改革的要求,把握国内外高等教育发展态势,聚集世界一流大学建设路径主题,是一次深化改革的学习交流会、思想动员会和方案部署会,这对于我校全面深化综合改革、推进世界一流大学建设具有十分重要的意义。

今天,易红校长作了全面深化综合改革的主题报告,全面回顾总结了我校近年来改革的举措及成效,分析了当前教育综合改革的形势,提出了深化综合改革、进一步推进世界一流大学建设的思路、设想和重要工作,这对于我们深化综合改革具有重要的指导意义。同时,刘波、郑家茂、沈炯、王保平等校领导分别围绕分管工作谈了深化改革发展的思路,仲伟俊、孙岳明、吴刚、徐康宁等职能部门和院系的负责同志,交流汇报了相关世界一流大学发展动态的研究成果,并结合学校和部门院系工作实际,对深化综合改革、构建现代大学制度提出了一系列很好的建议意见。

受大家启发,借这个机会,我想就深化综合改革、推进世界一流大学讲以下几点看法,与大家一起交流讨论。

(一) 进一步增强全面深化综合改革的使命感、责任感、紧迫感

要进一步提高对全面深化教育综合改革的认识。最近中央电视台一套正在播出的电视剧《历史转折中的邓小平》,再现了小平同志推动和领导改革开放的伟大历程,其中恢复高考和大量派出留学生成为改革开放的破冰之策,这从根本上影响了中国 30 多年来的现代化进程。党的十八届三中全会作出的全面深化改革的决定,涉及教育领域的改革就有 30 项,占了全部改革事项的十分之一,尤其是把"深化教育领域综合改革"放在推进社会事业改革创新的第一条,体现了中央对推进教育改革的高度重视、寄予的殷切期望。当前,全国教育战线正在积极探索、努力推进综合改革,各项改革举措和政策已经或正在陆续出台。中央全面深化改革领导小组已经先后召开了四次会议,专题研究部署全面深化改革工作,最近召开的第四次工作会议通过了《关于深化考试招生制度改革的实施意见》。可以说,深化教育综合改革已成为推进我国新一轮改革的重要方面,成为教育发展的必然要求,成为我们必须承担的重要职责。积极推动教育综合改革,不当社会所说的"改革的最后堡垒",要努力办好人民满意的高等教育,为实现"两个一百年"的奋斗目标作出更大贡献,这应该成为我们高校党员干部和教职工的共识。

要进一步树立真枪真刀推进改革的意识。今年被称作是我国全面深化改革的元年。

改革进入了"深水区",容易改的方面已经基本完成了,现在剩下的大多是牵一发而动全身的难点。可以说,改革进行到现在,我们面对的都是难啃的硬骨头。只有做到敢改、善改、实改,才能称得上深化改革,也才能真正推进世界一流大学建设。敢改,就是要在面对体制机制障碍时,尤其是对于一些已经非改不可的事项,做到敢于担当、抢占先机,以敢为人先的勇气、自我革新的胆识,打破思想观念的束缚,突破利益固化的藩篱,奋力推动各项改革取得新的突破。善改,就是要把握当前高等教育改革的历史条件、阶段特征、战略任务的新变化,深入学习党的十八届三中全会《决定》,全面准确把握中央有关教育综合改革的部署,总结我校已有改革成功经验,借鉴国内外一流高校发展经验,努力形成具有我们自身特色的改革发展方式。实改,就是要真抓实干、取得实效。今天几位校领导和职能部门院系同志的发言,涉及学校改革的方方面面和不同层面,提出了许多改革的任务及设想,关键还是要抓落实、抓推进。要把这些设想及时变成改革方案、改革举措,出成效、见真章,从而在不同方面积小胜为大胜,不断彰显我校深化综合改革的成效。

(二)进一步形成全面深化综合改革的强大合力

要做好深化综合改革的顶层设计。党的十八届三中全会《决定》提出,推进国家治理体系和治理能力现代化是全面深化改革的总目标。就教育领域来说,就是要实现教育治理体系和治理能力现代化。当前,我们首要的是要在学习十八届三中全会《决定》的基础上,结合今年开展的"世界一流大学建设路径大讨论"的成果,贯彻落实这次暑期工作研讨会的精神,及时制定我校全面深化综合改革的方案,为开启新一轮改革作好顶层设计。各职能部门和院系也要根据新的发展形势,立足实际,加强综合改革的研究和探索,适时形成各自推进深化综合改革的方案措施。

要协同推进综合改革。习近平总书记强调,要共同为改革想招、一起为改革发力。深化学校综合改革是一项系统工程,需要集聚各方面的智慧,协调各方面的关系,努力形成改革合力。中层以上领导干部尤其是在座的各位同志,是领导学校改革发展的核心和骨干力量,要切实当好深化综合改革的"操盘手",用心研究改革、谋划改革、推进改革、落实改革,发现问题症结,找到突破口,查找风险点,寻求利益平衡点,聚焦、聚神、聚力抓好综合改革。职能部门和院系要成为深化综合改革的主力军,认真梳理本部门、本单位的改革事项,确定推进的时间顺序,有序推进学校综合改革。尤其是机关职能部门要贯彻落实中央简政放权的要求,要有"主动革自己的命、割自己的肉"的勇气,按照试点学院改革方案,推进管理重心下移,实现基层责权利的平衡和统一,激发院系综合改革的内在动力和活力。各部门之间还要加强协调联动,提高综合改革的协同性,共同推进各项综合改革任务的顺利完成。

(三)进一步加强对深化综合改革的保障力度

要努力把握改革规律。深化综合改革既是一项系统工程,更是一项崭新的事业,有很多事项没有先例可循。有学者提出,全面深化改革是开启了新一轮改革的窗口。要学习贯彻习近平总书记关于全面深化改革的系列重要讲话精神,习总书记指出,全面深化改革要把握和处理好深化综合改革的一些重大关系,比如解放思想和实事求是的关系、整体推进和重点突破的关系、全局和局部的关系、胆子要大和步子要稳的关系、改革发展稳定的关系,这六个方面的重大关系,深刻揭示了改革的内在规律,体现了巨大的政治智慧,是总结我国三十多年改革开放实践的重要结论。我们要认真学习消化这些重要关系的论述,把握推进学校综合改革的科学思想方法和工作方法,积极稳当、扎实有效地把综合改革推向前进。

要广泛凝聚改革共识。所谓"人心齐泰山移",现在我国社会结构深刻变动,高校发展的内外部环境日益复杂,师生员工思想观念也发生了深刻变化,凝聚改革共识难度加大。各职能部门和院系尤其是各级党组织要努力抓好统一思想、凝聚共识的工作。要积极发动广大师生员工参与相关改革事项的讨论,征求他们的意见建议,引导广大师生员工适应改革发展形势、着眼学校发展大局、着眼长远目标,理性合理表达利益诉求,在全校形成理解综合改革、支持综合改革、参与综合改革、推进综合改革的良好氛围。

同志们,这次会议开得很紧凑,开得很成功。会后,为发挥更大效益,各分管校领导到所分管部门、联系院系开展调研交流,各职能部门和院系开学后要通过各种方式及时进行传达学习,宣传部门要及时通过校内媒介进行宣传报道,为深化综合改革加油鼓劲,开创我校深化综合改革、建设世界一流大学的新局面。

在 2014 年秋季中层干部大会上的讲话

校党委书记　郭广银

(2014 年 8 月 22 日)

同志们:

刚才易红校长对学校行政工作进行了总结和部署,我完全赞成。下面我就上半年党委工作,向大家作简要的报告,并对下半年党委重点工作向大家作进一步的说明。

一、上半年的工作进展情况

今年上半年,校党委以中国特色社会主义理论体系为指导,深入贯彻落实党的十八届三中全会精神,以深化改革、提高质量为主线,释放改革红利、提升办学效益,以巩固教育实践活动成果、强化执行为核心,持续推动作风建设与和谐校园建设。学校党政密切配合,广大干部和师生共同努力、团结奋斗,校党委年初确定的各项任务有力推进。

(一) 作风建设不断深化

1. 教育实践活动整改任务有力落实

根据学校教育实践活动整改落实方案,深入推进整改。校级领导班子 5 大类 74 项整改任务已完成 70 项,17 项专项整治任务已完成 16 项,新制定和修订文件 114 件,"两方案一计划"确定的整改任务,全部按时间节点完成,其余整改任务正加紧加快推进。

2. 作风建设扎实推进

以制度建设巩固作风建设成果,制定出台《东南大学领导班子密切联系师生加强作风建设的十项制度》等规定。持之以恒反对"四风",加强党员领导干部廉洁自律有关规定和要求的执纪力度。积极推进机关部处后台服务建设,强化职能部门"六清一办"制度和多校区办公制度,机关作风和服务效能进一步提升。

(二) 宣传思想工作有力加强

1. 理论学习进一步加强

坚持和完善校理论学习中心组学习制度,组织校理论学习中心组学习会 6 次,编发学习材料 3 期,认真学习中央要求和习近平总书记系列重要讲话精神,学习党和国家的教育方针政策,把握高等教育办学规律。

2. 宣传工作成效显著

召开了2014年全校宣传工作会议,进一步拓展宣传工作思路。在中央级媒体发稿175篇,省级媒体245篇,其他媒体103篇。获评江苏省教育宣传工作先进单位。1篇新闻作品获评江苏教育新闻一等奖,是高校唯一获一等奖作品。深化了与中央级媒体的互动合作。形成7大官方新媒体平台,新媒体粉丝突破48万。开展了青奥倒计时100天、112周年校庆等多主题网上宣传互动活动,网络新闻制造与推介机制成效显著。出版《东南大学报》16期,专刊2期。

(三)一流大学建设路径探索不断深入

1. 世界一流大学建设路径大讨论顺利开展

组织开展了"世界一流大学建设路径"的全校大讨论,建设了专题网站,举办专题报告会2场,开辟校报专栏刊发讨论文章14篇,组织各院系撰写了专题研究报告,凝聚建设世界一流大学共识。

2. 加强顶层设计,促进内涵式发展

结合教育部颁布的《高等学校学术委员会规程》,设计了学术组织架构,对学术委员会等学术组织的章程进一步修改完善。加强顶层设计,对异地办学,加强理科、医科、人文社会科学学科建设,多校区功能定位和规划进行了深入调研论证,为促进学校内涵式发展提供解决方案。

(四)干部队伍和基层党组织建设不断强化

1. 干部人事管理科学化、规范化、制度化持续推进

结合教育实践活动整改,在充分调研和讨论的基础上,修订了《东南大学中层领导干部选拔任用工作条例》部分条款内容。中层干部轮岗交流、岗位调整14人次,新提拔中层干部9名。开展了年度党务科级干部选拔评聘工作,任免、调整党务科级干部25名。选派赴滇西边境山区挂职干部2名,选派定点扶贫干部1名,开展了第七批"科技镇长团"成员推荐工作,推荐选拔玄武区挂职干部1名,接收对口支援学校挂职干部3名。按照中央从严管理监督干部的要求,组织开展了领导干部个人有关事项报告填报工作,并完成了信息汇总综合分析。

2. 基层党组织建设进一步深化

按照中央"控制总量、优化结构、提高质量、发挥作用"的总体要求,下达年度发展党员指导性计划。新发展党员1 033人,其中学生党员1 022人,教职工党员11人。选派中层干部3人参加教育部及省委教育工委培训班、10人参加九校联合委托江苏省委党校举办的高校党政干部培训班。举办第四期教师党支部书记暨第二期青年骨干教师专题培训

班,培训学员 38 名。培训预备党员 1 108 人,培训党员发展对象 1 747 人。

(五) 立德树人根本任务不断落实

1. 深入有效开展主题教育活动

打造了 4 个生活教育学园,将核心价值观教育融入学生日常生活。开辟了九龙湖"耕读园",开展爱劳动教育。利用校内建筑工地围合墙体开展艺术绘画主题活动,创新美育工作。

2. 学生思想工作有力加强

深入开展五四运动 95 周年纪念活动。通过组织座谈会、辅导报告、理论学习等多种形式,广泛组织青年学生认真学习习近平总书记五四重要讲话精神。新生入学教育工作,荣获江苏省高校学生教育管理"创新奖"一等奖。获评省级三好学生 24 名、省级优秀学生干部 14 名、省级先进班集体 15 个。国防教育成效显著,顺利通过全省普通高校武装部规范化试点建设验收。研究生思想政治工作持续加强,组织开展了研究生党员干部系列专题讲座及培训。举办研究生科学与人文素养系列讲座 62 场。设立了研究生心理健康专项,支持院系开展心育工作。持续开展"我最喜爱的研究生导师"评选活动,激励研究生导师以学术造诣和人格魅力培育优秀人才。

3. 创新创业和实践育人体系建设进一步完善

围绕科技育人、创新驱动主线,以 2014 年东南大学学生科技节为载体,举办 4 大类共 285 场学术科技活动,参与学生突破 1 万人次。开展了"为祖国勤学修德·以实践明辨笃实"主题暑期社会实践活动,5 000 余名学生组成数百支社会实践队伍深入农村、企业和社区,了解国情、接受锻炼。打造志愿服务平台,推进江苏大学生志愿服务西部计划和苏北计划,形成 4 个研究生支教团服务点。4 人获评"2013 年度江苏省优秀青年志愿者"称号。800 余名青奥志愿者服务南京青奥会,受到了社会和媒体的广泛赞誉。

(六) 党风廉政建设扎实推进

党风廉政建设和反腐败工作深入推进。坚持从严治党、廉洁从教的工作理念,落实党风廉政建设主体责任和监督责任。根据"转职能、转方式、转作风"的要求,进一步聚焦监督执纪问责。开展了党风廉政宣传教育月活动,营造良好的校园廉洁文化氛围。深入开展党风廉政研究,成立了江苏省教育纪检监察学会东南大学分会并举办了首次研讨会。加强了重点部位和关键环节工作人员风险防范教育,先后组织重点岗位干部 100 余人参观警示教育基地。加强对干部选用、招投标、招生、考试等重点领域和关键环节权力运行的监督检查。对学校有关单位重大经济决策制度制定和执行、财务收支管理等 5 大方面、23 项问题进行了专项检查。积极推进信访案件举报平台建设,完善了"信、访、电、网"四位一体信访举报体系。

(七) 和谐校园建设持续加强

1. 校园文化建设不断深化

加强榜样教育,发挥优秀学生示范效应,开展了"东南大学2014年最具影响力毕业生"评选活动。精心组织毕业典礼,营造了良好的典礼文化氛围。围绕"我的中国梦""与信仰对话"等主题广泛开展各类文化育人专项活动,涌现了一批有思想内涵、形式创新的思想教育类精品文化活动项目。以2014年南京青奥会为契机,落成"中华全国体育协进会成立大会旧址"纪念碑,充分挖掘传播东南大学体育文化历史底蕴。以"榜样在我身边"为主题,通过校园网开展校园安全文化建设,加强师生安全教育。

2. 校园民主和民生建设进一步加强

召开了教代会提案落实推进会,推进校园民主管理。协助各民主党派和侨联加强组织和队伍建设,学校民主党派组织新一轮换届工作顺利完成。加强和改进了学生会、研究生会等学生组织建设,充分发挥学生组织"三自"作用。深化利用社区资源服务离退休教职工,积极参与多方合作共建的社区居家养老服务体系建设。

今年上半年,学校各项事业取得良好成绩。刚才,易红校长在学校行政工作小结中作了强调。比如,入选江苏高校优势学科建设工程二期项目13个,入选江苏省重点序列学科1个。在国家第七届高等教育教学成果奖评选中,我校有一等奖1项、二等奖5项已通过公示,位列全国高校第8位。新增国家级精品资源共享课17门。5个项目通过国家级科技奖励初审答辩。1个协同创新中心已通过国家"2011协同创新中心"初评、现场考察、专家综合咨询,进入公示阶段。新增"千人计划"外专千人2人、青年千人3人,新增"万人计划"科技创新领军人才1人,哲学社会科学领军人才1人,教学名师2人。东南大学—蒙纳士大学苏州联合研究生院首届研究生正式毕业。附属中大医院医疗服务教学科研等工作进一步增强。学校基础能力建设、后勤管理和服务、资产管理、发展和校友工作、图书档案、学报、独立学院、继续教育等各项工作均取得长足进步。

这些工作和成绩的取得,饱含着包括在座各位同志在内的全体师生员工的汗水和智慧。在这里我代表学校党委和行政向同志们表示衷心的感谢,也通过你们向广大老师和同学们表示诚挚的谢意!这些工作成绩的取得,也为我们下半年各项工作的顺利开展奠定了坚实的基础。

二、下半年工作思路和工作重点

下半年,学校将按照年初确定的工作要求和总体部署,以全面深化改革、提升教育质量为主线,以持续转变作风、狠抓教育实践活动整改任务落实为中心,以院系行政换届、"十二五"改革发展规划全面落实为重点,着眼学校第二步发展目标的实现,提前筹划学校改革发展相关工作,力争各项工作取得新的突破。下半年的工作补充要点已经发给大家,我不再一一强调。下面我就几项重点工作安排作进一步的说明和大家交流。

(一) 持续抓好作风建设，把教育实践活动整改任务落实到底

1. 全面完成教育实践活动整改任务的落实

刚才我在工作小结中讲过，教育实践活动"两方案一计划"确定的整改任务，全部按时间节点完成，面上的问题、容易改的问题已经改了很多，剩下的大多是深层次问题和难啃的硬骨头，下半年我们要打好落实整改任务的攻坚战，同时也将深入抓好院系部处层面整改任务的落实，并将通过开展师生满意度测评接受群众的监督评议，让党的优良作风往下扎根，向上结果，坚持善始善终，扣好任务落实的最后一粒扣子。

2. 健全和完善党风廉政和反腐败制度建设

贯彻落实中央惩治和预防腐败体系建设2013—2017年工作规划，在教育部惩防体系五年工作规划的指导下，制定符合学校实际的实施办法。充分发挥组织协调作用，抓好任务分解和督促检查，保证反腐倡廉各项工作有效落实。进一步落实党委党风廉政建设主体责任和纪委监督责任。7月15日我和刘京南常务副书记到教育部参加了直属高校落实党风廉政建设两个责任约谈汇报会。会上，我汇报了我校落实党风廉政建设主体责任的情况。所有参会的直属高校党委书记（校长）还签订了《落实党风廉政建设责任约谈承诺书》，承诺履行好党风廉政建设主体责任。下半年，学校将对所有二级单位主要负责人进行党风廉政建设主体责任集体约谈，并签订党风廉政建设主体责任承诺书。

3. 加强权力运行的监督检查

下半年，在院系行政领导班子换届的同时，学校将成立以校领导为组长的巡视组，开展新一轮巡视检查。通过巡视检查，进一步促进党风廉政建设责任制在院系的贯彻落实。此外，为严格贯彻落实教育部关于科研经费使用管理、自主招生等方面的规定和要求，根据驻部纪检组监察局部署，本学期初，学校将深入开展专项自查，严肃惩处违纪违规行为，严格责任追究。9月份，教育部将对科研经费进行专项检查，各院系各单位要高度重视，做好迎检准备。同时，为加强二级单位决策的科学化、民主化、规范化，下半年在学校将推进机关部处制定和完善"三重一大"决策，并将开展重要事项决策制度专项检查。

(二) 全面深化综合改革，着力推进内涵式发展

昨天在暑期工作研讨会上，易红校长提出了以完善内部治理结构；深化人事制度改革；创新人才培养模式；推进科研体制机制改革等为主要内容的综合改革举措。要顺利实施这些改革举措，需要我们着力加强思想武装、顶层设计、干部队伍、制度建设等各方面的工作，为深化综合改革提供有力保障。

1. 进一步加强思想理论建设

要结合世界一流大学建设使命和高等教育改革前沿动态等主题，组织开展好中心组理论学习。宣传部准备了《习近平总书记系列重要讲话读本》，将于近日发到每位中层干部手中，各单位要组织好读本的学习活动，坚持理论联系实际、系统学习、全面领会，用讲话精神武装头脑、指导实践、推动工作，使讲话精神转化为推动学校事业发展的强大动力。要继续开展"世界一流大学建设路径大讨论"，召开各个层面的专题座谈会，凝练讨论成果，进一步明确有东大特色的一流大学建设路径，广泛凝聚师生扎根中国大地建设世界一流大学的共识，为学校创新办学思路，全面深化改革提供政策咨询。

2. 以"十二五"改革和发展规划中期执行情况检查为契机，创新发展思路和发展战略

上学期末，各院系各单位都提交了本单位"十二五"改革和发展规划中期检查报告，学校将在此基础上形成分析评估报告，对院系部处加快推进"十二五"规划的落实提出指导意见和建议。"十三五"是我校国际知名高水平大学建设最为关键的五年，校院系两级领导班子要着眼学校第二步发展目标的实现，科学分析学校事业发展态势，找准推进学校事业发展新的着力点和突破口，进一步创新发展思路、发展战略，为"十三五"改革发展规划的预研和编制打下坚实基础，为学校发展目标的实现做好顶层设计。

3. 加强干部队伍和院系班子建设，为全面深化改革提供有力的干部和人才队伍支撑

一要继续深化干部人事制度改革，根据中央新修订的《党政领导干部选拔任用工作条例》，修订和完善我校中层领导干部选拔任用工作条例，拓宽选人用人视野和渠道，构建有效管用、简便易行的干部选任机制，使想干事、能干事、干成事的优秀干部能脱颖而出。我们要探索实施领导干部职务任期制，通过制度创新和制度优化，合理使用好各年龄段的干部，进一步推进干部人事管理的科学化、规范化、制度化。

二要做好院系行政换届。院系换届是下半年学校的一个重点工作，本次换届是学校院系层面的行政大换届，这次换届事关未来五年乃至十年院系发展和学校学科的开拓创新，我们要着眼学校长远发展，以高度的责任感、使命感组织好这次院系行政换届，结合学校人事制度改革和学校中长期发展规划，优化换届院系班子的学科、学缘、年龄、党派、性别及个性结构，为学校新一轮改革发展选优配强干部队伍。要以院系行政换届为契机，推动学科交叉创新，推动干部轮岗交流，不断开发原有人才资源的潜力，不断增强干部队伍的活力。

换届院系的基层党委党总支要充分发挥政治核心作用，做好广大教职员工的思想政治工作，及时做好信息的沟通和反馈，协助组织部门做好换届相关工作，确保学院行政换届顺利进行。涉及换届的领导干部要把事业上的进放在第一位，把个人职务的进放在第二位，正确对待"进退留转"。进的，要做到谦逊、奋发、有为，勇担新的发展使命。退的，要做到心宁、健康、无愧，强化大局意识。留的，要做到知足、自省、奋进，当好中流砥柱。转的,要做到,平和、适应、上进,接受新的历练。

4. 深化现代大学制度建设,为全面深化改革做好制度保证

下半年我们将以《东南大学章程》的贯彻实施为龙头,以学术组织章程的颁布实施为抓手,在已完成制度梳理工作的基础上,深入推进制度的废、改、立、行,不断推进有东大特色的现代大学制度建设,不断解放和发展学术生产力,激发办学活力。继续探索深化试点院系改革。一些已经成熟的、具备条件的院系也可根据自身情况,制订深化综合改革的实施方案,深化改革创新。对于把握不准的,可以等试点院系探索后再作判断。要继续完善学术特区建设,不断推进管理体制和人事制度改革。

(三) 围绕立德树人根本任务,创新学生思想政治教育

1. 深入开展社会主义核心价值观教育

进一步丰富、充实"生活教育学园",围绕"我的中国梦"系列主题教育,创新引领学生培育践行社会主义核心价值观的新模式。要着力加强学生工作队伍建设,参照教育部《高等学校辅导员职业能力标准(试行)》,健全我校辅导员工作各项规章制度,推进辅导员专业化培养。进一步完善扶贫帮困助学体系,不断健全家庭经济困难学生档案和贫困生动态管理库,同时还要充分发挥资助工作的育人功能,引导受助学生开展爱心活动,培养感恩意识,回报社会。坚持德智体美"四育融合",指导学生进行科学锻炼,适当创新拓展军训内容,高质量完成新生军训任务。

2. 大力做好学生创新创业工作

要做好"创青春"全国大学生创业大赛、第十四届"挑战杯"全国大学生课外学术科技作品竞赛的参赛准备工作,力争取得优异成绩。要坚持以学生创新创业顶级赛事为龙头,带动校内创新创业工作机制建设,形成基础前移、校内协同、机制合理、保障有力的学生创新创业工作新格局。

(四) 持续加强和谐校园建设,为全面深化改革提供坚强后盾

1. 加强校园文化建设

颁布实施《校园文化建设纲要》,建立健全校园文化建设领导机制和工作机制,着力构建有东大特色的校园文化建设机制。要坚持"虚工实做",通过有序启动和推进大学文化建设相关工程,实施好"校长文化专项",打造一批优质文化项目和活动。启动校史研究项目工程,加快推进校史馆一期工程建设。用蓬勃向上的校园文化,为东大塑造开拓创新、奋发有为的文化气质和文化形象。

2. 强化和谐校园建设和安全稳定工作

要坚持把和谐校园建设和维护校园安全稳定作为党委常抓不懈的工作,持续不断地抓下去。加强思想政治工作,完善师生员工权利申诉及终结机制,及时化解矛盾,保障各项改革顺利推进。继续协助民主党派、侨联和无党派知识分子联谊会加强组织和队伍建设,不断提升党外人士的参政议政能力和水平。进一步完善我校离退休工作的领导机制与工作机制,努力提高离退休工作服务与管理水平。以"示范平安校园"建设为抓手,针对社会及校园安全新形势,加强校园内部日常安防,加强校园周边综合治理,加强对重要时间节点和重大活动中的安全防范,加强重要部位的安全保卫。进一步完善保密工作责任体系,加强保密宣传教育,全面强化保密管理,加大保密督查力度,促进保密工作再上新台阶。

同志们,新的学期已经开始,全面深化改革的号角催人奋进,让我们携手努力、团结向上,以昂扬的精神状态、饱满的工作热情,携手改革创新,全面实现学校党政年初确定的各项工作目标,朝向世界一流大学建设目标奋勇前进!

让青春在这里美丽绽放

——在 2014 年本科生开学典礼上的讲话

校长 易 红

亲爱的同学们：

今天,我们在这里隆重聚会,举行开学典礼,热烈欢迎东南大学 2014 级本科新同学。此时此刻,作为校长和一名老师,我由衷地感到亲切和开心,因为我看到了近 4 000 名笃学励志、青春活泼的年轻人加入了东南大学这个大家庭。在这个喜悦、激动而又庄严的时刻,我首先代表学校党政和全体师生,向你们——亲爱的 2014 级全体本科新同学,表示诚挚的祝贺和热烈的欢迎!

同学们从五湖四海汇聚东大,洋溢着青春梦想,对大学生活充满期待,对未来发展满怀憧憬。尽管同学们之前从各种渠道了解过东大,今天又走进了东大,但在这样一个场合,我还是要先和大家分享东南大学的光荣传统和辉煌成就。

东南大学源于 1902 年创办的三江师范学堂,112 年的风雨历程,始终与国家和民族同命运,与时代和社会进步紧密相联,取得了卓越的办学成就,形成了优良的办学传统,培育了弥足珍贵的大学文化,在许多方面开创了我国高等教育事业的先河。尤其近年来所取得的显著成绩,更足以让我自豪地告诉大家,东南大学是多么优秀的一所大学——

东南大学是一所学科门类齐全并协调发展,各学科竞相争妍、实力雄厚的大学,是国家"985 工程"重点支持建设的高水平大学,在最新一轮学科评估中,3 个学科位列全国第一位,3 个学科位列全国第二位,排名第一的学科数和排名前两位的学科总数均并列全国高校第七位。有 7 个学科进入 ESI 世界前百分之一,其中工程学位列全球第八十三位;东南大学是一所以学生为本、始终把人才培养作为办学的首要职责和立校之本的优秀大学,培养了近 30 万名优秀人才,涌现出 200 多位两院院士;东南大学是一所以求知探新为目标追求、学术创新能力位居全国前列的研究型大学,近 5 年共牵头获得国家级科技奖励 15 项,去年牵头获得国家级科技奖励 4 项,位列全国高校第五位,今年将再创辉煌,预计获得牵头国家级科技奖励 5 项,并包含一项国家科技进步一等奖;东南大学是一所名师云集、名家荟萃的大学,一批学界精英和青年才俊从五湖四海纷至沓来,形成了一支由两院院士、长江学者、千人计划领衔的高水平师资队伍,专任教师具有博士学位的比例达到了 75% 以上;东南大学是一所具有国际视野、开放办学的大学,通过国际合作取得了一批具有世界水平的科技成果,海外留学生规模快速增长,学校的国际化程度大幅提高,在校海外留学生总人数达到 1 622 人,其中学历生 1 201 人,学历生数量位列江苏省内高校第一位。

新时期以来,学校提出了"开拓创新,争先进位"的发展思路,制定了"三个坚定不移"的发展战略,明确了实施"三步走"的发展目标,力争 2035 年前后跻身世界一流大学行列。

同学们,从今天起,你们的身上将拥有一个新的、响亮的名字——东大人。我相信,你们会因为有了这个名字而倍感骄傲,因为它的辉煌事业而倍感自豪,而它也将为你们架设一个更为广阔的舞台。在这个舞台上,你们可以大胆解放自己的个性,充分展示自己的才华与智慧,并最终成长为报效祖国、引领社会、造福人类的栋梁之才。在此,我要代表学校再次向你们的到来表示欢迎,你们为百年老校注入了新的青春活力,你们将与近30多万杰出校友一道,传承厚重的东大文化,并用你们蓬勃的朝气和奋进的激情,诠释东大人追求卓越的精神,使百年东大更加生机勃勃。

走进东南大学,你们的人生翻开了新的篇章。站在新的人生起点,我们如何才能让青春美丽绽放?如何才能书写精彩的人生?我想坦诚地与你们交流几点体会。

1. 要成就精彩人生,就一定要做一个快乐、自信、豁达的人

大学生活是人生中最美好的一段时光,但也非常短暂。在匆匆即逝的大学时光里,你们将求教于老师,和同学朝夕相处,与好友砥砺前行,面临各种学习任务,参加各种实践活动,丰富多彩,青春激扬。要成就这段美好的大学生活,你们首先需要乐观自信,快乐向上,始终保持健康积极的心态。你们一定要能积极地开放自我,正确地认识自己,学会与人沟通,加强与人交往,做到心胸开阔,善解人意。我希望大家能够坚持豁达的品格,做到大度包容,荣辱不惊,培育开阔坦荡的胸襟,热爱我们的学习与生活,以宽容豁达的心境直面人生的坦途与坎坷,以快乐积极的心态追逐人生的梦想与未来,热爱亲人和朋友,热爱我们的人民、祖国和社会,这样你们才会在这里收获一生中最难忘的师生情和同窗谊,才会收获今后创新创业所需的坚定、信念与执着。

2. 要成就精彩人生,就一定要坚持勤奋进取、脚踏实地和追求卓越的精神

勤学苦读是东南大学的优良传统,同学们青春年少,正处于上进求学的大好时光,在东南大学这样一个良好的教育环境中,一定要立志奋发、勤奋进取,要更加脚踏实地、埋头苦干,追求卓越、争创一流;同时也要仰望星空,站得更高一点,看得更远一点,想得更多一点。努力获取更广博的知识、更深刻的思想。你们要保持学习和思考的热情,不断探求新知,永葆积极进取的朝气和永不言败的勇气,求知若渴,虚心若愚。"非学无以广才,非志无以成学"。要让勤奋好学成为你们未来远航的动力,成为你们未来成才成功的能量来源,这样在面临社会的选择时才可以从容不迫,胸有成竹。

3. 要成就精彩人生,就一定要勇于担当,甘于奉献,立志于服务社会

德国哲学家费希特在《论学者的使命》中曾经说,一个社会中的知识精英,"他的进步决定着人类发展的一切其他领域的进步;他应该永远走在其他领域的前头,以便为他们开辟道路,研究这条道路,引导他们沿着这条道路前进。"作为一流大学的学生,你们就应该有这样一颗争一流的心,应该有引领方向的勇气,力争成就一流的事业。东南大学的学生绝不应仅满足于成为一般性的技术人才,而是要立志成为各行各业的领军人物和社会精英。因此,同学们进校后不要仅仅满足于书本知识的学习,仅仅满足于分数和学分,也不要仅仅满足于毕业后有一份相对稳定和较高报酬的工作,而是要树立更加远大的理想,蕴涵更加宏伟的抱负,预设更加高远的目标,勇于担当,乐于奉献,以报国荣校、造福人类的博大胸怀去积极探求人生的真谛,立志为民族复兴的"中国梦"和创建世界一流大学的"东

大梦"发挥重要作用,为服务社会做出自己的积极努力,建立特殊功勋。

　　亲爱的同学们,离开家,离开父母亲朋,离开自己熟悉的环境,对你们当中的一些人来说,可能一时难以适应。但东南大学是一个温暖和谐的大家庭,同学们朝夕相处将会成为情同手足的兄弟姐妹,老师们既是你们的学业引路人,也是你们成长道路上的好朋友。我们将积极创造条件,进一步做好服务育人工作,努力创造更加良好、更加舒适、更加温馨的学习、生活条件。同时,我们也希望大家始终保持积极的人生态度、良好的道德品质、健康的生活情趣,积极参加社会服务,主动承担社会责任,热诚关爱他人。亲爱的同学们,新的人生旅程已经启航,精彩的人生等待着我们去创造。让我们努力坚守自己的理想信念和青春梦想,勤勉创新,拼搏进取,为东南大学的美好明天,为中华民族的伟大复兴创造出新的辉煌!

　　谢谢大家!

用勤勉创新成就精彩人生

——在 2014 级研究生开学典礼上的讲话

校长 易 红

（2014 年 9 月 4 日）

同学们：

今天，我们在这里欢聚一堂，举行东南大学 2014 级研究生开学典礼。在这个喜悦、隆重而庄严的时刻，我首先代表学校党政和全体师生，向 2014 级全体硕士研究生、博士研究生，表示衷心的祝贺和热烈的欢迎！

研究生阶段是同学们创造学术成果、奠定事业之基的重要时期，是人生的一个新的起点。各位同学怀着理想和追求来到东南大学，开始了新的学习生活。而作为一名"东大人"，你们要勇于担当继承发扬东大优秀传统的重任。东南大学是一所具有悠久历史的著名学府。112 年前，两江总督张之洞等先贤在南京四牌楼 2 号创办了我国最早的现代大学之一——三江师范学堂，形成了今日东南大学最初的源头。后又历经两江师范学堂、南京高等师范学校、国立东南大学、国立中央大学、南京工学院等重要发展时期。在发展历程中，东南大学虽数易校名，屡经分合，但她却始终抱定教育强国、科技兴邦的理念与志向，筚路蓝缕，弦歌不辍，为国家富强和民族振兴作出了积极的努力和卓越的贡献。

今天的东南大学，已发展成为一所以工科为主要特色，理、工、医、文、管、法、艺等多学科协调发展的综合性研究型大学，是中央直管、教育部直属并列入国家"985 工程"建设的全国重点大学。她是我国高层次人才培养的重要基地，一百多年来为国家培养了近 30 万高层次人才，现今活跃在祖国大江南北的许多校友中，很多已是学界泰斗、商界骄子和政界精英。东南大学是一所学科生态和谐、布局合理、实力雄厚的大学，在最新一轮学科评估中，3 个学科位列全国第一位，3 个学科位列全国第二位，排名第一的学科数和排名前两位的学科总数均并列全国高校第七位。有七个学科进入 ESI 世界前 1%，其中工程学进入全球前 1‰，位列全球第 83 位。东南大学也是一片孕育科学精神的热土，是我国科学研究和高新技术转化的重要基地。近五年以第一承担单位获得国家级奖励 15 项，其中包含一项国家技术发明一等奖。去年获得 4 项，位列全国高校第 5 位，今年有望实现新的突破，预计牵头获得国家级奖励 5 项，其中一项为国家科技进步一等奖。2013 年科研经费到款 15.61 亿元，名列全国高校前茅。专利申请量和授权量连续多年稳居全国高校前五位，2013 年发明专利申请达到 1 611 件。2013 年 SCI 收录论文 1 475 篇，位列全国高校第 16 位，较五年前提升了 9 位。近年来，学校在新一代移动通信技术、三维隐身和电磁黑洞、下一代互联网、等离子体显示、集成电路芯片设计、预应力技术、高性能混凝土材料、大跨径钢桥面铺装等领域取得重要突破，并在国防科研、城市和交通规划、标志性建筑设计中发挥了重要作用。据最新公布的江苏省高校科技工作为江苏服务情况统计结果显示，东南大学在所有七项指标中均名列第一。

同学们，大学是研究高深学问的地方，更是健全人格的场所。人才培养是东南大学永恒的主题；培养拔尖创新人才，是东南大学最核心的使命和责任。为此，我们深感责任重大，同时更加坚定了我们提高人才培养质量、争创世界一流大学的决心。研究生教育在东南大学事业发展中占据极其重要的战略地位，它是我们建设高水平研究型大学的重要标志，是提高学校综合实力和核心竞争力的关键工作。尤其近年来，我校不断深化研究生培养模式改革，推进体制机制创新，加强研究生教学基础设施和基本条件建设，努力推进管理育人、服务育人，竭尽所能为研究生同学营造良好的学习环境和创新氛围。我们探索改革博士研究生招生制度，实施博士研究生申请-考核制。我们把提高研究生特别是博士生学位论文质量摆在重要位置，努力加强优秀博士学位论文的培育工作，优秀论文不断涌现。我们是全国首批工程博士试点单位，丰富了研究生教育体系，提高了专业学位办学层次。我们大力推进国际合作交流，"东南大学—蒙纳士大学苏州联合研究生院"获得批准，成为全国唯一获得正式批准的研究生教育层次的中外合作办学机构。为了做好研究生国际化培养工作，我们积极引进外籍教师，建设了一批高水平的全英文课程和双语授课教学试点项目。为了培养研究生的全球意识和国际化视野，我们大力资助研究生出国交流、访问和参加会议。积极开展"国家建设高水平大学公派出国留学项目"，资助大量研究生赴国外一流高校和一流专业，在国际知名学者的指导下攻读博士学位或联合培养博士研究生。我们改革了博士生导师遴选办法和博士学位申请的科研成果考核标准，全面提升研究生综合素质。历届研究生同学在校期间，刻苦学习，开拓进取，积极参与学校各项工作，为学校事业发展作出了重要贡献。我要特别强调的是，研究生是学校开展科研工作的一支重要生力军，在学校科研活动中扮演越来越重要的角色。2009年以来，我校研究生单独或联合在 *Science*，*Nature* 系列刊物上发表文章14篇，在国内外产生了重要影响。我校SCI收录的高水平论文中，大多数是由研究生以第一作者身份发表的。迄今为止，我校共获得全国优秀博士学位论文20篇，全国优秀博士学位论文提名奖31篇，其中去年一年就获得全国优秀博士学位论文4篇，全国优秀博士论文提名奖3篇，取得历史最好成绩。

新时期以来，学校提出了"开拓创新，争先进位"的发展思路，制定了"三个坚定不移"的发展战略，明确了实施"三步走"的发展目标，力争2035年前后跻身世界一流大学行列。创建世界一流大学，也是我们在座各位共同的目标、责任和使命。从今而后，作为新的东大人，你们将义无反顾地担负起这一份责任和使命，不断探求新知，努力成长成才。我也真诚地希望你们要加倍地努力，圆满地完成研究生阶段的学业，争取成为学有专长的高层次人才，成为祖国建设的栋梁之才。为此，我向大家提几点希望：

1. 要继续发扬勤奋严谨的苦干精神

"智慧源于勤奋，伟大出自平凡。"古往今来，凡成就事业，对人类有所作为的，无不是脚踏实地，艰苦登攀的结果。在东南大学这样一个良好的教育环境中，你们一定要立志奋发、志存高远，要更加脚踏实地，更加埋头苦干。在这里，我要特别提醒同学们，东南大学

"严谨求实"的学风是百年积淀下来的宝贵财富,希望你们好好继承并不断地发扬光大;希望你们严格要求自己,养成优良学风,努力投身于学习与科研当中。在学习和研究的过程中,也必须自觉地、模范地遵守学术道德和学术规范,要充分尊重别人的研究成果,千万不能投机取巧,做出害人害己、危害学校的事情。

2. 要不断增强创新创造的基本能力

对一所大学来说,优秀的创新能力是永葆青春的法宝,是大学事业阔步向前的不竭源泉。同样,对个人来讲,不断增强创新创造的能力,是提升自身竞争实力,为国家为社会作出更大贡献的重要保障。爱因斯坦说过,踩着别人脚步走路的人,永远不会留下自己的脚印。作为东大的研究生,你们一定要秉承东南大学的优良传统,追求创新、敢于创新、善于创新,要有逢山开路、遇河架桥的开拓精神,百折不挠、勇往直前的创新精神,探索真知、求真务实的创新态度,在创新创造中不断积累。希望大家能够在师生间的研讨互动中,共同研究和选择有挑战性的课题和有价值的问题,依赖扎实的知识基础,进行系统的思考和执着的实践,在质疑和检验中持之以恒的探索未知,拓宽学术视野,坚定学术追求,争取获得更多卓越的创新成果。我相信,优秀的创新精神和创新能力,不仅会磨练大家的学术品性,而且能扩宽你们的人生境界。

3. 要努力实现止于至善的崇高追求

止于至善是东南大学的校训,这一校训根植于中华传统文化的深厚土壤之中,蕴含着在教学、科研、管理和社会服务中追求尽善尽美的愿望,激励着东大人不断进取、追求卓越。"止于至善",既是对如何做学问的要求,更是对如何做人的训诫。作为东南大学的研究生,你们在人生境界的选择上,不应是功名职位、舒适安逸,而是要有超越自我、胸怀天下的志向和追求,要有志在四方、报国为民的勇气和担当。你们在东南大学获得的不仅是才干、文凭和学历,更应该在其中不断加强内在修养,完善自身不足,从而做一个善良、正直和诚信的人,做一个更有追求、更富魅力、更受尊重的人。我希望大家牢记校训的要义,努力追求"止于至善"的崇高境界,主动承担历史重任,继承和发扬热爱祖国、造福人民、服务社会这一优秀传统,力争取得一流的成绩,做出一流的成果,为学校争光添彩。

"雄关漫道真如铁,而今迈步从头越"。同学们,新的人生一页已经翻开,新的人生旅程即将开始。衷心地希望和祝愿同学们勤奋创新,再接再厉,积极进取,在新的人生起点上取得更加优异的成绩,成就更加精彩的人生!

谢谢大家!

懂得珍惜　守望幸福

——在 2014 年本科生毕业典礼上的讲话

校长　易　红

（2014 年 6 月 18 日）

亲爱的同学们：

六月的大学校园，总是充满着收获的喜悦。又是一个毕业季，又是一个离别期，你们就要毕业，就要从这里出发，踏上新的人生征程。

今天是一个值得隆重庆祝的日子。时光如流水，四年前你们入学时的情形依然历历在目，转眼就又到了为你们送行的时刻。作为大家的校长，作为一名老师，我的心情和你们一样激动和欣喜。大学是人生的一个重要驿站，记载着一段辉煌的人生经历；大学又是人生的另一个起点，同学们将从这里走向未来。看到你们逐渐走向成熟，看到你们茁壮地成长，看到你们取得一份又一份成绩，以及想到你们那值得期许的美好未来和远大前程，我由衷地感到高兴。在这里，我要代表学校全体师生员工，向整装待发的你们致以最热烈的祝贺！

今天是一个值得无比高兴的日子。几年来，同学们秉承学校"严谨求实、团结奋进"的优良传统，脚踏实地，一心向学。在这个过程中，大家付出了极大的努力，洒下了艰辛的汗水，克服了众多的困难，十分不易。你们在这里收获了知识，开阔了视野，锤炼了意志，强健了体魄，成长为素质全面、品德高尚、身心健康、专业扎实的青年才俊。而且，在学校事业发展的进程中，在座的同学们始终与学校的事业发展紧密相连，成为学校实现创建世界一流大学宏伟目标源源不断的强大力量。同学们艰苦奋斗，刻苦钻研，勇于表现，敢为人先，为学校的兴学育人作出了重要贡献。你们怀着一颗赤诚之心，对学校的未来发展提出了积极而富有成效的意见和建议，充分体现了你们对学校的无尽关心和无私热爱，我对你们的这份爱校和荣校情怀感到自豪和欣慰，并深受感动。

今天又是一个值得永远珍藏的日子。顺利毕业，迈向未来，你们兴奋、激动，满怀着骄傲和自豪。而离开这个美丽的校园和朝夕相处的老师与同学，又是那么依依不舍。大家在这里收获的难以割舍的师生情和同学情，将伴随着大家的一生，多年以后，等到大家再次聚首母校时，你们将会更加深刻地感悟到，同学情和师生谊是如此的美好和珍贵。还有学校的教室、图书馆、实验室，以及校园里的一枝一叶，也都已留下了你们成长的足迹和青春的印痕。回首一千多个日子，你们可曾记得，图书馆里埋头苦读的一个个夜晚，操场上龙腾虎跃的矫健身姿，运动会入场式上别出心裁的创意，舞台上青春律动的舞姿和婉转动人的歌声，人文大讲堂上与名师大家面对面的交流，科技作品比赛场上与兄弟院校的角逐，等等，这一切的一切已经烙印在了你们的记忆中，将会被你们永久珍藏。

前段时间,我在学校 BBS 上读到这样一段话:"毕业,我们终将面对的话题,你情不情愿她还是慢慢地走来了,也许我们曾经无数次在心里期待过她的到来,想象过她的样子。这一刻真的近了,她的样子也越来越清晰,我们无力阻止她的脚步,也无需阻止,我们要做的就是为她的到来做最好的准备。"这里,我想借这位同学的话问问大家,你们已经在做最好的准备了吗?我想你们的回答当然是肯定的。从今而后,呈现在你们眼前的风景将是新的一番气象,伸展在你们脚下的道路将是从未走过的新路,你们的生活将翻开新的一页,你们的人生将开启新的航程。此时此刻,我多么希望你们要更加学会珍惜、更加懂得珍惜,懂得珍惜,你们的明天才会无比精彩,你们的未来才会无比幸福!

在新的人生征程中,希望你们更加懂得珍惜稍纵即逝的大好青春。青春无限好,劝君多珍惜。正如李大钊所说的:"青年者,人生之王,人生之春,人生之华也。"四季之春,年复一年可以轮回,而我们人生的春天,则是一去不复返。曾国藩也曾说过:"天可补,海可填,南山可移。日月既往,不可复追。"青春时光稍纵即逝,你们一定要多多保重、珍惜光阴。只有珍惜春光的人,才可等来一个充满收获的秋天,才可为未来的成功打下坚实的基础。"少年易老学难成,一寸光阴不可轻。"人生的目标是要通过奋斗进取来实现,是要靠一分一秒的积累来实现,因此,你们一定要从现在做起,从今天做起,要把握所拥有的大好青春。

在新的人生征程中,希望你们更加懂得珍惜精彩无限的美丽人生。刚才观看了同学们制作的毕业离校的视频短片,这是你们人生四年的生活集锦,有激动、有伤感、有收获、有遗憾、有感恩、有眷恋,既有奋斗成功的喜悦,也有挫折失败的烦恼……人生就是这样,酸甜苦辣、五味杂陈、精彩无限。

人生前进的道路上,难免会遇到这样那样的问题和挫折。不能一遇到问题和挫折,就胆怯、就放弃,那将一事无成。重要的是要在困难面前不低头,在逆境之中不气馁,自尊、自爱、心胸坦荡,坚决果敢,勇往直前。要学会思考,学会宽容。一个人如果缺乏思考,他的人生注定是没有明确而坚定的方向;也很难想象一个不善于思考的人能够开拓创新,让自己的人生变得精彩。一个人如果缺乏宽容,没有宽广的胸怀和气度,就不会有团队意识和合作态度,就容易流于细琐和平庸。

希望你们倍加珍惜人生,去发现生活的美,发现人生的感动,发现点滴的幸福,你的人生将会有别样的精彩!

在新的人生征程中,希望你们更加懂得珍惜光明蓬勃的美好时代。习近平总书记说:"时间之河川流不息,每一代青年都有自己的际遇和机缘,都要在自己所处的时代条件下谋划人生、创造历史……时代的责任赋予青年,时代的光荣属于青年。"你们有幸生在这个伟大的时代,有幸目睹我们国家翻天覆地的变革。这是一个精彩的时代,这个时代有青春,有汗水,有感动,有梦想,有希望,有幸福。希望你们不要辜负这个时代,应该担当起这个时代的责任,承载起这个时代的希望,高扬起这个时代的荣光。千万不要怨天尤人,不要妄自菲薄,不要观望等待,不要轻言放弃,而要看到这个时代的闪光点,看到这个时代的正能量,为这个时代发一份光,给这个时代献一份力。

大学教给了你们责任和担当。你们是国家的栋梁,社会的中坚,家国情怀和社会责任将是你们一生的追求和神圣的使命。东大 112 年的创业发展始终与祖国和人民的命运紧紧相连,衷心希望你们能秉承"止于至善"的东大精神,主动担当历史赋予的重大责任,把个人命运和祖国命运结合起来,胸怀报国和为民之志,顺应历史和时代潮流,向社会实践学习,向人民群众学习,不懈奋斗,拼搏奉献,为实现民族复兴的"中国梦"作出自己应有的贡献。

  亲爱的同学们,聚是缘,别亦是缘,此一去江山万里,要开创出一片人生新天地,得靠你们自己去拼搏、去奋斗。但无论你们走多远,母校永远关注着你们,大学留给你们刻骨铭心的青春回忆和成长经历,会让你们永远记着母校的方向。此时此刻,我又想起了110周年校庆晚会《风雅颂东南》,在那个晚上,我情不自禁说过两句话:我爱东大!我爱每个同学!在座的很多同学当时就在现场,听到了我发自心底的由衷表达。今天,我再用它来结束今天的讲话:我爱东大!我爱你们每个同学!

  谢谢大家!

《东南大学章程》编制工作情况汇报

东南大学 易 红

尊敬的各位领导、各位专家：

大家好！

2007年10月教育部法制办公室下发《关于报送高等学校章程材料的通知》之后，我校即启动《东南大学章程》的编制工作，由校长亲自负责，常务副校长具体负责，设立了专门的工作经费，成立了由发展规划部（处）、法制工作办公室、校长办公室、党委办公室等多个部门参与，包括法学专家、管理专家、高等教育学研究专家等组成的章程起草小组，拉开了制定《东南大学章程》工作的帷幕。此后历时四年有余，完成了《东南大学章程》草案的制定，并提交教育部审核。现将有关工作情况汇报如下：

（一）章程制定过程

我校开展《东南大学章程》制定，秉承严密组织、科学编制、广泛调研、民主公开、程序合法之原则，大致经历了四个阶段。

第一阶段，2007年11月—2011年2月，形成章程草案。章程制定工作启动后，我校章程起草小组即开展了广泛的调研，积极学习国内外大学章程编制好的经验，经过深入研讨和10多次大的修改，于2011年2月形成了《东南大学章程》草案。

第二阶段，2011年3月—2011年6月，广泛征求各方意见。我校就章程草案召开多场专题座谈会，广泛征求学校有关部门负责人、学院院长和党委书记、科研和教学骨干、民主党派等各方面代表的意见和建议，并对相关意见和建议深入讨论论证，多次修改完善章程草案。

第三阶段，2011年6月—2011年12月，报经审议机构审议。《东南大学章程》草案形成后，分别于2011年6月和2011年10月两次提交校长办公会讨论；又于2011年11月提交学校党委常委会审议；再于2011年12月提交教职工代表大会执委会讨论征求意见；最后于2011年12月呈交学校党委全委会审议，并票决通过了《东南大学章程》。

第四阶段，2012年1月—2013年7月。根据教育部31号令《高等学校章程制定暂行办法》，我校再次对《东南大学章程》个别条款进行修改，并于2012年3月正式报送教育部审核。2012年9月，我校被教育部确定为全国12所大学章程建设试点高校之一。

（二）章程特色

《东南大学章程》包括序言部分和正文，其中序言部分简洁概括了学校历史沿革以及章程制定的目的和依据，正文则包括《总则》《举办者与学校》《教职工》《学生》《中国共产党东南大学委员会、纪律委员会及党委部门》《校长、校长办公会议及行政部门》《学术性组织》《教职工代表大会、学生代表大会及群众组织》《学院》《其他机构》《经费、资产及管理制度》《校训、校旗、校标、校徽、校歌、校庆日及学校网址》及《附则》，共十三章八十六条款，从不同角度规定了学校的制度框架、治理结构以及各主体的权力义务等重大问题。我校在编制章程时，努力体现如下几个方面的特点：

1. 特别注重保障教职工和学生的基本权利

我校在制定章程的过程中特别强调，教职工和学生是组成学校的基本元素，是学校得以良好运行的基础，在学校中应当具有最重要的地位。明确和保护教职工与学生的基本权利，应是章程的核心任务之一。为此，在章程的结构设计上，将教职员工和学生的责权利规定置于学校组织机构之前，这样一种结构安排，即将组成学校运行中最基本的两个元素教职工和学生的法律地位予以确立，并赋予其相应的权利义务以及建立权利保障机制，由此凸显我校办学过程中强调的办学以学生为本、发展以教职工为本的基本理念。

2. 特别注重明确学术性组织的法律地位

在学校组织架构的编排上，区分党组织、行政机构、学术组织、民主监督机构等予以规定，从而使得学校运行框架上形成党委权力、行政权力、学术权力和民主监督权力相互独立运行的态势。这种独立安排，从根本上确立了学校学术性组织的法律地位，进一步彰显了学术权力在大学治理结构中的重要地位，同时也为更好地推进"教授治学"奠定了良好的制度基础。

3. 特别注重考虑学校改革发展的现实基础

大学章程作为学校的大法，应该能够规范学校的长远发展，应该具有一定的前瞻性和创新性。然而，由于当前我国高校各项事业快速发展，要在章程中对长远发展考虑得非常具体和细致非常困难。同时，以章程促进学校的改革，还应重视兼顾学校改革发展的现状和基础，努力达成章程制定的创新性和稳健性的统一，先进性和现实性的统一，保障学校目前的持续、和谐与快速发展。这样，在章程编制中，符合改革发展方向、先进而成熟的东西多一些，正在探讨的、细节化的东西少一些，不试图为了章程的创新而创新，不追求制定一个一劳永逸的章程。

（三）对大学章程编制工作的思考

当前，我国大学章程的编制是一项相当困难的工作，在《东南大学章程》制定过程中，我们有如下几点认识和体会：

1. 努力把党和政府对高校的办学要求与我校自身办学特色紧密结合

《东南大学章程》既注重反映我校作为国家公办高校的办学性质，又高度重视反映学校独特的办学理念，充分彰显东南大学百年办学的价值追求，并且将学校"十二五"发展战略规划确立的发展战略目标和路径等内容以章程条文的形式明确下来，反映学校的独立办学思考和孜孜探索。

2. 努力把先进办学理念与高校改革的现实基础紧密结合

我校在章程制定过程中，既注意将那些在现代大学发展过程中已经得到验证的先进理念和科学的办学规律尽量加以反映，又努力把我校自己在百年办学过程中形成的优良传统和好的做法加以凝练并在章程中彰显，还高度重视让章程充分兼顾到学校发展的现状和改革的承受力，努力达成章程制定中传承与创新的统一，现实基础与未来发展要求的统一，为学校的持续、和谐和快速发展提供强有力的制度保障。

3. 努力体现出对现代大学制度的深入思考

《东南大学章程》在坚持"党委领导、校长负责、教授治学、民主管理"原则的前提下，努力构筑符合现代大学制度和我校实际情况的制度框架，对党、政、学术等各类组织分别加以论述，着力理顺党的权力、行政权力、学术权力各自在学校内部治理结构中的权责和关系，对学校、院系管理体制等重要制度问题也尽量做出深入的思考和设计，努力使之符合现代大学制度的基本精神和发展方向。

4. 努力体现以人为本的办学理念

我校将"教职员工"和"学生"列于章程的首要位置加以阐述，并以专门条款表述留学生，以及师生国际交流等权利，用专门章节论述教职工代表大会、学生代表大会及群众组织，着力体现出我校在制度建设中"以人为本"、创建和谐校园等基本理念。

（四）对落实办学自主权的考虑

大学章程一方面要规定学校内部的各种制度构架、明确相关权利义务，另一方面要明确大学与政府和社会之间的关系。为此，我校在章程中专列一章《举办者与学校》，对学校和办学者的关系及权利义务做了阐释，并特别强调如下几个方面：

1. 提出对大学举办者的权力制约

章程中明确提出，举办者"不得在法律行政法规无明文规定的情形下任意限制学校办学自主权"、"制止或者排除任何单位或者个人所进行的任何侵害或者妨碍学校行使自主权的行为"、"不得对学校的学术性事务设置任何行政审批程序，保障学校科学研究、文学艺术创作和其他文化活动的自由"，确保大学举办者的权力不被滥用。

2. 在法律框架内提出对大学自主权的诉求

根据我校办学实际情况，同时基于高等教育法的规定，强调了"自主设置和调整学科、专业的名称及相应的学生培养方案；自主确定各学科、专业本科生及研究生的招生规模，自主制定招生方案，决定录取学生的标准及程序，自主调节系科招生比例"、"自主开展人才培养活动，自主制定教学计划、选编教材以及组织实施教学活动，自主决定学生考试考核评判标准"、"自主开展与境外高校的人才培养、科学技术文化交流与合作活动"等，这些都是学校改革发展非常希望获得的自主权。

3. 强调学校办学自主权与外部监督和内部自律的平衡统一

章程明确提出,学校办学自主权是有约束、有监督的,强调学校每项重要的自主权,都要"按照程序透明、信息公开、民主决策、多方监督的原则制定严格和明确的权力履行制度,确保民主和规范地履行学校的各项自主权"。

当前,推进大学章程建设,对促进依法办学、加快现代大学制度建设具有重大的现实意义。确实,我国大学章程编制是一项相当困难的工作,有一些问题还需要梳理和进一步明晰,在此恳请各位领导和专家对我校的章程建设工作多予指导和帮助。

谢谢!

继往开来　乘势而上
努力开创世界一流大学建设的新篇章

——在东南大学112周年校庆大会上的讲话

东南大学校长　易　红

(2014年6月6日)

尊敬的各位来宾,亲爱的校友们、老师们、同学们:

初夏的校园,生机盎然。今天,我们东南大学迎来了112周年校庆,各地校友和广大师生员工怀着激动与喜悦的心情,以各种方式为母校祝福! 此时此刻,请允许我代表学校,向一如既往关心、支持和帮助学校发展的各级领导、海内外校友、社会各界朋友致以衷心的感谢! 向正在和曾经为学校事业发展作出贡献的全体师生和离退休教职员工致以诚挚的问候!

抚今追昔,风雨沧桑,东南大学已走过了112年的光辉岁月。东南大学肇始于20世纪之初,于图强思变中应运而生,始终与国家和民族的命运紧密相联,与时代和社会的变革息息相关,在精神传统中蕴含着强烈的社会责任感和使命感。虽然创业维艰,几多变迁,但百年传承,薪火相继,为民族振兴和社会发展作出了卓越贡献,谱写了一部波澜壮阔的历史诗篇,正朝着国际知名高水平研究型大学和世界一流大学的目标阔步前进。

在刚刚过去的一年里,我们进一步解放思想,坚持改革,开拓创新,各项事业持续健康发展,为创建世界一流大学奠定了更加坚实的基础。

一年来,我们积极借鉴国际知名高水平研究型大学建设经验,加强高峰学科建设,继续加大传统工科支持力度,加快发展理科,积极发展医科,大力发展特色人文社会学科,加强新兴交叉学科建设,形成了和谐发展的学科生态。进入ESI的7个学科排名均大幅提升,其中工程学上升至第83位。完成"985工程"三期建设和实施情况总结,因学科建设成效显著,在"985工程"三期绩效奖励和促进高校内涵式发展经费方面获得了更好的支持。13个学科入选江苏高校优势学科建设工程二期项目。在"十二五"江苏省重点学科建设情况评估中,3个学科获评优秀,位列全省第一。

一年来,我们始终以提高人才培养质量为核心,坚持以学生为本,深化教育教学改革和教学基本建设,拔尖创新人才培养工作取得了新成效。获全国优秀博士学位论文4篇,数量并列全国高校第五位,获全国优秀博士学位论文提名奖3篇。新增国家级综合改革试点项目1个,教育部第三批卓越工程师教育培养计划学科专业1个。获江苏省教学成果奖特等奖4项、一等奖7项、二等奖6项。获"宝钢优秀教师特等奖"1项。招生工作取得重要进展,生源质量进一步提升。毕业生年终就业率98%以上,就业层次进一步提高。

一年来,我们继续大力推进"人才强校"战略,加大高层次人才引进和青年教师培养力度,大幅提升教师队伍的国际化水平;深化考核和奖励制度改革,加快高水平师资队伍建设步伐。新增"千人计划"国家特聘专家、"青年千人计划"5人,入选"万人计划"8人。新增"长江学者"讲座教授1人,"百千万人才工程"国家级人选2人。引进具有博士学位的教师117人,其中具有海外博士学位45人。引进急需的学科带头人9人,其中国家杰出青年基金获得者2人。专任教师总数达到2 573人,其中具有博士学位的比例达到74.7%。

一年来,我们紧密结合国家经济社会发展重大战略需求,超前部署研究方向和研究领域,大力开展交叉和集成研究,大幅增强学校的原始创新能力和科技产出水平。以第一完成单位获得国家自然科学二等奖1项、国家技术发明二等奖1项、国家科技进步二等奖2项,获奖数量并列全国高校第5位,获奖种类涵盖国家三大奖项,取得历史最好成绩。获"973项目"(青年科学家专题)1项。获国家自然科学基金项目284项,资助经费达到1.75亿元。获国家杰出青年科学基金项目资助3项、优秀青年科学基金项目资助6项。SCI收录论文1 475篇,位列全国高校第16位,较去年提升1位。科研经费达到15.36亿元,较去年增长了12.9%。发明专利申请1 611项,较去年增长了近20%;发明专利授权668项,授权量排名江苏高校第一、全国高校第五位。获各类国家社科基金项目18项,其中国家社科重大投标项目1项。获教育部第六届高等学校科学研究优秀成果奖(人文社会科学)一等奖1项、二等奖1项、三等奖3项。

一年来,我们继续坚定不移地走国际化办学的强校道路,积极借鉴世界一流大学先进的办学经验,推动国际化水平的大幅提升。东南大学—蒙纳士大学苏州联合研究生院和联合研究院进展顺利,新大楼正式投入使用。与白俄罗斯明斯克国立语言大学共建的孔子学院获"2013年度全球先进孔子学院"称号。召开国际学术会议23次。在校海外留学生总人数1 622人,较去年增长了17.6%,其中学历生1 201人,占总人数的74%,在江苏省名列第一。

一年来,我们的办学继续得到各级政府、各界朋友和广大海内外校友的关心与帮助,社会捐赠取得新进展,我们分别与唐仲英基金会、中南控股集团签署3 000万元和3 500万元的捐赠协议。我们的体制机制改革创新也取得了新的成绩,《东南大学章程》正式实施,成为教育部第一批核准的高校章程;初步制定完成学术委员会、学位委员会、教学委员会等学术机构章程;提出院系综合改革试点方案,稳步推进院系综合改革。

蓝图已经绘就,使命催人奋进。今天,我们在这里隆重地举行校庆活动,既是对过去一年工作的回顾和总结,进一步理清发展思路,分享收获的喜悦与荣耀,也是对未来几年发展目标的美好展望,更是要激励我们的全体师生,与海内外校友同心协力,顽强拼搏,朝着创建世界一流大学的奋斗目标,矢志不移,奋发进取,去开启新的奋斗,去创造新的辉煌。

实现既定的奋斗目标,需要我们继续吹响改革创新的前进号角。改革是学校发展的不竭动力,创新是学校进步的重要源泉。我们欣喜地看到,学校在过去的一年里又取得了明显成效,综合实力进一步提升,国际国内的综合评价和关键办学指标均有明显进步,这正是学校近年来积极推进以人事分配制度改革为核心的改革创新的结果。东南大学112年的光辉历史和优良传统,尤其是近几年来所呈现出的蓬勃发展的强劲势头,为我们的再次腾飞奠定了更加坚实的基础,提供了更加有力的支撑,也更加坚定了我们勇创一流、勇攀高峰的信念。我们深知,建设世界知名的高水平研究型大学,到本世纪30年代中叶建成世界一流大学,是学校全体师生的共同期盼,也是广大校友的共同心愿。实现东南大学的再次腾飞,创造新的辉煌,需要我们高举改革创新的旗帜,加快构建充满活力、富有效率、更加开放、有利于学校科学发展的体制机制。我们重点要在院系综合改革上做出积极努力与探索,综合推进人才培养模式、师资队伍建设以及内部治理结构等全方位的改革。就是要参照世界一流大学人才培养方案,逐步推进院系人才培养模式改革,切实提升人才培养质量;要寻求新思路和新途径,引进与培育并举,大力加强院系师资队伍建设,构筑各类人才高地;要扩大院系各项自主权力,厘清行政与学术权力的关系,不断完善院系内部治理结构。通过院系综合改革这一重要举措,更大限度地释放院系发展活力,挖掘院系发展潜力,使之成为学校事业发展的新动力与新突破。

实现既定的奋斗目标,需要我们进一步明确教师这一办学主体。教师是大学的办学主体和建设发展的中流砥柱,是我们创建世界一流大学最为重要的依靠。近年来,学校不断取得的进步,特别是一些重要进展、重大突破和一系列标志性成果,正是我们广大教师辛勤耕耘、努力工作的结晶。在东南大学发展壮大的道路上,活跃着他们开拓进取的身影,留下了他们创业奉献的足迹,记载着他们不可磨灭的贡献。我们深知,建设世界一流大学,最为关键的是要建立一支具有世界一流水平的教师队伍。因此,我们要在更高水平上实施"人才强校"战略,重点建立一支既有高尚师德师风,又有高超教学水平和优秀科研能力的德才兼备的师资队伍。通过职称评审、考核等人事制度改革和各项政策引导,确保我们的教师热爱教学、投入教学,把教师作为自己的第一身份,把教学作为自己的第一要务,把关爱学生作为自己的第一责任,同时将科研工作视为自己的一项重要使命,践行教书育人,争创一流成果。

实现既定的奋斗目标,需要我们更加强化人才培养这一核心任务。人才培养是大学的立校之本。近年来,学校着力加强教学基础设施和基本条件建设,积极改善办学条件和校园环境,优化和整合后勤服务资源,推进学生宿舍空调安装工作,逐步完善各校区基础设施综合治理。我们的目的只有一个,就是为我们每一个东大学子提供最好的教育,创造更好的学习、生活环境,促进他们健康快乐成长。我们深知,建设世界一流大学,必须始终以学生为本,把人才培养作为一项最为重要的使命性工作。我们要紧紧围绕立德树人这一根本任务,教育引导广大学生树立和践行社会主义核心价值观,教育引导他们养成勤学、修德、明辨、笃实的良好品德。我们要加强人才培养模式改革,下大力气提高课堂教学质量。通过改进教学方法,深化课堂教学质量监控保障机制建设,最大程度激发学生学习的热情,确保每一堂课丰富多彩,引人入胜,使学生从每一堂课中收获知识,开阔视野,提高境界。

实现既定的奋斗目标,需要我们倍加珍惜校友这一宝贵财富。广大校友是学校最为忠实可靠的朋友。近年来,学校的建设发展日新月异、蒸蒸日上,始终离不开广大校友的关心与支持。我们深知,母校是校友永远的牵挂,无论距校多远,离校多久,广大校友的心总是向着母校。我们要更加重视校友工作,加强学校和各地校友会的组织建设,热心为广大校友提供各种帮助和支持,积极为他们搭建更高更宽的发展平台,为他们搭建相互了解和相互帮助的友谊桥梁。我希望各位校友继续在各自的岗位上不息奋斗,以新的成绩为母校增添新的光彩和荣耀！也由衷地希望各位校友继续一如既往地关心支持母校，融入母校建设世界一流大学的宏伟事业中来，为共创母校的美好明天贡献力量！

  当前，我们正处在实现民族复兴"中国梦"的伟大时代，正赶上继续深化教育领域综合改革的大好形势，正面临高等教育百舸争流、千帆竞发的激烈挑战，面对新形势、新任务、新挑战，东南大学一定要肩负起神圣的社会责任和历史使命，以更加广阔的视野、更加开放的姿态、更加执着的追求，认真吸收世界上先进的办学治学经验，遵循教育规律，扎根中国大地办大学，继往开来，乘势而上，加快推进创建世界一流大学的步伐，努力开创东南大学事业发展的新篇章。112年的文化积淀、民族复兴的时代召唤、国力发展的强大支撑、海内外校友的热切期盼、广大师生员工的坚定信心，为我们实现既定的奋斗目标提供了不竭动力。我们坚信，只要全体东大人团结一致，开拓创新，奋发图强，世界一流的"东大梦"一定会实现！东南大学的明天一定会更加灿烂辉煌！

  谢谢大家！

关于调整学校企业改革改制工作领导小组成员的通知

(2014年4月25日)

各校区,各院、系、所,各处、室、直属单位,各有关企业:

根据工作需要和人员变动情况,经研究决定,对学校企业改革改制工作领导小组成员进行调整。调整后的成员名单如下:

组　　长:王保平
副组长:黄大卫
成　　员:(按姓氏笔画为序)　任卫时　江汉　李鑫　吴荣顺　何林　孟新
　　　　　施建辉　郭小明　梁书亭　潘久松　冀民
秘　　书:孔庆燕

东南大学
校发〔2014〕93号

关于成立东南大学总务处的通知

(2014年1月23日)

各校区,各院、系、所,各处、室、直属单位,各学术业务单位:

因工作需要,经学校研究决定,成立东南大学总务处。

东南大学总务处核定编制41人(含中国共产党东南大学委员会后勤工作委员会),其中正处级职数2人,副处级职数6人,正科级职数9人,副科级职数8人,下设:国有资产管理办公室、计划与财务管理办公室、能源与维修工程管理办公室、绿化与物业管理办公室、膳食与校园服务管理办公室、综合管理科。

自东南大学总务处成立之日起撤销东南大学后勤管理处和东南大学后勤服务集团建制。

东南大学
校发〔2014〕26号

关于成立东南大学—无锡集成电路技术研究所等单位的通知

(2014年12月26日)

各校区,各院、系、所,各处、室、直属单位,各学术业务单位:

因工作需要,经研究决定,成立东南大学—无锡集成电路技术研究所和东南大学生物材料与医疗器械研究所。

东南大学
校发〔2014〕277号

关于成立东南大学校史研究室的通知

(2014 年 4 月 14 日)

各校区,各院、系、所,各处、室、直属单位,各学术业务单位:

因工作需要,经研究决定,成立东南大学校史研究室。校史研究室挂靠档案馆,档案馆在原有核定编制的基础上增加 3 个编制,其中增设档案馆副馆长(兼校史研究室主任)1 人。

东南大学
校发〔2014〕79 号

关于成立东南大学国有资产监督与管理委员会的通知

(2014 年 8 月 16 日)

各校区,各院、系、所,各处、室、直属单位,各学术业务单位:

为进一步加强我校国有资产管理,规范国有资产管理行为,合理配置和有效使用国有资产,防止国有资产流失,确保国有资产安全与完整,保障和促进学校各项事业发展,根据财政部、教育部关于加强国有资产管理的有关规定,经研究,成立东南大学国有资产监督与管理委员会。委员会成员名单如下:

主　任:易　红
副主任:刘京南　郑家茂　王保平　丁　辉　黄大卫
成　员:(按姓氏笔画排序)江　汉　任卫时　仲伟俊　吴荣顺　李　鑫　顾建新
　　　　　　　　　　　　梁书亭　熊宏齐　潘久松　冀　民

国有资产监督与管理委员会下设国有资产管理办公室,办公室设在财务处。
办公室主任:任卫时(兼)

东南大学
校发〔2014〕181 号

关于成立东南大学院(系)综合改革试点工作领导小组的通知

(2014 年 5 月 4 日)

各校区,各院、系、所,各处、室、直属单位,各学术业务单位:

根据《东南大学院(系)综合改革试点方案》的要求及工作需要,经研究决定,成立东南大学院(系)综合改革试点工作领导小组。领导小组成员名单如下:

组　　长:易　红

副组长:王保平

组　　员:(按姓氏笔画排序)仲伟俊　任卫时　孙岳明　李　鑫　李建清　时巨涛
　　　　　　金保昇　周佑勇　郭小明　梁书亭　雷　威

秘　　书:崔　琳

东南大学
校发〔2014〕99 号

关于成立东南大学深入开展贯彻执行中央八项规定严肃财经纪律和"小金库"专项治理工作领导小组的通知

(2014 年 8 月 16 日)

各校区,各院、系、所,各处、室、直属单位,各学术业务单位:

严肃财经纪律和深入开展"小金库"专项治理工作,是保障中央八项规定贯彻执行的重要举措,根据教财司函〔2014〕402 号文件精神,经研究,成立东南大学深入开展贯彻执行中央八项规定严肃财经纪律和"小金库"专项治理工作领导小组。领导小组成员名单如下:

组　　长:易　红

副组长:刘京南　丁　辉

成　　员:(按姓氏笔画排序)史兰新　江　汉　任卫时　仲伟俊　吴荣顺　李　鑫
　　　　　　梁书亭　熊宏齐　潘久松　冀　民

秘　　书:李　瑛　孙红霞

东南大学
校发〔2014〕182 号

关于部分学科建设点布局结构调整的通知

(2014年4月2日)

各校区,各院、系、所,各处、室、直属单位,各学术业务单位:

为了加强学科建设,强化一级学科建设主体的建设责任,优化学科建设点布局结构,经校长办公会和校学位评定委员会第十三届第七次会议讨论通过,同意对部分学科建设点布局结构进行调整。现将调解方案公布如下,请相关职能部门和院系认真做好研究生的招生、培养方案的制订、教学、培养过程管理等工作。

一级学科	所含二级学科	分布单位	处理意见
教育学	职业技术教育学	继续教育学院	按照教育学一级学科,由学习科学研究中心负责招生、培养过程管理,其他单位不再单独招生;调整后所属分委会为外国语言文学、体育学、教育学学科学位评定分委员会
	教育技术学	继续教育学院 学习科学研究中心	
	高等教育学	发展规划处	
	课程与教学论	物理系	
心理学	应用心理学	人文学院 学习科学研究中心	按照心理学一级学科由人文学院负责招生、培养过程管理,学习科学研究中心不再单独招生;调整后所属分委会为哲学、法学、中国语言文学、心理学学科学位评定分委员会
图书情报与档案管理		图书馆	由经济管理学院负责招生、培养过程管理,图书馆不再单独招生
统计学		经济管理学院 数学系	由数学系负责招生、培养过程管理,经济管理学院不再单独招生;调整后所属分委会为数学、物理学学科学位评定分委员会
控制科学与工程	系统工程	经济管理学院	由自动化学院负责招生、培养过程管理,经济管理学院不再单独招生;调整后所属分委会为控制科学与工程学科学位评定分委员会
公共管理	行政管理	人文学院	按照公共管理一级学科由人文学院负责招生、培养过程管理,公共卫生学院不再单独招生;调整后所属分委会为哲学、法学、中国语言文学、心理学学科学位评定分委员会
	社会保障	公共卫生学院	

东南大学
校发〔2014〕69号

关于撤销东南大学驻北京办事处的通知

(2014年6月20日)

各校区,各院、系、所,各处、室、直属单位,各学术业务单位:

经学校研究决定,撤销东南大学驻北京办事处。

因机构撤销,东南大学驻北京办事处原干部职务一并免去。

东南大学

校发〔2014〕146号

在全校开展"世界一流大学建设路径"大讨论活动的实施方案

(2014年3月12日)

为贯彻落实党的十八大、十八届三中全会精神,加快学校全面深化改革步伐,促进国际知名高水平研究型大学乃至世界一流大学目标的实现,经学校研究决定,2014年在全校开展"世界一流大学建设路径"大讨论活动,特制定如下实施方案。

(一)指导思想

全面贯彻落实党的十八届三中全会精神,瞄准学校全年工作重点,结合党的群众路线教育实践活动整改方案的实施,通过"世界一流大学建设路径"大讨论活动的开展,解放思想,开拓创新,坚定信心,凝聚共识,切实提高广大师生员工创建世界一流大学的自信心和自觉性,切实提高广大师生员工创建世界一流大学的责任感和使命感。积极探索并准确把握世界高等教育发展的内在规律,克服制约学校科学发展的思想观念和体制机制障碍。通过动态跟踪、比对研究等方法,汲取经验,发现差距,从人才培养、学科建设、科学研究、师资队伍、文化建设、条件保障等各方面谋划战略举措,为实现学校"十二五"发展规划提出的"2020年前后建成国际知名高水平研究型大学、2035年前后跻身世界一流大学行列"目标而努力奋斗。

(二)目标任务

1. 明确目标,激发动力

结合"中国梦·东大梦·我的梦"活动,在实现中华民族伟大复兴的征程中,实现创建世界一流大学的东南大学梦。履行教育职责,坚持立德树人,培养优秀人才;把握创新灵魂,不断创造前沿科研成果;加强产学研融合,推进经济社会发展;承担传承文化使命,用国际话语传递中华传统文明。激励广大师生员工以世界一流大学为目标,潜心教学科研,不断进取创新,努力追求卓越。

2. 深化改革,完善制度

贯彻落实十八届三中全会明确的全面改革任务,深化教育领域综合改革,结合有关高等教育的内容,实施我校新一轮改革。推进教育实践活动整改方案实施,以《东南大学章程》实施为牵引,加快学校各项规章制度建设完善,使现代大学制度早日定型,以制度创新深化改革,进一步释放改革新红利。

3. 营造氛围,提振精神

弘扬东南大学止于至善精神,传承百十年来优良传统,坚持"以人为本"的办学理念,通过大讨论提振东大人的精气神,切实起到内聚人心、外树形象的作用,建设卓越校园文化,在创建世界一流大学进程中发挥思想引领和文化保障作用。

(三) 方法步骤

1. 第一阶段(2014年3月—4月):宣传动员、学习研讨

在全校开展"世界一流大学建设路径"大讨论的前期宣传工作,通过在校园网主页建设专题网站、在《东南大学报》开设相关专栏、举行专家辅导报告等形式,广泛动员广大师生,特别是曾经或正在世界一流大学学习工作的师生、海内外校友为东南大学创建世界一流大学献计献策。领导干部要加强学习研讨,结合部门和院系特色进行调研。

2. 第二阶段(2014年5月—6月):分析比较、寻找差距

机关部处直属单位和院系要全面启动,通过召开座谈会、讨论会发动师生员工参与到大讨论中,尤其是要在国内外分别选择1—2所高水平大学、院系、学科及研究领域进行比较分析和研究,找出存在的差距,分析原因,探讨努力方向,形成研究报告。5月下旬在学校层面举办"世界一流大学建设路径"座谈会。

3. 第三阶段(2014年7月—8月):总结凝练、理清思路

通过暑期工作研讨会,总结大讨论活动形成的研究成果,梳理形成的共识和存在的分歧,进一步扩大讨论活动的影响,为学校"十三五"规划的编制奠定思想基础。

(四) 组织领导

1. 加强领导,部署推进

大讨论活动由学校党委统一领导,成立领导小组及办公室,领导小组办公室设在党委宣传部,各基层党委、党总支及直属党支部具体落实、开展好各项工作。

2. 领导带头,率先垂范

学校各级领导干部要带头参与大讨论,边讨论边行动,通过讨论提高思想认识,用讨论成果推进学校、院系、部门工作。

3. 联系实际,学以致用

大讨论活动要与党的群众路线教育实践活动的整改相结合,与推动各单位工作相结合。全体教职工要认真贯彻理论联系实际的原则,紧紧围绕大讨论主题,并结合教学科研实践,开展广泛而深入地讨论,积极提出建设性解决对策和改革建议。党委学工部、研工部和团委要在学生中组织开展讨论,帮助学生认清国际国内形势,树立远大理想,为实现中国梦和个人梦努力学习。

4. 加强宣传,注重实效

各单位开展大讨论的各项方案、座谈会纪要、师生员工的意见建议和所见所闻、调研报告等各阶段成果要及时报送党委宣传部。

东南大学信息公开实施细则

(2014年7月3日)

第一章 总 则

第一条 为了保障学校师生员工与校外公民、法人和其他组织依法获取学校信息,提高学校工作的透明度,促进依法治校,依据《中华人民共和国高等教育法》《中华人民共和国政府信息公开条例》和《高等学校信息公开办法》的有关规定,结合我校实际,制定本细则。

第二条 学校在开展办学活动和提供社会公共服务过程中产生、制作、获取的以一定形式记录、保存的信息,按照有关法律法规和本细则的规定公开。

第三条 学校各部门、单位公开学校信息,应当遵循公正、公平、便民的原则,做到内容真实,程序规范,及时准确。

如公开的信息涉及其他部门、单位,应当与有关部门、单位进行沟通、确认,保证发布的信息准确一致。

第四条 学校各部门、单位公开学校信息,不得危及国家安全、公共安全、经济安全、社会稳定和学校安全稳定。

第五条 学校各部门、单位对拟公开的信息,应当依照国家法律法规和学校有关规章,按照规定程序进行保密审查。

有关信息依照国家有关规定或者根据实际情况需要审批的,各部门、单位应当按照规定程序履行审批手续,未经批准的不得公开。

第六条 学校各部门、单位发现不利于校园和社会稳定的虚假信息或者不完整信息的,应当在其职责范围内及时发布准确信息予以澄清。

第七条 学校各部门、单位应当在信息公开工作领导小组的统一组织、部署下,积极配合信息公开办公室完成与本部门、单位信息公开相关的各项工作。各部门、单位主要负责人为本部门、单位信息公开工作的责任人,各部门、单位应当明确具体负责本部门、单位信息公开的工作人员。

第二章 公开的内容

第八条 学校各部门、单位应当主动公开以下信息:
(一)涉及学校师生员工与校外公民、法人和其他组织切身利益的;
(二)需要学校师生员工与校外公民、法人和其他组织广泛知晓或者参与的;
(三)法律、法规和国家有关规定需要公开的其他事项。

第九条 除学校已公开的信息外,学校师生员工与校外公民、法人和其他组织(以下简称申请人)可以根据自身学习、科研、工作等特殊需要,以书面形式(包括数据电文形式)向学校申请获取相关信息。

第十条　学校对下列信息不予公开：
（一）涉及国家秘密的；
（二）涉及商业秘密的；
（三）涉及个人隐私的；
（四）法律、法规和规章以及学校规定的不予公开的其他信息。

其中第（二）项、第（三）项所列的信息，经权利人同意公开或者学校认为不公开可能对社会公共利益造成重大影响的，可以予以公开。

第三章　公开的途径和要求

第十一条　学校校长领导学校的信息公开工作。学校成立信息公开工作领导小组，下设信息公开办公室。信息公开办公室挂靠校长办公室，负责学校信息公开的日常工作，具体职责是：
（一）具体承办学校信息公开事宜；
（二）管理、协调、维护和更新学校信息公开的信息；
（三）统一受理、协调处理、统一答复向学校提出的信息公开申请；
（四）组织编制信息公开指南、信息公开目录、信息公开工作年度报告；
（五）协调对拟公开的学校信息进行保密审查；
（六）组织学校信息公开工作的内部评议；
（七）推进、监督学校各部门、单位的信息公开；
（八）承担与学校信息公开有关的其他职责。

信息公开办公室向社会公开办公地址、办公时间、联系电话、传真号码、电子邮箱等信息。

第十二条　对依照本细则规定需要公开的信息，学校各部门、单位根据实际情况，通过学校网站、校报校刊、校内广播等校内媒体和报刊、杂志、广播、电视等校外媒体以及新闻发布会、年鉴、会议纪要或者简报等方式予以公开；并根据需要设置公共查阅室、资料索取点、信息公告栏或者电子屏幕等场所、设施。

第十三条　学校开设信息公开网站，建立有效链接，及时更新信息，并开设信息公开意见箱，听取对学校信息公开工作的意见和建议。

第十四条　学校信息公开办公室组织编制信息公开指南和信息公开目录，并及时公布和更新。信息公开指南应当明确信息公开工作机构，信息的分类、编排体系和获取方式，依申请公开的处理和答复流程等。信息公开目录应当包括信息的索引、名称、生成日期和责任部门等内容。

第十五条　学校各部门、单位将基本的规章制度汇编成册，置于相应的办公地点及档案馆、图书馆等场所，提供免费查阅。

研究生院、学生处、继续教育学院、海外教育学院等应当将学生管理制度汇编成册，在新生报到时发放。人事部门应当将教师管理制度汇编成册，在新聘教师报到时发放。

第十六条　学校各部门、单位完成信息制作或者获取信息后，应当及时明确该信息是否公开。确定公开的，应当明确公开的受众；确定不予公开的，应当说明理由；难以确定是否公开的,应当及时报请学校信息公开办公室审定;学校信息公开办公室难以确定的,及时报请上级主管部门审定。

第十七条 属于主动公开的信息,学校各部门、单位应当自该信息制作完成或者获取之日起20个工作日内予以公开。公开的信息内容发生变更的,应当在变更后20个工作日内予以更新。

学校决策事项需要征求教师、学生和学校其他工作人员意见的,公开征求意见的期限不得少于10个工作日。

法律法规对信息内容公开的期限另有规定的,从其规定。

第十八条 对申请人的信息公开申请,由信息公开办公室统一受理。信息公开办公室受理信息公开申请后,可根据实际情况协调有关职能部门提出具体反馈意见,并根据下列情况在15个工作日内分别作出答复。如需延长答复期限的,应当告知申请人,且延长答复的期限最长不超过15个工作日。

(一)属于公开范围的,应当告知申请人获取该信息的方式和途径;

(二)属于不予公开范围的,应当告知申请人并说明理由;

(三)不属于学校职责范围的或者该信息不存在的,应当告知申请人,对能够确定该信息的职责单位的,应当告知申请人该单位的名称、联系方式;

(四)申请公开的信息含有不应当公开的内容但能够区分处理的,应当告知申请人并提供可以公开的信息内容,对不予公开的部分,应当说明理由;

(五)申请内容不明确的,应当告知申请人作出更改、补充;申请人逾期未补正的,视为放弃本次申请;

(六)同一申请人无正当理由重复向学校申请公开同一信息,学校已经作出答复且该信息未发生变化的,应当告知申请人,不再重复处理;

(七)学校根据实际情况作出的其他答复。

申请公开的学校信息涉及第三方权益的,学校征求第三方意见所需时间不计算在本条规定的期限内。

第十九条 申请人向学校申请公开信息的,应当符合本细则第十条之规定,并出示有效身份证件或者证明文件。申请人委托他人办理信息公开申请的,受委托人须提供书面委托书。

第二十条 申请人有证据证明学校提供的与自身相关的信息记录不准确的,有权要求学校予以更正;学校无权更正的,应当转送有权更正的单位处理,并告知申请人。

第二十一条 学校各部门、单位向申请人提供信息,可以按照省价格部门和财政部门规定的收费标准收取检索、复制、邮寄等费用。收取的费用纳入学校财务管理。

学校有关部门、单位不得通过其他组织、个人以有偿方式提供信息。

第二十二条 申请人申请公开学校信息确有经济困难的,经本人申请、学校信息公开工作领导小组审核同意,可以减免相关费用。

第四章 监督和保障

第二十三条 学校将信息公开工作纳入干部岗位责任考核内容。考核工作与年终考核结合进行。

第二十四条　学校成立信息公开监督检查办公室，挂靠监察处。信息公开监督检查办公室对学校各部门、单位信息公开的实施情况进行监督检查。监督检查应当有教师、学生和学校其他工作人员代表参加。

监督检查办公室负责受理学校师生员工与校外公民、法人和其他组织对于学校未按照本细则规定履行信息公开义务的举报。收到举报后，监督检查办公室应及时处理，并以适当方式向举报人告知处理结果。

第二十五条　信息公开办公室负责编制学校上一学年信息公开工作年度报告，并于每年10月底前报送上级主管部门。

第二十六条　学校各部门、单位如违反有关法律法规或者本细则规定，有下列情形之一的，由学校责令改正；情节严重的，由学校予以通报批评；对相关部门、单位主要负责人和直接责任人员，由学校依据有关规定给予处分：

（一）不依法履行信息公开义务的；

（二）不及时更新公开的信息内容、信息公开指南和目录的；

（三）公开不应当公开的信息的；

（四）在信息公开工作中隐瞒或者捏造事实的；

（五）违反规定收取费用的；

（六）通过其他组织、个人以有偿服务方式提供信息的；

（七）违反有关法律法规和本细则规定的其他行为的。

上述行为侵害当事人合法权益，造成损失的，应当依法承担民事责任。

第二十七条　信息公开工作所需经费纳入学校年度预算，为学校信息公开工作提供经费保障。

第五章　附　则

第二十八条　已经移交档案工作机构的学校信息的公开，依照有关档案管理的法律、法规和规章执行。

第二十九条　本细则由信息公开办公室负责解释。

第三十条　本细则自发布之日起施行。《东南大学信息公开实施办法（试行）》（校通知〔2008〕11号）同时废止。

校发〔2014〕169号

东南大学信访工作实施细则(修订)

(2014年2月21日)

第一章 总 则

第一条 为了进一步密切联系人民群众,保护信访人的合法权益,规范信访工作,促进和谐校园建设,根据国务院《信访条例》和教育部《教育信访工作规定》,结合我校信访工作实际,制定本实施细则。

第二条 本细则所称信访,是指师生员工等采用书信、电子邮件、传真、电话、走访等形式,向学校有关部门、单位反映情况,提出建议、意见或者投诉请求,按照规定和职权范围需要由学校有关部门、单位处理的活动。

第三条 学校各部门、单位要畅通信访渠道,倾听人民群众的意见、建议和要求,接受人民群众的监督,认真做好信访工作,努力为人民群众服务。

任何组织和个人不得打击报复信访人。

第四条 学校各部门、单位要科学、民主决策,依法履行职责,公平、公正、公开办事,从源头上预防导致信访事项的矛盾和纠纷。

第五条 学校信访工作坚持"分级负责,谁主管、谁负责,依法、及时、有效解决问题与疏导教育相结合"的原则,将信访问题解决在基层,把矛盾化解在萌芽状态。

第六条 学校建立信访工作领导小组,形成统一领导、部门协调,统筹兼顾、标本兼治,各负其责、齐抓共管的信访工作格局。

第七条 学校各部门、单位主要负责人是本部门、单位信访工作的第一责任人,对信访工作负总责,要部署信访工作,阅批重要来信,接待重要来访,听取信访工作汇报,研究解决信访工作中的突出问题。

第二章 信访机构与职责

第八条 学校设立信访办公室,负责对学校信访工作进行综合管理,其主要职责是:

(一)贯彻执行党和国家、上级主管部门及地方政府信访工作方针政策和决策部署;

(二)承办上级机关和学校领导交办的信访事项;

(三)受理、交办、转送信访人提出的信访事项,并协调、督促、检查信访事项的落实情况;

(四)协助配合上级机关、公安部门等及时、妥善地处理突发性信访事件和集体上访事件,及时向学校或上级部门上报重要信访信息;

(五)研究、分析信访情况,开展调查研究,及时向学校提出完善政策和改进工作的建议;

(六)负责学校有关信访材料的整理归档;

(七)对学校各部门、单位的信访工作进行指导。

第九条　学校各部门、单位要按照有利工作、方便信访人的原则，及时协调、处理有关信访事项。

第十条　学校各部门、单位的信访工作职责是：

（一）负责本部门、单位信访工作，建立信访工作制度，保证本部门、单位信访工作顺利进行；

（二）及时处理属本单位职权范围内的信访事项；

（三）及时承办校领导、信访办和其他单位交办、转送的信访事项；完成上级单位转办的信访事项；

（四）定期进行矛盾纠纷排查，及时予以化解，对重要信访事项或重要信访信息及时上报学校相关职能部门，必要时可直接报分管校领导；

（五）负责本单位信访材料的整理归档。

第十一条　学校各部门、单位工作人员均有按业务分工承办职权范围内信访事项的职责，对承办的信访事项，要认真、及时办理，并在规定的时限内回复办理结果。

第十二条　学校保卫部门负责全校的安全稳定工作，应积极配合有关部门、单位处理突发性的信访事件和集体上访事件，对于可能造成社会影响的重大、紧急信访事项和信访信息，要配合学校有关部门依法及时采取有效措施，加强与公安部门的联系，防止不良影响的产生、扩大以及恶性事件的发生。

第三章　信访事项的提出

第十三条　信访人提出信访事项，一般要采用书信、电子邮件、传真等书面形式；信访人提出投诉请求的，还要载明信访人的姓名（名称）、住址和请求、事实、理由。

有关部门、单位对采用口头形式提出的投诉请求，要记录信访人的姓名（名称）、住址和请求、事实、理由。

第十四条　信访人采用走访形式提出信访事项的，应向有关部门或单位提出；信访事项已经受理或者正在办理的，信访人在规定期限内向受理、办理机关的上级机关再提出同一信访事项的，该上级机关不予受理。

第十五条　多数人反映共同信访事项的，应当推选代表提出，代表人数不得超过5人。

第十六条　信访人提出信访事项，要客观真实，对其所提供材料内容的真实性负责，不得捏造、歪曲事实，不得诬告、陷害他人。

第十七条　信访人应当在法律允许范围内进行正当的信访活动。信访人在信访过程中要遵守法律、法规和信访秩序，不得有下列行为：

（一）不得损害学校、老师、学生及其他公民的合法权益，影响学校正常秩序；

（二）不得扰乱学校的工作秩序和信访秩序；

（三）不得在校机关办公场所周围、公共场所非法聚集；

（四）不得围堵、冲击办公场所和拦截公务车辆；

（五）不得损害接待场所公私财物；

（六）不得侮辱、殴打、威胁信访接待人员；

（七）不得在接待场所滞留、滋事或者将生活不能自理的人弃留在接待场所；

（八）不得携带危险品、管制器具进入接待场所。

第四章　信访事项的受理

第十八条　学校各部门、单位信访工作人员收到信访事项后，要登记编号，及时送交本单位信访工作负责人阅示。各部门、单位信访工作负责人根据信访事项的内容、本部门或单位的职责分别按以下方式处理：

（一）信访事项明确属于本部门或单位职责管理范围的，直接办理；

（二）信访事项涉及多个部门或单位职责范围的，由主要部门或单位牵头处理；

（三）信访事项涉及教职工专业技术职务评审及岗位聘用与考核申诉的，由学校专业技术职务评审工作申诉审议委员会或岗位聘用与考核申诉委员会受理；

（四）信访事项涉及学生对取消入学资格、退学处理或者违规、违纪等处分申诉的，由学校学生申诉委员会受理；

（五）信访事项涉及检举、控告的，由学校纪检、监察部门受理；

（六）信访事项已经或者依法需要通过诉讼、仲裁、行政复议等法定途径解决的，不予受理，但要告知信访人依照有关法律、法规规定程序向有关机关提出；

（七）对咨询类以及通过沟通可直接解决的信访问题，可不进入信访工作处理程序。

第十九条　办理信访事项的有关部门、单位，要听取信访人陈述事实和理由；必要时可以要求信访人、有关组织和人员说明情况；需要进一步核实有关情况的，可以向其他组织和人员调查。

第二十条　信访人反映的情况，提出的建议、意见，有利于学校改进工作、促进学校建设与发展的，有关单位要认真研究论证并积极采纳。

第五章　信访事项的办理与督办

第二十一条　信访事项自受理之日起 60 日内办结；情况复杂的，经本部门、单位负责人批准，可适当延长办理期限。但延长期限不得超过 30 日，并告知信访人延期理由。

法律、行政法规另有规定的，从其规定。

第二十二条　上级机关和领导交办并要反馈结果的信访事项，办结时间不得超过 60 日，不能按期结案的，应及时向交办机关和领导说明情况。

第二十三条　各部门、单位受理信访事项后，按照规定的时间办结，将处理结果答复信访人，并记录在案。

第二十四条　信访人不服学校对信访事项的处理意见，仍然以同一事实和理由提出投诉请求的，学校不再受理。信访人可向上一级主管部门申请复核，或寻求法律途径解决。

第二十五条　学校信访办公室发现有关部门、单位有下列情形之一的，要及时督办，并提出改进建议：

（一）无正当理由，未按规定的办理期限办结信访事项的；

（二）未按规定反馈信访事项办理结果的；

（三）未按规定程序办理信访事项的；
（四）办理信访事项推诿、敷衍、拖延的；
（五）不执行信访处理意见的；
（六）其他需要督办的情形。

收到改进建议的有关部门、单位要在 30 日内书面反馈情况；未采纳改进建议的，要说明理由。

第六章 信访工作纪律

第二十六条 学校各部门、单位及其工作人员不得将信访人的检举、揭发材料及有关情况透露或者转给被检举、揭发的人员或者单位。

第二十七条 各部门、单位要严格执行信访事项处理时限的规定，对信访事项不得推诿、敷衍、拖延；对可能造成不良社会影响的重大、紧急信访事项和信访信息，要及时上报，不得隐瞒、谎报、缓报。

第二十八条 办理信访事项的工作人员与信访事项或信访人有直接利害关系的，应当回避。

第二十九条 保守信访工作秘密，加强对信访资料、信息的管理，防止信访资料、信息的遗失，不得隐匿、篡改或扣押信访材料。

第三十条 凡在处理信访工作中，因推诿、敷衍、拖延、弄虚作假，或未按规定办理期限和规定程序办理信访事项，严重侵害信访人合法权益，或导致矛盾激化，造成严重后果的，要严格依法依纪追究有关责任人员的责任。

第三十一条 信访人在信访过程中违反本细则第十五条、第十六、第十七条规定的，学校有关工作人员要对信访人进行劝阻、批评或者教育。经劝阻、批评和教育无效的，严格依《信访条例》及国家相关法律法规予以处理。

第七章 附则

第三十二条 本细则自发布之日起施行，由学校信访办公室负责解释。2006 年下发的《东南大学信访工作实施细则》同时废止。

东南大学实验室生物安全管理规定

(2014 年 4 月 10 日)

第一章 总 则

第一条 为加强东南大学实验室生物安全管理,保护实验工作人员和公众的健康,根据国家有关实验室生物安全方面的法规、标准、条例,结合本校实际,特制定本规定。

第二条 本规定依据的主要文件有:《病原微生物实验室生物安全管理条例》(国务院令 2004 第 424 号)、《人间传染的病原微生物名录》(卫生部卫科教发〔2006〕15 号)、《动物病原微生物分类名录》(农业部令第 53 号)、《实验室生物安全通用要求(GB 19489—2008)》、《实验动物管理条例》(中华人民共和国国家科学技术委员会令第 2 号)、《江苏省实验动物管理条例》(江苏省人民政府令第 45 号)、《江苏省病原微生物实验室生物安全管理规定(试行)》(苏卫科教〔2007〕3 号)、《教育部办公厅关于进一步加强学校实验室病原微生物管理的通知》(教高厅〔2009〕1 号)等有关法律法规。生物实验室安全管理必须严格执行国家及江苏省有关的法律法规,坚持"预防为主、依法管理、科学规范"的原则。

第三条 管理体系与管理职责

1. 学校成立东南大学实验室生物安全管理委员会,负责全校实验室生物安全宏观管理、监督和技术指导。

委员会由相关职能部门、重要实验单位负责人和生物领域相关专家组成。

委员会下设工作小组,办公室设在实验室与设备管理处,负责全校实验室生物安全管理日常工作和应急处置工作。

2. 从事生物实验的相关院(系)等二级单位主要负责人对该单位生物安全负有完全责任。

负责根据本单位学科和实验室的特点,组织制定本单位实验室生物安全管理的具体办法、操作程序和生物安全突发事件应急预案,报学校生物安全管理工作小组办公室备案。

3. 实验室主任、教学实验室中心主任及课题负责人为所在实验室的生物安全负责人。

负责确保实验室设施、设备、个人防护设备、材料等符合国家有关安全要求;评估实验室生物材料、样本、药品、化学品和机密资料被丢失或不正当使用的危险,并对其定期检查、维护和更新;组织本实验室工作人员参加生物安全知识培训,取得相关部门颁发的资质证书方可上岗;对从事相关实验的学生进行生物安全教育和培训。

第四条 本规定所指生物实验室是学校根据人才培养目标和科学研究任务的需要,运用必要的技术手段,在特定的设备及环境条件中,在人为控制的条件下对动物、植物、微生物等生物的本质和规律进行观察、研究和探索的场所。所使用的实验物品中含有能使人类或动物致病的微生物的实验室,称为病原微生物实验室。所使用的实验物品为实脊椎动物的实验室,称为动物实验室。

根据对所操作生物因子采取的防护措施,将实验室生物安全防护水平(BioSafety Level,缩写 BSL)分为四级,1 级防护水平最低,4 级防护水平最高。

以 BSL-1、BSL-2、BSL-3、BSL-4 表示仅从事体外(in vitro)操作生物因子的实验室的相应生物安全防护水平。

以 ABSL-1、ABSL-2、ABSL-3、ABSL-4 表示包括从事动物在体(in vivo)操作的实验室的相应生物安全防护水平。

第五条 满足以下三项要求的生物实验室,即被认为是安全的生物实验室。

1. 生物实验室内的各类人员自始至终一直处在被保护之中,不会受可预知的危险的伤害;
2. 生物实验室内的各种生物和室内设备等均处于良好的安全状态;
3. 生物实验室外的人员和生态环境不因生物实验室的存在而受到超标的侵害和污染。

第二章 生物实验室的设立与撤销

第六条 学校生物实验室的新建、改建、扩建由院系向学校实验室与设备管理处提交申请,内容应包括实验目的、拟从事的实验活动和所用到的微生物或动物种类、与之配套的实验室结构与设施、师资队伍情况、人员安全防护措施、废物处理办法等。

第七条 学校实验室与设备管理处组织相关专家,依据国家标准确定生物实验室的安全防护级别,审核现有安全防护水平是否满足拟从事实验活动的安全要求,提出初步意见。

第八条 学校批准后,根据国家对不同级别生物实验室的要求,须报上级主管部门备案或审批。BSL-3、BSL-4 实验室必须取得卫生部颁发的《高致病性病原微生物实验室资格证书》。

第九条 建成后的生物实验室的工作范围应符合上级主管部门批准时指定的病原微生物名单和项目范围。

第十条 生物实验室的撤销,根据不同级别由院系提出申请,报学校实验室与设备管理处审核,经学校批准,报上级相应主管部门备案或按照审批的程序进行。

第三章 生物实验室的安全运行和管理

第十一条 生物实验室生物安全负责人应熟知有关国家标准和安全管理条例,指定专人负责制定《实验室生物安全手册》,监督检查安全手册内容的落实。手册应在工作区域随时可查。手册内容包括但不限于:

1. 实验室安全管理制度;
2. 实验操作技术规程;
3. 紧急情况处理规程;
4. 工作人员登记表(含本人签字);
5. 实验室内仪器登记表;

6. 工作人员培训记录；

7. 工作人员体检（含血清检查）和免疫接种登记表；

8. 实验微生物操作规程（每种一份）。

（其中4—8项适用于BSL-3、BSL-4级实验室）

第十二条　生物实验室应进行必要的风险评估，并建立风险控制程序。

第十三条　生物实验室应按照国家标准《实验室生物安全通用要求 GB19489-2008》BSL-1—BSL-4条款对本实验室进行合理设计，所有设施、设备和材料（含防护屏障）均应符合国家相关标准和要求。

第十四条　生物实验室在进行实验时，如涉及具有危险性的生物体、生物制剂、生物样品等，应到学校实验室与设备管理处申报备案。申报品种可根据实验进展情况随时增减。凡未经申报备案的生物危险品不得在生物实验室中使用。

第十五条　生物实验室工作人员在预知实验潜在危险的前提下，自愿从事实验室工作。必须遵守实验室的所有制度、规定和操作规程。必须经过安全教育和专业培训并考核合格，在独立工作之前还应在高级实验技术人员的指导下进行上岗培训，达到合格标准，方可开始工作。

此外，动物实验工作人员还应当持有国家认可的资格证书。

第十六条　BSL-3、BSL-4生物实验室的工作人员在开始工作前必须留本底血清进行有关检测，定期体检，建立健康档案。若有疫苗必须注射。

第十七条　从事高致病性病原微生物相关实验活动应当有2名以上工作人员共同进行。

第十八条　生物实验室应当建立实验档案，记录实验室使用情况、安全监督情况和生物危险源从进入实验室到最终销毁的全程情况。从事高致病性病原微生物相关实验活动的实验档案保存期限不得少于20年。

第十九条　采集高致病性病原微生物应在具有相应安全防护水平的设备中进行，采集过程必须严格防止病原微生物的扩散和感染，并对样本来源、采集过程和方法等做详细记录。其运输应遵守国家相应法规、标准的要求。

第二十条　高致病性病原微生物实验室应当采取有效的安全保卫措施，严防高致病性病原微生物被盗、被抢、丢失、泄漏，保障实验室及病原微生物的安全。实验室发生高致病性病原微生物被盗、被抢、丢失、泄漏的，应立即向学校、所在地卫生主管部门和公安局报告。

第二十一条　生物实验室应依法制定合理、有效的措施对实验活动产生的废水、废气和危险废物进行处置，防止环境污染。生物安全柜每年必须进行一次常规现场检测。在移动、检修和更换高效过滤器后也要进行必要的检测。

第二十二条　在研究实验中需使用动物的生物实验室，要办理《实验动物使用许可证》。

第二十三条　涉及动物的生物实验室应根据国家法规、标准的要求建立实验室动物引种、保种、繁育、运输等方面的操作规程。动物实验环境设施应符合相应动物等级标准的要求。

第二十四条　生物实验室中如存在特殊的危险区,应清晰地标识和指示。

第二十五条　生物实验室应建立相应事故的应急预案,包括环境污染应急预案、紧急撤离的行动计划等。应有程序报告实验室事件、伤害、事故、职业性疾病以及潜在危险。

第二十六条　学校每年对生物实验室至少检查一次,以保证:

1. 具备有效的应急装备、撤离通道及警报系统;
2. 一旦危险物品漏出,有规范的控制程序及相应的物品保障;
3. 对可燃易燃性、可传染性、放射性和有毒物质按照相关规定存放和管理;
4. 规范处理污染和废弃物;
5. 设施设备完善,工作人员熟知各项操作规程并处于良好的健康状态。

第二十七条　生物实验室应与学校管理部门一起积极配合政府环境保护部门以及动物管理等专门机构开展工作,接受检查、取证等要求。

第四章　责任与奖罚

第二十八条　凡从事上述病原微生物教学和科研工作的部门和个人,因违反操作规定,存在安全隐患的,学校实验室与设备管理处有权责令其停止工作并限期改正,相关情况应及时向学校领导报告。

第二十九条　凡从事上述病原微生物教学和科研工作的有关人员或管理者,因玩忽职守引发公共卫生安全事故的,将依据《病原微生物实验室生物安全管理办法》追究其相应责任。

第三十条　对遵纪守法,严格按照规章制度和生物实验室操作规程进行实验活动,全年无事故发生的实验室和个人,应予以表彰并适当给予奖励。

第五章　附　则

第三十一条　各生物实验室应根据本规定,并结合实验室实际情况制定具体实施办法。

第三十二条　本规定自公布之日起实施,由学校实验室与设备管理处负责解释。

附件:生物实验室安全标准与生物样本分级

附件

生物实验室安全标准与生物样本分级

1. BSL(BioSafety Level)分级适用范围:

BSL-1生物实验室:实验室结构和设施、安全操作规程、安全设备适用于对健康成年人已知无致病作用的微生物,如用于教学的普通微生物实验室等。

BSL-2生物实验室:实验室结构和设施、安全操作规程、安全设备适用于对人或环境具有中等潜在危害的微生物。

BSL-3生物实验室:实验室结构和设施、安全操作规程、安全设备适用于主要通过呼吸途径使人传染上严重的甚至是致死疾病的致病微生物及其毒素,通常已有预防传染的疫苗。

艾滋病病毒的研究(血清学实验除外)应在三级生物安全防护实验室中进行。

BSL-4生物实验室:实验室结构和设施、安全操作规程、安全设备适用于对人体具有高度的危险性,通过气溶胶途径传播或传播途径不明,目前尚无有效的疫苗或治疗方法的致病微生物及其毒素。与上述情况类似的不明微生物,也必须在四级生物安全防护实验室中进行。待有充分数据后再决定此种微生物或毒素应在四级还是在较低级别的实验室中处理。

2. ABSL生物实验室安全防护设施应参照BSL-1—BSL-4实验室的相应要求,还应考虑对动物呼吸、排泄、毛发、抓咬、挣扎、逃逸、动物实验(如染毒、医学检查、取样、解剖、检验等)、动物饲养、动物尸体及排泄物的处置等过程产生的潜在生物危害的防护。

3. 实验动物微生物学等级分类如下:

(1) 普通级动物:不携带所规定的人兽共患病病原和动物烈性传染病的病原。

(2) 清洁动物:除普通动物应排除的病原外,不携带对动物危害大和对科学研究干扰大的病原。

(3) 无特定病原体动物:除清洁动物应排除的病原外,不携带主要潜在感染或条件致病和对科学实验干扰大的病原。

(4) 无菌动物:无可检出的一切生命体。

4. 病原微生物分类如下:

第一类病原微生物,是指能够引起人类或者动物非常严重疾病的微生物,以及我国尚未发现或者已经宣布消灭的微生物。

第二类病原微生物,是指能够引起人类或者动物严重疾病,比较容易或者间接在人与人、动物与人、动物与动物间传播的微生物。

第三类微生物,是指能够引起人类或者动物疾病,但一般情况下对人、动物或者环境不构成严重危害,传播风险有限,实验室感染后很少引起严重疾病,并且具备有效治疗和预防措施的微生物。

第四类病原微生物,是指在通常情况下不会引起人类或者动物疾病的微生物。

其中,第一类、第二类病原微生物统称为高致病性病原微生物。

东南大学"江苏高校优势学科建设工程"专项资金管理办法补充规定

(2014年6月27日)

根据《东南大学"江苏高校优势学科建设工程"专项资金管理办法》(校通知〔2011〕109号)、《关于印发〈东南大学"江苏高校优势学科建设工程"专项资金管理办法实施细则〉的通知》(校通知〔2012〕9号)文件规定,江苏高校优势学科建设工程(以下简称"省优势学科")专项资金主要用于省优势学科建设的创新团队建设和人才培养。创新团队建设指高水平学科领军人才、方向带头人队伍建设与团队建设;人才培养指通过深化教育教学改革,创新人才培养模式,提高人才培养尤其是研究生培养质量。在一期工程建设基础上,为了更好地推动省优势学科二期项目的建设,更好地提高省优势学科专项资金使用效率,经学校"优势学科建设工程"领导小组讨论决定,特制定本补充规定。

一、省优势学科专项资金用于创新团队建设和人才培养的经费总额不得低于当年度总经费额度的50%,同时用于创新团队建设和人才培养的单项经费不得低于当年度总经费额度的20%。

二、在创新团队建设中,用于引进人才的安家费、房租补贴、科研启动经费等不得低于当年度总经费额度的20%,按照学校标准发放安家费、房租补贴、科研启动经费等。为了鼓励学科多引进人才,超出20%比例的引进人才的安家费、房租补贴、科研启动经费等部分,由学校人事处另行予以支持。各立项学科可以在学校标准上适当增加引进人才的科研启动经费,但不计入该学科20%的比例,而由该学科的创新团队建设经费另行支持。具体流程为:各立项学科将引进人才资料报送人事处审批,学校批准同意的引进人才的安家费、房租补贴、科研启动经费等在省优势学科专项资金使用计划中列支,由引进人才个人按照《东南大学新进教师人才引进启动经费申请表》填写预算,学科负责人批准同意后报人事处审批,人事处批准同意后执行。

三、在人才培养中,各立项学科至少建设1个全英文专业,并且支持博士研究生出国参加国际学术会议和短期访学。用于全英文专业建设(包括邀请外籍教师来华授课)、支持博士研究生出国参加国际学术会议和短期访学的经费不得低于当年度总经费额度的10%。为鼓励学科多建设全英文专业、多支持博士研究生出国参加国际学术会议和短期访学,超过10%比例的全英文专业建设、博士研究生出国参加国际学术会议和短期访学的经费由研究生院研究生培养办公室予以支持。具体工作流程为:各立项学科将准备建设的全英文专业、支持出国参加国际学术会议和短期访学的博士研究生资料报送研究生院研究生培养办公室,经研究生院研究生培养办公室审批同意后,按照学校标准在省优势学科经费使用计划中列支。

四、各立项学科在省优势学科专项资金中,不再安排如测试、化验、加工、流片等外协服务支出费用;在材料费的使用上,材料的采购、入库、领用等应有专人管理,并作详细的入库和出库登记,具体参照《关于材料、低值品和易耗品核算管理的规定》(校财字〔2013〕19号)办理。

五、各立项学科在省优势学科专项资金的支出上应有详细的台账,学校"优势学科建设工程"领导小组将组织不定期的检查。

发展规划工作

综　　述

2014年,发展规划部(处)按照机关党委加强作风建设,落实三项制度的要求,强化服务精神、加强理论学习、优化制度建设、提高服务质量,进一步增强了自身服务学校发展的能力和水平,取得了较好的成绩。2015年,发展规划部将继续贯彻学校"开拓创新、争先进位"的精神,不断加强机关作风建设,为东南大学的发展作出更大的贡献。现将2014年工作汇报如下:

一、工作总结

1. 起草《东南大学学术委员会章程》《东南大学学位委员会章程》《东南大学教学委员会章程》。建立和完善学术组织是现代大学制度建设的基本要求,也是《东南大学章程》的重要配套制度。我校是全国最早开始这三个章程制订的高校之一,三大学术组织章程构建了学术管理的基本框架,确立了行政权力与学术权力的平衡机制,对于促进学校长远发展和世界一流大学建设具有深远意义。

2. 结合教育部"全面深化教育领域综合改革"的部署和要求,完成《东南大学综合改革方案》的起草工作。《东南大学综合改革方案》明确提出五项改革任务:(1)加强体制机制创新,完善大学内部治理,合理配置校内权力和资源,扎实推进管理重心下移,科学平衡学术权力与行政权力,充分激发办学活力,逐步建立起与世界一流大学建设要求相适应的制度体系和治理结构。(2)以立德树人为根本宗旨,深化招生录取制度、培养机制和教学模式改革,着力拓展本、硕、博一体化和卓越化、国际化、研究型人才培养渠道,建立研究型大学人才培养新模式,努力提升创新人才培养质量。(3)深化人事制度和薪酬体系改革,完善人员的分类管理与培养体系,健全院(系)教学、科研组织,加大国际性高端人才的引进力度,打造一支具有国际竞争力的师资队伍。(4)加大优势学科建设力度,积极培育新兴交叉学科,大力推进科研管理体制机制改革,激发科技创新活力,使学校学科整体实力、科技创新和科技成果转化能力得到显著提升。(5)积极推进支撑保障体系建设,加大党政管理各项制度改革、资源配置体制机制改革和后勤服务改革力度,大力提升资源统筹能力和服务保障能力。

3. 结合"十二五"规划的指标和要求,完成《东南大学"十二五"规划中期检查报告》。发展规划部(处)结合《东南大学"十二五"改革和发展规划纲要》的基本指标和任务要求,在对相关部门调研走访的基础上,形成了《东南大学"十二五"规划中期检查报告》。报告对"十二五"期间的各项工作进展情况和指标完成情况进行了监控和分析,及时总结了成绩和不足,为全面、高质量完成"十二五"规划和科学谋划"十三五"规划奠定了良好的基础。

4. 落实群众路线教育实践活动,完成全校规章制度和管理办法的全面梳理工作。按照学校的有关要求,发展规划部(处)卓有成效地落实群众路线教育实践活动,群众路线教育实践活动的一项重要内容就是完成我校规章制度的"废、改、立"工作。发展规划部(处)历时半年,梳理现行规章制度1 415件(党政部门843件、院系部门572件);拟废除文件154件(党政部门113件、院系41件);拟修订文件共计331件(党政部门230件、院系101件);新制定文件99件(党政部门51件、院系48件)、建设制度114件。规章制度的梳理进一步完善了具有东大特色的现代大学制度体系建设,有力提高了学校的管理职能和服务效能。

5. 完成各方面报告的起草、报送以及数据统计分析工作。向学校提交了《国内外主要大学排行榜指标体系及数据来源调查研究》和《东南大学与985、江苏省211高校重要指标比较分析报告(2012年数据)》,两份报告通过与国内外高校的比较,整体分析了我校的发展优势和发展差距,为学校的未来发展提供了必要的参考。同时完成的报告还有:《东南大学教育现代化建设监测报告(2013年度)》《2014学校教育改革进展情况》《学校事业发展情况(2013年)》《2014/2015学年初高等教育基层统计报表》等。

6. 继续加强人才培养和科学研究工作。高教所教师除完成相应的学校行政工作外,还承担了大量的教学和科研工作。为本科生及研究生开设各类专业课及专业基础课7门,完成研究生招生、中期考核、答辩等各项学生培养与管理工作。在研、完成国家及省部级科研课题5项,在CSSCI、中文核心、学术会议上发表学术论文9篇,并出版《郭秉文教育思想研究》著作一部。

(发展规划处 李 昕)

党建与思想政治工作

党风廉政建设与纪检监察工作

2014年,纪检监察部门认真贯彻落实上级纪委关于反腐倡廉建设的部署和要求,紧紧围绕学校中心工作,按照"两责任、两为主"要求,通过转职能、转方式和转作风,进一步加强党风廉政建设和反腐败体制机制创新,为学校改革发展提供有力的政治保障。

一、深化改革推进惩防体系建设,加强反腐败体制机制创新

1. 加强调查研讨,推进纪检监察工作转职能、转方式、转作风

3月,常务副书记、纪委书记刘京南同志在江苏省纪委主办的高校纪委书记专题研讨会上,以"突出主业执好纪,厘清职能问好责"为题,对高校纪检监察部门如何落实"三转"要求,积极适应党风廉政建设和反腐败斗争形势任务作了探讨;开展在"三转"形势下纪检监察工作如何融入世界一流大学建设中心任务大讨论。结合学校综合改革方案的起草,研讨提交纪检监察部门的综合改革方案,进一步明确职能定位。对教育部《关于深入推进高等学校惩治和预防腐败体系建设的实施办法(征求意见稿)》进行多次研讨,结合学校实际,提出相关意见和建议,反馈教育部。

2. 制定惩防体系2013—2017年工作规划实施意见和"两个责任"实施意见

贯彻落实中央惩防体系建设2013—2017年工作规划,在教育部《关于深入推进高等学校惩治和预防腐败体系建设的意见》指导下,起草了《东南大学惩治和预防腐败体系2013—2017年工作规划实施意见》;以教育部和江苏省委落实"两个责任"文件为指导,起草了《中共东南大学委员会关于落实党风廉政建设党委主体责任和纪委监督责任的实施意见》,两个"实施意见"一并提交党委常委会审议通过。

二、积极开展反腐倡廉宣传教育,努力推进校园廉洁文化建设

1. 5月,学校理论学习中心组举行反腐倡廉专题学习会议,学习教育部、江苏省有关反腐倡廉会议精神

常务副书记、纪委书记刘京南同志在会上传达了"教育系统纪委书记、监察处长学习贯彻党的十八届三中全会和中央纪委三次全会精神集中培训班"及江苏省高校纪委书记专题研讨班的会议精神。

2. 以"五个一"活动为载体,深入开展党风廉政宣传教育月活动

宣传月期间,纪检监察部门紧紧围绕学校中心工作,组织开展一次江苏省教育纪检监察学会东南大学分会研讨会、一次纪检监察工作如何融入建设世界一流大学中心任务大讨论、一场反腐倡廉书画展、一次重点岗位人员警示教育、一场党风廉政专题学习,在校内营造良好氛围。

3. 加强对重点部位和关键环节工作人员风险防范教育

纪委负责同志深入后勤、产业、基建等多个部门,宣讲反腐倡廉方针政策,强化党员领导干部遵纪守法意识、筑牢拒腐防变思想防线。组织基建、后勤和产业等部门的重点岗位干部100多人前往扬州警示教育基地、江苏省反腐倡廉警示教育基地南京监狱开展警示教育活动。

4. 以"崇德向善、勤廉笃实"为主题开展校园廉洁文化活动

结合教育部第三届全国高校廉政文化作品征集活动以及江苏省第八届校园廉洁文化活动周活动,在全校范围内组织动员,广泛开展校园廉政文化活动。收到书画摄影类、艺术设计类、网络新媒体类以及表演艺术类等各类作品近50件。组织专家评选,对获奖的单位和个人进行表彰,激发广大师生参加校园廉洁文化建设的热情。设立廉政橱窗,推进纪检通讯、纪委网页改版升级工作,共编发《纪检通讯》5期,纪委办网页以新的面貌发挥廉政教育功能。

三、加强监督检查,不断加强作风建设,保障权力规范行使

1. 开展新一轮院系党风廉政建设责任制巡视检查

结合院系行政换届,学校成立以校领导为组长的12个工作组,对院系开展全面的党风廉政建设责任制巡视检查。期间,共巡视检查28个单位,与938人进行个别谈话,发放2 619张测评表,对166人进行测评。通过听取报告、群众测评、个别谈话等多种方式,深入了解、检查院系党风廉政责任制的落实情况,及时发现问题,向学校党委常委会汇报,并书面反馈意见。

2. 贯彻"三严三实"要求,抓紧推进教育实践活动整改落实工作

在全校开展"四风"突出问题的专项整治工作,对公款吃喝、会所歪风以及收红包及购物卡、党员干部参赌涉赌等现象进行认真排查,开展办公用房清理整顿工作。落实教育部关于复旦大学专项巡视有关情况通报文件精神,进一步开展我校基建工程和医院管理、党建工作等方面的自查自纠,深入落实中央八项规定。加强廉洁自律的教育宣传,在元旦、中秋节以及国庆节等重要节点,通过校园网、校报以及基层党委书记会议等多种途径,广泛宣传中央的规定和要求。

3. 加强对人、财、物等重点部位和关键环节权力运行的监督检查

共参加17个岗位、31人次中层干部选拔任用的监督工作。会同组织部门对各级领导干部报告的个人有关事项进行汇总综合;加强对招投标工作的监督,参加150多项招投标监督工作。组织协调基建处、总务处、设备处以及招标办等单位,认真排查招投标工作中的廉政风险点;开展研究生招生、特殊类型招生等各类招生考试监督工作,深入推进招生"阳光工程"。

4. 做好教育部科研经费管理和"小金库"专项检查

协同财务、科研等部门认真做好科研经费自查自纠工作。针对自查出的问题,约谈有关单位负责人,对当事人进行诫勉谈话,积极推进整改落实。8月,根据教育部要求,会同财务、审计部门对二级单位执行财经纪律情况进行监督检查,抓好"三公"经费、会议费等预算管理,进一步治理"小金库"。根据自查自纠结果,约谈相关单位主要领导,要求切实履行学院监管责任,对相关人员进行诫勉谈话。针对教育部明确的财务管理自查自纠30个工作重点、教育部三所直属高校审计中发现的20个主要问题,组织协调财务、资产、审计等职能部门,认真开展自查自纠。

四、创新信访举报、案件查处工作机制,严肃查处违纪违法行为

1. 完善信访举报体系

4月,江苏省纪委在我校召开在宁高校党风廉政情况调研会;7月完成教育部对直属高校2011年以来信访线索和案件查处情况的梳理与排查工作;9月,完成省纪委在全省纪检监察系统中开展的矛盾纠纷排查化解专项行动,进一步规范纪检监察信访举报管理工作,加强信访和案件档案管理,为将查信办案情况纳入干部考核体系提供数据支持。

2. 加大案件查处力度,严肃执纪问责

认真梳理与排查2011年以来信访线索和案件查处情况,全面剖析存在的问题,列出问题清单。认真核实师生员工来信来访线索,对涉及领导干部违纪违法和群众反映强烈的问题,始终保持高压态势,严肃执纪问责,坚决纠正损害师生利益的不正之风。全年受理各类信访举报58件,立案1件,纪律处分1人,信访约谈9人,诫勉谈话4人。

3. 加强信访结果运用,发挥信访办案治本功能

完善信访分析通报制度,每年向学校党委常委会汇报纪检监察信访工作,在党委部门负责人会以及基层党委书记会上通报信访办案情况,利用典型案件开展警示教育,以案说法,以案明纪。

五、加强自身建设,全面履行纪检监察职责

1. 进一步加强廉政理论研究

成立江苏省教育纪检监察学会东南大学分会,积极开展2014年教育部直属高校纪委第四片组的课题研究,形成研究报告《加强校办企业和国有资产管理的改革与监督》。成功申报江苏省有关纪检监察理论研究课题2项。加强校际交流研讨,先后与山东大学、天津大学、广西大学、华南理工大学、中山大学、南京农业大学等高校纪检监察部门,就落实"两个责任"、推进2013—2017惩防体系建设等问题进行研讨。

2. 进一步加强干部队伍建设

召开纪委全委会,学习中央纪委第十八届三次、四次全会精神及2014年教育系统党风廉政建设工作会议精神,研讨进一步推进学校反腐倡廉建设的方法举措;定期召开工作例会,进行工作交流、业务探讨;参加教育系统纪检监察办案人才库骨干人员培训班,接受案件检查知识系统培训;以"提升信访办案能力与水平""推进重点领域风险防控工作"等为专题,开展业务学习;加强支部建设,发挥党支部战斗堡垒作用,支部获得学校先进基层党组织称号。

3. 以抓铁有痕、踏石留印的精神大力加强作风建设

积极推进教育实践活动各项整改工作,带头纠正"四风",自觉接受监督;继续推进机关新任领导干部到纪委办监察处挂职锻炼工作,财务处两位副处长到纪委办挂职。

(纪委 李吉海)

组 织 工 作

2014年,在校党委的领导下,党委组织部按照学校和上级部门的要求,以改革创新为动力,紧紧围绕学校中心工作,深入学习贯彻党的十八大和十八届三中、四中全会精神,认真落实党的群众路线教育实践活动整改工作,继续强化干部人事管理的科学化、规范化、制度化建设,努力推进基层党组织建设,加大对干部、党员、入党积极分子等的教育培训力度,做好人才工作,不断加强自身建设和机关作风建设,努力开创组织工作新局面。

(一) 切实加强干部队伍建设,推进干部工作的科学化、规范化、制度化

1. 继续推进干部工作制度化建设

按照干部选拔任用工作"民主、公开、竞争、择优"的要求,进一步完善干部选拔任用各个环节,继续实行面试预告、考察预告制度;继续推行党委委员、纪委委员、中层正职推荐干部制度和干部推荐责任制度;进一步提高干部岗位的匹配度和选拔任用工作的公信度。结合群众路线教育实践活动中征求到的关于干部工作的意见和建议,在充分调研和讨论的基础上,修订了《东南大学中层领导干部选拔任用工作条例》中具有副高级及以上专业技术职务的教师及专业技术人员的任职资格、干部选任方式等部分内容。

2. 做好干部选拔任用培养工作

全年有32名干部进行了轮岗交流、岗位调整;有7名干部退居二线;启动了20个岗位的公开竞岗和民主推荐工作,考察人选31人,考察谈话达600多人次,拟任干部征求纪委意见函发出157份;新提拔中层干部14人;对15名试用期满中层干部进行了考核测评、正式任职;中层干部离任审计通知发出20份;参与对2013年申请晋升五级以上职员的材料审核工作,对申请晋升三、四、五级职员的人员进行了网络推荐、测评;参与对"双肩挑"干部的评聘工作;下达了全校各基层单位党务及学生工作干部岗位数,进行了2014年党务科级干部选拔和评聘工作,任免、调整25人。

3. 顺利完成院(系)行政换届工作

6月至9月初,通过电话、走访共调研25所省内外高校,同时深入各院系了解实际情况,听取基层组织对换届工作的意见、建议,为换届工作的顺利开展提供了科学的参考方案。9月至12月,学校成立了12个工作组,完成了28个院(系)的行政换届和巡视检查工作,任命了114名新一届院系行政领导班子成员,进一步优化院(系)行政班子的学科、性别、年龄、学缘及个性结构,为院系新一轮发展选好配强干部。换届工作完成后,学校党政主要领导对全体新任院长、系主任进行了集体谈话。

4. 做好从严管理监督干部工作

为贯彻落实中央关于从严管理干部的要求,加强干部队伍建设和反腐倡廉建设,根据党中央相关文件精神,结合我校工作实际,做好领导干部报告个人有关事项工作。认真组织进行了2013年年底集中填报领导干部个人有关事项报告工作。对全校中层干部的《领导干部个人有关事项报告表》的信息进行了汇总综合分析和随机抽查上报等工作,在时间紧、工作量大的情况下,按时完成了工作任务。

根据中组部有关文件要求,对全校党政领导干部在企业兼职(任职)情况、参加社会化培训情况、配偶已移居国(境)外情况、党员外出情况、离退休领导干部在社会团体兼职(任职)情况等进行了摸底排查,对出现的问题进行了有效整改,同时形成书面报告上报教育部。

5. 认真召开民主生活会和做好领导班子及领导干部的考核工作

按照上级组织的要求,以"严格党内生活,严守党的纪律,深化作风建设"为主题,全校认真组织了校、院系两级领导班子民主生活会,按照认真组织学习、广泛征求意见、认真撰写对照检查材料、逐一开展谈心谈话、严肃开展批评和自我批评、扎实抓好整改落实、从严从实督促指导等要求,认真贯彻中央八项规定精神,坚决反对"四风",自觉维护党的团结统一,确保在思想上政治上行动上同党中央保持高度一致,奋发有为地推进各项事业。在此基础上,组织完成了对校级领导班子和领导干部的述职述廉与考核测评以及全校中层正职干部的考核、评优工作。

6. 严格执行干部工作"一报告两评议"制度

按照中组部、教育部的统一要求,在 2014 年度春季中层干部大会上郭广银书记代表校党委对我校 2013 年度干部选人用人工作情况进行了报告,与会人员听取大会报告后对我校 2013 年度选人用人工作情况和新选拔任用的党政干部进行了民主评议和测评,测评结果及相关总结报告及时上报教育部。通过"一报告两评议"使广大师生员工在干部选人用人工作上,既有发言权,又有评议权,营造了群众监督的良好环境和氛围。

7. 积极配合中组部、江苏省委组织部在我校进行的后备干部选拔推荐、考察工作

全年共组织 4 次推荐大会,同时安排好个别谈话,借阅干部人事档案、相关材料的提供等,经过民主推荐,我校产生了 3 名干部,为交流提拔到省属高校、科研院任职的干部人选。

(二) 加强基层党组织建设和党员队伍建设,提升基层党组织的凝聚力、战斗力、创造力

1. 加强基层党组织建设和党员队伍建设,充分发挥党建工作的龙头作用

贯彻落实《关于加强和改进高校基层党支部建设的意见》,进一步优化党组织设置,创新活动方式,强化阵地保障,创建服务型党组织。进一步探索扩大党内民主,完善党内情况通报、情况反映、重大决策征求意见制度,坚持党代会年会制度,探索党员旁听基层组织会议、党代会代表列席党委全委会的具体做法。按照《东南大学党建研究项目管理办法(试行)》要求,对 2013 年党建研究立项的 12 个项目进行了项目中期检查,促进了基层党组织工作创新。

进一步加强发展党员和党员管理工作,全面推行党组织和党员管理信息系统。印发了《进一步加强党员信息管理的通知》,进一步推进党员信息管理,充分发挥党组织和党员管理信息系统在我校党建工作中的作用。按照党中央"控制总量、优化结构、提高质量、发挥作用"的发展党员总体要求,根据江苏省委教育工委的部署要求,结合各基层党委现有的培养对象人数、近几年发展党员数以及今年拟发展党员数等情况,下达了年度发展党员指导性计划。切实做好教师党员发展工作,注意充分发挥党员骨干教师在教学、科研等各项工作中的模范带头作用和教书育人、科研育人作用。全年共发展党员 2 105 人,其中学生党员 2 081 名。

2. 组织开展党内评优活动

学校党委在"七一"前夕召开庆祝建党 93 周年暨表彰大会,授予 67 个基层党组织"先进基层党组织"称号,其中 2 个被评为江苏省高校先进基层党组织;授予 135 名同志"优秀共产党员"称号,其中 3 名被评为江苏省高校优秀共产党员,1 名被评为江苏省优秀大学生共产党员;授予 30 名同志"优秀党务工作者"称号,其中 2 名被评为江苏省高校优秀党务工作者。深入开展 2013—2014 学年"最佳党日活动"评选工作,共有 82 个活动参加评选,评选出"最佳党日活动"一等奖 4 个、二等奖 9 个、三等奖 13 个。通过表彰,激励全校基层党组织以党日活动为载体,结合学校中心工作,组织开展主题突出、立意新颖、形式多样、内容丰富、参与率高的党支部活动,充分发挥基层党组织的政治核心作用和战斗堡垒作用。

(三)不断加强和改进党校工作,开展多层次、广覆盖、重实效的教育培训

坚持和完善"多层次、广覆盖、重实效"的党员教育培训体系,整合资源,拓宽渠道,充分发挥党校的主阵地,着力增强党员党性,提高党员素质。实施党委常委带头上党课制度,进一步完善制度建设,充实党课内容,健全师资队伍。继续实施党校兼职教师集体备课制,不断提高党校教师的教育教学水平,每学期初组织兼职党校教师进行集体备课,以专题的形式进行了教学经验分享和授课示范,并就党课教学思路、教学目的、教学方法、重点和难点等进行了研讨。

加强干部教育培训工作。选派了 4 名中层干部参加中组部、教育部及江苏省教工委举办的培训班,选派了 20 名中层干部参加由九所高校联合委托江苏省委党校举办的"高校党政干部培训班",选派 2 名教职工党支部书记参加了"第二期江苏省高校教职工党支部书记示范培训班"。暑期举办第四期教师党支部书记暨第二期青年骨干教师专题培训班,有 38 位教师参加了培训学习,各类培训均取得了良好效果。

不断加强党员、入党积极分子的教育培训工件。举办了第十七、十八期预备党员培训班,共培训预备党员 1 737 人。举办了 2014 级本科新生党员培训班,67 名新生党员参加了培训。全年举办发展对象培训班 21 个班次,培训学员 2 800 余人。按照党校发展对象培训班"统一计划、统一教材、统一备课、统一大纲、统一考核"的要求,对培训班的考核形式做了调整,考核采取笔试闭卷考试的方式进行,每学期统一组织两次考试。

(四)牵头抓总做好人才工作,发挥优势,为地方经济社会发展服务

开展了教育部定点联系滇西边境山区挂职干部、援疆干部人才等的选派工作,第七批"科技镇长团"成员推荐工作,第十五批博士服务团成员选派工作,促进校地之间的交流与合作,为区域经济建设和社会发展作出积极贡献。选派 2 名干部到滇西挂职,2 名干部援疆工作;组织推荐第七批科技镇长团团长人选 1 人、成员 7 人,选拔推荐驻睢宁扶贫工作队员 1 人,玄武区委挂职干部 1 人,并组织学校和相关部门领导赴云南、新疆、睢宁、江阴等地慰问挂职干部。

接收教育部"质量工程"对口支援的 5 所兄弟高校来我校挂职干部 12 人,对挂职干部进行了任命、送岗,并做好住宿安排、校园卡办理、挂职结束后的鉴定等相关工作。

(五) 努力加强部门自身建设

坚持学习、研讨、调研相结合,不断提高履职能力,定期深入基层,不断加强与院系之间的联系。强化服务意识,继续贯彻执行首问负责制,对于来电、来函、来访,做到热情接待,并根据不同情况,增加了主动联系、加强指导、登门拜访、及时回访等环节,更加注重工作的效果和质量。把树"讲党性、重品行、做表率"的组工干部形象与机关作风建设紧密结合起来,充分发挥好组织部的职能作用,体现组织部门"党员之家""干部之家""人才之家"的良好形象。

在不断创新、完善工作形式和内容的过程中,注意落实以人为本,努力把服务师生工作做得更细、更实、更到位,不断优化服务质量。改善软、硬件设施,实现两个校区均可办理党组织关系接转,极大地方便了师生办理相关手续。以党组织管理和党员管理为切入点,继续推进组织工作的全面信息化,并已逐步覆盖干部任免、考评、党内评优、评奖等日常工作。通过监控党员日常管理,实时提醒待办事宜,综合查询人员信息等功能设计,极大地简化了办事流程,提高了服务质量。

在2014年学校机关作风建设考评中,组织部被评为先进单位。在2014年东南大学部门单位综合考核中,组织部被评为优秀。

附1 2014年基层党组织及党员队伍基本情况统计

截至2014年年底,全校党组织共有工委3个,基层党委29个,党总支6个,直属党支部2个,党支部811个。

截至2014年年底,全校共有党员15 656人,其中学生党员10 349人(占同类人员总数的25.18%),其中博士研究生党员1 707人(占同类人员总数的47.46%),硕士研究生党员6 054人(占同类人员总数的54.84%),普通本科生党员2 588人(占同类人员总数的9.78%)。在岗职工党员3 447人(占同类人员总数61.42%),其中专任教师党员1 376人(占同类人员总数的53.96%),具有正高职称的专任教师党员392人(占同类人员总数的63.23%),具有副高职称的专任教师党员572人(占同类人员总数的56.13%)。离退休党员1 742人。其他党员118人。

2014年全校共发展党员2 104人,其中发展学生党员2 081人。截至2014年年底,全校申请入党人数为11 573人,入党积极分子人数为5 377人。

附2 2014年中层及以上干部队伍基本情况统计

截至2014年年底,全校共有中层及以上干部377人,其中领导干部325人,调研员及退居二线等52人。中层领导干部中正职88人,其中具有博士学位的占52.27%,具有硕士学位的占18.18%,副高级及以上职称的占96.59%。中层领导干部中副职199人,其中具有博士学位的占39.2%,具有硕士学位的占25.63%,副高级及以上职称的占70.35%。

(组织部 李庭红)

宣传思想工作

2014年,学校宣传思想工作紧紧围绕学习贯彻落实党的十八大,十八届二中、三中、四中全会和习近平系列重要讲话精神,以展示学校各项中心工作为抓手、以提升宣传思想工作质效为目标、以加强学习型机关建设为着力点扎实推进,工作成效显著。

一、思想政治教育扎实推进,校园文化与精神文明建设主题鲜明

今年4月,学校组织召开了宣传工作会议,提出要瞄准世界一流大学建设的宏伟目标,着力围绕巩固防线战线、凝聚发展正能量、提升办学声誉三个方面推进宣传思想工作创新,同时提出要加强组织协同,进一步增强宣传思想工作意识,进一步完善宣传思想工作体制机制,进一步整合用好宣传思想工作资源,努力建设高素质的专兼职宣传思想工作队伍,努力构建全员参与的大宣传格局。

2014年,学校思想政治教育工作扎实推进,共组织了8次校理论学习中心组学习,3次校理论学习中心组(扩大)学习会,3次全校中层干部集中学习;编发了4期校理论学习中心组学习材料。

上半年,学校组织开展了"世界一流大学建设路径"的全校大讨论活动,党委宣传部认真做好了相关宣传教育工作,建设开通了"东南大学创建世界一流大学大讨论"专题网站,举办2场主题报告会和多次研讨会,《东南大学报》还开辟专栏刊发相关专题文章14篇,在全校范围内营造了良好的舆论氛围。

今年,学校校园文化与精神文明建设主题鲜明,成绩突出。东南大学荣获了2012—2013年度江苏省高等学校和谐校园荣誉称号。党委宣传部起草了《东南大学大学文化建设纲要(讨论稿)》,并组织举行多场校园文化建设座谈会;主持编写了"十二五"国家重点图书出版规划项目《中国史话》分册——《东南大学史话》。

二、突出重点、抓住热点、展示亮点,内外宣传工作的品质不断提升

2014年,学校不断创新宣传工作思路,开拓宣传工作渠道,宣传工作力度不断加大,宣传效果显著提升,荣获了"江苏省教育宣传工作先进单位"称号。

今年,学校深化了与中央级媒体互动合作,与《中国教育报》联合举办了"高校新闻特别行动"走进东南大学,开展了"中国梦与我们的使命"大型主题活动;邀请了《中国青年报》社长陈小川来校演讲;走访了《光明日报》《中国教育报》《中国青年报》报社,洽谈合作事宜。学校对外宣传主要围绕科研团队获国家科技大奖、东南大学112周年校庆、丁肇中AMS研究新发现等精心策划主题报道,取得良好效果。全年共在中央电视台新闻节目中播出有关东南大学的新闻报道17次,其中《新闻联播》5次。东南大学新闻百度搜索达40多万篇,较去年增长一倍。东大新闻网"媒体东大"栏目收录的媒体报道达到1 040篇次,其中,收录中央级媒体报道约330篇,专稿70余篇,大篇幅稿件近30篇。另外,由东南大学推荐并合作撰写的在《科技日报》刊发的《东南大学土木"三宝"创神奇》一文获得了江苏教育新闻一等奖,此文也是本年度由高校推荐的唯一获得一等奖的作品。

2014年,学校校内宣传工作主动深入基层,以全校宣传工作会议召开为契机,加强了校内新闻通讯员队伍建设,新成立了《东南大学报》记者团,宣传报道内容更加贴近师生、贴近校园生活。全年共编辑出版《东南大学报》26期,校报稿件校外获奖数量和等级在全省高校名列前茅;拍摄电视新闻75余条;10月成立校报记者团。目前校报记者已经正常开展工作,全面参与了第56届学生田径运动会的宣传报道等。

三、网络信息管理有序高效,网络宣传与网络文化成绩突出

2014年,学校进一步加强了学校主页及各官方新媒体平台建设,网络宣传工作矩阵初步形成,网络文化建设成绩突出。

今年,基于数字化校园平台的学校教师个人主页系统正式上线发布,使教师个人信息的发布和管理更加规范高效;完成了学校英文主页改版,使之成为学校海外宣传的重要平台。

学校官方新媒体平台粉丝受众达到51万人次,较2013年年底增加15万人次,形成了新浪、腾讯、新华、人民微博和人人公共主页,微视,微信等七大官方平台。官方微博影响力位居全国高校前列。

今年,由党委宣传部制作报送的《"微传大爱"——东南大学微博育人文化平台纪实》视频荣获了教育部高校文化建设优秀成果特等奖。

四、《东南大学报》共有13件作品获得江苏省高校校报2014年度好新闻奖

2014年度,《东南大学报》共有13件作品获得江苏省高校校报2014年度好新闻奖。其中,《诺贝尔奖获得者、我校名誉教授丁肇中走进东大发表精彩演讲》获消息类一等奖;《第3835例非亲缘造血干细胞捐献者》《把苦难砌成台阶——记土木工程学院研究生许德旺》获通讯类一等奖;《"中华全国体育协进会成立大会旧址纪念碑"在我校落成》获图片类一等奖;《我校三位教授当选IEEE会士》获消息类二等奖;《传"琦"》《心怀创业梦执"牛"创新"途"》《选择远方 风雨兼程》获通讯类二等奖;《我校举行"我和我国旗合个影"主题活动喜迎国庆65周年》获图片类二等奖;《尤肖虎教授荣获"全国杰出专业技术人才"称号》获消息类三等奖;《卓筑:一位职业经理的人生臻境》《从支教到村官》《丁肇中的"知之"与"不知"》获通讯类三等奖。

此外,在由江苏高校校报研究会和南京泰鼎文化传媒有限公司联合举办的"泰鼎传媒杯"新闻作品竞赛中,我校有3件作品获奖,其中《卓筑:一位职业经理的人生臻境》《心怀创业梦执"牛"创新"途"》获一等奖,《沿着心的方向去走》获二等奖。

五、2014年东南大学十大新闻

1. 1月10日上午,2013年度国家科学技术奖励大会在北京人民大会堂举行。作为第一完成单位,我校共获得4项二等奖,获奖数并列全国高校第五位,其中获国家自然科学奖二等奖1项,国家技术发明奖二等奖1项,国家科技进步奖二等奖2项,项目涵盖三大奖项。此外,由我校黄卫院士参与完成的项目获得了国家科技进步一等奖、由吕志涛院士参与完成的项目获得了国家科技进步二等奖,6项获奖总数并列全国高校第四位。两

项获奖数统计均创学校历史最好成绩。

2. 10月22日,2014年度24个"2011协同创新中心"名单揭晓,由我校领衔的"无线通信技术协同创新中心"榜上有名。这是我国移动通信技术和产业第一次入选"2011计划",标志着该领域正式拥有了支撑我国移动通信技术和产业在5G时代引领世界发展的跨越目标的"国家队"。11月14日,江苏省省长李学勇到东南大学"2011计划"无线通信技术协同创新中心视察,并就第五代移动通信系统(5G)的发展进行专题调研。

3. 根据2014年3月基本科学指标数据库(Essential Science Indicators SM,ESI)发布的《G20的研究与创新绩效及其对全球主要经济领袖决策的影响》报告显示,东南大学以1584项在"知识产权研究——2012全球发明共享(中国部分)"榜单中位列第八,在全国高校中紧随浙江大学、清华大学、上海交通大学排名第四位。

4. 10月27日,全球领先的专业信息提供商汤森路透旗下的知识产权与科技事业部颁发了首届"汤森路透中国引文桂冠奖",111名中国大陆科学家获得"高被引科学家奖",其中15名科学家被授予"最具国际引文影响力奖"。我校数学系曹进德、梁金玲、虞文武三位教授荣获"高被引科学家奖",入选人次在中国大陆高校中排名并列第五位。

5. 4月3日,教育部正式公布了《教育部国务院学位委员会关于批准2013年全国优秀博士学位论文的决定》。我校王建国教授指导的博士生朱渊、金保昇教授指导的博士生张勇、崔铁军教授指导的博士生蒋卫祥、高西奇教授指导的博士生李潇等4人的学位论文入选2013年全国优秀博士学位论文。

6. 9月18日,我校与丁肇中教授合作的AMS项目重大成果发布会在日内瓦举行,诺贝尔奖得主、美籍华人物理学家丁肇中公布了阿尔法磁谱仪项目最新研究成果。丁肇中教授特授权我校在国内发布AMS实验最新研究结果。9月21日,作为中国大陆第一所参与阿尔法磁谱仪实验AMS(Alpha Magnetic Spectrometer)项目合作的高校,我校在四牌楼校区召开新闻发布会,发布了丁肇中教授主持的AMS项目的最新研究成果。10月14日下午,丁肇中教授在"2014东南大学新生文化季"系列活动中发表主题为"AMS最新研究进展"的精彩演讲。

7. 5月7日,南京青奥会倒计时100天主题活动在我校举行,"中华全国体育协进会成立大会旧址"纪念碑同时揭幕。青奥会期间,800多名东大学子为赛事提供了志愿服务,他们以严谨细致的工作态度、饱满高昂的工作热情、精湛高超的工作技能打造了最美的"东大名片"。

8. 教育部公布了2013、2014年度"长江学者奖励计划"特聘教授和讲座教授名单。东南大学共有5位教授入选。其中,机械工程学院陈云飞教授、材料科学与工程学院刘加平教授、法学院周佑勇教授入选"长江学者奖励计划"特聘教授;国立新加坡大学陈志宁教授以信息科学与工程学院为平台、美国Fordham大学颜安教授以经济管理学院为平台入选"长江学者奖励计划"讲座教授。截至目前,东南大学已聘任"长江学者奖励计划"特聘教授、讲座教授共计40名。

9. 我校相继颁发了《东南大学院(系)综合改革试点方案》《关于成立东南大学院(系)综合改革试点领导小组的通知》等一系列文件,同时确定土木工程学院、电子科学与工程学院进入首批"先行先试"院系行列,由此拉开了我校院(系)综合改革试点的序幕。10月至12月期间对全校院(系)行政领导班子进行了换届,优化行政班子的学科、学缘、年龄、党派、性别及个性结构,为学校新一轮改革发展配强干部队伍。

10. 交通学院获评为"2014年全国教育系统先进集体";刘艳红教授获评为第七届"全国十大杰出青年法学家";尤肖虎教授获评为"全国杰出专业技术人才";浦跃朴教授、刘松玉教授获评为"全国优秀科技工作者";李启明教授荣获"宝钢优秀教师特等奖";袁久红教授获评为"全国高校思想政治理论课教学能手"。

(宣传部 李 震)

安全保卫工作

2014年,我校的安全保卫工作在学校党政的正确领导下,在省、市政府有关部门的大力支持下,在全校各学院、各部门和广大师生积极参与、不懈努力下,安全责任制进一步落实,校园安全防范网络进一步完善。一年中,我们以维护校园稳定为中心,以防火防盗为重点,加强信息工作,精心组织、周密部署,深入开展各项隐患排查和系列主题宣传教育活动,着重开展以消防、交通、实验室为主的清查行动,坚持对各校区楼宇、食堂、校车、学生宿舍和实验室等定期检查,及时整治化解重大安全隐患4件,使学校的安全保卫工作不断取得新成就,茅胜华、乔华云、马少禄、黄黎炜、佘大海、李之甦、丁凯、李连华8位同志被南京市公安局授予年度先进个人。

一、高度重视校园安全管理和服务工作,密切关注、积极收集各类信息,认真为全校师生做好出国政审、户口变动、入学离校等各项安全服务工作

各科室相互协调认真为全校各单位及师生员工做好各项服务和咨询工作,一年来为全校师生办理出国手续1 461人次,政审150人次、学生离校手续5 434人次、新生入学登记8 070人次、户口变动5 211人次、校园一卡通1 825张,出具户籍证明5 688份,发放户口迁移证2 528份,出具落户通知单107份,整理户口档案49 425份,审核办理机动车通行证547张、易制毒化学试剂购买申请212起、动火申请44起、施工申请66起。发还学生遗失笔记本电脑5台、自行车61辆、电动车4辆、手机12个、钱包17个、书包和U盘等物品10余个,抓获各类犯罪嫌疑人11人。

积极应对严峻复杂的反恐形势,关注校园师生的思想动态和相关信息,每天跟进最新网络数据,及时想办法解决师生反映的各类问题,做好各类信息的收集、调研、报送工作,积极配合公安部门的各项核查,并按照要求认真查找核对相关信息,及时作出相应的工作部署及反馈。

二、安全治理不断加强,安全教育扎实有效

坚持以人为本的原则,以师生员工人身、生命和消防安全为重点,以提高师生员工安全意识为核心,以实现"要我安全"向"我要安全、我会安全"转变为目标,各校区开展多种形式的安全教育,开展消防知识培训和消防疏散演练,暑期前后举办消防知识讲座5次,各种规模消防演习5次,参与人员约3 600人次,全校累计受教育培训4 000多人次,做到

"为之于未有,治之于未乱,防患于未然"。

三、积极开展消防安全隐患的排查整改工作,认真做好各类消防设施与器材的维保和管理

认真检查消防设施和相关器材,并会同学生处、实验室设备管理处及相关院系开展"百日攻坚"清查活动,认真检查学生宿舍、楼宇、水泵房、消防控制室、图书馆、配电房等,对检查中发现的问题当场指出并限期整改。认真做好各类消防设施和器材的维保和更新,各校区更新维护到期灭火器共7 419具,同时对老6舍、专家楼、仪科学院实验室增配干粉灭火器20箱共80具。

四、坚持安全检查的持续性,加大对重点要害部位和实验室的检查、督促整改的力度,及时消除安全隐患

为了保障青奥会举行的安全环境,根据公安机关和校领导的指示,分3次对九龙湖校区、四牌楼校区、丁家桥校区所有楼宇的危化品进行安全检查,尤其是一些涉及易制毒易制暴的单位和实验室,安全责任制明确到人,安全管理制度健全,危化品管理及特种设备管理规范,安全教育及宣传落实到位。检查中及时联系相关部门清理化学试剂空瓶,妥善处理燃点较低的化学品,多次与实验室负责人沟通,要求加强完善实验室和仓库管理,并在室外加装监控,双人双锁,定期检查,严格落实各项规章制度,确保校园的全面安全。

五、认真贯彻高校安全保卫工作预防为主的主要任务,坚持"打、防、控"一体化,有效处置校内突发事件四起

加大科技创安体系建设,确保学校的重点、要害部位的物、技防率均达到100%,同时各校区充分用好技防设施,实行以技防为主,人防、物防为辅的防范机制。建设完成校园110报警指挥监控系统、消防安全监控系统、视频监视系统、多点联动防盗报警系统、门禁控制系统等目前比较先进的技术防范网络,九龙湖校区重点要害部位已经安装高清监控。"人防"建设形成以校卫队和物业保安为主力的网格状放射性巡逻体系和8小时以外治安防范体系,明确治安区域负责制,值班干部、校卫队和保安相结合每天在校园内和重点部位进行定点和随机相结合的巡逻,形成有效的安全防控体系,及时有效处置了四牌楼荟萃楼学生宿舍维修施工中的煤气残液倾倒事件、艺术学院工作室易燃品的爆炸事件、物理系化学残液爆炸事件、九龙湖橘园食堂排油烟系统的火情事件。

2014年10月30日—11月1日教育部进行打非治违专项行动检查,东南大学校园安全整体情况得到教育部检查小组的充分肯定,其中深入开展各类安全教育宣传活动,结合江苏省第三届大学生安全知识竞赛活动,营造"我要安全、我会安全"的校园氛围,深入扎实地做好打非治违专项行动的各项安全工作,"防范、管理、教育、服务"四大职能并重的安全保卫工作理念得到了教育部检查组的高度评价。

(保卫处 刘海涛)

统战工作

2014年,党委统战部在校党委的领导下,紧扣"围绕学校中心工作、加大党派自身建设"主题,完成了以下几项工作:

1. 加大宣传推广,扩大统战影响

借助《东南大学报》的影响力,大力宣传民主党派和党外代表人士紧密围绕学校中心工作,在政治协商、民主监督、参政议政中发挥的重要作用。主要做法是借助校庆契机,开设"风雨同舟,合作共进"专栏,逐期宣传民主党派及其代表人物,共计9期。

2. 协助各民主党派加强组织和队伍建设

一是加强民主党派组织建设,引导民主党派组织发展在适当增加数量的同时,更要重视质量的提升。二是协助民盟召开第二次民盟代表大会,完成换届选举工作。通过换届实现了新老交替和政治交接,组织机构更加健全,领导班子年龄结构和知识结构更加合理。至此,我校民主党派这一轮换届工作全部顺利结束。

3. 协助各民主党派开展有影响力,有实效性的品牌活动

一是协助致公党省委开展第五届"引凤工程"。邀请人事处负责同志向六十余名海外留学人员宣讲我校引进人才政策,并与其进行面对面的洽谈;二是协助南京市台盟开展"2014台湾教师历史文化研习营"活动。我校组织专人接待研习营二十余人,向其介绍了我校悠久的校史及与台湾的历史文化渊源,并请周琦老师就"建筑历史文化"开展了专题讲座;三是协助各党派开展丰富多彩的组织生活。

4. 进一步改善民主党派工作环境

在校党政的关心和支持下,民主党派办公室搬迁至专家楼,前有六朝古松,周围绿树环绕,西邻梅庵,办公环境得到进一步的改善。每个党派有一间独立的办公室,由统战部统一配备一张办公桌、一台电脑,一个空调,一张小型会议桌。统战部在办公区域走廊进行了展板布置,着重介绍了我校民主党派现状,同时对党派知名人士提供的字画也进行了展示,营造出和谐民主的统一氛围。该办公条件及环境在江苏省内甚至全国也是屈指可数的。

5. 组织党派新成员及无党派人士学习培训

为深入学习党的十八大、十八届三中、四中全会和习近平总书记系列讲话精神,贯彻落实中央、省委关于党外代表人士队伍建设的有关文件,进一步加强对民主党派新成员的培养,党委统战部举办了民主党派、无党派人士新成员培训班。分别请了省委党校和省委统战部的老师进行了"实现中华民族伟大复兴中国梦的战略思想"和"坚持中国特色社会主义政治发展道路"系列讲座,并且变历史发生地为课堂,组织学员到八路军办事处、渡江胜利纪念馆等在统一战线发展史上有着重要影响的事件发生地参观。

(统战部 李黎蓁)

老干部工作

2014年,在党的十八大精神指引下,老干部处围绕学校教书育人的中心工作、服务学校发展大局,续接部门化的特殊服务,对接社会化的公共服务,衔接市场化的个性服务,在做好日常工作的同时,本着"我服务、我快乐"的老干部工作精神和"尊老、为老、敬业、创新"的老干部工作理念,进一步深化调查研究工作,梳理出我校离退休工作面临的三大难题:一是离休干部人数逐年减少退休教职工逐年增多,服务管理工作分属党委和行政分别主管,具体服务事宜涉及部门较多;二是离退休干部居家养老存在许多困难,仅仅依靠学校难以满足他们日益增长的养老服务需求;三是离退休干部有强烈的发挥余热的愿望,关工委工作有待进一步巩固提高和创新。针对现状,我们一致认为,将老干部工作融入老龄事业发展、学校发展大局,是时代发展的客观要求,也是老干部工作发展的必然趋势,找准融入点和结合点,才能使我校的老干部工作迈上一个新台阶。

一、加强制度建设,确保离退休工作的规范化与健康持续发展

从加强和完善我校离退休工作的领导指导机制与工作运行机制出发,老干部处牵头进行了离退休工作新机制的思考与专题调研,以此为基础,在校党政和相关部门的大力支持下,促成我校在调整离退休工作领导小组成员使其适应学校人事变动的同时成立了我校离退休工作小组,并以东大委〔2014〕6号文"关于调整东南大学离退休工作领导小组成员暨成立东南大学离退休工作小组的通知"的方式发文;离退休工作小组首次会议即对老干部处牵头起草的"东南大学离退休人员最关心的几个议题及相关说明"进行讨论,最后促成校发〔2014〕36号《关于印发〈东南大学公费医疗管理补充规定〉的通知》的发文与实施。为了更有效地做好整体进入耄耋之龄"双高期"离休干部的服务管理工作,老干部处提出并制定了"家庭、社区、原单位、相关职能部门、校医院、老干部处"六位一体内外联动、左右配合的工作思路与相关举措,出台了校老干〔2014〕1号文《东南大学关于做好关爱离休干部的工作意见(试行)》。以上一系列有针对性的制度性文件的出台,推动了我校老干部工作的科学管理,保障了老干部工作的健康持续发展。

二、多方协调合作,利用社会资源更好地服务离退休老同志

围绕"以学校为主导、社区为主体、志愿者服务为辅助、企业参与为补充的多方合作共建的社区居家养老服务新机制的建立"问题,老干部处积极主动与有关部门、机构、企业、社团等沟通、协调、对接,充分利用社会资源服务我校离退休干部,率先在我校老同志集中居住的多个社区开展一系列卓有成效的开源增能工作,领先在社区养老助老功能改善等方面进行多方共建的尝试和探索,具体包括:协助兴办"放心菜进社区""老年助餐点"等养老服务项目;借助政府投资兴建的居家服务网络平台,帮助争得紧急呼叫、家政预约、健康咨询、物品代购等适合老年人的服务项目;引荐社会养老服务机构,组织参观、协助联系合适的老人院、康复院等,让高龄空巢老人真正安享养老。支部共建基础上的学生志愿服务也结出爱心伴夕阳的喜人硕果,并形成"夕阳计划传递爱心 暖巢行动你我同行""白衣天

使相伴健康人生"等特有的志愿服务品牌,今年国庆期间,土木工程等学院的志愿者们放弃节日休息,发挥专业特长,因地制宜地为多位空巢独居老同志进行住所无障碍改造,用心用情办实事解难事,中央电视台新闻频道以"我的假期不一样——东南大学'暖巢'行动:无障碍改造在身边"为题进行了大篇幅的报道。

三、有效发挥余热,推动我校关工委工作在巩固提高创新中不断发展

学校关工委的办公室设在老干部处,老干部处大多数工作人员也都在关工委中兼职。关工委工作的特点就是发挥离退休干部的余热,关爱下一代成长,为学校教书育人的中心工作锦上添花。本年度,我们加强关工委运行机制的建设,使关工委工作纳入党政工作运行轨道,融入日常工作之中。老同志们热情高涨,配合各委员单位开展了一系列内涵丰富的主题活动。本年度,我们还着力推进了关工委创新体系建设:在载体创新方面,充分发挥我校国防教育与人才培养有机融合的优势,以国防教育为载体,在一场场别开生面的国防报告、讲座、宣讲、图片展中,提高青年师生的战略观察能力、政治观察能力,鼓舞一批又一批当代学子立志成才,在实现"中国梦"的伟大实践中建功立业;在平台创新方面,以"院士专家服务站""老干部服务站"等为活动平台,全面推动关爱社区青少年工作的开展,老同志们用自己对关心下一代的执着精神和人格魅力,为青少年的健康成长默默工作着,退而不休,老而弥坚,余热生辉,光耀少年;在方法创新方面,将全面质量管理应遵循的科学程序引入关工委工作领域,提出了基于PDCA循环理论的关工委工作法,使关心下一代工作更为科学、规范和高效。

四、工作成效

以上工作初见成效:校发〔2014〕36号文的实施在一定程度上改善了离退休老同志在看病、拿药、报销等方面遇到的困难,我校老有所医工作得到较好的推进;我处的统计报送工作为我们的调查研究提供了科学依据,被评为教育部离退休干部统计报送工作全优单位;我处被授予全省老干部工作部门信息工作先进集体、芦颖同志被授予全省老干部工作部门信息工作先进个人的荣誉称号;与我处多年共建并被评为江苏省服务离退休干部示范社区的中央门街道青石村社区,基于在服务离退休干部中新的出色的表现,获得省级精品社区;学校两级关工委工作健康稳步有效地推进,关工委成员董本植、许映泉两位老师由于工作出色,获得"江苏省教育系统关心下一代工作先进个人"荣誉称号,我校赢得了"江苏省教育系统关工委工作常态化建设巩固提高奖";老干部处党支部被评为东南大学先进党支部。

(老干部处 王 萍)

国防教育人民武装工作

2014年,党委武装部、军事教研室紧紧围绕学校的中心工作,全体人员团结协作,真抓实干,克服困难,不断创新,圆满完成各项工作任务,教学、科研、管理、服务等方面取得优异成绩,继续走在全省乃至全国同行前列,为学校人才培养作出贡献。

一、完成省军区对我校武装部规范化建设试点验收

根据省军区大学生军训办公室的要求,学期初,我们完成了党管武装工作、学生军训工作、国防教育工作、兵役工作、民兵工作和国防生培养等6项工作细则的编写以及武装工作规范化建设总结的撰写工作,编辑制作一部反映学校武装工作规范化建设的视频材料,武装部硬件建设达到"四室一库"要求。3月顺利通过全省的武装部规范化建设试点验收。

二、本科生、研究生教学计划圆满完成

完成2014年度5 686名本科生军训技能训练和军事理论课教学计划,其中包括2013—2014学年第3学期军事理论课21个教学班1 739名学生,2014—2015学年第1学期2014级3 947名学生的军事技能训练课程和该学年第2学期部分学生的军事理论课。开设的军事类6门通识课程("战略文化导论""现代战争剖析""孙子兵法导读""军事地形学与野外生存""大国关系与国家安全""军事谋略及应用")受到学生欢迎,教学情况良好。

完成2014年度国防教育研究生的"军事思想研究""国防建设研究""国防教育学""孙子兵法导读""国家安全与军事战略"等5门课程的教学工作;招收了3名学历研究生(全国仅有3所高校招收培养国防教育方向的研究生),目前在校国防教育研究生有7名。本年度有6名在职研究生和2名全日制研究生完成论文答辩毕业,至此,在职研究生培养完成历史使命。

三、科研工作取得新成绩

7月修订、出版了《大学军事课》教材。根据国家安全形势发展的新变化,我们对教材进行了结构性调整和充实,增加了一些新内容,特别是增加了习近平关于国防和军队建设的重要论述,突出了国防和军队发展的新知识。这在普通高校军事理论教材中具有较大的创新和特色。

本年度教研室教师正式发表和参加评比论文10余篇,其中CSSCI期刊3篇,北大核心2篇,1篇被《中国社会科学摘编》全文登载,2篇入选《郭秉文教育思想研究》,陆华教授参加了在美国召开的纪念郭秉文哥伦比亚大学博士毕业100周年国际研讨会。在第二届全省高校国防教育论文评比中,我校共有4篇论文分别获得二等奖和三等奖,并获优秀组织奖。

四、国防教育活动丰富多彩,成效显著

举办"2014国防文化季"系列活动,结合中日甲午战争120周年,在新生军训期间组织了"我与将军面对面"大型报告会,邀请南京陆军指挥学院首席教授黄培义少将在9月11日给4 000余名学生作了题为"我国的国家安全和战略举措"的主旨报告;与宣传部联合邀请国防大学战略教研部徐焰少将在9月18日给全校中层以上干部作了题为"我国的国防建设与安全环境"的报告,受到了广大师生员工的热烈欢迎。

我教研室李有祥、杨新、陆华、沈荣桂等教师多次应邀在校内外、省内外为本科生、研究生、教职工作国防教育主题讲座和军事理论授课，产生了一定的社会影响。

此外，还组织了数学系教师参加了实弹射击比赛；组织军训合唱比赛、军训主题摄影比赛；组织本科生撰写国防小论文课外研学活动，指导研究生社团开展"国防教育"活动；指导东南大学学生军事爱好者协会在九龙湖校区举办南京高校第五届"强国论坛"及其他国防教育主题活动。特别是组织一年级学生参加全省高校国防教育网络答题活动，成效显著。

五、兵役工作做到全程关心、全程服务

对大学生入伍，我们全方位服务、全过程关心，为新兵送行，为复员老兵接风。学生入伍前，我们宣讲征兵政策和意义，提供详尽的报名程序和体检、政审流程，关心服役去向；学生入伍后，我们造访部队看望服役学生，了解学生在部队成长情况；学生退伍后，我们热情为复学学生协调办理复学手续和各种待遇和政策的落实。我们的工作让学生体会到学校的温暖和体贴。2014年，又有2名同学携笔从戎，13级物理系的李凯同学到陆军第14集团军服役；文学院的应届毕业生瞿晓燕到海军东海舰队服役。他们作为在校大学生和应届毕业生的代表，响应祖国号召，献身国防现代化，是东大青年学子的骄傲。

六、获得多项荣誉，为学校发展增光添彩

经省军区司令部、省教育厅2014年联合组织的2012—2013学生军训工作评选，我校以优异成绩再次被评为"江苏省学生军训先进单位"、姜亚辉被评为"江苏省学生军训先进个人"。

陆华教授当选为国家国防教育办公室国防教育师资库首批入库专家。首批入库专家全国共230位，江苏省地方高校专家有6位。

我校射击队在2014全国大学生射击锦标赛中再创佳绩。甲组10米气步枪比赛项目分别获得男子团体冠军、男子个人第2名和第5名；女子团体第4名、女子个人第5名和第6名；获得总团体第三名。指导教师陆军在今年教师节上获得表彰。

在省教育厅组织的全省高校军事课微课竞赛中，我校报送的三位老师全部获奖：一等奖游博、二等奖李有祥、三等奖沈荣桂。同时获得优秀组织奖。

李有祥副教授在东南大学团委主办的2014"吾爱吾师"评选活动中当选为"我最喜爱的十佳老师"称号。

我校"军民融合式发展"工作受到江苏省政府调研组的高度评价和肯定。国防生培养、"强军计划"研究生培养、军工项目科研及国防教育等工作方面成绩突出。

七、廉洁奉公、服务师生意识不断提高

坚持首问负责制，不断提高服务意识和水平。设定专门电话进行24小时对外服务，随时解答学生和家长关于大学生征兵政策和高水平射击运动员招生政策。

军训服装招标坚持"信息公开、程序规范、现场开标"的做法，我校能够顺利采购到性价比高的军训服装，为厂家和监管部门称道，并为我校50名贫困生免费提供军训服。

坚持"双达标"标准招收高水平射击运动员。"双达标"标准,即获得国家一级运动员等级证书才有报名资格,现场测试成绩仍然达到国家一级运动员标准才能进入录取范围。实施电子报靶,当场显示测试成绩,彻底杜绝了一切弄虚作假的漏洞。

此外,部门有4位党员同志(占40%)资助4名云南少数民族地区贫困学生从初中到高中阶段完成学业。

八、履行学校国防教育委员会秘书长学校职责,为全省高校国防教育做好服务工作

5月份主办了江苏省第十二期军事教师培训班,6月份组织了第二届全省高校国防教育论文评选并举行了获奖论文报告会,在徐州中国矿业大学顺利召开了江苏省高等教育学会第四届学校国防教育委员会第四次常务理事会。

(武装部 潘京苏)

工 会 工 作

(一) 推进民主管理,注重工作实效

1. 积极推进教代会制度建设,进一步健全和完善我校民主管理工作

遵照教育部、江苏省委教育工委、江苏省教育厅、江苏省教育科技工会发布的相关规定,按照《东南大学章程》的要求,结合我校教代会的实际工作情况,拟就了《东南大学教职工代表大会实施办法(草案)》(以下简称《实施办法》),提交本次大会审议通过。《实施办法》较以往的相关规定具有更强的操作性,将成为指导我校教代会、工会工作健康发展的新指南。

2. 认真做好教代会年会工作

2014年年初,筹备并召开了东南大学第七届教职工代表大会第三次全体会议,与会代表听取了校党委工作报告、行政工作报告和财务工作报告,听取并审议了校工会工作报告和提案工作报告,保障了代表们的民主权利。

3. 努力发挥教代会执委会的作用

工会组织教代会执委会听取并审议了《东南大学2014年财务预算报告》,审议并讨论了《东南大学教授(研究员)职务评聘基本条件(试行)》等有关专业技术职务评聘条例的修订稿,讨论了《东南大学学术委员会工作条例》等与学校改革、发展密切相关的文件。

4. 持续跟踪提案答复和落实情况,切实搭建提案工作的信息化平台

通过提案落实工作推进会制度明确提案的办理部门和答复、落实工作的具体要求。据统计,2014年代表们对职能部门办理16项立案提案的态度满意率达到93.8%(包括满意和基本满意,下同),结果满意率达到75.0%。为了进一步提高提案工作的效率,提案

工作委员会汇同校网络中心开发了教代会提案网上提交和办理信息系统,召开了专题培训会议,本次教代会年会的提案征集工作已经实现了网络化运行。

5. 认真处理申(投)诉事项

2014年校专业技术职务评审工作申诉审议委员除接待了一些教职工的来访外,未收到任何有关专业技术职务评审的正式申诉材料。收到一份匿名投诉材料,按规定将其转交人事部门核实和认定。

(二)建设师德师风,增强东大意识

1. 努力做好先进个人和集体的推选工作

校工会通过组织校内评选,积极向上级工会组织和教育部门推荐先进个人和先进集体,两位老师分获全国教科文卫体系统"优秀工会工作者"和"江苏省五一巾帼标兵",建筑学院建筑系荣获"江苏省工人先锋号"称号。

2. 坚持"三育人"积极分子评比表彰工作

根据党委有关部署,在各院(系、部门)推荐下,工会组织召开校"三育人"积极分子评审委员会会议,评定了78名2012—2013年度东南大学"三育人"积极分子,编发了有关事迹材料;其中9名"三育人"积极分子被推选为重点宣传对象,在《东南大学报》上对他们的先进事迹进行重点宣传。

3. 协同做好教师节庆祝工作

工会协助党办、校办共同完成教师节表彰大会工作,制作了光荣册,会同农工民主党东南大学委员会开展了教师节义诊活动,激发了广大教职工的荣誉感和主人翁意识。

(三)关心青年教师,服务人才培养

1. 认真搭建学校与青年教工沟通的平台

工会组织召开了"关心青年教工成长 倾听青年教工心声"专题座谈会,学校党委刘鸿健副书记以及校办、教师教学发展中心、人事处、教务处、财务处、研究生院等职能部门的负责人出席了座谈会,来自我校各院(系)部门的31位青年教职工代表针对教学、科研、管理等工作向学校提出了许多中肯的意见和建议,与会领导和参会各部门负责人也与青年教职工代表就相关问题进行了沟通和交流。

2. 积极承办了江苏省首届本科高校青年教师教学竞赛

该赛事共有来自全省47所院校的135名选手参加,取得圆满成功,我校获得"优秀组织奖"。

3. 尽力关心青年教工的生活

工会始终关心青年教工的生活热点问题,2014年我校当选为江苏省教育科技工会在宁高校、部属科研院所青年联谊会的会长单位,组织召开了相关的工作会议,牵头策划与组织了"缘分的天空"青年联谊会活动第六季——"缘聚青龙山庄"等活动,吸引了500余名青年人参加活动。青年联谊会的系列活动为未婚青年教工的交友搭建了有效的交流平台。

(四)加强自身建设,提高履职能力

1. 认真坚持了教代会、工会工作研讨

先后组织工会专职干部、教代会执委认真学习了教育部办公厅、中国教科文卫体工会全国委员会联合印发的《〈学校教职工代表大会规定〉贯彻落实情况的调研报告》以及相关文件,学习了兄弟高校在教代会建设方面的优秀经验,有利于继续推进我校教代会、二级教代会工作的深入开展。

2. 规范组织了专题知识竞赛活动

在校内举办学习"习近平总书记系列讲话"和学校教代会建设有关文件的知识竞赛,在工会干部、教代会暨工会委员会委员中进一步加强了对《习近平总书记系列讲话》、教育部《学校教职工代表大会规定》和《江苏省高等学校教职工代表大会实施办法》等的学习,提高了思想认识。

3. 积极加强了校际交流,增进工作间的探讨

校工会确定调研提纲、成立调研组,到兄弟高校学习、交流,并形成调研报告,更好地推进我校教代会、工会工作。接待了华中科技大学、南京财经大学等兄弟院校工会的来访和调研,并就教代会执委的调研制度、申诉委员会的工作情况等进行了充分的交流,互相学习了先进的经验和做法。

(五)落实群众路线,体现人文关怀

1. 认真坚持对困难教职工的帮扶慰问

通过校、院(系)两级工会组织的工作,经校福利委员会审核,向校内243名困难教职工发放慰问金,送上学校的关怀。

2. 热情关爱劳动模范

春节和"五一"前夕,组织开展劳动模范专项慰问活动,向我校国家、省(部)级的劳动模范和先进工作者发放慰问金和慰问信。

3. 认真做好教职工福利发放工作

在全面落实中央八项规定的前提下遵照相关规定关心教职工的生活,校工会福利工作委员会在严格把握福利质量和价格的基础上,顺利完成全校教职工一年两次福利的发放工作。

4. 精心组织"三育人"积极分子暑期休养工作

该活动是学校给予在育人岗位上作出突出贡献的教职工的嘉奖,也是体现党和政府的关怀、缓解压力、增进交流、共同发展的平台和载体。工会通过精心组织和安排,为他们创造了一个愉快、舒适、难忘的疗休养。

5. 持续开展好教职工大病医疗互助工作

2013年我校大病医疗互助金共补助患大病教职工555人次,总补助金额达278万余元,其中单人最高补助金额为10万余元,有66人获1万元以上补助,并进行了管理的电子化运行。教职工大病医疗互助信息的录入和计算系统的运行,将更好地服务于教职工。

6. 参与制定《东南大学教师参与志愿服务活动实施办法》

参与制定《东南大学教师参与志愿服务活动实施办法》,为我校教师参与志愿服务活动搭建平台。

(六)开展主题活动,建设和谐校园

1. 积极组织文体活动,丰富校园文化生活

举办了第二十二届教职工田径运动会,近1 500人次教职工参加了运动会的28个项目;开展了羽毛球、乒乓球等专项竞赛,促进各类运动在教职工中的普及和提高;组织我校教职工参加了在宁高校棋牌比赛、卓越联盟羽毛球友谊赛、长三角高校合唱比赛等活动。在不久前刚结束的"金陵合唱节"比赛上,我校教工合唱团取得了银奖的好成绩。

2. 认真开展协作片活动,扩大活动覆盖面

各校区的工会协作片都开展了大型的片区活动,土木学院在四牌楼校区举办了"环玄武湖健身走"活动,体育系在九龙湖校区举办了"运动健康测试"活动,丁家桥综合工会在丁家桥校区举办了多项体育活动。

3. 积极关注女性群体,丰富活动形式

工会注重结合女性特点开展了形式多样的活动,营造积极向上、和谐共进的氛围。组织各院(系)、部门的500余名女教职工登紫金山共庆"三八"国际劳动妇女节。组织召开了女教职工代表的专题座谈会,女教职工代表们从女性角度对学校的建设和发展提出了有针对性的意见和建议,学校领导也从关爱女性的角度就相关问题和代表们进行了沟通;

女知识分子联谊会定期开展迎新活动,举行新入会会员的入会仪式,组织我校女教授代表参加江苏省女性社会组织进社区社会活动,组织女知联会员参观南京博物院,持续多年为学生讲授"女大学生素养"课程,受到学生的欢迎,举办了以"人在旅途 精彩无限"等为主题的女性发展沙龙活动,体现了人与人之间正能量的汇聚,增进了校内女知识分子间的交流,持续传递了女性特有的感染力、引领了积极向上的校园文化。前不久结束的江苏省女职工委员会一届六次会议上,我校被选举为江苏省教育科技工会女职工委员会的主任委员单位。

(工会 高 莹)

共青团工作

在校党委和上级团组织的正确领导下,东南大学团委2014年继续深入学习习近平总书记系列重要讲话精神,认真贯彻落实党的十八大和十八届三中、四中全会精神以及团十七大和十七届二中全会精神,坚持立德树人,围绕育人中心工作,以思想引领为切入点和着力点,以成长服务为出发点和落脚点,以探索破解"如何提高团的吸引力和凝聚力""如何扩大团的工作有效覆盖面"两大战略性课题的新思路和新方法为导向,充分发挥团的四项基本职能,始终强调强基固本与开拓创新并重,扎实开展工作,不断提高成效。

一、以培育和践行社会主义核心价值观为主线,深入开展思想引领工作

1. 深入开展社会主义核心价值观宣传月

正式颁布《关于在全校团员青年中深入开展培育和践行社会主义核心价值观活动的通知》,结合"2014年东南大学新生文化季"活动,集中举办"社会主义核心价值观宣传月"活动,通过丰富多彩的活动将培育和践行社会主义核心价值观活动推向高潮。全年集中深入开展"与信仰对话"活动30余场,邀请清华大学历史系张岂之教授、新东方创始人俞敏洪、中央电视台《新闻联播》播音员郎永淳、《中国青年报》社长陈小川等各界名家来校与学生对话交流。结合重要的节庆,策划举办"我和国旗合个影""我为社会主义核心价值观代言"以及南京大屠杀公祭日系列纪念活动等主题教育活动,不断强化社会主义核心价值观在学生中的影响。

2. 着力提升社会主义核心价值观覆盖面

举办各种专题学习班,认真学习习近平总书记系列讲话精神。结合"校长文化专项经费""磐石计划"以及暑期社会实践相关活动,引导全校各级团组织积极开展培育和践行社会主义核心价值观活动。"校长文化专项经费"资助和引导院系团委开展了包括电子科学与工程学院的微笑行动——"勤俭·奉献·感恩"进行时、第二课堂协会的"汉字文化节"等项目在内的170余项社会主义核心价值观活动。"磐石计划"重点资助和引导基层团支部开展了包括电气工程学院160134团支部的"寻迹富强之路"、物理系100142和100143团支部的"心的力量·新的希望"等在内的社会主义核心价值观活动13项。此外,2014

年暑期社会实践活动资助和引导各院系开展了 104 个培育和践行社会主义核心价值观活动。其中,建筑学院的"从天山南北到秦淮河畔——南京维吾尔族人群社会融合情况调研"、物理系晴天团队的"淮安市农村医疗保障状况调研"等项目在社会上产生了较大影响。

3. 有效探索社会主义核心价值观新载体

在全校范围内深入开展"校训育人"系列活动,以校训精神培育社会主义核心价值观践行者。通过解读校训、为校训代言、寻访杰出校友等活动,在全校范围内形成了解读校训内涵、践行校训精神的良好氛围。利用举办"2014 东南大学新生文化季"中的"初识东南"名家系列高层演讲活动的契机,邀请清华大学历史系彭林教授、北京大学哲学系王博教授、普利兹克建筑奖首位中国得主王澍校友、东南大学人文学院樊和平教授、金陵图书馆馆长董群教授等专家从不同层面对校训"止于至善"进行了精彩的解读。指导电气工程学院"印迹东南"团队、仪器科学与工程学院"东南大学校史校情调查"实践团队等院系团队广泛开展"寻访杰出校友"活动。通过采访华生、倪光南、李幼平等东南大学杰出校友的风采和魅力,体味"东大人"所特有的精神气质和校训的深层意蕴。此外,引导和组织全校各级团组织开展了丰富多彩的"校训育人"相关活动,计算机科学与工程学院(软件学院)的校史校情知识竞赛、建筑学院的"漫画解读校训"、数学系的"短话长说"校训育人征文演讲比赛、物理系举办的"校训育人"书法展等数十场"校训育人"专题活动分别举行,营造了浓郁的"校训育人"氛围。

二、以深入推进校园文化建设为重点,着力构建文化育人体系

1. 深入开展品牌活动

连续第四年举办"东南大学新生文化季",深入开展校园文化的品牌活动。通过东南大学学生团体联合招新、"初识东南"系列名家高层演讲、"我的青春故事"讲述大学的生活、"我爱东大"校史知识竞赛、"中华赞"经典诵读大赛、"我的讲台我的娃"支教背后的故事、新生文艺汇演等七大版块在内的数十场活动,让 2014 级新生在入学之初就充分感受东南大学深厚的文化底蕴、崇高的精神追求和多彩的校园生活。圆满完成 2014 级新生入学迎新工作。按照相关部署和要求,圆满完成了 2014 级开学典礼方案的策划与实施,让全体大一新生通过开学典礼感受到巍巍东南的厚重与豪迈,培养他们作为"东大人"的自豪之情。

2. 全面激发基层活力

依托"校长文化专项经费",围绕"中国梦·东大梦·我的梦"、培育和践行社会主义核心价值观、弘扬中华优秀传统文化、"三走"活动推广、南京青奥会等主题,支持全校各级团学组织开展了近 520 项丰富多彩的校园文化活动。上半年以院系活动为支持的重点,支持了以经济管理学院的"春到九龙"大型体育竞赛暨第十届风筝节、数学系的"薪火相传"弘扬中华传统美德系列活动、医学院的"大爱无声,感恩志友"为代表的院系品牌活动 249

项。下半年以社团活动为支持重点,支持了包括国际交流协会的国际文化交流节、华风汉韵文化社的祭孔大典等在内的校园文化活动等270项校园精品活动。

3. 充分发挥优势资源

借助东南大学"人文大讲堂"平台,邀请国学大师张岂之、台湾著名诗人洛夫等著名学者举办高层次人文讲座70余场,提升了校园文化的品位。"2014年东南大学新生文化季"之"初识东南"名家系列高层演讲活动再掀高潮,邀请诺贝尔奖获得者丁肇中、华中科技大学李培根院士等享有盛誉的名家大师登坛讲学,引起了热烈的反响。首次组织院系团委申报、邀请各学科的学者名家在"2014年东南大学新生文化季"活动中作学科前沿讲座,取得广泛好评。

4. 积极弘扬传统文化

举办"中华赞"经典诵读大赛。支持全校各级团组织和学生组织开展弘扬中华优秀传统文化的活动70余项。邀请了岳美缇、侯少奎、蔡正仁、李鸿良等享有盛誉的著名昆曲表演艺术家举办主题为"中国昆曲艺术鉴赏"的系列讲座,引起了社会各界的广泛关注。举办了大型昆曲演出《牡丹亭》《桃花扇》,以及评弹、京剧、锡剧、扬剧、古琴等系列民族艺术的精品演出数十场。

5. 重点突出核心工作

按照团中央等相关单位的部署,积极开展"走下网络、走出宿舍、走向操场"主题群众性课外体育锻炼活动。以此加强对身体健康素质和积极向上的生活理念的重视,大力倡导"每天锻炼一小时,健康工作五十年,幸福生活一辈子"的理念。新学期以首场公开课的形式举办"三走"启动仪式。推动院系团委和基层团支部开展"一二·九"长跑、"春到九龙"风筝节、阳光伙伴比赛等丰富多彩的"三走"体育锻炼活动。中央电视台《新闻联播》栏目报道了东南大学开展"三走"活动的情况,也被团中央"团学小微"关注。开展"三走"活动以来,涌现出医学院王三妹、土木工程学院孟畅等坚持体育锻炼的学生典型。东南大学龙舟社获得"全国百佳体育公益社团"。

三、以逐步完善创新创业工作体系为核心,重点培育拔尖创新人才

1. 大力开展校园学术科技活动

抓住"科技育人、创新驱动"的主线,以"崇尚学术探索,追求科学真知"为主题,组织举办"2014年东南大学学生科技节"。共计举办科创活动、学术交流、科技讲座、竞赛评比等4大类共285场学术科技节子活动,其中研究生层面活动134场,本科生层面活动151场,涵盖了学校七大学部的所有学科方向,累计参与学生突破1万人次。组织多个学生科技创新团队在"金川杯"第七届全国大学生节能减排社会实践与科技竞赛等各种高水平赛事中获得佳绩。校园创新创业氛围浓郁,各种典型人物脱颖而出:数学系毕业生、途牛网CEO于敦德作为创业典型入选"江苏十大杰出青年",交通学院学生李方卫作为创新典型

入选"江苏好青年百人榜"。

2. 全面启动"挑战杯"赛备战工作

全面启动第十四届"挑战杯"全国大学生课外学术科技作品竞赛东南大学的备赛工作。通过院系申报、定点走访、专家推荐等方式,共面向包括无锡分校在内的19个院系征集了77项高水平的科研作品。作品的学科分布更趋合理,依托知名教授指导的作品增多。邀请相关专家举办校内评审会。经过校内外专家的评审,共遴选出24件作品作为首批进行重点培育支持的项目,以此备战"挑战杯"国赛。加强与教务处等部门的协作,汇聚更多的资源以孵化培育赛项目。

3. 成功举办东大青少年科学营

圆满完成了2014年全国青少年高校科学营江苏分营开幕式的组织工作,获得了各界的广泛好评。成功举办2014年全国青少年高校科学营东南大学分营活动,帮助来自全国8个省市的共250名优秀高中生感受了大学深厚的历史底蕴和科学精神。东大科学营在相关评比中取得佳绩:东大科学营方案"领悟科学与人文共融之道"入选"特色营队活动方案"(全国共15个);著名分子电子学家、东南大学原校长韦钰院士在东大科学营上的演讲"迎接智慧信息时代的到来"入选"名家大师精彩报告"(全国共10个);东大科学营营歌"梦想花开"成功入选"2014高校科学营营歌金曲"(全国共14个)。东南大学也成为全国同时入围2014年高校科学营"特色营队活动方案""名家大师精彩报告"以及"营歌金曲"的3所高校之一。

4. 加大学生创业指导扶持力度

以组织备战"创青春"大学生创业大赛为牵引,完善校内创业竞赛体系。在2014"创青春"全国大学生创业大赛中获得3银1铜的成绩。举办"创业大讲堂"12期,通过宣讲解读创业形势、讲述传授创业知识、分享交流创业经历等形式,激发大学生创业意识和创业激情。全面启动创业训练营和"东南大学2015年大学生创业训练计划项目",打造第二课堂创业训练体系,着重提升大学生创业训练的针对性和实践性。积极整合学校其他部门及地方政府的优势资源,推动举办"青创梦想创业基地"揭牌暨学生创业基金投资签约仪式。通过企业评估、专项支持、重点帮扶等方式,加强对我校大学生创业项目的资金扶持。

四、以广泛开展志愿服务社会实践活动为抓手,积极打造实践育人平台

1. 青奥会志愿者工作成绩突出

把握南京青奥会举办的重大契机,将青奥会志愿者工作作为志愿服务的重点工作。及早规划、整体部署、统一实施,选拔并培训了800余名同学参加青奥会志愿服务工作,分别承担了参赛代表团NOC助理服务工作和龙江体育馆志愿服务工作。青奥会期间,东南大学青奥会志愿者整个团队以严谨细致的工作态度、饱满高昂的工作热情、精湛高超的

工作技能全面投身青奥会志愿服务,用青春激情打造了最美的"东大名片""南京名片""中国名片",得到了各国代表团、南京青奥会组委会与社会各界的高度评价和广泛赞誉。国务院总理李克强、团中央书记处第一书记秦宜智以及省市领导等均接见与看望我校青奥会志愿者。中央电视台《新闻联播》两次关注东南大学青奥会志愿者工作,中央电视台、《中国青年报》《光明日报》《新华日报》等媒体报道我校青奥会志愿者工作数百篇。东南大学青奥会志愿者工作也成为我校培养优秀人才的重要平台,涌现出一大批杰出的青奥会志愿者代表。我校建筑学院学生、青奥会礼仪志愿者束芸因表现出色,成为在青奥会闭幕式上接受运动员献花的6位志愿者之一,被誉为"最美小青柠"。交通学院学生、青奥会国家代表团助理陶涛被授予"江苏最美人物"之"最美青奥志愿者"荣誉称号。

2. 假期社会实践工作影响广泛

组织近2 000名同学在寒假期间举办了以"回访母校谢师恩"为主题的社会实践活动。按照"送一份祝福""做一次回访""与高三学生做一次交流""写一份心得体会或调查报告"的具体活动要求,引导学生回到自己的母校开展了形式多样、内容丰富的社会实践活动,扩大了东南大学的影响和知名度。暑假期间,紧密围绕"为祖国勤学修德•以实践明辨笃实"的主题,以培育和践行社会主义核心价值观为重点,全面启动和组织了东南大学2014年暑期大学生社会实践活动。积极整合校内外各种资源,直接投入近40万元专项经费,确定了8个重点大类和2个专项的活动主题。共发动组建各类项目团队526支(其中全国重点团队1支,省级重点团队14支),确定校级重点团队57支,参与人数达到5 200余人。暑期社会实践工作在各级评比中喜获佳绩。其中国家级获奖情况为:校团委荣获全国大中专学生志愿者暑期"三下乡"社会实践活动"全国先进单位",东南大学研究生支教团申报的"蒲公英圆梦计划"项目团队荣获全国优秀团队。由校团委选送的人文学院"行者无疆"团队的项目"本民族文化教育缺位性研究"获得2014年"远洋探海者"第六届全国大学生社会实践奖一等奖(全国仅2个)。省级获奖情况为:东南大学团委被授予"省先进单位",吴健雄学院"爱不罕见——罕见病志愿服务团队"获"江苏省十佳风尚奖",土木工程学院学生、"缘梦彩云"项目团队负责人孙安龙获"江苏省十佳使者"称号,医学院"欢聚抑糖、共筑健康——关爱农村老年糖尿病患者"实践团队等6支团队荣获"省级优秀团队"称号,信息科学与工程学院董烨等5位教师荣获"省级优秀指导教师",数学系毕成等6位同学荣获"省级先进个人",建筑学院《从天山南北到秦淮两岸——南京维吾尔族人群社会融合情况调研》、信息科学与工程学院《情系延安,筑梦中国——延安农村小学教育状况调查报告》荣获"省级优秀调研报告"。

3. 研究生支教团工作再上台阶

完善招募选拔、培训教育、出征送行、支教服务、慰问看望、总结表彰等环节在内的完备的工作体系。上半年,通过支教知识培训、校史校情专题讲座、团队意识培养、历届支教队员座谈、教育心理培训、教学观摩等课程对我校第十六届研究生支教团成员开展全面深入的系统培训。我校在2014届本科生毕业典礼上首次专项表彰即将出征的研究生支教团成员,并举行出征仪式为支教队员壮行。19名同学奔赴内蒙古准格尔旗、江西省共青城、陕西咸阳武功、云南永胜南华开展支教工作。下半年,通过组织第六届"我的讲台我的娃——讲述支教背后的故事"专场活动,让支教归来的青年学子分享他们的支教生活和感悟,传递了正能量。今年我校研究生支教团的规模喜获突破,由原来的20人扩大至22人,招募规模位居全国高校前列。在第十七届研究生支教团的招募过程中,严格按照"公开招募、自愿报名、择优选拔"的原则,在学院考核的基础上精心组织笔试、面试、体检等相关工作,对报名学生的思想政治素质、学习成绩、在校表现、志愿服务经历等进行综合考察,择优选拔,最终确定了22名东南大学研究生支教团成员。东南大学研究生支教团成员王维同学荣获内蒙古准格尔旗首次颁发的"五四青年奖章"。

4. 志愿公益服务活动蓬勃开展

以东南大学研究生支教团西部支教服务点为布局核心,推动全校志愿服务活动蓬勃开展。内蒙古准格尔旗"至善科技菁英营"、贵州平坝"梦想夏令营"、校研究生会阳光助残活动等都取得社会好评。东南大学"至善黔程"支教活动项目获得首届中国青年志愿服务项目大赛银奖。能源与环境学院宋诚骁同学被评为"2014年度优秀志愿者",东南大学青年志愿者协会被评为"南京市2014年度优秀志愿服务组织"。此外,各种媒体广泛关注我校志愿服务活动。扎根云南昭通彝良地区开展支教工作的建筑学院毕业生刘晓帆的事迹受到广泛关注。中央电视台《朝闻天下》栏目专门报道了建筑学院"小小建筑师"志愿服务活动。

五、以全面实施强基固本行动为基础,稳步有效推进组织建设工作

1. 积极开展五四表彰活动

围绕学校育人的根本目标,发挥先进模范的示范引领作用,校团委圆满完成五四表彰工作。共评选出4个先进团委、3个先进团委入围奖、3个国旗团支部、3个国旗团支部提名、14个特级团支部、42个甲级团支部、29个先进团支部,4名东南大学青年五四奖章(教师、学生各2名)、8名优秀团务工作者、132名优秀团干、761名优秀团员。通过分级评比、评优和表彰,青年团员和团学干部的责任感得到进一步提升,团组织的战斗力得到进一步增强。此外,我校一批集体和个人获得团中央和团省委多项五四表彰奖励,交通学院10级茅以升团支部荣获"全国五四红旗团支部"称号,土木工程学院杜永浩同学、经济管理学院龚晓菲同学荣获"江苏省优秀共青团员"称号,电气工程学院团委荣获"江苏省五四红旗团委"称号。

2. 加强基层团组织的建设

在首批30个基层团支部中开展试点,聘请离退休老同志担任东南大学基层团支部导师,充分发挥其丰富的教学、科研和管理的经验。深入推进"磐石计划"(组织建设专项),通过其有效地激活了团组织的创造力。围绕"聚焦两会,扬梦中国""奋斗青春,美丽人生""畅行青奥,爱我南京""培育和践行社会主义核心价值观"等9个主题,广泛开展有意义的团日活动。共有来自24个院系的379个申报项目,最终评选出99个项目作为"磐石计划"立项项目。圆满完成2013年第一期(长期)、第二期及2014年第一期(短期)项目的结项工作。来自24个院系的96个团支部围绕"中国梦,东大梦""微行动,聚能量""共筑东大梦,毅行青春路""传统文化在校园""青奥精神,活力南京"等主题参加了结题答辩,最终评选出11个优秀项目。汇聚资源向基层倾斜,产生了基层团组织建设的成果。电气工程学院樊安洁同学荣获江苏省"魅力团支书",160121团支部荣获"活力团支部"。

3. 提升青年马克思主义者培养工程

完善青年马克思主义者培养工程国家、省级和学校三级完备的工作体系。推荐优秀学生精英参加国家级和省级大学生骨干培训班。正式成立东南大学大学生骨干培养学校,并将其作为全校青年马克思主义者培养工程的核心项目。启动大学生骨干培训班,面向全校各级团组织和各学生组织招募180名学员,采取理论培训和实践锻炼相结合的培训方式,邀请了包括团中央志工部部长杨松、团省委学校部部长陈文娟、东南大学副校长林萍华、复旦大学国际政治系副教授沈逸等在内的8位知名校内外专家学者为学员作专题培训,并启动了专题调研和社会实践活动。通过大学生骨干培训班不断提高学员的思想政治素质、政策理论水平、创新实践能力和组织协调能力,为学校团学组织培养一支骨干核心队伍。通过举办专兼职团干部专题研讨班,提升专兼职团干部政治理论素养和业务工作能力。通过举办新任团支部书记培训班,帮助各院系141名新任团支部书记更快适应基层团支部建设需求。

六、以发挥学生组织自主性与创造性为目标,不断加强和改进对学生组织的指导和监督

1. 指导学生会工作

充分发挥学生会在丰富校园文化、服务同学成长中的重要作用,指导学生会举办迎新系列活动、啦啦操大赛、十佳歌手大赛、"向经典致敬"朗读会、校园好声音、吾爱吾师评选、自强之星评选、宿舍文化节、领跑大学路、饮食文化月、淘书节等各类活动33大项。指导学生会接受并处理学生投诉共700余起,为学生找回失物共1 000余件,为学生提供勤工助学岗位约350个,为学生提供各类备考资料1 000余份。组织学生会干部开展以社会调研、理论研究、专题座谈等为形式的内部学习活动。加强学生会新媒体平台建设,累计发布活动预告、教务资讯、热点社评、服务追踪等信息1 000余条,并将学生会新媒体平台打造成为学生意见和建议的重要征集渠道。指导学生会按照相关文件精神的要求,顺利、合规完成换任选举工作。

2. 指导研究生会工作

认真落实群众路线整改的相关要求和《中华全国学生联合会关于加强和改进高校学生会研究生会建设的指导意见》的要求,顺利召开东南大学第八次研究生代表大会,圆满完成了换届工作。成功举办"新时期高校研究生会发展研讨会",扩大了我校研究生会的影响。组织研究生骨干学习习总书记系列重要讲话精神12次。指导研究生会举办学生科技节、辩论赛、十佳歌手大赛、周末舞会、研究生四大体育联赛、国际文化周等活动240

余场。指导研究生会举办"3·15"维权调研、博士在学情况调研、消防安全观调研等调研活动 10 余次。指导研究生会广泛收集研究生在科研、学习、生活等诸多方面的意见和要求,及时向有关部门反馈,并汇集为维权白皮书,累计处理学生投诉 80 余起。指导研究生会积极开拓新媒体平台,开通微信公共平台,新增新媒体粉丝数 6 000 余人,开展微言活动 8 次。指导校研究生会继续抓好传统宣传媒介,重新改版研究生会网站,出版活动预告 28 期、《研究生会系统简报》6 期、《善研》杂志 4 期、年度风采录等,累计受众 22 000 余人次。

3. 指导学团联工作

指导学生团体联合会及其管理的 109 个学生社团。围绕年度重点主题举办"百团大战""社团巡礼节"、新年游园会等文体活动 430 余场。指导学生团体联合会召开全体学生社团会长大会 4 次,讨论并解决了学生社团现阶段所遇到的诸如经费申请、场地申请、赞助申请等 10 余项问题。指导学生团体联合会积极调研各学生社团对当前学团联管理工作的意见,对"我最喜爱的学生团体"评比、星级评比、十佳社团评比等具体考核条例作了补充与修正。指导学生团体联合会积极开拓学生社团宣传平台,积极拓宽新媒体宣传阵地,出版《至善》杂志共 4 000 余本。指导学生团体联合会召开学生团体代表大会,对学生团体联合会各项章程进行修订,并顺利完成换届选举工作。承办了 2014 年中国(江苏)高校传媒联盟年会。外国语学院吴松阳同学当选为中国(江苏)高校传媒联盟主席,东南大学新闻社被评为十佳校园媒体。

对东南大学共青团来说,2014 年度是转变思路,真抓实干,寻求突破的一年。在校党委和上级团组织的正确领导下,在全校各职能部门的通力协作下,在校团委全体同仁及各院系全体团学战线同志的奋力拼搏下,东南大学共青团工作取得了长足的进步,社会影响在 2014 年度中逐步扩大。团中央学校部部长杜汇良、团中央志工部部长杨松和团省委书记万闻华、副书记司勇等领导来校调研和指导工作。

社会主义核心价值观、校训育人、"三走"等主题活动被团中央"团学小微"所关注,相关内容被中国青年网所登载。各种媒体多次关注东南大学共青团相关重点工作,发稿量达到 360 余篇。中央电视台《新闻联播》栏目曾三次关注东南大学共青团工作。《光明日报》《中国青年报》、新华社、新浪网、腾讯网、中国青年网、中国新闻网等媒体多次报道东南大学共青团工作的先进事迹。江苏电视台、南京电视台、《新华日报》《扬子晚报》《金陵晚报》《现代快报》等省市媒体更是长期聚焦东南大学共青团工作。校团委首次集中力量编撰的《2014 东南大学共青团大事记》《东南大学共青团 2014 新闻集锦》,全面展示了东南大学共青团的工作成绩,受到了社会各界的充分肯定。

(团委 唐 瑭)

学科建设与研究生教育

综　述

一年来，在学校党政的正确领导下，紧密围绕国家研究生教育综合改革，加速推进改革步伐，多措并举，在学科建设、招生、培养、学位和管理等方面积极进取，争先进位，出色地完成了各项工作任务，取得了丰硕的成果。

(一) 学科建设

1. 出色地完成了"985 工程"2010—2013 年建设任务，2014 年获得教育部"985 工程"浮动奖励经费 8 500 万元，达到了 14%，超过平均的 10%。获得统筹支持一流大学及一流学科建设中央专项经费 8 900 万元，并先后获得"985 工程"2010—2013 年省配套经费 1.6 亿元和 1.45 亿元。

2. 在江苏高校优势学科建设工程一期立项学科验收中，我校 11 个立项学科全部获得 A 等。在二期立项学科中，9 所部属高校共入选 67 个，比一期增加了 5 个，其中我校增加 2 个，南京大学、中国矿业大学、中国药科大学各增加 1 个。

3. 在第七届国务院学位委员会学科评议组成员选聘中，我校由第六届的 10 人增加到 13 人，新增加 3 人，新增数与南京大学并列江苏第一。

4. 根据国务院学位委员会《关于下达 2014 年审核增列的硕士专业学位授权点及撤销的硕士学位授权点名单的通知》(学位〔2014〕14 号)文件精神，我校 2014 年增列汉语国际教育、护理、社会工作、应用心理等 4 个硕士专业学位授权点，撤销旅游管理、保险等 2 个硕士专业学位授权点。

(二) 研究生招生

1. 抓住教育部推免制度改革的契机，精心策划组织并与院系密切配合，共接收推免生 1 357 人，比去年增加 36%，其中 757 人来自 985 高校，比去年增加 14%，首次超过我校获推免资格人数。

2. 大力推进博士生招生制度改革,进一步扩大学科和导师的自主权,录取的本科直博、硕博连读和申请考核三类生源比例从去年的37%提高到今年的60%,其中来自985高校的生源比去年增加20%。

3. 顺利完成2014年度各类研究生招生考试和录取工作,获"江苏省研究生招生管理优秀报考点"和"江苏省研究生优秀招生单位"称号。

4. 为进一步提高研究生培养质量、促进高水平研究成果产出,对博导招生资格进行年度审核,从在研项目、培养经费、近三年科研成果及师德表现等方面,明确导师能否招生及招生限额。

(三) 研究生培养

1. 完成教学教务工作并积极推进研究生教育教学改革

顺利完成了本年度研究生教学任务安排和管理;完成了研究生2 645人次的四六级报名和考试的相关工作。全面推进研究生公共英语改革,获江苏省重点教改项目立项。

2. 稳步提升博士学位论文质量

通过导师推荐和学生申报及所在学位评定分委员会同意,共遴选出59项优博基金及9个培育对象项目进行跟踪培育,提高培育对象产出成果的质量。

3. 提高研究生的科学创新水平

本年度共有266名研究生入选江苏省普通高校研究生创新工程项目,获批57家江苏省企业研究生工作站,在部属高校中位列第一。

4. 加速推进办学国际化

今年共被国家留学基金委录取研究生142名,其中攻读学位27人,联合培养115人;被国家留学基金委录取博士生导师短期访问项目22人,位列全国第一。积极开展国内外学术交流,遴选拟资助博士生341人参加国际学术会议和短期访学。资助我校教师与世界知名大学专家学者共同组织教学的全英文教学课程55门,共邀请了60名国外知名大学教授来我校进行全英文授课,讲授国际最前沿知识。

5. 强化研究生培养质量的过程管理

完成了对2012级349名硕士生中期考核,完成了对2012春博及部分因故批准延期考核的往届博士生共409名博士中期考核工作。

(四) 学位工作

1. 在2014年公布的2013年度全国优秀博士论文评选结果中,我校获4篇全国优秀博士学位论文、3篇优秀博士学位论文提名,获优博论文数在全国并列第五。2014年获江苏省优秀博士学位论文11篇,优秀学术学位硕士论文17篇,获奖篇数为历年新高;另外,获优秀专业学位硕士论文11篇(首次评选)。

2. 根据《关于实施〈东南大学研究生学籍管理规定〉中博士研究生毕业与学位授予分离工作的通知》(校研生〔2013〕5号),敦促完成206名超期博士的毕业与学位授予分离工作,其中申请学位答辩90人,申请毕业答辩54人,有效地规范了我校研究生学位和学籍管理工作。

(五)研究生管理

1. 通过大量细致、深入的工作,有效解决了研究生投入机制改革实施过程中出现的问题,出台了研究生奖助相关的系列文件。硕士、博士研究生奖助覆盖面达100%,生均待遇在"985"高校中达中等以上水平。

2. 2014年秋季入学研究生奖助工作顺利进行。3 638名硕士研究生参评学业奖学金,发放奖学金总额2 564.6万元;376名博士研究生参评学业奖学金,发放奖学金总额376万元。开辟研究生入学"绿色通道",确保每一位贫困研究生顺利入学,有309名家庭经济困难的研究生办理学费缓交手续,400名研究生成功办理了助学贷款。

2014—2015年度博士学位研究生招生专业及指导教师名单

学科门类	学科(一级学科)	专业(二级学科)	指导教师(以姓名拼音为序)
哲学(01)	哲学	(按一级学科招生)	董群 樊和平 李建清 马雷 马向真 乔光辉 田海平 王珏 王珂 魏福明 夏保华 徐嘉 许建良 姚新中(兼)
经济学(02)	应用经济学	(按一级学科招生)	陈淑梅 胡汉辉 华生 刘修岩 邱斌 邵军 王兴平 吴利华 徐康宁 徐盈之 张宗庆 周勤
		金融学	董斌 华生 刘晓星 周勤
法学(03)	马克思主义理论	马克思主义基本原理	高晓红 龚向和 刘魁 孟鸿志 汪进元 袁健红 袁久红 周少华 周佑勇
		思想政治教育	胡汉辉 李霄翔 刘艳红 许苏明
理学(07)	数学	(按一级学科招生)	曹进德 陈建龙 李玉祥 梁金玲 刘继军 刘淑君 孙志忠 唐达林 王栓宏 徐君祥 余星火 虞文武
	统计学	(按一级学科招生)	林金官 刘沛 王冠军
	物理学	(按一级学科招生)	陈世华 崔铁军 董帅 董正高 范吉阳 郭昊 侯净敏 蒋维洲 李旗 吕准 倪振华 邱腾 施智祥 汪军 王金兰 徐春祥 徐明祥 徐庆宇 薛鹏 杨文星 翟亚
	生物学	(按一级学科招生)	柴人杰 陈礼明 樊红 方明 韩俊海 加正平 刘向东 陆巍 万亚坤 王大勇 王坚(兼) 谢维 袁榴娣 张建琼 赵春杰

(续 表)

学科门类	学科(一级学科)	专业(二级学科)	指导教师(以姓名拼音为序)				
工学 (08)	力学	固体力学	郭小明	何小元	李兆霞	杨福俊	
		工程力学	费庆国	郭小明	何小元	靳 慧	李兆霞
			吕令毅				
	机械工程	(按一级学科招生)	毕可东	陈 南	陈云飞	韩 良	贾民平
			蒋书运	李 普	刘 磊	罗 翔	倪中华
			彭倚天	帅立国	苏 春	孙蓓蓓	汤文成
			王兴松	幸 研	许飞云	薛澄岐	易 红
			殷国栋	张建润	张永康	张志胜	周忠元
	光学工程	(按一级学科招生)	崔一平	顾 兵	雷 威	李 青	李晓华
			娄朝刚	吕昌贵	屠 彦	王保平	王著元
			夏 军	恽斌峰	张家雨	张晓兵	
			张 雄(外籍)	赵志伟	朱 利		
	仪器科学与技术	(按一级学科招生)	蔡体菁	陈俊杰	陈熙源	程向红	李宏生
			李建清	李 旭	刘锡祥	潘树国	秦文虎
			宋爱国	宋光明	王爱民	王 庆	吴 涓
			夏敦柱	徐晓苏	严如强	张 彤	张为公
			赵立业				
	材料科学与工程	(按一级学科招生)	陈惠苏	丁 辉	方 峰	高建明	郭丽萍
			郭新立	蒋建清	李 敏	廖恒成	刘加平
			刘玉付	缪昌文	潘钢华	潘 冶	钱春香
			沈宝龙	孙 伟	孙正明	涂益友	王继刚
			薛 烽	余新泉	张亚梅	张友法	张云升
			周 健	朱鸣芳			
		材料物理与化学	丁收年	付德刚	付国东	苟少华	雷立旭
			李新松	林保平	刘松琴	祁争健	钱 鹰
			孙柏旺	孙岳明	王明亮	王怡红	肖国民
			谢一兵	熊仁根	张 闻	赵 红	周建成
			周钰明	诸海滨			
	动力工程及工程热物理	(按一级学科招生)	蔡 亮	陈晓平	陈亚平	陈永平	陈振乾
			邓艾东	杜 垱	段钰锋	顾 璠	归柯庭
			黄亚继	金保昇	李舒宏	李益国	梁 财
			梁彩华	吕剑虹	潘 蕾	钱 华	沈德魁
			沈 炯	沈来宏	盛昌栋	司风琪	宋 敏
			王培红	向文国	肖 睿	熊源泉	许传龙
			杨建刚	杨林军	殷勇高	袁竹林	张 军
			张小松	张耀明	赵伶玲	钟文琪	仲兆平
			周克毅				
		★能源环境工程	陈晓平	段钰锋	顾 璠	归柯庭	黄亚继
			金保昇	肖 睿	熊源泉	钟文琪	仲兆平
	电气工程	(按一级学科招生)	陈 中	程 明	樊 英	房淑华	高丙团
			高赐威	高 山	顾 伟	胡敏强	胡仁杰
			花 为	黄学良	黄允凯	蒋 平	金 龙
			李 扬	林鹤云	林明耀	陆于平	王蓓蓓
			王 政	吴在军	徐青山	薛禹胜	余海涛
			张建忠	赵剑锋	郑建勇		

（续　表）

学科门类	学科（一级学科）	专业（二级学科）	指导教师（以姓名拼音为序）				
工学（08）	电子科学与技术	物理电子学	崔一平	顾　兵	雷　威	李　青	李晓华
			娄朝刚	吕昌贵	孙小菡	屠　彦	王保平
			王著元	夏　军	肖金标	恽斌峰	张家雨
			张　彤	张晓兵	张　雄（外籍）		赵志伟
			朱　利				
		电路与系统	陈莹梅	樊祥宁	冯　军	胡庆生	黄风义
			李文渊	李智群	孟　桥	苗　澎	王志功
			吴建辉	杨　春	朱　恩		
		微电子学与固体电子学	单伟伟	丁德胜	胡　晨	黄庆安	廖小平
			陆生礼	秦　明	尚金堂	时龙兴	孙立涛
			孙伟锋	吴建辉	徐　峰	杨　军	
		电磁场与微波技术	陈继新	程　强	崔铁军	窦文斌	郝张成
			洪　伟	华　光	陆卫兵	孙忠良	王海明
			吴　柯	徐金平	殷晓星	余旭涛	周后型
			周健义	朱晓维			
		★集成电路设计	单伟伟	丁德胜	胡　晨	李　冰	陆生礼
			时龙兴	孙伟锋	杨　军		
	信息与通信工程	（按一级学科招生）	陈　明	陈　阳	丁　峥	方世良	高西奇
			衡　伟	黄永明	金　石	刘　楠	孟　桥
			潘志文	裴文江	沈连丰	盛　彬	宋铁成
			王东明	王俊波	王　桥	王　炎	吴乐南
			徐平平	杨绿溪	尤肖虎	张　华	张在琛
			赵春明	赵　力	赵新胜	郑福春	郑　军
			郑文明	邹采荣			
		★信息安全	程　光	黄　杰	康　维		
	控制科学与工程	（按一级学科招生）	曹进德	达飞鹏	戴先中	费树岷	郭　雷
			李　奇	李世华	李新德	路小波	孙长银
			田玉平	汪　峥	魏海坤	严洪森	余星火
			翟军勇	张凯锋	张侃健		
		导航、制导与控制	蔡体菁	程向红	田玉平	徐晓苏	
	计算机科学与技术	（按一级学科招生）	曹玖新	陈汉武	程　光	丁　伟	高志强
			耿　新	龚　俭	蒋嶷川	李必信	李小平
			李幼平	罗军舟	罗立民	倪巍伟	漆桂林
			芮　勇（兼）	沈　军	舒华忠	宋爱波	
			汪　芸	王红兵			
	建筑学	（按一级学科招生）	陈　薇	程泰宁	戴　航	单　踊	董　卫
			韩冬青	冷嘉伟	李　飚	孟建民（兼）	
			彭昌海	齐　康	石　邢	王建国	张　宏
			张十庆	张　彤	郑　忻	周　琦	周　颖

(续 表)

学科门类	学科(一级学科)	专业(二级学科)	指导教师(以姓名拼音为序)
工学 (08)	土木工程	(按一级学科招生)	Mohammad Noori 曹双寅 陈锦祥 陈忠范 戴国亮 丁汉山 丁幼亮 冯健 冯若强 龚维明 郭彤 郭正兴 李爱群 李维滨 梁书亭 刘伟庆(兼) 刘钊 吕令毅 吕志涛 罗斌 孟少平 缪长青 潘金龙 秦顺全 邱洪兴 舒赣平 王浩 王景全 吴刚 吴京 吴智深 徐赵东 杨才千 叶继红 张继文 张建 张晋 周臻 宗周红
		岩土工程	蔡国军 邓永锋 杜延军 洪振舜 刘松玉 缪林昌 童立元 章定文 朱志铎
		市政工程	傅大放 杨小丽
		供热、供燃气、通风及空调工程	蔡亮 陈亚平 陈永平 陈振乾 杜垲 李舒宏 梁彩华 钱华 殷勇高 张小松
		桥梁与隧道工程	黄侨 万水 王文炜 杨明
		★土木工程建造与管理	郭正兴 李启明 李维滨
		★土木工程材料	陈惠苏 高建明 郭丽萍 李敏 刘加平 缪昌文 潘钢华 钱春香 孙伟 张亚梅 张云升
	化学工程与技术	(按一级学科招生)	付国东 苟少华 姜勇 雷立旭 李新松 廖志新 林保平 刘松琴 骆培成 祁争健 钱卫平 钱鹰 孙柏旺 孙岳明 王明亮 王怡红 卫伟 吴东方 肖国民 谢一兵 杨洪 张一卫 张袁健 赵红 周建成 周钰明
	交通运输工程	(按一级学科招生)	陈峻 陈淑燕 陈学武 程琳 高英 顾兴宇 郭建华 过秀成 何杰 黄卫 黄晓明 季彦婕 李铁柱 李文权 李志辉 刘攀 陆建 倪富健 潘玉利(兼) 钱振东 冉斌 任刚 孙璐 王昊 王炜 夏井新 项乔君 徐宿东 杨军 杨敏 叶智锐 张磊 张永 赵永利
		★交通测绘与信息技术	高成发 胡伍生
		★交通地下工程	蔡国军 邓永锋 杜延军 洪振舜 刘松玉 缪林昌 童立元 章定文 朱志铎
	环境科学与工程	(按一级学科招生)	陈晓平 段钰锋 归柯庭 黄亚继 金保昇 李先宁 吕锡武 沈德魁 沈来宏 盛昌栋 宋海亮 宋敏 肖睿 熊源泉 杨林军 余冉 张军 赵伶玲 钟文琪 仲兆平

(续　表)

学科门类	学科(一级学科)	专业(二级学科)	指导教师(以姓名拼音为序)
工学 (08)	生物医学工程	(按一级学科招生)	巴　龙　　白云飞　　陈　扬　　陈　战　　付德刚 葛丽芹　　顾　宁　　顾忠泽　　何农跃　　黄宁平 吉　民　　李志勇　　刘　宏　　刘宏德　　刘乃丰 刘全俊　　卢晓林　　吕晓迎　　罗立民　　钱卫平 孙剑飞　　孙清江　　孙　啸　　唐达林　　万遂人 王进科　　王雪梅　　吴富根　　夏　强　　肖鹏峰 肖忠党　　徐春祥　　杨　芳　　袁春伟　　张天柱 张　宇　　赵祥伟　　赵远锦
		★学习科学	邓慧华　　葛芹玉　　蒋　犁　　康学军　　周仁来(兼)
		★神经信息工程	卢　青　　王海贤　　韦　钰　　禹东川　　郑文明
	城乡规划学	(按一级学科招生)	董　卫　　段　进　　胡明星　　李百浩　　王建国 王兴平　　吴　晓　　阳建强　　杨俊宴
	风景园林学	(按一级学科招生)	成玉宁　　王晓俊　　郑　忻
	软件工程	(按一级学科招生)	曹玖新　　陈汉武　　高志强　　耿　新　　蒋嶷川 李必信　　李小平　　罗军舟　　漆桂林　　沈　军 汪　芸　　王红兵
	工程博士领域 (085200)	电子与信息	时龙兴　　尤肖虎等
		先进制造	戴先中　　汤文成等
医学 (10)	基础医学	免疫学	窦　骏　　孟继鸿　　沈传来　　沈传陆　　王立新 姚红红　　张建琼　　郑　杰
	临床医学	内科学	陈宝安　　陈平圣　　樊　红　　黄培林　　李　玲 刘必成　　刘乃丰　　刘志红　　马根山　　马坤岭 孟继鸿　　邱海波　　孙子林　　汤成春　　童嘉毅 王少华　　王书奎(兼)　姚玉宇　　余卫平 张晓良　　赵　伟(兼)
		儿科	蒋　犁　　王　坚(兼)　袁榴娣
		神经病学	柏　峰　　任庆国　　谢春明　　闫福岭　　袁勇贵 张志珺
		影像医学与核医学	郭金和　　居胜红　　马根山　　滕皋军
		临床检验诊断学	王立新　　吴国球
		外科学	陈　明　　嵇振岭　　吴小涛　　周家华
		妇产科学	陈　明　　窦　骏
		肿瘤学	陈宝安　　郭金和　　黄培林　　沈传来　　唐秋莎 滕皋军　　王彩莲　　吴国球
	公共卫生与 预防医学	流行病与卫生统计学	巢健茜　　刘　沛　　王　蓓　　卫平民
		劳动卫生与环境卫生学	梁戈玉　　刘　冉　　浦跃朴　　唐　萌　　吴　巍 尹立红
		营养与食品卫生学	康学军　　孙桂菊　　许　茜
		卫生毒理学	唐　萌

(续 表)

学科门类	学科(一级学科)	专业(二级学科)	指导教师(以姓名拼音为序)
管理学 (12)	管理科学与工程	(按一级学科招生)	陈良华 陈伟达 陈志斌 成 虎 韩瑞珠 何建敏 何 勇 李 东 李廉水 李 敏 李启明 李四杰 刘新旺 吕鸿江 梅姝娥 王海燕 王文平 吴应宇 徐泽水(兼) 张建坤 张玉林 赵林度 仲伟俊 庄亚明
		★金融工程	何建敏 刘晓星 庄亚明
艺术学 (13)	艺术学理论	(按一级学科招生)	甘 锋 李蓓蕾 凌继尧 沈亚丹 陶思炎 汪小洋 王廷信 谢建明 徐习文 徐子方

注:★为自主设置的二级学科

2014—2015年度硕士学位研究生招生学科、专业

学术学位招生学科、专业

学科门类	学科(一级学科)	学科、专业(二级学科)
哲学	●哲学	
经济学	●应用经济学	金融学
法学	●法学	
	政治学	政治学理论
	●社会学	
	●马克思主义理论	
教育学	●教育学	
	●心理学	
	●体育学	
文学	●中国语言文学	
	外国语言文学	英语语言文学;日语语言文学;外国语言学及应用语言学
理学	●数学	
	●物理学	
	●化学	
	●生物学	生物物理学
	●生态学	
	●统计学	
	●基础医学	
工学	●力学	
	●机械工程	
	●光学工程	
	●仪器科学与技术	
	●材料科学与工程	材料物理与化学

(续 表)

学科门类	学科(一级学科)	学科、专业(二级学科)
工学	●动力工程及工程热物理	动力工程及工程热物理(能源环境工程)
	●电气工程	
	电子科学与技术	物理电子学;电路与系统;微电子学与固体电子学;电磁场与微波技术;电子科学与技术(集成电路设计)
	●信息与通信工程	信息与通信工程(信息安全)
	●控制科学与工程	导航、制导与控制
	●计算机科学与技术	
	●建筑学	
	●土木工程	岩土工程;市政工程;供热、供燃气、通风及空调工程;桥梁与隧道工程;土木工程(土木工程材料);土木工程(土木工程建造与管理)
	●水利工程	
	●测绘科学与技术	
	●化学工程与技术	
	●交通运输工程	交通运输工程(交通测绘与信息技术);交通运输工程(交通地下工程)
	●环境科学与工程	
	●生物医学工程	生物医学工程(神经信息工程);生物医学工程(学习科学)
	●城乡规划学	
	●风景园林学	
	●软件工程	
	●设计学	
医学	临床医学	内科学;儿科学;神经病学;精神病与精神卫生学;影像医学与核医学;临床检验诊断学;外科学;妇产科学;眼科学;耳鼻咽喉科学;急诊医学;肿瘤学;麻醉学
	公共卫生与预防医学	流行病与卫生统计学;劳动卫生与环境卫生学;营养与食品卫生学;卫生毒理学
	中医学	中医内科学
	药学	药理学
	●护理学	
管理学	●管理科学与工程	
	●工商管理	会计学;旅游管理
	●公共管理	
	●图书情报与档案管理	
艺术学	●艺术学理论	
	●美术学	
	●设计学	

注:●按一级学科招生

专业学位招生类别、领域

学科门类	类别	领域
经济学	金融	
	应用统计	
	国际商务	
	资产评估	
法学	法律	法律(非法学) 法律(法学)
社会工作	社会工作	
教育学	教育	科学与技术教育
汉语国际教育	汉语国际教育	
应用心理	应用心理	
文学	翻译	英语笔译 英语口译
工学	建筑学	
	工程	机械工程 光学工程 仪器仪表工程 材料工程 动力工程 电气工程 电子与通信工程 集成电路工程 控制工程 计算机技术 软件工程 建筑与土木工程 水利工程 测绘工程 化学工程 交通运输工程 环境工程 生物医学工程 工业工程 工业设计工程 生物工程 项目管理 物流工程
	城市规划	
	风景园林	

(续表)

学科门类	类别	领域
医学	临床医学	
	公共卫生	
	护理	
管理学	工商管理	
	公共管理	
	会计	
	工程管理	
艺术学	艺术	美术 艺术设计

江苏省优秀博士学位论文名单(2014年)

序号	院系	姓名	学科名称	论文题目	指导教师
1	能源与环境学院	张会岩	动力工程及工程热物理	生物质催化热解制备液体燃料和化学品的基础与工艺研究	肖 睿
2	能源与环境学院	张程宾	动力工程及工程热物理	粗糙表面的分形构建及其对微纳流动与传热影响机理的研究	陈永平
3	信息科学与工程学院	侯德彬	电磁场与微波技术	硅基130 GHz收发前端关键元器件研究	洪 伟
4	电子科学与工程学院	钱钦松	微电子学与固体电子学	功率SOI—LIGBT可靠性机理研究及验证	时龙兴
5	数学系	王海兵	应用数学	复杂介质的散射问题及其数值解	刘继军
6	生物科学与医学工程学院	谭宏亮	生物医学工程	稀土荧光探针与稀土配位聚合物的制备及其生物分析研究	陈 扬
7	经济管理学院	张建强	管理科学与工程	电子商务环境下企业定向广告策略研究	仲伟俊
8	化学化工学院	付大伟	材料物理与化学	分子基铁电材料的合成、结构相变、介电与铁电性质研究	熊仁根
9	交通学院	曾维理	交通运输工程	变分PDE超分辨率模型及在交通图像重建中的应用	路小波
10	仪器科学与工程学院	杨仁桓	仪器科学与技术	神经电信号建模分析与三维影像技术	宋爱国
11	公共卫生学院	张 婷	卫生毒理学	多壁碳纳米管的免疫毒性作用与机制	浦跃朴

江苏省优秀硕士学位论文名单（2014 年）

序号	院系	姓名	学科名称	论文题目	指导教师
1	建筑学院	王 慧	城市规划与设计	外来务工人员就业空间的集聚性解析——以南京主城区为实证	吴 晓
2	机械工程学院	王 霏	机械制造及其自动化	基于纳米通道的生物大分子信号检测与噪声分析	易 红
3	能源与环境学院	姜中孝	动力工程及工程热物理	O_2/CO_2气氛下水蒸气对煤焦燃烧及石灰石脱硫的影响机理	陈晓平
4	土木工程学院	王高新	土木工程	钢桥面板温度场及其疲劳效应的长期监测与分析研究	丁幼亮
5	电子科学与工程学院	朱雁青	微电子学与固体电子学	毫米波高性能 RF MEMS 开关的研究	唐洁影
6	电子科学与工程学院	陈永强	物理电子学	基于聚吡咯纳米线的研究	赵志伟
7	电子科学与工程学院	陈洪钧	光学工程	GaN 基 LED 光提取效率的研究	张 雄（外籍）
8	数学系	胡建强	应用数学	复杂网络的同步控制研究及其应用	梁金玲
9	自动化学院	刘熔洁	控制理论与控制工程	桥式吊车系统的非线性控制算法研究	李世华
10	计算机科学与工程学院	尹 超	计算机软件与理论	基于条件概率神经网络的人脸年龄估计	耿 新
11	物理系	印 胤	物理学	卷曲复合贵金属纳米管的制备及表面增强拉曼散射特性研究	邱 腾
12	生物科学与医学工程学院	陈忠文	生物医学工程	氧化铁纳米颗粒的双酶活性及其对人神经胶质瘤 U251 细胞的毒性研究	顾 宁
13	人文学院	徐 红	旅游管理	文化遗产类景区虚拟旅游开发研究	贾鸿雁
14	电气工程学院	张 宁	电气工程	微电网储能单元的优化配置与鲁棒控制	谢吉华
15	交通学院	陆丽丽	交通运输规划与管理	基于行走行为特性的相向行人流动力学建模和仿真	王 炜
16	交通学院	王 建	交通运输规划与管理	基于交叉口信号控制的城市道路网络容量研究	邓 卫
17	艺术学院	黄大昭	设计艺术学	墨子设计思想研究及当代审思	崔天剑

东南大学入选江苏省2014年度普通高校研究生科研创新计划项目名单（省立省助）

序号	院系	编号	申请人	项目名称	项目类型	研究生层次
1	数学系	KYZZ_0060	赵晓凡	弱Hopf代数的循环上同调理论	自然科学	博士
2	数学系	KYZZ_0061	张清山	生物趋化模型解的渐近性分析	自然科学	博士
3	数学系	KYZZ_0062	王毅	复杂网络建模及其在传染病动力学模型中的应用	自然科学	博士
4	数学系	KYZZ_0068	陈雪平	一类复杂因析设计的研究与应用	自然科学	博士
5	物理系	KYZZ_0063	周苇	非均匀超导体宏观电磁行为研究	自然科学	博士
6	物理系	KYZZ_0064	郝祺	面向生物单分子检测的铝纳米基底制备及光谱调控	自然科学	博士
7	经济管理学院	KYZZ_0053	于斌斌	产业集聚与城市经济结构变迁的演化机制与实证研究	人文社科	博士
8	经济管理学院	KYZZ_0054	赵亮	经济增长的自贸区驱动：理论、实证与策略研究	人文社科	博士
9	经济管理学院	KYZZ_0055	李方静	我国制造业出口质量提升策略研究	人文社科	博士
10	经济管理学院	KYZZ_0079	李永发	商业模式的成型路径与效能评估	自然科学	博士
11	经济管理学院	KYZZ_0080	蔡银寅	李克强指数应用研究	自然科学	博士
12	经济管理学院	KYZZ_0081	吴炳辉	基于Multi-Agent的股票市场投资者行为风险传染研究	自然科学	博士
13	法学院	KYZZ_0057	张一雄	公私合作法制化问题研究——以欧盟《PPP绿皮书》为背景	人文社科	博士
14	法学院	KYZZ_0059	李琳	"风险刑法"的反思与批判研究	人文社科	博士
15	生命科学研究院	KYZZ_0065	徐婧	肥厚型心肌病新致病基因的群体分析验证及基因诊断	自然科学	博士
16	生命科学研究院	KYZZ_0066	胡姣姣	HBx上调长链非编码RNAUCA1参与肝细胞肝癌发病机制研究	自然科学	博士
17	生命科学研究院	KYZZ_0067	宋航	MicroRNA-92b对人脑胶质瘤细胞的影响和相关机制研究	自然科学	博士

（续 表）

序号	院系	编号	申请人	项目名称	项目类型	研究生层次
18	公共卫生学院	KYZZ_0077	朱 靖	女性性工作者毒品滥用现状及对HIV感染的影响研究	自然科学	博士
19	公共卫生学院	KYZZ_0078	杨 森	miR-218在食管癌中的表观调控与功能研究	自然科学	博士
20	医学院	KYZZ_0071	高学仁	肿瘤相关lncRNA中的遗传多态与乳腺癌的关联性研究及功能分析	自然科学	博士
21	医学院	KYZZ_0072	韩继斌	PGE2/EP2介导间充质干细胞向急性肺损伤肺组织归巢的机制研究	自然科学	博士
22	医学院	KYZZ_0073	夏文清	2型糖尿病患者静息态功能磁共振与认知障碍危险因素的相关性研究	自然科学	博士
23	医学院	KYZZ_0074	左 智	透明质酸靶向SPIOs探针在apoE-/-小鼠颈动脉粥样硬化斑块中的应用	自然科学	博士
24	医学院	KYZZ_0075	荚 敏	KrasG12D-LOH对胰腺癌能量代谢和生物学行为影响及其机制的研究	自然科学	博士
25	医学院	KYZZ_0076	陈宇辰	水杨酸钠及噪声诱导耳鸣模型的功能磁共振成像的实验研究	自然科学	博士
26	马克思主义学院	KYZZ_0056	文苑仲	当代国外马克思主义美学思潮	人文社科	博士
27	马克思主义学院	KYZZ_0058	朱 蕾	从认知到体验——探析生态文明教育的实践路径	人文社科	博士
28	人文学院	KYZZ_0048	李 丽	真相与诠释——诠释的基础理论与网络谣言的生成	人文社科	博士
29	人文学院	KYZZ_0049	李飞翔	康德批判哲学的最终归宿	人文社科	博士
30	人文学院	KYZZ_0050	赵 浩	中国哲学中"天"观研究——道德哲学与人类学的交互视角	人文社科	博士
31	人文学院	KYZZ_0051	刘战雄	基于智能手机的信息崇拜研究	人文社科	博士
32	人文学院	KYZZ_0052	陈 娟	高校技术转移机构的形态学研究	人文社科	博士
33	艺术学院	KYZZ_0082	吴彦颐	书法艺术网络传播研究	人文社科	博士
34	艺术学院	KYZZ_0083	李林俐	中国艺术品基金现状及发展路径研究	人文社科	博士
35	学习科学研究中心	KYZZ_0069	陈 靖	创伤后应激障碍患者头发压力激素与心理状况的相关研究	自然科学	博士

（续　表）

序号	院系	编号	申请人	项目名称	项目类型	研究生层次
36	学习科学研究中心	KYZZ_0070	李　晨	基于生化指标的高危儿干预效果评测	自然科学	博士
37	数学系	SJZZ_0020	张朦禹	江苏省毕业研究生薪酬满意度分析	自然科学	硕士
38	数学系	SJZZ_0021	高　鹏	基于 VaR 方法的金融风险度量	自然科学	硕士
39	数学系	SJZZ_0022	王雪莲	纵向数据下边际广义部分线性单指标模型的估计	自然科学	硕士
40	经济管理学院	SJZZ_0023	齐晓林	互联网企业价值评估——基于商业模式视角	人文社科	硕士
41	经济管理学院	SJZZ_0037	王昕祎	我国会计师事务所转制的经济后果研究	自然科学	硕士
42	法学院	SJZZ_0024	方耀东	比较法视野下工程侵权中因果关系认定问题研究	人文社科	硕士
43	法学院	SJZZ_0025	杜巧莉	两岸服贸协议背景下的建筑市场准入制度之法律规制研究	人文社科	硕士
44	公共卫生学院	SJZZ_0031	王炎炎	深海鱼油对老年 2 型糖尿病患者血生化指标影响的干预研究	自然科学	硕士
45	公共卫生学院	SJZZ_0032	陈金枝	原花青素对多巴胺能神经元的保护作用及机制研究	自然科学	硕士
46	公共卫生学院	SJZZ_0033	张　鑫	食品中铝含量测定及其毒性作用研究	自然科学	硕士
47	公共卫生学院	SJZZ_0034	杨文文	某汽车制造企业噪声暴露的卫生学调查与健康教育研究	自然科学	硕士
48	公共卫生学院	SJZZ_0035	闫　丽	江苏省高血压社区规范化管理效果评估	自然科学	硕士
49	公共卫生学院	SJZZ_0036	周　洋	儿童手足口病继发脱甲症流行病学研究及病原学分析	自然科学	硕士
50	医学院	SJZZ_0028	田家伟	ERCC1、RRM1、β-tubulin Ⅲ 和 TS 联合检测对晚期 NSCLC 化疗疗效的预测	自然科学	硕士
51	医学院	SJZZ_0029	杜瑞杰	经皮椎间盘摘除术联合臭氧治疗腰椎间盘突出症的疗效	自然科学	硕士
52	医学院	SJZZ_0030	王晓波	基于三维打印技术的羟基磷灰三石材料修复感染性骨缺损的实验研究	自然科学	硕士
53	学习科学研究中心	SJZZ_0026	沈康维	基于唾液生化指标的孤独症儿童的心理测评方法研究	人文社科	硕士
54	学习科学研究中心	SJZZ_0027	徐　燕	基于计算机的基础教育阶段技术和设计素养的评测方案	人文社科	硕士

东南大学入选江苏省 2014 年度普通高校研究生科研创新计划项目名单（省立校助）

序号	院系	编号	申请人	项目名称	项目类型	研究生层次
1	建筑学院	KYLX_0142	宋亚程	基于 GIS 技术的城市高度特征分析与控制方法研究	自然科学	博士
2	建筑学院	KYLX_0143	高青	低能耗住宅的模块化设计	自然科学	博士
3	建筑学院	KYLX_0192	王慧	大城市流动人口就业空间分布及演化研究——以南京市为例	自然科学	博士
4	机械工程学院	KYLX_0095	周新龙	面向地沟油检测的核磁共振分析仪的关键技术研究	自然科学	博士
5	机械工程学院	KYLX_0096	刘鑫	螺栓法兰连接非连续界面接触动静响应与能量耗散机理研究	自然科学	博士
6	机械工程学院	KYLX_0097	马家欣	一种非线性非平稳时序模型的理论研究及其应用	自然科学	博士
7	机械工程学院	KYLX_0098	唐文来	集成惯性分选技术的循环肿瘤细胞多模式检测方法研究	自然科学	博士
8	机械工程学院	KYLX_0099	巢渊	半导体芯片表面缺陷在线检测系统关键技术研究	自然科学	博士
9	机械工程学院	KYLX_0100	司伟	石墨烯纳米孔 DNA 测序传感器的理论模拟与实验研究	自然科学	博士
10	机械工程学院	KYLX_0101	朱庆	面向典型股骨干骨折机器人复位技术的生物力学研究	自然科学	博士
11	机械工程学院	KYLX_0102	景晖	分布式直驱电动汽车主动悬架鲁棒控制研究	自然科学	博士
12	机械工程学院	KYLX_0103	金贤建	四轮独立直驱电动汽车线控转向制动系统主动容错控制研究	自然科学	博士
13	机械工程学院	KYLX_0104	周小舟	基于认知的大数据信息流可视化设计及评价方法研究	自然科学	博士
14	能源与环境学院	KYLX_0112	邓梓龙	分形树状微通道中流动沸腾相变传热研究	自然科学	博士
15	能源与环境学院	KYLX_0113	刘雪娇	异形颗粒喷动床加压中高温流动特性的研究	自然科学	博士
16	能源与环境学院	KYLX_0114	庄亚明	流化床颗粒运动随机过程模型研究	自然科学	博士
17	能源与环境学院	KYLX_0115	周强	燃煤烟气喷射吸附脱汞协同脱硫脱硝的机理研究	自然科学	博士

（续　表）

序号	院系	编号	申请人	项目名称	项目类型	研究生层次
18	能源与环境学院	KYLX_0116	陈　曦	气固流化床异形颗粒的多尺度运动机制研究	自然科学	博士
19	能源与环境学院	KYLX_0117	陈岱琳	快速循环流化床颗粒团絮规律实验和数值模拟的研究	自然科学	博士
20	能源与环境学院	KYLX_0118	吴石亮	多元醇类液体燃料在内燃机内的燃烧与排放特性研究	自然科学	博士
21	能源与环境学院	KYLX_0119	赵善国	基于可再生能源与冷热电联产集成的分布式能源建筑节能研究	自然科学	博士
22	能源与环境学院	KYLX_0183	张　波	生物质双级催化热解及催化重整制取生物油技术研究	自然科学	博士
23	能源与环境学院	KYLX_0184	张　君	等离子-超重力耦合强化钙基吸附剂脱汞协同脱硫脱硝机理研究	自然科学	博士
24	信息科学与工程学院	KYLX_0131	廖　臻	超薄结构人工表面等离激元的特性研究	自然科学	博士
25	信息科学与工程学院	KYLX_0132	贾林琼	可见光通信系统中的CSK调制技术性能分析与相关技术研究	自然科学	博士
26	信息科学与工程学院	KYLX_0133	刘诚毅	异构网络中Femtocell功率分配算法研究	自然科学	博士
27	土木工程学院	KYLX_0090	代祥俊	基于径向基函数的高精度变形信息提取方法研究	自然科学	博士
28	土木工程学院	KYLX_0091	刘　聪	基于近红外结构光全表面形貌测量	自然科学	博士
29	土木工程学院	KYLX_0092	陈振宁	基于多目视觉特征跟踪方法的大型结构抗震性能测试	自然科学	博士
30	土木工程学院	KYLX_0093	周亚东	热-声-振环境下陶瓷基复合材料动强度分析方法	自然科学	博士
31	土木工程学院	KYLX_0094	郑哲远	材料损伤与结构失效的多尺度耦合模拟方法	自然科学	博士
32	土木工程学院	KYLX_0146	霍少磊	巨型基础尺寸效应研究	自然科学	博士
33	土木工程学院	KYLX_0149	管东芝	预应力条形钢拉板结构形态、力学性能及施工技术研究	自然科学	博士
34	土木工程学院	KYLX_0150	刘焕芹	张弦复合结构的地震易损性分析	自然科学	博士
35	土木工程学院	KYLX_0151	孙崇芳	新型预制剪力墙干式企口连接的设计方法研究	自然科学	博士

(续 表)

序号	院系	编号	申请人	项目名称	项目类型	研究生层次
36	土木工程学院	KYLX_0152	丁明珉	新型刚性屋面脊梁式索穹顶力学性能和施工关键技术研究	自然科学	博士
37	土木工程学院	KYLX_0153	冯玉龙	屈曲约束支撑框架抗震能力和设计方法研究	自然科学	博士
38	土木工程学院	KYLX_0154	王星星	多层冷成型钢组合墙体抗侧试验及简化计算方法研究	自然科学	博士
39	土木工程学院	KYLX_0155	徐超	粘弹性阻尼器的微振减振机理与试验研究	自然科学	博士
40	土木工程学院	KYLX_0156	王高新	大跨径连续梁桥结构服役性能监测与安全评价方法研究	自然科学	博士
41	土木工程学院	KYLX_0157	孙虎跃	基于PIV技术的大跨屋盖表面流动结构研究与数值模拟	自然科学	博士
42	土木工程学院	KYLX_0158	徐伟杰	实时混合模拟及其频域评估方法研究	自然科学	博士
43	土木工程学院	KYLX_0206	夏侯遐迩	基于GIS的智慧城市服务体系优化设计研究	自然科学	博士
44	土木工程学院	KYLX_0208	李灵芝	保障房居住区养老设施配置优化研究	自然科学	博士
45	电子科学与工程学院	KYLX_0105	陈辉	基于表面增强拉曼散射的石墨烯纳米药物载体的特性研究	自然科学	博士
46	电子科学与工程学院	KYLX_0124	翟雨生	周期性亚波长金属光栅在抑制全息再现像模糊中的应用研究	自然科学	博士
47	电子科学与工程学院	KYLX_0125	李若舟	基于金属/聚合物三维微纳结构的表面等离子激元调控研究	自然科学	博士
48	电子科学与工程学院	KYLX_0126	吴静远	二硫化钼量子点的制备及发光特性研究	自然科学	博士
49	电子科学与工程学院	KYLX_0127	王书昶	基于AlGaN材料的紫外LED关键技术研发	自然科学	博士
50	电子科学与工程学院	KYLX_0128	朱丹	脂质体-金属复合药物载体及其与细胞相互作用研究	自然科学	博士
51	电子科学与工程学院	KYLX_0129	徐海燕	复杂环境下行为识别特征提取方法研究	自然科学	博士
52	电子科学与工程学院	KYLX_0130	刘野	多网共存环境无线传感器网络高可靠通信协议研究	自然科学	博士
53	数学系	KYLX_0080	柯圆圆	环与半群上(p,q)广义逆及其应用	自然科学	博士

(续 表)

序号	院系	编号	申请人	项目名称	项目类型	研究生层次
54	数学系	KYLX_0081	郝朝鹏	空间分数阶微分方程的高精度算法	自然科学	博士
55	数学系	KYLX_0082	李同兴	球面非均匀介质的透射特征值问题	自然科学	博士
56	数学系	KYLX_0083	公维强	复值神经网络的稳定性研究及其应用	自然科学	博士
57	自动化学院	KYLX_0134	查雯婷	随机非线性系统有限时间和自适应控制研究	自然科学	博士
58	自动化学院	KYLX_0135	胡建强	多自主体系统协调控制研究及其在电力系统中的应用	自然科学	博士
59	自动化学院	KYLX_0136	孟祥虎	作用域局部重叠的多机工程系统的优化调度与协调控制	自然科学	博士
60	自动化学院	KYLX_0137	艾伟清	传感器噪声干扰下的一类非线性系统控制问题研究	自然科学	博士
61	自动化学院	KYLX_0138	王军晓	面向新能源的电力电子变换器系统控制理论及应用研究	自然科学	博士
62	自动化学院	KYLX_0139	胡长晖	驾驶员人脸识别关键技术研究	自然科学	博士
63	计算机科学与工程学院	KYLX_0141	郭晓军	僵尸网络新型命令控制机制及检测关键技术研究	自然科学	博士
64	物理系	KYLX_0084	汪萨克	类石墨烯的谷电子输运研究	自然科学	博士
65	物理系	KYLX_0085	黎秋航	单相磁性水滑石类材料的研制	自然科学	博士
66	物理系	KYLX_0086	黄欣	过渡金属氧化物异质结磁电耦合效应理论研究	自然科学	博士
67	生物科学与医学工程学院	KYLX_0185	曹小卫	基于金纳米星的SERS探针构筑及其在癌细胞检测中的应用	自然科学	博士
68	生物科学与医学工程学院	KYLX_0187	胡先运	适配体磷化铟量子点/氧化石墨烯生物分子荧光探针研究	自然科学	博士
69	生物科学与医学工程学院	KYLX_0188	郑付印	基于智能生物材料的肝脏（器官）芯片的构建及应用	自然科学	博士
70	生物科学与医学工程学院	KYLX_0189	丁海波	三维有序微纳结构的打印制备及应用	自然科学	博士
71	生物科学与医学工程学院	KYLX_0190	尤其	稀土荧光技术检测磷酸二酯酶的活力	自然科学	博士
72	生物科学与医学工程学院	KYLX_0191	郭振超	3D微环境刺激对卵巢癌细胞行为及EMT的作用研究	自然科学	博士

(续 表)

序号	院系	编号	申请人	项目名称	项目类型	研究生层次
73	材料科学与工程学院	KYLX_0110	孙柳霞	可降解医用镁合金细丝及其复合材料的制备与机理研究	自然科学	博士
74	材料科学与工程学院	KYLX_0111	陈怀成	基于微生物矿化和微胶囊技术的自愈合混凝土	自然科学	博士
75	经济管理学院	KYLX_0074	赵永平	中国新型城镇化的经济发展效应:理论、实证与对策	人文社科	博士
76	经济管理学院	KYLX_0075	李 鹏	数字内容产业的平台治理与政府规制	人文社科	博士
77	经济管理学院	KYLX_0076	吴晓怡	开放经济条件下中国劳动收入份额演变及决定因素研究	人文社科	博士
78	经济管理学院	KYLX_0140	黄虹富	双渠道模式下折损产品库存与定价综合决策研究	自然科学	博士
79	经济管理学院	KYLX_0207	赵 娜	基于对偶犹豫模糊信息的决策方法研究	自然科学	博士
80	经济管理学院	KYLX_0209	楚俊峰	基于二型模糊信息集成算子的群决策方法研究	自然科学	博士
81	经济管理学院	KYLX_0210	刘 颖	供应链异质成本分配问题研究	自然科学	博士
82	经济管理学院	KYLX_0211	宋旼珊	Improving access under adaptive behavior	自然科学	博士
83	经济管理学院	KYLX_0212	隋 新	基于多重信贷网络模型的金融风险传染机制研究	自然科学	博士
84	经济管理学院	KYLX_0213	吴 亮	模糊随机环境中的无现金流信用衍生品定价模型研究	自然科学	博士
85	电气工程学院	KYLX_0120	张 洋	大型永磁风力发电机分数槽集中绕组设计理论研究	自然科学	博士
86	电气工程学院	KYLX_0121	韩 鹏	兆瓦级混合绕组新型双定子无刷双馈风力发电机的设计	自然科学	博士
87	电气工程学院	KYLX_0122	黄 涛	风电场暂态特性对线路选相元件的影响研究	自然科学	博士
88	电气工程学院	KYLX_0123	包宇庆	需求响应参与电力系统调频关键技术研究	自然科学	博士
89	化学化工学院	KYLX_0160	爱施德	稠芳环发色团聚集模型的构建及光学性能研究	自然科学	博士
90	化学化工学院	KYLX_0161	马帅帅	高效环保聚醚类原油脱钙剂的研究	自然科学	博士
91	化学化工学院	KYLX_0162	姚贵阳	天然萜烷二酰亚胺衍生物的抗肿瘤活性的研究	自然科学	博士
92	化学化工学院	KYLX_0163	俞佳超	纳米通道内蛋白质的组装与反应动力学	自然科学	博士

(续　表)

序号	院系	编号	申请人	项目名称	项目类型	研究生层次
93	交通学院	KYLX_0144	周　敏	渗水塌陷引起土体不均匀沉降诱发埋地管道工程灾变的机理研究分析	自然科学	博士
94	交通学院	KYLX_0145	宋苗苗	盐分浸析作用下天然沉积海相软黏土劣化性状试验研究	自然科学	博士
95	交通学院	KYLX_0147	蔡光华	基于碳化搅拌法软弱地基土固化机理及工程特性研究	自然科学	博士
96	交通学院	KYLX_0148	张彤炜	孔隙水盐分溶脱过程中海相软黏土的工程性质演化及其机制	自然科学	博士
97	交通学院	KYLX_0159	沈孔健	单箱多室波形钢腹板PC组合箱梁极限抗扭承载力研究	自然科学	博士
98	交通学院	KYLX_0164	祝谭雍	基于长寿命路面使用性能的再生沥青混合料设计方法	自然科学	博士
99	交通学院	KYLX_0165	王　路	基于可靠度的道路线形参数选用及安全性评价研究	自然科学	博士
100	交通学院	KYLX_0166	杜银飞	降低车辙的沥青路面温度调控技术	自然科学	博士
101	交通学院	KYLX_0167	周　健	废旧沥青混合料高模量再生及其数值模拟	自然科学	博士
102	交通学院	KYLX_0168	刘　钊	基于复杂网络的城市交通流仿真分析及诱导优化	自然科学	博士
103	交通学院	KYLX_0169	贾　通	一种新型微波车辆检测技术研究	自然科学	博士
104	交通学院	KYLX_0170	吴静娴	基于乘客感知的公交服务质量分析模型研究	自然科学	博士
105	交通学院	KYLX_0171	丁浩洋	居住外迁条件下的个体通勤出行行为预测研究	自然科学	博士
106	交通学院	KYLX_0172	江　航	基于元胞自动机模型的异质交通流建模及仿真	自然科学	博士
107	交通学院	KYLX_0173	吴　瑶	城市轨道交通服务水平评价方法研究	自然科学	博士
108	交通学院	KYLX_0174	郭延永	基于交通冲突的信号交叉口安全性评价研究	自然科学	博士
109	交通学院	KYLX_0175	冯佩雨	城市公共自行车站点布局与多元化经营的研究	自然科学	博士
110	交通学院	KYLX_0176	徐奎生	雨天城市道路驾驶员生理反应特性研究	自然科学	博士
111	交通学院	KYLX_0177	杨　硕	城市家庭成员之间出行行为决策相互影响机理研究	自然科学	博士

(续 表)

序号	院系	编号	申请人	项目名称	项目类型	研究生层次
112	交通学院	KYLX_0178	韩 飞	基于可交易路票策略的路网拥堵治理优化关键技术研究	自然科学	博士
113	交通学院	KYLX_0179	李海波	多模式公交条件下乘客出行路径选择机理研究	自然科学	博士
114	交通学院	KYLX_0180	唐 坤	大数据技术在多源异构交通数据处理中的应用研究	自然科学	博士
115	交通学院	KYLX_0181	展凤萍	高速公路交通检测器组合布设密度研究	自然科学	博士
116	交通学院	KYLX_0182	丁茂华	基于神经网络迭代算法的区域对流层延迟改正的研究	自然科学	博士
117	仪器科学与工程学院	KYLX_0106	崔冰波	GNSS/SINS 超紧组合在车辆导航应用中的高精度鲁棒测量理论研究	自然科学	博士
118	仪器科学与工程学院	KYLX_0107	冯李航	基于符号计算的 Delta 机器人系统级仿真研究	自然科学	博士
119	仪器科学与工程学院	KYLX_0108	张 颖	基于双边遥操作的多移动机器人编队控制方法研究	自然科学	博士
120	仪器科学与工程学院	KYLX_0109	钱 广	聚合物光波导环形谐振腔的研制	自然科学	博士
121	法学院	KYLX_0077	姜 波	政府采购不良供应商停权制度研究	人文社科	博士
122	法学院	KYLX_0078	周忠学	农民宪法权利与中国城镇化发展研究	人文社科	博士
123	生命科学研究院	KYLX_0087	瓦克斯	三维培养下电刺激及信号通路调控干细胞分化为螺旋神经节的研究	自然科学	博士
124	生命科学研究院	KYLX_0088	童华威	Neurexin 参与睡眠维持的分子细胞机制研究	自然科学	博士
125	生命科学研究院	KYLX_0089	韩潇宁	PDK1 在齿状回发育中的功能研究	自然科学	博士
126	公共卫生学院	KYLX_0205	唐华丽	枸杞多糖的荧光标记及其代谢动力学研究	自然科学	博士
127	医学院	KYLX_0193	文志发	肿瘤细胞来源自噬小体调控巨噬细胞功能及其机制研究	自然科学	博士
128	医学院	KYLX_0194	王 伟	杀伤性 PLGA 复合体诱导特异性 T 细胞凋亡的实验研究	自然科学	博士
129	医学院	KYLX_0195	王小英	下调 TGF-β 增强黑色素瘤苗 B16F10/GPI-IL-21 的抗肿瘤效应及其机制研究	自然科学	博士
130	医学院	KYLX_0196	丁丽红	蛋白负荷对肾小管上皮细胞中 NLRP3 炎性体表达影响的研究	自然科学	博士

（续　表）

序号	院系	编号	申请人	项目名称	项目类型	研究生层次
131	医学院	KYLX_0197	王　智	自噬和内吞联动对缺氧肾小管上皮细胞 NMP-2 酶活性的调控研究	自然科学	博士
132	医学院	KYLX_0198	田　亮	MCM7 基因在白血病中的作用及机制的研究	自然科学	博士
133	医学院	KYLX_0199	赵瑞斌	循环血 miRNA 的检测对 ROP 诊断价值的初步探讨	自然科学	博士
134	医学院	KYLX_0200	王燕娟	SSRI 类抗抑郁剂对 tau 蛋白过度磷酸化及 AD 模型鼠认知功能的影响	自然科学	博士
135	医学院	KYLX_0201	应后群	LncRNA 基因启动子 SNP 位点与结直肠癌风险和预后研究及机制探讨	自然科学	博士
136	医学院	KYLX_0202	蔡　峰	酸敏感离子通道在 BMSCs 修复退变椎间盘中的作用机制研究	自然科学	博士
137	医学院	KYLX_0203	刘春辉	NFkB1 通过 miR-195 调控激素非依赖前列腺癌上皮间质转化	自然科学	博士
138	医学院	KYLX_0204	杨　蕊	基于 MFH 的抗 CD90/17AAG 磁性热敏脂质体的制备及其作用于肝癌的研究	自然科学	博士
139	马克思主义学院	KYLX_0079	杨文燮	制度创业视阈下高校创业教育模式的构建路径探究	人文社科	博士
140	人文学院	KYLX_0070	孙旭鹏	荀子的礼法观与现代法治精神	人文社科	博士
141	人文学院	KYLX_0071	卜俊兰	结构与制度——现代组织的伦理基础研究	人文社科	博士
142	人文学院	KYLX_0072	谭　舒	培育良好社会心态评价标准	人文社科	博士
143	人文学院	KYLX_0073	胡　芮	耻感哲学思想与公民道德建设研究	人文社科	博士
144	艺术学院	KYLX_0214	饶　黎	戏曲表演与图像比较研究	人文社科	博士
145	学习科学研究中心	KYLX_0186	李艳玮	孤独症谱系障碍儿童静息态脑功能网络的早期发育特征	自然科学	博士
146	机械工程学院	SJLX_0048	宋亚军	大型内燃机曲轴随动数控磨床的结构仿真与优化设计	自然科学	硕士
147	机械工程学院	SJLX_0049	王晓林	随机使用环境下产品柔性质保模型及其工程应用研究	自然科学	硕士
148	机械工程学院	SJLX_0050	邓　锟	基于锡铋/碳纳米管(Sn-Bi/CNTs)的热界面材料研究	自然科学	硕士
149	能源与环境学院	SJLX_0055	周颖倩	烧结烟气氮氧化物排放控制技术研究	自然科学	硕士

（续　表）

序号	院系	编号	申请人	项目名称	项目类型	研究生层次
150	能源与环境学院	SJLX_0056	韩致旭	炼钢、轧钢废油回收再循环利用技术研究及工程试验	自然科学	硕士
151	能源与环境学院	SJLX_0100	陈胜	新型萃取剂萃取电子垃圾浸取液中贵金属的技术研究	自然科学	硕士
152	能源与环境学院	SJLX_0101	姚一思	污泥厌氧消化预处理及混合消化技术	自然科学	硕士
153	土木工程学院	SJLX_0084	魏程峰	苏州体育场轮辐式单层索网设计与施工关键技术研究	自然科学	硕士
154	土木工程学院	SJLX_0085	金云东	玄武岩纤维在输电塔基础中应用	自然科学	硕士
155	土木工程学院	SJLX_0086	尹科	桥梁高性能混凝土制备技术、通病防治及施工控制研究	自然科学	硕士
156	自动化学院	SJLX_0083	何硕彦	面向效率提升的电动自行车先进控制理论及应用研究	自然科学	硕士
157	材料科学与工程学院	SJLX_0051	王欢欢	高性能无铅压电纤维复合材料制备及其减震降噪应用研究	自然科学	硕士
158	材料科学与工程学院	SJLX_0052	朱方梁	磁场热处理对FeCuNbSiB纳米晶合金软磁性能影响的探究	自然科学	硕士
159	材料科学与工程学院	SJLX_0053	孙艳华	CLBO晶体生长机理的原位实时观测研究	自然科学	硕士
160	材料科学与工程学院	SJLX_0054	李亚飞	稻壳中提取纳米多孔硅用于锂离子电池负极材料的研究	自然科学	硕士
161	经济管理学院	SJLX_0102	何佩琳	需求不确定下超市生鲜农产品的订货与定价决策研究	自然科学	硕士
162	电气工程学院	SJLX_0057	崔光鲁	面向大数据的电力智能自动测试与系统	自然科学	硕士
163	电气工程学院	SJLX_0058	沈湛	电除尘系统大功率高压中频变压器优化设计及研制	自然科学	硕士
164	电气工程学院	SJLX_0059	吴小刚	基于中高压直流组网的风电并网系统中直流变换器技术研究	自然科学	硕士
165	电气工程学院	SJLX_0060	陈辉	直线电机多轴联动控制策略研究	自然科学	硕士
166	电气工程学院	SJLX_0061	王亚鲁	数控机床用永磁同步直线电机小型控制器的研究	自然科学	硕士
167	电气工程学院	SJLX_0062	沈蛟骁	永磁同步直线电机无位置传感器控制	自然科学	硕士

（续　表）

序号	院系	编号	申请人	项目名称	项目类型	研究生层次
168	电气工程学院	SJLX_0063	朱　旭	配电网接纳分布式电源及非线性负荷电能质量特征研究	自然科学	硕士
169	化学化工学院	SJLX_0089	凌　洋	Ibrutinib 哌啶类中间体及其类似物的合成与手性拆分研究	自然科学	硕士
170	交通学院	SJLX_0087	殷　锴	风暴潮及波浪作用下横门东出海航道回淤影响研究	自然科学	硕士
171	交通学院	SJLX_0088	何　帆	基于GPS/GLONASS/BDS的载波差分组合定位技术研究	自然科学	硕士
172	交通学院	SJLX_0090	王　义	基于行为特性的行人过街设施优化方法与实践研究	自然科学	硕士
173	交通学院	SJLX_0091	孙文博	微纳米气泡法处理可液化砂土试验研究	自然科学	硕士
174	交通学院	SJLX_0092	周　顺	宁沪高速公路运营数据的挖掘与应用	自然科学	硕士
175	交通学院	SJLX_0093	焦丽亚	基于 X-ray CT 扫描的沥青混合料虚拟力学试验研究	自然科学	硕士
176	交通学院	SJLX_0094	陈晓实	基于混沌分析的停车有效泊位实时预测技术	自然科学	硕士
177	交通学院	SJLX_0095	胡　波	考虑尾气排放的干线公交优先信号控制技术	自然科学	硕士
178	交通学院	SJLX_0096	刘志中	淮河入江水道堤防深层地基真空预压处理现场试验研究	自然科学	硕士
179	交通学院	SJLX_0097	左快乐	古镇新城建设条件下的城市公共客运交通规划研究	自然科学	硕士
180	交通学院	SJLX_0098	夏　雪	面向中小城市公交分担率提升的调查与数据分析方法	自然科学	硕士
181	交通学院	SJLX_0099	李苗华	面向不平衡数据集的交通事件自动检测	自然科学	硕士
182	法学院	SJLX_0046	沈小海	城市交通文明的法律保障机制研究——以实证分析为视角	人文社科	硕士
183	法学院	SJLX_0047	王亚晶	城市交通公私合作中的法律风险规避与应对	人文社科	硕士
184	公共卫生学院	SJLX_0106	赵跃媛	江苏省大学生健康素养的社区干预试验研究	自然科学	硕士
185	公共卫生学院	SJLX_0107	嵇冬静	在治 HIV 阳性 MSM 服药依从性和机会性感染的影响因素研究	自然科学	硕士
186	公共卫生学院	SJLX_0108	杨维维	基于贝叶斯模型的老年人健康管理效果评价研究	自然科学	硕士

(续　表)

序号	院系	编号	申请人	项目名称	项目类型	研究生层次
187	公共卫生学院	SJLX_0109	张丽娟	环境雌激素复合污染的风险评价	自然科学	硕士
188	公共卫生学院	SJLX_0110	王春蕾	食品中苯并(a)芘的测定方法研究	自然科学	硕士
189	公共卫生学院	SJLX_0111	刘庆东	草甘膦对职业人群健康状况影响的研究	自然科学	硕士
190	公共卫生学院	SJLX_0112	阎欣然	江苏省女性乳腺癌生存率研究	自然科学	硕士
191	医学院	SJLX_0103	郭子维	炎症体介导皮肌炎合并急性进展型间质性肺疾病发病的机制研究	自然科学	硕士
192	医学院	SJLX_0104	刘　军	基于BP神经网络的甲状腺癌颈侧区淋巴结转移术前评估	自然科学	硕士
193	医学院	SJLX_0105	吴艳婷	酚类EEs暴露下子宫肌瘤细胞的生长与TGF-β之间可能机制的研究	自然科学	硕士
194	集成电路学院	SJLX_0064	吴承恩	一种新型的基于源极驱动的原边反馈AC-DC LED驱动电源的设计	自然科学	硕士
195	集成电路学院	SJLX_0065	王科迪	CMOS太赫兹信号源的研制	自然科学	硕士
196	集成电路学院	SJLX_0066	马　骁	超高速并行光收发集成电路设计	自然科学	硕士
197	集成电路学院	SJLX_0067	陈　帅	BWTS算法研究及硬件实现	自然科学	硕士
198	集成电路学院	SJLX_0068	姚克奇	基于GigE Vision相机的嵌入式图像处理平台的设计	自然科学	硕士
199	集成电路学院	SJLX_0069	杜益成	基于厚膜SOI工艺的600V高压器件研究	自然科学	硕士
200	集成电路学院	SJLX_0070	郑文杰	高电源抑制比低功耗的LDO模拟集成电路设计	自然科学	硕士
201	集成电路学院	SJLX_0071	高　艳	基于CMOS技术的超宽量程气压传感器结构及工艺研究	自然科学	硕士
202	集成电路学院	SJLX_0072	高宇文渊	应用于WSN节点的2.4 GHz低功耗分频器设计	自然科学	硕士
203	集成电路学院	SJLX_0073	许浩博	基于欠采样技术锁相环片上抖动测量电路设计	自然科学	硕士
204	集成电路学院	SJLX_0074	孟　楠	一种低功耗Buck型开关电源的设计	自然科学	硕士

(续 表)

序号	院系	编号	申请人	项目名称	项目类型	研究生层次
205	集成电路学院	SJLX_0075	陈海波	0.5um 工艺下 SARADC 设计与实现	自然科学	硕士
206	集成电路学院	SJLX_0076	孙陈超	77K 温度下 MOS 器件 SPICE 模型研究	自然科学	硕士
207	集成电路学院	SJLX_0077	卢家恺	应用于 WSN 节点接收机中的可变增益放大器设计	自然科学	硕士
208	集成电路学院	SJLX_0078	王艳	基于水膜厚度传感器的高精度雨量计	自然科学	硕士
209	集成电路学院	SJLX_0079	李鑫	基于物联网的智能家庭安全系统	自然科学	硕士
210	集成电路学院	SJLX_0080	陈苗苗	面向新型智能移动终端的低功耗媒体与图像处理技术	自然科学	硕士
211	集成电路学院	SJLX_0081	畅灵库	低功耗 CMOS 温度检测电路设计	自然科学	硕士
212	集成电路学院	SJLX_0082	孙传奇	压缩感知辅助的非合作多信号调制参数估计方法研究	自然科学	硕士

东南大学入选江苏省 2014 年度研究生教育教学改革研究与实践课题（省立省助）

序号	编号	课题名称	主持人
1	JGZZ14_006	建构以学生为中心的研究生英语多元合作式教学模式	金保昇 陶云 朱宏清
2	JGZZ14_007	拔尖本科生与学术型研究生贯通培养的课程衔接及实践研究	曹蕾 袁榴娣
3	JGZZ14_008	交叉学科管理体制机制创新的实践探索	黄红富 赵林度
4	JGZZ14_009	基于研究生培养视域下的南京高校服务社会机制研究	冯建明 崔琳
5	JGZZ14_010	工程类、建筑类专业学位研究生培养模式研究	沈炯
6	JGZZ14_011	长三角研究生论坛江苏省电子信息领域研究生创新与学术交流中心	叶莉华

东南大学入选江苏省2014年度研究生教育教学改革研究与实践课题（省立校助）

序号	主持人所属院系	编号	课题名称	主持人
1	医学院	JGLX14_004	护理专业学位研究生教育与专科护士培养衔接的研究与实践	李国宏
2	公共卫生学院	JGLX14_005	医学研究生师生互动网络学习共同体培育研究	刘 沛
3	机械工程学院	JGLX14_006	外国留学研究生来华研学交流培养	韩 良
4	经济管理学院	JGLX14_007	金融专业学位研究生毕业论文标准研究与实践	刘晓星
5	外国语学院	JGLX14_008	翻译硕士中外联合培养创新模式的改革实践与研究	刘克华
6	马克思主义学院	JGLX14_009	以提升指导能力为核心的研究生导师队伍建设研究	袁健红
7	外国语学院	JGLX14_010	SWOT分析法视域下的博士研究生英语教学改革研究：以东南大学为例	陈峥嵘

东南大学入选江苏省2014年度江苏省优秀研究生课程

编号	所属院系	课程名称	负责人
1	建筑学院	现代建筑理论	葛 明
2	经济管理学院	财务会计理论与方法	陈良华
3	交通学院	交通规划理论与方法	陆 建

东南大学入选江苏省2014年度江苏省企业研究生工作站名单

序号	企业名称	进站学院
1	南京国电南自电网自动化有限公司	机械工程学院
2	苏州欧米麦克机器人科技有限公司	机械工程学院
3	张家港市AAA轴承有限公司	机械工程学院
4	苏州雷格特智能设备有限公司	机械工程学院
5	江苏省机械研究设计院有限责任公司	机械工程学院
6	南京创能电力科技开发有限公司	能源与环境学院
7	江苏瑞帆环保装备股份有限公司	能源与环境学院

（续　表）

序号	企业名称	进站学院
8	江苏中建材环保研究院有限公司	能源与环境学院
9	盐城市兰丰环境工程科技有限公司	能源与环境学院
10	扬州晨光特种设备有限公司	能源与环境学院
11	江苏金陵科技集团有限公司	信息科学与工程学院
12	江苏绿材谷新材料科技发展有限公司	土木工程学院
13	中建八局第三建设有限公司	土木工程学院
14	南京长江都市建筑设计股份有限公司	土木工程学院
15	江苏和成新材料有限公司	电子科学与工程学院
16	南京图治自动化科技有限公司	电子科学与工程学院
17	苏州自来水厂有限公司	自动化学院
18	徐州徐工基础工程机械有限公司	自动化学院
19	江苏威腾母线有限公司	自动化学院
20	昆山博益鑫成高分子材料有限公司	生物科学与医学工程学院
21	南通振华生物工程有限公司	生物科学与医学工程学院
22	江苏苏云医疗器材有限公司	生物科学与医学工程研究院
23	江苏镇江建筑科学研究院集团有限公司	材料科学与工程学院
24	江苏金贸科技发展有限公司	材料科学与工程学院
25	江苏常铝铝业股份有限公司	材料科学与工程学院
26	南京华欣分析仪器制造有限公司	材料科学与工程学院
27	盛利维尔（中国）新材料技术有限公司	材料科学与工程学院
28	江苏东浦管桩有限公司	材料科学与工程学院
29	江苏丽港科技有限公司	材料科学与工程学院
30	洪泽县华晨机械有限公司	材料科学与工程学院
31	扬州三叶散热器有限公司	材料科学与工程学院
32	江苏华阳金属管件有限公司	材料科学与工程学院
33	江苏九州通医药有限公司	经济管理学院
34	中联资产评估集团有限公司江苏分公司	经济管理学院
35	中国石化集团南京化学工业有限公司	经济管理学院
36	江苏省交通规划设计院股份有限公司	经济管理学院
37	江苏省电力公司电力科学研究院	电气工程学院
38	江苏安科瑞典电器制造有限公司	电气工程学院

（续　表）

序号	企业名称	进站学院
39	扬州市新港电机有限公司	电气工程学院
40	江苏远东电机制造有限公司	电气工程学院
41	海昌隐形眼镜有限公司	化学化工学院
42	张家港市振方化工有限公司	化学化工学院
43	太仓冠联高分子材料有限公司	化学化工学院
44	泰州日顺电器发展有限公司	化学化工学院
45	江苏盐城二建集团有限公司	交通学院
46	苏州规划设计研究院股份有限公司	交通学院
47	江苏畅顺达国际物流有限公司	交通学院
48	江苏省南京市公路管理处公路科学研究所	交通学院
49	丹阳飓风物流股份有限公司	交通学院
50	苏州拓博琳新材料科技有限公司	交通学院
51	南京熊猫信息产业有限公司	交通学院
52	江苏省工程勘探研究院有限责任公司	交通学院
53	苏州交通工程集团有限公司	交通学院
54	江苏新创光电通信有限公司	仪器科学与工程学院
55	江苏罗思韦尔电气有限公司	仪器科学与工程学院
56	苏州康宁杰瑞生物科技有限公司	生命科学研究院
57	江苏省干部理论教育讲师团	马克思主义学院

2014年度新增博士研究生指导教师名单

建筑学： 彭昌海
工业设计： 薛澄岐
热能工程： 潘蕾　沈德魁　马卫民（兼职）　于俊崇（兼职）
环境工程： 余冉　宋海亮
制冷及低温工程： 殷勇高
通信与信息系统： 王俊波
信息安全： 康维
结构工程： 周臻
防灾减灾工程及防护工程： 缪长青
桥梁与隧道工程： 王浩　杨明
光学工程： 朱利　恽斌峰　顾兵
应用数学： 虞文武
统计学： 王冠军
模式识别与智能系统： 刘庆山
控制理论与控制工程： 翟军勇
计算机应用技术： 倪巍伟　芮勇（兼职）
生物医学工程： 刘宏德　刘宏　顾万君　杨芳　孙剑飞
　　　　　　　　吴富根　卢晓林　Gerard Marriott　张先恩（兼职）
材料学： 周健　方峰　万克树　丁辉
材料加工工程： 涂益友
伦理学： 王珂　姚新中
金融学： 董斌
系统工程： 李爱国
区域经济学： 张宗庆
精密仪器及机械： 刘锡祥　赵立业　夏敦柱
道路与铁道工程： 徐宿东　陆庆　李志辉
流行病与卫生统计学： 巢健茜
免疫学： 姚红红
内科学： 童嘉毅　姚玉宇
神经病学： 谢春明
生物化学与分子生物学： 万亚坤
神经生物学： 柴人杰　陆巍

2014年度新增硕士研究生指导教师名单

建筑学：	高庆辉　闵鹤群
电磁场与微波技术：	田　玲
通信与信息系统：	王俊波
信号与信息处理：	夏亦犁
固体力学：	糜长稳
物理电子学：	樊鹤红　朱　敏
应用数学：	聂小兵
模式识别与智能系统：	夏思宇
计算机应用技术：	薛　晖　吴巍炜　刘肖凡
生物医学工程：	刘　宏　戎　非　吴富根　韩晓锋
物理化学：	付大伟
材料加工工程：	张　耀
中国现当代文学：	王　珂
系统工程：	符小玲
管理科学与工程：	薛巍立
电力电子与电力传动：	陈　武
电工理论与新技术：	蒋　浩
道路与铁道工程：	陆　庆
地图制图学与地理信息工程：	柏春广
艺术学理论：	程万里
免疫学：	姚红红
神经病学：	谢春明
肿瘤学：	张海军
神经生物学：	柴人杰　陆　巍
细胞生物学：	张子超
生物化学与分子生物学：	赵　晟

2014年博士学位授予名单

学历博士研究生(共475人)

伦理学	王健靳　郭智勇　黄爱教　何菁龙　运　杰　李　超
科学技术哲学	杨红梅　刘劲松　幸小勤　陶迎春　赵　磊
区域经济学	薛　鹏　赵　灵
产业经济学	汪　建
国际贸易学	李　强　张兵兵　陈丰龙

马克思主义基本原理	吴永生	卫扬中	胡晓玲	高新平	张艺蕾	尹才祥
思想政治教育	郝 杰	孙 婧	华为国	杨 柳	任小艳	方东华
应用数学	廖贻华	郑 聪	辛大伟	董丽红	朱 敏	王圣祥
	任金城	石艳玲	黄 超	赵 璇	刘晓盼	曹海燕
	程全新	胡宇清				
凝聚态物理	边小芳	刘 浩	孙 悦	董慧媛	董新龙	章其林
	张 栋	罗 琛	王海军	郎咸忠	董学光	任重丹
遗传学	张成婉	李 毅	刘力娟	石丽娟	何 泽	诺 娃
	刘建娥	吴晓菁	甘光明	邢广林	乔凤昌	
固体力学	戴美玲					
工程力学	张廼龙	何顶顶				
机械制造及其自动化	陈勇将	王 园	孙小娟	崔怀峰	文少波	程 峰
	朱晓璐	王海军				
机械电子工程	韩延祥	张春伟	郑李明	高文科		
机械设计及理论	张 艳	魏志勇	陈丽换			
车辆工程	黎文琼					
机械工程(工业设计)	金 涛					
机械工程(制造业工业工程)	甘淑媛					
光学工程	杨伯平	管秋梅	林小燕	周志强	江 源	刘敏宗
	慎 飞					
仪器科学与技术	宋 翔	朱 柱	申 冲	王胜利	王晓雷	闫 捷
	徐 元	赵文彬	马俊青	章华涛	王志杰	王 勇
	钱 夔	杨 彪				
测试计量技术及仪器	文 辞					
材料科学与工程	戴世娟	荣 辉	佘 伟	吴玉娜	刘 欢	
材料物理与化学	巩春侠	吕伟欣	刘飞高	步 红	刘 伟	徐 璇
	郑颖平	百 克	陈亚芹			
材料学	胡显军	徐亦冬	何智海	聂彦锋	陈 波	高岳毅
材料科学与工程(生物材料与组织工程)						
	苏 塔					
动力工程及工程热物理	刘向东	王春华	宋飞虎	赵 亮	赵培涛	付飞飞
	顾海明	徐贵玲	郭 苏	杨 磊	朱立平	董 聪
	吴 啸	吴 烨	贺春辉	杨 柳	宋 涛	刘莎程
	清李栋					
动力工程及工程热物理(能源信息技术)						
	张雨飞					
电气工程	刘合祥	张 静	杜 怿	苏慧玲	王 业	郝雨辰
	李 周	梅 飞	朱 瑛	朱 超	黄慧春	曹永娟

	赵　欣	张　宏	王书征	查申森	姚　磊	朱文杰
	王　伟	谭林林	王深哲	郭玉敬	臧海祥	邹志翔
物理电子学	崔　渊	叶全意	许小勇	张辉朝	卡安纳	夏振平
	徐　进	周　谞	郭　浩	丛嘉伟	张盼盼	胡涛平
	屈　科					
电路与系统	王利丹	杨格亮	郭　林	郭晓丹	吴毅强	曹　佳
	包　宽	唐　凯				
微电子学与固体电子学	余辉洋	张志强	朱贾峰	陈　超	蔡春华	徐宇柘
	胡小会	蒋富龙	王子轩			
电磁场与微波技术	张颖松	陈振华	陈　刚	张　俊	谢家烨	夏　景
	陈　喆	朱舫钟	兴建温	定　娥	李　林	盛储鹏
	丁德志	殷　康	万　向	季连庆		
电子科学与技术（集成电路设计）						
	庄华龙	胡善文	蔡志匡	孙海燕		
信息与通信工程	金　赟	冀保峰	王　珏	孙　强	王　浩	罗武骏
	吴泳澎	杨　喜	黄　毅	薛明富	宋　鹏	鲍　楠
	戴建新	赵小燕	沈　弘	陶文凤	杜　博	
通信与信息系统	陈　杰	邵震洪	邓卫华			
控制理论与控制工程	朱　博	黄崇鑫	程　康	汪浩祥	赵　彦	甘亚辉
	鲍乐平	雷邦军	吴　祥	张传林	王翔宇	李文超
	安玉伟	薛明香	邹温林	张静梅		
检测技术与自动化装置	葛化敏	谢佩章				
系统工程	朱慧云	孙　立	马　鹏	史纪新	刘　健	杨世才
模式识别与智能系统	王　婷	黄鹤鸣				
导航、制导与控制	丁　昊	陆　源				
计算机系统结构	蔡　顺	朱海婷				
计算机应用技术	何高峰	张竞慧	田　田	朱　夏	朱晓建	凌　振
	顾　军	郑　啸	史培中	倪旭东		
计算机科学与技术（图像处理与科学可视化）						
	张　悦	左　欣	吴海勇	刘　凯	张鹏程	
建筑设计及其理论	王　铠	张　弦	李芝也	安嫄娟	王　宇	高晓明
	桂　鹏	刘　华	王　为			
建筑技术科学	赵忠超					
建筑学（景观建筑学）	徐　振					
土木工程	丁静鹄	杨明飞	陈　伟	袁　方	萨义德	宋永生
	袁　鑫	朱小军				
岩土工程	陶景晖	卞　夏				
结构工程	施嘉伟	陈耀洪	万黄玮	丁里宁		

市政工程	周 方					
供热、供燃气、通风及空调工程	张任平	闫俊海	文先太	程建杰	张 源	
防灾减灾工程及防护工程	黄祥海	蔡文华	刘 涛			
桥梁与隧道工程	黄志伟	马 磊	马文刚	邢世玲	赵 品	
土木工程(土木工程建造与管理)	陈云钢	成于思				
应用化学	刘 虎	伊 昌	高鹏然	冯 琦		
交通运输工程	邬 岚	蒋愚明	童蔚苹	李兴海	张小辉	霍月英
	李志栋	何 流	杜牧青	涂圣文	郭咏梅	何小洲
	丛 菱	邓社军	黄正锋	徐建华	璟 怡	杨 明
	邓润飞	邵 飞	杨 发	李红伟	施俊庆	刘 静
	潘义勇	孙 振	填 文	颖 文	王正兴	金诚杰
	徐铖铖					
道路与铁道工程	皮育晖					
载运工具运用工程	李金辉					
环境科学与工程	王晓波	姚 杰	林子增			
环境工程	朱崇兵					
生物医学工程	张 勇	杨达云	李小龙	毕丽艳	刘保霞	田 甜
	刘丽萍	徐洪增	王训恒	黄 焕	王建民	王 鹏
	汤天宇	胡飞虎	林绪波	聂玉敏		
生物医学工程(学习科学)	李 佳	朱艳梅				
生物医学工程(制药工程)	吴 旸	张曙光	冯成亮	赵 健	李 磊	刘 超
城市规划与设计	吴雪飞	张益峰	杜 嵘			
免疫学	陈登宇	陈峻崧	杨翠萍			
内科学	刘松桥	张伟成	红 艳	黄英姿	盛祖龙	倪海锋
	于 涛	陈中璞	潘明明	陈峻峰	胡圣大	潘啸东
	耿磊钰	王艳萍	李凤飞	蔡施霞	杨子学	魏 芹
	叶 伟					
神经病学	王迎新					
影像医学与核医学	李宏波	陈华俊	夏江燕	彭新桂		
外科学	陈恕求					
流行病与卫生统计学	常旭红	吴建茹				
劳动卫生与环境卫生学	苏耀耀	杨 飞	居静娟			
卫生毒理学	孔 璐	宋志秀	黄桂玲	印 虹		
管理科学与工程	汪 漩	曹爱军	邓益民	雒 燕	施巍巍	严效民
	罗倩海	江 涛	王 露	蒋丽丽	李 贺	周志鹏
	高 星	张艳芳	陈庭强	桑秀芝	王志如	凌 晨
	董建军	王娇俐	赵柳榕	余菜花	黄 晓	徐天舒
	熊强花	磊 庄	倩厉浩	朱 斌		

管理科学与工程(金融工程)	施亚明	尹群耀				
艺术学	顾 工	李义娜	王建英	吴衍发	帅 伟	袁宙飞
	于安记	蒋 晖				

2014 年学术型硕士学位授予名单

一、学历硕士研究生(共 2 146 人)

马克思主义哲学	洪巧荣	韩 荣	赵秋丽			
外国哲学	郭东辉					
伦理学	陈晓莹	蒋艳艳	徐小多	殷会芳	张袁远	
科学技术哲学	张 浩	耿飒膺	何增辉			
国民经济学	魏 莎	周 圆	卫晓星	程 莹	杨 银	刘 晟
区域经济学	庞艳梅	孙超玲	赵 洁	杜国鹏	王 庆	李先军
	张莎莎					
金融学	戴文彤	李 玮	郑 征	朱天舒	曲 蓬	朱 叶
	顾笑贤	周 璐	谢晓冉	李 琼	赵鹏飞	
产业经济学	张子娟	饶思文	周海波	许 敏	王齐晗	王 蒙
	李 洁	王 鑫	凤 洁	仇 圆	吴向晴	魏晓雯
国际贸易学	陈思思	倪菊华	钦单萍	张 津	陈 辰	袁青柳
	秦 蓉	胥婷婷	陈华碧	刘海燕	马银花	张 婷
	汪红引	高德勇	艾玛特	裴氏泰	阮氏雪梅	杜氏海燕
	付祝红	李 娜	莱科比	阿巴建	阿米莎	成 敏
	杜远志	恩芭塔	甘贝亚	卡 得	拉迪诺	玛 丽
	切拉罗	瑞 秋	塞 尼	吴 丁	易诺拉	尤 佳
	珍妮娜	罗维克				
法学理论	毕宝琦	刘韩静	朱晓燕	王 启		
宪法学与行政法学	莫 静	侯灵凤	綦晓云	杨海欧	赵 琳	丁 欣
	方亚琴	刘 青	杨 帆	王君茹	张亚飞	闫利骄
	郭 旭	李珊珊	吕 聪	董云霞		
民商法学	李建军	葛菊莲	孟星宇	丛 宾	何涵嫣	彭荣杰
	段艳霞	李 亮	董婷婷	李思博	刘 波	聂宝宝
	杨俊生	茅珊珊	龙 勇	白 羽	邵慧燕	张思斯
政治学理论	金 喆	张 路	王鉴颖	张同婷	刘菲菲	唐 坤
	杨志超					
马克思主义理论	方 媛	吴金鑫	徐潇琪	陈忠裕	王 凯	胡 俊
	万晓荣	裴莹莹	蔡正元			
高等教育学	罗圣梅	石爱珍	刘 琼	朱福娇	王 嫚	丁晓雅
	王 磊	王从跃	杨 洁			

专业	学生					
职业技术教育学	朱 婧	汪林枝				
教育技术学	秦 婷	张 舰				
应用心理学	李璞鸥	程云霞	刘 丽	曹梦琦	王 双	杨 明
	张 丹	韩文超	付阿丽	森 娜		
体育人文社会学	郭剑平					
体育教育训练学	陈 莹	袁兴志				
中国古代文学	李巍男	郑潇潇	李洪娟	栾晓立	吴庆涛	王爱萍
	李媛媛	朱 琳				
中国现当代文学	刘 韬	王 云	王 洁	左孝如	周素娟	上官乐凤
	唐 雅					
英语语言文学	刘振勇	石戴镕	王新芳	郭束怡	张 晓	刘 敏
	焦 扬	王亚龙	张梦昕	余 沛	严 翩	孙文文
日语语言文学	李 倩	王晶晶	宣洁沛	孙 飞	包自珍	吴 杨
外国语言学及应用语言学	廖 蓉	秦小青	吴 婵	周 烨	卞 菲	韦 伟
	王 颖	英 瑛	袁 昕	刘 芳	陈 雯	陈 焜
	蒋 凡	李鸿霞	陈希东	何超华	骆玉娇	
基础数学	张霜霜	王佩君	祝 霞			
计算数学	范龙玲	李明辉	李秀萍	张颖红	王玉婵	
概率论与数理统计	韩忠成	袁其志	吴晶晶	金凤屏	薛梦秋	张小菊
	代心灵	张 涌				
应用数学	张巍伟	杜 森	孙方彬	尹亚南	陈 亚	李文艺
	毕巧艳	许文盈	王 慧	胡 乐	夏 丹	
运筹学与控制论	赵 轩	王茵茵	张振明			
物理学	白 静	叶 晖	汪振新	宋连燕	孟 红	盛 燕
	王 萌	张文霞	苏丹丹	蒋 盛	唐 宝	黄勇潮
	赵文娟					
分析化学	邓晓燕	杨 皓	马 慧	苏 娟	徐玲玲	熊艳翔
	倪蔷薇	邓思维	张 静	唐 伟	章爱娣	周友霞
物理化学（含化学物理）	陕入毓	孙素文	陶银花	鲍奇龙	陈剑飞	张莉娜
	储兆晶	洪金龙	任 飞	王玉凤	余春华	刘明亮
	高雪玲	刘 义	张静静	郑 爽	金 玉	龙 欢
	金燕燕					
高分子化学与物理	姚玥玮	詹 倪	陈雨露	钱珊珊	田艳芝	刘铭霞
	张 慧	唐步蔚	孙玉伟	胡 昕		
生理学	何婷婷					
神经生物学	竟丽娜					
遗传学	李 云	禹 平	张思如	张 影	曹 枫	王琪炜
	王 玲	吴士超	李丽丽	王卫龙		

生物化学与分子生物学	吴建班	王 璇	姜志霞	卓 娅	孙燕燕	张甜甜
	刘 思	吴苗苗				
生物物理学	苏 林	周 杨	孙春蕾	殷俊环	杨振平	杨 飞
系统分析与集成	张 伟	吴 云				
一般力学与力学基础	陆 韬	周剑如				
固体力学	王贵妃	卢位昌	杨宗元	艾洪新	赵炳云	
工程力学	盛惠琴	郑 可	谭福颖	仇堂堂	陈 达	周陈凯
	邹 会	叶 磊	李靖昌			
机械制造及其自动化	李 昂	江 彬	赵 天	林潘忠	梅传田	臧 波
	张海波	巨小龙	石智云	杨成伟	侯 捷	唐 谦
	冯 涛	黄 幸	金 璟	印兆宇	张玉成	张云逸
	凌芳华	乔江南	苏召利	张玉青	孙 刚	葛继伟
	吴 瑶	廖佳佳	尹 强	王 志	吴若若	刘海永
	张文斌	马 杰	武 奎	吴晓飞	花季华	史培捷
	张先国	王文斌	张海涛	周海全	王 霖	张 远
	薛 飞					
机械电子工程	郝风吉	范 坚	顾冬平	王 凯	王启飞	王 健
	魏 巍	付世昌	卞印航	王庆祥	杨文军	陈 龙
	窦 力	李 波	刘智刚	张存继	周成龙	周 航
	孙明杰	陈伟伟	李俞先	姜传飞	罗 超	唐照建
	沈诚龙	刘 升	卜德帅	王义朝	张光肖	孟祥才
	苏 桃	许红梅	李戍萍	李俊林	张 余	范 钦
	冯 伟	沈军涛	方舒雅			
机械设计及理论	包加健	雍国清	田静铅	孙晨飞	马 慧	游栖霞
	吴 健	张远波	陈福森	宗清森	谌军伟	娄金汉
	黄玉华					
车辆工程	袁东明	卿志勇	杨佳宁	张廊然	许飞飞	何 凯
	吴海强					
机械工程(工业设计)	蒋 华	匡雨驰	陈月婷	凯 琳		
机械工程(制造业工业工程)	陈 武	周建功	徐义虎			
光学工程	石 磊	关俊娟	韩自胜	方 薇	岳东海	张 呈
	黄文钊	廖民亮	许 洁	施晨燕	王俊俊	沈兴超
	郭少虎	何斌权	邵玉杰			
仪器科学与技术	陈 超	仇 之	许 诺	杜 莉	张倩芸	马 妍
	邵梦超	黄金凤	戴龙中	万 能	赵朋和	陈双龙
	陆小飞	朱 星	蔡民杰	杜倩倩	黄 宇	兰 德
	沈 阳	孙玉辉	王 宇	武 芳	许立平	杨 辉
	曲娴姗	张立云	陈杨洋	王雅利	蒋燕飞	刘 虎

材料科学与工程

李俊　虞成　孟静静　王昌鹏　沈睿　林金梅　易亮　郭盼盼　吴春晓　肖海军　刘叶　姚佳梅　林涣芸　黄珊　韩方玉　仇旭萍　高金鹏　张真真　彭德齐　吴晓琴　刘建双　邹学武　于超　秦清华　张丽辉　唐智骄　钱唤　马立彬　张玉超　王瑞凯　刘嘉　吕晶晶　潘栋　张昊　徐婷　张蕾　唐叶　刘磊　何彦君　潘晓强　王永进　李林　李珂珂　潘琴　陈丁　吴明明　孙晓飞　彭凤丽　严木香　洪凤龙　宜文娟　周良帅　韩涛洁　郭前刚　赵飞　李学红　马俊　吴敏　武秀秀　于平　何有源　张鸿飞　印玲玲　王科　潘春仁　刘晓凯　孙晶晶　李瑞阳　丁滔　徐琼　王珠峰　孟俊丽　张雪　丁彧　王卫国　冯帆　杨春雷　张德忠　米传同　武胜萍　韩彦　王明明　郭飞　周可欣　葛衫

材料物理与化学

宋元军

材料科学与工程（生物材料与组织工程）

动力工程及工程热物理

娄明　戴义根　张龙　陈欢乐　杨小龙　卜庆萌　赵国瑶　刘飞龙　胡振中　常青　缪建均　郭嘉　杜玉照　严志远　陆子龙　李献亮　徐宝江　宋金凤　刘宇　何星晔　洪天琪　任禹丞　赵晶　祁晶　张倩　刘培栋　杨振　刘溪　张永信　王恺　李洁　储云霄　秦康　马燕宾　孙钟平　姜广政　张强　胡海华　许立伟　周中州　王梦蔚　王婷　李京　王兆龙　陆玲玲　赵浩川　陆杨　刘先立　姚启矿　李兆瑜　乜建龙　伍运　唐雯颖　侯少宇　孙利鹏　王芳　吕士武　刘伟　张蓉　王言东　鲍帅阳　赵丹丹　王云洁　卞龙江　李倩　吴茜　许飞　史奇良　娄清辉　喻兰兰　卢健　贺婷婷　黄旻亮　王恒阳　季辉燕　肖燕　张宏升　张天海　南旭　卜寿珍　李永平　任宗党　刘晴　杨绍进　陈玮光　李享涛　吴涛　陈高森　杨士生　史毅越　张世东　石健　罗蒙蒙　黄之成　张利　李存霖　尹凌霄　马运翔　张庆　徐成威　左秀娟　刘静静　李瑞　王祥　华浩　顾星辰　凌启程　姚晓君　林丽　蔡喜冬　杨唯彦　朱春　万鲁林　陈晨鹏　戴薇薇　马琳　李波尚强　王洁月　陈孝　范晨　钱龙　张博文　陈强　梁乐　韩臻　任旭超　周磊

电气工程

物理电子学	周亚龙 邓宇鑫 罗海明 吉露露 钱长远 郑杨 刘红星 贾丽娟 张庆华 汤镕昊 王钟龙 万知之 胡红梅 吴俊 武欣 马雪琴 闫洪昊 占建英 王逸萍 陆彬 曹伟杰 江楠 石子伟 周莉 吴串国 李顺 刘凯 孙翰飞 杨柳 王超 牛文娟 杨鑫 王辉 张纪皇 窦海龙 柯海波 孙鄞 陈成 李欣哲 吴兴泉 李东 杨露露 王倩 王元凯 丁一铖 朱柳 王春霞 沈莉 曾繁辉 韩乐 李海燕 唐路平 王伟 连涛 陈玉伟 刘述军 於冬雪 焦石 汪昱 魏梦飒 朱璐璐 林生琴 王叶轩 朱佳燕 孙少凌 张月平 王汇 陈心全 周书杰 方鑫 朱妍 邓克愚 刘中泽 张琪 徐发喜 陈玉婷 张文春 潘巍 裴玉伟 徐慧远 胡凯 王雪峰 郑艺 李双 刘顺明 张志远 孙宇军 黄潇贻 费腾 潘正宁 张思宇 张馨升 顾孟飞 白玉庆 曹奕 汤四海 施晓廉 关壮壮 王洋洋 赵翀 李芝 刘佩琳 陆锦程
电路与系统	顾青瑶 袁亮 单锡城 杨飞翔 黄建凡 张肖 姚子龙 黄强 张欧力 蒋雪飞 马美蓉 陆小青 李玉澄 凌俊 陆嘉峰 张望伟 李智源 束佳云 李观海 邹子春 刘潇 陆珊珊 周倩 宋立桃 支豪 林茂 尹修国 张蝶 潘磊 江禺伟 宋毅珺 吴华灵 陈慧 彭茜茜 闫成刚 唐万恺 姚建国 唐亮 占坤 陈自龙 张平
微电子学与固体电子学	熊俊 韩才霞 马鹏程 董雪鹏 罗孝松 吴昊 刘长承 杨超 陈升奇 陈辉 陈纪龙 张纳纳 杨胜远 李哲文 卢培 袁强强 方云龙 茅锦亮 徐川 尹海峰 章玮 李尚 李峰 陆书芳 吴兵 姚文杰 王文岩 王浩麟 周郭力 谭艳华 徐佳峰 陈庆能 卫园 单园园 张晓强 李新鹏 金海坤 闫浩 杨廉萍 王勇森 曹坤 胡建飞 田朝轩 徐哲 张学永 陈友鹏 朱永生 缪卫涛 陈乔威 赵超 孙曹钧 贺秋荣 陈方韬 黄洋 王雷 周正亚 陈帅 万振兴 王裕希 张际新 卢卫 石腾腾 欧阳晓宇 伏星源 林吉勇 陈文浩 姜文 温闻 邹羽 杨仲盼 刘智林 孙锋锋 葛上 汪德飞 郭本领

电磁场与微波技术	曹丽娜 曹行 倪大海 向渝 薛宗林 应钱诚 郁娟 曹扬 陈晨 任刚 吴正阳 肖亚君 袁伶华 陈康 丁晨 杨宇成 王丹 玄倩倩 于瑞涛 项在华 李校石 刘畅 柴远 刘立超 罗莹 赵顺 樊艳艳 乔泰 张涛 陈洁 李然 张珺 朱卉 蔡有勋 陈宇 何玲 陆平 宋锐 王璐露 杨晨 樊大朋 汪源 李英俊 詹琪 杨智敏 王孟超 刘丰冲 赵铭宇 厉璐慧 赵赫 金骏达 傅晓洁 金 夏冬 时冬杰 袁全
电子科学与技术（集成电路设计）	张慧 廖科源 范君 包华贵 王燕 丁兵 刘政清 陆炎 汪国军 潘旭 李菲 樊朋 张益涛 刘镇硕 张婷 郭银涛
信息与通信工程	梁文磊 陈春艳 刘振财 缪苏津 秦成慧 汪莹 翁俊杰 徐圆 杨露 朱冠亚 左大华 王倩 来晓泉 吴超培 朱琳 卢晓文 任红 温云鹏 王超 杨龙 罗莎 李诗桓 蔡菁菁 邓祝明 倪彦 沈启辰 唐健 谢一 徐挺玉 李过 许金玲 周煌 朱昊 李雷 杨飞 吴磊 胡强 童慧 舒启航 吴旭 华灵佳 刘守敬 李慧敏 黄铭波 黄志春 刘玉霞 苏彩銮 黄健 柏庆 邓小伟 陆蓉蓉 王思 周耕 马聪 郎松平 缪俊 陈乐 李明梅 钱妍 王晓钰 张安冬 陈慧 葛梦 何志健 裘洪彬 张俊琳 杨云帆 郑诚 盛园 袁程炫 徐银 卞曹明 陈麾 张维宁 王轩 张辉林 张昕妹 周言 徐辉 徐颖 余小龙 由晓宇 林云龙 傅海燕 包夏红 陈丽萍 陈林 李静一 赵明霞 缪小龙 孙璐 孙英明 王帆 余威风 刘梅辰 钟齐炜 樊琳琳 周子铨 王芳 夏灿锋 季辰刚 吴彩娣 程萌 胡金鑫 黄超凡 黄磊 王 姜泽成 刘卫卫 梅明涛 秦小娟 沈悦 邹俊洋 徐雅南 徐臻 杨文杰 周云 朱中华 甄德甫 李育荣 杨明 吕臻 汪汉 路云 李婷婷 吴普杰 肖福剑 张晶晶 苗创 提启潘 孙晓燕 张莎 张茜 李沪 李杰 王润辰 王恩飞 夏云峰 陈南也 李亚楠 任卫东 邵辰 高尚 刘帆 薛 杨中云 郑勇鑫 朱克龙

控制理论与控制工程	于晓文 王颖 葛浏昊 王瑞 范将科 孙维 顾文华 黄坡 叶新福 闫越 吴超 周坤 张志伟 顾小杰 李小弟 翟卫超 戈润栋 陶海跻 江春安 唐文杰 俞学宏 李东威 邱新汉 陈磊 刘畅 杨伟 沈博 郭涛 汪立海 陆志远 陈晓刚 陈鹏 余冬冬 赵泊渌 高小伟 施春涛 宗思恒 周志景 解慧静 周久海 陈伟 王德金 杨鸿 张飞 李立群 江升 张锐 马靖 卢飒 刘健 吕友鹏 钱刚 张波 张凤玲 郭莉菲 丁健 桂龙 葛健 汪欢 王斌 潘仁林 王健 吴婷 答奇 马妍妍 郑伟 陈慧 宾 潘勇
检测技术与自动化装置	周伟 陈伍军 孙凯 江潇 周潞 邓盼盼 周秋萍 刘福东 陈辰 薛博盛 周鹏
系统工程	徐梦娟 王媞 张语心 马翻翻 郭宇 韩力 夏红云 吴志洋 余海林 何天宇 张子超
模式识别与智能系统	毛磊 周玲 宋倚天 潘锦东 孟双凯 董岩超 杨溢 苏雅 姚振鹏 华凯 李悦 蔡晓蕙 杨刚峰 赵豆嫚 林志勇 何冰 余秋宇 吴剑飞 孟玉静 朱莲 张京 徐胜保 杨晓岚 顾李晶 沈耀强
导航、制导与控制	
计算机系统结构	王会羽 何海斌 芮铭敏 倪晶晶 马永 彭莹 杨焕 卓文辉 张彪 曾一鸣 张杰 龚皓 叶飞
计算机软件与理论	曾少雄 周洲 邹彬 孙海霞 李志钢 白云璐 朱建锋 程添亮 李超 周书湘 李沛林 刘艳梅 魏涛涛 耿国清 兰阳阳 王远 彭程 王杰 李倩倩 吴轲 俞超 马艳芳
计算机应用技术	张泽西 陈文强 马旭 杨鹏伟 朱桂华 王盛 吴磊 季荣姿 蔡捷 欧思 蒋锟 陈昭娣 施洵 袁飞飞 钱丽华 夏昱 徐欢 吴梅菁 陈大蔚 李周书湘 董丹 孙菲 张燕婷 冯永设 徐森 王远方 王金明 姚盛强 王国平 陈佳 郝景融 王春香 任顺利 黄继高 王勇 张毅 朱长城 拉理 江天择 吴江林 冯光辉 彭殷路 冯佳奇 薛晓乐 倪俊辉 赵沐为 张旸 刘铮鹏 肖亚波 何福林 孙国庆 翁文菊 刘事雨 李勇 王

计算机科学与技术（图像处理与科学可视化）	舒 晴	曹 清	严善春	王 辉	赵兴楼	靳 博
	刘 虎	毛辉杰	郭孝家	张 娇	仝 丹	张文霜
	陈洪锦	黄威力琪				
建筑历史与理论	赵 越	朱 杭	张 瑶	魏文浩	丁绍恒	孔德钟
	沈 雯	吴乐源	申 童			
建筑技术科学	于 越	徐 杨	徐 欢	来鹏程	张思慧	程 呈
	刘 聪	尹述盛	潘 晓	姜盼盼	王 慧	刘 哲
	王兴鸿	吕晓峰	涂 欢	吕良枭	朱一宇	
建筑学（景观建筑学）	侯汝凝	张冠亭	李志刚	余 嘉	张小艳	阮文龙
建筑学（建筑遗产保护与管理）	高文娟					
土木工程	陈碧亮	张 涛	丁小峰	胡尚文	管东芝	史 浩
	刘 琪	何贤亭	董惠雷	洪 浩	王 鑫	徐 博
	包轶楠	陈爱荣	顾志超	吕 巍	王路平	曾 鹏
	赵 桉	周 雅	刘 贝	陈祉阳	翁和娟	潘海涛
	独 巍	蔺志强	苏彦龙	王兆勇	陈立奇	陈俊涵
	顾 煜	黄泓蛟	嵇蛟龙	孔维平	李海建	李 涛
	刘 飞	刘 巍	刘 新	马池锋	茅燕兵	欧 鑫
	潘 登	沈 伟	孙小清	谭志成	王 浩	王 溧
	王鑫锋	徐绰然	徐鹏程	杨金鑫	郁晓铭	袁 杰
	周 波	任华庆	王 韬	张宁一	张建峰	谭林波
	葛少平	孙多波	杨晶文	顾 羽	方自奋	陈家勇
	贺星新	谢 辉	刘文欣	史长华	孙兰香	许 杭
	丁百川	李世军	代 帅	邹星星	何成林	刘旭东
	樊星辰	刘 桥	熊鑫鑫	范琳梓	孙振威	赵慧义
	危大结	王 冠	刘承亮	薛加烨	杨大峰	宋丹丹
	李林峰	唐 屹	尚春方	李晓铎	冯明霞	赵姗姗
	夏新凤	皇甫超华				
岩土工程	范礼彬	孙海涛	陈左波	岳喜兵	夏禹明	张 涛
	朱晶晶	王婷婷	张 婷			
结构工程	许家鹏					
市政工程	杨思思	杨新德	冒丽娜	程言妍	段锦涛	朱春刚
	谷甜甜	蒋 奇	曾文才			
供热、供燃气、通风及空调工程	查 翔	李兴国	钱俊飞	姚文超	陈义波	武云龙
	沈佳星	张 娴	王 威	江楚遥		
桥梁与隧道工程	罗 泉	郭凯斌	李明鸿	张荣荣	钱宇程	朱骄健
	蔡 超	车慧敏				
土木工程（土木工程建造与管理）	田智勇	张国委	陈小云	王艺琛	刘佳佳	黄一苊
	冯 靖	顾 悦	宗 赟	宁 静	吴若阳	张 静

	徐 燕	张 忠				
港口、海岸及近海工程	陆南辛	王俊勇	陈 冬	郑 龙	郑 炜	
大地测量学与测量工程	孙洪飞	汪登辉	华远峰	钱大林	刘文豪	夏 炎
摄影测量与遥感	占小康	廖晓航				
地图制图学与地理信息工程	沈天思	邓 峣	张 楚			
化学工程与技术	辛传贤	刘盼苗	李 园	李树强	陈丽华	周 路
	顾 怡	黄金金	贾海燕	邵 恒	朱红艳	孙彩华
	马 健	施 磊	何 静	陈玲芳	刘亚辉	康丽红
	于淑娜	曹 科	鞠 沐	施天一	胥廉谦	杨 帆
	顾正东	杨善波	周琴琴	陈真杰	管成飞	徐 彪
	汪 灿	楚宁宁	靳 磊	赵春红	李玉松	孔 杰
	付倩倩	刘玉龙	陶在琴	周士艳	高雅凤	张秀英
	刘方园	朱科泾				
道路与铁道工程	李晓东	贾文镖	张令刚	杨理广	黄悦悦	徐 菁
	朱善平	马 辉	陈 炎	吴海涛	李 伟	刘竹光
	郑世杰	严世通	李 靖	刘琬辰	李 凯	朱晟泽
	萨 乐	张 健	陈阳利	高培培	刘 飞	杨 迪
	张利冬	左 娜	柏正云	周雷雷	孟 浩	田猛猛
	张李明	刘林松	钱泽东	贾玉静	史 勤	戴剑林
	朱宗凯	龚明辉	卢 炜			
交通信息工程及控制	崔青华	吕伟韬	张安泰	刘 岩	苗 翔	
交通运输规划与管理	张 鑫	赵静瑶	吴静娴	左毅刚	张 航	赵琳娜
	黄田芳	舒 蕾	韩林宁	李 蕾	李 旭	刘 霞
	段 荟	林筱怡	马龙华	谢 凯	薛长松	安子贞
	丁晨滋	樊 蓉	范 超	费 跃	芮沁怡	田荣荣
	杨 阳	陈晓武	吴铁民	张 鹤	邓琼华	郝晓丽
	亓玉礼	乔李丽	张清源	周光鑫	张 东	赵亚杰
	郑文昌	朱越然	白 薇	郭士永	王 恺	
载运工具运用工程	王 轶	付瑜瑾	韩竹斌	毛海涛	孟彩霞	史立凯
	王 娟	王 磊	应纪科	张翼军	吴德华	
环境科学与工程	张茜芸	刘志超	曹圆媛	钱怡君	相 玮	周 易
	何 源	瞿如敏	陈 浩	冯艳红	石晶晶	陈柔君
	刘芳蕾	杨叶琴	高韵辰	余春艳	宿茫茫	孙小梅
	李 婷	魏思泽	华清秀			
生物医学工程	常智敏	刘 扬	薛江阳	于 佳	李林亮	王尚君
	刘 玮	李婷婷	王晓霞	侯 勇	王玮辰	阮晓博
	杜宇航	黄一清	彭海玲	朱 琳	严 路	李 贤
	马 嫚	姚 慧	王婷婷	谢旻晟	裴 琳	张 宇

	金莲	范雪梅	吴明明	应松	朱玲英	王玉珏
	岳云霞	刘雪松	杜文新	刘金凤	李其花	程向飞
	刘翠翠	朱靠	李金超	韩旭	吴靖	邢莉娜
	黄峥	刘丽	齐旗	时玉娟	董金来	石泉
	闵超	朱威宇	李洲铖	尹赛赛	汪思源	刘瀚文
	常维维	尹辰玥	李巽	甘延	林志宏	管琛琛
	董世坤	葛迦	范恒锋	刘国庆	王海浪	朱家煜
	周一兰	李泽文	王小龙	程遥	田艳艳	杨飞
	郭兆彬	童威	夏云	袁彦婷	王海峰	尉兵
	陈盛培	朱长皓	徐燕	庞行云		
生物医学工程(学习科学)	王蓓	任婧	王晓兰	周鹏飞	薛阳	张桐
	李双	杨兴龙	邓冬	曹蓉蓉		
生物医学工程(制药工程)	毛秋霞	王燕	卢文君	胡兵	张蕊	
城市规划与设计	石洁	李爽	李迎成	郑浩	许龙	陈雨露
	王丽丽	陈程	陈梦姣	陆小波	牛元莎	汪隽
	王海琴	俞一杰	张姚钰	张一凡	朱安宁	冯正一
	汪徽	吴子培	徐静	刘达	程亚午	唐雯
	汪成璇	沈思思	石竹云	强欢欢	杨凌茹	朱秋诗
	任佳前					
城乡规划学	胡亮					
人体解剖与组织胚胎学	焦翼飞					
免疫学	陈婧	张亚芬	赵思敏	苗琦	陈凤	殷鹏飞
病原生物学	李玉红					
病理学与病理生理学	汪渊					
内科学	张明辉	徐蔷薇	沈菲	王晓伟	徐敏	沈祥波
	王本文	张洋	蔡丽婷	郭银凤	程振兴	程正源
	朱正球	张琴				
儿科学	杨慧					
神经病学	唐浩	杨恒	郑亚彬	刘端		
影像医学与核医学	周旋	冯源	黄昊	荆剑	赵国峰	尚松安
	陈苓珊	罗冰				
临床检验诊断学	杭红蕾	柳楠楠				
外科学	孙万里	万兴	林禹丞	徐忠能	王琨	王丽
	施龙青	张辉				
妇产科学	沈彦婷	吴迪	江娟			
耳鼻咽喉科学	王亚玲					
肿瘤学	王钟晗	朱洪艳				
麻醉学	蒋婷婷					

急诊医学	谢剑锋	杜文婧	高志伟			
流行病与卫生统计学	周良佳	杨舒静	崔梦晶	顾月	李杰	王萌
	谢彦昕	陈奕娟	杨建鑫	陈召青	李婕	周丹
劳动卫生与环境卫生学	彭世富	宋晨	周远龙	石亚娟	彭媛	奥马里
	任晓峰	杨菲飞	付艳云	张迎建	刘洋	
营养与食品卫生学	曹阳	刘卉	乙楠楠	蒋淼	吴惠	周方晴
卫生毒理学	胡媛媛	黄艳梅				
中医内科学	邓可					
药理学	吕红梅	白莹				
护理学	叶秀利	潘红				
管理科学与工程	叶玉文	鲁娜	陈百硕	陈弋文	王明亮	刘春萍
	张红	胡安冉	陈林花	孙云	汪思全	张书菖
	邵珉	张红雨	于瑞楠	孙磊娜	衣艾菊	陈磊
	钱驰	夏楠	黄丹	张琼琼	肖文娟	胡雅丽
	刘元春	冯丹	王浩	杨艳	王燕	王圆圆
	徐方舟	姚舜禹	余思	张佳文	王刚	陆珺花
	应昕玮	张媛	陆薇	韦璐	顾益岑	王晋菁
	何丽红	蔡琦	柴文艺	陈文军	衡海庆	徐青婧
	朱秀华	薛鹏飞	吴玉怡	于建勇	周迎春	张锐
	陈娜娜	方琼	王苗苗	周晴晴	任鸿美	山焕荣
	王云波	齐炳全	潘莉	何宁	邵记友	蒋红燕
	王丽	刘畅	吴晓纯	仵亦畅		
会计学	丁琳	黄裕	郎君利	王珂清	王思博	王婷婷
	刘家明	刘子晗	陆婷	宋潇	王艳华	谢攀
	袁媛	王佳蓓				
企业管理	狄子良	白璐	杜娟	李园园	肖洪	孙慧
	王倩雯	徐学富	沈红也	后士香	韩幸	吴丹丹
	崔明娟	钱玉	刘利敏	张峤莉	刘丽	弗飞
旅游管理	刘文娜	王旌璇	徐真真	王玉霞	苏婉璐	马艳艳
	林映真	努斯来提				
技术经济及管理	孙靓	寇贝贝	赵玉婷	陈建文	唐寅	喻学佳
	陈瑜					
行政管理	杨林勇	杨玲玲	戴良冉	谷野	刘锴	王浩
	王莹	王振宇	杨赟洁	杭晨	董雨晴	陈晓霞
	胡俊丽	刘栋	宋至刚	徐孟伟	刘桂霞	张祐逢
社会保障	孙钰	李云云	陈积瑞	章蓉	张璟	宋龙
图书馆学	黄民理	陈熠	孙雅楠	吴琼	洪程	严愿萍
艺术学	吴荣微	刘静	胡元元	孙超凡	杨舒萌	余洋

美术学	徐 焕	宋月新	王 婷	张广增	韩肖冰	谭丽娟
	马 婕	宫 平	李如佳	谢 青	于 灿	张 君
	方跃武	罗 扬	阮 璟	汪 寒	徐晴晴	刘 祎
	李 萌	陈尚书	莫茗清	史 今	王 情	
设计艺术学	陈 烨	刘 逊	罗 祺	朱道远	敖 翔	卞晓丹
	陈 欣	丁安昊	窦铁力	杨 洋	吴彦楠	姜海龙
	曹丽华	冀 花	郭 蕊			

二、非学历硕士研究生(共22人)

同等学力

日语语言文学	桓 瑞					
外国语言学及应用语言学	张 敏	周建英				
内科学	虞春雷	丁 畅	蒋永爱	赵艳春	孙军卫	孙文文
	惠 烨					
神经病学	胡 晓					
影像医学与核医学	许华宁					
外科学	陈红峰	张继宗	董 军			

高校教师

高等教育学(国防教育方向)	于美华	卞禹臣	徐晓霞	黄晓波	杨建华	王文奎
	马海涛					

2014年硕士专业学位授予名单

一、学历硕士研究生(共1 257人)

金融硕士	李 晶	金磊厉	蔡王欢	徐文佳	周子钰	郭明亮
	孙佳凤	李甜甜	王晟先	孟庆琳		
应用统计硕士	石桂红	金庭婷	许夏骏	张林林	单宗浩	
国际商务硕士	宗晓莉	李蓓江	梦 冉	周 婷	黄留行	黄妍妮
	陈方方	梁雨清				
资产评估硕士	黄 莹	庞锐晰	施尧凯	张陈莹	周 栋	郭德平
	阎星云	吕芳芳				
法律硕士	姜成华	彭晓佩	李 霖	高雪娥	金 楚	金 萍
	李 农	李 云	林 薇	宋 佳	杨 韵	解尠尠
	吴家飞	严楚楚	朱慧敏	金 鑫	刘 丹	张 晨
	张 维	朱 军	华 清	罗西北	汪庆生	张 伟
	章 怡	章 兴	陶丽霞	闫周奇	印 莉	路 芸
	杭 涔	聂梦龙	朱 峰	欧阳亮	熊晓虹	吴文宾
教育硕士(科学与技术教育)	高雅洁	应 媛	许承萍	朱玲春	徐 静	亓英斯

翻译硕士(英语笔译)	魏方卉	曾 旋	代 玲			
	罗晶晶	王雪婷	闫 冬	韦舒英	朱 瑾	姜婷婷
	刘乐宇	屈帮亚	徐建晶	戴 佳	徐克飞	赵 倩
	霍翠平	李 慧	徐 亚	孟 洁	王丽平	常永丽
	赵 英	如骆骏	迟 帅			
翻译硕士(英语口译)	刘 帅					
建筑学硕士	毛志伟	赵浚良	代 静	顾 蓉	黄 瑞	江 雯
	李雯雯	咸卫娟	王 暄	姚 曜	张 伟	张栩然
	刘小音	贾 业	张思雨	傅宏杰	陈立国	陈 澎
	崔泽庚	胡明皓	黄 迪	林有为	刘 畅	刘 菁
	骆 佳	朱昇凡	翁茜茜	张 龙	艾尚宏	张 远
	李志龙	韩冬辰	邱 田	曹 爽	段鸿琪	李 蒙
	李 沫	汲熊康	朱 丹	钟 柳		
建筑学硕士(建筑设计及其理论)	金 欣	汪妍泽	翟明彦	刘文杰	吉星帅	李天骄
	李 智	刘嘉阳	舒 晨	箫 王	单 珩	吴文慧
	蔡佳林	陈向鹏	刘学超	卢冉冉	马 骏	裴逸飞
	余 翔	宋 萌	宋 臻	何 烨	张 弥	黄其兵
	吕超豪	王 蓓	宋 鹏	赵 琦	白鹭飞	李 菲
	王 冲	于 菲	黄 梅	刘俊明	张 雯	陈凤婷
	黎 魏	王 琪	叶茂华	张 帆		
工程硕士(机械工程)	马 翔	龚 焕	顾建宏	李 锋	李正祥	王晓斌
	杨夏竹	郑 鑫	朱银龙	夏小欢	赵云松	汪审望
	王善豹	张 倩	王晨阳	王 伟	季爱林	王超然
	袁 鹏	张 娟	荣琳石	高 峰	徐彤彤	曹洁洁
	冯永平	朱其锴	张 帝	余青旺	高 刚	周芸福
	高霄霄	张凡成	刘永明	徐红梅	周建峰	华成玉
	王 欣	欧阳锦	秦廷平	庄健凯	刘 萌	项 力
	赵红波	刘 兴	胡 浩	李乾国		
工程硕士(仪器仪表工程)	徐启敏	马 荃	刘 畅	张 宁	王志佳	段啸寒
	胡旭红	马远亮	王 茜	胥平春	徐高志	雍 雯
	张海霞	单梦骁	王 乐	肖 鹏	王龙生	张新和
	樊 征	黄 林	王 洋	叶慧敏	李天旦	崔 帅
	潘永飞					
工程硕士(材料工程)	周学源	梁 玲	杨媛媛	潘徐杰	毛燕飞	咸业磊
	薛伟江	蒋 科	耿帅帅	叶荣隆	顾 芬	张 文
	张宇峰	刘健鹏	罗 杰	郭岩岩	顾晨词	陈 尧
	蒋华龙	胡敬超	李陆洋	彭效义		
工程硕士(动力工程)	顾维维	张洋洋	吴金龙	徐 培	丁 晶	袁高洋

	李雪莹	黄静	季莹鑫	苏继程	李振	亚文涛
	位屠	姚海涛	孟庆龙	周萌萌	杨巍	高龙飞
	花盛和	张馨尹	郑健	周香香	张亚	吴玮伟
	马贵林	张永涛	王爱娟	王君宇	王康	徐伟
	周进奇	张鑫	颜喜	骆光进	徐俊超	张翔
	贾青	张雷	王成林	孙振业	李凌志	李倩文
工程硕士（电气工程）	刘康礼	王秀文	韩少华	罗勇	严家源	于泳
	战丽萍	顾天畏	温立超	董权力	付广旭	刘京
	沈扬	陈凯	谭洁玉	王佳成	谢荣	熊良根
	严童	施铭	印晓梅	张帅	张馨介	陈曦寒
	郭邵卿	阳小丹	汪良坤	夏海燕	黄祖荣	孙毅
	朱泽安	刘熙蒲	王晓龙	须晨凯	张俊	冯天祎
	熊贞	秦天平	王颖全	相军罗	李子	李浩
工程硕士（电子与通信工程）	冯裕深	胡吕龙	刘飞	马鹏马	辛琢	孙海珍
	孙平山	龚健伟	张沁枫	蒋腾宵	钱磊	张大敢
	郑义林	吴越	宁刘龙	张道源	王润路	吴氏兰
	黎宏风	张巍叶	毛瑜锋	逄军	史俊诺	章跃跃
	朱枫	林翰	李悦	王黎明	张坤	宋超
	居万晨	高勇	邓成军	郭庆杰	秦瑞霞	张硕
	周子腾	单娜	陆翔	王莹	杨秀平	赵欣
	戴会娟	顾洛怡	潘磊	卞苗苗	陈述	汤茗凯
	王六祥	吴书鑫	刘瑞勋	许蓓蓓	倪颖	王斌
	李先阳	曾静	严岩	费棣	刘强	秦雨皓
	郦竞伟	高岳	庞健	王涛	张兴稳	王青
工程硕士（集成电路工程）	宗思浩	范湉湉	蔡金烨	彭波	何小飞	孙青
	赵茜茹	杨卓	吴蕾	吴兆龙	林来砖	刘欣
	闫朝杰	何战涛	江剑	徐君君	牛婉	郭睿
	毕玉	孟令杰	尚壮壮	沈健雄	孙巍月	张林
	赵安璞	黄红亮	秦汉	王新亮	严岩	徐晓伟
	周鹏	温蓝平	邹宁波	李小娟	程慧敏	郑凯
	史曙光	刘宏伟	于永涛	王国军	吴元清	陈万杰
	黄栋	赵明平	刘钊	孙琳	陶友龙	吴晓曦
	吴逸凡	李玮	刘迎迎	万旭莉	黄婷婷	许映林
	葛声远	杨俊浩	杜瀚宇	施超凡	孟振洋	张创
	田海	刘云晶	顾祝仙	李继松	俞健康	张泰平
	朱琰	陈浩涓	姜生林	陈海波	朱元钊	张鑫
	王小玲	黄平	孙国栋	王立超	刘路捷	王龙
		袁娜				

	梁 浩	赵 赛	胡永鑫	谢 军	曹 鲁	占 健
	苑冰泉	包生辉	张志敏	丁 燕	高晓东	董怀朋
	隋 涛	李文栋	王 盼	孙敬敬	展山山	奚水清
	范晓洋	何 龙	朱荣霞	郑慧敏	龙冰洁	李佑辉
	张平印	新 华	崔哲鄢	陵 龙	陈烁冰	袁志敏
	李 强	杨腾雏	莎蔡勇	苏 凯	王 昊	刘春波
	张翠云	庞 川	郑 奕	葛 悦	周长梅	赵明东
	张 頔	李良磊	冯思林	邬志涛	王炎宝	王汉涛
	李琪琼	赵龙攀	李柯丞			
工程硕士(控制工程)	冒建亮	陈璋雯	高雪林	潘少飞	沈赛峰	童 辰
	谢荣平	殷金燕	袁易之	张舒哲	汪 钦	孔姗姗
	曹久祥	季 海	夏龙超	赵海伦	李朝阳	王家渠
	杨心宇	陈智远	陈西克	张金宝	周萍马	飞梁磊
	冯龙生	潘文静	杨洪江	李蒙蒙		
工程硕士(计算机技术)	安贞巧	白伟亚	陈 岩	卢海阳	祁骏时	海 威
	杨成彪	蒋雨露	王 恒	姜 杉	李 伟	刘 力
	钟大悠	郑宇宙	陈 杰	刘 莹	徐敏杰	陈莉莉
	刘 振	庄志昆	韩 涛	王 琳	张新红	王晓东
	刘连政	徐 莹	唐 轩	周 涛	叶健聪	郑 夔
	秦 铎	陈 苗	李伟铭	吴 彬	张 帅	李潇潇
	胡 菲	刘 强	陶 熙	马 彬	李玲琰	王明昕
	李孟柱	袁辛欣	张 宇	歙 都	王轩赵	琳邵骑
	卞 坤	江振亮	李跃然	郑海中		
工程硕士(软件工程)	申立明	陈樱子	胡松萌	王 旭	盛滇华	张星佳
	李汶洁	李梦飞	马永春	张成龙	金宸旭	于永捷
	王玉文	周 稳	刘小芬	张哲宽	魏鹏飞	胡文娟
	孙 鹏	赵小龙	钱扬帆	郑洋洋	胡乃杰	史跃珍
	刘为谦	于 东	李 喆	李明磊	陆华亮	张 啸
	刘杭吉	杨澄思	陈荣沥	郭文婷	宋欣虞	辉李翠
	王 然	王嘉玲	朱文强	史文杰	赵 翔	何金波
	张 涌	杨姣姣	周礼仁	肖 阳	吴良虎	廖 俊
	杨华杰	孙强薛	超黄浩	吴 强	郭蒙蒙	叶 俊
	余海辉	黄 菊	孙文隆	王俊杰	贺 杰	李立春
	于华洲	滕 飞	郑姣姣	叶小平	王 迪	陆真龚
	薛 嵩	钱 欣	申 镇	武迹淳	刘 路	王 旭
	徐善龙	童 伟	谢 迟	李仁杰	梁荣伟	王晨皓
	袁 斌	鲍 杰	邹玲丽	秦占鳌	陈玲马	宇 东
	杨赋庚	刘瑞鹏	范涛国	歙刘壮	王晓龙	朱铭强

	丁建峰　宋奎鑫　赵郁炜　邬赢施　海　健　王尚飞 陈世喆　缪素婷　田　浩　尤大可　张　晨　沈树文 刘　茜　徐士伟　吴杰鹏　王一翔　沃亚威　林　飞 严　康　徐　涛　刘帝帮　徐　康　陈蕊蕊　胡　涛 季一润　杨　斌　魏　涛　鞠　宁　周灵晨　黄　伟 徐　韬　冷　霞　左从庭　白伟伟　王　謇　王国庆 毕　谈　张晨睿　张　芃　吴天星　杨广建　陆中骞 梁　帆　温　泉　张浩然　王　佳　赵　静　文胡伟 宫　宸　陈熹伟　张　彪　姜　涛　张道光　袁瑞峰 方全义　张　悦　严倩倩　张　冉　吴　盈　陈婷婷 龚　能　马成刚　朱　光　霁洪浩　谷旷如　朱海洲 费孝喆　孔文飞　李　露　陈燕扬　原超超　赵剑刚
工程硕士（建筑与土木工程）	马珍珍　王　珍　严秀清　龚文娟　朱　航　龚　俊 胡　磊　彭　江　陈　颢　陈雷雷　刘　峰　盘　琳 徐刘钰　姚一茂　谭萍智　美　娟　杜丽君　徐　珂 陈昊阳　丁浩珉　贾鸿远　潘　杰　孙　锋　王淑莹 张　堃　张书兵　朱森林　董尔翔　施锦华　郭　蓓 焦友进　张　华　郭满意　秦吉红　朱中发　段傲翔 黄　远　张发立　蔡　锋　尉廷华　崔王洪　熊安静 张玉良　彭　贝　田　野　万文琪　杨玉立　陈乐琦 雷雪辰　谢云中　陈　凯　李　辉
工程硕士（水利工程）	刘晓曦　金彬彬
工程硕士（测绘工程）	汤　莹　闫志跃　聂文锋
工程硕士（化学工程）	张晨光　张　旭　栾五洲　周　雷　吉　昕　孙春燕 陈丹凤　陈红翠　武月丽　刘　琴　刘　莉　张　茜 卜贤福　李　浩　扬赵玉　娜刘青　张　磊　范　淼 叶　润　崔素敏　宁永森　何小伟　冯　杰　王　军 张思诚
工程硕士（交通运输工程）	王　俊　陈秋敏　戴文龙　陶灵犀　江飞飞　张南童 朱雯君　王　勇　金季国　傅鹏明　李慧颖　马巧英 潘众茹　毅　宋　昱宇　汤文倩　王毅力　吴　琦 吴圆圆　许　威　梁天明　饶　欢　张彦彦　董彦锋 张立志　陈垠啸　马圣昊　施晓强　徐　淳　周　蒙 邱华瑞　鲁　涛　杨　松　王华荣　张德富　王　曼 刘中峰　李　晨　王宣强　杨玉芳　俞　强　党　倩 王　鹏　周　游
工程硕士（环境工程）	武　剑　王　静　杨　莉　梁　璐　朱　玲　黄　飞 马珊珊　王　佳　陈艳红　李宝荣　李　渊　高源洪

	月　菊	陈天宇	施志伟	查贤斌		
工程硕士（工业设计工程）	田　胜	苗馨月	王　芳			
风景园林硕士	金　进	黄元圣	蒋　雯	严　瑶	邹　凡	刘　骥
	孙天智	秦　磊	夏一熙	吴雪鋆	高文桥	李　焱
	张　振	赵曦志	罗芬兰			
临床医学硕士（内科学）	帕特瑞克	包若泰斯帕				
临床医学硕士（儿科学）	马　赫	思毕布				
临床医学硕士（影像医学与核医学）						
	木　凯	苏斯玛				
临床医学硕士（外科学）	阿　元	马尼士				
临床医学硕士（肿瘤学）	缇瓦丽					
临床医学硕士（本硕连读）	嵇丹丹	文小平	丁　祎	王　欢	顾钰霞	李　颖
	王晖晖	李　建	孙　洁	陈霞卜	丹高波	李　鹏
	石　柳	胡　蒙	卢成林	余超君	施鸿舟	杨　溪
	汪　舟	杨　玥	陈　怡	谢筱彤	张啸宇	郭嫣婷
	彭爱妮	苏　凡	金　芳	高星辰	张曦文	郭晓菁
	罗吉利	郭志浩	邵翔宇	朱恒波	王卫杰	黄　嘉
	王　辉	孙鹏浩	张　庆	潘　涛	姚　杰	姬海超
	唐忠明	王诗雨	周　慧	李佳霖	李　丽	王明君
	孙佳凤	高　昳	施梦烨	全　文	陈达书	谢佳丽
	殷　芯	戴雅玥	付翠平	席　芸	何　灿	蔡龙俊
	刘　辰	刘政操	黄烨清	范宇栋	王涵东	祁鑫洋
	居斌华	赵　磊	孙晓萌	卢　娜	时蒙蒙	蒋　心
	茹沐雨	王　婧	俞心念	严　翘	许文欣	吴　雪
	周怡苑	朱　晗	钱　玥	石　欢	王　琳	魏　青
	桂赞龙	祝　帅	罗竞超	史　航	任　龙	袁月星
	韩雨晨	吴旭红	缪龙生	吴穹姜航	张晟奕	
公共卫生硕士	曹丽丽	吴丽珠	徐　青	阮　华	刘　洋	王慎玉
	王园园	陈　辰	孔媚兰	朱晓露		
工商管理硕士	曹　鹏	孔春燕	潘蔡平	潘　阳	肖　旋	杨振祥
	张永太	郑　利	王　媛	徐明静	涂　强	毕　杰
	陈　超	陈欢欢	陈建义	陈　璐	陈唐嵩	陈　雯
	陈小天	陈亦松	陈奕嘉	程龙飞	程小杰	储梦尧
	褚宏瑞	戴蓓蓓	戴　晋	戴云飞	单　良	邓光明
	丁宏杰	丁　欣	丁寅豪	丁　哲	董红波	杜婷源
	费　磊	高立燕	高雪娟	高　妍	高　媛	戈荔倩
	顾阳过	嘉藻过	立　忞	韩建明	韩　文	何健衡
	蓉　芸	胡　蓉	黄敏玉	纪海林	贾　圣	程贾婷

	江 河	姜巧玥	蒋 妍	金爱国	李静秋	李 军
	李 霞	李元庆	李中婷	刘 斌	刘寒凝	刘陶然
	陆国栋	陆剑峰	陆舒怡	陆中杰	马晶缪	亚 琴
	戚润平	齐 音	任佳伟	芮 群	邵玮怡	邵馨青
	沈 冀	宋广楼	宋剑锋	宋 璟	苏 晶	孙 琪
	孙 祺	万 黎	王 彬	王 斌	王 法	王 刚
	王 靓	王 庆	王婷婷	王 迅	王晏燕	王雨锡
	吴春光	吴见一	吴建伟	谢久昌	徐倩旻	徐子雯
	严 娟	杨声浩	杨晓渝	杨振动	叶开君	叶 伟
	殷 超	俞爱国	张 梁	张清蓓	张书凡	张斯旻
	张为太	张 喜	张 新	赵桂珺	赵 勋	赵一颢
	赵正杰	郑陆明	郑宪峰	周春辉	周雄鹰	朱 颢
	朱 萍	朱学滨	建 萍	仇荣成	凌 佳	刘 斌
	赵建军	赵 荣				
公共管理硕士	程志鹏	甘继顺	顾雯雯	桂 良	郭建忠	吴 洁
	夏春梅	杨 阳	张 笛	赵晶婕	周洪兵	周 玥
会计硕士	李 菊	卢 鑫	吕 旭	谭彦璇	王冯娜	张晓彤
	毕经兰	王向前	王 静	华 钰	蒋思聪	王红娟
	王瑜璇	杨 溢	尤 晟	宗媛媛	王 璇	赵恒飞
	陈卉娴	李 丹	孙皇城	张 阳	王 澍	夏 耘
旅游管理硕士	曹长波	陈晓娟	方 璇	管敏吉	赵 建	周 莉
工程管理硕士	孙杜娟	魏 然	乌日娜	张 华		

二、非学历硕士研究生(共558人)

法律硕士	庞 伟	余 曦	潘玮玮	宋孝飞	刘师魁	陈 巍
	叶 斐	张国华	王 欢	提 军	朱 艳	赵新东
	章芸芸	周忠强	刘晓春	张明月	杨广海	高 峰
	史志冉	毕 源	钱瑞振	史瑶瑶	刘 勇	张智超
	袁海鸿	张 涛	丁明君	张玲玲	王 岭	许 宝
	石 常	陈 路	顺 中	杨沃野	王小峰	严晓岚
	徐益飞	王海东	马 骏	王洪忠	付方远	沈礼奎
	黄 飞	汤慧芳	周 杨	胡 伏	霖化颖慧	朱信鑫
	韩子俊					
工程硕士(机械工程)	李明晶	陈 峰	孟一民	杨 乐	陈 乐	朱达礼
	朱崇铭	殷 维	张陞云	邹振飞	陈羽奚	菊 芳
	唐维春	何 平	徐晓阳	王 铖	郭玉双	谢心意
工程硕士(材料工程)	黄金昝					
工程硕士(动力工程)	树海涛	刘培年	陈松鹤			
工程硕士(电气工程)	王震泉	李明远	范 洁	张兴辉	王理华	王华康

学科建设与研究生教育

工程硕士（电子与通信工程）：刘刚 任远 王鑫 张铭 许凌 严绍兴 赵辛 陶鹏 吴振欣 代晶 张颖 周立 唐准 王球 周小勇 韦丰 郭炜 薛恒嵩 周澄 谢怡芬 张金良 陆俊 张志鹏 武军 陈雷 曹海燕 吴秀华 刘力 曹坤 张俊

工程硕士（集成电路工程）：管邦虎

工程硕士（控制工程）：王旭彬 陈志文 韩训梅 冯瑷瑷 胡静 黄端 徐宏坤 邵玮 潘蓉 董业川 章广前 宗诚 刘业金 陈君伟 陈小丽 张家森 卢峥 孙宝磊 董司文

工程硕士（计算机技术）：凌小艳 薛晓冬 杭跃斌 章懿雯 孙轶波 薛来安 贾学敏 王欢军 乔赟鸽 凌王钧 曹杰 周昊 李晋 唐建 胡鹏飞 袁国浈 黄文静 耿攀峰 余洋 陈伟 蒋青青

工程硕士（软件工程）：江振荣 罗天乐 卞青 汪涛 贺雪梅 徐胜 蒋继兰 赵文斌 杨琴 杨扬 邹艳星 汪翀 王琴 王隼 陶文东 吕晓棠 陆丽芳 何冬怡 吴敏 肖蕾 王琳 何晓冬 王尧 张鹏 朱丽萍 巫丹 樊华 陈楹 施爱华 丁立 施卫娟 赵翔 宫鼎 张兆峰 蒋成杰 曹鹏飞 盛荷花 章宇杰 刘登 顾海泉 赵翼俊 侯登学 张亦 张俞 张琰 王少伟 徐超 孙娴 袁亮 王华胜 杨升炜 秦晓燕 李梅 王向阳 韩美英 苏苗苗 郑兰松 韩叶青 濮美琴 袁玉明 丁荣晖 力磊 张斌 刘凯 周扬 秦朕 杨凯 陆庆 史良俊 蒋晓南 王飞云 贾徐庆 吴烨 李叶 张慧 李克书 黄磊 于琪 罗毅 朱轩樱 陶俊 祝沙军 朱晓祥 李宁 刘娴 陈建波 顾静静 步扬坚 吴晓娟 费俊青 周福昌 程春梅 孔庆婷 张林玲 陈昱君 李军 夏侯宇 邵宇锋 丁玉驰 袁洪君 许婷 张涛 张甘英 邓慧斌 蒋日友 兴志 宋慧梅 秦辉 陈高祥 李志国 何超 吴金柱 余志勇 周勇 沈丁琦 陈慧 王林 吴烨 白泽潭 徐希贤

工程硕士（建筑与土木工程）：张伟 王瑾 李超 付九衡 朱晓露 江礼龙 梁万广 顾海荣 段岚 马广矜 王赢 许璇 吴波 谢延圣 徐中华 刘鑫 杜婷婷 汪圣 薛瑞春 颜正郭 吴万 鸿举 张有友 端木

	沈 峻	凡卫卫	姜 雨	邵 立	袁 源	朱洪民
	王铁军	胡 浩	孙 杰	王凌艳	王敏吉	梅 亮
	王 乐	张怡鸿	黄 峥	张崇涛	孙 艳	张彦峰
	申云勇	梅 钊	陈清华	陈艳霞	洪 斌	阮家玮
	任新伟					
工程硕士(交通运输工程)	张元文	熊曲波	赵 月	张 政	潘 勇	陈娟玲
	王 祥	赵伟一	李 昱	赵宇翔	张小军	于俊杰
	张建云	马学军	杨 勇	富殷浩	黄 杰	陈 军
	杨 琼	顾晓彬	王道文	朱小华	顾叶华	王 德
	鑫余韬	王 兰	单 飞	李浩天		
工程硕士(环境工程)	张丽娟	赵晓鞾	陈 建	王永君	王顺才	赵东霞
	马振杰					
工程硕士(生物医学工程)	陈 柱	邵 勤	陈芳洲			
工程硕士(工业工程)	郭 宁	周 相	刘鸣昊	林大伟		
工程硕士(生物工程)	毛 源	孟 飞				
工程硕士(项目管理)	左斌峰	朱志宏	陈秋斌	任 悦	陈佳瑜	张 锐
	朱金宁	汤 亮	周 军	李 浩	良张华	王华茂
	胡 春	陈丽琼	彭 程	赵 红	梁利娜	胡海元
	乔丽萍	郑乾君	郑 燕	徐群屠	国 军	章海勇
	徐英杰	张 亮	唐 铮	刘 蠛	杨 波	董 莹
	张鹏飞	李 高	郁 杨	宋维华	吴 冰	陶 赟
	崔 骏	王 宁	肖 毅	姚 飞		
工程硕士(物流工程)	汤宇皓	喻崇银	汤 健	周 叶	江民鑫	翁瑛瑛
公共卫生硕士	王 娜	朱 丽	王 琳	杨 洁	马桂芳	戎 彧
	张敏芳	朱学进	吴 坚	刘春妹	桂宏宇	殷筱霞
	陆 平	王春桃	蒋立英	袁璟婷	孙晓艳	刘素芹
	夏燕萍	马金龙	李宏丽	胡海洋	何曙芝	郑 丹
	董耀辉	常 博	尹莉萍	邱 涛	周军华	吴常梅
	金 蓉					
工商管理硕士	徐国栋	谢 翌	耿 蔡	昊赵杰	褚光然	柏 彬
	马 泉	金 涛	何光华	张云飞	刘国荣	曾继亮
高级管理人员						
工商管理硕士	袁亦然	祝 强	潘晓波	夏宏建	夏明明	许颢良
	张广明	张官元	赵苏淮	陈英毅	梁生元	颜小东
	朱 蔚	张跃宁	吴仁荣	万礼礼	赖 震	张明发
	沈俊顾	荣 华	任洛卿	陈 梅	顾 晔	周必松
	林为民	华婉蓉	陆佳林	刘 俊	陶国彦	
公共管理硕士	江 珺	姜婧晶	张东强	徐 谦	陈小燕	郑 博

赵运川	祁晓宇	华　骅	赵飞虹	仇高尚	朱建华
高春明	王　亮	韩　菲	李　倩	严旭照	侯　爵
郑智旺	蔡跞滢	朱　慧	李兆梅	王一宁	韩　莉
唐盛春	吴玥琳	李　涵	张卉陶	孝　巧	李海波
邱　娜	叶　琳	陈晓燕	裴　锋	许祥法	陈晓娟
华　健	张　蕾	胡　吉	徐剑玲	王　婧	黄　莉
沈　洁	杨王益	俞叶丹	史　苏	马晓兰	黄永杰
郁琴香	王秋琼	李志辉	杨　岭	王玉芳	黄吉佳
杨　俭	周　静	杨　浩	袁　丹	姚　芳	陈云子
吉　祥	周　涛	吴　琳	杨　晟	朱彬娴	施燕平
王乐屏	丁　瑜	秦小涛	吴德育	吴　凤	俞赛华
任文渊	方　杰	冯　森	张　德	唐春燕	许海英
何伟伟	倪　萌	陈高见			

（研究生院　黄红富）

科 技 工 作

综 述

在学校党政领导正确领导下,在科研院全体工作人员精心组织和热情服务下,2014年学校科技工作取得了优异成绩,全校科研经费已达16.58亿元,获立项支持863课题4项,支撑计划课题3项。国家自然科学基金委批准获得资助221项目,获资助总经费达到1.61亿元,立项率达28.19%。江苏省自然科学基金获批准立项项目67项,其中省杰青7项,面上项目23项,青年基金37项,获得资助总金额1670万元。国家奖获奖数量实现了历史性的突破(待公布),我校以第一完成单位获得了5项国家奖,其中:国家科技进步一等奖1项,国家自然科学二等奖1项,国家技术发明二等奖1项,国家科技进步二等奖2项,省级一等奖获奖数量获历史新高。SCIE收录论文1 790篇,比去年增加315篇,EI收录论文1 969篇,比去年增加351篇,CPCI-S收录论文503篇,比去年增加111篇,表现不俗论文636篇。本年度百篇最具影响力国际学术论文3篇。获批建设新建科研基地2个。发明专利的申请量1 914件,授权703件。

GF重大、重点基础研究项目取得历史最好成绩,我校牵头GF973项目已通审查立项,总经费1 500万元;探索重大项目2项,总经费960万元,探索成果转化项目1项,总经费700万元,在教育部直属高校中名列前茅。预研基金8项(其中重点3项)获得立项,船舶基金获批2项;航空基金获批5项。2014年新立项GF863项目3项、GF重大专项4项。装备应用成果凸显。新签横向合同140余项,合同额首超亿元。技术贸易合同约40余项,认定金额1 700万元。装备承制资格首获批准。

2014年我校申报各类重大专项均较2013年有所增长。新获重大专项课题5项,国家各部委项目24项,新获教育部"2011计划"1个,江苏高校协同创新中心2个。

全年横向科技合同数1 237项,合同额6.05亿元,到款4.56亿元。合同包含全省13个地级市的1 088家企业。新建12家校企产学研联合研发中心,新成立7家东南大学技术转移地方分中心,与企业联合申报省科技厅重大科技成果转化项目60项,立17项(全省立151项),立项率超过10%,居全国高校前列,比2013年增长一倍多,为学校获得科研经费2 000万元,申报省科技厅产学研合作前瞻性联合研究项目23项,立15项,立项率达65%,比2013年增长50%,获省科技厅经费405万元,申报省科技厅"未来网络前瞻性研究项目"13项,立5项,立项数在全国高校院所中名列第一。

具体工作总结如下。

一、基础研究工作取得可喜成绩

积极动员一切可以动员的力量,总共申报国家自然科学基金项目784项。申请类别包括:面上项目392项、青年科学基金项目235项、国家杰出青年科学基金21项、优秀青年科学基金45项、重点项目25项、重大研究计划1项、创新研究群体3项、联合基金项目7项、国际(地区)合作与交流项目9项、海外及港澳学者合作研究基金3项、重大仪器专项4项、其他各类项目39项。最终立项情况为:国家自然科学基金委批准获得资助221项目,获资助总经费达到1.61亿元,立项率达28.19%。其中:面上项目获资助120项,资助率达30.6%;青年基金项目获资助76项,资助率达32.3%;优秀青年基金4项;重点项目4项;重大科研仪器专项1项(700万);重大研究计划集成项目1项(1 000万);国际合作7项(其中重点国际合作4项)。

2014年度江苏省自然科学基金申报142项,其中:省杰青14项、面上项目40项(以上两类项目为限项申报)、青年基金88项。获批准立项项目67项,其中省杰青7项,面上项目23项,青年基金37项,获得资助总金额1 670万元。

完成基本科研业务费2014年的基础科研扶持项目的申报、评审、合同签订及经费下达工作。作为基本业务费管理办公室完成了"教育部基础科研业务费管理系统平台"我校2013—2014年立项项目信息统计填报工作及基本科研业务费实施细则的修改工作。

我校今年获得霍英东基金4项,其中基础类项目获得2项,应用类项目获得2项,资助总额8万美金。本年度留学回国人员科研启动基金获得资助人数共计7人,资助总额22.5万元。南京市留学人员科技活动项目择优资助人数共计7名,资助总额26万。

经省科技厅推荐,我校今年申报2014、2015年度科技部国合专项与港澳台专项共5项,目前获得立项2项,资助资金264万,较去年增长184万。在校际合作方面,我校积极推进东南大学—蒙纳士大学苏州联合研究院的建设工作,筹建6个联合研究中心。并且与剑桥大学拟签署院系间合作协议,筹建纳米生物系统研究中心。除此之外,我校积极参与国际应用科技开发协作网(简称ISTA)第八届理事会第一次会议与第十九次全体会员大会,并申请承办于2015年举行的第二十次全体会员大会。在实验室建设方面,我校拟向教育部科技司申报先进光电国际联合实验室,目前正在积极地筹备当中。

二、争取更多纵向任务,培养高水平科研团队

本年度,高新技术及社会发展办公室按照学校"十二五"科技发展战略规划的整体部署,在学校和科技处领导的关心和支持下,共开展了以下一些工作。

1. 973及重大研究计划

组织和参与了国家重点基础研究发展计划(973计划)项目的指南建议、申报及答辩

工作。本次973申报从指南建议工作开始,经过较长时间的组织和沟通,力争保持我校能够得到973计划项目的持续支持。本年度我校共申报973项目8项,其中青年科学家专题4项,涉及信息、工程、材料、综合交叉等多个领域。其中,缪昌文院士的"严酷环境下混凝土材料与结构长寿命的基础研究"及李兆霞教授的"重大土木工程结构多尺度损伤预后与时变安全性能设计的基础理论"2个项目通过了第一轮网评,进入了会评阶段。最终缪昌文院士申报的项目获得立项支持。

2. 863及支撑计划

进行了国家科技计划2014年备选项目入库的申报工作,本次涵盖了高新技术、社会发展、农村等所有领域,也涵盖了863、支撑两大科技部主体计划。经过动员、组织、协调及与推荐部门的沟通,东南大学共牵头申报项目25项,其中高新技术领域申报10项,社会发展领域申报6项(含青年科学家专题4项),农村及城镇化领域申报9项(包括支撑计划第二批申报3项)。863及支撑计划项目共有15项进入会议评审阶段,最终获立项支持863课题4项,支撑计划课题3项。

3. 省厅项目

完成了2014年度江苏省科技支撑计划(工业)项目的申报,根据申报指南的规定,我校共有13项目参加申报(其中重点项目子课题5项),获立项4项(其中重点项目子课题获立项2项),到校项目经费数较上年度增长90%;完成了2014年度江苏省科技支撑计划(社会发展)项目的申报,根据申报指南的规定,我校共上报了5个项目,获立项2项;完成了2014年度江苏省科技支撑计划(农业)项目的申报,根据申报指南的规定,我校共有3项限项申报的项目上报,获立项1项。组织完成了江苏省环保科研课题项目、江苏省交通科学计划项目和江苏省住房建设厅项目的申报管理工作。

4. 基本科研业务费

完成了基本科研业务费重大引导中校长定向项目的立项工作,择优支持最优秀的部分年轻教师,分四批次下拨经费,第一批下拨38万,支持优秀青年教师1人;第二批下拨74万,支持9人;第三批下拨66万,支持14人;第四批下拨61万,支持7人。本年度基本科研业务费重大引导项目共支持优秀青年教师31人,总计239万元。项目已完成前期的申报、合同签订工作,基本完成各项目任务,即将进入结题阶段。

5. 各类项目的过程管理工作

督促和协助完成了东南大学牵头项目的启动工作,重点是我校牵头承担的973、支撑、863的项目启动会工作;督促和协助完成项目的年度报告中期检查工作,按时完成各类年度报告及中期检查工作;督促和协助完成各类项目的项目结题工作,重点关注一些滞留未完成项目,如教育部重大项目,省环保厅项目等。

6. 与其他单位协作的主要内容

国家科技计划项目的管理都需要涵盖预算管理工作,随着国家对科研经费管理的加强,学校的经费管理工作越来越复杂,经过这几年的沟通、磨合,科研院、财务处在科研经费管理方面已经形成较好的合作机制,能够在申报、过程管理、结题验收等阶段给予教师很好的帮助。

7. 相关工作

协助完成教育部科研经费管理专项检查工作。完成相关的检查材料的撰写及项目材料的整理工作。完成了教育部2014年度十大科技进展的推荐工作。在完成本办公室主体工作的同时,我们还积极完成院领导交办的其他各类工作,包括组织参与全国物联网产业联盟相关工作、协助2011计划申报等。

三、强化科研基地建设作用,发挥科技创新平台效能

1. 成果管理方面

国家奖获奖数量实现了历史性的突破

2014年是我校国家奖获奖数量最多的一年,实现了历史性的新突破。我们争取了8个推荐国家奖的指标〔江苏省4个(含创新团队奖1个)、教育部2个、工信部1个、中国建筑材料联合会1个〕。经过多方通力合作和努力,我校以第一完成单位获得了5项国家奖(待公布)。其中有:国家科技进步一等奖1项,国家自然科学二等奖1项,国家技术发明二等奖1项,国家科技进步二等奖2项。分别是:土木工程学院吕志涛院士牵头完成的"现代预应力混凝土结构关键技术创新与应用"(科技进步一等奖),信息科学与工程学院崔铁军教授牵头完成的"新型人工电磁媒质对电磁波的调控研究"(自然科学二等奖),土木工程学院徐赵东教授牵头完成的"高稳定高耗散减振材料制备关键技术与装置开发及工程应用"(技术发明二等奖),材料科学与工程学院孙伟院士牵头完成的"超高性能混凝土抗爆材料成套制备技术、结构设计及其应用"(科技进步二等奖)以及电子科学与工程学院时龙兴教授牵头完成的"服务三农的安全可信金融电子交易关键技术和应用"(科技进步二等奖)。

另外,我校材料科学与工程学院钱春香教授参与完成的"高水压浅覆土复杂地形地质超大直径长江盾构隧道成套工程技术"获得了国家科技进步二等奖。

部省级一等奖获奖数保持良好水平,省级一等奖获奖数量获历史新高

组织申报了16项江苏省科学技术奖(含江苏省科学技术突出贡献奖1项),24项高等学校科学研究优秀成果奖(含直报国家科学技术奖2项)。

我校以第一完成单位共获得了5项江苏省科学技术一等奖(公示中),分别是:信息科学与工程学院尤肖虎教授牵头完成的"分布式组网与协作传输理论及应用",仪器科学与工程学院宋爱国教授牵头完成的"人机交互力反馈遥操作机器人关键技术及应用",土木工程学院吴智深教授牵头完成的"高性能长寿命光纤传感技术及其结构健康监测理论和系统创新",能源与环境学院金保昇教授牵头完成的"燃煤烟气SCR脱硝关键技术研发与工程应用"以及中大医院张志珺主任牵头完成的"老年性痴呆早期预警、诊断与干预研究"。另外,截至目前,建筑学院齐康院士已通过了2014年江苏省科学技术突出贡献奖的会评答辩及现场考察。

我校以第一完成单位共获得了2项高等学校科学研究优秀成果奖一等奖,其中:自然

科学一等奖1项,技术发明一等奖1项。他们分别是:材料科学与工程学院孙伟院士牵头完成的"严酷环境下硫酸盐-氯盐在混凝土中跨尺度传输理论及交互作用机制";交通学院黄晓明教授牵头完成的"公路沥青路面高效再生利用关键技术与装备"。

南京市科学技术奖以及其他社会力量设奖

今年我校组织申报了5项南京市科学技术奖,4项通过了最后一轮会评答辩,获奖结果待批中。

在社会力量报奖中,组织推荐了2014年度陈嘉庚科学奖,信息科学与工程学院尤肖虎教授获得了此项殊荣。组织申报了中国机械工业联合会奖,电子科学与工程学院黄庆安教授牵头获得一等奖1项。组织申报了第十六届中国专利奖,土木工程学院王浩教授牵头完成的"基于神经网络技术的大面积混凝土综合强度测试法"获得中国专利优秀奖1项。另外,我校还协助完成了40余项国家和省部及其他社会力量报奖工作。

参加第42届瑞士日内瓦国际发明展览会

我校共送展了3个具有自主知识产权的发明项目,获1项特别金奖、1项金奖、1银奖。其中,生物科学与医学工程学院顾忠泽教授课题组的"光子微球阵列生物芯片"获得特别金奖,电子科学与工程学院孙小菌教授课题组的"基于散射/反射光载波的光纤振动传感系统"获得金奖,电气工程学院程明教授课题组的"一种使用记忆式定子永磁型电机的飞轮储能装置"获得银奖。

2. "三大检索"论文情况

根据中国科学技术信息技术研究所发布的2013年度中国科技论文统计数据,2013年我校SCIE收录论文1790篇,比去年增加315篇,排名第20位;EI收录论文1969篇,比去年增加351篇,排名第13位;CPCI-S收录论文503篇,比去年增加111篇,排名第15位;表现不俗论文636篇,排名第21位。另外,本年度百篇最具影响力国际学术论文是从2013年SCI收录的我国第一作者论文中选取的。论文数量在3篇以上的机构有7个,分别是:北京大学、浙江大学(各6篇)、复旦大学、哈尔滨工业大学、中科院物理所(各4篇),东南大学3篇,清华大学等12个机构各2篇。

3. 基地管理方面

科研基地申报

组织申报了江苏省高校重点实验室2个(江苏省太阳能技术重点实验室、江苏省城市地下工程与环境安全重点实验室),国家文物局重点科研基地1个(传统木构建筑营造技艺传承与创新国家文物局重点科研基地),与企业联合申报了工程技术研究中心4个。

新建科研基地

2014年1月"传统木构建筑营造技艺传承与创新国家文物局重点科研基地"获批建设。

2014年7月"江苏省太阳能技术重点实验室""江苏省城市地下工程与环境安全重点实验室"获批建设,并于8月份顺利通过了建设计划可行性论证工作。

科研基地中期检查与验收

2014年5月,江苏省城市智能交通重点实验室顺利通过了科技厅组织的中期检查。

2014年12月,能源热转换及其过程测控教育部重点实验室顺利通过了教育部的验收工作。

2014年12月,组织准备了智能电网技术与装备重点实验室的验收工作。

科研基地绩效评估

2014年7月,我校7家高技术研究重点实验室和1家省工程技术研究中心顺利通过了省科技厅的绩效评估工作,其中江苏省土木工程材料重点实验室、江苏省信息显示工程技术研究中心获得了优秀的好成绩,这次评估,东南大学获得江苏省科技基础设施后补助总计1 130万元,居全省之最。

科研基地的日常化管理

2014年6月,光传感/通信综合网络国家地方联合工程研究中心与中国(南京)软件谷签订合作共建协议,正式落户软件谷;组织完成了国家重点实验室申报指南建议征集工作;认真完成了各个实验室学术委员会会议和换届工作,以及三个国家重点实验室副主任的换届工作;审核了国重、省重实验室省年报的填写工作;完成了省、部级重点实验室2014年基本科研业务费的下拨和敦促工作;批准成立了校内研究所(中心)7个,同时审核批准了校内外重点实验室开放课题86项、科技外协合同28项。

4. 专利管理方面

保证了专利申请的数量和质量

我校的专利代理事务引进了竞争机制,公开向社会招标。首先进行了国内专利代理的招标工作,随后又进行了涉外专利代理的招标工作,共招了三个国内专利的代理事务所,两个涉外的专利代理事务所。知识产权办公室负责对各代理事务所的代理质量进行监控和抽查,做到保质、保量、保证时间;同时为老师解决与代理事务所之间出现的纠纷,有力地保护了学校的利益和权利。

制定了专利申请的流程,采用网络化的管理模式,使我校的知识产权工作规范化、制度化

我们将有关知识产权申报所需的材料、流程和方法挂在办公系统中,主要包括专利申请、软件著作权登记、集成电路布图设计登记,同时还有相关代理事务所的介绍和联系方式。在专利申报时,老师在网上填报规定的信息,由办公系统自动生成管理文件后,该项专利申请今后的各项法律状态及各种事务通知,每一个发明人都可以从自己的办公系统中看到;各部门所需的各种统计数据也可以在该系统中下载。为了提高教师和科研人员的知识产权保护意识,定期到各个院系或课题组做知识产权的宣传和讲座,使专利申请的数量较前一年又有了明显增长。到目前为止,发明专利的申请量已超过全年的计划1 800件,授权658件,已超过去年全年的申请量,全面完成了今年学校下达的发明专利申请任务。

四、加强国防科研深度管理,为我国强军多作贡献

先进技术与装备院2014重点加强高水平基础研究项目的申报组织和科研成果的装备应用,做好国防资质范围拓展的准备工作,保证各类资质的正常运行。

1. 项目申报与规划

GF重大、重点基础研究项目取得历史最好成绩。组织973项目、探索项目、预研基金项目、GF863项目及航空、船舶等各类基金的申报工作。目前我校牵头申报的GF973项目已通过科技委审查立项,总经费1 500万元;申报成功探索重大项目2项,总经费960万元,探索成果转化项目1项,总经费700万元,在教育部直属高校中名列前茅。2014年我校共组织申报19项预研基金项目,8项获得批准立项,其中重点基金3项;申报船舶基金2项,获批2项;申报航空基金19项,获批5项。2014年新立项GF863项目3项、GF重大专项4项。作为某重点型号总师办唯一高校成员单位,参加项目论证工作。

装备应用成果凸显。共签署各类横向合同144项,横向合同额首超亿元,达1.09亿元。其中信息学院某新产品型号订货合同额达4 726万元,多个项目组型号订货合同额超千万元。办理技术贸易合同约40余项,认定金额1 700万元。

为进一步加强与国防研究院所、高校之间的联系,组织前往中物院五所、中船703所无锡分部、中船724所、航天三院三十三所、航天九院十三所、航天晨光、航天118厂、上海商飞等十余家单位的交流活动,涉及电子、信息、控制、导航、结构、材料等多个研究领域,了解相关单位需求,并结合相关信息召开校内研讨,为进一步开展合作做好准备。组织了总装备部科技委陶平副秘书长、姜静波委员等领导带队至我校的调研活动。根据各有关部门的工作安排,认真组织"十三五"规划工作。并由我校牵头组织教育部共性技术信息与控制方向的规划工作。

2. 国防资质运行和维持

装备承制资格首获批准。组织并完成了我校2013—2014年度的质量管理体系的内部审核工作、管理评审工作,接受中国新时代认证中心对我校质量管理体系的民品的第二次监督审核和军品的第三次监督审核,对审核中发现的不符合项进行整改。

组织学校质量管理体系内的6名老师参加中国新时代认证中心的内审员培训,并获得内审员证书。对于新加入质量管理体系的2个项目组进行现场指导、安排到校内其他项目组学习,安排6名老师参加检验员培训,并在内审工作中尝试纳入检查。重新规划我校的认证范围,邀请新时代认证中心老师讲课,指导认证范围及项目名称。积极参加中国质量协会科学分会组织的质量管理体系专题培训并组织相关老师学习,参加深化审核培训2人,审核提高班3人。多次对体系内各项目组负责人和各部门负责人及内审员进行装备承制单位资格标准宣贯、讲解审查工作细则,保证了我校在2014年初通过总装备部专家组现场审查。充分发挥我校已有资质对老师申报项目的支撑作用,对体系外教师申报需资质的重大重点工程项目的,随时进行相关培训和指导,保证申报工作开展。

组织顾客满意度调查及军代表关于产品质量的互访调研活动,撰写质量报告,对产品质量和服务等方面向用户开展工作。协助校保密办的日常工作,确保国防科研资质的正常使用和维护。

2015年重点开展"十二五"项目验收、"十三五"规划和项目论证工作。积极了解国家各项政策的调整,把握军民融合发展带来的新机遇。扩充3—5个项目组进入质量管理体系,完善质量管理体系相关制度,启动GJB5000认证的准备工作,促进我校在更多领域为国防科研服务。

五、发挥科技人才优势,加速推动地方区域经济建设发展

1. 校企产学研联合研发中心建设

① 截至目前,已完成12家新建校企产学研联合研发中心的材料审核、论证工作;已正式发文成立"东大—东大智能智慧城市信息技术联合研发中心""东大—米谷大数据联合研发中心""东大—永刚冶金新材料联合研发中心""东大—国电南瑞能源管控联合研发中心"等10家。

② 严格按照《东南大学校企产学研联合科研机构管理办法》加强对已建校企产学研联合研发中心的管理和考核,并已完成2014年度的考核工作。

2. 东南大学国家技术转移地方分中心建设

① 新成立东南大学技术转移扬州广陵分中心、天津东丽中心、吴江分中心、芜湖中心、泰兴分中心、新昌分中心、台州中心等7家地方分中心。

② 完成了对2013年年底前设立的安庆中心、苏州中心、当涂分中心等以及今年新成立地方分中心专职人员的来校业务学习和培训工作。

③ 上半年,我校技术转移中心参加江苏省科技厅组织的全省高校技术转移中心综合绩效考评,成绩优秀,获得省科技厅80万元经费支持。

④ 组织中心所有人员进行集中业务学习或交流活动两次,年底前还将举行一次工作会议。例如我们利用省科技厅组织全省高校技术转移中心综合绩效会的机会,组织相关同志和各地方分中心工作人员20余人参加了历时两天的会议,较全面、系统地学习各高校技术转移中心的工作模式和先进经验,这将对我校技术转移队伍的建设具有促进作用。

⑤ 我校技术转移中心经教育部科技发展中心推荐和第七届"金桥奖"评审委员会严格评审,获得"先进集体"光荣称号。

3. 政府产学研项目申报

2014年,按照上级部门的要求,通过电话、短信等方式积极联系专家申报、审核和验收政府产学研项目,并且利用手头资源获得今年申报成果转化项目但未立项的企业名单,为企业和我校专家牵线搭桥,为明年申报成果转化项目打下基础。主要工作成绩有:

① 我校作为技术依托单位,与企业联合申报省科技厅重大科技成果转化项目近60项,立17项(全省立151项),立项率超过10%,位居全国高校院所前列,比2013年增长一倍多,为企业获得政府资助经费近2亿元,为学校获得科研经费约2 000万元。

② 申报省科技厅产学研合作前瞻性联合研究项目23项,立15项,立项率达65%,比2013年增长50%,获得省科技厅资助经费405万元。

③ 申报省科技厅"未来网络前瞻性研究项目"13项,立5项,立项数在全国高校院所中名列第一。

④ 申报第二批江苏省"科技副总(企业创新岗)"特聘专家33个,批19个,入选率超50%,位居全国有关高校院所前列,并获得省科技厅现金奖励95万元。

⑤ 征集推荐江苏省企业科技咨询专家库候选专家10余人。

4. 异地研究院建设

2014年，在完成异地研究院概况汇总工作的基础上，应用技术院依照《东南大学异地研究院管理暂行办法》对异地研究院的工作提出了建议，按照校、院新的办院精神做出了具体安排，启动异地研究院的基本建设及内部管理工作。主要工作业绩有：

① 补办部分研究院的开办申报手续，完成了异地研究院产权登记工作。

② 召开了"2014东南大学—扬州广陵科技新城产学研工作推进会"，完成了扬州研究院的筹备建设工作，确保了东南大学扬州研究院揭牌仪式顺利进行，并完成了扬州研究院成立后的人事、工商、金融、税务等善后事宜，以及日常工作的正常化。

③ 召开了2014年东南大学张家港工业技术研究院管理委员会会议，会上确定了新一届研究院管委会成员，明确了研究院下一步发展规划和目标。

④ 召开了"东南大学常州研究院与常州科教城的座谈会"，据不完全统计，常州研究院近三年在常州获得项目近150项，经费近7 000万元，为当地科技、产业、经济发展作出了贡献。

5. 产学研活动与对接

① 组织落实好福建"6·18"、上海"工博会"等大型展览活动，其中在上海"工博会"期间，我校参展项目"高性能长寿命光纤光栅传感检测系统"和"先进无线通信测试技术与设备"从众多项目中脱颖而出分别夺得银奖和一等奖，并获得博览会"先进个人"。

② 参加第二届中国云南桥头堡建设科技入滇对接会和第八届中国产学研合作创新大会，我院同志被授予"2014年中国产学研合作促进奖"。

③ 组织校地大型产学研合作交流活动20余次，如"东南大学—张家港市产学研合作对接会""东南大学—连云港产学研合作对接会""东南大学—芜湖市产学研合作对接会""东南大学—泰州市产学研合作对接会"等。

④ 参加和组织老师参加各地组织的科技对接活动50余次，如"2014年扬州（邗江）百名领军人才科技成果发布洽谈会""宝应科技成果发布暨'百博进百企'活动""南通智能建筑产学研专场对接会""2014长沙科技节""第九届中国常州先进制造技术成果展示洽谈会"等。

⑤ 接待各地科技领导、科研院所及企业来人进行科技交流接待活动40余次，人次多达千余人，如云南省科技厅代表团、山东聊城企业代表团、浙江台州党政代表团、福建泉州企业代表团、天津东丽代表团、中兴通讯代表团等。

6. 其他

① 协助省科技厅委托的会计事务所完成对我校目前在研的52项前瞻性项目有关财务凭证进行普查，并完成验收6项省科技厅前瞻性项目。

② 办理千余份横向科研合同的登记、审查、送领导签字盖章、归档工作。

③ 严格审查办理数百项横向项目外协合同，办理数百项横向项目投标以及项目进行过程中的有关付款、结题验收等工作。

④ 更新维护东南大学技术转移中心网站，今年网站专利信息、技术成果和中心动态

入库千余条。

⑤ 东南大学科技成果展厅的更新、改造工作。

⑥ 电子邮箱、科研院网站等形式发布各地企业需求数千条,为学校科研人员与企业寻求合作提供了便利。

六、协同创新引领重大科技研究发展

1. 2014年重大专项和产业研究所工作

① 通过学校政策激励和部门努力,2014年我校申报各类重大专项课题13项,申报国家各部委项目47项,均较2013年有所增长。目前已批复重大专项课题5项,国家各部委项目24项。

② 协助信息科学与工程学院多位教师完成(或正在完成)03专项课题结题,协助电气工程学院教师完成海洋专项项目结题。在结题过程中与相关单位进行多方面、多层次的沟通,在教师和相关部门的协同下,相关工作顺利进行。

③ 向相关部门推荐03专项、水专项、国家海洋局及环保部指南项目10项,核高基专项等相关成果3项。同时赴国家文物局、江苏省交通厅等单位沟通,建立了紧密联系。组织相关专家进行座谈,了解教授和团队在执行重大科研项目过程中存在的困难与问题,赴兄弟高校学习经验,并形成调研报告提交领导。

④ 推荐校内专家积极参与科技部、教育部等部委组织的"十三五"科技发展战略研究,协助开展由交通学院王炜教授牵头的教育部高校科技"十三五"重点创新计划交通领域项目战略研究课题,借助我校学科优势发挥在国家各类科技专项设置论证中的话语权。

⑤ 与省产研院、无锡新区及江宁开发区政府部门进行反复沟通,积极推进"专用集成电路技术""生物材料与医疗器械"两个省产业技术研究院预备研究所建设。以建设有活力的新型科研机构为目标,在校内组织专家对研究所的管理、构架及其他相关问题进行了深入研讨,形成了建设方案提交校领导决策。目前正在协助两个产业研究所办理相关手续,认真准备验收事项。

⑥ 基于我校举办的江苏省产研院专用集成电路技术研究所成功申报江苏省产业技术研究院集成创新项目"智能功率驱动芯片及模块的研究与产业化",总资助经费为1000万元,我校是3个批复项目中唯一的高校牵头单位。

2. 2014年协同创新工作

① 组织申报江苏高校协同创新中心3个,其中新型建筑工业化协同创新中心、公民道德与社会风尚两个中心获立项建设。

② 精心组织无线通信技术、先进土木工程材料两个协同创新中心参加教育部第二批2011协同创新中心的申报认定工作。经形式审查、专家初审、会议答辩、现场考察、综合咨询、社会公示、领导小组审定等环节,无线通信技术协同创新中心通过教育部认定,目前正在按要求编制中心发展规划和年度经费预算。

③ 做好我校牵头的各级各类协同创新中心以及参与他校的协同创新中心的建设管理工作,协调校内各系和部处,协助解决有关人事、财务等实际运行问题,及早准备绩效

考核和评估验收事项。

④ 赴苏州大学、南京工业大学、上海交通大学等协同创新先进高校进行学习调研,保持与教育部、教育厅协同创新主管部门的沟通和联系,通过各种方式加强对我校协同创新工作的宣传力度。

⑤ 积极准备2015年度2011协同创新中心的申报认定工作,与校内各协同创新中心进行沟通、交流、摸底,准备后续的整合、筛选、申报等工作。

七、加强做好项目服务管理,高效服务全校师生

1. 科研经费的切块和统计

从2014年1月1日至2014年12月12日止,全校科研经费已达8.61亿元,其中纵向经费4.59亿元,横向经费4.02亿元。我们完成了以上经费的下拨款工作、经费转账、结题和向校内各相关部门及对各级政府部门的数据统计、上报工作。

2. 横向项目合同管理

横向项目合同管理内容繁多,迄今,我们已完成:

部分横向科研项目的审核、盖章、网上数据采集;

办理横向科研项目合同的免税认定232个,认定金额11 801万元;

设计院科技项目信息管理系统的维护;

办理部分横向项目投标手续;

2011年805个横向科研合同的整理、装订及存档工作。

3. 职称申报评审工作

完成2014年度教师职称评审的材料审核,优秀青年教师科研资助计划的材料审核,博导、硕导、教师离校的材料审核等工作。

4. 与其他部门的接口工作

项目管理科除了配合科研院内各部门的工作之外,日常工作中还要与财务处、设备处及招标办的衔接配合。接口主要工作包括:

接受教育部直属高校科研经费管理专项检查的材料收集、撰写工作;

校内外协服务经济合同的审核工作;

配合科研院各项目管理部门进行项目预算调整工作;

配合各院系对重大项目经费决算的财务经费的账户查询工作;

对科研院各部门进行校财经制度的宣讲、解释工作。

今后我们将进一步做好沟通和协调工作,积极热情地为广大师生服务,使项目管理的日常工作正常有序地进行,努力营造和谐型环境、服务型环境、效率型的工作环境。

2014年国家自然科学基金项目表

编号	序号	项目批准号	项目负责人	单位	项目名称	申请代码1	项目类别	批准金额（万元）	开始日期	结题日期
2310	1	51408113	闵鹤群	建筑学院	开放式办公室内的声私密度预测与优化方法研究	E080303	青年科学基金项目	25	2015-1-1	2017-12-31
2311	2	51408115	郭葫	建筑学院	城市大量低标准住宅宜居性评价及提升策略研究——以南京为例	E0801	青年科学基金项目	25	2015-1-1	2017-12-31
2312	3	51408120	蒋楠	建筑学院	基于全程动态评价的近现代建筑遗产保护与再利用决策机制研究	E080102	青年科学基金项目	25	2015-1-1	2017-12-31
2313	4	51408121	周聪惠	建筑学院	城市绿道网集约化布局的空间调控机理量化研究	E080202	青年科学基金项目	25	2015-1-1	2017-12-31
2314	5	51408122	徐宁	建筑学院	城市公共空间格局与城市形态的关系模式及其量化评价体系研究	E080101	青年科学基金项目	25	2015-1-1	2017-12-31
2315	6	51408123	华好	建筑学院	不规则材料的数控加工与实时三维扫描在建筑设计中的应用	E080101	青年科学基金项目	25	2015-1-1	2017-12-31
2316	7	51478100	周颖	建筑学院	康复设施空间与环境的设计模式研究——基于疾病种类及治疗阶段的视角	E080101	面上项目	78	2015-1-1	2018-12-31
2317	8	51478101	陈薇	建筑学院	江南古典园林与城市水系的关联研究	E080102	面上项目	80	2015-1-1	2018-12-31
2318	9	51478102	方立新	建筑学院	南京民国建筑修缮BIM模型实例库的构建及其数据挖掘与知识发现研究	E080102	面上项目	78	2015-1-1	2018-12-31
2319	10	51478103	李永辉	建筑学院	基于水热迁移分析的砖构建筑遗产预防性保护技术研究	E080102	面上项目	78	2015-1-1	2018-12-31
2320	11	51478104	李哲	建筑学院	参数化风景园林空间密度研究——以建成环境为例	E080202	面上项目	78	2015-1-1	2018-12-31
2321	12	51478105	谭瑛	建筑学院	基于气候适应性模型的夏热冬冷地区城市绿地形态优化策略	E080202	面上项目	78	2015-1-1	2018-12-31
2322	13	51478116	李飚	建筑学院	基于"数字链"系统的建筑设计与数控建造	E080101	面上项目	78	2015-1-1	2018-12-31

(续 表)

编号	序号	项目批准号	项目负责人	单位	项目名称	申请代码1	项目类别	批准金额（万元）	开始日期	结题日期
2323	14	11472078	蒋书运	机械工程学院	大尺寸端面磨削主轴转子动力学研究	A020206	面上项目	86	2015-1-1	2018-12-31
2324	15	51405080	吴泽	机械工程学院	电子束织构自润滑与振荡热管自冷却复合功效的干切削刀具的研究	E050901	青年科学基金项目	25	2015-1-1	2017-12-31
2325	16	51405081	刘晓军	机械工程学院	全三维模型尺寸标注完备性检查及尺寸链自动生成方法	E050603	青年科学基金项目	24	2015-1-1	2017-12-31
2326	17	51406034	魏志勇	机械工程学院	基于金属半导体超晶格热离子发射制冷器微尺度热输运同题的理论和实验研究	E0603	青年科学基金项目	25	2015-1-1	2017-12-31
2327	18	51410105024	倪中华	机械工程学院	第十一届设计与制造前沿国际会议	E0512	国际（地区）合作与交流项目	10	2014-5-23	2014-7-22
2328	19	51435003	陈云飞	机械工程学院	基于多模式信号检测的超灵敏传感器的基础理论与关键技术	E051103	重点项目	360	2015-1-1	2019-12-31
2329	20	71471037	薛澄岐	机械工程学院	面向大数据的信息可视化设计方法研究	G0110	面上项目	60	2015-1-1	2018-12-31
2330	21	51476033	王建立	机械工程学院	原子/分子接触的热电转换效率及其输运性质的研究	E060604	面上项目	80	2015-1-1	2018-12-31
2331	22	51406035	顾海明	能源与环境学院	生物质气化学链燃烧过程中钾素的迁移及其保持机理研究	E060403	青年科学基金项目	25	2015-1-1	2017-12-31
2332	23	51476026	杜垲	能源与环境学院	纳米氨水吸收式制冷系统性能及其溶液循环稳定性研究	E060105	面上项目	95	2015-1-1	2018-12-31
2333	24	51476027	李益国	能源与环境学院	电站锅炉低氮燃烧优化控制基础研究	E060106	面上项目	83	2015-1-1	2018-12-31
2334	25	51476028	王培红	能源与环境学院	燃煤机组煤粉浓度超声检测机理与方法研究	E060106	面上项目	80	2015-1-1	2018-12-31
2335	26	51476029	沈来宏	能源与环境学院	基于化学链燃烧处置污泥的新方法及磷资源回收机理	E060403	面上项目	96	2015-1-1	2018-12-31

(续表)

编号	序号	项目批准号	项目负责人	单位	项目名称	申请代码1	项目类别	批准金额（万元）	开始日期	结题日期
2336	27	51476030	陈晓平	能源与环境学院	复合型钠基吸收剂干法捕集CO_2机理研究	E060407	面上项目	80	2015-1-1	2018-12-31
2337	28	51476031	黄亚继	能源与环境学院	基于渗滤液修饰矿物吸附剂捕集垃圾焚烧过程中重金属研究	E060407	面上项目	80	2015-1-1	2018-12-31
2338	29	51476032	金保昇	能源与环境学院	可燃固废燃烧/气化烟气中HCl的中高温深度脱除研究	E060407	面上项目	95	2015-1-1	2018-12-31
2339	30	51476034	沈德魁	能源与环境学院	基于金属—沸石催化重整的木质基混热解制备芳香烃燃料添加剂机理研究	E060702	面上项目	83	2015-1-1	2018-12-31
2340	31	51476035	肖睿	能源与环境学院	生物油重质组分链式循环反应制氢及协同减排二氧化碳的基础研究	E060702	面上项目	90	2015-1-1	2018-12-31
2341	32	61401086	陆建	信息科学与工程学院	分布式信源编码中码率损失同问题研究	F010101	青年科学基金项目	24	2015-1-1	2017-12-31
2342	33	61401088	翟建锋	信息科学与工程学院	宽带高效率Doherty功放行为建模和数字预失真	F011803	青年科学基金项目	24	2015-1-1	2017-12-31
2343	34	61401089	汤文轩	信息科学与工程学院	离散光学变换理论及其应用	F011906	青年科学基金项目	25	2015-1-1	2017-12-31
2344	35	61401091	郭健	信息科学与工程学院	太赫兹波段热场/电磁场耦合作用下肖特基二极管建模及其在倍频器中的应用	F012009	青年科学基金项目	27	2015-1-1	2017-12-31
2345	36	61401092	侯德彬	信息科学与工程学院	硅基太赫兹片上天线的研究	F012002	青年科学基金项目	26	2015-1-1	2017-12-31
2346	37	61401093	于志强	信息科学与工程学院	用于同频同时全双工MIMO无线通信系统的同频自干扰消技术的研究	F012006	青年科学基金项目	27	2015-1-1	2017-12-31
2347	38	61401094	夏亦犁	信息科学与工程学院	基于电压离散傅立叶频率估计的非平衡电力系统频谱估计技术研究	F011105	青年科学基金项目	25	2015-1-1	2017-12-31
2348	39	61401095	王闻今	信息科学与工程学院	密集分布式无线网络系统中高能效MIMO传输及迭代接收技术研究	F0103	青年科学基金项目	28	2015-1-1	2017-12-31

(续表)

编号	序号	项目批准号	项目负责人	单位	项目名称	申请代码1	项目类别	批准金额（万元）	开始日期	结题日期
2349	40	61401096	张剑锋	信息科学与工程学院	空间无源互调一体化建模方法研究	F011902	青年科学基金项目	25	2015-1-1	2017-12-31
2350	41	61401097	黎飞	信息科学与工程学院	低功耗紧凑型多通道IQ电信号探测模拟前端芯片设计及低失真探测技术研究	F0124	青年科学基金项目	26	2015-1-1	2017-12-31
2351	42	61422105	黄永明	信息科学与工程学院	无线通信MIMO传输理论方法研究	F010501	优秀青年科学基金项目	100	2015-1-1	2017-12-31
2352	43	61471113	仲文	信息科学与工程学院	基于动态导频复用的宽带大规模MI-MO无线传输方法研究	F0105	面上项目	80	2015-1-1	2018-12-31
2353	44	61471114	许威	信息科学与工程学院	大规模天线环境下协作复用传输与干扰控制技术	F010301	面上项目	83	2015-1-1	2018-12-31
2354	45	61471115	衡伟	信息科学与工程学院	基于能效的网络体系结构及资源分配方法研究	F0103	面上项目	82	2015-1-1	2018-12-31
2355	46	61471117	曹振新	信息科学与工程学院	超电小尺寸三维加载Metamaterial双向吸波器理论及其在紧凑型圆极化微带天线阵列中的解耦应用研究	F012003	面上项目	83	2015-1-1	2018-12-31
2356	47	61471118	郝张成	信息科学与工程学院	电大尺寸太赫兹平面集成阵列天线的研究	F012002	面上项目	88	2015-1-1	2018-12-31
2357	48	61471119	李文渊	信息科学与工程学院	高精度可变集成模拟延时线的设计方法研究	F011804	面上项目	85	2015-1-1	2018-12-31
2358	49	61471120	何世文	信息科学与工程学院	面向5G无线通信系统的协同传输方案及能效优化设计	F010303	面上项目	80	2015-1-1	2018-12-31
2359	50	61471121	黄风义	信息科学与工程学院	基于固态电子学的太赫兹（THz）电脉冲辐射的研究与实现	F012009	面上项目	80	2015-1-1	2018-12-31
2360	51	61474021	李智群	信息科学与工程学院	低功耗射频收发技术研究	F040202	面上项目	71	2015-1-1	2018-12-31
2361	52	11402052	吴邵庆	土木工程学院	基于谱随机有限元模型的随机动载荷识别方法研究	A020204	青年科学基金项目	25	2015-1-1	2017-12-31

(续表)

编号	序号	项目批准号	项目负责人	单位	项目名称	申请代码1	项目类别	批准金额（万元）	开始日期	结题日期
2362	53	11402053	孟积兴	土木工程学院	玻璃材料超高静水压压密过程的力学机理研究	A020317	青年科学基金项目	26	2015-1-1	2017-12-31
2363	54	11472079	糜长稳	土木工程学院	一种面向非共格性界面的分级式多尺度力学模型及应用	A020310	面上项目	75	2015-1-1	2018-12-31
2364	55	11472081	杨福俊	土木工程学院	三维电子散斑干涉全场高精度变同步测试系统研制	A020316	面上项目	120	2015-1-1	2018-12-31
2365	56	51408116	贺志启	土木工程学院	混凝土桥梁结构D区的弹塑性拉压杆模型理论研究	E080505	青年科学基金项目	25	2015-1-1	2017-12-31
2366	57	51408117	Yun-Kyu An	土木工程学院	开发一种针对土木工程基础设施的自感知非线性超声波技术	E080509	青年科学基金项目	25	2015-1-1	2017-12-31
2367	58	51408119	秦庆东	土木工程学院	典型重金属和药物在活性炭上的共吸附机制及强化去除方法	E080401	青年科学基金项目	25	2015-1-1	2017-12-31
2368	59	51408124	张永兴	土木工程学院	ECC加固钢筋混凝土结构受剪性能及精细化数值分析方法研究	E0805	青年科学基金项目	25	2015-1-1	2017-12-31
2369	60	51408126	孙泽阳	土木工程学院	考虑界面黏结滑移影响的钢-BFRP复合筋混凝土柱变形能力研究	E080504	青年科学基金项目	25	2015-1-1	2017-12-31
2370	61	51438002	李爱群	土木工程学院	风和强震作用下高耸高层钢结构焊缝疲劳劣化机理与寿命预测方法	E0808	重点项目	350	2015-1-1	2019-12-31
2371	62	51450110080	Lee Sang-Hoon（蔡建国）	土木工程学院	Analysis and design of deployable dome structures based on scissor-like elements	E080502	国际（地区）合作与交流项目	10	2014-7-1	2014-12-31
2372	63	51478106	朱虹	土木工程学院	耐高温树脂基FRP筋嵌入式加固RC构件火灾下力学行为研究	E080504	面上项目	80	2015-1-1	2018-12-31
2373	64	51478107	张建东	土木工程学院	变截面双波形钢腹板组合梁板析的剪切变形及剪切屈曲研究	E080505	面上项目	80	2015-1-1	2018-12-31
2374	65	51478108	郭小明	土木工程学院	考虑非均质特征界面混凝土材料破坏机理精细化分析及应用	E080511	面上项目	84	2015-1-1	2018-12-31

(续表)

编号	序号	项目批准号	项目负责人	单位	项目名称	申请代码1	项目类别	批准金额（万元）	开始日期	结题日期
2375	66	51478109	龚维明	土木工程学院	水平循环荷载作用下FRPC组合桩基本特性研究	E080601	面上项目	88	2015-1-1	2018-12-31
2376	67	51479034	黄娟	土木工程学院	典型纳米颗粒在人工湿地中的生态效应及迁移归趋	E090301	面上项目	82	2015-1-1	2018-12-31
2377	68	71472037	袁竞峰	土木工程学院	PPP项目社会风险的机理分析、动态评估与综合治理研究	G0213	面上项目	60	2015-1-1	2018-12-31
2378	69	11474052	顾兵	电子科学与工程学院	飞秒矢量光场与各向异性材料相互作用研究	A040409	面上项目	90	2015-1-1	2018-12-31
2379	70	21403034	徐淑宏	电子科学与工程学院	核多壳结构共掺杂型水溶性白光量子点及其在LED器件中的应用	B0311	青年科学基金项目	25	2015-1-1	2017-12-31
2380	71	5142010S003	孙立涛	电子科学与工程学院	液态环境下石墨烯表界面结构演变的原子分辨动态表征	E020603	国际（地区）合作与交流项目	240	2015-1-1	2019-12-31
2381	72	61401084	王立峰	电子科学与工程学院	电感耦合驱动的无源无线MEMS开关控制方法研究	F012306	青年科学基金项目	24	2015-1-1	2017-12-31
2382	73	61401087	朱敏	电子科学与工程学院	基于二维光编码PON链路监测系统关键技术的研究	F010904	青年科学基金项目	27	2015-1-1	2017-12-31
2383	74	61401090	陈超	电子科学与工程学院	近阈值电源电压射频接收电路设计方法及电路实现研究	F011801	青年科学基金项目	27	2015-1-1	2017-12-31
2384	75	61404027	朱真	电子科学与工程学院	基于微流控技术的单细胞操纵和筛选研究	F040706	青年科学基金项目	25	2015-1-1	2017-12-31
2385	76	61404028	刘波	电子科学与工程学院	面向信达信号处理动态可重构处理器中阵列路由结构和数据缓存存机制的研究	F040201	青年科学基金项目	22	2015-1-1	2017-12-31
2386	77	61405033	张宁宁	电子科学与工程学院	时空混色显示器件色彩管理的关键理论及方法研究	F050806	青年科学基金项目	25	2015-1-1	2017-12-31
2387	78	61471116	陈嶙	电子科学与工程学院	基于光电振荡器的扫频偏振光学相干层析双折射率检测技术	F0121	面上项目	75	2015-1-1	2018-12-31

(续表)

编号	序号	项目批准号	项目负责人	单位	项目名称	申请代码1	项目类别	批准金额（万元）	开始日期	结题日期
2388	79	61474022	杨军	电子科学与工程学院	超低待机功耗快速唤醒的微控制器关键技术研究	F040203	面上项目	92	2015-1-1	2018-12-31
2389	80	61474023	聂萌	电子科学与工程学院	超宽量程CMOS MEMS气压传感器基础研究	F040401	面上项目	76	2015-1-1	2018-12-31
2390	81	61475034	王春雷	电子科学与工程学院	内部界面缺陷一杂质型双发射量子点及其温度传感应用技术	F050205	面上项目	83	2015-1-1	2018-12-31
2391	82	11401094	黄性芳	数学系	任意模糊的复杂数据重建与跳跃检测方法项目	A011102	青年科学基金项目	22	2015-1-1	2017-12-31
2392	83	11471072	陈金兵	数学系	负阶孤立子方程及其有限带解	A010902	面上项目	60	2015-1-1	2018-12-31
2393	84	11471073	关秀翠	数学系	一类极大加和逆优化问题的研究	A011202	面上项目	68	2015-1-1	2018-12-31
2394	85	11471074	李铁香	数学系	基于电磁场传播的特征值问题的计算及应用研究	A011705	面上项目	65	2015-1-1	2018-12-31
2395	86	51475092	达飞鹏	自动化学院	微小物体光栅投影三维测量关键技术研究	E051102	面上项目	85	2015-1-1	2018-12-31
2396	87	61403079	张军	自动化学院	扑翼机器人弹跳辅助起飞的多模式运动机理和控制方法研究	F030605	青年科学基金项目	26	2015-1-1	2017-12-31
2397	88	61403081	曾维理	自动化学院	运动小目标鲁棒超分辨率重建模型研究	F030403	青年科学基金项目	25	2015-1-1	2017-12-31
2398	89	61473079	章国宝	自动化学院	动态时延网络的镇定控制与自适应控制	F030101	面上项目	80	2015-1-1	2018-12-31
2399	90	61473080	李世华	自动化学院	非光滑控制系统的若干问题研究	F030101	面上项目	80	2015-1-1	2018-12-31
2400	91	61473081	张亚	自动化学院	通信受限下异构传感器网络的时间/事件驱动分布式估计计算研究	F030103	面上项目	81	2015-1-1	2018-12-31
2401	92	61473082	霍军勇	自动化学院	随机非线性系统镇定、跟踪及采样控制	F030107	面上项目	80	2015-1-1	2018-12-31

(续 表)

编号	序号	项目批准号	项目负责人	单位	项目名称	申请代码1	项目类别	批准金额（万元）	开始日期	结题日期
2402	93	61473083	袁莹	自动化学院	基于T-S时空模型的耦合分布参数系统的模糊控制	F030108	面上项目	80	2015-1-1	2018-12-31
2403	94	61473084	戴先中	自动化学院	协调控制电力系统有功/频率和无功/电压的区域控制可行性与控制器设计研究	F030110	面上项目	86	2015-1-1	2018-12-31
2404	95	61473086	杨万扣	自动化学院	基于可变拓扑模型的多姿态行人检测研究	F030401	面上项目	84	2015-1-1	2018-12-31
2405	96	31400842	杨淳沨	计算机科学与工程学院	基于癫痫脑电信号的大脑连通性研究	C100401	青年科学基金项目	24	2015-1-1	2017-12-31
2406	97	61401085	姜龙玉	计算机科学与工程学院	浅海波导中高分辨阵列处理技术研究	F011101	青年科学基金项目	25	2015-1-1	2017-12-31
2407	98	61402103	王璐璐	计算机科学与工程学院	并发程序路径剖析技术研究	F020202	青年科学基金项目	26	2015-1-1	2017-12-31
2408	99	61402104	吴文甲	计算机科学与工程学院	面向能耗优化的无线Mesh网络节点部署与节能调度机制研究	F020808	青年科学基金项目	26	2015-1-1	2017-12-31
2409	100	61472076	戚晓芳	计算机科学与工程学院	并发程序测试及其关键技术研究	F020202	面上项目	82	2015-1-1	2018-12-31
2410	101	61472077	汪鹏	计算机科学与工程学院	本体匹配中的参数和策略调谐问题研究	F020202	面上项目	80	2015-1-1	2018-12-31
2411	102	61472079	蒋嶷川	计算机科学与工程学院	基于Agent的多重社会网络中异类群体的迁移式信息传播模型研究	F020509	面上项目	81	2015-1-1	2018-12-31
2412	103	61472080	杨鹏	计算机科学与工程学院	具有互补双结构的新型网络及关键技术研究	F020801	面上项目	80	2015-1-1	2018-12-31
2413	104	61472081	曹玖新	计算机科学与工程学院	位置相关的异构社交网络中行为关联与预测研究	F020801	面上项目	83	2015-1-1	2018-12-31
2414	105	61473087	刘青影	计算机科学与工程学院	"新类别发现"学习及其应用	F030504	面上项目	84	2015-1-1	2018-12-31
2415	106	11404056	陈乾	物理系	过渡金属/二硫化钼薄膜异质结构的生长机制与电、磁性质的理论研究	A040204	青年科学基金项目	25	2015-1-1	2017-12-31

(续表)

编号	序号	项目批准号	项目负责人	单位	项目名称	申请代码1	项目类别	批准金额（万元）	开始日期	结题日期
2416	107	11474049	薛鹏	物理系	全光量子信息处理器的实验研究	A040408	面上项目	95	2015-1-1	2018-12-31
2417	108	11474050	龚彦晓	物理系	基于光子数可分辨探测的量子高精密相位测量的理论和实验研究	A040408	面上项目	80	2015-1-1	2018-12-31
2418	109	11474051	陈世华	物理系	三波谐振介质中光学异常波共存及其实验观测	A040409	面上项目	96	2015-1-1	2018-12-31
2419	110	61422503	倪振华	物理系	二维层状材料的光学与光电性能	F050903	优秀青年科学基金项目	100	2015-1-1	2017-12-31
2420	111	11422222	李志勇	生物科学与医学工程学院	血管生物力学	A0205	优秀青年科学基金项目	100	2015-1-1	2017-12-31
2421	112	21405014	刘宏	生物科学与医学工程学院	高效纸微流控分析芯片及其在POCT中的应用	B05	青年科学基金项目	25	2015-1-1	2017-12-31
2422	113	21473029	赵远锦	生物科学与医学工程学院	基于多功能编码微载体的液相细胞芯片研究	B0305	面上项目	92	2015-1-1	2018-12-31
2423	114	31470043	李志勇	生物科学与医学工程学院	动脉粥样硬化斑块疲劳破坏的生物力学机理研究	C100103	面上项目	30	2015-1-1	2016-12-31
2424	115	61420106012	顾宁	生物科学与医学工程学院	结合微纳材料与器件对B细胞淋巴瘤等恶性肿瘤的转移机制及相关检测的研究	F012401	国际（地区）合作与交流项目	295	2015-1-1	2019-12-31
2425	116	61471112	朱毅华	生物科学与医学工程学院	致病同义突变数据库与分析平台构建	F012405	面上项目	60	2015-1-1	2018-12-31
2426	117	61472078	孙啸	生物科学与医学工程学院	影响产电微生物细胞外电子转移的关键细胞色素和菌毛蛋白研究	F020504	面上项目	80	2015-1-1	2018-12-31
2427	118	61475035	徐春祥	生物科学与医学工程学院	石墨烯表面等离激元耦合的纳米尺度ZnO紫外激光研究	F050209	面上项目	82	2015-1-1	2018-12-31
2428	119	81473160	熊非	生物科学与医学工程学院	超顺磁一维柔性纳米组装型诊疗载体的构建与作用机制研究	H3008	面上项目	70	2015-1-1	2018-12-31
2429	120	11472080	陈坚	材料科学与工程学院	微纳尺度类金刚石碳膜动态力学性质及机理研究	A020310	面上项目	86	2015-1-1	2018-12-31

(续 表)

编号	序号	项目批准号	项目负责人	单位	项目名称	申请代码1	项目类别	批准金额（万元）	开始日期	结题日期
2430	121	51401052	范星都	材料科学与工程学院	新型低损耗FeBCCu纳米晶软磁合金的制备及晶化机制研究	E010302	青年科学基金项目	25	2015-1-1	2017-12-31
2431	122	51438003	刘加平	材料科学与工程学院	生态纳米超高性能混凝土的制备与应用基础	E080511	重点项目	370	2015-1-1	2019-12-31
2432	123	51471050	沈宝龙	材料科学与工程学院	近室温大磁熵变Gd基块非晶合金的调控制备及同步辐射结构研究	E010301	面上项目	85	2015-1-1	2018-12-31
2433	124	51407025	蒋玮	电气工程学院	基于辅助功率环的链式混合储能系统功率解耦控制研究	E070602	青年科学基金项目	25	2015-1-1	2017-12-31
2434	125	51407026	谢天喜	电气工程学院	激光遥测高压带电金具表面电场机理与技术方法研究	E070104	青年科学基金项目	27	2015-1-1	2017-12-31
2435	126	51407027	黄磊	电气工程学院	直驱式波浪发电用全超导初级励磁型直线发电机机理研究	E070303	青年科学基金项目	25	2015-1-1	2017-12-31
2436	127	51407028	吴熙	电气工程学院	计及多种不确定性的风电次同步振荡分析及其控制策略研究	E070402	青年科学基金项目	23	2015-1-1	2017-12-31
2437	128	51407030	喻洁	电气工程学院	考虑随机过程的虚拟发电厂序贯优化调度研究	E070401	青年科学基金项目	22	2015-1-1	2017-12-31
2438	129	51477029	顾伟	电气工程学院	基于源荷储分散式协同的自治电力系统紧急控制研究	E070402	面上项目	82	2015-1-1	2018-12-31
2439	130	51477030	赵剑锋	电气工程学院	新型模块化多电平固态变压器及在柔性微网中应用基础研究	E070602	面上项目	80	2015-1-1	2018-12-31
2440	131	61405034	王辰星	电气工程学院	高性能单频线扫影动态三维面形测量技术的关键问题研究	F050105	青年科学基金项目	25	2015-1-1	2017-12-31
2441	132	71471036	王蓓蓓	电气工程学院	柔性配置需求响应参与大规模风电消纳的调度模型及机制研究	G010301	面上项目	63	2015-1-1	2018-12-31
2442	133	51477028	王立辉	仪器科学与工程学院	反射式光纤电流互感器随机误差建模方法及误差移差研究	E070104	面上项目	89	2015-1-1	2018-12-31

(续表)

编号	序号	项目批准号	项目负责人	单位	项目名称	申请代码1	项目类别	批准金额（万元）	开始日期	结题日期
2443	134	21406034	高李璟	化学化工学院	酸碱双功能催化剂制备及其催化高含氮生物质热解裂解过程的研究	B0609	青年科学基金项目	25	2015-1-1	2017-12-31
2444	135	21422101	付大伟	化学化工学院	分子铁电材料	B01	优秀青年科学基金项目	100	2015-1-1	2017-12-31
2445	136	21427801	熊仁根	化学化工学院	新型光电耦合铁电综合测试系统	B01	国家重大科研仪器研制项目	700	2015-1-1	2019-12-31
2446	137	21471031	程林	化学化工学院	手性配位螺旋链的设计，微纳米晶形貌的调控及其在不对称催化中的应用	B010303	面上项目	85	2015-1-1	2018-12-31
2447	138	21471032	叶琼	化学化工学院	含有机膦盐分子的铁电与介电研究	B010701	面上项目	90	2015-1-1	2018-12-31
2448	139	21475020	卫伟	化学化工学院	DNA的功能化组装及其在肺癌检测和治疗中的应用研究	B0509	面上项目	85	2015-1-1	2018-12-31
2449	140	21475021	娄永兵	化学化工学院	具有表面等离子共振效应的水溶性半导体纳米晶的制备和传感应用研究	B050902	面上项目	84	2015-1-1	2018-12-31
2450	141	21476048	骆培成	化学化工学院	喷射共沉淀法可控制备吡啶硫酸盐及其颗粒团聚研究	B061203	面上项目	90	2015-1-1	2018-12-31
2451	142	51407029	范奇	化学化工学院	柔性多孔碳硒电极的设计合成及电化学储能性能研究	E0712	青年科学基金项目	25	2015-1-1	2017-12-31
2452	143	41401382	窦闻	交通学院	遥感图像融合方法的几何性研究	D0106	青年科学基金项目	25	2015-1-1	2017-12-31
2453	144	41471352	翁永玲	交通学院	稀疏植被覆盖条件下土壤盐渍化高光谱遥感定量反演与动态监测	D010702	面上项目	82	2015-1-1	2018-12-31
2454	145	41471373	卢华兴	交通学院	插值条件下DEM误差的空间自相关模型研究	D010703	面上项目	84	2015-1-1	2018-12-31
2455	146	41472258	杜延军	交通学院	磷酸盐固化剂封闭高浓度复合重金属污染黏土的机理及稳定性研究	D0214	面上项目	92	2015-1-1	2018-12-31

(续表)

编号	序号	项目批准号	项目负责人	单位	项目名称	申请代码1	项目类别	批准金额（万元）	开始日期	结题日期
2456	147	51408114	于斌	交通学院	沥青路面再生过程的环境影响评价及优化建模技术	E080703	青年科学基金项目	25	2015-1-1	2017-12-31
2457	148	51478110	陆建	交通学院	驾驶行为与交通安全状态交互作用机理研究	E0807	面上项目	80	2015-1-1	2018-12-31
2458	149	51478111	陈峻	交通学院	面向停车资源利用效率提升的组合公共建筑物配建停车泊位共享机理及配置优化方法	E080701	面上项目	80	2015-1-1	2018-12-31
2459	150	51478112	胡晓健	交通学院	大城市中等收入群体出行选择行为的不确定性决策机理研究	E080701	面上项目	80	2015-1-1	2018-12-31
2460	151	51478113	王昊	交通学院	混入自动驾驶汽车的高速公路交通流微观建模与仿真研究	E080701	面上项目	80	2015-1-1	2018-12-31
2461	152	51478114	陈先华	交通学院	沥青路面抗滑的机理与长期演化研究	E080703	面上项目	83	2015-1-1	2018-12-31
2462	153	51478115	程建川	交通学院	基于可靠度的道路线形参数选用及安全性评价研究	E080703	面上项目	80	2015-1-1	2018-12-31
2463	154	51479035	陈一梅	交通学院	现代船舶水动力作用下内河限制性航道断面型态响应机理研究	E090903	面上项目	80	2015-1-1	2018-12-31
2464	155	61403080	李会军	仪器科学与工程学院	空间遥操作机器人的临场感性能评价	F0306	青年科学基金项目	24	2015-1-1	2017-12-31
2465	156	61473085	徐晓苏	仪器科学与工程学院	极地区域惯性导航的理论与方法	F030301	面上项目	80	2015-1-1	2018-12-31
2466	157	61473088	吴涓	仪器科学与工程学院	基于触觉感知机制的力触觉再现真实感评估方法研究	F030511	面上项目	80	2015-1-1	2018-12-31
2467	158	51408125	罗桑	ITS	超热高温拌合下浇注式沥青热解机理研究	E080703	青年科学基金项目	25	2015-1-1	2017-12-31
2468	159	81402769	张华	公共卫生学院	乙型病毒性肝炎疾病负担及综合防治策略研究	H2611	青年科学基金项目	23	2015-1-1	2017-12-31

(续 表)

编号	序号	项目批准号	项目负责人	单位	项目名称	申请代码1	项目类别	批准金额（万元）	开始日期	结题日期
2469	160	81472938	陈瑞	公共卫生学院	肿瘤微环境诱导乙酸代谢异常影响结肠癌发生和转移的调控机制研究	H2601	面上项目	75	2015-1-1	2018-12-31
2470	161	81472939	梁戈玉	公共卫生学院	miRNAs介导MAPK通路在B(a)P所致肺癌中的作用及生物标志研究	H2601	面上项目	85	2015-1-1	2018-12-31
2471	162	81472940	沈孝兵	公共卫生学院	PI3K/Akt/mTOR信号通路在胃癌中的表达与调节机制及其意义	H2601	面上项目	60	2015-1-1	2018-12-31
2472	163	81473003	唐萌	公共卫生学院	碲化镉(CdTe)量子点对大鼠海马体的毒性效应及作用机制研究	H2607	面上项目	65	2015-1-1	2018-12-31
2473	164	81473019	许茜	公共卫生学院	基于功能化纳米纤维的优越固相萃取介质两元结构吸附机理及其应用研究	H2608	面上项目	85	2015-1-1	2018-12-31
2474	165	31400927	田垚	生命科学研究院	Neurexin调控Ephrin蛋白水平的机制研究	C090202	青年科学基金项目	25	2015-1-1	2017-12-31
2475	166	31401107	李默怡	生命科学研究院	RNA剪接因子Rbfox1和Mbnl2介导的NRXNs选择性剪接机制研究	C060605	青年科学基金项目	24	2015-1-1	2017-12-31
2476	167	31430035	谢维	生命科学研究院	NLGs的翻译后加工对神经突触发育与功能的调控研究	C090202	重点项目	335	2015-1-1	2019-12-31
2477	168	31471031	韩俊海	生命科学研究院	Neurexin参与睡眠维持的分子细胞机制研究	C090202	面上项目	82	2015-1-1	2018-12-31
2478	169	31471032	陆巍	生命科学研究院	非典型PKC在海马相关突触可塑性和学习记忆中的作用及其机制研究	C090202	面上项目	87	2015-1-1	2018-12-31
2479	170	31471216	万亚坤	生命科学研究院	组蛋白分子伴侣调控H2A.Z在全基因组分布的分子机制	C060603	面上项目	80	2015-1-1	2018-12-31
2480	171	31471376	方明	生命科学研究院	Nkd在果蝇幼虫发育阶段抑制Wg信号通路及其分子机制	C120108	面上项目	80	2015-1-1	2018-12-31
2481	172	81470692	柴人杰	生命科学研究院	Wnt和Notch信号调控椭圆囊Lgr5阳性前体细胞再生毛细胞的研究	H1304	面上项目	73	2015-1-1	2018-12-31
2482	173	31400751	严春光	医学院	HIF-1α对IgG免疫复合物诱导巨噬细胞炎症反应的调控作用	C0802	青年科学基金项目	25	2015-1-1	2017-12-31

(续 表)

编号	序号	项目批准号	项目负责人	单位	项目名称	申请代码1	项目类别	批准金额（万元）	开始日期	结题日期
2483	174	31471041	赵春杰	医学院	Foxg1对皮质中间神经元发育的调控机制研究	C090203	面上项目	88	2015-1-1	2018-12-31
2484	175	81400300	成于思	医学院	水通道蛋白4基因沉默介导的内质网应激途径在心肌肥厚中的作用	H0212	青年科学基金项目	23	2015-1-1	2017-12-31
2485	176	81400464	石丽娟	医学院	低强度噪声暴露对发育早期耳蜗传入神经支配的损伤及长期后果	H1304	青年科学基金项目	23	2015-1-1	2017-12-31
2486	177	81402554	刘志利	医学院	Lnc-RP11-554D14.7在肺慢性炎症性转化中的作用与机制研究	H1611	青年科学基金项目	23	2015-1-1	2017-12-31
2487	178	81402559	叶伟	医学院	人CLEC9A＋BDCA3＋树突状细胞交叉递呈自噬小体作用及机制研究	H1611	青年科学基金项目	23	2015-1-1	2017-12-31
2488	179	81472431	佘敏敏	医学院	HPV E6原癌蛋白下调长链非编码RNA TUG1促进宫颈癌细胞增殖和迁移机制研究	H1621	面上项目	70	2015-1-1	2018-12-31
2489	180	81472548	赵玉江	医学院	PITX1对胃癌抑癌作用分子途径及其调控机制的研究	H1601	面上项目	64	2015-1-1	2018-12-31
2490	181	81472827	高山	医学院	HUNK对胰岛素样生长因子1受体抑制剂耐药效应的分子机制研究	H1611	面上项目	72	2015-1-1	2018-12-31
2491	182	81473190	吴晓冬	医学院	甲基丙胺致神经炎症反应性的分子机制研究	H3101	面上项目	55	2015-1-1	2018-12-31
2492	183	81473263	巢杰	医学院	治疗特发性肺炎反应及肺纤维化的新靶点-MCPIP1 (ZC3H12A)的作用与机制研究	H3108	面上项目	73	2015-1-1	2018-12-31
2493	184	81400219	陈中璞	中大医院	SDF-1对心脏干细胞c-kit基因DNA甲基化调控的机制研究	H0203	青年科学基金项目	23	2015-1-1	2017-12-31
2494	185	81400225	盛祖龙	中大医院	TWEAK/Fn14通路在内皮祖细胞移植修复受损心肌中的作用及机制研究	H0203	青年科学基金项目	23	2015-1-1	2017-12-31
2495	186	81400700	倪海锋	中大医院	调节性B细胞在蛋白尿致肾小管间质炎症纤维化中的作用研究	H0503	青年科学基金项目	23	2015-1-1	2017-12-31

(续表)

编号	序号	项目批准号	项目负责人	单位	项目名称	申请代码1	项目类别	批准金额（万元）	开始日期	结题日期
2496	187	81400704	王凤梅	中大医院	补体H因子在足细胞损伤中的作用及机制研究	H0505	青年科学基金项目	23	2015-1-1	2017-12-31
2497	188	81401157	魏琼	中大医院	Ghrelin对老年性骨骼肌肉减少症的作用及分子机制的研究	H2501	青年科学基金项目	23	2015-1-1	2017-12-31
2498	189	81401355	陈海燕	中大医院	MiR-126调控S100A9通路介导类风湿关节炎关节损害的机制研究	H1008	青年科学基金项目	23	2015-1-1	2017-12-31
2499	190	81402910	吴芳芳	中大医院	TREK-1双孔钾离子通道对突触发生的调节及其与抑郁症的相关性研究	H3101	青年科学基金项目	23	2015-1-1	2017-12-31
2500	191	8142018012	张志珺	中大医院	AD超早期髓鞘损伤以及抗LINGO-1促髓鞘重塑在AD诊治中的作用	H0902	国际（地区）合作与交流项目	300	2015-1-1	2019-12-31
2501	192	81470400	马根山	中大医院	SH2B3衔接蛋白对心肌梗死后左心室重构的作用及其机制的研究	H0203	面上项目	73	2015-1-1	2018-12-31
2502	193	81470401	姚玉宇	中大医院	缓激肽及其B2受体活化调节内皮祖细胞衰老的作用及机制研究	H0203	面上项目	73	2015-1-1	2018-12-31
2503	194	81470474	智宏	中大医院	Toll样受体接头蛋白Tollip在血管内膜新生的作用及其机制研究	H0206	面上项目	68	2015-1-1	2018-12-31
2504	195	81470922	吕林莉	中大医院	Exosome miRNA-21介导的小管上皮细胞-内皮细胞间对话在肾小管间质炎症形成中的作用研究	H0503	面上项目	73	2015-1-1	2018-12-31
2505	196	81470957	马坤岭	中大医院	血小板微粒活化mTOR通路介导糖尿病肾病早期肾小球内皮损伤的作用研究	H0510	面上项目	73	2015-1-1	2018-12-31
2506	197	81470997	刘必成	中大医院	PTH诱导血管内皮-软骨细胞转分化在CKD血管钙化发生中的作用和机制研究	H0518	面上项目	130	2015-1-1	2018-12-31
2507	198	81471187	郭怡菁	中大医院	星形胶质细胞重塑障碍合氨酸转运体GLT-1介导海马重塑障碍参与卒中后抑郁的机制研究	H0906	面上项目	70	2015-1-1	2018-12-31

（续 表）

编号	序号	项目批准号	项目负责人	单位	项目名称	申请代码1	项目类别	批准金额（万元）	开始日期	结题日期
2508	199	81471645	高波	中大医院	血脑屏障破坏对急性高血压脑水肿形成作用的磁共振动态量化研究	H1802	面上项目	73	2015-1-1	2018-12-31
2509	200	81471762	郭金和	中大医院	可携带125I粒子新型气管支架的实验化研究	H1816	面上项目	75	2015-1-1	2018-12-31
2510	201	81471780	陈陆馗	中大医院	新型靶向纳米药物Angio-Ag-NR-PMAb的制备及其抑制胶质瘤的机制研究	H1819	面上项目	72	2015-1-1	2018-12-31
2511	202	81471843	郭凤梅	中大医院	ARDS时Wnt/β-catenin-p130/E2F4调控细胞周期影响MSC向肺泡上皮分化的机制研究	H1502	面上项目	75	2015-1-1	2018-12-31
2512	203	8148122025	张志珺	中大医院	NSFC/CIHR精神药理双边研讨会	H09	国际（地区）合作与交流项目	1.8	2014-6-18	2014-12-21
2513	204	71401030	孙胜楠	经济管理学院	基于消费者支付意愿的食品供应链源溯激励机制研究	G0109	青年科学基金项目	20	2015-1-1	2017-12-31
2514	205	71401031	唐攀	经济管理学院	市场化进程中的利率模型研究——从随机微分到量子金融的分析	G0115	青年科学基金项目	22	2015-1-1	2017-12-31
2515	206	71402024	周路路	经济管理学院	高新技术企业自恋者决策对商业模式实验创新的影响机理及应用研究——基于高管注意力理论的分析	G0205	青年科学基金项目	21	2015-1-1	2017-12-31
2516	207	71403048	顾欣	经济管理学院	基于物期权视角的我国新型城镇化下农地非农化驱动机制与趋势模拟研究	G0301	青年科学基金项目	23	2015-1-1	2017-12-31
2517	208	71472036	吕鸿江	经济管理学院	企业内正式与非正式网络互动及其对组织适应性影响和权变机理研究：CAS视角的分析	G0201	面上项目	60	2015-1-1	2018-12-31
2518	209	71473036	刘晓星	经济管理学院	资产价格波动与实体经济：影响机制及其动态均衡研究	G0302	面上项目	65	2015-1-1	2018-12-31

(续表)

编号	序号	项目批准号	项目负责人	单位	项目名称	申请代码1	项目类别	批准金额（万元）	开始日期	结题日期
2519	210	71473037	胡汉辉	经济管理学院	新型城镇化约束与引导下的产业转移的模式、路径与组织研究	G0304	面上项目	60	2015-1-1	2018-12-31
2520	211	51445007	张艳	机械工程学院	纳尺度下接触模型及其相关影响因素的实验研究	E0505	应急管理项目	10	2015-1-1	2015-12-31
2521	212	81441054	朱海东	中大医院	生物可降解药物涂层胆道支架治疗良性胆道狭窄的实验研究	H1816	应急管理项目	10	2015-1-1	2015-12-31
2522	213	U1432135	施智祥	物理系	层状铁硫族超导体强磁场下电输运特性及相关机理的研究	A0805	联合基金项目	66	2015-1-1	2017-12-31
2523	214	5141030 5069	黄学良	电气工程学院	无线电能传输技术与应用学术国际会议	E070104	国际（地区）合作与交流项目	3	2014-10-18	2014-12-31
2524	215	61450110445	Matthaiou Michail（金石）	信息科学与工程学院	Massive mimo with hardware imperfections	F0102	国际（地区）合作与交流项目	20	2015-1-1	2015-12-31
2525	216	61450110442	Haider Butt（张彤）	电子科学与工程学院	Fabricating metamaterial holograms using laser ablation	F05	国际（地区）合作与交流项目	20	2015-1-1	2015-12-31
2526	217	91422301	熊仁根	化学化工学院	ABX3型钙钛矿结构分子铁电体		重大研究计划	1000	2015-1-1	2017-12-31
2527	218	7148126 0330	巢健茜	公共卫生学院	应对老龄化社会研究学术研讨会	G0308	国际（地区）合作与交流项目	0.43	2014-9-1	2014-12-31
2528	219	11447121	赵阿蒙	成贤学院	在Dyson-Schwinger Equation框架下计算高能重离子碰撞中的高阶磁导率和集体流	A05	应急管理项目	4	2015-1-1	2015-12-31
2529	220	5146113 5001	陈惠苏	材料科学与工程学院	生态低碳高耐久碱激发混凝土科学设计方法与应用基础研究	E020501	国际（地区）合作项目	300	2015-1-1	2017-12-31
2530	221	5141030 5075	段伦博	能源与环境学院	循环流化床O_2/CO_2燃烧S迁移规律研究	E060403	国际（地区）合作与交流项目	3	2014-7-30	2015-12-31

2014年国家"863"计划项目表

项目类型	项目名称	负责人	所在学院	课题经费(万元)
863课题	多模式多层次地面公交高效协同控制技术	叶智锐	交通学院	198
863课题	5G大规模协作无线传输关键技术研发	尤肖虎	信息科学与工程学院	2834
863课题	活体多尺度结构成像系统与功能识别关键技术研究	王雪梅	生物科学与医学工程学院	463
863课题	基于光场的真三维视频视点合成与显示系统	姚莉	计算机学院	732
863课题	脑功能重建评估下的抑郁症优化治疗信息决策支持关键技术研究	卢青	学习科学研究中心	274
863课题	毫米波超大容量室内局域无线接入技术研究与验证	洪伟	信息科学与工程学院	1346
863课题	高效能近阈值集成电路关键技术研究	陆生礼	无锡分校	2301

2014年国家科技支撑计划项目表

项目类型	项目名称	负责人	所在学院	课题申报经费(万元)
国家科技支撑计划课题	超超临界火电机组系统节能监测与优化技术研究与示范	沈炯	能源与环境学院	600
国家科技支撑计划课题	城郊美丽乡村集约规划建设技术集成研究和装备研发	吕锡武	能源与环境学院	1000
国家科技支撑计划课题	长三角快速城镇化地区生态养生型美丽乡村建设技术综合示范	傅大放	土木工程学院	700

2014年国家"973"计划项目表

项目类型	项目名称	负责人	所在学院	课题经费(万元)
973课题	严酷环境下混凝土材料与结构长寿命的基础研究	缪昌文	材料科学与工程学院	3340
973课题	严酷环境下混凝土材料损伤演变与性能劣化	缪昌文	材料科学与工程学院	405
973课题	可控纳米分辨光学探针技术研究	崔一平	电子科学与工程学院	358
973课题	表面界面过程微观机制及原位动态表征方法研究	黄庆安	电子科学与工程学院	275
973课题	高压多相"土—泥—水"平衡理论及控制	洪振舜	交通学院	225
973课题	高级脑机交互中动作意图与情感判读	郑文明	学习科学研究中心	236

2014年国际合作项目表

项目名称	批准号	项目所属单位	项目类别	负责人	开始日期	预计完成日期
5G大规模MIMO理论与关键技术研究	2014DFT10300	信息科学与工程学院	科技部—港澳合科技合作专项	金 石	2014-12-1	2016-11-30
生物质富氧高温气化制备城镇清洁能源的示范	2014DFE70150	能源与环境学院	科技部—国家国际科技合作专项	金保昇	2014-12-1	2017-11-30
第五代移动通信系统关键技术研究	2014DFH10190	电子科学与工程学院	科技部—港澳合科技合作专项	孙伟锋	2014-4-1	2016-10-31
通过干细胞治疗恢复听力损失		生命科学研究院	教育部留学回国人员科研启动基金	柴人杰	2015-2-1	2015-12-31
用于难治性癫痫手术术前评估的脑电图信号处理算法研究		计算机科学与工程学院	教育部留学回国人员科研启动基金	杨淳沨	2015-1-16	2017-1-15
种子粘液对土体封堵作用的机理研究		土木工程学院	教育部留学回国人员科研启动基金	邓温妮	2015-1-1	2015-12-31
带强记忆项的变系数粘弹性板方程的正则性研究		数学系	教育部留学回国人员科研启动基金	吕小俊	2015-1-1	2017-12-31
伴随粒子脆性破碎的散粒体系统力学行为数值研究		土木工程学院	教育部留学回国人员科研启动基金	洪 俊	2015-1-1	2015-12-31
基于信息交互和BIM的建设项目可持续性动态评价和控制方法研究		土木工程学院	教育部留学回国人员科研启动基金	徐 照	2014-9-25	2016-9-25
冬季道路维护材料对交通安全的影响分析		交通学院	教育部留学回国人员科研启动基金	叶智锐	2015-1-1	2017-12-31
Wnt信号对耳蜗干细胞和祖细胞调控机制的研究		生命科学研究院	南京留学人员科技活动项目择优资助经费	柴人杰	2015-2-1	2015-12-31
PQBP1调节脆性X智力迟缓蛋白FMR1功能的机制研究		生命科学研究院	南京留学人员科技活动项目择优资助经费	张子超	2015-1-1	2016-12-31
道路寿命周期能耗和碳排放研究		交通学院	南京留学人员科技活动项目择优资助经费	于 斌	2014-11-11	2015-11-10

(续 表)

项目名称	批准号	项目所属单位	项目类别	负责人	开始日期	预计完成日期
分布式驱动电动汽车的稳定性及容错控制研究		机械工程学院	南京留学人员科技活动项目择优资助经费	王荣蓉	2013-10-1	2014-10-1
自旋一轨道耦合超冷原子系统的输运性质		物理系	南京留学人员科技活动项目择优资助经费	郭 昊	2015-1-1	2016-12-31
水泥固化/稳定化修复重金属污染场地的关键技术研究		交通学院	南京留学人员科技活动项目择优资助经费	章定文	2014-11-3	2016-12-31
低能量CT图像成像算法研究		计算机科学与工程学院	南京留学人员科技活动项目择优资助经费	陈 阳	2015-1-1	2016-12-31
新型双工质对吸收式制冷循环及大温区低位太阳能驱动匹配特性研究	141052	能源与环境学院	霍英东教育基金	殷勇高	2014-3-1	2017-2-28
高速公路沥青路面耐久高性能冷再生技术研究	141076	交通学院	霍英东教育基金	马 涛	2014-3-1	2017-2-28
强风环境下大跨度桥梁高速列车运行安全评价及控制	142007	土木工程学院	霍英东教育基金	王 浩	2014-3-1	2017-2-28
市政污泥污染资源化高效利用技术及相关的基础研究	142026	能源与环境学院	霍英东教育基金	宋 敏	2014-3-1	2017-2-28
Research on testing technology of millimeter wave digital multi-beam antenna array		信息科学与工程学院	国际合作项目(外资单位)	张 慧	2014-12-1	2015-11-30
Research on linearization techniques and measurement solution of the millimeter-wave amplifier		信息科学与工程学院	国际合作项目(外资单位)	侯德彬	2014-12-1	2015-11-30
Wireless communications in airport remote parking area		信息科学与工程学院	国际合作项目(外资单位)	陈 喆	2014-9-1	2015-6-30
微波元器件的研究与应用		信息科学与工程学院	国际合作项目(外资单位)	陈继新	2014-9-1	2017-8-31
微电子神经桥样机系统研发		信息科学与工程学院	国际合作项目(外资单位)	王志功	2014-6-23	2015-1-13
超低功耗低噪声放大器、多相滤波器和混频器芯片IP核研发		电子科学与工程学院	国际合作项目(外资单位)	孙伟锋	2014-4-24	2014-10-24

（续 表）

项目名称	批准号	项目所属单位	项目类别	负责人	开始日期	预计完成日期
节能家电用智能高压驱动芯片的联合研发		信息科学与工程学院	国际合作项目（外资单位）	李智群	2014-4-4	2014-8-3
Super-plasticizers and Concrete for Precast Building Elements		信息科学与工程学院	国际合作项目（外资单位）	徐平平	2014-4-1	2015-3-31
儿童早期发展前沿研究		材料科学与工程学院	国际合作项目（外资单位）	钱春香	2014-3-1	2017-3-31

2014年重大专项表

序号	专项名称	课题编号	课题名称	课题负责人	所在学院	我校经费（万元）
1	铁总科技开发计划项目	2013G001-A-2	超高桥塔混凝土结构抗裂度及耐久性研究	蒋金洋	材料科学与工程学院	190
2	住建部科技计划软科学项目	2013-R1-10	《建筑节能合同能源管理合同示范文本》研究	李启明	土木工程学院	5
3	铁总科研试验任务	Z2013-038	高寒地区高速铁路路基冻胀综合防治技术试验	杨军	交通学院	50
4	教育部211工程	211-2010-JDYW-05	CERNET主干网南京核心节点委托运维	龚俭	计算机科学与工程学院	365.98
5	交通部运输工程行业标准制定	JTGA02	公路沥青路面再生技术规范	孙璐	交通学院	5
6	水利部公益性行业专项	201401006	堤坝（函闸）基础建设扰动密实排水固结新技术研究	丁建文 洪振舜	交通学院	112
7	卫生计划委员会科研基金项目	w201307	基于生物力学分析的股骨干骨折远程机械辅助复位技术研究	吴峻	仪器科学与工程学院	
8	国土资源部	201411012	县级不动产统一登记调查技术研究（高精度要求下的不动产实地调查研究）	吴峻	仪器科学与工程学院	304
9	铁总科技开发计划重点项目	2014G004-N	高速铁路隧道大直径盾构钢纤维混凝土管片设计与应用关键技术	郭丽萍	材料科学与工程学院	50

(续表)

序号	专项名称	课题编号	课题名称	课题负责人	所在学院	我校经费(万元)
10	工程院重大咨询项目	2013-ZD-15	中国好设计图案例集综合篇	徐江	机械工程学院	20
11	工程院重大咨询项目	2013-ZD-15	各行业创新设计能力提升路线图研究	徐江	机械工程学院	10
12	住建部科技计划软科学项目	2014	我国工程担保制度研究	郑磊	土木工程学院	12
13	住建部科技计划软科学项目	2014	工程项目管理与咨询服务发展研究	沈杰	土木工程学院	10
14	工程院学术活动	2014	儿童早期发展前沿研究工程前沿技术研究	韦钰	生物科学与医学工程学院	5
15	质检公益行业专项	201410028-03	大型球罐焊缝检测设备研究和焊后处理工艺及效果评价技术	王兴松	机械工程学院	26.4
16	遥感地质调查项目	1212011309980O	国产卫星数据综合应用及冰川湿地等地质环境因子信息提取技术研究	戚浩平	交通学院	30
17	铁总科技开发计划项目	2014G001-C	高速铁路 CRTSⅢ 型板式无砟轨道自密实混凝土制备工艺及施工工法深化研究	孙伟	材料科学与工程学院	30
18	铁总科技开发计划项目	2014G004-F	基于耐蚀钢筋的铁路跨海桥海梁耐久性设计与应用研究	蒋金洋	材料科学与工程学院	20
19	交通部应用基础研究项目	201331975906O	多灾害条件下跨海桥梁深水桩基础承载性能演化分析	龚维明	土木工程学院	25
20	质检公益行业专项	201510203-011	消费品中化学危害共性安全标准及10类重点产品关键技术标准研制	李晓华	电子科学与工程学院	45
21	国家文物局重点课题		传统木构建筑营造技艺研究现状调研和重点科研基地运行管理及制度研究		ITS中心	20
22	住建部工程建设标准定额制定、修订		预应力混凝土路面工程技术规范 GB50422-2007	钱振东	ITS中心	42
23	住建部工程建设标准定额制定、修订	2014-1-130	建筑基桩自平衡静载试验技术规程	龚维明	土木工程学院	38
24	住建部科技计划项目	2014-k2-005	面向装配整体式结构的多维减震理论分析及实验研究	王浩	土木工程学院	自筹5万

东南大学2014年江苏省科技基础研究计划（自然科学基金）申报清单

序号	项目编号	项目名称	计划类别	项目负责人	起止时间	省拨款(万元)	所在单位
1	BK20140022	个人可视属性识别	杰出青年	耿新	2014.7-2017.6	100	计算机科学与工程学院
2	BK20140023	表面增强拉曼散射(SERS)纳米光学探针及其生物传感应用	杰出青年	王著元	2014.7-2017.6	100	电子科学与工程学院
3	BK20140024	神经环路的信号传递调控机制研究	杰出青年	韩俊海	2014.7-2017.6	100	生命科学研究院
4	BK20140025	磁流变智能减震结构试验与理论研究	杰出青年	徐赵东	2014.7-2017.6	100	土木工程学院
5	BK20140026	压缩空气溶液除湿技术及增压溶液除湿基础问题研究	杰出青年	殷勇高	2014.7-2017.6	100	能源与环境学院
6	BK20140027	基于原位测试的软土空间变异性与安全敏感因素研究	杰出青年	蔡国军	2014.7-2017.6	100	交通学院
7	BK20140028	用于芯片肝脏构建的生物材料研究	杰出青年	赵远锦	2014.7-2017.6	100	生物科学与医学工程学院
8	BK20140056	多功能分子基铁电材料的性能研究	重点项目(973配套)	付大伟	2014.7-2017.6	100	化学化工学院
1	BK20141336	类金刚石膜动态力学性质与摩擦学性能关联性研究	面上研究项目	陈坚	2014.7-2017.6	10	材料工程学院
2	BK20141339	感应耦合式无线电能传输的LED照明系统关键技术研究	面上研究项目	曲小慧	2014.7-2017.6	10	电气工程学院
3	BK20141332	纳米催化放大的荧光检测技术构建及其在生物分析中应用	面上研究项目	王志飞	2014.7-2017.6	10	化学化工学院
4	BK20141338	非离子自凝胶化准固态染料敏化太阳能电池能与衰减机理研究	面上研究项目	王育乔	2014.7-2017.6	10	化学化工学院
5	BK20141331	环境友好LSPR可调金属氧化物纳米晶的制备与应用	面上研究项目	娄永兵	2014.7-2017.6	10	化学化工学院

(续表)

序号	项目编号	项目名称	计划类别	项目负责人	起止时间	省拨款(万元)	所在单位
6	BK20141340	"新类别发现"及其在基因组数据封装问题中的应用	面上研究项目	刘胥影	2014.7-2017.6	10	计算机科学与工程学院
7	BK20141330	土壤MFC对残留难降解有机农药的去除效能及机理	面上研究项目	李先宁	2014.7-2017.6	10	能源与环境学院
8	BK20141333	SMC复合体与p53相互作用的机制研究	面上研究项目	方明	2014.7-2017.6	10	生命科学研究院
9	BK20141334	基于"分子光开关"的量子点荧光编码微球悬浮芯片	面上研究项目	孙清江	2014.7-2017.6	10	生物科学与医学工程学院
10	BK20141326	具有复杂结构的非正规正交设计的研究与应用	面上研究项目	林金官	2014.7-2017.6	10	数学系
11	BK20141327	Moore-Penrose逆、Drazin逆及其应用	面上研究项目	陈建龙	2014.7-2017.6	10	数学系
12	BK20141329	圆锥磁致多铁态及其他失措导致新颖磁态的计算研究	面上研究项目	姚晓燕	2014.7-2017.6	10	物理系
13	BK20141337	氧含量对钴、锰替代氧化锌稀磁半导体材料磁性能的影响	面上研究项目	徐明祥	2014.7-2017.6	10	物理系
14	BK20141328	磁坡莫合金/稀土双层薄膜的界面效应和磁化动力阻尼研究	面上研究项目	霍亚	2014.7-2017.6	10	物理系
15	BK20141335	NMDA受体通过转录因子CREB调控癫痫发生及其分子细胞机制研究	面上研究项目	朱新建	2014.7-2017.6	10	医学院
16	BK20141342	基于多模磁共振的轻微型肝性脑病的早期辅助诊断模型和纵向随访研究	面上研究项目	焦蕴	2014.7-2017.6	10	医学院
17	BK20141347	矽肺炎症和纤维化治疗新靶点-MCPIP1的作用机制研究	面上研究项目	巢杰	2014.7-2017.6	10	医学院
18	BK20141341	复杂环境下异构传感器网络的一致性目标跟踪算法研究	面上研究项目	张亚	2014.7-2017.6	10	自动化学院
19	BK20141343	血小板微粒通过激活mTOR通路促进肾小球内皮损伤:糖尿病肾病早期发生的潜在新机制	面上研究项目	马坤岭	2014.7-2017.6	10	中大医院

（续 表）

序号	项目编号	项目名称	计划类别	项目负责人	起止时间	省拨款（万元）	所在单位
20	BK20141346	新型靶向DC的DNA纳米疫苗治疗复发性HSK的实验研究	面上研究项目	胡凯	2014.7-2017.6	10	中大医院
21	BK20141344	MSC减轻ARDS炎症损伤的机制研究：Wnt途径调节Treg/Th17失衡	面上研究项目	黄英姿	2014.7-2017.6	10	中大医院
22	BK20141345	他汀类药物致胰岛β细胞功能障碍的分子机制研究	面上研究项目	任利群	2014.7-2017.6	10	中大医院
23	BK20141348	功能化石墨烯的可控组装及其在驱动器件上的应用	面上研究项目	刘安然	2014.7-2017.6	10	化学化工学院
1	BK20140643	面向大规模链接数据的关键词搜索技术研究	青年基金项目	李慧颖	2014.7-2017.6	20	计算机科学与工程学院
2	BK20140624	GSK-3β在嗅觉环境强化刺激影响阿尔茨海默病海马相关学习记忆中的作用及其作用机制	青年基金项目	廖凯	2014.7-2017.6	20	医学院
3	BK20140620	Wnt和Notch信号调控耳蜗干细胞和祖细胞再生毛细胞	青年基金项目	柴人杰	2014.7-2017.6	20	生命科学研究院
4	BK20140623	果蝇Neurexin调控视觉神经细胞轴突导向的机制研究	青年基金项目	田垚	2014.7-2017.6	20	生命科学研究院
5	BK20140631	钢BFRP复合筋混凝土柱塑性铰长度研究	青年基金项目	孙泽阳	2014.7-2017.6	20	土木工程学院
6	BK20140641	遥操作临场感的视/力觉人机交互关键问题与实验研究	青年基金项目	李会军	2014.7-2017.6	20	仪器科学与工程学院
7	BK20140621	放逐类型社会排斥的神经电生理基础	青年基金项目	冷玥	2014.7-2017.6	20	学习科学研究中心
8	BK20140630	混凝土桥梁结构应力扰动区的精细化设计理论研究	青年基金项目	贺志启	2014.7-2017.6	20	土木工程学院
9	BK20140622	SOCS3对IgG免疫复合物诱导巨噬细胞炎症反应的调控及机制	青年基金项目	严春光	2014.7-2017.6	20	医学院
10	BK20140645	基于电压联合周期图最大化的非平衡电力系统频率估计技术研究	青年基金项目	夏办犁	2014.7-2017.6	20	信息科学与工程学院

(续表)

序号	项目编号	项目名称	计划类别	项目负责人	起止时间	省拨款(万元)	所在单位
11	BK20140644	基于可信性评估的服务组合优化技术研究	青年基金项目	廖力	2014.7-2017.6	20	计算机科学与工程学院
12	BK20140650	水溶性Mn:ZnSe量子点发光调控及其比率荧光在微量金属离子检测中的应用	青年基金项目	徐淑宏	2014.7-2017.6	20	电子科学与工程学院
13	BK20140617	高维纵向数据广义随机均值模型的估计和变量选择问题	青年基金项目	许佩蓉	2014.7-2017.6	20	数学系
14	BK20140632	开放式办公室内的声场预测与控制方法研究	青年基金项目	闵鹤群	2014.7-2017.6	20	建筑学院
15	BK20140625	基于多源InSAR数据的桥梁稳定性监测研究	青年基金项目	田馨	2014.7-2017.6	20	交通学院
16	BK20140629	ECC加固钢筋混凝土柱受力性能及精细化数值方法研究	青年基金项目	张永兴	2014.7-2017.6	20	土木工程学院
17	BK20140636	下一代移动通信系统信道解码器关键技术研究	青年基金项目	张川	2014.7-2017.6	20	信息科学与工程学院
18	BK20140618	二氧化硅玻璃材料高压密变形物理过程力学机理研究	青年基金项目	孟积兴	2014.7-2017.6	20	土木工程学院
19	BK20140648	基于拓扑规划和节能调度的无线Mesh网络能耗优化研究	青年基金项目	吴文甲	2014.7-2017.6	20	计算机科学与工程学院
20	BK20140651	多方多维量子密码协议设计与分析	青年基金项目	刘志昊	2014.7-2017.6	20	计算机科学与工程学院
21	BK20140633	计及多种不确定性的风电次同步振荡抑制技术研究	青年基金项目	吴熙	2014.7-2017.6	20	电气工程学院
22	BK20140619	面向POCT的高效纸微流控分析芯片	青年基金项目	刘宏	2014.7-2017.6	20	生物科学与医学工程学院
23	BK20140627	纳米摩擦主动控制的理论与实验研究	青年基金项目	张艳	2014.7-2017.6	19	机械工程学院
24	BK20140628	毫米波宽频多模功放及其线性化关键技术的研究	青年基金项目	田玲	2014.7-2017.6	20	信息科学与工程学院

(续)

序号	项目编号	项目名称	计划类别	项目负责人	起止时间	省拨款（万元）	所在单位
25	BK20140635	基于高效主动型表面增强荧光效应的汞离子探针研究	青年基金项目	张若虎	2014.7-2017.6	20	电子科学与工程学院
26	BK20140638	面向交通监控场景运动目标超分辨率重建模型研究	青年基金项目	曾维理	2014.7-2017.6	20	自动化学院
27	BK20140626	双重响应性动态可调制光学显示器件研究	青年基金项目	朱存	2014.7-2017.6	20	生物科学与医学工程学院
28	BK20140616	不确定性系统的随机动载荷识别技术研究	青年基金项目	吴邵庆	2014.7-2017.6	20	土木工程学院
29	BK20140640	基于量化反馈的高阶滑模控制系统研究及应用	青年基金项目	阎妍	2014.7-2017.6	20	自动化学院
30	BK20140649	考虑家庭环境噪声及非特定人因素的助老机器人精神抚慰模块研究	青年基金项目	黄永明	2014.7-2017.6	20	自动化学院
31	BK20140634	四轮独立驱动电动汽车的稳定性及容错控制研究	青年基金项目	王荣蓉	2014.7-2017.6	20	机械工程学院
32	BK20140642	无源光网络链路监测系统关键技术研究	青年基金项目	朱敏	2014.7-2017.6	20	电子科学与工程学院
33	BK20140646	基于LED的高速可见光无线通信关键技术研究	青年基金项目	党建	2014.7-2017.6	20	信息科学与工程学院
34	BK20140639	基于MEMS的静电式振动微型能量收集器研究	青年基金项目	黄晓东	2014.7-2017.6	20	电子科学与工程学院
35	BK20140647	模拟电路仿真直流分析算法研究及应用	青年基金项目	牛丹	2014.7-2017.6	20	自动化学院
36	BK20140637	扑翼机器人弹跳辅助起飞的运动机理与控制方法研究	青年基金项目	张军	2014.7-2017.6	20	仪器科学与工程学院
37	BK20140652	DMRT3在胃癌转移中的作用及雌激素的相关性研究	青年基金项目	尹莹	2014.7-2017.6	20	中大医院

2014年江苏省临床医学专项表

编号	项目类别	项目名称	项目负责人	立项部门	经费（万元）	所在院系
1	省临床医学专项	颅内外动脉搭桥术联合抗血小板药物治疗对血流动力型缺血性卒中的疗效分析研究	陈陆馗	江苏省科技厅	50	附属中大医院
2	省临床医学专项	老年性痴呆的超早期规范化诊断与干预流程研究	张志珺	江苏省科技厅	200	附属中大医院
3	省临床医学专项	难治复发急性白血病（M3除外）的规范性诊治策略研究	陈宝安	江苏省科技厅	200	附属中大医院
4	省临床医学专项	江苏省肾脏病临床研究中心	刘必成	江苏省科技厅	1300	附属中大医院

2014年度国家科学技术奖奖励项目表

序号	项目名称	主要完成人	奖励类别	授奖等级	主要完成单位	院系
1	新型人工电磁煤质对电磁波的调控研究	崔铁军 程强 马慧锋 蒋卫祥	自然科学奖	二等奖	东南大学	信息科学与工程学院
2	高稳定高耗散减振材料制备关键技术与装置开发及工程应用	徐赵东 费树岷 龚兴龙 杨建刚 王鲁钧	技术发明奖	二等奖	东南大学,中国科学技术大学,无锡市弘谷振轻技术有限公司	土木工程学院
3	现代预应力混凝土结构关键技术创新与应用	吕志涛 张喜刚 朱万旭 贺志启 刘钊 薛伟辰 冯大斌 程建军 潘钻峰 郭正兴 蒋立红 孟少平 苏如春 王景全 冯健	科技进步奖	一等奖	东南大学,同济大学,中国建筑股份有限公司,中交公路规划设计院,柳州欧维姆机械股份有限公司,西部中大建设集团有限公司,中国建筑第八工程局有限公司,中国建筑一局(集团)有限公司	土木工程学院
4	超高性能混凝土抗爆材料成套制备技术、结构设计及其应用	孙伟 张云升 吴昊 陈惠苏 方秦 刘建忠 周华新 秦鸿根	科技进步奖	二等奖	东南大学,中国人民解放军理工大学,江苏省建筑科学研究院有限公司,江苏博特新材料股份有限公司	材料科学与工程学院
5	服务三农的安全可信金融电子交易关键技术和应用	时龙兴 王超 胡晨 刘新宁 毛建国 杨军 卜爱国 田有东 杨宗平 周念东 李鹏 曹伟伟 单伟 邹勇 路厚勇	科技进步奖	二等奖	东南大学,江苏东大集成电路系统工程技术有限公司	电子科学与工程学院
6	高水压浅覆地地质超大直径长江盾构隧道成套工程技术	钱春香(个人第七)	科技进步奖	二等奖(合作)	东南大学(单位第五)	材料科学与工程学院

2014年度江苏省科学技术奖奖励项目表

序号	项目名称	主要完成人	奖励类别	授奖等级	主要完成单位	院系
1	分布式组网与协作传输理论及应用	尤肖虎 高西奇 金石 王东明 陈明 许威 彬 李萧 潘志文 赵春明 赵新胜	基础类	一等奖	东南大学	信息科学与工程学院
2	人机交互力反馈遥操作机器人关键技术及应用	宋爱国 李光明 李会军 唐鸿儒 吴涓 崔建伟 赵国普 徐宝国 包加桐 李建清 卢伟	应用类	一等奖	东南大学,扬州大学	仪器科学与工程学院
3	高性能长寿命光纤传感技术及其结构健康监测理论和系统创新	吴智深 杨才千 孙安 李素贞 张建 杨书仁 夏叶飞 朱晓文 万春风	应用类	一等奖	东南大学,江苏省交通科学研究院股份有限公司,北京特希达科技有限公司,江苏华通工程检测有限公司,同济大学,石家庄铁道大学	土木工程学院
4	燃煤烟气SCR脱硝关键技术研发与工程应用	金保昇 周长城 黄亚继 张亚平 张勇 沈凯 李仁刚 尤毓敏 姚力智 吴磊	应用类	一等奖	东南大学,南京龙源环保有限公司,宜兴市宜剧环保工程材料发展有限公司,无锡华光新动力环保科技股份有限公司,南京东大能源环保科技有限公司,南京宁行环保科技有限公司	能源与环境学院
5	老年性痴呆早期预警、诊断与干预研究	张志珺 陈晓春 袁勇贵 汪凯 柏峰 潘晓东 谢春明 朱春燕 王少华 闫福岭 任庆国	基础类	一等奖	东南大学附属中大医院,福建医科大学,安徽医科大学	中大医院
6	基于资源可控的高速网络测量技术及其产业化应用	程光 彭艳兵 丁伟 汪洋 吴桦 杨望 吴剑章 王晨 龚俭	应用类	二等奖	东南大学,南京烽火星空通信发展有限公司	计算机科学与工程学院
7	功能磁共振新技术的研究及其在脑疾病中的应用	滕皋军 居胜红 焦蕴 张洪英 杨明 刘斌 朱西琪 姚志剑	应用类	二等奖	东南大学附属中大医院,中国科学院高能物理研究所	中大医院
8	慢性肾脏病心血管病变基础与临床研究	马坤岭 刘必成 阮雄中 高民 伍敏 汤日宁 吕林莉	基础类	二等奖	东南大学附属中大医院,重庆医科大学	中大医院

(续表)

序号	项目名称	主要完成人	奖励类别	授奖等级	主要完成单位	院系
9	他汀类药物中间体绿色合成工艺的开发及产业化	吉民 蔡进 陈峻青 石利平 漆志文 徐春涛 尹晓龙	应用类	二等奖（合作）	江苏阿尔法药业有限公司、东南大学	生物科学与医学工程学院
10	2.5MW直驱永磁风电机组研发及产业化	陈小海 方明 宁海峰 林鹤云 张新刚 姜桐举 马武富	应用类	二等奖（合作）	江苏金风科技有限公司、东南大学、盐城工学院	电气工程学院
11	新型节能导线的研发及产业化	叶胜平 涂益友 邹岸新 蒋建清 周霖 俊 杨文武 周怀	应用类	二等奖（合作）	无锡华能电缆有限公司、东南大学、南京信息工程大学	材料科学与工程学院
12	提升电力互感器运行状况下测量准确性关键技术研究与应用	黄奇峰 赵新 徐晴 双双 杨世新 周赣 陈铭明 田志国	应用类	二等奖（合作）	江苏省电力公司电力科学研究院、南京南瑞端集团、东南大学、苏州华电电气股份有限公司、江苏思源赫兹互感器有限公司	电气工程学院
13	大型智能化非开挖定向钻机关键技术及产业化	常仁齐 叶永桦 刘强 李根营 张永华 吕伟祥 贾丽 马保松 李静	应用类	二等奖（合作）	徐州徐工基础工程机械有限公司、中国地质大学（武汉）、东南大学	
14	区域公路网交通安全管控关键技术及应用	赵新勇 李麟俊 夏国喜 姜良维 李瑞敏 王俊骅 方文芬 陆建 张堡	应用类	二等奖（合作）	公安部交通管理科学研究所、江苏省公安厅交通管理局、江苏省高速公路联网营运管理中心、同济大学、清华大学、苏州市公安局交通巡逻警察支队	交通学院
15	量子群的构造及其在计算机科学P问题NP问题与量子杨-Baxter方程求解中的应用基础研究	王栓宏 刘国华	基础类	三等奖	东南大学	数学系
16	电机系统混沌行为的基础理论研究	王政 邹国棠 程明	基础类	三等奖	东南大学	电气工程学院
17	第三代核电站高效安全隔离装置关键技术研发和产业化	吴建新 沈捷美 王建新 张逸芳 余新泉 姜燕 陆平	应用类	三等奖（合作）	江苏神通阀门股份有限公司、东南大学	材料科学与工程学院

2014年度高等学校科学研究优秀成果奖（科学技术）奖励项目表

序号	项目名称	主要完成人	奖励类别	授奖等级	主要完成单位	院系
1	严酷环境下硫酸盐-氯盐在混凝土中跨尺度传输理论及交互作用机制	孙伟 陈建康 蒋金洋 金祖权 左晓宝 孙国文 刘琳 杨鼎宜 刘志勇 于诚	自然科学奖	一等奖	东南大学,宁波大学,青岛理工大学,南京理工大学	材料科学与工程学院
2	公路沥青路面高效再生利用关键技术与装备	黄晓明 赵永利 曹荣吉 马涛 吴骏 叶勤	技术发明奖	一等奖	东南大学,江苏省交通科学研究院股份有限公司,江苏奥新科技有限公司	交通学院
3	（内部公布）	时龙兴 刘雷波 尹首一 杨军 何卫锋	技术发明奖	一等奖（合作）	清华大学,东南大学,上海交通大学	电子科学与工程学院
4	微纳米结构氧化锌的回音壁模紫外激光研究	徐春祥 戴俊 朱刚毅 石增良	自然科学奖	二等奖	东南大学	生物科学与医学工程学院
5	宽带无线通信中的多域多点协同传输理论研究	杨绿溪 黄永明 金石 李春国 傅友华 刘陈	自然科学奖	二等奖	东南大学,南京邮电大学	信息科学与工程学院
6	质量需求驱动的软件演化管理和故障侦探方法	李必信 黄志球 聂长海 梁金能 姜炜 孙小兵 柯昌博	自然科学奖	二等奖	东南大学,南京航空航天大学,南京大学,香港理工大学,香港城市大学	计算机科学与工程学院
7	抗干扰控制基础理论与关键技术研究	李世华 丁世宏 都海波 杨俊 王翔宇 费树岷 陈夕松	自然科学奖	二等奖	东南大学	自动化学院
8	高速精密机床电主轴关键技术及应用	蒋书运 吴智跃 徐春冬 王备 朱凯旋 李全超	技术发明奖	二等奖	东南大学,无锡机床股份有限公司	机械工程学院
9	基于磁性纳米颗粒的生物医学新技术	何农跃 李智洋 柴忠心 刘洪娜 邓燕 曾新 马飞 王炜 李小龙 许利剑	科技进步奖	二等奖	东南大学,湖南工业大学,南京生兴有害生物防治科技有限公司	生物科学与医学工程学院
10	历史城区建成环境综合优化的适应性技术及应用	段进 石邢 吴晓 刘博敏 邵润青 张麒 季松 翁芳玲 陈晓东 薛松 朱彦东 刘红杰 何舒炜	科技进步奖	二等奖	东南大学	建筑学院

(续表)

序号	项目名称	主要完成人	奖励类别	授奖等级	主要完成单位	院系
11	高精度卫星定位地基增强关键技术与系统应用	王庆 汪登辉 潘树国 高成发 喻国荣 丁国良 徐俊梅 徐佃保 黄颖 韩杨 宋玉兵 陈伟荣 高旺 祥 程良祥 徐庆松	科技进步奖	二等奖	东南大学,江苏省测绘工程院	仪器科学与工程学院
12	缆索支承桥梁结构安全评估与维护新技术及应用	吉伯海 傅中秋 谢发祥 黄跃平 周明华 徐声亮	技术发明奖	二等奖(合作)	河海大学,东南大学	土木工程学院
13	基于异种细胞的新型生物人工肝安全性研究及临床应用	施晓雷 丁义涛 顾忠泽 赵伟 韩冰 任昊桢 郑以山	科技进步奖	二等奖(合作)	南京大学,东南大学,江苏省传染病医院	生物科学与医学工程学院

2014年度其他级别科学技术奖奖励项目表

序号	项目名称	主要完成人	奖励类别	授奖等级	主要完成单位	院系
1	重型车辆道路交通事故应急救援关键技术及装备研发	李旭 周炜 张国胜 宋翔 蔡凤田 张为公 李建光 任春晓 张学文 徐启敏 陈伟 林国余 王中良 王选来 匡立刚	安全生产科技成果奖	二等奖	东南大学,交通运输部公路科学研究所,凯迈(洛阳)环测股份有限公司	仪器科学与工程学院
2	气象传感器设计理论、关键技术及其应用	黄庆安 秦明 王磊 唐洁影 曲来世 宋竞 黄见秋 聂萌 张中平 董自强	中国机械工业科学技术奖	一等奖	东南大学,凯迈(洛阳)环测有限公司	电子科学与工程学院
3	基于神经网络技术的大体积混凝土综合强度测试法	王浩 张崇男 李爱群 王晨	中国专利优秀奖	优秀奖	东南大学	土木工程学院
1	抗抑郁药物疗效评估和预测方法及临床应用	徐治 耿磊钰 李磊	江苏省卫生厅新技术引进奖	一等奖	中大医院	中大医院
2	多模态fMRI技术在AD风险人群呆转化中的早期预警价值	柏峰 张正生 袁勇贵	江苏省卫生厅新技术引进奖	一等奖	中大医院	中大医院
3	膈肌功能评估及锻炼在呼吸机撤离过程中的应用	刘玲 徐晓婷 邱海波	江苏省卫生厅新技术引进奖	一等奖	中大医院	中大医院

(续表)

序号	项目名称	主要完成人	奖励类别	授奖等级	主要完成单位	院系
4	应用TP53通路基因变异预测中国汉族人群前列腺癌发生发展与预后	陈明 许斌 陈忠求	江苏省卫生厅新技术引进奖	二等奖	中大医院	中大医院
5	超声刀在咽喉部手术中的应用	冯旭 陶锋 黄志纯	江苏省卫生厅新技术引进奖	二等奖	中大医院	中大医院
6	抑郁症的共病诊断、治疗及发病机制研究	袁勇贵 吴爱勤 侯钢	江苏省医学科技奖	二等奖	中大医院	中大医院
8	超声联合新型一氧化氮微泡增效间充质干细胞移植治疗心肌梗死的机制研究	童嘉毅 杨芳 丁建东	江苏省医学科技奖	三等奖	中大医院	中大医院
7	抑郁症的共病诊断、治疗及发病机制研究	袁勇贵 吴爱勤 侯钢	中华医学科技奖	三等奖	中大医院	中大医院
11	神经影像技术在阿尔茨海默病早期诊断中的应用	柏峰 谢春明 张正生	南京市科学技术奖	二等奖	中大医院	中大医院
12	微炎症在CKD患者心血管病变发生中的早期预警及其机制研究	马坤岭 刘必成 刘玄 伍敏 刘晶 高民	南京市科学技术奖	二等奖	中大医院	中大医院
13	基于磁性纳米颗粒的生物医学新技术及其应用	李智洋 何农跃 曾新 刘宾 柴忠心	南京市科学技术奖	二等奖	东南大学,南京生兴生物技术有限公司	生物科学与医学工程学院
14	基于分布式通信机理的僵尸网络检测关键技术及应用	程光 吴桦 彭艳兵 汪洋 那那苏霄	南京市科学技术奖	二等奖	东南大学,南京烽火星空通信发展有限公司	计算机科学与工程学院

2014年东南大学专利授权表

序号	发明专利名称	申请日	申请号	申请人	设计人	授权日	证书号
1	确定素杆梁空间结构放样态的形态分析逆迭代法	2012.03.16	201210069723.8	土木工程学院	周 臻 吴 京 冯玉龙 王永泉 孟少平	2013.12.18	第1321630号
2	一种预应力网格结构张拉全过程的反馈控制方法	2012.05.10	201210145411.0	土木工程学院	周 臻 吴 京 冯玉龙 王永泉 孟少平	2013.12.18	第1321549号
3	一种正交频分复用超宽带系统的帧检测方法	2011.09.02	201110258756.2	信息科学与工程学院 江苏东大通信技术有限责任公司	蒋良成 杜永强 宋建永 陈佰儒 王 捷 许 铭 徐仲宁 徐 铭	2014.01.01	第1331490号
4	一种喷射共沉淀法制备吡啶硫酮盐分散液的方法	2011.09.06	201110262173.7	化学化工学院	路培成 赵素青 项国兆 焦 真	2014.01.01	第1330851号
5	树形接入连通延迟线渐变线脉冲天线	2011.09.08	201110265418.1	信息科学与工程学院	殷晓星 李顺礼 赵洪新 杨 梅	2014.01.01	第1331417号
6	树形接人异面延迟线电阻加载对跖维瓦尔第脉冲天线	2011.10.20	201110318909.8	信息科学与工程学院	殷晓星 赵洪新 王 静	2014.01.01	第1331553号
7	一种基于合作博弈的认知传感网簇内频谱分配方法	2011.11.01	201110340011.0	信息科学与工程学院	宋铁成 胡 静 苏 倩 夏玮玮 沈连丰	2014.01.01	第1331403号
8	连通树形延迟线电阻加载结脉冲天线	2011.11.01	201110338597.7	信息科学与工程学院	赵洪新 殷晓星 李顺礼	2014.01.01	第1330854号
9	树形延迟线电阻加载领结脉冲天线	2011.11.01	201110338590.5	信息科学与工程学院	殷晓星 赵洪新 杨 梅	2014.01.01	第1331765号
10	一种防涂鸦抗粘贴涂料及其制备方法	2011.12.07	201110401629.3	化学化工学院	肖国民 刘 虎 尚倩倩	2014.01.01	第1330605号
11	具有凸型图案微阵列平面生物/化学传感器件的制备方法	2011.12.09	201110408148.5	生物科学与医学工程学院	张继中	2014.01.01	第1330955号
12	一种模型试验动静荷载加载装置	2011.12.09	201110406587.2	交通学院	王 非 张亚军 朱逢斌 缪林昌 吕伟华 尤 佺 王正兴 黎春林	2014.01.01	第1331293号

（续表）

序号	发明专利名称	申请日	申请号	申请人	设计人	授权日	证书号
13	基于柔性表面等离子体激元波导的光学陀螺	2011.12.15	201110419871.3	电子科学与工程学院	张彤 李若舟 李威 张晓阳	2014.01.01	第1330599号
14	基于柔性材料光波导的光学陀螺	2011.12.15	201110419872.8	电子科学与工程学院	张彤 李若舟 张晓阳 李威	2014.01.01	第1331314号
15	一种检测糖蛋白的方法	2011.11.17	201110364700.5	电子科学与工程学院	徐春祥 王明亮 杨池 石增良	2014.01.01	第1331219号
16	一种多晶硅泊松比在线测试结构	2012.01.10	201210005078.3	电子科学与工程学院	李任华 周再发 张卫青 蒋明霞	2014.01.01	第1331666号
17	一种基于延时反馈的多小区自适应协作传输方法	2012.01.16	201210013070.1	信息科学与工程学院	许威 梁乐 刘海韵	2014.01.01	第1331416号
18	一种生物油催化转化制备含氧液体燃料的装置和方法	2012.02.29	201210048810.5	能源与环境学院	肖睿 沈德魁 张会岩 赵春明	2014.01.01	第1330767号
19	一种制备聚吡咯-氧化锆纳米复合材料的方法	2012.06.11	201210190258.3	电子科学与工程学院	赵志伟 陈永强 张勇	2014.01.01	第1330929号
20	一种强化脱氮的膜生物处理方法	2012.07.23	201210255686.X	土木工程学院	杨小丽 傅大放 蒋奇	2014.01.01	第1331406号
21	一种荧光示踪绿色环保型聚乙二醇类水处理剂及其制备方法	2012.08.01	201210271525.X	化学化工学院	周钰明 姚清照 曹磊 孙伟	刘广卿 黄镜怡 凌亚辉 王虎传 吴文导	2014.01.01	第1331483号
22	一种可控释放药物的纳米载体粒子及其制备方法	2012.12.13	201210537128.2	电子科学与工程学院	王著元 崔一平 宗慎飞	2014.01.01	第1330756号
23	双频宽带可重构微带天线	2011.07.14	201110196456.6	信息科学与工程学院	华光 洪伟 岳西平	2014.01.08	第1333725号
24	一种陶瓷金卤电弧管封接炉	2011.10.09	201110302014.5	机械工程学院	何荣开 吕家东 张建 陈刚 王海鸥	2014.01.08	第1334202号
25	基于多功能孔压静力触探探头及土测压力系数测定方法	2011.12.13	201110413987.6	交通学院	蔡国军 刘松玉	2014.01.08	第1332745号

科 技 工 作

(续)

序号	发明专利名称	申请日	申请号	申请人	设计人	授权日	证书号
26	索桁架固定千斤顶斜向牵引整体提升的无支架施工方法	2011.12.21	201110430248.8	土木工程学院	罗 斌 高正兴 仇荣根	2014.01.08	第1334206号
27	一种级联型H桥变换器的电压平衡控制方法	2011.12.22	201110434266.3	电气科学与工程学院	赵剑锋 于 鹏 孙毅超 李振东	2014.01.08	第1334288号
28	一种超细颗粒的混合装置	2012.03.14	201210066231.3	能源与环境学院	段钰锋 杨春振	2014.01.08	第1332925号
29	一种精度风速测试支架	2012.05.31	201210175818.8	土木工程学院	王 浩 周广东 邢晨曦	2014.01.08	第1334112号
30	超声波强化碱性过氧处理木质纤维素的方法	2012.09.13	201210339024.0	能源与环境学院	仲兆平 邓学群 严 青 艾特玲 张茜芸	2014.01.08	第1334491号
31	含氢取代基姜黄素类似物及其药物用途	2012.05.29	201210169977.7	化学化工学院	房 雷 陈 蕾 苟少华 房旭彬	2014.01.15	第1336574号
32	一种生物油制备多元醇类和饱和吡喃类化合物的方法	2011.01.10	201110003767.6	能源与环境学院	张会岩 肖 睿	2014.01.22	第1337743号
33	基于概率有限元法的钢桥疲劳可靠度评估方法	2011.08.15	201110232789.X	土木工程学院	郭 彤 陈宇文	2014.01.22	第1337592号
34	一种多天线正交频分复用系统的高效接收方法	2011.08.16	201110234014.6	信息科学与工程学院	赵春明 王家恒 沈 弘 张 华	2014.01.22	第1337623号
35	高增益垂直极化全金属扇区天线	2011.11.01	201110340648.X	信息科学与工程学院	刘震国	2014.01.22	第1337629号
36	基于神经网络技术的桥梁动载测试方法	2011.12.15	201110420093.X	土木工程学院	王 浩 王龙花 李峰峰 宗周红	2014.01.22	第1337463号
37	一种多输入多输出通信系统中多用户下行传输方法	2011.12.29	201110450009.9	信息科学与工程学院	金 石 王 珏 高西奇	2014.01.22	第1337686号
38	一种用于混凝土泵车智能臂架闭环检测开环控制方法	2012.01.19	201210016361.6	自动化学院	叶 桦 孟玉静 孙晓洁 于 荣	2014.01.22	第1337720号
39	一种复合叠层橡胶一环状钢棒隔震装置	2012.01.19	201210017302.0	土木工程学院	王 浩 吴继荣 邢晨曦	2014.01.22	第1338034号
40	连续可变直径水泥土搅拌桩成桩方法	2012.02.09	201210027949.1	交通学院	杜广印 孙竹雄 刘松玉 徐 泳 杨胜华 谢竹华	2014.01.22	第1337824号

(续表)

序号	发明专利名称	申请日	申请号	申请人	设计人	授权日	证书号
41	一种公交系统区域绿波信号控制方法	2012.02.21	201210039721.4	交通学院	王炜 华雪东 赵德 丁剑	2014.01.22	第1337559号
42	基于高效自适应扰动观察法的最大功率跟踪方法	2012.07.31	201210270558.2	电气科学与工程学院	赵剑锋 施超 王书征 姚晓君	2014.01.22	第1337712号
43	一种电力电表大用户远程集抄接口装置	2011.04.28	201110109185.6	仪器科学与工程学院	陈俊杰 龙新辉	2014.01.29	第1341710号
44	一种用于多信道无线网络的链路分配方法	2011.08.22	201110241522.7	信息科学与工程学院 南京浩博科技有限公司	余旭涛 徐进	2014.01.29	第1341156号
45	多晶硅材料残余应力在线测试结构	2012.01.06	201210003497.3	电子科学与工程学院	李伟华 周再发 张卫青 刘海韵 蒋明霞	2014.01.29	第1341496号
46	基于多槽硅基纳米线波导的全光逻辑门器件	2012.01.10	201210005487.3	电子科学与工程学院	肖金标	2014.01.29	第1341773号
47	一种公交车站点间行程时间预测方法	2012.03.08	201210059696.6	交通学院	王炜 王宝杰 杨敏	2014.01.29	第1341507号
48	基于内循环流化床的颗粒物混合装置	2012.05.03	201210134664.8	能源与环境学院	段钰锋 杨春振 刘猛	2014.01.29	第1341803号
49	一种碱基选择性可控延伸的STR序列高通量检测方法及其检测试剂	2012.06.13	201210193643.3	生物科学与医学工程学院	李俊吉 陆祖宏 刘全俊	2014.02.12	第1345538号
50	基于手机定位数据的实时城市道路交通流数据提取方法	2011.08.04	201110222383.3	智能运输系统（ITS）研究中心	黄卫 夏井新 安成川 张伟 陆振波	2013.09.18	第1273507号
51	复数扩频信号的到达时间差测量方法	2011.11.16	201110361270.1	信息科学与工程学院 南京三宝科技股份有限公司	胡爱群 梁彪 田华梅 钱妍池	2013.09.18	第1274722号
52	一种无线自组网抄表系统采集器装置及运行方法	2012.04.16	201210111213.2	南京拓诺传感网络科技有限公司 仪器科学与工程学院	陈俊杰 李周	2013.10.09	第1283597号

(续表)

序号	发明专利名称	申请日	申请号	申请人	设计人	授权日	证书号
53	一种湿法烟气脱硫废水蒸发处理的自动控制方法	2011.12.23	201110376292.5	江苏省电力设计院能源与环境学院	游晓宏 唐兆芳 朱勇 韩申松 沙海伟 王健 张运生 江蛟 葛小丰 高嘉梁 王志斌 沈凯 周长城 徐海涛	2013.10.30	第1295681号
54	一种应用于水声换能器指向性响应的自动分析方法	2011.01.18	201110009999.2	信息科学与工程学院	陈功军 安良	2013.11.20	第1309854号
55	微电子机械悬臂梁式微波功率自动检测系统及其检测方法和制备方法	2011.03.08	201110055052.5	电子科学与工程学院	朱政 廖小平	2013.11.20	第1309342号
56	一种光伏并网系统的孤岛检测方法	2011.04.14	201110094106.9	自动化学院	费树岷 周杏鹏 郑飞	2013.11.20	第1309466号
57	多小区重叠覆盖下的节能策略	2011.04.21	201110100643.X	信息科学与工程学院	刘程喆 潘志文 李云 刘楠 尤肖虎	2013.11.20	第1309098号
58	一种水声通信网络的分布式动态时分多址协议方法	2011.05.20	201110135537.5	信息科学与工程学院	方世良 杨文 李霞	2013.11.20	第1309789号
59	广域水面泄漏原油的收集与处理一体化装置	2011.10.12	201110308128.0	能源与环境学院	金保昇 吕锡武 周文佳 陆胜豪 刘凌沁 朱小良 杜晓飞 胡健	2013.11.20	第1309648号
60	一种可滑翔的弹跳机器人	2012.04.18	201210115049.2	仪器科学与工程学院	孙洪涛 乔贵方 宋光明 葛剑 宋爱国 张军	2013.11.20	第1309448号
61	一种非接触式心电传感器及其应用	2012.04.27	201210128390.1	生物科学与医学工程学院	刘梦星 鲁豫杰 周平 汪菲 吕攀	2013.11.20	第1309753号
62	交通冲突仿真丙阶段参数标定方法	2011.12.02	201110394248.7	交通学院	黄佳 王伟 刘飞 黄晶 张序 万晶晶	2013.12.04	第1316610号
63	直接式高速公路出口匝道功能区范围确定方法	2012.05.07	201210140911.5	交通学院	马永锋 李红伟 盛飞 陆键 李文权 张聪	2013.12.04	第1315967号
64	设置直通式公交专用进口道的信号交叉口设计方法	2011.05.26	201110138412.8	交通学院	张晖 邱丰 郭鹏	2013.12.18	第1324156号

(续 表)

序号	发明专利名称	申请日	申请号	申请人	设计人	授权日	证书号
65	设置公交专用道的信号交叉口设计方法	2011.05.26	201110138100.7	交通学院	李文权 张健 邱丰 郭晖 张鹏	2012.3.12.18	第1324051号
66	一种含镁的无机-有机配位聚合物及其制备方法	2011.06.24	201110172901.5	化学化工学院	陈金喜 王晶晶	2013.12.18	第1323598号
67	一种变浓度调节功率的氨水吸收式动力循环装置	2011.09.16	201110273603.5	能源与环境学院	陈亚平 刘芬	2013.12.18	第1323696号
68	振动监视保护装置的背板总线式结构及其通信控制方法	2011.09.29	201110291290.6	机械工程学院 江阴众和电力仪表有限公司	许飞云 贾民平 胡建中 黄鹏 刘桂兴	2013.12.18	第1324215号
69	一种预制组合梁柱节点结构	2011.11.17	201110364776.8	土木工程学院	潘金龙 许淮 袁方	2013.12.18	第1323485号
70	彩色结构光三维测量中的彩色响应标定方法	2011.11.25	201110383132.3	自动化学院	达飞鹏 胡路遥	2013.12.18	第1323802号
71	PPV类聚合物作为荧光指示剂在基于荧光淬灭的氧传感器中的应用	2011.11.30	201110389116.5	化学化工学院	祁争健 洪德心 孙岳明	2013.12.18	第1324044号
72	一种基于实际减速效果的道路减速标识设置方法	2011.12.02	201110394275.4	交通学院	刘攀 俞灏 黄佳 王炜 张晶晶 序	2013.12.18	第1324208号
73	基于双过滤机制的高速网络僵尸报文的检测方法	2011.12.20	201110428857.X	计算机科学与工程学院	禹东川 程光 韦钰	2013.12.18	第1323693号
74	形成性评测系统	2012.01.20	201210019047.3	生物科学与医学工程学院	禹东川 程光 韦钰	2013.12.18	第1323888号
75	基于X射线断层相照相的溶蚀水泥基材料中固体钙分布测试方法	2012.05.15	201210152175.5	材料科学与工程学院	万克树 李艳	2013.12.18	第1324053号
76	纳米三氧化二砷/乳酸羟基乙酸共聚物涂层支架的制备工艺	2010.11.05	201010533299.9	医学院	张东生 赵苏苏	2013.12.25	第1327337号
77	一种GNSS网络差分系统中的误差改正方法	2011.07.20	201110202807.X	仪器科学与工程学院	潘树国 王庆 汪登辉 沈雪峰	2013.12.25	第1327389号

(续表)

序号	发明专利名称	申请日	申请号	申请人	设计人	授权日	证书号
78	一种光纤捷联罗经系统的对准方法	2011.08.08	201110225420.6	仪器科学与工程学院	程向红 刘军 周本川 王宇部	2013.12.25	第1327531号
79	一种石墨烯铸体的铸造方法	2011.12.25	201110380703.8	电子科学与工程学院	孙立涛 徐峰 毕佰昌 万能	2013.12.25	第1327532号
80	车载微机械陀螺仪异常测量数据的识别与修正方法	2011.11.26	201110381892.0	仪器科学与工程学院	李旭 陈伟	2013.12.25	第1327405号
81	一种显示板	2011.12.08	201110405146.0	电子科学与工程学院	陈禹翔 匡文剑 李青潮 王保平 鞠霞	2013.12.25	第1325191号
82	左开门式公交专用相位设置及社会车流的协同控制方法	2011.12.20	201110431016.4	交通学院	杨敏 金晨	2013.12.25	第1327613号
83	一种搅拌桩施工方法及其固化剂装置	2011.12.29	201110449202.0	交通学院	易耀林 李晨 杨震 王伟 卢凯文	2013.12.25	第1327844号
84	一种平面闭环连杆机构运动过程的模拟方法	2012.03.08	201210060141.3	土木工程学院	蔡建国 冯健	2013.12.25	第1327548号
85	基于时钟偏差规划算法的数字电路工作频率优化方法	2012.04.16	201210110065.2	化学化工学院	黄凯	2013.12.25	第1327650号
86	一种城市污泥焚烧处理装置	2012.10.18	201210398235.1	能源与环境学院	向文国 杨国群	2013.12.25	第1327456号
87	循环流化床煤气化装置	2012.10.18	201210398250.6	能源与环境学院	向文国 薛志鹏	2013.12.25	第1327335号
88	一种系统可配置射频拉远装置	2011.06.28	201110176591.4	信息科学与工程学院 江苏东大通信技术有限责任公司	杜永强 赵春明 尤肖虎 黄樊 蒋良成 缪开济	2014.01.01	第1331407号
89	N-烷基取代反式1,2-环己二胺为配体的铂(II)配合物及其制备方法	2010.05.05	201010162020.2	化学化工学院	苟少华 孙艳艳	2014.01.08	第1334370号
90	单、多频段微波吸收器	2011.05.06	201110116068.2	信息科学与工程学院	崔铁军 沈晓鹏	2014.01.08	第1333970号

(续表)

序号	发明专利名称	申请日	申请号	申请人	设计人	授权日	证书号
91	数模混合式时钟占空比校准电路	2011.06.09	201110153735.4	电子科学与工程学院	吴建辉 张 萌 白春风 王旭东 张理振 李 红 温俊辉 顾佼辉 赵 强	2014.01.08	第1334179号
92	码分多径信道德序贯多天线选择发送方法	2011.06.21	201110167378.7	信息科学与工程学院	许 威 朱道华 赵春明	2014.01.08	第1334530号
93	一种无霜空气降温除湿系统及方法	2011.09.19	201110277562.7	能源与环境学院	杜 垲 周荣辉 孙长建 殷 岳 李彦军	2014.01.08	第1333885号
94	一种基于群论的对称杆系结构的可动判定方法	2011.11.18	201110365905.5	土木工程学院	陈 耀 冯 健 夏仕洋	2014.01.08	第1334025号
95	一种LCL并网逆变器系统的有源阻尼及其电路	2011.11.18	201110368829.3	电气科学与工程学院	肖华锋 谢少军 许津铭	2014.01.08	第1334401号
96	一种便于维修和拆换的建筑PV/T复合系统	2011.12.24	201110440867.5	建筑学院	彭昌海	2014.01.15	第1337339号
97	一种桩土负摩阻力的测量装置	2012.03.16	201210070060.1	土木工程学院	戴国亮 刘立基 黄 挺 黄 莹 龚维明	2014.01.15	第1337333号
98	一种用于核酸测序的微流体基因芯片	2010.09.21	201010288225.3	生物科学与医学工程学院	马晓冬 陆祖宏 吕 华	2014.02.05	第1344443号
99	一种基于物理层抽象算法的异构网动态系统级仿真方法	2011.03.08	201110054996.0	信息科学与工程学院	衡 伟 王婉冬 印正满 张 威 张金宝	2014.02.05	第1344408号
100	一种基于片上监测和电压预测的动态电压调节系统	2011.08.08	201110225381.X	电子科学与工程学院	单伟伟 朱 肖 顾昊琳 时龙兴 吴晓青	2014.02.05	第1344268号
101	一种用于稳定含有机物的重金属铜污染场地的固化剂	2011.11.25	201110381727.5	交通学院	杜延军 魏明俐	2014.02.05	第1344004号
102	一种基于系统总线的系统芯片片内电源转换控制电路	2011.12.27	201110444107.1	电子科学与工程学院	徐 申 陈大鹰 孙伟锋 陆生礼 徐玉珉 时龙兴	2014.02.05	第1344303号
103	一种具有故障环流抑制作用的固态开关切换控制方法	2012.03.27	201210083841.4	电气科学与工程学院	赵剑锋 姚 佳	2014.02.05	第1344211号

(续)

序号	发明专利名称	申请日	申请号	申请人	设计人	授权日	证书号
104	一种锂电池正极材料的转炉式生产工艺和装置	2012.04.12	201210106454.8	能源与环境学院	向文国 陈时熠 薛志鹏	2014.02.05	第1344213号
105	一种基于激光光源的传感器网络远程无供电系统	2012.05.09	201210142493.3	仪器科学与工程学院	吴剑锋 李建清 徐高志 罗 堪 杨 华	2014.02.05	第1343897号
106	光纤适配器基座复合式自动上料装置	2012.05.15	201210152167.0	机械工程学院	韩 良 庞云天 敏	2014.02.05	第1344409号
107	用废旧铅酸电池的电极活性物质制备超细一氧化铅的方法	2012.06.18	201210201272.9	化学化工学院	雷立旭 高鹏然 戴 源	2014.02.05	第1344358号
108	一种巴比妥酸螯合树脂及其制备方法和应用	2012.09.14	201210341949.9	土木工程学院	孙 越 李志超 王文学 钱荆宜	2014.02.05	第1344069号
109	一种基于WLN和LTE异构网融合链路性通讯感知方法	2011.03.08	201110054999.4	信息科学与工程学院	衡 伟 张金宝 张 威 印正滴 吴建波 王婉莹	2014.02.26	第1352870号
110	一种带有可横向推拉的梳齿单元的射微机械开关	2011.05.27	201110139908.7	电子科学与工程学院	王立峰 韩 磊 黄庆安 宋 竞	2014.02.26	第1352630号
111	一种宽带有源巴伦电路	2011.05.30	201110143098.2	电子科学与工程学院	吴建辉 赵 强 陈 超 黄成红 李春风 王旭东 温俊峰 张理振 谢	2014.02.26	第1353061号
112	具有路由功能的无线终端设计方法	2011.07.04	201110185322.4	信息科学与工程学院	曹秀英 龚 挺 喆	2014.02.26	第1353007号
113	汽轮机动叶片振动特性实验装置及方法	2011.12.02	201110394092.2	能源与环境学院	杨建明 谢资华 张东兴 刘志华 李	2014.02.26	第1352838号
114	一种基于交通运行状态的快速道路可变限速控制方法	2011.12.16	201110425477.0	交通学院	刘 攀 李志斌 万晶晶 王 炜	2014.02.26	第1353013号
115	基于Petri网的多横梁水切割走刀路径优选方法	2011.12.23	201110435773.9	自动化学院	李 俊 戴先中 郭 涛 李正权 孙 维	2014.02.26	第1353390号
116	组合水切割过程的在线协调空调与Petri网验证方法	2011.12.23	201110435791.7	自动化学院	李 俊 戴先中 孙启端 蒋镇汉	2014.02.26	第1353152号

(续表)

序号	发明专利名称	申请日	申请号	申请人	设计人	授权日	证书号
117	一种可提高PN结反向击穿电压的装置	2011.12.29	201110448439.7	电子科学与工程学院	秦明 张睿	2014.02.26	第1352649号
118	基于石墨烯的表面等离子体极化波分束器	2012.01.10	201210005521.7	信息科学与工程学院	陆卫兵 许红菊 童正高 朱薇	2014.02.26	第1352677号
119	一种交叉口群过饱和交通态势主动控制方法	2012.01.11	201210006726.7	交通学院	任刚 黄正锋 范超	2014.02.26	第1353411号
120	风洞流场显示试验模型旋转支架	2012.01.19	201210016917.1	土木工程学院	董欣 叶继红 华璟怡	2014.02.26	第1353079号
121	一种基于时间窗口的实时交通状况判别方法	2012.02.27	201210045463.0	智能运输系统(ITS)研究中心	夏井新 安成川 黄卫 陆振波	2014.02.26	第1352593号
122	软土路堑边坡回形加筋土工支挡结构及其逆作工法	2012.03.02	201210051786.0	交通学院	石名磊 张瑞坤 张浩 张韦华	2014.02.26	第1353150号
123	基于射频接收信号强度值的隧道内车辆的动态定位方法	2012.09.27	201210366475.3	仪器科学与工程学院	李旭 黄金凤 赵宇 陈伟	2014.02.26	第1353077号
124	用于无线通信系统基站中减小系统干扰的无线资源配置方法	2011.06.16	201110162364.6	熊猫电子集团有限公司 南京熊猫电子股份有限公司 信息科学与工程学院	牟中平 赵新胜 陈基建 张春 李跃进 任伟	2013.12.04	第1313798号
125	医用超声探头体表精确定位系统及方法	2011.11.23	201110375533.4	医学院	沈会明 张炽敏	2014.01.08	第1332509号
126	一种用于沉井自平衡法测试的荷载箱	2013.03.04	201310068673.6	土木工程学院	龚维明 戴国亮 薛国亚 杨超	2014.02.12	第1344683号
127	一种多维减震隔震铝芯橡胶支座	2011.05.03	201110112715.2	土木工程学院	王浩 李爱群 邓稳平	2014.02.12	第1345113号
128	一种加压双回路循环流化床煤化学链燃烧的方法	2011.08.30	201110252874.2	能源与环境学院	金保昇 钟文琪 王晓佳 张泽 宋敏	2014.02.12	第1345170号
129	一种电力系统次同步振荡抑制装置及其抑制方法	2011.08.31	201110254739.1	电气科学与工程学院	吴熙 蒋平 刘先立	2014.02.12	第1345223号

(续 表)

序号	发明专利名称	申请日	申请号	申请人	设计人	授权日	证书号
130	镁合金薄片增强可吸收骨内固定复合材料及其制备方法	2011.11.15	201110360819.5	材料科学与工程学院	储成林 薛 烽 董寅生 白晶晶 盛晓波 韩 超 王世栋	2014.02.12	第1345214号
131	多孔镁合金三维增强可吸收医用复合材料及其制备方法	2011.11.15	201110360928.7	材料科学与工程学院	储成林 薛 烽 董寅生 白晶晶 盛晓波 韩 超 王世栋	2014.02.12	第1345261号
132	一种适用于弦支穹顶空间结构的多向误差可调节点	2012.01.19	201210016356.5	土木工程学院	周 臻 冯玉龙 孟少平 吴 京 王永泉	2014.02.12	第1344963号
133	一种高调谐精度的数字控制振荡器	2012.03.01	201210051625.1	电子科学与工程学院	吴建辉 江 平 张 萌 黄 成 周正亚 陈 庆 王子轩	2014.02.12	第1345043号
134	基于门控振荡器的超高速突发模式时钟恢复电路	2012.03.12	201210063200.2	信息科学与工程学院	顾荣蔚 朱 恩 单锡琳	2014.02.12	第1345188号
135	不规则外形颗粒电力系数的测量装置和测量方法	2012.05.03	201210133573.2	能源与环境学院	陈 曦 钟文琪 邵应娟 任 冰 金保昇	2014.02.12	第1345136号
136	一种基于机器视觉的室内一般物体识别方法	2012.05.08	201210141374.6	自动化学院	李新德 张 晓	2014.02.12	第1344716号
137	一种石墨烯和金属纳米颗粒复合薄膜的制备方法	2012.05.29	201210169973.9	材料科学与工程学院	郭新立 朱圣清 汤 铨 刘建双 金晓彬 张 彤	2014.02.12	第1344616号
138	一种表面亲水性的医用聚丙烯材料的制备方法	2012.11.26	201210488852.0	生物科学与医学工程学院	张天柱 郭兆彬 顾 宁	2014.02.12	第1344671号
139	一种时分同步码分多址移动自组织网络融合的组网方法	2007.10.09	200710133226.9	信息科学与工程学院	宋铁成 吴 名 胡 静 夏玮玮 沈连丰 许 波	2014.02.19	第1348629号
140	基于磁分离与高保真聚合酶校正功能的核酸序列分析方法	2011.04.19	201110097983.1	生物科学与医学工程学院	何农跃 曾 新	2014.02.19	第1348725号
141	循环流化床锅炉床式自激串行电力旋风能固分离装置	2011.12.30	201110452676.0	能源与环境学院	杨亚平	2014.02.19	第1349007号
142	自适应匹配的太阳能辅助空气源热泵装置	2012.05.16	201210151248.9	能源与环境学院	钱 华 郑晓红 徐腾飞	2014.02.19	第1347930号

（续 表）

序号	发明专利名称	申请日	申请号	申请人	设计人	授权日	证书号
143	带循环前缓调偏移制正交频分复用传输方法	2010.01.22	201010018295.7	信息科学与工程学院	高西奇 夏香根 王闻令 尤肖虎	2014.03.05	第1355078号
144	光辅助/脉冲调制用大电流密度电子源及其应用方法	2011.07.08	201110191195.9	电子科学与工程学院	王岗龙 雷威 张晓兵	2014.03.05	第1355778号
145	基于废水排放比例和比例系数的确定方法	2011.09.21	201110280585.3	自动化学院	周杏鹏 李靖凯 袁易之	2014.03.05	第1355541号
146	一种基于压电陶瓷的电子电压互感受装置	2011.12.27	201110443203.4	电气科学与工程学院	桑英军 黄学良	2014.03.05	第1355406号
147	变速恒频双转子永磁风力发电机并网控制系统及方法	2012.04.28	201210129710.5	电气科学与工程学院	张建忠 王元元 程明	2014.03.05	第1355392号
148	一种含磁性纳米粒子的壳聚糖水凝胶的制备方法	2012.07.23	201210255353.7	生物科学与医学工程学院	张天柱 顾宁 张磊 丁琪	2014.03.05	第1355295号
149	高过载环境下的捷联惯性导航系统陀螺信号智能滤波方法	2013.03.14	201310080881.8	仪器科学与工程学院	徐晓苏 张涛 李佩娟 王立军 刘锡祥	2014.03.05	第1354486号
150	一种无线传感器网络单/三相控制节点表装置	2011.05.19	201110131751.3	仪器科学与工程学院	陈俊杰 陶亮	2014.03.12	第1362237号
151	外转子聚磁式磁齿轮	2011.08.18	201110237629.4	电气科学与工程学院	程明 李祥林 邹国棠	2014.03.12	第1362125号
152	加压双驾驶路循环流化床煤化学链燃烧分离CO_2的装置	2011.08.30	201110252904.X	能源与环境学院	金保昇 刘先立 钟文琪 张棒 王晓佳 宋敏	2014.03.12	第1362111号
153	基于石墨烯的场发射三极结构	2011.09.30	201110293192.6	电子科学与工程学院	雷威 娄朝刚 张晓兵 崔一平 李驰 陈静	2014.03.12	第1362120号
154	一种甘油一步氢解法制备1,3-丙二醇的方法	2011.09.30	201110292744.1	化学化工学院	魏瑞平 肖国民 李磊 牛想	2014.03.12	第1361955号
155	变频调速控制器	2011.11.01	201110338555.3	自动化学院	包金明 李新德 孙家明 冒建亮	2014.03.12	第1362224号
156	在电极基材料表面原位生长纳米氧化锌的方法	2011.11.17	201110364702.4	电子科学与工程学院	徐春祥 杨池 石增良 王明亮	2014.03.12	第1361945号

(续表)

序号	发明专利名称	申请日	申请号	申请人	设计人	授权日	证书号
157	一种聚焦型冷阴极X射线管	2011.11.29	201110385165.1	电子科学与工程学院	张晓兵 雷 威	2014.03.12	第1362221号
158	用于多信道无线网络的集中式链路高度方法	2011.12.09	201110406930.3	信息科学与工程学院	余旭涛 施小翔 杨 洋 张在琛 徐 进	2014.03.12	第1361854号
159	一种生物荧光纳米温度计的制备方法	2011.12.19	201110426143.5	电子科学与工程学院	王著元 崔一平 邵 平 宗慎飞	2014.03.12	第1362195号
160	多晶硅断裂强度的在线测试结构及其测试方法	2012.01.11	201210007367.7	电子科学与工程学院	李伟华 张卫青 周再发 刘海韵 蒋明震	2014.03.12	第1361905号
161	一种可控性增大低场磁电阻值的复合材料制备方法	2012.02.28	201210046157.9	物理系	唐雁坤 葛学锋 赵文娟	2014.03.12	第1361836号
162	基于环形电桥结构的水膜厚度检测传感器及检测方法	2012.05.03	201210133571.3	电子科学与工程学院	黄庆安 韩 磊 殷刚毅 丁 成	2014.03.12	第1362048号
163	一种组合型催化剂催化烷基苯环氯化的方法	2012.05.18	201210154839.1	化学化工学院	王明亮 叶春林 葛裕华 俞志宏 陶文平	2014.03.12	第1361919号
164	磁场自增速永磁风力发电机	2012.05.24	201210163826.0	电气工程学院	程 明 花 为 邹国棠	2014.03.12	第1362103号
165	一种利用双面振镜实现激光单向扫描的扫描装置	2012.05.29	201210171929.1	电子科学与工程学院	叶莉华 王文轩 王叶轩 汪海洋 崔一平	20134.03.12	第1361861号
166	一种氨水吸收式制冷兼制热水系统装置	2012.05.31	201210175197.3	能源与环境学院	杜 恺 蔡星辰 李彦军 杨 柳	2014.03.12	第1361830号
167	一种用于膝关节镜手术的半月板缝合针	2012.07.06	201210233386.1	医学院	李永刚 韦继南 陆 军 王 宸 吴小涛	2014.03.12	第1361985号
168	一种荧光示踪无磷聚醚多功能水处理剂及其制备方法	2012.08.01	201210271406.4	化学化工学院	周钰明 刘广卿 黄镜怡 姚清照 凌 磊 王虎传 曹 科 刘亚辉 吴义号 孙 伟	2014.03.12	第1361846号
169	一种连铸机钢坯余热回收装置	2012.10.22	201210405642.0	能源与环境学院	梁 财 陈晓平 谭 震 赵长遂 刘道银 段伦博	2014.03.12	第1361962号

(续表)

序号	发明专利名称	申请日	申请号	申请人	设计人	授权日	证书号
170	一种面向隧道环境的车辆组合靠组定位方法	2012.11.07	201210442040.2	仪器科学与工程学院	李 旭 黄金凤 宋 翔	2014.03.12	第1361999号
171	一种无源无线温、湿度成传感器	2012.11.29	201210498929.2	电子科学与工程学院	黄见秋 黄庆安 张 聪	2014.03.12	第1362001号
172	一种与乳腺癌脑转移细胞特异性结合的多肽	2012.12.13	201210538671.4	医学院	张建琼 付 波 张 莹	2014.03.12	第1362069号
173	一种悬吊式电动位移量测装置	2012.12.19	201210555046.0	土木工程学院	龚维明 戴国亮 杨 超	2014.03.12	第1362109号
174	一种全封闭提取、转移和贮存核酸的装置	2013.03.14	201310080221.X	生物科学与医学工程学院	王 炜 何农跃 李智洋 马 超 刘 宾	2014.04.02	第1374528号
175	一种基于波束到达角的多用户调度方案	2010.09.26	201010295100.3	信息科学与工程学院	赵春明 洪 威	2014.04.02	第1376138号
176	一种5.8GHz电子不停车收费系统的车载单元	2011.03.09	201110056476.3	仪器科学与工程学院	陈俊杰 山宝银 许 威	2014.04.02	第1376500号
177	基于角度角位移监测的识别受损的递进式方法	2011.05.13	201110122593.5	土木工程学院	韩玉林 宋佰涵 张居镇	2014.04.02	第1375935号
178	大跨度桥梁用减震钢箱梁	2011.07.06	201110197020.9	土木工程学院	王 浩 宗周红 黄小伟 刘海红	2014.04.02	第1376185号
179	一种基于相关性的跳频通信系统接入方法	2011.08.17	201110235640.7	信息科学与工程学院 南京东大移动互联技术有限公司	沈连丰 鲍 楠 胡 静 夏玮玮 宋铁成	2014.04.02	第1372032号
180	单基站功率约束约的多点协作波束成型和功率分配方法	2011.11.01	201110341112.X	信息科学与工程学院	黄永明 何世文 杨绿溪	2014.04.02	第1376013号
181	一种基于级联型变流器的多功能快速开关装置	2011.11.02	201110341235.3	电气科学与工程学院	赵剑锋 姚 佳 王梦蔚	2014.04.02	第1375124号
182	双馈风力发电机的逆软仪表	2012.02.28	201210046489.7	自动化学院	张凯锋 孙 立 戴先中	2014.04.02	第1375839号
183	具有宽带外抑制的平面小型化通信带通滤波器	2012.03.16	201210069724.2	信息科学与工程学院	张 彦 洪 伟 陈继新	2014.04.02	第1375997号

(续表)

序号	发明专利名称	申请日	申请号	申请人	设计人	授权日	证书号
184	基于屈曲模态组合的网格结构施工误差可靠性分析方法	2012.05.16	201210151164.5	土木工程学院	周臻 冯志龙 孟少平 高京 吴永泉	2014.04.02	第1376097号
185	一种可抗强风风力发电机桨叶	2012.05.16	201210151234.7	土木工程学院	王浩 舒赣平 王龙花 祝谭雍	2014.04.02	第1376292号
186	原位凝胶化组装准固态染料敏化太阳能电池的方法	2012.05.18	201210154840.4	化学化工学院	王育乔 孙岳明 赵一凡 刘琴 高雪玲	2014.04.02	第1375351号
187	汽轮机中间分隔轴封漏汽率对机组热耗率影响的测算方法	2012.05.21	201210159859.8	能源与环境学院	胥建群 张赟 周克毅 石永锋 杨涛 许红胜	2014.04.02	第1375275号
188	装配式混凝土剪力墙边缘构件连接构造	2012.05.31	201210177949.X	土木工程学院	刘家彬 郭正兴 朱张峰	2014.04.02	第1374947号
189	密闭空腔型变压干粉泵装置	2012.05.31	201210176706.4	能源与环境学院	梁财 许盼 陈晓平 赵长遂 徐贵玲	2014.04.02	第1375027号
190	采用水箱控制热泵蒸发压力的安全装置及其方法	2012.05.31	201210175166.8	能源与环境学院	陈九法 徐宝江 陈义波 陈军伟 庞丽颖 高龙	2014.04.02	第1375457号
191	膝关节镜下半月板板缝合针	2012.07.06	201210233384.2	医学院	李继南 韦继南 陆军 王宸 吴小涛	2014.04.02	第1375172号
192	一种基于离散颗粒碎石垫层破坏模式的试验装置及研究方法	2012.07.24	201210256639.7	土木工程学院	赵学亮 朱小军 龚维明	2014.04.02	第1375698号
193	一种基于功率缺额预测及分配的微电网协同频率控制方法	2012.07.30	201210265895.2	电气科学与工程学院	顾伟 柳伟 周赣	2014.04.02	第1375882号
194	一种粉体矿粉添加剂	2012.11.23	201210479962.0	材料科学与工程学院	高建明 张太龙 谢寻	2014.04.02	第1376100号
195	一种集成光子芯片的耦合方法	2012.08.20	201210296571.5	电子科学与工程学院 南京华脉科技有限公司	孙小菡 蒋卫锋 肖金标 鲁爱民 柏宁丰 鲁仲明	2014.02.12	第1345375号
196	偏振保持平面光波光路及制备方法	2012.08.20	201210297039.5	电子科学与工程学院 南京华脉科技有限公司	孙小菡 蒋卫锋 胥爱民 柏宁丰 鲁仲明	2014.02.19	第1349275号
197	生态鸡舍及其消化处理段的制作方法	2012.09.25	201210361165.2	土木工程学院 江苏百纳环境工程有限公司	傅大放 龚俊 洪树虎	2014.02.26	第1352064号

(续 表)

序号	发明专利名称	申请日	申请号	申请人		设计人		授权日	证书号
198	一种基于实时交通流和天气信息的快速道路可变限速控制方法	2011.12.16	201110422888.9	交通学院	刘 攀 万晶晶	李志斌 王 炜		2014.04.09	第1380378号
199	基于随机抽样报文流长分布的流量参数推断方法	2010.11.30	201010566417.6	计算机科学与工程学院	程 光			2014.04.16	第1383668号
200	微电子机械微波天线及其制备方法	2011.01.17	201110009440.X	电子科学与工程学院	廖小平	王德波		2014.04.16	第1382288号
201	环境自适应简化多项式因子频偏估计方法	2011.03.16	201110065701.X	信息科学与工程学院	蒋雁翔	尤肖虎 高西奇		2014.04.16	第1383160号
202	抗干扰射频可重构收信机	2011.04.22	201110101850.7	信息科学与工程学院	朱晓维 张晓东	游长江 柳 靖		2014.04.16	第1383272号
203	一种限制短路电流的串联电抗器优化配置方法	2011.04.25	201110107992.4	电气科学与工程学院	蒋 平	茅嘉毅 吴 熙		2014.04.16	第1382692号
204	单神经元及多神经元集群间神经信号传递特性探测装置	2011.05.27	201110139839.X	信息科学与工程学院	王志功	吕晓迎 袁 丰		2014.04.16	第1382797号
205	基于光电子标签的光分组广播发送、接收方法及其装置	2011.06.20	201110167542.4	电子科学与工程学院	孙小菡	周 婷		2014.04.16	第1383040号
206	一种基于可信链传递的3G消息安全收发方法	2011.08.08	201110225383.9	信息科学与工程学院	沈雨祥	胡爱群 刘宏马		2014.04.16	第1383199号
207	一种呈微米级立方体的超分散四氧化三铁颗粒的制备方法	2011.08.09	201110226606.3	生物科学与医学工程学院	何农跃 李国鹏	李小龙 李智洋		2014.04.16	第1383262号
208	现浇无机双层保温墙体及其施工方法	2011.08.23	201110242934.2	建筑学院	张 宏 傅秀章	张云升 朱宏宇 冯世虎		2014.04.16	第1382753号
209	协同促进PM2.5团聚长大和蒸发处理脱硫废水的方法及装置	2011.09.22	201110288877.0	能源与环境学院	杨林军 赵 汶	鲍静静 熊桂龙		2014.04.16	第1381926号
210	微机械耦合可调重构微波功率耦合器及其制备方法	2011.09.22	201110283693.6	电子科学与工程学院	廖小平	刘合超 张志强		2014.04.16	第1381634号

(续表)

序号	发明专利名称	申请日	申请号	申请人	设计人	授权日	证书号
211	可进行单分子核酸扩增的颗粒,其制备方法及应用	2011.09.29	201110291304.4	生物科学与医学工程学院	陆祖宏 潘徐景 杨琦 葛芹玉	2014.04.16	第1383288号
212	基于HybridUML和定理证明的CPS自适应性验证方法	2011.10.28	201110338039.0	计算机科学与工程学院	李必信 宋锐 陈乔乔 张前东 霍小祥	2014.04.16	第1385329号
213	电站锅炉效率与燃煤热值、灰分和水分的同步测算方法	2011.11.11	201110358714.6	能源与环境学院	王培红 苏志刚 赵欢 王一凡 刘莎	2014.04.16	第1382859号
214	一种采用三法融合的荧光法水中溶解氧含量测量方法	2011.11.14	201110358928.3	仪器科学与工程学院	陈熙源 刘明初 徐元 刘丙圣 黄浩乾	2014.04.16	第1382561号
215	空频域二维码的构建和解码方法	2011.11.16	201110361833.7	信息科学与工程学院	张在琛 张树剑 裴诚 余旭涛 方文晓	2014.04.16	第1383564号
216	一种热解-催化塑料取径类油与盐酸的方法和装置	2011.11.17	201110366027.9	能源与环境学院	向文国 薛志鹏 王东 陈时熠	2014.04.16	第1383649号
217	基于深度等高线的图像的振动触觉表达方法	2011.11.18	201110265193.X	仪器科学与工程学院	吴涓 宋振中 宋爱国 李莅圆 吴伟雄	2014.04.16	第1383651号
218	一种高适应性彩色结构光三维测量方法	2011.11.18	201110366865.6	自动化学院	达飞鹏 胡路遥 陆海洲	2014.04.16	第1382948号
219	延阻钢筋局部屈曲延性混凝土柱及其制作方法	2011.11.29	201110386328.8	土木工程学院	敬登虎 曹双寅 刘旭东	2014.04.16	第1381941号
220	噻吩-共-噻二唑作为氧化剂的应用	2011.12.03	201110397520.7	化学化工学院	祁争健 孙岳明 洪清心	2014.04.16	第1383580号
221	一种N型绝缘体上硅横向双扩散场效应晶体管	2011.12.08	201110404027.3	电子科学与工程学院	孙伟锋 叶楚楚 刘斯扬 陆生礼 王昊 时龙兴	2014.04.16	第1383353号
222	一种基于M2M的供应链智能面板设计方法	2011.12.13	201110412164.1	经济管理学院	赵林度 孙立 赵永 孙胜楠 王新平	2014.04.16	第1382670号
223	一种基于滑模观测器的车辆运行状态非线性鲁棒估计方法	2011.12.15	201110420044.6	仪器科学与工程学院	李旭 陈伟 黄金凤	2014.04.16	第1382743号
224	一种基于温度反输入角速率的光纤陀螺标度因数建模方法	2011.12.16	201110422690.6	仪器科学与工程学院	陈熙源 申冲	2014.04.16	第1382367号

(续 表)

序号	发明专利名称	申请日	申请号	申请人	设计人	授权日	证书号
225	一种基于可重构技术的H.264去块滤波算法的实现方法	2011.12.29	201110449293.8	电子科学与工程学院	曹鹏 王学香 范烨秋 齐志	2014.04.16	第1383329号
226	一种低温压阻湿度传感器及其制作方法	2011.12.29	201110447498.2	电子科学与工程学院	秦明 周永丽 杨军	2014.04.16	第1383050号
227	PdNiCu三元纳米多孔金属及其制备与应用	2011.12.30	201110455123.0	材料科学与工程学院	曾宇乔 董小真 蒋建清 潘冶 郜起跃 涂益友 张旭明 陈荣升 陈庐阳 陈明伟	2014.04.16	第1382679号
228	一种适用于OFDM-UWB系统的协同伯速自适应传输方法	2012.01.11	201210006727.1	信息科学与工程学院	王捷 曹凯 蒋良成 杜永强 韩乔乔 许斌 徐铭 宋建永 陈佰篙	2014.04.16	第1383203号
229	滚动节点连接平面四杆机构输出角的确定方法	2012.03.08	201210059827.0	土木工程学院	冯健	2014.04.16	第1383440号
230	具有固定支座的径向伸缩网架	2012.03.08	201210059424.6	土木工程学院	冯健	2014.04.16	第1383344号
231	基于折杆式剪式单元的可动结构	2012.03.08	201210059633.0	土木工程学院	冯健	2014.04.16	第1383652号
232	具有高阶曲线外形的可动桁架	2012.03.08	201210059632.6	土木工程学院	冯健	2014.04.16	第1382644号
233	具有四个自由度的可动桁架结构	2012.03.08	201210059503.7	土木工程学院	冯健	2014.04.16	第1383398号
234	可展多素杆穹顶结构	2012.03.08	201210060142.8	土木工程学院	冯健	2014.04.16	第1382730号
235	惯导系统传递对准中基准信息的优化处理方法	2012.03.23	201210081559.2	仪器科学与工程学院	程向红 曹敏 王海鹏	2014.04.16	第1382832号
236	无线电能传输系统中盘式谐振器的设计方法	2012.03.27	201210083399.5	电气科学与工程学院	谭林林 黄学良 王维	2014.04.16	第1381994号
237	一种客流统计分析系统	2012.03.28	201210087736.8	交通学院	李文权 白薇	2014.04.16	第1382895号
238	一种路面桥面铺装材料阻尼特性参数的测试方法	2012.03.30	201210096866.8	交通学院	张磊 钱振东 王文炜 涂永明 张晓春 毕建新 张宁 郭建华 夏井新 闵如辉 王华荣 朱浩然	2014.04.16	第1383225号

（续　表）

序号	发明专利名称	申请日	申请号	申请人	设计人	授权日	证书号
239	表面等离子体极化波化的石墨烯上的传播调控方法及装置	2012.04.05	201210099490.6	信息科学与工程学院	陆卫兵　朱薇　董正高　许红菊	2014.04.16	第1383124号
240	基于电流源型逆变器的风、光、超导磁储能混合发电系统	2012.04.28	201210130481.9	电气科学与工程学院	王政　程明　郑杨　范守婷	2014.04.16	第1383529号
241	一种二维热膜风速风向传感器及其制备方法	2012.06.30	201210225095.8	电子科学与工程学院	秦明　项天或　陈升奇　周麟　黄庆安	2014.04.16	第1383394号
242	一种大功率碳化硅二极管热阻测试方法	2012.07.06	201210234394.8	电子科学与工程学院	刘斯扬　张春伟　卫能　钱钦松　孙伟锋　陆生礼　时龙兴	2014.04.16	第1382749号
243	转轴振动信号中摩擦故障特征高效提取方法	2012.07.10	201210237365.7	能源与环境学院	杨建刚　李洁	2014.04.16	第1383476号
244	一种利用时延估计进行子碰撞声发射源定位的方法	2012.10.18	201210397465.6	能源与环境学院	邓艾东　童浩　曹航　秦康	2014.04.16	第1383604号
245	平板式开合屋盖结构	2012.03.08	201210059375.6	土木工程学院	蔡建国　冯健	2014.04.23	第1390702号
246	内部折叠开合屋盖结构	2012.03.08	201210059373.7	土木工程学院	蔡建国　冯健	2014.04.23	第1390750号
247	基于负刚度效应的垂直轴硅微谐振式加速度计	2012.06.18	201210202357.9	仪器科学与工程学院	杨波　王寿荣　赵辉	2014.04.23	第1390850号
248	一种超高速无线局域网啁啾聚合装置及其控制方法	2010.10.11	201010505294.5	信息科学与工程学院	沈连丰　沈丹萍　吴名　鲍楠　夏玮珥　孙元凯　王欣	2014.05.07	第1395972号
249	一种多天线正交频分复用系统的自适应接收方法	2011.05.09	201110118815.6	信息科学与工程学院	赵春明　姜晨　黄鹤　沈弘	2014.05.07	第1395789号
250	统计信道信息辅助的下行多用户比例公平调度方法	2011.08.26	201110248380.7	信息科学与工程学院　南通大学	高西奇　孙强　石王珏　张源　李谦	2014.05.07	第1400411号
251	冗余励磁双电枢绕组多相磁通切换型电机	2011.08.26	201110248612.9	电气科学与工程学院	花为　张淦　程明	2014.05.07	第1396482号
252	用于轨行式起重机动态防风的耗能缓冲制动装置和方法	2011.11.01	201110338573.1	土木工程学院	靳慧　莫建华	2014.05.07	第1396061号

(续 表)

序号	发明专利名称	申请日	申请号	申请人	设计人	授权日	证书号
253	连通延迟线电阻加载领结脉冲天线	2011.11.01	201110338554.9	信息科学与工程学院	殷晓星 赵洪新 杨 梅	2014.05.07	第1396309号
254	一种应用于粗粒度可重构阵列的配置方法	2011.11.15	201110360639.7	电子科学与工程学院	陈 人 齐 志 曹 鹏 时龙兴 陆生礼	2014.05.07	第1395893号
255	一种微米级粒子高通量分选的微流控器件及其制作方法	2011.12.09	201110407831.7	机械工程学院	项 楠 倪中华 易 红 陈云飞 陈 科 孙东科	2014.05.07	第1396374号
256	超宽带UWB中基于分布式预留协议的时隙预留算法	2011.12.12	201110411255.3	信息科学与工程学院	王 捷 韩乔乔 蒋良成 杜永强 曹 凯 许 斌 徐 铭 宋建永 陈佰儒	2014.05.07	第1396130号
257	可取气样的环境岩土孔压静力触探探头及气样提取方法	2011.12.13	201110413997.X	交通学院	刘松玉 蔡国军 邹海峰	2014.05.07	第1396075号
258	一种绿色震,减振桥塔	2012.01.13	201210009330.8	土木工程学院	邢晨曦 王 浩	2014.05.07	第1395778号
259	一种公交主干线双向绿波信号设置方法	2012.02.06	201210025397.0	交通学院	王 炜 华雪东 韩 靖 赵 敏	2014.05.07	第1395919号
260	获得最大平均信道容量的4发2收天线阵列尺寸优化方法	2012.03.01	201210050565.1	信息科学与工程学院	王海明 洪 伟 许 磊 张念祖 余 晨 杨广琦	2014.05.07	第1395812号
261	摇摆式自定心钢框架混凝土剪力墙抗震系统	2012.03.20	201210073482.4	土木工程学院	郭 彤 张国栋	2014.05.07	第1396247号
262	一种合成高活性复合光催化剂的方法	2012.05.10	201210143052.5	化学化工学院	王明亮 刘 伟 胡爱江	2014.05.07	第1396540号
263	一种基于双线性插值算法的水膜厚度传感器实现方法	2012.05.10	201210143023.9	电子科学与工程学院	黄庆安 韩 磊 殷刚毅 刘 红	2014.05.07	第1395762号
264	一种组合剪力墙	2012.05.16	201210151246.X	土木工程学院	敬登虎 曹双寅 吕凤伟	2014.05.07	第1396149号
265	一种压缩型变压粉体泵装置	2012.05.31	201210175217.7	能源与环境学院	梁 财 许 盼 陈晓平 赵长遂 徐跃玲	2014.05.07	第1395733号
266	基于机械硅基固支梁的频率检测器及检测方法	2012.06.20	201210204579.4	电子科学与工程学院	廖小平 华 迪	2014.05.07	第1396223号

(续表)

序号	发明专利名称	申请日	申请号	申请人	设计人	授权日	证书号
267	基于微机械砷化镓基的悬臂梁频率检测器及检测方法	2012.06.20	201210204645.8	电子科学与工程学院	廖小平 易真翔	2014.05.07	第1396715号
268	基于微机械硅基悬臂梁的频率检测器及检测方法	2012.06.20	201210204663.6	电子科学与工程学院	廖小平 华迪	2014.05.07	第1395799号
269	一种燃烟气中SOx测试方法和装置	2012.07.17	201210248424.0	能源与环境学院	段钰锋 陈晓平 赵长遂 桑圣欢 王井	2014.05.07	第1396070号
270	一种流化床喷射吸附烟气脱汞装置及方法	2012.07.23	201210255876.1	能源与环境学院	段钰锋 周强 冒咏秋 朱纯 王军龙 桑圣欢	2014.05.07	第1396730号
271	一种磁性微凝胶颗粒的制备方法	2012.10.22	201210404396.7	生物科学与医学工程学院	张天柱 顾宁 王紫芙 丁琪	2014.05.07	第1395710号
272	一种可自动稳定档板位置的静电驱动可变光衰减器	2012.12.03	201210508549.2	电子科学与工程学院	秦明 蕾 陈升齐	2014.05.07	第1396517号
273	一种无土温控人工养蟋蟀的方法	2013.03.26	201310101322.0	建筑学院	杨俊宴 朱建军	2014.05.07	第1396733号
274	一种纳米定型相变材料的三元复合制备方法	2011.03.23	201110070446.8	土木工程学院	李敏 谭金淼 吴智深	2014.06.04	第1414700号
275	一种用于结构振动检测的分布式光纤振动传感器	2011.03.23	201110069428.8	土木工程学院	孙安 吴智深 考友涛	2014.06.04	第1414203号
276	一种超高速无线个域网多信道复用方法	2011.07.27	201110211641.8	信息科学与工程学院	徐平平 徐伟志 唐朋成	2014.06.04	第1414549号
277	微电子机械悬臂梁开关式微波功率耦合及其制备方法	2011.09.22	201110283677.7	电子科学与工程学院	廖小平 刘合超 张志强	2014.06.04	第1414373号
278	一种基于WSN/MINS组合导航的导航信息无偏紧组合方法	2011.11.11	201110356559.4	仪器科学与工程学院	陈熙源 徐元 李庆华	2014.06.04	第1414306号
279	医用超声探头相对于检查部位的三维空间定位系统方法	2011.11.23	201110374893.2	医学院	沈会明 张炽敏	2014.06.04	第1415243号

(续 表)

序号	发明专利名称	申请日	申请号	申请人	设计人	授权日	证书号
280	一种基于OFDM子载波的光标签处理方法及光分组交换方法	2011.12.07	201110402643.5	电子科学与工程学院	孙小菡 周 婿	2014.06.04	第1414771号
281	电纺法制备基于石墨烯/半导体光催化膜的方法	2012.05.04	201210136797.9	化学化工学院	代云茜 景 尧 胡爱江 何艺佳 施燕琼 陈宇超	2014.06.04	第1415030号
282	三层核壳结构金磁纳米颗粒的制备方法	2012.07.09	201210236102.4	生物科学与医学工程学院	何农跃 江红荣	2014.06.04	第1414437号
283	避雷反射式高强度双波段定向天线	2012.04.28	201210132666.3	信息科学与工程学院 中电科技扬州宝电子有限公司 中国人民解放军总装备部南京军事代表局	曹振新 曾 新 沙本佳	2014.03.26	第1369432号
284	一种降低大规模无线自组织网络中断概率的方法	2011.12.08	201110406371.6	信息科学与工程学院 南京东大移动互联技术有限公司	王安宁 夏继钢	2014.06.04	第1415428号
285	一种桥梁结构钢箱梁随机温度场的模拟方法	2011.07.13	201110195454.5	土木工程学院	沈连丰 徐艳丽 夏玮玮 胡 静 宋铁成	2014.06.11	第11416810号
286	一种多小区协作无线通信系统联合编解码方法	2011.09.28	201110302372.6	信息科学与工程学院	周广东 丁幼亮 王高新 宋永生	2014.06.11	第1416192号
287	一种隔震橡胶支座性能的概率预测方法	2011.11.15	201110360830.1	土木工程学院	金 石 张 军 江 彬 王 珏	2014.06.11	第1415617号
288	多信道无线网络的链路分配方法	2011.11.30	201110387644.7	信息科学与工程学院	王浩曦 黄小伟 吴继荣 邢晨霁 李爱群	2014.06.11	第1415918号
289	一种短距通信中基于信道短阵的干扰抑制波束形成方法	2011.12.12	201110409903.3	信息科学与工程学院	余旭涛 金 石 敏 张在琛 谈	2014.06.11	第1415631号
290	一种跨导增强无源混频器	2011.12.20	201110428630.5	电子科学与工程学院	徐平平 唐朋成 徐玮志 黄 航	2014.06.11	第1416002号
291	多晶硅热膨胀系数在线测试结构	2012.01.10	201210005077.9	电子科学与工程学院	吴建辉 陈 超 刘智林 赵 强 温俊峰 王旭东 白春风 田 茜 李伟华 袁凤良 周再发 蒋明霞 刘海韵	2014.06.11	第1416987号

（续表）

序号	发明专利名称	申请日	申请号	申请人	设计人	授权日	证书号
292	一种基于石墨烯的表面增强拉曼散射探针的制备方法	2012.01.19	201210017317.7	电子科学与工程学院	王著元 陈 辉 宗慎飞 崔一平	2014.06.11	第1416631号
293	多用户下行传输系统中利用信道统计信息的自适应传输方法	2012.01.19	201210017529.5	信息科学与工程学院	李 潇 金 石 高西奇	2014.06.11	第1415622号
294	一种水声二相调制扩信号载频估计方法	2012.03.14	201210066505.9	信息科学与工程学院	方世良 王晓燕 罗昕炜 安 良 姚 帅	2014.06.11	第1415821号
295	一种基于频域法的发电机组励磁系统建模方法	2012.05.23	201210163696.0	电气科学与工程学院	蒋 平 陈伯林 吴 熙	2014.06.11	第1415974号
296	永磁同步电电机驱动系统的容错控制方法	2012.05.24	201210164526.4	电气科学与工程学院	程 明 王 伟 张邦富	2014.06.11	第1416796号
297	一种组合式早拆模板装置	2012.05.28	201210167133.9	土木工程学院	郭正兴	2014.06.11	第1416823号
298	基因检测一体完成的封闭型PCR扩增管	2013.04.17	201310132465.8	生物科学与医学工程学院	刘全俊 叶晓峰 于静静 侯传荣 吴宏文 刘丽洋 刘 航	2014.07.23	第1446614号
299	一种适用于高压场合的非对称双向直流变换器	2012.06.20	201210204245.7	电气科学与工程学院	陈 武	2014.06.11	第1415690号
300	一种全息投影方法	2012.07.24	201210257755.0	电子科学与工程学院	常琛亮 夏 军	2014.06.11	第1416632号
301	一种纤维预拉杆式自定心型钢屈曲约束束支撑	2012.07.31	201210270344.5	土木工程学院	周 臻 吴 京 何贤亭 王春林 陈 泉 孟少平	2014.06.11	第1415849号
302	一种用于场地鉴别的声学静力触探头	2012.08.27	201210305899.9	交通学院	蔡国军 邹海峰 刘松玉	2014.06.11	第1415968号
303	一种有机溶剂脱水干燥制备无机氧化物气凝胶的方法	2012.09.06	201210325641.5	化学化工学院	任丽丽 崔素敏	2014.06.11	第1415754号
304	具有预凝功能的热源塔装置	2012.09.28	201210365696.9	能源与环境学院	梁彩华 刘成兴 张小松 文先太	2014.06.11	第1417012号

(续表)

序号	发明专利名称	申请日	申请号	申请人	设计人	授权日	证书号
305	一种自组装叠层红外膜材料及其制备方法	2012.10.17	201210395414.X	化学化工学院	周钰明 朱云霞 张 涛 王泳霞 卜小海 梅霞宇 张牧阳	2014.06.11	第1416286号
306	烟气脱硝装置	2012.11.05	201210438350.7	能源与环境学院	徐海涛 沈 凯 周长城	2014.06.11	第1415693号
307	一种循环流化床煤气化排灰资源化利用和装置及使用方法	2012.11.07	201210441315.0	能源与环境学院	向文国 许长春	2014.06.11	第1416512号
308	一种基于碳纳米管阵列封装的热风传感器	2012.12.03	201210504673.1	电子科学与工程学院	秦 明 周 麟 陈升奇 黄庆香	2014.06.11	第1416593号
309	一种分区式太阳能高温热管中心接收器	2012.12.13	201210538188.6	能源与环境学院	王 军 张振文 王 俊 周香香 刘静静	2014.06.11	第1416041号
310	一种高灵敏度风速风向传感器	2012.12.20	201210559401.1	电子科学与工程学院	秦 明 胡世铰 陈 实	2014.06.11	第1417054号
311	同步强化去除氮,磷及雌激素的表面滞水型折流湿地系统	2013.04.15	201310130051.1	能源与环境学院	宋海亮 梁 璐 杨小丽	2014.06.18	第1423676号
312	一种褐煤低温干馏结合提质的系统及其方法	2013.05.02	201310159897.8	能源与环境学院	刘 猛 段钰锋 马贵林 黄冰冰	2014.06.18	第1423537号
313	用于一体式检测基因的封闭型PCR扩增管	2013.04.17	201310132414.5	生物科学与医学工程学院	刘全俊 叶晓峰 于静静 侯传荣 吴宏文 刘丽萍 刘 航	2014.08.06	第1458703号
314	一种设施鸡茅环境调控方法	2013.01.15	201310014294.9	仪器科学与工程学院 南京农业大学 徐州万佳牧业科技发展有限公司 南京拓诺传感网络科技有限公司	陈俊杰 王 怡 徐振峰 张桂英 徐生林 李 刚	2014.06.25	第1425701号
315	一种利用专性厌氧巴氏梭菌发酵制氢的方法	2010.12.14	201010586496.7	材料科学与工程学院	钱春香 陈璐圆 王瑞兴	2014.07.02	第1433351号
316	一种燃煤锅炉节能效监测方法	2011.04.12	201110091483.7	自动化学院	周杏鹏 黄松华 周秋洋	2014.07.02	第1433213号
317	MEMS玻璃球面超声能器片上集成系统及其制备方法	2011.09.30	201110306696.6	电子科学与工程学院	尚金堂 罗新虎 秦顺金 于 慧	2014.07.02	第1433648号

(续)

序号	发明专利名称	申请日	申请号	申请人	设计人	授权日	证书号
318	3'硫代-2'脱氧核糖-3'硝基吡咯亚磷酰胺单体及其合成方法和应用	2011.11.02	201110341249.5	生物科学与医学工程学院	肖鹏峰 谢宏梅 钱晓婷 陆祖宏 王文捷	2014.07.02	第1433190号
319	一种用于水下滑翔器的组合导航装置及方法	2011.12.12	201110412114.3	仪器科学与工程学院	陈熙源 刘虎 黄浩乾 周智恺 徐元	2014.07.02	第1433324号
320	基于后验概率神经网人类年龄自动估计方法	2011.12.26	201110442676.2	计算机科学与工程学院	耿新 尹超 杨柳	2014.07.02	第1432797号
321	利用音频控制开合的开水器节水开关及其方法	2011.12.31	201110457131.9	能源与环境学院	杨柳 杜岂	2014.07.02	第1433646号
322	一种南极天文观测站发电舱的温控智能窗控制装置	2012.03.22	201210077164.5	能源与环境学院	陈永平 施明恒 许兆林 张程宾	2014.07.02	第1432859号
323	SDMA系统中SM用户接收多用户MIMO数据的方法	2012.04.09	201210100673.5	信息科学与工程学院	黄永明 杨绿溪 李浩 何世文	2014.07.02	第1433126号
324	电纺法制备一维石墨烯/半导体纳米线复合光阳极的方法	2012.05.04	201210136732.4	化学化工学院	代云茜 何艺佳 景尧 孙岳明 凌丹丹	2014.07.09	第1432948号
325	多重嵌入式微型谐振腔滤波器	2010.07.27	201010237716.5	电子科学与工程学院	孙小菡 洪玮 王建辉 蒋卫峰	2014.07.09	第1436741号
326	一种开关负载谐波抑制混频器	2011.10.11	201110307246.X	电子科学与工程学院	陈超 赵强 白春风 吴旭东 王俊峰 黄成 张理振	2014.07.09	第1436250号
327	树形接人异面延迟线对跨维瓦尔第脉冲天线	2011.10.20	201110318819.9	信息科学与工程学院	殷晓星 赵洪新 李顺礼	2014.07.09	第1436711号
328	一种带有受拉同隙保护部件的屈曲约束支撑	2011.11.25	201110379954.4	土木工程学院	吴京 王春林 葛汉彬	2014.07.09	第1436675号
329	一种基于动态负载传递的异构网络融合方法	2011.11.30	201110392323.6	信息科学与工程学院	沈连丰 夏玮玮 胡静 郑军 宋铁成	2014.07.09	第1436311号
330	一种基于多变量预测控制的再热气温优化控制方法	2011.12.06	201110400339.7	能源与环境学院	李益国 沈炯 刘西陲	2014.07.09	第1439960号

(续表)

序号	发明专利名称	申请日	申请号	申请人	设计人	授权日	证书号
331	一种降低空气含湿量末提高锅炉燃烧效率的系统	2011.12.15	201110420283.1	能源与环境学院	李舒宏 丁一	2014.07.09	第1439970号
332	一种基于前馈模式的物理不可克隆功能模块及其实现方法	2011.12.15	201110419448.3	信息科学与工程学院	宋宇波 王雪晨 贾成伟 刘锡仑	2014.07.09	第1440126号
333	一种改性醋酸纤维素超滤膜的制备方法	2011.12.19	201110426135.0	化学化工学院	周建成 王云 李乃旭 周冰瑶	2014.07.09	第1439821号
334	一种太赫兹高速调制器及其制作方法	2011.12.19	201110427332.4	电子科学与工程学院	张雄 丛嘉伟 崔一平 郭浩	2014.07.09	第1436767号
335	一种可实现静电纺丝法量产纳米纤维的喷头	2011.12.21	201110430148.5	生物科学与医学工程学院 黑龙江海昌生物技术有限公司	许茜 叶小炯 顾忠泽	2014.07.09	第1436594号
336	一种基于双码本的多用户自适应反馈方法	2011.12.27	201110443683.4	信息科学与工程学院	金石 戴咏玉 高西奇	2014.07.09	第1436867号
337	一种噪声电流补偿电路	2011.12.28	201110449322.0	电子科学与工程学院	柏娜 朱贾峰 周红刚 彭春雨 李瑞兴	2014.07.09	第1436190号
338	一种盘式水磁游标电机	2012.01.17	201210014193.7	电气科学与工程学院	樊英 叶勇 邹国棠 黄进	2014.07.09	第1436255号
339	一种消除火电机组主汽压力静态偏差的间歇性控制方法	2012.02.29	201210049015.8	能源与环境学院	陈雨亭 吕剑虹 秦文伟 沈炯 崔晓波	2014.07.09	第1436301号
340	一种突发模式激光驱动器输出功率控制方法	2012.03.12	201210063199.3	信息科学与工程学院	林叶 张望伟 朱恩 顾皋蔚 叶宁	2014.07.09	第1436554号
341	一种基于异步唤醒调度的无线传感器网络数据采集方法	2012.03.14	201210066234.7	信息科学与工程学院	徐平平 蒋晶晶 田茜 刘昊	2014.07.09	第1440121号
342	分类保证不同等级用户服务质量要求的负载均衡优化方法	2012.03.16	201210069725.7	信息科学与工程学院	尤肖虎 王浩 潘志文	2014.07.09	第1439753号
343	一种水凝胶接触镜材料及其制备方法	2012.03.21	201210074638.0	化学化工学院	李新松 郭亮	2014.07.09	第1436297号

(续表)

序号	发明专利名称	申请日	申请号	申请人	设计人	授权日	证书号
344	一种超高速无线局域网中的信道聚合方法	2012.04.01	201210094145.3	信息科学与工程学院	夏玮玮 林劲涛 沈连丰 胡 静 宋铁成 李梭超 鲍 楠	2014.07.09	第1436703号
345	基于虚拟仪器的802.11P发射机及发射方法	2012.04.01	201210094297.3	信息科学与工程学院	裴文江 缪瑞华 王 开 孙庆庆 张毅峰 张书强 詹金狮 朱光辉 第 伟 杨 洋 沈彦真	2014.07.09	第1437949号
346	一种基于媒介接入控制协议的无线传感器网络传输方法	2012.05.10	201210145412.5	电子科学与工程学院	刘 昊 姜毅鑫 蒋富龙 吴建辉	2014.07.09	第1436818号
347	煤和可燃固废循环流化床化学链燃烧分离CO₂的装置和方法	2012.05.18	201210154841.9	能源与环境学院	邵应娟 金保昇 陈 曦 钟文琪 黄亚继	2014.07.09	第1436243号
348	以地热能为单一辅助冷热源的水环泵式空调系统	2012.05.31	201210177333.2	能源与环境学院	陈九法 陈义波 徐宝江 陈军伟 庞丽颖 高 龙	2014.07.09	第1436278号
349	一种风冷冷水机组性能试验装置	2012.05.31	201210175838.5	能源与环境学院	张忠斌 杜 垲	2014.07.09	第1436296号
350	右侧公交专用进口道设计方法	2012.05.31	201210177973.3	交通学院	李文权 贾晓欢 邱 丰 谢秋峰 黄来丽 林叶倩	2014.07.09	第1440238号
351	气压劈裂真空预压法室内模型试验装置及试验方法	2012.05.31	201210175213.9	交通学院	刘松玉 韩文君 章定文	2014.07.09	第1436825号
352	基于微机械硅基固支梁的相位检测器及检测方法	2012.06.20	201210204577.5	电子科学与工程学院	廖小平 华 迪	2014.07.09	第1436558号
353	基于微机械硅化镓基的悬臂梁相位检测器及检测方法	2012.06.20	201210204625.0	电子科学与工程学院	廖小平 易真翔	2014.07.09	第1440199号
354	用于阻挡碱性液体扩散的覆土层和含有覆土层的路基	2012.07.06	201210233728.X	交通学院	杜延军 魏明利	2014.07.09	第1439943号
355	一种汽轮机排汽焓的检测方法	2012.07.13	201210245091.6	能源与环境学院	司建群 张 寰 杨 涛 周克毅 石永锋	2014.07.09	第1436394号

(续表)

序号	发明专利名称	申请日	申请号	申请人	设计人	授权日	证书号
356	一种木石组合桥的钢结构连接装置	2012.07.30	201210266118.X	土木工程学院	王 浩 刘 洋 傅大放	2014.07.09	第1440059号
357	一种自调节方向通风帽	2012.07.30	201210268469.4	能源与环境学院	钱 华 郑晓红 梁文清 张宏升	2014.07.09	第1436802号
358	一种城市道路可变车道方向转换方法	2012.07.30	201210267184.9	交通学院	陈 峻 李 旭 王 昊	2014.07.09	第1436877号
359	空间桁架梁柱连接结构	2012.08.03	201210275356.7	土木工程学院	王 浩 邢晨曦 程怀宇	2014.07.09	第1439220号
360	一种用于多功能孔压静力触探的地震波自动触发装置	2012.08.10	201210282561.6	交通学院	蔡国军 刘松玉 邹海峰	2014.07.09	第1436358号
361	一种综合成本优化的城市公共交通多模式站点停靠方法	2012.08.13	201210286822.1	交通学院	陈 峻 舒 蕾 王 昊	2014.07.09	第1436834号
362	一种转移肿瘤缺失蛋白抑制剂多肽	2012.08.17	201210294545.9	化学化工学院	詹 熙 吉 民 曹 萌	2014.07.09	第1436945号
363	一种停车场有效泊位占有率多步预测方法	2012.09.13	201210339010.9	交通学院	季彦婕 汤斗南 王 炜	2014.07.09	第1439878号
364	一种识别有效停车泊位占有率中离群数据的方法	2012.09.24	201210358302.7	交通学院	季彦婕 汤斗南 王 炜	2014.07.09	第1439671号
365	一种用于虚拟示波器的波形显示方法	2012.09.24	201210359702.X	自动化学院	叶 桦 孟玉静 仰燕兰 孙晓洁	2014.07.09	第1436661号
366	一种轴向磁通永磁感应风力发电机	2012.10.22	201210403240.7	电气科学与工程学院	黄允凯 王春森	2014.07.09	第1436844号
367	一种风力发电系统的独立变桨控制方法	2012.11.12	201210450534.5	电气科学与工程学院	程 明 张运乾 陈 哲	2014.07.09	第1436230号
368	一种非压缩式变压干粉泵	2012.11.27	201210490568.7	能源与环境学院	梁 财 陈晓平 赵长遂 沈 湘 刘道银	2014.07.09	第1439848号
369	用于膨胀性重金属污染黏土的固化剂及制备和使用方法	2012.12.03	201210506074.3	交通学院	杜延军 魏明俐 陈志龙 朱晶晶 杨玉玲	2014.07.09	第1440391号

(续表)

序号	发明专利名称	申请日	申请号	申请人	设计人	授权日	证书号
370	一种集成化学链燃烧与CO_2捕集的方法和装置	2013.01.11	201310011476.0	能源与环境学院	向文国 王 东 陈时熠 薛志鹏 许长春	2014.07.09	第1436244号
371	一种具有三光子荧光特性的噁二唑-三苯胺-蒽黄酮分子	2013.01.17	201310017647.0	材料科学与工程学院	钱 鹰 王彬彬 崔一平 吕昌贵 周志强	2014.07.09	第1439593号
372	一种荧光标识聚醚羧酸酯类环保型缓蚀阻垢剂	2013.03.26	201310100893.2	化学化工学院	周钰明 王虎传 刘文卿 黄镜怡 姚清照 凌 磊 曹 科 刘亚辉 孙 颖 吴文号 孙 伟	2014.07.09	第1436195号
373	一种用于制备纳米流体的离心装置及制备纳米流体的方法	2013.03.29	201310106427.5	能源与环境学院	杨 柳 杜 垲	2014.07.09	第1438521号
374	一种CD25纳米抗体、其编码序列及应用	2013.06.07	201310227709.0	生命科学研究院	万亚坤 王平艳 孙燕燕 谢 维	2014.07.09	第1440246号
375	氨基酸修饰的水溶性稀土上转换发光纳米粒子的制备方法	2013.04.27	201310153965.X	生物科学与医学工程学院	陈 扬 刘保霞	2014.07.16	第1443207号
376	一种空间网格结构的误差可调对心节点	2012.01.19	201210016363.5	土木工程学院	周 臻 王永泉 冯玉龙 孟少平 吴 京	2014.07.23	第1446160号
377	一种普鲁士蓝修饰的铁蛋白纳米颗粒及其制备方法	2012.11.08	201210444339.1	生物科学与医学工程学院 南京东纳生物科技有限公司	张 宇 张徽 马 明 顾 宁 王建国	2014.07.23	第1446186号
378	一种水泥助磨剂	2013.06.03	201310219217.7	材料科学与工程学院	高建明 张太龙 谢 雪	2014.07.23	第1446599号
379	分形结构粗糙表面	2011.08.23	201110242718.8	能源与环境学院	张程宾 陈永平	2014.08.06	第1454992号
380	微机械悬臂梁开关在线式微波功率检测器及制备方法	2011.09.22	201110283705.5	电子科学与工程学院	廖小平 刘合超 张志强	2014.08.06	第1455161号
381	一种磁性反相破乳剂的制备方法	2013.10.31	201310534158.2	材料科学与工程学院	周建成 李树强 李乃旭 崔黎黎	2014.09.03	第1475172号
382	一种一体式溶解氧分析仪及方法	2011.11.11	201110356406.X	仪器科学与工程学院	陈熙源 黄浩乾 徐 元	2014.08.06	第1455135号

(续表)

序号	发明专利名称	申请日	申请号	申请人	设计人	授权日	证书号
383	一种认知无线电功率控制方法	2011.12.13	201110415016.5	信息科学与工程学院	赵力 余华 张潇丹	2014.08.06	第1454328号
384	一种硅基三维叠加型光纤耦合结构	2011.12.29	201110449658.7	电子科学与工程学院	孙小菡 蒋卫锋 许大信	2014.08.06	第1454650号
385	一种电阻抗成像方法	2012.08.10	201210284300.8	计算机科学与工程学院	张峰 罗立民 鲍旭东	2014.08.06	第1454666号
386	一种管壳卧式液膜翻转降膜吸收装置	2012.12.21	201210558847.2	能源与环境学院	杜垲 李彦军 武云龙 杨柳	2014.08.06	第1454676号
387	一种面向低功耗应用的动态电压调节系统及实现方法	2010.11.17	201010547625.1	电子科学与工程学院	单伟伟 顾昊琳 沈晨 张庄 刘新宇 时龙兴	2014.08.13	第1459836号
388	延迟线电阻加载渐变槽线脉冲天线	2011.09.09	201110266176.8	信息科学与工程学院	殷晓星 李顺礼 杨梅	2014.08.13	第1458973号
389	异面延迟线电阻加载对跖瓦尔脉冲天线	2011.10.20	201110318741.6	信息科学与工程学院	王静 赵洪新	2014.08.13	第1459480号
390	异面延迟线对跖瓦尔脉冲天线	2011.10.20	201110318820.1	信息科学与工程学院	殷晓星 赵洪新 王静	2014.08.13	第1459444号
391	延迟线领结脉冲天线	2011.11.01	201110338572.7	信息科学与工程学院	殷晓星 李顺礼 赵洪新	2014.08.13	第1459198号
392	连通延迟线领结脉冲天线	2011.11.01	201110338578.4	信息科学与工程学院	杨梅 殷晓星	2014.08.13	第1459749号
393	一种倍频调光控制器	2012.01.19	201210016444.5	电气科学与工程学院	陈武	2014.08.13	第1459509号
394	多小区协作区域内一种机会调度方法	2012.02.28	201210046487.8	信息科学与工程学院	尤肖虎 王浩 蒋慧琳 李知航 潘志文 刘楠	2014.08.13	第1459392号
395	一种同步检测异特性胸腺依赖性淋巴细胞数量和功能的方法	2012.05.10	201210145413.X	医学院	沈传来 张建琼	2014.08.13	第1459292号
396	一种结构抗震分析的区间反应谱法	2012.05.16	201210151217.3	土木工程学院	王浩 钟儒勉 程怀宇	2014.08.13	第1459260号

(续 表)

序号	发明专利名称	申请日	申请号	申请人	设计人	授权日	证书号
397	一种具有光谱增强功能的透明生物基片的制备方法	2012.05.31	201210175169.1	物理系	杨益民 邱 腾 刘智畅	2014.08.13	第1459675号
398	一种桥台搭板的安装结构	2012.05.31	201210175833.2	土木工程学院	王 浩 黄小伟 邢晨曦 李爱群	2014.08.13	第1459560号
399	光学系统中运动部件及线缆真空污染控制方法	2012.06.11	201210190261.5	电子科学与工程学院	张晓兵 肖 梅 康学军 夏桂红 祁争健	2014.08.13	第1459861号
400	一种直线目标的图像畸变系数的测定方法	2012.06.20	201210205792.7	交通学院	沙月进 翁永玲 占小康	2014.08.13	第1459720号
401	基于微机械神化镓基固支梁的相位检测器及检测方法	2012.06.20	201210204219.4	电子科学与工程学院	廖小平 易真翔	2014.08.13	第1460123号
402	基于微机械神化镓基固支梁的频率检测器及检测方法	2012.06.20	201210204654.7	电子科学与工程学院	廖小平 易真翔	2014.08.13	第1459112号
403	基于微机械硅基悬臂梁的相位检测器及检测方法	2012.06.20	201210204640.5	电子科学与工程学院	廖小平 华 迪	2014.08.13	第1459341号
404	具有微纳米分级扑表面结构的人工关节及其制备方法	2012.07.13	201210245093.5	材料科学与工程学院	储成林 林萍华 孙 青 刘政红	2014.08.13	第1459968号
405	一种具有光催化功能的复合薄膜及其制备方法	2012.07.13	201210243037.8	材料科学与工程学院	储成林 郭 超 盛晓波 孙 青 刘政红 董黄生	2014.08.13	第1459167号
406	一种三维错位通道多孔混凝土球成形模具	2012.07.30	201210266519.5	能源与环境学院	吕锡武 吴义锋 高建明 郑秦生	2014.08.13	第1459361号
407	一种用于可视化人流的子宫撑开及其内窥装置	2012.08.13	201210287689.1	机械工程学院	倪中华 许 可 巨小龙 顾兴中 易 红	2014.08.13	第1459804号
408	基于初始基准态的正高斯曲率网形控结结构设计方法	2012.09.13	201210338349.7	土木工程学院	罗 斌 郭正兴 王 凯	2014.08.13	第1459371号
409	一种机械合金化不烧结Ba0.6K0.4Fe2As2超导线材的方法	2012.11.13	201210452854.4	物理系	施智祥 丁 炜	2014.08.13	第1460093号
410	一种频率-相位联合跳变通信方法	2012.11.14	201210456966.7	信息科学与工程学院	杜永强 尤肖虎 黄 鹤 赵春明 蒋良成 张 华 傅学群	2014.08.13	第1460025号

(续 表)

序号	发明专利名称	申请日	申请号	申请人	设计人	授权日	证书号
411	一种合成 2,3,6-三甲基苯酚的催化剂及其制备方法	2012.11.26	201110488177.1	化学化工学院	肖国民 牛磊	2014.08.13	第1459767号
412	一种高阶曲率补偿的带隙基准电压电路	2012.12.03	201210508888.0	电子科学与工程学院	吴建辉 张理振 李红 李遵陕 徐川 姜枫 熊振	2014.08.13	第1458970号
413	一种微机械系统中接触式电阻压力传感器及其测量方法	2012.12.05	201210516098.7	电子科学与工程学院	唐洁影 胡建飞 田茜 陈洁	2014.08.13	第1458927号
414	一种微机械系统中微悬臂梁粘附力的测量结构及测量方法	2012.12.05	201210516342.X	电子科学与工程学院	唐洁影 蒋明霞	2014.08.13	第1459310号
415	一种可评价砂土液化潜势的孔压十字板装置	2012.12.11	201210531627.0	交通学院	蔡国军 杜文印 张涛 刘松玉	2014.08.13	第1459564号
416	制备四方相多铁性材料BiFeO₃的方法	2012.12.28	201210584892.5	物理系	徐庆宇 袁学勇	2014.08.13	第1459477号
417	高强度双波段定向天线	2012.03.29	201210087815.9	信息科学与工程学院 扬州宝军电子有限公司 中国人民解放军总装备部南京军事代表局	曹振新 王安宁 沙本桂	2014.02.26	第1352899号
418	一种高温脱除垃圾焚烧烟气中酸性气体的装置及方法	2012.05.31	201210175211.X	能源与环境学院	金保昇 王恺 陶敏 曹俊 钟文琪 伸兆平 黄亚继	2014.06.11	第1416573号
419	一种轧钢油泥的无害化资源化利用方法	2013.04.17	201310135344.9	能源与环境学院	钟文琪 赵浩川 陈曦	2014.09.03	第1474779号
420	一种用于修复水泥基材料裂缝的方法	2013.07.18	201310301782.8	材料科学与工程学院	钱春香 任立夫 李瑞阳 荣辉	2014.09.03	第1474864号
421	一种土壤的碳化固化方法	2010.12.24	201210097042.2	交通学院	易耀林 马丁·利什卡 阿尔比·阿勒·塔瓦 刘松玉 杜延军	2014.05.07	第1399372号

科技工作

(续表)

序号	发明专利名称	申请日	申请号	申请人	设计人	授权日	证书号
422	一种同步探测绝缘双极型器件短路自保护电路及其保护方法	2011.05.30	201110142457.2	电子科学与工程学院	钱钦松 崔其晖 时龙兴 刘斯扬 孙伟锋 霍昌隆 陆生礼	2014.05.07	第1400385号
423	一种基于二维光正交码无源光网络光层监控方法及装置	2011.06.17	201110164336.8	电子科学与工程学院	孙小菡 周媚	2014.05.07	第1395424号
424	一种基于模型转换的CPS建模与验证方法	2011.10.28	201110332336.4	计算机科学与工程学院	李必信 陈乔乔 朱敏 霍小祥 李加凯	2014.05.07	第1395071号
425	高速液压动力卡盘综合检验台	2011.12.08	201110403979.3	机械工程学院	汤文成 吴斌 李明 龚俊 黄辉祥 陈浩	2014.05.07	第1395362号
426	基于多数据源分布式的僵尸网络规模测量及追踪方法	2011.12.20	201110430045.9	计算机科学与工程学院	程光	2014.05.07	第1395311号
427	一种光学三维测量中的自适应窗口傅里叶相位提取法	2012.01.19	201210016688.3	自动化学院	达飞鹏 黎冰 沙成明 童小东 王辰星 高玉峰 郑翔 邱月 吴勇信	2014.05.07	第1395154号
428	一种用于模型试验中桩基沉贯垂直度的控制装置	2012.04.12	201210106449.7	土木工程学院		2014.05.07	第1400329号
429	基于公交站台控制的一体式信号交叉公交优先系统	2012.05.18	201210157367.5	交通学院	程琳 王宇俊 李晨阳 周扬 肖荣 戴一臻 臧晓元 郑先	2014.05.07	第1400520号
430	一种PTA污泥减量的处理方法	2012.05.29	201210172789.X	化学化工学院	王怡红 王军 康丽莲 韩雪莲	2014.05.07	第1395315号
431	降低OFDM信号峰均比的方法	2011.01.13	201110006943.1	电子科学与工程学院	张萌 时龙兴 罗毅 周传海 吴建辉	2014.05.14	第1404578号
432	一种铝箔仿生纳米结构超疏水抗结露功能表面的制备方法	2011.09.16	201110273601.6	材料科学与工程学院	张友法 陈锋 余新泉 吴昊	2014.05.14	第1403287号
433	光纤陀螺无骨架光学感应环的光纤固化方法	2011.12.20	201110431077.0	仪器科学与工程学院	王立辉 徐晓苏 张涛 刘锡祥 同捷	2014.05.14	第1403320号

（续表）

序号	发明专利名称	申请日	申请号	申请人	设计人	授权日	证书号
434	一种可调节力矩的正畸托槽	2011.12.20	201110431035.7	机械工程学院	汤文成 史培捷 严斌 黄辉祥 吴文娟 陈浩 钱小娣	2014.05.14	第1403631号
435	一种抗电源噪声干扰的高压侧栅驱动电路	2012.03.08	201210059630.7	电子科学与工程学院	钱钦松 王岩 时龙兴 祝靖 孙伟锋 刘少鹏 陆生礼	2014.05.14	第1403341号
436	一种可抗共模噪声干扰的高压侧栅驱动电路	2012.04.06	201210100987.5	电子科学与工程学院	钱钦松 孙伟锋 卢云皓 陆生礼 祝靖 时龙兴	2014.05.14	第1403708号
437	L1载频GPS信号干扰机设计方法及干扰机	2011.07.13	201110196119.7	信息科学与工程学院	曹秀英 龚挺	2014.05.28	第1408731号
438	一种工作于线性模式APD阵列的主动成像读出电路	2011.09.23	201110285910.5	电子科学与工程学院	徐申 宋文星 陆生礼 何晓莹 黄秋华 时龙兴 杨淼 孙伟锋	2014.05.28	第1408268号
439	一种真空绝热板及其制备和应用	2012.01.19	201210016878.5	材料科学与工程学院	陈惠苏 司坤 刘琳	2014.05.28	第1408618号
440	索杆式折叠网格结构	2012.03.08	201210059566.2	土木工程学院	蔡建国 冯健	2014.05.28	第1408687号
441	折叠索杆穹顶结构	2012.03.08	201210059829.X	土木工程学院	蔡建国 冯健	2014.05.28	第4108491号
442	含三氮唑的聚乙二醇蛋白质修饰剂及其制备方法和应用	2012.04.28	201210132446.0	南京威尔化工有限公司 化学化工学院	杨洪 陶平洋 吴仁荣 贾建国 徐顺奇 张飞 吴德松 沈德渊 姚丹 林保平 高正松	2014.05.28	第1408982号
443	一种乳清酸螯合树脂及其制备方法和应用	2012.09.14	201210342930.6	土木工程学院	孙越 王文学 李志超 钱荆宜	2014.05.28	第1408820号
444	一种棱柱型对展机构单元	2012.10.18	201210397331.4	土木工程学院	陈耀 冯健	2014.05.28	第1408130号
445	用于镍基合金紧固件表面的抗高温粘结涂层及其制备方法	2012.10.18	201210397910.9	材料科学与工程学院	张旭海 蒋建清 巫亮 仇月东	2014.05.28	第1408395号

(续 表)

序号	发明专利名称	申请日	申请号	申请人	设计人	授权日	证书号
446	设置错开式公交专用进口道的信号交叉口设计方法	2011.05.26	201110138191.4	交通学院	李文权 张 健 邱 丰 郭 晖 张 鹏	2014.06.04	第1412600号
447	径向开启式索夸顶结构	2012.03.08	201210060100.4	土木工程学院	蔡建国 冯 健	2014.06.04	第1412316号
448	索杆式可展结构	2012.03.08	201210059423.1	土木工程学院	蔡建国 冯 健	2014.06.04	第1412436号
449	一种铸钢节点的连接结构及其连接方法	2012.04.18	201210114170.3	土木工程学院	靳 慧 莫建华	2014.06.04	第1412464号
450	小行星取样器的自嵌入式锚固方法	2012.09.14	201210342842.6	仪器科学与工程学院	荣爱国 谷士鹏 卢 伟 凌 云 郝小蕾	2014.06.04	第1412224号
451	基于统计信漏噪比准则的MIMO多用户下行传输方法	2010.07.29	201010240183.6	信息科学与工程学院	金 石 高西奇	2014.06.11	第1415761号
452	径向开合星盖结构	2012.03.08	201210059541.2	土木工程学院	蔡建国 冯 健	2014.06.11	第1415752号
453	一种基于双微处理器架构的固态开关控制系统	2012.03.15	201210067928.2	电气科学与工程学院	赵剑锋 姚 佳 徐海华	2014.06.11	第1415566号
454	一种快速超结纵向双扩散金属氧化物半导体管	2012.04.06	201210101011.X	电子科学与工程学院	孙伟锋 苏 靖 张 龙 吴逸凡 钱钦松 陆生礼 时龙兴	2014.06.11	第1413671号
455	一种线状异形管式建筑用热交换通风系统	2012.04.09	201210101376.2	建筑学院	傅秀章 李祥宁 武鼎鑫	2014.06.11	第1417105号
456	一种用于模型试验中吸力式沉箱沉贯垂直度的控制装置	2012.04.12	201210106455.2	土木工程学院	黎 冰 高玉峰 邱 月 沙成明 郑 翔 童小东 吴勇信	2014.06.11	第1416836号
457	一种导电浆料用抗氧化铜银复合粉及其制备方法	2012.07.31	201210171428.3	化学化工学院	林保平 荣建侧	2014.06.11	第1416019号
458	一种传感光纤	2012.08.14	201210287971.X	土木工程学院	陆 飞	2014.06.11	第1415809号
459	一种电压升多电平装置	2011.09.29	201110299613.6	电气科学与工程学院	程 明 王 政 丁石川 花 为 邹国棠	2014.06.18	第1421527号

(续表)

序号	发明专利名称	申请日	申请号	申请人	设计人	授权日	证书号
460	一种应用于3GPP LTE系统的自适应信道估计方法	2011.12.20	201110427543.8	信息科学与工程学院	张 华 潘乐园 赵 毅 卞 青	2014.06.18	第1421814号
461	一种七自由度力反馈手控器测控系统	2012.04.06	201210101979.2	仪器科学与工程学院	宋爱国 吴常铖 吴 涓 曹 黄 崔建伟 李会军 徐宝国 朱溶澄	2014.06.18	第1421821号
462	一种绝缘栅双极型器件短路自保护电路及其保护方法	2011.05.30	201110143100.6	电子科学与工程学院	钱钦松 刘斯扬 霍昌隆 崔其晖 孙伟锋 陆生礼 时龙兴	2014.06.25	第1426091号
463	一种融合结构连接的各脑区间的效能连接分析方法	2011.09.26	201110286580.1	生物科学与医学工程学院	卢 青 姚志剑 罗国平	2014.06.25	第1425739号
464	多横梁水切割系统切割过程的在线协调控制方法	2011.12.23	201110435793.6	自动化学院	李 俊 戴先中 郑 涛 孙启端	2014.06.25	第1425734号
465	一种基于CPU及DSP协同机制的GUI系统实现方法	2011.12.29	201110448438.2	电子科学与工程学院	黄少旻 包冰堂 杨 军	2014.06.25	第1425896号
466	一种具有温漂补偿的电容湿度传感器及其制作方法	2011.12.31	201110456757.8	电子科学与工程学院	秦 明 周永丽 黄见秋	2014.06.25	第1426118号
467	一种索杆式开合星盖结构	2012.03.08	201210059545.0	土木工程学院	蔡建国 冯 健	2014.06.25	第1426285号
468	星载激光高度计在轨月球高程探测不确定度评定方法	2012.04.06	201210100970.X	仪器科学与工程学院	宋爱国 王东霞 温秀兰 李会军	2014.06.25	第1425934号
469	一种易干封装的磁场传感器	2012.07.10	201210236890.7	电子科学与工程学院	陈 洁 黄庆安 秦 明	2014.06.25	第1425646号
470	一种去除公路径流中溶解态重金属的吸附材料	2012.09.14	201210341957.3	土木工程学院	左晓俊 傅大放 王 斌	2014.06.25	第1426479号
471	一种正六面体对称型可展机构单元	2012.10.18	201210398077.X	土木工程学院	陈 耀 冯 健	2014.06.25	第1425682号
472	一种注塑机工件生产线的生产方法	2012.10.23	201210407211.8	自动化学院	严洪森 李文超 杨宏兵	2014.06.25	第1426374号

(续 表)

序号	发明专利名称	申请日	申请号	申请人	设计人	授权日	证书号
473	一种固定长延时光纤延时线的制作方法及光纤切割装置	2013.03.04	201310068465.6	电子科学与工程学院	朱 利 黄文钊 吕昌贵 辉斌峰 崔一平	2014.06.25	第1425748号
474	一种基于选择性循环光虚拟映射的载波叠层PWM调制方法	2012.07.31	201210270303.6	电气科学与工程学院	梅 军 郑建勇 梅 飞 韩少华	2014.07.09	第1438988号
475	一种弯曲的双向表面波分波器	2011.06.22	201110168913.0	信息科学与工程学院	崔铁军 周永金	2014.07.09	第1438987号
476	基于双通路声信号的声源定位方法	2011.08.30	201110252923.2	信息科学与工程学院	周 琳 周菲菲 胡 健 吴镇扬	2014.07.09	第1439319号
477	一种基于RAM共享技术的可重构S盒电路结构	2011.09.22	201110284750.2	电子科学与工程学院	单伟伟 朱佳梁 陆黄超 田朝轩 余云帆 时龙兴	2014.07.09	第1435849号
478	整合电源监控总线协议和串行通信协议接口实现方法	2011.12.27	201110444113.7	电子科学与工程学院	孙伟锋 常昌远 徐玉瑕 王 青 申 陆生礼 时龙兴	2014.07.09	第1435851号
479	一种二维离散小波变换的硬件架构	2011.12.29	201110448440.X	电子科学与工程学院	曹 鹏 王 超	2014.07.16	第1435968号
480	地源热泵用岩土体热扩散率的确定方法	2011.04.27	201110106799.9	能源与环境学院	钱 华 张小松 任 倩 闻 才 郑晓红	2014.07.16	第1443634号
481	基于双超RAM网络报文的组流方法	2011.12.20	201110428856.5	计算机科学与工程学院	程 光	2014.07.16	第1443374号
482	基于蚁群算法的多自适应力模态杆系结构稳定性的判别方法	2012.01.19	201210016916.7	土木工程学院	陈 耀 冯 健 范琳梓 周 雅	2014.07.16	第1444111号
483	一种城市道路路段动态交通流基础数据报的预处理方法	2012.02.27	201210045464.5	智能运输系统(ITS)研究中心	夏井新 黄 卫 陆振波 张韦华 安成川 聂庆慧	2014.07.16	第1444290号
484	环向开合盖结构	2012.03.08	201210059602.5	土木工程学院	蔡建国 冯 健	2014.07.16	第1443342号
485	一种黏性土试样的性能测试装置及其测试方法	2012.06.30	201210226686.7	交通学院	杜延军 范日东 陈左波	2014.07.16	第1444184号
486	一种光控自治路灯系统及其控制方法	2012.07.16	201210245310.0	仪器科学与工程学院	张 军 宋光明 乔贵方 王卫国 葛 建	2014.07.16	第1443505号

(续)

序号	发明专利名称	申请日	申请号	申请人	设计人	授权日	证书号
487	小行星取样器的自嵌入式锚固装置	2012.09.14	201210341270.X	仪器科学与工程学院	宋爱国 卢 伟 凌 云 郝小蕾	2014.07.16	第1443664号
488	基于磁分离的多样本多位点高通量核酸分析系统	2012.09.19	201210349341.0	生物科学与医学工程学院	何农跃 刘 宾 李 松 刘 铮 李智洋 陈 慧 刘洪娜	2014.07.16	第1443925号
489	正畸生物力学特性体内测试实验台	2012.09.27	201210366301.7	机械工程学院	汤文成 黄辉祥 吴 斌 严 斌 吴文娟 陈 浩 龚 俊 侯 捷	2014.07.16	第1443392号
490	一种滑动式温度触觉传感装置	2012.11.14	201210455689.8	仪器科学与工程学院	吴剑锋 李建清 万 能 朱乃瑞 贾 贞 杨宇荣 李耀初 倪玉洁 孙浸希 王漫初 耿万培	2014.07.16	第1444242号
491	一种基于微分代数时序动态逻辑的CPS属性验证方法	2011.10.28	201110332307.8	计算机科学与工程学院	李必信 翟小祥 李加凯 朱 敏 陈乔乔	2014.08.06	第1457778号
492	一种适用于无线双向中继系统预旋转相位的信号发送方法	2011.12.26	201110440677.3	信息科学与工程学院	姜 明 张 华 黄 鹤 赵春明	2014.08.06	第1457785号
493	基于哈希比特串复用的高速网络流量网络地址测量方法	2011.12.20	201110430047.8	计算机科学与工程学院	程 光	2014.08.06	第1457368号
494	一种基于NC代码的工业机器人轨迹规划方法	2012.01.05	201210001503.1	机械工程学院	王 引 仇晓黎 刘明灯 惠国保 赵 鹏	2014.08.06	第1457699号
495	一种带节点的组合预制桩	2012.03.02	201210051715.0	土木工程学院	潘金龙 马 涛	2014.08.06	第1457798号
496	核污染探测无线传感器节点布洒方法	2012.03.08	201210055943.1	仪器科学与工程学院	宋爱国 钱 夔 韩益利 崔建伟 熊鹏文 张立云 包加桐	2014.08.06	第1457385号
497	一种基于碳纳米管的表面增强拉曼散射探针及其制备方法	2012.06.18	201210201403.3	电子科学与工程学院	王著元 陈鹏 崔一平	2014.08.06	第1457578号
498	一种基于形式概念分析的软件维护方法	2011.09.30	201110300267.9	计算机科学与工程学院	李必信 孙小兵	2014.08.13	第1463015号

（续表）

序号	发明专利名称	申请日	申请号	申请人	设计人	授权日	证书号
499	外遮阳百叶装置	2012.03.30	201210089481.9	建筑学院	傅秀章 吕良桑 杨文杰	2014.08.13	第1462260号
500	一种树脂基除磷吸附剂及其制备方法	2012.07.10	201210236504.4	土木工程学院	孙越 李志超 王文学 钱荆宜	2014.08.13	第1461543号
501	一种模块化自重构机器人及其变形控制方法	2012.07.31	201210270345.X	仪器科学与工程学院	宋光明 王雅利 王卫国 乔贵方	2014.08.20	第1467607号
502	一种氢原子超精细结构能级测试方法及装置	2012.10.30	201210427815.9	仪器科学与工程学院	李建清 邱实 汪俊 王勇	2014.08.20	第1467718号
503	一种具有P型埋层的超结纵向双扩散金属氧化物半导体管	2012.04.06	201210101013.9	电子科学与工程学院	钱钦松 杨阜 时龙兴 祝靖 孙伟锋 张龙 陆生礼	2014.08.27	第1471730号
504	一种超结向双扩散金属氧化物半导体管	2012.04.06	201210101012.4	电子科学与工程学院	孙伟锋 钱钦松 祝靖 陆生礼 吴逸凡 时龙兴	2014.08.27	第1471541号
505	一种VoIP系统穿越无线传感器网络的语音网关及方法	2011.05.24	201110135766.7	计算机科学与工程学院	陶军 陈文强 柳津	2014.09.10	第1478292号
506	光纤陀螺仪的动态特性快速测试标定方法	2011.12.20	201110431062.4	仪器科学与工程学院	王立辉 张涛 徐晓苏 刘锡祥	2014.09.10	第1478656号
507	捷联惯导系统晃动基座条件下杆臂效应的估计补偿方法	2012.03.22	201210077980.6	仪器科学与工程学院	程向红 李伟 司捷	2014.09.10	第1478192号
508	一种石英晶体微天平检测装置	2013.01.11	201310009784.X	仪器科学与工程学院	梁金星 黄淼 张天	2014.09.10	第1478258号
509	一种基于纹波控制的单电感双输出开关电源	2012.08.30	201210315079.8	电子科学与工程学院	孙伟锋 陆申 李盼盼 陆生礼 时龙兴 杨炎	2014.08.06	第1457958号
510	针对低压大电流谐波的多机分次式完全有源型治理装置	2011.11.03	201110343086.4	电气工程学院 江苏博力电气科技有限公司	赵剑锋 刘康礼 曹武 孟玮	2014.08.27	第1470309号
511	制备用于糠醛液相加氢制环戊醇的负载型催化剂的方法	2013.03.04	201310066840.3	化学化工学院	肖国民 牛磊 朱红艳 周铭昊	2014.09.10	第1479243号

(续表)

序号	发明专利名称	申请日	申请号	申请人	设计人	授权日	证书号
512	一种耦合机械自动跟踪装置的太阳能热水器系统	2013.05.06	201310168398.5	能源与环境学院	杨新涵	2014.09.17	第1484284号
513	微电子机械导热介质填充终端式微波功率传感器及制备方法	2011.11.17	201110364699.6	电子科学与工程学院	廖小平 刘彤 王德波	2014.09.10	第1479238号
514	基于物理不可克隆功能的无线传感器网络及其实现方法	2011.12.23	201110435692.9	信息科学与工程学院	宋宇波 王雪晨 贾成伟 刘锡仑	2014.09.10	第1478961号
515	一种利用谷胱甘肽分离液中半抗原的方法及应用	2012.01.06	201210003620.1	医学院	易宏伟	2014.09.10	第1479178号
516	一种基于多参数预测的火电机组协调控制方法	2012.03.14	201210066442.7	能源与环境学院	陈雨亭 崔晓波 吕剑虹 秦文炜	2014.09.10	第1478964号
517	一种无线传感器网络中的启发式节点定位方法	2012.03.14	201210066549.1	信息科学与工程学院	徐平平 杨希 褚宏云	2014.09.10	第1479191号
518	流化床颗粒运动的非接触式三维测量装置与方法	2012.03.20	201210073474.X	能源与环境学院	钟文琪 邵应娟 金保昇 陈曦 任冰 陆勇	2014.09.10	第1478812号
519	一种无线传感器网络的突发流量负载传输方法	2012.04.18	201210113650.8	电子科学与工程学院	刘昊 吴建辉 刘野 蒋富龙	2014.09.10	第1479574号
520	一种微波均衡器	2012.05.03	201210133572.8	电子科学与工程学院	韩磊	2014.09.10	第1478900号
521	一种微波衰减器	2012.05.03	201210133585.5	电子科学与工程学院	韩磊	2014.09.10	第1479461号
522	超高速短距离无线接入系统中的有限反馈多用户分组方法	2012.05.16	201210151235.1	信息科学与工程学院	黄永明 杨绿溪 韩绪 何世文	2014.09.10	第1479478号
523	一种用于轮式机器人搜索核辐射源的运动控制方法	2012.05.16	201210151193.1	自动化学院	田玉平 曹青青	2014.09.10	第1479161号
524	一种血管支架力学性能的测试设备	2012.05.24	201210164434.6	机械工程学院	倪中华 李俐军 程洁 顾兴中 易红	2014.09.10	第1478962号
525	一种具有温度补偿功能的对数放大器	2012.05.29	201210169972.4	电子科学与工程学院	吴建辉 白春凤 赵强 王旭东 温俊峰 陈超 张理振 王陈浩	2014.09.10	第1479028号

(续表)

序号	发明专利名称	申请日	申请号	申请人	设计人	授权日	证书号
526	一种区间风谱模型的建立方法	2012.05.29	201210172732.X	土木工程学院	王浩 吴明明 程怀宇 郭彤	2014.09.10	第1479388号
527	基于金纳米簇的肿瘤靶向活体多模态成像方法	2012.06.11	201210190242.2	生物科学与医学工程学院	王雪梅 姜晖 王建玲 李奇维	2014.09.10	第1479283号
528	多相电压源型两电平逆变器的控制方法	2012.06.20	201210205533.4	电气工程学院	程明 王伟 张邦富	2014.09.10	第1479195号
529	一种用于长期演进家庭基站上行接收方案模式的切换方法	2012.06.28	201210218655.7	信息科学与工程学院	王捷 徐晨 邱洋帆	2014.09.10	第1479418号
530	具有微纳米分级扑拓表面结构的人工牙根及其制备方法	2012.07.13	201210244907.3	材料科学与工程学院	储成林 陈锋 孙青 余新泉 刘政红	2014.09.10	第1479510号
531	一种快速高精度光伏阵列最大功率跟踪控制方法	2012.07.30	201210266263.8	电气工程学院	林明耀 路皓 吴威 林克曼	2014.09.10	第1478899号
532	一种城市生活垃圾取活性炭及热能综合利用方法	2012.08.08	201210279187.4	能源与环境学院	金保昇 张勇 张涛 仲兆平 刘陶敏	2014.09.10	第1479197号
533	一种多屏拼成像的立体显示器的成像方法	2012.09.13	201210338948.9	电子科学与工程学院	夏军 常察亮	2014.09.10	第1479458号
534	一种城市道路可变短车道的设置方法	2012.09.24	201210358885.8	交通学院	陈峻 陈亚维	2014.09.10	第1479189号
535	城市干道可变车道的协同控制方法	2012.09.24	201210357814.1	交通学院	王昊 李旭 陈峻	2014.09.10	第1478887号
536	一种基于超临界流体包桐球状空心胶囊的制备方法	2012.10.19	201210400661.4	生物科学与医学工程学院	葛丽芹 王玮辰 姚翀 张佳维 施展	2014.09.10	第147490号
537	一种设公交专用道的交叉口渠化及信号本时方法	2012.11.05	201210435883.X	交通学院	王炜 丁浩洋 赵德 季彦洁	2014.09.10	第1479385号
538	空气源变相变蓄能型地板送风空调系统及其蓄能释能方法	2012.11.07	201210445067.7	能源与环境学院	张恺 张小松 李舒宏	2014.09.10	第1479654号
539	一种可自动零点补偿的热风速传感装置及测量风速的方法	2012.12.03	201210506706.6	电子科学与工程学院	秦明 陈升奇 周麟	2014.09.10	第1479038号
540	四氧化三铁与钛酸钕酸镧复合磁电薄膜的制备方法	2012.12.11	201210532448.9	物理系	吴秀梅 欧慧灵 翟亚 孙弘扬	2014.09.10	第1479469号

序号	发明专利名称	申请日	申请号	申请人	设计人	授权日	证书号
541	一种在光刻胶刻蚀过程中表面演化模拟的哈希推进方法	2012.12.13	201210538868.2	电子科学与工程学院	周再发 李伟华 施立立 张伟恒 黄庆安	2014.09.10	第1479159号
542	一种日照温差采集样本概率密度的测定方法	2012.12.18	201210551566.4	土木工程学院	王高新 丁幼亮 宋永生	2014.09.10	第1479500号
543	一种日照温度概率密度的测定方法	2012.12.18	201210552128.X	土木工程学院	丁幼亮 王高新 宋永生	2014.09.10	第1478922号
544	基于频域最小二乘法的水声脉冲信号匹配声定位方法	2012.12.31	201210589738.7	信息科学与工程学院	李焜 罗昕炜 方世良 安良	2014.09.10	第1479067号
545	用于碱基序列检测的单层石墨烯纳米孔结构及其制备方法	2013.01.17	201310017817.5	机械工程学院	易红 倪中华 袁志山 陈云飞	2014.09.10	第1479162号
546	一种制备氧化锌锌和银纳米复合物的方法	2013.01.17	201310016997.5	化学化工学院	王明亮 王艳 徐春祥	2014.09.10	第1479487号
547	一种评价周期荷载下桩侧摩阻力的循环剪磨擦筒装置	2013.01.17	201310017631.X	交通学院	蔡国军 张涛 刘松玉	2014.09.10	第1479475号
548	一种立式螺旋折流板U型管式冷凝器	2013.01.24	201310026031.X	能源与环境学院	陈亚平 张洽 林丽	2014.09.10	第1479401号
549	促进神经缺损修复的人工神经导管的制备方法	2013.01.31	201310044225.2	生物科学与医学工程学院	黄宁平 刘海霞 张晓峰	2014.09.10	第1479313号
550	生物微粒高通量分选和计数检测的集成电路芯片系统及应用	2013.03.01	201310066617.9	机械工程学院	倪中华 项楠 易红 戴卿	2014.09.10	第1478876号
551	四输入微机械悬臂梁热电式微波功率传感器及制备方法	2011.08.11	201110229462.7	电子科学与工程学院	廖小平 张志强	2014.10.08	第1493853号
552	板式塔湿法烟气脱硫中促进PM2.5脱除的方法及装置	2011.09.22	201110282757.0	能源与环境学院	杨林军 鲍静静 熊桂龙	2014.10.08	第1493816号
553	一种在窄频预测结构动力信号范围内分析动力变形的方法	2011.10.11	201110306294.7	城市工程科学技术研究院	张建	2014.10.08	第1494019号

(续)

序号	发明专利名称	申请日	申请号	申请人	设计人	授权日	证书号
554	一种缩短DNA模板的DNA测序方法及其应用	2011.11.02	201110341269.2	生物科学与医学工程学院	肖鹏峰 王文捷 浦丹 陆祖宏 谢宏梅	2014.10.08	第1493905号
555	一种模块化自重构机器人单元模块之间的对接机构及对接方法	2011.12.12	201110412185.3	仪器科学与工程学院	宋光明 孙洪涛 乔贵方 李臻 张军 宋爱国	2014.10.08	第1493872号
556	一种模块化自重构机器人单元模块	2011.12.13	201110416292.3	仪器科学与工程学院	宋光明 孙洪涛 乔贵方 李臻 张军 宋爱国	2014.10.08	第1493871号
557	基于组合波片偏调节的快速偏振控制方法	2011.12.29	201110450045.5	电子科学与工程学院	樊鹤红 孙小菡	2014.10.08	第1493868号
558	一种具有热管理功能的LED芯片驱动系统及其控制方法	2011.12.31	201110457346.0	电子科学与工程学院	孙小菡 陈源源	2014.10.08	第1494012号
559	机械人焊接V型工件焊接起点的控制方法	2012.01.09	201210004701.3	机械工程学院	王海俊 温龙胜 刘艺 马旭东 陈兴云	2014.10.08	第1493961号
560	一种自组自愈配电设备及其安全切换的方法	2012.04.24	201210120993.7	信息科学与工程学院	裴文江 蒋丹晴 叶晶晶 杨洋 王开 孙庆庆 吕婉 张毅峰 缪瑞华	2014.10.08	第1493981号
561	基于航向角的WSN/INS组合导航系统及方法	2012.05.02	201210131071.3	仪器科学与工程学院	陈熙源 黄浩乾 徐元 申冲	2014.10.08	第1494005号
562	挠性体动态变形的组合测量装置及测量方法	2012.05.04	201210135018.3	仪器科学与工程学院	陈熙源 方琳 赵月芳 张真真 汤传业 徐元	2014.10.08	第1493910号
563	载细胞生物微胶囊的制备方法	2012.06.26	201210212856.6	生物科学与医学工程学院	王婷 冯章启 何农跃	2014.10.08	第1493888号
564	用于WSN/INS组合导航的多级非线性滤波器的控制方法	2012.06.27	201210213414.3	仪器科学与工程学院	陈熙源 徐元 李庆华	2014.10.08	第1493980号
565	预制智能FRP-混凝土复合结构的制备工艺	2012.11.08	201210443620.3	土木工程学院	杨才千 崔友强 杨小聪 吴智深 王红涛	2014.10.08	第1493904号

(续表)

序号	发明专利名称	申请日	申请号	申请人	设计人	授权日	证书号
566	一种公交车辆服务稳定性的分析方法	2012.11.16	201210462473.4	交通学院	陈茜 李文权 汤文倩	2014.10.08	第1493898号
567	8位制约竞争计数码的实现电路	2012.03.28	201210085044.X	电子科学与工程学院	李冰 李庆凤	2014.10.08	第1494006号
568	一种基于现场可编程式阵列的微变测量数据处理方法	2013.04.19	201310138846.9	信息科学与工程学院	徐平平 李雷 颜小超 汪淼 黄航	2014.09.24	第1489097号
569	一种三维泡沫状 MoS₂ 的制备方法	2013.09.04	201310397199.1	材料科学与工程学院	王增梅 蔡亚菱	2014.10.08	第1492416号
570	利用共面波导馈电的太赫兹螺旋天线	2011.01.04	201110000291.0	信息科学与工程学院 爱斯克高频通讯技术有限公司	黄风义 唐旭升 郭林 姜楠	2014.10.15	第1495838号
571	抗多径多频双频高隔离度宽波束稳定相位中心天线	2012.08.29	201210311079.0	信息科学与工程 中电科技扬州宝胜电子有限公司 扬州宝胜苏北电子有限公司	曹振新 夏继钢 梅玉顺	2014.07.16	第1442694号
572	一种改进的二维陶瓷复合材料 Z-pin 方法	2013.06.05	201310221587.4	土木工程学院	费庆国 韩晓林 吴邵庆	2014.09.17	第1484323
573	一种多星座的单基站接收机钟差估计方法	2013.03.25	201310098453.8	仪器科学与工程学院	潘树国 杨祥 王庆 汪登辉	2014.10.15	第1499385号
574	一种利于工业废气加热加固软土地基的处理系统及方法	2013.04.10	201310122135.0	交通学院	蔡光华 秦小青 易耀林 刘松玉	2014.10.15	第1499064号
575	一种 MEMS-IMU 中的加速度计动态环境下的误码率标定补偿方法	2013.06.13	201310233287.8	仪器科学与工程学院	陈熙源 周智恺 刘虎 汤传业 黄浩乾	2014.10.15	第1499330号
576	一种生物油三段式气化制取低焦油高热值可燃气的装置及方法	2013.06.17	201310237376.X	能源与环境学院	黄亚继 王昕晔 牛淼淼 孙宇 金保昇 伏启让	2014.10.15	第1498945号
577	一种高电源抑制、低工艺偏差带隙基准电压源	2013.07.24	201310313883.7	电子科学与工程学院	孙伟锋 宋慧滨 张太之 钱钦松 陆生礼 陆炎 祝靖 时龙兴	2014.10.15	第1499879号

（续 表）

序号	发明专利名称	申请日	申请号	申请人	设计人	授权日	证书号
578	预应力混凝土箱梁桥的变可靠度确定方法	2011.07.13	201110195013.5	土木工程学院	郭 彤 刘 铁	2014.10.29	第1508461号
579	一种无线多媒体宽带传感器网络节点装置及其运行方法	2011.08.08	201110225985.4	仪器科学与工程学院	陈俊杰 林 挺 杨 梅	2014.10.29	第1508827号
580	连通延迟线电阻加载渐变槽线脉冲天线	2011.09.08	201110265358.3	信息科学与工程学院	殷晓星 李顺礼 赵洪新	2014.10.29	第1507843号
581	延迟线渐变槽脉冲天线	2011.09.08	201110265592.6	信息科学与工程学院	李顺礼 殷晓星 赵洪梅	2014.10.29	第1507896号
582	连通延迟线渐变槽脉冲天线	2011.09.09	201110266143.3	信息科学与工程学院	殷晓星 李顺礼 赵洪新 杨 梅	2014.10.29	第1508811号
583	延迟线电阻加载领结脉冲天线	2011.11.01	201110338582.0	信息科学与工程学院	赵洪新 殷晓星 杨 梅	2014.10.29	第1508258号
584	一种电流复用高线性度折叠电流镜混频器	2011.12.23	201110436740.6	电子科学与工程学院	吴建辉 陈 超 赵 强 王旭东 李 红 白春风 温晓东	2014.10.29	第1508002号
585	一种用于传感器网络的多参数传感节点壳体	2012.01.04	201210000755.2	仪器科学与工程学院	陈俊杰	2014.10.29	第1508187号
586	一种防止变负荷过程中锅炉给煤量过量调节的控制方法	2012.02.29	201210049019.6	能源与环境学院	陈雨亭 崔晓波 吕剑虹 沈 炯 秦文烨	2014.10.29	第1507954号
587	高速突发光接收机前端电路	2012.03.12	201210063863.4	信息科学与工程学院	顾枭蔚 张海洋 朱 恩 单锡城	2014.10.29	第1507815号
588	一种水声二相调制直扩信号基带码提取方法	2012.03.14	201210066504.4	信息科学与工程学院	王晓燕 罗昕炜 方世良 姚 帅 安 良	2014.10.29	第1507741号
589	非对称双向直流变换器	2012.03.14	201210066233.2	电气科学与工程学院	陈 武	2014.10.29	第1508424号
590	一种无线传感器网络中的移动目标跟踪方法	2012.03.20	201210073673.0	自动化学院	张 淳 费树岷	2014.10.29	第1508168号
591	超文本传输协议1.1下的隐藏服务定位方法	2012.04.13	201210108311.0	计算机科学与工程学院	罗军舟 刘 波 张 璐 何高峰 杨 明	2014.10.29	第1507713号

(续 表)

序号	发明专利名称	申请日	申请号	申请人	设计人	授权日	证书号
592	多输入多输出正交频分复用系统中的软输入软件包输出检测方法	2012.04.19	201210116952.0	信息科学与工程学院	仲文江 卢安安 高西奇	2014.10.29	第1508815号
593	一种无线传感器网络中的数据采集方法	2012.05.16	201210151192.7	自动化学院	张淳 费树岷 周杏鹏	2014.10.29	第1508411号
594	一种实现高阶复数滤波器的二阶复数带通滤波电路	2012.05.23	201210161505.7	电子科学与工程学院	吴建辉 王旭东 徐哲 陈超 李红 田茜	2014.10.29	第1507772号
595	液晶显示器动态图像质量的测量方法	2012.05.29	201210171046.0	电子科学与工程学院	李晓华 杨晓伟 张宇宁 崔渊	2014.10.29	第1507862号
596	一种直线目标的图像主点坐标和畸变参数的测定方法	2012.06.20	201210205761.1	交通学院	沙月进 翁永玲 占小康	2014.10.29	第1508466号
597	利用长时信道信息的大规模分布式MIMO系统调度方法	2012.06.20	201210506158.5	信息科学与工程学院	高西奇 孙强 张 金石 孙晨 源	2014.10.29	第1508612号
598	一种安卓市场中重包装应用的检测方法	2012.06.20	201210204247.6	信息科学与工程学院	秦中元 胡爱群 孙雄	2014.10.29	第1508631号
599	一种车联网环境下公交车动态调度的通信连通性分析方法	2012.06.20	201210205242.5	交通学院	张健 冉斌 卫 丁钲玲 金璟 李文权	2014.10.29	第1508617号
600	一种基于实时体的网络体系结构建模方法	2012.06.29	201210224964.5	计算机科学与工程学院	毛振洪 沈军	2014.10.29	第1508685号
601	用于单接口多信道无线网络的链路分配方法	2012.07.24	201210258628.2	信息科学与工程学院	余旭涛 刘耀 张在琛	2014.10.29	第1508383号
602	一种多喷枪自适应建模的喷涂路径自动生成方法	2012.08.13	201210286395.7	自动化学院	周波 戴先中 樊少卿 孟正大	2014.10.29	第1508745号
603	一种无线自组网按需距离矢量路由方法	2012.08.13	201210286826.X	信息科学与工程学院	徐平平 余自然	2014.10.29	第1508395号
604	二苯并呋喃衍生物及其制备方法与用途	2012.08.20	201210296532.5	化学化工学院	苟少华 房旭彬 陈蕾	2014.10.29	第1508070号

（续 表）

序号	发明专利名称	申请日	申请号	申请人	设计人	授权日	证书号
605	一种用于低功耗无线抄表系统的同步方法	2012.09.06	201210327178.8	电子科学与工程学院	刘 昊 康长宇 蒋富龙	2014.10.29	第1508539号
606	一种槽式太阳能聚光集热器的眼踪驱动装置	2012.09.13	201210339914.1	能源与环境学院	苏中元 王 军 张耀明	2014.10.29	第1507816号
607	阵列式LED照明灯具中心区域温度动态控制方法	2012.09.21	201210356239.3	自动化学院	周杏鹏 孙 凯 王 炜	2014.10.29	第1508078号
608	基于嵌入式系统的水平定向钻控制装置	2012.10.09	201210379927.1	自动化学院	叶 桦 孙晓洁 李 静 任峥嵘 李根营 高雪林	2014.10.29	第1507705号
609	一种高效分离氨气和二氧化碳气体混合物的装置及分离方法	2012.11.20	201210471836.0	能源与环境学院	钱 华 梁文清 董真真 郑晓红	2014.10.29	第1508138号
610	降低单车延误的双进口道交叉口渠化设计及信号配时方法	2012.10.22	201210402569.1	交通学院	王 炜 华雪东 杨 敏	2014.10.29	第1508864号
611	一种无需涂层的固体陶瓷碱催化膜及其制备方法	2012.10.29	201210422740.5	化学化工学院	肖国民 姜 枫 徐 威 肖 洋 高季馨	2014.10.29	第1508514号
612	基于渗透测试的无线网卡安全评估方法	2012.10.30	201210421952.1	信息科学与工程学院	高 尚 吴鹤意 李 涛 宋宇波 唐小川	2014.10.29	第1508627号
613	一种换热器冷热循环疲劳试验装置	2012.11.12	201210452487.8	能源与环境学院	陈爱群 陈亚平 陈世王	倪明龙 张 冶	2014.10.29	第1508036号
614	聚乳酸羟基乙酸聚醚氨聚酸酯乙二醇汉防己甲素和柔红霉素共聚物纳米粒及其制备和应用	2012.11.20	201210472521.8	医学院	陈宝安 王永禄 李学明 郭莉婷 程 坚 酸海祥 鲍 文 张孝平	2014.10.29	第1507924号
615	氨掺杂中空碳球的制备及在直接甲醇燃料电池阴极中的应用	2012.11.21	201210475554.8	化学化工学院	李 颖 姚 萌 刘松琴 李婷婷	2014.10.29	第1507905号
616	一种自造血干细胞中高效分化扩增CD4阳性T细胞的方法	2012.12.04	201210512263.1	生物科学与医学工程学院	孙 博 肖忠党	2014.10.29	第1508084号

(续表)

序号	发明专利名称	申请日	申请号	申请人	设计人	授权日	证书号
617	基于凸型图神机妙算生物化学传感器件的信号提取方法	2012.12.20	201210559402.6	生物科学与医学工程学院	张继中	2014.10.29	第1507890号
618	阻抗校准的平面喇叭天线	2012.12.21	201210562638.5	信息科学与工程学院	殷晓星 赵洪新 王 磊	2014.10.29	第1507926号
619	相位阻抗校准的平面喇叭天线	2012.12.21	201210563071.3	信息科学与工程学院	殷晓星 赵洪新 王 磊	2014.10.29	第1508608号
620	阻抗校准的三维封装表面天线	2012.12.21	201210562297.1	信息科学与工程学院	殷晓星 赵洪新 王 磊	2014.10.29	第1508149号
621	一种可见光光纤光传输的光收发装置	2012.12.26	201210575080.4	电子科学与工程学院	孙小菡 周 谓 陈 翰 邹宁波 柏宁丰 朱 铍	2014.10.29	第1508558号
622	微电网分频能量管理方法	2012.12.26	201210574837.8	电气科学与工程学院	顾 伟 张 宁 周 赣 谢吉华	2014.10.29	第1508452号
623	一种长站距公交站间单向分段绿波信号设置方法	2012.12.27	201210578655.8	交通学院	戴光远 王 昊	2014.10.29	第1508329号
624	基于原位X射线断层照相的脆性材料力学操作的测量方法	2012.12.27	201210578792.1	材料科学与工程学院	万克树 王 炜 胡晓健	2014.10.29	第1508307号
625	一种双基站雷达网络中发射雷达与接收雷达的部署方法	2012.12.27	201210581244.4	电子科学与工程学院	胡 晨 黄 成 唐 玲 田 茜 李 红 吴建辉	2014.10.29	第1508336号
626	双转子永磁风力发电机转子转速和位置测量装置及方法	2012.12.28	201210584002.0	电气科学与工程学院	张建忠 王元凯 程 明	2014.10.29	第1508249号
627	一种硅基薄晶微型液晶显示器数字模拟转换驱动方法	2012.12.28	201210583727.8	电子科学与工程学院	李 晨 张晓龙 夏 军	2014.10.29	第1507844号
628	装配式马鞍壳底形板边疆箱梁桥及其建造方法	2012.12.31	201210589677.4	土木工程学院	徐文平 陈有春 涂永峰 张宇峰 张建东 刘其伟 洪志强 石先旺 苏 刘	2014.10.29	第1508675号
629	一种快速道路凸形竖曲线路段可变限速控制方法	2013.01.04	201310001883.3	交通学院	李志斌 徐 铖 刘 攀 王 炜	2014.10.29	第1507868号
630	一种平面信号交叉口直左冲突数的预测方法	2013.01.09	201310007130.3	交通学院	刘 攀 陈昱光 张 鑫 王 炜 柏 璐	2014.10.29	第1508082号

(续表)

序号	发明专利名称	申请日	申请号	申请人	设计人	授权日	证书号
631	一种油水分离泡沫铜及其制备方法	2013.01.11	201310010197.2	材料科学与工程学院	张友法 藏东勉 吴春晓 陈锋 余新泉	2014.10.29	第1508544号
632	一种多束耦合配交互式热气流分离多组分混合物的装置	2013.01.23	201310025128.9	能源与环境学院	张勇 钟文琪 金保昇	2014.10.29	第1507786号
633	单叶双曲面空间索网主缆的特大跨径悬索桥及其建造方法	2013.01.24	201310027622.9	土木工程学院	徐文平 张文明 张宇峰 陈有春 孔维平 郭迅 石先旺 陈高 岳	2014.10.29	第1508628号
634	一种汉化床输运耦合反应装置	2013.01.30	201310036063.8	能源与环境学院	陈晓平 刘道银 彭梁 杨振财 杨宗冰 马吉亮 单璟 郑卫东	2014.10.29	第1508830号
635	一种火电机组过热汽温两级协调预测控制方法	2013.02.22	201310057004.9	能源与环境学院	李益国 刘西陲 沈炯 潘蕾 祖可云	2014.10.29	第1508710号
636	一种三相三线制SAPF的定时变环宽电流控制方法	2013.03.04	201310068254.2	电气科学与工程学院	吴在军 施晔 于光耀 胡敏强 窦晓波 秦申蓓	2014.10.29	第1508071号
637	一种锅法制备致密银包铜粉的方法	2013.03.06	201310070320.X	化学化工学院	林保平 吴敏 曹艺	2014.10.29	第1508257号
638	一种用于空冷电厂湿式空冷器的节水装置	2013.05.17	201310183730.5	能源与环境学院	陈瑶 张小松 薛海君	2014.10.29	第1507737号
639	一种磁流变液的制备方法	2013.06.08	201310229215.6	土木工程学院	徐赵东 陈兵 郭维阳	2014.10.29	第1508103号
640	复合式角管型平板自激励毛细热管CPU散热器	2012.05.31	201210174280.9	能源与环境学院	张程宾 许飞 陈永平 施明恒 刘向东	2014.11.05	第1514639号
641	一种用于测试混凝土新拌性能的自动测试系统	2013.04.17	201310133649.6	材料科学与工程学院	庞超明 徐剑	2014.11.05	第1513758号
642	一种针对高温高压灰颗粒的排灰装置及其排灰方法	2013.05.10	201310170895.9	能源与环境学院	向文国 陈晓平 王祥 赵长遂 段钰锋	2014.11.05	第1514500号
643	一种基于多摄像机无重叠视域行人匹配方法	2012.01.06	201210002873.7	仪器科学与工程学院	林国余 杨彪 张为公	2014.03.26	第1368960号

(续 表)

序号	发明专利名称	申请日	申请号	申请人	设计人	授权日	证书号
644	用于制备纤维增强复合材料空间网格的模具及其使用方法	2012.12.28	201210581633.7	土木工程学院	朱 虹 刘建勋	吴智深 陈 喆	2014.08.06	第1458091号
645	一种摆摆式风力发电机塔架减振装置	2011.11.14	201110358368.1	江苏绿材谷新材料科技发展有限公司	陈 军	朱中国	2014.10.01	第1489773号
646	一种应用于三维水声传感器网络的分布式路由协议方法	2012.03.02	201210052390.8	信息科学与工程学院	舒恒平 陆金钰	曲恒明 陈 露 李天波	2014.11.05	第1515472号
647	一种索杆张力结构的找形方法	2012.03.08	201210060097.6	土木工程学院	李 霞	方世良	2014.11.05	第1516635号
648	肌电假手力触觉反馈方法及触觉反馈的肌电假手系统	2011.08.25	201110244446.5	仪器科学与工程学院	蔡建国	冯 健	2014.11.05	第1515379号
649	一种捷联惯性导航系统非线性对准方法	2011.12.09	201110406451.1	仪器科学与工程学院	宋爱国 茅 晨 钱 夔	章华涛 崔建伟	2014.11.05	第1516046号
650	一种用于建筑构中结构柱的卸载方法	2012.10.18	201210398221.X	土木工程学院	张 涛 王立辉	徐晓苏 李佩娟	2014.11.05	第1516729号
651	一种用于分布式多跳水声通信网络的媒介访问同控制方法	2012.03.19	201210071647.4	信息科学与工程学院	朱 虹	刘锡祥	2014.11.19	第1520549号
652	用废旧锌锰电池制备锌锰软磁铁氧磁体的方法	2013.02.01	201310039151.3	化学化工学院	李 霞 苏 阳	吴 京	2014.11.19	第1520739号
653	一种干线公交高密度交叉口的站同绿波协控制方法	2013.01.14	201310012892.2	交通学院	雷立旭	方世良 周景锦	2014.11.19	第1521251号
654	一种致密氢氧化物陶瓷涂层及其制备方法	2012.04.16	201210110473.8	材料科学与工程学院	王 炜 华雪东	苑泽华	2014.11.19	第1520624号
655	一种用于大外径测量的非整圆Ⅱ尺	2012.03.30	201210091673.3	机械工程学院	张旭海 谈荣生 张 娟 曾学乔	胡晓健 赵 德 丁浩洋	2014.11.19	第1520783号

(续表)

序号	发明专利名称	申请日	申请号	申请人	设计人	授权日	证书号
656	一种钢筋箱梁桥墩疲劳应力监测的传感器面置方法	2011.05.06	201110116776.6	土木工程学院	丁幼亮 邓 扬 周广东 宋永生 李爱群	2014.11.19	第1520771号
657	聚吡咯纳米管嵌纳米孔阵列材料及其制备方法和储能应用	2011.11.16	201110362862.5	化学化工学院	谢一兵 杜洪秀	2014.11.19	第1520935号
658	一种快速 参数分段式捷联惯性导航系统自对准方法	2011.12.17	201110425654.5	仪器科学与工程学院	张 涛 徐晓苏 刘锡祥 王立辉 李佩娟	2014.11.26	第1525673号
659	存储态真空电子器件残废气体的光谱检测装置及检测方法	2012.12.26	201210574366.0	电子科学与工程学院	孙小菡 袁慧宇 吴 晨	2014.11.12	第1519360号
660	一种肌电假手的控制方法	2012.12.27	201210578422.8	仪器科学与工程学院	宋爱国 吴常铖 章华涛	2014.11.12	第1519421号
661	内嵌金属化过孔准的三维封装表面天线	2012.12.21	201210563097.8	信息科学与工程学院	王 磊 赵洪新 殷晓星	2014.11.12	第1518832号
662	基于空隙形态参数测试的沥青路面吸声系数预估方法	2012.12.07	201210525588.3	交通学院	廖公云 黄晓明 丁杨敏 王声乐	2014.11.12	第1519237号
663	一种水冷冷水机组性能试验系统用恒温水箱	2012.05.31	201210175832.8	能源与环境学院	张忠斌 杜 岜	2014.11.12	第1518515号
664	一种遗硅玻璃和多晶硅厚度的在线同步测试装置	2012.05.31	201210177975.2	电子科学与工程学院	刘海韵 黄庆安 周再发	2014.11.12	第18519382号
665	一种实现复数低通滤波的可重构滤波器电路	2012.05.23	201210161455.2	电子科学与工程学院	吴建辉 黄 成 李 红 王旭东 陈 超 张 萌 温峻峰 田 茜	2014.11.12	第1518668号
666	一种一氧化氮供体型内皮素受体拮抗剂和其制备方法及其应用	2013.05.15	201310182180.5	化学化工学院	蔡 进 吉 民	2014.11.12	第1519369号
667	一种适用于无线传感器网络的单流批量数据采集方法	2012.06.28	201210218948.5	电子科学与工程学院	刘 昊 吴建辉 徐 杰 蒋富龙	2014.11.12	第1519050号
668	盲人导航信息感知的振动触觉表达装置	2013.07.09	201310287483.3	仪器科学与工程学院	倪得晶 陈丹凤 宋爱国 吴 涓 王 路	2014.11.12	第1519050号

(续 表)

序号	发明专利名称	申请日	申请号	申请人	设计人	授权日	证书号
669	一种可重构密码处理器及抗功耗改击方法	2012.09.28	201110302279.5	电子科学与工程学院	单伟伟 田朝轩 刘新宁 陆黄超	2014.11.12	第1518796号
670	一种甲苯液相催化氧化制苯甲醛的方法	2012.11.20	201210474090.9	化学化工学院	肖国民 朱晓文 时龙兴 余云帆	2014.11.12	第1519025号
671	一种大孔径水声柔性阵形自校准装置及方法	2013.03.14	201310080458.8	信息科学与工程学院	安 良 刘 虎	2014.11.12	第1519206号
672	一种多级蓄热水箱	2013.07.19	201310303021.6	能源与环境学院	袁竹林 孙珊珊	2014.12.03	第1529392号
673	一种利用分层搅拌桩对软土层进行加固的方法	2013.03.22	201310094101.5	交通学院	章定文 刘松玉 杨 泳 韩文君	2014.12.03	第1529479号
674	一种传感网节点无线充电方法	2013.05.13	201310174231.X	仪器科学与工程学院	宋光明 彭 瑾 李 臻 李玉亚 乔贵方 宋爱国	2014.12.03	第1530100号
675	一种自分散纳米流体热管	2013.06.25	201310256722.9	能源与环境学院	杨 柳 杜 垲 张忠斌	2014.12.10	第1535898号
676	一种基于多变量统计的助听器声源定位方法	2011.04.14	201110092779.0	信息科学与工程学院	邹采荣 梁端宇 赵 力 奚吉 王青云 王 开 陈存宝 余 华 张毅锋	2014.12.10	第1536617号
677	一种相位稳定的光子微波信号产生方法及系统	2011.12.29	201110449886.4	电子科学与工程学院	陈 翰 孙明明 孙小菡	2014.12.10	第1536585号
678	一种用于比吸光度的纳米流体的制备方法	2013.02.20	201310053959.7	能源与环境学院	杨 彦 杜 垲	2014.12.10	第1543288号
679	具有宽波束的Q波段毫米波室内高速通信天线	2013.03.12	201310078872.5	信息科学与工程学院	张彦林 洪 伟 薛宗玉 王海明	2014.12.10	第1542028号
680	一种用于软土地基加固的分层搅拌桩机	2013.03.22	201310094206.0	交通学院	刘松玉 章定文 杨 泳 韩文君	2014.12.10	第1542080号
681	铸造锌合金熔炼用除渣精炼溶剂及其制备方法	2013.06.07	201310228423.4	机械工程学院	吴炳尧 修毓平	2014.12.10	第1543569号
682	一种铺设融冰雪微表处薄层罩面的稀浆混合料及铺设方法	2013.05.13	201310176751.4	交通学院	黄晓明 李志栋	2014.12.10	第1542240号

(续表)

序号	发明专利名称	申请日	申请号	申请人	设计人	授权日	证书号
683	一种电压型 PWM 整流器系统的直接功率控制方法	2011.12.02	201110394207.8	电气科学与工程学院	林明耀 朱信骅 韩愚拙 路 皓 林克曼	2014.12.10	第 1536542 号
684	一种循环流化床锅炉燃烧及其烟气系统	2012.01.16	201210011526.0	能源与环境学院	杨亚平	2014.12.10	第 1536556 号
685	一种无线局域网产品测试平台及其测试方法	2012.04.24	201210120315.0	信息科学与工程学院	裴文江 孙庆庆 陈 晨 张书强 沈彦真 蒋丹晴 缪瑞华 王 开 张毅峰 刘文明	2014.12.10	第 1536579 号
686	一种基于 XMPP 协议的即时消息传输方法	2012.03.29	201210087194.4	信息科学与工程学院	裴文江 王 开 杨 洋 朱光辉 王晓姝 孙庆庆 詹金狮 缪瑞华 张书强 张毅峰 沈彦真	2014.12.10	第 1536555 号
687	一种表面多孔的 PLGA 微球的制备方法	2012.06.07	201210186540.4	生物科学与医学工程学院	张天柱	张启英	2014.12.10	第 1536578 号
688	一种公交站台车辆到达分析方法	2012.11.28	201210494864.4	交通学院	陈 茜	李文权	2014.12.10	第 1536605 号
689	一种基于碳纤维分布式传感的智能 FRP 复合筋及其规模化生产工艺	2012.07.10	201210238467.0	土木工程学院	杨才干 杨小聪	王红涛	吴智深	2014.12.10	第 1536508 号
690	一种无线传感器网络节点装置及运行方法	2012.04.17	201210113007.5	南京拓诺传感网络科技有限公司 仪器科学与工程学院	陈俊杰	李为猛	顾 宁	2014.10.22	第 1502349 号
691	一种无线传感器网络节点通信控制系统及其控制方法	2012.05.18	201210156734.X	南京拓诺传感网络科技有限公司 仪器科学与工程学院	陈俊杰	陈检文	汤文倩	2014.10.22	第 1502489 号
692	断路器刚分刚合点的在线判断方法及其装置	2012.04.06	201210100605.9	江苏泰事达电气有限公司 电气工程学院	梅 军 戴永正 杨赛男	金 炎 梅 飞 钱 雨	郑建勇 顾宇锋	2014.10.29	第 1508990 号
693	一种从含 CO_2 混合气体中分离 CO_2 的装置	2012.10.18	201210398219.2	能源与环境学院	向文国	赵亚仙	陈时熠	2014.11.26	第 1525615 号

(续表)

序号	发明专利名称	申请日	申请号	申请人	设计人	授权日	证书号
694	转位精度测量装置	2012.06.19	201210203466.2	机械工程学院	韩 良 胡 斌	2014.11.26	第1525575号
695	适用于卫星移动通信系统的自适应虚拟混合重传方法	2012.06.06	201210184057.2	信息科学与工程学院	黄永明 金 石 赵晶晶 刘 青 夔培培 王海明 杨绿溪 高西奇	2014.11.26	第1526156号
696	一种基于史托克维尔变换的改进窗口傅里叶三维测量法	2012.03.23	201210079423.8	自动化学院	达飞鹏 董富强 陈章雯	2014.11.26	第1525878号
697	高精度无上限特大圆柱螺纹中径测量装置及测量方法	2010.12.10	201010581495.3	机械工程学院	李 彬	2014.11.26	第1525939号
698	多元位置随机机极性MCP-EB-PSK调制和解调方法	2011.12.20	201110431039.5	信息科学与工程学院	吴乐南 靳 一 邓 蕾 冯 煜	2014.12.03	第1531596号
699	一种嵌入式语音识别方法及装置	2011.11.11	201110358672.6	自动化学院	黄永明 章国宝 董 飞 祖晖辉 刘海彬 倪道宏	2014.12.03	第1531794号
700	基于超声交织编程的速度分布测量方法	2013.01.09	201310007683.9	能源与环境学院	周 宾 姚 琛 许传龙 张 龙	2014.12.03	第1531928号
701	一种槽式太阳能光集热器的液压驱动装置	2012.12.25	201210570026.0	能源与环境学院	苏中元 王 军 张耀明	2014.12.03	第1531757号
702	一种同步整流DC/DC变换器的驱动电路	2012.12.14	201210544700.8	电子科学与工程学院	徐 申 杨 淼 高 庆 苏 军 孙伟锋 陆生礼 时龙兴	2014.12.03	第1531405号
703	一种抗闩锁N型绝缘体上硅横向绝缘栅双极型晶体管	2012.06.30	201210227096.6	电子科学与工程学院	孙伟锋 刘斯扬 唐正华 潘红兵 钱钦松 陆生礼 时龙兴	2014.12.03	第1532086号
704	一种激光扫描分拣机	2011.12.16	201110423347.3	电子科学与工程学院	叶莉华 王文轩 汪海洋 王叶平 崔一平	2014.12.03	第1531277号
705	模块化多电平换流器的可变积分双循环映射脉宽调制法	2012.08.09	201210280780.0	电气工程学院	梅 军 郑建勇 韩少华	2014.12.03	第1531758号
706	多小区多播MIMO移动通信系统下行单业务协作预编码方法	2012.07.27	201210265204.9	信息科学与工程学院	陈 明 杜 博 王 楠	2014.12.10	第1542733号

(续表)

序号	发明专利名称	申请日	申请号	申请人	设计人	授权日	证书号
707	一种可抗噪声干扰的高压侧栅驱动电路	2012.06.30	201210224751.2	电子科学与工程学院	孙伟锋 祝 靖 刘翠春 卢云皓 钱钦松 陆生礼 时龙兴	2014.12.10	第1543233号
708	一种抗闩锁N型绝缘体上硅横向双扩散场效应晶体管	2012.06.30	201210223901.8	电子科学与工程学院	孙伟锋 刘斯扬 王 昊 叶楚楚 钱钦松 陆生礼 时龙兴	2014.12.10	第1536904号
709	一种素杆张力结构初始预应力分布确定方法	2012.03.08	201210059826.6	土木工程学院	蔡建国 冯 健	2014.12.10	第1543716号
710	一种金属氧化物半导全管的结温和热阻测量方法	2012.03.08	201210059502.2	电子科学与工程学院	钱钦松 刘斯扬 张 顺 孙伟锋 陆生礼 时龙兴	2014.12.10	第1543432号
711	多输入多输出正交频分复用系统同步序列构造方法	2010.03.25	201110074115.1	信息科学与工程学院	蒋雁翔 尤肖虎 高西奇	2014.12.10	第1542813号
712	一种快速瞬态响应的数字功率因数校正控制器	2012.12.29	201210590904.5	电子科学与工程学院	徐 申 杨 淼 陆 炎 孙峰峰 宋慧滨 孙伟锋 陆生礼 时龙兴	2014.12.10	第1537056号
713	模块化初级永磁直线电机及由其构成的电机模组	2012.12.13	201210541026.8	电气科学与工程学院	程 明 曹瑞武 花 为 王 欣	2014.12.10	第1543256号
714	电流型变送信号输入通道快速继电器保护方法和电路	2012.10.16	201210392603.1	物理系	王 勇 李建清 邱 实 方 正	2014.12.10	第1537461号
715	基于剪切散斑干涉的光学离面位移场测量装置及测量方法	2012.09.25	201210360788.8	交通学院	何小元 白鹏翔	2014.12.10	第1536836号
716	一种集成电路用三端电阻阻值的测量方法	2012.09.25	201210361841.6	电子科学与工程学院	孙伟锋 刘斯扬 朱荣霞 黄 栋 钱钦松 孙伟锋 陆生礼 时龙兴	2014.12.10	第1542911号
717	一种大电流P型绝缘体上硅横向绝缘棚双极型晶体管	2012.09.14	201210343232.8	电子科学与工程学院	孙伟锋 陈 扬 朱荣霞 刘斯扬 钱钦松 陆生礼 时龙兴	2014.12.10	第1537131号
718	一种旋转式捷联光纤罗经实现的方法	2012.08.29	201210312556.5	仪器科学与工程学院	程向红 邵刘军 周本川 王晓飞 衡 敏	2014.12.10	第1542997号

（续表）

序号	发明专利名称	申请日	申请号	申请人	设计人	授权日	证书号
719	一种高维特电压的可控硅横向双扩散金属氧化物半导体管	2012.08.14	201210289462.0	电子科学与工程学院	孙伟锋 刘斯扬 黄婷婷 卫 明 严 岩 钱钦松 陆生礼	2014.12.10	第1538819号
720	一种新型串联超级电容器组动态均压装置	2012.08.06	201210277059.6	电气科学与工程学院	程 明 丁石川 刘雪冰 王 政 储 凯	2014.12.10	第1543075号
721	基于HybridUML向微分代数程序转换的CPS建模与验证方法	2011.10.28	201110338092.0	计算机科学与工程学院	李必信 李加凯 朱 敏 吉顺慧 齐珊珊 吴晓娜 刘翠翠	2014.12.10	第1536732号
722	一种氧指数测定仪	2011.09.22	201110283153.8	自动化学院	李 骑 张赤斌	2014.12.10	第1536968号
723	一种可抗噪声干扰的高侧栅驱动电路	2012.06.30	201210224755.0	电子科学与工程学院	孙伟锋 祝 靖 钱钦松 陆生礼 时龙兴	2014.12.17	第1547723号
724	一种带浮空板的超结金属氧化物场效应管终端结构	2012.06.30	201210227688.8	电子科学与工程学院	孙伟锋 祝 靖 张 龙 吴逸凡 钱钦松 陆生礼 时龙兴	2014.12.17	第1547780号
725	一种在无线M2M系统中传输业务的自适应帧长计算方法	2012.04.23	201210120461.3	信息科学与工程学院	赵新胜 贺 鸣 罗 莎	2014.12.17	第1547516号
726	一种人脸图像快速特征提取方法	2012.08.29	201210312362.5	自动化学院	路小波 徐千州 曾维理	2014.12.17	第1547197号
727	一种视频多车辆轮廓检测方法	2012.06.19	201210202508.0	自动化学院	路小波 熊 阳 路 畅	2014.12.17	第1546674号
728	一种相变材料快速自动化热循环实验仪器	2013.01.14	201310011854.5	土木工程学院	李 敏 刘建鹏 吴智深 陈美荣 陈锦祥	2014.12.24	第1552680号
729	一种正四面体对称可展机构单元	2012.10.18	201210397908.1	土木工程学院	陈 耀 冯 健	2014.12.24	第1552956号
730	基于三相位移信号的真空断路器机械参数在线监测方法	2012.09.06	201210328794.5	电气科学与工程学院	梅 军 杨秦男 郑建勇 梅 飞 王逸洋 张思宇	2014.12.24	第1552405号
731	单小区多播MIMO移动通信系统的下行单业务预编码方法	2012.06.28	201210219054.8	信息科学与工程学院	陈 明 杜 博 王 楠	2014.12.24	第1552486号

（续表）

序号	发明专利名称	申请日	申请号	申请人	设计人	授权日	证书号
732	一种工业现场设备能效评估方法	2013.03.18	201310087010.9	电气工程学院 广西电网公司电力科学研究院	高赐威 罗海明 李 扬 王 凯	2014.12.17	第1548016号
733	一种氮化铁氨水纳米流体及其制备方法	2013.02.20	201310054625.1	能源与环境学院	杨 柳 杜 垲	2014.12.31	第1554879号
734	一种交叉口左转快速公交通过该交叉口的方法及信号控制方法	2013.03.20	201310089277.1	交通学院	王 炜 丁浩洋 杨 敏	2014.11.19	第1522007号
735	一种水工三维测力装置	2013.05.27	201310203072.1	仪器科学与工程学院	宋爱国 茅 晨 徐保国 武秀秀 潘栋成 陈普广 王春慧 王 政 刘 梁	2014.11.19	第1522107号
736	一种生态纳米颗粒增强水泥基复合材料及其制备方法	2013.06.27	201310260592.6	材料科学与工程学院	郭丽萍 孙 伟 黄 伟 樊俊江	2014.11.19	第1521646号
737	用于河床底泥生态系统恢复的固定化微生物包埋微球的制备方法	2013.06.27	201310264883.2	土木工程学院	傅大放 杨新德	2014.11.19	第1521671号
738	一种基于乘客出行分布的高峰期公交线路跳站运行方法	2013.03.25	201310095924.X	交通学院	王 炜 华雪东 胡晓健	2014.12.10	第1541589号
739	城市干线公交站间双向分段绿波信号设置方法	2013.04.17	201310133459.4	交通学院	王 炜 戴光远 胡晓健 王 昊	2014.12.10	第1540003号
740	GNSS基线解算中基于观测常量的粗差探测方法	2013.03.26	201310101401.1	仪器科学与工程学院	潘树国 王 庆 闫志跃	2014.12.10	第1541418号
741	一种电压转换全桥型非隔离光伏并网逆变器	2013.04.17	201310135312.9	电气科学与工程学院	肖华锋	2014.12.10	第1542207号
742	2,5-二溴基-1,3,4-噁二唑荧光分子及其制备方法	2013.05.07	201310165904.5	化学化工学院	钱 鹰 王彬彬 王铁丽 管成飞 陶在琴	2014.12.10	第1540632号
743	口腔正畸矫治器摩擦测试实验	2013.04.18	201310135855.0	机械工程学院	汤文成 黄辉祥 吴 斌 严 斌 吴国银 张 帆 吴文娟 徐楠楠	2014.12.10	第1540461号
744	一种家庭基站虚拟多输入多输出的用户配对方法	2012.11.14	201210456961.4	信息科学与工程学院	王 捷 徐 晨 邱洋帆	2014.12.24	第1551191号

(续表)

序号	发明专利名称	申请日	申请号	申请人	设计人	授权日	证书号
745	口腔正畸牙周膜力学性能综合测试实验台	2013.04.18	201310134859.7	机械工程学院	汤文成 黄辉祥 严 斌 张 帆 徐楠楠 龚 俊 吴 斌 吴文娟	2014.12.31	第1556658号
746	胱抑素C纳米抗体及其编码序列	2013.08.30	201310385837.8	生命科学研究院	万亚坤 王平艳 孙燕燕	2014.12.31	第1557152号
747	一种生物油链式制氢并分离CO_2的方法及装置	2013.09.02	201310392726.X	能源与环境学院	向文国 肖 睿 朱 珉 陈时熠	2014.12.31	第1556911号
748	流动式气体传感阵列及其制备方法	2009.12.30	200910186873.5	生物科学与医学工程学院	徐 华 顾忠泽 戎 非 张茂春	2013.07.10	第1229875号
749	电化学电极抛光装置	2009.12.30	200910266729.2	生物科学与医学工程学院	顾忠泽 戎 非 张微微 孙姝婧	2011.07.27	第814866号
750	干法腈纶生产废水的处理装置及预处理方法	2010.04.07	201010144936.3	生物科学与医学工程学院	朱纪军 戎 非 张春水 朱纪军	2012.10.17	第1065424号
751	基于分子印迹纳米球的传感介质膜及其制备方法和应用	2010.06.17	201010201273.4	生物科学与医学工程学院	付德刚 刘冬梅 戎 非 王永向 刘秋明	2013.04.03	第1168880号
752	自带微生物燃料电池电源的蓝藻浓度监测系统	2010.09.07	201010273631.2	公共卫生学院	吴 戎 魏 非 浦跃朴 尹立红	2013.01.09	第1117500号
753	制备提纯灵菌红素的方法	2011.07.19	201110201993.5	公共卫生学院	浦跃朴 吴 魏 杨 飞 尹立红	2013.10.09	第1283154号
754	带震动功能的全温液相颗粒孵育及杂交装置	2010.04.29	201010159900.2	生物科学与医学工程学院	李智洋 刘 宾 何衣颖	2014.01.15	第1336774号
755	结构色隐形眼镜的制备方法	2011.05.19	201110130142.6	生物科学与医学工程学院	顾忠泽 金 露 赵远锦 李婷婷 谢卓颖	2014.08.06	第1456335号
756	以适体为识别单元的胶体晶体凝胶非标记可视化检测方法	2012.01.11	201210007176.0	生物科学与医学工程学院	顾忠泽 谢卓颖 叶宝芬 赵远锦 上官凤栖 程 瑶	2013.12.25	第1328512号
757	核壳型水凝胶胶体晶体微球及其制备方法和用途	2011.09.15	201110272030.4	生物科学与医学工程学院	顾忠泽 上官凤栖 钱晶莲 程 瑶 赵远锦 上官凤栖	2014.03.12	第1357728号

(续表)

序号	发明专利名称	申请日	申请号	申请人	设计人	授权日	证书号
758	光子晶体编码微球生物芯片检测装置	2011.06.20	201110164981.X	生物科学与医学工程学院	顾忠泽 赵祥伟	2013.07.17	第1237027号
759	人工流产手术操作教学辅助装置	2011.01.17	201110008805.7	公共卫生学院	吴 茜 戎 非 尹立红 浦跃朴	2012.10.17	第1065346号
760	微生物燃料电池阳极的免疫修饰处理方法	2011.08.10	201110227982.4	生物科学与医学工程学院	唐祖明 梅 茜 郁颖蕾 顾忠泽 戎 非	2013.10.09	第1282551号
761	炫彩色隐形眼镜及其制备方法	2011.05.19	201110130587.4	生物科学与医学工程学院	顾忠泽 金 露 谢卓颖 叶宝芬 赵远锦	2013.07.10	第1230227号
762	具有微结构表面的彩色隐形眼镜及其制备方法	2011.08.25	201110245274.3	生物科学与医学工程学院	顾忠泽 赵远锦 上官风栖 谢卓颖	2013.07.10	第1229825号
763	以胶体晶体水凝胶为颜料的彩色隐形眼镜及其制备方法	2011.08.25	201110243803.6	生物科学与医学工程学院	顾忠泽 金 露 李婷婷 谢卓颖	2013.03.06	第1147314号
764	基于咖啡环效应的结构色隐形眼镜及其制备方法	2011.10.08	201110295182.6	生物科学与医学工程学院	顾忠泽 谢卓颖 李婷婷 金 露 赵远锦	2013.05.01	第1187367号
765	复合结构色隐形眼镜	2011.05.19	201110130144.5	生物科学与医学工程学院	顾忠泽 赵远锦 叶宝芬 谢卓颖 金 露	2013.04.03	第1168941号
766	微生物燃料电池阳极的修饰方法	2011.02.22	201110042093.0	生物科学与医学工程学院	葛丽芹 稽剑宇 顾忠泽	2013.07.10	第1230440号
767	一种用于生物反应器的多功能柱体	2013.08.23	201310371001.2	公共卫生学院	吴 晨 戎 非 魏	2014.12.10	第1536415号
768	微生物燃料电池电极的修饰方法	2010.08.27	201010264665.5	生物科学与医学工程学院	葛丽芹 吴文昊 稽剑宇 柏林玲 贾永军 顾忠泽	2012.11.28	第1089833号
769	垃圾焚烧锅炉及生物质锅炉清灰装置及方法	2012.05.23	201210161528.8	浙江富春江环保热电股份有限公司 能源与环境学院	张忠梅 陈晓平 唐 智 金孝祥 盛洪产 梁 财 楼 军 刘道银 赵长遂	2014.05.14	第1402072号
770	一种水杨异辛酯的制备方法	2012.08.13	201210286137.9	江苏普源化工有限公司 化学化工学院	孙柏旺 王 燕 左荣林 徐 冰	2014.06.25	第1429715号
771	智能网球车	2010.06.03	201010193232.5	机械工程学院	韩 良 朱 毅 李 健 王李苏联	2011.04.27	第768315号

(科技处 徐 军)

2013年被SCI、EI、ISTP、CITA收录论文统计(2014年发布)

序号	院系	SSCI	SCI	EI	ISTP	表现不俗论文
1	建筑学院		3	9	11	1
2	机械工程学院		47	73	16	18
3	能源与环境学院	1	127	212	26	55
4	信息科学与工程学院		127	200	133	40
5	土木工程学院	2	75	117	15	9
6	电子科学与工程学院	1	142	130	14	42
7	数学系	1	100	52	0	32
8	自动化学院		67	112	23	31
9	计算机科学与工程学院	3	27	35	15	12
10	物理系		97	59	6	42
11	生物科学与医学工程学院		128	82	18	73
12	材料工程学院		67	95	35	40
13	经济管理学院	21	35	25	8	14
14	电气工程学院		34	83	29	13
15	化学化工学院		221	166	8	66
16	交通工程学院	17	80	159	30	19
17	仪器科学与工程学院		48	71	23	10
18	医学院		61	9	7	26
19	公共卫生学院	3	16	1	0	4
20	生命科学研究院		3	5	0	3
21	中大医院	5	113	8	16	29
22	学习科学研究中心	1	16	8	1	8
23	其他	13	156	258	69	49
24	总计	68	1790	1969	503	636

注明:其他是无院系认领的论文

人文社会科学研究工作

综　　述

为深入贯彻落实党的十八大、十八届三中、四中全会和习近平总书记一系列重要讲话精神,根据《中共中央关于全面深化改革若干重大问题的决定》和《国家中长期教育改革和发展规划纲要(2010—2020年)》的部署,结合东南大学建设"国际知名高水平研究型大学和世界一流大学"的发展规划,社会科学处在校党委和行政的正确领导下,对全校的人文社科工作进行了一系列的改革创新,在自身建设、项目申报和结项管理、基地和学科建设、成果推介和社会服务等方面,锐意进取,开拓创新,狠抓落实,取得明显成效。

一、年度主要工作

1. 加强自身建设,创新科研机制,促进人文社科繁荣发展

社科处领导班子调整后,通过社会招聘,充实了人员配备,完善了管理队伍的年龄层次和性别比例,提升了队伍的战斗力和执行力。在此基础上,重新定位社科处工作职能,明确社科处为负责全校人文社会科学研究规划、管理与服务工作的综合性职能部门;重新明确处室内部分工及岗位职责,落实首问责任制和AB岗制度,进一步细化工作任务,提高工作要求,提升服务水平,推进管理工作制度化、规范化、科学化。同时立足现有资源,加强顶层设计,创新科研机制,在发扬百年东大优良文科传统的同时,借助学校理工医科优势,促进交叉融合,形成具有东大特色的文科研究方向和科研优势。

出台东南大学社科科研系列管理办法,建立学校、学院、项目组分级科研管理制度。协助财务部门拟定《关于国家社科基金项目有关配套经费的规定》等科研经费财务管理补充规定,加强社科科研经费使用管理,提高科研经费使用效益。协助研究生院、人事处等相关部门做好社科项目、奖项、学术期刊的级别确认工作,协助档案馆做好办公文件归档和科研档案归档。加强与学院的沟通联系,及时了解项目的科研进展和基地的科研需求,最大程度为全校师生创造良好的科研条件。

不断创新工作思路,提高工作效率,推出了一系列改革举措。针对文科院系主要分布在九龙湖校区的现状,调整了两个校区的办公时间安排,极大地方便了文科师生办理业务;建立"社科工作交流QQ群",充分利用网络平台,及时发布社科信息,为文科师生提供更为便捷的服务;进一步完善社科科研管理网络系统和社科处网站建设,编发社科简报,及时报道社科信息;创新性地将社科沙龙的组织权下放院系,面向全校公开招标,由中标院系及教师在社科处的指导下组织开展沙龙,利用院系学术和科研优势打造精品沙龙,意在进一步打造在国内有影响力的东大人文社科品牌。

2. 重视项目申报和结项管理,立项成绩突出,成果质量稳步提升

今年以来,我处共组织申报各级各类项目523个,目前已获立项106项。国家社科基金立项16项,其中重大项目1项,艺术学项目1项,成果文库1项,教育学项目1项。教育部立项16项,立项数位列全省第一,为南京大学的两倍。省规划办基金面上项目取得历史最好成绩,获立项资助16项,立项总数跃居全省第二,其中重点项目6项,名列全省第一;获得专题研究项目4项,重点委托项目2项,基地项目3项,长三角项目1项,自筹项目1项。省教育厅高校哲学社会科学研究项目获得重大项目1项,重点项目2项,基金项目36项。我校省教育厅重大重点项目的立项数量连续数年在全省一直稳居前列。

在确保立项数量稳步攀升的同时,还不断加大力度完善过程管理,加大成果质量和绩效评价的考核权重,逐步建立以成果质量为导向的科研管理体制、学术评价机制和科研成果奖励政策,鼓励科研人员出重大标志性成果。

3. 加快基地建设,促进学科发展,打造知名品牌

本年度新增一个省级2011协同创新中心——"公民道德和社会风尚协同创新中心",新增一个省部级科研基地——省文化厅"江苏省非物质文化遗产研究基地";新增6个校内文科科研机构。组织申报"江苏省中国特色社会主义理论体系研究基地"和"反腐败研究中心",目前正在评审中。

同时不断加强各类基地管理工作,首次对校内优秀文科科研机构予以资助,助其冲击省部级基地。引入省部级基地开放课题招投标机制,促进基地建设的快速发展和良性循环。以基地建设促学科发展,着力打造在江苏省乃至于全国叫得响的知名学科。

4. 助推成果获奖,提高服务社会能力,提升东南大学的知名度和美誉度

我处积极组织申报各类成果奖,江苏省哲学社会科学优秀成果奖申报71项,共有27项成果获奖,其中一等奖4项,二等奖8项,三等奖15项,获奖总数再创历史新高,是上届总数的两倍多,并跃居全省第四。教育厅第九届高校哲学社会科学优秀成果奖申报46项,获奖21项,其中一等奖2项、二等奖7项、三等奖12项,获奖率在全省名列前茅。江苏省社科应用研究精品工程奖申报16项,获奖8项,其中一等奖1项,二等奖7项。

科研成果不仅受到奖励,还得到各级领导的肯定,产生了积极广泛的社会影响,对领导决策产生了重要推动作用。我校科研人员也因成果卓著而获得全国性声誉。今年5月,我校法学院院长刘艳红教授荣获第七届"全国十大杰出青年法学家"称号,得到了中共中央政治局委员、中央政法委书记孟建柱等党和国家领导人的亲切接见。法学院周佑勇教授入选"长江学者奖励计划"特聘教授；美国 Fordham 大学颜安教授以经济管理学院为平台入选"长江学者奖励计划"讲座教授；经管学院年轻学者邵军同志荣获"江苏青年社科英才"称号。

科研论文方面成绩显著，本年度我校共在《中国社会科学》发表论文1篇，最高级刊物论文7篇，SSCI/SCI/AH&CI 检索 39 篇，EI 检索 12 篇。

二、经验与特色

1. 做好工作规划，狠抓工作落实

3月下旬，组织召开了社科科研管理工作会议，对我校人文社科事业的发展进行了广泛深入的探讨。会后，迅速整理会议纪要，积极贯彻落实会议要求，认真开展相关调研，积极谋划社科科研管理工作，严格制定新的社科管理办法和相关激励措施。

2. 重视校内评审，提高申报质量

在国家社科项目、教育部人文社科项目和江苏省社科项目的申报中，我处重视组织协调工作，落实申报指导、模板参考、院系研讨、形式审核等环节，并重点组织专家预审和论证研讨，提高申报质量，提高立项命中率。

3. 强化特色优势，推进交叉融合

我处大力推进文、理、工、医优势学科的交叉融合，坚持以目标明确的关键性科学问题和重大需求为导向，完善前沿交叉研究机制，促进多学科协同创新，土木工程学院、建筑学院、海外学院及图书馆等单位教师积极申报国家社科基金项目并获得重点项目、一般项目和青年项目，充分体现了学科交叉、集成创新的特点。文科院系充分发挥自身学科优势，优势学科获国家社科基金项目成绩突出。

4. 加强作风建设，提升服务意识

我处重视加强处室作风建设，廉政、务实、高效、守纪。全处人员团结协作，积极奉献，认真做好各类基础管理和服务工作，在项目组织、基地建设、成果申报、经费管理等各个环节中，想方设法将工作做早、做细、做实，确保了各项基础工作的顺利进行。

三、社科处 2014 年大事记

1. 2014年1月，法学院院长周佑勇教授转任社科处处长，原处长邱斌教授转任海外教育学院院长。

2. 2014年3月11日，对四牌楼、九龙湖2个校区办公安排进行调整，星期一、三、四在九龙湖办公，星期二、五在四牌楼办公。

3. 2014年5月4日，我校法学院院长刘艳红教授光荣入选第七届"全国十大杰出青年法学家"，获得中共中央政治局委员、中央政法委书记孟建柱，国务委员、中央政法委副

书记、公安部部长郭声琨,最高人民法院院长周强,最高人民检察院检察长曹建明,中国法学会会长王乐泉等领导的亲切接见。

4. 2014年5月8日,江苏省哲学社会科学界联合会党组书记、常务副主席刘德海一行来我校调研省社科联所属决策咨询研究基地运行情况。

5. 2014年6月12日,建筑学院王兴平教授承担的江苏省社科基金项目"长三角地区城市同城化效应研究:以沪宁高速走廊为例"主要成果《应对沪宁高速走廊同城化趋势的对策建议》被《新华日报》全文转载。同时,江苏省哲学社会科学规划办公室专门致函东南大学,对王兴平教授及其课题组成员给予通报表扬。

6. 2014年6月20日获批12项国家社科基金项目,其中重点项目1项、一般项目6项、青年项目5项。

7. 2014年7月4日,我校获得江苏省社科应用研究精品工程奖8项,其中一等奖1项,二等奖7项,获奖率均在全省名列前茅。

8. 2014年7月9日,获江苏省教育厅第九届高校哲学社会科学优秀成果奖21项,其中一等奖2项、二等奖7项。

9. 2014年9月12日获批15项教育部人文社科一般项目,其中规划基金项目7项,青年基金项目8项。

10. 2014年8月24日,我校人文学院许建良教授的"文化强国视域下的传承和弘扬中华传统美德研究"获国家社科基金重大项目立项资助。

11. 2014年9月1日,我校艺术学院获江苏省首批非物质文化遗产研究基地,基地主要研究方向为传统艺术理论、传统美术、传统技艺与民俗,为全省非物质文化遗产保存、传承和传播提供智力支持与专业指导。

12. 2014年9月4日,艺术学院副教授甘锋、人文学院副教授邵永生任社科处副处长,邵永生副处长赴疆挂职。

13. 2014年9月22日,我校周佑勇教授优秀成果《行政裁量基准研究》入选《国家哲学社会科学成果文库》。

14. 2014年9月30日,我校获批16项江苏省社会科学基金课题,立项数再创历史新高。其中重点项目6项、一般项目4项、青年项目6项。

15. 2014年10月16日,我校樊和平当选江苏省社科联第八届理事会副主席。经济管理学院院长徐康宁教授、社会科学处处长周佑勇教授当选为理事会常务理事,艺术学院院长王廷信教授当选为理事。

16. 2014年10月22日,我校获江苏省政府第十三届哲学社会科学优秀成果奖27项,其中一等奖4项,获奖总数及一等奖数是上届的两倍多。

17. 2014年11月30日至12月1日,我处与海外教育学院共同承办"全球化中的教育、经济与文化融合国际研讨会"。校党委书记郭广银、江苏省社科联党组书记刘德海、中国国家留学基金委副秘书长王胜刚出席了研讨会开幕式并讲话。

18. 2014年12月2日,我校经济管理学院青年学者邵军副教授入选"江苏青年社科英才"。

19. 2014年12月18日,我校学习科学研究中心梁宗保副教授申报的"儿童早期意志控制对学校适应的作用机制及培养研究"获国家社科基金教育学青年项目立项资助。

四、存在的问题

1. 需进一步加强人文社科科研工作的顶层设计和战略规划,逐步完善文科科研管理制度,集成文科管理服务职能,成立学校文科建设领导小组(领导小组办公室设在社科处),全面负责学校文科科研,统一协调文科科研的资源配置和管理服务权限,尽快出台系列关于文科科研项目、经费使用,智库、基地等平台建设的文科科研管理规章制度。

2. 重大社科攻关项目的组织协调和跨学科重点研究基地的申报建设等方面工作需要继续加大力度。基于东南大学的学科生态,文科科研欲取得跨越式发展,必须依托理工医科的科研优势,进行跨学科研究,而这种文理工医的真正融合发展,需要学校层面切实深化综合改革,破除行政和学科壁垒,统筹协调好全校科研管理制度和资源分配制度等各项改革,形成改革合力。

3. 在探索我校社科发展途径、改革评价体系等方面,要进一步加强调研,有必要到清华大学、上海交通大学、大连理工大学等与我校学科生态相似的学校深入调研;需进一步加强与相关部门和院系的沟通协调工作。

五、未来规划

1. 召开东南大学第二届哲学社会科学大会,加强顶层设计,制定落实我校哲学社会科学繁荣计划的工作规划和措施,成立学校文科建设领导小组和社科咨询专家委员会。

2. 继续落实教育部跨学科基地、2011协同创新平台的建设工作。加强省部级社科基地和校内社科科研机构的检查和择优资助工作,进一步促进基地在承担项目、培养人才、构建团队、产出成果、服务社会等方面发挥重要作用。

3. 做好2015年度国家社科基金、教育部人文社科基金的申报工作。抓好重要项目、基地、成果指标的落实工作。做好各类项目的中期检查、结项考核的工作,加大优秀成果的推介力度。

4. 加快对相关高校的调研工作,研究影响和制约我校文科快速发展的因素,积极探索人文社科发展和管理的新理念、新机制、新做法,尽快出台相关政策和措施。

5. 进一步完善系列社科科研管理文件,完善社科科研信息管理系统,规范科研管理,提高管理效能,进一步设计完善社科处网站。

6. 落实系列社科精品沙龙。

7. 办好江苏省哲学社会科学界学术大会学术专场等大型学术会议和学术活动。

8. 做好校内基本业务费的申报、评审、年检、结题验收工作。

2014 年人文社会科学主要科研统计表

1. 2014 年国家社会科学基金项目

序号	项目批准号	项目名称	项目类别	负责人	单位	完成时间
1	14AJY013	大规模保障性住房社区居家养老体系构建与实施路径研究	重点项目	张建坤	土木工程学院	2017.12
2	14BZX116	科学问题的生成与进化机制研究	一般项目	刘敏	人文学院	2017.12
3	14BZX102	独生子女时代老龄社会伦理风险的实证研究	一般项目	周琛	外国语学院	2016.6
4	14BFX179	适合我国税收征管体制环境的事先裁定模式构建研究	一般项目	虞青松	法学院	2017.6
5	14BZS067	近代中国本土城乡规划学演变的学科史研究	一般项目	李百浩	建筑学院	2017.12
6	14BWW005	西方当代文学传播理论的多维透视	一般项目	甘锋	艺术学院	2018.12
7	14BXW061	以孔子学院为载体的中国传统艺术海外传播策略研究	一般项目	佟迅	海外教育学院	2017.12
8	14CJL020	实施自由贸易区战略背景下国际经济波动影响我国经济增长的理论及对策研究	青年项目	邵军	经济管理学院	2017.12
9	14CZW071	清代碑志义例的文学批评研究	青年项目	许丹	人文学院	2017.12
10	14CZW028	明清女性文学在东亚的接受与影响研究	青年项目	乔玉钰	人文学院	2017.12
11	14CTQ005	图书馆资源组织中的数据关联机制研究	青年项目	常娥	图书馆	2017.6
12	14CGL012	体验经济环境下商业生态系统和企业平台战略研究	青年项目	赵驰	经济管理学院	2017.6
13	14BA012	基于序跋及题跋整理上的中国古代书画著录的版本及校勘研究	一般项目	郭建平	艺术学院	2017.6
14	14ZDA010	文化强国视域下的传承和弘扬中华传统美德研究	重大项目	许建良	人文学院	2016.6
15	CBA140147	儿童早期意志控制对学校适应的作用机制及培养研究	青年项目	梁宗保	学习科学研究中心	2017.12
16		行政裁量基准研究	成果文库	周佑勇	法学院	2014.12

2. 2014年度教育部人文社会科学基金项目

序号	项目批准号	项目名称	项目类别	负责人	单位	完成时间
1	14YJA820015	法院内部管理的模式选择与目标定位——以司法改革为背景	规划基金项目	李可	法学院	2017.2
2	14YJC820060	行政处罚中的有责性问题研究	青年基金项目	熊樟林	法学院	2016.12
3	14YJA630066	风险投资联合的动因及经济后果：理论分析与实证研究	规划基金项目	吴斌	经济管理学院	2016.12
4	14YJC630105	品牌化视角下旅游地定位口号的沟通路径与评价标准研究	青年基金项目	曲颖	人文学院	2016.12
5	14YJC630202	我国城乡居民大病保险：筹资机制、模型构建及其可持续性研究	青年基金项目	张颖	经济管理学院	2016.12
6	14YJAZH038	文化治理的机制及评价研究	规划基金项目	季玉群	人文学院	2017.6
7	14YJCZH230	基于竞赛模拟的高校创业教育创新链式协同运作模式研究	青年基金项目	周勇	马克思主义学院	2016.6
8	14YJC790110	基于市场化视角的利率演化机制模型构建及其应用研究	青年基金项目	唐攀	经济管理学院	2016.12
9	14YJA840012	基于物联网职业紧张和职业倦怠危险度评价模型的建立	规划基金项目	田宏迹	公共卫生学院	2017.7
10	14YJC840010	中国民间组织的社会治理功能研究——以乙肝携带者的反歧视抗争为例	青年基金项目	郭娜	人文学院	2017.6
11	14YJA760051	孔子学院与中国艺术的海外传播	规划基金项目	张乾元	艺术学院	2016.12
12	14YJA760031	当代欧美电影疗法研究	规划基金项目	田兆耀	人文学院	2017.6
13	14YJC760077	中外艺术基金会比较研究	青年基金项目	岳晓英	艺术学院	2016.12
14	14YJA751018	明清小说戏曲插图的文本接受	规划基金项目	乔光辉	人文学院	2016.9
15	14YJC751021	当代都市新移民的城市想象与文化认同	青年基金项目	李灵灵	人文学院	2017.6
16	14JGC021	基础教育阶段加强工程技术教育的国际科学教育比较研究与实践	工程人才专项	叶兆宁	学习科学研究中心	2016.4

3. 2014年江苏省社会科学基金项目

序号	项目批准号	项目名称	项目类别	负责人	单位	完成时间
1	14SZA001	习近平总书记关于人民主体地位的重要论述研究	重点项目	郭广银	党委办公室	
2	14SZA004	国家治理体系现代化进程中的价值体系建构研究	重点项目	袁久红	马克思主义学院	2016.6

（续 表）

序号	项目批准号	项目名称	项目类别	负责人	单位	完成时间
3	14SZB015	司法公正与法官队伍思想道德素质建设研究	一般项目	杨素云	法学院	2016.6
4	14SZB024	江苏以体制创新推进全国生态文明建设示范区研究	一般项目	吴利华	经济管理学院	2016.6
5	14SZA013	社会主义核心价值观研究丛书之六：自由篇	重点委托项目	袁久红	马克思主义学院	2014.9
6	14SZA017	社会主义核心价值观系列研究丛书之十：爱国篇	重点委托项目	郭广银	党委办公室	2014.9
7	CELAP2014-YZD-09	长三角环境污染综合治理机制研究	一般项目	徐盈之	经济管理学院	2015.8
8	14MLC003	基于权力批判视角的《资本论》解读及其学术意义	青年项目	翁寒冰	马克思主义学院	2017.12
9	14ZXB001	习近平总书记系列重要讲话对马克思主义哲学的创造性运用研究	一般项目	孙志海	马克思主义学院	2017.12
10	14MLC005	康德后期道德哲学研究	青年项目	刘 作	人文学院	2017.12
11	14EYA002	金融创新发展促进江苏出口贸易结构优化的机制及其对策研究	重点项目	邱 斌	经济管理学院	2017.12
12	14EYA003	江苏发展绿色、低碳、循环经济研究	重点项目	徐盈之	经济管理学院	2017.12
13	114GLC003	江苏电子商务发展反向定制商业生态系统策略研究	青年项目	候赟慧	经济管理学院	2017.12
14	14ZZA001	国家治理现代化进程中政府伦理建设研究	重点项目	高晓红	人文学院	2017.12
15	14FXC001	区域一体化进程中的交通法治发展问题研究	青年项目	杨 洁	法学院	2017.12
16	14FXC003	生命权与自我决定权的法律保障研究——安乐死刑法问题解决之道	青年项目	刘建利	法学院	2017.12
17	14ZWA002	明清小说戏曲插图与文本接受	重点项目	乔光辉	人文学院	2017.12
18	14WWB005	新世纪诺贝尔文学奖与当代文艺思潮的关联性研究	一般项目	许克琪	外国语学院	2017.12
19	14YYA002	《史记》异文的类型特点与价值研究	重点项目	王华宝	人文学院	2017.12
20	14YYA001	青少年网络语言暴力症候群诊断与对策研究	重点项目	陈美华	外国语学院	2017.12
21	14YYB001	翻转模式下中国大学生英语学习的认知建构研究	一般项目	刘 萍	外国语学院	2017.12
22	14YSB004	中国本土性现代建筑艺术的江苏模式研究	一般项目	李海清	建筑学院	2016.12
23	14ZHC001	江苏生态文明建设的制度创新研究	青年项目	杨 煜	人文学院	2016.12
24	14WWD001	芥川龙之介《中国游记》中的"江苏书写"研究	自筹	刘克华	外国语学院	2017.12
25	14JD001	江苏外资区域转移与城镇化发展的相互作用研究	基地重点项目	臧 新	经济管理学院	2016.12

（续　表）

序号	项目批准号	项目名称	项目类别	负责人	单位	完成时间
26	14JD002	新常态下江苏产业结构的转型升级研究	基地重点项目	王茂祥	经济管理学院	2016.12
27	14JD004	社会风尚与公民道德素质提升的引导机制研究	基地重点项目	高广旭	人文学院	2016.12
28		当前我国社会群体的价值共识与大众意识形态发展趋势研究	重点项目	樊和平	人文学院	2014.12
29		江苏新一轮开放型提升目标和战略研究	重点项目	徐康宁	经济管理学院	2014.12
30			协同创新	樊和平	人文学院	
31		社会主义核心价值体系的理论内涵及其建设路径	重点项目	樊和平	人文学院	
32	苏宣通〔2013〕17号	江苏省宣传文化系统"五个一批"人才项目	中共江苏省委宣传部专项经费	乔光辉	人文学院	
33		明清小说戏曲插图之文本接受	"五个一批"人才资助项目	乔光辉	人文学院	2016.12
34		江苏青年社科英才配套资助项目	青年文化人才资助项目	邵军	经济管理学院	2016.12

4. 2014年高校哲学社会科学研究重大重点项目

序号	项目批准号	项目名称	项目类别	负责人	单位	完成时间
1	2014ZDAXM002	新形势下江苏生态环境保护制度系统研究	重大项目	王文平	经济管理学院	2016.12
2	2014ZDIXM007	高管特征、会计稳健性与投资效率研究	重点项目	韩静	经济管理学院	2016.1
3	2014ZDIXM008	江苏社会组织参与居家养老服务的模式和机制研究	重点项目	张建坤	土木工程学院	2016.06

5. 2014年江苏省教育科学"十二五"规划课题

序号	项目名称	项目类别	负责人	单位
1	日韩教育现代化比较研究	立项资助	刘克华	外国语学院

6. 2014年建成省级社会科学研究基地

序号	基地名称	首席专家	依托单位	主管部门	批准时间
1	公民道德与社会风尚协同创新中心	樊和平	人文学院	省政府	2014
2	江苏省非物质文化遗产研究基地	王廷信	艺术学院	省文化厅	2014

（社科处　甘　锋）

本 科 教 育

综 述

2014年是我校全面实施"十二五"规划纲要的关键之年。本科教学工作以"强化内涵建设,全面提升服务质量"为工作重点,贯彻落实教育部《关于全面提高高等教育质量的若干意见》的文件精神,在学校的统一领导下,在兄弟单位的支持与帮助下,本科教育教学工作方面取得了一些成绩,确保了人才培养质量的不断提升。

一、教育教学改革与研究工作

1. 强化内涵建设,专业建设显成效

在省教育厅组织的省级重点专业(类)建设项目的中期检查中,我校15个专业类(合计33个专业),获得6个"优秀"、9个"良好"。土木工程学院工程管理专业以优异成绩通过住房和城乡建设部评估。电子科学与工程、测控技术与仪器、交通工程以及交通运输专业接受了2014年工程教育专业认证,获得专家好评。修订了《2014年本科人才培养方案》。

2. 深化课程改革,凸显资源建设优势

陈薇教授领衔的"中国建筑史"等17门资源共享课已获批第三批国家级精品资源共享课立项项目,现进入上网前整改阶段;至此,全校共有36门课程获得国家精品资源共享课立项建设,"电工电子实践"等19门已上线运行。2014年新增7门国家级视频公开课建设立项(立项数全国第一);"音乐与科技""诗词格律与写作"获得国家精品视频公开课称号(至此,共7门课程获得国家精品视频公开课称号)。启动东南大学MOOC课程建设,3门课程在"爱课网—中国MOOC"上线运行,完成"大学国文(上)""病理与健康"等MOOC课程制作,引进南京大学"认识地球""自然灾害"MOOC课程,进行了全新教学模式尝试。对313门第一批"三类"课程[英语(双语)授课课程、系列专题研讨课(含新生研讨课)、企业(校企)联合授课课程]开展了中期检查工作。17种教材获国家"十二五"普通高等教育本科国家级规划教材(第二批),目前,共有38种教材获国家"十二五"普通高等教育本科国家级规划教材,在全国位列第9。《城市规划与设计》等10部教材获省级重点教材立项建设项目。

3. 推进改革创新,喜获丰硕成果

2014年第七届国家级教学成果奖评选中,我校获得一等奖2项(包括牵头项目1项,合作项目1项),二等奖6项(牵头项目5项,合作项目1项),并列全国第8。获得江苏省特等奖4项,一等奖7项,二等奖6项。开展了校级教学改革研究项目结题验收工作,57项通过结题验收,其中10项获"优秀"、5项暂缓通过、3项撤销立项。承办"江苏省高等学校教学管理研究会2014年学术年会",全省134所高校超过300名代表参会。2014年宝钢奖评选中,我校土木工程学院李启明教授获得"宝钢优秀教师特等奖",陈美华教授、黄骏教授、程建川教授荣获"宝钢优秀教师奖",这是我校连续第五年同获宝钢师生特等奖。

二、实践教学与卓越人才培养工作

1. 优化毕业设计流程监控,提高管理水平

通过优化选题、随机抽查、强化卓越计划专业毕业设计规范管理、升级毕业设计管理系统、与同济大学进行校际互评等措施,高质量完成2014届毕业设计(论文)各项工作,共评出校级优秀毕业设计(论文)109篇,12篇被推荐参加省级优秀毕业设计(论文)评审。

2. 注重内涵,提升课外研学与竞赛水平

全年共邀请了校内外知名学者为学生举办课外研学讲座61场,受益学生超过15 000人次,覆盖全校所有学院学生,全年收到学生提交研学报告超过5 000份。在1 469项校级SRTP项目中择优立项国家级项目135项、省级项目123项,国家级、省级项目数较上一学年增加23项;对基于教师科研SRTP项目、国创、省创项目进行了中期检查和结题验收。组织学生参加各级各类学科竞赛79项,5 334人次获不同级别奖项,其中国际级特等奖6人次、一等奖28人次、二等奖75人次,国家级特等奖28人次、一等奖67人次、二等奖108人次、三等奖105人次;省级特等奖19人次、一等奖148人次、二等奖128人次、三等奖84人次。特别值得一提的是,在2014年美国数学建模竞赛中我校共获得特等奖2项,特等奖数为全球所有参赛学校第二,创造了我校参加美国大学生数学建模竞赛历年最好成绩。

2014年东南大学第四届大学生学术报告会,收到论文近200篇,85篇被评为优秀论文,殷超等获十佳报告人,参加报告会本科生近4 000人次。我校第八届大学生创新创业成果展示会展示项目成果及作品407件;此次成果展示会还特邀复旦大学、上海交通大学、浙江大学、同济大学、南京大学等9所国内知名高校参展,获得良好反响。14项入选江苏省大学生创新创业优秀成果展示作品中,《气相传输法(Vapor Transformation,VT)

制备 Bi2Se3 纳米片及其纳米力学性能研究》（论文）获评优秀论文，"新型索杆全张力大跨度屋盖结构的形态分析及模型实现研究"（作品）获评最具潜力创新项目、"船舶通信导航设备研发生产与销售"获评最具潜力创业项目；《气相传输法（Vapor Transformation, VT）制备 Bi2Se3 纳米片及其纳米力学性能研究》（论文）与"新型索杆全张力大跨度屋盖结构的形态分析及模型实现研究"（作品）还入选了第七届全国大学生创新年会；我校获全国和江苏省创新年会"优秀组织奖"。

3. 加强宣传组织，本科生国际化培养工作得到稳步提高

建立本科生国际交流网站，编写完成《2014 年优秀本科生国际交流项目指南》，在三个校区举办多场国家公派本科生国际交流宣讲会，超过 1 000 名在校本科生踊跃参加。组织留学讲座与报告，邀请南京大学特聘外籍教授、德国采埃孚公司等海外合作单位就赴美、赴德留学与职业规划作了专题讲座。截至目前，外籍教授专家来校为本科生开设课程 66 门。修订完善了外籍教授专家来校管理办法，简化了相关办事流程。

不断探索 3+2（ASU）、2+2（UTK）等合作教育培养模式，建立跨国集团（公司）实习模式，开展校企三方合作交流项目，开展暑期游学实践，鼓励学生参加国际会议。2014 年获批 20 项与国外知名大学、公司本科生国际交流项目，共获得 67 个交流名额资助，在全国千所高校中排名前十。50 位优秀本科生获批国家留学基金委第一批到国外知名大学学习，派出数比去年同期增加 39%，审核通过率达到 100%。

4. 协同合作，大力推进实验教学建设与改革

成功申报国家级虚拟仿真实验中心，支持校内 50 个虚拟仿真实验项目的建设；实现了高危、高成本、高消耗的认知学习、实验及综合训练项目的开展。拟订实验大纲修订原则及基本要求等规定，开展了实验教学大纲修订工作。组织召开国家级校外实践基地建设工作进展报告会，总结、辐射经验成果。配合实验室与设备管理处，开展 2014 年江苏省实验教学与实践教育中心的验收工作，取得了良好成绩。

5. 强化基地建设，深化卓越专业人才培养平台

规范了校企课程、卓越专业毕业设计等各环节的管理。召开卓越计划推进研讨会，邀请卓越计划专家以及海外工程教育专家来校交流指导，深化推进我校卓越计划人才培养改革。受教育部委托，承办 2014 年卓越工程师教育培养计划（东南地区）工作交流会，促进了地区间经验交流，推动地区的卓越工程师人才培养模式改革。与江苏省交通科学研究院股份有限公司等国内知名企业与研究单位签订了卓越工程师联合培养基地协议，新建校级实践基地 22 个，卓越计划培养基地挂牌 1 个。

三、教学运行与学籍管理工作

1. 坚持"三清"制度，确保教学工作有条不紊

多年来本科教学运行工作一直坚持"天天清、周周清、月月清"制度，确保了教学服务与管理工作的平稳有序;坚持开学初教学秩序检查工作,通过全面巡查各校区教学设备与运行环境,确保了教学活动正常开展;坚持期中教学检查制度,采取党政领导听课、师生互评、师生座谈会等多种方式开展检查,确保了教学信息的及时反馈与交流;坚持开展短学期实践教学环节质量的检查工作,通过走访实习基地、实验室,召开座谈会等,确保了实践教学平稳开展。坚持优化编排课表,2013—2014 学年,合计编排 3 287 门、7 590 门次课表、200 余门次重修课表;全年合计安排补考 881 门、6 269 人次,英语免修考试 400 余人次,"高等数学"等 4 门课程的期中考试、近 20 000 人次、100 余门自学重修考试、398 人次、1 118 门期末考试、98 000 余人次,面向民族生、高水平运动员安排的 848 人次的考试;13 821 人次的全国大学外语四、六级考试,725 人次江苏省计算机等级考试,1 282 人转院(系)、转专业考试。

2. 优化服务流程,充分发挥信息管理优势

完善《2015 届免试推荐研究生管理规定》,修订《本科生对外交流学习课程学分认定与成绩转换管理办法》;修改并完善了推免生管理信息系统;研制开发了本科生出国交流管理信息系统与本科生成绩单等自助打印服务系统,高效便捷地满足学生服务需求,受到学生的一致好评;公布《学生专项性服务事宜流程表》,服务工作规范、高效;全方位优化升级了毕业设计管理系统,保障了 2014 届毕业设计工作顺利开展;完成实习系统与教务系统间的基础数据对接,实现短学期实践类课程课表的自动生成,提高了短学期的管理效率;优化了标准化考场网络管理系统,实现了通过现代化信息技术规范考风考纪的目标。新建卓越人才教育培养计划网站,及时更新资源信息,优化门户网站功能和服务。

3. 加强学生学业指导,有效促进学习成效

2013—2014 学年 1 755 人次的学业预警取得明显成效,退学仅 28 人,较上一学年退学人数减少 33.33%。举办通识教育基础课程(高等数学、大学物理等)系列辅导讲座 16 次;成立一对一帮扶小组 34 组;指导院(系)建立学业困难学生的学习状态表,对其开展选课、学习及学业指导等工作,尤其加强对少数民族特招生、港澳台学生、外国留学生、高水平运动员以及对口支援交换生的学业指导。编写并发放《新生学习指南》《问题简答》《学习辅导简介》和《学务事宜办理流程》等小册子,举办国际交流项目宣讲、推荐免试研究生新政解读、港澳台地区学生以及民族特招生学习政策介绍等一系列宣讲会共计 8 场。

4. 规范各类审核与电子注册,保障学生切身利益

严格把关,审定无一差错。完成 4 049 名 2014 届全日制本科毕业资格、4 453 人学位资格审核与 24 568 人次学士学位、新生电子注册、在校生电子注册等各类电子注册工作。完成 4 112 名 2015 届毕业生的毕业资格预审核工作,1 282 名报名资格审核、204 名学生转院(系)转专业录取审核工作;审定 2 199 名学生大类分流至专业学习的资格;完成 450 名校学习优秀生的选拔与资格审定工作;完成 750 名免试研究生的学生资格审定与推荐工作;顺利实现 350 名交流生的选拔推荐与接收工作。

四、开展"高水平、高层次、高品位"文化素质教育,陶冶学生情操

1. 精心组织高水平精品人文选修课程

邀请著名历史学家、武汉大学历史学院李工真等国内 6 名知名教授开设精品人文课程,近 2 000 名学子受益。邀请国学名家张岂之、《中国青年报》社社长陈小川等著名学者举办高层次人文讲座 70 余场,提升了校园文化生活的品位。

2. 开展高层次文化素质教育活动

启动"2014 年新生文化季初识东南名家系列高层演讲"活动,邀请清华大学、北京大学的学者及台湾著名诗人等享有盛誉的人文名家登坛讲学,引起了强烈的反响。

3. 深入推进"高雅艺术进校园"活动

举办了大型昆曲、经典评弹等精品演出 10 余场。积极开展"文化名人进校园"工程,邀请著名物理学家、建筑学家、主持人、教育家等开展各类文化讲座活动。

本科专业设置一览表

序号	院系	专业代码	专业名称	修业年限	学位授予门类	备注
1	建筑学院	082801	建筑学	五年	建筑学	
2		082802	城乡规划	五年	工学	
3		082803	风景园林	五年	工学	
4	机械工程学院	080201	机械工程	四年	工学	
5		120701	工业工程	四年	工学	
6	能源与环境学院	080501	能源与动力工程	四年	工学	
7		081002	建筑环境与能源应用工程	四年	工学	
8		082502	环境工程	四年	工学	
9		082201	核工程与核技术	四年	工学	
10	信息科学与工程学院	080706	信息工程	四年	工学	
11		080703	通信工程	四年	工学	暂缓招生
12	土木工程学院	081001	土木工程	四年	工学	
13		120103	工程管理	四年	工学	
14		080102	工程力学	四年	工学	
15		081003	给排水科学与工程	四年	工学	

(续 表)

序号	院系	专业代码	专业名称	修业年限	学位授予门类	备注
16	电子科学与工程学院	080702	电子科学与技术	四年	工学	
17		080905	物联网工程	四年	工学	
18		080414T	新能源材料与器件	四年	工学	
19		080704	微电子科学与工程	四年	工学	暂缓招生
20	数学系	070101	数学与应用数学	四年	理学	
21		070102	信息与计算科学	四年	理学	
22		071201	统计学	四年	理学	
23	自动化学院	080801	自动化	四年	工学	
24	计算机科学与工程学院	080901	计算机科学与技术	四年	工学	
25		080902	软件工程	四年	工学	
26	物理系	070201	物理学	四年	理学	
27		070202	应用物理学	四年	理学	
28		080705	光电信息科学与工程	四年	理学	
29	生物科学与医学工程学院	082601	生物医学工程	七年	工学	长学制专业
30		082601	生物医学工程	四年	工学	
31		071003	生物信息学	四年	工学	
32	材料科学与工程学院	080401	材料科学与工程	四年	工学	
33	人文学院	030201	政治学与行政学	四年	法学	
34		120901K	旅游管理	四年	管理学	
35		030301	社会学	四年	法学	
36		050101	汉语言文学	四年	文学	
37		010101	哲学	四年	哲学	
38	经济管理学院	120201K	工商管理	四年	管理学	
39		020401	国际经济与贸易	四年	经济学	
40		120102	信息管理与信息系统	四年	管理学	
41		120203K	会计学	四年	管理学	
42		020301K	金融学	四年	经济学	
43		020101	经济学	四年	经济学	
44		120801	电子商务	四年	管理学	
45		120601	物流管理	四年	管理学	
46		020302	金融工程	四年	经济学	
47	电气工程学院	080601	电气工程及其自动化	四年	工学	

(续 表)

序号	院系	专业代码	专业名称	修业年限	学位授予门类	备注
48	外国语学院	050201	英语	四年	文学	
49		050207	日语	四年	文学	
50	化学化工学院	081301	化学工程与工艺	四年	工学	
51		081302	制药工程	四年	工学	
52		070301	化学	四年	理学	
53	交通学院	081802	交通工程	四年	工学	
54		081801	交通运输	四年	工学	
55		081201	测绘工程	四年	工学	
56		081103	港口航道与海岸工程	四年	工学	
57		070504	地理信息科学	四年	理学	
58		081005T	城市地下空间工程	四年	工学	
59		081006T	道路桥梁与渡河工程	四年	工学	
60	仪器科学与工程学院	080301	测控技术与仪器	四年	工学	
61	艺术学院	130310	动画	四年	艺术学	
62		130401	美术学	四年	艺术学	
63		130502	视觉传达设计	四年	艺术学	暂缓招生
64		130503	环境设计	四年	艺术学	暂缓招生
65		130504	产品设计	四年	艺术学	
66	法学院	030101K	法学	四年	法学	
67	医学院	100201K	临床医学	七年	医学	长学制专业
68		100201K	临床医学	五年	医学	
69		100203TK	医学影像学	五年	医学	
70		101101	护理学	四年	理学	
71		101001	医学检验技术	四年	理学	
72		083001	生物工程	四年	工学	
73	公共卫生学院	100401K	预防医学	五年	医学	
74		120403	劳动与社会保障	四年	管理学	
75	学习科学研究中心	040102	科学教育	四年	教育学	

2014年新增国家"十二五"普通高等教育本科国家级规划教材(第二批)

序号	教材名称	主编	出版社
1	定向运动与野外生存(第二版)	张惠红 陶于	高等教育出版社
2	工程数学 数学物理方程与特殊函数(第四版)	王元明	高等教育出版社
2	工程数学 数学物理方程与特殊函数(第四版)学习指南与习题解答	王元明	高等教育出版社
3	工程数学 积分变换(第五版)	张元林	高等教育出版社
3	工程数学 积分变换(第五版)习题全解指南	张元林	高等教育出版社
4	控制工程基础(第二版)	王积伟 吴振顺	高等教育出版社
5	电子线路线性部分(第五版)	冯军 谢嘉奎	高等教育出版社
5	电子线路非线性部分(第五版)	冯军 谢嘉奎	高等教育出版社
6	电路与电子线路基础(电路部分)	王志功 沈永朝	高等教育出版社
7	信号与线性系统(第5版)	管致中 夏恭恪 孟桥	高等教育出版社
8	数字信号处理(第二版)	吴镇扬	高等教育出版社
9	混凝土结构(上册)	蓝宗建	中国电力出版社
9	混凝土结构(下册)	蓝宗建	中国电力出版社
10	交通工程学(第2版)	王炜 过秀成	东南大学出版社
11	路基路面工程(第2版)	黄晓明 李昶 马涛	东南大学出版社
12	工程流体力学(水力学)(第3版)上册	闻德荪	高等教育出版社
12	工程流体力学(水力学)(第3版)下册	闻德荪	高等教育出版社
13	建筑物理(第三版)	柳孝图	中国建筑工业出版社
14	城市规划与设计	阳建强	东南大学出版社
15	工程管理概论(第二版)	成虎	中国建筑工业出版社
16	会计学(第三版)	陈菊花 陈良华	科学出版社
17	艺术设计概论	凌继尧	北京大学出版社

2014年获江苏省级重点教材立项建设项目

	序号	申报教材名称	主编姓名	出版社
修订教材	1	城市规划与设计	阳建强	东南大学出版社
	2	测试技术	贾民平	高等教育出版社
	3	语音信号处理	赵 力	机械工业出版社
	4	土木工程合同管理	李启明	东南大学出版社
	5	电子工程物理基础	唐洁影	电子工业出版社
	6	会计学	陈菊花　陈良华	科学出版社
	7	虚拟现实基础及可视化设计	秦文虎	化学工业出版社
	8	土木工程测量(第4版)	胡伍生	东南大学出版社
新编教材	序号	申报教材名称	主编姓名	申报单位
	1	先秦哲学史	许建良	东南大学
	2	企业财务决策	陈志斌	东南大学

2014年新增国家级视频公开课建设项目

音乐与科技、诗词格律与写作、病理学获得国家精品视频公开课称号。

课程名称	申报学校	课程负责人
电气工程及其自动化专业导论	东南大学、哈尔滨理工大学、武汉大学、西安交通大学、北京交通大学	胡敏强　戈宝强等
自动化专业导论	东南大学	戴先中
传情绝调《牡丹亭》	东南大学	赵天为
风景园林学前沿	东南大学	成玉宁　李 哲
工程与法律	东南大学	周佑勇　赵树理等
合理膳食与食品安全	东南大学	孙桂菊
力学的奥秘	东南大学	费庆国　周志红等
测控的奥妙	天津大学、清华大学、国防科学技术大学、北京航空航天大学、哈尔滨工业大学、重庆大学、西安电子科技大学、东南大学、上海交通大学、吉林大学、浙江大学、西南交通大学	段发阶　王 雪等

第一批"万人计划"教学名师特殊支持经费获批名单

交通学院　　　　　王　炜
自动化学院　　　　戴先中

2014 年江苏高校省级英语授课精品课程

序号	院系	课程
1	建筑学院	建筑设计 Architectural Design
2	医学院	医学免疫学 Medical Immunology

"2014 年校虚拟仿真实验教学项目"立项结果一览表

编号	项目名称	负责人	所属院(系)
201401	电路实验课程虚拟仿真实验的设计与开发	王凤华	电工电子实验中心
201402	模拟电子电路虚拟仿真实验的研究和实现	黄慧春	电工电子实验中心
201403	基于动态可重构技术的电子电路虚拟实验对象软硬件平台开发	徐莹隽	电工电子实验中心
201404	电工电子实践课程网络远程实验硬件平台的研发	胡仁杰	电工电子实验中心
201405	微纳加工技术虚拟仿真教学软件开发	周再发	电子科学与工程学院
201406	集成电路设计虚拟仿真实验教学平台建设	孙华芳	电子科学与工程学院
201407	无线传感网信息监控虚拟仿真实验平台建设	张 萌	电子科学与工程学院
201408	现代电机虚拟仿真实验平台研发	林明耀 黄 磊	电气工程学院
201409	智能变电站继电保护虚拟仿真教学软件平台的研究	陈歆技	电气工程学院
201410	电子电路与综合实验课程虚拟仿真教学建设	唐 路	信息科学与工程学院
201411	电路和电子电路口袋实验室建设	王 蓉	信息科学与工程学院
201412	机械设计(基础)课程中的虚拟仿真实验教学探索	刘 磊 黄 鹏	机械工程学院
201413	基于虚拟仿真技术的物流系统实验项目研究	杨俊宇	机械工程学院
201414	教育机器人三维虚拟仿真平台的建设	张志胜 戴 敏	机械工程学院
201415	基于逆向工程的虚实结合实验教学模块的建设	施吉祥 张远明	工业发展与培训中心

（续 表）

编号	项目名称	负责人	所属院（系）
201416	虚拟工厂与虚拟生产过程的构建	骆 号 张远明	工业发展与培训中心
201417	数字化制造过程虚拟仿真与实现	杨延清 张远明	工业发展与培训中心
201418	运动控制系统虚拟实验平台	李新德	自动化学院
201419	基于智能家居的三维物联网虚拟仿真系统	姜晓彤	仪器科学与工程学院
201420	高压环境下电力参数测量仿真	王立辉	仪器科学与工程学院
201421	智能建筑虚拟仪器仿真实验系统	莫凌飞	仪器科学与工程学院
201422	基于虚拟现实技术的舰载捷联惯性导航系统仿真与试验平台的构建	刘锡祥	仪器科学与工程学院
201423	基于 Matlab 的 GNSS 信号仿真实验平台	祝雪芬	仪器科学与工程学院
201424	"钢结构稳定原理"虚拟仿真实验平台建设	陆金钰 范圣刚	土木工程学院
201425	动荷载虚拟实验教学平台开发	洪 俊	土木工程学院
201426	材料力学虚拟实验平台的设计与开发	糜长稳	土木工程学院
201427	基于虚拟仪器的工程结构设计原理实验教学演示系统	徐 明	土木工程学院
201428	基于 LabVIEW 平台的土木工程结构虚拟仿真实验技术	郭恒宁 贺志启	土木工程学院
201429	子结构振动台混合试验	王燕华	土木工程学院
201430	土力学三轴试验可视化仿真系统开发	刘 艳	土木工程学院
201431	用于风景园林本科设计课程的三维景观即时操作平台建设	陈 烨 李 哲	建筑学院
201432	交通仿真技术与应用虚拟教学实验的开发设计	陈 峻 陈 茜	交通学院
201433	基于 ANSYS 二次开发技术的桥梁工程特有力学现象人机交互平台	熊 文	交通学院
201434	微观交通虚拟仿真实验教学平台的开发	张国强	交通学院
201435	材料力学性能虚拟实验平台构建	晏井利	材料科学与工程学院
201436	显微组织演变的虚拟仿真软件开发	朱鸣芳	材料科学与工程学院
201437	虚拟实验室"材料计算分平台"的构建	于 金	材料科学与工程学院
201438	基本测量工具的使用	戴玉蓉	物理系
201439	迈克尔逊干涉实验	安 明	物理系
201440	基于分光计的光谱研究虚拟实验	陈 乾	物理系
201441	模拟示波器的使用指导	孙贵宁	物理系

(续 表)

编号	项目名称	负责人	所属院(系)
201442	斯特林发动机实验虚拟仿真	顾小杰	物理系
201443	气垫导轨研究牛顿第二定律的仿真模拟	章 羽	物理系
201444	组合摆的虚拟仿真实验	朱延技	物理系
201445	环境污染对人群健康影响虚拟仿真实验项目	梁戈玉	公共卫生学院
201446	公共卫生复杂系统的虚拟仿真	金 辉	公共卫生学院
201447	健康管理虚拟仿真实验教学平台	巢健茜	公共卫生学院
201448	食物中毒虚拟仿真实验的构建	王少康	公共卫生学院
201449	基于网络的单片机虚拟实验平台的研究与设计	吴 强	计算机科学与工程学院
201450	基于 Minisys 的教学虚拟实验平台研究与设计	杨全胜	计算机科学与工程学院

2014 年医学教学基地名单

附属医院：　　中大医院
徐州市第四人民医院
扬州市第一人民医院
蚌埠市第一人民医院
江北人民医院
蚌埠市第三人民医院
南京市第二医院
马鞍山市人民医院
江阴市人民医院
盐城市第三人民医院
南京同仁医院
南京市胸科医院
南京军区总医院

教学医院：　　北京铁路总医院
天津铁路中心医院
济南铁路中心医院
郑州铁路中心医院
宜兴市人民医院
广州铁路中心医院

上海崇明县中心医院 202150
南京市第一医院
南京鼓楼医院
徐州铁路医院
南京铁路分局中心医院
金坛市人民医院
姜堰市人民医院
丹阳市人民医院
江都市人民医院
宿迁市人民医院
新沂市人民医院
无锡市第二人民医院
靖江市人民医院
苏北人民医院
淄博铁路医院
南京市胸科医院
成都铁路中心医院
武汉铁路中心医院
柳州铁路中心医院
西安铁路中心医院
蚌埠铁路中心医院
南京市江宁区人民医院
镇江市解放军三五九医院
淮安市解放军八二医院
连云港市人民医院
常州戚墅堰车辆厂职工医院
南京市江浦县人民医院
南京市六合区人民医院
南京明基医院
响水县人民医院

教学防疫站：　　江苏省疾病预防控制中心
南京市疾病预防控制中心
南京铁路卫生防疫站
北京铁路中心卫生防疫站
沈阳铁路中心卫生防疫站
齐齐哈尔铁路中心卫生防疫站
郑州铁路中心卫生防疫站

济南铁路中心卫生防疫站
广州铁路中心卫生防疫站
上海铁路中心卫生防疫站
成都铁路中心卫生防疫站
福州铁路中心卫生防疫站
丹阳市疾病预防控制中心
嘉兴市第二医院
徐州市彭城社区卫生服务中心
南京市模范西路社区卫生服务中心
南京市虹桥社区卫生服务中心
南京市小市社区卫生服务中心
南京市中华路社区卫生服务中心
西藏自治区拉萨市疾病预防控制中心
常熟市疾病预防控制中心
苏州吴江区疾病预防控制中心

2014年国家级大学生创新创业训练计划项目立项信息一览表

项目编号	项目名称	负责人	指导老师	项目所属院系
1410286001	风景园林场地轴线建设强度研究——以马山陵园设计为例	张杰	李哲	建筑学院
1410286002	城市中心区天空可视度的模型定量研究	孔秋晗	杨俊宴	建筑学院
1410286003	特大城市空间形态的三维剖面研究	邵典	杨俊宴	建筑学院
1410286004	残次烟支自动分拣装置研制	燕鹏飞	韩良	机械工程学院
1410286005	适用于高层电梯使用的伸缩式翻折急救担架	徐辰皓	王海燕	机械工程学院
1410286006	蓝牙控制圆柱电线杆上升运输车	王兮	钱瑞明	机械工程学院
1410286007	FSAE碳纤维悬架优化设计与制造	安舒扬	王荣蓉	机械工程学院
1410286008	热工过程数据流实时监控及异常诊断系统	杨子玄	司风琪	能源与环境学院
1410286009	玻璃薄板热处理面型控制及改良	潘杭萍	匡尧	能源与环境学院
1410286010	螺旋管式金属玻璃真空管	贺东娇	匡尧	能源与环境学院
1410286011	基于温差与轮叶互补发电技术的智能远传热量表	罗亦芳	刘西陲	能源与环境学院
1410286012	生物质催化热解制备液体燃料和化学品过程中催化剂的积碳研究	钱燕	张会岩	能源与环境学院

(续 表)

项目编号	项目名称	负责人	指导老师	项目所属院系
1410286013	燃煤烟气中 SO_2 和 SO_3 检测装置的修改	姚 旺	段伦博	能源与环境学院
1410286014	基于温补超声波测距技术的便携式导盲鞋	黄文欢	苗 澎	信息科学与工程学院
1410286015	多功能无线电子听诊器	袁 靓	张圣清	信息科学与工程学院
1410286016	基于 LBS 的安卓智能导航软件	王君直	徐造林	信息科学与工程学院
1410286017	绿色物联网农业监测系统的点对点通信实现	徐略钧	金 石	信息科学与工程学院
1410286018	基于虚拟仪器技术的通信电路演示实验系统开发	范文佳	唐 路	信息科学与工程学院
1410286019	基于脑电波信号的音响控制系统	肖 迪	吴镇扬	信息科学与工程学院
1410286020	基于心脏的身份认证系统	蔡金洲	宋宇波	信息科学与工程学院
1410286021	碎纸片的半自动拼接复原技术	黄华龙	王 桥	信息科学与工程学院
1410286022	水的自身不浸润特性研究	鲍忆雯	万 能	信息科学与工程学院
1410286023	基于 FPGA 与运动检测算法的手势识别游戏	王志远	顾晓洁 张圣清	信息科学与工程学院
1410286024	关于涂料法使碳化混凝土再碱化的研究	龚来凯	潘钢华	土木工程学院
1410286025	钢筋增强 ECC 矩形梁斜截面抗剪性能研究	夏正昊	潘金龙	土木工程学院
1410286026	轴心受力带约束不锈钢柱抗火性能的试验研究	汤育春	范圣刚	土木工程学院
1410286027	新型自复位梁的构造机理与力学分析	刘 岳	周 臻	土木工程学院
1410286028	南京市保障房入住情况的调查研究	陈紫琬	陆惠民	土木工程学院
1410286029	生命之屋——建筑气候适应性设计及模型	王晶宇	成 虎	土木工程学院
1410286030	对形状记忆合金在索穹顶结构中变形回复的研究和优化应用	徐宁悦	舒赣平	土木工程学院
1410286031	基于机构原理的单边紧固螺栓设计与开发研究	陈珂璠	陆金钰	土木工程学院
1410286032	基于三维 CFD 模拟针对支架参数如何影响冠状动脉壁切应力分布的研究	陈鹤鸣	李志勇 周 宾	土木工程学院
1410286033	新毕业大学生中建立住房合作社可行性的调查研究——以南京、苏州为例	陆 帅	杜 静	土木工程学院
1410286034	新型组合式软钢消能器基本性能及其应用关键技术研究	王嘉昌	黄 镇	土木工程学院
1410286035	玄武岩纤维增强复合材料性能评价和提升方法研究	王溧宜	汪 昕	土木工程学院
1410286036	生物滞留池对于农村地区雨水径流的净化作用的研究	郭 策	马金霞	土木工程学院

(续 表)

项目编号	项目名称	负责人	指导老师	项目所属院系
1410286037	对降低工程招投标中社会成本措施的探究	肖 雅	陆 彦	土木工程学院
1410286038	河床底泥生态系统重构	何瑞泰	许 妍	土木工程学院
1410286039	新型高效翼片式斜板沉淀池	缪昊君	傅大放	土木工程学院
1410286040	双排桩支护结构性状分析及工程应用	叶 帅	童小东	土木工程学院
1410286041	基于单片机的头盔瞄准车载遥控武器站	王 旭	汤勇明	电子科学与工程学院
1410286042	氮化铝薄膜材料的残余应力测试结构研究	屠晨峰	周再发	电子科学与工程学院
1410286043	求解 MBE 模型的格子 Boltzmann 方法	马壮壮	杜 睿 孙志忠	数学系
1410286044	基于数字对象识别符等技术实现图书馆电子资源与纸质资源的配置优化	李凡子	宋钧玉	数学系
1410286045	复杂网络下多智能体系统合作控制	郎逸菲	虞文武 温广辉	数学系
1410286046	社会网络的社团划分和演化机理研究	刘晓玉	曹进德	数学系
1410286047	分数阶延迟微分方程的稳定性分析及数值模拟	樊 恺	曹婉容	数学系
1410286048	电厂机组最优负荷分配中的数学规划问题	赵 曜	王栓宏 陈文彦	数学系
1410286049	机器学习算法在三指机器臂抓取上的应用	贾 凯	钱 堃	自动化学院
1410286050	磁悬浮式高精度电子秤的研究	唐云柯	叶 桦 马天河	自动化学院
1410286051	基于 Zigbee 的室内恒温恒湿智能控制系统	郑亚君	黄永明	自动化学院
1410286052	基于人工鱼群算法的优化程序设计及算法改进	彭培真	蒋 珉	自动化学院
1410286053	基于车牌识别的停车库管理系统	曹起鸣	达飞鹏	自动化学院
1410286054	软件故障定位的研究	刘安捷	李必信	计算机与软件学院
1410286055	电脑的新型操控方法——手势控制	李弈锟	姚 莉	计算机与软件学院
1410286056	基于社会复杂网络的人类行为学模型研究	张伟旗	蒋嶷川	计算机与软件学院
1410286057	混合结构机会网络动态学习技术研究和应用	赵雪冰	吉 逸	计算机与软件学院
1410286058	基于搜索的软件开发工具	李延东	李必信	计算机与软件学院
1410286059	交换偏置效应的计算机模拟	关 昆	董 帅	物理系
1410286060	新型高比能量密度锂离子电池的研发和电化学性能的优化	安睿怡	徐庆宇	物理系

（续　表）

项目编号	项目名称	负责人	指导老师	项目所属院系
1410286061	大尺寸单晶石墨烯的生长	谢剑欣	倪振华	物理系
1410286062	激光吸收光谱实验中的信号采集系统	郑　顺	李　剑	物理系
1410286063	新型磁性水滑石类化合物的研究	卢贤伟	徐明祥	物理系
1410286064	脑卒中病人的运动功能评价研究	李思雨	汪　丰	生物科学与医学工程学院
1410286065	新型等离激元效应纳米结构材料的制备与组装	林也晶	肖忠党	生物科学与医学工程学院
1410286066	可控孔隙率的三维石墨烯氧化还原法制备及其应用	张文博	郭新立	材料科学与工程学院
1410286067	Cr元素对CoFeBSiNb非晶合金耐腐蚀性能的影响	王楚红	沈宝龙	材料科学与工程学院
1410286068	基于改良电沉积法制备硝酸根高敏传感铜簇的研究	崔志强	曾宇乔	材料科学与工程学院
1410286069	基于生物医用镁合金AZ31B降解控制技术的研究	锁晓静	储成林	材料科学与工程学院
1410286070	壳芯铸造中气孔形成过程的实时观察研究	曹梦楠	廖恒成	材料科学与工程学院
1410286071	湿化学法制备硒化铋纳米材料及其在锂电池应用的研究	陶强兵	王增梅	材料科学与工程学院
1410286072	利用二氧化碳矿化加固不良地质	王　凯	王瑞兴	材料科学与工程学院
1410286073	失独家庭的养老问题及政策建议	张新田	龙书芹	人文学院
1410286074	元杂剧中蒙式汉语的研究	解润琪	许　丹 张晓青	人文学院
1410286075	关于乳制品企业实时监控冷链物流状态的研究	林　琳	赵林度	经济管理学院
1410286076	性别差异、异质性与资产配置——基于家庭微观数据的实证研究	李苏南	朱　涛	经济管理学院
1410286077	六相磁通切换型永磁电机驱动系统的硬件电路设计	陶前程	花　为	电气工程学院
1410286078	基于Zigbee无线网络的吊车摆角检测技术	黄博然	高丙团	电气工程学院
1410286079	基于单片机的阳光光纤传导照明系统	齐　济	吴在军	电气工程学院
1410286080	基于分布式的用户光伏发电回馈电网研究	汤静怡	卢剑权	电气工程学院
1410286081	基于单片机的救援机器人研究	刘增稷	张　靖	电气工程学院
1410286082	含分布式电源的家庭用电管理系统软硬件设计与开发	王慧懿	汤　奕	电气工程学院
1410286083	电机驱动测试实验用上位机监控系统研究	秦英杰	花　为	电气工程学院

(续 表)

项目编号	项目名称	负责人	指导老师	项目所属院系
1410286084	增强型量子点固态电致化学发光研究及其生物分析新方法	周 婵	丁收年	化学化工学院
1410286085	偏心结构 Au@(TiO_2,SiO_2)催化剂的设计、合成及性能研究	杨尊斌	张一卫	化学化工学院
1410286086	Pt/氧化石墨烯修饰的 TiO_2 纳米纤维的制备及其性能研究	王诗贤	郑颖平	化学化工学院
1410286087	新型膦氧类小分子电子传输材料的设计、合成及性能研究	解歆宇	蒋 伟	化学化工学院
1410286088	高纯芦丁提取新工艺研究	冯民昌	廖志新	化学化工学院
1410286089	行车错觉模拟分析及道路标线优化	任 政	程建川	交通学院
1410286090	基于碳纳米管改性沥青的自感应自愈合路面研究	刘慧杰	杨 军	交通学院
1410286091	基于视频图像的驾驶员疲劳程度检测与系统研发	刘子洋	赵池航	交通学院
1410286092	基于 PSPL 调研方法的慢行交通调查的 android 软件开发	赵佳曼	过秀成	交通学院
1410286093	基于自助快递柜的快件收发智能系统开发及应用	杜若芸	毛海军	交通学院
1410286094	地面公交动态驻站控制方案生成系统设计	刘迪一	过秀成	交通学院
1410286095	基于物联网的驾驶人行为识别技术研究	任可心	赵池航	交通学院
1410286096	反应型橡胶改性沥青特性及应用技术研究	董夏鑫	黄晓明	交通学院
1410286097	基于航模拍摄地空图像无线传输的多车辆轨迹自动提取系统	高 航	王 昊	交通学院
1410286098	新型水泥的耐久性能研究	王呈呈	杜广印	交通学院
1410286099	基于微观相的离聚物自愈合改性沥青设计	陈怡林	杨 军	交通学院
1410286100	十字共振翼共振法处理可液化地基的加固机理及效果评价	缪冬冬	杜广印	交通学院
1410286101	高速公路出口匝道逐级限速控制方案及其效果分析	邓 翎	马永锋	交通学院
1410286102	基于结构方程的公共自行车影响因素研究	姜 妍	季彦婕	交通学院
1410286103	道路路基路面建设过程的碳排放分析及对策研究	蒋永茂	黄晓明	交通学院
1410286104	基于 VISUM 软件的多模式公交网络效能评估与实证分析	刘婕妤	季彦婕	交通学院
1410286105	基于手机控制的无线万能空调遥控插座	周芸洁	严如强	仪器科学与工程学院

（续 表）

项目编号	项目名称	负责人	指导老师	项目所属院系
1410286106	基于横向场激励的石英晶体微天平研究	谢雨蒙	潘树国 梁金星	仪器科学与工程学院
1410286107	绕线机器人的控制系统设计	戚思雨	崔建伟	仪器科学与工程学院
1410286108	石英振梁加速度计谐振电路研究	董 元	赵立业	仪器科学与工程学院
1410286109	公路行政执法规范化研究——基于著名维权货车司机王金伍800件行政复议案件的分析	王书愉	顾大松	法学院
1410286110	地下空间权的构建与完善	于佳鑫	单平基	法学院
1410286111	大学生母子依恋与自我复杂度的相关研究	张 睿	李雪松	学习科学研究中心
1410286112	矽肺治疗新靶点MCPIP1的功能研究	刘雪婷	巢 杰	医学院
1410286113	乳酸菌抑制氧化石墨烯致秀丽线虫毒性的机理研究	贾茹涵	王大勇	医学院
1410286114	NMDA受体通过CREB转录因子对戊四唑诱导的急性癫痫发作的调控	高尔德	朱新建	医学院
1410286115	CD133单克隆抗体的制备以及基于MFH的抗CD90/17AAG磁性纳米脂质体对肝癌治疗的效果	黄金健	唐秋莎	医学院
1410286116	一种可显影复合栓塞微球	谢佳敏	熊 非	医学院
1410286117	磁共振成像对点燃模型癫痫进行性发展的研究	刘笑莹	缪凤琴	医学院
1410286118	MNPs－exosomes联合载药体在肿瘤治疗中的可行性探究	李 颖	吕林莉	医学院
1410286119	新型磺酰脲类药对2型糖尿病小鼠骨骼肌的实验研究	刘清香	刘 桦	医学院
1410286120	利用神经束路追踪术研究下丘脑调控慢性咳嗽豚鼠气道神经源性炎症的途径	孙乐家	董 榕	医学院
1410286121	江苏省大学生健康素养的社区干预试验研究	张耀匀	金 辉	公共卫生学院
1410286122	南京市大学生艾滋病知识调查及健康教育模式研究	洪 翔	王 蓓	公共卫生学院
1410286123	南京市雾霾天气健康危害评价	范 扬	王少康 沈孝兵	公共卫生学院
1410286124	突发公共卫生事件应对策略的多媒体教学平台开发	朱俊超	尹立红	公共卫生学院
1410286125	纳米镍对秀丽线虫的生殖毒性作用	胡 轲	孔 璐	公共卫生学院
1410286126	基于有限元的桁架桥结构力学性能分析、优化及模型试验研究	沈 圣	陆金钰	吴健雄学院
1410286127	基于体态控制具有动力回收功能的电动滑板	骆一扬	胡仁杰	吴健雄学院

(续 表)

项目编号	项目名称	负责人	指导老师	项目所属院系
1410286128	基于功能性电刺激的瘫痪下肢辅助站立系统	虞正平	王志功	吴健雄学院
1410286129	桥梁健康监测中无线传感和无线充电技术的开发和应用	徐宇辉	张 建	吴健雄学院
1410286130	表面等离子共振增强染料掺杂液晶(DDLC)随机激光研究	张馨月	叶莉华	吴健雄学院
1410286131	高速宽带光收发组件混合集成技术研究	吕 涛	孙小菡	吴健雄学院
1410286132	斯诺克场景三维虚拟仿真软件开发	张凌翔	刘晓军	吴健雄学院
1410286133	基于 Raspberry Pi 的水下机器人平台开发	葛震浩	帅立国	吴健雄学院
1410286134	基于 fsae(中国大学生方程式汽车大赛)的发动机可变进气系统设计	沙 鹏	陈敏华	能源与环境学院
1410286135	基于个体遗传信息的肥胖症咨询系统	冷静泽	孙 啸	生物科学与医学工程学院

2014年江苏省高等学校大学生创新创业训练计划项目立项信息一览表

项目编号	项目名称	负责人	指导老师	项目所属院系
S2014001	大都市新城快速发展背景下的家庭城镇化调研	胡雪倩	王兴平	建筑学院
S2014002	南京免费公园的管理方式变更	顾静娴	姚 准	建筑学院
S2014003	四牌楼校区中大院前草坪生态改造设计	蒋 祎	姚 准	建筑学院
S2014004	新城土地粗放利用解析与集约利用对策——以南京河西新城为例	王莫言	熊国平	建筑学院
S2014005	基于手机智能控制 LED 灯之"情调照明"	王思源	张宇宁	机械工程学院
S2014006	基于 CATIA/ANSYS 的大学生方程式赛车车架结构设计	刘 群	殷国栋	机械工程学院
S2014007	FSAE 赛车转向系统的设计优化与实验	王彬愚	殷国栋	机械工程学院
S2014008	自动割草机	张 乐	戴 敏	机械工程学院
S2014009	基于单片机的自动宠物喂食器	孙淑娟	张雨飞	能源与环境学院
S2014010	基于微信和百度云引擎的公众账号	刘志强	司风琪	能源与环境学院
S2014011	智能窗温控光控一体化系统	吕 浩	张程宾	能源与环境学院
S2014012	基于农业物联网模型的智能浇灌系统	陈梦晗	睢 刚	能源与环境学院
S2014013	可移动空气质量检测仪	闫 珂	胥建群	能源与环境学院

(续 表)

项目编号	项目名称	负责人	指导老师	项目所属院系
S2014014	"汽车共享"理念在南京市实施的可行性分析	何俊良	梁金玲	能源与环境学院
S2014015	利用温差发电原理制作微型废热利用装置	柯希玮	刘道银	能源与环境学院
S2014016	基于云端的移动设备上的 Matlab	褚翘	孟桥	信息科学与工程学院
S2014017	基于 Raspberry Pi 的家用智能无线路由器	吴至榛	吴炳洋	信息科学与工程学院
S2014018	基于虚拟仿真技术的通信收发机实验系统开发	蒋鹏	唐路	信息科学与工程学院
S2014019	基于单片机的自动升降旗系统	李沐阳	王晓燕	信息科学与工程学院
S2014020	基于云端的 BRB 设计系统搭建和初步编制	卢干	王春林	土木工程学院
S2014021	钢管约束再生混凝土受力性能及本构关系的研究	徐施婧	潘金龙	土木工程学院
S2014022	基于 BIM 与 GIS 融合的智慧城市个体需求服务系统构建	王柳英	袁竞峰	土木工程学院
S2014023	南京市公租房项目可持续性策略调查研究	周林	李德智	土木工程学院
S2014024	考虑金属蒙皮效应的钢桁架整体性能试验研究	马思遥	范圣刚	土木工程学院
S2014025	木塑复合材料构件力学性能实验研究及优化设计	陈烨	吕清芳	土木工程学院
S2014026	本科生科研训练效果现状及分析	曾一晖	方霞	土木工程学院
S2014027	新型索杆全张力可伸缩人行桥的形态分析及模型实现研究	陆瀚洲	朱明亮	土木工程学院
S2014028	大规模保障房住区的养老问题现状的调研分析	王闻	张建坤	土木工程学院
S2014029	BFRP 网格增强结构的性能研究	黄翔宇	汪昕	土木工程学院
S2014030	新型装配式墙结构及其力学性能的研究	陈浩杰	杨才千	土木工程学院
S2014031	近年各级结构设计竞赛总结展望:作品分析及模型实现	金城	朱明亮	土木工程学院
S2014032	胶囊酒店的虚拟落户和经营研究——以南京为例	李好	袁竞峰	土木工程学院
S2014033	折叠结构在可开合屋盖设计中的应用研究	于鹏	陆金钰	土木工程学院
S2014034	河流硬质护岸生态化改造	姚叶鹏	秦庆东	土木工程学院
S2014035	BFRP 增强混凝土柱疲劳性能试验研究	韩宜丹	梁书亭	土木工程学院
S2014036	ECC 材料压缩及弯曲性能研究	杨起	孟少平	土木工程学院

(续 表)

项目编号	项目名称	负责人	指导老师	项目所属院系
S2014037	叠合楼板竖向承载力下的刚度和极限承载力研究	张席	陈忠范	土木工程学院
S2014038	建筑隔震橡胶支座耐火性能试验研究	王旭祥	徐明	土木工程学院
S2014039	隧道工程用纤维混凝土高温性能基本研究	刘雅凡	郭丽萍	土木工程学院
S2014040	抬梁式古建筑木结构整体框架力学性能的试验研究	罗安琪	邱洪兴	土木工程学院
S2014041	砂土中刚性桩水平承载力计算方法研究	王登科	黎冰	土木工程学院
S2014042	氯盐侵蚀混凝土试验研究	吴宣泽	吕清芳	土木工程学院
S2014043	新型雨污回用节水工艺系统设计构建——对于城市居住节水发展未来趋势的构想	钱晶明	杨小丽	土木工程学院
S2014044	基于视线追踪的眼控鼠标设计	朱麒文	杨兰兰	电子科学与工程学院
S2014045	手写数学公式识别	徐睿	董志芳	电子科学与工程学院
S2014046	抬头挺胸——J坐姿矫正器	袁璋诣	樊鹤红	电子科学与工程学院
S2014047	基于HUD技术和嵌入式技术的可穿戴式平视显示系统	颜静韬	汤勇明	电子科学与工程学院
S2014048	偏最小二乘回归方法在股票价格走势分析中的应用	俞晓云	许佩蓉	数学系
S2014049	基于代数表达的布尔网络动态研究	李根	卢剑权	数学系
S2014050	基于矩阵半张量积的动态博弈研究	金臻涛	卢剑权	数学系
S2014051	东南大学校内交通流量需求分析及安全性设计	温雅静	黄性芳	数学系
S2014052	博弈论的理论研究与应用——当今社会大学生求职博弈模型	朱瑶	沈斌	数学系
S2014053	基于模糊聚类的知识网决策方法的研究	范毅	杨人子	数学系
S2014054	对时空数据非参数统计的研究和应用	龙宇	汪红霞	数学系
S2014055	SEU类人机器人动作规划设计	臧坤	谈英姿	自动化学院
S2014056	具有自稳功能的旋翼飞行器的设计研发	邵恩	谈英姿	自动化学院
S2014057	救援机器人自主导航研究	沈霈霖	谈英姿	自动化学院
S2014058	抗打印扫描干扰的数字图像水印技术	肖子豪	夏思宇	自动化学院
S2014059	服务组合技术在旅游类移动互联网中的应用	汤颢	杨望	软件学院
S2014060	基于routerOS的小型路由软件应用开发	黄彦	朱恺	软件学院
S2014061	多聚焦图像融合算法的研究	蔡明睿	胡铁宁	计算机科学与工程学院和软件学院
S2014062	拓扑绝缘体边界态的重整	王琦钺	汪军	物理系

（续 表）

项目编号	项目名称	负责人	指导老师	项目所属院系
S2014063	超灵敏碱性磷酸酶检测方法研究	张 里	董 健	生物科学与医学工程学院
S2014064	新型金纳米星SERS探针的构建及其生物医学应用的研究	刘羽霄	钱卫平	生物科学与医学工程学院
S2014065	帕金森患者的运动功能评价电子量表系统	杨 涛	汪 丰	生物科学与医学工程学院
S2014066	银纳米孔阵列的新制备方法研究	张 澍	徐丽娜	生物科学与医学工程学院
S2014067	氧化镁粉体制备	陈希宇	邵起越	材料科学与工程学院
S2014068	利用风吹钢渣细集料制备路面材料的研究	张 浩	秦鸿根	材料科学与工程学院
S2014069	利用工业污泥制备蒸压灰砂硅技术和产品性能研究	李 源	高建明	材料科学与工程学院
S2014070	铝合金超疏水表面的抗结冰、结霜的性能研究	李 俊	余新泉	材料科学与工程学院
S2014071	碳纳米材料的电化学法合成及性能测试	朱建峰	曾宇乔	材料科学与工程学院
S2014072	Mn含量对Mg-Al-Ca系合金高温蠕变性能的影响	周 莉	白 晶	材料科学与工程学院
S2014073	新型高强、高延展性、耐腐蚀的低密度铁铝锰合金的研究	沈王文博	晏井利	材料科学与工程学院
S2014074	石墨烯导电混凝土电学性能的研究和分析	徐佳乐	郭丽萍	材料科学与工程学院
S2014075	0-3型BZT-BCT/环氧树脂压电复合材料的制备及性能研究	叶瑾雯	王增梅	材料科学与工程学院
S2014076	水泥基材料负载微生物矿化捕获二氧化碳	纪冬硕	王瑞兴	材料科学与工程学院
S2014077	当代大学生对鲁迅认知状况调查研究——以南京高校为例	李烨婧	张 娟	人文学院
S2014078	南京市区住房拆迁中交换条件合理性探析——以物质补偿和情感关怀为视角	吴秋怡	季玉群	人文学院
S2014079	医学社会学背景下的南京的临终关怀现状	魏圆源	周 琛	人文学院
S2014080	《史记》中的女性形象分析	陈丽君	王华宝	人文学院
S2014081	不同商品在大型超市中的摆放结构研究	傅 雷	李 东	经济管理学院
S2014082	易货贸易与企业社会责任	柏露露	陈淑梅	经济管理学院
S2014083	从产业结构角度看城市空气质量——基于南京及其周边城镇的实证研究	黄 骏	冯 伟	经济管理学院
S2014084	地铁三号线通车后东南大学校园内部交通工具配置方案研究	朱 磊	陈良华	经济管理学院
S2014085	社交网络推广战略下的文化产品市场营销情况调研	章 诣	花 俊	经济管理学院

（续表）

项目编号	项目名称	负责人	指导老师	项目所属院系
S2014086	太阳能 WiFi 智能小车	舒万韬	张靖	电气工程学院
S2014087	基于单片机的电梯能量回收装置	文宏辉	王宝安	电气工程学院
S2014088	基于单片机的锂电池多功能工作系统（BMS）	陆夕蒙	蒋玮	电气工程学院
S2014089	基于时间序列方法的负荷曲线研究	吴静沁	蒋浩	电气工程学院
S2014090	电动汽车轮毂电机用高性能驱动电路的研究与设计	陈鹏	樊英	电气工程学院
S2014091	基于单片机红外遥控密码锁	茆峰	周赣	电气工程学院
S2014092	探究中日大学生对彼此传统文化的了解程度	张露	刘克华	外国语学院
S2014093	从妖怪文化剖析民族文化心理对中日矛盾的影响	孙晓光	陆薇薇	外国语学院
S2014094	新型生物荧光探针中间体—J3,4-二取代噻吩的合成研究	冯恩铎	祁争健	化学化工学院
S2014095	纳米层状材料在沥青路面基层中的应用研究	张天宇	马全红	化学化工学院
S2014096	纳米 WO3/石墨烯材料的制备及其可见光催化性能的研究	向婷	吴东方	化学化工学院
S2014097	聚吡咯纳米电极的电化学性能研究	于子勋	谢一兵	化学化工学院
S2014098	盾构法隧道衬砌换热器优化及施工质量控制研究	庄棱凯	张国柱	交通学院
S2014099	基于土地利用的地铁站点合理布设研究	张楠	陈学武	交通学院
S2014100	地下水曝气修复空气影响区可视化技术研究	田伟	刘志彬	交通学院
S2014101	锈蚀后钢筋混凝土梁的疲劳性能试验研究	杨春逍	任远	交通学院
S2014102	基于 MFC 平台及 OpenCV 函数库的视频交通流信息采集系统开发及应用	卢慕洁	王昊	交通学院
S2014103	轨道交通运营初期客流走廊出行方式转移情况分析	储源	过秀成	交通学院
S2014104	混合环境下车速离散及交通冲突关系研究	吴玲玲	马永锋	交通学院
S2014105	道路场景感知及自动识别技术研究	米阳	赵池航	交通学院
S2014106	两岸旅游景区人性化设计对比研究——以江苏与台湾为例	孙斐诺	蒋其蓁	交通学院
S2014107	居住外迁个体通勤活动——出行调查与特征分析	吴姝悦	杨敏	交通学院
S2014108	基于 Sketchup/ArcGIS 设计与开发技术的九龙湖三维 GIS	郭建珠	蔡先华	交通学院

(续 表)

项目编号	项目名称	负责人	指导老师	项目所属院系
S2014109	基于单片机的人机交互体感动作游戏系统	姚晨雨	秦文虎	仪器科学与工程学院
S2014110	基于RFID行走速度测量的研究	黄华林	莫凌飞	仪器科学与工程学院
S2014111	基于蓝牙4.0的无线低功耗寻物防丢系统	周思雨	陈俊杰	仪器科学与工程学院
S2014112	智能车载INS/机器视觉组合导航系统技术	姜 舒	陈熙源	仪器科学与工程学院
S2014113	纳米银的抗白色念珠菌作用及机制研究	梁 赛	孙玲美	医学院
S2014114	小檗碱与伏立康唑联合用药的协同作用及作用机制	鲍晓玲	孙玲美	医学院
S2014115	不同品质油脂对小鼠糖脂代谢及相关指标的影响研究	杨辉军	杨立刚	公共卫生学院
S2014116	枸杞多糖(LBP)及代谢组分在Caco-2细胞模型上的吸收和代谢研究	潘佳琪	孙桂菊	公共卫生学院
S2014117	功能纳米纤维在食品违禁色素检测样品预处理中的应用	黄凯萍	许 茜	公共卫生学院
S2014118	新型功能复合纳米电极修饰材料的制备	杨 玉	王晓英	公共卫生学院
S2014119	图书馆智能辅助系统	张海川	戴 敏	吴健雄学院
S2014120	随人机器人	王凯旋	林国余	吴健雄学院
S2014121	绿色智能化室内空气质量监测	彭义炜	孙小菡	吴健雄学院
S2014122	固体废弃物转化利用的生命周期评价	洪梦姣	肖 军	吴健雄学院
S2014123	魔方闹钟	冯夏雨	李骏扬	吴健雄学院

2014年文化素质教育中心讲座及活动一览表

序号	主讲人	主讲人介绍	题目	日期
1	Philip Chmielewski	美国玛丽芒特大学工程伦理学客座教授	"工程伦理学"系列三讲:原理、案例及应用	2014.03.03
2				2014.03.04
3				2014.03.05
4	赵天为	东南大学艺术学院副教授、博士	春色如许——走进昆曲的世界	2014.03.07
5	陈仲丹	南京大学历史系教授、博士生导师	晚清名臣曾国藩	2014.03.12
6	岳美缇	著名昆曲表演艺术家、中国戏剧"梅花奖"获得者	昆曲巾生的表演艺术	2014.03.14
7	蒲慕明	著名美籍华裔科学家、美国科学院院士、中国科学院院士	科学与人生	2014.03.19

(续 表)

序号	主讲人	主讲人介绍	题目	日期
8	李鸿良	著名昆曲表演艺术家、中国戏剧"梅花奖"获得者	幽兰雅韵——江苏省昆剧院精品折子戏专场展演	2014.03.21
9	郎永淳	中央电视台《新闻联播》播音员、著名主持人	积聚向上能量:新闻人生与青春梦想	2014.03.25
10	胡鞍钢	著名经济学家、清华大学公共管理学院教授、博士生导师	青年成才与中国梦	2014.03.26
11	李鸿良	著名昆曲表演艺术家、中国戏剧"梅花奖"获得者	至美的昆丑	2014.03.28
12	陈仲丹	南京大学历史系教授、博士生导师	晚清名臣李鸿章	2014.03.02
13	李鸿良	著名昆曲表演艺术家、中国戏剧"梅花奖"获得者	幽兰雅韵——江苏省昆剧院精品折子戏专场展演(第二场)	2014.04.04
14	孙绍振	著名学者、福建师范大学文学院教授	《红楼梦》中八个美女之死和安娜·卡列尼娜之死	2014.04.09
15			王熙凤和周繁漪:文学经典中的恶之花	2014.04.10
16	蔡正仁	著名昆曲表演艺术家、中国戏曲"梅花奖"获得者	昆曲小生的表演艺术	2014.04.11
17	张岂之	清华大学历史系教授、西北大学名誉校长	感受中国优秀传统文化的亲和力	2014.04.14
18	赵 林	国家级教学名师、武汉大学哲学学院教授	基督宗教的历史演化与全球现状	2014.04.16
19			近世以来中国文化风潮之演变	2014.04.17
20	柯 军	江苏省演艺集团副总经理、国家一级演员	不到园林,怎知春色如许?——昆曲艺术的传承和传播	2014.04.20
21	崔之清	著名历史学家、南京大学历史系原主任、教授	中国安全环境与台湾问题	2014.04.24
22	俞敏洪	著名教育家、新东方教育科技集团董事长兼总裁	梦想的力量	2014.04.27
23	邹元江	武汉大学哲学学院教授、博士生导师	昆曲表演的审美趣味——以梅兰芳《游园惊梦》的表演为例	2014.04.27
24	孔爱萍	著名昆曲表演艺术家、中国戏剧"梅花奖"获得者	大型昆曲经典《牡丹亭》(精华版)——游园惊梦寻梦写真离魂	2014.05.07
	钱振荣	著名昆曲表演艺术家、国家一级演员		
25	侯少奎	著名昆曲表演艺术家、中国戏曲"梅花奖"获得者	昆曲武生的表演艺术	2014.05.09
26	陈小川	《中国青年报》社党组书记、社长	我们的梦想和责任	2014.05.14
27	李工真	武汉大学历史学院教授、博士生导师	战后西德的现代化改革与经济奇迹	2014.05.28
28			德国人的阅读革命	2014.05.29

(续 表)

序号	主讲人	主讲人介绍	题目	日期
29	李培根	华中科技大学原校长、中国工程院院士	自由·开放·超越——我的人生体悟	2014.09.22
30	许 虹	著名木偶表演艺术家、江苏演艺集团木偶剧团团长	中国木偶艺术鉴赏	2014.09.22
31	胡阿祥	著名历史学家、南京大学历史系教授	"胡"说南京——感受南京的历史和文化	2014.09.24
32	李工真	武汉大学历史学院教授、博士生导师	欧洲大学的兴起	2014.09.24
33			现代化大学的由来	2014.09.25
34			柏林大学模式的现代	2014.09.26
35	周 琦	东南大学建筑学院教授、东南大学建筑历史与理论研究所所长	大学之精神——科学与艺术	2014.10.10
36	张 弘	著名剧作家、全明星版《桃花扇》编剧	《桃花扇》的前世今生——介绍大型经典昆曲《桃花扇》(全明星版)	2014.10.13
37	李工真	武汉大学历史学院教授、博士生导师	辉煌的哥廷根时代	2014.10.13
38			德国大学生的学习与生活	2014.10.14
39			文化清洗运动与犹太科学家的流亡	2014.10.15
40	丁肇中	著名物理学家、诺贝尔奖获得者	AMS最新研究进展	2014.10.14
41	申赋渔	著名媒体人、南京市作家协会副主席、《南京日报》驻法国记者	中国文化在法国	2014.10.15
42	石小梅	著名昆曲表演艺术家、中国戏剧"梅花奖"获得者	大型昆曲经典《桃花扇》(全明星版)	2014.10.17
	龚隐雷	著名昆曲表演艺术家、国家一级演员		
43	彭 林	著名历史学家、清华大学历史系教授	中国传统文化中的士大夫精神	2014.10.20
44	姚其德	著名皮影表演艺术家	中国皮影戏艺术的魅力与欣赏	2014.10.20
45	董 群	东南大学人文学院教授、博士生导师	传统文化与人生——中国传统文化中的核心价值	2014.10.22
46	姜永春	著名评弹表演艺术家、江苏省评弹团团长	吴韵流芳——江苏省评弹团专场展示会	2014.10.27
47	李工真	武汉大学历史学院教授、博士生导师	美国高校对德国流亡科学家的接受	2014.10.27
48			欧洲知识难民与美国社会	2014.10.28
49			流亡人文、社会科学家与美国大学	2014.10.29
50	陈小川	《中国青年报》社原党组书记、社长	成功就是快乐	2014.10.29
51	郭正兴	东南大学土木工程学院教授	放飞大跨空间结构建造梦想	2014.10.31
52	荣念曾	香港戏剧导演,香港当代文化中心主席	实验传统 跨越旅程——谈中国昆曲艺术的革新	2014.11.03

(续 表)

序号	主讲人	主讲人介绍	题目	日期
53	吕锡武	东南大学能源与环境学院教授	中国水环境污染的现状与思考	2014.11.04
54	王 博	北京大学哲学系主任、教授	孔子和老子:一个世界,两种图式	2014.11.06
55	徐秀芳	国家一级演员、中国戏剧"梅花奖"得主	国家非物质文化遗产——扬剧艺术专场赏析会	2014.11.10
56	李工真	武汉大学历史学院教授、博士生导师	流亡自然科学家、艺术学与美国大学	2014.11.10
57			欧洲流亡科学家与美国"曼哈顿工程"	2014.11.11
58			世界科学文化中心的洲际大转移	2014.11.12
59	王 澍	享有盛誉的著名建筑学家、东南大学杰出校友与兼职教授、普利兹克建筑奖首位中国得主、中国美术学院建筑艺术学院院长	我的建筑梦:做最中国的建筑	2014.11.14
60	王志功	东南大学信息科学与工程学院教授、长江学者	励志成功——勇于创"芯"的"搭桥"人	2014.11.14
61	张 燕	东南大学艺术学院教授	古今漆器鉴赏	2014.11.17
62	周钰明	东南大学化学化工学院教授	绿色生活,环保有你	2014.11.18
63	洛 夫	台湾著名诗人,曾获诺贝尔文学奖提名	感受诗歌之美	2014.11.21
64	吕建福	金陵古琴家、吴派琴学传人	古琴与心灵修养——中国传统文人的精神生活	2014.11.24
65	许建良	东南大学人文学院哲科系教授	《道德经》的21世纪启迪	2014.11.26
66	汪晓茜	东南大学建筑学院历史、理论与遗产研究所副教授	穿越历史的风华——南京民国建筑赏析	2014.11.27
67	黄孝慈	著名京剧表演艺术家、中国戏剧"梅花奖"获得者	中国京剧艺术魅力之展示	2014.12.01
68	曹进德	东南大学数学系主任、教授	漫谈复杂网络与复杂系统	2014.12.02
69	吴先斌	南京民间抗日战争博物馆馆长、民营企业家	抗日回眸:南京城保卫战	2014.12.04
70	黄孝慈	著名京剧表演艺术家、中国戏剧"梅花奖"获得者	中国京剧艺术魅力之展示	2014.12.08
71	六小龄童	著名表演艺术家、《西游记》美猴王孙悟空的扮演者	苦练七十二变,笑对八十一难——我所表演的《西游记》	2014.12.08
72	吴德祖	共青团中央委员会新媒体工作处处长	新媒体形势下的网络宣传格局	2014.12.09
73	沈 逸	复旦大学国际关系与公共事务学院副教授	中美网络战略博弈	2014.12.10
74	王步高	《东南大学校歌》作者、东南大学人文学院教授	止于至善:东大人的精神气质	2014.12.13
75	徐康宁	东南大学经济管理学院教授	世界经济话语体系中的中国经济	2014.12.18

2014届本科毕业生名册

建筑学院

011 建筑学 99
赵茹梦　胡双骄　郑　珣　仇思慧　唐婉玲　严　瑾　李珍珍　顾婷婷　肖严航
曹佳情　黄娜敏　范子菁　陈金梁　刘耀坤　夏纯如　汤晓骏　朱　乾　仲文洲
李　杰　许　翔　郭一鸣　雷　阳　何骁颖　陈　伟　邹建国　刘　鹏　陈信自
高令奇　杨　林　徐皓田　马书波　颜芳丽　李　捷　王倩妮　高　鸣　刘筱丹
李艺丹　王献婷　孙丽君　刘奕秋　严悦文　宋润亮　查梦琴　任继为　常　欢
丁金强　马　磊　施晓飞　张洋洋　林　浩　杨　杨　周　洋　陈树权　郜大宁
胡伍君　李浩然　何　了　郭梓峰　刘大禹　林云瀚　崔百合　郑天宇　马丹红
孔亦明　唐秋萍　戚梦晓　季　阳　王琳嫣　涂兆云　王　夕　杨佳霁　桂旭晶
俞天乐　钟嘉斯　陆继杰　张军军　陈　博　孙玉成　睢佳俊　徐　旷　王　峰
陆　浩　施天越　唐　羽　周思朴　刘　宇　闫小欢　张世杰　周人杰　邵星宇
朱阳星　谢濒昕　周天宇　梁　源　孙慧中　唐　若　陈　骊　宋　依　杨潇雨

012 城市规划 36
颜雯倩　常嘉欣　李毓美　张　倩　闻　雯　徐奕然　沈　赟　顾　熙　钱嘉珺
朱怡然　祝颖盈　郑诗茵　陆　磊　陈玮姝　何洪梅　何嘉芬　王京川　游　弋
张涵昱　王　康　袁俊林　郑　嘉　王方亮　李志远　曹　俊　朱　宁　杨　旸
诸嘉巍　胡智行　熊恩锐　谷含伟　王乐楠　杨　兵　王欣琪　朱扬扬　鲁婉菁

014 建筑学(杨廷宝班) 20
徐子菁　郭丰绪　赵超楠　傅　烨　吴静叶　姜　淮　钱汇一　钱　沁　秦睿子
王明月　李梓源　刘奎志　陶崇亮　甘若凡　汤　李　陈德堃　秦周喆　邹航航
刘石凡　吴　钢

015 景观学 18
韩晓瑾　李　琳　殷荣煊　陆　熹　刘　慧　谢苇菁　王一婧　伍冰洁　荣雪莹
孙莉娟　张溪芮　秦晓婉　陈天柱　孙洞明　王　超　李　然　张　艺　单璐琳

机械工程学院

020 机械工程及自动化 156
叶剑辉　赵天菲　冯　炉　徐以亮　张杨阳　李嘉亮　李勇杰　谭　昭　陶　毅

邵灵芝 时　阳 韩承志 欧阳焜 谢明洁 尹奇峰 陈佳骐 胡青华 杨冬萍
杨　翔 袁宏洲 耿纪钊 樊亮亮 俞　斌 张　斌 张　峰 贾凯旋 庞云天
周　奕 吕雪冬 蒋明达 金东升 陈振堤 罗利平 智　伟 孙春荣 夏　昕
张振海 杨　威 贺从愿 李　健 杨蕾荟 苏冠明 张　勇 胡洪建 范士强
张　鹏 郝浩杰 库后涛 徐良清 杨骁军 莫瑜龙 周石磊 邵鹏翔 周啸天
殷　俊 单亚军 吴有旭 王　磊 侯　苇 赵　亮 吴力波 姜　充 杨　琦
张从林 周俊龙 胡剑雄 陈　鑫 刘宗涛 解正康 於建成 刘冬生 沈明玉
张莉沙 吕　典 王艺菲 王泽江 周　赟 李岩峻 褚东宇 孙　松 彭聪冲
李　宸 张　诚 刘　洋 周喆诚 张　峰 苏　丛 李红伟 方　胜 吴　珊
李兆明 朱智勇 钟天铖 徐振东 汤继善 常　文 唐雯珍 祝棋冰 张子玄
冼心本 范辰顺 袁振宇 琚安建 田万青 姚懿航 何秋熟 堵薇耀 王安俊
崔佳炜 罗国海 李悠扬 朱鎏琪 谢许宁 张经辉 王　虎 刘金肖 凌少钦
刘　平 周晨亮 祁　佩 张晓敏 田启园 周鸣希 张雨希 赵子渊 吕林轩
田志祥 朱伯凡 刘世亮 张欢欢 刘忠臣 王天一 杨贝贝 王子越 秦　超
吴金成 王　峰 陶　杰 马於虎 张延通 董　旭 孙兆亮 官　蕾 杨　杰
任晨曦 董寒洋 王　涛 王宇扬 罗中一 张玉坤 单佳炜 雷　侃 章　敏
王　震 丁建辉 百　合　　　热木·亚尔买买提

026 工业工程 42

庄佳宇 蔡　扬 王　玚 孙东升 王峙帆 蔡　潇 王三驹 张　桃 冯武恩
刘兆胜 杨宇博 陈俊豪 王　凯 张简宇 杨　旸 张　榕 吴育廷 王明青
黄柯然 陈　楠 华建军 杨世杰 秦燕韩 刘湘云 郭紫瀚 张成运 赵笠彤
覃为伟 张秀辉 徐德胜 姚智骞 黄　兴 徐江南 傅祎旭 宋　飑 业崇凡
王　迪 严　韬 刘　宏 沈　宇 王　帅 党瑞明

能源与环境学院

030 热能与动力工程 181

胡怡然 胡　寒 王夏波 郑嘉男 周建亚 陈　超 邵陈希 汤红健 韩立彰
王　晨 陈　晨 袁　宸 吴　强 易思强 王璐璐 陈　婷 李　娇 顾　鑫
阮　浩 王琪耀 董　文 陈小龙 文天依 刘润加 袁诗林 江承潮 郭思奇
张礼亮 张浩峰 马晓飞 韦凯飞 李　逗 李　聪 张　鹏 周志成 田　源
郁润霞 陈晓波 贾　敏 袁晶晶 盛　洁 彭袁圆 钱晓颖 唐博文 周宇盛
章子策 陆啸天 李　月 刘瑞媚 王佳蓓 许桃东 王思遐 姜懿纯 余凯扬
尹子沉 张　晴 吴道龙 倪立航 何燚桢 吴　凯 黄梦阳 季　磊 乐胜波
杨怀舟 王　驰 温天笑 韩　旭 梁　林 王修廷 彭　念 吴庆勇 田瑞华
林伽毅 熊承龙 杨文辉 徐泽永 何旭皋 陈昊洋 石恩乐 王晗昀 胡左桀
李　磊 温　成 王善超 梁修凡 严　发 贾小超 邵　壮 邵昱昌 蒋吕啸

代瑞婷 高山韵 于海泉 于承民 薛露露 赵斯楠 张　旭 王晓丽 艾容申
陈　飞 韩栋博 冯其旺 陈　辰 郝飞翔 洪　伟 李坤洋 徐　淼 李　诚
李　冬 陈乃馨 刘洁琳 刘彦翔 许　建 胡敬阔 吴　吉 廖霈之 吴苏晨
陆琳辉 朱明娟 王佳琰 蔡家嗣 陈　豪 王　起 陶定坤 许卿云 王　辉
刘煜东 董家熙 涂修建 吕金其 郑征世 马　岳 何兵兵 蒋源冰 刘　燮
王瑞林 金方舟 何成洋 刘大腾 陈明辉 陈英聪 况慧文 陆佳佳 余志坚
张　丹 陈　灏 李　鹏 汪　海 吴佳祎 章广祥 蔡天意 陈文东 单雪舟
林　更 林　特 李小乐 王　磊 肖文宇 刘　恋 宋　譞 贾泽华 于　燕
韩旭阳 黄　浩 王凯迪 孙青柯 钱　琨 綦亚宙 李　霞 郑　震 宋周健
孙　朝 谈晨伟 彭章龙 宋　涛 龚　婷 张琰佳 许　奇 黄　锟 戴元绛
凌　祺

031 建筑环境与设备工程 33
梁诗灏 吴张佳妮 张泊宁 唐圆晨 易　腾 牛新钰 沈子婧 张宝琪 张舒阳
魏宏阳 张潇予 陈　琪 梁圆圆 黄　琛 林　瑞 杜昕芮 李　天 蒋　淳
谭雪艳 杨　斌 牛宇谦 陈天翊 叶　鹏 王晨宏 钟知路 张俊伟 汪俊丽
胡　灿 吴倩芸 冯绍聪 陈宏轩 王天琦 蒋志立

032 环境工程 25
沈秋婷 左韩一夫 许锐伟 郭　强 何明一 杨书鉴 丁佳琪 杨淇博 隆曦孜
赖厚亮 吴俊南 叶琳琳 谭锡诚 殷博强 莫启思 张　杰 赵蕴佳 周文文
查　晓 吴　玙 黄威霖 武文虎 赵　翔 陈　昕 严　洋

信息科学与工程学院

040 信息工程 271
赵映红 陈　琦 陈晓敏 袁晓娇 王伟康 常凯文 李　茜 金春蓉 窦建青
李媛媛 牛昕鑫 蔡乔杉 强　勇 董子瑜 吕　游 郭爱文 李博文 吴细老
沙小仕 谢宏祥 杨　攀 卢　旭 刘林楠 周晓慧 张若峤 黄尔平 王开创
喻重成 金天晨 李少冉 于海磊 王迅之 焦德宇 单　一 黄　骋 张云昊
陈敏华 张　鹿 沈冶恒 徐　徐 董俊华 王　瑛 曹言佳 沈欣怡 雒晓帆
万慧萃 周　玮 韩晓青 王红蕊 李　静 植明月 盖慧英 周醒驭 徐乃阳
何粮宇 范毫亮 龚嘉裕 袁　鸣 刘　军 付宇鹏 张　珂 张　翌 徐正港
李　易 周　平 吕超超 王小廷 蔺　蓓 苏田歌 李维铮 饶志伟 林　伟
张来团 张书朋 尹浩浩 张博天 肖　娜 巩雪伦 朱玲燕 李涵静 潘晓青
张翎影 祖俊健 伍晓蕾 孙婧芝 成亚云 李　岩 邹　烨 王宇轩 徐　健
岳　帅 陈　飞 洪　旸 王　欢 付　伟 孔德卿 盛　达 宋　超 吴天一
刘　杰 马徐骏 张　炯 刘　航 张　圆 丁志超 单　良 陈梦航 武华阳

唐从园　金　晶　胡定禹　程茹洁　韩建军　闫山　小东　赵　然　苏敏华　邢月秀
黄皓辰　顾育嘉　杨　敏　黄舒夏　柴　璐　范静洁　吴仕超　闵溪青　鞠昀宏　吴彦秋
代金宝　张宇辰　李志杰　王裕波　程国灿　张晓东　陈子豪　阳　赛　顾俊逸　徐建新
孙　正　刘先钊　董启宏　施天宇　茆韵天　王绪会　翁圣晖　薛春林　郑达维
孙良栋　丁博文　赵立成　杨　雷　张逸驰　付　思　徐静影　康若帆
贾文翔　刘　宁　黄颖婷　叶欣云　田　远　肖方可　赵杰裔　李尤佳　戴　悦
冯文华　郑敏升　韩碧秋　孙思玮　桑联佳　王嘉频　陈　川　张　煜　陈笑雷
孙　采　施泽伟　王以浦　潘学超　王忠波　陈涧清　王呈威　柏　川　崔宇柯　邱智超
任　杰　浦　江　黄赛能　叶木佳　和永昌　柏　川　乔　丹　王会敏　刘艳群
马颖龙　吴　凯　王冬贤　王一帆　沈宇禾　赵　准　孙　瑶　王辉南　徐江媛
徐　璇　陆雨时　魏婷婷　王　鸽　毕珊珊　黄逸玮　师　楠　王　旭　韩东洪
张泽波　陈嘉文　高天翀　徐　凡　苏　阳　罗　冬　杨成业　曹　雨　赵兵强
韩　伟　栾　康　喻翔昊　赵士博　邱旻翔　成茵瑛　邱明轩　费煜民　顾正洋
郁翀宇　顾立新　关儒雅　李　解　宋　娜　钱　程　郭　进　高　媛　李文心
傅新星　王安懿　袁嘉茜　吴颖婷　郑伊翎　王　珝　刘倩倩　魏　睿　童　谣
徐　艳　王　婉　张天阳　朱　仟　吴小宁　尹　杰　房惠宇　周模量　张　若
覃以文　熊　昊　王昪寒　王　泽　白云赫　朱轩岐　闫　磊　刘兆栋　吴景慈
陈弘毅　梁嘉荣　莫小虎　秦恺华　刘志成　叶日平　卢亚迪　罗　清
吴海林

042 信息工程（无锡分校） 30
丁　冬　李会颖　陈彬彬　黄映坡　孙天慧　高　晶　赵　蓉　唐　洎　郁俊伟
朱　政　陈霖炜　周慕菁　陈尔卓　李佳辰　林宗伟　王　悦　吕　宁　吴明战
赵　远　周景锦　史晓晗　郑　超　闻　达　周　猛　缪佳升　杨孝良　王逸文
胡瑞杰　林桂石　杨天宇

土木工程学院

051 土木工程 202
崔浩然　王　勇　朱冬平　吴元昊　刘　烨　魏一豪　李　晴　刘　吉　贾贵磊
马世瑾　仇兆杰　蔡天明　于　旸　苏安娜　张海平　张　罕　俞　乐　杨　森
杜　洋　宋文皓　朱先军　李　敏　吴中楚　端和阳　王浩哲　秦诗帷　杨　辉
王云飞　张瑜鑫　於　恒　乐嘉熠　陈振宇　李金飞　蒋宜东　桑　亮　孙建亮
潘　漾　邱文白　刘靖晗　邓　伟　石　雪　校颖浩　史泽清　刘　震　韩若愚
吴吉光　刘予皓　陈　凯　沈　凯　钱炫丞　徐　郝　武玉琼　薛　骁　袁杉华
沈宇洲　陈　聪　宋修月　乔　梁　程　伟　严　辰　周　扬　孙跃瑞　周　晨
陈大伟　谢萌瑶　朱浩然　纪　常　赵天辉　马岳川　陶　松　王瑞　文永逸
陈宇申　莫　创　蒋苏童　刘　翔　戴陈忠　刘　轶　高星宇　董　洁　汤　斌

周 力　王 渊　王 森　李梦南　程轶康　方 兴　李 刘　李成竹　俞昊然
杨逸敏　陈昌鹏　开明峰　闵信哲　闵 威　宋松涛　吴 凡　张鼎钧　周 杨
夏 屾　胡修秀　刘世斌　崔 雨　孙 谋　周 鹏　顾 雯　何雅雯　丁智霞
宋杨杰　林雨豪　陈 坤　李思旭　丁晓丽　黄尧杰　李 超　唐佳男　黎 健
阮国伟　张驰骋　薛培楠　唐 凯　刘 振　刘 志　郭明渊　陈 鹏　冯 勃
钮佳伟　尹 航　陆 栋　陈睿茜　张 璟　蒋文翔　张 雷　许鸿盛　刘中华
侍雪飞　张一舟　韩 皓　许俊安　周 雅　缪 超　张逸尘　董懿虎　何长林
杨桢楠　洪 曼　龚春玉　曹 玥　郭海峰　钱 程　乔 鹏　张 毛　夏 聘
蔡应杰　李祥莱　马江杰　蔡司宇　南斌斌　仲夏洁　李 杨　陈曙东　宋 扬
王子哲　李红伟　茚凯强　孙丞江　袁晨迪　陶 凯　胡峥辉　丁 菡　李瑞琪
范 一　黄 奋　卞 军　廖 杰　陈 钊　潘 垫　华 雷　陈孔阳　李玉祺
许本春　吴王剑　许心怡　栾寿福　王志全　栾 阳　端木力文　方根深　吉云舟
安 星　陈骊汀　张 凡　刘桐旭　刘润宇　吴 昊　花逸扬　周伟杰　卢一鸣
陈 东　顾红楼　花佳耀　仲 眺

052 工程管理 52
沈 宇　张 正　吴志杰　吴瑞启　周明辉　段培勐　严伟才　杨路远　杨元清
黄 挺　杨 涛　杨 勃　宝旺东　刘 畅　刘欣书　陈佳威　林 垏　王苗苗
虞丽婷　冯 瑾　陈 丰　孙文捷　张晓武　舒诚忆　何雪英　李 宏　沈楷程
沈 超　付杰铭　陆丹渊　牛 鑫　朱彦霖　黄庆涵　李旻昱　饶正兴　于连洋
谭超玉　郑晓龙　覃晓清　万 雨　姜 茜　钟 华　吴 灏　马慧妍　金 朝
朱文辉　赵明扬　杨 畅　刘 鑫　张俊杰　卢非易　吴东晖

053 工程力学 30
于静巍　黄 珺　沈津婴　凌必超　严舒玮　卢 杨　谢春蓉　杨 熠　解虎跃
吕明坤　李鸿飞　陈 力　徐浩天　宋正华　周 鑫　钱帅宇　丁苏东　梅俊逸
蒋灵杰　陶佳跃　陈国光　沙飞宇　李 享　郭 飞　朱旭涛　苏振凯　伏俊洁
张 超　严 阋　庄翌辰

055 给水排水工程 29
王 辉　余鹏飞　陈 凯　杨灵雨　杜丰功　钱佳明　葛春雷　许环富　刘晓培
李天舒　吴一波　郭 睿　吕婷玉　张彬声　姜忠帅　曹英杰　李 轩　顾朝阳
赵 飑　林徐达　许逸飞　朱 锐　张 瑞　耿适为　马 燕　曾庆飞　邱培莹
顾大众　张鹤然

电子科学与工程学院

060 电子科学与技术 170

施昱瑾	朱鹏娟	祁锦媛	董晓艳	闫慧敏	金　月	刘效伯	卢　逸	常晓阳
毛远翔	王　伟	陈嘉辉	马才华	沈　兵	王章钦	郑博文	陈　伟	刘宇翔
沈义彬	桂一鸣	李佳琪	闫泽文	陈志骋	翁俊杰	胡　畔	张韬韬	张骁彬
孔路平	熊宁生	王新涛	夏心怡	王　芳	丁雨晨	朱佩菲	沈佷羽	宗紫薇
张蒇文	吴　蕾	杜锦华	潘　晨	方馨月	黄帅博	芦华翔	王海鹏	邵　帅
毛子荐	殷浩楠	尹　鹏	方晨炯	包新宇	周继松	邓雨非	苏金成	蒋　玮
储　楠	李　浩	吴子豪	吴　凯	陈怀昊	苏　畅	王天庆	顾一帆	朱剑波
滕　毅	封倩倩	刘　畅	吴啸辰	高晓萌	杨　震	席维唯	夏　敏	吴　丹
齐瑾瑾	唐　荣	余　倩	霍利伟	万　行	周鑫童	叶济铭	周　鑫	张　恒
万茂慈	廖振星	胡才雨	吴建生	汪俊鑫	孙玮熙	彭　鹏	刘　霁	周志浩
王善江	邢宇菲	薛伟韬	李鹏佳	孙　轶	马玉坤	邱晔鹏	徐康阳	林煜东
万逸晔	李燕梅	刘　静	朱媛媛	段　媛	郑　芳	田　纯	王　豪	郭立勇
洪雨啸	吴乙雨	陈　凯	王鹏程	冯冠宇	施明宇	薛铭豪	王隶桢	岑畅畅
李舒煦	孙　雷	桂　阳	林泓利	昌盛成	王宇明	李　畅	彭富林	雷惠文
华　超	蔡虹宇	田洪益	张益之	邵　淇	贾厦雯	郝志强	李　赫	魏天音
张馨月	林晓珊	卢　銮	钟　霞	韩海霞	梁振楠	魏玮奇	姚　锐	夏　超
黄　俊	祁　杰	孙　彬	房　颢	朱　宸	赵伟健	黄烜宇	陈征宇	周旭东
叶子超	郑　宇	汪少坤	汪东澍	王　续	李　剑	林　哲	张　勇	陈廷欢
陈伟中	李　惠	张婷婷	甘　琦	斯　奇	祁　琛	王　朝	王　霆	

062 电子科学与技术（无锡分校）27

陆红玉	包佳宇	周　迁	程　娟	陈　磊	游望秋	胡　睿	毛如培	刘海阳
徐　涌	张世栋	黄　超	王一凡	王振宇	伍原成	曹笑飞	周锦程	钱　坤
俞　杨	董有超	陈　杰	吴爱东	季奕麒	姜　彬	韩昱霄	闵汉秋	邹　洁

数学系

071 数学与应用数学 31

魏　宇	刘明明	李桂生	秦天旸	张　泓	庄　潇	恽钧超	李　瑶	宋佳奇
刘　爽	刘　超	阎萧羽	罗智柏	徐乐怡	黄　群	顾超德	黄昊兮	刘晓煜
童　舟	张珠峰	缪　瑶	陶为润	刘鹏飏	孙丁茜	魏　毕	陶　博	唐英杰
秦成明	侯耀斌	肖　斌	赵　鸣					

072 信息与计算科学 14
陈　曦　　沈国芳　　刘　兵　　陈天鹏　　王　璐　　王庆宇　　邓若熹　　林竹昱　　倪佩瑶
叶力豪　　周　欣　　易先知　　陈正简　　王凯奇

073 统计学 28
阳　鹏　　蒋超凡　　徐利娜　　居　晟　　史旭超　　谭子健　　徐　晴　　于大海　　李唯玎
施　敏　　黄晓岚　　熊明霞　　夏　一　　陈　畅　　周全武　　赵　晓　　赵俐丽　　黄鹏飞
周鹏程　　姜　莹　　朱江波　　梁　艳　　傅益龙　　曾　添　　朱玉君　　蒋丽怡　　夏　泳
李武卿

自动化学院

080 自动化 131
张心竹　　孔玮琦　　郑楚婷　　吴秋岚　　海　玲　　唐　颖　　杨慧芳　　黄吉飞　　徐　辰
李翔辉　　刘浩波　　戴　欢　　储海辉　　刘　健　　徐　奔　　袁　峻　　季诗琦　　余燕华
曹明星　　黄健翔　　王　波　　高　毫　　王　琅　　邹　澎　　郝卓航　　张国熙　　何　健
冯　源　　叶庆仕　　汤　明　　彭　娣　　王长宇　　周晓宇　　殷旻佳　　张　婷　　朱　迪
陈巧艳　　彭云竹　　汪　原　　石　哲　　尹天佑　　黄　鑫　　刘宇男　　陈以清　　刘　历
陈伟伦　　王　鑫　　陈　超　　罗鸿飞　　黄剑冰　　刘　羽　　崔洪博　　卢萌凯　　黄丛立
曾德伟　　赖振龙　　张　欢　　范启华　　赖少发　　朱润生　　曹鹏飞　　许振华　　许雨舟
夏厚燃　　沈杰巍　　张　虹　　朱晓霞　　李　蓓　　杨　罂　　陈一嘉　　旦纯纯　　段　超
王　雷　　王佳宁　　梁　将　　吴鼎晟　　储成旭　　周　鹏　　崔宏宇　　张思远　　张洪坤
徐园园　　宋嘉冀　　刘剑科　　丁焕焕　　吕　巍　　胡　博　　邹　金　　刘志强　　白晓波
马　博　　翟江皞　　张哲谦　　陈　聪　　赵立伟　　张文浩　　周阮凯　　袁　媛　　陆怡悦
黄冰旸　　袁　婕　　殷汝成　　周轩如　　江枫琦　　张久峰　　夏　辛　　葛颖森　　柯　伟
陈　枫　　吴　奥　　何　坤　　秦昕彤　　李　健　　王　勋　　侯斐然　　郑吉卉　　熊　健
柳佳男　　黄舒航　　杨争辉　　黄永升　　陈　浩　　彭　博　　何文博　　向建霖　　高海丹
谢子杰　　何　勇　　原尧燊　　李双全　　王佳佳

计算机科学与工程学院与软件学院

090 计算机科学与技术 123
翟天琦　　冯富琴　　刘佳霖　　朱畅倩　　何敬怡　　李秋晨　　付蒙川　　郭亚辉　　周　桓
李林晓　　胡　煜　　孔晟阳　　周潇磊　　仲晓成　　王　帅　　马　立　　戴　航　　蔡　炜
徐道成　　祁盛旺　　李健豪　　侯　鹏　　王大元　　段　宇　　王子超　　唐国斐　　梁加钊
李文政　　唐　可　　武剑昕　　李旭宾　　张文博　　刘　欢　　杨正萍　　陆星晔　　李哲蓉
梁德婧　　李双春　　明　月　　刘天宇　　冯绍峰　　赵力阳　　张　驰　　石维嘉　　宋林烽
施振华　　梅剑峰　　李　耀　　张汲芃　　周源杰　　吴展鹏　　李晓东　　丁中山　　钱小三

李东东 杨振宇 顾 菲 戴应帆 王 涛 翁浩平 王 楠 张 苗 庄伟军
陈 彤 杨 旭 尹苗苗 李晓云 章苏娥 梅从颖 王嘉祎 周 影 张健贤
沈 龙 蒋 能 周睿坤 高 翔 周卫栋 于一凡 张 凯 侯雨辰 刘 垚
查文磊 陈图松 刘 诚 何俊飞 吴士望 田康维 帅 枫 潘培龙 徐文韬
刘申阳 夏淑兰 江 汇 陈泓倩 吴程熙 谷娅蓉 潘艳斐 朱冰清 李继庠
李东晖 徐寒冰 涂金林 虞佳晋 蔡振盛 张 逸 任玉泉 徐子浩 黄海涛
李 广 姚伟健 曾 力 杨慧德 党一菲 宋驰宇 王 彬 吴文韬 何博伟
　 　 　 胡文国 朱宏伟 王 聪 魏歆七 于 波 王腾超

711 软件工程 129

王 晨 刘博文 贲有成 苗春雨 朱丰帆 何晓霜 陈祺琪 王华瑾 陈肖嵋
韩啸威 王冠集 柯 开 朱 澍 于少峰 詹 望 周 瑞 陈青林 黄 迪
李 东 吴 杰 陈柏年 张文博 张 贝 张志东 陆轶骅 王少川 翁雨杉
周琳琳 赵慧玲 古婵妍 杜晓静 姜亚梅 姜 涛 鲁正伟 戴 巍 梁笑琛
杨 昕 顾希文 杨忠忠 白煜诚 王 迪 司奇刚 金天翼 林宇波 魏 蓉
莫文凯 白文凯 庞恩亮 何 聃 王 凯 宋孟夏 刘佳男 吴 克 夏梦青
江晓薇 夏秋思 谈 晨 刘 根 陈益武 苏 威 孙永琛 陈其林 邢 超
沈 涛 葛彬彬 俞南松 黄心怡 任 意 桂 伟 季云竹 乔 威 冯 楠
邵淳华 王建双 庞司坦 赵 琪 冷 涵 吴 迪 邹 畅 吕永涛 高 鑫
韩宝萱 刘子申 刘 鹏 王 辰 向 往 陈 昱 罗 辉 闫辛未 季文昊
孙云晓 王 贞 张永浩 李渡阳 夏昊宇 许宇帅 刘文涛 李晓刚 孙 哲
薛 琰 沈 凯 王 磊 朱王彪 叶茂林 张 戈 刘宁宁 李娜娜 王安琪
范乃良 宋 云 汪 俊 谢俊嵘 顾兆伦 李 硕 赵 众 余书明 钱玉明
李玉桥 黄南溪 汪 毅 王 敏 游建兴 唐仕蛟 陈垚伟 温韵清 谢开浪
　 　 　 　 　 　 高雪峰 祝宸锴 朱益渲

物理系

101 应用物理学 30

刘 洋 周云鹏 胡建忠 郑宇迪 贾 逊 范兴策 魏 铭 马青山 王 伟
张宇丰 丁小海 刘 波 周鹏强 程 都 张弘韬 曾黎明 刘庆洲 李明亮
徐 悦 杨佳丽 巴 帅 郭 磊 代川徽 刘智畅 杨 帆 杨 帅 张 娇
　 　 　 　 　 葛 磊 孙 远 孙 昊

102 光信息科学与技术 27

高 鹏 吴 颖 杨亦柳 张嘉紫煜 张智阳 郑智鹏 王 平 夏志强 周梓琪
莫 青 蔡伟民 陈 晥 王鸣涛 赵珉吉 杨 博 施天旭 闫若琳 刘雨露
王 晨 李徐钰 王晓凯 刘继龙 田育鸣 丁吉祥 陈 桢 汪 乾 朱 洁

103 物理学 11
　　王博阳　江　健　魏　翔　赵鸿博　张尚瑛　徐乔汝　王泽力　刘　奇　张宁远
　　林玲芳　蒋有为

生物科学与医学工程学院

111 生物医学工程 38
　　梁宝坤　王梦婷　严天宇　陈　玲　吴临远　王　洁　张恩民　单洁玲　周悦媛
　　康文艳　薛诗静　路　婵　刘文斌　吕　政　金　熙　马　领　蒋耀文　曹浩文
　　严志奋　周禹炀　杨　皦　沈　涛　朱宇轩　刘鹏志　李　宇　吴裕安　孙望舒
　　肖　薇　韩立功　蔡　莹　高　恒　张　燕　张　鹤　钱　程　蒋思南　卞晨影
　　周利强　马永豪

112 生物医学工程（本硕连读）49
　　唐淑颖　吴华珍　张凤玲　郭刘洋　史旭莲　黄筱筱　王　钰　王文捷　李　晟
　　廖俊龙　鲁　娜　孟凡坤　孟泓旭　孙　翌　黄建福　田　磊　王　鹏　陈中思
　　王烨明　江　洋　王月成　徐乔舒　陈雷峰　张盟易　谢宏梅　曾胜澜　开思琪
　　莫　丹　管　锐　李艳娜　谢　成　刘修贤　赵大地　陈　烁　王少炫　白志雄
　　陈晓斌　王　侃　李　波　王　欢　卞非卡　顾　涛　孙新晨　杨文韬　李明熹
　　程福东　张晓东　黄　宇　朱统晶

材料科学与工程学院

120 材料科学与工程 96
　　阎奕汝　陈　晴　王文秀　段　越　华培宜　邓　川　杨　娴　张艺漾　张晗耘
　　李　玮　魏雨岛　杨　波　高先余　谢志强　胡智淇　潘合龙　黄逸飞　王小武
　　吕　凯　韩林原　薛　柯　魏晗阳　詹乐宇　张彦鹏　钟　山　刘泽庆　来诗文
　　张家豪　薛　桦　李　梦　徐　笑　沈昊峰　冯子荣　吴喆敏　张　爽　武小冕
　　吴嘉琪　卜小芬　黄振威　王　锐　朱自润　潘　祥　秦　龙　张弘毅　刘嘉毅
　　兰　果　邱　锐　王　鑫　曹家瑜　谭　曦　费　蓉　高珊珊　文若曦　郭灵菲
　　何心月　杨秋蔓　张军娜　江美亚　邵　咪　孟　翠　蒋　俊　陈瑞兴　孙　权
　　蒋　展　黄振建　黄　延　顾健康　田　博　陈颖毅　杨　涛　李林起　何齐齐
　　苏　哲　覃文杰　彭宜佩　牟晨曦　蔡楚华　李碧谕　李　群　范怡然　项旻铭
　　郑　延　葛智凯　李　想　戴国胜　钱自杰　桂嘉男　张　庆　李　正　袁　鹏
　　罗　丹　张　越　刘家希　邹昊威　朱昕亮　龚　平

人文学院

131 政治学与行政学 26
李文彬　拉　珍　武　岩　李　娟　谭露婷　晋美扎巴　张　松　王有凭　霍佳禾
李羿飞　沈　洋　陆俊文　陈声鹭　秦思云　杨　贵　詹梦醒　罗　丹　王亚琼
周文茜　张伟栋　赵丽娟　牛　畅　李　优　俞烨彬　王　晨
阿依古再丽·阿卜杜力木

132 社会学 28
高　璐　戴　燕　朱佳倩　夏文彦　张天舒　吴朝阳　曹竞文　谷雅菲　徐若凡
刘　哲　邹倩玲　李家伟　茅建平　刘　崇　柴　茜　李　沫　李恒真珍　高　珊
姚　恒　郭凯强　董　宇　陆艳芳　娄　琦　崔玉竹　吴广臣　陆珈怡　陈擎宇
王鑫阳

133 旅游管理 30
吴　婷　王之浩　潘　薇　徐凡凡　黄佩佩　邢凯敏　马春兰　潘　越　魏晓蕾
郑　茗　袁　舟　瞿晓艳　刘佳琦　贡培扎巴　刘春迪　张　杰　申一蕾　刘　欣
闫　成　刘　红　邱　悦　张丹丹　孔少君　蔡　怡　杨涵仪　艾力亚尔·安瓦尔
白玛赤来加措　地力富扎·塔依尔　叶斯木·哈斯木　次仁多吉

134 汉语言文学 17
刘琦玲　郭临沧　姚荇姝　陈　越　洪立桩　顾佳琪　王雷亭　史　宇　吴涵玉
李馨蕊　樊丹丹　张　强　孔一清　陈光祖　晁慧婷　张晓辰　杨　春

经济管理学院

141 信息管理与信息系统 26
姚云露　黄巧妮　吴　侠　张晨缘　刘昱欣　潘　婷　翟春明　马婷婷　苏　鹏
孙　成　高　洁　张媚媚　谭素霞　张　阳　陈　伟　魏欣然　周　毅　陆佳雯
王佑草　吴宣文　李剑蓉　蓝　波　马丁一兰　张少婷　陈　冕　王立彬

142 国际经济与贸易 46
姚叙含　沈梓岳　王翘楚　潘翌佳　周晓秋　汪志晗　胡应浩　张露茜　武　静
刘雨辰　黄　恒　林赛男　孙　佳　赵宇琦　周梦颖　尹卓然　张宇轩　余以文
孙树闯　周令尧　蒋继尧　张　亮　聂一欣　王文汇　袁箐雯　江倩雯　陈　鹏
盛　雪　寇艺钟　李千里　赵蓉婧　宋茹华　高舒祥　潘滕杰　栾然浩　阚延亮
华　烨　杨雅晓　韩雪颂　孙　蕾　崔耀丹　顾　惠　肖　毅　于金宝　王　健

周以重

143 工商管理 39

刘　炜　　刘少华　　朱雨龙　　申云峰　　周　涛　　尹　朋　　高海雄　　顾　瑶　　尼玛布赤
张　洋　　顿　珠　　程　涛　　粟海辉　　张　磊　　陶瑞祥　　邹红琰　　李　然　　聂贝贝
杨　琴　　梁　睿　　陈　超　　潘子泉　　白　洋　　施帅杰　　张沁蕊　　张东升　　张　懿
陆　蔚　　戴晶晶　　张徐丹　　朱岱军　　朱姗姗　　万　晶　　张　鹏　　尼加提·托合塔洪
阿不拉江·艾力　艾尼外·艾力　别阿力·哈尼　麦尔丹·阿吾拉

144 会计学 67

孙艳华　　杜　智　　孙　婕　　徐肖娅　　徐雪婷　　田静宇　　姚飞飞　　王一云　　吴　茜
周　林　　潘　晓　　杨　璐　　王　芳　　张舒怡　　吴佩瑶　　桑　蕾　　田易加　　叶　叶
黄俊朗　　董　瑶　　房　媛　　熊　洲　　贾　煜　　杨冠楠　　雷　创　　王旭升　　郑洪彬
赵一先　　陆天一　　杨　阳　　罗先敏　　王　朗　　徐珊珊　　王婷芳　　陆　兰　　杨珍珍
徐　扬　　赵　军　　席　猛　　方　皓　　孙　帅　　吴晓茹　　杨蕙宁　　徐雨婕　　陈希云
董　颖　　李奕衡　　张　璠　　卢静波　　万　玲　　张　华　　余慧敏　　李宏斌　　赵　渊
王　悦　　李冰心　　苏　歆　　谭　欣　　刘　赟　　陈婧之　　陆斯佳　　李　畅　　王远强
汪文琪　　张永进　　徐仕明　　曹　哲

145 金融学 91

朱　甜　　李天琛　　朱　琳　　韦　畅　　姜　婷　　浦　瑜　　崔莺莺　　尹力夫　　杨　扬
李海锋　　胡炯杰　　付　月　　王玄玄　　程逍野　　姜　瑜　　马培珍　　李万利　　赵　宇
张朋喜　　方　芳　　高嘉翊　　巨思嘉　　洪　力　　倪　萍　　夏　阳　　黄莹霄　　刘偲偲
孙　晴　　赵瑞琦　　蒋　欣　　吴佳伦　　汤明日　　吴天放　　刘梦婷　　李瑞文　　李　颖
吴海培　　韩　毅　　许　婷　　肖　迪　　汪　清　　郑　晨　　王晓梅　　盛　珺　　寇聪姗
覃　尉　　尚亚妮　　秦思阳　　李　妍　　谭　诚　　陶　玮　　韩　渥　　高梦汐　　高古月
王厚钦　　顾　蕊　　甘雨婷　　宋　杨　　张端朋　　邱顺玉　　段美娟　　李婧宇　　陈敏怡
刘　冰　　黄安荻　　王禄彬　　侯雨佳　　林丹婷　　张冰灵　　王悦乔　　范　祎　　许　彬
孟　雅　　郭晓东　　谭雨露　　吴　侃　　李　青　　李　蔚　　黄宝玉　　许媞媞　　项潘龙
沈梦姣　　周哲羽　　陈　曦　　郝鑫怡　　王丽华　　周存华　　刘　珺　　李海健　　喻　婷
蒋可宸

146 经济学 15

尤博扬　　邵　晔　　林　泽　　张大循　　潘　飞　　张市华　　李　静　　赵　洋　　夏本清
张　雨　　李　锐　　陈　靳　　王　滢　　杜　威　　陆思怡

147 电子商务 15

吴易明　　开　健　　赵俊博　　沈　耀　　杨建超　　刘鹏飞　　黄丽珍　　王　璨　　龙　刚

孙天泽　赵江仁　顾宇浩　陈应球　邓茹丹　扈维浩

148 物流管理 31

王晞诺　胡亚茜　叶梦蝶　魏　征　管适维　田　欢　刘　凡　胡乔玉　陈文彬
栾翔宇　范玉瑶　闫洪霜　何　璐　史　可　彭宇杰　李树冰　董丞珂　赵俊晨
王宏程　韩　创　姚苏楠　吕　斌　刘名敏　洪玉丰　王　冠　张　佩　王新槐
杨　沐　王蓓琪　吴贞妮　蔡　涛

电气工程学院

160 电气工程及其自动化 188

唐伟佳　陈燕擎　史航宇　赵懿祺　孙朋朋　张居谋　季杭为　张诗槐　邱辛帆
姚　顺　缪惠宇　孔　源　冯士睿　张　鹏　倪春花　王　响　邱　慧　郑嘉琪
苏　琳　袁　园　文晓雅　王克晟　李瑞翔　黄利敏　吴健超　刘力夫　李　泽
杨　磊　郁鸿儒　王　杰　白泽洋　何　超　杜炤鑫　孙恒东　章恒亮　王家兵
王　闯　李　腾　钱霄杰　黄新星　高　春　许　彬　孙　帅　伦小翔　侯　创
郦君婷　朱　瑛　耿晶晶　沈运帧　张静页　孙　琛　卢大川　张剑楠　袁　未
贾晓亮　孙宇霆　林尤欢　吴奇伟　李大可　毛丁益　王毓玉　王俊杰　孙　韬
王旭冲　刘若琛　涂天一　孙　杰　黄晓林　王伟杰　王艺璇　卢　彪　江溯帆
韩　鹏　王　栋　曹　庆　殷天然　徐敏姣　季媛媛　宋　阳　刘茌文　文东山
吕泰龙　崔晨磊　王　悦　王佳逊　柴新伟　徐　恺　宗鹏鹏　俞家融　夏　兵
夏　磊　周俦桢　马舒寒　付荣刚　李　想　倪巡天　蔡成栋　黄佳骏　欧　靖
吴文畅　周　双　孙弈灵　张吉春　杨新婷　杨钦臣　张冬冬　刘亚羽　张昊钰
袁娜娜　王淑君　张　群　庞文杰　张　涛　赵显泽　刘艺琨　杨　溢　史加晟
狄东昕　刘博辰　王炜波　李传秋　徐纬河　李　睿　骆仁松　胡　翔　孟建建
刘　源　蒋　骏　李蕴力　刘安龙　卢昌龙　仲宙宇　潘亦辰　芦金雨　隋佳蓉
管永丽　王培秀　马晨雯　聂颖惠　姜凯洋　庞国庆　王煜奇　张一舟　袁　武
戴冬雨　张珺珲　徐新宇　陈　明　周晓飞　张立宇　华　洪　李享益　皮小军
杨　朗　展东剑　陈国庆　沈秀芬　张文韵　徐豪凯　陈达文　王　超　姚静远
周　幸　李昱瑾　孙玲玲　缪怡宁　苏　晨　汤智超　何文正　翟　琛　王　荣
叶佳宙　郭　鹏　关广贤　苏风雨　陈俊杰　王小冬　赵文龙　赵烨琪　潘王志
刘　瀚　钱林清　彭　冲　郑　蓉　沈召源　李鹏程　龚　磊　沈李超

外国语学院

171 英语 68

高君实　吉　倩　陈碧琦　木鹏宇　闫树蕙　刘俊丽　王端勤　钱　瑶　蒋含韵
周海燕　李同宇　吴语西　周玲羽　周小琳　魏梦迪　李之昊　周子力　高　欣

皮晨瑶　郝世凯　杨天旭　杨丰羽　陈　昊　徐伟健　徐轶群　钮佳琦　许　可
於芮竹　卢姝含　李婵妙　余文婷　谢　方　束碧柳　崔　昀　吉星霖　王静瑜
夏　萌　逯芳芳　梁　莎　于　婷　王晓艳　张瑾鹤　张　笛　殷刘钢　吉云翔
秦继蓉　王　雪　陈　西　孙小桐　刘逸楠　李景芬　薛　寒　徐向男　韩　静
朱琳旎　马　元　李晓葳　林　蔷　吴　昊　陈抒涵　杨诗奕　李　博　胡文轲
李思成　王逸凡　刘浪宇　张潇然　刘婷婷

172 日语 31
罗心蕾　陶相宜　张　悦　康伊可　甘　滢　周　臻　徐以晴　夏双儿　曾　玥
蒋　涵　钱辰婕　黄春阳　唐桦超　魏　正　张　磊　乐　阅　王慕蓉　汪　亭
黄阿咪　陈彦雯　马兰芙　倪典夏　张　翾　赵罗佳　薛冰燕　周锦婷　尚媛媛
顾宇炜　盛潇岳　沈晟砾　刘佳佩

化学化工学院

191 化学工程与工艺 40
施燕琼　杜　曼　毕智杰　金诚妙　李佳炯　党　珂　卢大鹏　崔孟奎　陈宇超
董新新　陈　珂　梁庄典　王亚强　李世伟　夏英豪　潘　翔　洪　斌　刘泽民
江　涛　马　站　桑华君　陈凌宇　浦兴晖　林梦涵　许国瑞　焦文佩　曾　琢
江春珂　周雪影　王颂成　王越明　朱永乐　储　歆　周孖熹　韦宏晓　郑　涛
耿　怡　刘云清　夏　涛　徐　彤

192 制药工程 18
张　赫　钱东尔　沈　烨　张德安　林　静　凌丹丹　咸　慧　沈海伟　徐　宁
赵　艳　黄　婕　徐　华　彭　博　杜茂茂　周艺秦　于　佳　方济中　柳玉俊

193 化学 11
郭明澎　余　波　高鹏程　黄伟邦　何秀宏　王　珂　马萌馨　栗云杰　柴科斌
严小璇　肖逸旻

交通学院

210 交通工程（茅以升班）18
沈佳雁　徐小丹　姜济扬　张　倩　董长印　朱宇昊　丁　剑　李　烨　廖南楠
韩　婧　章　茵　胡婷婷　李志伟　郑满意　吴启弘　邓雪超　叶　娇　刘　丹

211 交通工程 81
王似佳　吕　旻　王如珺　安明娟　章佩佩　贡　玮　黄奕慧　段婷婷　张　引

武丽佳　赵梦珍　陆　漪　洪媛媛　赖僖敏　汤　静　朱珺瑜　陈欣垚　孔斌斌
万亚玲　李迎春　李　涵　夏嘉晨　葛韩林　林　雄　张伟鹏　刘善文　孙丹阳
谭讯然　雷江平　黄李原　刁天逸　金佳卫　冯江华　赵根华　倪　硕　杨从富
叶碧青　辜晨飞　彭　攀　李方卫　吴孟秋　顾炜祎　丁　悦　圣　洁　施雪莹
孙新毅　蒋雨生　于泳波　袁震宇　聂文涛　舒　航　李中海　李颖峰　胥　斐
张晓田　叶　上　张慧军　李　锴　栾　鑫　王　斌　朱传明　潘尚启　华东升
李轶超　周　林　王作伟　马尚萱　李　梦　籍丹萍　张忆平　熊满初　杨炅宇
姜冬雪　邢淋丽　戴姝月　张晓赫　王云波　郭文姝　伍玮涛　刘颖嘉　杜　威

212 交通运输 40
赵惠丹　巫诚诚　刘梦淼　沈文静　方雨禾　贺　采　于雪菡　曾琳惠　王琬萱
姜婧伊　宋皓雪　梁　隽　邢　璐　纪雨辰　蒋为开　丁　立　盛江波　张晓龙
戴文君　江佳璐　孔　悠　张　翔　刘海程　袁伟翔　高林熹　姜建阔　童　瑶
关　宁　王　玥　王剑波　杨剑寅　曹琪来　丁　伟　李宝鹏　刘方舟　乔　彪
张林峰　褚耀程　范晨昊　王丽芳

213 测绘工程 31
姜泽宇　吕炎林　赵　捷　张　鎏　张　敏　强　皓　袁旭洋　周定聪　印　锋
潘　昊　骆晓祥　卢柏良　王金鑫　郝擎支　周轶凡　孔港港　申佩佩　邓家栋
陈天银　陈俊良　马宇光　李　洋　张小梦　刘　雷　贾　洋　赵　琦　卞欣荣
冯潇潇　鲁　鑫　马立华　蔡培源

214 港口航道与海岸工程 35
毛礼磊　朱仲瑶　黄显钧　范　玥　张馨岚　徐星璐　张娟娟　李　锐　朱志丹
蒋晨昱　徐项煜　孔　庄　吴志易　邓　伟　高　鹏　吴军霖　胡昌鹏　张贺城
丁宇能　王兆卫　李晓明　蔡德华　宋　柯　葛秋炜　刘鹏飞　成明轩　兰舟仪
蔡全耀　杭蕴南　施文杰　王金豆　徐　健　田启强　秦金鑫　顿昊天

215 地理信息系统 22
马文欣　吴嘉栋　马　强　杨弘越　吉圳哲　朱薛峰　王　宇　王万鑫　刘翔宇
吴逸飞　邵亚明　吴　言　杨　南　胡　洋　李佳丽　鲍　阳　刘乃精　赵嘉伟
颜建国　单雨辰　覃　沛　全茂林

216 勘查技术与工程 29
周书中　李建斌　张　进　杨敏林　许　凯　程　亮　赵　云　董冬冬　蒋　松
王一楠　王中岳　杨　昶　潘宝志　陈　驰　梅丹兵　尤　佺　臧宏阳　周　东
刘　垚　任伟伟　周　遊　陈　思　杨家伟　黄　甜　孙　川　陆　兵　魏　来
张正甫　陈冠年

217 道路桥梁与渡河工程 79
徐啸尘 陈政阳 李 浩 邬登成 姚 晖 林 展 徐 刚 丁 京 郭 鹏
闫迎州 朱洪磊 杨思琪 汪 勇 刘思夏 郑俊秋 陈 章 杨偲偲 陈际光
蒋继望 张翔飞 朱彦洁 韩贺杰 孙 鹏 左永辉 陈若男 李 红 郑玉冰
何光曦 张 峻 郭赵元 何 怡 王 萌 钱 航 吉 星 郑 冬 周文章
李佳奇 罗瑞林 李林华 陈 勃 李 攀 苏子行 赵 栋 张宜照 吴一凡
贺友安 邱 实 杨 磊 郭霄宇 陆华杰 刘 杰 朱威彬 吴 倩 崔恒超
陈思鹏 施 炎 谢 梦 苏永姬 江金峰 吴 炜 谢 永 刘德煊 王佳乐
周骁玮 李梓佳 邱 维 杨思斌 押书凯 朱 展 杨明珠 李迎春 陈 呈
刘其东 杨 洪 吴 满 刘 烨 何嘉晨 许映红 李成军

219 道路桥梁与渡河工程（茅以升班）22
丁溢华 姚 浩 胡晔兴 蒋 超 曹 屹 唐 睿 高达文 周 杰 颜川奇
李 杰 唐 皓 郭昊霖 王 坤 江神文 郑云壮 吕 欢 王康达 段淞耀
夏品苹 闫天昊 王 慧 李 聪

仪器科学与工程学院

220 测控技术与仪器 96
刘天琴 李 昂 贾天震 惠 允 李敉琦 皇甫思怡 蔡进婷 郑伟青 邢亚亮
任弘毅 刘海洋 吴泰洋 周杰杰 塔高明 宋文凯 崔华权 张庆欣 张 锐
杨子豪 柳雨新 王占利 王 帆 王 桢 王永杰 罗 怡 艾晓晨 蔡金鑫
贾文渊 邵知宇 郭泽平 陆 可 陈安然 骆佳新 杨宇熙 顾天鹏 张庆杰
孙小杰 孙 慧 孟广婵 张 天 张婧怡 张 靓 徐美娇 谭 榕 陈雪影
韦宜宜 丁 晟 俞 熠 刘 畅 卞骁炜 宗伟康 尹 磊 崔粟晋 张 勇
朱 剑 李东晓 李 敏 殷砚君 虞 洋 谷博文 邵安成 郭 原 黄家文
陈俊胜 李 飒 付雨昕 孟 菲 孙 甜 张思宵 葛文璇 沈 飞 何天实
刘 全 朱弘宇 叶子傲 吴 限 张 哲 李水浪 杨冬瑞 杨 阳 沈仕卿
滕 达 贾永强 赵 磊 赵 鹏 闫仕帅 陈 洋 陈 清 陈贤燎 陶鑫勇
韩新宇 黄 杰 季旭龙 任 敏 赵志明 夏定鹏

艺术学院

240 工业（艺术）设计 38
蔡 萍 高雅静智 孔 笛 蒋梅玲 熊珠清 谢佳晟 许文娴 李林旭 马 茹
陈倩玮 秦 飞 李怀宇 李鹏程 石 琴 周 倩 翁凌娟 贾卜宇 巢文挺
周 坦 曹璐元 曹嫣然 陈 曦 张 嘉 孙 梦 谈 颐 孔 敏 戴芷宣

张　凯　王　萱　张　郁　储　芃　孔令轩　车速稳　欧胤晨　罗友斌　陈泽禹
高苏凌　计　晨

241 美术学 17
沈　婷　巢　嫄　宋　梅　孔瑶琴　束康杰　胡　月　谢红芬　柳闻天　秦张峰
林洪泮　钟泽敏　夏　涛　林　想　徐煜峰　胡　松　林　晨　赵友土

242 动画 24
胡卓娅　徐娇娇　陈　金　诸钰祺　李　文　张骋杰　杨柳燕　杨冰清　钱　程
钱火明　王颢珏　潘　池　邱　井　朱　益　曹　喆　季晨宇　沈丹妮　李　郡
高逸凡　范中专　常　爍　翁志伟　李　岩　杨文侠

法学院

250 法学 54
白玛拉珍　陈俊婷　陈盼晴　崔晓君　德庆曲珍　杜梦秋　顾谭思　蒋　明
刘一凡　许　好　彭贝贝　秦　阳　邵玉婷　王靖榕　夏克吾热　杨尚君　赵　华
郑艳洁　朱欣欣　窦一豪　李双双　刘一楠　宋砚文　王　苏　杨孝成　苏俊宇
陈　曦　次仁卓玛　冯　露　嘎玛琼珍　侯　甜　金　雅　李　锐　林庭芳　刘凤杰
刘　瑶　马　洋　莫兰兰　沈敏敏　王馥嵘　王　荟　王钰晗　吴　林　向晓庆
组力贤　戴凯迪　丁晓杰　郭嘉珅　王忠宇　校胜杰　张博宬　王俊强
玉山·吐尼亚孜　买尔孜也·热克甫

学习科学研究中心

261 科学教育 13
陈硕楠　杨　雪　袁艳秋　徐得微　张思启　徐若昀　邱博文　甘维维　鲁齐林
岳小波　王　昆　刘　韧　汪菊霞

职业技术教育学院

311 机械工程及自动化(教育) 4
陈彩娥　杨兆慧　夏　鹏　许星星

公共卫生学院

421 预防医学 45
颜文娟　杨嘉莹　濮韵秋　张文懿　夏　惠　刘静静　施倩雯　徐　敏　赵　越

朱芙蓉　陈明珠　王文文　韩静雅　邢　星　张亚霜　咸茹妍　胡一珉　王屹丰
周　瑾　方　毛　李　洋　缪梓凡　秦　伟　宋彦舜　李雪珂　孙　冰　周　雨
开志琴　焦　蒙　张乃艳　程　阳　邓俊玲　吴　梦　和　琳　何杰宇　益西卓玛
次仁央金　王　星　梁　佳　刘　令　简子海　欢努尔·亚生别克　艾力·开米尔丁
祖拜丹·依不拉音　阿布都卡地尔·买提卡司木

422 劳动与社会保障 21
段旭威　徐春雨　周丽萍　柏红娟　陈黄慧　贲中媛　杨文倩　方　帅　刘桂圆
邓迪化　龙　沙　罗梅珍　德吉措姆　陈　峥　高　源　吴振春　排日代·托合提
余有任　吴　蒙　张　咏　夏尔巴提·马哈什

医学院

411 生物工程 26
王　舒　周雅娴　朱倩莹　瞿安琪　马　洁　郭嘉琪　王艳杰　向珍娟　阳俊蓉
黄天添　付　婧　陈栩帆　张　瑛　陆　炜　杜茗勋　麻　利　顾行健　龚琦青
傅臻博　唐　威　张　佳　高济凡　钟江风　文　鹏　王义隆　韦　锟

431 临床医学 53
孙晓菁　封　晔　高丽娟　邓增曲珍　凌　丽　孙甜甜　田　赛　吴臣臣　缪雨青
葛路遥　旦　曲　吴菲菲　马　晗　龙青青　范丽丽　李晓红　叶丹妮　汤涛涛
刘从兴　毛林锋　陈文杰　纪　纤　蒋强华　张云强　朱海超　胡海彬　孔祥锋
段　磊　丁梦媛　曹丽丽　黄雯雅　刘　璇　朱亮颖　陈雪阳　李　丹　王梅蕾
胡馨云　瞿洋洋　周　丽　陆　敏　陆文婷　徐文玲　徐文演　热孜亚·玉苏甫
沈　敏　孙海清　鲁生林　周包壹　哈斯亚提·马穆提　阿迪力江·居麦　文　博
古力努·麦麦吐逊　谢孟勋

432 临床医学（本硕连读）106
李　琛　唐羽裳　马　钰　裴　颖　王徐溢　支朦朦　李彦楠　叶果馨　程　莹
胡　玲　李梦晴　陈润哲　程子芸　张萌萌　王三妹　郑　曦　耿冬雪　缪成成
董　健　沙　翔　汤　浩　周海峰　马剑波　毛　幸　邱　晨　张志恒　赵谊宁
李淑子　赵旻雯　吴海红　朱　珠　罗嘉莉　刘诗阳　朱　越　卢　清　虞大凡
朱　琳　杨益莲　姜　焱　谭芷英　田　甜　赵　琼　朱梓瑜　冯烨军　熊　轶
朱亚军　钱　益　张　程　陈　彬　徐未民　张云鹏　胡志凯　张　钊　郝滋辰
陈梦珠　余　苗　朱　蓉　徐　慧　韩晓清　崔　晶　康树敏　刘　宇　朱丽玲
罗　诺　董　雪　张　丽　王玉连　缪　健　薛松林　杨　辉　周　培　张海荣
葛增乐　程天宇　谷　琎　邵成杰　王成龙　陈　成　卢　程　倪清涛　顾雅雯
高　慧　李小雨　董红静　孙　梦　王如菊　韩鲜艳　李　坦　姜　烨　蔡　阳

戴王娟　杨　岚　周　榴　周晓明　朱剑楠　陈　露　唐日波　陈　浩　周铭钦
潘　驰　张　煜　韩　力　谢杰锋　姜　伟　陈　辉　王　朝

433 医学影像学 20
薛　倩　卢莹莹　徐婷婷　董冰清　王　会　陆照璇　施佳楠　王金萍　王　青
范　蕊　朱云倩　王青妹　冯英连　王　静　戚　敏　孙桂洋　杨广宇　虞文辉
顾晨曦　钟业鸣

434 医学检验 18
刘　妍　田月琴　张　越　邹　茜　陈敏洁　彭红新　任家琳　陈德柱　唐　亮
高　深　赵子跃　赵峰峰　马宇鹏　杨文强　王岑岑　管　俊　许　磊　宫艳合

435 护理学 15
陈小庆　仲文雅　柏玉凤　崔恒杰　张　扬　徐欢欢　林娴芳　杨秀梅　次旺普赤
罗晋钰　牛　娅　图尔孙阿依·拜克力　李俊琬　热孜万古丽·力提甫　张　梁

吴健雄学院

613 电气工程及其自动化 3
　　陈潇鹏　胡海波　李　峰

613 电子科学与技术 1
　　徐　晶

613 生物医学工程 1
　　孔向晖

613 信息工程 11
　　刘　健　胡　赛　杨照辉　康梄锐　葛中鹏　俞佳宝　耿　聪　赵向南　李　海
　　周涵奇　葛　巍

(教务处　舒晓梅)

国际交流合作与港澳台合作

综　　述

根据学校的部署，按照年初制定的工作计划，在校领导的支持和学校相关部门的大力配合下，结合学校创建世界一流大学的总目标，国际交流合作与港澳台合作在有效促进学校整体实力迅速提升的国际化建设指标上狠下工夫，积极稳妥地推进学校国际化进程，圆满完成了全年的工作计划。

现将 2014 年的工作总结如下：

一、中外合作办学进展顺利

1. "东南大学—蒙纳士大学苏州联合研究生院"首届毕业生毕业典礼在苏州顺利举行

6 月 27 日，"东南大学—蒙纳士大学苏州联合研究生院"首届毕业生毕业典礼在苏州的联合研究生院大楼内和苏州洲际酒店分别举行。26 名首届毕业生分别从易红校长和拜恩校长手中接受了东南大学和蒙纳士大学的硕士文凭。

该研究生院是 2012 年 3 月 27 日经教育部正式批准的国内首所研究生培养层次的中外合作办学机构。它的成立也是澳大利亚高校与中国高校联合建立的首个研究生院。

联合研究生院已在工业设计工程、计算机技术、交通运输工程、国际商务和外国语言学及应用语言学等 5 个专业开展了联合培养硕士的工作，目前已有 400 名学生在读。两校教师施行全英文授课，其中蒙纳士大学所派教师承担了 50% 的教学任务。同时，东南大学和蒙纳士大学在水敏感城市、新型材料、能源、生物信息、生物和纳米技术等研究领域加强合作，准备联合建立实验室。

2. 与法国雷恩一大的合作办学进展顺利

自 2009 年起，我校与法国雷恩一大在"信号图像嵌入式系统自动化""微电子学与固体电子学"和"应用经济学及银行金融学"3 个专业开展了多年的联合培养硕士项目。到

2014年12月,已有80人毕业,另有在校生140人。学校正在向教育部留学服务中心对这3个项目申请中外合作办学项目备案。

3. 与其他高校的学生合作培养项目也在稳步推进中

与德国乌尔姆大学、瑞典皇家工学院、瑞士苏黎世高工、美国加州州立大学福乐敦分校、法国电子与信息学院、勃艮第商学院、澳大利亚新南威尔士大学等20余所高校开展了学生联合培养。又与英国伦敦大学学院、田纳西大学等高校签署了学生联合培养协议。

二、国际合作与交流向深度和广度发展

全年共安排学校领导率6个团组出访欧洲、北美及港台地区高校。接待国外高校代表团90余个。安排了24名教师赴美国里海大学的培训。安排了21名教师赴澳大利亚蒙纳士大学进修学习。

深化了与美国麻省理工学院、加州大学伯克利分校、里海大学、田纳西大学、德克萨斯大学达拉斯分校,瑞士苏黎世联邦高等工业大学,德国慕尼黑工大、乌尔姆大学,法国巴黎高科、雷恩一大,加拿大康戈迭尔大学,澳大利亚蒙纳士大学,英国剑桥大学、华威大学和伦敦大学国王学院,瑞典皇家理工大学,日本北海道大学的交流与合作以及与荷兰飞利浦公司,德国罗德施瓦茨公司等国外著名大学和跨国企业的合作与交流。

与法国雷恩一大签署了3项合作办学协议。

与美国乔治城大学、澳大利亚皇家墨尔本工业大学、挪威科技大学、韩国国立首尔科技大学、东盟部分知名工科大学以及澳门大学和台湾数所大学等共签署了26份合作交流协议,正式建立校级交流关系。

经我校推荐,伦敦大学国王学院拜恩校长于国庆65周年前夕被江苏省省政府授予"江苏省荣誉公民"称号。

顺利完成了国家交办的"20+20援非计划"。争取到国家专项经费支持,邀请了赞比亚大学10位青年教师来我校学习交流。

三、留学生工作再上新台阶

到2014年12月,在校海外留学生达到1 656人,来自105个国家,其中学历生1 219人,73.6%为学历生。共计本科生805人,硕士生294人,博士生120人。

此外还接收国外友好交流高校的短期交流学生27人,接收了82名中国台湾高校的交流生,接收了228名中国香港高校交流生。

总计接受国外(含境外)学生和交流生近2 000人。

四、"孔子学院"建设取得新进展

与白俄罗斯国立明斯克语言大学、美国田纳西大学、德克萨斯大学达拉斯分校合作建立的3所"孔子学院"运行顺利。3所"孔子学院"开展了多项丰富多彩的活动,有力地宣传了中国文化。4月和12月我校与上述3校的"孔子学院"理事会顺利召开。对当年的工作进行了总结,通过了2015年的工作计划。

12月份,在今年的"孔子学院"大会上,由东南大学与德克萨斯大学达拉斯分校合作共建的德克萨斯大学达拉斯分校孔子学院在本届大会上荣获"2014年度全球先进孔子学院"称号。

五、开拓渠道,扩大学生出国境交流、学习

积极开拓渠道,加强与境外高校联系,达成学生交流协议,采用多种形式鼓励和支持学生出国境交流学习。全年有2 118名学生出国交流,其中因公派出928人。学生出国境交流、学习总人数比2013年增加了近30%,公派出国人数增加了30%多。

六、鼓励和支持教师出国(境)参与国际合作和交流

全年共派出958名教师赴国(境)外参加国际学术会议、学术交流和访问等。

在对外交流过程中,注意涉密工作的宣传与管理,对赴外教师进行保密教育及提醒,从未发生过泄密事件。

七、重视智力引进工作

2名国外著名专家入选国家"海外千人计划";

3个"111重点引智基地"工作出色,圆满完成了当年设定的工作目标;

邀请了近900名外国专家来校讲学、合作研究;

从外国专家局和教育部争取到外专经费711万元;

聘请了日本工程院副主席、东京大学教授、日立公司首席科学家小泉英明教授为我校名誉教授;聘请了美国宾夕法尼亚大学莱瑟巴罗教授等22位国际知名教授为我校客座教授;

经我校推荐,我校聘请的高端专家法国雷恩一大让·路易斯·柯阿特里奥教授荣获2014年"国家友谊奖";阿洛基亚·那桑教授荣获"江苏省友谊奖"。

八、积极支持召开国际学术会议

全年共召开21个国际学术会议。

九、港澳台事务工作进展顺利

全年接待港澳台客人557人。其中:安排了2个港生研习营,一个台生研习营;与澳门大学、台北大学、东华大学、中兴大学、高雄医学大学、中正大学6所高校签订两校交流协议书;与"中央大学"土木、机械、化工、计算机领域签订了双学位培养协议书;接收了82名台湾高校的交流生和228名香港高校交流生。

从教育部争取到专项经费近200万元。

完成了华英文教基金会2015—2016年的申报、遴选、获批等工作,选出蔡建国、贺龙兵、曾宇乔3位博士赴国外研修,刘浩等9位博士来校讲学。

全年共派出68名教师赴台湾参加学术会议、学术交流和访问等。共派出234名学生赴台湾参加学术会议和学习交流。

十、提供优质服务,做好派出和外宾接待工作

针对派出教师和学生 2 000 多人次和外宾接待工作量的不断增加,我处全体同志在人手不足的情况下,团结一心,努力工作,提高服务意识,在加强管理的同时,加快审批程序,详细做好教师和学生的护照办理、管理和签证申请等工作,详细解答教师和学生提出的各项问题,细心周到安排好每一次外事接待,以优质服务提升效率,为学校的国际化发展尽心尽力。

十一、顺利接受了国家外国专家局对我校外专重点项目的巡视

11月18日,我校顺利接受了国家外国专家局对我校重点外专引智项目的巡视。经学校相关部门和院系的努力,国家外专局领导在认真听取了我校的汇报和进行实地巡查之后,对我校的重点外专项目的管理和经费使用情况表示满意。

2014 年与国(境)外高等院校及科研机构合作交流一览表

学校名称或科研机构	合作内容	签约日期	标题
University of Tennessee, Knoxville	协议备忘录(针对英语学院)	2014.04.14	东南大学-田纳西大学协议备忘录(中英文)
Temple University-of The Commonwealth-System of Higher Education	附属协议(双学位,公卫双硕士)	2014.07.07	AFFILIATION AGREEMENTBETWEENSOUTHEAST UNIVERSITYANDTEMPLE UNIVERSITY-OF THE COMMONWEALTHSYSTEM OF HIG. HER EDUCATION(两种)
昆山杜克大学	本科生第二校园国际化学习项目	2014.03.13	昆山杜克大学与东南大学关于本科生第二校园国际化学习项目的合作协议(中文)
Georgetown U	框架备忘录	2014.10.24	MEMORANDUM OF UNDERSTANDINGBETWEENGEORGETOWN UNIVERSITYANDSOUTHEAST UNIVERSITY
东盟工科大学联盟成员校	框架协议	2014.09.02	The Joint Declaration ofASEAN-China on Establishing Network forCooperation and Exchanges among Engineering and Technology Universities(ACNET-EngTech)(中英文)
皇家墨尔本理工学院(Royal Melbourne Institute of Technology Limited) RMIT University	框架协议及附录A交流、交换项目	2014.03.21	Agreement between Royal Melbourne Institute of Technology ABN49 781 030 034 ("RMIT") and Southeast University 及 Annexure "A" Articulation Program(中英文)

(续 表)

学校名称或科研机构	合作内容	签约日期	标题
悉尼大学 　工程学院 　电气与信息工程学院	学生访问（吴健雄学院）	2014.11.26	International Agreement of Special Student Visiting ProgramBetweenSchool of Electrical and Information Engineering of Sydney University, Sydney, AustraliaAndChien-Shiung Wu College (Honors) of Southeast University, Nanjing, P. R. China
	3+2	2014.11.26	International Agreement of 3+2 ProgramBetweenSchool of Electrical and Information Engineering of Sydney University, Sydney, AustraliaAndChien-Shiung Wu College (Honors) of Southeast University, Nanjing, P. R. China
剑桥大学工程学系 The Department of Engineering，University of Cambridge	学术合作	2014.01.03	Memorandum of Understanding
伦敦大学学院	学生交流	2014.12.18	东南大学与伦敦大学学院合作协议（中英文）
University of New Brunswick in Fredericton	协议续签	2014.05.14	Amendment to theMEMORANDUM OF UNDERSTANDINGbetween University ofNew Brunswick Faculty of Computer Science, Canadaand Southeast University College of Software Engineering, China
中欧及中国众大学能环学院	清洁再生能源协议	2015.04.30	AMENDMENT TO THE CONSORTIUM AGREEMENTrelating to theChina-EU Institute for Clean and Renewable Energy (ICARE)
雷恩第一大学 （L'universite de Rennes 1）	联合研究生院	2014.05.26	东南大学与雷恩第一大学设立联合研究生院合作协议（中、英文）
首尔国立科技大学（首尔产业大学）	框架备忘录	2014.11.26	MEMORANDUM OF AGREEMENT BETWEEN SOUTHEAST UNIVERSITY, P. R. CHINA (SEU) AND SEOUL NATIONAL UNIVERSITY OF SCIENCE AND TECHNOLOGY, SOUTH KOREA (SEOULTECH)
澳门大学	学生交换	2014.06.04	东南大学与澳门大学学生交换计划协议书（繁简体）
挪威科技大学	框架备忘录	2014.07.31	Memorandum of Understanding between Southeast University (SEU) and the Norwegian University of Science and Technology (NTNU)

(续 表)

学校名称或科研机构	合作内容	签约日期	标题
Gadarif University	框架备忘录	2014.12.26	MEMORANDUM OF UNDERSTANDINGBETWEENGadarif University (Gadarif), SudanANDSoutheast University (SEU), China
Red Sea University	框架备忘录	2014.12.26	MEMORANDUM OF UNDERSTANDINGBETWEENRed Sea University (Red Sea), SudanANDSoutheast University (SEU), China
Kassala University	框架备忘录	2014.12.26	MEMORANDUM OF UNDERSTANDINGBETWEENKassala University (Kassala), SudanANDSoutheast University (SEU), China
Lulea University of Technology (LTU)	框架备忘录	2014.12.30	Memorandum of Understanding between Lulea University of Technology (LTU) Lulea, Sweden and Southeast University (SEU) Nanjing, China
	框架协议	2014.12.30	AGREEMENTbetweenLulea University of Technology, Lulea, SwedenandSoutheast University (SEU) Nanjing, China
中正大学	师生交流,联合举办学术会议,交换信息与学术著作	2014.12.03	东南大学-国立中正大学学术交流合作了解备忘录东南大学-中正大学学生交流协议书
中央大学	资讯学院博士、硕士联合培养	2014.03.28	东大计算机与工程学院与中央大学信息电机学院有关合作培养博士、硕士协议书(繁简)
	共同举办学术活动,师生互访	2014.07.18	中央大学学术交流与合作协议(繁简)
	学生交流计划细则	2014.07.18	东南大学-中央大学学生交流计划备忘录(繁简)
	增加土木工程领域交换生名额	2014.07.18	东南大学-中央大学学生交流计划备忘录附录(繁简)
	土木工程硕士/博士联合培养	2014.11.23	东南大学土木工程学院与中央大学营建管理研究所合作培养博士、硕士协议书(简、繁体)
	化学化工学院硕士/博士联合培养	2014.11.23	东南大学化学化工学院与中央大学化学工程与材料工程学系合作培养硕士及博士协议书(简、繁体)
东华大学	学生交流项目	2014.01.07	东南大学与台湾东华大学学生交流项目协议(繁简版)
台北大学	学术交流合作协议	2014.01.20	东南大学与台北大学学术交流合作协议书(繁简)
	学生交流协议	2014.01.20	东南大学与台北大学学生交流协议书(繁简)

（续表）

学校名称或科研机构	合作内容	签约日期	标题
国立中兴大学	学术交流合作协议	2014.05.15	国立中兴大学与东南大学学术交流合作协议书（繁简体）
	学生交流协议	2014.05.15	东南大学与国立中兴大学学生交流协议书（繁简体）
高雄医学大学	学术交流合作协议	2014.06.17	东南大学与高雄医学大学学术交流合作协议书（繁简体）
	学生交流协议	2014.06.17	东南大学与高雄医学大学学生交流合作协议书（繁简体）
中正大学	学术交流合作协议	2014.12.03	东南大学-国立中正大学学术交流合作了解备忘录（繁简）
	学生交流协议	2014.12.03	东南大学-中正大学学生交流协议书（繁简）

2014年东南大学授予国外（或地区）学者名誉教授、客座教授和名誉顾问名单

序号	姓名	国别、地区、单位、职务	授予名称	授予时间	授予学院
1	Hideaki KOIZUMI	日本工程院院士、副主席，中国工程院外籍院士	名誉教授	2014.05	学习科学研究中心
2	Huiyun Xiang（向慧云）	美国俄亥俄州立大学副教授（终身教授）	客座教授	2014.05	公共卫生学院
3	T.C Kao	美国伊利诺伊大学香槟分校教授	客座教授	2014	土木工程学院
4	YU Aibing（余艾冰）	澳大利亚新南威尔士大学材料科学与工程学院教授、澳大利亚科学院院士、澳大利亚工程院院士	客座教授	2014.03	能源与环境学院
5	Koji Sakai	日本香川大学教授	客座教授	2014.03	材料科学与工程学院
6	Klaus R. Kunzmann	德国多特蒙德工业大学教授（退休）	客座教授	2014.03	建筑学院
7	陈子平（CHEN, TZ-PING）	台湾高雄大学教授	客座教授	2014.03	法学院
8	Michael Sterling	英国皇家工程院院士、捷克国家工程院院士	客座教授	2014.04	电气工程学院
9	Wang Keh-Chung（王克中）	国籍美国，香港应用科学研究院副总裁，国家专用集成电路工程研究中心香港分中心主任	客座教授	2014.04	国际合作处
10	Kurt W. Fischer	美国哈佛大学教授	客座教授	2014.05	学习科学研究中心
11	Nathan A. Fox	美国马里兰大学教授	客座教授	2014.05	学习科学研究中心

（续表）

序号	姓名	国别、地区、单位、职务	授予名称	授予时间	授予学院
12	Susumu Kitagawa	日本京都大学教授、英国皇家化学会会士	客座教授	2014.06	化学化工学院
13	Serge Paul Hoogendoorn	荷兰代尔夫特理工大学教授	客座教授	2014.06	交通学院
14	Снежкин Юрий Федорович	乌克兰国家科学院院士	客座教授	2014.07	能源与环境学院
15	Hao Liu(刘浩)	英国诺丁汉大学副教授	客座教授	2014.09	能源与环境学院
16	Huizhong Shen（沈慧忠）	澳大利亚悉尼大学教育学院副院长、博导	客座教授	2014.07	外国语学院
17	Akihisa Inoue	日本科学院院士、美国工程院外籍院士	客座教授	2014.09	材料科学与工程学院
18	Gerkan Meinhard Von	德国 gmp 建筑师事务所教授	客座教授	2014.09	建筑学院
19	Alison Flatau	美国马里兰大学教授	客座教授	2014.10	土木工程学院
20	Jerome P. Lynch	美国密歇根大学教授	客座教授	2014.10	土木工程学院
21	Yozo FUJINO	日本横滨国立大学教授	客座教授	2014.10	土木工程学院
22	Nakashima Masayoshi	日本京都大学教授	客座教授	2014.07	土木工程学院
23	Haruo Nishihara	日本早稻田大学原校长、荣誉教授	客座教授	2014.10	法学院
24	David Earl Leatherbarrow	美国宾夕法尼亚大学教授	客座教授	2014.10	建筑学院
25	James C. Rose	美国北卡罗来纳州围产医学研究中心教授	客座教授	2014.11	医学院
26	Zhigang He（何志刚）	美国哈佛大学教授	客座教授	2014.11	生命科学研究院

2014 年东南大学举办国际会议情况

序号	会议名称	会议时间	会议主席或召集人	论文数	代表数 外	代表数 内	总数
2014—1	国际心血管疾病易损斑块生物力学研讨会	2014.4.19—21	顾 宁	研讨	10	30	40
2014—2	江苏—欧美新能源 技术论坛	2014.4.25—27	钟文琪	研讨	12	50	62
2014—3	国际供应链金融会议	2014.5.17—18	赵林度	研讨	20	50	70
2014—4	儿童早期发展前沿研究国际研讨会	2014.5.18—21	韦 钰	研讨	15	25	40
2014—5	中美智能电网论坛	2014.5.22—23	黄学良	研讨	8	50	58
2014—6	国际设计与制造前沿会议	2014.5.23—25	汤文成	123	15	1 236	1 251

(续 表)

序号	会议名称	会议时间	会议主席或召集人	论文数	代表数 外	代表数 内	总数
2014—7	国际生物医学工程研讨会	2014.5.31—6.2	徐春祥	研讨	11	180	191
2014—8	国际结构健康监测与完整性管理会议	2014.9.25—27	吴智深	研讨	9	115	124
2014—9	第六届全国生物信息学与系统生物学学术大会暨国际生物信息学前沿研讨会	2014.10.6—9	顾忠泽	285	17	500	517
2014—10	国际土木工程改革会议	2014.10.11—12	吴智深	研讨	21	120	141
2014—11	南京生命伦理学暨老龄生命伦理国际研讨会	由2014.10.31—11.3延期至2015.6.26至28	孙慕义	研讨会	6	54	60
2014—12	国际分子集成与材料工程研讨会	2014.11.1—3	顾忠泽	208	51	149	200
2014—13	工业遗产、文化产业与创新性城市发展国际研讨会	2014.11.1—2	王建国	31	6	23	29
2014—14	国际流化床富氧燃烧会议	2014.11.5—7	钟文琪	研讨	15	85	100
2014—15	国际无线电能传输技术与应用会议	2014.11.15—17	陈 中	研讨	2	248	250
2014—16	国际水:建筑—景观理论与设计研讨会	2014.11.15—17	王建国	研讨	5	10	15
2014—17	高级云计算与大数据国际会议	2014.11.20—22（由东南大学与黄山学院联合主办，黄山学院承办）		研讨	28	62	90
2014—18	第16届海峡两岸资讯技术研讨会	2014.11.1—4	易 红	36	20	50	70

2014年东南大学出国(境)人员名单一览表

姓名	所在院系	职务/职称	出访国家或地区	出访任务	出访时间
邱海波	附属中大医院	主任医师、教授	美国	国际会议	2014.01.08—2014.01.14
许传龙	能源与环境学院	教授	英国	合作研究	2014.01.04—2014.01.15
龚彦晓	物理系	讲师	西班牙	国际会议	2013.02.02—2014.02.08
花 为	电气工程学院	研究员	新西兰	工作访问	2014.02.11—2014.02.16
程 明	电气工程学院	教授	新西兰	工作访问	2014.02.11—2014.02.16
樊 英	电气工程学院	副教授	新西兰	工作访问	2014.02.11—2014.02.16
张明科	信息科学与工程学院	研究生	韩国	国际会议	2013.12.10—2013.12.14

（续　表）

姓名	所在院系	职务/职称	出访国家或地区	出访任务	出访时间
杨　毅	附属中大医院	主任医师	美国	国际会议	2014.01.08—2014.01.14
石　邢	建筑学院	副教授	日本	国际会议	2014.01.11—2014.01.17
沈　旸	建筑学院	讲师	日本	国际会议	2014.01.11—2014.01.17
唐　芃	建筑学院	副教授	日本	国际会议	2014.01.11—2014.01.17
王　坚	医学院	教授	美国	国际会议	2014.02.21—2014.02.27
熊仁根	化学化工学院	教授	美国	合作研究	2014.02.25—2014.08.30
汤日宁	附属中大医院	主治医师	美国	留学进修	2014.06.01—2015.05.31
于　红	附属中大医院	主任医师	美国	留学进修	2014.02.01—2014.02.27
潘永正	附属中大医院	主治医师	美国	留学进修	2014.03.01—2014.08.30
顾忠泽	生物科学与医学工程学院	教授	日本	国际会议	2014.01.22—2014.01.27
谢卓颖	生物科学与医学工程学院	讲师	日本	国际会议	2014.01.22—2014.01.27
王海兵	数学系	副教授	韩国	合作研究	2014.01.25—2014.02.20
郑　军	信息科学与工程学院	教授	中国香港、中国澳门	工作访问	2013.12.30—2014.01.05
张亚梅	材料科学与工程学院	教授、副院长	日本	国际会议	2014.03.06—2014.03.09
潘志文	信息科学与工程学院	教授	马来西亚	国际会议	2014.02.28—2014.03.03
李鲁申	生物科学与医学工程学院	研究生	美国	合作研究	2013.12.28—2016.01.26
朱一宇	建筑学院	研究生	日本	国际会议	2014.01.11—2014.01.17
赵　烨	建筑学院	研究生	日本	国际会议	2014.01.11—2014.01.17
张建同	交通工程学院	研究生	美国	短期学习	2014.01.06—2014.04.06
厉　虹	材料科学与工程学院	研究生	美国	国际会议	2014.03.13—2014.03.20
张太龙	材料科学与工程学院	研究生	瑞士	国际会议	2014.01.12—2014.01.17
刘　欢	材料科学与工程学院	研究生	美国	国际会议	2014.03.13—2014.03.20
朱光亚	建筑学院	教授	日本	国际会议	2013.12.17—2013.12.19
曹进德	数学系	教授	沙特阿拉伯	合作研究	2014.01.04—2014.01.16
卢剑权	数学系	副教授	沙特阿拉伯	合作研究	2014.01.04—2014.01.16
陈洁萍	建筑学院	副教授	中国香港	合作研究	2014.01.22—2014.02.05
葛　明	建筑学院	副教授	中国香港	合作研究	2014.01.22—2014.02.05
刘　倩	能源与环境学院	讲师	中国香港	国际会议	2014.01.09—2014.01.12
刘灿铭	艺术学院	教授	泰国	交流	2014.01.15—2014.01.25
齐　齐	化学化工学院	讲师	德国	合作研究	2014.02.06—2014.03.06

(续 表)

姓名	所在院系	职务/职称	出访国家或地区	出访任务	出访时间
王建国	建筑学院	教授、院长	日本	合作研究	2014.02.16—2014.03.01
葛 明	建筑学院	副教授	日本	合作研究	2014.02.16—2014.03.01
朱 城	建筑学院	研究生	日本	联合教学	2014.02.16—2014.03.01
彭亚超	建筑学院	研究生	日本	联合教学	2014.02.16—2014.03.01
杨佳蓉	建筑学院	研究生	日本	联合教学	2014.02.16—2014.03.01
邹美霞	建筑学院	研究生	日本	联合教学	2014.02.16—2014.03.01
王婧姝	建筑学院	研究生	日本	联合教学	2014.02.16—2014.03.01
张杰亮	建筑学院	研究生	日本	联合教学	2014.02.16—2014.03.01
韩 青	建筑学院	研究生	日本	联合教学	2014.02.16—2014.03.01
吕一明	建筑学院	研究生	日本	联合教学	2014.02.16—2014.03.01
莘博文	建筑学院	研究生	日本	联合教学	2014.02.16—2014.03.01
金海波	建筑学院	研究生	日本	联合教学	2014.02.16—2014.03.01
黄怡平	建筑学院	研究生	日本	联合教学	2014.02.16—2014.03.01
顾 笑	建筑学院	研究生	日本	联合教学	2014.02.16—2014.03.01
周逸坤	建筑学院	研究生	日本	联合教学	2014.02.16—2014.03.01
翟 炼	建筑学院	研究生	日本	联合教学	2014.02.16—2014.03.01
唐 芃	建筑学院	副教授	日本	合作研究	2014.02.15—2014.03.01
万遂人	生物科学与医学工程学院	教授	美国	合作研究	2014.01.20—2014.01.31
蒋嶷川	计算机科学与工程学院	教授	新加坡	合作研究	2014.02.02—2014.02.28
刘松桥	附属中大医院	主治医师	美国	国际会议	2014.01.08—2014.01.14
郭新立	材料科学与工程学院	教授	日本	工作访问	2014.01.04—2014.01.07
肖 睿	能源与环境学院	教授	英国	留学进修	2014.04.05—2014.05.04
葛 兴	物理系	研究生	中国香港	合作研究	2014.02.20—2014.08.20
吴梁玉	能源与环境学院	研究生	日本	国际会议	2014.01.22—2014.01.26
张 齐	医学院	研究生	美国	短期学习	2014.02.10—2014.06.10
浦跃朴	校长办公室	副校长、教授	中国香港	工作访问	2014.01.22—2014.01.26
胡 焱	发展委员会	秘书长	中国香港	工作访问	2014.01.22—2014.01.26
李 爽	发展委员会	副主任	中国香港	工作访问	2014.01.22—2014.01.26
史兰新	港澳台办公室	主任	中国香港	工作访问	2014.01.22—2014.01.26
刘 萍	外国语学院	讲师	美国	实习培训	2013.02.09—2013.03.01

（续　表）

姓名	所在院系	职务/职称	出访国家或地区	出访任务	出访时间
虞文武	数学系	副教授	中国香港	合作研究	2014.01.15—2014.02.14
何友吉	医学院	教授	中国香港	国际会议并工作访问	2014.01.16—2014.01.22
汤文轩	信息科学与工程学院	讲师	澳大利亚	国际会议	2014.03.03—2014.03.07
王培红	能源与环境学院	教授	美国	国际会议	2014.02.04—2014.02.08
张敏灵	计算机科学与工程学院	副教授	美国	国际会议	2014.04.22—2014.04.28
崔铁军	信息科学与工程学院	教授	中国香港	工作访问	2014.01.25—2014.01.28
余海涛	电气工程学院	教授	美国	国际会议并工作访问	2014.01.25—2014.01.31
李　华	建筑学院	副教授	日本	合作研究	2014.02.16—2014.03.01
黄斐乔	计算机科学与工程学院	研究生	法国	合作研究	2014.02.15—2015.02.15
潘　超	电子科学与工程学院	研究生	美国	国际会议	2014.03.08—2014.03.14
李　昶	交通工程学院	副教授	肯尼亚、埃塞俄比亚	合作研究	2014.01.16—2014.01.30
刘继军	数学系	教授	日本	合作研究	2014.03.05—2014.03.09
李铁香	数学系	副教授	日本	合作研究	2014.03.05—2014.03.09
闫　亮	数学系	讲师	日本	合作研究	2014.03.05—2014.03.09
舒华忠	计算机科学与工程学院	副院长、教授	法国	合作研究	2014.03.01—2014.03.10
杨　明	数学系	副教授	日本	研讨会并学术交流	2014.02.15—2014.02.23
徐　毅	数学系	讲师	日本	研讨会并学术交流	2014.02.15—2014.02.23
章文勋	信息科学与工程学院	教授	澳大利亚	国际会议	2014.03.03—2014.03.09
杨　谦	数学系	研究生	日本	合作研究	2014.02.16—2014.02.22
胡　蒙	医学院	研究生	阿联酋	国际会议	2014.02.08—2014.02.14
柏宁丰	电子科学与工程学院	副教授	美国	留学进修	2014.04.01—2015.03.31
杨　军	电子科学与工程学院	研究员	美国	国际会议	2014.02.08—2014.02.14
刘新宁	电子科学与工程学院	讲师	美国	国际会议	2014.02.08—2014.02.14
陈锦祥	土木工程学院	教授	日本	国际会议并访问	2014.03.03—2014.03.11
谢　娟	土木工程学院	工程师	日本	国际会议并访问	2014.03.03—2014.03.11
陆祖宏	生物科学与医学工程学院	教授	美国	工作访问	2014.02.07—2014.02.12
陈志斌	经济管理学院	教授	澳大利亚	合作研究	2014.01.20—2014.02.19

（续　表）

姓名	所在院系	职务/职称	出访国家或地区	出访任务	出访时间
陈立全	信息科学与工程学院	副教授	英国	国际会议	2014.03.26—2014.03.30
杨　毅	附属中大医院	主任医师	比利时	国际会议	2014.03.17—2014.03.22
孟祥虎	自动化学院	研究生	美国	国际会议	2014.04.06—2014.04.10
郭玉敬	电气工程学院	研究生	英国	国际会议	2014.04.06—2014.04.11
伍　敏	医学院	研究生	美国	合作研究	2014.01.31—2014.07.31
南海燕	物理系	研究生	美国	国际会议	2014.03.02—2014.03.09
郭喜涛	物理系	研究生	美国	国际会议	2014.03.02—2014.03.09
程向红	仪器科学与工程学院	教授	美国	国际会议	2014.05.05—2014.05.11
黄庆安	电子科学与工程学院	教授	美国	国际会议	2014.04.12—2014.04.18
韩　磊	电子科学与工程学院	讲师	美国	国际会议	2014.04.12—2014.04.18
蒋明霞	电子科学与工程学院	工程师	美国	国际会议	2014.04.12—2014.04.18
黄英姿	附属中大医院	教授	马来西亚	国际会议	2014.02.20—2014.02.24
许苏明	马克思主义学院	教授	美国	国际会议	2014.04.21—2014.05.01
李霄翔	外国语学院	教授	美国	国际会议	2014.04.21—2014.05.01
施建辉	法学院	教授	美国	国际会议	2014.04.21—2014.05.01
宋海亮	能源与环境学院	副研究员	日本	国际会议	2014.03.16—2014.03.22
吴　磊	能源与环境学院	副教授	日本	国际会议	2014.03.16—2014.03.22
李先宁	能源与环境学院	教授	日本	国际会议	2014.03.16—2014.03.22
吴　晨	电子科学与工程学院	高级工	瑞士	国际会议	2014.03.30—2014.04.08
刘松琴	化学化工学院	教授、副院长	日本	工作访问	2014.03.09—2014.03.12
张袁健	化学化工学院	教授	日本	工作访问	2014.03.09—2014.03.12
孙岳明	实验室与设备管理处	教授、处长	日本	工作访问	2014.03.09—2014.03.12
杨淳沨	计算机科学与工程学院	讲师	法国	合作研究	2014.03.13—2014.05.19
徐平平	信息科学与工程学院	教授	土耳其	国际会议	2014.04.05—2014.04.10
程　强	信息科学与工程学院	研究员	荷兰	国际会议	2014.04.05—2014.04.12
许　敏	人文学院	副教授	韩国	国际会议	2014.04.19—2014.04.25
李　青	电子科学与工程学院	教授	美国	国际会议并工作访问	2014.05.15—2014.06.06
蒋　犁	附属中大医院	教授	加拿大	国际会议	2014.05.02—2014.05.08
汪小洋	艺术学院	教授	美国	国际会议	2014.05.28—2014.06.02
向文涛	计算机科学与工程学院	研究生	法国	合作研究	2014.03.13—2014.05.18
浦　丹	生物科学与医学工程学院	研究生	西班牙	国际会议	2014.04.06—2014.04.10

(续 表)

姓名	所在院系	职务/职称	出访国家或地区	出访任务	出访时间
段宇平	生物科学与医学工程学院	研究生	法国	合作研究	2014.03.03—2014.05.18
张沁枫	信息科学与工程学院	研究生	澳大利亚	国际会议	2014.05.31—2014.06.05
潘 超	电子科学与工程学院	研究生	瑞士	国际会议	2014.03.30—2014.04.09
浦跃朴	校长办公室	教授、副校长	美国、加拿大	工作访问	2014.04.13—2014.04.20
邱 斌	海外教育学院	教授、院长	美国、加拿大	工作访问	2014.04.13—2014.04.20
王廷信	艺术学院	教授、院长	美国、加拿大	工作访问	2014.04.13—2014.04.20
陈美华	外国语学院	教授、院长	美国、加拿大	工作访问	2014.04.13—2014.04.20
吴 涓	教务处	教授、副处长	美国、加拿大	工作访问	2014.04.13—2014.04.20
史兰新	国际合作处	副教授、处长	美国、加拿大	工作访问	2014.04.13—2014.04.20
方 舟	能源与环境学院	研究生	日本	国际会议	2014.03.18—2014.03.22
刘慎坦	能源与环境学院	研究生	日本	国际会议	2014.03.18—2014.03.22
曹 羡	能源与环境学院	研究生	日本	国际会议	2014.03.18—2014.03.22
王国芳	能源与环境学院	研究生	日本	国际会议	2014.03.18—2014.03.22
王 辉	能源与环境学院	研究生	日本	国际会议	2014.03.18—2014.03.22
汪楚乔	能源与环境学院	研究生	日本	国际会议	2014.03.18—2014.03.22
吴 宪	信息科学与工程学院	研究生	土耳其	国际会议	2014.04.05—2014.04.10
褚宏云	信息科学与工程学院	研究生	土耳其	国际会议	2014.04.05—2014.04.10
孙贻白	化学化工学院	研究生	美国	开会并合作研究	2014.04.20—2014.04.30
牟忠德	生物科学与医学工程学院	研究生	澳大利亚	国际会议	2014.05.26—2014.06.01
王 健	信息科学与工程学院	研究生	荷兰	国际会议	2014.04.05—2014.04.10
花 为	电气工程学院	研究员	瑞士	国际会议	2014.03.30—2014.04.09
程 明	电气工程学院	教授	瑞士	国际会议	2014.03.30—2014.04.09
陆卫兵	信息科学与工程学院	教授、副处长	荷兰	国际会议	2014.04.05—2014.04.10
刘 璐	电子科学与工程学院	副研究员	马来西亚	国际会议	2014.04.22—2014.04.27
李 俊	自动化学院	副研究员	美国	国际会议	2014.04.06—2014.04.10
张小松	能源与环境学院	教授	美国	开会并访问	2014.03.30—2014.04.09
殷勇高	能源与环境学院	副教授	美国	开会并访问	2014.03.30—2014.04.09
李舒宏	能源与环境学院	上岗研究员	美国	开会并访问	2014.03.30—2014.04.09
张 华	信息科学与工程学院	副教授	澳大利亚	国际会议	2014.06.09—2014.06.15
许 威	信息科学与工程学院	副教授	澳大利亚	国际会议	2014.06.09—2014.06.15

(续 表)

姓名	所在院系	职务/职称	出访国家或地区	出访任务	出访时间
熊仁根	化学化工学院	教授、副院长	日本	合作研究	2014.03.25—2014.03.31
刘松琴	化学化工学院	教授、副院长	美国	国际会议并合作研究	2014.04.19—2014.04.30
孙立涛	电子科学与工程学院	教授、副院长	荷兰	国际会议	2014.04.08—2014.04.11
尤肖虎	信息科学与工程学院	教授、院长	中国香港	国际会议	2014.04.01—2014.04.04
赵祥伟	生物科学与医学工程学院	教授	瑞士	国际会议	2014.03.30—2014.04.09
顾忠泽	生物科学与医学工程学院	教授	瑞士	国际会议	2014.03.30—2014.04.09
张 亚	自动化学院	副教授	中国香港	合作研究	2014.04.25—2014.08.24
诸葛净	建筑学院	副教授	美国	国际会议	2014.04.08—2014.04.14
代云茜	化学化工学院	讲师	美国	国际会议并合作研究	2014.04.20—2014.04.30
林保平	化学化工学院	教授、院长	美国	国际会议并合作研究	2014.04.20—2014.04.30
张宇宁	电子科学与工程学院	副教授	美国	国际会议	2014.06.01—2014.06.07
虞文武	数学系	副教授	澳大利亚	合作研究	2014.03.02—2014.04.10
陈 怡	高等教育研究所	教授	中国澳门	访问交流	2014.04.27—2014.05.17
田玉平	自动化学院	教授	中国香港	国际会议	2014.06.01—2014.06.07
王海兵	数学系	副教授	中国香港	国际会议	2014.05.11—2014.05.15
陈杨杨	自动化学院	讲师	中国香港	国际会议	2014.06.01—2014.06.07
杨兰兰	电子科学与工程学院	副教授	美国	国际会议	2014.05.25—2014.06.06
屠 彦	电子科学与工程学院	研究员	美国	国际会议	2014.05.25—2014.06.06
仲雪飞	电子科学与工程学院	副教授	美国	国际会议	2014.05.31—2014.06.07
陈伟达	经济管理学院	教授	美国	国际会议	2014.05.08—2014.05.13
顾 兵	电子科学与工程学院	教授	新加坡	国际会议	2014.05.19—2014.05.24
王冬岩	化学化工学院	研究生	日本	合作研究	2014.03.25—2014.03.31
廖伟强	化学化工学院	研究生	日本	合作研究	2014.03.25—2014.03.31
石萍萍	化学化工学院	研究生	日本	合作研究	2014.03.25—2014.03.31
蓝 翔	软件学院	本科生	土耳其	国际会议	2014.04.06—2014.04.11
凌 振	计算机科学与工程学院	研究生	加拿大	国际会议	2014.04.26—2014.05.03
任重丹	物理系	研究生	新加坡	国际会议	2014.03.28—2014.03.31
张 栋	物理系	研究生	新加坡	国际会议	2014.03.28—2014.03.31
江 梅	信息科学与工程学院	研究生	新加坡	访问交流	2014.03.01—2014.11.01

（续　表）

姓名	所在院系	职务/职称	出访国家或地区	出访任务	出访时间
尹玉莉	物理系	研究生	瑞典	合作研究	2014.04.28—2014.05.12
吴　宪	信息科学与工程学院	研究生	土耳其	国际会议	2014.04.05—2014.04.10
周天荷	外国语学院	研究生	日本	短期学习	2014.03.18—2014.06.18
徐中华	外国语学院	研究生	日本	短期学习	2014.03.18—2014.06.18
陈　靖	外国语学院	研究生	日本	短期学习	2014.03.18—2014.06.18
严　雯	外国语学院	研究生	日本	短期学习	2014.03.18—2014.06.18
刘建华	外国语学院	研究生	日本	短期学习	2014.03.18—2014.06.18
蒋　伟	化学化工学院	讲师	美国	国际会议并合作研究	2014.04.20—2014.04.30
李新松	化学化工学院	教授	美国	合作研究	2014.04.16—2014.05.12
单伟伟	电子科学与工程学院	副教授	美国	国际会议	2014.05.31—2014.06.06
王保平	校长办公室	教授、副校长	美国	开会并访问	2014.05.30—2014.06.13
尤肖虎	信息科学与工程学院	教授、院长	土耳其	国际会议	2014.04.05—2014.04.10
李　雱	建筑学院	讲师	瑞士	国际会议	2014.05.16—2014.05.25
陈　烨	建筑学院	副教授	瑞士	国际会议	2014.05.16—2014.05.25
赵新胜	信息科学与工程学院	教授	土耳其	国际会议	2014.04.05—2014.04.10
姚晓燕	物理系	副教授	意大利	合作研究	2014.05.25—2014.08.04
董　群	人文学院	教授	韩国	国际会议	2014.04.18—2014.04.26
孟　凡	信息科学与工程学院	研究生	爱尔兰	合作研究	2014.04.01—2014.04.30
陈宇辰	医学院	研究生	意大利	国际会议	2014.05.09—2014.05.17
王　琳	医学院	研究生	意大利	国际会议	2014.05.09—2014.05.17
程　清	能源与环境学院	研究生	美国	国际会议	2014.03.29—2014.04.04
刘利清	物理系	研究生	新加坡	国际会议	2014.03.28—2014.03.31
陈　瑶	能源与环境学院	研究生	美国	国际会议	2014.03.29—2014.04.04
陈　鹏	信息科学与工程学院	研究生	土耳其	国际会议	2014.04.05—2014.04.10
周　琛	外国语学院	副教授	韩国	国际会议	2014.04.19—2014.04.26
龚　恺	建筑学院	教授、副院长	瑞士	合作研究	2014.04.22—2014.05.06
朱　渊	建筑学院	讲师	瑞士	合作研究	2014.04.22—2014.05.06
陈志斌	经济管理学院	教授	澳大利亚	合作研究	2014.03.13—2014.04.12
杨　帆	经济管理学院	讲师	美国	国际会议	2014.03.31—2014.04.06
潘　洋	图书馆	助理馆员	美国	访问交流	2014.06.22—2014.08.20
李　然	土木工程学院	助理研究员	日本	合作研究	2014.06.01—2015.05.31
吴　敏	化学化工学院	教授	美国	国际会议	2014.06.15—2014.06.20

（续　表）

姓名	所在院系	职务/职称	出访国家或地区	出访任务	出访时间
李晓华	电子科学与工程学院	教授	美国	国际会议	2014.05.30—2014.06.13
赵林度	研究生院	教授	美国	国际会议	2014.05.07—2014.05.13
徐君祥	数学系	教授	西班牙	国际会议	2014.07.06—2014.07.12
张福保	数学系	教授	西班牙	国际会议	2014.07.06—2014.07.12
张东峰	数学系	副教授	西班牙	国际会议	2014.07.06—2014.07.12
安艳丽	附属中大医院	工程师	美国	国际会议	2014.05.18—2014.05.23
缪凤琴	医学院	讲师	美国	国际会议	2014.05.18—2014.05.23
何　勇	经济管理学院	副教授	美国	开会并合作研究	2014.05.08—2014.05.21
李四杰	经济管理学院	副教授	美国	开会并合作研究	2014.05.08—2014.05.21
汪　峥	自动化学院	教授	法国	开会并工作访问	2014.05.11—2014.05.21
曹　鹏	电子科学与工程学院	讲师	美国	国际会议	2014.05.18—2014.05.24
朱晓维	信息科学与工程学院	教授	美国	国际会议	2014.05.31—2014.06.08
吉　宇		研究生	美国	国际会议	2014.05.26—2014.05.31
左加阔	信息科学与工程学院	研究生	中国香港	国际会议	2014.04.30—2014.05.02
陈红梅	仪器科学与工程学院	研究生	美国	国际会议	2014.05.04—2014.05.09
胡　杰	仪器科学与工程学院	研究生	美国	国际会议	2014.05.04—2014.05.09
戴　凯	电子科学与工程学院	研究生	美国	国际会议	2014.06.01—2014.06.06
梅　晨	电子科学与工程学院	研究生	美国	国际会议	2014.05.18—2014.05.24
徐康宁	经济管理学院	教授、院长	新加坡、马来西亚	国际会议并访问	2014.04.06—2014.04.13
浦正宁	经济管理学院	讲师	新加坡、马来西亚	国际会议并访问	2014.04.06—2014.04.13
陈宝安	附属中大医院	教授	德国	国际会议并合作研究	2014.04.22—2014.05.11
金　石	信息科学与工程学院	副研究员	土耳其	国际会议	2014.04.04—2014.04.10
李　潇	信息科学与工程学院	讲师	土耳其	国际会议	2014.04.04—2014.04.10
王海贤	学习科学研究中心	研究员	意大利	国际会议	2014.05.03—2014.05.10
倪振华	物理系	教授	法国	国际会议	2014.05.05—2014.05.10
郑文明	学习科学研究中心	教授	意大利	国际会议	2014.05.03—2014.05.10
刘松玉	交通工程学院	教授	美国	国际会议	2014.05.11—2014.05.15
蔡国军	交通工程学院	副教授	美国	国际会议	2014.05.11—2014.05.15

（续　表）

姓名	所在院系	职务/职称	出访国家或地区	出访任务	出访时间
董　帅	物理系	教授	墨西哥、美国	开会并合作研究	2014.06.08—2014.06.27
董　帅	物理系	教授	德国	国际会议	2014.05.03—2014.05.09
夏　军	电子科学与工程学院	副教授	美国	国际会议	2014.06.01—2014.06.07
王俊波	信息科学与工程学院	副教授	澳大利亚	国际会议	2014.06.09—2014.06.15
陈　明	信息科学与工程学院	教授	澳大利亚	国际会议	2014.06.09—2014.06.15
李　晨	电子科学与工程学院	讲师	美国	国际会议并合作研究	2014.04.22—2014.05.02
漆桂林	计算机科学与工程学院	教授	韩国	国际会议	2014.04.07—2014.04.11
吕林莉	医学院	讲师	荷兰	国际会议	2014.04.29—2014.05.04
王琦龙	电子科学与工程学院	副研究员	新加坡	国际会议	2014.05.19—2014.05.24
赵　力	信息科学与工程学院	教授	意大利	国际会议	2014.05.03—2014.05.10
王　庆	仪器科学与工程学院	教授	美国	合作研究	2014.05.08—2014.05.26
唐　权	图书馆	馆员	美国	培训	2014.05.16—2014.05.23
王　进	物理系	副教授	中国香港	合作研究	2014.07.07—2014.09.30
沈德魁	能源与环境学院	副研究员	英国	培训	2014.06.20—2014.12.20
耿艳芬	交通工程学院	副教授	韩国	国际会议	2014.06.14—2014.06.21
陈一梅	交通工程学院	教授	韩国	国际会议	2014.06.14—2014.06.21
徐宿东	交通工程学院	副教授	韩国	国际会议	2014.06.14—2014.06.21
翟雨生	电子科学与工程学院	研究生	新加坡	国际会议	2014.05.19—2014.05.24
盖　川	信息科学与工程学院	研究生	美国	国际会议	2014.05.31—2014.06.08
乔凤昌	生命科学研究院	研究生	中国香港	国际会议	2014.03.21—2014.03.24
陈小坚	建筑学院	研究生	美国、哥伦比亚	国际会议并合作研究	2014.03.22—2014.04.30
全志斌	计算机科学与工程学院	研究生	美国	国际会议	2014.04.07—2014.04.11
陈振乾	能源与环境学院	教授	法国	国际会议	2014.04.20—2014.04.26
李铁香	数学系	副教授	德国	合作研究	2014.04.15—2014.06.28
温广辉	数学系	讲师	澳大利亚	合作研究	2014.04.01—2014.06.30
吴乐南	信息科学与工程学院	教授	葡萄牙	国际会议	2014.05.04—2014.05.08
宋铁成	信息科学与工程学院	教授	澳大利亚	国际会议	2014.06.09—2014.06.15
胡　静	信息科学与工程学院	副研究员	澳大利亚	国际会议	2014.06.09—2014.06.15
吴　俊	电子科学与工程学院	讲师	美国	国际会议	2014.05.31—2014.06.07
张　川	信息科学与工程学院	副高	澳大利亚	国际会议	2014.05.31—2014.06.06

(续 表)

姓名	所在院系	职务/职称	出访国家或地区	出访任务	出访时间
黄学良	电气工程学院	院长	德国	国际会议	2014.05.03—2014.05.09
耿 新	计算机科学与工程学院	副研究员	美国	国际会议	2014.06.22—2014.06.29
谢雨宁	仪器科学与工程学院	研究生	美国	短期学习	2014.05.08—2014.05.26
王云帆	仪器科学与工程学院	研究生	美国	短期学习	2014.05.08—2014.05.26
王洪建	生物科学与医学工程学院	研究生	美国	国际会议	2014.07.05—2014.07.11
吴 琼	信息科学与工程学院	研究生	澳大利亚	国际会议	2014.06.10—2014.06.14
尤 力	信息科学与工程学院	研究生	澳大利亚	国际会议	2014.06.10—2014.06.14
蔡雪佳	信息科学与工程学院	研究生	澳大利亚	国际会议	2014.06.10—2014.06.14
游检卫	信息科学与工程学院	研究生	美国	国际会议	2014.05.24—2014.05.30
陈 琛	电气工程学院	研究生	德国	国际会议	2014.05.03—2014.05.09
游检卫	信息科学与工程学院	研究生	美国	国际会议	2014.07.05—2014.07.12
阳 辉	电气工程学院	研究生	德国	国际会议	2014.05.02—2014.05.09
陈中显	电气工程学院	研究生	德国	国际会议	2014.05.02—2014.05.09
苗 圃	信息科学与工程学院	研究生	葡萄牙	国际会议	2014.05.04—2014.05.08
李古月	信息科学与工程学院	研究生	芬兰	短期学习	2014.06.01—2014.08.31
蔡 进	化学化工学院	副教授	美国	合作研究	2014.04.09—2015.04.09
赵林度	研究生院	教授	德国	合作研究	2014.08.06—2014.09.06
高西奇	信息科学与工程学院	教授	澳大利亚	国际会议	2014.06.09—2014.06.14
刘碧玉	经济管理学院	研究生	美国	国际会议	2014.05.08—2014.05.13
林萍华	校长办公室	教授、副校长	美国、加拿大	参加教育展	2014.05.25—2014.06.01
王 利	国际合作处	副处长	美国、加拿大	参加教育展	2014.05.25—2014.06.01
张 淦	电气工程学院	研究生	德国	国际会议	2014.05.03—2014.05.08
花 为	电气工程学院	研究员	法国	国际会议	2014.05.24—2014.05.29
段钰锋	能源与环境学院	教授	美国	国际会议	2014.04.19—2014.05.03
严如强	仪器科学与工程学院	教授	乌拉圭	国际会议	2014.05.11—2014.05.18
李世华	自动化学院	教授	中国香港	合作研究	2014.06.01—2014.08.31
李 旗	物理系	教授	泰国	国际会议	2014.04.20—2014.04.26
孙志忠	数学系	教授	中国澳门	合作研究	2014.07.01—2014.08.14
楚永杰	经济管理学院	研究生	美国	国际会议	2014.05.08—2014.05.13
吴军建	经济管理学院	研究生	美国	国际会议	2014.05.08—2014.05.13
张 鹏	经济管理学院	研究生	美国	国际会议	2014.05.08—2014.05.13

(续 表)

姓名	所在院系	职务/职称	出访国家或地区	出访任务	出访时间
邵灵芝	经济管理学院	研究生	美国	国际会议	2014.05.08—2014.05.13
王 敏	经济管理学院	研究生	美国	国际会议	2014.05.08—2014.05.13
付兴贺	电气工程学院	讲师	法国	国际会议	2014.05.24—2014.05.29
李永辉	建筑学院	讲师	日本	合作研究	2014.04.22—2014.04.29
傅大放	土木工程学院	教授	美国	合作研究	2014.05.06—2014.06.06
张念祖	信息科学与工程学院	副研究员	美国	国际会议	2014.07.05—2014.07.12
孙立涛	电子科学与工程学院	教授、副院长	印度	国际会议	2014.07.06—2014.07.12
柏春广	交通工程学院	副教授	美国	留学进修	2014.04.28—2015.04.27
管驰明	经济管理学院	副教授	美国	留学进修	2014.04.30—2015.04.29
杜 垲	能源与环境学院	教授	韩国	国际会议	2014.05.18—2014.05.22
黄风义	信息科学与工程学院	教授	美国	合作研究	2014.04.01—2014.04.27
孙伟锋	电子科学与工程学院	教授、副院长	美国	国际会议	2014.06.14—2014.06.20
蒋嶷川	计算机科学与工程学院	教授	法国	国际会议	2014.05.04—2014.05.10
张志强	电子科学与工程学院	讲师	美国	国际会议	2014.05.31—2014.06.07
廖小平	电子科学与工程学院	教授	美国	国际会议	2014.05.31—2014.06.07
徐 华	生物科学与医学工程学院	讲师	英国	合作研究	2014.07.01—2014.09.30
马骏华	建筑学院	讲师	澳大利亚	合作研究	2014.04.28—2014.05.14
李 青	电子科学与工程学院	教授	法国	合作研究	2014.06.13—2014.06.30
赵桂书	电气工程学院	研究生	法国	国际会议	2014.05.24—2014.05.29
鄂文汲	能源与环境学院	研究生	韩国	国际会议	2014.05.18—2014.05.22
王 磊	信息科学与工程学院	研究生	美国	国际会议	2014.07.04—2014.07.12
孙晓红	电子科学与工程学院	研究生	日本	国际会议	2014.04.25—2014.04.29
董学光	物理系	研究生	泰国	国际会议	2014.04.20—2014.04.24
祝 靖	电子科学与工程学院	研究生	美国	国际会议	2014.06.14—2014.06.20
张春伟	电子科学与工程学院	研究生	美国	国际会议	2014.06.14—2014.06.20
刘斯扬	电子科学与工程学院	研究生	美国	国际会议	2014.06.14—2014.06.20
章华涛	仪器科学与工程学院	研究生	中国香港	国际会议	2014.05.30—2014.06.06
朱丽华	学习科学研究中心	研究生	加拿大	国际会议	2014.05.02—2014.05.07
姚 誉	信息科学与工程学院	研究生	日本	国际会议	2014.04.25—2014.04.29
张 桐	学习科学研究中心	研究生	意大利	国际会议	2014.05.04—2014.05.09
刘继军	数学系	教授	中国香港	国际会议	2014.05.11—2014.05.15
滕皋军	附属中大医院	教授、院长	新加坡	国际会议	2014.05.14—2014.05.19

（续 表）

姓名	所在院系	职务/职称	出访国家或地区	出访任务	出访时间
刘必成	附属中大医院	教授、副院长	荷兰	国际会议	2014.05.29—2014.06.04
刘必成	附属中大医院	教授、副院长	澳大利亚	国际会议	2014.05.03—2014.05.08
邱海波	附属中大医院	教授、副院长	西班牙	国际会议	2014.05.09—2014.05.14
杨 波	仪器科学与工程学院	副教授	日本	国际会议	2014.04.25—2014.04.30
吴乐南	信息科学与工程学院	教授	葡萄牙、法国	国际会议并访问	2014.05.02—2014.05.08
冯 熳	信息科学与工程学院	副研究员	葡萄牙、法国	国际会议并访问	2014.05.02—2014.05.08
朱海东	附属中大医院	主治医师	新加坡	国际会议	2014.05.14—2014.05.19
康 维	信息科学与工程学院	副研究员	美国	国际会议	2014.06.28—2014.07.05
刘 楠	信息科学与工程学院	教授	美国	国际会议	2014.06.28—2014.07.05
王海兵	数学系	副教授	土耳其	国际会议	2014.05.25—2014.06.01
刘继军	数学系	教授	土耳其	国际会议	2014.05.25—2014.06.01
王海明	信息科学与工程学院	副研究员	美国	国际会议	2014.07.05—2014.07.12
余 晨	信息科学与工程学院	讲师	美国	国际会议	2014.07.05—2014.07.12
董正高	物理系	教授	美国	合作研究	2014.06.06—2014.09.05
苗 圃	信息科学与工程学院	研究生	法国、葡萄牙	国际会议并访问	2014.05.02—2014.05.08
黄 潇	交通工程学院	研究生	美国	国际会议	2014.01.11—2014.01.17
柳瑾瑾	自动化学院	研究生	日本	国际会议	2014.04.25—2014.04.29
张 鹏	信息科学与工程学院	研究生	中国香港	国际会议	2014.04.30—2014.05.03
Yun-Kyu An	土木工程学院	副研究员	韩国	工作访问	2014.04.16—2014.04.21
Yun-Kyu An	土木工程学院	副研究员	韩国	工作访问	2014.06.11—2014.06.18
曾 洪	仪器科学与工程学院	讲师	中国香港	国际会议	2014.05.30—2014.06.06
熊仁根	化学化工学院	教授	美国	合作研究	2014.04.15—2014.04.24
杨兵全	附属中大医院	副主任医师	美国	国际会议	2014.06.11—2014.06.19
李家奇	物理系	讲师	美国	国际会议	2014.06.07—2014.06.13
韦 朴	电子科学与工程学院	讲师	美国	国际会议	2014.05.14—2014.05.10
史金辉	信息科学与工程学院	讲师	新加坡	国际会议	2014.05.19—2014.05.25
淳 庆	建筑学院	副教授	荷兰	国际会议	2014.05.24—2014.05.29
陈一梅	交通工程学院	教授、副院长	美国	合作研究	2014.07.02—2014.07.30
曹广亮	医学院	讲师	美国	留学进修	2014.07.07—2014.10.04

(续 表)

姓名	所在院系	职务/职称	出访国家或地区	出访任务	出访时间
刘淑君	数学系	副教授	南非	国际会议	2014.08.23—2014.08.30
耿 新	计算机科学与工程学院	副研究员	瑞典	国际会议	2014.08.23—2014.08.29
顾 宁	生物科学与医学工程学院	教授、院长	日本	国际会议	2014.05.15—2014.05.20
熊 非	生物科学与医学工程学院	副教授	日本	国际会议	2014.05.15—2014.05.20
徐春祥	生物科学与医学工程学院	教授、副院长	日本	国际会议	2014.05.15—2014.05.20
钱卫平	生物科学与医学工程学院	教授	日本	国际会议	2014.05.15—2014.05.20
张小向	数学系	副教授	意大利	国际会议	2014.06.15—2014.06.20
陈建龙	数学系	教授	意大利	国际会议	2014.06.15—2014.06.20
孙志忠	数学系	教授	意大利	国际会议	2014.06.22—2014.06.26
徐青山	电气工程学院	教授	美国	国际会议	2014.07.26—2014.08.01
王志功	信息科学与工程学院	教授	美国	国际会议	2014.07.07—2014.07.14
黄 正	土木工程学院	研究生	瑞典	合作研究	2014.06.07—2014.07.04
王 颖	自动化学院	研究生	南非	国际会议	2014.08.22—2014.08.28
张 雷	信息科学与工程学院	研究生	澳大利亚	国际会议	2014.06.10—2014.06.14
焦丽亚	交通工程学院	研究生	美国	国际会议	2014.06.01—2014.06.06
周妍琳	建筑研究所	研究生	奥地利	国际会议	2014.05.19—2014.05.24
邓勇亮	土木工程学院	研究生	英国	国际会议	2014.07.12—2014.07.17
易真翔	电子科学与工程学院	研究生	美国	国际会议	2014.05.31—2014.06.07
朱珍超	信息科学与工程学院	讲师	丹麦	国际会议	2014.05.10—2014.05.16
叶莉华	电子科学与工程学院	副院长、副教授	新加坡	国际会议	2014.05.19—2014.05.24
陈夕松	自动化学院	教授	美国	实习培训	2014.06.01—2014.08.31
虞 刚	建筑学院	副教授	西班牙	合作研究	2014.05.19—2014.06.04
刘 捷	建筑学院	副教授	西班牙	合作研究	2014.05.19—2014.06.04
涂永明	土木工程学院	副教授	瑞典	合作研究	2014.06.07—2014.06.13
吕昌贵	电子科学与工程学院	副研究员	美国	国际会议并合作研究	2014.06.06—2014.06.27
郑 军	信息科学与工程学院	教授	澳大利亚	国际会议	2014.06.09—2014.06.15
方 峰	材料科学与工程学院	副教授	法国	国际会议	2014.06.29—2014.07.05
吕晓迎	生物科学与医学工程学院	教授	美国	国际会议并访问	2014.07.07—2014.07.14

(续 表)

姓名	所在院系	职务/职称	出访国家或地区	出访任务	出访时间
顾小春	医学院	讲师	美国	合作研究	2014.09.01—2015.09.01
华光	信息科学与工程学院	研究员	美国	国际会议	2014.07.05—2014.07.12
郑军	信息科学与工程学院	教授	日本	国际会议	2014.06.19—2014.06.21
归柯庭	继续教育学院	教授、院长	美国	国际会议	2014.06.23—2014.06.28
万春风	土木工程学院	副教授	德国、西班牙	合作研究并国际会议	2014.07.09—2014.07.18
熊国平	建筑学院	副教授	葡萄牙	国际会议	2014.07.02—2014.07.08
袁健红	马克思主义学院	教授、副院长	美国	国际会议	2014.07.31—2014.08.06
衡伟	信息科学与工程学院	教授	美国	合作研究	2014.08.01—2014.08.31
费树岷	自动化学院	教授、院长	意大利	国际会议	2014.06.22—2014.06.26
丁辉	校长办公室	教授	美国	合作研究	2014.07.10—2014.08.15
姚帅	信息科学与工程学院	研究生	韩国	国际会议	2014.07.02—2014.07.05
陆建	医学院	研究生	新加坡	国际会议	2014.05.14—2014.05.19
仲斌演	医学院	研究生	新加坡	国际会议	2014.05.14—2014.05.19
杨龑晓晓	医学院	研究生	美国	国际会议	2014.06.12—2014.06.19
孙博	电气工程学院	研究生	马来西亚	国际会议	2014.05.19—2014.05.24
张建同	交通工程学院	研究生	美国	国际会议	2014.06.01—2014.06.06
薛昀	信息科学与工程学院	研究生	韩国	国际会议	2014.05.07—2014.05.22
田小敏	自动化学院	研究生	意大利	国际会议	2014.06.22—2014.06.26
赵璇	数学系	研究生	意大利	国际会议	2014.06.22—2014.06.26
易红	校长办公室	校长、教授	英国、法国、德国	工作访问	2014.05.21—2014.05.30
刘乃丰	附属中大医院	院长、教授	英国、法国、德国	工作访问	2014.05.21—2014.05.30
舒华忠	计算机科学与工程学院	副院长、教授	英国、法国、德国	工作访问	2014.05.21—2014.05.30
李霄翔	教师教学发展中心	主任、教授	英国、法国、德国	工作访问	2014.05.21—2014.05.30
雷威	教务处	处长、教授	英国、法国、德国	工作访问	2014.05.21—2014.05.30
史兰新	国际合作处	处长、副教授	英国、法国、德国	工作访问	2014.05.21—2014.05.30
司风琪	能源与环境学院	教授、副院长	美国	国际会议并合作研究	2014.05.26—2014.06.06
尹洁	人文学院	副教授	美国	国际会议	2014.05.31—2014.06.07

(续　表)

姓名	所在院系	职务/职称	出访国家或地区	出访任务	出访时间
徐康宁	经济管理学院	教授、院长	美国	合作研究	2014.05.19—2014.05.26
杨冠羽	计算机科学与工程学院	讲师	法国、意大利	合作研究	2014.05.15—2014.05.25
尚金堂	电子科学与工程学院	教授	美国	国际会议	2014.05.26—2014.05.31
杨　军	交通工程学院	教授	美国	国际会议	2014.05.31—2014.06.07
邱海波	附属中大医院	教授、副院长	澳大利亚	国际会议	2014.06.12—2014.06.16
刘　宏	生物科学与医学工程学院	教授	美国	国际会议并合作研究	2014.06.21—2014.07.01
胡爱群	信息科学与工程学院	教授	芬兰、法国	合作研究	2014.06.29—2014.07.27
陈立全	信息科学与工程学院	副教授	芬兰、法国	合作研究	2014.06.29—2014.07.27
史小红	信息科学与工程学院	讲师	芬兰、法国	合作研究	2014.06.29—2014.07.27
苏振毅	医学院	讲师	美国	合作研究	2014.07.10—2015.07.09
崔铁军	信息科学与工程学院	教授、副院长	新加坡	合作研究并国际会议	2014.05.19—2014.05.30
张志珺	附属中大医院	教授	加拿大、美国	国际会议并合作研究	2014.06.02—2014.06.22
曹秀英	信息科学与工程学院	教授	美国	合作研究	2014.05.15—2014.05.24
范　赟	数学系	讲师	新加坡	国际会议并合作研究	2014.06.01—2014.06.15
孙立涛	电子科学与工程学院	教授、副院长	澳大利亚	国际会议并合作研究	2014.07.12—2014.07.31
田玉平	自动化学院	教授	南非	国际会议	2014.08.23—2014.08.30
陈杨杨	自动化学院	讲师	南非	国际会议	2014.08.23—2014.08.30
张凯锋	自动化学院	副研究员	南非	国际会议	2014.08.22—2014.08.28
李　俊	自动化学院	副研究员	南非	国际会议	2014.08.24—2014.08.29
刘淑君	数学系	副教授	韩国	国际会议	2014.08.12—2014.08.21
夏思宇	自动化学院	副教授	瑞典	国际会议	2014.08.23—2014.08.29
徐春冬	机械工程学院	研究生	韩国	国际会议	2014.05.23—2014.05.27
冯慧慧	机械工程学院	研究生	韩国	国际会议	2014.05.23—2014.05.27
林绪波	生物科学与医学工程学院	研究生	西班牙	国际会议	2014.05.30—2014.06.04
柏婷婷	生物科学与医学工程学院	研究生	西班牙	国际会议	2014.05.30—2014.06.04
李　明	机械工程学院	研究生	美国	国际会议	2014.06.15—2014.06.22
朱　辉	电子科学与工程学院	研究生	美国	国际会议	2014.05.05—2014.05.10
李连鸣	信息科学与工程学院	副教授	美国	国际会议	2014.05.31—2014.06.06

(续 表)

姓名	所在院系	职务/职称	出访国家或地区	出访任务	出访时间
马旭东	自动化学院	教授	土耳其	国际会议	2014.05.31—2014.06.05
叶莉华	电子科学与工程学院	副教授、副院长	中国香港	工作访问	2014.05.24—2014.05.29
苗 澎	信息科学与工程学院	副教授	美国	国际会议	2014.05.31—2014.06.07
洪 伟	信息科学与工程学院	教授、副院长	美国	国际会议	2014.05.27—2014.06.07
孙子林	医学院	教授、副院长	美国	国际会议并学术交流	2014.06.12—2014.06.19
赵祥伟	生物科学与医学工程学院	教授	新加坡	国际会议	2014.05.17—2014.05.23
程 琳	交通工程学院	教授	美国	合作研究	2014.06.20—2014.09.20
吴巍炜	计算机科学与工程学院	副研究员	中国香港	合作研究	2014.06.01—2014.08.30
李世华	自动化学院	教授	法国	国际会议	2014.06.29—2014.07.03
李世华	自动化学院	教授	南非	国际会议	2014.08.25—2014.08.30
李世华	自动化学院	教授	英国	合作研究	2014.07.15—2014.08.05
王 桥	信息科学与工程学院	教授	美国	国际会议	2014.06.28—2014.07.05
王红兵	计算机科学与工程学院	教授	美国	国际会议	2014.06.26—2014.07.03
季 红	医学院	讲师	美国	留学进修	2014.07.07—2014.10.05
李兆霞	土木工程学院	教授	美国	合作研究	2014.07.05—2014.08.02
高丙团	电气工程学院	副教授	中国香港	国际会议	2014.05.31—2014.06.08
杨福俊	土木工程学院	教授	英国	国际会议	2014.07.05—2014.07.12
黄永明	信息科学与工程学院	副教授	澳大利亚	国际会议	2014.06.01—2014.04.01
金 石	信息科学与工程学院	副教授	澳大利亚	国际会议	2014.06.01—2014.04.01
王琦龙	电子科学与工程学院	副研究员	俄罗斯	国际会议	2014.06.30—2014.07.04
张晓兵	电子科学与工程学院	教授	俄罗斯	国际会议	2014.06.30—2014.07.04
侯吉旋	物理系	副教授	美国	国际会议	2014.07.26—2014.07.30
纪 静	物理系	助教	美国	国际会议	2014.07.26—2014.07.30
李慧颖	计算机科学与工程学院	副教授	中国澳门	国际会议	2014.06.16—2014.06.18
陈礼明	生命科学研究院	教授	新加坡	合作研究	2014.06.21—2014.07.01
顾忠泽	生物科学与医学工程学院	教授	英国	合作研究	2014.07.01—2014.08.30
刘向东	生命科学研究院	教授	加拿大	合作研究	2014.08.04—2014.08.31
沈 亮	数学系	讲师	加拿大	国际会议	2014.07.27—2014.07.31
陈建龙	数学系	教授	加拿大	合作研究并国际会议	2014.07.26—2014.08.10

（续　表）

姓名	所在院系	职务/职称	出访国家或地区	出访任务	出访时间
李雅然	吴健雄学院	本科生	美国	国际会议	2014.07.26—2014.07.31
杨宇辰	吴健雄学院	本科生	美国	国际会议	2014.07.26—2014.07.31
苏浩亮	吴健雄学院	本科生	美国	国际会议	2014.07.26—2014.07.31
吴旭东	吴健雄学院	本科生	美国	国际会议	2014.07.26—2014.07.31
迟　骋	吴健雄学院	本科生	美国	国际会议	2014.07.26—2014.07.31
褚宏云	信息科学与工程学院	研究生	澳大利亚	国际会议	2014.06.09—2014.06.13
柴　远	信息科学与工程学院	研究生	美国	国际会议	2014.06.01—2014.06.05
杨潇雨	建筑学院	本科生	西班牙	合作研究	2014.05.19—2014.06.03
单璐琳	建筑学院	本科生	西班牙	合作研究	2014.05.19—2014.06.03
崔百合	建筑学院	本科生	西班牙	合作研究	2014.05.19—2014.06.03
秦睿子	建筑学院	本科生	西班牙	合作研究	2014.05.19—2014.06.03
戚梦晓	建筑学院	本科生	西班牙	合作研究	2014.05.19—2014.06.03
傅　烨	建筑学院	本科生	西班牙	合作研究	2014.05.19—2014.06.03
王倩妮	建筑学院	本科生	西班牙	合作研究	2014.05.19—2014.06.03
汤晓骏	建筑学院	本科生	西班牙	合作研究	2014.05.19—2014.06.03
钟嘉斯	建筑学院	本科生	西班牙	合作研究	2014.05.19—2014.06.03
李天骄	建筑学院	研究生	西班牙	合作研究	2014.05.19—2014.06.03
张思敏	建筑学院	研究生	西班牙	合作研究	2014.05.19—2014.06.03
金晓飞	土木工程学院	研究生	荷兰	国际会议	2014.06.17—2014.06.21
李兆峰	计算机科学与工程学院	研究生	法国	国际会议	2014.05.05—2014.05.09
黄　涛	电气工程学院	研究生	美国	国际会议	2014.07.26—2014.08.01
邹海峰	交通工程学院	研究生	美国	国际会议	2014.05.11—2014.05.15
林　骰	电子科学与工程学院	研究生	新加坡	国际会议	2014.05.20—2014.05.23
理记涛	生物科学与医学工程学院	研究生	新加坡	国际会议	2014.05.20—2014.05.23
田正山	生物科学与医学工程学院	研究生	新加坡	国际会议	2014.05.20—2014.05.23
孙　宁	生物科学与医学工程学院	研究生	新加坡	国际会议	2014.05.20—2014.05.23
沈金星	交通工程学院	研究生	葡萄牙	国际会议	2014.05.27—2014.05.31
杨辰星	电气工程学院	研究生	美国	国际会议	2014.07.26—2014.07.31
孔跃东	数学系	研究生	西班牙	国际会议	2014.07.06—2014.07.10
陆雪竹	数学系	研究生	西班牙	国际会议	2014.07.06—2014.07.10

（续　表）

姓名	所在院系	职务/职称	出访国家或地区	出访任务	出访时间
樊和平	人文学院	院长、教授	英国、德国	合作研究	2014.07.07—2014.07.29
吕小俊	数学系	讲师	美国	合作研究	2014.07.10—2014.08.20
汤奕	电气工程学院	副教授	中国香港	国际会议	2014.06.02—2014.06.07
胡小会	电子科学与工程学院	研究生	芬兰	合作研究	2014.05.10—2014.11.30
樊琦	经济管理学院	研究生	土耳其	国际会议	2014.06.04—2014.06.08
徐寅飞	信息科学与工程学院	研究生	美国	国际会议	2014.06.28—2014.07.02
徐寅飞	信息科学与工程学院	研究生	加拿大	国际会议	2014.06.01—2014.12.31
曹达明	信息科学与工程学院	研究生	中国香港	短期学习	2014.07.06—2014.07.10
虞文武	数学系	副教授	澳大利亚	合作研究并国际会议	2014.06.01—2014.08.25
韩瑞珠	经济管理学院	教授	加拿大	合作研究并国际会议	2014.07.27—2014.08.11
李志勇	生物科学与医学工程学院	教授	美国	国际会议	2014.07.06—2014.07.11
汪峥	自动化学院	教授	中国香港	合作研究	2014.07.14—2014.08.12
周再发	电子科学与工程学院	研究员	比利时	培训	2014.06.01—2014.08.29
王建国	建筑学院	教授、院长	中国香港	参加结业礼	2014.07.30—2014.08.03
何农跃	生物科学与医学工程学院	教授	美国	国际会议并访问	2014.08.10—2014.08.14
朱虹	土木工程学院	副教授	马耳他	国际会议	2014.07.12—2014.07.17
钱卫平	生物科学与医学工程学院	教授	美国	合作研究并国际会议	2014.07.27—2014.08.13
陈汉武	计算机科学与工程学院	教授	美国	国际会议	2014.06.28—2014.07.03
Yun-Kyn An	土木工程学院	副研究员	韩国	合作研究	2014.05.22—2014.05.27
张小祥	生物科学与医学工程学院	研究生	中国澳门	国际会议	2014.05.20—2014.05.25
魏巍	电气工程学院	研究生	中国香港	国际会议	2014.06.03—2014.06.07
陆玉正	能源与环境学院	研究生	土耳其	国际会议	2014.06.08—2014.06.12
杨蕊	医学院	研究生	美国	国际会议	2014.05.18—2014.05.22
黄晓明	交通工程学院	教授、副院长	德国、荷兰	合作研究并国际会议	2014.08.04—2014.08.13
程建川	交通工程学院	教授、副院长	德国、荷兰	合作研究并国际会议	2014.08.04—2014.08.13
杨军	交通工程学院	教授	德国、荷兰	合作研究并国际会议	2014.08.04—2014.08.13

（续　表）

姓名	所在院系	职务/职称	出访国家或地区	出访任务	出访时间
赵永利	交通工程学院	教授	德国、荷兰	合作研究并国际会议	2014.08.04—2014.08.13
顾兴宇	交通工程学院	副教授	德国、荷兰	合作研究并国际会议	2014.08.04—2014.08.13
李昶	交通工程学院	副教授	德国、荷兰	合作研究并国际会议	2014.08.04—2014.08.13
张小松	能源与环境学院	教授	法国	国际会议并访问	2014.06.18—2014.06.22
李舒宏	能源与环境学院	上岗研究员	法国	国际会议并访问	2014.06.18—2014.06.22
陶岸君	建筑学院	讲师	韩国	国际会议	2014.07.06—2014.07.10
洪振舜	交通工程学院	教授	法国	合作研究	2014.07.06—2014.08.12
邓永锋	交通工程学院	教授	法国	合作研究	2014.07.16—2014.08.12
梁金玲	数学系	教授	卡塔尔	合作研究	2014.07.01—2014.08.30
王蓓蓓	电气工程学院	副教授	美国	国际会议	2014.07.27—2014.07.31
高赐威	电气工程学院	教授	美国	国际会议	2014.07.27—2014.07.31
苏春	机械工程学院	教授	英国	国际会议	2014.07.09—2014.07.13
何小元	土木工程学院	教授	韩国	国际会议	2014.06.13—2014.06.17
汪芸	计算机科学与工程学院	教授	新加坡	国际会议	2014.06.30—2014.07.04
史兴娟	生命科学研究院	讲师	加拿大	留学进修	2014.08.01—2015.01.31
顾兴中	机械工程学院	讲师	英国	访学和研修	2014.06.16—2015.06.15
黄晓明	交通工程学院	教授、副院长	肯尼亚、埃塞俄比亚、南苏丹	合作研究	2014.07.08—2014.07.19
狄云松	电子科学与工程学院	副教授	俄罗斯	国际会议	2014.06.29—2014.07.70
王新平	经济管理学院	研究生	韩国	国际会议	2014.06.15—2014.06.19
王敏	经济管理学院	研究生	韩国	国际会议	2014.06.15—2014.06.19
张鹏	经济管理学院	研究生	韩国	国际会议	2014.06.15—2014.06.19
吴军建	经济管理学院	研究生	韩国	国际会议	2014.06.15—2014.06.19
蔡峰	医学院	研究生	瑞士	国际会议	2014.06.15—2014.06.19
邵新星	土木工程学院	研究生	韩国	国际会议	2014.06.13—2014.06.17
王路	交通工程学院	研究生	美国	短期学习	2014.09.20—2015.09.19
许波	能源与环境学院	研究生	中国香港	国际会议	2014.07.07—2014.07.11
马强	能源与环境学院	研究生	中国香港	国际会议	2014.07.07—2014.07.11
夏铭谦	土木工程学院	研究生	美国	联合培养	2014.10.01—2016.09.30

（续　表）

姓名	所在院系	职务/职称	出访国家或地区	出访任务	出访时间
韩会朝	经济管理学院	研究生	希腊	国际会议	2014.07.20—2014.07.24
曾维理	自动化学院	讲师	新西兰	合作研究	2014.06.01—2014.06.30
王小明	信息科学与工程学院	研究生	澳大利亚	国际会议	2014.06.10—2014.06.14
尤肖虎	信息科学与工程学院	教授、院长	日本	合作研究	2014.06.18—2014.06.22
尤肖虎	信息科学与工程学院	教授、院长	韩国	合作研究	2014.06.15—2014.06.18
姜龙玉	计算机科学与工程学院	讲师	法国	合作研究	2014.06.07—2014.06.30
王立峰	电子科学与工程学院	讲师	韩国	国际会议	2014.06.29—2014.07.03
黄庆安	电子科学与工程学院	教授	韩国	国际会议	2014.06.29—2014.07.03
黄　凯	苏州联合研究生院	教授、院长	德国	合作研究	2014.07.23—2014.07.31
赵伶玲	能源与环境学院	副教授	美国	合作研究并国际会议	2014.08.04—2014.08.19
陈　南	机械工程学院	教授	英国	国际会议并访问	2014.08.04—2014.08.19
李新德	自动化学院	副教授	西班牙	国际会议	2014.07.06—2014.07.11
朱　利	电子科学与工程学院	副教授	美国	合作研究	2014.08.08—2014.09.06
陈　南	机械工程学院	教授	英国	国际会议并工作访问	2014.07.09—2014.07.15
皮　雅	经济管理学院	研究生	马来西亚	国际会议	2014.06.17—2014.06.19
钱　华	能源与环境学院	副教授	中国香港	国际会议	2014.07.06—2014.07.10
张在琛	信息科学与工程学院	教授	中国香港	合作研究	2014.07.02—2014.07.06
王　浩	土木工程学院	副研究员	西班牙	国际会议	2014.07.14—2014.07.20
朱晓维	信息科学与工程学院	教授	美国	国际会议	2014.07.05—2014.07.12
洪　伟	信息科学与工程学院	教授、副院长	美国	国际会议	2014.07.05—2014.07.12
樊祥宁	信息科学与工程学院	教授	英国	国际会议	2014.07.23—2014.07.27
李文渊	信息科学与工程学院	教授	英国	国际会议	2014.07.23—2014.07.27
冯　军	信息科学与工程学院	教授	英国	国际会议	2014.07.23—2014.07.27
胡庆生	信息科学与工程学院	教授	英国	国际会议	2014.07.23—2014.07.27
孟　桥	信息科学与工程学院	教授	英国	国际会议	2014.07.23—2014.07.27
顾忠泽	生物科学与医学工程学院	教授	日本	国际会议	2014.06.30—2014.07.03
方　霞	教务处	高级工程师	巴西	参加竞赛	2014.07.19—2014.07.25
沈孝兵	教务处	教授、副处长	巴西	参加竞赛	2014.07.19—2014.07.25
许映秋	老干部处	教授、处长	巴西	参加竞赛	2014.07.19—2014.07.25

（续　表）

姓名	所在院系	职务/职称	出访国家或地区	出访任务	出访时间
刘荣才	继续教育学院	副教授	英国	留学进修	2014.06.18—2014.07.01
Mohammad Noorr	土木工程学院	教授	西班牙	国际会议	2014.07.13—2014.07.18
蔡　顺	计算机科学与工程学院	研究生	澳大利亚	国际会议	2014.06.09—2014.06.16
浦跃朴	校长办公室	教授、副校长	中国香港	工作访问	2014.06.16—2014.06.20
孙莉玲	学生处	副教授	中国香港	工作访问	2014.06.16—2014.06.20
李　爽	发展委员会	馆　员	中国香港	工作访问	2014.06.16—2014.06.20
邱　斌	海外教育学院	教授、院长	印度尼西亚、泰国	工作访问	2014.06.15—2014.06.22
蔡一峰	海外教育学院	主任	印度尼西亚、泰国	工作访问	2014.06.15—2014.06.22
李　东	经济管理学院	教授、副院长	印度尼西亚、泰国	工作访问	2014.06.15—2014.06.22
李向锋	建筑学院	副教授	印度尼西亚、泰国	工作访问	2014.06.15—2014.06.22
王立新	医学院	教授、副院长	印度尼西亚、泰国	工作访问	2014.06.15—2014.06.22
郝庆九	国际合作处	讲师	印度尼西亚、泰国	工作访问	2014.06.15—2014.06.22
钱　华	能源与环境学院	副教授	中国香港	国际会议	2014.07.06—2014.07.10
曹进德	数学系	教授	澳大利亚	合作研究	2014.08.01—2014.08.31
魏　芹	附属中大医院	主治医师	美国	合作研究	2014.08.01—2015.01.31
汪　昕	土木工程学院	副研究员	加拿大	国际会议	2014.08.19—2014.08.23
蔡体菁	仪器科学与工程学院	教授	俄罗斯	合作研究	2014.08.01—2014.08.15
陈先华	交通工程学院	副教授	德国、荷兰	合作研究	2014.08.01—2014.08.24
孙丽伟	能源与环境学院	副教授	瑞士	国际会议	2014.08.24—2014.08.28
吕建华	计算机科学与工程学院	副教授	南非	国际会议	2014.08.23—2014.08.27
汪　鹏	计算机科学与工程学院	副教授	德国	国际会议	2014.08.31—2014.09.04
贺文伟	信息科学与工程学院	研究生	英国	国际会议	2014.07.23—2014.07.27
徐　杰	信息科学与工程学院	研究生	英国	国际会议	2014.07.23—2014.07.27
朱　灿	信息科学与工程学院	研究生	英国	国际会议	2014.07.23—2014.07.27
胡　诚	计算机科学与工程学院	研究生	新加坡	国际会议	2014.06.30—2014.07.04
赵　颖	土木工程学院	研究生	西班牙	国际会议	2014.07.13—2014.07.18
王海峰	土木工程学院	研究生	西班牙	国际会议	2014.07.13—2014.07.18
陈　磊	自动化学院	研究生	南非	国际会议	2014.08.24—2014.08.28

（续　表）

姓名	所在院系	职务/职称	出访国家或地区	出访任务	出访时间
查雯婷	自动化学院	研究生	南非	国际会议	2014.08.24—2014.08.28
王瑞华	自动化学院	研究生	南非	国际会议	2014.08.24—2014.08.28
王翔宇	自动化学院	研究生	法国	国际会议	2014.06.29—2014.07.03
张华娣	能源与环境学院	研究生	中国香港	国际会议	2014.07.06—2014.07.10
周　琦	能源与环境学院	研究生	中国香港	国际会议	2014.07.06—2014.07.10
杨宇明	交通工程学院	研究生	美国	短期学习	2014.09.01—2015.09.01
明　添	机械工程学院	研究生	巴西	参赛	2014.07.19—2014.07.25
朱　佩	自动化学院	研究生	巴西	参赛	2014.07.19—2014.07.25
钮　伟	机械工程学院	研究生	巴西	参赛	2014.07.19—2014.07.25
祝甜一	自动化学院	研究生	巴西	参赛	2014.07.19—2014.07.25
顾　慧	能源与环境学院	研究生	美国	美国	2014.05.31—2014.06.04
任少君	能源与环境学院	研究生	美国	美国	2014.05.31—2014.06.04
罗鸿飞	自动化学院	本科生	巴西	参赛	2014.07.19—2014.07.25
万杭州	仪器科学与工程学院	本科生	巴西	参赛	2014.07.19—2014.07.25
高海丹	自动化学院	本科生	巴西	参赛	2014.07.19—2014.07.25
张炜森	自动化学院	本科生	巴西	参赛	2014.07.19—2014.07.25
许　尧	能源与环境学院	研究生	中国香港	国际会议	2014.07.07—2014.07.11
朱辉辉	数学系	研究生	韩国	国际会议	2014.08.05—2014.08.10
胡令伊	经济管理学院	本科生	德国	短期学习	2014.08.01—2014.08.28
侯舒展	经济管理学院	本科生	德国	短期学习	2014.08.01—2014.08.28
蔡　晓	经济管理学院	本科生	德国	短期学习	2014.08.01—2014.08.28
陆　晖	经济管理学院	本科生	德国	短期学习	2014.08.01—2014.08.28
陈　娟	人文学院	研究生	俄罗斯	国际会议	2014.09.10—2014.09.14
蔡　沁	医学院	研究生	德国	短期学习	2014.08.01—2014.08.31
李　浩	医学院	研究生	德国	短期学习	2014.08.01—2014.08.31
钱柏锋	医学院	研究生	德国	短期学习	2014.08.01—2014.08.31
蔡　英	医学院	研究生	德国	短期学习	2014.08.01—2014.08.31
Popal	医学院	研究生	德国	短期学习	2014.08.01—2014.08.31
马　钰	医学院	本科生	德国	短期学习	2014.08.01—2014.08.31
张　程	医学院	本科生	德国	短期学习	2014.08.01—2014.08.31
高适萱	电子科学与工程学院	研究生	韩国	国际会议	2014.06.29—2014.07.03

（续　表）

姓名	所在院系	职务/职称	出访国家或地区	出访任务	出访时间
任青颖	电子科学与工程学院	研究生	韩国	国际会议	2014.06.29—2014.07.03
董　蕾	电子科学与工程学院	研究生	韩国	国际会议	2014.06.29—2014.07.03
唐　丹	电子科学与工程学院	研究生	韩国	国际会议	2014.06.29—2014.07.03
张　聪	电子科学与工程学院	研究生	韩国	国际会议	2014.06.29—2014.07.03
崔铁军	信息科学与工程学院	教授、副院长	新加坡	国际会议	2014.06.23—2014.06.27
鲍　迪	信息科学与工程学院	讲师	新加坡	国际会议	2014.06.23—2014.06.27
蔡建国	土木工程学院	讲师	日本、美国	国际会议	2014.08.10—2014.08.20
李　驰	电子科学与工程学院	讲师	瑞士	国际会议	2014.07.06—2014.07.10
陈世华	物理系	副教授	西班牙	国际会议	2014.07.26—2014.07.30
刘　威	科研院	助理研究员	美国	国际会议	2014.08.10—2014.08.14
王兴平	建筑学院	教授	韩国	国际会议	2014.07.06—2014.07.10
张晨晨	交通工程学院	研究生	美国	短期学习	2014.09.01—2015.08.31
杨　攀	建筑学院	研究生	韩国	国际会议	2014.07.06—2014.07.10
国子健	建筑学院	研究生	韩国	国际会议	2014.07.06—2014.07.10
林鹤云	电气工程学院	教授	美国	留学	2014.07.21—2014.08.18
吴　涓	教务处	教授、副处长	美国	项目研究	2014.07.06—2014.08.02
莫凌飞	仪器科学与工程学院	副教授	美国	项目研究	2014.07.06—2014.08.02
徐琴珍	信息科学与工程学院	副教授	美国	项目研究	2014.07.06—2014.08.02
吴跃全	国际合作处	助理研究员	美国	项目研究	2014.07.06—2014.08.02
黄　虹	教师教学发展中心	助理研究员	美国	项目研究	2014.07.06—2014.08.02
戎志丹	材料科学与工程学院	讲师	美国	项目研究	2014.07.06—2014.08.02
吴　磊	能源与环境学院	副教授	美国	项目研究	2014.07.06—2014.08.02
顾　兵	电子科学与工程学院	教授	美国	项目研究	2014.07.06—2014.08.02
杨　洋	马克思主义学院	讲师	美国	项目研究	2014.07.06—2014.08.02
叶海涛	马克思主义学院	副教授	美国	项目研究	2014.07.06—2014.08.02
徐　照	土木工程学院	讲师	美国	项目研究	2014.07.06—2014.08.02
钱　堃	自动化学院	讲师	美国	项目研究	2014.07.06—2014.08.02
林宏志	经济管理学院	讲师	美国	项目研究	2014.07.06—2014.08.02
娄永兵	化学化工学院	副教授	美国	项目研究	2014.07.06—2014.08.02
罗　晨	机械工程学院	讲师	美国	项目研究	2014.07.06—2014.08.02
牛　丹	自动化学院	讲师	美国	项目研究	2014.07.06—2014.08.02

(续 表)

姓名	所在院系	职务/职称	出访国家或地区	出访任务	出访时间
陈峻青	化学化工学院	副教授	美国	项目研究	2014.07.06—2014.08.02
张小国	仪器科学与工程学院	副教授	美国	项目研究	2014.07.06—2014.08.02
傅丽莉	艺术学院	讲师	美国	项目研究	2014.07.06—2014.08.02
张 萍	材料科学与工程学院	工程师	美国	项目研究	2014.07.06—2014.08.02
王明春	能源与环境学院	教授	美国	项目研究	2014.07.06—2014.08.02
陆 璐	法学院	副教授	美国	项目研究	2014.07.06—2014.08.02
刘建利	法学院	副教授	美国	项目研究	2014.07.06—2014.08.02
孙 虹	经济管理学院	副教授	美国	项目研究	2014.07.06—2014.08.02
吴 敏	外国语学院	讲师	美国	项目研究	2014.07.06—2014.08.02
乔 玲	土木工程学院	讲师	美国	项目研究	2014.07.06—2014.08.02
董 科	物理系	副教授	美国	项目研究	2014.07.06—2014.08.02
喻小强	物理系	讲师	美国	项目研究	2014.07.06—2014.08.02
郭 彤	研究生院	教授	西班牙	国际会议	2014.07.13—2014.07.17
李必信	计算机科学与工程学院	教授	中国香港	合作研究	2014.07.08—2014.08.08
刘道广	艺术学院	教授	中国香港	合作研究	2014.08.14—2014.08.27
唐 芃	建筑学院	副教授	日本	学术交流	2014.06.06—2014.06.12
余小金	公共卫生学院	副教授	美国	合作研究	2014.09.29—2014.12.29
沈来宏	能源与环境学院	教授	瑞典	国际会议	2014.09.08—2014.09.12
顾海明	能源与环境学院	讲师	瑞典	国际会议	2014.09.08—2014.09.12
陈哲衡	土木工程学院	研究生	西班牙	国际会议	2014.07.13—2014.07.17
刘 扬	信息科学与工程学院	研究生	法国	国际会议	2014.06.30—2014.07.04
王 冲	信息科学与工程学院	研究生	法国	国际会议	2014.06.30—2014.07.04
丁沐沂	电子科学与工程学院	研究生	瑞士	国际会议	2014.07.06—2014.07.10
周海波	经济管理学院	研究生	美国	国际会议	2014.09.11—2014.09.15
季 秋	计算机科学与工程学院	研究生	捷克	国际会议	2014.08.19—2014.08.23
潘丹萍	能源与环境学院	研究生	美国	国际会议	2014.06.09—2014.06.14
沈奇真	材料科学与工程学院	研究生	中国香港	国际会议	2014.08.03—2014.08.08
石文博	交通工程学院	研究生	西班牙	国际会议	2014.05.23—2014.05.28
赵云利	公共卫生学院	研究生	日本	国际会议	2014.07.15—2014.07.19
赵晓凡	数学系	研究生	韩国	国际会议	2014.08.05—2014.08.10
张晓辉	数学系	研究生	韩国	国际会议	2014.08.05—2014.08.10

(续 表)

姓名	所在院系	职务/职称	出访国家或地区	出访任务	出访时间
杨家悦	医学院	研究生	美国	合作研究	2014.07.19—2014.09.25
任皎龙	交通工程学院	研究生	中国香港	国际会议	2014.08.20—2014.08.24
闫志俊	经济管理学院	研究生	韩国	国际会议	2014.06.27—2014.06.29
邓梓龙	能源与环境学院	研究生	日本	国际会议	2014.08.11—2014.08.15
陶华伟	信息科学与工程学院	研究生	美国	国际会议	2014.07.20—2014.07.24
浦正宁	经济管理学院	讲师	韩国	国际会议	2014.06.27—2014.06.30
刘修岩	经济管理学院	副教授	韩国	国际会议	2014.06.27—2014.06.30
邱 斌	经济管理学院	教授	韩国	国际会议	2014.06.27—2014.06.30
江建中	出版社	副研究员、社长	中国香港	参加书展	2014.07.15—2014.07.20
彭克勇	出版社	编辑、主任	中国香港	参加书展	2014.07.15—2014.07.20
陈志斌	经济管理学院	教授	澳大利亚	合作研究	2014.07.04—2014.09.12
余 晨	信息科学与工程学院	讲师	美国	国际会议	2014.07.15—2014.07.19
张志政	计算机科学与工程学院	副教授	奥地利	国际会议	2014.07.19—2014.07.24
李文权	交通工程学院	教授	新加坡	合作研究	2014.07.15—2014.08.12
徐康宁	经济管理学院	教授	希腊	国际会议	2014.07.20—2014.07.24
杨才千	土木工程学院	上岗研究员	西班牙	国际会议	2014.07.04—2014.07.18
陈忠范	土木工程学院	教授	美国、加拿大	合作研究	2014.07.20—2014.08.04
张玉林	经济管理学院	教授、副院长	加拿大	合作研究	2014.07.22—2014.08.19
佐藤忠信	土木工程学院	教授	德国、西班牙	合作研究并国际会议	2014.07.09—2014.07.18
王海明	信息科学与工程学院	副研究员	美国	国际会议	2014.07.15—2014.07.19
王茂祥	经济管理学院	高级经济师	美国	国际会议	2014.07.23—2014.07.27
洪岩璧	人文学院	副教授	日本	国际会议	2014.07.13—2014.07.17
陈爱华	人文学院	教授	加拿大	合作研究	2014.08.15—2014.09.14
赵新胜	信息科学与工程学院	教授	加拿大	国际会议	2014.09.13—2014.09.17
王廷信	艺术学院	教授、院长	澳大利亚	国际会议	2014.08.15—2014.08.24
陶思炎	艺术学院	教授	澳大利亚	国际会议	2014.08.15—2014.08.24
郑德东	艺术学院	讲师	澳大利亚	国际会议	2014.08.15—2014.08.24
黄 磊	电气工程学院	讲师	美国	国际会议	2014.08.11—2014.08.15
蒋 玮	电气工程学院	讲师	美国	国际会议	2014.09.14—2014.09.18
钱振东	交通工程学院	教授	德国、荷兰	合作研究并国际会议	2014.08.05—2014.08.12

（续　表）

姓名	所在院系	职务/职称	出访国家或地区	出访任务	出访时间
张　磊	交通工程学院	副研究员	德国、荷兰	合作研究并国际会议	2014.08.05—2014.08.12
李　敏	材料科学与工程学院	教授	美国	合作研究	2014.09.01—2014.11.30
陈惠苏	材料科学与工程学院	教授	中国香港	合作研究并与会	2014.08.01—2014.08.08
郭丽萍	材料科学与工程学院	副教授	中国香港	合作研究并与会	2014.08.01—2014.08.08
封卫东	材料科学与工程学院	副主任医师	中国香港	合作研究并与会	2014.08.01—2014.08.08
高建明	材料科学与工程学院	教授	中国香港	合作研究并与会	2014.08.01—2014.08.08
张亚梅	材料科学与工程学院	教授、副院长	中国香港	合作研究并与会	2014.08.01—2014.08.08
钱春香	材料科学与工程学院	教授	中国香港	合作研究并与会	2014.08.01—2014.08.08
吴镇扬	信息科学与工程学院	教授	瑞典	国际会议并访问	2014.08.23—2014.08.29
许　威	信息科学与工程学院	副教授	加拿大	合作研究	2014.09.14—2014.09.27
何　杰	交通工程学院	教授	奥地利	国际会议	2014.08.27—2014.08.31
王志功	信息科学与工程学院	教授	中国香港	合作研究	2014.06.30—2014.07.01
陈礼明	生命科学研究院	教授	新加坡	合作研究	2014.07.21—2014.08.27
舒华忠	计算机科学与工程学院	教授、副院长	法国	合作研究	2014.07.10—2014.08.20
李允博	信息科学与工程学院	研究生	阿鲁巴(荷兰)	国际会议	2014.08.04—2014.08.08
曹小卫	生物科学与医学工程学院	研究生	法国	国际会议	2014.10.14—2014.10.21
卢文卜	生物科学与医学工程学院	研究生	法国	国际会议	2014.10.14—2014.10.21
章　晨	交通工程学院	研究生	奥地利	国际会议	2014.08.27—2014.08.31
游检卫	信息科学与工程学院	研究生	美国	国际会议	2014.07.05—2014.07.09
张小路	经济管理学院	研究生	新加坡	国际会议	2014.08.04—2014.08.09
柏　凌	生物科学与医学工程学院	研究生	葡萄牙	国际会议	2014.06.30—2014.07.06
程　旭	信息科学与工程学院	研究生	瑞典	开会并访问	2014.08.23—2014.08.29
刘慈慧	生物科学与医学工程学院	研究生	葡萄牙	国际会议	2014.07.01—2014.07.05
李碧草	计算机科学与工程学院	研究生	瑞典	国际会议	2014.08.24—2014.08.28
郑　浩	信息科学与工程学院	研究生	英国	国际会议	2014.07.23—2014.07.27

(续 表)

姓名	所在院系	职务/职称	出访国家或地区	出访任务	出访时间
郭晓丹	信息科学与工程学院	研究生	英国	国际会议	2014.07.23—2014.07.27
王显海	信息科学与工程学院	研究生	英国	国际会议	2014.07.23—2014.07.27
程 瑶	生物科学与医学工程学院	研究生	日本	短期学习	2014.08.23—2014.08.28
王 磊	仪器科学与工程学院	研究生	美国	国际会议	2014.07.22—2014.07.27
樊继豪	计算机科学与工程学院	研究生	美国	国际会议	2014.06.29—2014.07.03
鹿道伟	数学系	研究生	韩国	国际会议	2014.08.05—2014.08.10
游弥漫	数学系	研究生	韩国	国际会议	2014.08.05—2014.08.10
王 慧	建筑学院	研究生	南非	国际会议	2014.08.03—2014.08.07
强欢欢	建筑学院	研究生	南非	国际会议	2014.08.03—2014.08.07
刘西慧	建筑学院	研究生	南非	国际会议	2014.08.03—2014.08.07
曹 俊	能源与环境学院	研究生	巴西	国际会议	2014.08.24—2014.08.28
唐雨莹	医学院	本科生	美国	短期学习	2014.07.05—2014.08.16
许心怡	医学院	本科生	美国	短期学习	2014.07.05—2014.08.16
焦 娇	医学院	本科生	美国	短期学习	2014.07.05—2014.08.16
黄金健	医学院	本科生	美国	短期学习	2014.07.05—2014.08.16
余晨曦	医学院	本科生	美国	短期学习	2014.07.05—2014.08.16
王昱雯	经济管理学院	研究生	韩国	国际会议	2014.06.27—2014.06.29
沈 典	计算机科学与工程学院	研究生	蒙古	国际会议	2014.07.11—2014.07.14
朱 雷	建筑学院	副教授	加拿大	合作研究	2014.08.14—2014.08.26
韩晓峰	建筑学院	讲师	加拿大	合作研究	2014.08.04—2014.08.26
陈振乾	能源与环境学院	教授	中国香港	国际会议	2014.07.07—2014.07.11
张志政	计算机科学与工程学院	副教授	奥地利	国际会议	2014.07.18—2014.07.24
张亚梅	材料科学与工程学院	教授、副院长	加拿大	合作研究	2014.07.22—2014.07.28
封卫东	材料科学与工程学院	副主任医师	加拿大	合作研究	2014.07.22—2014.07.28
郭丽萍	材料科学与工程学院	副教授	加拿大	合作研究	2014.07.22—2014.07.28
刘 猛	能源与环境学院	讲师	英国	国际会议	2014.09.14—2014.09.18
谢 维	生命科学研究院	院长、教授	美国	合作研究	2014.07.28—2014.08.25
王东明	信息科学与工程学院	副研究员	英国	合作研究	2014.07.01—2014.08.31
孙长银	自动化学院	教授、副院长	南非	国际会议	2014.08.24—2014.08.28
熊仁根	化学化工学院	教授	美国	合作研究	2014.07.30—2014.12.30
陈文姬	医学院	副主任医师	英国	合作研究	2014.08.15—2014.08.25

（续　表）

姓名	所在院系	职务/职称	出访国家或地区	出访任务	出访时间
张　帅	能源与环境学院	研究生	瑞典	国际会议	2014.09.08—2014.09.12
赵　杏	土木工程学院	研究生	加拿大	国际会议	2014.08.19—2014.08.23
王宇翔	计算机科学与工程学院	研究生	美国	国际会议	2014.09.08—2014.09.13
隋　新	经济管理学院	研究生	芬兰	国际会议	2014.08.16—2014.08.20
黄虹富	经济管理学院	研究生	匈牙利	国际会议	2014.08.18—2014.08.22
吴晓莉	机械工程学院	研究生	希腊	国际会议	2014.06.22—2014.06.26
刘　颖	经济管理学院	研究生	芬兰	国际会议	2014.08.16—2014.08.20
黄　辉	交通工程学院	研究生	加拿大	国际会议	2014.08.19—2014.08.23
刘　飞	经济管理学院	研究生	新加坡	国际会议	2014.07.20—2014.07.24
倪　燕	经济管理学院	研究生	新加坡	国际会议	2014.07.20—2014.07.24
李春阳	经济管理学院	研究生	新加坡	国际会议	2014.07.20—2014.07.24
孙　红	数学系	研究生	美国	国际会议	2014.06.23—2014.06.28
郝朝鹏	数学系	研究生	美国	国际会议	2014.06.23—2014.06.28
牟贤波	生物科学与医学工程学院	研究生	美国	国际会议	2014.08.10—2014.08.14
习志江	生物科学与医学工程学院	研究生	美国	国际会议	2014.08.10—2014.08.14
吴炳辉	经济管理学院	研究生	芬兰	国际会议	2014.08.16—2014.08.20
孙　红	医学院	研究生	奥地利	国际会议	2014.09.15—2014.09.19
夏文清	医学院	研究生	奥地利	国际会议	2014.09.15—2014.09.19
蔡蓉蓉	医学院	研究生	奥地利	国际会议	2014.09.15—2014.09.19
郑　军	信息科学与工程学院	教授	中国香港	国际会议	2014.07.03—2014.07.09
蔡体菁	仪器科学与工程学院	教授	加拿大	合作研究	2014.08.25—2014.08.31
祝燕华	仪器科学与工程学院	讲师	加拿大	合作研究	2014.08.25—2014.08.31
万遂人	生物科学与医学工程学院	教授	英国	合作研究	2014.07.20—2014.08.04
孙小菡	电子科学与工程学院	教授	英国	合作研究	2014.07.16—2014.08.16
张敏灵	计算机科学与工程学院	教授	美国	国际会议	2014.08.23—2014.08.27
胡　燕	附属中大医院	医师	美国	进修	2014.08.01—2015.07.31
徐新冬	数学系	讲师	意大利	国际会议	2014.09.01—2014.09.05
陈　月	建筑学院	研究生	波兰	国际会议	2014.09.22—2014.09.26
刘　文	建筑学院	研究生	英国	国际会议	2014.09.24—2014.09.28
张　华	建筑学院	研究生	南非	国际会议	2014.08.01—2014.08.05

(续 表)

姓名	所在院系	职务/职称	出访国家或地区	出访任务	出访时间
来嘉隆	建筑学院	研究生	南非	国际会议	2014.08.01—2014.08.05
陈 鹏	信息科学与工程学院	研究生	英国	国际会议	2014.07.22—2014.07.26
陈志敏	信息科学与工程学院	研究生	英国	国际会议	2014.07.22—2014.07.26
周一峰	学习科学研究中心	研究生	波兰	国际会议	2014.08.10—2014.08.14
牛 欣	能源与环境学院	研究生	瑞典	国际会议	2014.09.08—2014.09.12
吉 宇	电气工程学院	研究生	中国香港	国际会议	2014.08.07—2014.08.11
原 满	建筑学院	研究生	奥地利	短期学习	2014.10.01—2015.01.31
杨佳蓉	建筑学院	研究生	奥地利	短期学习	2014.10.01—2015.01.31
闫 楠	建筑学院	研究生	奥地利	短期学习	2014.10.01—2015.01.31
翟 炼	建筑学院	研究生	奥地利	短期学习	2014.10.01—2015.01.31
刘肖凡	计算机科学与工程学院	副教授	瑞士	国际会议	2014.09.14—2014.09.18
黄海泉	附属中大医院	主治医师	美国	合作研究	2014.11.01—2015.10.31
黄晓东	电子科学与工程学院	副教授	中国香港	合作研究	2014.07.14—2014.09.30
赵兴群	生物科学与医学工程学院	教授	英国	合作研究	2014.07.16—2014.08.16
史锋峰	信息科学与工程学院	讲师	加拿大	国际会议	2014.09.13—2014.09.17
林中达	能源与环境学院	教授	英国	合作研究	2014.08.30—2014.09.20
吕剑虹	能源与环境学院	教授	英国	合作研究	2014.08.30—2014.09.20
王式民	能源与环境学院	教授	英国	合作研究	2014.08.30—2014.09.20
熊国平	建筑学院	副教授	波兰	国际会议	2014.09.22—2014.09.26
夏江燕	医学院	主治医生	德国	合作研究	2014.08.01—2014.11.01
吕林莉	医学院	讲师	中国香港	合作研究	2014.08.20—2015.08.20
付 波	生命科学研究院	研究生	韩国	国际会议	2014.09.16—2014.09.21
李 涛	材料科学与工程学院	研究生	中国香港	国际会议	2014.08.03—2014.08.08
贾子健	材料科学与工程学院	研究生	中国香港	国际会议	2014.08.03—2014.08.08
尹利影	材料科学与工程学院	研究生	中国香港	国际会议	2014.08.03—2014.08.08
杨凌艳	材料科学与工程学院	研究生	中国香港	国际会议	2014.08.03—2014.08.08
殷 汉	附属中大医院	主治医师	德国	学术交流	2014.08.30—2014.09.01
谢剑锋	附属中大医院	医师	比利时	留学进修	2014.08.01—2015.07.31
易 鑫	建筑学院	讲师	德国	合作研究	2014.09.18—2014.10.12
阳建强	建筑学院	教授	德国、波兰	合作研究	2014.09.22—2014.09.26
舒赣平	土木工程学院	教授	巴西	国际会议	2014.09.13—2014.09.18

（续 表）

姓名	所在院系	职务/职称	出访国家或地区	出访任务	出访时间
陆金钰	土木工程学院	副教授	巴西	国际会议	2014.09.13—2014.09.18
张建忠	电气工程学院	副教授	美国	国际会议	2014.09.14—2014.09.18
仲兆平	能源与环境学院	教授	中国香港	国际会议	2014.09.20—2014.09.23
吕建华	计算机科学与工程学院	副教授	德国	国际会议	2014.09.01—2014.09.05
蔡建国	土木工程学院	副教授	巴西	国际会议	2014.09.13—2014.09.18
罗 斌	土木工程学院	教授	巴西	国际会议	2014.09.13—2014.09.18
李 青	电子科学与工程学院	教授	美国	留学进修	2014.08.19—2014.09.20
王 庆	仪器科学与工程学院	教授	英国	合作研究	2014.08.01—2014.08.20
顾 宁	生物科学与医学工程学院	教授、院长	德国	合作交流并国际会议	2014.08.03—2014.08.09
赵祥伟	生物科学与医学工程学院	教授	德国	合作交流并国际会议	2014.08.03—2014.08.09
徐春祥	生物科学与医学工程学院	教授、副院长	德国	合作交流并国际会议	2014.08.03—2014.08.09
钱卫平	生物科学与医学工程学院	教授	德国	合作交流并国际会议	2014.08.03—2014.08.09
吴富根	生物科学与医学工程学院	教授	德国	合作交流并国际会议	2014.08.03—2014.08.09
谢建明	生物科学与医学工程学院	副教授、副院长	德国	合作交流并国际会议	2014.08.03—2014.08.09
王雪梅	生物科学与医学工程学院	教授	德国	合作交流并国际会议	2014.08.03—2014.08.09
高庆华	生物科学与医学工程学院	助理会计师	德国	合作交流并国际会议	2014.08.03—2014.08.09
孙清江	生物科学与医学工程学院	教授	德国	合作交流并国际会议	2014.08.03—2014.08.09
罗守华	生物科学与医学工程学院	副教授	德国	合作交流并国际会议	2014.08.03—2014.08.09
张 嵩	建筑学院	讲师	南非、肯尼亚	合作交流并国际会议	2014.08.03—2014.08.10
冷嘉伟	建筑学院	教授、副院长	南非、肯尼亚	合作交流并国际会议	2014.08.03—2014.08.10
李 飚	建筑学院	副教授	南非、肯尼亚	合作交流并国际会议	2014.08.03—2014.08.10
张 宏	建筑学院	教授	南非、肯尼亚	合作交流并国际会议	2014.08.03—2014.08.10
张 彤	建筑学院	教授	南非、肯尼亚	合作交流并国际会议	2014.08.03—2014.08.10
鲍 莉	建筑学院	副教授	南非、肯尼亚	合作交流并国际会议	2014.08.03—2014.08.10

(续 表)

姓名	所在院系	职务/职称	出访国家或地区	出访任务	出访时间
单 踊	建筑学院	教授	南非、肯尼亚	合作交流并国际会议	2014.08.03—2014.08.10
蒋卫祥	信息科学与工程学院	副研究员	丹麦	国际会议	2014.08.25—2014.08.29
袁榴娣	研究生院	教授	澳大利亚	英语语言进修	2014.07.15—2014.08.06
张子超	生命科学研究院	副教授	澳大利亚	英语语言进修	2014.07.15—2014.08.06
秦卫红	土木工程学院	副教授	澳大利亚	英语语言进修	2014.07.15—2014.08.06
刘健刚	外国语学院	副教授	澳大利亚	英语语言进修	2014.07.15—2014.08.06
王 捷	外国语学院	讲师	澳大利亚	英语语言进修	2014.07.15—2014.08.06
陶 云	外国语学院	教授	澳大利亚	英语语言进修	2014.07.15—2014.08.06
金 曙	外国语学院	讲师	澳大利亚	英语语言进修	2014.07.15—2014.08.06
翁建秋	外国语学院	讲师	澳大利亚	英语语言进修	2014.07.15—2014.08.06
蔡旭东	外国语学院	副教授	澳大利亚	英语语言进修	2014.07.15—2014.08.06
孙 瑾	外国语学院	副教授	澳大利亚	英语语言进修	2014.07.15—2014.08.06
吴艾玲	外国语学院	副教授	澳大利亚	英语语言进修	2014.07.15—2014.08.06
凌建辉	外国语学院	讲师	澳大利亚	英语语言进修	2014.07.15—2014.08.06
邵 争	外国语学院	讲师	澳大利亚	英语语言进修	2014.07.15—2014.08.06
姚羚羚	外国语学院	讲师	澳大利亚	英语语言进修	2014.07.15—2014.08.06
王跃东	外国语学院	副教授	澳大利亚	英语语言进修	2014.07.15—2014.08.06
王学华	外国语学院	讲师	澳大利亚	英语语言进修	2014.07.15—2014.08.06
徐 江	外国语学院	副教授	澳大利亚	英语语言进修	2014.07.15—2014.08.06
刘 蓉	外国语学院	讲师	澳大利亚	英语语言进修	2014.07.15—2014.08.06
张柏礼	外国语学院	副教授	澳大利亚	英语语言进修	2014.07.15—2014.08.06
王进科	研究生院	教授	澳大利亚	英语语言进修	2014.07.15—2014.08.06
刘 倩	能源与环境学院	讲师	澳大利亚	英语语言进修	2014.07.15—2014.08.06
乔光辉	人文学院	教授	法国	合作研究	2014.09.14—2014.09.28
许传龙	能源与环境学院	教授	英国	合作研究并国际会议	2014.08.30—2014.09.20
张 娟	公共卫生学院	副教授	英国	国际会议	2014.09.06—2014.09.11
梁戈玉	公共卫生学院	教授	英国	国际会议	2014.09.06—2014.09.11
沈连丰	信息科学与工程学院	教授	美国	国际会议	2014.09.01—2014.09.05
杨 毅	附属中大医院	主任医师	瑞士	国际会议	2014.09.05—2014.09.09
何世文	信息科学与工程学院	讲师	加拿大	国际会议	2014.09.13—2014.09.17

（续　表）

姓名	所在院系	职务/职称	出访国家或地区	出访任务	出访时间
马慧锋	信息科学与工程学院	副研究员	丹麦	国际会议	2014.08.25—2014.08.29
梁　天	信息科学与工程学院	研究生	美国	短期学习	2014.10.01—2015.03.31
卢从慧	信息科学与工程学院	研究生	美国	短期学习	2014.10.01—2015.03.31
武贵路	信息科学与工程学院	研究生	澳大利亚	短期学习	2014.10.01—2015.03.31
王婕好	电子科学与工程学院	研究生	韩国	国际会议	2014.08.26—2014.08.29
翟军辉	信息科学与工程学院	研究生	加拿大	国际会议	2014.09.13—2014.09.17
张文策	信息科学与工程学院	研究生	葡萄牙	国际会议	2014.09.01—2014.09.05
连腾腾	信息科学与工程学院	研究生	美国	国际会议	2014.09.01—2014.09.05
李　亮	经济管理学院	研究生	芬兰	国际会议	2014.08.16—2014.08.20
李俊超	信息科学与工程学院	研究生	美国	国际会议	2014.09.01—2014.09.05
李　然	土木工程学院	研究生	日本	合作研究	2014.08.15—2015.02.16
余永志	材料科学与工程学院	研究生	英国	短期学习	2014.08.25—2015.02.27
王　磊	信息科学与工程学院	研究生	美国	国际会议	2014.07.04—2014.07.12
王虎传	化学化工学院	研究生	中国香港	国际会议	2014.08.20—2014.08.23
卜小海	化学化工学院	研究生	中国香港	国际会议	2014.08.20—2014.08.23
张　涛	化学化工学院	研究生	中国香港	国际会议	2014.08.20—2014.08.23
张一雄	法学院	研究生	德国	合作研究	2014.07.31—2014.10.31
周　苇	物理系	研究生	日本	短期学习	2014.10.15—2015.03.31
冯佩雨	交通工程学院	研究生	美国	短期学习	2014.11.01—2015.04.30
贾　通	交通工程学院	研究生	美国	短期学习	2014.09.01—2015.02.28
周　敏	交通工程学院	研究生	泰国	国际会议	2014.08.26—2014.08.29
杨玉玲	交通工程学院	研究生	泰国	国际会议	2014.08.26—2014.08.29
马　磊	学习科学研究中心	研究生	韩国	国际会议	2014.08.28—2014.09.02
江　航	交通工程学院	研究生	新加坡	短期学习	2014.10.05—2015.01.05
董　磊	土木工程学院	研究生	巴西	国际会议	2014.09.15—2014.09.19
陈　玖	医学院	研究生	西班牙	国际会议	2014.09.14—2014.09.18
岳莹莹	医学院	研究生	西班牙	国际会议	2014.09.14—2014.09.18
宋　康	信息科学与工程学院	研究生	加拿大	国际会议	2014.09.01—2014.09.06
衡　伟	信息科学与工程学院	教授	澳大利亚	国际会议	2014.09.06—2014.09.11
丁　伟	计算机科学与工程学院	教授	美国	国际会议	2014.09.14—2014.09.18
王　智	附属中大医院	主治医师	英国	合作研究	2014.10.01—2015.03.31

(续 表)

姓名	所在院系	职务/职称	出访国家或地区	出访任务	出访时间
花 为	电气工程学院	研究员	美国	国际会议	2014.09.14—2014.09.18
蔡体菁	仪器科学与工程学院	教授	德国	国际会议	2014.09.15—2014.09.19
滕皋军	附属中大医院	教授、院长	英国	国际会议	2014.09.12—2014.09.18
雷 威	教务处	教授、处长	加拿大	国际会议	2014.08.23—2014.08.27
凌 明	电子科学与工程学院	副教授	加拿大	国际会议	2014.08.23—2014.08.27
王保平	校长办公室	教授、副校长	韩国	国际会议	2014.08.25—2014.08.29
薛 鹏	物理系	教授	伊朗	国际会议	2014.09.06—2014.09.10
张 莹	医学院	讲师	韩国	国际会议	2014.09.16—2014.09.20
华亮量	科研院	助理研究员	俄罗斯	国际会议	2014.09.10—2014.09.14
潘 蕾	能源与环境学院	副教授	奥地利	国际会议	2014.08.31—2014.09.04
东 方	计算机科学与工程学院	副教授	美国	国际会议	2014.10.04—2014.10.08
李晓华	电子科学与工程学院	教授	韩国	国际会议	2014.08.25—2014.08.29
郑文明	学习科学研究中心	教授	瑞典	国际会议	2014.08.24—2014.08.28
祁争健	化学化工学院	教授	美国	国际会议	2014.11.16—2014.11.20
汪 峰	能源与环境学院	研究生	美国	国际会议	2014.07.13—2014.07.17
石路遥	生物科学与医学工程学院	研究生	美国	合作研究并短期学习	2014.09.01—2015.08.31
何农跃	生物科学与医学工程学院	教授	德国	合作交流并国际会议	2014.08.03—2014.08.09
李志勇	生物科学与医学工程学院	教授	德国	合作交流并国际会议	2014.08.03—2014.08.09
杨茂霞	外国语学院	讲师	澳大利亚	研修	2014.07.28—2014.10.24
孙桂菊	公共卫生学院	教授	马来西亚	工作访问	2014.08.11—2014.08.15
张 建	土木工程学院	教授	韩国	国际会议	2014.08.23—2014.08.27
刘松玉	交通工程学院	教授	泰国	国际会议	2014.08.26—2014.08.30
朱志铎	交通工程学院	教授	泰国	国际会议	2014.08.26—2014.08.30
封海霞	附属中大医院	主管护师	中国香港	培训	2014.07.19—2014.08.11
杜延军	交通工程学院	教授	泰国	国际会议并访问	2014.08.24—2014.08.30
靳 慧	土木工程学院	副教授	韩国	国际会议	2014.08.24—2014.08.28
黄大卫	校长办公室	副教授、副校长	中国香港	工作访问	2014.08.20—2014.08.24
邱佳川	总务处	助理研究员	中国香港	工作访问	2014.08.20—2014.08.24
殷 磊	港澳台办公室	副处长	中国香港	工作访问	2014.08.20—2014.08.24

(续　表)

姓名	所在院系	职务/职称	出访国家或地区	出访任务	出访时间
陈　磊	电子科学与工程学院	研究生	韩国	国际会议	2014.08.26—2014.08.30
张海洋	信息科学与工程学院	研究生	美国	国际会议	2014.09.02—2014.09.06
齐美清	信息科学与工程学院	研究生	丹麦	国际会议	2014.08.25—2014.08.29
蔡本庚	信息科学与工程学院	研究生	丹麦	国际会议	2014.08.25—2014.08.29
廖　臻	信息科学与工程学院	研究生	丹麦	国际会议	2014.08.25—2014.08.29
陈　磊	自动化学院	研究生	日本	短期学习	2014.09.01—2014.11.30
田雅博	经济管理学院	本科生	法国	合作研究	2014.08.20—2015.04.28
龚舒凌	经济管理学院	本科生	法国	合作研究	2014.08.20—2015.04.28
郭怡然	经济管理学院	本科生	法国	合作研究	2014.08.20—2015.04.28
潘星宇	经济管理学院	本科生	法国	合作研究	2014.08.20—2015.04.28
薛　鹏	物理系	教授	日本	国际会议	2014.08.20—2014.08.24
李德智	土木工程学院	副教授	新加坡	国际会议	2014.08.04—2014.08.07
苗　澎	信息科学与工程学院	副教授	美国	国际会议	2014.08.08—2014.08.15
马旭东	自动化学院	教授	美国	合作研究并国际会议	2014.09.14—2014.09.23
杜文龙	信息科学与工程学院	研究生	国际会议	国际会议	2014.08.26—2014.08.30
崔　莹	医学院	研究生	奥地利	国际会议	2014.09.14—2014.09.22
沈　典	计算机科学与工程学院	研究生	法国	国际会议	2014.08.19—2014.08.23
徐　寅	能源与环境学院	研究生	美国	国际会议	2014.10.11—2014.10.16
孙　远	信息科学与工程学院	研究生	加拿大	国际会议	2014.09.14—2014.09.18
罗李子	电气工程学院	研究生	南非	国际会议	2014.08.24—2014.08.28
刘　瑞	信息科学与工程学院	研究生	西班牙	国际会议	2014.09.14—2014.09.18
钱　华	能源与环境学院	教授	中国香港	国际会议	2014.07.31—2014.08.03
陈振乾	能源与环境学院	教授	瑞士	国际会议	2014.08.25—2014.08.29
程　强	生物科学与工程学院	研究员	阿鲁巴	国际会议	2014.08.02—2014.08.06
李万林	信息科学与工程学院	教授	德国	合作研究	2014.08.03—2014.08.15
王志功	信息科学与工程学院	教授	德国	国际会议	2014.09.06—2014.09.13
徐春祥	生物科学与医学工程学院	教授、副院长	加拿大	国际会议并工作访问	2014.09.07—2014.09.14
尤肖虎	信息科学与工程学院	教授、院长	美国	合作研究	2014.09.21—2014.09.25
张　川	信息科学与工程学院	副教授	美国	合作研究	2014.09.21—2014.09.25
秦永林	附属中大医院	副主任医师	英国	国际会议	2014.09.14—2014.09.19

(续 表)

姓名	所在院系	职务/职称	出访国家或地区	出访任务	出访时间
黄培林	科研院	教授、副院长	日本	国际会议并工作访问	2014.09.07—2014.09.13
沈 炯	校长办公室	教授、副校长	捷克、奥地利、匈牙利	参加教育展	2014.09.17—2014.09.26
戴轶飞	海外教育学院	研究实习员	捷克、奥地利、匈牙利	参加教育展	2014.09.17—2014.09.26
郝庆九	国际合作处	副处长	捷克、奥地利、匈牙利	参加教育展	2014.09.17—2014.09.26
王 品	医学院	研究生	奥地利	国际会议	2014.09.15—2014.09.19
汤佳莉	医学院	研究生	奥地利	国际会议	2014.09.15—2014.09.19
杨巽晓晓	医学院	研究生	奥地利	国际会议	2014.09.15—2014.09.19
陈源源	电子科学与工程学院	研究生	美国	合作研究	2014.09.01—2015.02.28
柏盈盈	医学院	研究生	韩国	国际会议	2014.09.16—2014.09.21
薛 花	能源与环境学院	研究生	瑞士	国际会议	2014.08.25—2014.08.29
杨冠羽	计算机科学与工程学院	副教授	美国	国际会议	2014.09.15—2014.09.19
王兴平	建筑学院	教授	波兰	国际会议	2014.09.22—2014.09.26
严如强	仪器科学与工程学院	教授	意大利	国际会议	2014.10.08—2014.10.12
李小平	计算机科学与工程学院	教授	美国	国际会议	2014.10.04—2014.10.08
刘 波	校长办公室	副校长、副教授	美国	工作访问	2014.10.23—2014.10.27
仲伟俊	党委办公室	教授、主任	美国	工作访问	2014.10.23—2014.10.27
耿有权	高等教育研究所	教授	美国	工作访问	2014.10.23—2014.10.27
侯道平	国际合作处	研究实习员	美国	工作访问	2014.10.23—2014.10.27
赵洪新	信息科学与工程学院	教授	德国、意大利	合作研究并国际会议	2014.10.01—2014.10.10
殷晓星	信息科学与工程学院	教授	德国、意大利	合作研究并国际会议	2014.10.01—2014.10.10
段钰锋	能源与环境学院	教授	韩国	国际会议	2014.08.30—2014.09.03
刘 猛	能源与环境学院	讲师	韩国	国际会议	2014.08.30—2014.09.03
朱 纯	能源与环境学院	研究生	韩国	国际会议	2014.08.30—2014.09.03
周 强	能源与环境学院	研究生	韩国	国际会议	2014.08.30—2014.09.03
赵立元	建筑学院	研究生	波兰	国际会议	2014.09.29—2014.09.25
孙海霞	医学院	研究生	奥地利	国际会议	2014.09.14—2014.09.19
狄晶晶	高等教育研究所	研究生	美国	国际会议	2014.10.23—2014.10.27
徐海燕	计算机科学与工程学院	研究生	美国	国际会议	2014.10.04—2014.10.08

（续　表）

姓名	所在院系	职务/职称	出访国家或地区	出访任务	出访时间
赵长遂	能源与环境学院	教授	韩国	国际会议	2014.08.31—2014.09.04
李启明	土木工程学院	教授	日本	国际会议	2014.09.18—2014.09.21
尹　宁	附属中大医院	主任医师	美国	国际会议	2014.10.11—2014.10.15
柳亚敏	附属中大医院	主管药师	美国	合作研究	2014.11.01—2015.10.30
陈宇辰	医学院	研究生	美国	国际会议	2014.11.30—2014.12.04
徐海燕	电子科学与工程学院	研究生	中国香港	国际会议	2014.08.20—2014.08.24
朱　纯	能源与环境学院	研究生	韩国	国际会议	2014.08.30—2014.09.03
赵立元	建筑学院	研究生	波兰	国际会议	2014.09.21—2014.09.25
于　程	能源与环境学院	研究生	美国	国际会议	2014.08.04—2014.08.08
成玉宁	建筑学院	教授	葡萄牙、西班牙	合作研究并参赛	2014.09.21—2014.09.28
李　雱	建筑学院	讲师	葡萄牙、西班牙	合作研究并参赛	2014.09.21—2014.09.28
周聪惠	建筑学院	讲师	葡萄牙、西班牙	合作研究并参赛	2014.09.21—2014.09.28
王志功	信息科学与工程学院	教授	中国香港	工作访问	2014.09.03—2014.09.04
陈　阳	计算机科学与工程学院	副研究员	美国	合作研究	2014.09.01—2015.08.03
徐庆宇	物理系	教授	美国	合作研究并国际会议	2014.11.02—2014.11.15
董　帅	物理系	教授	美国	国际会议	2014.11.03—2014.11.08
孙莉玲	学生处	处长、副教授	美国	培训	2014.11.07—2014.11.27
沈　旸	建筑学院	副教授	日本	联合教学	2014.09.12—2014.09.20
唐　芃	建筑学院	副教授	日本	联合教学	2014.09.12—2014.09.20
陈建龙	数学系	教授	西班牙	合作研究	2014.09.20—2014.10.20
张　君	能源与环境学院	研究生	美国	合作研究并国际会议	2014.10.05—2014.10.15
周　强	能源与环境学院	研究生	美国	合作研究并国际会议	2014.10.05—2014.10.15
袁旸洋	建筑学院	研究生	西班牙、葡萄牙	合作研究并参赛	2014.09.21—2014.09.28
苟少华	化学化工学院	教授	美国	国际会议	2014.11.16—2014.11.21
翟　亚	物理系	教授	美国	留学、合作研究并与会	2014.10.04—2014.11.08
郑文明	学习科学研究中心	教授	新加坡	国际会议	2014.09.14—2014.09.18
张　彤	电子科学与工程学院	教授	美国	国际会议	2014.10.11—2014.10.15

(续　表)

姓名	所在院系	职务/职称	出访国家或地区	出访任务	出访时间
徐晓苏	仪器科学与工程学院	教授	美国	国际会议	2014.10.11—2014.10.15
周海波	经济管理学院	研究生	美国	合作研究	2014.09.15—2014.10.30
吴静远	电子科学与工程学院	研究生	美国	国际会议	2014.10.11—2014.10.15
易宏伟	医学院	讲师	美国	留学进修	2014.09.06—2015.09.13
姚　帅	信息科学与工程学院	研究生	澳大利亚	国际会议	2014.11.16—2014.11.19
曹红丽	信息科学与工程学院	研究生	澳大利亚	国际会议	2014.11.16—2014.11.19
竺明星	土木工程学院	研究生	日本	国际会议	2014.09.22—2014.09.26
王　磊	土木工程学院	研究生	日本	国际会议	2014.09.22—2014.09.26
霍少磊	土木工程学院	研究生	日本	国际会议	2014.09.22—2014.09.26
刘瑜俊	电气工程学院	研究生	美国	国际会议	2014.10.05—2014.10.09
戚志鹏	电子科学与工程学院	研究生	美国	国际会议	2014.10.12—2014.10.16
陈时熠	能源与环境学院	研究生	加拿大	国际会议	2014.11.17—2014.11.21
吴　亮	经济管理学院	研究生	韩国	国际会议	2014.10.16—2014.10.23
丁晓燕	土木工程学院	研究生	中国香港	国际会议	2014.09.20—2014.09.23
蔡　予	医学院	研究生	韩国	国际会议	2014.10.06—2014.10.10
陆　建	医学院	研究生	韩国	国际会议	2014.10.06—2014.10.10
姚登宝	经济管理学院	研究生	中国香港	国际会议	2014.09.26—2014.09.29
李顺礼	信息科学与工程学院	研究生	意大利	国际会议	2014.10.06—2014.10.10
杨　梅	信息科学与工程学院	研究生	意大利	国际会议	2014.10.06—2014.10.10
钟思佳	数学系	讲师	法国	合作研究	2014.09.08—2014.09.27
沈孝兵	教务处	副处长、教授	俄罗斯	国际会议	2014.09.21—2014.09.25
秦艺泂	教务处	科员	俄罗斯	国际会议	2014.09.21—2014.09.25
李志勇	生物科学与医学工程学院	教授	澳大利亚	合作研究	2014.09.22—2014.09.28
恽斌峰	电子科学与工程学院	副教授	日本	国际会议	2014.10.20—2014.10.23
潘志文	信息科学与工程学院	教授	美国	国际会议	2014.12.07—2014.12.11
林金官	数学系	教授	日本	国际会议	2014.11.16—2014.11.20
钱春香	材料科学与工程学院	教授	荷兰	合作研究	2014.11.14—2014.11.21
万　能	电子科学与工程学院	副教授	泰国	国际会议	2014.11.03—2014.11.07
孙立涛	电子科学与工程学院	教授、副院长	美国	合作研究并国际会议	2014.11.30—2014.12.04
张太之	集成电路学院	研究生	美国	国际会议	2014.09.14—2014.09.18

(续 表)

姓名	所在院系	职务/职称	出访国家或地区	出访任务	出访时间
吴越	计算机科学与工程学院	研究生	美国	学习交流	2014.09.01—2015.08.31
徐威	化学化工学院	研究生	中国香港	国际会议	2014.10.02—2014.10.05
周铭昊	化学化工学院	研究生	中国香港	国际会议	2014.10.02—2014.10.05
刘野	电子科学与工程学院	研究生	美国	短期学习	2014.10.10—2015.04.10
张驰	机械工程学院	本科生	中国香港	短期学习	2014.08.26—2015.01.15
孔德文	交通工程学院	研究生	美国	学术交流	2014.11.30—2015.11.29
王子齐	机械工程学院	本科生	中国香港	短期学习	2014.08.26—2015.01.15
任卫时	财务处	处长、副教授	英国	培训	2014.10.12—2014.11.01
邱海波	附属中大医院	教授、主任医师	意大利、西班牙	学术交流并国际会议	2014.09.23—2014.10.01
陈礼明	生命科学研究院	教授	新加坡	合作研究	2014.09.26—2014.10.06
蒋书运	机械工程学院	教授	意大利	国际会议	2014.09.22—2014.09.26
刘松桥	附属中大医院	主治医师	意大利、西班牙	学术交流并国际会议	2014.09.23—2014.10.01
刘玲	附属中大医院	副主任医师	意大利、西班牙	学术交流并国际会议	2014.09.23—2014.09.30
杨毅	附属中大医院	主任医师	西班牙、瑞典	合作研究并国际会议	2014.09.27—2014.10.15
王建华	电气工程学院	讲师	美国	国际会议	2014.10.29—2014.11.02
陈莹梅	信息科学与工程学院	教授	日本	合作研究	2014.10.01—2014.10.07
黎飞	信息科学与工程学院	讲师	日本	合作研究	2014.10.01—2014.10.07
李伟	信息科学与工程学院	讲师	日本	合作研究	2014.10.01—2014.10.07
苗澎	信息科学与工程学院	副教授	日本	合作研究	2014.10.01—2014.10.07
陆薇薇	外国语学院	副教授	日本	国际会议	2014.10.10—2014.10.14
吴芃	经济管理学院	副教授	新加坡	国际会议	2014.10.02—2014.10.06
王文平	经济管理学院	教授	美国	国际会议	2014.10.04—2014.10.08
洪伟	信息科学与工程学院	教授、副院长	意大利	国际会议并合作研究	2014.10.02—2014.10.06
沈连丰	信息科学与工程学院	教授	日本	国际会议	2014.10.06—2014.10.10
何农跃	生物科学与医学工程学院	教授	韩国	国际会议并访问	2014.10.25—2014.10.29
缪蜀江	土木工程学院	讲师	澳大利亚	合作研究	2014.10.13—2015.01.12
张波	附属中大医院	副主任医师	英国	合作研究	2014.12.01—2015.02.29
安良	信息科学与工程学院	副研究员	澳大利亚	国际会议	2014.11.15—2014.11.19

（续　表）

姓名	所在院系	职务/职称	出访国家或地区	出访任务	出访时间
韩　宁	信息科学与工程学院	讲师	澳大利亚	国际会议	2014.11.15—2014.11.19
聂庆慧	交通工程学院	研究生	美国	学术交流	2014.09.14—2015.09.14
王　侠	信息科学与工程学院	研究生	中国香港	国际会议	2014.09.20—2014.09.23
邵海见	自动化学院	研究生	中国香港	国际会议	2014.11.06—2014.11.09
蒋慧琳	信息科学与工程学院	研究生	美国	国际会议	2014.12.08—2014.12.12
樊　琦	经济管理学院	研究生	美国	合作研究	2014.09.15—2014.10.30
窦雪萍	交通工程学院	研究生	新加坡	短期学习	2014.09.01—2015.02.28
寿　焘	建筑学院	研究生	美国	短期学习	2014.09.01—2015.02.30
王同罕	计算机科学与工程学院	研究生	马来西亚	国际会议	2014.09.24—2014.09.26
段钰锋	能源与环境学院	教授	美国	合作研究并国际会议	2014.10.04—2014.10.14
张　伦	能源与环境学院	讲师	日本	合作研究	2014.10.11—2014.10.16
蔡体菁	仪器科学与工程学院	教授	加拿大	合作研究	2014.10.11—2014.10.17
祝燕华	仪器科学与工程学院	讲师	加拿大	合作研究	2014.10.11—2014.10.17
许　斌	附属中大医院	讲师、主治医师	美国	留学进修	2014.10.30—2015.10.29
陈云飞	机械工程学院	教授	加拿大	国际会议	2014.11.16—2014.11.20
陈宝安	附属中大医院	教授、主任医师	美国	合作研究并国际会议	2014.12.01—2014.12.14
郭广银	党委办公室	教授、党委书记	美国、加拿大	工作访问	2014.10.16—2014.10.23
谢　维	生命科学学院	教授、院长	美国、加拿大	工作访问	2014.10.16—2014.10.23
葛　明	建筑学院	教授、院长助理	美国、加拿大	工作访问	2014.10.16—2014.10.23
郭小明	人事处	教授、处长	美国、加拿大	工作访问	2014.10.16—2014.10.23
陈美华	外国语学院	教授、院长	美国、加拿大	工作访问	2014.10.16—2014.10.23
史兰新	国际合作处	副教授、处长	美国、加拿大	工作访问	2014.10.16—2014.10.23
杨　俊	自动化学院	副教授	澳大利亚	合作研究	2014.10.20—2015.01.15
黄庆安	电子科学与工程学院	教授	印度	国际会议	2014.12.17—2014.12.21
尹立红	公共卫生学院	教授、院长	印度	国际会议	2014.12.09—2014.12.13
肖卿俊	计算机科学与工程学院	讲师	美国	国际会议	2014.10.20—2014.10.24
周忠元	机械工程学院	副教授	德国	国际会议	2014.10.12—2014.10.16
柴人杰	生命科学研究院	教授	日本	国际会议	2014.10.31—2014.11.04
Yun-Kyu An	土木工程学院	副研究员	韩国	合作研究	2014.09.17—2014.09.21

（续　表）

姓名	所在院系	职务/职称	出访国家或地区	出访任务	出访时间
沈德魁	能源与环境学院	副研究员	中国香港	国际会议	2014.10.15—2014.10.17
刘松琴	化学化工学院	教授、副院长	美国	合作研究	2014.10.03—2014.10.08
徐　江	机械工程学院	副教授	日本	访问交流	2014.10.27—2014.11.01
胡建强	自动化学院	研究生	中国香港、中国澳门	国际会议	2014.11.28—2014.12.01
周　军	建筑学院	研究生	英国	短期学习	2014.09.13—2015.03.10
邱　骞	外国语学院	本科生	日本	学术交流	2014.09.26—2015.09.26
罗洋辉	化学化工学院	研究生	日本	短期学习	2014.10.01—2015.03.31
朱利旻	计算机科学与工程学院	研究生	美国	国际会议	2014.12.08—2014.12.12
赵嘉宁	信息科学与工程学院	副教授	越南	国际会议	2014.10.14—2014.10.18
沈　杨	附属中大医院	副教授	美国	留学进修	2014.10.05—2015.03.30
王蓓蓓	电气工程学院	副教授	美国	国际会议	2014.10.13—2014.10.17
王红兵	计算机科学与工程学院	教授	法国	国际会议	2014.11.02—2014.11.06
傅大放	土木工程学院	教授、副院长	澳大利亚	国际会议	2014.10.20—2014.10.24
吴石亮	能源与环境学院	研究生	美国	国际会议	2014.11.15—2014.11.21
张俊峰	计算机科学与工程学院	研究生	中国香港	国际会议	2014.11.14—2014.11.18
刘金锋	机械工程学院	研究生	马来西亚	国际会议	2014.12.08—2014.12.13
王靖钰	外国语学院	本科生	日本	留学	2014.09.25—2015.09.30
张淑华	外国语学院	研究生	日本	短期学习	2014.10.20—2015.01.16
张金婷	外国语学院	研究生	日本	短期学习	2014.10.20—2015.01.16
唐　莉	外国语学院	研究生	日本	短期学习	2014.10.20—2015.01.16
李淑钰	外国语学院	研究生	日本	短期学习	2014.10.20—2015.01.16
王　帅	外国语学院	研究生	日本	短期学习	2014.10.20—2015.01.16
李懿哲	外国语学院	研究生	日本	短期学习	2014.10.20—2015.01.16
戴贤倩	外国语学院	研究生	日本	短期学习	2014.10.20—2015.01.16
白春风	电子科学与工程学院	研究生	新加坡	国际会议	2014.12.09—2014.12.13
阎兰花	电子科学与工程学院	研究生	泰国	国际会议	2014.09.29—2014.10.03
王　迪	外国语学院	本科生	日本	留学	2014.09.25—2015.09.30
孙晓光	外国语学院	本科生	日本	留学	2014.09.25—2015.08.01
单伟伟	电子科学与工程学院	副教授	日本	国际会议	2014.11.16—2014.11.20
方　霞	教务处	高级工程师	日本	访问交流	2014.10.10—2014.10.16
江雪华	学生处	副教授	日本	访问交流	2014.10.10—2014.10.16

(续 表)

姓名	所在院系	职务/职称	出访国家或地区	出访任务	出访时间
黄子文	物理系	本科生	日本	访问交流	2014.10.10—2014.10.16
陈 忠	交通工程学院	本科生	日本	访问交流	2014.10.10—2014.10.16
张 晨	外国语学院	本科生	日本	访问交流	2014.10.10—2014.10.16
黄 朔	生物科学与医学工程学院	本科生	日本	访问交流	2014.10.10—2014.10.16
冷明鑫	仪器科学与工程学院	本科生	日本	访问交流	2014.10.10—2014.10.16
曾雨旻	信息科学与工程学院	本科生	日本	访问交流	2014.10.10—2014.10.16
刘安捷	软件学院	本科生	日本	访问交流	2014.10.10—2014.10.16
王颖灵	法学院	本科生	日本	访问交流	2014.10.10—2014.10.16
施天龙	土木工程学院	本科生	日本	访问交流	2014.10.10—2014.10.16
张浩田	艺术学院	本科生	日本	访问交流	2014.10.10—2014.10.16
许正彬	信息科学与工程学院	讲师	日本	国际会议	2014.11.04—2014.11.08
郭 健	信息科学与工程学院	讲师	日本	国际会议	2014.11.04—2014.11.08
向文国	能源与环境学院	教授	加拿大	国际会议	2014.11.16—2014.11.20
王金兰	物理系	教授	美国	合作研究并国际会议	2014.11.30—2014.12.09
尚金堂	电子科学与工程学院	教授	美国	国际会议	2014.11.04—2014.11.08
崔寅杰	信息科学与工程学院	研究生	日本	国际会议	2014.11.04—2014.11.09
王镜凡	能源与环境学院	研究生	美国	合作研究	2014.11.01—2015.08.31
董梁梓	外国语学院	本科生	日本	学习交流	2014.09.21—2015.09.21
赵 亮	经济管理学院	研究生	美国	国际会议	2014.10.17—2014.10.20
李晓华	电子科学与工程学院	教授	日本	国际会议	2014.11.10—2014.11.15
王保平	校长办公室	教授、副校长	日本	国际会议	2014.11.10—2014.11.15
于 斌	交通工程学院	副研究员	日本	国际会议	2014.11.15—2014.11.19
刘必成	附属中大医院	主任医师、教授	美国	合作研究并国际会议	2014.11.08—2014.11.17
宋 喆	信息科学与工程学院	讲师	日本	国际会议	2014.11.04—2014.11.08
Krystian Ji	电气工程学院	讲师	美国	合作研究	2014.09.25—2014.10.01
孙长银	自动化学院	教授、副院长	英国	合作研究	2014.11.01—2014.11.09
孙长银	自动化学院	教授、副院长	美国	国际会议	2014.12.08—2014.12.12
陈 强	生物科学与医学工程学院	副研究员	意大利、德国	合作研究	2014.11.10—2014.12.10
郑家茂	校长办公室	副校长、教授	英国	培训	2014.11.02—2014.11.22

(续 表)

姓名	所在院系	职务/职称	出访国家或地区	出访任务	出访时间
涂 岩	附属中大医院	主治医师	美国	培训	2014.11.08—2014.11.13
孟洪福	信息科学与工程学院	副教授	日本	国际会议	2014.11.04—2014.11.08
张志强	电子科学与工程学院	讲师	西班牙	国际会议	2014.11.02—2014.11.06
韩 磊	电子科学与工程学院	副教授	西班牙	国际会议	2014.11.02—2014.11.06
廖小平	电子科学与工程学院	教授	西班牙	国际会议	2014.11.02—2014.11.06
林宏志	经济管理学院	讲师	美国	国际会议	2014.11.08—2014.11.12
吴鼎新	交通工程学院	研究生	美国	短期学习	2014.12.31—2015.06.30
孙春龙	化学化工学院	研究生	中国香港	国际会议	2014.10.01—2014.10.05
刘峰帆	化学化工学院	研究生	中国香港	国际会议	2014.10.01—2014.10.05
宗 玺	化学化工学院	研究生	美国	短期学习	2014.10.04—2015.02.28
朱 曼	计算机科学与工程学院	研究生	意大利	国际会议	2014.10.20—2014.10.24
张 聪	电子科学与工程学院	研究生	西班牙	国际会议	2014.11.02—2014.11.06
董 蕾	电子科学与工程学院	研究生	西班牙	国际会议	2014.11.02—2014.11.06
任青颖	电子科学与工程学院	研究生	西班牙	国际会议	2014.11.02—2014.11.06
陈文浩	电子科学与工程学院	研究生	西班牙	国际会议	2014.11.02—2014.11.06
李晓倩	电子科学与工程学院	研究生	西班牙	国际会议	2014.11.02—2014.11.06
刘晨晗	机械工程学院	研究生	加拿大	国际会议	2014.11.06—2014.11.20
Birahima Gueye	机械工程学院	研究生	加拿大	国际会议	2014.11.06—2014.11.20
陈 默	机械工程学院	研究生	美国	国际会议	2014.10.05—2014.10.09
李 宁	数学系	研究生	中国香港	国际会议	2014.11.28—2014.12.01
徐小玲	经济管理学院	研究生	美国	国际会议	2014.11.08—2014.11.13
陈 伟	土木工程学院	讲师	美国	国际会议	2014.11.05—2014.11.09
马坤岭	附属中大医院	副教授	美国	国际会议	2014.11.13—2014.11.16
郝张成	信息科学与工程学院	教授	日本	国际会议	2014.11.04—2014.11.08
张 华	信息科学与工程学院	副教授	韩国	国际会议	2014.10.22—2014.10.24
顾 凯	建筑学院	讲师	意大利	合作研究	2014.11.08—2014.11.19
张 萌	电子科学与工程学院	研究员	美国	研修	2014.11.15—2015.05.16
陈平圣	医学院	教授	美国	国际会议	2014.11.11—2014.11.15
薛巍立	经济管理学院	副研究员	美国	合作研究并国际会议	2014.11.08—2014.11.17
王海燕	经济管理学院	教授	美国	合作研究并国际会议	2014.11.08—2014.11.17

(续 表)

姓名	所在院系	职务/职称	出访国家或地区	出访任务	出访时间
孙胜楠	经济管理学院	讲师	美国	合作研究并国际会议	2014.11.08—2014.11.17
王艳丽	附属中大医院	副主任医师	美国	国际会议	2014.11.12—2014.11.16
焦 蕴	医学院	讲师	美国	国际会议	2014.11.30—2014.12.04
许 威	信息科学与工程学院	副教授	美国	国际会议	2014.12.03—2014.12.12
戴 挺	材料科学与工程学院	副教授	日本	国际会议	2014.11.23—2014.11.27
朱鸣芳	材料科学与工程学院		日本	国际会议	2014.11.23—2014.11.27
唐继斐	信息科学与工程学院	研究生	泰国	国际会议	2014.09.29—2014.10.03
朱艳梅	学习科学研究中心	研究生	美国	国际会议	2014.11.05—2014.11.09
黄 辉	交通工程学院	研究生	美国	留学	2014.10.01—2015.09.30
杨 亮	信息科学与工程学院	研究生	越南	国际会议	2014.10.14—2014.10.18
翁亚奎	物理系	研究生	美国	国际会议	2014.11.03—2014.11.08
杨家悦	医学院	研究生	美国	合作研究	2014.10.11—2015.03.30
王昕晔	能源与环境学院	研究生	美国	国际会议	2014.10.11—2014.10.16
彭张节	信息科学与工程学院	研究生	美国	国际会议	2014.12.08—2014.12.12
赵林度	研究生院	教授	美国	培训	2014.11.09—2014.11.23
陈宝安	附属中大医院	教授、主任医师	德国	合作研究	2015.01.16—2015.02.14
沈连丰	信息科学与工程学院	教授	奥地利、德国	国际会议并访问	2014.11.03—2014.11.10
顾忠泽	生物科学与医学工程学院	教授	澳大利亚	国际会议	2014.12.04—2014.12.08
张柏礼	计算机科学与工程学院	副教授	英国	研修	2014.11.01—2015.10.31
吕 准	物理系	教授	智利	合作研究	2014.12.08—2015.01.19
郭芳芳	附属中大医院	主治医师	美国	培训	2014.11.01—2015.04.30
许佩蓉	数学系	讲师	韩国	留学进修	2014.10.05—2015.10.04
刘 波	计算机科学与工程学院	副教授	美国	研修	2014.11.02—2015.11.01
殷晓星	信息科学与工程学院	教授	日本	国际会议并访问	2014.11.04—2014.11.11
顾 宁	生物科学与医学工程学院	教授、院长	中国香港	国际会议	2014.12.14—2014.12.18
顾 宁	生物科学与医学工程学院	教授、院长	澳大利亚	国际会议并访问	2014.12.01—2014.12.06
李玉福	信息科学与工程学院	研究生	日本	国际会议	2014.11.04—2014.11.08
谢 力	信息科学与工程学院	研究生	日本	国际会议	2014.11.04—2014.11.08

（续 表）

姓名	所在院系	职务/职称	出访国家或地区	出访任务	出访时间
徐振峰	仪器科学与工程学院	研究生	中国香港	国际会议	2014.11.22—2014.11.25
石大义	经济管理学院	研究生	美国	国际会议	2015.01.04—2015.01.09
苑红磊	物理系	研究生	美国	短期学习	2014.11.01—2015.01.30
宋 康	信息科学与工程学院	研究生	美国	国际会议	2014.12.02—2014.12.06
张 琳	生物科学与医学工程学院	研究生	日本	国际会议	2014.11.02—2014.11.06
高兵兵	生物科学与医学工程学院	研究生	日本	国际会议	2014.11.02—2014.11.06
廖俊龙	生物科学与医学工程学院	研究生	日本	国际会议	2014.11.02—2014.11.06
王晶敏	医学院	研究生	德国	国际会议	2014.10.08—2014.10.12
谭宇彦	医学院	研究生	德国	国际会议	2014.10.08—2014.10.12
谢 维	生命科学研究院	教授、院长	美国	工作访问	2014.09.24—2014.09.28
洪 伟	信息科学与工程学院	教授、副院长	日本	国际会议	2014.11.03—2014.11.07
朱晓维	信息科学与工程学院	教授	日本	国际会议	2014.11.03—2014.11.07
刘 宏	生物科学与医学工程学院	教授	日本	国际会议	2014.11.02—2014.11.06
赵长遂	能源与环境学院	教授	印度	国际会议	2014.11.08—2014.11.13
张晓黎	附属中大医院	主治医师	英国	访学	2014.11.01—2015.11.01
滕皋军	附属中大医院	教授、院长	新加坡	国际会议	2014.11.09—2014.11.11
杜延军	交通工程学院	教授	澳大利亚	国际会议	2014.11.10—2014.11.14
刘松玉	交通工程学院	教授	澳大利亚	国际会议	2014.11.10—2014.11.14
闵鹤群	建筑学院	副教授	澳大利亚	国际会议	2014.11.15—2014.11.19
史兰新	港澳台办公室	副教授、主任	中国澳门	参与并工作访问	2014.11.16—2014.11.20
殷 磊	港澳台办公室	副主任	中国澳门	参与并工作访问	2014.11.16—2014.11.20
周 强	能源与环境学院	研究生	美国	国际会议	2014.10.12—2014.10.16
吴 雄	信息科学与工程学院	研究生	越南	国际会议	2014.10.14—2014.10.18
孙楚洋	信息科学与工程学院	研究生	越南	国际会议	2014.10.14—2014.10.18
孙振兴	自动化学院	研究生	美国	国际会议	2014.10.29—2014.11.02
王军晓	自动化学院	研究生	美国	国际会议	2014.10.29—2014.11.02
程 龙	交通工程学院	研究生	美国	合作研究	2014.10.30—2015.10.29
姚 瑶	材料科学与工程学院	研究生	美国	国际会议	2014.10.12—2014.10.16

(续 表)

姓名	所在院系	职务/职称	出访国家或地区	出访任务	出访时间
巨 佳	材料科学与工程学院	研究生	美国	国际会议	2014.10.12—2014.10.16
陈 旭	材料科学与工程学院	研究生	美国	国际会议	2014.10.12—2014.10.16
潘玉峰	生命科学研究院	研究员	美国	合作研究	2014.11.18—2014.12.10
漆桂林	计算机科学与工程学院	教授	瑞典	合作研究并国际会议	2014.11.25—2014.12.03
丁家华	附属中大医院	主任医师	美国	国际会议	2014.12.05—2014.12.10
何小元	土木工程学院	教授	新加坡	国际会议	2014.11.14—2014.11.18
诸 远	电气工程学院	研究生	马来西亚	国际会议	2014.10.11—2014.10.15
程永振	交通工程学院	研究生	肯尼亚	合作研究	2014.10.25—2015.01.01
王书昶	电子科学与工程学院	研究生	澳大利亚	国际会议	2014.12.01—2014.12.06
王一卉	电子科学与工程学院	助教	日本	国际会议	2014.11.11—2014.11.15
梁金星	仪器科学与工程学院	副研究员	日本	国际会议	2014.11.11—2014.11.15
张中才	自动化学院	研究生	新加坡	国际会议	2014.11.20—2014.11.21
吴兆青	信息科学与工程学院	辅导员	日本	国际会议	2014.11.11—2014.11.15
马 辉	交通工程学院	研究生	荷兰	国际会议	2014.11.02—2014.11.06
狄振兴	数学系	研究生	土耳其	国际会议	2014.11.05—2014.11.10
王文佳	数学系	研究生	土耳其	国际会议	2014.11.05—2014.11.10
张清山	数学系	研究生	土耳其	国际会议	2014.11.05—2014.11.10
王 毅	信息科学与工程学院	研究生	中国澳门	国际会议	2014.11.18—2014.11.22
赵俊锋	电气工程学院	研究生	美国	国际会议	2014.11.04—2014.11.08
赵嘉宁	信息科学与工程学院	副教授	日本	国际会议并访问	2014.11.04—2014.11.11
漆桂林	计算机科学与工程学院	教授	泰国	国际会议	2014.11.08—2014.11.11
刘继军	数学系	教授、系主任	韩国	国际会议	2014.11.20—2014.11.24
李 媛	吴健雄学院	秘书	日本	国际会议	2014.11.11—2014.11.15
居胜红	附属中大医院	主任医师	美国	国际会议	2014.11.30—2014.12.04
宋爱国	仪器科学与工程学院	教授、院长	英国	合作研究	2014.11.30—2014.12.04
王 昊	交通工程学院	副教授	美国	国际会议	2015.01.10—2015.01.14
张敏灵	计算机科学与工程学院	教授	越南	国际会议	2014.11.25—2014.11.29
耿 新	计算机科学与工程学院	副院长、研究员	澳大利亚	国际会议	2014.12.02—2014.12.06
薛 晖	计算机科学与工程学院	副教授	澳大利亚	国际会议	2014.12.02—2014.12.06
方良骥	仪器科学与工程学院	本科生	日本	国际会议	2014.11.11—2014.11.15

（续 表）

姓名	所在院系	职务/职称	出访国家或地区	出访任务	出访时间
白凤蕊	仪器科学与工程学院	研究生	日本	国际会议	2014.11.11—2014.11.15
孔 婷	仪器科学与工程学院	研究生	日本	国际会议	2014.11.11—2014.11.15
安 栋	材料科学与工程学院	研究生	日本	国际会议	2014.11.23—2014.11.27
吴 迪	吴健雄学院	本科生	日本	国际会议	2014.11.11—2014.11.15
吉相冰	吴健雄学院	本科生	日本	国际会议	2014.11.11—2014.11.15
王凯旋	吴健雄学院	本科生	日本	国际会议	2014.11.11—2014.11.15
刘念泽	吴健雄学院	本科生	日本	国际会议	2014.11.11—2014.11.15
熊宽晨	吴健雄学院	本科生	日本	国际会议	2014.11.11—2014.11.15
翁一士	电子科学与工程学院	研究生	日本	国际会议	2014.12.02—2014.12.06
李 阳	信息科学与工程学院	研究生	日本	国际会议	2014.11.04—2014.11.08
代祥俊	土木工程学院	研究生	新加坡	国际会议	2014.11.14—2014.11.18
戴云彤	土木工程学院	研究生	新加坡	国际会议	2014.11.14—2014.11.17
王小虎	医学院	研究生	泰国	国际会议	2014.10.22—2014.10.26
戚晓芳	计算机科学与工程学院	副教授	中国香港	国际会议	2014.11.17—2014.11.21
范日东	交通工程学院	研究生	澳大利亚	国际会议	2014.11.10—2014.11.15
高赐威	电气工程学院	教授	新加坡	国际会议	2014.10.28—2014.11.01
何世文	信息科学与工程学院	讲师	中国澳门	国际会议	2014.11.18—2014.11.22
翟 亚	物理系	教授	美国	合作交流	2014.11.06—2014.11.10
易 红	校长办公室	教授、校长	日本	工作访问	2014.11.16—2014.11.20
冯建明	发展规划处	副研究员、处长	日本	工作访问	2014.11.16—2014.11.20
孙岳明	科研院	教授、院长	日本	工作访问	2014.11.16—2014.11.20
钟文琪	能源与环境学院	教授、院长	日本	工作访问	2014.11.16—2014.11.20
吴 刚	土木工程学院	教授、院长	日本	工作访问	2014.11.16—2014.11.20
郝庆九	国际合作处	秘书	日本	工作访问	2014.11.16—2014.11.20
邵 华	附属中大医院	副主任药师	美国	国际会议	2014.12.07—2014.12.11
王凤梅	附属中大医院	讲师	美国	国际会议	2014.11.11—2014.11.15
李小平	计算机科学与工程学院	教授	柬埔寨	国际会议	2014.11.26—2014.11.30
陈陆馗	附属中大医院	主任医师	英国	工作访问	2014.11.29—2014.12.04
张玉浩	电子科学与工程学院	本科生	日本	国际会议	2014.11.11—2014.11.15
李名舒	电子科学与工程学院	本科生	日本	国际会议	2014.11.11—2014.11.15
周依潮	电子科学与工程学院	本科生	日本	国际会议	2014.11.11—2014.11.15

(续 表)

姓名	所在院系	职务/职称	出访国家或地区	出访任务	出访时间
吴晟琦	电子科学与工程学院	本科生	日本	国际会议	2014.11.11—2014.11.15
朱麒文	电子科学与工程学院	本科生	日本	国际会议	2014.11.11—2014.11.15
郑凌晨	电子科学与工程学院	本科生	日本	国际会议	2014.11.11—2014.11.15
陆天翼	电子科学与工程学院	本科生	日本	国际会议	2014.11.11—2014.11.15
张师斌	电子科学与工程学院	本科生	日本	国际会议	2014.11.11—2014.11.15
屠晨峰	电子科学与工程学院	本科生	日本	国际会议	2014.11.11—2014.11.15
顾星煜	电子科学与工程学院	本科生	日本	国际会议	2014.11.11—2014.11.15
毛海军	交通工程学院	教授	中国香港	国际会议	2014.11.17—2014.11.21
武展妮	信息科学与工程学院	本科生	日本	国际会议	2014.11.11—2014.11.15
蔡金洲	信息科学与工程学院	本科生	日本	国际会议	2014.11.11—2014.11.15
朱 锐	信息科学与工程学院	本科生	日本	国际会议	2014.11.11—2014.11.15
郭明皓	信息科学与工程学院	本科生	日本	国际会议	2014.11.11—2014.11.15
刘芳硕	信息科学与工程学院	本科生	日本	国际会议	2014.11.11—2014.11.15
方晗婧	信息科学与工程学院	本科生	日本	国际会议	2014.11.11—2014.11.15
董 健	自动化学院	研究生	美国	国际会议	2014.12.08—2014.12.12
谷 健	交通工程学院	研究生	中国香港	国际会议	2014.11.22—2014.11.25
汪羊玲	数学系	研究生	中国香港、中国澳门	国际会议	2014.11.27—2014.12.01
段宇平	生物科学与医学工程学院	研究生	法国	国际会议	2014.10.26—2014.10.30
段宇平	生物科学与医学工程学院	研究生	法国	合作研究	2014.10.26—2015.02.28
张大银	计算机科学与工程学院	研究生	澳大利亚	国际会议	2014.11.30—2014.12.04
潘 超	电子科学与工程学院	研究生	英国	合作研究	2014.12.01—2015.12.01
赵 霞	无锡分校	讲师	日本	国际会议	2014.11.11—2014.11.15
姚 群	无锡分校	研究生	日本	国际会议	2014.11.11—2014.11.15
杨 江	无锡分校	本科生	日本	国际会议	2014.11.11—2014.11.15
鞠 达	无锡分校	本科生	日本	国际会议	2014.11.11—2014.11.15
马一华	无锡分校	本科生	日本	国际会议	2014.11.11—2014.11.15
张敏灵	计算机科学与工程学院	教授	澳大利亚	国际会议	2014.12.02—2014.12.06
徐康宁	经济管理学院	教授、院长	美国、加拿大	学术交流	2014.11.22—2014.11.30
浦正宁	经济管理学院	讲师	美国、加拿大	学术交流	2014.11.22—2014.11.30
李 健	生命科学研究院	副教授	澳大利亚	国际会议	2014.12.03—2014.12.07

(续 表)

姓名	所在院系	职务/职称	出访国家或地区	出访任务	出访时间
郑家茂	校长办公室	教授、副校长	英国	培训	2014.11.02—2014.11.22
邱海波	附属中大医院	教授、副院长	以色列	国际会议	2014.11.21—2014.11.25
陈礼明	生命科学研究院	教授	新加坡	合作研究	2014.11.29—2014.12.15
温广辉	数学系	讲师	中国香港	合作研究	2015.01.26—2015.02.25
陈 坚	材料科学与工程学院	副研究员	新加坡	国际会议	2014.12.10—2014.12.14
戴玉蓉	材料科学与工程学院	教授	新加坡	国际会议	2014.12.10—2014.12.14
张亚梅	材料科学与工程学院	教授、副院长	新加坡	国际会议	2014.12.10—2014.12.14
董寅生	材料科学与工程学院	教授	新加坡	国际会议	2014.12.10—2014.12.14
舒华忠	计算机科学与工程学院	教授、副院长	法国	合作研究	2014.11.08—2014.11.15
Yun-Kyu An	土木工程学院	副研究员	韩国	国际会议	2014.10.25—2014.10.29
王海明	信息科学与工程学院	副研究员	美国	国际会议与访问	2014.11.01—2014.11.08
黄晓东	电子科学与工程学院	副教授	中国香港	工作访问	2014.11.12—2014.11.16
曹进德	数学系	教授	中国香港、中国澳门	国际会议	2014.11.27—2014.12.01
吴跃全	国际合作处	助理研究员	美国	培训	2014.12.07—2014.12.20
夏 军	电子科学与工程学院	副教授	日本	国际会议	2014.12.02—2014.12.05
余 雷	经济管理学院	研究生	新加坡	国际会议	2014.11.12—2014.11.16
李 鹏	经济管理学院	研究生	新加坡	国际会议	2014.11.12—2014.11.16
李宇琨	计算机科学与工程学院	研究生	澳大利亚	国际会议	2014.12.01—2014.12.05
陈先华	交通工程学院	副教授	中国香港	国际会议	2014.11.12—2014.11.15
张 川	信息科学与工程学院	副教授	日本	国际会议	2014.11.16—2014.11.20
王海贤	学习科学研究中心	研究员	中国香港、中国澳门	国际会议	2014.11.28—2014.12.02
顾 伟	电气工程学院	教授	中国香港	国际会议	2014.12.06—2014.12.10
谢 维	生命科学研究院	教授、院长	澳大利亚	合作研究并与会	2014.12.02—2014.12.08
吴 爽	交通工程学院	研究生	日本	国际会议	2014.11.17—2014.11.21
温子申	建筑学院	研究生	日本	合作研究	2014.12.01—2015.02.15
崔 鹤	生命科学研究院	研究生	中国香港	国际会议	2014.10.30—2014.11.02
吴华彰	生命科学研究院	研究生	中国香港	国际会议	2014.10.30—2014.11.02
尹玉莉	物理系	研究生	美国	国际会议	2014.11.03—2014.11.07
魏明俐	交通工程学院	研究生	英国	工作访问	2014.11.12—2014.11.07
赵 丽	信息科学与工程学院	研究生	日本	国际会议	2014.11.04—2014.11.08

（续　表）

姓名	所在院系	职务/职称	出访国家或地区	出访任务	出访时间
江　梅	信息科学与工程学院	研究生	日本	国际会议	2014.11.04—2014.11.08
刘　丹	医学院	研究生	美国	国际会议	2014.11.11—2014.11.15
于斌斌	经济管理学院	研究生	新加坡	国际会议	2014.11.12—2014.11.16
陈碧威	信息科学与工程学院	研究生	美国	国际会议	2014.12.08—2014.12.12
王　玉	信息科学与工程学院	研究生	美国	国际会议	2014.12.08—2014.12.12
陈仁鹏	信息科学与工程学院	研究生	美国	国际会议	2014.12.08—2014.12.12
郝朝鹏	数学系	研究生	美国	短期学习	2014.12.01—2015.03.01
唐明亮	生命科学研究院	研究员	澳大利亚	国际会议	2014.12.03—2014.12.07
孙伟锋	电子科学与工程学院	教授、副院长	美国	国际会议	2014.12.13—2014.12.15
孙小菡	电子科学与工程学院	教授	美国	合作研究并访问	2014.11.26—2014.12.04
黄风义	信息科学与工程学院	教授	美国	合作研究	2014.11.08—2014.11.27
东　方	计算机科学与工程学院	副教授	瑞士	国际会议	2014.11.23—2014.11.27
钟思佳	数学系	讲师	法国	合作研究	2014.11.29—2014.12.26
张竞慧	计算机科学与工程学院	讲师	瑞士	合作研究	2014.11.23—2014.11.27
王红兵	计算机科学与工程学院	教授	澳大利亚	合作研究	2014.12.06—2014.12.15
柴人杰	生命科学研究院	教授	澳大利亚	国际会议	2014.12.03—2014.12.06
刘瑜俊	电气工程学院	研究生	英国	合作研究	2014.12.17—2014.12.21
刘　晶	医学院	研究生	中国香港	国际会议	2014.11.20—2014.11.23
付雪峰	计算机科学与工程学院	研究生	泰国	国际会议	2014.11.09—2014.11.13
王万元	计算机科学与工程学院	研究生	塞浦路斯	国际会议	2014.11.08—2014.11.12
周一峰	学习科学研究中心	研究生	塞浦路斯	国际会议	2014.11.08—2014.11.12
黄浩乾	自动化学院	研究生	日本	国际会议	2014.12.12—2014.12.16
石　峰	建筑学院	研究生	美国	短期学习	2014.11.23—2015.05.21
周　磊	电气工程学院	研究生	中国香港	国际会议	2014.12.06—2014.12.11
包宇庆	电气工程学院	研究生	中国香港	国际会议	2014.12.06—2014.12.11
乔立兴	附属中大医院	副主任医师	美国	合作研究	2014.12.01—2015.03.31
张亚平	能源与环境学院	副教授	西班牙	国际会议	2014.12.15—2014.12.20
董志芳	电子科学与工程学院	副教授	新西兰	国际会议	2014.12.07—2014.12.11
张　萌	电子科学与工程学院	研究员	新西兰	国际会议	2014.12.07—2014.12.11
叶莉华	电子科学与工程学院	副教授	新西兰	国际会议	2014.12.07—2014.12.11
董　帅	物理系	教授	美国	国际会议并访问	2014.12.02—2015.02.05
夏亦犁	信息科学与工程学院	副教授	柬埔寨	国际会议	2014.12.09—2014.12.13

（续　表）

姓名	所在院系	职务/职称	出访国家或地区	出访任务	出访时间
Yun-Kyu An	土木工程学院	副研究员	中国香港	国际会议	2014.11.28—2014.11.30
朱珉	能源与环境学院	研究生	意大利	国际会议	2014.12.07—2014.12.13
李光华	化学化工学院	研究生	新加坡	国际会议	2014.11.13—2014.11.17
张瑞	化学化工学院	研究生	新加坡	国际会议	2014.11.13—2014.11.17
乔贵方	仪器科学与工程学院	研究生	印度尼西亚	国际会议	2014.12.04—2014.12.10
张颖	仪器科学与工程学院	研究生	印度尼西亚	国际会议	2014.12.04—2014.12.10
王力涵	学习科学研究中心	研究生	中国香港、中国澳门	国际会议	2014.11.28—2014.12.01
李娜	仪器科学与工程学院	研究生	印度尼西亚	国际会议	2014.12.04—2014.12.10
罗军舟	计算机科学与工程学院	教授、院长	中国香港	国际会议	2014.12.01—2014.12.05
金星	建筑学院	讲师	日本	合作研究	2014.12.18—2014.12.22
陈晓扬	建筑学院	副教授	日本	合作研究	2014.12.18—2014.12.22
张宏	建筑学院	教授	日本	合作研究	2014.12.18—2014.12.22
李永辉	建筑学院	讲师	日本	合作研究	2014.12.18—2014.12.22
洪锋	能源与环境学院	讲师	日本	合作研究	2014.12.18—2014.12.22
徐小东	建筑学院	副教授	日本	合作研究	2014.12.18—2014.12.22
彭昌海	建筑学院	副研究员	日本	合作研究	2014.12.18—2014.12.22
淳庆	建筑学院	副教授	日本	合作研究	2014.12.18—2014.12.22
王金兰	物理系	教授	新加坡	合作研究并与会	2015.01.13—2015.01.17
黄风义	信息科学与工程学院	教授	美国	合作研究	2014.11.24—2014.12.10
宋志霞	医学院	研究生	中国香港	国际会议	2014.11.28—2014.12.01
郭银凤	医学院	研究生	中国香港	国际会议	2014.11.28—2014.12.01
杨毅	附属中大医院	主任医师	奥地利	国际会议	2014.12.10—2014.12.14
佐藤忠信	土木工程学院	教授	日本	国际会议	2014.12.03—2014.12.07
赵国	电气工程学院	研究生	泰国	国际会议	2014.12.07—2014.12.10
薛鹏	物理系	教授	中国香港	国际会议并访问	2014.12.28—2015.01.01
刘大闯	医学院	研究生	中国香港	国际会议	2014.11.28—2014.12.01
郭婷	集成电路学院	研究生	新加坡	国际会议	2014.12.09—2014.12.13
丁丽红	医学院	研究生	中国香港	国际会议	2014.11.28—2014.12.01
李剑	物理系	讲师	中国香港	国际会议	2014.12.28—2014.12.31
罗立民	计算机科学与工程学院	教授	法国	合作研究	2014.12.14—2014.12.29

（续　表）

姓名	所在院系	职务/职称	出访国家或地区	出访任务	出访时间
李庆伟	能源与环境学院	研究生	中国香港	国际会议	2014.12.10—2014.12.13
张晓文	医学院	研究生	中国香港	国际会议	2014.11.28—2014.12.01
郑　军	信息科学与工程学院	教授	美国	合作研究并国际会议	2014.12.12—2014.12.20
郭广银	党委办公室	书记、教授	中国台湾	工作访问	2014.12.15—2014.12.21
罗军舟	计算机科学与工程学院	院长、教授	中国台湾	工作访问	2014.12.15—2014.12.21
张　星	土木工程学院	书记、教授	中国台湾	工作访问	2014.12.15—2014.12.21
朱小良	能源与环境学院	书记、教授	中国台湾	工作访问	2014.12.15—2014.12.21
秦　霞	交通工程学院	书记、教授	中国台湾	工作访问	2014.12.15—2014.12.21
殷　磊	港澳台办公室	副主任	中国台湾	工作访问	2014.12.15—2014.12.21
黄家晖	电气工程学院	本科生	中国台湾	暑期班	2014.07.01—2014.08.04
武　斌	电子科学与工程学院	本科生	中国台湾	暑期班	2014.07.01—2014.08.04
樊　雪	数学系	本科生	中国台湾	暑期班	2014.07.01—2014.08.04
沈霈霖	自动化学院	本科生	中国台湾	暑期班	2014.07.01—2014.08.04
宋　杉	电气工程学院	本科生	中国台湾	暑期班	2014.07.01—2014.08.04
严　画	电气工程学院	本科生	中国台湾	暑期班	2014.07.01—2014.08.04
陶乃书	化学化工学院	本科生	中国台湾	暑期班	2014.07.01—2014.08.04
吕晓晨	化学化工学院	本科生	中国台湾	暑期班	2014.07.01—2014.08.04
张　驰	吴健雄学院	本科生	中国台湾	暑期班	2014.07.01—2014.08.04
张　磊	附属中大医院	医师	中国台湾	国际会议	2014.09.03—2014.09.07
刘春晖	医学院	博士	中国台湾	国际会议	2014.09.03—2014.09.07
李子洲	土木工程学院	本科生	中国台湾	短期学习	2014.09.09—2015.01.31
王心怡	交通工程学院	本科生	中国台湾	短期学习	2014.09.09—2015.01.31
喻　洁	电气工程学院	讲师	中国台湾	专业授课	2014.09.25—2014.10.07
陆生礼	电子科学与工程学院	研究员	中国台湾	台湾江苏周	2014.05.26—2014.05.31
董亚男	法学院	本科生	中国台湾	短期学习	2014.02.10—2014.06.25
王　敏	法学院	本科生	中国台湾	短期学习	2014.02.10—2014.06.25
袁天圆	法学院	本科生	中国台湾	短期学习	2014.02.10—2014.06.25
周芸慧	法学院	本科生	中国台湾	短期学习	2014.02.10—2014.06.25
吕文谦	法学院	本科生	中国台湾	短期学习	2014.02.10—2014.06.25
殷　磊	港澳台办公室	副主任	中国台湾	文化交流	2014.04.21—2014.04.25
缪凝彦	港澳台办公室	科员	中国台湾	文化交流	2014.04.21—2014.04.25
孙立涛	电子科学与工程学院	教授	中国台湾	两岸会议	2014.06.22—2014.06.29

(续 表)

姓名	所在院系	职务/职称	出访国家或地区	出访任务	出访时间
张敏灵	计算机科学与工程学院	副教授	中国台湾	国际会议	2014.05.12—2014.05.17
王建国	建筑学院	教授	中国台湾	讲学	2014.05.22—2014.05.26
陈 科	机械工程学院	博士	中国台湾	国际会议	2014.05.20—2014.05.24
项 楠	机械工程学院	博士	中国台湾	国际会议	2014.05.20—2014.05.24
顾建新	图书馆	教授	中国台湾	学术交流	2014.05.25—2014.05.30
胡 彬	图书馆	主任	中国台湾	学术交流	2014.05.25—2014.05.30
谭 瑛	图书馆	副主任	中国台湾	学术交流	2014.05.25—2014.05.30
李 晨	外国语学院	讲师	中国台湾	国际会议	2014.06.12—2014.06.17
曹 璨	机械工程学院	本科生	中国台湾	短期学习	2014.09.01—2015.01.31
李雯婷	交通工程学院	本科生	中国台湾	短期学习	2014.09.01—2015.01.31
杨文聪	机械工程学院	本科生	中国台湾	短期学习	2014.09.01—2015.01.31
曹 蕊	成贤学院	本科生	中国台湾	短期学习	2014.09.01—2015.01.31
王新鑫	数学系	本科生	中国台湾	暑期班	2014.07.20—2014.07.30
高晓琛	经济管理学院	本科生	中国台湾	暑期班	2014.07.20—2014.07.30
潘佳惠	外国语学院	本科生	中国台湾	暑期班	2014.07.20—2014.07.30
李欣凯	交通工程学院	本科生	中国台湾	暑期班	2014.07.20—2014.07.30
华明壮	交通工程学院	本科生	中国台湾	暑期班	2014.07.20—2014.07.30
彭 涵	吴健雄学院	本科生	中国台湾	暑期班	2014.07.20—2014.07.30
肖诗蕾	吴健雄学院	本科生	中国台湾	暑期班	2014.07.20—2014.07.30
李伊萌	人文学院	本科生	中国台湾	暑期班	2014.07.12—2014.08.12
周靖之	经济管理学院	本科生	中国台湾	暑期班	2014.07.12—2014.08.12
李汝豪	成贤学院	本科生	中国台湾	暑期班	2014.07.12—2014.08.12
王梓剑	成贤学院	本科生	中国台湾	暑期班	2014.07.12—2014.08.12
戴世琦	成贤学院	本科生	中国台湾	暑期班	2014.07.12—2014.08.12
黄振露	成贤学院	本科生	中国台湾	暑期班	2014.07.12—2014.08.12
蒋琳琳	艺术学院	本科生	中国台湾	暑期班	2014.07.12—2014.08.12
朱艾琪	艺术学院	本科生	中国台湾	暑期班	2014.07.12—2014.08.12
戴 卓	艺术学院	本科生	中国台湾	暑期班	2014.07.12—2014.08.12
董心宜	艺术学院	本科生	中国台湾	暑期班	2014.07.12—2014.08.12
汪格璇	电气工程学院	本科生	中国台湾	暑期班	2014.07.12—2014.08.17
陈 月	物理系	本科生	中国台湾	暑期班	2014.07.12—2014.08.17

(续 表)

姓名	所在院系	职务/职称	出访国家或地区	出访任务	出访时间
戴昀哲	经济管理学院	本科生	中国台湾	暑期班	2014.07.12—2014.08.17
金 婕	经济管理学院	本科生	中国台湾	暑期班	2014.07.12—2014.08.17
何慧冬	经济管理学院	本科生	中国台湾	暑期班	2014.07.12—2014.08.17
杨雨莲	经济管理学院	本科生	中国台湾	暑期班	2014.07.12—2014.08.17
欧妍曼	艺术学院	本科生	中国台湾	暑期班	2014.07.12—2014.08.17
汪小凡	电子科学与工程学院	本科生	中国台湾	暑期班	2014.07.12—2014.08.17
徐 峥	成贤学院	本科生	中国台湾	暑期班	2014.07.12—2014.08.17
刘明玥	成贤学院	本科生	中国台湾	暑期班	2014.07.12—2014.08.17
罗军舟	计算机科学与工程学院	教授	中国台湾	国际会议	2014.05.19—2014.05.25
史济源	计算机科学与工程学院	博士	中国台湾	国际会议	2014.05.19—2014.05.25
何高峰	计算机科学与工程学院	博士	中国台湾	国际会议	2014.05.19—2014.05.25
方 玲	经济管理学院	博士	中国台湾	国际会议	2014.12.05—2014.12.09
陆 彪	能源与环境学院	博士	中国台湾	国际会议	2014.12.05—2014.12.09
惠迎新	交通工程学院	博士	中国台湾	国际会议	2014.12.05—2014.12.09
丁 玲	交通工程学院	博士	中国台湾	国际会议	2014.12.05—2014.12.09
李雪峰	交通工程学院	博士	中国台湾	国际会议	2014.12.05—2014.12.09
金 磊	交通工程学院	博士	中国台湾	国际会议	2014.12.05—2014.12.09
牛 强	经济管理学院	博士	中国台湾	国际会议	2014.12.05—2014.12.09
胡 艺	经济管理学院	博士	中国台湾	国际会议	2014.12.05—2014.12.09
王元元	交通工程学院	博士	中国台湾	国际会议	2014.12.05—2014.12.09
王忠霞	化学化工学院	博士	中国台湾	国际会议	2014.12.05—2014.12.09
朱兆珍	经济管理学院	博士	中国台湾	国际会议	2014.12.05—2014.12.09
李其乐	化学化工学院	博士	中国台湾	国际会议	2014.12.05—2014.12.09
李敬涛	经济管理学院	博士	中国台湾	国际会议	2014.12.05—2014.12.09
刘子怡	经济管理学院	博士	中国台湾	国际会议	2014.12.05—2014.12.09
郑永峰	土木工程学院	博士	中国台湾	国际会议	2014.12.05—2014.12.09
肖全东	土木工程学院	博士	中国台湾	国际会议	2014.12.05—2014.12.09
于建兵	土木工程学院	博士	中国台湾	国际会议	2014.12.05—2014.12.09
赵 江	经济管理学院	博士	中国台湾	国际会议	2014.12.05—2014.12.09
杜银飞	交通工程学院	博士	中国台湾	国际会议	2014.12.05—2014.12.09
沈来宏	能源与环境学院	教授	中国台湾	国际会议	2014.12.15—2014.12.19

(续 表)

姓名	所在院系	职务/职称	出访国家或地区	出访任务	出访时间
顾海明	能源与环境学院	博士后	中国台湾	国际会议	2014.12.15—2014.12.19
王松寒	交通工程学院	硕士	中国台湾	国际会议	2014.06.20—2014.06.26
欧祖敏	交通工程学院	博士	中国台湾	两岸会议	2014.05.30—2014.06.04
王岩冰	计算机科学与工程学院	副教授	中国台湾	编程竞赛	2014.07.07—2014.07.11
方 霞	教务处	主任	中国台湾	编程竞赛	2014.07.07—2014.07.11
辛维钊	计算机科学与工程学院	本科生	中国台湾	编程竞赛	2014.07.07—2014.07.11
吴 涛	计算机科学与工程学院	本科生	中国台湾	编程竞赛	2014.07.07—2014.07.11
解曙方	计算机科学与工程学院	本科生	中国台湾	编程竞赛	2014.07.07—2014.07.11
丛 宾	法学院	助教	中国台湾	暑期班	2014.07.27—2014.08.16
徐 伟	法学院	助教	中国台湾	暑期班	2014.07.27—2014.08.16
姜 波	法学院	博士	中国台湾	暑期班	2014.07.27—2014.08.16
刘莹莹	法学院	硕士	中国台湾	暑期班	2014.07.27—2014.08.16
郭心怡	法学院	硕士	中国台湾	暑期班	2014.07.27—2014.08.16
姜怀玉	法学院	硕士	中国台湾	暑期班	2014.07.27—2014.08.16
陈 婧	法学院	硕士	中国台湾	暑期班	2014.07.27—2014.08.16
陈 明	法学院	硕士	中国台湾	暑期班	2014.07.27—2014.08.16
陈 程	法学院	硕士	中国台湾	暑期班	2014.07.27—2014.08.16
陈薇羽	法学院	硕士	中国台湾	暑期班	2014.07.27—2014.08.16
翟 冬	法学院	硕士	中国台湾	暑期班	2014.07.27—2014.08.16
张雪洁	法学院	硕士	中国台湾	暑期班	2014.07.27—2014.08.16
鲍怡婕	法学院	本科生	中国台湾	暑期班	2014.07.27—2014.08.16
孙蓓蓓	机械工程学院	教授	中国台湾	学术交流	2014.10.27—2014.11.03
张建润	机械工程学院	教授	中国台湾	学术交流	2014.10.27—2014.11.04
殷国栋	机械工程学院	副教授	中国台湾	学术交流	2014.10.27—2014.11.05
沙菁契	机械工程学院	副教授	中国台湾	学术交流	2014.10.27—2014.11.06
廖 昕	机械工程学院	博士	中国台湾	学术交流	2014.10.27—2014.11.07
谭启檐	机械工程学院	博士	中国台湾	学术交流	2014.10.27—2014.11.08
欧阳天成	机械工程学院	博士	中国台湾	学术交流	2014.10.27—2014.11.09
陈 平	机械工程学院	博士	中国台湾	学术交流	2014.10.27—2014.11.10
章 寅	机械工程学院	博士	中国台湾	学术交流	2014.10.27—2014.11.11
焦仁强	机械工程学院	博士	中国台湾	学术交流	2014.10.27—2014.11.12

(续 表)

姓名	所在院系	职务/职称	出访国家或地区	出访任务	出访时间
徐楠楠	机械工程学院	博士	中国台湾	学术交流	2014.10.27—2014.11.13
陈建栋	机械工程学院	博士	中国台湾	学术交流	2014.10.27—2014.11.14
王 珂	人文学院	教授	中国台湾	国际会议	2014.06.08—2014.06.15
姜耕玉	人文学院	教授	中国台湾	国际会议	2014.06.08—2014.06.15
张 建	土木工程学院	教授	中国台湾	国际会议	2014.07.31—2014.08.04
万春风	土木工程学院	教授	中国台湾	国际会议	2014.07.31—2014.08.04
夏 琪	土木工程学院	博士	中国台湾	国际会议	2014.07.31—2014.08.04
张 亚	自动化学院	副教授	中国台湾	国际会议	2014.06.17—2014.06.23
董 亮	自动化学院	博士	中国台湾	国际会议	2014.06.17—2014.06.23
李铁香	数学系	副教授	中国台湾	学术交流	2014.02.03—2014.02.24
成于思	土木工程学院	博士	中国台湾	学术交流	2014.06.30—2014.11.30
许 丹	人文学院	讲师	中国台湾	短期研修	2014.05.01—2014.08.31
刘继军	数学系	教授	中国台湾	国际会议	2014.12.14—2014.12.20
徐 毅	数学系	讲师	中国台湾	国际会议	2014.12.14—2014.12.20
杨 明	数学系	副教授	中国台湾	国际会议	2014.12.14—2014.12.20
闫 亮	数学系	讲师	中国台湾	国际会议	2014.12.14—2014.12.20
李铁香	数学系	副教授	中国台湾	国际会议	2014.12.14—2014.12.20
王海兵	数学系	副教授	中国台湾	国际会议	2014.12.14—2014.12.20
钱 鹏	图书馆	副馆长	中国台湾	学术交流	2014.08.18—2014.08.22
袁 丰	信息科学与工程学院	博士	中国台湾	国际会议	2014.04.10—2014.04.15
崔一平	电子科学与工程学院	教授	中国台湾	两岸会议	2014.01.19—2014.01.24
万遂人	生物科学与医学工程学院	教授	中国台湾	国际会议	2014.10.08—2014.10.13
黄 雷	生物科学与医学工程学院	讲师	中国台湾	国际会议	2014.10.08—2014.10.13
孔向晖	生物科学与医学工程学院	硕士	中国台湾	国际会议	2014.10.08—2014.10.13
李润泽	生物科学与医学工程学院	本科生	中国台湾	国际会议	2014.10.08—2014.10.13
王月成	生物科学与医学工程学院	本科生	中国台湾	国际会议	2014.10.08—2014.10.13
汪 峥	自动化学院	教授	中国台湾	两岸会议	2014.08.18—2014.08.22
李 明	自动化学院	博士	中国台湾	两岸会议	2014.08.18—2014.08.22
张 勇	物理系	讲师	中国台湾	短期研修	2014.10.16—2015.10.15

（续　表）

姓名	所在院系	职务/职称	出访国家或地区	出访任务	出访时间
周再发	电子科学与工程学院	研究员	中国台湾	国际会议	2014.11.09—2014.11.13
金嘉晖	计算机科学与工程学院	博士	中国台湾	国际会议	2014.12.16—2014.12.20
王承慧	建筑学院	副教授	中国台湾	两岸会议	2014.08.13—2014.08.17
熊思锐	建筑学院	硕士	中国台湾	两岸会议	2014.08.13—2014.08.17
张涵昱	建筑学院	硕士	中国台湾	两岸会议	2014.08.13—2014.08.17
杨兵	建筑学院	硕士	中国台湾	两岸会议	2014.08.13—2014.08.17
丁建明	交通工程学院	教授	中国台湾	两岸会议	2014.08.10—2014.08.14
陈素华	交通工程学院	教授	中国台湾	两岸会议	2014.08.10—2014.08.14
曹菲	交通工程学院	教授	中国台湾	两岸会议	2014.08.10—2014.08.14
欧阳本祺	法学院	教授	中国台湾	两岸会议	2014.09.12—2014.09.16
巢健茜	公共卫生学院	副教授	中国台湾	两岸会议	2014.09.01—2014.09.05
段永欣	机械工程学院	本科生	中国台湾	短期学习	2014.09.01—2015.01.20
王珏鑫	机械工程学院	本科生	中国台湾	短期学习	2014.09.01—2015.01.20
施祎辰	吴健雄学院	本科生	中国台湾	短期学习	2014.09.01—2015.01.20
刘广发	交通工程学院	本科生	中国台湾	短期学习	2014.09.01—2015.01.20
李小芳	吴健雄学院	本科生	中国台湾	短期学习	2014.09.01—2015.01.20
薛雪	人文学院	本科生	中国台湾	短期学习	2014.09.01—2015.01.20
曲黎莎	土木工程学院	本科生	中国台湾	短期学习	2014.09.01—2015.01.20
郭文璐	土木工程学院	本科生	中国台湾	短期学习	2014.09.01—2015.01.20
关蕾	电气工程学院	本科生	中国台湾	短期学习	2014.09.01—2015.01.20
钟敏儿	交通工程学院	本科生	中国台湾	短期学习	2014.09.10—2015.01.24
刘子妹	交通工程学院	本科生	中国台湾	短期学习	2014.09.10—2015.01.24
裴贺添	机械工程学院	本科生	中国台湾	短期学习	2014.09.10—2015.01.24
陈玉瑜	土木工程学院	本科生	中国台湾	短期学习	2014.09.10—2015.01.24
杨陈婷	成贤学院	本科生	中国台湾	短期学习	2014.09.10—2015.01.24
谢思源	物理系	本科生	中国台湾	短期学习	2014.09.03—2015.01.22
张正协	交通工程学院	本科生	中国台湾	短期学习	2014.09.03—2015.01.22
沈凯仁	交通工程学院	本科生	中国台湾	短期学习	2014.09.03—2015.01.22
曹梦迪	吴健雄学院	本科生	中国台湾	短期学习	2014.09.03—2015.01.22
程菲	吴健雄学院	本科生	中国台湾	短期学习	2014.09.03—2015.01.22
赵亮	机械工程学院	本科生	中国台湾	短期学习	2014.09.09—2015.01.23

（续　表）

姓名	所在院系	职务/职称	出访国家或地区	出访任务	出访时间
陈　波	交通工程学院	本科生	中国台湾	短期学习	2014.09.09—2015.01.23
罗贤迪	成贤学院	本科生	中国台湾	短期学习	2014.09.09—2015.01.23
韩　艳	成贤学院	本科生	中国台湾	短期学习	2014.09.09—2015.01.23
王佳琪	人文学院	本科生	中国台湾	短期学习	2014.09.08—2015.01.25
綦晓杰	交通工程学院	本科生	中国台湾	短期学习	2014.09.08—2015.01.25
强　艺	成贤学院	本科生	中国台湾	短期学习	2014.09.11—2015.01.20
潘家宽	成贤学院	本科生	中国台湾	短期学习	2014.09.11—2015.01.20
黄立凡	土木工程学院	本科生	中国台湾	短期学习	2014.09.11—2015.01.20
季　旸	土木工程学院	本科生	中国台湾	短期学习	2014.09.11—2015.01.20
屠庭璋	土木工程学院	本科生	中国台湾	短期学习	2014.09.11—2015.01.20
吉泽森	土木工程学院	本科生	中国台湾	短期学习	2014.09.11—2015.01.20
杨　帆	土木工程学院	本科生	中国台湾	短期学习	2014.09.11—2015.01.20
臧凡乔	土木工程学院	本科生	中国台湾	短期学习	2014.09.11—2015.01.20
王其昊	土木工程学院	本科生	中国台湾	短期学习	2014.09.11—2015.01.20
王　康	土木工程学院	本科生	中国台湾	短期学习	2014.09.11—2015.01.20
顾大伟	土木工程学院	本科生	中国台湾	短期学习	2014.09.11—2015.01.20
张良尘	土木工程学院	本科生	中国台湾	短期学习	2014.09.11—2015.01.20
张　颖	土木工程学院	本科生	中国台湾	短期学习	2014.09.11—2015.01.20
卞一凡	土木工程学院	本科生	中国台湾	短期学习	2014.09.11—2015.01.20
院　伟	土木工程学院	本科生	中国台湾	短期学习	2014.09.11—2015.01.20
杜永浩	土木工程学院	本科生	中国台湾	短期学习	2014.09.11—2015.01.20
叶　帅	土木工程学院	本科生	中国台湾	短期学习	2014.09.11—2015.01.20
刘　凯	土木工程学院	本科生	中国台湾	短期学习	2014.09.11—2015.01.20
王孟伟	土木工程学院	本科生	中国台湾	短期学习	2014.09.11—2015.01.20
徐铭鸿	土木工程学院	本科生	中国台湾	短期学习	2014.09.11—2015.01.20
沈思思	土木工程学院	本科生	中国台湾	短期学习	2014.09.11—2015.01.20
金　玲	土木工程学院	本科生	中国台湾	短期学习	2014.09.11—2015.01.20
李贵锋	土木工程学院	本科生	中国台湾	短期学习	2014.09.11—2015.01.20
周圣华	土木工程学院	本科生	中国台湾	短期学习	2014.09.11—2015.01.20
陈鹤鸣	土木工程学院	本科生	中国台湾	短期学习	2014.09.11—2015.01.20
陶　楠	土木工程学院	本科生	中国台湾	短期学习	2014.09.11—2015.01.20

（续 表）

姓名	所在院系	职务/职称	出访国家或地区	出访任务	出访时间
徐向阳	土木工程学院	本科生	中国台湾	短期学习	2014.09.11—2015.01.20
李小凡	土木工程学院	本科生	中国台湾	短期学习	2014.09.11—2015.01.20
刘振坤	土木工程学院	本科生	中国台湾	短期学习	2014.09.11—2015.01.20
贾斯佳	土木工程学院	本科生	中国台湾	短期学习	2014.09.11—2015.01.20
王柳英	土木工程学院	本科生	中国台湾	短期学习	2014.09.11—2015.01.20
曹徐阳	土木工程学院	本科生	中国台湾	短期学习	2014.09.11—2015.01.20
白雨璇	人文学院	本科生	中国台湾	短期学习	2014.09.09—2015.01.23
白健丁	人文学院	本科生	中国台湾	短期学习	2014.09.09—2015.01.23
刘圆梦	人文学院	本科生	中国台湾	短期学习	2014.09.07—2015.01.31
赵非凡	外国语学院	本科生	中国台湾	短期学习	2014.09.07—2015.01.31
马薄乔	法学院	本科生	中国台湾	短期学习	2014.09.09—2015.01.19
魏婧婷	法学院	本科生	中国台湾	短期学习	2014.09.09—2015.01.19
蔡蓁蓁	法学院	本科生	中国台湾	短期学习	2014.09.09—2015.01.19
罗 昕	法学院	本科生	中国台湾	短期学习	2014.09.09—2015.01.19
周 烨	法学院	本科生	中国台湾	短期学习	2014.09.09—2015.01.19
高璇璇	信息科学与工程学院	本科生	中国台湾	短期学习	2014.02.12—2014.07.31
郑 思	交通工程学院	本科生	中国台湾	短期学习	2014.02.12—2014.07.31
张引玉	交通工程学院	本科生	中国台湾	短期学习	2014.02.12—2014.07.31
吕旻钊	仪器科学与工程学院	本科生	中国台湾	短期学习	2014.02.15—2014.06.24
金 城	土木工程学院	本科生	中国台湾	短期学习	2014.02.15—2014.06.24
郑 鑫	机械工程学院	本科生	中国台湾	短期学习	2014.02.15—2014.06.24
余 禾	能源与环境学院	本科生	中国台湾	短期学习	2014.02.15—2014.06.24
郭 驭	土木工程学院	本科生	中国台湾	短期学习	2014.02.15—2014.06.24
丁宁远	经济管理学院	本科生	中国台湾	短期学习	2014.02.15—2014.06.24
贡怡敏	经济管理学院	本科生	中国台湾	短期学习	2014.02.15—2014.06.24
郭淇文	交通工程学院	本科生	中国台湾	短期学习	2014.02.15—2014.06.24
张化林	交通工程学院	本科生	中国台湾	短期学习	2014.02.15—2014.06.24
沈含俊	仪器科学与工程学院	本科生	中国台湾	短期学习	2014.02.15—2014.06.24
成知博	法学院	本科生	中国台湾	短期学习	2014.02.17—2014.06.30
刘 欣	经济管理学院	本科生	中国台湾	短期学习	2014.02.17—2014.06.30
张 远	信息科学与工程学院	本科生	中国台湾	短期学习	2014.02.11—2014.06.30

(续 表)

姓名	所在院系	职务/职称	出访国家或地区	出访任务	出访时间
吴 巧	经济管理学院	本科生	中国台湾	短期学习	2014.02.11—2014.06.30
刘粒祥	材料科学与工程学院	本科生	中国台湾	短期学习	2014.02.10—2014.06.25
王 凯	机械工程学院	本科生	中国台湾	短期学习	2014.02.10—2014.06.25
陆兴悦	机械工程学院	本科生	中国台湾	短期学习	2014.02.10—2014.06.25
辛 磊	交通工程学院	本科生	中国台湾	短期学习	2014.02.10—2014.06.25
徐小童	交通工程学院	本科生	中国台湾	短期学习	2014.02.10—2014.06.25
孙铭泽	建筑学院	本科生	中国台湾	短期学习	2014.02.13—2014.06.24
潘楷阳	交通工程学院	本科生	中国台湾	短期学习	2014.02.13—2014.06.25
何 霖	艺术学院	本科生	中国台湾	短期学习	2014.02.13—2014.06.25
王 熙	交通工程学院	本科生	中国台湾	短期学习	2014.02.13—2014.06.25
冯 喆	机械工程学院	本科生	中国台湾	短期学习	2014.02.13—2014.06.25
邱 骞	外国语学院	本科生	中国台湾	短期学习	2014.02.08—2014.06.30
陈子乔	人文学院	本科生	中国台湾	短期学习	2014.02.08—2014.06.30
沈 盈	经济管理学院	本科生	中国台湾	短期学习	2014.02.08—2014.06.30
王颖明	经济管理学院	本科生	中国台湾	短期学习	2014.02.08—2014.06.30
张 埮	人文学院	本科生	中国台湾	短期学习	2014.02.08—2014.06.30
邰 伟	吴健雄学院	本科生	中国台湾	短期学习	2014.02.10—2014.06.30
朱玉晗	材料科学与工程学院	本科生	中国台湾	短期学习	2014.02.10—2014.06.30
翁 静	经济管理学院	本科生	中国台湾	短期学习	2014.02.10—2014.06.30
刘 硕	交通工程学院	本科生	中国台湾	短期学习	2014.02.10—2014.06.30
魏子域	经济管理学院	本科生	中国台湾	短期学习	2014.02.10—2014.06.30
陆维琦	公共卫生学院	本科生	中国台湾	短期学习	2014.02.08—2014.06.22
白名章	电气工程学院	本科生	中国台湾	短期学习	2014.02.08—2014.06.22
夏怀谷	交通工程学院	本科生	中国台湾	短期学习	2014.02.08—2014.06.22
杨 欣	吴健雄学院	本科生	中国台湾	短期学习	2014.02.08—2014.06.22
朱成德	吴健雄学院	本科生	中国台湾	短期学习	2014.02.08—2014.06.22
雷 琼	人文学院	本科生	中国台湾	短期学习	2014.02.12—2014.06.27
徐敏纳	经济管理学院	本科生	中国台湾	短期学习	2014.02.12—2014.06.27
李梦娇	人文学院	本科生	中国台湾	短期学习	2014.09.10—2015.01.31
胡 园	人文学院	本科生	中国台湾	短期学习	2014.09.10—2015.01.31
沈 烨	人文学院	本科生	中国台湾	短期学习	2014.09.10—2015.01.31

(续 表)

姓名	所在院系	职务/职称	出访国家或地区	出访任务	出访时间
吴 为	人文学院	本科生	中国台湾	短期学习	2014.09.14—2015.01.31
王 哲	法学院	本科生	中国台湾	短期学习	2014.09.14—2015.01.31
程 茗	能源与环境学院	本科生	中国台湾	短期学习	2014.09.14—2015.01.31
郭慧欣	能源与环境学院	本科生	中国台湾	短期学习	2014.09.14—2015.01.31
李卓凡	人文学院	本科生	中国台湾	短期学习	2014.09.14—2015.01.31
居胜红	附属中大医院	教授	中国台湾	国际会议	2014.03.21—2014.03.24
沈孝兵	公共卫生学院	教授	中国台湾	学术交流	2014.02.16—2014.02.26
胡汉辉	经济管理学院	教授	中国台湾	学术交流	2014.02.16—2014.02.26
张 晓	公共卫生学院	副教授	中国台湾	学术交流	2014.02.16—2014.02.26
路 云	公共卫生学院	讲师	中国台湾	学术交流	2014.02.16—2014.02.26
苏嘉彬	电气工程学院	硕士	中国台湾	研习营	2014.07.27—2014.08.16
梅 林	电气工程学院	硕士	中国台湾	研习营	2014.07.27—2014.08.16
江 平	机械工程学院	本科生	中国台湾	暑期班	2014.07.01—2014.07.31
杨殷创	能源与环境学院	本科生	中国台湾	暑期班	2014.07.01—2014.07.31
陈郁蕾	信息科学与工程学院	本科生	中国台湾	暑期班	2014.07.01—2014.07.31
王小柳	吴健雄学院	本科生	中国台湾	暑期班	2014.07.01—2014.07.31
孙桂菊	公共卫生学院	教授	中国台湾	两岸会议	2014.08.20—2014.08.26
王少康	公共卫生学院	讲师	中国台湾	两岸会议	2014.08.20—2014.08.26
宋 锐	土木工程学院	硕士	中国台湾	国际会议	2014.07.27—2014.08.16
管东芝	土木工程学院	博士	中国台湾	国际会议	2014.07.27—2014.08.16
梁止水	土木工程学院	博士	中国台湾	国际会议	2014.07.27—2014.08.16
丁明珉	土木工程学院	博士	中国台湾	国际会议	2014.07.27—2014.08.16
方 豪	法学院	硕士	中国台湾	短期学习	2014.09.16—2014.10.31
李 昂	法学院	硕士	中国台湾	短期学习	2014.09.16—2014.10.31

（国际合作处 郝庆久）

人才与人事工作

综　　述

2014年，人事处在校党政的正确领导和统一部署下，围绕年初制订的人事工作计划，大力实施人才强校战略，在高水平人才引进、师资队伍建设、人事制度改革、劳资与劳动社会保障等方面开展了卓有成效的工作，完成了预期的工作目标，取得了优异的成绩。

一、人才引进及培养

注重新引进教师的学缘结构和整体水平，引进具有博士学位的教师126人，其中高级职称27人，具有海外博士学位44人，具有一年以上海外留学经历的70人；引进急需学科带头人7人；以非在编人事代理方式招聘管理岗及实验技术岗人员55人；派出青年骨干教师出国进修(含访问学者)85人。截至2014年12月，教职工总数为5 512名(包括中大医院804人)，专任教师2 659人，具有教授职称的720人，副教授职称1 091人，高级职称的师资比例达68.1%；具有博士学位的教师2 015人，占教师总数的比例为75.8%；45岁以下的教师1 541人，占教师总人数比例为58%；具有海外博士学位的教师350人，占师资队伍总人数的比例达13.2%；具有一年及以上海外留学经历的教师1 234人，占师资队伍总人数的比例达46.4%。

1. 优化师资队伍结构，注重高层次人才引进与培养

改进了高水平人才引进办法，加强了高层人才海内外招聘宣传力度，杂志、网络立体宣传，分学科、区域定向投放，在Science、Wiley、Nature上都刊登了学校的招聘启事，显著提高了宣传效果和精度。同时，根据学校的学科发展规划，加强与院系的合作交流，有选择地进行重点培养，在法学、经济学学科上取得了突破性的进展，各入选长江学者1人。调整学校"优秀青年教师教学科研资助计划"的支持力度，2014年新入选的分A类和B类资助。其中理工医科A类资助30万，B类资助20万；文科和管理学科A类资助20万，B类资助10万。对优秀青年骨干教师给予了更大的支持及帮助。

2014年新增"万人计划"科技创新领军人才2人、国家教学名师2人、哲学社会科学领军人才1人,外专千人2人,长期千人1人(调入),青年千人3人,全国杰出专业技术人才1人;长江学者特聘教授3人,讲座教授2人,"百千万人才工程"国家级人选1人,享受国务院政府特殊津贴6人,新增江苏省特聘教授2人,江苏省双创人才2人,第四期333工程科研项目资助7项,江苏省有突出贡献中青年专家1人,新入选省六大人才高峰项目26个。增选东南大学特聘教授5人,青年特聘教授4人,优秀青年教师教学科研资助计划35人。

截至2014年12月,我校共有两院院士11人,"万人计划"科技创新领军人才4人,"万人计划"国家教学名师2人,"万人计划"哲科领军人才1人,"万人计划"青年拔尖人才1人,国家"千人计划"专家27人,享受"国务院政府特殊津贴"306人。"长江学者奖励计划"特聘教授、讲座教授40人,"百千万人才工程"国家级人选21人,国家级有突出贡献中青年专家20人。江苏省"333工程"第四期培养对象74人,江苏省青蓝工程创新团队7个、学科带头人73名,江苏省有突出贡献的中青年专家10名,江苏省双创计划人才16人,江苏省双创团队3个,江苏省特聘教授9名,校特聘教授55人,校青年特聘教授22名,江苏省"六大人才高峰"161人。

2. 改进聘用制度,提高新进教师教学科研水平

对新进专任教师实行合同聘用的制度,以三年为一个聘期,采用两个聘期"非升即走"的合同聘约管理模式,聘期内有年度考核不合格或聘期考核不合格,学校有权解聘或终止聘用合同,两个聘期内未能晋升教师系列副教授或副研究员的聘用合同自然终止。此举提高了新进教师的引进质量,加大青年教师的培养力度,从而提升了我校的教学科研水平。

二、教职工晋级晋职

1. 职称评审工作

修订了东南大学专业技术高级职务晋升条例;完成了2014年度职称评审工作,高级职称评审通过166人(正高52人,副高114人),中初级职称评审通过169人,我校无评审权学科系列已上报江苏省评审7人(其中已评审通过正高1人,副高5人,另1正高正在评审中);核定2013年度全校各专业技术岗位级别的岗位空缺数,完成了2013年度专业技术岗位聘用的增补工作,增补正高二级8人,正高三级8人,副高五级11人,副高六级37人,中级八级29人,中级九级7人,初级十一级7人;2014年度专业技术设岗分级工作正在有序进行中;聘请兼职教授22人。

组织申请高等学校教师资格认定工作,上报121人;发放突出成果奖励,发放2014年第一批突出成果奖励4 992 500元,正在核对统计2014年第二批突出成果奖励。

2. 职员评审工作

进一步推行职员制度,印发2014年度《东南大学职员聘用与晋升实施办法》的通知,开展2014年职员晋升工作,此项工作也在有条不紊地开展中。

3. 工勤技能等级考评工作

印发《关于开展2014年我校工勤技能岗位高级技师考评工作的通知》《关于开展2014年我校工勤技能岗位技术等级考核和技师考评工作的通知》,新晋升高级技师2人,技师8人,高级工28人,中级工12人。按照省人社厅《省人力资源社会保障厅关于举办全省机关事业单位工勤人员技能创新大赛的通知》要求,积极组织广大工勤人员参赛(参赛人数12人)。

三、薪酬与劳动社会保障

完成了2014年全校人员工资发放,完成在职职工薪级工资正常晋升工作;完成了2014年度教职工退休及延退工作;核算并兑现全校人员2010年至2011年校内岗位绩效津贴补发额(补发金额约1.6亿元);完成后勤托管人员2010、2011年校内绩效津贴发放工作;2014年度单位综合考核及教职工年度考核工作及分配方案正在进行中;2014年第13个月工资、博导津贴、奖励性岗位绩效工资的发放工作正在进行中。

完成了2014年度失业保险、工伤保险、部分人员养老保险的基数申报、年检及缴费工作;调研在职教职工参保医疗保险的工作;因2014年工伤工作成绩优秀,降低了工伤保险费率,为学校节省资金90多万元。

四、博士后队伍建设

进一步加强博士后管理工作,博士后在站人数达517人,2014年新入站159人;成功申报马克思主义理论、化学工程与技术两个博士后工作站,至此,我校博士后科研流动站设站总数达到30个;获得国家自然科学基金项目立项资助25人,总资助金额超1 200万元;获得全国博士后国际交流计划7人,其中派出项目3人,学术交流项目4人,总资助金额达102万元;获得中国博士后科学基金69人,其中特别资助15人,面上一等资助21人,面上二等资助33人,总资助达588万元;获得江苏省博士后科研资金59人,其中A类资助7人,B类资助21人,C类资助31人,资助金额达162.5万元;获得江苏省博士后日常资助10人,资助金额达100万元。

五、教职工服务工作

院士服务:继续贯彻实施"院士健康服务工程",为每位院士赠送家庭保健箱、建立个人健康卡,组织健康保健顾问为院士提供健康咨询、食疗保健、登门巡查等"一对一"保健服务,使一些大的疾病隐患得到及时的发现,并得到积极有效的治疗。

退休人员服务:为全校4 040名退休教职工做好服务工作,今年重阳节为1 249名老寿星举行祝寿活动;全年为75名去世职工妥善办理后事。

补助慰问:为134位20世纪50年代、60年代下放人员发放2014年生活补助费;为243位去世教职工的遗属发放了2014年度遗属补助费;完成2014年教师节住院病人的慰问工作;准备2015年春节离退休校领导的慰问工作。全年慰问各类病残和经济困难职工数百人。

六、其他

1. 报表统计

完成《2014年高等教育基层报表》人事部分、《2014年人力资源社会与保障统计报表》《2014年机关、事业单位工作人员工资统计报表》《2014年机关事业单位工资总额计划测算表》归口管理的中央级事业单位离退休人员清理规范津贴补贴支出统计表》《2015年预算编制基础数据表》(配合财务处编制)、《2015年校内预算表》(配合财务处编制)等教育部报表;完成《劳动工资月报表》《劳动工资年报表》等江苏省报表,完成其他多个校内报表。

2. 申报先进

协助交通学院成功申报全国教育系统先进集体;协助樊和平同志成功申报江苏省教育系统先进工作者;完成2014年约300人的校奖教金评审工作。

3. 强化管理

出台并实施了《关于重申东南大学教职工请(销)假规定和上班纪律的通知》(校发(2014)59号),加强在职教职工管理,进一步严肃工作纪律并责任到人、到部门、到领导,切实维护学校正常的教学教研及工作秩序。

院 士 名 录

姓名	性别	出生年月	职称	院士名称	当选日期	所在学部	外籍院士	专业
韦 钰	女	1940.02.07	教授	工程院院士	1994.11	信息与电子工程学部		生物电子学、分子电子学
钟训正	男	1929.07.09(农历)	教授	工程院院士	1997.11	土木、水利与建筑工程学部		建筑学
孙忠良	男	1936.08.26	教授	工程院院士	2001.11	信息与电子工程学部		微波、毫米波技术
齐 康	男	1931.10.28	教授	科学院院士	1993.11	技术科学部	1997.02 法国建筑科学院	建筑设计与理论
吕志涛	男	1937.11.04	教授	工程院院士	1997.11	土木、水利与建筑工程学部		混凝土与钢筋混凝土结构
孙 伟	女	1935.11.16	教授	工程院院士	2005.11	土木、水利与建筑工程学部		无机非金属材料
张耀明	男	1943.12.09	教授	工程院院士	2001.11	化工、冶金与材料工程学部		无机非金属材料
黄 卫	男	1961.04.13	教授	工程院院士	2007	土木、水利与建筑工程学部		道路桥梁及交通工程

(续 表)

姓名	性别	出生年月	职称	院士名称	当选日期	所在学部	外籍院士	专业
程泰宁	男	1935.12.9	教授	工程院院士	2005.11	土木、水利与建筑工程学部		建筑学
李幼平	男	1935.05	教授	工程院院士	1999	信息与电子工程学部		电子与通信技术
缪昌文	男	1957.08	教授	工程院院士	2011.11	土木、水利与建筑工程学部		建筑材料与制品

"万人计划"专家名单

姓名	性别	职称	所在单位	类别	年度
尤肖虎	男	教授	能源与环境学院	科技创新领军人才	2013
王 庆	男	教授	仪器科学与工程学院	科技创新领军人才	2013
钟文琪	男	研究员	能源与环境学院	青年拔尖人才	2013
高西奇	男	教授	信息科学与工程学院	科技创新领军人才	2014
刘加平	男	教授	材料科学与工程学校	科技创新领军人才	2014
王 炜	男	教授	交通工程学院	国家教学名师	2014
戴先中	男	教授	自动化学院	国家教学名师	2014
樊和平	男	教授	人文学院	哲学社会科学领军人才	2014

"千人计划"专家名单

姓名	性别	职称	所在单位	年度
丁 峙	男	教授	信息科学与工程学院	2009
李万林	男	教授	信息科学与工程学院	2009
吴智深	男	教授	土木工程学院	2009
史国均	男	教授	能源与环境学院	2010
郑福春	男	教授	信息科学与工程学院	2010
余星火	男	教授	自动化学院	2010
陈 战	男	教授	生物科学与医学工程学院	2010
冉 斌	男	教授	交通工程学院	2010
Norri N. Muhammad	男	教授	土木工程学院	2011
Arokia Nathan	男	教授	电子科学与工程学院	2012
Gerard Marriott	男	教授	生物科学与医学工程学院	2012

（续　表）

姓名	性别	职称	所在单位	年度
Said Easa	男	教授	交通工程学院	2012
李志煇	男	教授	交通工程学院	2012
唐达林	男	教授	生物科学与医学工程学院	2012
孙正明	男	教授	材料科学与工程学院	2013
Rodrigo Salgado	男	教授	土木工程学院	2013
凌新生	男	教授	机械工程学院	2014
Olivier Bonnaud	男	教授	电子科学与工程学院	2014
Didier Pribat	男	教授	电子科学与工程学院	2014

"青年千人计划"专家名单

姓名	性别	职称	所在单位	年度
郝张成	男	教授	信息科学与工程学院	2011
温海防	男	教授	交通工程学院	2011
张　建	男	教授	土木工程学院	2011
叶智锐	男	教授	交通工程学院	2012
张袁健	男	教授	化学化工学院	2013
刘　宏	男	教授	生物科学与医学工程学院	2014
李　霞	女	教授	土木工程学院	2014
林承棋	男	教授	生命科学研究院	2014

全国杰出专业技术人才名单

姓名	性别	职称	所在单位	入选年度
尤肖虎	男	研究员	信息科学与工程学院	2014

"长江学者奖励计划"特聘教授、讲座教授名单

姓名	性别	职称	所在单位	入选年度
蔡宁生	男	教授	能源与环境学院	1999
陆祖宏	男	研究员	生物科学与医学工程学院	1999
尤肖虎	男	研究员	信息科学与工程学院	2000

（续　表）

姓名	性别	职称	所在单位	年度
洪　伟	男	研究员	信息科学与工程学院	2000
王志功	男	教授	信息科学与工程学院	2000
崔一平	男	教授	电子科学与工程学院	2000
罗立民	男	教授	生物科学与医学工程学院	2000
陆　键	男	教授	交通工程学院	2000
黄　卫	男	教授	交通工程学院	2000
张十庆	男	研究员	建筑研究所	2000
王建国	男	研究员	建筑学院	2001
崔铁军	男	教授	信息科学与工程学院	2001
田玉平	男	教授	自动化学院	2001
赵正旭	男	教授	仪器科学与工程学院	2001
谢　维	男	教授	基础医学院	2001
黄风义	男	教授	信息科学与工程学院	2003
吴　柯	男	教授	信息科学与工程学院	2003
顾忠泽	男	教授	生物科学与医学工程学院	2003
熊仁根	男	教授	化学化工学院	2004
黄庆安	男	教授	电子科学与工程学院	2005
王　炜	男	教授	交通工程学院	2005
吴智深	男	教授	土木工程学院	2005
王江舟	男	教授	信息科学与工程学院	2006
孙　璐	男	教授	交通工程学院	2007
丁　峙	男	教授	信息科学与工程学院	2007
黄秋庭	男	教授	信息科学与工程学院	2007
顾　宁	男	教授	生物科学与医学工程学院	2008
樊和平	男	教授	人文学院	2008
邹国棠	男	教授	电气工程学院	2008
余星火	男	教授	自动化学院	2009
王晓东	男	教授	信息科学与工程学院	2010
高西奇	男	教授	信息科学与工程学院	2011
肖　睿	男	教授	能源与环境学院	2011
姚新中	男	教授	人文学院	2011

（续表）

姓名	性别	职称	所在单位	年度
陆　勇	男	教授	土木工程学院	2012
陈云飞	男	教授	机械工程学院	2013、2014
刘加平	男	教授	材料科学与工程学院	2013、2014
周佑勇	男	教授	法学院	2013、2014
陈志宁	男	教授	信息科学与工程学院	2013、2014
颜　安	男	教授	经济管理学院	2013、2014

人事部"百千万人才工程"入选人员名单

姓名	性别	职称	所在单位	年度
陆祖宏	男	研究员	生物科学与医学工程学院	1997
黄　卫	男	教授	交通工程学院	1997
王志功	男	教授	信息科学与工程学院	1999
黄　侨	男	教授	交通工程学院	1999
洪　伟	男	教授	信息科学与工程学院	2000
尤肖虎	男	研究员	信息科学与工程学院	2000
王　炜	男	教授	交通工程学院	2000
罗立民	男	教授	生物科学与医学工程学院	2000
赵春明	男	教授	信息科学与工程学院	2004
李爱群	男	教授	土木工程学院	2006
黄庆安	男	教授	电子科学与工程学院	2006
孙克勤	男	教授级高工	能源与环境学院	2006
易　红	男	教授	校长办公室	2007
时龙兴	男	教授	电子科学与工程学院	2007
宋爱国	男	教授	仪器科学与工程学院	2009
周佑勇	男	教授	法学院	2009
赵春杰	女	教授	生命科学研究院	2009
崔铁军	男	教授	信息科学与工程学院	2013
刘松玉	男	教授	交通工程学院	2013
肖　睿	男	教授	能源与环境学院	2014

新增享受政府特殊津贴的人员名单

姓名	性别	职称	所在单位	年度
胡仁杰	男	教授	电工电子中心	2014
刘必成	男	教授	附属中大医院	2014
刘继军	男	教授	数学系	2014
刘松玉	男	教授	交通工程学院	2014
钱春香	女	教授	材料科学与工程学院	2014
钟文琪	男	研究员	能源与环境学院	2014

江苏省"333高层次人才培养工程"第四期培养对象名单

级别	姓名	所在单位	姓名	所在单位
首席科学家	樊和平	人文学院	王 炜	交通学院
	时龙兴	电子科学与工程学院	滕皋军	附属中大医院
	缪昌文	材料科学与工程学院	刘加平	材料科学与工程学院
	尤肖虎	信息科学与工程学院		
科技领军人才	陈云飞	机械工程学院	宋爱国	仪器科学与工程学院
	易 红	机械工程学院	张志珺	附属中大医院
	肖 睿	能源与环境学院	张永康	机械工程学院
	高西奇	信息科学与工程学院	孙长银	自动化学院
	崔铁军	信息科学与工程学院	舒华忠	计算机科学与工程学院
	孙立涛	电子科学与工程学院	倪中华	机械工程学院
	王保平	电子科学与工程学院	钱春香	材料科学与工程学院
	孙伟锋	电子科学与工程学院	李爱群	土木工程学院
	曹进德	数学系	钱振东	智能运输系统研究中心
	顾 宁	生物科学与医学工程学院	顾忠泽	生物科学与医学工程学院
	周佑勇	法学院	刘必成	附属中大医院
	胡敏强	电气工程学院	刘艳红	法学院
	黄晓明	交通工程学院	尚金堂	电子科学与工程学院
	赵春杰	生命科学研究院	潘志文	信息科学与工程学院

（续 表）

级别	姓名	所在单位	姓名	所在单位
科学技术带头人	王兴平	建筑学院	陈淑梅	经管学院
	钟文琪	能源与环境学院	陈晓平	能源与环境学院
	周健义	信息科学与工程学院	程 强	信息科学与工程学院
	徐 建	信息科学与工程学院	郭 彤	土木工程学院
	宋铁成	信息科学与工程学院	花 为	电气工程学院
	叶继红	土木工程学院	李世华	自动化学院
	徐赵东	土木工程学院	梁戈玉	公共卫生学院
	达飞鹏	自动化学院	梁金玲	数学系
	李必信	计算机科学与工程学院	沈亚丹	艺术学院
	徐庆宇	物理系	宋光明	仪器科学与工程学院
	王雪梅	生物科学与医学工程学院	王红兵	计算机科学与工程学院
	肖忠党	生物科学与医学工程学院	王金兰	物理系
	邱 斌	经济管理学院	王著元	电子科学与工程学院
	夏保华	人文学院	吴东方	化学化工学院
	黄学良	电气工程学院	吴国球	附属中大医院
	付国东	化学化工学院	吴 晓	建筑学院
	陆 建	交通工程学院	幸 研	机械工程学院
	杜延军	交通工程学院	张 萍	外语学院
	邱海波	附属中大医院	周少华	法学院
	陈 峻	交通学院		

江苏省突出贡献青年专家名单

姓名	性别	职称	所在单位	年度
王建国	男	教授	建筑学院	2001
仲伟俊	男	教授	经济管理学院	2003
王 炜	男	教授	交通工程学院	2005
胡敏强	男	教授	电气工程学院	2006
易 红	男	教授	机械工程学院	2006
赵春杰	女	教授	医学院	2008
郑家茂	男	教授	校长办公室	2010
周佑勇	男	教授	法学院	2010
刘松玉	男	教授	交通工程学院	2012
张小松	男	教授	苏州研究院	2014

江苏特聘教授名单

姓名	性别	职称	所在单位	年度
叶继红	女	教授	土木工程学院	2012
孙伟锋	男	教授	电子科学与工程学院	2012
赵春杰	女	教授	医学院	2012
姚红红	女	教授	医学院	2012
陆 巍	男	教授	生命科学研究院	2012
钟文琪	男	教授	能源与环境学院	2013
宋爱国	男	教授	仪器科学与工程学院	2013
陈 瑞	男	教授	公共卫生学院	2014
尚金堂	男	教授	电子科学与工程学院	2014

2014年度江苏省"六大人才高峰"入选人员名单

姓名	所在单位	入选行业类型
殷国栋	机械工程学院	机械汽车B类
钟文琪	能源与环境学院	节能环保C类
梁彩华	能源与环境学院	节能环保C类
邵应娟	能源与环境学院	新能源C类
胡爱群	信息科学与工程学院	电子信息D类
王景全	土木工程学院	建筑B类
于 虹	电子科学与工程学院	物联网和云计算D类
虞文武	数学系	电子信息B类
翟军勇	自动化学院	电子信息D类
李新德	自动化学院	物联网和云计算C类
曹玖新	计算机科学与工程学院	物联网和云计算B类
耿 新	计算机科学与工程学院	新一代信息技术和软件产业A类
刘 宏	生物科学与医学工程学院	生物技术和新医药B类
万克树	材料科学与工程学院	建筑C类
王增梅	材料科学与工程学院	新材料C类
余海涛	电气工程学院	海洋工程装备C类
高丙团	电气工程学院	装备制造和高端装备制造C类

(续　表)

姓名	所在单位	入选行业类型
吴文清	交通工程学院	建筑 D 类
邓永锋	交通工程学院	新材料 B 类
杨　波	仪器科学与工程学院	新一代信息技术和软件产业 D 类
卫平民	东南大学医院	卫生内科 D 类
沈艳飞	医学院	新材料 B 类
姚红红	医学院	生物技术和新医药 C 类
徐翠荣	附属中大医院	卫生内科 D 类
谢春明	附属中大医院	卫生内科 D 类
尹　宁	附属中大医院	卫生内科 C 类

2014年度江苏省双创人才入选人员名单

姓名	性别	职称	所在单位
刘　宏	男	教授	生物科学与医学工程学院
张袁健	男	教授	化学化工学院

2014年度江苏省"青蓝工程"人员名单

姓名	所在单位	荣誉称号
董正高	物理系	江苏省"青蓝工程"优秀青年骨干教师
段伦博	能源与环境学院	江苏省"青蓝工程"优秀青年骨干教师
刘　楠	信息科学与工程学院	江苏省"青蓝工程"优秀青年骨干教师
王　政	电气工程学院	江苏省"青蓝工程"优秀青年骨干教师
谢卓颖	生物科学与医学工程学院	江苏省"青蓝工程"优秀青年骨干教师
宣国富	人文学院	江苏省"青蓝工程"优秀青年骨干教师
章定文	交通工程学院	江苏省"青蓝工程"优秀青年骨干教师
崔天剑	艺术学院	江苏省"青蓝工程"中青年学术带头人
耿　新	计算机科学与工程学院	江苏省"青蓝工程"中青年学术带头人
何　杰	交通工程学院	江苏省"青蓝工程"中青年学术带头人
李铁香	数学系	江苏省"青蓝工程"中青年学术带头人
吕　准	物理系	江苏省"青蓝工程"中青年学术带头人
徐青山	电气工程学院	江苏省"青蓝工程"中青年学术带头人

(续 表)

姓名	所在单位	荣誉称号
徐盈之	经济管理学院	江苏省"青蓝工程"中青年学术带头人
杨 洪	化学化工学院	江苏省"青蓝工程"中青年学术带头人
周 臻	土木工程学院	江苏省"青蓝工程"中青年学术带头人
舒华忠	信息科学与工程学院	江苏省"青蓝工程"科技创新团队
孙伟锋	电子科学与工程学院	江苏省"青蓝工程"科技创新团队

2014年度东南大学"优秀青年教师教学科研资助计划"表

姓名	所在单位	入选年度	资助类别
朱 渊	建筑学院	2014	a类
沙菁䪨	机械工程学院	2014	b类
王荣蓉	机械工程学院	2014	b类
张 勇	能源与环境学院	2014	a类
邵应娟	能源与环境学院	2014	b类
李 潇	信息科学与工程学院	2014	a类
马慧锋	信息科学与工程学院	2014	b类
蔡建国	土木工程学院	2014	a类
袁竞峰	土木工程学院	2014	b类
万 能	电子科学与工程	2014	a类
朱 敏	电子科学与工程	2014	b类
王小六	数学系	2014	b类
张 亚	自动化学院	2014	b类
陈 阳	计算机科学与工程学院	2014	b类
喻小强	物理系	2014	b类
吴富根	生物科学与医学工程学院	2014	b类
梁宗保	学习科学研究中心	2014	b类
陆薇薇	外国语学院	2014	b类
高广旭	人文学院	2014	a类
徐菲菲	人文学院	2014	b类
李守伟	经济管理学院	2014	a类
章旭清	艺术学院	2014	b类

(续 表)

姓名	所在单位	入选年度	资助类别
刘建利	法学院	2014	b类
高丙团	电气工程学院	2014	a类
张 毅	化学化工学院	2014	a类
程 林	化学化工学院	2014	b类
马 涛	交通工程学院	2014	a类
王 昊	交通工程学院	2014	b类
罗 桑	智能运输系统研究中心	2014	b类
曾 洪	仪器科学与工程学院	2014	b类
张 涛	仪器科学与工程学院	2014	b类
王晓英	公共卫生学院	2014	b类
沈艳飞	医学院	2014	b类
严春光	医学院	2014	b类
张子超	生命科学研究院	2014	a类

2014年度入选东南大学青年特聘教授

姓名	性别	职称	所在单位	年度
李志勇	男	教授	生物科学与医学工程学院	2014
倪振华	男	教授	物理系	2014
虞文武	男	教授	数学系	2014
张敏灵	男	教授	计算机科学与工程学院	2014

2014年度入选东南大学校内特聘教授

姓名	性别	职称	所在单位	年度
李霄翔	男	教授	外国语学院	2014
汪小洋	男	教授	艺术学院	2014
王文平	女	教授	经济管理学院	2014
徐晓苏	男	教授	仪器科学与工程学院	2014
徐赵东	男	研究员	土木工程学院	2014

2014 年东南大学新聘兼职专家一览表

姓名	性别	工作单位	职称(务)	聘用单位
陈锦石	男	中南控股集团	教授级高工,董事长	土木工程学院
谭志勇	男	航天科技集团一院十所	研究员,主任设计师	土木工程学院
马隆龙	男	中科院广州能源研究所	研究员,副所长	能源与环境学院
郭经红	男	中国电力科学研究院	研究员级高工,副所长	信息科学与工程学院
杨毓	男	建设银行江苏省分行	高级经济师,行长	经济管理学院
孟非	男	江苏广电总台	主播	艺术学院
张涛	男	中科院大连物化所	院士,所长	化学化工学院
王金陵	男	江苏省人民政府	副秘书长	信息科学与工程学院
刘学军	男	南京师范大学	教授,系主任	交通学院
邓林红	男	常州大学	教授,院长	生物科学与医学工程学院
胡斌	男	兰州大学	教授,院长	生物科学与医学工程学院
郁银泉	男	中国建筑标准设计研究院	教授级高工,副院长,总工程师	土木工程学院
蔡毅	男	中国兵器科学研究院	研究员,副总工程师	电子科学与工程学院
聂建国	男	清华大学	院士,教授,所长	土木工程学院
冯伟忠	男	上海外高桥第三发电公司	教授级高工	能源与环境学院
闫锋	男	南京大学	教授	电子科学与工程学院
周涛	男	中电 29 所	研究员	电子科学与工程学院
张立新	男	中科院计算技术研究所	研究员,副总工程师	无锡分校
王博	男	北京大学哲学系	教授,系主任	人文学院
崔俊芝	男	中国科学院数学与系统科学院	院士	土木工程学院
杜彦良	男	石家庄铁道大学	院士,教授,副校长	土木工程学院
蔡润	男	财政部驻江苏财政监察专员办事处	监察专员	经济管理学院

2014年晋升高级专业技术职务人员名单

正高级专业技术职务

一、校发〔2014〕166号

学科岗(34人)

建筑学院	石邢　葛明
能源与环境学院	李益国　钱华
信息科学与工程学院	余旭涛
土木工程学院	费庆国　高海鹰　缪长青
电子科学与工程学院	于虹
数学系	虞文武　卢剑权
自动化学院	张凯锋　翟军勇
计算机科学与工程学院	张敏灵
物理系	吴桂平　姚晓燕　郭昊(2011.12.07)
学习科学研究中心	卢青
高等教育研究所	耿有权(研究员)
经济管理学院	何勇　李敏
成贤学院	戚啸艳
法学院	欧阳本祺
电气工程学院	顾伟　吴在军
外国语学院	马冬梅
化学化工学院	叶琼(研究员)
交通学院	邓永锋　叶智锐(2011.09.29)
仪器科学与工程学院	黄丽斌
艺术学院	沈亚丹
公共卫生学院	巢健茜
中大医院	周家华
医学院	姚玉宇(研究员)

重大科技项目岗(2人)

能源与环境学院	李舒宏(研究员)
电子科学与工程学院	李杰(研究员)

享受研究员级同等待遇的高级工程师(2 人)

建筑设计研究院　　　　　　　　韩重庆　高庆辉

主任医师(3 人)

中大医院　　　　　　　　　　　金　晖　王少华　王西华

"戴帽"教授(研究员)

学科岗(9 人)

机械工程学院　　　　　　　　　罗　翔　韩　良
信息科学与工程学院　　　　　　蒋卫祥(研究员)　金　石(研究员)
电子科学与工程学院　　　　　　杨　军
数学系　　　　　　　　　　　　刘淑君
计算机科学与工程学院　　　　　耿　新(研究员)
材料科学与工程学院　　　　　　万克树(研究员)
化学化工学院　　　　　　　　　丁收年

二、校发〔2014〕262 号

编审(1 人)

学报编辑部(社科版)　　　　　　卢　虎

副高级专业技术职务

一、校发〔2014〕166 号

专任教师副教授(副研究员)(87 人)

学科岗(83 人)

建筑学院　　　　　　　　　　　李新建　沈　旸　周文竹　朱　渊
机械工程学院　　　　　　　　　王建立　顾兴中　窦建平　刘晓军
能源与环境学院　　　　　　　　张　勇(副研究员)　邵应娟(副研究员)
　　　　　　　　　　　　　　　黄　瑛(副研究员)　2009.04.20)
信息科学与工程学院　　　　　　张　雷　刘震国　李　潇(副研究员)

	戚晨皓(副研究员)
土木工程学院	乔　玲　黎　冰　陆　飞　王春林
	蔡建国(副研究员)
电子科学与工程学院	韩　磊　李　晨　刘　旭　齐　志(2009.09.14)
	万　能(副研究员)
数学系	王小六　沈　亮
自动化学院	杨　俊　钱　堃　陈杨杨
计算机科学与工程学院	杨冠羽　东　方
物理系	喻小强　龚彦晓　陈　华
生物科学与医学工程学院	马　明(副研究员)　徐　华(副研究员)
	陈　强(副研究员)
	孙　博(副研究员　2010.12.23)
学习科学研究中心	梁宗保
材料科学与工程学院	张旭海　王瑞兴　陈　坚(副研究员　2011.11.15)
人文学院	何　平　高广旭
经济管理学院	陈　健　熊艳艳(2011.09.08)
马克思主义学院	陈良斌
法学院	杭仁春
电气工程学院	尤　鋆　陈丽娟　陈　武(副研究员　2011.10.18)
外国语学院	陆薇薇　季　月
化学化工学院	程　林　盛晓莉　王育乔　姚　琛
	张　毅(副研究员)　任丽丽(2006.05.12)
	娄永兵(2007.04.19)
交通学院	马永锋　刘志彬　于先文　卢华兴　杭　文
智能运输系统研究中心	罗　桑
仪器科学与工程学院	曾　洪　吴剑锋(副研究员)
	梁金星(副研究员　2009.11.23)
艺术学院	岳晓英　郭建平
公共卫生学院	王少康　王晓英　王莉娜
中大医院	王　尧　于　红　丁家华
医学院	武秋立　沈宇清　李　慧　李懿萍
生命科学研究院	周子凯(副研究员　2011.06.02)

重大科技项目岗(4人)

信息科学与工程学院	罗昕炜(副研究员)　蒋政波(副研究员)
	安　良(副研究员)
电子科学与工程学院	钟　锐(副研究员)

非专任教师副研究员(1人)

教师教学发展中心　　　　　　崔　军

高级工程师(8人)

医学院　　　　　　　　　　　夏国华
物理系　　　　　　　　　　　章　羽
电子科学与工程学院　　　　　蒋明霞
建筑设计研究院　　　　　　　史晓川　马　敏　陈　俊　高仲学　吴晓莉

副研究馆员(1人)

图书馆　　　　　　　　　　　宋　歌

副编审(1人)

出版社　　　　　　　　　　　翟　宇

副主任医师(11人)

中大医院　　　　　　　　　　陆　静　马坤岭　张　梅　张　波　芮云峰
　　　　　　　　　　　　　　靳激扬　李　斌　夏江燕　邢丽阳　潘永正
　　　　　　　　　　　　　　薛小燕

副主任护师(1人)

中大医院　　　　　　　　　　吴燕平

二、校发〔2014〕236号

副教授(2人)

体育系　　　　　　　　　　　程　冰　王立靖

教育管理研究副研究员(3人)

校长办公室　　　　　　　　　华为国
党委办公室　　　　　　　　　杨树东
信息科学与工程学院　　　　　郭玉珍

2014年专任教师年龄情况统计表 （单位：人）

	合计	35岁以下	36—45岁	46—55岁	56岁以上
总计	2 659	496	1 045	892	226
其中：女	809	168	371	241	29
正高级	720	18	154	389	159
副高级	1 091	114	519	401	57
中级及以下	848	364	372	102	10

2014年专任教师学历情况统计表 （单位：人）

	合计	博士	硕士	学士及以下
总计	2 659	2 015	424	220
其中：女	809	536	203	70
正高级	720	634	52	34
副高级	1 091	825	135	131
中级及以下	848	556	237	55

博士后科研流动站一览表

设站学科（一级学科）	招收博士后专业（二级学科）		批准建站时间
建筑学			1985.10
城乡规划学			2012.09
风景园林学			2012.09
机械工程	机械制造及其自动化 机械设计及理论 工业设计	机械电子工程 车辆工程 制造业工业工程	2003.05
动力工程及工程热物理	工程热物理 动力机械及工程 流体机械及工程 能源信息技术 新能源技术	热能工程 制冷及低温工程 化学过程机械 能源环境工程	1995.01
环境科学与工程	环境工程	环境科学	2007.08
信息与通信工程	通信与信息系统 信息安全	信号与信息处理	1985.10

(续 表)

设站学科(一级学科)	招收博士后专业(二级学科)		批准建站时间
土木工程	岩土工程 桥梁及隧道工程 市政工程 土木工程建造与管理	结构工程 防灾减灾工程及防护工程 供热、供燃气、通风及空调工程	1999.04
力学	工程力学 一般力学与力学基础	固体力学 流体力学	2007.08
电子科学与技术	物理电子学 微电子学与固体电子学 集成电路设计	电路与系统 电磁场与微波技术	1985.10
光学工程	(不分二级学科)		2009.09
数学	应用数学 概率论与数理统计 计算数学	基础数学 运筹学与控制论	2003.05
控制科学与工程	控制理论与控制工程 检测技术与自动化装置 导航、制导与控制	模式识别与智能系统 系统工程	1985.10
计算机科学与技术	计算机系统结构 计算机应用技术	计算机软件与理论 图像处理与科学可观性	2001.05
软件工程			2012.09
物理学	理论物理 粒子物理与原子核物理 原子与分子物理 等离子体物理 凝聚态物理 声学 光学 无线电物理		2012.09
生物医学工程	生物医学工程 生物信息技术 生物与医学纳米技术 制药工程	学习科学 医学图像与医学电子学 生物医学材料 医学信息学及工程	1999.04
材料科学与工程	材料物理与化学 材料加工工程	材料学 生物材料与组织工程	2003.05
哲学	伦理学 外国哲学 中国哲学 美学	科学技术哲学 马克思主义哲学 逻辑学 宗教学	2007.08
艺术学理论			2003.05
管理科学与工程	(不分设二级学科)		1999.04
应用经济学	国民经济学 区域经济学 国际贸易学 劳动经济学 国防经济	财政学 金融学 产业经济学 统计学 数量经济学	2012.09
电气工程	电机与电器 电力电子与电力传动 高电压与绝缘技术 电气信息技术	电力系统及其自动化 电工理论与新技术 应用电子与运动控制技术 新能源发电与分布式电源	1999.04
化学工程与技术	化学工程 化学工艺 生物化工 应用化学 工业催化		2014.09

(续 表)

设站学科(一级学科)	招收博士后专业(二级学科)		批准建站时间
交通运输工程	道路与铁道工程 交通运输规划与管理 交通测绘与信息技术	交通信息工程及控制 载运工具运用工程 交通地下工程	2003.05
仪器科学与技术	精密仪器及机械 微系统与测控技术	测试计量技术及仪器	2007.08
公共卫生与预防医学	劳动卫生与环境卫生学 营养与食品卫生学 军事预防医学	流行病与卫生统计学 卫生毒理学	2007.08
生物学	遗传学 生物化学与分子生物学 植物学 水生生物学 神经生物学 生物物理学	生理学 发育生物学 动物学 微生物学 细胞生物学 生态学	2009.09
临床医学	影像医学与核医学 儿科学 临床检验诊断学 妇产科学 耳鼻咽喉科学 老年医学 皮肤病与性病学 肿瘤学 运动医学	内科学 神经病学 外科学 眼科学 急诊医学 精神病与精神卫生学 护理学 康复医学与理疗学 麻醉学	2009.09
马克思主义理论	马克思主义基本原理　马克思主义发展史　马克思主义中国化研究　国外马克思主义研究　思想政治教育　中国近现代史基本问题研究		2014.09

2014年年底在站博士后名单

单位	流动站名称	名单	人数
建筑学院	建筑学 城乡规划学 风景园林学	Najib　张鹤年　钱　维　何伟俊　黄　立　姜　军 曾　伟　罗冬华　单　晋　谭　瑛　代晓利　徐进亮 郑德东　赵　兵　卞素萍　松本康隆　张四维　周聪惠 李　哲　万　千　汪　亮　邹　涵　千炫珍　杨京玲 汤晔峥	25
机械工程学院	机械工程	魏新江　熊勇刚　方叶祥　赵志国　孙　丽　杨　钧 宋　翔　罗　晨　吴　泽　陈　林　张　静　张　金 孙桂芳	13

(续 表)

单位	流动站名称	名单						人数
能源与环境学院	动力工程及工程热物理 环境科学与工程	吴中伟 常玉广 金 星 周 霞 张晓宇	周晓锋 谷建功 丁洁莲 刘晓军 钟文镇	林 涛 王静静 Saad Abu-Alhail Arab 左 武 顾海明	李应林 郭铁铮 蔡 杰 段 锋	王永谦 黄庠永 贾 勇 李 睿	段伦博 蒋 洁 张金营 温洪宇	27
信息科学与工程学院	信息与通信工程 电子科学与技术	干宗良 高 喜 董 俊 贾子彦 万鸣华 何世文 杨 睛 范逸风 王量弘	吕智勇 仇小锋 吴 霞 柴争义 梁庆伟 杨 亮 丁 飞 孙闽红	柏 娜 李正权 何 涛 朱思峰 赵 睿 李 君 王如刚 李彦霈	江 彬 黄继伟 鲁蔚锋 曹开田 程加力 刘震国 齐洪钢 傅晓建	田 峰 张 晶 贺建立 卢桂馥 吴 游 余燕忠 孔令军 杨 喜	孙永志 王青云 董小明 陆泽橡 邓杨保 包建荣 宋立众 董慧媛	49
土木学院	土木工程 力学	刘 毅 周培国 缪蜀江 赵岩荆 李万润 高岳毅	于清泉 朱大胜 吴伟巍 苏 毅 Abdel Aziz	俞晓帆 余 洋 张 翀 郑国栋 Mohamed Ali	陈伟宏 朱元林 顾卫卫 张于晔 Ibrahim	黄 璜 张马林 耿 飞 余 伟 Abdel Aziz	刘宏月 蒋金洋 吴志荣 戴美玲	27
电子科学与工程学院	电子科学与技术 光学工程	姜 伟 肖素艳 王斌杰 迟荣华 徐 峰 徐淑宏 闵辉华	周汉秦 王春雷 徐 申 周昕杰 盛 宁 游 潞 朱 超	GHAMGEENIZATRASHED 雷鑑铭 蔡铜祥 李智洋 Qasim Khan 陈炎生 孙 佳	狄云松 成建兵 倪亚茹 孙立国 苏 适 K. Santhosh Kumar	朱大鹏 李海鸥 张 融 徐 欧 赵增霞 姚 洁	周 健 易明芳 黄兆聪 张惠国 邓 燕	38
数学系	数学	闫 亮 黄性芳 熊文军 王小六	刘国华 杨人子 刘俊峰 陈向勇	李铁香 隆金玲 毋媛媛 赵桂华	吴云建 陈秀丽 杜 睿 杜法鹏	汪红霞 董 伟 胡 军 王丽艳	王开永 邱 芳 杜秀丽 阚 秀	24
自动化学院	控制科学与工程	张先飞 聂小兵 汪先兵 顾 洲 卢阿丽 丁 建 许 瑞	唐 磊 张化生 程 勇 于化龙 陈文彦 余 芳	胡家香 郭龙源 喻 洁 阎 妍 刘金良 许 胜	钱承山 刘锁兰 魏海峰 贾红云 姚凤麒 郑柏超	张 雷 龚烨飞 吴 斌 曾维理 卢剑权 陈丽换	葛 愿 周兴才 王燕清 陈 瑞 沈谋全 张元良	37
计算机科学与工程学院	计算机科学与技术软件工程	王海艳 高德民 汤可宗 杨 望	李爱国 吴 桦 郑 豪 朱 健	骞 森 李元金 曹苏群	杨 鹏 董永强 姚 莉	盖 杉 汪 鹏 刘林峰	孙巧榆 殷 奕 张三峰	20
物理系	物理学	黄自谦	李淑萍	胡小会	朱 凯	林 林		5

（续　表）

单位	流动站名称	名单	人数
生物科学与医学工程学院	生物医学工程	王　斌　陆剑波　王　洁　徐　鹏　顾耀东　肖振龙 陈小祥　胡华友　何江虹　Muhammad Moaeen-ud-Din 王莉娜　蒋小华　张怀红　朱毅华　吕卓璇　叶明富 张　驰　Muhammad Ali Abdullah Shah　张海军　陈陆馗 于静静　朱　杰　刘方舟　吴全玉　殷稼雯　戴　俊 Rasheed Ahmad　李盈淳　邢广林　张程宾　夏　阳 Tanveer Ahamd Mir Muhammad Yameen　陈金龙 张　帅　黄志海　杨子学　Muhammad Iqbal Zaman 金雪锋　孙会刚　Karthikeyan Rengasamy　汪荣亮 Abdul Hameed　章　文	44
材料科学与工程学院	材料科学与工程	赵　晖　王　学　吴丽娜　李士彬　宋　丹　范　奇 王　永　葛英飞　杨晓慧　穆　松　张会岩　徐国英 范星都　刘　昊　迟宏宵　张培根　王先飞　邱振均 李　健　李明华　刘玉荣　曹彩红　刘广卿　王建国 张　鸣　马明磊　朱春杰　朱昶胜　张小兵　徐　怡 储洪强　Robabeh Motaghed-Mazhabi　王鹏刚	33
人文学院	哲学	朱　钧　陈东英　韩军生　阳　芳　沈云都　胡　娜 陶新宏　何浩平　卞桂平　徐　进	9
经济管理学院	管理科学与工程 应用经济学	蒋智凯　温　泉　王茂祥　叶宝忠　杨爱军　郑晓东 杨　洋　公彦德　许　军　肖　敏　吕小俊　孔凡柱 方　艳　沈向民　罗　琰　杨顺新　徐晓亮　高　岳 陈景岭　虞青松　刘长平　程尊水　曹海燕　岳中刚 易　波	25
电气工程学院	电气工程	张　焱　戴　罡　王正齐　何柏娜　吕富勇　谢天喜 嵇建飞　周扬忠　杨　俊　洪芦诚　李　泰　王辰星 吴隆辉　付兴贺　马　刚　侯　凯　Krystian Ji 朱石晶　庞福滨　储建华　郑东亮	21
化学化工学院	化学工程与技术	王遵亮　巩春侠　孙　玉	3
交通学院	交通运输工程	何志德　徐　冰　李鹏飞　胡　钢　余　波　张永明 刘敬辉　柏春广　郭亚中　王　静　李　强　吕得保 唐　亮　张丰焰　魏　明　顾大松　王维锋　吉　锋 林俊涛　王　敏　张志勇　Alfonz D. Ruth　沈　毅 吴　洋　李晓伟　陈星欣	26
仪器科学与工程学院	仪器科学与技术	陈　胜　朱　清　王　慧　李庆华　赵贤林　张　军 韩亚丽　严筱永　穆朝絮　郭　语　王翔宇　王建玲	12
艺术学院	艺术学理论	高　阳　张　勇　巩天峰　石　敏　司开国　李　丹 杨祥民　陈宏明　孙堂港　王　东　陆兴忍　于师号 章旭清　龙迪勇　李雪艳　崔之进　谷　莉　梁晓萍 岳晓英　陈士部　徐赣丽　周　渝　刘永涛　王　倩 甘　锋　叶海涛　樊清熹　马文友　方　浩　李　仁 张　顺　于　亮　王忠林　许继峰　方　艳　张　莹 周　锦　卢衍鹏　王春鸣　张　慨　高尚学　卢文超 袁晓莉　叶公平　杨　蕾	45
公共卫生学院	公共卫生与预防医学	石若夫　曹　萌　叶宝芬	3

(续表)

单位	流动站名称	名单	人数
医学院	临床医学	凌云 张光玉 武建设 张海伟 易宏伟 李懿萍 金虹 卢娜 芮云峰 徐民 梁高峰 何向锋 成于思 高波 陈聪 Ravichandran Senthilkumar 王晓艳 李皓 张媛 张立明 王忠敏 刘圣 孙玲 刘志广 于洋 臧光辉 张有为 Jumah Masoud Mohammad Salmani	28
生命科学院	生物学	孙玲美 郭康平 李默怡 金宇灏 吴顺凡	5
马克思主义学院	马克思主义理论	杨洁 卓承芳 王志国	3
合计			522

2014年博士后获中国博士后科学基金特别资助情况统计表

单位	博士后姓名	资助金额（万元）
能源与环境学院	王静静	15
土木学院	刘宏月	15
电子科学与工程学院	吴俊	15
数学系	吴霞	15
自动化学院	万鸣华	15
自动化学院	曾维理	15
生物科学与医学工程学院	吕卓璇	15
生物科学与医学工程学院	张驰	15
计算机科学与工程学院	盖杉	15
材料科学与工程学院	张会岩	15
经济管理学院	杨洋	15
电气工程学院	杨俊	15
交通学院	唐亮	15
经济管理学院	肖敏	15
医学院	芮云峰	15
艺术学院	龙迪勇	15
艺术学院	王倩	15
合计	17人	255

2014年博士后获中国博士后科学基金资助情况统计表

单位	姓名	资助等级	资助金额(万元)
建筑学院	周聪惠	二等	5
建筑学院	李哲	二等	5
机械工程学院	罗晨	二等	5
机械工程学院	吴泽	二等	5
能源与环境学院	段锋	一等	8
能源与环境学院	张程宾	二等	5
能源与环境学院	顾海明	二等	5
能源与环境学院	蔡杰	二等	5
信息科学与工程学院	傅晓建	一等	8
信息科学与工程学院	杨晴	一等	8
信息科学与工程学院	杨亮	一等	8
信息科学与工程学院	范逸风	二等	5
信息科学与工程学院	宋立众	二等	5
信息科学与工程学院	包建荣	二等	5
土木工程学院	吴伟巍	二等	5
电子科学与工程学院	徐峰	一等	8
电子科学与工程学院	徐淑宏	一等	8
电子科学与工程学院	Qasim Khan	一等	8
电子科学与工程学院	孙立国	二等	5
数学系	刘俊峰	一等	8
数学系	杜睿	二等	5
数学系	王小六	二等	5
数学系	毋媛媛	二等	5
自动化学院	胡军	一等	8
自动化学院	卢剑权	一等	8
自动化学院	王燕清	二等	5
电气工程学院	王辰星	二等	5
自动化学院	顾洲	二等	5
自动化学院	刘金良	二等	5

(续 表)

单位	姓名	资助等级	资助金额(万元)
计算机科学与工程学院	汪 鹏	一等	8
计算机科学与工程学院	刘林峰	一等	8
计算机科学与工程学院	郑 豪	二等	5
物理系	胡小会	二等	5
生物科学与医学工程学院	张立明	一等	8
生物科学与医学工程学院	戴 俊	二等	5
生物科学与医学工程学院	李智洋	二等	5
材料科学与工程学院	朱昶胜	一等	8
材料科学与工程学院	王建国	二等	5
材料科学与工程学院	张培根	二等	5
人文学院	何浩平	一等	8
经济管理学院	岳中刚	一等	8
经济管理学院	程尊水	二等	5
电气工程学院	付兴贺	一等	8
电气工程学院	贾红云	二等	5
化学化工学院	刘广卿	一等	8
仪器科学与工程学院	韩亚丽	二等	5
仪器科学与工程学院	穆朝絮	二等	5
交通学院	吉 锋	一等	8
艺术学院	马文友	二等	5
艺术学院	王忠林	二等	5
艺术学院	刘永涛	二等	5
医学院	刘 圣	一等	8
公共卫生学院	叶宝芬	二等	5
生命科学研究院	李默怡	一等	8
合计			333

2014年博士后获江苏省博士后科研资助计划资助情况统计表

单位:万元

单位	姓名	资助等级	资助金额
建筑学院	周聪惠	B	3
建筑学院	卞素萍	C	2
建筑学院	杨京玲	C	2
机械工程学院	孙 丽	C	2
能源与环境学院	蔡 杰	A	6
能源与环境学院	左 武	C	1
信息科学与工程学院	范逸风	B	3
信息科学与工程学院	傅晓建	B	3
信息科学与工程学院	闵辉华	B	3
信息科学与工程学院	杨 喜	B	3
信息科学与工程学院	孙闽红	C	2
土木工程学院	张 翀	B	3
土木工程学院	张于晔	C	5
电子科学与工程学院	徐 峰	A	6
电子科学与工程学院	盛 宁	B	3
电子科学与工程学院	徐淑宏	B	3
电子科学与工程学院	赵增霞	B	3
电子科学与工程学院	黄兆聪	C	2
电子科学与工程学院	Qasim Khan	C	2
电子科学与工程学院	苏 适	C	2
数学系	胡 军	A	6
数学系	陈向勇	B	3
数学系	刘俊峰	C	2
数学系	王小六	C	2
自动化学院	刘金良	A	6
自动化学院	沈谋全	B	4
自动化学院	于化龙	B	3
自动化学院	姚凤麒	C	2
自动化学院	余 芳	C	2

(续 表)

单位	姓名	资助等级	资助金额
计算机科学与工程学院	董永强	B	3
计算机科学与工程学院	吴　游	C	2
计算机科学与工程学院	高德民	C	2
计算机科学与工程学院	汤可宗	C	2
计算机科学与工程学院	郑　豪	C	2
物理系	林　林	B	3
生物科学与医学工程学院	夏　阳	B	3
生物科学与医学工程学院	张立明	C	1
生物科学与医学工程学院	陈金龙	C	1
人文学院	卞桂平	C	2
人文学院	陶新宏	C	2
经济管理学院	程尊水	B	3
经济管理学院	岳中刚	C	1
电气工程学院	Krystian Ji	C	2
化学化工学院	刘广卿	B	3
化学化工学院	曹彩红	C	1
交通学院	吉　锋	A	6
仪器科学与工程学院	严筱永	B	4
仪器科学与工程学院	宋　翔	C	2
仪器科学与工程学院	穆朝絮	C	2
艺术学院	方　艳	B	3
艺术学院	李　仁	C	2
艺术学院	王忠林	C	2
艺术学院	许继峰	C	2
公共卫生学院	叶宝芬	B	3
生命科学研究院	李默怡	B	3
生命科学研究院	吴顺凡	C	2
医学院	芮云峰	A	6
医学院	陈　聪	A	6
医学院	张　媛	C	1
合　计			166

2014年应届毕业生进校名单

建筑学院:	张 弦　殷 铭　王 为
机械工程学院:	胡 涛
能源与环境学院:	杨 柳　吴 啸　张 伦　张 彪
信息科学与工程学院:	陈 喆　万 向　沈 弘　李佳珉
土木工程学院:	陈 伟　陈 耀
电子科学与工程学院:	陈 超　刘 波　张志强　宗慎飞
数学系:	钟 敏
自动化学院:	甘亚辉　王翔宇　王庆领
计算机科学与工程学院:	方效林　张竞慧　凌 振　董 恺
马克思主义学院:	任小艳　孙会娟
经济管理学院:	高 星　王亮亮　汪敏达　杨东辉
艺术学院:	卢文超
电气工程学院:	王 伟　李 振　赵 欣　谭林林
化学化工学院:	陈飞虹　李乃旭
交通学院:	金诚杰　徐铖铖
法学院:	徐 伟　徐珉川
公共卫生学院:	马 超
生命科学院:	张莎莎　刘力娟　赵林弘　黄 洁
医学院:	吴晓菁　蒋 威
学习研究中心:	朱艳梅
中大医院:	尹 莹　盛祖龙　陈中璞　潘明明　倪海锋　吴 茸 邢 利　张力杰　陈恕求　彭新桂　张学丽　胡琳璘 潘啸东

2014年调入引进人员名单

建筑学院:	华 好　马晓甦　焦 键
机械工程学院:	孙桂芳
信息科学与工程学院:	王闻今　彭林宁
土木工程学院:	尤 佳　孟积兴　张 琦　宁 延
电子科学与工程学院:	朱 敏　黄晓东　朱 真　吴 俊　芮光浩
数学系:	张 鑫
自动化学院:	牛 丹
计算机科学与工程学院:	肖卿俊　孔佑勇　姜龙玉
物理系:	赵海军　白 羽

生物科学与医学工程学院： 林凤鸣 陈 怡
材料科学与工程学院： 张法明 王倩倩 高 云 黄浩良
人文学院： 徐菲菲 郭娜 洪岩璧 王化起 蒋天婵 张晶晶
经济管理学院： 朱冬梅 沙溪清 丁溢 赖明辉 尹 威
化学化工学院： 游雨蒙
外国语学院： 高圣兵 赵建红 赵 杨 刘 超
交通学院： 李大韦 杨 帆 李豪杰
法学院： 王禄生
公共卫生学院： 陈 瑞
生命科学与医学工程院： 李 健
中大医院： 陈文姬 张 波 刘 宏 程张军 刘 玲 金 楠
　　　　　　　　　　　刘加成
高等教育研究所： 韩樾夏
保卫处： 欧阳玮

2014 年离校人员名单

王翠芬 张向荣 刘庆山 李苏宜 卢 燕 陶庆松 周 波 陆晓旻 蒋小华
吕慧敏 路 云 张士凯 郭永亮 白艳锋 尹鸿玺 李 驰 彭倚天 杨 新
胡敏强 何 柯 隆金玲

2014 年退休人员名单

谢美玲 沈秀华 杨景明 陈锦祥 陈国富 王 佶 彭 琳 黄 艳 张文举
余玲玲 毛 卫 张东生 瞿成凯 王灿楠 朱建设 韩启放 张志强 徐南强
吕健民 谷云曦 钱 锋 叶宣跃 金立强 何敏敏 刘道广 姜耕玉 刘黎明
杨国萍 夏建平 李玉宝 程泽兵 叶见曙 张锡宁 郑 谷 刘须明 陈永明
葛 斌 赵坚玉 吴银霞 王素美 郭继文 侯金文 余珊萍 朱殿明 谢海燕
陈 琼 李云霞 王豫丰 魏云陵 仲德昆 高 晶 程 帆 万秋兰 时 斌
刘振兰 曹 蔚 张晓楼 高建国 郭学军 方 霞 赵 晴 汪文棣 胡其平
王向渤 邓志成 吴新珍 李国庆 戚 戎 秦慧玲 吕 辉 曹秀英 韩苏闽
沈湘林 耿增杰 陈 平 王学志 王 强 赵前春 陈海洋 徐继来 张爱祥
薛和平 王忠华 樊小兰 崔步兰 赵怀国 王修菊 胡桂琴 樊路嘉 王秋霞
桑爱兵 曲 钢 刘汉义 王扬平 管 红 张小玉 沈 霖 邓建明 邓长青
冯兴华 施秉海

2014年死亡人员名单

王文学	张开阳	陆法伦	徐进敏	张友信	李学汾	陈宪德	徐瞻云	王汉聪
杨学谦	冯铁强	彭丰铎	翟羽健	沙玉钧	徐祥和	雷　颖	陆根泉	连玉麒
蒋正娟	伍金陵	贺久琼	刘麦秋	周忠元	何国英	王大源	洪伏宝	董　政
葛金兰	刘学尧	郑克林	王明清	贡继凤	吴慈生	朱志华	张克针	张爱玲
屠韵轩	杨康全	史维祺	黄惟一	秦贤敏	高锦伍	周本瑜	王树生	高淑芬
姜吟芬	史宝华	詹裕宏	李兰英	朱德本	周万珍	刘安芳	陈志荣	帅如富
李珠兰	苏渭杰	王邦发	陈毓文	李在卿	马全禄	宫矿业	柏秀英	邵建清
陶永德	史　维	黄权庆	汤焕锡	童宝义	刘明杰	蔡伟成	王耐玉	樊家铭
朱万福	鲍靓仪	洪焕兴	顾晓军	王文娟	袁晓宁	章颂龄	张忆红	

（人事处　汤咏梅）

学 生 工 作

综 述

2014年,党委学工部、学生处、心理健康教育中心紧扣立德树人根本任务,服务于学校人才培养的中心任务,不断开拓创新,止于至善,致力于招录更加优质的生源、提供更加精致的服务、培养学生更加完善的人格、弘扬更加深厚的家国情怀,为社会主义建设和中国梦的实现培养合格人才。

一、学生思想政治教育与队伍建设工作

1. 以社会主义核心价值观主题教育为重点提升学生思想政治教育实效性

深入推进"我的梦·东大梦·中国梦"和社会主流核心价值观教育新形式,大力开展主题教育,为社会主义人才培养做好价值引领工作。一是充分利用九龙湖校区学生宿舍区的四合院围合,构建了文明、法治、和谐、友善、志愿、诚信、节俭七个"生活实践教育学园",宣传主题内容,打造实践基地,衍生出一系列主题品牌活动,为学生提供自我管理、自我服务和自我教育的平台。经验介绍报告《东南大学探索构建社会主义核心价值观教育实践学园》获教育部网站专题报道,并入选教育部主题教育典型案例。二是响应习总书记鼓励全国广大学生热爱劳动的号召,开展"耕读园"——学生劳动实践项目,让学生将读书和劳动相结合,在实践中领悟劳动要义、感怀生命成长、加强团队协作。三是将美育与社会主义核心价值观教育有机结合,开展"我要上墙"——主题艺术绘画竞赛,引起校内校外、网上网下的热烈反响。

认真做好学生的日常思想动态调研分析和应对工作。2014年,通过网络媒体、座谈会、宿舍访谈等形式调查了学生寒暑假见闻,关注了他们对昆明暴恐、两会召开、南京医患冲突、香港"占中"等事件的看法,对过于激进的思想及行为苗头及时制定应对预案并采取

相应措施。

此外,贯彻执行《全国大学生思想政治教育工作测评体系(试行)》,牵头开展我校自测自评工作并向教育部提交相应报告。提炼优秀经验做法,查找问题与不足,为我校学生思想政治教育的深化和改革提供依据。

2. 以提升职业能力为目标推进辅导员职业化、专业化建设

创新方式积极推进辅导员从事务型、经验型向研究型、专家型转变。成立东南大学思想政治教育与道德发展研究、学生事务管理研究、职业生涯发展教育研究、心理健康教育研究和创新创业教育研究五项学生工作专题工作室,定期开展工作沙龙,聘请相关领域专家进行指导。为辅导员开展科学研究及个人发展提供平台和条件,提升学生工作的科学性。

多措并举完善辅导员队伍建设科学模式。一是严格准入标准,根据我校学科特色及辅导员工作要求认真做好专职辅导员与流动助教辅导员选拔工作。2014年通过社会公开招聘共选拔5名专职辅导员,通过免试研究生担任辅导员计划选拔9名优秀本科应届毕业生留校担任辅导员工作。二是完善院系—学校—省—国家多层次辅导员培训体系。开展校外培训分享会四场;每两周开展一次心理督导;邀请《思想理论教育》杂志副主编曹宁华、校总会计师丁辉等校内外专家走进学校为辅导员开展专题培训讲座8场;选派39位辅导员参加省部级交流及培训,组织学生线142位老师参加国家教育行政学院主办的高校辅导员网络培训课程,覆盖面93%。三是以激励为目标,建立科学考核体系。举办了我校第四届辅导员职业技能竞赛、辅导员工作精品项目评选、优秀辅导员论文评选;修订辅导员工作考核条例,完成2014年专职辅导员工作考核及学生线奖教金评选。四是提升队伍文化,凝练辅导员核心价值。举办了"你的青春我作伴"——2012级流动助教欢送会暨新辅导员入职宣誓仪式,增强了辅导员的归属感、认同感和成就感,获得了校内外的热烈反响和媒体的广泛关注。

此外,完成思想政治教育系列职称评审工作,15位老师晋升助教,2位老师晋升讲师。3位老师成功立项2014年度高校哲学社会科学研究基金指导项目。11位老师获得高校教师资格证书。

3. 各项工作成果一览

(1) 2014年度高校哲学社会科学研究基金指导项目

序号	项目名称	负责人	项目批准号
1	"榜样力量"在高校学生德育中作用之探索	邱 峰	2014SJD006
2	论美育对大学生思想政治教育的作用	李 花	2014SJD007
3	理工类高校辅导员职业能力的培养研究	成 曦	2014SJD008

(2) 2015年辅导员培训交流情况一览

序号	项目	人次	合计
1	学生工作干部出国研修项目	3	
2	教育部全国高校辅导员骨干培训班等国家级培训	28	39
3	江苏省高校辅导员骨干培训班等省级培训	8	
4	江南大学辅导员交流	1	
5	卓越联盟辅导员沙龙	3	
6	高校辅导员工作网络培训班	142	

(3) 专职辅导员年度考核优秀人员名单：

序号	院系	姓名
1	建筑学院	周明阳
2	建筑学院	张 琰
3	信息科学与工程学院	吴兆青
4	信息科学与工程学院	顾青瑶
5	信息科学与工程学院	郭玉珍
6	土木工程学院	张 华
7	电子科学与工程学院	邱 峰
8	电气工程学院	曹 奕
9	交通学院	张 航
10	交通学院	罗 磊

(4) 2014年度学生线获奖人员名单：

序号	项目	获奖者
1	东南大学教育基金会奖教金	邱峰、李花
2	全国高校辅导员优秀论文评选一等奖	徐宏武
3	2013江苏高校辅导员年度人物提名	周文娜

二、2014年东南大学本科生招生情况

1. 招生录取情况

2014年,全国范围内共录取3 947人。男生2 439人(61.79%),女生1 508人(38.21%);文科387人(9.81%),理科3 480人(88.16%),艺术类80人(2.03%)。少数民族学生356人(9.02%),农村生源1 182人(29.95%)。18个中西部省、自治区、市录取1 921人(48.67%),其中12个西部省、自治区、市学生919人(23.28%)。

港澳台37人(其中,联招30人,澳门保送2人,台湾保送5人),保送生22人,少年生25人,高水平运动员23人,自主选拔录取247人,艺术特长34人,预科入学学生65人,内地新疆、西藏班学生65人。江苏省内共录取955人,占总数的24.19%。其中男生481人(50.37%),女生474人(49.63%);文科115人(12.04%),理科803人(84.08%),艺术类37人(3.88%)。

2014年我校理科在全国各省、自治区、市中录取分数线高出当地本一线60分以上的省、自治区、市27个;高出当地本一线80分以上的省、自治区、市25个;高出当地本一线100分以上的省、自治区、市12个。同时,通过统计全国32所985高校2012—2014年在各省、自治区、市理科录取分数线得知,2014年我校在各省、自治区、市理科录取分数线的排名均值为16.8,较2013年的17.5和2012年的17.4有所提升。同时我校2014年北京、云南、甘肃、青海等省、自治区、市生源质量大幅上升,内蒙古、黑龙江、河北等省、自治区也有明显提升。

江苏省内招生成绩稳中有升。2014年我校江苏省理科投档分383分,列全国各高校第8名,较去年名次提升了1位,考生成绩全省排名2 100余名;医学投档分365分,省排名11 000余名;文科369分,省排名700余名。各科类投档分省排名与去年基本持平,较往年有较大提升。

2. 招生宣传情况

2014年,学校继续实施以学生处为统筹、各招生宣传组策划实施的招生宣传机制,以招生宣传组为先锋,以"感知东南"主题系列活动为品牌,以招办网站、招生微博、招生宣传材料为载体,建立了以学生处统筹、各招生宣传组策划实施的长效招生宣传机制,有序开展招生宣传工作、高考志愿填报咨询工作。

2014年,在校生1 500余人参加了"感恩母校"社会实践活动,回访了超过500所中学;省内新增"优秀生源基地"8所中学,省外新增安徽、广东、河南、湖北、湖南、山西、陕西、上海、天津、浙江的39所中学;全年接待了全国各地1 000余名中学生及中学教师来访;参加28个省、自治区、市招生咨询会、高校中学校园开放日百余场;参加新浪教育高考频道、《现代快报》《扬子晚报》、新华网等多个网络、报纸、电视的宣传及咨询访谈;参加阳光高考平台网上咨询周,江苏省普通高校网上咨询活动等网上咨询会、回复我校本科招生网自设留言板上的问题,通过招生官方微博、微信互动,全年共发放招生简章万余本,学校介绍单页、各类宣传材料60 000余册,各类中学喜报3 000余份,为考生提供更多渠道,了解我校相关信息。

三、学生日常管理与学生资助工作

学生工作办公室、学生资助管理中心以学生为本,努力创建学生事务一体化服务窗口,打造奖助贷勤补系统化学生资助服务平台。

东南大学荣获江苏省高校学生教育管理"创新奖"一等奖,在"江苏省学生资助绩效评估"中被评为"优秀",荣获教育部全国"助学·筑梦·铸人"主题征文系列活动组织奖。

1. 以日常管理工作为抓手,推进管理工作科学化、规范化

建立值班和应急反应机制,推进学生管理周报制度,每周一院(系)将一周内学生突发状况和特殊状况上报学生工作办公室。2014年共收到反馈周报事件699条,稳妥处置各类突发事件,维护学生正常的学习和生活秩序。重新修订《大学生手册》,增加服务指南板块;梳理各类业务流程,统一上网发布,便于学生查询。全校本科生学生违纪处理(记过及以上)共计37人次,其中开除学籍2人,记过35人,处分原因均为考试作弊。

2. 以奖励表彰为平台,在学生中树立典范

2014年共评选校三好学生1 246名,校三好学生标兵34名(发放奖金金额5.1万元),校优秀学生干部134名(发放奖金金额13.4万元),校先进班集体23个(发放奖金金额2.3万元),校优秀毕业生180名。江苏省级三好学生24名,省级优秀学生干部14名,省先进班集体15个(发放奖金金额4.5万)。获国家奖学金学生233名,获奖金额186.4万元;国家励志奖学金学生544名,获奖金额272万元;国家助学金学生2 339名,发放金额701.7万元。继续在全校范围内开展"最具影响力毕业生评选活动",最终评选出10名"东南大学2014年最具影响力毕业生",活动获得了众多媒体的关注,激励了学生积极向上,并取得良好的社会效应。

3. 以家庭经济困难学生资助工作为重点,切实关注学生日常生活与学习

完成我校家庭经济困难学生认定工作,构建家庭经济困难生资助体系,特别是积极开展勤工助学工作。2014年我校本科生贫困生3 403人,其中特困生1 249人。为6 333人次提供158万余元困难补助,其中含价值十万元的寒衣近300件。大幅提高学生勤工助学酬金,由8元/小时提高到12元/小时,共提供892个勤工助学岗位,发放172.8万余元。共评定168项企业、校友奖助学金,发放金额667.5万余元。

4. 诚信、感恩、励志三环紧扣,彰显资助育人实效

继续指导唐仲英爱心社、曾宪梓春晖社、雁行东大公益性社团开展活动,新成立东南大学伯藜学社。2014年四大助学社团共开展25项资助育人活动。开展资助诚信教育主题活动11项,举办"助学·筑梦·铸人"主题征文活动,展现新一代大学生的青春奋斗风采。开展以"他们——我身边的资助"为主题的微电影创作大赛活动,展示资助育人成果。开展"国家资助 助我飞翔"东南大学励志成长成才优秀学生典型宣传评选活动,进一步推进家庭经济困难学生的励志教育。

四、毕业生就业工作

东南大学学生处就业指导中心紧密围绕《国务院关于大力推进大众创业万众创新若干政策措施的意见》,深入贯彻落实教育部《关于做好2014年全国普通高等学校毕业生就业创业工作的通知》(教学〔2014〕15号)以及《国务院办公厅关于做好2014年全国普通高等学校毕业生就业创业工作的通知》(国办发〔2014〕22号)等有关大学生就业、创业工作文件的精神,全面深化改革,提高人才培养质量,创新人才培养机制,推进创新创业教育改革,切实做好我校毕业生就业创业服务工作,引领到国家需要的地方去,为建设创新型国家、实现中华民族伟大复兴提供有力的人才智力支撑。

1. 毕业生就业整体情况

东南大学 2014 届毕业生共 8 429 名。其中本科生 4 053 名，占毕业生总人数的 48.08%；研究生 4 367 名，占毕业生总数的 51.92%。

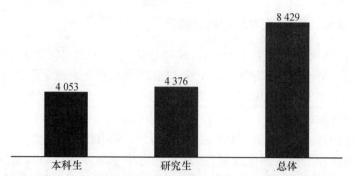

我校 2014 届本科生的生源地分布如下表所示：其中江苏省生源毕业生 1 730 人，占本科生总人数的 42.68%；江苏省外毕业生主要来自于安徽省（6.71%）、河南省（4.27%）、浙江省（3.92%）和山东省（3.73%）。

2014 届本科生的生源地分布

生源地	人数	比例（%）	生源地	人数	比例（%）
江苏省	1730	42.68	辽宁省	65	1.60
安徽省	272	6.71	新疆维吾尔自治区	60	1.48
河南省	173	4.27	云南省	57	1.41
浙江省	159	3.92	广西壮族自治区	52	1.28
山东省	151	3.73	内蒙古自治区	45	1.11
湖北省	113	2.79	北京市	43	1.06
河北省	109	2.69	广东省	40	0.99
福建省	99	2.44	上海市	40	0.99
四川省	97	2.39	甘肃省	39	0.96
湖南省	90	2.22	黑龙江省	33	0.81
山西省	87	2.15	吉林省	29	0.72
陕西省	79	1.95	青海省	29	0.72
江西省	76	1.88	宁夏回族自治区	25	0.62
重庆市	76	1.88	西藏自治区	24	0.59
天津市	70	1.73	海南省	22	0.54
贵州省	67	1.65	台湾省	2	0.05

我校 2014 届研究生的生源地分布如下表所示:其中江苏省生源毕业生 1 873 人,占研究生总人数的 42.80%;江苏省外毕业生主要来自于安徽省(12.82%)、山东省(10.65%)和河南省(7.11%)。

2014 届研究生的生源地分布

生源地	人数	比例(%)	生源地	人数	比例(%)
江苏省	1873	42.80	黑龙江省	26	0.59
安徽省	561	12.82	吉林省	24	0.55
山东省	466	10.65	甘肃省	23	0.53
河南省	311	7.11	广东省	21	0.48
湖北省	139	3.18	广西壮族自治区	15	0.34
江西省	130	2.97	贵州省	13	0.30
浙江省	130	2.97	天津市	12	0.27
河北省	117	2.67	云南省	12	0.27
湖南省	101	2.31	北京市	11	0.25
山西省	84	1.92	宁夏回族自治区	8	0.18
福建省	73	1.67	上海市	8	0.18
四川省	50	1.14	新疆维吾尔自治区	7	0.16
辽宁省	47	1.07	海南省	2	0.05
重庆市	43	0.98	青海省	1	0.02
陕西省	39	0.89	台湾省	1	0.02
内蒙古自治区	28	0.64			

2. 2014 届毕业生就业率

截至 2014 年 8 月 31 日,我校 2014 届毕业生初次就业率为 92.82%,其中本科生的初次就业率为 95.14%,研究生的初次就业率为 90.68%。

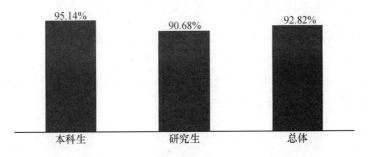

截至2014年12月31日，我校2014届毕业生年终就业率为98.38%，其中本科生年终就业率为98.69%，研究生年终就业率为98.09%。

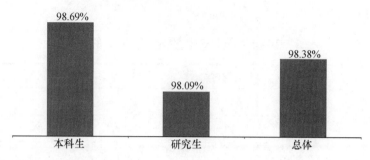

3. 2014届毕业生毕业去向分析

毕业生毕业去向包括协议就业、灵活就业、国内升学、出国(境)和待就业。截至2014年8月31日，协议就业5 718人(67.84%)，国内升学1 474人(17.49%)，出国(境)583人(6.92%)，灵活就业49人(0.58%)，待就业605人(7.18%)。

从不同学历层次毕业生的毕业去向看，协议就业和国内升学为本科生主要毕业去向，所占比例分别为48.53%和33.68%；研究生主要毕业去向为协议就业，所占比例为85.72%。

2014届毕业生毕业去向情况

毕业流向	本科生		研究生		总体	
	人数	比例	人数	比例	人数	比例
协议就业	1 967	48.53%	3 751	85.72%	5 718	67.84%
国内升学	1 365	33.68%	109	2.49%	1 474	17.49%
出国(境)	486	11.99%	97	2.22%	583	6.92%
灵活就业	38	0.94%	11	0.25%	49	0.58%
待就业	197	4.86%	408	9.32%	605	7.18%
总计	4 053	100.00%	4 376	100.00%	8 429	100.00%

4. 2014届毕业生单位性质分析

我校2014届毕业生就业的单位性质覆盖了民营企业、国有企业、高等教育单位、三资企业、科研设计单位、基层项目、医疗卫生单位、党政机关、部队和其他事业单位等类别，企业是毕业生最主要的流向，其中在民营企业(26.67%)就业的毕业生占比最高，其次为国有企业(20.98%)，具体分布如下图所示：

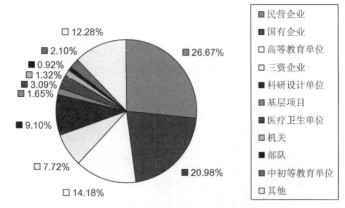

2014 届毕业生就业单位性质分析

本科生主要就业单位性质为民营企业和国有企业,所占比例分别为 35.80% 和 27.01%;党政机关、部队、事业单位就业人数则相对较少,具体分布如下图所示:

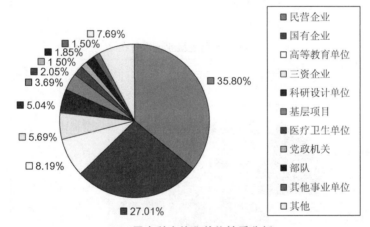

2014 届本科生就业单位性质分析

研究生主要就业单位性质为民营企业、国有企业和高等教育单位,所占比例分别为 21.81%、17.77% 和 17.38%,具体分布如下图所示:

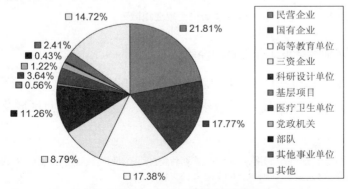

2014 届研究生就业单位性质分析

5. 2014届毕业生就业地区流向分析

毕业生的就业地域划分为江苏省、上海市、广东省、浙江省、北京市、中西部地区[①]、其他地区[②],不同学历层次毕业生的就业地域分布如下图所示:

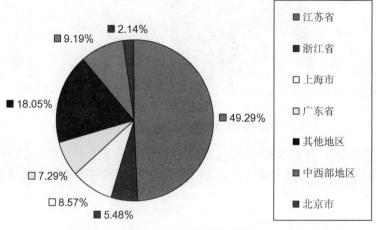

2014届本科生就业地域分布

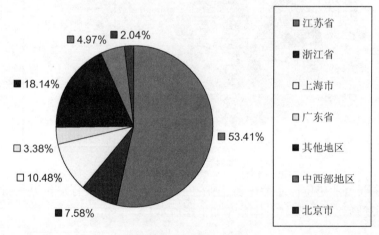

2014届研究生就业地域分布

6. 2015届毕业生就业工作特色和经验做法

(1) 以奉献才干为价值导向,引导毕业生到重点单位和基层就业

学校始终以奉献才干为导向,重视毕业生到国家重点单位、重点区域及地方基层的就

[①] 中西部地区是指湖北省、湖南省、河南省、江西省、广西壮族自治区、贵州省、云南省、重庆市、四川省、内蒙古自治区、青海省、新疆维吾尔自治区、陕西省、宁夏回族自治区和甘肃省。

[②] 其他地区是指福建省、山东省、海南省、安徽省、辽宁省、天津市、河北省、吉林省、山西省、黑龙江省、香港特别行政区、台湾省。

业引导。2014年通过组织毕业生前往哈尔滨、成都、绵阳等东北、西南地区重点行业及单位进行职业岗位体验,引导学生就业;积极邀请国家建设的重点行业及单位、地方政府等进入校园通过宣讲会、招聘会、供需见面会等形式,加深学生与重点行业及单位和基层地方之间的了解;针对基层就业的毕业生,学校提供了法律、科技、经济方面的培训及服务,增强其实际工作能力,使其更易扎根基层,施展才干。

我校2014届毕业生到国家建设重点单位就业人数如下表所示:

2014届毕业生重点单位就业人数统计表

单位名称	博士	硕士	本科	总计
国家电网公司	6	95	87	188
中国建筑工程总公司	0	16	74	90
中国电子科技集团公司	6	69	11	86
中国移动通信集团公司	1	50	5	56
中国交通建设集团有限公司	2	19	27	48
中国建设银行股份有限公司	0	24	13	37
中兴通讯股份有限公司	0	29	7	36
中国船舶重工集团公司	1	26	3	30
招商银行股份有限公司	0	15	15	30
中国银行股份有限公司	0	13	11	24
中国电信集团公司	0	17	6	23
中国铁路总公司	0	3	15	18
中国华能集团公司	0	1	16	17
中国农业银行股份有限公司	0	8	8	16
中国联合网络通信集团有限公司	0	8	5	13
中国航天科工集团公司	1	6	5	12
中国华电集团公司	0	7	5	12
中国航空工业集团公司	3	8	0	11
中国南方电网有限责任公司	0	2	7	9
中国航天科技集团公司	3	5	1	9
中国兵器工业集团公司	0	5	1	6
国家核电技术公司	0	0	6	6
中国石油天然气股份有限公司	0	0	5	5
中国石油化工股份有限公司	0	1	3	4
中国核工业集团公司	0	1	1	2
中国核工业建设集团公司	0	0	1	1
中国船舶工业集团公司	0	1	0	1

我校2014届毕业生中,各地方基层项目就业人数为95人,其中,大学生村官52人,新疆、西藏等艰苦边远地区37人,其他地方或国家基层项目6人。

(2) 以卓越创新人才培养为着力点,完善创新创业教育

顶层设计,创新创业体系完善。学校全面推行"基础理论活跃创新创业思维,专业知识拓展创新创业视野,实践训练强化创新创业技能,自主研学提升创新创业水平,实景实战孵化创新创业成果"为核心的创新、创业人才培育体系,以"增强创新创业意识、传授创新创业知识、提高创新创业技能和培养创新创业人才"为目标凝练了"知行相辅、科创互哺,促进学生全面发展"的创新创业教育理念。

知行相辅,推进创新创业教育与实训。构建科学合理的创业教育课程体系,面向所有非经管专业学生开设二十多门创业类必修课、选修课程及实践课程,从课堂到实战全覆盖;设有创业教育硕士、博士点;组建了由专任教师、知名校友、成功创业人士、创业指导专家等组成创业导师团。

科创互哺,营造创新创业氛围。学校科技创新氛围浓厚,创新和创业互为支撑,互相促进。以"挑战杯"为创新创业工作龙头,依托各院系专业特色,以创新为引领,以实践为形式,营造浓厚的校园创新创业文化氛围;通过讲座培训展示类活动激发学生创业意识、树立创业激情;通过各类创业竞赛活动鼓励学生参与创业训练过程、提升创业技能;通过开展创业训练和实践类活动帮助有潜质和特长的学生锻炼创业实战能力。本学年累计举办各类创新创业类校园文化活动一百余场,受众学生群体近万人次。

加速创业成果转化,推进产学研用结合。学校积极争取和利用各项创业优惠政策,与政府、企业、创业园等开展紧密合作,推进创业成果转化。学校大学生创业中心依托东南大学国家级大学科技园,结合多校区的现实情况,形成了"一中心三区"的建设格局,为创业团队提供优质的科技孵化服务。目前有学生创业企业数78家,带动700余名青年大学生就业。2013—2014年度,东大学生创业中心已有17家学生创业企业获得南京市青年大学生创业优秀项目认定,共获365万元资助;有10家学生创业企业获得"东大科技园—紫金科创学生创业基金"累计208万元的创业资助;2014年7月,学校与南京市人社局、南京银行签署合作协议,开通了大学生创业贷款绿色通道,已有一家创业公司拿到50万元的贴息贷款;孵化毕业学生创业企业"途牛旅游网"于2014年在美国上市。

(3) 以信息化建设为关键点,强化就业指导服务

学校在就业指导、信息管理、职业辅导、课堂教学、困难帮扶及事务办理等方面,始终把学生利益放在首位,从细节中为学生做好服务,力争"让每一名学生满意就业"。就业工作信息化建设已纳入整个数字化校园建设体系中,就业工作依托网络平台的高效集成。

用人单位通过网络系统可预约专场宣讲会和大型双选会,发布招聘信息,查看简历,申请组织笔试、面试,实现校园招聘工作的网络全程化。自2013年9月到2014年7月,学校为2014届学生累计举办校级专场招聘会748场,校级接待用人单位1 406家,全年各类招聘活动累计提供岗位需求三万余个,岗位数与毕业生人数比例为3.6∶1。

2014 届毕业生校园招聘情况统计表(2013.9—2014.7)

学历	毕业生人数	校级发布岗位需求数	校级专场招聘会场次数	校级组团招聘会场次数	组团参加地方人才交流会
本科	4 053	30 674	748	22	5
研究生	4 376				

毕业生可通过就业信息网查询就业创业政策、招聘信息、事务公告、专利审核、户档去向等各类信息,一站式完成从领取协议书到投递简历,从签约再到离校的一系列就业相关事务的办理。根据第三方调查显示,我校 2014 届毕业生获得第一份工作最主要的渠道仍是"本校的招聘活动或发布的招聘信息",约占 42.50%,"直接向用人单位申请""通过专业求职网站"的人数比例分别为 16.20% 和 15.40%。其中,通过"本校的招聘活动"获得工作的有效性达到 89.00%。

(4) 以浸润式理念为切入点,深化职业生涯发展教育

在人才培养全过程中推进大学生职业生涯发展教育,创设促进学生成长成才、自我发展的特色校园环境,使学生浸润其中,将教育和引导贯穿、渗透于整个在校学习生活期间。

第一课堂的全程覆盖。学校开设有就业创业必修课 2 门及选修课 26 门,构建科学合理的生涯教育课程体系,注重理论与实践课程相结合、就业创业教育课程与学科课程体系相融合,通过教学主渠道对学生进行系统的职业生涯教育。

第二课堂的潜移默化。坚持以东南大学创新特色文化支撑职业发展教育:一是开展多形式的主题教育引导学生到祖国需要的地方去,培养社会主义的建设者和接班人;二是举办丰富的高质量创新类活动唤醒创新意识,提升学生就业创业能力;三是组织学生到国家重点行业、企业进行高层次的就业岗位体验,锻炼学生职业素养,助推就业质量的提升。

网络课堂的有效补充。依托数字化校园网络平台,推出生涯教育、职业测评等网络套餐,借助职前在线课堂、职业测评软件、网上职业生涯规划等系统,帮助学生认识自我、规划职途、提升就业能力;利用微博和微信平台发布信息,交流职场经验,满足学生需求。

除三大课堂相辅相成之外,施行分类指导,开拓个性化职业发展教育途径。一是从入学起的新生研讨课开始指导学生进行职业生涯发展规划,并提供一对一的职业生涯规划咨询;二是按照就业困难生、女大学生、少数民族生及基层就业的学生等类别单独制定帮扶制度和措施;三是 2014 年成立省内首家大学生就业创业法律问题援助中心,建设大学生就业创业法律援助网站,帮助毕业生解决就业创业中遇到的法律问题。

五、心理健康教育中心工作

1. 加强宣传,普及学校心理健康教育

为了进一步促进大学生对心理健康教育的广泛认知,扩大心理健康教育的辐射作用,中心本年度除了面向全校大学生开设四次专题心理讲座,开设三门公共选修课以外,还通过校园门户网站和官方微博宣传心理健康知识,通过中心微信公众平台每日推送与大学生日常生活相关的心理美文与趣味话题,发放心理健康教育书签、文件夹、卡套等纪念品,将心理健康教育寓于大学生的日常生活之中。

2. 加强心理咨询室建设，进行日常心理咨询

为了使心理咨询工作朝着系统性、连续性的状态发展，对心理咨询室材料和档案进行了一系列重新整理、完善、充实，为面向全体学生扎实有序地开展心理健康教育，打下了坚实基础。

中心本年度对7 255余名2014级本科、硕士、博士新生开展了入学心理健康宣传教育与心理普查、筛选，给每位同学建立心理档案并及时跟踪，在此基础上还对本科214名同学进行约谈，对问题或障碍学生建立长期咨访关系或及时转介，为院系心理健康教育工作提供了第一手资料。本学年接收一般心理咨询共669次，来访学生人数为290人，平均每人来访2.3次。危机个案为6人：男生5人，女生1人。其中一人休学、一人退学，其余4人经过处理可以回归正常工作和学习中。

3. 开展心理健康教育，从整体上提高学生心理素质

为使学生的心理素质得到整体性提高，我们面向全体学生，着重开展了心理健康教育辅导。

中心在2013年省示范中心建设"大学新生特殊群体积极心理适应教育团体辅导"项目基础上，今年针对100余名东南大学"筑梦"和"贫困计划"的新生进行了10次提升心理资本的情景互动体验式团体心理辅导，取得了良好的效果，并继续进行后期的跟踪与随访。本年度中心开展了"320大学生心理健康关爱周"活动，"525大型心理健康月"活动，通过"情绪与自我激励"和"人格与自我认知"系列讲座、"寻找东大最美笑容"相片征集、"友爱永恒"心理情景剧演出、"悦动心生活，拥抱真自我"广场心理咨询、心理电影展播、团体沙盘游戏、"奋斗青春，美丽人生"户外素质拓展、"求爱上上签"高校研究生派对、"乐嘉性格色彩大讲堂"、心理健康知识趣味竞赛、抽奖活动等多种形式吸引了大学生们的广泛参与。

此外，东南大学"永春心理剧社"一直通过心理剧的编排与表演促进大学生的自我意识与自我成长。中心举办的以上系列活动引导了大学生更好地自我认知，塑造积极品格与拥有美好人生，进一步拉近了心理健康教育与大学生之间的距离。

4. 加强专业队伍建设，提升心理咨询师专业素质

本学年共有专兼职心理咨询教师25人次，其中4名专职教师均是中国心理学会临床与咨询系统注册心理师。选送13名辅导员参加国家二级、三级心理咨询师的培训，更好地加强二级网络队伍的建设。本年度中心接受了本校5名心理学专业的研究生的实习，通过指导实习咨询师的实践，积累了咨询师上岗职业培养的经验。

本年度中心每两周在专兼职咨询师、实习咨询师中开展个案讨论，开展朋辈间的学习和督导，并聘请中国心理学会临床与咨询系统注册督导师开展督导，促进了心理咨询师的自我成长。举办中法精神分析专题系列培训，邀请巴黎开业精神分析家克里斯蒂诺·阿诺-坦纳女士、安妮·阿尔坦·艾贝尔女士、法国巴黎第七大学帕斯卡尔·阿苏女士、巴黎八大公共关系学院弗里德里克·卢梭先生分别作了"祖先创伤的传递""性别认同与爱情""成长与人际关系""客体与梦"的讲座以及工作坊，极大地提升了咨询师队伍的专业素质，并邀请了兄弟院校的同仁、吸引社会上执业心理师前来共同学习与进步。

（学生处　钮长慧）

实验室建设与设备管理

综　　述

2014年在学校党委、行政的正确领导下,实验室与设备管理处全面贯彻党的十八大和十八届四中全会精神,紧紧围绕学校整体工作目标,科学安排,精心部署,进一步增强服务意识,提高业务能力,规范服务流程,提升服务水平,实验室建设与设备管理各项工作呈现出积极向上、和谐发展的良好局面。

一、实验室建设与管理工作

截至2014年年底,全校共有各类教学、科研建制实验中心(室)76个,其中教学实验室33个,教学科研并重实验室11个,科研实验室32个,实验室房屋使用面积近17.14万平方米,共有设备固定资产8.99万余台件,总价值19余亿元。2014年全校各级各类实验室获得省部级以上教研项目72项,发表教学、科研论文4 129篇,出版实验教材39本;教师获得国家级奖励和成果13项,省部级奖励52项,发明专利548项,学生参加省部级以上学科竞赛获奖500项,获得国家级大学生创新训练项目135项,省级大学生创新训练项目123项;各类实验室承担省部级以上科研项目819项,其他科研项目475项。2014年,各实验平台为全日制在校各类学生开设2 939个实验项目,总学时3.8万,总实验人时数477万。目前,我校已基本形成了国家实验室(筹)、国家重点实验室(工程研究中心)、省部级重点实验室(工程研究中心)、本硕共享专业实验室、学科大类或多学科共享的专业基础实验室、公共基础实验室多层次的实验平台,为人才培养、科学研究、技术开发等各项工作奠定了坚实的基础保障。

组织2014年教学实验室建设项目立项评审工作,多渠道筹措资金,共执行了包括中央财政改善基本办学条件专项、"985三期"拔尖创新人才培养、实验室建设与改造等各项经费合计1 500余万元,加强了实验室建设的进度控制和过程管理,按计划完成了建设任务。周密组织2015年度中央级普通高校改善基本办学条件专项资金项目立项申报工作,有6个项目通过评审入库,其中实验动物中心屏障系统、机器人实验中心、共享正版软件平台3个项目计划于2015年执行,经费预算1 080万元。

土木工程虚拟仿真实验教学中心以优异成绩(江苏省排名第1、全国土木建筑类学科组排名第1)通过教育部评审,成为国家级虚拟仿真实验教学中心。临床技能综合训练中心和物联网技术工程训练中心在全省参加验收的122个实验中心中,分别以第1和第2名的网评成绩通过江苏省实验教学示范中心的验收。目前我校共有7个国家级实验教学示范中心,2个国家级虚拟仿真实验教学中心,17个省级实验教学与实践教育中心。

二、实验技术队伍建设

全校共有实验队伍355人,其中技术岗313人,工勤岗42人。职称情况:教授级高工2人,高级工程师、副教授、副研究员等89人,工程师、讲师、实验师、主管技师(医学院)等172人,助理工程师、助教、技师(医学院)50人。

根据《东南大学实验技术工作岗位聘期考核暂行办法》,完成2014年度实验技术人员考核工作。同时完成实验技术队伍职称晋升条例的修订工作,并于2015年正式实施,该条例在确保实验教学能力和科学研究能力的前提下,将实验技术研发与管理能力作为实验技术队伍晋升职称的重点考察内容,为高层次的实验技术队伍建设构建了政策机制。2014年度共有3名实验技术岗位人员晋升为高级工程师,2名晋升为工程师,4名认定为助理工程师。

本年度继续推进面向本科生、研究生和青年教师进行大型仪器操作培训工作,其中扫描电镜操作培训共计56人次,其中22人取得培训证书;显微硬度计、拉伸机等大型仪器培训共计70余人次,60人顺利取得证书;本年度组织实验技术岗位人员共计300余人次参加教育技术装备展览会,了解当前高校仪器设备新产品、新技术和发展动态,开拓人员视野。

三、实验室开放

为了建立适应创新性人才培养的实验室运行机制,充分发挥实验室在人才培养中的作用,提高学生的创新思维能力,本年度我校继续加大实验室管理和开放力度,要求全校教学实验室努力做到全天候开放,重点实验室大部分时间开放,实现时间、空间、实验项目的信息化管理和网络服务,提高实验室的利用率与使用效益。

四、实验室安全管理

本年度重点建立了我校实验室三级安全管理责任体系,明确各级各类人员职责范围和要求,制定了科学、合理的实验室安全工作检查指标体系,组织进行两次全校实验室安全检查工作,监督院系进行隐患整改工作,确保教学、科研各项工作顺利开展。组织本科生参加实验室安全知识学习培训,继续推行安全准入制。

制定并发布了《东南大学实验室生物安全管理规定》(校发〔2014〕76号)文件,规范实验室生物固废安全管理,落实专门生物固废收集清运人员,增配垃圾桶等设施,实现了我校两个校区(丁家桥和四牌楼)实验室生物固废集中管理模式。

进一步加强特种设备规范管理工作,明确分管责任人,建立了包括压力容器、起重机械和场内专用机动车的台账,监督各单位进行特种设备年度检验,本年度交通学院2名人员经过培训取得机电类特种设备作业人员证书,获得"南京市特种设备管理先进单位"称号。完善辐射安全管理,辐射场所张贴电离标志、安全操作规程上墙,对辐射工作人员按规定配备个人辐射剂量计,每季度进行检测,建立个人健康档案。委托南京市环境监测站对我校辐射工作场所周围环境进行辐射监测,结果合格。本年度全校进行了5批次、共计50吨左右化学废弃物集中回收处理工作。

五、设备管理工作

加强制度建设,为防止国有资产流失,进一步完善国有资产管理,出台了《东南大学国有资产管理暂行办法》校发〔2014〕94号文。截至2014年年底,我校设备资产总计126 938台(套),总值22.94亿元,其中20万—50万元以上大型设备1 124台(套),总值约3.53亿元,50万—200万元以上大型设备538台(套),总值约4.85亿元,200万元以上大型设备82台(套),总值约3.88亿元;今年新增设备资产10 600台(套),总值2.26亿元,其中20万—50万元以上大型设备116台(套),总值约0.38亿元,50万—200万元以上大型设备59台(套),总值约0.54亿元,200万元以上大型设备4台(套),总值约0.20亿元;2014年进一步规范设备处置流程,严格按照国家财政部、教育部及学校文件的规定,完成固定资产报废处置设备1766台(套),总值1 481.35万元。所有设备处置报教育部备案或审批后再进行销账处理,实行收支两条线。

六、设备采购管理

1. 零散设备采购

审核零散采购合同1 300余个,合同金额4 500万元。为加强学校10万元以下零散仪器设备的采购管理,提高采购效率,降低采购成本,规范采购行为,发布了《东南大学网上竞价采购管理办法》(校发〔2014〕64号),对零散通用设备试行了东南大学网上竞价系统,实现采购过程的公开化、透明化。

2. 大型仪器设备采购管理

大型仪器设备购置计划论证目前已形成制度化、常态化,通过论证,促进我校大型仪器设备进行合理布局,有效避免重复建设,有利于大型仪器设备的共建、共用、共享,提高资金使用效益;2014年组织专家共对近60台套的大型仪器设备进行了购置计划论证,论证设备总经费预算近1亿元。

制定并发布了《东南大学大型仪器设备管理流程、时间节点及采购工作指南》,进一步规范了大型仪器设备采购工作流程,探索集中采购与零散采购相结合,重点采购与一般采购相结合,急需计划采购与常规计划采购相结合,学校自主采购与委托政府采购等多形式互为补充的采购模式,努力为全校师生员工提供高效快捷的仪器设备采购服务。全年共审核并签订设备合同250余份,合同金额合计近1.2亿元;制作了10万元以上的设备购置项目公开招标文件170余个,经公开招标报名单位不足三家,转变为单一来源(议标)方式采购设备项目所占比重在45%左右;组织专家对50余个单一来源(议标)设备采购项目进行谈判。同时在采购环节中加强了过程控制管理,全校设备购置项目预算执行进度顺利;为了确保招投标工作的公平公正,进一步充实完善了东南大学设备评标专家库,全年设备采购工作基本实现了零投诉。

七、大型仪器设备使用管理

为了提高大型仪器设备使用效率,出台了《关于加强东南大学大型仪器设备使用管理的补充规定》(校实设〔2014〕11号文件),对我校大型仪器设备的使用管理进行了进一步规范,文件要求我校所有大型仪器设备应纳入东南大学大型仪器共享管理系统,完善仪器设备相关信息,对开放性较好的大型仪器必须通过制定合理的收费标准对外进行开放服务;同时开发了使用日志模块,逐步对40万元以上大型仪器设备使用建立电子化日志档案,通过日志记录,可以及时统计大型仪器使用机时情况。

为了促进大型仪器设备开放共享工作,安装了大型仪器数据采集监控终端170余台(套),通过大型仪器共享系统可以实现大型仪器功能展示、使用预约、数据采集、监控管理、收费管理、绩效考核、数据统计等功能,使我校大型仪器设备管理水平处在了国内同类高校的前列。

加强研究和创新,承担了国家发改委等部门联合立项的高等学校仪器设备和优质资源共享系统建设课题研究工作,课题研究工作进展顺利,成效显著,对促进我校大型仪器开放共享工作作用明显;我校向国家CERS项目管理中心报送的《东南大学大型仪器设备管理办法》《东南大学大型仪器设备经费管理办法》《东南大学大型仪器设备操作培训管理办法》《东南大学大型仪器设备分析测试基金管理办法》4个大型仪器开放共享制度,推荐给全国高校学习参考。此汇编共收录了全国高校66个优秀制度,我校被收录制度的数量排在全国高校第2位。

2013—2014 年度实验室利用情况统计

实验室名称	教师获奖与成果				论文和教材情况					科研及社会服务情况					毕业设计和论文人数			开放实验					
	国家级	省部级	发明专利	学生获奖情况	三大检索收录		核心刊物		实验教材	科研数目		社会服务项目数	教研项目数		专科生人数	本科生人数	研究生人数	实验个数		开放实验人数		实验人时数	
					教学	科研	教学	科研		省部级以上	其他		省部级以上	其他				校内	校外	校内	校外	校内	校外
建筑物理实验室	0	0	3	0	0	5	0	10	0	8	3	6	0	0	0	30	2	8	10	100	50	5 000	2 000
建筑运算与应用实验室	0	1	0	1	0	0	0	5	0	4	2	4	0	0	0	20	1	2	0	50	0	2 000	0
CAAD国家专业实验室	0	0	1	0	0	0	0	2	0	1	0	0	0	0	0	12	0	4	0	200	0	3 000	0
城市与建筑遗产教育部重点实验室	0	0	10	0	0	16	0	20	0	8	0	10	0	0	0	10	5	20	5	100	150	10 000	5 000
机电基础实验分中心	0	1	0	12	0	0	0	3	2	1	1	0	3	0	0	2	4	56	4	24 920	70	118 890	560
机电综合实验分中心	0	1	2	56	3	32	4	58	0	48	16	2	3	0	0	204	159	42	0	9 600	0	20 000	0
工业发展与培训中心	0	0	0	15	0	0	0	0	0	0	0	0	0	0	0	2	3	44	25	56 456	800	121 920	65 000
能源与环境学院实验中心	1	1	71	0	0	210	0	32	0	26	60	32	0	0	0	205	50	83	0	232	0	42 000	0
洁净煤燃烧与发电技术教育部重点实验室	0	0	0	0	0	7	0	14	0	5	30	10	0	0	0	0	40	50	0	40	0	2 000	0

（续　表）

实验室名称	教师获奖与成果			学生获奖情况	论文和教材情况				科研及社会服务情况				毕业设计和论文人数			开放实验					
	国家级	省部级	发明专利		三大检索收录		核心刊物		实验教材	科研数目		社会服务项目数	教研项目数				实验个数		实验人数		实验人时数	
					教学	科研	教学	科研		省部级以上	其他		省部级以上	其他	专科生人数	本科生人数	研究生人数	校内	校外	校内	校外	校内	校外
火电机组振动国家工程研究中心	0	0	12	0	0	46	0	15	0	5	28	25	0	0	0	205	30	10	0	205	0	10 000	0
信息科学与工程学院实验中心	0	0	0	25	0	0	0	0	2	0	0	0	0	0	0	0	0	18	0	1 102	0	68 776	0
移动通信国家重点实验室	0	0	58	0	0	120	0	60	0	50	20	0	0	0	0	90	90	0	0	0	0	0	0
毫米波国家重点实验室	0	2	29	0	5	153	5	4	0	65	38	8	10	14	0	30	118	100	40	150	57	900	490
射频集成电路与系统教育部工程研究中心	1	5	6	0	0	40	0	170	0	7	6	0	1	0	0	39	42	0	0	68	4	1 609	0
江苏省数码技术工程研究中心	0	0	5	0	0	15	0	8	0	5	6	0	0	0	0	6	9	12	18	43	14	2 150	700
信息处理实验室	0	0	33	0	0	61	0	58	0	25	10	0	8	0	0	22	30	0	0	0	0	0	0
信息安全研究中心实验室	0	0	10	3	0	35	0	15	0	8	5	13	0	5	0	28	105	0	0	0	0	0	0
力学实验中心	0	2	0	2	0	0	0	0	0	3	0	0	0	0	0	32	30	207	0	50	0	119 016	0

实验室建设与设备管理

（续表）

实验室名称	教师获奖与成果				论文和教材情况					科研及社会服务情况				毕业设计和论文人数			开放实验				
	国家级	省部级	发明专利	学生获奖情况	三大检索收录		核心刊物		实验教材	科研数目		社会服务项目数	教研项目数		专科生人数	本科生人数	研究生人数	实验个数		实验人数		实验人时数
					教学	科研	教学	科研		省部级以上	其他		省部级以上	其他				校内	校外	校内	校外	校外
土木工程实验中心	1	1	12	0	0	80	0	0	0	23	4	35	0	0	0	50	60	60	6	986	90	91 216	360
混凝土及预应力混凝土结构教育部重点实验室	1	1	16	0	0	78	0	0	0	33	0	65	0	0	0	0	172	0	0	0	0	0	0
电子科学与工程学院实验中心	0	0	0	0	0	0	0	0	0	1	6	0	0	2	0	9	18	16	0	140	10	3 500	0
江苏省光通信器件与技术工程研究中心	0	0	19	3	0	50	0	15	0	23	1	0	0	3	0	31	71	350	0	98	0	1 986	0
江苏省信息显示工程技术研究中心	0	0	38	0	0	35	0	35	0	24	6	0	0	0	0	35	132	6	0	762	0	2 286	0
MEMS教育部重点实验室	0	1	37	0	0	55	0	5	0	25	8	0	0	0	0	29	26	9	0	71	0	560	0
国家专用集成电路系统工程技术研究中心	0	1	29	0	28	43	3	10	0	24	4	16	24	4	0	47	60	6	0	514	0	66	0
光传感通信综合网络地方联合国家工程研究中心	0	2	12	2	0	12	1	12	0	10	10	8	3	4	0	15	15	6	0	320	0	4 200	0

（续 表）

实验室名称	教师获奖与成果				论文和教材情况					科研及社会服务情况					毕业设计和论文人数			开放实验					
	国家级	省部级	发明专利	学生获奖情况	三大检索收录		核心刊物		实验教材	科研数目		社会服务项目数	教研项目数		专科生人数	本科生人数	研究生人数	实验个数		实验人数		实验人时数	
					教学	科研	教学	科研		省部级以上	其他		省部级以上	其他				校内	校外	校内	校外	校内	校外
数学实验室	0	0	0	32	0	0	0	0	0	0	0	0	0	0	0	0	0	21	0	3 100	0	54 000	0
自动化学院教学实验中心	0	0	0	0	0	0	0	0	0	0	0	0	0	0	0	15	0	83	0	800	0	33 410	0
计算机硬件应用实验中心	0	0	0	0	0	0	0	0	0	0	0	0	0	0	0	10	0	55	0	564	0	20 000	0
复杂工程系统测量与控制教育部重点实验室	0	2	16	0	95	0	0	61	0	0	0	0	0	6	0	0	0	0	0	0	0	0	0
计算机教学实验中心	0	2	0	6	0	0	8	19	0	5	8	0	0	2	0	0	0	135	0	12 000	0	1 200 000	0
计算机中心	0	0	0	0	0	0	0	0	0	0	0	0	0	2	0	0	0	0	0	0	0	0	0
计算机科学与工程学院实验中心	0	0	0	6	0	5	8	19	0	2	4	2	0	2	0	43	23	54	8	15 260	800	146 000	6 400
计算机网络和信息集成教育部重点实验室	0	2	2	2	34	0	2	87	0	10	6	2	2	0	0	30	35	0	0	0	0	0	0
江苏省网络与信息安全高技术研究重点实验室	0	3	1	4	38	0	4	71	2	12	2	3	1	0	0	35	26	0	0	0	0	0	0

(续 表)

实验室名称	教师获奖与成果		学生获奖情况	论文和教材情况				科研及社会服务情况				毕业设计和论文人数			开放实验					
	国家级	省部级	发明专利		三大检索收录			核心刊物		实验教材	科研数目		社会服务项目数	教研项目数		专科生人数	本科生人数	研究生人数	实验个数		实验人数		实验人时数	
					教学	科研	教材	教学	科研		省部级以上	其他		省部级以上	其他				校内	校外	校内	校外	校内	校外
江苏省计算机网络技术重点实验室	0	1	4	6	0	53	5	72	1	18	4	2	1	0	0	30	16	0	0	0	0	0
江苏省软件质量研究所	0	0	0	0	0	24	2	2	61	0	11	2	1	0	0	0	20	10	0	0	0	0	0
影像技术实验室	0	4	0	5	0	41	2	40	0	9	1	2	2	0	0	20	10	0	0	0	0	0
物理实验中心	1	2	1	99	0	40	4	3	0	20	10	3	3	12	0	50	30	99	15	3 565	525	229 830	10 500
医用电子技术实验中心	0	0	0	0	0	0	0	0	0	0	0	0	0	0	0	0	0	51	0	221	0	16 840	0
医学电子学实验室	0	0	2	2	0	10	0	10	1	2	6	0	0	1	0	9	13	12	0	60	0	2 400	0
江苏省生物材料与器件重点实验室	0	1	12	3	0	40	0	5	0	8	3	3	0	0	0	20	15	15	5	64	5	4 960	50
生物电子学国家重点实验室	1	1	34	1	0	120	0	126	2	74	2	1	1	0	0	64	68	10	10	76	10	20 260	1 050
生物技术与材料实验中心	0	0	0	0	0	0	0	0	1	0	0	0	0	0	0	0	4	35	0	50	0	10 048	0
材料科学与工程学院实验中心	0	0	1	10	0	6	3	8	6	1	6	15	1	3	0	104	85	152	0	556	0	54 760	0

（续表）

实验室名称	教师获奖与成果			论文和教材情况					科研及社会服务情况				毕业设计和论文人数			开放实验			
	国家级	省部级	发明专利	学生获奖情况	三大检索收录		核心刊物		实验教材	科研数目		社会服务项目数	教研项目数			实验个数		实验人数		实验人时数	
					教学	科研	教学	科研		省部级以上	其他		省部级以上	其他	专科生人数	本科生人数	研究生人数	校内	校外	校内	校外	校内	校外

实验室名称	国家级	省部级	发明专利	学生获奖情况	教学	科研	教学	科研	实验教材	省部级以上	其他	社会服务项目数	省部级以上	其他	专科生人数	本科生人数	研究生人数	校内	校外	校内	校外	校内	校外
东南大学分析测试中心	0	0	0	5	0	8	1	2	3	1	2	76	0	2	0	72	28	46	0	379	0	25 690	0
江苏省土木工程材料重点实验室	0	1	12	3	0	42	3	58	0	15	22	12	0	2	0	72	40	63	0	394	0	16 390	0
江苏省先进金属材料重点实验室	1	0	14	4	0	46	1	86	0	17	28	22	0	1	0	24	20	3	0	186	0	6 470	0
人文学院实验中心	0	0	0	0	0	0	0	0	0	0	0	0	0	0	0	30	0	155	0	0	30	32	0
经济管理学院实验中心	0	0	0	0	0	0	0	0	0	2	16	5	0	0	0	105	12	48	0	52	0	48 520	0
电力工程实验中心	0	0	2	28	0	14	0	5	1	8	11	2	0	1	0	23	17	8	0	1 070	0	20 410	0
RockWell自动化实验中心	0	2	4	0	0	50	0	14	0	0	0	0	0	0	0	18	14	1	0	190	0	15 932	0
外语学习中心	0	0	0	0	0	0	0	0	0	3	13	10	4	12	0	325	350	150	24	8 000	540	110 830	3 000
化学化工实验中心	0	2	12	50	3	12	4	20	8	33	40	23	0	6	0	308	285	205	0	585	0	79 740	0
交通学院实验中心	0	0	0	2	0	66	0	9	0													168 700	0

（续 表）

实验室名称	教师获奖与成果			论文和教材情况					科研及社会服务情况				毕业设计和论文人数			开放实验					
		学生获奖情况	三大检索收录		核心刊物		实验教材	科研数目		社会服务项目数	教研项目数					实验个数		实验人数		实验人时数	
	国家级	省部级	发明专利		教学	科研	教学	科研		省部级以上	其他		省部级以上	其他	专科生人数	本科生人数	研究生人数	校内	校外	校内	校外	校内	校外
江苏省交通规划与管理重点实验室	0	3	15	3	0	150	0	205	1	3	1	0	1	0	0	99	68	0	0	0	0	0	0
测控技术与仪器实验室	0	1	0	6	0	2	1	5	0	0	2	0	0	1	0	6	5	208	0	980	0	108 584	0
远程测控技术实验室	0	2	12	9	0	26	2	83	0	23	8	0	0	3	0	26	36	10	0	35	0	2 100	0
艺术学院实验中心	0	0	0	30	0	0	0	0	0	12	0	0	2	5	0	85	57	5	0	30	0	90	0
模拟法庭	0	0	0	0	0	0	0	0	0	0	6	0	0	0	0	630	268	24	0	898	0	548	0
儿童发展与学习科学教育部重点实验室	0	0	0	2	0	20	12	1	2	33	0	0	0	0	0	14	26	76	2	51	0	10 992	20
公共卫生学院实验中心	0	0	0	0	0	0	0	0	0	0	0	0	0	0	0	0	0	56	0	87	0	8 766	0
环境医学工程教育部重点实验室	0	0	0	3	0	22	0	55	0	7	0	0	0	2	0	45	38	14	0	28	0	3 640	0
基础医学实验教学中心	0	0	0	0	0	13	0	1	0	4	0	0	0	0	0	5	2	364	0	6 560	0	293 215	0
感染与免疫实验室	0	0	1	1	0	15	1	1	0	4	0	0	1	0	0	6	10	6	0	118	0	15	0

（续 表）

实验室名称	教师获奖与成果				论文和教材情况					科研及社会服务情况					毕业设计和论文人数			开放实验					
	国家级	省部级	发明专利	学生获奖情况	三大检索收录		核心刊物		实验教材	科研数目		社会服务项目数	教研项目数		专科生人数	本科生人数	研究生人数	实验个数		实验人数		实验人时数	
					教学	科研	教学	科研		省部级以上	其他		省部级以上	其他				校内	校外	校内	校外	校内	校外
分子病理实验室	1	0	0	0	0	14	0	6	0	6	0	0	1	0	0	1	5	1	0	25	0	200	0
神经生物学实验室	0	0	0	0	0	4	0	3	0	4	2	0	0	0	0	4	5	16	0	24	0	3 000	0
心脑血管疾病行为与功能实验室	0	0	0	0	0	3	0	0	0	5	0	0	0	1	0	0	9	0	0	0	0	0	0
临床技能训练中心	0	0	0	0	0	0	0	0	0	0	0	3	2	3	0	0	0	81	0	864	0	63 184	0
临床医学实验中心	0	0	0	20	0	3	1	8	0	4	3	3	2	4	0	24	16	45	0	416	1	29 956	0
临床科研中心	1	0	0	1	0	37	3	47	2	14	0	6	0	0	0	0	22	50	20	89	44	100 100	2 390
江苏省分子影像与功能影像重点实验室	1	0	0	0	0	11	0	11	0	5	0	2	0	0	0	4	27	1	5	3	18	35	198
发育与疾病相关基因教育部重点实验室	0	0	0	0	0	32	0	2	0	11	3	3	2	0	0	140	40	16	0	180	0	16 000	0
软件学院实验中心	0	0	0	0	0	0	0	0	0	0	0	2	0	0	0	0	10	88	65	2 200	36	380 000	4 500
电工电子实验中心	3	2	38	0	2	6	4	11	3	1	2	1	3	4	0	0	0	135	30	780	36	54 000	160
实验动物中心	0	0	0	0	0	0	2	1	2	0	0	0	0	0	0	0	0	0	0	0	0	0	0

2013—2014年度教学科研仪器设备分布情况统计

单位名称	合件数	金额（万元）	单价10万元以下		单价10万元—40万元		单价40万元以上	
			合件数	金额（万元）	合件数	金额（万元）	合件数	金额（万元）
合计	89 917	1 932 534 381.32	87 504	708 311 031.33	1 702	355 706 137.26	711	868 517 212.73
建筑学院	1 820	39 410 163.26	1 758	17 471 667.88	51	12 337 523.44	11	9 600 971.94
机械工程学院	3 448	75 427 349.77	3 353	33 091 905.65	72	15 158 823.07	23	27 176 621.05
能源与环境学院	5 761	114 371 831.24	5 596	54 469 301.63	123	24 621 636.63	42	35 280 892.98
信息科学与工程学院	7 272	290 716 697.21	6 803	72 512 787.88	297	63 407 022.29	172	154 796 887.04
土木工程学院	4 075	82 099 693.84	3 994	32 099 578.77	58	12 363 519.51	23	37 636 595.56
电子科学与工程学院	3 318	248 680 349.00	3 091	34 667 715.55	144	30 925 848.71	83	183 086 784.74
数学系	967	5 326 036.59	966	5 084 036.59	1	242 000.00	0	0.00
自动化学院	2 517	32 491 492.07	2 470	18 503 697.16	37	7 102 603.87	10	6 885 191.04
计算机科学与工程学院	7121	92 214 129.44	7 025	4 896 9013.94	76	15 675 259.55	20	27 569 855.95
物理系	3 289	43 757 623.87	3 250	20 867 836.72	27	5 396 787.15	12	17 493 000.00
生物科学与医学工程学院	3 788	136 445 106.88	3 594	35 963 002.79	129	29 299 165.82	65	71 182 938.27
材料科学与工程学院	2 481	64 061 654.33	2 397	19 066 825.25	60	11 935 866.28	24	33 058 962.80
电工电子实验中心	3 720	13 715 503.56	3 718	13 428 648.16	2	286 855.40	0	0.00
经济管理学院	1 174	9 838 071.25	1 167	8 704 841.25	7	1 133 230.00	0	0.00
电气工程学院	2 236	44 365 044.88	2 170	20 809 919.13	51	9 468 263.81	15	14 086 861.94
外国语学院	2 359	11 841 096.69	2 350	9 934 446.69	8	1 481 850.00	1	424 800.00
体育系	853	5 241 578.00	852	5 031 778.00	1	209 800.00	0	0.00
化学化工学院	2 831	53 915 718.55	2 757	20 855 894.43	48	9 061 386.65	26	23 998 437.47
交通学院	5 494	86 865 763.63	5 380	44 279 228.20	87	18 002 708.75	27	24 583 826.68
仪器科学与工程学院	2 495	44 398 722.62	2 428	23 582 631.22	58	11 485 718.02	9	9 330 373.38
人文学院	73	441 921.00	73	441 921.00	0	0.00	0	0.00

(续表)

单位名称	合件数	金额(万元)	单价10万元以下		单价10万元—40万元		单价40万元以上	
			合件数	金额(万元)	合件数	金额(万元)	合件数	金额(万元)
法学院	239	1 392 626.89	238	1 205 816.89	1	186 810.00	0	0.00
艺术学院	310	3 037 797.12	307	2 235 697.12	3	802 100.00	0	0.00
马克思学院	95	409 269.00	95	409 269.00	0	0.00	0	0.00
继续教育学院	478	4 969 084.58	471	3 397 600.58	6	972 234.00	1	599 250.00
教育技术中心(电教)	2 827	28 884 867.33	2 795	19 005 738.33	25	4 786 854.00	7	5 092 275.00
网络与信息中心	2 519	63 024 604.94	2 435	15 983 544.15	48	10 039 005.99	36	37 002 054.80
建筑研究所	211	1 915 977.01	211	1 915 977.01	0	0.00	0	0.00
无锡分校	1 497	18 030 334.09	1 472	8 408 573.57	18	4 178 176.08	7	5 443 584.44
南京通信技术研究院	104	6 282 848.00	90	1 309 398.00	8	1 090 050.00	6	3 883 400.00
城市工程科学技术研究院	459	16 221 932.00	435	5 085 965.00	17	3 964 571.00	7	7 171 396.00
图书馆	1 667	23 765 075.15	1 636	10 586 562.98	22	4 255 635.76	9	8 922 876.41
工业培训中心	1 149	18 210 291.10	1 120	11 124 538.53	27	6 078 952.57	2	1 006 800.00
软件学院	1 009	6 187 007.65	1 008	6 074 569.50	1	112 438.15	0	0.00
AMS实验室	282	3 302 601.99	280	2 883 398.99	2	419 203.00	0	0.00
吴健雄学院	126	620 862.00	126	620 862.00	0	0.00	0	0.00
集成电路学院	399	2 505 228.00	398	2 177 378.00	1	327 850.00	0	0.00
学习科学研究中心	947	20 544 173.31	927	7 707 979.16	12	2 447 454.26	8	10 388 739.89
生命科学研究院	1 452	41 181 222.13	1 388	15 155 649.84	53	12 040 783.29	11	13 984 789.00
东大—蒙大苏州联合研究院	46	198 200.00	46	198 200.00	0	0.00	0	0.00
医学院	5 714	152 308 832.20	5 576	42 520 022.04	92	18 485 163.81	46	91 303 646.35
公共卫生学院	1 089	21 938 472.14	1 055	9 583 085.74	27	5 704 986.40	7	6 650 400.00
其他教学部门	206	1 977 527.01	203	884 527.01	2	218 000.00	1	875 000.00

(设备管理处 徐继红)

财务与审计工作

财 务 工 作

在教育部、省市两级政府的亲切关怀和重点支持下,2014年东南大学坚持以科学发展观为指导思想,贯彻落实以习近平同志为核心的党中央的路线方针政策,以加快建设国际知名高水平研究型大学和世界一流大学为目标,全面深化改革,实施创新驱动。学校充分发挥党政领导的集体智慧,密切联系广大师生员工,圆满地实现了全年发展的既定目标,教育和科研事业取得令人瞩目的重大成就。

一、财务收支情况及分析

(一) 财务收支总况

2014年我校总收入和总支出与上年有较大幅度增长,其中收入338 178.43万元,比上年增加37 507.54万元,增长12.47%;支出285 823.46万元,比上年增加32 323.82万元,增加12.75%。

(二) 收入情况及分析

按照新高等学校会计制度要求进行了科目转换,对去年收入进行了重新分类。具体情况如下表:

东南大学 2013—2014 年收入构成情况分析表 （单位：万元）

项目	2013年（调整数）	2014年	占总收入比重	增减数	增减百分比
（一）财政补助收入	122 156.10	153 747.16	45.46%	31 591.06	25.86%
1. 教育补助收入	111 767.70	137 988.24	40.80%	26 220.54	23.46%
（1）专项补助收入	33 719.89	49 767.61	14.72%	16 047.72	47.59%
（2）非专项补助收入	78 047.81	88 220.63	26.09%	10 172.82	13.03%
2. 科研补助收入	3 951.00	8 210.00	2.43%	4 259.00	107.80%
3. 其他补助收入	6 437.40	7 548.92	2.23%	1 111.52	17.27%
（二）事业收入	136 001.58	134 049.69	39.64%	－1 951.89	－1.44%
1. 教育事业收入	28 632.00	30 774.11	9.10%	2 142.11	7.48%
2. 科研事业收入	107 369.58	103 275.58	30.54%	－4 094.00	－3.81%
（三）上级补助收入	15.10			－15.10	－100.00%
（四）附属单位上缴收入					
（五）经营收入					
（六）其他收入	42 498.11	50 381.57	14.90%	7 883.46	18.55%
合计	300 670.89	338 178.42	100.00%	37 507.53	12.47%

2014 年我校总收入 338 178.42 万元，其中财政补助收入 153 747.16 万元，占总收入的 45.46%，事业收入 134 049.69 万元，占总收入的 39.64%，两项收入合计占总收入的 85.10%，是收入的主要来源。

（三）支出情况及分析

东南大学 2013—2014 年支出构成情况分析表 （单位：万元）

项目	2013年	2014年	增减额	增减百分比
一、工资福利支出	81 299.14	98 214.43	16 915.29	20.81%
其中：1. 基本工资	10 205.27	9 138.63	－1 066.64	－10.45%
2. 津贴	4 177.83	6 275.48	2 097.65	50.21%
3. 奖金	2 409.91	1 756.88	－653.03	－27.10%
4. 社会保障缴费	811.89	775.42	－36.47	－4.49%
5. 伙食补助	248.65	256.64	7.99	3.21%

(续 表)

项目	2013年	2014年	增减额	增减百分比
6. 其他	63 445.59	80 011.38	16 565.79	26.11%
二、对个人和家庭补助支出	54 952.91	60 396.55	5 443.64	9.91%
其中：1. 离休费	2 185.46	2 008.84	−176.62	−8.08%
2. 退休费	25 243.33	25 641.78	398.45	1.58%
3. 医疗费	4 735.61	4 590.96	−144.65	−3.05%
4. 抚恤金	626.12	574.53	−51.59	−8.24%
5. 住房补贴	7 089.55	7 467.41	377.86	5.33%
6. 助学金	13 020.57	18 686.49	5 665.92	43.52%
三、商品和服务支出	93 259.11	99 785.36	6 526.25	7.00%
其中：1. 办公费	2 236.83	2 119.33	−117.5	−5.25%
2. 水电费	5 646.1	5 510.49	−135.61	−2.40%
3. 差旅费	11 452.21	10 487.52	−964.69	−8.42%
4. 劳务费	5 651.49	5 706.94	55.45	0.98%
5. 会议费	1 501.62	910.38	−591.24	−39.37%
6. 专用材料费	11 191.35	13 938.29	2 746.94	24.55%
7. 委托业务费	10 131.68	12 950.82	2 819.14	27.83%
8. 维修费	10 382.68	9 106.86	−1 275.82	−12.29%
9. 其他商品和服务支出	23 274.36	27 070.94	3 796.58	16.31%
四、其他资本性支出	23 988.48	24 927.13	938.65	3.91%
其中：1. 房屋建筑物购建	4 634.38		−4 634.38	−100.00%
2. 办公设备购置费	698.14	608.05	−90.09	−12.90%
3. 专用设备购置费	16 649.37	22 234.94	5 585.57	33.55%
4. 其他资本性支出	2 006.59	2 084.14	77.55	3.86%
合计	253 499.64	285 823.46	32 323.82	12.75%

2014年我校总支出285 823.46万元，比上年增加32 323.82万元，增加12.75%。其中，工资福利支出增至98 214.43万元，增加16 915.29万元，增幅为20.81%；对个人和家庭补助支出增至60 396.55万元，增加5 443.64万元，增幅为9.91%。

商品和服务支出增至99785.36万元，增加6 526.25万元，增幅为7.00%；其他资本性支出增至24 927.13万元，增加938.65万元，增幅为3.91%。

二、2014年末财务状况分析

2014年年末资产合计1 094 520.71万元，比上年1 001 202.59万元增加93 318.11

万元,增长 9.32%。其中:2014 年年末流动资产 443 199.18 万元,比上年 400 150.21 万元增加 43 048.97 万元,增长 10.76%;2014 年年末固定资产 496 405.83 万元,比上年增加 22 739.78 万元,增长 4.80%;2014 年年末在建工程 135 894.39 万元,比年初增加 27 330.22 万元,增长 25.17%;2014 年增加对外投资 516.48 万元,减少对外投资 317.33 万元。

2014 年年末负债合计 111 754.46 万元,比上年 133 532.47 万元减少 21 778.01 万元,减少 16.31%。负债类变化的主要原因是由于基建并账调整了年初数,另外通过清理往来款,其他应付款剧减 9 645.92 万元,代管款项也减少 2 596.59 万元。

2014 年年末净资产合计 982 766.25 万元,比上年 867 670.13 万元增加 115 096.12 万元,增长 13.26%。按照新高等学校会计制度要求进行了科目转换,净资产科目进行了较大程度的调整。由于基建并账的原因调整了事业基金年初数,事业基金 2014 年初调整为 74 150.29 万元,年末增加为 118 380.72 万元。非流动资产基金年末数为 651 321.53 万元,比年初增加 50 269.15 万元,增加 8.36%。专用基金年末数为 4 326.12 万元,比年初减少 33.77 万元,减少 0.77%。财政补助结转年初为 1 392.96 万元,年末为 4 460.34 万元,增加 220.21%。具体情况见下表:

东南大学 2013 年—2014 年财务状况分析表 （单位:万元）

项目	2013 年调整数	2014 年	增减额	增减百分比
流动资产:				
货币资金	354 509.48	417 695.82	63 186.34	17.82%
财政应返还额度	258.84	1 123.04	864.20	333.87%
预付账款	6 654.96	3 522.85	−3 132.11	−47.06%
其他应收款	38 006.47	20 140.94	−17 865.52	−47.01%
存货	720.45	716.52	−3.93	−0.55%
流动资产合计	400 150.21	443 199.18	43 048.97	10.76%
非流动资产:				
长期投资	18 822.16	19 021.31	199.15	1.06%
固定资产	473 666.05	496 405.83	22 739.78	4.80%
固定资产原价	473 666.05	496 405.83	22 739.78	4.80%
在建工程	108 564.17	135 894.39	27 330.22	25.17%
非流动资产合计	601 052.38	651 321.53	50 269.15	8.36%
资产总计	1 001 202.59	1 094 520.71	93 318.11	9.32%
流动负债:				
应缴税费	860.42	1 474.28	613.86	71.34%
应付账款	38 978.09	39 298.65	320.56	0.82%

(续 表)

项目	2013年调整数	2014年	增减额	增减百分比
预收账款	19 766.18	9 296.27	−10 469.92	−52.97%
其他应付款	49 435.96	39 790.04	−9 645.92	−19.51%
流动负债合计	109 040.66	89 859.24	−19 181.42	−17.59%
非流动负债:				
代管款项	24 491.80	21 895.22	−2 596.59	−10.60%
非流动负债合计	24 491.80	21 895.22	−2 596.59	−10.60%
负债合计	133 532.47	111 754.46	−21 778.01	−16.31%
净资产:				
事业基金	74 150.29	118 380.72	44 230.43	59.65%
非流动资产基金	601 052.38	651 321.53	50 269.15	8.36%
长期投资	18 822.16	19 021.31	199.15	1.06%
固定资产	473 666.05	496 405.83	22 739.77	4.80%
在建工程	108 564.17	135 894.39	27 330.22	25.17%
专用基金	4 359.89	4 326.12	−33.77	−0.77%
其他专用基金	4 359.89	4 326.12	−33.77	−0.77%
财政补助结转	1 392.96	4 460.34	3 067.38	220.21%
财政补助结余	0.00	61.42		
非财政补助结转	186 714.61	204 216.13	17 501.52	9.37%
非财政补助结余	0.00	0.00		
1. 事业结余	0.00	0.00		
2. 经营结余	0.00	0.00		
净资产合计	867 670.13	982 766.25	115 096.12	13.26%
负债和净资产总计	1 001 202.59	1 094 520.71	93 318.11	9.32%

三、年度财务工作总结

2014年,在校党委、行政的正确领导下,在机关党委的关心和帮助下,在各部门的通力配合下,财务处适应形势的变化,正确处理管理与服务的关系,围绕"理顺思路、总结经验、深化改革、提高服务"这一主线开展各项服务师生员工的工作,陆续推出一系列新举措,不断提高服务水平。

(一) 网上预约报销业务全面推行

财务处在实施"网上预约报销"业务的基础上,出台了"关于进一步推进'网上预约报销'业务的举措",优化网上预约报销操作流程。针对不熟悉网上预约报销系统的情况,财务处专门安排工作人员,引导和帮助师生进行网上预约。同时,对网约报销单采用装袋处理,有效防止了网约报销单据或个别发票的遗失,并且保证了同一位报销人的单据可以由同一位财务处工作人员处理,如有问题可以一次性交流处理。

截至目前已经有70%的师生选择网约报销业务,报销工作总量比2013年增加了约28%。随着后期网站建设的推进,网约报销业务会更加简洁合理。此外,为保证网约报销业务三个工作日内及时到账,财务处工作人员加班加点完成工作日趋常态。

(二)学费及时收缴,保障学校事业发展的资金供给

学费是学校事业收入的重要来源,加强对学费的收缴力度为学校各项事业发展提供了有力的保障。根据国家政策及物价局的批准,从2014级本科新生开始,学费标准全面上调,不同院系、不同学科、不同专业其学费标准均各不相同。并且从2014年秋开始,国家对硕士研究生及博士研究生收费也进行了全面的改革,由原来的不收费改为全部收费、全部评定学业奖学金的模式。针对收费巨大变动情况下,财务处顺利地完成了学费的收缴工作。其中,2014级本科新生和研究生新生缴款率均达到了100%(缓交除外),欠费率为0,取得了同期历史最好水平,保证了学校收入的及时上缴,也保障了学校事业发展的资金供给。

(三)强化预算管理、开源节流、筹措资金确保民生工程

今年10月,教育部开展对30所直属高校科研经费管理情况第二批专项检查工作。在各职能部门的支持下,我们顺利通过了为期一周的科研经费专项检查。为加强科研经费的预算管理、核算管理,给广大教职工从事科研工作提供更好的服务和管理,在科研院的配合下,设立科研经费管理办公室,统筹管理科研立项申报、预算编制、经费使用等,努力服务好广大师生。

今年研究生入学全面收取学费,学校大幅提高了硕、博士研究生学业奖学金、助学金以及导师资助的发放水平,极大改善了学生的生活水平;下半年,学校决定预发在职教职工的绩效。作为学校管理财务的职能部门,财务处积极争取上级主管部门的资金和政策支持,努力开辟新的筹资渠道,同时加强校内预算管理的精细化、科学化。2014年学校财务预算实行全口径编制,覆盖学校各部门,学校所有的经济活动都要通过财务预算,包括资源的回收、支出的节约。预算的编制工作更加注重绩效考核,收支项目实行指标化、目标化管理,作为任务下达给相关部门,切实提高学校资金、资源的使用效益,从而保证了今年学生的各类奖学金发放和在职职工绩效工资预发的兑现。

(四)加强财经制度建设,帮助各部门、老师更好地利用和执行政策

学校财务处高度重视财经制度建设,根据管理中存在的问题以及新的变化需要,及时修订或新订规范性文件,强化财务监管职能,提高监管水平,防范各类财务风险。根据国家新的财经政策,尤其是执行八项规定严肃财经纪律以来,财务处及时出台了一系列可执行管理文件,并对原有文件规定作了补充规定,在符合党和国家各项政策导向的前提下,指导教师合理、高效使用经费,维护了老师的切身利益。为便于解读新出台的文件,财务处不仅组织内部业务学习,而且多次组织全校财经政策宣讲会,方便各个项目负责人及报销人员理解新的财经政策。同时,在税收法律许可的范围内,在符合税收政策法规导向的前提下,财务处积极进行税收筹划,切实保障老师的税收利益最大化。

(五) 加强服务意识,提升服务水平

财务处设有10个科室,分别涉及不同业务,包括预算、专项、会计事务、核算管理、学生事务、招标、基建等。对于这些复杂的业务,并不是所有师生都了解办理流程,时常会出现办理业务时手续不全等情况。因此,为了使广大师生办理财务业务前,清晰办事流程和规则,财务处梳理财务业务办理流程,在财务处网站的"工作流程"栏,以及财务处办事大厅橱窗栏公布。

财务管理日常工作比较琐碎、繁杂、专业性强,财务人员承担着繁重的工作任务,财务处具有专业性强、年轻人员较多、流动性相对较大的特点。但是我们每一位工作人员都努力学习专业知识、热爱本职工作、不断钻研业务、认真负责、吃苦耐劳、耐心细致地开展工作,努力为广大师生提供优质服务、不断提高管理效率。

综上所述,2014年在全校各单位的支持与配合下,在财务处全体员工的共同努力下,我们取得了较为明显的成绩,在教育部专家组综合评价中,我校在75个部属高校中排名13位,获得了教育部2 389万元绩效奖励,其中财务管理500万元。在今后的日子中,我们会继续听取师生的宝贵意见,再接再厉,努力为全校师生做好服务工作,为学校发展贡献更大的力量。

审 计 工 作

2014年我校的审计工作,在学校党政的领导下,深入贯彻党的十八大、十八届四中全会精神,以科学发展观为指导,紧紧围绕学校的中心工作和整体规划,按照年初制定的计划,通过深入开展以领导干部经济责任审计和基建、修缮工程审计为重点的多种类型的审计监督工作,为防范学校经济风险、强化财务管理、提高资金使用效益、促进学校党风廉政建设、保障学校经济活动健康运行发挥了积极的作用,取得了明显的成效。

(一) 财务审计方面

2014年共计完成各类财务审计项目36项,审计涉及金额20.56亿元,提交审计报告37篇,经过审计分析与评价,发现问题资金金额25.95万元,提出审计意见26条。为促进被审单位规范财务管理发挥了积极作用,后继审计发现被审单位主动接受审计的意识明显增强,各类财务管理规范程度明显提高,各类财经纪律执行状况明显改善。

1. 经济责任审计

作为约束和规范领导干部履职行为的有效抓手,我校积极稳妥推进经济责任审计工作。2014年完成16个中层领导干部的经济责任审计,审计金额83 067.87万元,提出审

计建议8条,并对其中两个单位下达了管理建议书。促进提高了领导干部依法行政意识、责任意识和效益意识,不断提升经济工作管理水平,有效促进了干部队伍的廉政建设。

2. 专项资金项目审计

对江苏省优势学科11个项目的专项资金开展一期结项审计,审计金额51 166.10万元,出具汇总和单项审计报告共12篇,针对审计发现的资金使用中出现的问题,积极与研究生院、相关院系、财务处等部门沟通、协调。通过审计加强了项目过程管理,提高项目实施的科学性、实效性,从专业角度为项目建设工作保驾护航,从而保证项目一期建设的顺利完成。

另外,对物联网技术工程综合训练中心等3个项目专项经费进行了审计,审计金额1 836.22万元,出具审计报告3篇。

3. 财务收支审计

接受被审计单位委托,完成建筑设计院、勘察设计学会、档案学会、教育管理学会、外语教学学会等财务报表和财务收支项目6项,审计金额69 486.97万元,出具审计报告6篇,为各单位年审提供了依据。

(二) 工程审计方面

1. 工程竣工结算审计情况

2014审计处共完成工程项目竣工结算审计481项,送审金额17 006.65万元,核减830.57万元,核减率4.88%。其中:

(1) 基本建设项目50项,送审金额11 577.95万元,核减590.68万元,核减率5.10%;

(2) 修缮工程项目431项,送审金额5 428.7万元,核减239.89万元,核减率4.42%。

2. 基本建设工程项目的全过程审计

2014年,审计处继续对中大医院医疗教学大楼、九龙湖校区研究生公寓三号院、九龙湖校区体育馆、土木交通教学科研楼等工程项目实施跟踪审计,新增加学生食堂、学生宿舍、部分专项维修项目的跟踪审计。在工程项目全过程跟踪审计中,针对情况,不断查找在建设过程中各管理环节上存在的薄弱环节,及时向建设单位反馈并提出合理性的建议。全年针对不同的服务对象采用各种不同的形式,积极主动发表审计建议和意见共计100多条。

(三) 强化审签制度,加强审计监督

1. 完成国家科研基金等项目科研经费审签352项,金额11 220.15万元。
2. 完成固定资产报废、报损审核7 421台(件),其中有物无账57台件,总金额2 480.99万元。

3. 积极履行监督职责,参与学校招标、议标、考察、核价等监督工作,在学校的有关管理过程中发挥了积极作用。

(四) 规范管理提高素质,努力夯实内审工作基础

规范管理和制度建设是审计工作持续健康发展的重要保证,2014年审计处继续积极做好审计业务制度体系和审计管理制度体系的建立健全工作,对现有的各项审计管理制度和工作流程进行了认真的梳理和完善。在审计工作繁重、审计力量依然紧张的情况下,尽量挖掘内部潜力,向规范管理要效益。一方面向兄弟学校同行学习,取长补短、相互学习、共同提高;一方面积极组织参加教育部举行的审计业务培训班,更新审计观念,提高审计理论知识水平、促进审计质量的提高。同时以党的群众路线教育实践活动为契机,着力强化审计人员的服务意识和廉洁自律意识,切实转变工作作风。

(财务处 吴 敏)

继续教育

综 述

2014年,继续教育学院在学校党政的正确领导下,在相关职能部门和院系的大力支持下,认真学习贯彻党的十八届三中、四中全会和习近平同志系列重要讲话精神,紧紧围绕学校和学院"十二五"发展规划,积极做好转型发展,大力发展非学历继续教育、稳步发展学历继续教育,各方面工作都取得了较大成绩。

1. 大力发展非学历培训取得新进展。2014年,我院积极贯彻学校领导大力发展非学历培训的指示,在培训市场出现新变化的形势下,想方设法,大力开辟培训渠道,使我院的培训工作取得新的进展。全年累计举办各类培训班68期,招收培训学员3 700余人,培训经费1 000余万元。五个培训案例入选省教育厅非学历继续教育办学典型案例,入选数全省高校第一。

2. 高端人才培训结出新硕果。2014年,学院EDP中心参与了中南集团与东南大学的战略合作,负责其中的非学历教育与培训工作,开办了建筑工程管理等培训班;继2013年中标四川省委组织部招标培训项目——"新型城镇化发展战略"之后,又接受了贵州省住建厅的城镇建设规划项目,使我院的干部培训层次从科处级向厅局级提升;继续承办南京市委组织部委托的南京市处级干部进高校自主选学项目,且培训规模进一步扩大。

3. 职教培训质量迈上新台阶。高质量完成国家级中职骨干教师培训、国家级青年教师企业实践培训等国家级培训项目。积极承担江苏省高职校骨干教师培训和江苏省中职校领军人才培训,省高职培训学员评分全省第一。此外,积极培育和拓展培训市场,与海南省教育厅、南京市教育局教研室、南京工程高等职业学校、徐州市职业技术学校等单位协作,开展职教培训。

4. 非学历教育与培训平台项目通过验收。该系统于2013年完成开发、测试、安装部署工作,随即进入试运行阶段。经过一年的试运行,基本实现了需求分析报告要求的功能设计,初步达到项目合同约定的验收标准,于2014年5月通过了验收。

5. 学历教育招生情况良好。加大转型发展力度,提升学历继续教育办学层次,从

2014年起,学历继续教育中的成教高中起点升专科层次全面停招,我校成人教育的生源质量和办学层次进一步提升。2014年远程教育继续试行春、秋两季招生,春季招生1 485人、秋季招生1 754人;2014级成教录取新生3 286人,报到3 093人,报到率94.13%。2014年新增连云港中医药高等职业学校、南通卫生高等职业学校、苏州昆山托普信息职业技术学院3个远程教育校外学习中心,获得江苏省教育厅审核批准。截至目前,有成人校外教学点11个,远程校外学习中心22个,几乎辐射江苏全省13个大市,以及广西、浙江、安徽、新疆等省(自治区)。

6. 教学教务管理工作有条不紊。完成了远程教育2014秋和2015春2 620名、成教3 182名毕业生档案的收集、核查、签章、发放工作。毕业生学历信息数据全部成功上传学信网,成功注册全部毕业生,实现零差错,达到了省教育厅提出的"一个不能少、一个不能多、一个不能错"的要求。完成2014春、夏两季学位初审及申报工作,远程授予学位619人,成人授予学位588人,其中:业余491人(医学436人)、函授97人。学籍与学生管理工作严肃认真,办理学籍异动和处理868人次。

7. 技术支持坚强有力。加强服务设备管理,做好服务器软硬件的日常维护,新购的四台dell服务器,其中3台搭建了一个云平台。建设基于宽屏液晶显示屏的高清录播室,新录制课程10门392讲(成教1门、远程9门),其中高清视频课程6门共230讲。录制复习课程31门(成教2门、远程29门),其中22门高清录制的复习课,均另外提供了MP4格式的手机版课件,支持学员下载到手机上进行学习。

8. 教学资源建设喜获丰收。2014年1月份,教育部公布了第四批国家级精品资源共享课(网络教育课程)立项项目(教高司函〔2014〕1号),由我院组织申报的医学院陈平圣教授主讲的《病理学》课程喜获立项,并获得10万元经费资助。截至目前,我院已建有国家级精品资源共享课2门、江苏省特色专业5个、江苏省精品课程9门。

9. 教研教改成果丰硕。2014年,我院主持了江苏省教育厅重点研究课题"江苏省成人高等教育品牌专业建设研究(含精品资源共享课程)",根据省教育厅领导的指示,在兄弟院校的配合下,结合继续教育改革发展总的要求和我省实际,制订出高质量的"江苏成人高等教育品牌专业建设方案";我院完成了教育部"普通高校继续教育数字化学习资源开放总结汇报",提供10门开放资源;由我校、南京大学、南京师范大学联合承担的江苏省教改重点立项研究课题"高校继续教育立交桥及其优质教学资源建设研究与实践"顺利通过成果鉴定和验收,三校联合开发的8门优秀课程在三校学生间共享开放,使更多继续教育学生享受名校优质资源。

10. 大力开展学术研究。2014年,在近几年组织全院教职工结合本职工作,开展继续教育教学和管理研究的基础上,要求参与研究的教职工在提交论文的同时,进行成果展示和交流,并将研究论文汇集成册,人手一册。2014年收到研究论文46篇,组织论文交流会5场,上会交流人数达到全院教职工的80%以上,大大增强了我院的学术氛围。

11. 隆重举行继续教育学院建院十周年庆祝大会。11月18日,学院隆重举行继续教育学院建院十周年庆祝大会,江苏省教育厅、省教育考试院和学校领导以及南京大学等高校、兄弟院系、处室、校外学习中心、毕业生等代表、全院退休老同志、全院教职员工和研究生共200多人出席了大会。归柯庭院长作了《继往开来,止于至善——东南大学继续教育学院建院十周年工作报告》,总结概括了我校继续教育"一个宗旨,两条路径,三个标准,四项举措"的十六字发展方针,即"以培养人、教育人作为办学宗旨;以大力发展非学历继续教育,稳步发展学历继续教育作为办学路径;以高层次、高水平、高质量作为办学标准;以规范办学、融合办学、转型办学、和谐办学作为办学举措"。

12. 在七月初和十一月中旬,分别组织了成人教育和远程教育工作年会,会议认真总结了过去一年来招生与教学管理等工作,表彰和奖励了优秀校外学习中心和教学点6个,颁发了招生奖24个,教学奖25个,优秀招生、教学管理员48个,对今后一年工作进行了部署,提出了希望和要求。

13. 人均创收在全校直属单位中首屈一指。坚持大力发展非学历继续教育,稳步发展学历继续教育的发展思路。在全面停招"高起专"、学制由3年变2.5年,成人学历教育招生计划由3400人减少为3000人的情况下,大力发展非学历继续教育,全年上交学校财政净收入1200多万元,人均创收接近30万元,在全校直属单位中首屈一指。

远程教育专业设置一览表(2014年)

类别	专业名称	学历层次
远程教育	机械设计制造及其自动化	专升本
	土木工程	专升本
	工程管理	专升本
	法学	专升本
	公共事业管理	专升本
	政治学与行政学	专升本
	会计学	专升本
	电子商务	专升本
	物流管理	专升本
	电气工程及其自动化	专升本
	护理学	专升本
	机械制造与自动化	高起专
	机电一体化技术	高起专
	建筑工程管理	高起专
	计算机应用技术	高起专
	旅游管理	高起专
	护理	高起专

远程教育学生人数统计表(2014年)　（单位：人）

	毕业生数		学位授予	招生数	在校生数	毕业班学生数
	春季	秋季				
高起专	875	308	/	746	3 573	960
专升本	813	624	619	2 522	7 257	1 514
合计	1 688	932	619	3 268	10 830	2 474

成人教育专业设置一览表(2014年)

类别	学历层次	专业名称
业余	专升本	电子信息工程
		土木工程
		电子科学与技术
		国际经济与贸易
		会计学
		商务英语
		临床医学
		护理学
		医学检验
	高起专	物流管理
		市场营销
		护理
		临床医学
		医学检验技术
函授	专升本	机械设计制造及其自动化
		电子信息工程
		土木工程
		工程管理
		自动化(计算机控制与管理)
		自动化
		国际经济与贸易
		会计学
		工商管理
		电气工程及其自动化
		土木工程(道路与桥梁)

(续 表)

类别	学历层次	专业名称
函授	高起专	电子信息工程技术
		建筑工程管理
		计算机信息管理
		三维动画设计
		物流管理
		会计电算化
		市场营销
		机电一体化技术

成人教育学生人数统计表(2014年) (单位:人)

	毕业生数			招生数			在校生数		
	合计	专升本	专科	合计	专升本	本科	合计	专升本	专科
总计	3 182	1 637	1 545	2 842	2 721	121	6 203	5 333	870
函授	1 974	860	1 114	1 101	980	121	3 376	2 660	716
业余	1 208	777	431	1 741	1 741	0	2 827	2 673	154

2014年远程教育高起专毕业生名单(春季)

护理

申　敏	张丽琴	杭　菲	李　婷	张晓跃	漆晶晶	王兰兰	张红波	高丽玲
王月圆	张庆华	卢　艳	朱　玲	王丽丽	胡婷婷	薛　蕾	孙　慧	吴晓晴
李小平	王　婷	徐　凤	万　恒	王海萍	庄　清	叶　昕	陶　丽	孙绍红
向爱萍	尚　沙	杨雪娟	黄　倩	李永勇	郭　怡	陈金鑫	朱　勤	田　宇
刘　敏	邢丽丽	张　莹	任星星	叶　婷	汤福丹	朱　姝	开　娟	周海云
沈　婷	唐雪明	王　森	翟悦伽	马月仙	刘婷婷	沈　绪	李　露	卢　荣
徐丽生	杨　洁	张翠翠	何梦媛	赵慧慧	包秀梅	卢文慧	方春桃	袁媛媛
杨　晨	卢　珊	侯龙元	刘晓露	邢雪芹	朱　艳	孙玉莲	李明红	陆　红
查明霞	周　伟	王　娟	张利丽	李士畔	王荣萍	王　蓓	赵化梅	蒋宇红
祝　银	刘敏丽	张细燕	石建玲	王　娟	梅　红	金　燕	蒋　雯	谢　露
毛莉莉	陆　露	郑元元	戴　玉	沈莉杰	陈开婷	张　兰	康金凤	张立清
宋桂花	李艳磊	谢世苗	张丽娜	陈玲玲	史晓文	李　荣	刘娜娜	蒋婷婷
吴金蓉	孙　露	张亚玲	杨丽娜	张真真	郭　莉	张　婷	刘禹澄	丁莲花
薛　姣	张　盈	周丽娜	邓　玲	褚兰芬	潘爱华	郑秀芹	唐　玲	方　冰
金　吉	杨敏佳	王　佳	杨　娇	陆亚凤	郑　叶	汪　芹	俞芳蕾	陈小凤

管菲 王群艳 江赟 李楚 周勤 蒋莹莹 刘嘉宇 李烨 张竹君
耿召君 傅晨 杨春玉 潘娇 严潇佼 刘萍 伍维洁 耿超 管玉荣
唐安琪 许淑兰 印峰 伍辰晨 王竞露 胥晓茹 万雪萍 周荣 郭洁
顾春萍 戴茜 张凯丽 沈超 姜卫红 吴可欣 顾佳清 陆含妍 张梅芳
谢文燕 赵兔文 马思琦 吴琼 王萍 陈凤芹 李龙珍 朱彩方 申小平
魏雪慧 贾晶玲 黄凯 许爱平 高佳佳 顾文凤 孙涵 徐慧 张云
刘丹 王慧 王辛 殷秋霞 向颖 王秀敏 周小云 孙小平 黄春萍
殷巧云 石敏 陈红娟 胡钰 刘晓燕 秦蓉 刘素华 游绒华 俞莉
乔艳 王蕾 程晨 赵月琴 张雯 钱波 贡雅萍 许敏 顾蓓
葛金花 唐欢 姚嘉茜 汪思思 杨琪 金晶 张蒙 赵锋 郑薪薪
张维仪 宋悦 李敏 苏娥 董亚楠 钱婵 纪金钢 陈卓垠
王倩倩 严静进 陈罗根 李明 崔岩 丁一言 殷跃萍 黄琳 刘云
徐文 唐梦琴 姚琳 丁红燕 罗双花 胡玉鹏 郭银花 庄梦 孙静
张涛 李雯 陆梦莹 江梦 蒋晓旭 马蕾 袁汇 王莹莹 堵佳明
周梅兰 周苏云 潘娇 姜红梅 宋小华 孙佳玲 黄杨琳 沈静 周玥
杜雯倩 朱蓓蓓 陈怡 赵杲丽 夏欢 朱雨婷 孙阳 姚丹丹 徐丽
吴玉琴 钟新 陶安琪 赵贝 张元月 王金定 曹丹 江敏 杨晓娟
王珊珊 周龙妹 袁思珍 杨静 骆璐 王庆梅 蔡慧 王媛媛 张国庆
谢燕 陈雪芬 李悦 倪鸾 朱亚男 王秀华 彭银 孙小霞 吴佳佳
乔文娟 李海燕 朱贝贝 刘艳 刘春芳 倪亚玲 柏群菊 姜艳 戴晓蓓
林云 李艳 梅凤琴 王粉娣 李樱子 张雯 谈菱菱 尤莲 江琳
陈芳 杨璐丹 仇海燕 花红娟 桂林 段春艳 马小燕 田艳 吴艳
郭晓花 顾再英 刘岩 许小琴 陆莉梦 刘琼 李晴雅 汤蓉 吕吉
徐相文 余洋兰 王苏 杨颖 彭菲 黄晓兰 赵回来 谢媛媛 王琳
郭徐静 张灵 鲁 姚 徐自福 苗倩文

机电一体化技术

张进刚 徐强 胡孝武 王斌斌 昊 张立俊 尹万源 欧阳飞 杜煜波
吕思远 刘奇 盛骏杰 尤六庆 李福魁 林飞宇 张洪 殷传海 李玉玺
赵海峰 徐茂俊 卢建中 肖启龙 索新辉 郎广明 王子 陈再新 刘慧
郑红波 张庆亮 郭迪 李文地 王涛 寇云庚 孙志成 康佳 武德夫
石双 王海 李伟 刘芮 刘涛 应仕奎 杜阳 王东 曹小磊
陈宁宁 崔伟强 乔娇 单光海 支洋 胡亮 王猛 陈锐 王鑫
马雷 乔宁宁 支楠楠 朱瑶 李想 厉堃 王凯歌 孟国庆 刘彬
王凯 曹言 柴苏州 彭化楠 谭明霸 赵斌 蒋春喜 鹿源 徐飞鹏
王闪闪 王运 张斌 房兴东 褚峰 刘聪 朱旋 王英华 支刘伟
陈章成 刘 关宏阁 徐飞 吴志宇 陈玉春 马盼龙

机械制造与自动化

陈萍　孙世忠　林小云　汤成龙　石小勇　王梦然　崔向桥　时丹　高礼新
王蔚　陶明　陈海军　包杰　刘成威　王姗姗　刘洋　姜峰　刘晓奇
曹锟　常云　庞西旋　潘方方　陈燕　桂丽　鞠荣烨　包俊　孙本军
袁晨　张艳　钱彩虹　顾书勇　徐靖　周伟　田永林　王俊　陈俊

计算机应用技术

马尉　宋文竣　李燕　江韬　倪春华　周晓波　鲁宜兵　游天帅　顾忠月
洪军　贺舒辰　吕春晖　金鑫　丁茜　魏立功　杨翠　肖久阳　杭行
程玉洁　刘海益　尹昌盛　汤业丰　罗薇霞　李飞凡　李凯　孙古月　王伟
徐晶　申辉　张婷　李慧　丁伯阳　徐斌　仲建强　于玥　王寒
刘彬　姜传杰　陆大伟　李丹丹　朱国祥　江南　周佳　尤燕　陶静远
徐霞　任疏琴　赵梦　马倩倩　李庆玲　蒋文娟　耿明　王欢欢　赵丽丽
顾立辉　张仁宝　杨柳　郭云峰　薛佳　芮利群　王建国　周绍峰　刘杨
曹俊俊　周梦晁　成群　林正顺　田雨　王建　杨园园　高亚军　周庆远
孟林　何欣　马莉　陆普星　梁丽　崔洋　岳雪情　葛壮　孔凡
张瑜　林乐涵　方磊杰　夏雪　董海燕　何倩　侯俊　孙召广　汪磊
刘冰冰　倪伟　徐勤忠　周鑫鑫　葛鸿衍　杨蓉艳　孙中秋　黄子杰　单如梦
王康　陈宵宵　王如月　汪振岳　叶明　范君　上官呈龙　樊健　陆长庆
戴毅毅

建筑工程管理

姚贾栋　王乃骏　张静娟　傅金文　徐顺华　朱志恒　王晨　徐光　魏岑臣
李遵明　陈阳　袁征　李浩池　臧华彬　仲伟楼　王明兴　涂童飞　李祥
徐进海　王永明　陆明亮　肖天赐　袁良坤　丁鹏飞　严恩乾　张仲　阚开坤
王晨　车炳炎　许凌　姜皓　张苏宜　涂月　徐健　陈正宇　李婷
周为兵　成新建　吉达荣　袁绍山　陈亮　崔桂荣　王金龙　陈涛　朱太喜
吴建　周彬　杨勇　王孝俊　常萌　赵佩　徐明　吴光昌　李祥海
徐聪　吕复国　王振兴　苗加林　杨利　钱华兰　盛孝文　赵春临　张彦新
薛海洋　许文娟　付满意　刘传响　苏承振　刘响　李斌　涂登军　刘邦
刘尊礼　朱瀚　姜陆靖　朱浩　李华忠　宋楚楚　王晓宇　杨兴　唐丽
王志　刘杰　刘馨思　王坤　周爱明　潘盼望　韩怡虎　刘宸宇　周长青
张年清　张志国　王佩刚　魏晓斌　张庆秀　杭珺　郭妍汝　徐美娟　何林
王玉峰　张标　冯明　刘斌斌　周云　淳梦霞　储华良　任红艳　杨政强
蒋金成　车红　王国强　尚明　陈胜　宋海中　柏娟　王成功　杨爱军
张勇　张伟　周峰　袁达球　汪湘连　李应　陈燕　刘焕秋　蒋小龙
赵文　许旸　于世朋　孙小飞　吴曼曼　朱唐勇　蒋功全　方舒　汪芳
王持慧　朱继洋　赵祥　钟原　孙艳伟　何华亮　蒋志旺　李杰　李进

董彦武	朱盼盼	周拥华	褚红锋	章 梦	周文俊	胡承兵	袁凯亮	叶金元	
曾秋林	陈 波	陈 坚	陈杰胜	汪耀祥	王顺进	徐 贺	陈小伟	刘祖云	
曹田洪	叶依纯	叶立平	张建平	唐沈华	王旭芳	邵福成	洪建权	吴 斐	
卢 锋	周永伟	季文光	杨建国	周 飞	郭棋峰	徐根平	蒋孝星	吴建华	
陈建伟	傅小斌	陈 锋	徐文建	徐国胜	金彩萍	蒋志明	陈雄华	施时标	
施泽富	陈良武	李淑群	王洪棋	王小兵	何旭东	宋 浩	王 科	陈梅芳	
吕跃军	吕晓伟	潘 峰	蒋樟伟	陶伟锋	吴献花	钱向阳	张国东	叶绍锋	
舒春琦	李江宝	吕 俊	方美媛	李 聪	李秀群	张明海	王建勋	王彩球	
徐向平	杨志升	汪跃军	陈小刚	王一兵	项兢赞	李鸿彩	吴豪瀚	徐跃军	
陈卫军	楼少源	苏勇军	付 靖	李自强	刘红庆	王 莉	陈英君	卢晓兰	
张红艳	陈星洪	叶舒莹	吴文清	方 权	刘桂福	吴献宝	吴 琴	刘博中	
王 攀	楼桑桑	张前进	刘桂茶	郭康健	吴伟华	陈科萍	张玉柱	张 凌	
吴志成	董秀娟	钱 俊	钱 宾	高嵩曼					

旅游管理

沈玉凤	郭 伟	于 霞	黄 微	葛丽娟	高 磊	范莹莹	董 茜	董军洪	
任 龙	周园结	尚 炜	刘 媚	贡 丽	袁 萍	朱国章	王 丽	孙小慧	
张 丽	刘 禹	陈 怡	牟晓影	徐姗姗	杨雨晴	夏天洋	刘文冉	潘垠坤	
王 琴									

2014年远程教育专升本毕业生名单(春季)

电气工程及其自动化

黄玉梅	高 杰	钟立华	张 珂	郭 俊	江 玉	陈 凯	李家伟	何 铭	
李海波	张 毅	周国祥	段菊斌	于 耀	郎重阳	刘辉辉	李 媛	夏晓平	
鞠文波	杨 涛	王 馨	孔庆中	张志超	花跃学	丁小国	张 毅	夏 春	
李 强	陈振华	尤 江	王新亮	李大鹏	杨秀全	洪 伟	陈 磊	瞿东亮	
吴康勇	倪克兰	俞海波	徐 亮	徐 飞	苏钟华	杨立平	方立国	郭国锦	
汤龙君	宋传亮	汤 荣	吴国梁	周建春	武米龙	李光宇	周传林	谢晓霞	
陈文诚	王立刚	郑国华	黄素和	陈 乔	曾芝冠	蒋绍明	廖梓伊	彭 隆	
伍之勇	许新杰	丁海萍	苏 海	梁建波	梁 雄	李廷深	黄荣韬	黄志林	
戴 兵	尹玉岩	张文良	李 硕	梁文玲	罗世伟	潘桂冠	李勋弟	陶智美	
占开宇	吴智远	黎卫军	谭柳轩	罗兰德	李双赤	徐媛媛	钟顶校	李智荣	
钟 丞	卢政涛	彭智明	蒙向龙	吕瑞虹	金 泳	朱 桥	吴晖影	罗卓莹	

电子商务

王 鑫	李花红	陈 超	怀立敏	倪国锋	张 潘	徐云龙	卢 璇	陈 晨	
杨 晨	蒋凯文	曹 飞	杨 舒	许 奇	于 喆	李莉莉	桂浩然	王 慧	

| 赵 迪 | 陈牧之 | 于 楠 | 徐 瑞 | 胡笑梅 | 何娟娟 | 李璐颖 | 顾 涛 | 陈开明 |
| 袁培华 | 薛嘉蔚 | 彭 城 | 裔旭文 | 张 珺 | 黄韦民 | | | |

法学

| 刘沧泠 | 于 瑾 | 赵 剑 | 周子豪 | 谢 茜 | 孔令恺 | 高 地 | 高 天 | 史 超 |
| 沈 贤 | 李震球 | 孙健鑫 | 程 琳 | 袁俊杰 | 薛 扬 | 孙晨露 | 蔡 旭 | |

工程管理

杨克宣	陈冬泉	王 怡	皇甫文建	申 欢	刘本力	李 超	肖亮虹	朱晓喜
朱 华	周新建	邱友强	江 林	仲伟铭	王争光	赵 敏	赵璧廉	印旭斌
许和兰	丁 益	邱 祥	王小琼	郭晓伟	张 辰	吴健琨	濮阳翠萍	宋 宇
胡为春	杨 鹏	唐云花	姜 舜	王 蕾	赵梅琳	张 磊	戴雨辰	李 明
杨 娟	程 宏	韦春会	刘晓敏	李江华	包琳霞	石金星	秦筛根	贝 翔
孙江龙	方 圆	孙辉龙	胡燕剑	王云龙	龚 明	盛林燕	孙俊城	丁贵军
耿建飞	吴 军	吴 健	严 晨	闪 晔	孙少鹏	乔 亮	顾枫丹	刘 燕
王同文	王 林	陈 雯	邢轶凡	宋富民	魏子钦	王玉光	闵礼兵	欧荣霞
王雪晴	李小锋	王振君	马洪欣	杨露露	陈 勇	汪国琴	李 娟	王静芳
姜 磊	钟桂荣	林雪原	石荣江	蒋湘成	汤荣昌	崔小健	何 安	高国强
徐 宁	季乾业	周雪松	王 鹏	柯 芬	王志林	马鑫春	李向阳	柯长俊
陈 曦	肖良龙	姚定生	史 骏	翟志轩	商健林	蔺元琨	杨 晶	鲁 文
齐 柳	陆玉强	崔海军	尚广祝	徐春兰	徐 婷	许 军	刘正维	应俊杰
项星秀	于利明	焦亚雷	陆存兰	戴 亮	刁晓波	夏 清	朱珍珍	王承斌
梁龙猛	解宝石	徐 敏	沈玉妹	陈金卫	李 凯	杨晓萌	马 全	王鹏冲
杜兰兰	马 涛	唐骁骏	廖 珂	田 源	柏 荟	寻家锦	金新海	王尚莹
王凯健	戴呈欢	李小峰	杨 扬	吕鹏渤	马树成	赵立云	林 龙	王益嘉
黄 建	汤 兵							

公共事业管理

陆太宁	王 颖	沈 晶	周 博	陈 蓓	杨维洁	张贻君	徐建梅	夏中华
刘 艳	尤晓红	王 茜	马 卉	张 俊	王泉芬	俞 佳	赵 明	季文静
郁燕青	於 磊	武 恋	周瑞宇	顾安萍	朱盼盼	陆荣飞	俞 倩	杨 硕

护理学

魏 惠	朱 红	鲁 笛	俞义益	包秋芳	蔡 莉	刘霞芬	宋颖文	王 萍
蒋承东	孙 君	何丽花	缪 洁	金丽娜	王燕萍	汪 轶	朱海英	王冬艳
胡 奕	卢 洁	徐 慧	徐海萍	曹锡霞	徐海燕	陈菊娅	卞惠娟	曹国丽
毛 立	赵新辉	徐静泓	陈 锦	刘海燕	高 杨	陈 丽	梅燕萍	吴春霞
董 贤	徐爱萍	薛 樱	杜红燕	恽 燕	龚丽丹	闫玉静	吴 艳	肖 晴

徐　娟　夏君君　徐纯淳　程　雪　赵陈辰　宦美云　唐雪芳　江素惠　张燕玲
陈金花　王莉萍　薛雅艳　陈丹丹　殷雪莲　夏海萍　张　琴　孙　静　黄霞娟
张晓红　奚亚敏　胡晓燕　章　燕　苏红芳　程正桂　郁芸芸　施大云
顾　萍　王一多　蔡　蔓　丁洁莹　俞先玲　周明珠　陈维健　严丽娜
李曼琨　李　媛　周　洁　郝钰皎　李海红　马梦姣　程珊珊　杜　芳　谢海燕
刘高洁　曹胜利　戴辉凤　姚红林　王华军　许　敏　杨　娟　严　芳　殷春娣
杨翠梅　王佳胜　韶小娟　杨希睿　邢华英　袁翠萍　徐　霞　王秋菊　陈沁远
李　坡　仲小燕　邓　俊　陈世荣　谢　瑶　王丽丽　唐丽娟　李　娟　查莹娟
袁加庭　姜　芸　贺　静　解玲玲　赵文姣　张昊昕　韩兆百　崔丽华　贺　芮
蒋荣珠　尤莎莎　任　钧　吴卫英　安　冉　庄　月　苏月红　曹　霞　高素芳
孙育华　李正荣　王晶莹　唐文娟　刘艳红　张丽华　刘　利　葛　艳　孙秀红
李　甜　张　艳　蔡久英　周　艳　刘　静　李梦雅　曾　菲　任忠玲　杨　雪
朱　静　胡　蓓　蒋丽卿　徐昭君　李　洁　张　艳　徐桂兰　马小媛　余建妹
徐　俊　陆海平　徐　倩　傅晨洁　张　霞　王晓燕　王学敏　陶　洁　聂丽娟
陶　玲　孙小玲　薛　姣　周丽娜　蒋亚芬　汤毓芳　陈　燕　俞玉蓉　许海兰
姚　静　沙琳琳　张寿梅　赵丽娜　吴萍萍　王伟凤　罗　丹　严　慧　徐　萍
陈娇娇　瞿　菲　卜　怡　帅建芳　戴梦瑶　王翠华　刘国霞　张　琴　孙　姝
糜云娥　杨　洁　欧阳凤　赵霞敏　章壮香　毕清丹　李家云　李　娅　任瑞静
王丽苹　彭　霞　韩　艳　范　蓉　陈　星　李　萍　孙　静　陈　晨　王晨曦　孔令玲　陈　扬
徐　俊　时珠芳　沈琳琳　倪庆霞　梁　敏　丁莹莹　吴云云　冯　嵘　黄婷婷
马　美　仇小华　吴宗梅　代　晴　王　玲　何翠玉　杨　艳　陶　芳
杨　秀　刘月侠　魏　杰

会计学
　　张　欣　刁小美　周　诚　顾　洁　蒋　敏　王晓明　闫　薇　陈　诚　田　辉
　　石　蕊　朱　莉　岳文钰　管　静　王　芸　黄巧萍　贺　媛　丁　惠　周甜甜
　　王　璐　王玉珏　吴　寅　向颖霞　陈　吉　宋　蓉　吴丽华　许海燕　季红书
　　刘　玲　胡迎凤　张文婷　王铮铮　姚晓梅　王列鸿　施雨田　嵇达丹　陈　婷
　　王　倩　包　莉　于雯雯　郭兰英　王雨斯　乔小媛　赵洪成　丛　灵　薛　华
　　汪志兵　聂汉燕　李　静　吴晓艳　李晓敏　孟令圆　潘　伟　吴建洋　孙晓靖
　　刘　露　戈敬宜　张　超　苗　星　郁燕红　张芯宁　邵　巍　韦晓燕　伏俞衡
　　杨曜嘉　祁　惠　于丹丹　金冬煜　吴　益　吕宣跃　周　珺　蒋丽沁　苏　舒
　　庄文涛　徐海燕　陈　卿　毛敏慧　毛敏虎

机械设计制造及其自动化
　　印　栋　明生元　余后斌　朱卫东　梁　晶　张大伟　郁华进　谢华章　董长安
　　朱　彬　王家之　李　想　周　华　石玉昆　张　强　王能飞　李　洋　刘道锋
　　黄　伟　袁克城　邓卫国

旅游管理
   徐敏芳

土木工程

徐正海	徐荣华	吕　航	王岩松	曹理萌	丁玉锋	陈春延	陈　洁	吴　刚
骆招娣	高琦峰	金　琳	毛永平	刘星峰	凌建国	胡　杨	王端峰	徐　静
刘　轩	李　青	王　勇	许大鹏	顾海薇	马　龙	张冬冬	丁　舸	冒刘建
马天忠	徐　泓	周　林	邓　熙	王　韩	吴亚萍	宋雅芸	郑　伟	石　龙
夏友军	黄　昊	夏伟光	闻秋萍	杨　帆	万虎平	顾文明	居　磊
凤世辉	蔡　辉	王　涛	戈艺能	苏甜甜	王　伟	邹文华	沈志敏	王立强
梅春安	喻培培	傅敏哲	王智诚	武海霞	湛成明	王　磊	刘　星	王　军
秦　磊	叶连东	潘　龙	顾振山	董荣华	陈再文	李明坤	吴泽坤	杨小燕
朱　昱	赵冰玉	邱海生	严　飞	顾佳俊	唐海波	朱忠超	夏姗姗	卢晶晶
刘　骅	夏永平	张书学	袁　猛	马广路	杜云飞	曹仁龙	田　姣	黄　霞
刘芳立	张　强	施占鳌	周久明	陈　丽	倪　寅	陈　明	杨　庆	刘志勇
宋　燕	王　军	杨　丽	李　智	陈　媛	邢光红	许　强	马言艳	陈汉卿
刘海涛	张志鹏	杨　洁	赵成迪	刘　魁	潘发俊	陈江峰	丁邦国	王　刚
刘　敏	李　悦	邰雄君	顾佳俊	陈拾龙	刘桂华	杭友明	刘祥明	魏　媛
杨　松	胡　静	汤　轶	韩　超	张贺伟	朱叶青	谢　玲	倪　丹	王　明
陈　凯	黄　骅	徐　蕾	孙侠东	戴卫东	杨　涛	张　旭

政治学与行政学
   沈　洁　吴巧霞　贾燕清　王　靓　张　磊

2014年远程教育高起专毕业生名单(夏季)

护　理

张　叶	朱　红	宗海波	孙　静	单成霞	黄　涛	应宝珠	蔡婧婧	汪伟芳
王梦溪	刘　丽	张一帆	姚惠惠	尤　芳	赵　青	钱立虹	浦　霞	史红梅
王　燕	叶　娟	王　慧	蒋海燕	钱文正	陆红梅	吴金娟	尚明月	刘晓娟
曾玲巧	陈楚楚	朱冬雪	丁　妹	赵建香	卞姗姗	赵月娟	朱亚洁	郑国庭
朱伶丽	陈　芳	刘小妍	赵艳艳	王艳萍	殷　勤	唐建玲	朱薪潞	李　艳
王　力	孙　婷	左梅娟	王　旭	余芸芸	周金翠	李松梅	倪　娟	王　婧
李长林	徐榴红	邢春花	邢桂花	姚　瑶	蒲碧璇	方　敏	张圆圆	万玉娟
张小翠	诸荣萍	袁海霞	韩亚文	邵阿惠	虞晓芹	金　燕	丁启凤	孙亮晶
陈　艳	高　慧	谢欢欢	姜圆圆	李　彩	李　玲	程晓菊	朱　琳	刘　君
马春红	王婷婷	李　玲	姜蓉蓉	李海霞	臧　雁	祁金兰	李广平	仇丽丽
邬晓银	蒋桂萍	张　玲	王正莲	严庆华	厉晓童	胡盼盼	徐　婧	孟　燕

徐昕	徐春	仲铃琳	李璐	陈维欢	丁芳	夏洋	陈文赛	章敏丹
杨媛	陆丽霞	徐枝佳	王贵芬	仲娜	封雅镜	严云丹	张怡	钱云
朱双美	王国琴	汤丽萍	陈敏秀	刘莉	邱淑娴	吴玉云	吴菁	耿洁
殷松豆	张丹芳	崔婷婷	朱洁	薛雯	陆丽	杨杏	眭丽花	陈丽群
胡玲	郭琦	丁素琴	施娟娟	李伟	潘志倩	赵娣	周瑜玲	钱丹
范琳慧	蒋琴芬	朱翠婷	刘保华	秦天珍	梁雯	夏一萍	孔丹	史春霞
陈立音	曹丹芳	毛丽琴	庄慧玲	张银霞	陈美娣	陈亚迪	尤丽	蒋星
尹筱雯	殷菲	朱晴	侯慧萍	糜影	龚文雅	戚雅伦	孙蓓	王青
张叶剑	王杨	汤阳阳	张倩	孙蕾	周美芳	蔡玉荣	贺颖	陶华兰
卜仙凤	龙慧慧	王丽霞	苏彩云	尤培	芦靓	姚晨	张建芳	刘静
徐笑	金小华	于瑾	王燕萍	朱琳	张蓓	陈蕊	吴清	殷彩霞
杭倩	潘俊	芮嘉	钱雅萍	王艳	尤一青	史慧娟	张鸿飞	魏其明
黄冬冬	陈惠	马伟	姚晨	强巍	赵海燕	马源蔚	薛莲花	洪梅
吴巧云	李师师	刘慧	陈小艳	谢礼英	黄凌	郭金晶	周莉	王广英
刘郁芳	张丽	倪翠	乔璐	习苏莹	周璇	贾燕	韩莉	黄菊芬
魏兴红	颜红	郑华云	莫玲	尹永花	骆小发	刘丹	丁小明	吉翠玲
马兆梅	黄小玲	张千	闻君玉	颜晶晶	阚德平	王晓霞	胡晓玲	徐厚娟
印燕	姚爱娣	徐立凤	汤露	蒋凤珍	田圣红	丁露	居雨琴	蓝爱琴
王学青	许蓉	赵红	豆维维	周蓉蓉	徐佳美	骆阳	吉丽	陶丽
蔡华玉	李小雪	殷久玉	许娟	俞桂花	皇甫菊香	朱丽	顾姬联	张菊华
赵素梅	杨星	卞海琴	李丹丹	张署	韩成成	王小清	魏娟	蒋宝艳

机电一体化技术
　　王蒙　王祖贺

计算机应用技术
　　黄俊　尹昌淦　戴龙　宋少波　戴岑菊　崔洋　曹九成

建筑工程管理
　　沈孝华　李百清　邹亚峰　黄建峰　方梨新　李家龙　胡岳　周志强　陈祥星
　　陈家存　高大龙

2014年远程教育专升本毕业生名单（夏季）

电气工程及其自动化
　　陈超　朱骏　冯图宏　施博谦　周海林　邱长权　马晓欢　汤炀　李中全
　　黄彬彬　杨敏　顾言　刘枫　余洲　欧馨

电子商务
王　阳　沈　贺　平婷婷

法学
郝春林　李　强　王　嵩　贾　雷　郭佳伟　吴　伟　杨朋卫　高维达　童圆圆
朱春红　宋　磊　陆晶晶　钱　洁　刘萍娇　袁　峰　于海燕　董　非　蒋　运

工程管理
顾明雨　纪文平　周　明　顾建国　卢晓洲　王　涛　钟　园　花　蕾　张钱桦
吴坤继　祝　锋　甘光明　郭　维　高敏健　孙　耕　田　箫

公共事业管理
李伟韦　王　若　花旻杨　徐　晴　赖　倩　姜文涛

护理学
孟凡美　张红利　李新娴　魏　倩　张　娟　王　莉　曹媛媛　王　燕　王　娟
张海云　孙晓明　王文蔚　赵冬霞　刘　璐　李巧稚　周建华　赵　群　阎　宁
曹　萍　许海珍　刘海莹　徐中兰　祁　静　吴　萍　何　萱　潘梦羽　王　香
李　实　李　伟　严慧娟　高　莲　徐　艳　崔敏洁　吴佳慧　张　云　熊明燕
徐娴俊　宋湘玲　杨　琴　刘亚露　陆新华　王学青　朱孟晶　黄晓艳　蔡　艳
张　燕　朱玉权　周　芳　胡　茜　康培培　陈爱霞　马春联　王宏玲　马贞枝
林　静　陈毅静　余方方　陈　华　孙惠芬　李超群　祝　芳　郭　蓓　孙园园
赵齐娟　孙　静　徐佩佩　夏　茜　李　娜　周　瑾　陈雁群　邵　微　赵　蓉
杨中英　倪丽芳　王　萍　吕爱玲　张　瑾　乔　乔　蒋凤璐　晏　飞　单　敏
司汶沁　黄晓艳　吴书培　马　杰　仲玉芳　张荣书　严　娅　陈　晨　徐学云
张晓娟　许　凌　韦　炜　刘　露　肖春玲　韦　磊　谷艳林　吕晶晶　张素春
丁　艳　孙　欣　葛　秋　曹　妍　张二丽　崔　扬　陈永慧　潘宝琳　朱　丽
陈　晶　杨　峰　孙连芹　吴莉莉　李　伟　陈洪芳　张　玲　程　燕　刘迎迎
刘晓芹　张燕平　邱海艳　张　艳　张　璠　孙　荣　杨珊珊　赵彩霞　秦良红
葛清花　刘　静　皇甫雪莲　杨小梅　印青青　闵永梅　仇世荣　薛　美　洪　航
严　玲　陈慧雯　吴和萍　孙道蓉　潘训飞　朱　卉　张雅惠　杨　芳　王雯雯
孙兴凤　吴　蓉　赵　青　邓迎春　张春燕　刘凤玲　刘希明　钱巧芳　周明珠
戴慧娟　易　丹　李雯娟　徐　苗　张　丽　田翠芳　朱　芳　黄彩鹏　侯婷婷
施学婷　戴启梅　陶冰冰　周　娟　陈　晨　凌徽芳　戴振娟　陶　雨　李　静
徐彩凤　吕晶晶　章菲菲　李　慧　谢玉婷　刘　欢　王　菲　徐　婷　吕　文
赵　丹　胡晓军　朱勇玲　毕有芳　傅维萍　卞　勇　夏敏敏　陈道平　赵德琴
陈维芳　向　琼　周翠莲　陈亚丽　余小云　陈　敏　朱爱娟　朱静燕　何　萍
孙宗梅　朱芸华　巢静贤　加小倩　张　慧　朱　贤　贾小英　邱彩玉　陈丽菊

张淑婷 李玲玉 金　丹 冯海燕 徐　慧 何　倩 王少丽 刘红娟 程莉萍
陆　珉 江　燕 吴锡蓉 俞海臻 孙心怡 花蝶蝶 徐　超 郭　露 占正萍
刘　芸 徐　姣 潘　宁 陆　颖 王　瑜 管美娟 项　琴 钱芬芳 张　洁
董　丽 沈文君 芦慧慧 汤　敏 李一叶 董玉香 朱雪芳 周瑜瑜 蒋菁云
万　洁 谢　婷 王海燕 汪涵珠 曹孝兰 包云霞 庄小燕 陈建珍 顾俊芳
潘群红 倪　敏 黄莉娟 蒋亚珍 邹东红 张　翠 张燕英 周　燕 何文娟
张桂珍 刘小翠 严梦芹 林　晶 王　梅 张苏娟 钱莹莹 张　静 赵　媛
朱恩萍 马彩青 居晓芳 姚静娟 程　艳 李艳红 朱向荣 陆　奇 刘　红
刘　艳 彭宝星 周鑫霞 许丽洁 夏静婷 李　荔 马晓媛 张　莉 曹小伟
朱琴美 潘　潇 徐晓蕾 华　娜 张建珍 郑琳霞 陈星星 荆丽娟 钱竞霞
许　霞 徐　吉 杨妙华 李　莹 戴　丹 钱继英 史琴芳 张丽华 黄　芳
周　艳 朱振敏 孟雪艳 张　虹 祝　敏 宫　晶 袁　慧 吴亚臣 王翠娥
余爱琴 储　敏 蔡晨婷 周丽萍 鲁　蕾 蔡莉莉 鞠　艳 王小霞 陈　琛
蔡丽娟 吴霜侠 陈　婷 罗　芬 周　莹 葛　婷 田　璐 朱媛媛 朱春凤
石书珍 周文健 朱　莹 何　琳 褚　雯 徐　露 王　娟 许　玲 李桂香
王红妹 陈　云 陈　群 樊月芳 陈　灿 刘　苗 刘　萌 许　娟 牛梅琴
汤　娟 王　文 戴　媛 曹伟梁 杨开莉 朱秋菊 昊泽宇 宦红霞 胡桂英
桑　燕 张　芸 秦玉群 陈德梅 龚明月 李佳佳 黄雪芬 倪　丽 陈礼萍
戴明杰 王　辉 杨　洁 徐　嘉 周　婕 花蕾蕾 蒋士雯 李梦茜 毛淑芳
褚小珊 卢　悦 杨　露 盛超云 高　绪 李姗姗 尤　玮 陶　丽 徐　萍
钱怡婷 吴芸娟 杨　芸 高美芳 胡银花 唐　薇 王嫣琳 刘佳妮 虞　吕
符惠珠 鲍红霞 邹　芸 李　娜 戴国英 薛　蔚 俞洁薇 秦晓岚 叶　敏
徐菲菲 查桂芬 杨　洁 张波杰 王颖丹 沈　燕 汤　君 储蓉蓉 苏月莹
鲍新涛 邓丽丽 朱成兰 吕玉琴 王玉兰 韦　旭 王　霞 王海婷 徐　健
曹　云 顾牡洁 倪　玲 许爱平 杨　娟 陈　琳 张晨曦 肖　琦 陶陈南
何秋韵 邵　菁 罗芳利 陈晓月 王　萌 成　静 杨　芳 许世玲 申　洁
秦雅兰 陈庆妹 陶林林 吴　月 张二利 刘小娴 杨雪娇 姜雪梅

会计学
　　曹红文　陆　晨　李言言　曹娟娟　杜　旭　沈　菲　赵静蓉　宋梦瑾　黄海东
　　顾泉珍　周扬阳　张红云

机械设计制造及其自动化
　　孙广明　于博远

土木工程
　　汪祖翔　巩伦敏　王永辉　毛莉华　张　育　武文学　石云峰　王淑静　顾守则
　　李成勇　魏　维　杭　城　王利君　黄　华　缪　俊　曹　华　吕　浩　李传仪

周 强	朱 翔	戴天宇	朱 攀	惠志成	祁昊然	陆 尧	何建荣	丁 勇
曾欢江	梁明威	鲁 懿	招志强	魏 跃	臧 荣	张 扬	黄 祥	许 欢
杜 冰	周长伟	周 浩	党国华	董 璐	潘科臻	孙 娟	卜 刚	蒋雯霏
刘建霞	何金艳	刘黎冬	耿瑞芝	周 婷	王长江	杨春燕	陶明昆	蔡军露
孙伟伟	邵鹏飞	章 锐	凌文刚	徐小锋	朱明星	吉增宝	吴彭勇	刘文龙
陈 霜	顾希金	王明维	王凤萍	马羿凡	董小勇	孟俊红	施巍巍	徐敏敏
穆柯宇	张 玥	朱 俊	李丽娟	吴 艳	付 文	王述强	年顺德	顾正欣
高 畅	张玉霞	唐 彪	杨晓辉	周 涛	罗 忠	王经纬	李 碰	陈 伟
杨 亮	吴有红	石德浩	李世辰	徐身志	张惠明	周玉梅	牛军义	

政治学与行政学
　　薛云龙　杨　帆　夏　宁　王瑞炎

2014年成人教育毕业生名单业余高起专毕业生名单

物流管理

殷 旭	何宗祥	杨孝菊	张华娟	张 纾	凌 翔	张 玥	刘凤婷	耿佳佳
高 健	戴家进	李丹丹	方 婷	许佳红	玄泰虎	柏新珍	刘 鑫	王 洁
许 艳	陈 俊	黄 萍	吴 琼	徐 玲	魏先莉	陈晓丽	傅 璇	吴凤霞

护理

徐媛媛	刘 丹	李 爱	闵晶晶	张思思	杨 迪	柳维丹	庄迎春	胡 玲
毛青云	滕 娟	沈 阳	滕红霞	张 婷	于 敏	杨晓青	牟甜甜	乔珊珊
赵 方	人芳艳	陈佳佳	杨丹丹	孟源原	王万春	卞 燕	王涓埃	娄 燕
吴洪虹	沈千荷	朱 荣	马 婷	李玲玲	单 嫚	王春媛	吴志林	吴婷婷
耿珊珊	于昕昕	丁 欢	陈乐乐	汪慧慧	仲 丹	徐梦园	张 瑶	徐 倩
仲 旭	周甜甜	周艳桃	张 欣	陆东芹	朱 陆	张佳佳	孙雪伟	徐 林
戚莉婷	陈 清	顾 侠	曹利娜	陈婉如	韩婷婷	张丹丹	范育静	刘登荣
于倩倩	高 原	王艳艳	张 娟	李一凡	朱 颖	祁会林	陈晓晴	武正霞
李 悦	仲 威	钱香玲	任兰兰	徐珊珊	张 帆	孙晓梅	杨苏荣	孙 杰
李荣梅	司 欢	徐艳红	李 璐	胡小霞	徐乐乐	方盼盼	张亚亚	杨怀玲
葛星星	沈小芳	王 芹	殷欢欢	梁 洁	徐丹丹	万兴月	李 换	王丹阳
叶芳芳	秦义桂	汤红霞	许亚玲	张艳青	乙晓利	吴春艳	郑 艳	戴海琴
姜小敏	武 环	顾兴月	华 玲	冯海艳	李 路	毛晶兰	卜婷婷	全莹莹
周路路	胡 康	顾莺莺	刘 倩	吕先芝	江丹丹	邱文丽	李 园	吴晶晶
张小婷	朱梦莹	乔 玲	王群月	吴金秋	徐 艺	胡 艳	江玉珠	刘 曼
吴婷婷	乔星晨	徐江丽	李应芳	江 婷	孙 苏	侍利娟	陈 静	钱 甜
周 艳	唐 艳	王红梅	戴玖玲	周 茜	孙 乔	胡 白	吴娇娇	濮金红

张春梅 徐冬冬 徐 艳 孟新雨 汪汉青 张 爽 顾 娟 方冬玲 李 凌
章 琪 蒯习瑶 王 琼 司彩虹 戈丽娟 仲佳佳 岳雨霏 章盼盼 钱 炜
张喜微 乔婷婷 陈 刘 周 娇 丁 梦 冯思源 耿双月 陆 茜 王琦伦
孟 兰 杨 幻 章云霞 单丹丹 赵 曼 周 颖 姜三思 张丽玲 李秀云
王 静 沈晓杰 刘 瑞 史晓倩 孙张化 张丹丹 陈 洁 王 倩 高晓明
张 慧 胡 坚 乙光艳 王灵芝 沈明艳 陆玉丽 霍银环 刘 娟 顾海芸
张改婷 舒梦醒 耿瑶瑶 唐金玲 徐培培 胡梦莹 秦礼康 万 杰 章丹杰
宋晶晶 陈 燕 赵黎黎 张培培 李东阳 吴艳红 于 桂 许怀霞 蒋 杰
顾秋月 张佳秀 沈丹凤 张苏玲 仲 利 范晓倩 陈 婷 洪丹丹 徐楚楚
卢沙艳 王 娜 赵珊珊 陈 倩 臧兰兰 王春莲 王紫艳 张秀艳 张佳佳
胡成香 石小静 仲 月 尤洪妍 印媛媛 张 瑶 徐 旭 陆红梅 蒋路路
胡 卓 叶静静 周 洋 刘 欢 陈素素 庄 瑾

会计电算化
　　陈文霞　潘　虹　汪明明　单帅玮　陈子龙　何　静　翁明智

临床医学
　　谢长根 周 舟 赵亚运 孟凡波 徐效军 徐铁虎 葛 红 王 娟 戚华荣
　　刘海荣 程 璇 葛姝丽 沃雪玲 徐春云 张兴娥 刘 岩 孙宏祥 陆立新
　　高 丽 程银胜 管昌建 方 浩 赵爱莲 王 松 骆 静 李军来 华金竹
　　冯 露 郑爱玲 梁 旺 王 芹 杨刘爱 张 迁 徐 明 梁 艳 蒋亚亮
　　蔡 慧 童 飞 刘 春 陈 龙 于志恩 孙宣武 胡明迟 张 杰 孙红慧
　　姜同军 范六梅 杨东云 王彬彬 尤 杰 王 丽 黄 静 戴丽丽 李 伟
　　许华昊 黄丹丹

市场营销
　　郑 成 姬成龙 陈奕阳 赵如玲 柳雨萌 李明明 李 燕 张 迪 葛思琪
　　唐陈陈 郭 敏 刘佳佳 丁 邃 钱双林 邹 蒙 李娟娟 马 洁 明岳祥
　　邱新艳 竺有超 王晓燕 吕配云 周欣怡 张晓婷 梁 勇 丁国峰 倪海玲

医学检验技术
　　郑 娟 石婷婷 乔昌伟 邱小园 周婷婷 杨 露 高 丽 吴 慧 周明亮
　　钱晓娟 陆文婷 刘思宇 周文虎 高 楠 孙健佳 管玲玲 陶金凤 赵 静
　　刘正旺 程 雪 张 璇 李 敏 刘 颖 施晓莉 许开荣 王 宁 陈 洁
　　朱晓松 颜 怡 朱昭玉 胡静涛 吴思雪 石丹丹 朱 凡 夏昕晨 周 锦
　　韩苗苗 孙树云 晁 妍 鲁金枝 赵 雪 王军华 张 文 王率男 许虹雪
　　许盈盈 马 静 董艳莉 陈 洁 马夜雨 金 漫 许春艳 刘慧芳 黄 柏
　　周 洁 张雪梅

2014年成人教育业余专升本毕业生名单

电子科学与技术

李　伟　　金文峰　　周蕴言　　贡　博　　陈海涛　　吴荣和

电子信息工程

葛　琴	薛爱华	吉浩卓	程双淑	窦炜杰	孙　金	朱亚南	毛向宇	康　勇
张　斌	蒋朕琪	徐云龙	董　坚	王跃飞	张　晖	邹　静	许　凡	吴韦韦
陈娟娟	李齐龙	杨　慧	张　浩	芮　莹	王明翠	秦　晨	王永雨	周　鹏
戴宝定	张　新	杨　胜	严　浩	吉微微	徐金雯	张　保	许彩霞	王丽平
张晟晟	吕　历	朱承志	朱　杰	柯周武	史玉祥	陈斯旸	钱　科	王先贵
孙　博	袁凤裕	李海涛	顾　云	戚二进	陈　莹	刘松平	宋　庆	冯小超
王　杰	韩如学	龚志千	孙　剑	丁一飞	王海涛			

国际经济与贸易

林　晶	马　丹	潘文君	余方园	刘正山	丁　健	汪菁菁	张秋磊	王　娟
仇正萍	朱　巍	邰　燕	徐晓海	孔凡俊	吕佳清	余健萍	秦立雯	吴晓进
张　唯	周亚艳	陈建平	张　蓉	潘晓明	刘　清	秦　朗	刘　畅	王润甫
郑　琴	张　欢	王婷婷	宋季瑜	王　典	陈　风	邹晓丽		

护理学

王　芮	史冬琴	徐雯颖	樊　锂	刘俊丽	林雪娟	宋　洁	戴桂平	周　瑶
吕明英	孙丽娜	桑颜敏	蒋银珠	巫　洁	吕卫茭	余吉云	田　甜	徐家艳
万蓉蓉	闻星星	李　婵	朱　静	肖　萍	赵　岚	王　真	戴　谦	林　欢
马　静	颜　敏	李文玲	马露露	王月蓉	平　见	赵　海	孔凡旭	苏　蕾
徐　超	刘　菲	梁鑫群	潘　瑞	孙　蓉	吴永菁	王盼盼	王应兰	白雅馨
商　静	刘　倩	李　剑	肖　岚	杭腊美	周申杰	宋　杰	吴　丹	孙宝珠
谢碧雨	姜雨晨	胡梦姣	高晶晶	蒋　焱	侯雅澎	何　燕	钱明芳	南　夏
周　青	胡　蓉	吴　琪	孙　蓉	谢蓓丽	严　澎	徐永彩	黄巧荣	潘　杰
张　洁	刘月林	兰　燕	杨　宁	康　琼	储排囡	马云萍	唐莹莹	高　瑞
李睿之	熊建萍	孙娟娟	彭秋景	王蔚萍	屠冬梅	高　蓉	殷丽萍	周　艳
席培培	芮开笑	罗经伟	谢　敏	佘宇航	吴文婷	郭升华	苏　舒	张凤
笪云华	王　欢	高　静	刘　年	梁彩侠	俞祚静	余　梅	张　芳	陈美花
周二萍	张　阳	陈汉宁	李　星	业翠云	张小红	冷文婷	邵婷婷	王　榕
吴　敏	吴明飞	王　红	柏圆圆	许素梅	夏苗苗	刘绘宁	戴梦俊	魏　欢
唐　文	詹艳娇	孙古今	陶梦竹	张　燕	尹灵芝	梁　笑	刘巧玲	眭丽霞
马　倩	石婷婷	金　敏	刘　芬	袁宏洋	王　杰	白会娇	李翠翠	王　伟

陈璐　顾丹　金玲　平晏婷　杨兆粉　谢世飞　周进兰　方素萍　张桂香　卜蕾影
孙夏丽　程桃青　戴纯静　潘红杏　曹光艳　余魏娟　谷晓青　薛菲菲　盛倩佳　陆兆娟
陈遥　刘亚敏　吴美林　陈冬冬　刘锦霞　蒋璐　季玉兰　郝钰　张刘唱娟　石娟萍
韩辉　袁晓成　冀春琳　张爱红　卞明洁　孙建秀　郑静　唐秀　吴丽萍　金慧
顾娟　毛礼春　林倩　万兆惠　何雅洁　施燕　徐以英　许莉婷　徐秀红　卢楠
张珍　王九荣　吉雅静　朱玲玲　潘文文　寇晓玲　陈颖　刘敏　王苏文　蔡玲
张冬青　张筱牧　尚娴　金星　苏艳　刘淑敏　葛娟　许庆敏　刘晶　吕静
陈琳　李敏　赵凤萍　周国霞　王辛娟　徐春兰　沈文　季贝贝　徐丽　骆圆圆
倪弘　潘蓉蓉　陈珊珊　吴萍　王美　汤希云　金萍萍　杨亚楠　娄林红　秦静
屠松霞　李雯　马小娣　孙曼曼　石露露　王亚玲　唐玲　魏娇娇　李文芳　严婷
蔡晓玲　王瑞香　王琪　周潇　唐丹　孙裕　刘彩凤　严文婷　叶月　陈慧
张庆银　江琪　蔡微　朱俊如　王甜甜　童亚敏　成静　张梦园　倪洲寅
朱立艳　何培培　高婷婷　孔睿琳　蒋恋芷　赵静　周月　叶琴　王蔡玲晶
管婷　王丹　顾新平　朱霞　朱婷　张苗　邹晓露　唐海燕　马晓莉　刘吕静
谭亚君　朱霞　程红秀　毕爱琳　张萍　吴琳　范星月　赵丽亚　徐丽
蒋媛媛　简洁　吴先华　郑秀　潘璠　夏文洁　杨迎春　俞蓉　骆圆圆
李会　陈琳　刘宝梅　陈琳　封昌粉　刘恒君　任晶萍　尹莹　娄林红
王向阳　王蒙　王敏　潘丽娟　郭蕾　秦姗姗　纪枚利　邵丹　秦静
梁铭珊　龚敏　施凌　吴春花　蔡红月　谢琳　徐静　李娇　李文芳
方英　张蒙蒙　孙金凤　蒋萍　徐媛媛　唐怡　殷宇　陈桂美　严婷
王佳佳　赵雅佩　巫婷　郑乐　孙先燕　陈航　费琴　孔菊星　叶月
杨艳红　杜艳丽　邓琪　张春华　郑先燕　王蓓蓓　严立芝　席安平　陈慧
范荣华　胡珊珊　纪雯　马顺利　刘玉婷　蔡茜　张旦　张娟　倪洲寅
陈冬梅　张娅翕　李春娣
李艳　丁文娟

会计学

刘雪峰　王颖　周红兰　梁萍　王珍　王媛玥　孙玉娣　杨琼　李冲璐
秦真珍　端加宁　姜利倩　袁睿申　侯翠萍　姜啟玮　华丽亚　濮艳华　张慧敏
张晓云　孙家香　王徐艳　张菲菲　孙青　黄时森　高岭　李舒雅　王高丽
夏丽芳　陈兆平　邵玥　李冬美　胡灵丽　屠燕　陈仲洁　陈春萍　虞翠萍
娄秀　韩孟雪　王静娴　田红平　王卡妮　黄阿凤　顾玥　郭倩　田文月　陈英婷
张茑　浦丹　杨波峰　章倩苓　常瑞苑　林燕楠　沈劲石　梁雪　答梦
林云倩　蔡文燕　郭　胡赵艳　邢晓敏　陈燕菲
达月砚　章小青

计算机科学与技术

庞冠宇　陶涛　周炜

临床医学

李永顺 何绍伦 王　丽 潘　唯 陈志兵 陈　丽 花庆兰 陈启琴 高　波
王　明 张荣生 廖石根 朱　燕 李秀秀 周　莹 朱　青 刁俊杰 吕堃经
刁素洁 曹慧侠 厉　冬 李浩良 赵志远 徐　静 何柏成 倪亦宁 平

土木工程

唐　剑 唐叶辉 赵　林 高　晨 杨昌文 董国俊 裴　威 密丹丹 王东升
肖　青 王美琳 何昌祝 颜　涛 陈燕唯 徐才生 张　敏 罗海洪 王　芳
杨　瑞 王　敏 芮玉俊 龚步云 张　莉 孟庆东 徐文强 李　波 郭　雷
沈　林 王艳秋 姜　宇 范志锋 招秀春 黄　燕 李国群 韩敬叶 吴　帆
张　俊 陈　旭 李成倩 王智超 徐道林 张　斌 王雪勇 张　伟 周　星
可宝玲 曹欢欢 张　雷 陈仁贵 张　凯 叶　成 缪　辉 臧慧晶 吴莉莉
王　凯 徐　兴 程　稹 高海辰 钱　青 曾国庆 卢　辉 林　晶 魏元胜
朱斐然 李海龙 王伟伟 朱　威 刘奇超 徐爱民 陈　娟 赵　飞 丁海燕
徐元博 谷刘凤 曾冠铭 王晓祺 徐源锋 徐修腾 范　君 包佳伟 陈春花
李小强 薛　君 李　岚 孔立恒 郑烈非 陈志猛 胡秋婵 李海波 程　健
郁金铭 来晓霞 邹乐平

医学检验

孙雅君 梁　娜 刘艺芹 周文静 杨传玲 杨　波 孙春霞 夏姝妹 林一欢
王庆云 王兆清 刘丽芹 杨汉伟 吴　茜 李　洁 金　鹿 陈　玉 丁珊珊
杜乃准 刘春雷 于昌伟 沈　婷 陈怀月 赵　敏 朱蓉蓉 刘志鹏 张官华
韩学艳 王　茜 姜　慧 李　靖 王　莹 袁　雯 郁　密 郝苏怡 高　骞
张　云 王梦影 方　嫱 华小琴 张　媛 唐　铎 石珍珍 许林中 马如相
黄　瑞 魏　丽 陈闪闪 周　亮 张　醒 杨　帆 王璐云 余　露 仲亮亮
张　颖 陈小婷 周荣荣 朱　骥 胡国雷 沈统高 李木华 张洪华 张金菊
张　洁 程　洁 吴　昊 陈圣男 刘　颖 吴　琦 茚　艺 沈路阳 李　辉
王　琼 秦学瑾 胡丰芬 徐海峰 朱广艳 程　乾 胡云飞 胡　斌 胡海波
刘　琴 叶　媛 师　杰 刘　慧 杨春婷 柏云敏 卢　岚 谢伊萍 陈　丽
符　欢 胡　珀 沈静文 何　吉 周　婷 许　丽 陈江艳 徐　薇 骆三平
盛　熹 梁　雪 王　敏 王　敏 胡丹云 李　丽 于　杰 李玲丹 陈　玲
曹亮亮 刘森兰 徐　敏 顾海燕 王文婷 杨九妹 巫凌燕 郭　丹 陈亚萍
宋紫春 吴秀云 江翔慧 高　敏 王　凡 王杰兰 杨　玉

2014年成人教育函授高起专毕业生名单

电子信息工程技术

黄兴祥 丁　承 冯　嫚 徐　鹏 杨国庆 王义民 胡静彤 周红利 陈　路

王 玲	吴其文	刘 俊	鲁 凤	梁 平	蔡汶珊	胡继兵	周 莹	李俊中
刘 玲	谈 旺	张齐娟	倪燕萍	丁玉桂	仝 言	陆婷婷	宋维娜	柏惠国
申 颖	王 刚	孙建国	王 祥	聂永军	左 传	王硕成	邱晓磊	翟建国
张超富	魏荣荣	石 勇	李 林	彭太林	贺龙洋	赵飞艳	王元元	朱秀玲
吴 霞	陈卢菁	杨泽华	郭 瑞	张 新	周冬伟	边 亮	陆 凯	余兰兰
那日格勒	张超逸	陈 辉	徐 霜	刘 唯	汪 骞	刘 浩	费 扬	梅 杰
朱金丽	刘文杰	柳文治	张 颖	顾荣钗	胡 军	姜明青	姚楚健	郑 衡
赵本飞	李兴贺	诸 蕾	程 雪	邱 升	王红华	李 娣	陈 凯	汪 鑫
陈 晨	吴宣宣	周 翔	叶方正	周韶西	左蓓蕾	何铭东	马跃波	罗 静
李红杰	吴 斌	王 奇	谢晓东	任 丹	宫会勇	袁 禹	赵川红	潘先明
孙志影	巩 林	周 鹏	胡媛媛	叶子蓁	童容舟	余朝林	屈 营	石文娟
颜 瑶	陈 椰	张 磊	焦丽君	李婷婷	吴东杰	王维栋	陈 哲	朱 斌
任 靖	王 媛	王 杰	季 苗	时 云	朱成显	吴 伟	唐松鹤	周大山
吕 品	骆中益	孙 朕	王绍鹏	杨 亮	王克之	张威海	刘 帅	李 龙
疏志斌	任师豪	张 琪	朱宸铖	刘景如	项卫宇	夏巧英	王 婷	刘 霞
孙 倩	邵猛林	吴书湘	黄吉和	张冬梅	陈圆圆	陈 婕	刘维芸	杨陈丽
陆其鹏	郭海青	夏海青	俞建东	罗 雪	康海霞	韩思雨	陈雅珊	王 兰
金蓉蓉	葛 宁	姜阳春	王晶菁					

会计电算化

张力凡	厉 丽	邢红梅	杨 莹	闫丹丹	李 慧	张 培	欧阳思敏	荣 飞
郭远远	惠 慧	宋刘玲	刘梦鸽	厉 丽	张皖皖	邓志君	李 巧	张文芳
戚亚玲	刘伟丽	刘 亚	杨 蕴	周娜娜	杨 欢	周晓娜	陈 晨	孙敬茹
毕 杰	岳 媛	赵 珍	杜 路	张 靖	王 姝	杭大响	陈亚慧	李 燕
夏 贺	赵丝丝	张红波	孙秋芬	杜长翠	余 婉	刘静莉	厉海南	秦 静
张 娟	刘 灿	李 玉	张 君	陈 锰	马 莎	孟 点	赵 燕	张 静
刘 荣	姜 贺	拾 红	孙红艳	成文文	王 静	刘惠惠	邢 娟	李 晶
李 双	侯 敏	顾 燕	韩 晨	张 蒙	姜 玥	孙 妍	马幸子	孙晨星
杨萍萍	郭 梅	韩 芹	肖 洁	郭金花	朱 影	宋会会	刘雯毓	王 博
张春艳	沈 洁	赵 梦	吕品静	刘淑芝	蔡 洁	刘 赟	张秀秀	周 倩
李莉莉	刘 洋	王晓丹	金 乐	陈 娟	王 影	蒋恩慈	胡丽娜	仲 双
武文利	马计者	孙玉双	商丽敏	彭 柳	郭 黎	陈 莹	卜 园	梁敬亚
赵 洁	李永芳	赵 彤	王振清	张敏敏	慎 娜	赵亚亚	刘 苏	杜镏汛
龚 莉								

机电一体化技术

师为东	田中玉	刘 欢	黄 磊	白 繁	曹 曼	杨 栋	苗家源	赵培培
朱运迪	王 坤	魏忠文	朱柏同	张让耀	唐金媛	张 峰	沈 杨	李 旭

武耀　甄宗凯　魏学纬　朱苏北　韩枫　陈波　武腾腾　李浩　张猛
王亚颖　李洋　周鹏　姚琳　陈夏　史高伟　薛东　吴宏宇　钱凌旭
孟路路　宋傲　李炎　宋雁三　梁祖峰　王妮　张同朕　夏杰　胡超
张康　晁宾　耿大兵　周辉　厉洪光　王莹莹　杨道富　张敬　陈兴旺
李威威　秦允探　张鹤鸣　刘茜　陈璐　王浩　刘庆曼　赵岩　夏清
张玉　史志超　李武　张生　许继松　姚浩　周成群　宋佳永　刘毅
吴孝掬　盛楠　姚安　李艳青　魏陆　姚维修　张民　高雨　王文惠
杨紫翔　陈锦满　狄子博　江楠　董佳伟　任可　张成想　李晓丹　刘洋
刘佳庆　吴杨新羽　王愿愿　申培　刘太源　徐亮　杨密密　臧继浩　张宁宁
王姣　李鹏　张言柯　冯强　刘贤　裴晓娇　徐大朋　张夫礼　顾苏鲁
陈真　徐贺贺　杨淑雅　孙旭　马波波　闫佳　闫超　刘郭阳　焦祥宇
毕华　韦春凤　倪君　张金斗　杨康　陈维刚　高秀峰　薛宗元　殷健
朱守堃　郭静　赵巧凤　赵书军　孙继斌　袁玉舟　盛保峰　朱坤龙　范海涛
刘勇晨　张欢　王瑶　李忍忍　赵辉　刘秋岩　滑思源　李泉震　李秋烜
支修成　马跃跃　刘富尧　汪继波　魏黎明　朱建　侯永刚　陈龙　高峰
王攀　张斌　李泊委　李鹏程　陈晓龙　杨倩倩　岳强　刘琰　衡思远
王立　赵强强　吴长齐　陈都通　张后强　张赞　芦庆涛　姜坤　张守贝
闫海涛　韩尧　赵凯　刘贤超　孟凡龙　张译　吴彬　张迪　李华良
郭明　黄姣龙　秦凯凯　张坤　于升华　赵恒恒　温海洋　胡桂夫　杭贺
王相　吴英杰　刘稳　蔡冬　周永　孙玉彬　王亚阁　李欣　权富恒
吴侍锦　郭凯旋　丁成肖　杜文梦　孙勇　郑苏智　孙法永　刘晓好　郭旭
郭方强　王尚安　夏琮琮　邵振　陈臣　苏东波　蒋胜伟　张奇　宋梦龙
石恒　杜玉　朱鹏飞　赵乐　闫石　刘龙　胡钦杰　孙傲傲　张伟杰
刘洛阳　葛宇沛　张德满　肖开超　时胜　潘甲恒　徐磊　马聪　蔺光鑫
郑威　朱含　董帅　郭晟　白克超　楚孔宁　陈昱澍　郝浩　刘慧慧
王宁　孙滕　张宁　陈颖颖　张梦柯　臧涛　周旺旺　刘波　丁健
陈允　李欣　何茹茹　梁永召　张振宇　冯大为　任蒙蒙　李召明　威爽
郑浩然　朱旭照　陈春东　张峰迪　李重庆　刘郑义　王雷　郭琪　李书桃
胡英杰　高慧慧　褚昭腾　许　芦庆兵　孙梦　孙锋　裴洁玉　吴长友
刘豪　汪柳柳　徐岩　张宇晨　胡忠楠　周可　张俭　窦方元　李朋州
刘相　朱忠科　邱晶莹　张贺　张航　李迪　豆怀响　何薇　陈金龙
刘付　狄崇　刘迪然　周靖焱　陈婷婷　孙可　谢稳利　荣弦弦　陈飞
姚衬　宋丹丹　赵枚　滕娟　张天培　马东　刘壮　郝腾腾　卞玉伟
张茜　李亚　程荣耀　陈莉莉　程稳稳　田启煜　刘星　姜淑航行　苏增艳
曹盼盼　王健　刘响　吴威　代勇　杨慧　曹冬冬　王帅　李宁宁
韩计玮　陈静　陈响　刘元勋　邵帅　张从从　王维　蔺雪刚　叶长松
张云鹏　苏威　李祥　厉凯　唐超　侯广旭　刘世闫　陈奕龙　朱冰
刘响　祁畅　薛菲

刘朋 韩世雪 丁涛 刘涛 姥贵康 盛振雷 刘正斌 王伟 薛国栋
蔡庆 赵奥 李婉 韩天 李丹 秦洋洋 刘奔 赵贺彩 董杏亮
李娇 王腾 刘响 秦存众 郭允宁 刁冲兴 王徐忠 韩清 耿郑琪
李宪文 戚明显 王雪婷 戴辰 孙贺 范旭星 叶亮亮 自文
王瑞 杨志超 郭清 吴孝颜 焦忠秋 权馨玥 邹明 张薇薇 孙周倩
徐帅 权飞 伏谦 肖松 马汉彬 叶广彬 杨洪响 魏荣丽 赵迪
李斌 胡振 王凯 石凯 耿启东 李硕 李行 王莘 李冬
刘洋 尚霜 赵伟男 刘占通 耿硕 李轩 杨瑶 陈聪 李雪辉
徐珊珊 孙玉斐 徐新新 蔡娟 闫德亮 王琨 王婷 姚广彬 孟祥瑞
赵生 何锐 侯永春 魏帅 吴暄 余大杭 尤欣欣 郝范京 张广祥
赵茂凡 李乾坤 李梦秋 耿岳乃文 阔士壮 耿思梦 朱思豪 嵇明 王彦
赵亚洲 王路 唐永军 侍浩 金炜江 朱岳诚 张爱泉 葛飞 洪晓东
董浪 颜振鹏 刘伟 陈锡宁 蔡茂海 李万林 尤永刚 王兆鑫
吴萍 张文 刘山东 张志超 向明 钱健 张志权
孙辉 张兆军 姚思维

计算机信息管理

李雅雯 彭尹春 张杨阳 庞燕华 高庆玉 孙蓉 张云涛 徐加顶 刘佳洁
刘惠惠 周超 刘存 王富娟 李浩楠 孙倩 吴芸 苏丽 张吴金辉
李娇 吴玲玲 费春英 徐玲玲 刘文杰 胡晓蕾 袁刚 薛涛 付玉
贾伟晨 丁雨秋 许芹 夏添 汪陈琪 郑艳 王国安 何慧 杨高乔羽
郭悦 王芬 秦正怡 许青青 杭雨 张碧衡 严乐萍 张小勉 李聂昂
秦驰驰 吕佳 季连爱 张颖 鹿丙明 纵欢 丁道宽 刘晨 新龙川
拾柯 董来 欧青青 掌传森 卢勤伟 吴晓祥 许文广 王坤 姜龙
高欢欢 罗丹 张炜 李春妍 粟孟洋 王宜军 田笑 徐楠 王宇龙维
闫钰 任敬 马冬军 王松 周发永 张开强 徐瑞 郝姣 于有婷
蒋艳 刘鹏 袁一鸣 蒋战战 杨辉 张扬扬 张建好 王陈彬 曹晓锴俐
刘双双 张晓冬 赵成龙 李维 张卓鹏 郭凤英 曹艺耀 赵双 魏振坤
李冲 李倩茹 吴萍 徐丽影 王皓 仝峰宇 胡清扬 薛双龙 董颖
周文文 杨高伟 王腾腾 葛贤 史经山 张翔 袁欢 刘亮 李孝
李冬章 李祥瑞 张欢 付浩 王鹏 赵翠平 胡凯悦 王哲 顾忠迪
刘建锋 刘凡 张乔泰 陈梦龙 陈婧怡 赵杨 滕昊林 张韦 王梦
陈影 谢婷婷 李茜 许冠超 王宇翔 毛念腾 李文龙 陈松 马子军
阚远 许洋 房海涛 刘梦媛 黄浩浩 袁宁康 朱文轲 周胡聪
李瑞 刘顺顺 任宇 杜梅 孟钿 陶春宝 秦亚腾
吴然 王波 潘可可 庄亚汝 管成飞 曾磊 封函利
周双梅 阚倩 吴芬 张亚汝 王翔 郭琳琳

建筑工程管理

徐　伟　　王一顺　　李恒新　　朱黎明　　陆　斌　　黄张艳　　刘先峰　　朱德明　　朱洪国
蒋久林　　张　鸿　　刘年友　　李　艳　　程　金　　朱俊谦　　李开发　　唐则清　　高　洁
宋双双　　杨乐义　　肖云雨　　郑思娥　　梁乐乐　　李洪涛　　陈大伟　　李　辉　　刘照喜
张金中　　闫怀红　　张明强　　刘晓晨　　韩　梦　　芦　强　　魏　建　　刘　亮　　项玉贺
韩雪雪　　袁兴军　　宋明志　　冯　利　　王　宁　　高振元　　王　涛　　孟　琳　　王　贺
苗召群　　李晓群

三维动画设计

朱少霞　　王婷婷　　陈珊珊　　路　婧　　梅丛雪　　吉蕾静　　刘　鑫　　陶春艳　　杨　慧
阮永兰　　李明轩　　薛静静　　唐　诚　　徐　艳　　凌　园　　孙　阳　　姜娇娇　　王起孟

市场营销

李　冲　　邓　萍　　张梦园　　秦　磊　　王　永　　史慧翔　　李　坤　　詹　鹏　　衡思权
张萌培　　张　通　　满园园　　罗　浩　　苏　萌　　王德武　　刘海亮　　宋轩震　　李文广
吴　振　　杭金坤　　董　生　　郭成森　　任　雪　　朱慧敏　　贺佳丽　　刘　龙　　陶　然
张光林　　毛洪祥　　王　斌　　陈　通　　吴婷婷　　赵　艳　　张　培　　董　增　　王娟娟
王　蕾　　仲　丽　　王浩羽　　郝丽娜　　穆凌霜　　陈算师　　汤柳燕　　杭　莹　　徐德礼
李　然　　王　艳　　郭　静　　孟　礼　　高　雯　　陈佩星　　李　静　　李世伟　　徐海威
杨　坤　　董　礼　　王　宇　　陈美伶　　张世露　　吴振国　　申在冉　　仇淑婷　　孙　森
郑　全　　李忠光　　钱思宇　　李　良　　兰　锦　　刘亚楠　　夏北京　　姚秀秀　　韩　浩
刘　威　　郑中秋　　常　喜　　祝一凡　　张　斌　　石　磊　　周剑飞　　陈　倩　　尹思雨
魏　心　　王　阳　　李　渊　　邵　闯　　蒋良路　　张传明　　聂　会　　李　琳

物流管理

杨　娟　　姜莹莹　　辛　玲　　潘　菲　　潘　帆　　赵贵成　　尤秀婷　　陈文娟　　张心宇

2014 年成人教育函授专升本毕业生名单

测绘工程

郭本丽

电气工程及其自动化

方志强　　李源军　　臧　琼　　苏　永　　万建荣　　王志勇　　黄　涛　　冯仕敢　　谢　冬
高文亮　　孙　逸　　叶健华　　谢　春　　何　飞　　秦　邮　　苏　坤　　王　刚　　林　奇
易　林　　唐业圣　　陶　涛　　张　欣　　田　锋　　孙建晴　　刘　琪　　寇　建　　吕志刚
房军龙　　张　彬　　王淮宁　　张冬岩　　杨　宁　　孙　辉　　倪　俊　　罗　欢　　徐　丹
李　志　　沈启明　　单　铁　　魏　明　　彭　伟　　孟　军　　叶建德　　蒋洪涛　　李绍勃

孙开亮 邹金伟 郎东会 赵蕾祎 靳猛 王艾阳 徐加加 杨克鲁 金智晨
徐军 焦峰 刘喜德 杨张 王安 黄正洋 李宗超 王君 袁小花
刘阳 郝大帅 杨昌鑫 丁凯 汤成功 陈周智雄 邓忠飞 张新林 李峰
叶如义 万江勇 安华南 赵鹤 张伟 王博飞 唐乐 刘毅 梅杰
杨合恭 李新行

电子信息工程

胡义峰 陈广妹 陈能宇 黄超 吴营 陶如飞 吴翰 夏小丽 吴景
高丽云 陶娅 卞卢庆 李俊 曹毓华 朱桂明 袁堃 龚会荣 梅雨
荣引 邓世伟 孙红振 贺伟峰 黄斌 于爱国 黄琼 夏冬 陈功
黄艳 张晋 李海华 刘寅生 贺永亮 凌静 许苗苗 吕伟俊 周亮
赵鹏 李漫 郭庆宝 闫朋 李振兴 林凤 张璐 夏迎霖 周海平
吴超 邢文涛 何志明 仲伟成 徐正先 郑小俊 王天予 张楠 辛晓军
张宜赫 夏璐 陈超逸

工程管理

曹加南 王丽 陈幸远 徐利娜 陈德庆 成晓靖 顾井文 蔡茂芹 郑杰
王迪 陈远鹏 杨晨 林建勇 赵琪 许荣伟 徐剑 张辉 汪云洁
李铮 邓敏 毛园园 沈兰 赵西军 张雅芳 赵王燕 谭学敏 窦莹
谭春梅 李进 张艺 朱云霞 曹梦娣 沈磊 舒皓 吉安爱 柏祥云
邱龙飞 余德翠 孟海霞 徐薇 洪善林 郑晓娟 吴作金 曹文 王海锋
陈建妹 缪九重 戴德杰 胡友红 崔家乐 徐军 陈立 韦红梅 张晓梅
曹蕾 夏文娟 杨涛 刘天堂 刘转丽 张裕 徐秩燕 赵美玲 唐耀宗
吕晓亮 殷光杰 王伟 张丽 刘鹏 冯鞿烨 厉远洲 陈夕华 王飞
林伟 魏怡芳 岳泰 胡伟 孙从龙 杨静 谢文久 吴楠楠 朱学园
季娟 章振宁 朱杰 李莹 张云华 杨杰 蔡俊 朱正兰 张余
王艇 张可 高李如 朱晓燕 沈少鹏 赵强 崔婷 程荣 彭翔
梅竹 龚宇波 杨银凤 党 玉 殷小兰 王强 徐金玲 高元利 徐燕玲

会计学

王艳梅 董春玲 王燕 胡陈海 彭静 肖婕 赵明 王静 王敏
吴杰杰 刘扬 周洁 刘雷 沈含 任丽丽 王圣男 孟媛媛 史歌
丁雪华 窦捷 李莲 赵景 王露 朱瑞文 孙文焕 臧睿 权修兰
苑君 吴优优 魏坤坤 施雪 王晓荔 范梦乔 邹瑞玲 张筠卿 蒋啸天
耿晨晨 马玉萍 朱巧慧 杨阳 庄珊 齐慧峰 沙瑶瑶 孙昊 李阳
许元元 邓永正 周婷婷 靳松 张红 王静 刘艳秋 张静 王雯
李婷婷 石然 徐硕 杨舒珺 廖佳佳 相维 程娟 郑影 徐歌
肖华 张伟 王解 李红 张馨 张晨 苏海岩 王丽丽 辛晨

崔影影 吴佩遥 权雯雯 刘姣 任梦园 吴彩凤 戴冬梅 郭晴晴 李晓静 王艳 夏国杰
赵影 梁玲 曹真 张蕊 姚燕芹 刘倩 王雪艳 李春梅 王莹 王国石 孔磊
李雪梅 樊倩 王敏 王悦人 魏涛 韩柳 卢丽竹 李汶瑾 陈欢 钱波 仇云娣
武珊珊 赵影 呼翠英 黄娟娟 董文娇 赵海燕 鹿存慧 赵天娇 李如涵 华君 陈
梁琳 朱晔 孙涛涛 赵婷 贾彦静 张静娟 神文 丁文静 李白 周玉玲 朱茜
倪连驰 张雪芹 张红珊 于韩静雯 朱菲 陈岑 王清 丁旭 韩爱娣 陈思
刘彦束 陈宏 耿甜 王冬琴 彭思睿 徐梁超 陈文唤 王晓娟 殷玲 王
董婷莉 刘蒋玲芳 李陶岑茜 李蕊 翟芬 王璐璐 张友凤 王逸
华会会 王秀莉 李灿灿 刘陈芝宇 王晓璐 辛王慧敏 杜婷刘亚

交通工程
葛胜兰

土木工程
薛军军 路森 聂振国 吴晓磊 李乔 胡华敏 张伟 杜长伟 徐国庶 王勇 王子龙 赵冰 郭俊杰 滕路路 孙明利 张明恩 宋美娟 艾金柱 索海龙 李品品 薛立柱 肖亚秋
付皓亮 张西廷 李晨 李渊 李昱昕 韩兆飞 许小 王维坤 曹莹莹 吴春红 李龙 李林 丁亚男 朱存德 岳影 李君亮 王薇 周磊 廖彬彬 姬桂文 丁奥琪
王常波 菊雪 栗毅 丁星 康浩 蔡智勇 贺超 汪杜隆腾 张耀 胡保立 宋立伟 李建 陈琳 夏海洋 胡珊 陈刚 李晴晴 陈峰 刘衡 李爱倩
陈敏 石琳琳 程磊 易伟 邵将 傅百科 姚彬 杨晴 李委森 王郑培根 李鹏飞 高念常 宋园园 王洋 陈洋 储海厉 张汐 谢勇立 王
苏杨阳阳 张魏辉 王振波 郭曹明明 孙忠泉 周栋 乔可可 茅述坪 李高雯 习广鑫 王超 朱宇 李连涛 张桂伟 张亚男 周焕然 林夫 刘锦 杨洁 赵缘
韩庆春 李红英 王晴灿 谢岩 黄冰洁 吕红亮 靳莹莹 崔宁 张恒涛 马可新 王荣宽 刘召侠 王洪梅 郑友春 常静茹 汪斌 戴加加 谢智宇 董良雪 蔡立晶
尹发聪 占见见 鹿航天 扈家田 陈文斌 贺国栋 张雪芹 王梓霖 周本鹏 黄付加 张前程 彭阳 庄严龙 李洞禹澄 袁贝 孙峥 余凯 魏乐乐 尚明礼 刘长乐
唐建祥 闫丰收 尚青 李翠凤 常炳焕 祁萌 姜荣荣 卢东旭 丁光珠 庞洪礼 梁小娇 李西亭 刘思媛 张韩 耿保青 尚苗苗 冯超
陈晨洲 李铜洲 王娜 殷宪峰 单光伟 郝大李寅 孟晨 邵明伟 刘高代永 李文明 杨宁 段夕康 许朝阳 孙金桃 蔡洪岩 丁云 袁腾腾 程杨超磊

韩　丽	洪　磊	冯金永	朱兆赟	赵　祥	肖福珑	汪　洋	薛丽丽	郁利华
方　涛	董荣明	颜江北	董志双	杭恒悦	冯　丽	沈旭甜	卫　亮	李志鹏
戴于谦	胡晓晖	章　展	倪卫强	王明路	晏建银	周栩澎	周　峰	何　海
王　雷	施赛男	杨彬彬	何　池	李朋朋	曹　凯	吕夫贺	沙锋锋	徐　兵
王　荣	王明许	訾　纯	韩朝荣	聂兆磊	金　静	郭　玮	薛　敏	邱玉蓉
朱伟伟	周　剑	丁　进	臧鹏飞	余　跃	汪砚池	战国强	杨冬成	李永青
林海龙	茆庆康	马爱青	高　峥	刘瑞萍	俞智杰	徐庆升	郭小峰	陈　品
陈　朗	林　路	徐跃斌	王　伟	李玉婷	王　磊	窦泓琦	祁林明	黄　强
王丽丽	吴少金	宋冠南	张云涛	唐永平	潘　莉	张　鑫	姜小成	刘　准
李　敏	张　敏	蔡　江	沈　瑞	刘华靖	唐文乐	杨小利	李　倩	虞浩文
陈艳艳	王胜克	花锦绣	王银建	孟张明	李　欢	吕　铭	陈立荣	单亚盟
钱建强	王文琳	颜建民						

土木工程（道路与桥梁）

沈燕飞	李　明	陆新全	刘　婉	刘　超	王长攀	顾克喜	刘　闯	许德聪
李　冲	章宇澄	滕　玥	吴莲子	黄　超	刘亚平	杨　耀	季　伟	戴贺娟
杨　鹏	钱季萍	胡　洲	蒋　辰	凌　祥	濮阳国定	汪　清	吴虎健	吴窦鹏
徐　璐	李　阳	景　彪	陈　梅	李　冰	黄　平	董娟娟	徐建东	孙　伟
陈　慧	褚云涛	刘为清	王　浩	余启飞	滕海胜	倪　彬	徐梓元	王家爽
李玉洋	丰　翃	陆建华	高文平	徐永成	邢　锋	金　杰	陈　明	王　伟
王　浩	谢启刚	陈　顺	周　星	王志坚	陆大伟	崔文雪	卢　健	黄　彬
方凌易	张正国	陈　嵘	孙　凯	张　帅	戴欣欣	刘　颖	马　超	王其林
仇　勇	顾　鹏	狄玉龙	何　蒙	崔进冬	嵇立志	罗军红	巩梦璇	李　花
范飞东	张　伟	谢　进	王　宇	陈　浩	柏立飞	吴叶群	陈　浦	宋　磊
曹林健	顾言征	陈　啸	王红林	沈庆军	姜海洋	蔡可敬	许鹏飞	杨竹银
田　超	郁小锋	李　甫	燕守志	潘　婷	张计新	王鸿艳	陈金超	徐　明
高　婧	王　锋							

自动化（计算机控制与管理）

高　锋	戴晓程	刘　堃	段鹏鹏	刘松波	施荣亮	李文超	孙　凤	陈　浩
李育萍	张　毅	邹亮亮	贾新新	高　强	付　健	吴从健	陆江海	陆晓峰
王爱国	张克发	马先峰	陈亚雄	花鹏飞	单向昕	白树钢	薛祺枫	车洋州
万　勇	刘　帅	葛亚辉	张　光					

（继续教育学院　邢　彤）

教学科研服务工作

图书馆工作综述

图书馆现有馆舍三座,面积 66 900 平方米。截至 2014 年年底,累积馆藏纸质文献 397.58 万册,电子资源折合累计 328.52 万册。

一、完成完善基础业务工作

1. 中文图书入藏 99 190 册,西文图书入藏合计 5 635 册。中文期刊合订本入藏 4 734 册,外文期刊合订本入藏 852 册,回溯 13 176 册,订购和使用各类数据库 108 种。

2. 全年入馆 194.36 万人次,年度外借图书 35.35 万册,归还 35.13 万册,委托借还 2.32 万册。全年电子资源下载量 1 160.19 万篇次。电子图书借阅量 21.01 万册,2014 年门户点击量 590.02 万次。

3. 为各院系使用"985""211"等经费购置的文献作登记审核工作,全年共登记审核 2 376 种,2 876 册。

4. 完成 3 200 张随书附盘加工,中文图书数字化 6 419 种。

5. 继续完善多媒体资源,完成多媒体资源建设,转换、上传、编目各类 DVD 光盘 590 张;收集、整理和入编公开课程 680 门;多媒体资源总数 37 344 条,点播次数 77 718 次。

6. 制作中外文新书推荐 97 期。

二、履行教育职能,开展阅读推广活动

1. 举办东南大学第六届"爱书人的春天"读书节,包括"心语·畅听"朗读会、"一期一慧""三行情书""书天堂"等一系列阅读推广活动。

2. 继续办好原创电子杂志《书乐园》。毓琇文化沙龙于 2014 年下半年正式开放,举办多场读书及讲座活动,成为我馆开展阅读推广活动的新阵地。

3. 培育学生团体"善渊读书会""东南风文学社"等,并和学生会图管部合作,举办书讯、围炉夜话等文学鉴赏活动,多期主题书展以及东南大学第六届淘书节等活动。

4. 以 BBS、新浪微博、新书通报、图书推荐、书评、馆讯、电子屏等为载体开展常规导读，利用社交网络等发布图书馆最新资讯，推送服务信息，拓展与读者沟通的渠道，及时解决读者的问题。开通"东南大学图书馆"和"东大医学图书馆"公众微信账号。

5. 举办"东南大学第一届'向经典致敬'诵读竞赛"，将图书馆的读书活动提升到全校性的 SRTP 学科竞赛项目，有 328 名大学生(留学生 32 名)报名参赛。

6. 完成 116 场培训讲座和本科生的教学任务。探索新生入馆教育新形式，制作入馆教育网络自助课件，为 3 947 名 2014 级新生进行入馆培训；采取图书馆集中和深入院系两种形式对研究生开展专题培训、电子资源培训；本科生信息检索课教学合计 394 学时、565 人。

7. 组织 2014 年"大学生信息检索知识竞赛"。参与人数众多，有力宣传了图书馆资源与服务，促进学生对图书馆的了解和探究学习能力。

8. 联合相关公司在图书馆举办外文原版图书现货展，覆盖世界各大出版商的 6 000 余种外文原版教材与专著；与艺术学院合作，向专家学者直接展示艺术类外文原版新书。

三、履行信息服务职能，提供学科服务

1. 图书馆整合全馆学科服务资源，不断完善学科馆员制度，走入院系提供个性化服务。

2. 完成科技查新课题 586 项，原文传递 4 989 篇，查引查证 2 030 项。博士生开题查新审核 615 项，为科技处 SCI、EI、ISTP 论文奖励审核 3 913 篇。

3. 积极开展东南大学学科竞争力分析和评价，定期发布关于东南大学高水平论文发表、东南大学进入世界科研机构前 1‰ 的学科、适合东南大学科研人员投稿的高影响因子期刊、国内同类院校学科发展比较研究等方面分析报告。

4. 与教师教学发展中心合作举办"校图书馆教学资源支持与服务"讲座，向全校首开课和参与授课竞赛的近百位教师介绍如何利用图书馆资源以及如何与图书馆加强合作。

四、数字化建设和资源共享

1. 完成汇文系统 5.0 的升级工作；顺利完成资源发现系统"成贤搜索"的升级工作。

2. 继续完善学位论文建设，新增学位论文 4 046 篇，完成前 16 页的提取和核对工作，并在学位论文数据库平台上发布。

3. 主持江苏省高校图工委读者工作委员会、南京高校(江宁区)联合体的文献资源共享工作。

4. 主要参与教育部外国教材中心、江苏省高等学校数字图书馆项目(JALIS)和江苏省工程文献信息中心项目的工作；参与"卓越联盟"高校资源共享、中国高等教育文献保障系统(CALIS)和中美数字图书馆(CADAL)的建设；完成和支持各级信息资源共享项目。

5. 全年组织办理两期江苏省高校通用借书证，涉及 142 所图书馆，办证读者 6 000 余人。

五、科学研究与学术交流

1. 在 CSSCI 来源期刊及扩展版上发表学术论文 20 余篇。
2. 获 2014 年国家社科基金青年项目和中国科协"老科学家成长资料采集项目"立项各 1 项,省教育厅高校哲学社会科学基金指导项目多项等。
3. 成功承办 2014 年东南大学社科沙龙"知识桥"。
4. 组织 2014 年新进馆员参加本馆和江苏省高校图书情报工作委员会第三届图书馆新进馆员在职培训;馆员全年共参加 30 余场各类型的业务培训与交流,全年共接待 30 余批次兄弟院校图书馆和校友团体的参观。
5. 2 人分别赴美国加州大学伯克利分校图书馆和伊利诺伊大学厄巴纳－香槟分校"中国图书馆员暑期项目"学习,3 人次赴中国台湾地区图书馆访问交流。

六、内部管理工作

1. 组织召开江苏省图工委读者工作委员会会议并发出全民阅读倡议书,承办中图学会高校分会"空间管理与环境建设"培训班,承办"JALIS 学科服务云平台开通仪式暨馆长论坛"等相关会议。
2. 成立东南大学学生馆员协会,培养学生馆员的自主管理能力和团队合作能力。
3. 图书情报硕士点招生 2014 年正式转入经济管理学院。
4. 完成四牌楼校区图书馆大厅的改造。完成国鼎图书室改造工作,童雋画藏室和童雋画展室的建设和改造工作也接近完成。九龙湖校区李文正图书馆民国资料阅览室正式开放。
5. 重视工会工作,畅通馆员沟通渠道,通过各种活动培养团队精神,提高馆员凝聚力。

七、所获荣誉

1. 被中国图书馆学会授予"全民阅读示范基地"称号;
2. 《书乐园》获"2014 中国图书馆阅读推广类十佳内刊内报";
3. 东南大学善渊读书会获图书馆"书友会"优秀案例一等奖;
4. 东南大学图书馆"心语·畅听"朗读会获"高校阅读推广活动优秀案例"三等奖;
5. "量身定制的学者投稿指南"获首届全国高校图书馆服务创新案例大赛三等奖;
6. 《基于学科发展视野的决策信息支持服务》获 2014 年华东地区科技情报成果奖二等奖;
7. 顾建新馆长当选江苏省科学技术情报学会第七届理事会副理事长;
8. 图书馆党总支第二党支部被评为"东南大学 2014 年度先进党支部"。

2014 年图书馆数据统计表

馆舍面积:66 900 平方米
阅览座位:5 554 席
图书经费使用情况:2 205.17 万元

一、馆藏情况

1. 文献累积总量   3 975 826 册
  中文图书累积量
   纸质   3 372 268 册
   电子   1 722 669 册(未计入总数)
  外文图书累积量
   纸质   277 034 册
   电子   72 050 册(未计入总数)
  中文期刊累积量
   纸质合订本   110 839 册
   电子   346 333 册(未计入总数)
  外文期刊累积量
   纸质合订本   181 210 册
   电子   1 144 120 册(未计入总数)
  缩微资料   22 815 件
  声像资料   11 660 件
2. 当年入藏
  当年入藏纸质图书
   中文   99 190 册
   外文   5 635 册
  当年入藏纸质期刊
   中文   4 734 册
   外文   852 册
  数据库情况:
   购买国内网上数据库(含镜像)   28 种
   购买国外网上数据库(含镜像)   80 种

二、流通阅览服务情况

读者人数 41 006 人,其中,
学生   33 105 人

教职工	6 828 人
校外读者	1 073 人
外借书量	353 556 册
资源共享借入量	250 册
资源共享借出量	263 册
委托借还	23 231 册次
开馆时间	98 小时/周

三、信息服务情况

科技查新	586 项
原文传递	4 989 篇
查引查证	2 030 项
信息资源讲座	116 场,9 747 人次
本科生信息检索课	394 学时,565 人

(东南大学图书馆　夏圆)

档案馆工作综述

档案馆在推进原有工作基础上,根据新情况新要求不断开拓工作思路,为更好地服务学校中心工作打下坚实的基础。本年度档案馆主要工作总结如下。

一、加强作风建设,完善服务手段,创新工作机制

1. 以学生和教职工为本,将涉及服务师生的工作作了两个延伸:一是对学生成绩学籍等翻译工作延伸到九龙湖校区;二是对毕业生档案的接收延伸到九龙湖校区。两项举措极大方便了师生员工。

2. 建立健全服务反馈和监督机制。以零投诉为红线,采取设立意见箱、投诉网址及职工照片上墙、铭牌上桌等措施,方便师生监督。服务态度和服务质量明显提高。例如:文书档案室三同志不辞劳苦,帮助"苏州海路生物技术有限公司"李降龙先生找到二十多年前的铁医学位证书,助他申报科研项目获得成功。为此,他专程到学校表示感谢档案馆。类似的表扬还有很多。

3. 建设"三位一体"的岗位学习模式。档案馆设立馆内科研课题;制定了每月一次业务学习日;建立并实施了轮岗工作制。"三位一体"立体岗位学习模式促使档案馆工作人员换位思考,优化岗位工作,提升自身的业务素质和水平,促进了档案馆业务水平的提高。

4. 量化考核,挖掘潜力。档案馆实行月工作量统计制,职工的岗位责任感和责任心得到加强,也为年底绩效考核提供了客观评价依据。

二、团结合作,完成各项工作任务

1. 加强制度建设,做好日常工作

馆领导班子严格执行"三重一大"制度,重大事项和决定都在馆务会上充分讨论;财务管理严格按学校的规定执行。

全年安全无事故。所有档案库房安装了门禁系统。

吴健雄纪念馆、校史展览馆接待预约参观团体94个,预约参观7 049人次,零散参观6 650人次,合计13 699人次。报告厅使用63场。

开展纪念"6·9国际档案日"活动,配合青奥会,在九龙湖校区和四牌楼校区作了"东南大学百年体育回眸"专题档案展。

学校校史研究室成立,档案馆积极配合校史研究室工作。

全年安排24人次外出培训学习,馆内学习培训200人次。

今年获得江苏省教育厅课题一项。

全年复印量近22万页,发挥了档案的显著效益。

完成了档案馆二百多扇铁窗换隔热铝合金窗户的工程。

档案馆库区1 800平方米全部由档案馆工作人员负责清洁卫生,工作量繁重,学校没有让物业承担此项任务。

2. 着力推进馆藏资源建设

今年接收了韦钰院士、张燕教授、南京地方志办公室、韬奋基金会、丁大钧家属、南京新和园社区等单位和个人捐赠珍贵史料档案等共计200余件,其中韦钰院士捐赠的钱学森亲笔书信、南京地方志办公室捐赠的日军轰炸中央大学的15张照片、朱成超同志向档案馆捐赠的杨廷宝相关资料23件等填补了档案馆的部分收藏空白。

纸质档案的收集整理保管统计:收集整理2013年文书档案纸质文件4 570份(209盒),纸质文书资料1 368份(15盒),保密内部文件400余份;专利档案1 037卷,成绩档案188册;科研档案2 190卷、涉密科研档案266卷;基建档案120卷;新生录取通知书6 686份;研究生纸质学位材料4 216卷,涉密学位论文材料105卷。

电子文书档案收集整理统计:收集整理存储2013年电子文书档案6 499份。全年实时接收、整理、存储2014年办公系统的电子公文4 828份;专利扫描件1 037份,成绩档案扫描件6 765份,本科、硕士和博士录取通知书6 686份;学位论文4 216篇(收集审核论文电子稿4 216篇,大约41.3万页,37 516万字),声像档案22 592个文件(容量1.45 T),其中网上发布5 626个文件,容量25.5 G。

接收教工人事档案90人,材料:10 942人次、22 450份;转出31人档案。移交档案材料:约240人次、410余份。完成3 800卷标签更新。

接收、整理新生档案材料8 600余份,与院系交接毕业生档案14 000余份,转出毕业生档案6 269余份。与人事处、省人才东大分中心交接档案500余件。登记、整理、网上录入毕业生档案投递信息6 269余人/次。

全年共接待各类档案查阅利用11 457人次,23 906卷。

完成吴健雄书信92盒2 950封整理工作。"东南大学历史上的今天"完成初稿,"杨廷宝年表"整理初步完成。完成抢救"文化素质教育系列讲座"磁带信息转录数字信息468小时。

3. 稳步推进数字化档案馆建设

开发近4年的"东南大学综合档案管理平台"经过不懈努力已基本投入使用。目前对外服务信息4 711 325条。"电子文件仓储"式数据存储池建设已完成。

全年完成纸质档案数字化工作总计21 006份,以及整理科研案卷目录2 190条、专利案卷目录1 037条,整理录入通知书电子目录6 686条,研究生论文下档号4 216条。

档案异地备份工作准备就绪,4T数据备份完毕,按照档案异地备份要求,拟备份到重庆大学档案馆。

4. 加强与校内外有关部门及兄弟院校的交流沟通合作

档案馆承担全国文物普查东南大学普查的牵头任务,完成了全校文物登记普查等各项工作,并请专家进行了鉴定。

与教务处、吴健雄学院及时沟通,平稳解决吴健雄学院学生出国成绩版本变更造成的计算方式的不同问题;和教务处协调解决应对本科生使用4.0和4.8双成绩积点计算成绩后产生的问题。免费为有关学生重新办理了数百件成绩翻译件,为维护学校稳定做了大量的后台工作。

接待了中山大学、山东大学、天津大学、浙江大学等10余所高校档案馆的同行70余人,馆际间面对面的交流和研讨使我馆同志也学到不少经验。

作为江苏省高校档案研究会秘书长单位,今年组织了有关高校退休馆长在扬州召开档案工作研讨会;承办了在宁高校和江苏省高校档案法律法规知识竞赛的预赛和决赛;以黄进、江媛媛为代表的东南大学档案馆队,获得了市和省两场竞赛的一等奖;主持竞赛的我馆杨东和李莉同志获得了研究会颁发的"金话筒奖"。

(图书馆　夏　圆)

出版社工作综述

2014年东南大学出版社在江苏省新闻出版局,东南大学董事会、监事会的正确领导下,主动应对竞争日趋激烈的出版环境,妥善处理改革发展稳定的关系,经过全社员工奋力拼搏,出版经营取得了明显的成绩。全社经营状况良好,员工精神面貌积极向上,改革发展的态势稳步向前。主要表现在:

一、图书出版情况

2014年全年共申报选题1 413个,出版新书545种,选题实现率58%。重印书962种,重印比例60%左右。

二、精品出版取得一定成绩

2014年,在社领导的带领下,我社研发了4个国家级、省部级重点资金资助项目:"中国近代建筑文化遗产保护与利用数字出版云平台建设(2014)"入选国家文化产业发展专项资金新闻出版业数字化转型升级重大项目;《中国古代金属建筑研究》获得2014年度国家出版基金资助;"近代建筑遗产数据库(南京)(2014)"和《城市与建筑遗产保护实验研究》两个项目获得江苏省文化产业引导资金资助。

2014年再次增补入选"十二五"国家级重点项目3项,江苏省级重点项目5项,至此共承担了国家"十二五"重点出版项目14项和江苏省"十二五"重点出版项目23项,共百余种精品图书。同时,《城市规划与设计》等4种教材入选"十二五"普通高等教育本科国家级规划教材。

6种图书获得各类奖项:《宜居环境整体建筑学构架研究》《南京城墙与罗马城墙比较》《中国当代城乡规划思潮》3种图书入选"2013苏版好书",《遗忘海》被评为2014年"中国最美的书",《世界植物药》获得江苏省优秀科普作品奖图书类三等奖,《南京城墙与罗马城墙比较》荣获第八届华东地区书籍设计双年展封面设计二等奖。

2014年,我社的出版影响力进一步扩大,被中国出版传媒商报等媒体评为年度"中国图书世界影响力出版100强"。

三、形成质量管理新常态

2014年,进一步增强全员质量意识,完善各项制度管理,对社内近40项制度进行了系统检查,并结合具体实施情况进行了修订,使图书质量保障体系日臻完善。同时严格规范图书出版流程管理:坚持重大选题备案制度、执行选题集体论证制度、落实三审三校的执行力度、遵守印刷质量标准等。坚持社内自检自查图书质量,并使之长期化、固定化、制度化。

2014年所出图书的内容质量和编校质量均合格,没有发生政治方面的问题。全年抽检图书30种,编校质量均达标。在出版管理制度执行方面,2014年在江苏省新闻出版局组织的18家出版社的书号实名申领制度检查中获得通报表扬。

四、深入推进数字出版工作

2014年在数字出版工作方面继续探索,完成了图书数字资源库的建立,深化产业布局,与B2B、B2C电商展开良好合作,展开数字化系列课程(mooc,spoc等)的制作、出版、发行工作。

顺应互联网出版大势,2014年我社基于多年的综合出版实力,获得了互联网出版资质。

五、强化营销发行工作的绩效考核

在发行部基础上,注重对社内营销力量进行整合,多项并举,多管齐下,千方百计谋增长。一方面,稳固传统渠道,教材推广与馆配业务借助外力走向专业化推广的道路;另一方面,把握新的机遇,抓住近年来网络书店兴起、各类政府采购项目勃兴的机遇,以此作为新的销售增长点。此外,积极摸索、拓宽有效的营销路径,加强媒体、渠道和网络全方位、多层次的宣传,针对部分品种组织和策划了一系列的营销活动,效果不俗。同时加大对发行绩效考核的力度,提高绩效奖励兑现标准,充分调动营销人员的积极性。

六、积极改革选题考核,减少利益博弈

2014年,出版社进一步加大了对国重、省重选题的资助力度,充分调动了编辑做重大、重点选题的积极性;同时简化了考核选题类别,拉开考核档次,切实反映了"多劳多得";在编辑队伍中支持团队合作,鼓励老带新、强帮弱的互助模式。

七、继续推进人才工程建设

在人才培养方面,2014年继续坚持"内部提升"与"外部引进"并举,以人为本,着力构建环境留人、待遇留人、事业留人氛围。在积极引进相关板块的优秀编辑人才外,注重社内员工业务培训,从岗位培训、继续教育、知识交流、观摩参展等方面为出版社的人才全面充电,定期组织培训交流,邀请社内外专家学者举办出版知识系列讲座,逐步将人才培养工作细致化、全面化、常态化、制度化,并初显成效。员工不断提升了业务技能,近几年一批年轻人走上了部门领导岗位,为社里长期发展奠定了人才基础。

(出版社 唐 允)

学报(自然科学版)工作综述

一、数据库收录和文献计量指标

2014年度出版《东南大学学报(自然科学版)》正刊6期,发表论文231篇;出版《东南大学学报(英文版)》正刊4期,发表论文97篇。两刊合计发表论文328篇,均被EI Compendex数据库收录,其中东南大学论文254篇。此外,两刊还被英国《科学文摘》(INSPEC)、美国《剑桥科学文摘》(CSA)多个分册、美国《化学文摘》(CA)、俄罗斯《文摘杂志》(AJ)、美国《数学评论》(MR)、德国《数学文摘》(ZBl MATH)等其他国际重要检索数据库收录。

二、表彰与奖励

(1)《东南大学学报(自然科学版)》被中国科学文献计量评价研究中心评为"2014中国国际影响力优秀学术期刊",进入国际学术影响力Top 10%层面。该评价研究中心采用"期刊国际影响力指数",分科技、人文社科两个序列对我国学术期刊进行排序,根据指数高低分别按TOP5%选出"2014中国最具国际影响力学术期刊",按TOP 5%—10%选出"2014中国国际影响力优秀学术期刊",科技类各175种,社科类各60种。

(2)《东南大学学报(自然科学版)》被教育部科技司评为"第五届中国高校精品科技期刊",是19家连续5届荣获中国高校精品科技期刊奖的期刊之一。本次评比从400种

参评高校科技期刊中评选出精品科技期刊 49 种,优秀科技期刊 108 种,特色科技期刊 30 种。

(3)《东南大学学报(自然科学版)》荣获科技部中国科学技术信息研究所颁发的"第三届中国精品科技期刊"称号。这是本刊连续 3 次荣获"中国精品科技期刊"称号。"中国精品科技期刊"是指在某一学科内质量和水平较高、在国内具有较高影响且具有一定发展潜力的科技期刊,每 3 年评选一次,具有很高的客观性和权威性。本届中国精品科技期刊从 6 000 余种科技期刊中评选出 300 种中文期刊和 15 种英文期刊。

(4) 2014 年 12 月,《东南大学学报(自然科学版)》荣获教育部科技发展中心 2013 年度"中国科技论文在线优秀期刊"一等奖。

(学报自科版　毛善锋)

学报(哲学社会科学版)工作综述

2014 年,《东南大学学报(哲学社会科学版)》秉承精品办刊的方针继续向前发展。

(1) 全年共出版 6 期正刊,2 期研究生论文专刊(增刊)。全年处理作者投稿 1 500 余篇,公开发表论文 260 余篇,没有出现任何政治、学术和编排印刷质量方面的错误,圆满完成了任务;编辑部引入方正飞腾排版系统,文章编校的效率得到大幅度提升。

(2) 2014 年 10 月,学报编辑部进行了主编交接工作,徐嘉教授接替徐子方教授继任《东南大学学报(哲学社会科学版)》主编,在徐子方教授的协助下,顺利完成了工作交接,并保证了编辑部各项工作的稳定、有序。

(3) 坚持质量第一,积极参与国内各项业务交流和相关学术活动,《东南大学学报(哲学社会科学版)》的学术影响继续扩大。

(4) 积极参与江苏省期刊协会的工作,一位老师获得江苏期刊"明珠奖"优秀编辑奖,一位老师获得全国优秀社科学报编辑奖。

(学报哲社版　余　敏)

学报(医学版)工作综述

《东南大学学报(医学版)》原名《南京铁道医学院学报》,2001 年 9 月更名为现刊名。1960 年创刊,2003 年改为双月刊,每年发行 6 期。主编由唐萌教授担任。本刊是由教育部主管、东南大学主办的综合性医学学术期刊,主要刊登基础医学、临床医学、公共卫生与预防医学、中西医结合、药学等方面的研究成果及新技术新方法、病例报告、综述等,并以纳米医学、分子遗传、影像医学、心脏介入、急诊医学为办刊特色。多年来一直被《中国核心期刊(遴选)数据库》《中国学术期刊综合评价数据库》《中国科学引文数据库》《中国期刊网》《中国学术期刊(光盘版)》《中文科技期刊数据库》《万方数据资源系统》《天元数据网》及《教育阅读网》全文收录,同时被 CA、AJ、IC、《中国药学文摘》及《中国医学文摘》等收录。1999 年被 CSCD 收录,获 2000 年首届《CAJ-CD 规范》执行优秀奖和 2004 年全国高校自然科学学报优秀编辑奖。2008—2014 年被中国科学技术信息研究所评为"中国科技论文统计源期刊(中国科技核心期刊)"；2009—2014年获教育部科技发展中心颁发的"中国科技论文在线优秀期刊二等奖"；2009—2014年被评为"RCCSE中国核心学术期刊(A)"。

（学报医学版　唐　萌）

网络与信息中心工作综述

2014年，网络与信息中心紧密围绕校园信息化建设和维护工作，为学校教学、科研、管理和对外交流等各项工作的顺利开展提供优质的网络和系统服务。

一、加强网络基础设施建设，保障信息通道的安全畅通和信息系统平台的安全运行

1. 进一步推进校园网络基础设施建设，构建可靠、安全和高速的网络环境，保障高速信息通道的畅通。通过国家教育部改善基本办学条件专项资金项目的实施，进一步完善校园无线网络建设，完成了校园无线网络三期工程，在原有1 900台无线AP接入点的基础上，新增了200个无线AP接入点，校区无线网基本覆盖办公楼宇。同时根据师生体验，开展对无线AP接入点进行优化、增补以及移位等工作，安排专人对校内无线AP接入点进行定期巡检，改善师生员工上网体验和质量。

通过与校外网络运营商的合作，在全校三个校区学生宿舍建成无线网络，安装无线AP接入点2 200余台，实现学生宿舍区校园网全覆盖，满足学生在宿舍使用校园网需求，学生在宿舍可以自由选择使用校园网络或运营商无线网络。通过与网络运营商的合作，实现跨校区光缆多路由备份，借用运营商光缆资源，建成三校区光缆环路，校区间网络开通第二路由，确保网络稳定可靠运行。同时一卡通、财务、医疗专网也均开通第二路由，极大提高校园网络通畅的可靠性和安全性。

2. 进一步推进校园数据中心的建设，打造高效、安全和可靠的机房环境。校园数据中心和网络机房是校园网络的核心基地，需要全天候不间断的电力供应和环境温度控制。为保障各校区机房设备的正常运行，按照机房建设标准，对九龙湖校区数据中心机房、四牌楼和丁家桥网络机房的电力供应和环境温度控制进行升级改造，提高了原有机房的电力容量，实现不间断的双路供电，同时合理配置精密空调系统，确保环境温湿度常年恒定。

3. 进一步扩充机房的硬件设备，以满足数字化校园日益增长的业务需求，保障各类业务安全运行和数据安全存储。

根据学校各类核心业务、通用业务以及特色业务不断扩充和数据的日益积累状况，对网络与信息中心基础业务存储进行硬盘柜扩容，提高原有存储的可靠性和存储容量，现有高低速存储容量达到300 TB，满足当前需求。通过对刀片服务器的扩容，利用虚拟化技术，提高校园各类业务系统的处理性能和硬件可靠性，现有服务器达到131台。为保障校园各业务系统和数据的高可用性，建立了校园同城灾备双活数据中心，实现四牌楼和九龙湖校区的数据中心服务器和存储同时提供业务服务，杜绝单个数据中心的单点故障引起各类业务的中断和数据丢失。同时采购并部署虚拟化灾备软件和数据库容灾软件，从顶层设计角度实现从硬件到软件的双活数据中心解决方案。

二、完善和提升校园业务应用系统,满足学校各方面工作的需要,为学校教学、科研、管理和对外交流提供服务

1. 升级改造业务系统,适应各项工作的需要。全面升级了校园邮件系统,新系统用户体验大大改善,同时大幅提高用户邮箱存储空间,教师邮箱空间从 2 G 提升为 10 G,学生邮箱空间从 500 M 提升为 1 G,方便用户使用。截至目前,邮件用户总数达到 10.12 万。实施了网站群系统升级项目,对现有的网站群功能和界面进行了较大的升级和改造。网站群现有网站 212 个,其中 2014 年新增 28 个,新发布网站信息约 25 000 条。进一步完善校园办公系统 OA,包括信息采集、数据整理、模块更新与完善等。按照学校新的发文管理要求,参照新的校发文模板,对 52 个部门发文模板进行了重新制作;新增了证件审批与印章审批模块,新的功能模块已经得到了有效的应用。对校园门户进行升级改版,项目开始进入实施阶段,现已完成对部分业务流程的升级开发。新门户的测试环境已经搭建好,具备试运行条件的服务已在测试环境中部署,用于测试软件可用性。对教务系统和研究生系统的一体化改造进行深入探讨,完成了初步方案。

2. 建设新的业务系统,提升各项工作效率。根据学校工作的需要,开展了统一通信平台开发建设、九龙湖体育馆预约系统开发建设、工会提案系统建设以及外事交流管理系统建设等。探索校园数据应用的开发,建立了综合查询系统。在移动校园建设方面,建立东南大学微信平台和移动门户。对历史遗留的项目进行清理,推进人事积分考核系统、机关作风考评系统、留学生系统、医保注册系统以及体检系统等的应用和验收。

三、加强网络和信息安全工作,建立安全保障体系,为校园网安全运行做好基础性工作

按照教育部的部署和要求,积极开展应用系统等级保护测评工作,完成重要信息系统东南大学网站群系统和东南大学数字化校园信息系统等级保护定级工作。从技术层面和管理层面,按照标准要求,部署硬件,责任到人,健全网络安全管理制度。积极开展网络安全大检查,对校内 200 多台存在较多问题的计算机进行跟踪检查,并整改到位。进一步加强校园主页和门户网站的防篡改能力,在主页和门户网站的系统升级中加入了防篡改系统。

推动系统软件和办公软件的正版化工作。为全校师生提供正版的操作系统和办公软件,避免使用盗版软件导致的病毒感染和数据丢失。从网络终端上抓起,做好防范,保障网络与信息安全。

四、加强中心内务管理,提高办事效率和服务水平

网络与信息中心重视制度建设,制定和修订《东南大学网络与信息中心印章使用及管理规定》等管理办法,规范了办事流程,按章办事,提高办事效率。进一步梳理本单位组织构架,明确岗位职责,责任到人。同时鼓励员工积极参加各类专业培训和业务交流,提高专业水准,为有效地开展工作打下基础。大力培养服务意识,提高服务水平,特别是结合党的群众路线活动提出的问题,积极落实整改并完成任务。提高个人网络流量每计费单

元由 5 G 升为 10 G,调整个人带宽限制由 8 M 升到 20 M 等,为师生提供更好的网络服务和体验。

网络与信息中心既肩负学校信息化建设的重任,同时也肩负校园网络繁重的运行维护服务工作。中心设立服务前台,对全校师生提供在使用网络服务中的各种问题进行咨询解答、修改用户统一身份认证密码、开具校园网发票等服务和 80808 咨询邮箱的回复。据统计,本学年接听咨询电话约 6 000 多个,回复 80808 咨询邮箱问题约 500 多封。

加强对运维队伍的监管,要求做到快速响应,快速处置,分析原因,避免再犯。本年度处理网络报障约 1 500 件,主干光缆故障 2 次,校内支线光缆故障 21 次,机房发生局部空调故障或市电中断故障 15 次,其中四牌楼机房 9 次、九龙湖机房 6 次,业务应用系统故障 15 次。经过合理处置和及时抢修,未对学校的工作造成重大影响和损失。

(网络与信息中心　金志军)

后勤管理与基建工作

总务处工作综述

2014年,学校对后勤体制机制作了调整,成立了总务处。一年来,新成立的总务处克服机构调整的各种困难,实现了安全平稳过渡。结合党的群众路线教育实践活动整改落实和机关作风建设,总务处团结一心、开拓创新,认真推进各项后勤服务工作,以优质的服务、扎实的作风,取得了优异的成果。

一、加强内部管理,促进各项服务工作顺利开展

总务处成立以来,按照学校对总务后勤工作的总体要求,进一步加强内部管理,协调处机关与各经济实体之间的关系,部门间的配合越来越顺畅。

进一步完善制度,梳理、修订了总务处员工手册、技术手册、管理制度等数十个办法、细则、制度、流程等,组织干部职工开展培训、学习,努力提升服务和管理水平。

二、关注学生民生需求焦点,改善教师、学生生活条件

1. 在老校区安装空调,解决学生居住环境

从今年年初开始,实施了四牌楼和丁家桥老校区电力增容和配电设施改造、空调安装工程。完成2 923台空调安装,惠及四牌楼、丁家桥校区21幢老学生宿舍、9 899名学生。

2. 积极落实校舍出新工程,改善办学条件

落实完成改善基本办学条件专项18个,包括四牌楼校区图书馆、体育馆、校运动场、老六舍等改造出新工程,启动四牌楼校区路灯与道路改造和实习工场维修工程,做好太平北路过街通道恢复天桥建设工作;九龙湖校区纪忠楼东部公共教室吊顶维修、桃园食堂前厅改造、梅园宿舍出新、九龙湖校区护校河环境整治等工程;完成丁家桥校区运动场改造、基一基二公共教室维修出新、公卫楼外墙及门窗节能改造工程;长江后街东南大学国家科

技园园区整体环境出新等。

一年来,完成各类报修、零修、应急抢修等工程,45 000余次;为院系装修提供管理服务工程47项。

3. 采纳职工建议,积极推进教工食堂建设和改造

积极采纳教职工建议,在四牌楼沙塘园食堂改建教职工餐厅,积极改善四牌楼校区教职工就餐条件和环境。新餐厅将在2015年元旦启用。做好九龙湖校区新建食堂的相关准备工作,在其中设立教师专座,彻底解决教职工用餐不便等问题。

4. 着眼教职工利益,贴心工作提升服务力度

开展了资料不全等学校公有住房和已出售教职工住宅的"两证"办理工作,积极解决影响教职工切身利益的历史遗留问题,涉及教职工房产近百套。

今年以来分两批次安排青年教师公租房选房及签约,目前共有55名教师入住江宁区九龙湖人才公寓。

积极做好二代子女入托问题,开展各项便民活动为教职工子女做好服务。

关爱500多名退休老同志,组织相关活动丰富他们的业余文化生活,让老同志们老有所乐。

5. 面对交通形势变化,积极做好交通方案的调整

针对教职工提出关于地铁三号线开通后学校班车运行调整的建议,总务处多次走访校内相关院系和职能部门,听取教职工意见,形成地铁三号线开通后学校班车运行调整方案。

三、加强水电设施管理,倡导光盘行动,建设低碳校园

2014年以来总务处积极加强低碳、绿色校园建设,取得一定成绩。在江苏省高校后勤管理研究会能源专业委员会2014年年会上,我校被评为江苏省高校节能工作先进院校。

1. 大力开展节约型校园建设

强化师生"节水、节电、节粮"的节约意识,养成良好习惯,建设低碳校园。完善水电管理相关规定,加强对办公室空调、教室房屋防水漏水检查,加大隐患排查力度,提倡和推广"节水、节电"。暑假期间,对四牌楼、九龙湖校区部分教学楼、办公楼宇进行电路监测维修,杜绝安全隐患的发生,确保设施设备正常运行。

2. 强化"节粮"意识,鼓励和引导师生参与"光盘行动"

开展"文明就餐、光盘行动"微电影征集大赛、食堂一日体验、"文明就餐"知识竞赛、"体验餐厅保洁行动"以及"文明就餐"主题标语有奖征集等"文明就餐"系列活动。在学生中开展节能减排及关爱保洁员活动。

四、加强与学生、院系间的沟通交流,为师生做好服务工作

一年来,总务处加强与学生、院系间的沟通交流,大力推进与学生之间交流沟通的平台建设。增加BBS、微信等平台上与师生的互动,听取师生各方面意见。学生公寓中心、饮食中心定期与学生开展座谈,顺畅沟通交流平台。九龙湖物业定期与业主单位沟通,多方面做好服务。

在饮食中心5个学生食堂和橘园餐厅开展"东南大学美食文化节"活动,吸引学生广泛参与,受到众多新闻媒体的关注,得到大家的一致好评。

落实少数民族学生座谈会精神,在梅园餐厅增设清真窗口,进一步改善九龙湖校区少数民族学生的就餐问题。

五、加强校园环境建设,创建绿色校园

积极配合南京市"大干一百天,环境大扫除"活动,确保校园整洁、美丽。加强校园景观建设,努力创建绿色校园,绿化出新面积近四千平方米。开展以"美化校园,爱我东大"校园为主题的绿色环保活动。在全校安装景观座椅180个,配合开辟800平方米的"耕读园",供学生参与实践活动;对九龙湖校区行道树进行定杆修剪。

积极落实禁烟有关工作,在校园设立公共吸烟处40余处,开展以"校园禁烟"为主题的黑板报比赛。全校更换垃圾箱180多个。

六、做好学校的相关服务工作

一年以来,总务处各部门按照学校要求做好各类服务工作。做好校庆,能源和环境学院、生物科学与医学工程学院等院庆,江苏省苏北科技助推活动等数十场次大型活动的后勤服务保障工作。

做好青奥会志愿者服务工作以及青奥会倒计时100天相关活动的服务保障工作;完成九龙湖校区孔子像的落成工作;做好暑期扬帆计划、各类夏令营活动及各类新生入学、开学典礼、军训等服务保障工作;开展学雷锋为师生服务活动;开展"最美宿管员"评选活动;举办"创建文明、安全、和谐宿舍"活动;携手举办员工课堂系列活动。

(总务处 沈峥嵘)

基本建设工作综述

2014年,基本建设处在学校党政正确领导下,在全体职工共同努力下,全面贯彻落实党的十八大和十八届三中、四中全会精神,根据"深化教育领域综合改革"总体要求,紧密结合党的群众路线教育实践活动整改落实工作,以"科学规划、优质建设、安全第一"为主导,坚持"团结、协作、自律、奉献"工作理念,统一思想、凝心聚力、立足本职、积极进取,努力为全校师生营造一个良好的教学与生活环境,为学校的人才培养和学科建设提供有力保障。

一、认真落实机关作风建设三项制度,不断提高履职能力

1. 开展内容丰富的各类讲座,提高理论和业务水平。为建设一支学习型管理干部队伍,进一步落实机关作风建设学习制度,提高全处工作人员的理论和业务水平,提升各项管理能力,充分发挥科学编制学校校园建设规划行政职能,特邀东南大学人文学院教授宣讲十八届三中全会报告,深入了解国家法治建设、改革创新、民族复兴之梦的强劲动力;邀请业内专家组织开展建设工程质量安全、消防知识讲座,通过学习,充分认识质量、安全、消防是工程建设第一要素,树立质量、安全、消防建设领域基础性、长期性、全局性观念,强化施工质量安全监督;组织全员深入学习《东南大学基建工程变更及签证管理办法(暂行)》文件精神,进一步明确工程变更和签证的范围、实施、审批程序。

2. 积极走访用户单位,落实机关院系联系制度。走访信息科学与工程学院、电子科学与工程学院,为即将启动的九龙湖校区电子信息大楼建设做好前期调研,了解新大楼各项功能(包括实验室、办公楼、教学科研用房等)、各功能的相应规模、用电需求(部分实验室特殊用电需求),为项目立项做充分的基础准备工作;多次联系土木工程学院、交通学院,就土木交通教学科研楼设计方案、施工图、工程进展深入沟通,加深理解,统一思想,共同促进;密切联系体育系,认真听取四牌楼校区体育馆修缮工程合理化建议,共同解决工程阶段出现的各种疑难问题;主动与海外教育学院沟通,深入了解该院综合定位、国际化办学的长远规划,为校园建设规划提供科学依据。

3. 加强部处联系,提高工作成效。在建设前期多次与总务处协调,对九龙湖桃园学生宿舍、食堂设计方案进行调整、优化;在改造沙塘园锅炉房为学生食堂的工程中,就设计、施工中遇到的问题,积极主动联系总务部门,加强沟通和交流;共同与财务处协调投资控制,把好招投标关口,做好财务决算工作;与审计处密切配合,做好工程跟踪审计、竣工决算工作。

4. 切实落实"首问责任制",认真对待师生反映的情况和问题,及时调查处理,做到"有事情,有回复,量力办",尽量满足师生需求。

二、以优化管理流程为抓手,基本建设处内部不断规范管理体制机制

为提高工作规范化程度,提升工作效率,不断优化工作流程,形成了基本建设项目校内决策流程,基建前期审批阶段流程,项目前期报建流程,项目招标工作流程,项目预算编制工作流程,工程计量审核流程,材料、设备价格审查流程,工程变更、签证管理流程,工程款支付流程等。

充分依靠校内外专家,通过专家座谈、专家论证等多种方式,为基建工作出谋划策,为科学决策提供依据。2014年度,共召开专家论证会7次,解决了工程设计、施工期间的重大问题,为学校节约了大量的资金,同时工程质量得到了保证。其中针对土木交通教学科研楼振动台设备基础设计方案,组织专家论证,优化设计,较原设计方案节省投资约100万元。

三、强化项目过程管理,保质按期完成建设任务

1. 针对九龙湖校区桃园学生宿舍、食堂施工图设计,主动与设计人员沟通,共提出修改建议40余条,优化了设计方案。

2. 对工程投资采取分项控制管理办法,严把设计、清单编制、招标文件起草等各个环节,分别对九龙湖校区体育馆、土木交通教学科研楼、研究生宿舍三号院在建工程的投资控制实行分项控制管理,都取得了较好效果;经过充分调研建筑市场情况,及时调整投标方案,较好完成四牌楼校区体育馆、沙塘园锅炉房改造及学生食堂招标任务;同时严把合同执行关,对各种违约行为在结算送审前给予扣罚处理。今年,完成工程招标及合同签订52项,总金额近8 000万元。

3. 加大施工阶段现场管理工作。工程现场的质量和安全控制是工程项目过程管理中的生命线,基建处始终坚持"优质建设、安全第一"的理念,按照教育部、学校以及行业的相关规范,严格工程现场管理,严把工程质量和安全关,着力打造平安工程。工程管理人员坚持每日巡视工地,节假日轮值巡视;按期召开工程例会,及时解决施工问题;严把质量过程控制关,及时发现并处理工程施工质量问题25次,材料质量问题7次;严格执行《东南大学基建工程变更及签证管理办法(暂行)》,严把设计变更及签证、工程签证和材料核价关口,回绝施工方提出不必要的变更和签证要求20余条。

4. 定期组织工程质量安全检查。为加大对建筑工地的安全巡查和督导力度,及时发现和消除安全隐患,由总工程师办公室负责牵头定期组织工程质量与安全检查,督促各参建单位牢固树立质量第一、安全预防的思想,增强责任感和紧迫感,认真落实安全生产责任制,遵守安全生产规章制度,同时督促各方按合同严格履责,以确保工程建设的顺利实施。

5. 基本完成年初制定的建设任务。基建处全体同志本着"舍小家、顾大家"无私奉献精神,节假日安排轮值,尤其暑期"顶烈日、冒酷暑"加强各工程巡视、监管;平时只要工作需要加班加点、毫无怨言;一年来,在大家共同努力下,完成了九龙湖校区总建筑面积22 068平方米体育馆的交付、基本完成总建筑面积22 911平方米研究生宿舍三号院建设任务、完成总建筑面积50 203平方米土木交通教学楼主体结构封顶。

四牌楼校区建筑面积1 400平方米。沙塘园食堂改造是学校的一项民生工程。目的是为改善师生就餐环境,扩大学生的就餐空间,将更多的就餐空间让给学生,确保学生就餐。基建处接到任务后,指定经验丰富的项目负责人,在克服工期短、任务重、工作量大的情况下,科学管理,对内对外相互协调,保质保量按时交付工程。

为保证正常教学,对四牌楼校区2 000平方米体育馆修缮,必须利用学生放暑假期间进行维修,项目负责人放弃整个暑期休息时间,冒酷暑,每日巡视现场,督促施工单位文明施工,要求各参建单位质量、安全两手抓,科学管理,严把质量安全关口,按时交付工程。

为配合土木工程学院、交通学院迁入九龙湖校区,需新建8 869平方米桃园食堂、14 358平方米的桃园学生宿舍,在前期调研、申报后,工程通过教育部可研报告评估,完成施工图设计,进入招标工作阶段。

6. 积极受理维保服务,督促原承包商严格履约,同时妥善处理维保纠纷10余次。

四、深入开展反腐倡廉教育,廉政工作常抓不懈

为深入推进反腐倡廉建设,提高党员干部廉洁意识,充分认识党风廉政建设和反腐败斗争面临的形势,切实提高对党风廉政建设的认识水平,有效遏制和防止职务犯罪,廉政教育成为基建工作的首要任务。基建处特邀校监察处吴荣顺处长给基建领域全体同志上了一堂题为"对事业 对学校 对家庭负责 做好基建领域反腐倡廉工作"的廉政教育课。要求基建战线的全体员工能本着对事业、对学校和对家庭负责的态度,整改作风、加强服务,进一步增强责任感和使命感,不断深化基建领域反腐倡廉建设的各项工作,构建廉洁基建,维护学校风清气正的办学治校氛围,为建设国际知名高水平研究型大学作出积极贡献。由学校纪委组织基建部门20余人前往扬州市预防腐败警示教育基地,举行预防职务犯罪警示教育活动,通过活动,强化党员领导干部遵纪守法意识、筑牢拒腐防变思想防线;积极参加校园廉洁文化周活动,向职工宣传"倡廉洁、行勤俭、树清风"的文化内涵,引导职工领会阳光治校、廉荣贪耻的精神实质;全员签订年度《基本建设处廉政责任书》。

五、以活动为载体,探索党建工作新形式

采用讲座形式,邀请专家解读十八届三中全会文件精神,深入了解国家全面深化改革行动纲领,将个人梦想融入国家民族的复兴梦之中,努力工作、勇于奉献、回馈社会;组织观看董关鹏视频,了解如何应对新媒体导向,开展各项工作;支部共建活动——在九龙湖体育馆开展基建处党支部与土木工程学院九龙湖本科生党支部首次党日活动,活动宗旨在于加深两个支部党员之间的相互了解,同时希望同学们在学习之余,能为校园建设建言献策,共同见证学校的发展;组织观看主旋律电影——《天上的菊美》,要求党员干部要以菊美为榜样,从小事做起,立足岗位,爱岗敬业;加强道德品格修炼,结合基建工作特殊性,不断深化服务意识。

六、进一步做好宣传工作,提升基建工作影响力

利用网站、校报、东大新闻等多渠道、多方面加大基本建设处宣传力度,在网站上发表基建动态37篇,实时跟进报道在建工程进展、各项基建工作落实情况;在网站上增加"建筑知识"栏目,简单易懂、生动有趣,成为校园文化一角。

(基建处 姚 辰)

医疗卫生工作

东南大学附属中大医院工作综述

2014年是贯彻落实党的十八届三中全会精神、全面深化改革的开局之年,也是深化医药卫生体制改革的关键之年。以床位规模增长为契机,以民生幸福工程为抓手,按照上级卫生主管部门的部署,抢抓机遇、开拓创新、勇于争先、敬业奉献,坚持推进质量安全、强化管理内涵,统筹兼顾、重点突出,医院发展的动力和活力进一步增强,各项工作完成年度既定目标。

期末开放床位1 809张,实现总收入13.79亿元,同比增长20.62%。累计完成门急诊诊疗1 059 310人次,同比增长6.92%,出院病人50 361人次,同比增长18.74%,手术18 411台次。平均住院日10.6天,床位使用率87.40%。重危病人抢救成功率97.60%,治疗好转率98.00%。

一、狠抓严控医疗质量基础管理,持续改进质量安全管理体系

切实贯彻国家计生委、省计委各项医疗管理规范、专项工作要求,继3月以优异的成绩通过三级甲等医院评审,坚持巩固优化医疗流程、改进医疗管理,对医疗核心制度与围手术期医疗管理制度执行情况重点督导,强化医护人员"三基"培训,医务人员理论考试合格率94.50%,护理人员理论考试合格率93.60%,操作考试合格率为91.90%。组织抗菌药物合理使用、输血规范、特殊药物使用管理、急诊清创流程等专题培训7场次。继续推进"三合理",加强病历、处方质量监控与医院感管监测不松懈,实践PDCA开展危急值管理、非计划重返手术管理等取成效。力促临床各级医生诊断思维、治疗技术水平的提高,自4月起,月度组织全院性疑难病例讨论,甄选全院疑难病例,相关临床及辅助科室专家积极参与讨论,同步转播无锡分院、江宁区医院等,接受鼓楼区、玄武区卫生局和兄弟医院现场观摩,反响良好。

稳步提高合理安全用药水平,确保临床用药安全、有效,加强临床药学学科建设,规范药库建设和管理,建立和完善抗菌药物临床应用专项整治长效机制,落实临床药师、处方

点评制度。完善临床路径质量管理和实施考核办法,制作推广临床路径信息系统操作演示,全院开展临床路径的科室19个,病种33个,入径例数1 343例,完成例数1 049例,平均入组率77.60%,入组完成率78.10%。严格医疗服务要素准入管理,呼吸内镜等腔镜诊疗技术10项通过二类医疗技术省级审核,院内准入审核同意36个科室开展新技术、新项目100项。

二、精细拓展优质服务内涵,着力改善患者就医感受

潜心打造护理管理品牌,提升管理品质,深化细致优质护理推广工作,全面落实责任制整体护理,突出专科特色护理、实施床旁护理、拓展居家护理,优质病房覆盖率100%,其中A类病区18个,B类26个,C类2个。完善护理常规与流程,统一ICU和其他CU单位危重病人规范管理,设立各病区危重病人专科监测指标,科学运用质量管理工具强化质控管理。增设护理指导小组,设立专病(项)护士,实现专病(项)护理的高水平和同质化。修订护理绩效考核标准,推进护理岗位管理,实行护士分层次培训与考核。糖尿病专科获评省专科护士培训基地。

继续开展"三好一满意"活动,巩固成果、精心组织、突出重点、整体推进。创新特色医疗服务,提升患者就医体验,开展专科医师随访、护士、出院复诊预约等专项活动,开设关怀呵护、健康宣教等温馨贴心服务。坚持编发医疗服务管理简报,发挥激励警示作用,发布患者满意评价、建议详情、表扬名单,患者对医院服务综合满意度平均为99.02%。与时俱进"智慧医疗",加大医疗服务信息化投入,构建患者健康新平台,优化排队叫号系统,建设手机移动医疗服务APP健康格子,提供分时段预约挂号、实时挂号、检查检验报告查询等。在门诊和住院楼部分区域WiFi覆盖,开通支付宝支付、手机银联支付等多形式的挂号结算方式,便利患者就医。

三、深度聚焦科技创新能力,强力打造高层次人才培训基地

大力支持优势学科的进一步发展,兼顾新兴学科和边缘学科的健康发展,集中优质资源,聚焦科技创新,快速提升科研和创新能力。年度立项经费4 582万元,到位经费4 938万元。科研立项课题75项,其中国家自然基金立项21项,国家发改委课题1项,科技部863专题项目1项,科技部重点基础研究计划2项,省科技厅临床医学专项6项,省自然基金面上项目4项,青年基金1项,省卫生厅项目5项。科研成果12项,其中省科技进步一等奖1项、二等奖2项,中华医学科技奖三等奖1项,教育部国家级教学成果二等奖1项,省医学科技成果二等奖1项、三等奖1项,省卫生厅新技术引进一等奖3项、二等奖2项。获批发明专利5项、实用新型1项;全院发表核心期刊论文352篇,其中SCI收录141篇、总影响因子468.3,"中华系列"65篇。年度接受药物临床试验20项,器械临床试验12项,经费655万元。

全力打造高层次人才培训基地,妥善处理"宽基础"与"精专业"的关系,从严从紧加强住院医师、全科医师、进修生培训工作。获评国家首批住院医师规范化培训基地、专业24个。投入500万元经费新建医院临床技能综合训练中心。完成规范化培训第一阶段合格资格审核30人、结业合格资格审核21人;接纳住院医师44人、专硕29人。完成南京市

社区全科医师转岗培训1人;接收市全科医师规范化培训5人、转岗培训学员2人。接收进修生425人次。

四、深入开发人力资源管理,狠抓不懈各阶段医学教育

坚持人才兴院战略,稳步提升医院整体绩效。按照大学统一部署,年底完成医院行政领导班子换届工作。通过"内培外引"方式,优化人才结构,拓展渠道,加大学科带头人和领军型、创新型人才引进和培养力度,注重中青年技术骨干和管理骨干的选拔培养,引进高层次人才16人,选留毕业生人事代理39人,聘用合同制182人,劳务派遣12人。修订卫生系列专业技术职务评聘条例,细化临床技能与业绩考核,切实将业绩突出、技术过硬、服务优良的专业技术人员推荐到高一级专业技术岗位,评聘正高职称4人,副高职称16人,中级职称31人。获评"六大人才高峰"第十一批高层次人才项目资助3人,东南大学特聘教授1人。多途径提升人力资源质量,教育部留学生师资培训1人,江苏省公派出国项目1人,医院公派赴境外研修培训8人,优势学科建设工程资助出国研修1人,境内外参加学术会议、交流访问91人次。国内知名医院学习进修25人次,专业技能与岗位培训8人次。

充分认识加强"十二五"期间继续医学教育工作的重要性和紧迫性,以岗位胜任能力为核心,按需施教,重在实效,扎实推进临床教学工作,承办及协办26项国家级和7项省级继续教育学习班,组织全院学术讲座55次,其中境外专家讲座11次。并开设传染病防治类、健康保健类讲座,听课人数达8 516人次。完成122名研究生的临床实践管理与考核工作,完成本校和兄弟院校临床、影像、检验、麻醉、放疗、康复、整形美容、临床药学等专业实习生213人的实习教学管理和考核。举办护士长管理知识培训班5次,编印《年轻护士长——导师指导与沟通手册》。

五、沉稳应对突发公共卫生事件,坚定履行社会责任

积极提升重大突发公共卫生事件应对能力,认真履行救死扶伤的神圣职责,在突发公共事件医疗救援及大型活动卫生保障和重大疾病防控中发挥重要作用。按照省卫生计生委统一部署,第一时间赶赴昆山、苏州、无锡等地,亲临一线争取救治黄金时间,救治昆山爆炸伤员。自8月3日至11月30日组织医师18人次、护士13人次参与救治工作。根据南京青奥会医疗指挥中心统一安排,组织37名医务人员全脱产圆满完成铁人三项和水上运动学校两个场馆的医疗、急救药品与医疗器械的保障工作,深受奥组委主席巴赫先生的赞许与赛会各方的充分肯定和高度评价。面对复杂严峻的H7N9禽流感防控局势,严格按照国家、省卫生计生委系列文件和诊疗方案、医院感染预防与控制技术指南,认真落实预防、控制和治疗的流程与措施,11月收治1例人感染H7N9禽流感重症患者。

全面深化国家、省卫生计生委指派对口支援工作,重心下沉、资源下移,提高对口支援针对性、可行性和实效性。赴兴化市人民医院开展新生儿重症监护病房管理、患儿收治等技术帮扶工作。完成对口支援陕西米脂县医院、涟水县人民医院、溧阳中医院、玄武区社区医院等45人次进修培训。强化市及周边医院分层次、全方位合作,提升基层医疗机构与社区卫生服务中心医疗服务能力,推广双向转诊和远程医疗,共同建设慢性病综合防控

管理服务体系。巩固推进新农合工作,与周边地区86个县市区签署合作协议,与江苏省东台、响水、亭湖,安徽省来安、天长、明光等多县市实现即时结报。举办建院79周年、"健康江苏,服务百姓""幸福南京,欢乐重阳"等大型义诊8次,受益群众5 000余人次。

六、稳步推进医院管理科学创新,全面统筹其他各项工作

注重管理体制机制创新,建立科学、流畅的资源管理体系,实现精细化、数据化管理,协助国家卫生计生委2个专科和1个病种的医疗质量实时监管试点工作,配合多次数据改造和调整,完成日报数据功能。顺利完成省卫生计生委医疗平台对接与数据对照,实时上报17组医院数据。学术会议手术直播与远程会诊工作步入常态。科学合理编制预算,完整正确编制决算,继续积极开展融资业务,多渠道筹措资金,节约资金成本。聘请中正同仁会计师事务所对2013年财务工作进行审计。与无锡市锡山区卫生局签署合作协议,成立东南大学附属中大医院无锡分院。

严格加强耗材和设备管理,遵循省卫生计生委关于加强医疗机构高值耗材临床应用管理相关意见与工作要求,修订《不良事件检测管理制度》,完善《耗材管理委员会制度》,采购耗材1 476万件次,共计25 349万元,其中高值耗材9 805万元。成功申请2014年中央级普通高校改善基本办学条件专项资金,引进高端研究性CT 1台。年度引进1.5T磁共振、数字胃肠机、无线镇痛泵管理信息系统、彩超等大型设备。积极配合省、市技术监督局及测试所做好设备计量工作,获评年度优秀计量管理单位的称号。完成计量及强制检定2 610台件,共计132万元。

全面做好后勤保障与安全保卫工作,完成3号、5号楼改造与科室回迁及2号楼维保工作,落实高级专家门诊、放射科核磁共振室、收费候诊大厅及顶棚等大修改造项目。年度基本完成2号楼主体工程、幕墙工程、装修工程、智能化系统等和5号楼改造工程60余项目的决算审计工作。医院新病房大楼项目通过国家级验收获评"鲁班奖",启动新门急诊楼前期工作,拟定初步方案。严格医院消防管理,积极组织消防安全巡检,确保消防设施完好,开展院内消防教育培训。紧密围绕党的十八届四中全会、青奥会及国家公祭日等重要活动和各节点做好各项政治保卫工作。

坚持做好医院廉政和行风建设工作,参照国家卫生计生委"九不准"广泛开展学习宣传、认真抓好贯彻执行、坚决查处违规行为、切实加强监督检查、大力弘扬新风正气、严格落实责任制,构建医德医风建设的长效机制,加强重点岗位和重点人员廉洁风险防控教育,继续组织省厅出院患者抽样函调,组织行风督察,召开社会监督员会议,促进医疗质量持续改进。接收锦旗134余面,感谢信445封,退还患者及家属红包115人次,共计24.3万元。

深入培育医院文化特色,注重医院文化品质层次,塑造宣传品牌,拓展发展空间,充分运用新媒体优势,策划宣传骨科105岁老人勇上手术台、泌尿外科微创手术演示会、整形外科2014年暑期爱耳大行动、脐血移植等30余项重要活动,举办各类新闻发布会30余次。着力打造医院门户网站,向社会各界提供全面、可靠、及时的医疗健康信息,畅通方便、快捷的求医问药和医患沟通渠道。完成医院2014卷年鉴编印,举办医院院庆系列文体活动,组织各类知识讲座、棋牌益智赛、球类竞技赛、健步走等活动,丰富职工生活,构思

提炼医院文化理念,充分发挥指引、激励和凝聚作用,提升医院核心竞争力。

(东南大学附属中大医院　何志方)

东南大学医院工作综述

遵照《中共东南大学委员会2013年工作总结和2014年工作要点》《东南大学2013年工作总结和2014年工作纲要》的部署和要求,校医院紧密结合自身工作实际,以组织开展"服务好、质量好、医德好,群众满意"活动为抓手,围绕三个校区门急诊、健康体检、公共卫生、巡诊保健、公费医疗、计划生育等服务内容,制订了2014年度八项主要工作计划,在大学的关心支持下,圆满完成了各项工作。

一、公共卫生工作

1. 传染病管理

2014年,通过中国疾病预防控制信息网络直报系统,三个校区共报告传染病43例,未出现漏报、迟报。按卫生行政部门要求,及时筛查每一例新发结核患者的密切接触人员。采取集中注射和每周接种等方式,在九龙湖校区、四牌楼校区和丁家桥校区开展乙肝、甲肝、流感等疫苗接种。

2. 埃博拉出血热疫情防控

根据有关埃博拉出血热疫情防控工作的要求,校医院科学预判,提前应对,从7月份开展防控准备,并与海外学院等有关部门在第一时间协调沟通,制订防控方案,组织职工培训,在三个校区开设发热门诊,落实系列防控措施。8月25日—10月23日,对每位来自疫区留学生进行21天医学观察,实行零报告制度,由预防保健科每日9:00前分别向玄武区、鼓楼区、江宁区疾控中心、南京市疾控中心及东南大学报告。我校实行的双重流行病学调查、双重测量体温、双重症状问诊的"三双措施"得到国家卫计委、国家质检总局、教育部联合检查组的高度评价,在省内相关高校推广,并在省卫计委召开的埃博拉出血热疫情防控会议上作经验介绍。

3. 饮水和饮食卫生监测

每月一次对九龙湖、四牌楼、丁家桥三个校区的7个食堂卫生检查、餐具大肠杆菌培养、生活饮用水的微生物学和余氯监测。2014年对三校区生活饮用水水质和7个食堂卫生各进行了8次检查和监测,全年生活饮用水采样112份,余氯达标率、细菌总数合格率均为100%,检测送检餐具854份,合格率100.0%,抽检餐具1 034份,合格率87.1%。对检查中发现的不足提出书面整改意见和建议,及时向总务处反馈。

4. 健康教育

制作常见传染病和常见慢性病健康教育展板39张,分别在三校区"健康之窗"张贴;

印制、发放"吸烟有害健康"的三折页 20 000 份;5·31 日世界无烟日发放戒烟宣传资料 4 000 份;3·24 世界结核病宣传日发放宣传资料约 4 000 份;10·8 全国高血压日,开展宣传和咨询活动,免费测量血压、发放 2 克控盐勺;12·1 第 27 个世界艾滋病日,组织学生开展预防艾滋病手绘公益海报大赛、防艾知识现场解读、"同伴教育"培训等"防艾周"系列活动;邀请省 CDC 专家为学生作"艾滋病与大学生"的讲座;认真组织并带领大学生参加 2014 江苏高校大学生预防艾滋病知识竞赛活动,荣获一等奖。

二、门急诊日常工作

1. 门急诊工作

全年门急诊工作量 151 953 人次。其中四牌楼校区 103 238 人次,九龙湖校区 39 141 人次,丁家桥校区 9 574 人次。全年老干部巡诊和保健共计 530 人次。

2. 健康体检

完成离退休职工、在职教职工、硕士生复试、春季博士生入学、春博复试、新生、新入校职工、运动员、毕业生等体检总计约 202 316 人次。

3. 药剂工作

按照大学招标程序和要求,完成一年一次药品招标。全年完成西药处方 153 298 张,中药处方 5 481 人次。各校区配药品保存箱,加强温湿度监控和效期管理,加强不良反应监测和特殊药品的管理。完成了三年一次的麻醉药品、第一类精神药品印鉴卡换证工作,积极配合做好埃博拉疫情防控物品准备,保证青奥会相关药品和防护用品供应;顺利通过玄武区药监局检查;每季度进行药品盘点,盈亏报损数据均在规定范围,及时上报学校财务。

4. 医技工作

完成门诊三大常规检查 8 367 人次,生化 2 009 人次,免疫 563 人次,胸透 1 021 人次,摄片 127 人次,学生体检 12 038 人次,教工体检 6 812 人次。参加南京市 2014 年两次生化室间质控检查,成绩优秀。协助检验试剂及耗材的议标、三项肿瘤指标项目的招标,完成腹泻门诊患者的 O2 培养及登记,完成疟原虫涂片任务,参加玄武区消除疟疾考核。

三、管理与服务工作

1. 制度完善与落实

(1) 开展教职工服务满意度调查,定期召开院务会、支委会、职代会会议,按计划研讨修订了《东南大学医院岗位津贴分配及工作量考核暂行办法》《东南大学医院关于职工年度综合考评暂行办法》《东南大学医院非编人员管理及绩效考核暂行办法》等相关制度;按照一级医院标准要求,完善诊疗相关制度建设,并汇编成册。建立办公用品采购、领用、安全保障等制度；认真执行大学财经制度，财务管理规范有序。

（2）每月按时完成职工工作量统计、考勤、绩效考核，并向全院职工公布，接受监督；按照我院的岗位要求和相关工作制度，加强临时工的管理，按照绩效考核办法，不断提高临时工待遇，调动临时工工作积极性。

（3）完成了放射诊疗许可证年审、医技人员资格证书年审、护士延续注册工作，办理全院医护人员资质校验68人次、延续注册15人次，做好36名医师定期考核信息管理录入及审核工作；完成医技人员继续教育459人次；放射人员剂量牌季度检测12人次。切实做好全院职工年度考核、专业技术人员分级聘用前期准备工作。认真做好医疗服务信息和医疗废弃物网上直报工作。

（4）做好HIS系统的软硬件维护，及时建立、更改全校新进教职员工及子女医疗账户信息506人次。维护校医保学生毕业批量停卡、儿童超过18周岁停卡、儿童在校医保进行停卡、开通处理。完成固定资产进行全面梳理并建立电子台账，做好医院办公家具贴标1 200台，按规定报废仪器设备33台。按照要求提前做好迎新系统硬件和软件安装调试，确保迎新体检工作顺利进行。

2. 公费医疗

认真执行大学3月份出台的公费医疗新政策，整理并录入新增药品364种，及时改进校医院HIS系统，为80岁以上教职工提供便利。每月核对公费医疗享受的人员变动情况，及时完成开、停、销卡工作。报销住院材料1 241余份，办理转诊、领支票、异地就医、新进职工及职工子女办卡等2 000余人。完成2014年大学生医保续保、参保工作，本科生参保率达100%。上半年学生医保理赔137人，理赔金额143万余元，36人正在理赔中。完成2013年度大病互助593份申报材料的整理、计算、复核，发放555份大病补助金，共计278.6万余元。

3. 财务管理

做好年度预、决算；阶段统计药品库存及消耗上报大学财务处；按时与一卡通中心进行结算，及时统计公费医疗支出，做好公费医疗无现金报销；与人事处省人才中心核对，转2013年度大集体人员医疗费用约67万元；2014年实现药品批零差价约180万元。

4. 急救培训

上半年、下半年各一次对全院职工进行心肺复苏急救演练，结合实例，组织2次现场急救理论讲座。组织医护人员完成以输液反应、药物过敏、晕厥等临床常见的应急处置的开卷考试。应邀为部分同学讲授应急救护和心肺复苏。在新生军训期间，分批对全校4 000名本科新生进行2010版心肺复苏、四大急救技术的演示和培训。护理、医生、检验、药剂科室按要求自行组织科室内业务学习。成功组织全市高校医护人员急诊急救大赛。

5. 计划生育服务

为了方便多校区师生员工办理有关手续，增加了每周五中午对师生员工开放。采取信息通知各单位,保证独生子女福利及时落实到位,为19位单独老师办理二孩生育手续,办理教职工婚育34人次、学生婚育证明108人次、独生子女证24人次。

6. 提升服务质量

在四牌楼校医院坚持每月门诊满意度调查,听取师生员工意见,在听取意见的同时宣传医疗刚性政策、宣传大学2014公费医疗政策调整中一些惠民政策,老师、同学的意见能够在医疗服务过程中得到纠正。聘请学生会权益部同学担任校医院学生医疗行风监督员,监督员随时反馈同学在校医院接受医疗服务过程中的问题,同时定期召开座谈会,听取意见,及时改进工作。

7. 主持省高校卫生保健研究会工作

我院被推选为省高校卫生保健研究会第九届常务副理事长单位,在省教育厅领导下,建立信息平台,加强交流合作,引领做好高校卫生保健研究会工作:组织编写了面向全省高中、初中健康教育教材;组织召开3次省学生体质健康促进监测10所高校卫生机构负责人会议,布置、交流与总结高校公共卫生、学生体质健康促进相关工作;开展"江苏省大学意外伤害KAP调查""江苏省大一新生健康知识与健康行为调查";负责全省高校"预防艾滋病宣教活动总结材料"的收集、整理、评选、编辑成册;组织对部分高校公共卫生调研和食品安全讲座;组织编写面向高校健康教育一刻钟系列课件,制作的江苏高校2014年预防艾滋病健康教育课件《抗击艾滋、从我做起》,已被省教育厅采用,教育厅将课件上传在教育厅官网,并发文(苏教办体艺〔2014〕37号)要求各高校将此作为大学生预防艾滋病教育的必选内容。

四、创新与特色

1. 按照大学要求,结合校医院实际,完善绩效考核办法,每月按时完成在编和临时工工作量统计、考勤、绩效考核,并向职工公布,公开公平公正,接受监督,切实调动了职工积极性。

2. 科学预判,提前准备,制定埃博拉出血热疫情防控方案,落实防控措施。创造性实施双重流行病学调查、双重测量体温、双重症状问诊的"三双措施",得到国家卫计委、国家质检总局、教育部联合检查组的认可,在省内相关高校推广,并在省卫计委召开的埃博拉出血热疫情防控会议上作经验介绍。

3. 每月组织一次三校区7个食堂的卫生检查、餐具大肠杆菌培养、生活饮用水的微生物学和余氯监测,对存在的问题,提出书面整改意见和建议,及时向总务处反馈。

4. 制作的江苏高校2014年预防艾滋病健康教育课件《抗击艾滋、从我做起》,已被省教育厅采用,教育厅将课件上传在教育厅官网,并发文要求各高校将此作为大学生预防艾滋病教育的必选内容(苏教办体艺〔2014〕37号)。组织并带领大学生参加2014江苏高校大学生预防艾滋病知识竞赛活动,荣获一等奖。

5. 与时俱进,创建"学生健康教育微平台""全民健康教育"和"结核专栏"公众微信号,图文并茂,提高了健康知识宣传效果。

6. 每学期组织一次对全院职工进行心肺复苏急救演练,组织医护人员以输液反应、药物过敏、晕厥等临床常见的应急处置的开卷考试,提高医护人员急救意识和水平。在新生军训期间,分批对全校4 000名本科新生进行2010版心肺复苏、四大急救技术的演示和培训。

7. 拓展服务内容,改进服务方式,提高服务满意度。教职工体检新增三项肿瘤标志物检查;在九龙湖、丁家桥以及为离休老干部单独安排报销时间;疫苗接种由过去定期接种改变为每周定时定点接种;计划生育增加每周五中午对师生员工开放;聘请学生行风监督员、开通学生维权信箱;定期开展大学教职工对我院医疗卫生服务满意度调查。

8. 东南大学工会工作先进集体;2014年东南大学第二十二届教职工田径运动会乙组团体总分第一名。

9. 课题研究:"江苏省大学生意外伤害现况及干预策略研究"获江苏省教育科学"十二五"规划重点资助课题(校医院首次获得);《高中毕业生健康知识与健康行为现况调查》《江苏各地区高中毕业生健康知识知晓情况的综合评价》获2014年全国第十二届学生运动会科学论文报告会二等奖。

10. 2014年12月,东南大学医院被推选为江苏省高校卫生保健研究会常务副理事长单位(理事长单位为教育厅),卫平民院长当选为江苏省高校卫生保健研究会常务副理事长,杜国平当选为江苏省高校卫生保健研究会秘书长。

五、获奖情况

东南大学医院2014年度获奖情况

序号	获奖单位或人员	获奖称号	发奖单位
1	东南大学	大学生预防艾滋病知识竞赛一等奖	省高校卫生保健研究会
2	医院	先进党支部	中共东南大学党委
3	医院	工会工作先进集体	东南大学工会
4	医院	第二十二届教职工田径运动会乙组团体总分第一名	东南大学工会
5	杜国平	东南大学优秀共产党员	东南大学
6	杜国平	全国第十二届学生运动会科学论文报告会二等奖	学生运动会组委会
7	孙珍秀	东南大学青奥会优秀工作者	东南大学
8	陈红	东南大学青奥会优秀工作者	东南大学
9	谢旭芳	最美东大人	东南大学
10	张跃进	结核病防治志愿者先进个人	玄武区卫生局

(东南大学医院 杜国平)

资产经营管理工作

综　述

2014年资产经营管理处在学校党政领导的指导下,在学校相关部处的支持下,全面贯彻党的十八届三中、四中全会精神,结合教育部对高校国有资产管理和科技产业发展的新政策、新形势和新业态,坚持创新和规范并举,服务和管理并重,完善制度建设和规范工作流程,不断提升队伍素质和管理质量,取得了较好的成绩。

一、投资资产和经营的管理工作

1. 按照校经营性资产管理委员会下达的工作目标和要求,确保国有资产的保值增值。组织并召开经资委会议2次,全面落实会议议题和会议纪要任务。

2. 组织学习国资委和教育部相关法律法规,特别是国有资产经营和国有资产投资等相关规定,按照国有企业经营管理的新业态,做好企业经营的相关政策宣讲和动员。

3. 完成了新组建科技型公司的报教育部的投资审批、备案、股权转让相关工作。向教育部、财政部等报批文件30余份,并及时跟进相关报批流程的执行;完成了20余家学校投资的国有企事业单位资产产权登记相关工作。

4. 围绕教育部和学校对产业规范化建设的基本要求,配合总务处完成了后勤集团下属3家企业改革改制、酒店管理公司的整合和东大集团的关门清算和工商注销工作。

5. 强化整改落实年度财经检查和审计中暴露出的问题,不断健全管理制度、公开管理服务程序、明确责任人。

6. 完成2013年企业财务决算的编制和上报工作;2013年度中央企业国有资本收益申报工作;2013年高校产业统计等工作;企业财务结算(1+50余家);央企资本收益和申报(4项);产业统计(50余家)。

7. 全资控股企业已经实行现代企业管理制度,企业运行正常,年终上缴利润和分配红利达到学校经营目标。

二、科技成果转化及科技园等工作

1. 全面推进学校各院系的科技成果转化意向调研与政策宣讲工作,把创新创业政策和商业策划送到院系。走访服务了化学化工学院、生物科学与医学工程学院、电气工程学院、机械工程学院、仪器科学与工程学院、土木工程学院、电子科学与工程学院、交通学院、艺术学院等学院。

做好教师转化成果的专利授权、转让意向接洽,接待师生60余次,涉及专利20余项。

2. 梳理无形资产作价入股的解决方案,做好商业策划、合作意向、公司股权架构、治理结构洽谈、专利评估、报批校长办公会和教育部报备等工作。

组建企业4家、转化成果近20项,转让价值2 297.9万元。

3. 支持并服务国家大学科技园建设

与政府及兄弟大学科技园对接交流40余次;整合学校资源,服务园区招商和技术对口服务,支持大学科技园孵化能力提升,设立600万元学生创业基金,以扶持大学生在大学科技园的创新创业;申报南京市战略型新兴产业中心1项。

4. 梳理完善专利授权、转让的工作流程。更详细地划分专利使用方式以对应无形资产的使用、处置等规定。与科研院、大学科技园梳理协调相关职能,并形成新的工作流程。

5. 与科研院配合,制定完成了我校知识产权和科技成果转移转化改革试点相关申报报告和附件。

三、经营性房产、地产相关工作

1. 全面考察门面房的实际情况,对门面房的产权归属进行了梳理,共与73家承租户签订经营合同和安全责任书,2014年门面房租金收取676.33万元。

2. 成立门面房工作协调小组,制定了协调小组的工作职责,完善门面房的经营管理办法,调研门面房的价格。2015年门面房租金在2014年的基础上增长了10%,合同签订及租金收取平稳开展。

3. 配合政府部门在青奥会前夕做好丁家桥87号共9家门面房拆迁工作。有理有序有节地开展细致的思想工作,加班加点、挨家挨户洽谈,圆满完成该项工作。

4. 接管移动、电信、联通三家运营商的在校内架设基站相关事务,分别与三家运营商签署租赁合同,收取2009至2014年度租金共计123.17万元。

5. 核查全资、控股企业占用资源,全面核实全资控股企业占用学校资源房产的实际面积,与财务处共同拟定资源占用费收取方案,全年收取租金1 087.71万元。

2014年经营性房产(不含大学科技园)出租收入共计1 772.04万元,纳税315.05万元。

四、内部建设工作

1. 按照群众路线自查自纠的要求,积极做好我处落实群众路线整改的各项工作。

2. 按照学校机关作风建设和机关工作规范要求,认真履行我处在经营投资管理、大学科技园和成果转化、经营房地产等职责范围内的各项要求和规范,落实"首问负责制"和"规范服务流程上墙公示"等工作要求。

3. 更新改版了资产经营管理处的网站主页,强化政策、新闻报道的时效性,英文版正在建设中。

4. 加强学习,实行月度工作目标检查,提出学习调研和撰写管理文章的要求,并实行奖励制度。为了提高管理效率,落实目标管理,每月均检查当月工作要点完成情况和下月工作要点的拟定情况,从而提高工作的时效性,落实和完善岗位责任制。

(资产经营管理处　庞晋伟)

合作共建与校友会工作

基金会工作综述

2014年,我校教育基金会捐赠到账总额4 550万元,平均每个工作日到款5笔。开通支付宝捐赠方式,为奉献爱心提供更多便利,近1 000人次参与。据《公益时报》消息,2014年教育部直属高校捐赠收入排行,东南大学第八。此外还获教育部捐赠配比2 732万元。

我校教育基金会共评审奖助金3 431人,发放总额达到1 394万元,较去年同期增长11.6%,我校土木工程学院李启明教授、信息科学与工程学院博士生王金元双双获得了2014年度"宝钢教育奖特等奖"。这是我校师生第五次同获"宝钢教育奖特等奖",这样的成绩在国内76所参评高校中也是不多见的。

教育基金会每月出刊《教育基金会简报》发送给各界人士约4万次。通过短信平台发送信息2万余条。官方微博、微信关注度持续上升,信息发布量日均十余条,为校内官方微博、微信最为活跃、最具影响力的平台之一。

在社会各界的大力支持下,教育基金会设立的"新生爱心基金"累计资助80多名新生,资助金额达80万元。教育基金会、校友总会联合举办"学长助新生,启航向东大"校友关爱2014贫困新生活动,向广大各地校友会发出倡议,号召资助贫困新生旅费,帮助他们顺利入学,募得善款超过20万元,资助人数近200名。

学校的鼓励政策进一步提升了院系的筹款积极性。在教育基金会的支持和协调下,利用院庆等契机,电气工程学院、土木工程学院、艺术学院、材料科学与工程学院、能源与环境学院、生物科学与医学工程学院分别成立发展基金,这些基金有力地促进了学院发展。

5月15日,"学生重大疾病医疗救助基金"工作小组会议在四牌楼校区举行,会议讨论通过了《东南大学学生重大疾病医疗救助基金管理办法》,并成立基金审核小组。6月,我校"学生重大疾病医疗救助基金"新增两笔善款,共计16万多元。善款分别为来自一位不愿透露姓名的校友,以及37位罗克韦尔自动化南京分公司在职和离职的员工。2014

年全年,先后有 4 位在校学生、校友获得救助。

"教育基金会志愿者协会"目前有成员 120 人,为校内规模较大的社团之一。由教育基金会主办、协办的校园文化活动包括:第三届"职胜东南"竞聘大赛,"嚼得菜根"东大毕业生,"领 show 影响力"——东南大学 2014 年最具影响力毕业生现场评选活动,水木年华《怒放之青春再见》东大校园行活动,香港著名爱国企业家、慈善家、社会活动家方润华捐建的孔子像揭幕仪式。

2014 年东南大学教育基金会奖助项目设置一览表

序号	项目名称	设立者	总金额(元)
1	顾冠群、章玉琴奖助学金	顾冠群、章玉琴家属	基金 15 万
2	齐康基金	齐康院士	2 万
3	吕志涛院士奖励金	吕志涛院士、江苏苏尚工程技术有限公司	基金 10 万
4	何振亚、王孝书奖学金	何振亚、王孝书	基金 12 万
5	缪昌文奖学金	缪昌文院士	基金 20 万
6	顾毓琇、王婉靖奖学金	顾毓琇、王婉靖	基金 3 万
7	东南大学建筑设计与理论研究中心——程泰宁奖励基金	程泰宁院士	基金 65 万
8	孙伟院士奖学基金	孙伟院士	基金 50 万
9	朱斐、孙绎奖助学金	朱斐、孙绎	基金 20 万
10	陆氏学生奖学金	陆新达、石卫平	基金 2 万
11	周鹗奖学金	周鹗教授	基金 8 万
12	冯宇樵奖学金	冯绥安先生	2 500
13	陈圣勋奖学金	陈圣勋先生	2 000
14	陈延年、王劲松奖学金	陈延年、王劲松	基金 20 万
15	李元坤奖学金	徐元善先生	2 000
16	陈达锋土木工程奖教金	陈达锋先生	基金 10 万
17	韦博成奖学金	韦博成教授部分海内外学生	1 万
18	张秋交通工程奖学金	张秋先生	基金 3.7 万
19	金宝桢奖教金、奖学金	南京栖霞建设股份有限公司	基金 50 万
20	丁大钧教育基金奖助学金	丁大钧教育基金会	基金 96 万
21	蒋永生奖学金	蒋永生教授家属及学生	基金 20 万
22	丁德泮医学教育基金	丁德泮医学教育基金委员会	基金 6 861 美元和 3.7 万元人民币

（续　表）

序号	项目名称	设立者	总金额(元)
23	陈荣生教授创新奖学金	陈荣生教授的学生	1万
24	维俊奖教金	南京盘龙广告传媒集团	基金5万
25	洪范五奖教金、奖学金	南京盘龙广告传媒集团	基金10万
26	郝英立奖学基金	高嵩同志及沈锦华、郭金林、沙敏等校友	基金19.2万
27	言恭达奖教金、奖学金	言恭达先生	基金50万
28	"张克恭"土力学奖学金	东南大学交通学院岩土工程研究所	基金3万
29	朱庆麻奖助学金	朱世平校友	基金10万
30	高金衡奖助学金	高明女士	基金10万
31	轩铭奖学金	杨轩铭同学	3 000
32	恽瑛奖助学金	恽瑛教授	基金18万
33	程文瀼教授奖助学基金	程文瀼教授及其弟子	基金30万
34	红光奖助学金	曹红光校友	基金30万
35	何德玶奖学金	何德玶教授家属	基金10万
36	徐南荣奖学金	桂莲基金会	基金50万
37	孟非奖助学金	江苏星亚文化发展有限公司、南京龙瑞装饰设计工程公司、潘群、姜新	基金100万
38	焦廷标奖学基金	南京华新有色金属有限公司	基金500万
39	亿利达刘永龄奖学金、刘永龄助学金	亿利达工业发展集团有限公司	5万
40	许尚龙奖教金	许尚龙先生	基金100万
41	许尚龙光彩事业贫困学生奖助学金	南京21世纪投资集团	基金50万
42	隈利实国际奖助学金	国际科学技术文化振兴会	10万
43	唐仲英德育奖学金	唐仲英基金会(中国)	12万
44	叶晶奖学金	叶晶、刘芳夫妇	6万
45	大连东岗奖教金、奖学金	大连信恒康医药科技有限公司	基金100万
46	杨志峰奖助学金	江苏港峰科技集团	10万
47	刘肖娟奖学金	刘肖娟校友	基金10万
48	张志伟奖助学金	张志伟校友	30万
49	龙昌明奖教金	龙昌明校友	基金10万
50	东南大学"苏州工业园区奖学金"	苏州工业园区	15万

(续 表)

序号	项目名称	设立者	总金额(元)
51	太仓科教新城创新创业奖学金	太仓市科教新城管委会	基金 11 万
52	社会团体(华藏)奖学金	新加坡净宗学会	1.5 万
53	东南大学教育基金会奖学金、奖教金、奖管金	东南大学教育基金会	16 万
54	宝钢教育奖	宝钢教育基金会	18.5 万
55	光华奖学金	光华教育基金会	40 万
56	国盛奖学金	江苏省科学技术协会	6 万
57	南京安徽商会同曦集团东南大学奖助学金	江苏同曦集团有限公司,南京安徽商会	30 万
58	金鼎奖学金	严志隆教授	基金 6 万
59	"交运之星"奖教金、奖学金	王炜教授	1 万
60	"自动化工程师"奖学金	戴先中教授	基金 10 万
61	外语英才奖学金、助学金	李霄翔教授	基金 10 万
62	文教羽翼奖学金	孙森校友设立	基金 6 000
63	铭恩奖助学金	李翼成校友	基金 10 万
64	文枢奖学金	刘错同学	2 万
65	16287 奖学金	东南大学 16287 班	基金 11 万
66	686 奖助学金	电子科学与工程学院 86 级校友	基金 8 万
67	5187 级奖学金	5187 级校友设立	基金 11 万
68	71871 奖教金	71871 级校友	基金 13 万
69	东南大学 5184 奖学金	东南大学 5184 同学会	基金 3.3 万
70	5281 奖助学金	江苏东南交通工程咨询监理有限公司	基金 10 万
71	常州校友会龙城奖助学金、奖教金	东南大学常州校友会	基金 30 万
72	无线电系七八级同学奖教金、奖学金	无线电系七八级同学	基金 500 万
73	仪科校友奖学(教)金	仪器科学与工程学院校友	基金 5 万
74	广西校友会奖助学金	东南大学广西校友会	基金 13.5 万
75	徐州校友会奖助学金	东南大学徐州校友会	基金 12 万
76	盐城校友会奖助学金	东南大学盐城校友会	基金 8 万
77	天之交子奖助学金	东南大学交通学院 21098 级校友	基金 3 万
78	无线电系 77、78 级校友奖学基金	信息科学与工程学院 77、78 级校友	基金 25 万
79	广东校友会奖助学基金	东南大学广东校友会	3.5 万
80	143991 班校友奖学金	143991 班校友	基金 3 万

(续 表)

序号	项目名称	设立者	总金额(元)
81	东南大学六系79级校友奖助学金	东南大学六系79级校友	基金16.8万
82	251991奖助学金	东南大学法学院251991班	基金5万
83	259991奖助学金	东南大学法学院259991班	基金5万
84	菲利浦奖教金、奖学金	LG.荷兰菲利浦显示公司	2.1万
85	现代设计集团奖学金、现代杯方案设计大赛奖	上海现代建筑设计集团有限公司	12万
86	南瑞继保奖教金、奖学金	南京南瑞继保电气有限公司	6.1万
87	"东大设计院"奖教金、奖管金、奖学金	东南大学建筑设计研究院	15万
88	栖霞建设奖教金、奖学金	南京栖霞建设股份有限公司	6万
89	鼎泰奖学金	江苏鼎泰工程材料有限公司	基金2万
90	东南大学—英达奖学金	英达热再生有限公司	3万
91	东南大学交通设计院奖学(教)金	东南大学建筑设计研究院交通分院	基金50万
92	CASC公益奖学金	中国航天科技集团公司	5万
93	金智奖教金、奖学金	江苏金智科技股份有限公司	8万
94	江苏电力奖助学金	江苏省电力集团	基金100万
95	中浩地产人才发展奖教金、奖学金	江苏中浩房地产有限公司	3万
96	联创国际奖学金	上海创联建筑设计有限公司	1万美元
97	BSH奖学金	博西家用电器(中国)有限公司	4.8万
98	雷克奖学金、奖教金、助教金	庄昆杰、范国平伉俪	8万
99	"微软小学者"奖学金	微软(中国)有限公司亚洲研究院	1.5万
100	国微电子奖学金	深圳市国微电子股份有限公司	20万
101	日照钢铁奖教金、奖学金	日照钢铁控股集团有限公司	基金80万
102	百纳奖学金	江苏百纳集团公司	3万
103	会丰奖助学金	厦门会丰拍卖有限责任公司	2万
104	三菱电机奖学金	三菱电机机电(上海)有限公司	5万
105	威立雅水务奖学金	南京瀚略商贸有限公司	1万
106	中国路桥奖学金	中国路桥工程有限责任公司	20万
107	东南大学中泰国立奖教金	江苏中泰集团有限公司	30万
108	坚朗奖/助学金	广东坚朗五金制品股份有限公司	6万
109	锦华装饰奖教金、奖学金	锦华装饰奖教金、奖学金	基金35万

（续　表）

序号	项目名称	设立者	总金额(元)
110	聚立科技奖教金、奖学金、奖管金	南京聚立工程技术公司	基金30万
111	龙腾奖学金	江苏龙腾工程设计有限公司	3万
112	东方威思顿奖教金、奖学金	烟台东方威思顿电气有限公司	基金10万
113	光一科技奖教金、奖学金	光一科技股份有限公司	基金10万
114	阿尔斯通奖学金	阿尔斯通电网技术中心有限公司	8.2万
115	深圳中天装饰奖助学金	深圳中天装饰工程有限公司	20万
116	南京长江都市奖助学金	南京长江都市建筑设计股份有限公司	2.4万
117	东大智能奖励金	南京东大智能化系统有限公司	3万
118	日正华瑞教学奖教金	北京日正华瑞科技发展有限公司	6 600
119	浙江永利奖教金、奖学金	浙江永利实业集团有限公司	基金20万
120	55所电科奖学金	中国电子科技集团公司第五十五研究所	20万
121	亚东奖学金	南京亚东建设发展集团有限公司	基金10万
122	科远自动化奖学金	南京科远自动化集团股份有限公司	5万
123	斯迪克奖学金	苏州斯迪克电子胶粘材料有限公司	基金10万
124	海拉奖学金、奖教金	海拉(上海)汽车工业服务有限责任公司	13万
125	东南大学博世奖学金	博世(中国)投资有限公司	12.5万
126	金昇奖励基金	江苏金昇实业股份有限公司	50万
127	创能电力奖学金、奖教金	南京创能电力科技开发有限公司	基金10万
128	苏博特基金	江苏苏博特新材料股份有限公司	35万
129	中交一公院奖学金	中交第一公路勘察设计研究院有限公司	基金20万
130	苏交科奖学金	江苏省交通科学研究院股份有限公司	基金50万
131	江苏交通院奖学(教)金	江苏省交通规划设计院股份有限公司	基金50万
132	三联奖教金、奖学金	江苏三联生物工程有限公司	1万
133	至善奖学金	东南大学后勤服务集团	基金10万
134	雨润奖教金,祝义材奖助学金	雨润控股集团有限公司	50万
135	海联讯奖学金	深圳海联讯科技股份有限公司	基金10万
136	汉桑奖学金	汉桑(南京)科技有限公司	2万

（续　表)

序号	项目名称	设立者	总金额(元)
137	谷歌优秀奖学金	谷歌信息技术(中国)有限公司	7.4万
138	汇鸿股份奖教金、奖学金	江苏汇鸿股份有限公司	10万
139	"团结普瑞玛英才班"奖学金	上海团结普瑞玛激光设备有限公司	基金10万
140	江苏大秦奖学金	江苏大秦电气集团	基金20万
141	金陵物流奖学金	江苏金陵交运集团有限公司	基金15万
142	宝供物流奖学金	宝供物流企业集团有限公司	6000
143	蓝风国际奖学金、奖教金	江苏蓝风国际投资发展有限公司	10万
144	欧级奖助学金	江苏欧级节能科技有限公司	10万
145	泰宁雨水奖助学金	北京泰宁科创雨水利用技术股份有限公司	5万
146	中交路桥建设奖学金、奖教金	中交路桥建设有限公司	20万
147	江苏金陵科技集团公司奖教金、研究生奖学金	江苏金陵科技集团公司	1万
148	创远微波奖学金	上海创远仪器技术股份有限公司	10万
149	科雄奖学金	南京科雄科技有限公司	基金10万
150	罗德与施瓦茨研究生奖学金	罗德与施瓦茨公司	10万
151	丹阳市飓风物流奖助学基金	丹阳市飓风物流有限公司	12万
152	正保教育奖学金、助学金	北京东大正保科技有限公司	15万
153	东南大学建筑设计与理论研究中心杭州中联筑境建筑设计有限公司基金	杭州中联筑境建筑设计有限公司	基金20万
154	东南大学同策奖学(教)金	同策房产咨询股份有限公司	基金10万
155	英泰立奖教金	南京英泰立软件开发有限公司	基金5万
156	菲尼克斯电气——东南大学奖励金	菲尼克斯电气中国公司	12万
157	苏州中诚奖学金，奖教金	苏州市中诚工程建设造价事务所有限公司	30万
158	新蓝天钢结构奖学金	江苏新蓝天钢结构有限公司	6万
159	禾创集团奖学金、奖教金	江苏禾创电力集团	14.5万
160	中南集团奖学金、奖教金	中南控股集团有限公司	40万
161	东南大学森德兰舍奖学金	上海兰舍空气技术有限公司	8万
162	金智教育奖教金	江苏金智教育信息技术有限公司	2.5万
163	东大电子——德州仪器奖学金、助学金	德州仪器半导体技术(上海)有限公司	22.5万

（续 表）

序号	项目名称	设立者	总金额(元)
164	江苏一开奖学金、奖管金	江苏一开电气有限公司	20万
165	特高压奖学金	国家电网公益基金会	10万
166	爱心助学金	蔡泉生校友	2.16万
167	160082助学基金	160082班全体校友	3 000
168	东南大学法学院251981班助学金	98级校友会	基金7万
169	东南大学法学院上海校友助学金	东南大学法学院上海校友	2 000
170	纪辉娇助学金	亿利达工业发展集团有限公司	5万
171	何耀光助学金	何耀光慈善基金有限公司	20万港元
172	爱心人士助学金	爱心市民臧曰镇、吴丽群夫妇	6 000
173	温暖助学金	马慧宁、杜明昱母子	2 000
174	中国能建集团江苏省电力设计院员工博爱基金	中国能建集团江苏省电力设计院	2.5万
175	新长城自强助学金	中国扶贫基金会	11 040
176	南京宁波商会爱心助学基金	南京市工商业联合会宁波商会	3 000
177	雁行东大励学成长项目	林嘉喜先生	9.6万
178	南京21世纪投资集团助学金	南京21世纪投资集团	3.5万
179	招商银行"一卡通"助学金	招商银行南京分行	10万
180	星网锐捷特困生助学金	福建星网锐捷通讯股份有限公司	8 000
181	东南大学雅居乐地产助学金	雅居乐地产控股有限公司	10万
182	华民慈善基金会大学生就业扶助项目	华民慈善基金会	30万
183	龙虎助学金	龙虎网	3万
184	武汉正维助学金	武汉正维电子技术有限公司	10.8万
185	懿南助学金	朱晓明先生	5万
186	新生爱心助学金	江苏教育频道、宜兴市法新轮胎销售有限公司、吉兵先生	2.4万
187	诚朴助学金	瞿宏伟先生	5.5万
188	东南大学161881班助学金	161881班校友	4.05万
189	云南同乡爱心助学金	杨文,余兰,杨志,杨健	6 000/年
190	筑和助学金	江苏筑和地产发展有限公司	4 000
191	华生、铁凝助学金	华生、铁凝夫妇	基金1 100万
192	南京兴华建筑设计研究院助学金	南京兴华建筑设计研究院有限公司	5万
193	东南大学法学院"东恒律所"助学金	江苏东恒律师事务所	1万

（基金会 滕 航）

校友总会工作综述

2014年，东南大学校友总会加强校友组织建设，广泛联络社会各界，筹集资金促进学校发展，开展各项活动，推动校园文化建设，取得了实际的成效。

一、强化宣传力度，扩大校友总会影响

校友总会积极做好网站建设，通过官方微博、QQ群及微信群等新媒体手段，及时有效地传递各类信息、促进学校与校友及社会各界的沟通交流与合作。2014年，在各种媒体先后发表动态新闻和专访200篇，及时报道学校发展情况、各地校友组织重大活动，宣传校友业绩。每月出刊一期电子版《校友总会简报》，通过邮件等方式发送给教师、学生、校友及关心东南大学发展的各界人士。每半年出刊一期《校友通讯》，寄送各地校友组织。

二、大力推进校友工作及校友会建设，校友与母校联系紧密

校党政领导高度重视校友工作，亲自带队走访了海内外十多个地区的校友分会，介绍母校发展，听取校友建议，关心校友事业，推动校友工作。

校友总会积极推动内地校友会向领域分会、专业分会拓展和深化，促进校友活动从联谊向谋求母校与校友事业、校友所在地域共同发展转变。境外校友会组织建设和活动进入增长期，新成立法国校友会等海外校友会。

通过走访、宣传与协调，校友与母校之间多层次的联络和合作不断增强，服务母校、服务校友、服务当地政府的工作等到进一步扩展。

校庆期间召开各地校友会负责人会议暨校友总会五届二次理事代表大会，交流校友工作经验，总结以往工作，提出新的工作思路。

三、争取各界捐赠，服务学校发展

其中通过校友总会联络，有12批次校友企业、校友班级及个人设立奖、助学金，各地众多校友参与网上各类捐助活动。

校友总会联合各地校友会发出"学长助新生启航向东大"的活动倡议，资助来自边远及经济欠发达地区特困家庭新生入学报到交通费及入学后的生活费。各地校友会热烈响应，传递出浓浓的校友情谊。2014年资助人数超过200人，总额超过20万元。

在教育基金会的支持和协调下，利用院庆等契机，已有6个院系通过校友及社会捐赠在教育基金会设立了自己的发展基金，有力地促进了自身发展。

四、加强校园文化建设，培养在校生公益精神

通过"学长助新生、东大爱接力"活动，弘扬、传承东大学子关爱学弟学妹成长的优良传统，让爱心在东大人心中播种、生根、发芽，代代相传。

定期指导和支持校学生职业发展协会的各类活动，本年度已成功举办第八届"暑期实习生招聘会"、第7次"他乡遇故知"系列活动。每年一次的"暑期实习生招聘会"都吸引了

约4 000名高年级本科生及研究生参加,每次都提供约3 000个实习岗位;通过"他乡遇故知"活动,每年发展50位毕业生作为校友工作联系人,加强了和地方校友会联络,及时将毕业生的相关信息提供给各地校友分会,为各地校友会的发展提供了大量的新鲜血液。

指导组织在校生"印迹东南"社团走访在校生原籍的杰出校友,共与23位校友面对面访谈;利用学院院庆机会,特别邀请于崇俊院士与在校生亲切座谈。

五、发挥平台作用,促进学校发展

校友总会通过协调各地校友分会,联合学生处等将学校"感知东南,牵手中学"活动不断扩展,新增加了各地共十多所重点中学,为建立优质生源基地打下良好基础。并安排各地校友分会为东南大学各地的招生宣传组在相关地区的招生宣传提供全方位的服务。

联合学校大学科技园,借助各地校友会力量,将大学科技园"引智招才"活动推向各大城市,吸引了部分校友回母校大学科技园创新创业。

积极配合学校的相关单位,开展交流合作。配合学院院庆工作,接待回母校聚会的校友们,提供尽可能多的帮助和支持。

附1 校友总会自身建设

2014年6月6日,东南大学校友总会2014年各地负责人会议暨五届二次理事代表大会召开

2014年6月6日校庆日下午,东南大学校友总会各地校友会负责人会议暨五届理事会二次会议在东南大学四牌楼校区召开。校友总会会长、东南大学校长易红,校友总会副会长、南京农业大学党委书记左惟,校友总会常务副会长、东南大学副校长浦跃朴,校友总会副会长朱建设、庄宝杰及来自东南大学海内外28个地方校友会的近40名负责人参会。会议由校友总会副会长朱建设主持,会议的主题为各地校友会交流2013—2014年度校友会活动和2014—2015年度工作计划。

交流中,与会校友会负责人一致表示,校友会组织未来工作要加大力度,结合当地实际情况,办出自己的特色,为校友更好地服务,为母校发展服务。校友总会应形成年度发展思路和一体化方案,布置各地校友会必要工作。与会校友们希望母校在新的形势下,解放思想,加快改革步伐。在引进海内外优秀人才方面加大力度;保持工科学科优势的基础上,增强人文学科建设;以扎实细致的具体工作,注重培养在校生的校友意识;在保证生源质量的基础上,适当扩大对外省及西部地区的招生名额,让东南大学的声誉传播得更远;尽早建立学校发展基金筹措激励机制。

工作交流前,会议进行了上海校友会的捐书仪式。会议还进行了增补校友总会第五届理事会理事事宜。由福建校友会、美国中西部校友会正式推荐申请,经本次会议审议,一致同意增补福建校友会葛松海副会长、胡金海副会长、肖远骈副会长及美国中西部校友会会长窦文校友为校友总会第五届理事会理事。

6月6日上午,来自各个地方校友会的负责人参加了东南大学建校112周年庆祝大会

6月23日,姚志彪任东南大学发展委员会副主任,主持校友总会秘书处日常工作

2014年11月28日,校友总会负责人参加江苏省侨办—华东片高校校友会负责人座谈会

2014年11月28日下午,2014年度江苏省侨办—华东片高校校友会负责人座谈会在昆山召开。东南大学发展委员会副主任姚志彪及复旦大学、上海交通大学、中国科技大学和南京大学校友会负责人应邀参会。省侨办孙彬副主任、昆山市侨办谢全林主任参加此会,昆山市侨办承办此次座谈会。各高校校友会负责人交流了海外校友工作情况、海外校友回国发展情况。座谈会上大家达成共识,省侨办面向海外华侨华人的招才引智活动与高校校友会的海外校友工作,在工作对象、工作内容和工作目标方面是完全一致的。双方进一步增加了互信,明确了进一步合作的内容,促使这样的跨界合作成为常态化。

2014年3月20日,北京交通大学校友会一行来访

3月20日,北京交通大学校友会副秘书长、对外联络合作处副处长白雁博士一行四人拜访我校发展委员会,受到校发展委员会副主任、校友总会秘书长胡焱,发展委员会副主任、基金会副秘书长李爽的热情接待。双方就校友会、基金会工作中的热点问题和具体事项进行了详细深入的交流。

附2 校领导、院系领导及校友总会负责人走访地方校友组织、各地校友情况

2014年3月31日,校友总会常务副会长浦跃朴一行拜访广州校友

2014年3月31日,浦跃朴副校长一行专程拜访了广州大学、校友企业广州中绿环保有限公司、广州国迈科技有限公司,受到了校友邹采荣校长、张临苏总经理、陈映庭董事长等的热情接待。浦副校长与校友们就人才培养、科技合作等方面进行了充分交流。

2014年4月4日,校友总会副会长林萍华与湖南校友代表交流

2014年4月4日,东南大学校友总会副会长林萍华副校长一行赴湖南与校友代表进行交流。他向在湘校友们致以亲切问候,对湖南校友会近期工作表示充分肯定,并与校友代表就东大党史研究与校友会平台建设等工作充分交换了意见。

2014年4月17日,校党委副书记刘波在粤招生宣传期间向深圳校友企业授牌

2014年4月17日至18日,刘波副书记一行特别在东南大学深圳校友会会长、深圳市极水企业集团有限公司董事长钱东郁的陪同下走访了校友企业,并向校友企业颁授了"东南大学大学生创新创业实践基地"和"东南大学大学生就业实践基地"铜牌。

2014年8月13日,土木工程学院院长、书记到常州拜访校友和合作企业

2014年8月13日下午,土木工程学院吴刚院长、张星书记专程到常州拜访了谢俊辉校友及学院合作企业江苏金土地集团,就筹建东南大学常州校友会建设领域校友分会、与母校合作、举办校友沙龙等进行了深入的讨论。

2014年9月,校友总会一行走访兄弟高校,拜访看望东南大学校友

近日,发展委员会姚志彪副主任,带领校友总会全体工作人员,连续走访南京几所兄弟高校,拜访、看望曾经在东南大学工作过的领导及东南大学校友,并向领导和校友们征求校友工作意见和建议。9月10日,走访南京医科大学,拜访了张竹繁副校长、李建清副校长;9月17日,走访中国药科大学,拜访了张福珍副书记(78级临床医学专业),吴应宇总会计师;9月18日,走访南京艺术学院,拜访了谢建明副院长。

2014年9月12日,土木工程学院院长书记一行到西安看望校友

2014年9月12日,土木工程学院院长吴刚、书记张星、副院长童小东,院校友工作委员会

名誉主任黄安永、院教学委员会主任邱洪兴、建工系主任孟少平、建设与房地产系主任李启明和交通学院城市地下空间研究中心主任刘松玉一行访问了中交第一公路勘察设计研究院有限公司。中交一院党委书记汪双杰、副总经理王学军、人力资源部主任魏广胜，中交综合交通院总经理姚栋强和党总支书记兼副总经理、东南大学西安校友会秘书长王丽、海外事业部总经理樊葆青、道路工程与防灾减灾技术研究中心主任张留俊、南方经营中心主任殷东峰以及渭南化肥厂基建处张政权等东南大学土木、交通两院校友接待了母校来宾并座谈交流。

2014年9月28日，校友总会一行走访福建校友会

发展委员会姚志彪副主任及校友总会工作人员一行，9月28日走访福建校友会校友，得到福建校友会吴大元会长等负责人的热情接待，大家就福建校友会的换届工作进行了深入交流。

2014年10月25日，韦钰院士、刘波副校长一行在纽约与校友亲切会面并座谈

10月25日下午，韦钰院士、刘波校长、仲伟俊教授和侯道平老师在纽约哥伦比亚大学教师学院参加"东南大学之父"郭秉文研讨会期间，与当地30名东南大学校友亲切会面并座谈。东南大学大纽约地区校友会组织了本次见面会，韦院士和刘校长为校友们作了生动有趣、意义深刻的演讲，刘波副校长向大纽约地区校友会赠送了由齐康院士手绘的艺术瓷盘。前来参会的校友们大多居住在大纽约地区，也有俄亥俄州及雪城的校友专程前来。

2014年11月12日，发展委员会副主任姚志彪走访无锡分校和无锡校友会

2014年11月25日，东南大学受邀参加上海市政总院成立60周年纪念大会，校友已成长为该院的中坚力量

2014年11月25日，东南大学党委副书记兼副校长刘波应邀参加了上海市政总院成立60周年纪念大会。上海市政总院全名为"上海市政工程设计研究总院（集团）有限公司"。该院多年来在毕业生就业方面与东南大学保持着密切的合作关系，是东南大学学生就业基地之一。近年来，东南大学每年均有不少优秀毕业生进入上海市政总院工作，东大毕业生的质量受到该公司的好评，已有一批杰出校友成长为该院的中坚力量。

附3　各地校友组织建设及重大活动事件
年会、理事会和工作会议

2014年1月18日，北京校友会举办新春联谊暨生物医学分会成立大会

东南大学北京校友会2014年新春联谊会暨生医分会成立大会在京举行。东南大学党委副书记刘波，解放军总参谋部通讯部副部长杨千里、著名经济学家华生、全球孔子学院总顾问钱一呈等东南大学校友及各界人士共300余人欢聚一堂。刘波书记代表学校和校友总会致辞。

东南大学北京校友会生物医学分会成立。严勇校友任生医分会会长，孟晋宇、涂斌、于晓丽等校友为副会长。

2014年1月25日，香港校友会2014年年会暨名誉会长林文震先生捐赠仪式举行

东南大学2014年年会暨名誉会长林文震先生捐赠仪式于香港召开，香港校友会名誉

会长、东南大学校董事、中国科学院"赵九章科学奖"名誉理事长、香港赛霸创力有限公司董事长林文震先生和他的家人,东南大学副校长浦跃朴以及校港澳台办、发展委员会等部门相关负责人以及数位特别嘉宾和数十位东大香港校友出席此次年会。

年逾八旬的东南大学香港校友会名誉会长、1958届动力系(3系)校友林文震先生慷慨捐款380万港币。仪式上,浦跃朴副校长为林老颁发捐赠证书和纪念牌并衷心致以感谢,而林老则回忆起了他在母校学习和生活的情景。

2014年3月31日,广东校友会助学金捐赠仪式暨校友座谈会召开

广东校友会在广州云山珠水酒店举行助学金捐赠仪式暨校友座谈会。东南大学副校长、校友总会常务副会长浦跃朴,校交通学院院长王炜、党委书记秦霞,东南大学广东招生宣传组组长、外国语学院党委书记马强及校友总会、基金会负责人专程赴广州参会。广东校友会会长王亚群校友及各位负责人、广东校友会医学分会负责人等近30人参加捐赠仪式及座谈会,广东校友会捐赠款将用于在校贫困生的学业资助。

捐赠仪式由广东校友会副会长兼秘书长陈映庭主持。浦跃朴副校长发表讲话。浦副校长与广东校友会王亚群会长共同在捐赠协议上签字。

2014年5月11日,东南大学生物科学与医学工程学院上海系友会成立

在沪五十多位校友和专程从南京赶来的学院领导、老师参加成立会。会议首先由筹委会会长池家武和秘书长曹国刚介绍筹备工作情况和会议议程,顾宁院长即席发表了讲话。会议通过了系友会章程、选举产生第一届理事会。

2014年5月24日,江西校友会2014年年会在南昌召开

东南大学江西校友会在南昌工控电装有限公司召开2014年年会,校友总会胡焱秘书长一行应邀参加,江西校友会负责人及各时期校友代表二十余人参会。任德清会长回顾了自江西校友会换届以来的情况,校友总会胡焱秘书长向校友们介绍了母校近期在学科建设、人才培养、科研方面所取得的成果。年会通过表决增补南昌供电公司党委书记林一凡校友为江西校友会副会长。

2014年7月25日,上海校友会建筑分会成立

东南大学上海校友会建筑分会成立暨李华彪校友《坡地别墅价值论》新书研讨会在上海举行。东南大学校友总会秘书长胡焱,建筑学院院长助理葛明教授,上海建筑学会曹家明理事长,经纬院叶松青董事长,《上海城市发展》杂志社乔延军主任,东南大学上海校友会会长戴复东院士,资深校友蔡镇钰、卢济威、吴林奎、陆耀祥、洪承恩以及上海的建筑分会校友到会祝贺。本次活动由东南大学上海校友会主办,上海经纬建筑规划设计研究院有限公司(经纬院)承办。

上海校友会秘书长李华彪主持会议,经纬院叶松青董事长致欢迎词,校友总会秘书长胡焱,建筑学院院长助理葛明教授就学校和学校校友会的最新动态、特别是建筑学院(中大院)的最新发展情况作了通报,并阐述校企合作、联动的重要性。叶松青董事长和东南大学领导举行了东南大学在经纬院的就业实习基地的签约和揭牌仪式。

上海校友会会长戴复东院士宣读了东南大学上海校友会建筑分会会长委员会名单,会长委员会的9名成员,均为来自建筑设计一线的中青年建筑师、结构师。

东南大学上海校友会秘书长李华彪校友,就《坡地别墅价值论》新书的概要进行了讲

解,随后播放了他的《坡地别墅价值论》项目实例录像。

2014 年 8 月 8 日,贵州校友会 2014 年年会暨"学长助新生"捐赠仪式

贵州校友会年会暨"学长助新生"捐赠仪式举行,校友总会秘书长胡焱、校发展委员会副主任姚志彪和校友总会名誉理事、原南京地质学校副校长金洪钦等总会工作人员赴贵阳参加。大会由贵州校友会副会长曹湘贵校友主持,副会长兼秘书长程鹏和地质分会会长杨永忠分别介绍了到会的校友代表。罗德启会长、胡焱秘书长、姚志彪副主任、金洪钦名誉理事和杨永忠会长分别发表了讲话。参会校友代表们分享校园青春记忆,汇报在各个领域获得的工作成绩,探讨可合作领域问题。座谈会后,现场举行了简短隆重的"学长助新生"捐赠仪式。贵州校友会积极响应校友总会倡议,在贵州校友中募得 2 万元善款用于资助 2014 年被东南大学录取的贵州地区 20 名贫困新生的报到路费。

2014 年 9 月 27 日,参加厦门校友会 21 周年庆举行

厦门校友会 21 周年庆暨国庆、中秋联谊会上,东南大学发展委员会姚志彪副主任致贺词,厦门校友会会长、均和评估咨询有限公司董事长王崎校友致辞,向与会校友们介绍了厦门校友会的发展情况。

本次联谊会进行了厦门校友会换届仪式和会旗交接,黄国辉校友当选新一届会长并讲话。厦门校友会原秘书长游泳校友当选为执行副会长,2012 届硕士黄剑伟校友当选为新任秘书长。

2014 年 10 月 12 日,深圳校友会 2014 年年会暨理事会会长换届仪式在深圆满举办

母校领导、深圳东大校友、各地东大校友会代表以及其他高校深圳校友会嘉宾 500 余人团聚一堂、共襄盛会。参加本次年会的母校嘉宾有:东南大学校友总会副会长林萍华副校长,东南大学发展委员会姚志彪副主任。各地东大校友代表有:东南大学南京校友会常务副会长张锡昌,广东校友会陈映庭副会长等,香港校友会秘书长江浩、副秘书长贾超,深圳大学建筑学院院长仲德昆校友以及从各地赶来的校友。广东江苏商会深圳分会会长曹友、常务副会长张飞以及深圳市江苏、徐州、南通、盐城、常州、连云港等商会组织领导应邀出席。南京大学、南开大学、中国人民大学、中山大学、浙江大学、北京理工大学等 30 所全国知名大学深圳校友会代表也出席了大会。

年会首先由第八届理事会会长钱东郁会长致词,履新的第九届理事会满志会长致辞。在深圳校友会创始人代表吴经护秘书长的主持和全体参会人员的见证下,满志会长从钱东郁会长手中接过了东大深圳校友会会旗,圆满完成交接。林萍华副校长代表母校师生员工和校友总会致贺词,广东校友会副会长陈映庭代表东南大学地方校友会致辞。

本次年会以"共融发展,止于至善"为主题,参会人数达历届之最,整场活动组织高效有序,演出节目令人赏心悦目,具有较高水准,得到参会人员的一致好评。

2014 年 10 月 30 日,盐城校友会电力分会成立,电力分会第一次会员代表大会召开

会议由电力分会筹备负责人蔡桂龙校友主持。盐城校友会常务副会长杨广才宣读校友会关于成立电力分会的批复,同意他们提出的会长、副会长、秘书长的建议名单。筹备负责人介绍了筹备情况及第一届理事人员和分会班子的推选情况,得到一致鼓掌通过。盐城校友会秘书长颜廷良宣读贺信,建筑分会筹备负责人胡加宏校友作了贺词。新任电力分会会长蔡桂龙讲话,盐城校友会第一任会长现任名誉会长谷容先作重要讲话。

2014年12月6日,盐城校友会第六次会员代表大会暨换届大会召开

参加会议的校友代表近百人,东南大学校友总会副会长朱建设、秘书长胡焱一行五人专程到会祝贺!大会由盐城校友会常务副会长杨广才主持。盐城校友会会长、盐城工学院副院长刘德仿代表盐城校友会第五届理事会作工作报告,秘书长颜廷良同志作了关于第六届理事会人事安排的说明与财务收支情况的报告。新一届理事会按规定调减了24名理事,新增了42名候选理事。大会一致通过了第五届理事会工作报告,一致通过了盐城校友会章程总则中第四条的修改。大会经过酝酿讨论,选举产生了146名理事,并选举产生了第六届理事会常务理事、副会长、会长、秘书长。第六届理事会新任会长刘德仿校友代表新一届理事会作了发言。校友总会副会长朱建设作了热情洋溢的讲话。

2014年12月6日,北京校友会召开会长、秘书长工作会议

会议由北京校友会常务副会长兼秘书长马其祥主持。会议研究了筹备明年庆祝东南大学北京校友会成立30周年大会暨七届理事会换届,以及举行2015年新春联谊会等事宜。

2014年12月20日,纪念东南大学无锡校友会成立三十周年大会在无锡分校举行

林萍华副校长、原江苏省发改委主任钱志新校友,为创建和发展无锡校友会作出杰出贡献的老校友代表龚凤麟、乔镒生、韩晓江、贺麟文、于燮康、单锡龙、满载等校友,无锡校友会王浩宇、於兵、包可为、王强、邱东民等现任领导和校友代表,以及校友总会姚志彪秘书长、档案馆钱杰生馆长等60多人参加了大会。无锡校友会副会长、无锡分校党委书记徐悦主持了大会。

无锡分校郑建勇常务副校长致欢迎词并介绍分校情况,无锡校友会负责人王浩宇作工作报告,无锡校友会主要创始人龚凤麟校友回忆了1984年校友会成立以来,校友会同母校共进步、共成长的艰苦历程。无锡校友会创始人之一的钱志新校友回顾了从母校毕业后工作过程,并对母校的人才培养提出了进一步增加创新、创业元素的中肯建议。林萍华副校长向校友们详细介绍了母校近年来的发展情况和取得的辉煌成绩。

之前,11月26日下午,无锡校友会召开负责人会议,会议传达贯彻中组部、省委组织部文件《中共中央组织部关于规范退(离)休领导干部在社会团体兼职问题的通知》,并商讨举办纪念无锡校友会成立30周年活动。

其他活动

2014年1月6日,深圳校友会成功举办2014迎新春高尔夫联谊邀请赛

东大深圳高球俱乐部的队员们及来自各个高校的深圳校友会高球队的一些队员们及一些社会高球爱好者参加了本次比赛,其中不乏有来自海外的高球爱好者。

2014年5月18日,香港校友会"群贤荟"俱乐部"巴塞尔艺术展"艺术导赏活动

5月18日周日,东南大学香港校友会与同济大学香港校友会组织了五月"巴塞尔艺术展"艺术导赏活动。

2014年5月22日,盐城校友会组织四十多名校友参观考察射阳港电厂

厂党委书记盐城校友会副会长刘晓龙及该厂的校友们接待了来访校友。座谈会上,刘书记向大家介绍了电厂情况,盐城校友会名誉会长、原盐城市人大副主任谷容先发表讲

话。会后,校友们参观了电厂的企业发展厅并参观了现场。盐城校友会名誉会长杨春生、陈玉堂,常务副会长杨广才,副会长张超健和秘书长颜迁良、陈东等校友参加了上述活动。

2014年6月27日,六朝松创业投资俱乐部上海站活动

2014年6月27日晚,14位俱乐部校友在上海齐聚傅瑶校友创办的格龙客西餐酒吧,在企业工作的校友们就各自企业发展所遇问题及机遇,以及所属行业发展现状及形势与其他校友进行交流。

2014年8月17日,深圳校友会参加"校友报到日"活动热情迎接新校友

活动当天有十几位新毕业生校友联系到深圳校友会,几十位深圳各高中学生和家长来了解东南大学深圳招生情况

2014年8月31日,深圳校友会协办"创业大讲堂"游戏创业投资专场

创新谷创始人肖旭(校友)、深圳市团市委组织与宣传部副部长朱润麟致辞。前海梧桐并购基金董事总经理兼泰岳梧桐游戏产业基金董事总经理余建煊作为主讲嘉宾进行了"如何提高游戏开发的成功率"的主题演讲。深圳国金投资顾问有限公司投资总监刘伟明(校友)作为主讲嘉宾和现场分享了"投资人青睐什么样的手游项目"。活动由东大六朝松创投俱乐部秘书长戴辉(校友)与各组织共同策划。前海梧桐并购基金CEO谢文利(校友)与国金投资CEO林嘉喜(校友)给予了很大支持。

2014年9月23日,深圳校友会承办第18次"百粒奇杯"高尔夫联谊赛圆满落幕

联谊赛由东南大学深圳校友会和深圳新嘉源投资集团(校友企业)共同承办。

2014年10月6日,盐城校友会举行老校友与年轻校友联谊会

会长刘德仿校友、名誉会长陈玉堂校友出席了会议,常务副会长杨广才校友通报了8月24日召开的会长秘书长会议精神,介绍了母校近况和兄弟校友会活动情况以及"学长助新生,启航向东大"捐赠情况。联谊会上,动力系校友喜迎能源环境学院60华诞,为学院和母校发展建言献策。22位校友联谊活动后共进晚餐并合影留念。

2014年11月1日,厦门校友梅海岭聚会忆东南

由叶涌清校友热情组织,约13位校友积极参与,相约在一个极具厦门代表性的地方——梅海岭,相互述说着那些年属于大家的此生难忘的大学生活。

2014年11月15日,广东校友会2012—2014新三届毕业校友迎新座谈会成功举行

王亚群会长、陈映庭副会长、袁燕群副秘书长及各球队队长等出席了座谈会。王亚群会长为新校友致欢迎辞;陈映庭副会长与新校友分享了职业生涯的规划,足球队、篮球队和羽毛球队队长分别作了招募宣讲。广东校友会还将推出一系列扶持新毕业校友就业创业的举措。

2014年11月,冬日暖阳,东大之光——深圳校友会为校友患病家属募捐及帮助纪实

东南大学物理系2008届校友孙栋栋的妻子陈静患急性髓系白血病急需进行骨髓移植手术,缺口费用20万。以满志会长为首的东大深圳校友理事会得知此事,紧急开会部署募捐事宜。倡议书随即在11月19日通过微信、QQ、电话等途径迅速在深圳校友间传播开来。19日开始捐款,截至23日,不到一周时间,募集捐款190笔,共203 300元。医学分会第一时间派陈静所住医院的医生校友前来探望,并将提供今后全程诊疗专业咨询,随时跟进服务,同时帮助其申请职业病鉴定,争取获得合理的医保支持。

2014年12月7日,澳大利亚校友会举行圣诞聚会活动

参加活动人数超过50人。校友们一起分享美食与美好的东大回忆,其乐融融。复旦大学和厦门大学当地校友会的有关人员也特地亲临祝贺。澳洲校友会会长徐仪校友夫妇还特别为校友会活动捐助1 000澳元。

2014年12月,上海校友会足球队参加上海第二届高校校友杯足球赛打进八强

附4 校友、员工在校设奖、捐赠情况

2014年1月,"至善乐途"基金设立,第一笔捐款来自86级校友

教育基金会设立"至善乐途"基金,专款用于资助我校贫困学生寒暑假回家路费。86级诸校友为该基金捐赠了第一笔3 000元,将用于资助8名贫困生寒假回家的路费。

2014年1月6日,刘锴校友捐赠所获研究生国家奖学金奖助同窗

2014年1月6日,人文学院2011级应届硕士毕业生刘锴将个人获得的总额2万元的研究生国家奖学金全部捐出,在校立"文枢奖学金、助学金",用于奖助人文学院研究生。

2014年1月9日,吴小庆校友代表禾创集团在东南大学设立奖学奖教金

2014年1月9日下午,禾创集团捐赠仪式举行。禾创集团总裁吴小庆校友一行,东南大学发展委员会、土木工程学院、物理系、数学系等有关单位负责人及师生代表参加了仪式。仪式由土木工程学院党委书记张星主持。禾创集团吴小庆总裁和东南大学发展委员会副主任李爽分别代表双方签署了奖学奖教金捐赠协议。禾创集团奖学奖教金总额20万元,为期5年,每年将奖励1位土木工程学院学办教师和12名来自土木工程学院、数学系、物理系的本科生。

2014年1月25日,香港校友林文震先生捐资380万港币助我校人才培养

2014年1月25日,校友林文震先生捐赠仪式在港举行。林文震校友捐赠380万港币,用于资助我校优势学科群国家级领军人才培养计划。捐赠仪式上,林先生回忆了在母校的学习和生活,表达了对母校的思念和感谢。浦跃朴副校长为林先生颁发了捐赠证书和纪念牌,并对他近年来多次支持母校的建设表示感谢。近年来,林先生非常关心母校的建设与发展,从百年校庆到110年校庆至今,已累计捐赠近500万元人民币。

2014年3月16日,东大87岁离休老干部朱斐教授再捐10万助学金

87岁的老教授朱斐再次捐出10万元,资助机械学院优秀学生。2006年,朱斐曾出资10万元,设立了"朱斐、孙绛奖学金",每年奖励机械学院的5名大学生每人1 000元。

2014年4月28日,东南大学施明恒教授及其弟子设立奖学金

东南大学工程热物理研究所所长、能源与环境学院施明恒教授与多年来培养的优秀学子在施教授75岁生日及能源与环境学院建院60周年之际共同出资10万元在东南大学设立奖学金,每年奖励5名能源与环境学院动力工程及其工程热物理学科的研究生和本科生每人3 000元。

2014年5月4日,法学院校友"五四"青年节设立奖助学金

2014年5月4日,东南大学法学院251991班、259991班校友在东南大学教育基金会分别设立了奖助学金,献礼母校,奖助后学。

2014年5月6日,王志功教授捐资设立东南大学"励志成功奖学金"

5月6日，东南大学信息科学与工程学院电路与系统学科带头人、"长江学者奖励计划"特聘教授王志功捐赠其2013年"宝钢优秀教师特等奖"奖金10万元在东南大学设立"励志成功奖学金"，东南大学副校长沈炯、王志功教授夫人、东南大学吕晓迎教授，信息科学与工程学院、生物科学与医学工程学院、吴健雄学院、电子科学与工程学院、教育基金会的有关负责同志出席了捐赠仪式。

2014年9月23日，刘松玉教授捐赠10万元发起成立"东南大学地质博物馆发展基金"

2014年9月23日，刘松玉教授发起成立的"东南大学地质博物馆发展基金"签约仪式举行，首笔捐赠10万元。仪式由交通学院秦霞书记主持，浦跃朴副校长致辞。刘松玉教授介绍了设立东南大学地质博物馆发展基金的目的和愿景，回顾了地质博物馆的建设历程，并就相关管理提出了建议。原南京地质学校校长、校友总会副会长、地质分会庄宝杰会长介绍了地质博物馆及有关藏品的历史。

地质博物馆位于九龙湖校区图书馆二楼西部，是在学校领导和相关部门的大力支持下，刘松玉教授牵头负责，经过岩土工程学科老师的共同努力，于2013年10月建成开放。该博物馆以原南京地质学校珍藏的10 000多件地质标本为基础，经过精选整理，现展出各类标本1 500余件，其中矿物、矿藏、古生物化石等标本在国内外均具特色、弥足珍贵，在国内高校首屈一指。东南大学地质博物馆发展基金的设立，主要用于采集、购置、维护珍贵地质标本，完善博物馆标本配置。

2014年9月25日，老五系80级校友集体捐赠助力母校发展

原南京工学院老五系80级近150位校友返回母校举行一系列庆祝活动，并集体捐赠30万元，用于学校发展和校园绿化建设等。9月25日，汪锡明校友作为老五系80级代表，与教育基金会签订捐赠协议书，并向浦跃朴副校长递交捐赠纪念支票。浦跃朴副校长为其颁发捐赠纪念牌及捐赠证书。该笔捐赠款主要用于九龙湖校区种植银杏树等校园绿化项目，80级老五系校友们捐赠的银杏树，植种于九龙湖校区李文正图书馆西侧。

2014年10月3日，原陀螺仪及导航仪器专业8480级校友设立"8480奖学金"

原陀螺仪及导航仪器专业84801、84802两个班级校友毕业多年，心系母校、不忘师恩，在毕业30年聚会之际，在校设立"8480奖学金"。10月3日上午，仪器科学与工程学院相关领导、老师和校友们举行了简短而又隆重的"8480奖学金"签约仪式。签约仪式由仪器科学与工程学院宋爱国院长主持，刘京南常务副书记、发展委员会有关领导以及院系的部分教师出席了签约仪式。刘京南常务副书记与校友代表曹凯签署了协议书、代表学校接受了校友代表周建康递交的捐赠纪念牌并发表了讲话。"8480奖学金"总额10万元，主要用于奖励东南大学仪器科学与工程学院在读的品学兼优的本科生。

2014年10月4日，土木学院05095级校友捐树植于九龙湖校区新土木大楼广场

土木学院05095级校友毕业十年返校聚会，参观了正在建设中的土木大楼，并捐赠一棵胸径逾300 mm的榉树植于新建土木大楼拟建的广场上，以感念母校和学院的培养，寓"十年树木，百年树人"之意。

2014年10月25日，机械学院21901班爱心助学基金会成立

2014年10月25日，机械学院21901班爱心助学基金会成立大会召开，主要参会人员有21901班级成员，浦跃朴副校长，教育基金会和机械学院领导，以及被资助学生。机

械学院党委副书记张志胜向校友们简单介绍了东南大学九龙湖校区以及机械学院的发展概况。爱心助学基金会会长马志平同学代表21901班向学校的培育与支持表达了感谢。浦校长进行了总结发言。

2014年11月21日,退休教师孙国雄教授及其弟子设立"孙国雄奖学金"

2014年11月21日下午,"孙国雄奖学金"捐赠签约仪式在四牌楼校区举行。今年适逢孙教授八十寿诞,师生们决定共同出资设立"孙国雄奖学金",为材料科学与工程学院的发展、学生的成长出一份力。"孙国雄奖学金"总额20.0762万元,用于奖励材料科学与工程学院硕士生和博士生。

2014年12月6日,校友企业科之杰捐赠十万反哺母校庆祝材料科学与工程学院建院30周年

2014年12月6日,东南大学材料科学与工程学院庆祝建院30周年暨材料学科办学86周年。下午,在九龙湖校区材料楼举行了科之杰新材料集团有限公司捐赠仪式。校友企业科之杰新材料集团总经理麻秀星校友、东南大学总会计师丁辉、材料科学与工程学院副院长张亚梅、土木工程材料系主任高建明、江苏省土木工程材料重点实验室常务副主任陈惠苏,教育基金会等相关部门老师及十余位材料学院校友和师生参加了捐赠仪式。本次仪式由材料学院党委书记封卫东主持。麻秀星校友和丁辉总会计师作为双方代表签署了捐赠协议,丁总代表校方接受捐赠,并为企业颁发捐赠铭牌和捐赠证书。

附5　校友总会主办、协办的品牌活动及助力校园文化建设情况

品牌活动

2014年5月18日,东南大学第八届暑期实习生招聘会成功举办

由东南大学学生职业发展协会承办的第八届暑期实习生招聘会在东南大学九龙湖校区成功举行。包括中国电信、通用电气、艾默生等世界500强在内的110多家知名企业参加此次招聘会,参会企业招聘岗位类型覆盖各个专业,为东大学子提供了机械电气、电子信息、土建交通等各行业实习岗位1 000余个,各院系学生近3 000名携带简历前来寻求合适岗位。第八届暑期实习生招聘会在共青团东南大学委员会、东南大学学生处、东南大学校友总会、东南大学党委研究生工作部、东南大学就业指导中心会等学校相关部门的指导和各企业的积极参与支持下,取得了圆满成功。

校团委周勇书记致开幕词,校友企业——常州市建筑科学研究院股份有限公司党总部宋文英书记代表企业发表讲话。校团委周勇书记、校友总会曹军老师、学生处张晓坚副处长为常州市建筑科学研究院股份有限公司(校友企业)、南京东江网络科技有限公司(校友企业)、南京聚立工程技术有限公司(校友企业)、中国兵器北方信息控制集团有限公司、江苏安靠智能输电工程科技股份有限公司这5家企业举行了"大学生就业实习实践基地"授牌仪式。

2014年4月19日,"他乡遇故知"系列活动之校友交流晚会成功举办

东南大学学生职业发展协会(SCDA)在东南大学校友总会的特约指导及特邀嘉宾常州校友会、东南大学党委研究生工作部和东南大学团委的指导支持下成功举办了"他乡遇故知"晚会。此次活动在东南大学中大校友会堂举行,以晚会的形式,结合了拍照、专业摄像等多种多媒体手段,包含多个节目表演,有访谈、演唱、演奏二胡、武术、游戏等吸引人的

环节。校友总会联络部主任曹军老师和常州校友会执行秘书长葛维克校友及部分校友应邀参加,并为应届毕业生校友联系人代表颁发东南大学校友总会校友联系人证书。访谈环节,葛维克秘书长和已工作的校友向学弟学妹们分享了自己的阅历。

2014年8月24日"学长助新生,启航向东大"——常州校友会新生欢送交流会召开

2014年8月24日,东南大学常州校友会新生助学活动"学长助新生,启航向东大"暨2014级新生欢送会在常州举行。东南大学副校长浦跃朴,常州市委常委、统战部长、常州校友会会长张跃,常州市科协主席、常州校友会副会长宋平,常州市政总公司董事长、常州校友会副会长赵昔生,东南大学发展委员会副主任姚志彪等出席会议并致辞。东南大学常州校友会代表、2014级常州籍新生受邀参加。大会由东南大学85级常州校友,生物医学工程及仪器专业毕业生袁菲主持。

此次助学活动以解决常州籍贫困新生的入学报到交通费及入学后短期内的生活费为主,并对部分2014级常州籍优秀新生进行了奖励。50多名2014级常州籍新生及部分新生家长来到了活动现场,其中10名新生每人获赠2 000元奖、助学金,全体参会新生都获赠精美书包一个。浦跃朴副校长和张跃会长在讲话中都表达了对新生的祝贺和欢迎。浦跃朴副校长勉励考生入学后好好学习,生活上学会自理,学习上精益求精。他期望学子在学长学姐的帮助下走好迈入大学的第一步。张跃会长在讲话中与大家分享了东南大学的校训——"止于至善",对新生寄予祝福。东大常州校友会副会长宋平、东南大学发展委员会副主任姚志彪分别对常州校友会近年来的工作情况和本次助学活动作了介绍。常州校友会副会长赵昔生代表东大常州校友发言。东南大学学生处副处长江雪华向新生介绍了入学及学校生活情况。新生代表、中学校长代表也分别在会上发言。

2014年8月30日,"学长助新生,启航向东大"爱心签名活动九龙湖校区举行

8月30日新生报到日上午,校友总会全体工作人员在九龙湖校区开展"学长助新生,启航向东大"爱心签名活动,迎接报到的贫困新生。来自云南、常州、贵州等地已经受到学长们关爱资助的部分2014级新生和部分院系同学前来签名。为2014年西藏地区贫困新生捐款的浦跃朴副校长也赶到现场,在横幅上郑重签名。

2014年12月22日,受助新生爱心接力感恩仪式在九龙湖校区举行

12月22日下午,2014新生爱心接力感恩仪式在九龙湖校区大学生活动中心举行,近200位受到学长捐助的新生参加了此次活动。本次爱心活动由东南大学校友总会、教育基金会与学生处联合发起和组织。发展委员会姚志彪副主任首先向同学们介绍了始于开学初的"学长助新生,启航向东大"爱心活动的内容和意义,学生处江雪华副处长宣读了校友会及捐助校友名单,并倡议新生们在回家过年的寒假里,组织起来去拜访当地的学长。两位受助新生和同学们分享了受助时的感受和体会。新生们纷纷写下感谢的话语。

助力校园文化建设

2014年6月,校友总会指导学生社团"印迹东南"寻访校友活动

在校团委组织的本科生社会实践活动中,由电气学院聂钢柔、文学院李静妍等来自多个院系的14名2013级本科生,于2014年暑期前后开展"印迹东南"主题活动,通过直接采访东大优秀校友,还原他们的事迹经历和他们在学习生活工作中的宝贵经验,以给予东

大当代学子积极正确的引导。在校友总会的推荐和支持下,"印迹东南"小组的同学们对北京、天津、广东、湖南、海南和南京等地的23名校内外校友代表进行了面对面的采访,取得了良好的效果。

2014年10月18日校友总会组织于崇俊院士校友等老学长与在校生座谈会

2014年10月18日下午,校友会堂二楼会议室内欢声笑语,参加能源与环境学院院庆60周年的于俊崇院士和自己大学同班部分同学在此欢聚。随后由院士及老学长们接受了校友总会的特别邀请,在此与校友总会组织的在校学生代表进行亲切座谈,殷切寄语年轻学子。座谈会由发展委员会姚志彪副主任主持。

附6 配合学校产学研工作和招生就业工作情况

2014年3月30日,南京鼓楼(广州)科技创业人才项目交流推介会暨东南大学国家大学科技园(下关)推介会在广州顺利举行

东南大学副校长、校友总会常务副会长浦跃朴、南京市鼓楼区人大常委副主任蓝绍森、东南大学校友总会秘书长胡焱、东南大学国家大学科技园总经理江汉、广东校友会会长王亚群、广东校友会副会长陈映庭等领导出席推介会。推介会由鼓楼区紫金特别社区管委会处长周新萍主持。东南大学校友总会秘书长胡焱代表校领导致辞,鼓楼区人才办、鼓楼区科技局领导,分别就鼓楼区投资环境、创业人才政策及科技产业作了简要介绍,欢迎校友及校友企业家回鼓楼创业。大学科技园企业发展部负责人就大学科技园下关园区的相关情况作了介绍。鼓楼区人大常委会副主任蓝绍森向广东校友会赠送纪念品。本次推介会邀请广州校友企业家近40余人参加。座谈会上,广东校友会会长王亚群、副会长陈映庭代表广东校友企业家分别作了简短发言。

2014年4月1日至2日,广东校友会配合学校在当地进行招生宣传工作

2014年4月初,由校友总会牵线,校招生宣传组马强书记在广东校友会副会长陈映庭校友的陪同下,走访了广州4所著名中学,为东南大学在广州建立优质生源基地打下了基础。

2014年5月5日至9日,"感知东南"系列"牵手中学"活动走进河南省五所重点中学

2014年5月5日至9日,东南大学副校长郑家茂、副校长王保平分别在学生处招办、就业办、校友总会、老干部处、数学系有关负责同志及河南省招生宣传组成员的陪同下到郑州外国语学校、郑州市第一中学、河南省实验中学、洛阳市第一高级中学、洛阳市东方高级中学等河南省五所重点中学及中国一拖集团举办"感知东南"系列"牵手中学""走进企业"文化交流活动,并向5所重点中学颁授了"东南大学优质生源基地"铜牌,向中国一拖集团颁授了"东南大学就业实习实验基地"铜牌。

在豫期间,郑家茂副校长、王保平副校长一行还在东南大学校友总会曹军和河南校友会筹备组负责人、黄河水利委员会工程建设管理中心主任刘家俊等校友的陪同下走访看望了河南部分校友和企业;河南省招生宣传组组长、数学系党委书记李涛,招生办主任蔡亮及招生宣传组其他成员一起参加了和河南校友的交流与互动。东南大学河南校友会筹备组校友们为此次"牵手中学"活动提供行程帮助和活动保障。

2014年5月23日,生物科学与医学工程学院与南昌校友企业达成产学研合作意向

生物科学与医学工程学院顾宁院长、徐春祥副院长在校友总会负责人陪同下专程赴南昌工控电装有限公司,与董事长刘长华校友进行了交流并参观了研发制造部门,双方达成就生物传感器等方面进行产学研合作的意向。

2014年7月19日,校友总会、浙江校友会协办东南大学国家大学科技园(江宁)推介会

2014年7月19日下午,东南大学国家大学科技园(江宁)推介会暨江宁区创新创业环境说明会在浙江杭州顺利召开。东南大学副校长赵启满、南京市江宁区副区长戚湧、东南大学发展委员会副主任姚志彪、东南大学国家大学科技园总经理江汉、浙江校友会秘书长王金锋、浙江校友会副秘书长王晓宇等领导出席了推介会。杭州市交通局局长范建军校友、浙江省发展改革委员会副主任徐幸校友及杭州市运河集团董事长、党委书记李包相校友等也应邀专程赴会。推介会由东南大学科技园总经理江汉主持。

江宁区副区长戚湧首先致辞。东南大学副校长赵启满致词介绍了2014年东南大学在科学研究、产学研合作以及大学科技园建设方面均取得的可喜成绩。南京中创科技投资有限公司负责人就江宁区投资环境、创业人才政策及科技产业作了简要介绍。东南大学科技园企业发展部负责人就大学科技园江宁园区的相关情况作了介绍。东南大学发展委员会副主任姚志彪发言,杭州市交通局局长范建军校友即席讲话。

本次推介会邀请到杭州校友及企业家计70余人。浙江校友会王金锋秘书长、王晓宇副秘书长为会议的顺利召开做了大量的准备工作。

2014年10月16日,东大科技园举办校友企业家座谈交流会

2014年10月16日上午,"东大科技园校友企业家座谈交流会"在东南大学国家大学科技园栖霞园区举行。东南大学副校长浦跃朴出席会议并讲话,校长助理吕传毅、资产经营管理处处长江汉、发展委员会副主任姚志彪等出席了本次座谈会。本次座谈会东大科技园邀请了包括江苏省信托公司董事长黄东峰、光一科技股份有限公司董事长龙昌明、途牛旅游网CEO于敦德、江苏锦华建筑装饰设计工程股份有限公司董事长堂杰、南京三宝科技股份有限公司副总裁辛柯俊等在内的30余位杰出校友企业家参加。

座谈会上,浦副校长对各位校友企业家多年来对母校的关心和支持表示感谢,校友企业家纷纷对东大科技园近年来取得的成就表示肯定,提出共同设立学生创业投资基金支持学生创业,并对科技园载体建设的合作表达了浓厚的兴趣。大学科技园聘请20余位杰出校友企业家为在校学生创业导师。

附7 年度校友风采

2014年1月10日,中国科学院院士张存浩校友荣获2013年度国家最高科学技术奖

2014年1月10日,2013年国家科学技术奖励大会在北京人民大会堂举行,中国科学院院士、中国科学院大连化学物理研究所张存浩校友成为两位2013年度国家最高科学技术奖得主之一。

张存浩院士为东南大学化学化工学院兼职教授。2002年5月31日,张存浩访问东南大学化学化工学院时为该院题词——"东大化学化工大有可为!",并面向东大师生作学术报告。

2014年1月24日，医学院78级校友曹红光上榜"2013中国科学年度新闻人物"

由中国科学报社、中国科协科普部、中国科技新闻学会等主办的"2013中国科学年度新闻人物"推选活动1月24日晚正式揭晓，曹红光等10位科技界知名人士上榜。

曹红光为医学院（原南京铁道医学院78级校友），TCL医疗集团董事、首席科学家。曹红光在母校度过了八年的本科和硕士研究生时间，毕业后不久成为一位神经外科副主任医师，并成为国内脑立体定向治疗的先驱者之一。2013年在78级校友30周年团聚之际创建了"红光奖助学金"。

2014年2月28日，全国工程勘察设计大师娄宇校友受聘母校兼职教授并作学术报告

2014年2月28日上午，东南大学校友、全国工程勘察设计大师、中国电子工程设计院副院长兼总工程师娄宇教授级高工受聘兼职教授仪式暨学术报告会在四牌楼校区榴园宾馆新华厅举行。土木学院舒赣平副院长、党委副书记兼副院长陈镕、邱洪兴教授、冯健教授、李兆霞教授、潘金龙教授、郭力副教授、朱虹副教授等老师、部分在宁建筑设计院的工程师以及土木学院相关专业的研究生和四年级本科生代表出席了聘任仪式。受聘仪式由土木学院党委张星书记主持。吴刚院长致辞，并代表校领导向娄宇大师颁发东南大学兼职教授聘书，为其佩戴校徽。接受聘书后，娄宇大师发表了热情洋溢的讲话。

简短而隆重的聘任仪式后，娄宇教授为在场师生作了题为"超高层建筑结构设计"的精彩学术报告，副院长舒赣平教授主持了娄宇教授的学术报告会。

2014年3月20日，何巍校友荣膺挪威2013年度十大精英人才奖

挪威2013年度精英人才授奖仪式在国会大厦东宫厅隆重举行，来自挪威有关部门、中国驻挪威大使馆相关领导等应邀出席。动力系80级校友、江苏科技大学兼职教授何巍博士，荣膺挪威2013年度十大精英人才奖。

何巍博士现为挪威国家石油公司主任工程师，同时也是欧盟多个项目的技术领头人。何巍曾在挪威的海上石油平台上工作了10年，近5年，她将石油平台的高技术应用到海上风电和远海养殖等新兴领域，2013年她在多个海洋高科技领域里取得了重大技术突破，并将自己的亲身经历写就《北欧风女》一书。

挪威精英人才基金会每年评选5位女性、5位男性作为全国各行各业的榜样人物。

2014年4月14日，国电科院信通所副所长郭经红校友受聘东南大学兼职教授

4月14日下午，东南大学举行仪式聘请中国电力科学研究院信息通信研究所副所长郭经红校友为东南大学兼职教授。仪式由东南大学通信技术研究院常务副院长宋铁成教授主持。信息科学与工程学院党委书记李久贤代表学校向郭经红副所长颁发了兼职教授聘书并为其佩戴东南大学校徽。仪式结束后，郭经红教授为东大师生做了题为"智能电网中先进信息通信技术"的学术报告。

郭经红教授分别于1992年3月和2000年10月在东南大学通信与信息系统专业取得工学硕士学位和工学博士学位，目前是国家电网公司信通部通信专家组组长，主持编制国家电网公司电力通信领域近三年的科技项目指南、"十三五"和中长期科技战略规划等。

2014年4月26日，陈雅西校友入选丹麦青年大使并采访丹麦王子

4月26日，在丹麦女王玛格丽特二世访问中国之际，2013届经管学院毕业生陈雅西校友作为丹麦的青年大使和来自不同国家160余名青年人一起在丹麦外交部会见女王的

小儿子约阿基姆王子。

丹麦青年大使项目是由哥本哈根投资促进局、哥本哈根旅游局、哥本哈根青年大使集团、丹麦大学国际化机构共同创立的。合作高校包括哥本哈根大学、奥胡斯大学、奥尔堡大学、哥本哈根商学院及丹麦技术大学。该项目现有青年大使约 250 余人,中国人 10 人左右,我校校友陈雅西于 2013 年入选。

2014 年 6 月,土木学院吴智深教授当选美国土木工程师学会会士(Fellow)

土木学院吴智深教授因在土木工程领域创新研究,高等教育以及工程实践等方面的卓越贡献及其广泛的国际影响力,被美国土木工程师学会(The American Society of Civil Engineers,ASCE)增选为该学会的会士(Fellow)。

吴智深教授此前已成功当选日本土木工程学会(JSCE)会士、国际建设 FRP 学会(IIFC)会士、国际智能结构健康监测协会(ISHMII)会士。

2014 年 10 月 21 日,交通学院 2014 届毕业生李方卫当选 2014 年度"江苏好青年"

10 月 21 日晚上,由江苏省团省委、省文明办、省通管局、中国江苏网、扬子晚报等单位联合举办的"2014 江苏好青年"百人榜揭榜典礼暨"我为核心价值观代言"分享会在南京理工大学举行。会上,东南大学交通学院 2014 届毕业生李方卫获得了"2014 江苏好青年"百人榜之"最善创新好青年"称号。

2014 年 11 月 12 日,《走近院士》纪录片出品,,东南大学 3 位全职院士、2 位校友院士入选

《走近院士》共记录了 6 位中国工程院院士和 2 位中国科学院院士,8 位院士代表了中国科学技术领域的"最强音"。其中,齐康院士、李幼平院士、缪昌文院士为东南大学全职院士,黄其励院士、秦顺全院士为东南大学校友。

纪录片通过对 8 位院士的成长经历、求学历程、学术领域、工作方法、子女及学生教育、社会责任等不同方面全方位地向观众展现了这些顶级科学家鲜为人知的人生历程,使广大青少年及观众朋友在面对面的访谈中不仅对当代前沿科技增加了解、拓宽视野,也对人生梦想和志向追求有更多的认识和体悟。

纪录片《走近院士》出品人之一马其祥校友,为北京校友会副会长兼秘书长;制作人周蓓校友为 2004 届人文学院法律系毕业生。

附 8　校友返校聚会情况

2014 年 5 月 9 日,土木工程学院工程管理专业本科 2000 级校友回母校庆祝毕业 10 周年

2014 年 5 月 9 日至 11 日,土木工程学院 2000 级工程管理专业的 35 名校友回宁聚会纪念毕业 10 周年。

2014 年 5 月 16 日,土木工程学院管科 2001 级硕士生返校纪念毕业 10 周年并与在校生座谈交流

2014 年 5 月 16 日至 18 日,土木工程学院 2001 级管理科学与工程专业的 18 位校友回到母校,欢庆毕业 10 周年。5 月 17 日下午,由土木工程学院本科生工管拓委会以及 2013 级本科生团总支共同举办的管理科学与工程专业 2001 级硕士生校友同在校本科生

的座谈会举行,土木工程学院党委副书记兼副院长陈镭老师和学办李朝静老师、洪声望老师、孔祥羽老师出席了交流会。

2014年5月15日,原南京工学院汽拖专业59级校友毕业50周年返校聚会

2014年5月15日,原南京工学院汽拖专业59级校友回到阔别整整50年的母校,在校友总会会议室里,举办了一场别开生面的班会。校友们争先恐后地回忆五年大学生活的点点滴滴,还各自畅谈了自己的养生经验。

2014年8月1日,老土木系80级百多位校友回母校庆祝本科毕业30周年

2014年8月1日至3日,老五系八零级校友从世界各地返回母校庆祝本科毕业30周年。8月2日上午校友们聚集在四牌楼校区与老师们见面。校党委常务副书记兼纪委书记刘京南、发展委员会副主任姚志彪,土木学院党委书记张星和建工系主任孟少平,交通学院院长王炜、书记秦霞、副院长丁建明和程建川,材料学院院长潘冶等领导和土木、交通、材料三个学院近50位老教师及近150位八零级校友出席了见面会。见面会由八零级的朱一原校友和严京敏校友主持。下午,校友们在校宣传部毛惠西部长(53801班)、发展委员会姚志彪副主任、学院张星书记等人的陪同下参观了九龙湖校区,并到李文正图书馆西侧为捐赠的银杏树的纪念碑揭牌,随后参观了河西新城和青奥会馆区。8月2日晚上和8月3日分专业开展了丰富多彩的活动。

2014年9月12日,原南京工学院64届道路工程校友毕业50年返校相聚

2014年9月12日,原南京工学院64届校友相聚母校,召开毕业50周年座谈会。东南大学发展委员会副主任姚志彪,东南大学交通学院常务副院长丁建明,东南大学交通学院党委副书记兼副院长陈怡以及交通学院老教师徐吉谦、邵容光、陈荣生受邀参加。座谈会由陈怡书记主持召开。

2014年9月20日,61741班校友庆祝入学40周年聚会母校

9月20日~22日,61741班30多位东大学子毕业37年后再次返宁相聚校园,举行了座谈会并参观了九龙湖新校区。

2014年10月3日,原陀螺仪及导航仪器专业8480级校友毕业30年聚会设立"8480奖学金"

原陀螺仪及导航仪器专业84801、84802两个班级校友毕业30年聚会母校,在校设立"8480奖学金",以支持后学。

2014年10月4日,信息科学与工程学院44801班校友毕业30周年返校聚会

2014年10月4日,原无线电工程系(现信息科学与工程学院)水声工程专业44801班的校友们返校聚会,与近十位当年水声工程专业老师们进行了座谈会。校常务副书记刘京南、信息学院院长尤肖虎等领导参加了座谈会。

2014年10月4日,土木工程学院05095级校友返校庆祝本科毕业15周年

土木工程学院05095级校友毕业15周年聚会母校。05095级4个班共百余人返校团聚,土木工程学院黄安永老书记、张星书记、陈镭副书记兼副院长和当年的辅导员现为电子学院副教授董志芳老师到场祝贺。

20141018原铁道医学院89级校友毕业20周年庆典活动10月18日在丁家桥校区举办

2014年10月23日,原南京工学院52641班校友返校举办入学50周年聚会

2014年10月23日下午,东南大学(原南京工学院)52641班校友入学50周年聚会在四牌楼校区逸夫建筑馆十二楼会议厅举行。此次聚会近40名师生重返母校,东南大学交通学院党委书记秦霞、常务副院长丁建明老师以及老教师恽英、徐吉谦、陈荣生、沈善土受邀参加。老校友们向交通学院赠送了"铭记师恩"的牌匾,以前保留下来的毕业照以及国立中央大学、南京工学院的校徽等物件来表示对交通学院的感谢。

2014年10月25日,原铁医79级校友毕业三十载返校聚会联谊

2014年10月25日上午,原铁道医学院79级医疗系和卫生系200余位校友返回母校,在丁家桥校区科技会堂举行入学35周年暨毕业30周年联谊会。东南大学副校长浦跃朴教授,校长助理兼中大医院院长刘乃丰教授,医学院院长滕皋军教授,以及20多位老教师代表受邀参会。

活动由校友代表向20多位老教师献花致谢开始,浦跃朴副校长代表学校,欢迎校友们返校,并介绍了我校近年来取得的成绩以及发展目标。刘乃丰校长助理和滕皋军院长作为铁医77级学长代表及学院领导分别致辞。杨天义老师作为教师代表,回忆了自己在担任年级老师期间和校友们相处的美好时光,表达了对昔日学生取得成绩的欣慰之情。

医疗系及卫生系各班代表,逐一上台发言,深切回忆30多年前在母校的青春岁月以及同学老师间的点滴故事,并介绍了各班毕业去向、工作经历以及发展现状。

2014年10月27日,中国台湾"中央大学"土木工程学系1983级校友寻根到我校土木工程学院

2014年10月17日下午,中国台湾"中央大学"土木工程学系土木工程专业1983级(中国台湾称为:七二级)8位校友及家属在土木工程学院张星书记、张爱芹老师及校档案馆杨东老师的陪同下饶有兴趣地参观了四牌楼校区大礼堂、体育馆、六朝松、实验工场、结构实验室、校史纪念馆,并到逸夫建筑馆十五楼土木学院办公区造访。吴刚院长接见了"中央大学"的校友及其家属,向每位来宾送上了东大土木学科创建九十周年纪念册。

来访的8位"中大"校友中有来自中国台湾,现任中国台湾"中央大学"总会理事长林裕伟先生、副理事长詹耀裕先生等校友,也有来自马来西亚、新加坡及中国香港等地的校友。中国台湾"中大"校友们对原中央大学老校区充满感情,纷纷在大礼堂、老体育馆、六朝松及校史馆原中央大学校歌、校徽纪念碑前留影。

(校友总会 姚志彪)

校区与院系及其他

丁家桥校区

一、校区工作

1. 逐步落实教育实践活动各项整改措施。校区党工委认真做好"党的群众路线教育实践活动"总结阶段的工作,对前期查摆的问题,把握好时间节点,逐步落实整改措施。
2. 认真答复教代会提案。校区对工会转来的2013年学校教代会代表的6份提案,及时答复,并积极开展2014年提案征集工作。
3. 校区配合街道做好青奥会整治工作。比较顺利平稳地拆除了丁家桥87号门面房共11户。
4. 校区后勤办按期完成了配电房增容改造项目。学生宿舍空调全部安装到位。
5. 暑期"扬帆计划"继续以校区为主营地。各部门积极做好服务协调,接待了100余名来自偏远地区的中小学生。
6. 永和物业合同到期。长沙万厦园丁物业公司经学校招标进驻校区。
7. 化学化工学院实验室完成搬迁,转至九龙湖校区。
8. 校园基础设施继续改善。自行车车棚自去年大雪坍塌后,已重建完成。校区内新增户外休闲椅40把。
9. 顺利完成教育部修缮专项工程。全年完成的项目包括:求恩三舍线路改造及房间出新,校区配电房增容改造,学生宿舍线路改造及电缆敷设,公卫楼外墙出新及门窗节能改造,丁家桥校区运动场改造,公共教室修缮,基一、基二楼修缮改造,累计达1850余万元。

二、奖励与荣誉

1. 南京市2013—2014年度绿化先进单位。校区已连续三次获此荣誉,具备了申报省级绿化先进单位的条件。

2. 2010—2012 年度鼓楼区区级文明单位。
3. 中央门街道地区 2013 年度"平安校园"。
4. 2013 年度中央门街道社会管理综合治理"平安建设示范单位"。
5. 刘培高同志获评东南大学"三育人"积极分子、东南大学校友基金会"一开"奖教金。

三、人事变动

1. 因机构变更及工作需要,胡建人同志任东南大学总务处副处长(兼)。
2. 因工作需要,任命刘孝梅同志为东南大学丁家桥校区保卫办公室主任助理。
3. 因工作需要,任命谭文龙同志为东南大学丁家桥校区保卫办公室主任助理。
4. 因年龄原因,免去缪志坚同志东南大学丁家桥校区保卫办副主任职务,任主任科员。
5. 因年龄原因,免去高永乐同志东南大学丁家桥校区后勤办副主任职务,任主任科员。

(丁家桥校区 李 娜)

建 筑 学 院

建筑学院现有建筑学、城乡规划学、风景园林学三个一级学科博士点和美术学一级学科硕士点,建筑学、城乡规划学、风景园林学三个博士后流动站,建有城镇与建筑遗产保护教育部重点实验室、与 UNESCO 共建的 GIS 中心、CAAD 国家专业实验室、与瑞典皇家理工学院共建的绿色生态建筑研究中心等学科平台。下设建筑系、城市规划系、景观学系、环境设计系、建筑技术科学系、建筑历史研究所。截至 2014 年年底,全院在职教工 154 人,专任教师 128 人。其中教授 32 人,副教授 52 人,28 名博士生导师,具有博士学位的专任教师比例达 76%。现有 3 名院士、2 名教育部长江学者特聘教授,1 名国家杰出青年基金获得者,5 人入选教育部"新世纪优秀人才支持计划",16 人入选省人才培养计划,3 人入选东南大学特聘教授。

一、党政工作

按照学校统一部署,学院行政换届工作顺利完成,韩冬青同志被任命为东南大学建筑学院院长,冷嘉伟、张彤、孙世界、葛明、石邢被任命为东南大学建筑学院副院长。

继续贯彻落实党的群众路线教育实践活动,巩固教育实践活动成果,确保整改项目落实到位,以活动促发展,改进工作作风,发挥主观能动性,主动破解发展难题、困难和矛盾,不断推进学院各项工作有效进展。

举办建筑学院分党校第十四期发展对象培训班,共 57 名发展对象顺利结业,考试均分 81.27,不及格率 3.39%。组织预备党员参加学校第十七期预备党员培训班,62 名预备党员全部顺利结业。创新形式,开展卓有成效的党日活动。组织《踏访 继承 弘扬——中国梦之南京石城文化传承》《既来之,则安之——新型城镇化背景下大城市低端就业部门调研与展望》《分享青春,共筑未来——我的绿色东大梦》等主题党日活动申报最佳党日活动。首个南京大屠杀遇难同胞国家公祭日之际,学院师生设计并建造了一座近三米高的木构"覆兴坛",开展了"国之祭、史之痛、民之愿"——国家公祭日纪念系列活动,活动获得中央和地方诸多媒体的关注,中央电视台、新华网、中新网、搜狐网、江苏电视台、《金陵晚报》等媒体进行了专门报道,相关图片也在微信、微博等自媒体上广泛传播,社会反响热烈。学生活动丰富多彩,在江苏省第四届大学生艺术展演活动中,学生作品获得"书法篆刻展"一等奖、"摄影展"一等奖和"江苏省第四届大学生艺术展演活动微电影展既省第三届'阳光校园'优秀DV作品大赛"的一等奖。

注重宣传工作,充分利用电子公告栏、短信、邮件等形式及时向师生传递信息,加强与师生间的信息沟通和交流。向校报、东大网站以及其他媒体积极投稿,全方位、多角度、及时准确地介绍学院在学科建设、队伍建设、人才培养、科学研究、学生风采等各方面的最新情况。加强学院网站英文版的建设,丰富各版块的内容,及时更新相关新闻信息。

二、学科建设和研究生教育工作

在完成国家"211"三期和"985"三期建设和结题验收工作之后,积极组织和顺利完成"江苏省优势学科"一期建设(2010—2013)工作。同国内相关院校建筑学科相比,本学科在可参照的指标体系内,其学科建设和成果水平已整体达到国内领先水平,这在优质资源、人才培养、科研创新等方面体现得尤为显著,其中建筑设计、城市设计、城镇建筑遗产保护、工业化住宅研究等部分领域已接近同类研究方向的国际先进水平,并在最终的成果验收评定中获得"优秀"成绩。

在建筑学一级学科一分为三的客观背景下,积极组织三大学科申报"江苏省优势学科"二期建设的资助。经努力,建筑学获得A类(500万/年,4年共2 000万)资助、城乡规划学获得B类(250万/年,4年共1 000万)资助,风景园林学入选培育学科序列(C类,125万/年),为新阶段的学科建设奠定了良好基础和优势条件。

入选2014年度江苏省优秀硕士论文(学术型)1篇,江苏省优秀硕士论文(专业型)2篇,省优秀研究生课程1门,普通高校研究生科研创新计划项目(校助)3项。入选2014年度东南大学优秀博士论文2篇,优秀硕士论文(学术型)2篇,优秀硕士论文(专业型)3篇。课程"现代建筑理论"获得江苏省优秀研究生课程。

开设研究生全英文课程7门,分别是前任联合国教科文组织亚太地区文化事务官员Richard Adams Engelhardt开设的"城市与建筑遗产保护前沿"、美国雪城大学Mark Bomberg教授开设的"建筑物理前沿",德国多特蒙德工业大学Klaus Kunzmann教授开设的"城市发展战略前沿"、英国建筑联盟学院的Mark Campbell教授和美国弗吉尼亚大学的李士桥教授开设的"建筑理论前沿"、瑞士拉玻斯维尔大学的Peter Petschek教授开设的"景观技术前沿"、美国路易斯维尔大学的赖德霖教授开设的"建筑历史前沿"、美国宾夕法尼亚大学David Leatherbarrow教授开设的"建筑设计理论前沿"课程。与美国、澳大利亚、西班牙开展研究生国际联合教学。

三、本科教学和人才培养工作

景观学系课程《风景园林学前沿》成功入选教育部 2014 年国家级视频公开课立项建设项目。2014 年中国建筑院校境外交流学生优秀作业展在我院展出,共有 35 个建筑设计院校的 198 份作业参展,我院送选的 10 份作业均获奖。在 2013 年江苏省普通高等学校本专科毕业设计(论文)评优活动中获团队优秀毕业设计(论文)奖 2 项。20 个获得校(院)级立项的 SRTP 项目,经过学院中期检查和答辩,推荐了 7 个项目参加学校组织的答辩工作。一年级"建筑设计基础"课程空间构造体模型作业首次在校园内公开展示并引进媒体关注,作品之一参加第八届同济大学建造节暨 2014"华城杯"纸板建筑设计建造竞赛荣获二等奖暨结构专项奖。

四、科学研究和科技服务工作

积极组织申报各类基金。2014 年获国家自然科学基金 14 项,国家社科基金资助 1 项,国家出版基金资助项目 1 项;获江苏省科研项目资助 2 项,其中青年基金 1 项、科技支撑计划 1 项。

"传统木构建筑营造技艺研究"国家文物局重点科研基地申报成功(基地负责人为陈薇教授),该基地将和"东南大学城市与建筑遗产保护教育部重点实验室"互为支撑,围绕国家在遗产保护方面的重大课题开展创新性科学研究工作。高祥生教授主持编写的国家行业标准《住宅室内装饰装修设计规范》通过国家验收。齐康院士主编的《宜居环境整体建筑学构架研究》和陈薇与噶佐拉教授领衔撰写的《南京城墙与罗马城墙比较》(Comparative Study on the City Wall of Nanjing and Rome)(双语)入选江苏省新闻出版局和江苏省出版工作者协会共同主办的"2013·苏版好书"荐读书目。张彤教授主持的设计作品"中国普天上海工业园总部科研楼"入选南非德班召开的第 25 届世界建筑师大会(World Congress of Architects,UIA)"可持续性"板块参展。

王建国、段进等老师作品荣获全国优秀规划设计二等奖 7 项、三等奖 3 项。韩冬青等老师作品获 2014 省城乡建设系统优秀勘察设计(建筑设计)一等奖 1 项、二等奖 2 项;王建国、段进等老师作品获城乡建设系统优秀勘察设计(城乡规划)一等奖 4 项;成玉宁等老师作品获风景园林二等奖 3 项。

学院全年科研经费超 1.2 亿元,稳居全校第二,为学校科研经费提升作出了重要贡献。

五、师资队伍建设与人事工作

引进青年教师 4 名,其中海外博士学位 3 人。在东南大学第 21 届青年教师授课竞赛中沈旸获一等奖,顾凯、韩晓峰、易鑫、李永辉获三等奖,周文竹获提名奖。完成 2014 年奖教金的遴选工作,共有 14 人获得各类奖教金。龚恺、柳孝图教授荣获中国建筑教育奖;朱雷副教授荣获中国建筑学会青年建筑师奖。阳建强教授获得宝钢优秀教师奖和"全国优秀城市规划科技工作者"称号。朱渊入选东南大学优秀青年教师教学科研资助计划。

六、学术交流工作

主办和承办国际国内学术会议 3 次：与比利时鲁汶大学联合主办"建筑遗产的预防性保护国际研讨会"；与南京市规划局、德国歌德学院（中国）联合主办国际论坛"历史与重构：城市与建筑转型语境下的中德对话"；与中国城市规划学会在泉州主办第六届"城市规划历史与理论高级学术研讨会暨中国城市规划学会城市规划历史与理论学术委员会年会"。聘请来校讲学、合作研究的外国专家近 20 名，聘请来校开设全英文授课专业课程的外国教授 7 名。

（建筑学院　贺文琴）

机械工程学院

一、人才培养

1. 本科教学工作

（1）申报创新性实验计划：申报并获批国家级大学生创新性项目 5 项，省级大学生创新性项目 5 项，校级大学生创新性项目 38 项，院级大学生创新性项目 4 项；获得第六届全国大学生机械创新设计大赛二等奖 2 项 9 人，第五届江苏省大学生机械创新设计大赛一等奖 3 项 12 人、二等奖 1 项 3 人、三等奖 1 项 5 人。

（2）教学成果：在江苏省重点专业建设的中期检查中获得优秀成绩，全省机械类仅有 2 个为优秀。《测试技术》2014 年 9 月获江苏省高等学校重点教材立项建设。

（3）国际交流项目：与美国密西根大学迪尔伯恩分校的合作交流项目，2014 年派出 8 人；与中国台湾"中央大学"机械工程系继续进行本科生交流项目，双方学生代表团进行互访；7 月份邀请加拿大麦克马斯特大学教授集中 14 天给本科生讲授全英文课程。本科学生出国（境）交流人数：20 人以上。

（4）竞赛：以机械学院本科生为主，代表东南大学第一次参加 2014 年中国大学生方程式汽车大赛，一举夺得燃油效率奖冠军和网络传媒奖冠军。中央电视台、江苏卫视及各大媒体都进行了报道。

（5）技能培训与服务：承接各专业学生的各种课内外教学活动的制作任务；承担校级教改项目 3 项，并通过中期检查；修编出版"十二五"规划教材一本；举办东南大学第四届 CAD 技能竞赛，东南大学第四届工程训练综合能力竞赛；举办第四届华东大学生 CAD 技能竞赛，我校学生获得一等奖 9 名，二等奖 4 名，三等奖 3 名；完成教育部职教师资培养培训专业点建设项目——数控技术及应用，建成五轴加工实验室；在江苏省高校金属工艺教学研究会第九届年会上被选为理事长单位，华东高校金工研究会第十二届年会和华东高校工程训练教学学会第十届年会上被选为理事长单位；完成教育部职教师资培训任务，"数控技术及应用"教学带头人班 27 人，"机械制造技术"教学骨干班 21 人。

2. 研究生培养工作

(1) 招生工作：招生硕士研究生153名；博士研究生27人；完成了东南大学与澳大利亚蒙纳士大学联合培养研究生的第三年招生，共招工业设计专业硕士40名。

(2) 研究生教学管理：各学科一级课程均制定详细的教学大纲，完善课程实验环节，规范课程考试制度。进一步加强研究生培养过程管理，科学修订培养方案，及时制订培养计划，严格执行开题报告、中期检查、答辩审核等环节。注重全日制专业硕士实践环节，要求论文的选题应来源于工程实际或具有明确的工程技术背景，鼓励实行双导师制；对我院6个硕士点：机械设计及理论、机械制造及其自动化、机械电子工程、工业工程、车辆工程、工业设计，实行院内集中答辩。经过精心筹备，各学科点圆满完成了集中答辩准备工作。

(3) 创新工程：3名博士生获得东南大学优秀博士基金资助，13名博士生和硕士生获得江苏省普通高校研究生科研创新计划项目，1篇江苏省优秀硕士论文，1项江苏省研究生教育教学改革研究与实践课题，5名博士生在国家留学基金资助下赴美国进行联合培养，20多名博士生、硕士生参加国际学术会议，与德国Dartmot大学建立院级联合研究生培养协议。获得研究生院资助邀请美国俄亥俄州立大学教授集中12天给研究生上全英文课程。

二、学科建设

1. 师资队伍建设：引进了千人计划学者美国布朗大学终身教授凌新生教授，我院陈云飞教授获评2013—2014年度教育部长江学者特聘教授。

2. 重点学科平台的内涵建设：完成了"985"经费2013年度使用安排；完成了2012年"985"经费的使用计划，在"985"经费资助下顺利搭建了消声室的建设。2014年度顺利完成江苏省优势学科建设一期计划，并获得二期的继续建设（500万元建设经费）。

3. 省部级基地平台建设："江苏省微纳生物医疗器械设计与制造重点实验室"和"江苏省电磁兼容测试平台"顺利通过江苏省2014年实验室的评估。其中"江苏省微纳生物医疗器械设计与制造重点实验室"在评估中获得良好（3年获600万资助）；作为核心成员参与中国矿大牵头成功申报的"矿山装备江苏省协同创新中心"。

4. 产学研平台的建设：与江西三鑫医疗、江苏联冠、江苏富瑞特装、江苏泰得先进塑胶板材等企业建立了联合研究中心、工程中心或研究生培养基地，并进一步巩固了已经建立的德国的博西公司、三一重机、三星电子战略合作关系。

机电综合工程训练中心与南京金城集团、南京汽车集团、南京数控机床有限公司、徐州锻压机床有限公司、苏美达有限公司等近20家企业建立了稳定的校外实践教学基地；与美国罗克韦尔自动化（Rockwell Automation）公司、PTC公司、EDS公司、Moldflow公司、Ford Motor Company、TekSoft公司、Autodesk公司及国内的金蝶公司等合作共建了10余个联合实验室、技术中心和培训中心，国家科委、教委联合授权的全国CAD应用培训网络南京中心也设在本中心。

5. 学术交流：承办了"第11届设计与制造前沿国际会议"，本届会议是历届规模最大的一次盛会，参与人员广泛。参加本届大会的人数共计1 262人，其中来自国内外高校的学者达1 204人，来自江苏的企业工程技术人员58人。

三、科学研究

1. 科研项目经费：全年经费达到3 000多万元。

2. 纵向项目：获得国家自然基金重点项目1项，实现了我院国家自然科学基金重点项目零的突破。另外获面上项目3项、青年基金3项、专项基金1项；获得江苏省科技支撑计划（工业）项目4项；获得江苏省产学研前瞻项目3项；获得江苏省自然科学基金（青年）项目2项；获得教育部博士点基金（博导类）项目1项。

3. 专利申请情况：发明专利授权15项，发明专利申请87项；实用新型专利授权6项；实用新型专利申请20项。

4. 科研获奖：蒋书运教授申报的"高速精密机床电主轴关键技术及应用"，获得教育部技术发明二等奖。

5. 论文发表：发表SCI论文71篇，EI论文123篇。

6. 国际交流：派出赴欧美等国进修访问的教师达12余人次。邀请美国麻省理工、密西根、伯克利及宾夕法尼亚大学等教授讲学20余次。

四、学生教育管理

1. 在校生情况：本科生总人数876人，硕士研究生总人数452人，博士研究生总人数93人。其中本科生党员人数123人，占总人数14%；硕士研究生党员343人，占总人数75.88%；博士研究生党员64人，占总人数68.82%。

2. 学生个人获奖情况：各项校级奖助学金，本科生198人次，研究生27人次；各类校级荣誉，本科生95人次，研究生61人次；各类校级、省级、全国竞赛奖项，本科生105人次，研究生15人次。

3. 集体获奖情况：020113班获得江苏省先进班集体荣誉称号。020125班获得东南大学先进班集体称号，东南大学甲级团支部称号。硕士13级3班获得东南大学优秀班级称号，硕士13级第3党支部获得优秀党支部称号。硕士12级3班团支部获得先进团支部称号，硕士12级第3党支部获得先进基层党支部称号。学院学生足球队获得2014年东南大学院系杯第四名，2014年东南大学新生杯亚军。排球队获得2014年东南大学院系杯女子组第四名，2014年东南大学新生杯季军。乒乓球队获得2014年东南大学新生杯季军。棋联获得2014年东南大学院系杯团体第四名，2014年东南大学新生杯团体第四名。研究生会获得2014年东南大学院系研究生会社会实践奖，2014年"我最喜爱的研究生导师"评选活动中"优秀组织奖"。14级本科新生获得"第十一届校情校史知识竞赛"第一名。

（机械工程学院　汤　蓓）

能源与环境学院

东南大学能源与环境学院独立建有动力工程及工程热物理、环境科学与工程2个一级学科博士点和博士后流动站,内含热能工程、动力机械及工程、工程热物理、制冷及低温工程、环境工程等10个二级学科。动力工程及工程热物理和环境科学与工程为江苏省一级学科重点学科,动力工程及工程热物理为江苏省优势学科,热能工程二级学科为国家重点学科。热能工程和动力机械及工程为教育部长江学者奖励计划特聘教授设岗学科。

学院现有专任教师134名,教授/研究员49人,副教授/副研究员53人,讲师29人,具有高级专业技术职务的教师人数108人,比例为80.59%。拥有中国工程院院士1名、国家百千万人才工程培养对象1人、长江学者奖励计划1人、享受政府特殊津贴2人、教育部跨世纪人才1人、教育部新世纪人才11人、江苏省"333工程"中青年科学家2人、江苏省"333"人才中青年科技领军人才5人、六大人才高峰5人等。2014年引进4名具有博士学位的优秀青年人才,选派2名老师到海外进修1年以上,退休教职工3名。

一、党务工作

2014年是能源与环境学院进一步推进实施"十二五"规划的奋进之年,在学校党政统一部署下,学院以培养栋梁英才为己任,团结协作、积极探索、努力工作、锐意进取,以良好的精神状态和饱满的工作干劲,按照东南大学党政2014年工作要点的精神,认真高效地完成了各项任务。学院党委认真组织、积极贯彻、有序安排中层干部、全体党员和师生员工的政治理论学习和组织活动。

按照学校党委《关于加强和改进基层党组织建设的意见》和《关于进一步加强和改进思想政治工作的实施意见》的要求,结合学院实际和行政换届工作,将组织能力强、创新理念新和群众基础好的年轻教师充实到基层组织,形成了由60、70、80后组成的结构合理、肯干敢干、奋发有为的干部队伍;不断完善党支部建设,通过举办培训班,进行党的基本知识、领导科学等内容的学习,提高了各党支部成员从事基层党务工作的能力和理论水平,切实发挥了基层党支部的战斗堡垒作用。"四融合"工作法入选江苏省教育工委征集的《江苏高校党支部工作法100例》,是我校6个入选支部中唯一的教师支部。

在学生思想政治教育工作中,以党建为龙头,大力造就高素质的学生党员队伍,同时加强学生入党后的教育。积极指导和支持共青团组织开展"推优"工作,学院团委开展"能者联盟"——学生骨干素养提升培训班,吸纳学院数十名学生骨干参与其中。发挥党团的政治优势和组织优势,取得可喜成绩。近几年,本学院的三位全国百篇优博论文的获得者,均是在学生阶段入党,目前已全部留校担任教师。

加快了学院优秀青年教师队伍的建设速度。全年培训入党积极分子132名,发展党员203名,预备党员转正150名。毕业本科生和研究生党员比例分为52%和85%。

二、学科建设

2014年学院坚持将学科建设作为工作的重中之重,通过不断努力,增强两个一级学科在全国的核心竞争力。学院拥有"动力工程及工程热物理"及"环境科学与工程"两个一级学科博士点和"供热、供燃气、通风及空调工程"跨学科二级学科博士点。"热能工程"是国家重点学科,"动力工程及工程热物理"是国家一级重点学科培育建设点,"环境科学与工程"是江苏省重点学科。能源与环境两个大类方向的交叉、互补和融合更加密切。学科传统优势继续保持,各项指标稳步提升,动力工程与工程热物理一级学科的全国排名上升到第5位(上次学科评估全国第6)。2014年12月东南大学能源热转换及其过程测控教育部重点实验室通过教育部验收。环境科学与工程学科、供热、供燃气、通风与空调工程学科呈现快速发展势头,特别是在承担国家重大科研项目和常州、无锡、宜兴等异地研究院的平台基地建设方面具有新的突破,各项指标名列学校前茅。

三、人才培养

2014年学院教育教学质量显著提高,创新人才培养取得新突破。本科生张旭被评为江苏省三好学生,刘燮被评为江苏省优秀学生干部,030101班被评为江苏省先进班集体。2014年"金川杯"第七届全国大学生节能减排社会实践与科技竞赛决赛中,学院学生吕进等人合作完成"基于近海岸海洋能的无定子双向发电机的发电装置设计"作品一等奖。我院李蝶同学所写的征文——《寻梦,撑一支长篙》获2014年度"助学·筑梦·铸人"主题征文全国二等奖,为我校唯一获奖征文。获南京市青年大学生创业大赛资助1项(获15万元资助)。

2014年,本学院入选国家万人计划青年拔尖人才1名、教育部新世纪优秀人才1名、江苏特聘教授1名、江苏省杰青1名、江苏省"333高层次人才"3名、江苏省"六大人才高峰"3名、江苏省"青蓝工程"优秀青年骨干教师1名、南京市"321人才计划"8名、东南大学特聘/青年特聘教授等校级人才计划12名。

2014年招收博士生52名(其中留学生1名)、硕士生214名,本科生247名;目前在校博士生218名、硕士生571名(学术型硕士生402名,专业型硕士生172名)、本科生932名。毕业博士生30名、硕士生188名(学术型硕士生124名,专业型硕士生38名)、本科生219名,一次就业率接近100%。本科生获得省级以上奖励21人次,其中国际级1人次、国家级16人次、省级4人次。

四、科学研究

学院的科研向来是学院工作的重中之重,2014年学院科研成果突出。2014年新增各类科研项目122项,其中纵向项目41项(其中国家自然科学基金11项、国家科技支撑计划项目2项、国家科技重大专项项目2项、科技部—国际科技合作专项1项、省基金项目2项),横向项目81项(100万元以上的项目5项)。

2014年科研到款7638.93万元,其中纵向经费3390.43万元,横向经费4248.50万元,同比增长26.31%。

学院全年发表SCI收录论文127篇、SSCI收录论文1篇、EI收录论文212篇、ISTP收录论文26篇,入选表现不俗论文55篇;获发明专利授权85项,实用新型专利授权52项,计算机软件著作权4项。

学院老师沈来宏教授、肖睿教授入选"Elsevier 2014年中国高被引学者名单"。

五、国际合作与交流

2014年学院加强学术交流,科研和教学国际化逐步推进。2014年23名研究生赴境外参加国际学术会议,其中博士生 9 人次获校资助。留学基金委资助派出 5 位博士研究生出国联合培养。

学院主办首届"江苏(栖霞)——北欧新能源技术论坛",与会专家学者最终达成了在东南大学成立江苏—北欧新能源研究中心,在东大科技园栖霞分园内建立江苏(栖霞)—北欧新能源基地,以及积极推动国家和江苏省的中国—芬兰及江苏—芬兰科技合作项目等诸多共识。

六、其他

2014 年 10 月 18 日,东南大学能源与环境学院在四牌楼校区大礼堂举行庆祝大会喜迎六十年华诞。国防装备副总工程师、中国工程院院士、能源与环境学院校友于俊崇,中国工程院院士、能源与环境学院教授张耀明,东南大学副校长、能源与环境学院教授沈炯,来自各兄弟高校的领导和代表,政府部门、国家各发电集团、各电网公司、各大设计院、研究院、环境保护行业、建筑环境设备与制冷行业、石化集团、机械装备集团、国防科工等单位的校友和代表,校内兄弟院系及有关部门代表,学院离退休老同志,曾在学院工作过的教职工代表,能环学院全体教职工,学生代表等 1 500 余人参加了大会。庆祝大会由能源与环境学院党委书记朱小良主持。

沈炯副校长在致辞中代表学校党政对能源与环境学院六十华诞表示热烈的祝贺。能源与环境学院院长钟文琪和于俊崇院士在作为校友代表也分别在大会上致辞。能源与环境学院肖睿教授、硕士研究生陈时熠同学分别作为教师和学生代表发了言。东南大学党委研工部部长、研究生院常务副院长金保昇与东南大学原动力工程系(能源与环境学院前身)系主任徐治皋共同发布了能源与环境学院院徽。

(能源与环境学院　顾晓洁)

信息科学与工程学院

一、概况

学院现有专职教师 193 人,其中教授 58 人,副教授 90 人,高级专业技术职务占教师比例为 76.7%;具有博士学位人数 154 人,占教师比例为 79.8%;海外博士学位人数 25 人,占教师比例为 13%,具有六个月以上海外研修经历人数 77 人,占教师比例为 39.9%。现有自然科学基金委创新群体 2 个,教育部创新团队 3 个。

二、党建与行政工作

在党的群众路线教育实践活动中,紧密联系学院工作实际,把整改问题与制度建设、机制创新结合起来,努力回应师生的呼声和期盼。针对师生多校区工作学习的实际情况,院机关努力改进工作作风,为师生做好服务工作。

学院获江苏省高校最佳党日活动 1 项;校最佳党日活动一等奖 1 项,三等奖 1 项;2 个党支部评为东南大学先进基层党支部,11 人获校优秀共产党员称号,1 人获校优秀党务工作者称号;2个硕士生支部被评为东南大学"十佳"研究生党支部,18名研究生被评为优秀研究生共产党员。

学院业余党校举办了两期入党积极分子党校培训班,共有158人参加培训;发展新党员86人,转正126人。

认真做好保密教育和保密管理工作,1个课题组被评为校保密工作先进集体,3人被评为校保密工作先进个人。开展了实验室安全专项检查活动,全面落实实验室安全责任制。

三、学科建设

国家"2011计划"协同创新中心成功获批。由东南大学领衔的"无线通信技术协同创新中心"顺利通过国家"2011协同创新中心"的认定,这是我国移动通信技术和产业第一次入选"2011计划",也是我校目前唯一的国家"2011计划"协同创新中心。"无线通信技术协同创新中心"面向国家和行业的重大需求,围绕资源超高效利用、超大容量无线通信系统、移动无线网络智能化、新型频谱资源开发、无线通信共性技术及无线移动通信系统技术应用六大重点任务,分工协作,发挥联合创新优势,支撑和引领"新一代宽带无线移动通信网"重大专项发展,逐步推进我国无线通信产业走向世界最前列。

在"无线谷"建成了具有国际水平的支撑平台,实验室的研发水平进一步得到提高。如,目前国内频率最高的国际上也屈指可数的芯片在片测试平台(500 GHz)、毫米波亚毫米波电路测试平台(750 GHz)、针对未来宽带高速通信系统的试验验证平台、20 m×12 m×12 m的微波暗室等一批国际前沿、国内最先进的科研设计与测试平台。

四、科学研究

全年科研到款总计20 691.35万元,其中纵向经费14 704.01万元,横向经费5 987.34万元;科研到款同期相比增长率45.13%。

全年"863"重大项目(第一完成单位)立项2项;国家科技重大专项立项4项;获国家自然科学基金面上项目9项、青年基金项目10项、优秀青年基金1项;获江苏省自然科学基金青年基金项目4项。全年申请发明专利256项,申请实用新型专利15项;授权发明专利109项,授权实用新型专利8项,授权国际专利4项,登记计算机软件著作权8项。收录SCI论文127篇,EI论文200篇,CPCI论文133篇,表现不俗论文40篇。

"新型人工电磁媒质对电磁波的调控研究"获国家自然科学二等奖;"分布式组网与协作传输理论及应用"获江苏省科技进步一等奖,并推荐2015年度国家自然科学奖的评审;"宽带无线通信中的多域多点协同传输理论研究"获教育部自然科学奖二等奖。

五、人才队伍

新增教育部"长江学者"讲座教授1人、新增"万人计划"科技创新领军人才1人、新增省"青蓝工程"1人、新增省"六大人才高峰"1人。3位教师正在申报"青年千人计划"。

共引进各类人才8人,其中海外2人,上岗副高职称2人;全年进站博士后15名,出站博士后8名,目前在站博士后46人。

尤肖虎教授荣获"全国杰出专业技术人才"称号。崔铁军教授因其在微波超导材料和计算电磁学方面的突出贡献，高西奇教授因其在宽带无线通信和多速率信号处理方面的突出贡献成功当选为 IEEE Fellow。

六、人才培养

以我学院为主、涵括我校信息、电子、电气三个专业的"电子信息类"江苏省"十二五"重点专业（类）建设在中期检查中取得优秀成绩，4套教材入选国家级"十二五"规划教材。

"卓越工程师计划"扎实推进。我院"信息工程"专业作为首批进入卓越工程师计划的专业，从09级起，先后组建了4个卓越工程师试点班，开设了6门企业课程，以及近10门校企共建课程，将企业课程落到实处；同时联合中兴通信、江苏电信、TI、NI等企业在本科生生产实习、毕业设计等方面进行联合培养的尝试，取得了显著的效果。2014年12月学院成功承办了由教务处主办的首届中兴通讯—东南大学卓越大赛。

在全国大学生信息安全邀请赛中，学院获一等奖1项，三等奖4项，团体全国第四；2014年"TI"杯江苏省大学生电子设计竞赛中，学院共有13组获一等奖（全校28个一等奖），4组获二等奖；在全国研究生数学建模竞赛中，学院共有5名研究生获得国家一等奖（全校7人）；在全国研究生电子设计竞赛中，学院学生获得团体一等奖；3名同学获得ANSYS企业专项奖一等奖。

共录取全国免试硕士生156人（全校1271人），免试直博生23人（全校74人），均为"985""211"等高校优质生源。

七、学生工作

2014年获省高校先进班集体2个（全校20个）；省大学生暑期社会实践"优秀指导教师"1人、"普查先进个人"5人；院团委连续四年获得2014年度校"先进团委"称号；学院研究生会获校优秀研究生会（全校6个）；赴贵州平坝和陕西延安的"梦想支教团"获得2014校暑期社会实践优秀团队一等奖。学院12级博士生王金元以其突出的创新能力、协作精神、丰硕的科研成果和优异的综合素质获得了2014年度"宝钢优秀学生特等奖"（全校唯一）。

2014届本科生升学率62%，出国留学率24%。2014届硕士研究生到国家航空、航天、航天和军工、科研重点院所工作有33人。学院2014届本科生就业率100%，硕士研究生100%，博士研究生96.43%。总体就业率99.53%。

学院举（承）办了"东南大学新年音乐会""我的讲台我的娃——支教背后的故事""反转楼道唱响无限"楼道歌手比赛等多项富有特色、深受师生喜爱的全校性大型活动。此外，启动了东南大学—金陵中学"未来卓越工程师"项目，举办了"筑梦计划——电子信息夏令营""全国优秀大学生夏令营"等活动，尝试院系自主选拔优秀生源。

（信息科学与工程学院　华蓉蓉）

土木工程学院

一、党建工作

1. 完成了教职工支部换届工作,各系、室新支部书记分别为:建筑工程系黄镇、建设与房地产系郑磊、工程力学系董萼良、桥隧与地下工程系徐伟炜、市政工程系秦庆东、实验中心徐明和院机关张华。
2. 张华被评为2014年度东南大学优秀辅导员。
3. 本年度全院有103位中共预备党员转正为正式党员;113位学生被发展为中共预备党员。

二、学科建设

1. 我院牵头的"新型建筑工业化协同创新中心"以及我院工程力学系作为第2单位参与的"重大基础设施安全保障协同创新中心"入选江苏省协同创新中心。
2. 我院组织学科带头人前往清华大学、哈尔滨工业大学、湖南大学、同济大学、重庆大学、西南交通大学、西安交通大学、长安大学、中国科学技术大学等兄弟院校调研相关学科的建设经验和做法。

三、队伍建设

1. 吴智深当选美国土木工程师学会会士(Fellow)、入选2014年中国高被引学者榜单、受聘第七届国务院学位委员会学科评议组成员。
2. 吴刚入选科技部"中青年科技创新领军人才"。
3. 吴智深团队获教育部"创新团队发展计划"滚动支持。
4. 舒赣平、徐赵东同时晋级东南大学三级教授;徐赵东被聘为东南大学特聘教授。
5. 郭彤荣获东南大学五四青年奖章、江苏省青年科技奖之十大青年科技之星、江苏省优秀科技工作者等荣誉称号,并被聘为东南大学青年特聘教授。
6. 李启明获2014年度"宝钢优秀教师特等奖"。
7. 王景全入选江苏省"六大人才高峰"计划。
8. 周臻入选江苏省"青蓝工程"优秀青年骨干教师培养对象。
9. 蔡建国、袁竞峰获东南大学优秀青年教师教学科研资助。
10. 费庆国、高海鹰、缪长青等3位教师获正高级专业技术职务任职资格;乔玲、陆飞、黎冰、王春林、蔡建国等5位教师获副高级专业技术职务任职资格。
11. 宁延博士荣获国际项目管理协会青年研究学者奖(每年评选1位,2007年设奖以来首次授予亚洲的青年研究学者)。

四、科学研究

1. 2014年学院科研经费达到6 921.15万元,其中,纵向经费数跃居全校第4。

2. 吕志涛院士牵头、孟少平(6)、贺志启(10)、王景全(12)、刘钊(13)、郭正兴(14)、冯健(15)等共同完成,东南大学为第一完成单位的项目"现代预应力混凝土结构关键技术创新与应用"获国家科技进步一等奖;徐赵东教授牵头、韩玉林(3)等共同完成,东南大学为第一完成单位的项目"高稳定高耗散减振材料制备关键技术与装置开发及工程应用"获国家技术发明二等奖。学院在近五年里牵头获得5个国家科技奖励。吴智深教授牵头、杨才千(2)、孙安(3)、张建(5)、万春风(10)等共同完成,东南大学作为第一完成单位的项目"高性能长寿命光纤传感技术及其结构健康监测理论和系统创新"获江苏省科学技术一等奖。

3. 申报成功国家基金资助课题17项、社会科学基金1项、国家科技重大专项1项、国家科技支撑计划1项、省基金课题6项,其中张建坤教授牵头项目获得国家社科基金重点项目(学校唯一)、李爱群教授牵头项目获得国家自然基金重点项目。

4. 被SCI收录文章75篇,被EI收录论文117篇;

5. 本年度申请发明专利200项、实用新型专利27项,授权发明专利88项、实用新型专利39项。

五、本科教育

1. 326名本科生完成毕业设计并通过答辩;322人取得毕业证书(含往届生4人),321人获得学士学位(含往届生3人)。

2. 完成了2013级228名学生大类分流的工作,其中,土木工程专业152人、工程管理专业47人、市政工程专业29人。

3. 77名本科毕业生免试攻读2014级硕士研究生。

4. 李启明主编的《土木工程合同管理(第2版)》和蓝宗建主编的《混凝土结构与砌体结构(第3版)》获2014年江苏省高等学校重点教材建设立项。

5. 工程力学系申报的"力学的奥秘"入选"科学文化素质教育类课程"。

6. 李启明牵头,成虎、沈杰、郭正兴、周佑勇、杜静、陆惠民、黄有亮、刘家彬、陆彦、吴刚等共同完成的"现代工程管理人才'一体两翼'型专业核心能力培养的研究与实践"项目荣获国家级教学成果二等奖。

7. 2014年9月,2011级丁大钧班30位同学整建制抵中国台湾"中央大学"土木工程系学习一学期。

8. 王春林获第四届江苏省高校土木工程专业青年教师讲课竞赛一等奖。

9. 在校第21届青年教师授课竞赛中,费庆国获一等奖;张培伟、吴邵庆、王莹、张文明、黎冰获三等奖;陆莹、张晋获提名奖。

10. 强翰霖获得了2014年度"宝钢优秀学生奖"。

11. 费庆国指导的2014届本科生陶佳跃的毕业设计(论文)"合金材料疲劳性能的实验研究与分析"获2014年度江苏省普通高等学校本专科优秀毕业设计(论文)一等奖。

12. 何雅雯获中国土木工程学会2014年度高校优秀毕业生奖;何雅雯、崔浩然、方根深获2014年江苏省土木工程专业优秀毕业生。

13. 2014年新立项"国家级大学生创新创业训练计划项目"17项;"江苏省大学生创

新实验训练计划项目"24 项。

14. "全国土木工程专业本科生优秀创新实践成果奖"获一等奖 1 项、二等奖 2 项。其中，黄镇老师指导蒋丛笑、雷清凤、郭佳欣、陈一鸣等同学完成的成果"新型装配式自保温秸秆砖的性能研究及其在建筑结构中的应用推广"获一等奖；范圣刚和陆金钰老师指导丁智霞、桂鹤阳、强翰霖、尹航、朱冬平完成的成果"国产低屈服点钢新型耗能隔震与减震装置性能研究"，潘金龙老师指导鲁冰、夏正昊、顾大伟、夏天阳、唐健峰等同学完成的成果"钢筋增强混凝土/ECC 组合柱偏心受压和抗震性能研究"分别获二等奖。

15. 周臻老师指导黄家豪、李凌轩、陈志鹏、王林等同学完成的"自复位屈曲约束支撑框架的抗震性能分析"获"第三届全国高校土木工程专业大学生论坛"优秀论文奖。

16. 陆金钰和朱明亮老师指导强翰霖、王谆、曹徐阳、杜佳贇等同学完成的"新型索杆全张力大跨度屋盖结构的形态分析及模型试验研究"入选"第七届全国大学生创新创业年会"优秀作品。

17. 在第五届全国高校斯维尔杯"BIM 系列软件建模大赛"中我院团队获单项挑战奖二等奖 1 项、专项三等奖 3 项、团体全能三等奖 1 项。

六、研究生教育

1. 2014 年我院总共录取博士生 50 名、学术型硕士研究生 154 名、全日制专业学位硕士研究生 98 名；27 位博士研究生、217 位硕士研究生获得学位。

2. 完成了 2014 年研究生招生专业目录修订，明确桥隧、岩土 2 个二级学科在土木工程一级学科下单独招生；对"建造与管理"的复试科目进行了调整，以改善生源结构。

3. 成功承办了第五届全国研究生本科生暑期学校并首次分设了结构与防灾减灾、桥梁工程、工程管理与房地产 3 个专题班和全英文网络课程（由远在美国的桥梁专家直接授课，并与学员远程互动），有包括 3 位院士在内的 30 位来自美国、英国、澳大利亚及中国内地和香港的国内外知名专家学者应邀授课。每个学员都可以聆听到 3 位院士和 8 位以上专家学者的精彩演讲，并参加工程项目参观、素质拓展训练等活动。

4. 丁幼亮研究员指导的硕士生王高新的学位论文《钢桥面板温度场及其疲劳效应的长期监测与分析研究》获 2014 年度江苏省优秀硕士学位论文。王景全副教授、孙大松研究员级高工指导的专业学位硕士生戚家南的学位论文《混凝土（RC&PC&EPC）梁桥抗剪承载力计算方法的理论与试验研究》，张志强副教授、章丛俊教授级高工指导的专业学位硕士生夏冬平的学位论文《新型黏滞阻尼墙设计及试验研究》以及张志强副教授、黄明高工指导的专业学位硕士生胡心一的学位论文《关于多塔斜拉桥的风振控制研究》获 2014 年度江苏省优秀专业学位型硕士学位论文；叶继红教授指导的博士研究生齐念的学术论文《基于 DEM/FEM 耦合模型的单层球面网壳倒塌数值模拟》获土木工程安全与创新——2014 年全国土木工程研究生学术论坛优秀论文奖和最佳表达奖。

七、交流与合作

1. 参与主办了第一届 ECC 科学技术及应用研讨会、第一届全国建筑与工程结构工业化建造技术交流会、第二届国际结构健康监测与完整性管理会议（ICSHMIM2014）、第四届建筑结构抗震技术国际会议、土木工程改革与创新国际论坛(IFCER2014)等国际会议；承办了第三届"江苏省力学及相关学科院长论坛"、第二届全国市政工程专业博士研究生论坛等多个学术会议；获得了第五届亚太FRP结构国际会议(APFIS—2015)承办权。

2. 先后接待了美国东北大学、卡耐基·梅隆大学、匹兹堡大学、澳大利亚昆士兰科技大学、蒙纳士大学、台湾大学、中国台湾"中央大学"、香港城市大学等境内外专家学者50余人次；与英国剑桥大学工学院等签署全面合作协议。

3. 美国伊利诺伊大学香槟分校高聪忠教授、日本国立横滨大学教授/东京大学名誉教授Yozo Fujino博士、美国马里兰大学教授Alison Flatau博士、美国密歇根大学教授Jerome P. Lynch博士、日本工程院院士京都大学教授中岛正爱先生受聘为我校客座教授；中国运载火箭研究院谭志勇研究员、中国工程勘察设计大师娄宇和郁银泉，以及中南集团董事局主席兼总裁陈锦石先生受聘我校兼职教授。

4. 与柳州欧维姆机械股份有限公司签署科技全面合作协议，共建国家预应力工程技术研究中心，成立东大—欧维姆预应力工程技术联合研究中心；与中建一局等多家企业签署科技全面合作协议，全方位推动产学研合作。

八、学生工作

1. 我院学生获2014年度东南大学定向越野院系杯亚军、全运会院系杯男篮亚军。

2. 我院研究生在第十一届研究生轻运会中取得总分第三、第五届校研究生足球联赛中勇夺四牌楼校区亚军。

3. 本科生刘业伟当选院学生会主席，硕士生孔祥羽当选院研究生会主席。

4. 我院学生代表队在校第二届啦啦操大赛决赛荣获一等奖和最佳人气奖；在校第56届学生运动会上夺得8项冠军、破1项纪录。

5. 2011级孙安龙同学撰写的《叶落胸前，已是深秋》一文获得共青团中央颁发的全国青春励志奖，该文章在《中国青年报》上刊登并在颁奖典礼上朗诵。

6. 我院主办的东南大学首届"东南达人秀"校园才艺大赛，被中新网报道。

7. 我院大学生"缘梦彩云协会"25名队员组成的"缘梦"支教彝良震区并获得校社会实践团队特等奖，队长孙安龙获得江苏省"十佳使者"；2013级社会实践分队赴陕西延安开展"筑梦冯庄"援助活动被《延安日报》报道，并获得校社会实践团队一等奖。

8. 我院学生举行首届环校长跑活动暨三走系列活动；研究生会开展"爱在共青城"西湖小学支教回访活动。

9. 051132、051136团支部赴南京大屠杀草鞋峡遇难同胞纪念碑开展悼念活动；我院研究生参加校"寇能覆之，我必兴之，勿忘国耻，圆梦中华"国家公祭日缅怀先烈主题纪念活动。

九、其他重要活动

1. 我院获学校批准进行综合改革试点，成为东南大学两所首批试点学院之一；学院顺利完成行政班子换届工作，吴刚教授继续担任院长，童小东、叶继红、舒赣平、王景全任副院长，陈镭继续兼任副院长。

2. 老五系八〇级、建管九〇级、土院九五级、工程管理〇〇级、工程硕士深圳班等举行了多种形式的毕业纪念活动；院校友工作委员会到西安、兰州、常州等地拜会校友。

3. 我院当选中国化学纤维工业协会玄武岩纤维分会会长单位,吴智深教授担任会长。

4. 李启明教授被中国民主建国会江苏省委和江苏省委直属工作委员会分别授予"优秀会员"称号。

5. 吴刚教授获"江苏省高校优秀共产党员"荣誉称号。

（土木工程学院　张爱芹）

电子科学与工程学院

电子科学与工程学院共有教职工（含博士后）169 名,其中博士生导师 39 名,教授（研究员）36 名,副教授（副研究员）44 名,具有博士学位的专任教师比例达到 86%。我院拥有"电子科学与技术""光学工程"两个一级学科博士点和博士后流动站,"微电子学与固体电子学"学科和"物理电子学"学科为国家重点学科,"光学工程"学科为江苏省重点一级学科。

一、党建和行政工作

1. 2014 年,学院按照校党委统一部署,深入学习贯彻落实党的十八大、十八届三中、四中全会精神,学院领导班子成员认真落实党风廉政责任制建设,始终坚持以邓小平理论和"三个代表"重要思想来指导工作；坚持把党风廉政建设作为学院党建和学院学科建设的重要内容纳入学院的整体工作。学院党政领导班子认真落实学校"三重一大"制度有关文件精神,深入学习,统一思想,把正确解决和处理好"三重一大"事项,把坚持贯彻和落实好"三重一大"集体决策制度,作为学院重点工作,作为党风廉政建设的重点工作常抓不懈。

2. 学院始终做好机关作风建设,对机关全体同志进行爱岗敬业、勇于奉献教育,不断提高主动服务的意识,提高业务水平,提高服务效率。学院机关全体同志在学院及上级各职能部门的领导与指导下,充分发扬团队协作的精神,立足本职,克服困难,认真履行自己的工作职责,顺利完成了本年度的教学、科研、学生管理、实验室安全等教辅工作。

3. 按照学校的统一部署,顺利完成了电子科学与工程学院、集成电路学院的行政换届工作。

4. 认真做好试点学院工作,按照学校要求,完成了"示范性微电子学院"的申报材料。

5. 完成了"电子科学与工程学院·集成电路学院党政联席会议事规则"讨论稿。

6. 学院认真执行学校的财务制度,规范化管理与操作,不设小金库。

7. 严格执行学校保密规定,认真做好学院保密工作。学院各单位按照学校的保密要求,认真履行《东南大学保密基本制度》,对学院全体涉密人员展开保密教育,进行了所有涉密计算机的检查。全力配合学校按照二级资质保密的要求,较好地完成了学校对学院保密验收等相关工作。

二、学科建设

1. 新增两位外专千人：Olivier BONNAUD 教授和 Didier PRIBAT 教授。
2. "外专千人"教授 Arokia Nathan 获2014年度江苏省友谊奖。
3. 孙伟锋教授团队获得江苏省教育厅创新团队支持。
4. 获批江苏省产业技术研究院专用集成电路技术研究所，研究所设在东南大学无锡分校。
5. 东南大学—中国（南京）软件谷合作共建"光传感/通信综合网络国家地方联合工程研究中心"正式签约。

三、科研工作

2014年电子学院一年期间在科研方面取得了很大的成绩。本年度科研到款纵向4 513.48万元、横向1 527.54万元，总计6 041.02万元。学院各学科组积极组织申报各类科研项目，新立项项目有："973"牵头2项，子课题2项；"863"2项；国家重大专项1项；自然科学基金13项；省基金4项；国防创新项目1项；技装项目9项；其他项目1项，合计35项。SCI论文发表收录180篇；发明专利申请达264项，实用新型申请11项；PCT申请2项；发明专利授权126项；实用新型授权15项；PCT 8项。2014年获得国家科技进步二等奖1项，教育部技术发明一等奖1项；第42届瑞士日内瓦国际发明展览会金奖1项。

（一）2014年，国家专用集成电路系统工程技术研究中心围绕微电子学科领域集成电路重大学科问题及关键技术，在模拟集成电路、数字集成电路、功率集成电路与系统、器件与工艺、嵌入式系统与软件等5个研发方向上开展科学研究和人才培养等工作，取得了较好成绩。2014年工程中心在研项目46项；其中，国家"863"计划项目1项，国家重大专项2项，国家自然科学基金项目10项，港澳台合作专项1项，工信部物联网专项1项。江苏省科技支撑计划、江苏省自然科学基金等省部级项目6项，军工项目6项，企业合作项目19项。科研成果"服务三农的安全可信金融电子交易关键技术和应用"荣获国家科技进步二等奖，与清华大学联合申报的成果"高能效动态可重构计算及其系统芯片关键技术"获教育部技术发明一等奖。发表学术论文92篇，其中SCI论文56篇，EI论文24篇。获美国专利6件，中国授权发明专利49件，申请并受理发明专利96件。

2014年，工程中心承担项目46项，代表性的项目：

1. 国家"863"项目"可重构处理器的外设控制机理和程序引导技术研究及实现"，本项目研究面向通用计算的可重构处理器的外设控制机理、外设驱动、外设管理，探索面向通用计算的可重构处理器的外设的多任务并行处理和等待排队机制等；研究面向通用计算的可重构处理器的程序引导机制、程序引导软件、引导软件测试等。项目可以为实现高效能可重构通用微处理器提供强大的技术支撑，能够改变我国微处理器设计构件和发展模式。

本项目关键技术已采用65纳米工艺通过两款可重构处理器芯片得以验证。其中一款芯片（代号REMUS_HPP）定位于面向高性能应用，另外一款（代号REMUS_LPP）定位于面向低功耗应用。

2. 国家重大专项"面向移动智能终端的高性能低功耗嵌入式 CPU 研发",该项目在移动智能终端操作系统和 SOC 牵引下,研制一款性能、功耗与 2012 年 ARMCortex-A9 相当的 CPU,形成对外提供软、硬 IP 授权的能力,并提供相应的 SOC 开发平台;基于 Android 在 MIPS 架构下的良好生态基础,面向主流消费类市场培育 CPU 生态环境,对 OS 及其核心库进行持续跟进优化,以二进制翻译、LLVM 等技术解决软件兼容性问题;研制一款智能终端 SOC 评估方案。

2014 年,由江苏东大集成电路系统工程技术有限公司牵头,本中心、安徽大学联合承担的"核高基"国家重大专项"个人移动信息终端 SoC 芯片研发与应用"课题完成了项目技术验收。本课题重点突破了面向国产 CPU 的嵌入式定制优化及 SoC 软硬适配关键技术,主要包括:国产 CPU 及其工具链的嵌入式定制优化、基于国产 CPU 的异构多核 SoC 架构设计、Android 系统面向国产高性能 CPU 的适配。本课题基于北大众志 UniCore2 国产高性能 CPU,面向新型智能信息终端市场,研发了系列化的 SoC 芯片,并采用台积电 65 nm 工艺实现了 2 款芯片的量产。与此同时开发了与本课题芯片适配的 Linux 操作系统及 Android 应用平台,首次实现了 Android 系统与国产 CPU 的适配。在应用推广过程中,面向终端产品需求与合作伙伴深度合作开发,研发了超过 10 款基于本课题 SoC 芯片的系统软硬件一体化解决方案,实现了超过 100 万片的芯片规模销售。通过本课题的应用推广工作,基于国产 CPU 的 SoC 芯片已逐步进入到多类智能信息终端市场领域,稳步扩大市场份额,促进了国产 CPU 与国产 SoC 的技术研发与规模化应用。2014 年,工程中心积极组织申报科研项目 23 项,其中国家级项目 15 项,省部级项目 5 项,横向项目 1 项,东南大学虚拟仿真实验教学项目 2 项;获得 2015 年国家自然科学基金项目 3 项。

江苏省产业技术研究院专用集成电路技术研究所依托研发机构国家专用集成电路系统工程技术研究中心,经过一年的建设,已基本完成研究所建设的指标,在无锡成立了独立事业法人,省产研院、无锡新区分别拨款 500 万元作为研究所的建设经费。为加快江苏省战略性新兴产业和传统优势产业相关领域技术集成创新,带动产业转型升级,2014 年 3 月,江苏省产业技术研究院组织开展 2014 年度江苏省产业技术研究院集成创新项目申报工作。集成创新项目主要面向我省战略性新兴产业和传统优势产业技术领域,重点支持围绕某一产业重大战略产品或基于某一产业共性关键技术组织的技术创新、工艺改革、质量提升或重点难点问题技术攻关,突出技术集成、协同创新和交叉学科联合攻关,形成具有自主知识产权的专有技术和目标产品等,有较大的产业应用前景,对产业具有带动性。由东南大学专用集成电路技术研究所孙伟锋教授牵头组织,联合无锡芯朋微电子股份有限公司、无锡华润上华科技有限公司、江苏东光微电子股份有限公司及江阴长电科技股份有限公司申报的——"智能功率驱动芯片及模块的研究与产业化"项目成功入选。

研究所基于现有的研究生资源和集成电路企业的技术需求,通过企业资深专家和技术骨干对在读研究生设立项目课程,把企业需求的技术课题/难题讲解提交给研究生。70 余名研究生参与了这课程学习和创新设计,20 余名学生被企业选中,直接参与企业的研发项目课题。

(二)显示技术研究中心目前承担了国家"973""863"、自然科学基金、"111 计划"项目(显示科学与技术创新引智基地)、重大国际合作等多项国家级科研项目,同时继续与荷兰飞利浦公司、深圳市华星光电技术有限公司、青岛海信电器股份有限公司、中兴通讯技术有限公司等多家企业开展深度合作研究,均取得良好的成效。此外,中心在2014年江苏省工程中心抽查评审中获评优秀,并新申报获批国家外专千人计划专家2人。

(三)先进光子学中心积极参与国家各项科研基金申请,2014年新获得国家自然基金项目3项,国家"973"项目1项(经费700万),江苏省杰出青年基金1项,国防创新项目1项(经费470万),江苏省青年基金2项。其他各类在研项目共24项,其中国家自然科学基金7项,江苏省项目2项,横向项目7项,国防项目7项,863子课题1项,到款科研经费904.65万元。2014年发表科研论文被SCI收录52篇,其中影响因子最高6.739,影响因子超过5.0以上的共8篇;2014年新申请发明专利28项,获批10项。中心加强实验室基础设施和研究平台建设,购置了6寸光刻机等,大大加强了科研硬件条件。一名优秀博士生毕业留本中心从事教学科研工作,从美国引进博士后一名进入本中心从事教学科研工作。

(四)光传感/通信综合网络国家地方联合工程研究中心,在飞速发展的光通信技术引领下,光纤传感技术取得了巨大成功。基于散射/反射光载波的光纤振动传感系统通过对分布式光纤沿线扰动信号引起在其中传输光波波长、相位、强度变化的检测,直接利用分布式光纤作为信息传输通道,通过后台信号处理技术,实现长距离光纤沿线扰动定位、传感、识别以及报警、监控等功能,可用于检测第三方入侵,对需要防护的重要目标、通信或输油管线以及重要国境线等进行预警和保护并提供精确定位。

本中心自20世纪80年代起开始从事光纤传感技术的研究工作,先后承担并完成了高温光纤温度计、光纤微弱力传感器、光纤压差传感器、光纤甲烷气体浓度监测系统等一批江苏省科学基金项目,在国内光纤传感领域具有一定的影响。在此基础上,提出基于光纤传感技术,开展光纤工业总线的研究,1995年承担了国家"九五"重点科技攻关项目"光纤工业控制系统"(项目编号:95-720-22-01),课题组历时6年,在"光纤以太网工业监控系统""波分复用星形局域网技术""高可靠性光纤工业专用网技术"等方面开展了扎实有效的工作,于2002年8月均通过了由国家科技部委托江苏省科技厅组织的技术成果鉴定,专家鉴定结论为"该系统已圆满完成攻关专题工作任务,系统超过了原定技术指标,能满足工业监控领域服务的需求,达到国际先进水平"。

2007年中心基于在光纤传感系统与网络方面的优势,通过产学研合作方式,研究新一代分布式光纤传感系统。课题组在实验室完成了强度定位、脉冲定位两代技术方案的原理研究,研发了二套原理样机;研发了宽域全光纤监控预警系统实用化样机,搭建了现场示范系统。

2014年6月23日下午,由东南大学与中国(南京)软件谷合作共建的"光传感/通信综合网络国家地方联合工程研究中心"签约仪式在东南大学四牌楼校区举行。与会人员参观了"光传感/通信综合网络国家地方联合工程研究中心"四牌楼校区金陵院三楼实验室,实地考察了本学科在光传感/通信与网络、光子与光电子集成技术、微波光子器件和系统技术、电子器件与系统可靠性技术等领域取得的研究成果以及可在中国(南京)软件谷孵化的技术项目。国家工程研究中心落户中国(南京)软件谷,势必将建设为集科学研究、服务与技术开发为一体的国家级公共技术服务、创新创业人才汇聚以及高技术产品孵化平台，推动产业链向高端延伸，形成"大软件"产业规模发展的战略布局。

东南大学、中国（南京）软件谷、南京普天通信有限公司合作共建"南京晟谷光子科技有限公司"，公司成立后，要积极申报国家、江苏省发改委的相关项目，努力且尽早建成公共服务平台，实施2至3项科技成果的孵化。

（五）MEMS教育部重点实验室 2014年参与申报成功国家"973"项目1项、国家"863"计划子项目2项，科技支撑计划子项目1项，获国家自然科学基金、面上项目、青年项目6项，其他省部级各类基金、人才计划项目3项，横向课题2项，目前在研科研项目总计科研经费超过2 000万元。实验室以第一单位获得中国机械工业科学技术奖一等奖1项。本年度实验室共发表SCI收录论文25篇。东南大学孙立涛教授团队的研究成果以封面文章刊登于 *Nature Materials*。申请国家发明专利77项、获授权国家发明专利42项。

在实验室和仪器室的管理工作方面，根据学校工作的相关安排，管理和使用已经达到规范化。在教学中，仪器室管理方面，每周对实验器材进行一次清理，出现损坏及时查明原因并按规定进行赔偿和维修。对损坏的物品及时报损并入账，做到账上日清月结，使教学仪器的使用监督常规化，对所缺物品及时和学校及相关部门联系，通过匹配和购进保证了实验教学的正常开展。实验室的档案收集和归档工作方面，严格按照检查验收的归档要求进行归档，促进了实验教学工作的连续性，同时也为保证实验教学的正常开展提供依据。危险药品管理方面，在使用过程中均严格按照《危险药品管理规范》执行，对未用完的药品，根据情况进行合理处理或回收。本学期未发生过危险药品安全事故。

四、国际合作与学术交流

在学院各位老师和同学的共同努力下，电子学院较好地完成了2014年国家公派留学生计划，获联合培养资助3位，另攻读博士学位1位。

2014年7月3日，工程中心香港分中心第四次管理委员会会议在南京召开，会议回顾总结香港分中心管委会第三次会议以来的工作，以及汇报2014年下半年工作目标及实施。2014年12月5日，工程中心面向江苏省内相关集成电路与应用企业的需求，积极引进国际前沿的集成电路应用科技及海外最新技术成果在江苏实现技术转移和培育孵化，特邀请香港应用科技研究院研发团队来无锡进行科技项目推介。有来自无锡、苏州、深圳、上海等地的15家企业，共计60余人参加会议。本次会议，我们将应科院的最新研发成果与江苏地方企业进行对接，加强了与江苏集成电路企业的交流合作。2014年，工程中心在5个研究方向上与香港分中心全面合作，目前已承担香港分中心委托项目2项。

五、本科教学工作

2014年度电子学院教师承担具体课程教学合计共承担课堂教学任务累计4 312课时。本年度电子学院有13位青年教师参加了青年教师授课竞赛，多名教师获奖或被提名。电子学院整体教学工作量安排合理，并建有稳定的督导培训体系，教学秩序良好。

电子学院2014年度教授承担核心课程。学院全部大类基础课和专业主干课都由高级职称教师承担课程组负责人,多位教授直接参与大类基础课和专业主干课课堂教学工作。

2014年在全院教师的共同努力下,取得了一系列的教学成绩。

1. 积极准备和整理专业自评报告,发动全体教师参与,顺利完成电子科学与技术专业首次工程教育认证工作,于2014年10月底通过国家专业认证中心组织的专家现场考察。

2. 积极组织本科生参与国际学术和学习交流活动,牵头组织了东南大学与日本早稻田大学IPS学院的联合人才培养项目和国际联合学术报告会活动,另外,积极宣传和选拔同学参加东南大学多项境外交换生和联合培养项目。2014年累计超过20人参与了出国(境)各类交换生、联合培养及学术交流活动。安排《电子器件可靠性设计》等外教课程多门。

3. 新增中科院电子所、中科院半导体所等多个本科生实习单位,初步建立电子学院本科生实习企业库操作管理模式,提升本科生进入企业实习的数量和质量。

4. 董志芳等教师在IEEE教育协会组织的TALE2014国际会议中发表教学研究论文。

5. 电子学院代表东南大学参加江苏省实验教学示范中心联席会"通信信息"学科组,并作为副组长单位。

6. 牵头完成物联网工程训练中心2012年立项省实验示范中心的验收工作,包括整理验收申报书和工作网站维护。

7. 由蒋卫祥、汤勇明老师指导的06009222罗晨阳毕业设计论文《金属基超材料新型单元结构设计》获得2013年江苏省高校优秀毕业设计(论文)二等奖。

8. 由孙小菡教授指导06010527郑宇的毕业设计论文《面向电网业务的光数据流交换网节点设计与研制》已申报2014年江苏省高校优秀毕业设计(论文)。

六、学生工作

(一)学生培养

1. 学生就业率、就业质量

学院重视对学生的综合素质的全面培养,认真做好就业指导工作,就业质量总体较高。2014届本科生继续升学以及出国率达58.4%,就业率达100%;2014届研究生就业率为100%。

2. 大学生参与社会实践情况

学院积极开展校园文化活动和社会实践活动,"我的青春故事"报告会获得了包括"江苏教育电视台"等在内的多家媒体报道。3月,我院申报的"炫彩青春、筑梦东南"微公益志愿服务项目,荣获江苏省百优志愿服务项目"小薇奖",是我校唯一入选项目。今年暑假,我院师生20余人积极参与南京青奥会志愿服务工作,受到《中国青年报》、江苏卫视等媒体积极报道。11月,我院的东南大学"耕读园"实践育人活动正式开园。在东南大学青奥志愿工作表彰中,我院邱峰老师和易帅同学荣获"突出贡献奖"荣誉,郭钰等十余名同学荣获"优秀志愿者"荣誉。我院13级本科生黄思源在江苏省第十八届运动会中勇夺双冠,并荣获东南大学2013—2014年度"十佳"运动员荣誉。12级本科生陈亮均作曲、编曲,11级本科生傅腾历演唱的原创歌曲入选"2014年高校科学营营歌金曲"。

(二) 学生奖惩

1. 省级以上学生或学生集体获奖数

学院本科11级姜勋同学荣获2014年度江苏省优秀学生干部荣誉称号。本科11级金弘晟同学、硕士生11级孙曹钧同学荣获2014年度江苏省三好学生称号。06A115班荣获江苏省先进班集体称号。

2. 学生违纪率

学院一直注重学生对于学校校纪校规的学习教育,学生整体积极向上,遵纪守法。积极开展各种考试诚信教育活动,使学生进一步明确考试纪律的要求,增强诚信考试的意识。2014年学生违纪率为0.15%。

(三) 学生管理

1. 学生突发事件有预案,处理有效,无重大安全责任事故

学生工作办公室突发事件有预案,从年级到班级到宿舍多层次、从教到学到管多方位、从辅导员到班主任到班指导多角度通力配合,学生管理工作平稳、有序。学院辅导员坚持查宿工作,定期召开年级大会、班长团支书例会。2014年度学院无安全责任事故。

2. 学生各类评奖评优资助公开公平公正,无投诉

学院在各类评优评奖的选拔、评比工作中,做到公平、公正、公开、透明,严格按照各类奖项的管理办法进行,制定了实施细则,重大奖项成立评审委员会,对于申请学生的相关材料认真评议、核查,必要时召开评选答辩会。评选结果第一时间公示,确保全体学生知晓、认可。贫困生资助方面,深入了解学生的家庭状况和消费习惯,积极关怀帮助贫困学生,发放困难补助和各项助学金。学院各项评奖评优以及贫困生资助均获得师生认可,无投诉事件的发生。

3. 特殊类型学生帮扶措施与成效

学院对于学习困难生、心理状况不佳的学生倍加关心。对于学习有困难的学生,及时了解学生的学习状况,和任课老师积极沟通,必要时联系老师对学生进行单独辅导。同时及时与家长沟通。在师生共同努力下,一些问题学生、"边缘"学生得以顺利升级、毕业,2014届毕业生延长学制的人数为3人。对于心理状况不佳的学生,一方面通过沟通交流,对学生进行正向引导,另一方面获得家长、同学、心理中心的帮助,学生心理状态总体平稳。

(电子科学与工程学院　吴志林)

数　学　系

　　2014年,在学校党委的正确领导下,在学校各职能部门的大力支持下,数学系党政密切配合,全体教职员工奋发进取,在人才培养、学科建设和科学研究等方面取得了优秀的成绩,为学校建设作出了重要的贡献。

　　1. 曹进德、梁金玲、虞文武三位教授荣获首届汤森路透中国引文桂冠奖"高被引科学家奖",东南大学入选人次在全国高校中并列第五。

　　2. 数学学科 ESI 指标排名今年在江苏省排名第一、在国内上榜高校(22所)中排名第7(去年第9)、全世界排名第95位(去年104位)(论文数946,他引数5 132,篇均他引5.42)。论文 ESI 排名数学学科进入国内前七,比去年提升两位,同时对学校其他学科(工程学,计算机学科,物理)排名有强力支撑。数学系对我校 ESI 整体排名作出重要贡献:我校 TOP PAPERS 有231篇,其中数学系教师论文为74篇[其中:在工程学科中有38篇(ESI 工程学科全球排名77),在数学学科中有21篇(ESI 数学学科全球排名95),在计算机科学中有13篇(ESI 计算机学科全球排名101),在物理学科中有2篇]。被 SCI、EI、CSSCI 收录的论文数:2014年 SCI 收录110篇,2013年 SCI 收录100篇,EI 收录52篇,表现不俗论文32篇,全面提升(对比:2012年 SCI 收录92篇,EI 收录33篇,表现不俗论文30篇)。

　　3. 2014年国际大学生数学建模竞赛特等奖2项,再次突破,仅次于清华大学,位列国内第二。获得全国一等奖3项,全国二等奖7项,另有42队获得省奖,也创造了自1992年参赛以来的最好成绩。

　　4. 本年度获 SRTP 立项27项,其中通过国创6项目立项,基于教师科研 SRTP 4项立项,省创7项目立项,为近年来最好成绩。2010级本科生刘兵入选东南大学"2014十佳最具影响力毕业生",共有5位同学论文入选大会报告。本科生发表论文2篇(其中 SCI、EI 各1篇)。2014届本科生就业率达到98.8%,其中升学率为47.6%,研究生就业率及国外深造达到100%,主要就业去向为国家事业单位、银行和 IT 企业等。

　　5. 数学系公共教学任务面广量大,教学质量稳步提高。2014年1至12月一个自然年度,全系共承担全校本科生各类数学课程课时数11 360,面上研究生各类课程课时数1 548,数学系本科生各类课程课时数2 200,数学系研究生各类课程课时数2 304。同时还承担各类短期教学实践课时320。数学系除去经学校同意外出进修的青年教师外,2013年自然年度在岗教师84人,平均承担教学时数180。该课时不含各类毕业论文、SRTP 的工作量。数学系特别重视教学工作,2014年所有教授均在一线承担本科生(或全校面上研究生)各类核心数学课程的教学工作。2014年教授承担的总课时数为1 876,平均每个教授承担134课时。在专业教材建设上,《数学物理方法与特殊函数》列入国家"十二五"规划教材,《近世代数》教材已由科学出版社准备出版,英文教材《高等数学(Ⅰ)》已由东南大学出版社出版。

　　2013年9月至2014年8月一个学年,我校面上本科生高等数学、线性代数、概率论与数理统计三门公共课程的一次通过率分别是86%,92%,88%;面上研究生三门数学公共课程数学建模、工程矩阵论、数值分析的通过率是分别是100%,99.7%,97.8%,工研学生数学知识水平明显提高,为他们今后研究工作打下良好的基础。

6. 2014年度获"江苏省数学成就奖"一人,江苏省高校"青蓝工程"带头人一人,获江苏省"六大人才高峰"高层次人才项目一项,获中国博士后科学基金特别资助二项,复杂网络系统方向以团队形式参加自动控制学科省优势学科建设,科学计算方向以团队形式参加计算机学科省优势学科建设。

7. 2013年12月统计学科获批"江苏省统计研究基地",依托该基地,2014年度,我系林金官教授的课题"大数据环境下政府统计业务流程优化整合研究"获2014年度江苏省统计重点研究课题资助;林金官教授的课题"基于Copula相关函数的风险度量及其应用"获2014年度全国统计科学研究重点项目资助;汪红霞博士的课题"江苏房地产发展情况空间统计分析"获江苏省第三次全国经济普查资料开发课题招标资助。

2014年获江苏省优秀博士学位论文1篇,江苏省优秀硕士学位论文1篇。2014年度获江苏省科学技术奖三等奖一项。

主办2014复杂网络和动力系统专题研讨会,2014第四届科学计算研讨会和复杂系统与网络科学中心系列论坛共计五届。

8. 2014年数学系认真贯彻执行党政联席会议议事规则。坚持"三重一大"决策制度,不断强化科研经费管理。严格遵守法律、法规和学校财经纪律,财务管理规范有序,坚持"收支两条线,签字一支笔",所有经费往来均通过学校一级财务进行,不设小金库。

9. 顺利完成系行政换届工作,民主选举经学校党委任命产生曹进德教授为系主任,林金官教授、虞文武教授、陈文彦副教授为系副主任的新一届行政班子。

(数学系 谢静琪)

自动化学院

自动化学院设有我国首批设立的控制科学与工程一级学科博士点和1992年批准建立的博士后流动站,该学科下设二级学科三个:控制理论与控制工程、模式识别与智能系统、检测技术与自动化装置,其中控制理论与控制工程为国家重点学科(1988年)。1998年设立教育部长江学者奖励计划特聘教授岗。自动化学院建有"复杂工程系统测量与控制"教育部重点实验室、"控制科学与工程"江苏省优势学科。

自动化学院现有教职工72名,专任教师55名,其中,国家教学名师1名,教育部长江学者特聘教授1名,国家杰出青年基金获得者3名,江苏省"333工程"培养对象3名,江苏省"青蓝工程"培养对象2名,博士生导师19名,教授20名,副教授22名。另有教育部长江学者特聘讲座教授1名。2014年学院招收学生273名,其中,博士研究生21名,硕士研究生129名,本科生123名。

一、党建、思想政治工作

1. 认真学习贯彻落实党的十八大、十八届三中、四中全会精神和习近平总书记系列重要讲话精神。坚持把学习习近平总书记系列重要讲话精神作为首要政治任务,深刻理解三中全会关于全面深化改革、四中全会关于全面推进依法治国等一系列重大战略部署的丰富内涵和重大意义,紧密结合学院实际,明确工作思路,落实具体举措,把党的重大战略决策落实到建设国际知名高水平研究型大学和世界一流大学的办学实践中。

2. 积极开展党的群众路线教育实践活动的整改落实工作,通过整改,抓好政治理论学习,着力解决思想和工作中存在的"四风"问题,进一步提高党性修养,坚定理想信念;通过整改,切实改进工作作风,不断提高领导班子和班子成员服务师生、服务发展的能力;通过整改,加强制度建设,进一步规范管理,形成长效机制。开展了科研经费专项检查、"小金库"专项治理工作,严肃认真地进行了自查自纠,确保学院没有设立"小金库"。

3. 在学校换届暨巡视检查工作组的领导下,完成了学院行政班子换届工作。一流学科一流院系建设有力续航。

4. 创新支部工作,提高基层组织活力。加强党员队伍建设,严格党员教育管理,严肃党内组织生活,发挥党员先锋模范作用情况。本科生2012—2013级学生党支部被评为校先进基层党组织,张贺志同志被评为校优秀共产党员。做好发展党员工作,重视党员和入党积极分子培训,与仪器科学与工程学院、生物科学与医学工程学院联合举办党校,共培训入党积极分子60名、预备党员36名。按照"控制总量、优化结构、提高质量、发挥作用"的总体要求,严把党员发展质量关,发展学生党员30名。

二、教学和人才培养工作

1. 学院启动"智能机器人"新专业申报工作。申报材料通过学校评审并公示。这将是国内第一个机器人领域本科专业。专业单一(只有一个"自动化"专业)一直是我院学科发展的瓶颈之一,申报新专业后,将对学院今后的人才培养、学科评估、人才引进等产生多方面的影响。

2. 我院自动化专业是国家首批第一类特色专业建设点、教育部人才培养模式创新实验区,在此基础上我院自动化专业成功申报江苏省首批重点专业,并于2014年顺利通过江苏省重点专业中期检查。

3. 学院与两名外教签署长期英文授课合作协议。学院与澳大利亚RMIT大学的John Fang教授,加拿大Saint Mary大学的Hai Wang教授签署协议,两位外教今后将每年来东南大学开设全英文课程。2014年度自动化学院8名学生将到RMIT交换学习,其中2人获国家公派优秀本科生出国项目资助。

4. 学生参加全国性学科竞赛成绩卓越,学院一年级学生王子峣等三人获2014年全国计算机设计竞赛江苏省特等奖,这是东南大学第一次一年级学生获得特等奖。

5. 学院开设"自动化工程设计导论"新生工程研讨课。该课程是在学院多人参加美国里海大学培训的基础上,结合我院专业特点,动员学院所有研究所参与开设的。目的是让新生通过动手完成一个具体的项目,让学生对专业或专业方向有初步了解,以吸引学生对专业的兴趣。该课程将从自动化专业2014级本科生开始,并由自动化学院负责,逐渐推广为全校公选课。

6. "C++程序设计"课程改革是由学院主导的校级通识课程教改项目。主要做法是与国外知名工科院校接轨,将原来由讲授语法和考级为主的授课模式,改为完全以项目和平时成绩为主的主动学习模式,使学生计算思维能力和编程能力大幅度提高。

7. "自动检测技术"入选首批国家精品资源共享课程。

8. 今年有 2 位博士生取得学校优博基金的资助。2014 年有一篇校优博和一篇校优硕论文。

三、学科建设和科研工作

1. 东南大学作为第一完成单位的科研成果"多源干扰系统的建模、分析与控制理论研究"获国家自然科学奖二等奖；一项科研成果获国家科学发明二等奖；一篇 IEEE TIE 2013 年的论文入选"本年度百篇最具影响力国际学术论文"（东大共 3 篇）。

2. 全面完成"985 工程"三期建设。积极推动"江苏高校优势学科建设工程"，在省优势学科一期项目顺利通过评估与验收的基础上，2014 年又成功获批省优势学科二期项目。

3. 队伍建设取得新进展。新增 1 个江苏省高校科技创新团队"智能机器人感知与控制"。千人计划国家特聘教授余星火于 2014 年 9 月正式加入自动化学院，将有力地推动我们的学科发展，扩大我们学科在国内、国际影响起重要作用。

4. 承办了中国自动化学会青年工作委员会学术会议和 2014 年工作会议，协办 2014 年中国控制会议（CCC）。邀请国内外知名教授来学院讲学、讲座或作学术报告超过 30 人次。

5. 2014 年学院共到款纵向经费 1 015.55 万元、横向经费 540.2 万元，科研经费合计 1 555.75 万元。

6. 2014 年学院统计奖励论文共计 166 篇，其中 SCI 检索论文 77 篇，EI 检索 89 篇，表现不俗论文 30 篇。共申请发明专利 36 项、实用新型 1 项、国际专利 1 项；授权发明专利 21 项、实用新型 1 项、软件著作权 1 项。

7. 探索控制科学与工程专业全英文研究生课程的教学改革与实践，启动了学院的研究生全英文专业——控制科学与工程的建设工作，确定了 8 门专业课程，完成了 8 门课程的建设计划和课程大纲，进行了全英文研究生专业网页建设；积极申报校级研究生教改项目，获得东南大学研究生教改课题立项 1 项；实质性推进全英文研究生课程教学，邀请墨西哥国立自治大学列昂尼德·弗里德曼教授来我院主讲"控制系统理论"研究生课程。

四、共青团、学生会、研究生会、工会、退休协会工作

学生思想政治工作进一步加强。开展五四运动 95 周年纪念活动，组织青年学生认真学习习近平总书记五四重要讲话精神。创新新生入学教育工作，增强新生对学校的文化自豪感和认同感。开展了研究生党员干部系列专题讲座及培训，研究生思想政治工作持续加强。充分发挥学生党支部、团支部和学生会、研究生会等组织的作用，积极开展多种具有我院特色、有益于学生健康成长的各种文体活动，促进学院文化建设，激发学生爱校、爱国、爱党的热情，提高了学生的综合素质。学院研究生会牵头组织，联合南京师范大学等 6 所大学在兰园活动中心成功举办了第三届"牵手东大"活动。我院学生会成功承办第六届似水流年校园歌手大赛。

积极开展以教书育人为中心的"三育人"活动。鼓励并在经费上支持工会和退休协会组织开展的各种活动，丰富了教职工的精神文化生活。加强对教职工退休、教职工离世等的人文关怀。重视离退休老同志在长期教学、科研等项工作中积累的宝贵经验，努力发挥他们的重要作用，鼓励并支持他们继续为学院的各项工作作出积极的贡献。

（自动化学院　袁晓辉）

计算机科学与工程学院、软件学院

一、学科建设、科学研究

1. 完成江苏省高校优势学科建设项目（一期）的验收。进行江苏省高校优势学科建设项目（二期）的申报，项目获得批准、立项。

2. 2014年USnews最新排名计算机科学技术学科全世界第50位，中国大陆高校排名第五位。

3. 目前有两个一级重点学科：计算机科学与技术，软件工程；两个一级学科博士点：计算机科学与技术、软件工程；两个一级学科硕士点：计算机科学与技术、软件工程。

4. 省级以上重点实验室及联合科研机构有：计算机网络与信息集成教育部重点实验室、江苏省计算机网络技术重点实验室、江苏省网络与信息安全技术重点实验室、中法生物医学信息研究中心、中国教育科研网华东北地区网络中心。

5. 学院建设的一千三百万的云服务中心平台系统（IBM）目前在被丁肇中教授领导的AMS使用，以及全校其他院系教师有10余个项目使用，基本时刻处于满荷载运行。

6. 学院新增项目共计59项，其中纵向项目28项，包括国家自然科学基金面上项目5项，青年基金项目4项；江苏省自然基金面上项目1项，青年基金4项，省杰出青年基金1项；横向项目31项。

7. 科研经费到款：截至2014年12月，合计项目经费到账2 595.35万元，其中纵向经费1 640.33万元，横向经费955.02万元。

8. 由李必信教授牵头的"质量需求驱动的软件演化管理和故障侦探方法"项目获2014年度教育部自然科学二等奖。

9. 本年度学院教师申请专利39项，计算机软件著作权登记7项，获发明专利授权数13项。

10. 学术论文收录和引用：以学院为第一单位发表的SCI收录论文22篇，EI收录论文86篇。以学院为第一单位近五年发表的学术论文2014年SCI他引62人次，2014年度发表的学术论文SCI他引次数15人次。

11. 2014年5月舒华忠团队获评江苏省"青蓝工程"科技创新团队。

二、师资队伍建设

1. 全年人才引进6人：方效林、肖卿俊、张竞慧、孔佑勇、凌振、董恺。目前共有教职工人数150人，其中专技岗教师130人；院士1人；教授（研究员）26人，占专技岗教师比例20%；副教授（副研）52人，占专技岗教师比例40%。具有海外博士学位教师14人，占专技岗教师比例10.76%。

2. 入选江苏省"青蓝工程"学术带头人1人：耿新。

3. 入选江苏省"六大人才高峰"2人：耿新、曹玖新。

4. 入选校优秀青年教师资助计划1人：陈阳。

三、人才培养与国际化合作

1. **本科生教学**:计算机学院完成教学计划中所有课程达 6 408 学时。包括通识基础课、专业基础课、专业主干课、专业选修课、专业研讨课、实践类课程在内合计授课 4 266 学时,课内研讨 1 576 学时,课内上机与实验 566 学时。软件学院完成教学计划中所有课程达 7 308 学时。包括通识基础课、专业基础课、专业主干课、专业选修课、专业研讨课、实践类课程在内合计授课 5 072 学时,课内研讨 1 830 学时,课内上机与实验 406 学时。按照"卓越化、国际化、研究型"的教学改革要求,两个学院本年度共开设 17 门校企共建课程、16 门全英文课程、16 门双语课程、8 门新生研讨课和 27 门系列专题研讨课,其中聘请企业专家讲授的课程 9 门,聘请外教讲授的课程 7 门。

2. **研究生教学**:学院承担博士研究生课程 13 门,共 540 个学时;承担学历硕士研究生课程 32 门,共 1 359 个学时;承担在职研究生课程 10 门,共 180 个学时。其中博士研究生课程教授授课 12 门,硕士研究生课程教授授课 18 门,Monash 联合培养为全英文课程,其余硕士研究生课程由具有博士学位以上的副教授承担。

3. 第一批蒙纳士研究生顺利答辩。

4. **学生出国(境)交流**:计算机学院本科生出国(境)交流共计 2 人,其中 1 人获得国家留学基金委"优秀本科生国际交流项目"资助。软件学院本科生出国(境)交流共计 3 人。博士研究生交流比例 100%,硕士研究生交流比例约 20%。

5. 计算机学院本科生在 SRTP 项目中参与国家级项目 1 个,省级项目 1 个;3 人参加 ACM 国际大学生程序设计竞赛,1 人获国际级一等奖,2 人获国际级三等奖;13 人次获得国际及全国竞赛的名次。

6. 软件学院本科生共有 40 多人参与到教师实验室的科研工作中,并在国际会议、核心刊物上发表了 7 篇论文,组队参加国际、全国、省级竞赛并多次获奖。SRTP 项目中参与国家级项目 4 个,省级项目 2 个,基于教师科研项目 3 个。

7. 获 1 项江苏省优秀本科生论文奖。指导老师:汪鹏,学生:赵健宇,论文题目:学术社交网络中作者指代消解研究。

8. 杨全胜获得校教改项目"基于 Minisys 的教学虚拟实验平台研究与设计"立项,同时正在申报教育部教改项目"计算机系统能力培养的统一实践平台建设"。

9. 杨全胜编著的《现代微机原理与接口技术(第 3 版)》被学校推荐申报国家级"十二五"规划教材。

10. 任国林编著出版一本专业教材:《计算机通信接口技术》,机械工业出版社,2014 年 9 月。

11. 2004 年教学论文:(1)章品正,《设计模式在 C++课程教学中的运用》,刊于《计算机教育》,2014,总 218 期(14);(2)吴含前,*Teaching Innovation and Practice in Software Engineering Course* 刊于 *The Tenth China-Europe International Symposium on Software Engineering Education*(Chengdu,P64),April 2014。

12. 计算机网络和信息集成教育部重点实验室(东南大学)第三届学术委员会第一次会议在东南大学九龙湖校区计算机楼成功举行。

13. 邀请国内外专家学者来学院讲学 20 余场。

四、党委工作

1. 在学校党委的统一部署下，完成了学院行政换届工作，产生新一届学院行政领导班子：罗军舟、程光、耿新、曹玖新、舒华忠。

2. 和吴健雄学院联合举办了 2014 年发展对象培训班，共 110 人参加了学习；全年共发展预备党员 55 名，预备党员转正 59 名。

3. 计算机学院 2011 级本科生党支部被评为校先进基层党组织；倪庆剑被评为东南大学优秀党务工作者；宋美娜、吴含前、谢金晶（学生）被评为东南大学优秀共产党员。由研究生党支部举办的"中国梦·东大梦"——"创建世界一流大学大讨论"系列活动获得最佳党日活动三等级。

4. 宛斌、李伟参加了校组织部组织的第四期教师党支部书记暨第二期青年骨干教师培训班培训。

五、学生工作及文化活动

1. 学生就业情况

学历	就业率	毕业生人数	就业状况					
			已工作	有就业意向	已升学	已出国	自主创业	不分	待就业
计算机学院本科	97.14%	140	69	0	36	8	1	14	4
软件学院本科	100%	143	106	0	22	15	0	0	0
计算机学院硕士	100%	180	175	0	5	0	0	0	0
计算机学院博士	100%	44	44	0	0	0	0	0	0

2. 计算机学院本科生共组建 21 个团队参与暑期社会实践，共计 122 人参加并获得学分，11 人担任了青奥会语言类志愿者。

3. 软件学院本科生共有 139 人参加暑期社会实践，其中 104 人为组队参与，12 人担任了青奥会志愿者，19 人参加招生宣传、回访母校等实践活动，6 人参加学校第十一届校史知识竞赛系统开发。暑期社会实践中有一个团队评为校级优秀团队。

4. 学生奖惩：获省级以上荣誉称号 3 人，获省级以上（学科）竞赛奖 82 人次；获省级以上荣誉称号学生集体 2 个。计算机学院本科生 2 人违纪。

5. 由我校团委以及 ACM 南京分会共同主办，东南大学计算机科学与工程学院研究生会以及软件学院科技协会协办，华为技术有限公司支持赞助的"'华为杯'苏鲁高校大学生程序设计大赛暨东南大学第十届程序设计大赛选拔赛"顺利举行并获得圆满成功。

6. 第六届环九龙湖自行车赛在东南大学九龙湖校区桃园盛大开幕。本届自行车赛的一大特色在于校外专业人士举行的长达 30 公里的精英邀请赛在九龙湖校区同时举行，南京的多家媒体前来报道。

7. 成功举办了第五届"实验室是我家"文化体育节。

8. 090121班、711114班获"2014年度江苏省先进班集体"称号；陈巧云同学获"2014年度江苏省三好学生"称号；黄凯同学获"2014年度江苏省优秀学生干部"称号。

（计算机科学与工程学院、软件学院　赵永美）

物 理 系

物理系现有物理学"博士后流动站""物理学"一级学科博士点（涵盖理论物理、凝聚态物理、光学、粒子物理与原子核物理、原子与分子物理、等离子体物理、无线电物理、声学等8个二级学科）、"物理学"一级学科硕士点及"课程与教学论"硕士点。本科生按"物理类"招生，设有"物理学""应用物理学""光电信息科学与工程"3个本科专业。我系拥有大学物理、物理实验、双语物理导论、新生引导性实验实践课程4门国家级精品课程，一个国家级实验教学示范中心——物理实验中心，1个国家级教学创新团队，已获国家级教学成果一等奖、二等奖各1项。物理系拥有"计算物理实验室""材料物理实验室""光电物理实验室"3个科研基地。物理系下设物理学教研室、应用物理学教研室、光信息科学与技术教研室、大学物理教研室、物理实验教研室。2014年在职教职工85人，其中专任教师60人，实验技术人员17人。师资队伍中有教授26人（其中博士生导师21人），副教授22人，具有博士学位的专任教师比例达90%。我系现有江苏省教学名师1人，国家课程教学指导委员会委员1人，国家优秀青年基金2人，教育部新世纪优秀人才支持计划8人，江苏省杰出青年基金1人，江苏省"333人才培养工程"4人，江苏省"六大人才高峰"资助计划5人，江苏省"青蓝工程"支持计划7人，东南大学青年特聘教授3人。

一、党建和思想政治工作

1. 按照校党委要求，做好党委常规工作。坚持党政联席会议制度，做到重大决策集体讨论决定。定期召开支部书记例会，认真组织党员学习党的理论及相关文件精神，过好组织生活，认真开展系领导班子民主生活会。进一步加强领导干部的党风廉政建设，加强班子成员服务意识和责任感，努力做好各项工作，以优质的服务和管理赢得全系教职工的信任和支持。

2. 扎实做好党建工作。认真完成全系党建及学生党建工作，坚持高标准、严要求，始终把好党员发展关。

3. 按照校党委的部署和要求，围绕系里的中心工作，组织逐步实施，推动党支部建设，发挥各党支部的战斗堡垒作用和共产党员的先锋模范作用。活动形式多样，教育效果显著。积极开展党日活动，系党委和各支部围绕主旋律，结合重大纪念日，充分发挥革命历史纪念馆等红色教育资源的作用，开展党史教育、实践教育等活动，丰富了创先争优活动内容。

4. 组织党员认真学习，贯彻落实十八大会议精神。深入开展党的群众路线教育实践活动整改落实工作。深入开展反四风活动，按照上级党委要求，在全系征求非党员教师对学校、物理系领导班子存在的四风问题的意见和建议。认真总结，及时整改，按照学校工作部署认真组织召开专题民主生活会。

5. 全面动员、认真开展行系政领导班子换届工作。在广泛征集群众意见的基础上,选拔任用一批年富力强、敢于担当、甘于奉献的年轻干部充实到教学科研工作一线。

二、学科建设

1. 2014年2位教师晋升教授,3位教师晋升副教授。1位教师获得国家优秀青年基金,2位教师入选江苏省"青蓝工程"支持计划,1位教师入选校青年特聘教授。21位教师赴海外进行合作研究、博士后研究、学术交流等。

2. 今年我校物理学科继续进入ESI国际排名的前1%。

三、科研工作

1. 积极组织和协助老师完成国家自然科学基金项目和省自然科学基金项目的申报工作。2014年我系申报和获批项目如下:(1) 2014年我系申报国家自然科学基金22项,包括面上项目13项,杰青1项,优青3项,青年2项,联合基金3项;江苏省自然科学基金4项,包括省杰青1项,面上3项。(2) 2014年我系纵向项目获批10项,包括国家自然科学基金7项(含优青1项)、省基金3项、校基本科研业务费1项;争取到横向项目4项。

2. 2014年度批准科研经费总额669.5万元,科研到款经费达571.45万元,纵向资助总额为555.45万元,横向资助总额为16万元。

3. 2014年我系教师以东南大学物理系为第一单位共发表科研学术论文111篇(SCI 110篇),其中董帅教授课题组在 Physics Review Letter 上发表高水平论文,倪振华教授课题组在 ACS NANO 发表高水平论文1篇,我系2014年表现不俗论文43篇。

4. 在优势学科的支持下,积极开展学术交流,组织学术报告17场,邀请了国内外著名教授来物理系讲学,鼓励教师积极参加各种学术会议。

5. 完成了"985经费"支持的大型设备矢量网络分析仪和磁控溅射系统的采购工作。

四、本科教学

1. 日常教学

(1) 本年度物理系开出48门理论课程,19门实验课程,实验教学总人数约25万(不含开放),日常教学及运行稳定、顺畅。

(2) 顺利完成了14级(80人)新生入学教育及13级(应用物理学专业30人、光信息科学与技术27人、物理学10人)学生专业分流工作。

(3) 进一步贯彻落实导师制,加强对优秀本科生的培养与指导。

2. 督导工作

校、系两极教学督导工作正常有序开展,其中系领导、系督导、教研室主任共听课40多人次,总体情况良好。

3. 教师发展

教师素质和教学水平有了进一步提高。2014年我系获校教学奖励金一等奖2人,二等奖3人。

4. 课程建设

我系有16位老师参与了第一批"三类"课程建设项目(英文课程、新生研讨课程、系列研讨课程)。

5. SRTP

国家(省)级SRTP:立项国家级SRTP项目5项,省级SRTP项目1项,答辩结题国家级SRTP项目9项,省级SRTP项目3项;基于教师科研SRTP(校重点):立项5项,结题5项;校(系)级SRTP:校级立项11项、系级4项,校级结题10项,系级结题4项。

6. 本科生学术交流情况

(1) 2014年东南大学第八届大学生科技成果展示会,我系组织18项学生作品参加展示会,物理系获得展示会优秀组织奖二等奖。

(2) 在2014年东南大学第四届大学生学术报告会上,我系组织11位同学提交论文参会,其中4位同学的论文入选并获得2014年东南大学第四届大学生学术会"优秀报告",2位同学获校"十佳报告"荣誉。

7. 本科生论文

本科生以第一作者发表论文3篇,其中高水平SCI论文2篇,非第一作者SCI论文多篇。

8. 学生获奖

2014年,我系学生在江苏省高校第十一届大学生物理及实验科技作品创新竞赛中,荣获一等奖1项;二等奖2项;三等奖1项。

9. 毕业设计

2014—2015学年毕业设计(论文)工作正在按计划进行,物理系共有54名同学做毕业设计,其中应用物理专业22人、光信息科学与技术专业19人、物理学专业13人。

10. 教学计划修订

根据学校规定,修订了2014年物理系应用物理学、物理学2个专业的培养方案。

五、研究生培养

1. 招生工作

2014级已招收博士研究生17人(含2名留学生)和硕士研究生29人。拟录取2015级博士研究生23人,硕士研究生36人。

2. 培养工作

(1) 对2013级31位硕士研究生进行了中期考核工作,包括19位硕士研究生集体开题;对12级9位博士研究生进行了中期考核工作并全部通过。

(2) 2014年我系3位研究生在国外联合培养,5位研究生出国交流合作。

(3) 2014年我系10名研究生在物理系研究生学术报告分会暨庆祝东南大学112校庆研究生学术科技节上宣讲了校庆报告论文,其中朱化强、朱峰、杜如霞、葛兴、王桃红的校庆论文被评为优秀。

(4) 公正、公平、公开地完成了2014年研究生国家奖学金评选工作,其中罗小光和南海燕获得博士奖学金,陈玉明和詹翔获硕士奖学金。

(5) 对我系研究生培养方案进行了调整,包括物理学硕士培养方案、物理学博士培养方案和物理学直博培养方案(新增)。"课程与教学论"已调整至学习中心。

3. 研究生成果

(1) 2014年我系研究生发表第一作者SCI论文57篇。

(2) 5人成功申请江苏省普通高校研究生科研创新计划项目。

(3) 罗小光、周苇2位同学获东南大学优秀博士学位论文基金资助。

4. 学位

配合研究生院制定了"物理学0702(一级学科及代码号)学位授予标准"。

2014年,共有12位研究生毕业并获得硕士学位;11位博士生毕业并获得博士学位;江苏省对我系2013年抽检的研究生学位论文反馈信息为良好;2014年我系由邱腾教授指导的印胤硕士论文《卷曲复合贵金属纳米管的制备及表面增强拉曼散射特性研究》被江苏省评选为优秀硕士学位论文,同时被东南大学评为校级优秀硕士学位论文。

六、学生工作

1. 加强学生思想政治教育,时刻保持较高的政治敏锐性,密切关注学生思想动态,保持学生思想稳定。在重大政治事件、社会安全事件和部分地区自然灾害发生过程中及时掌握学生思想动态,及时做到安抚、引导和补助,学生中未出现任何异常现象或群体事件。

2. 以深化"中国梦"主题活动为契机,结合十八大、十八届三中、四中全会精神的学习,做好学生支部建设工作。上半年低年级本科生党支部举办的"东南大学九龙湖校区最美宿管评选系列活动"被评为东南大学最佳党日活动二等奖;2013级硕士生党支部举办的"悟物穷理——我的实验室我做主"系列活动也获得了全校研究生最佳党日活动三等奖。

3. 以"三高两低一强化零违纪"为具体目标,强化专业思想教育,职业规划教育,狠抓学风建设。上半年,我系开展了就业进度推进工作,对每一个毕业生的就业去向进行梳理,并请2010级本科生党支部协助做好学生"一对一"就业进度推进工作。成立了"物理系学生职业发展协会",并开通了该协会的微信公共主页"牛顿的四维口袋",为同学们提供了大量资讯并举办多场技能培训和交流。在东南大学2014年最具影响力毕业生的评比中,我系2014届毕业生刘雨露同学入围决赛。在我校2014届本科生毕业典礼中,刘雨露同学还被选推为毕业生代表发言。一年来,我系未出现一例学生违纪现象,为全校8个无学生违纪的院系之一。高年级同学实现了零退学,全系留级人数历年最少,学生整体凝聚力大幅度提升。

4. 稳渐求进地开展团建工作。今年我系团委在校团委指导下,开展了许多系内外活动并取得良好成效,例如:我系暑期社会实践有1支团队获得省级表彰,2支团队和1篇调查报告获得校级表彰;我系成功举办了"科学脑·人文心"系列活动、物理系首届大学生学术竞赛、校训育人书法大赛、军训送清凉活动、"绿色师生情"教师节主题活动、数理化三院系联合运动会等。

5. 积极发挥研究生会作用,开展了各种研究生科创类及文体类活动。我系研究生会积极参与庆祝建校112周年研究生校庆学术报告会,7篇论文被录用,其中5篇优秀。我系研究生还举办了科技节系列活动,为研究生的交流和学习提供了良好的平台。此外,在校第十一届研究生轻运会上我系历史地地夺得亚军,极大地提高了研究生的凝聚力。

6. 扎实做好学生日常管理工作。

(1) 坚持公平、公正、公开的原则做好奖、助、贷等工作,上半年共有本科生84人、研究生11人荣获奖助学金。

(2) 李雅琴被评为江苏省优秀学生干部,郑顺被评为校三好学生标兵,徐峰、刘志鑫被评为校优秀学生干部,曾宗顺、王琪琪、潘智华、孙超、胡坤运、谷文星、蒋崇春、涂鉴、刘奇、杨楚、苏凝钢、甘庆雨、陈瑶、郝佩佩、赵中华、倪琳郁、章烨晖、朱美程、张贺岩、徐光照被评为校三好学生,陈桢、刘继龙、刘奇被评为校本科优秀毕业生。李娜、王英华、朱钟湖被评为校优秀研究生干部,陶伟伟、吴其胜、邢相灼、边志浩被评为校三好研究生,孟红被评为校优秀硕士毕业生。

7. 2014届本科生毕业68人,出国、保送和考取读研的23人,其中出国5人,升学录取率为34%,均在欧美、北京、上海等知名高校和中科院有关院所。2011级硕士生毕业13人,读博1人,已就业12人。

(物理系 杨 越)

生物科学与医学工程学院

2014年,我院结合本学院实际,以科学发展观为指导思想,坚持以人为本,狠抓常规,规范发展,提高质量,增强学院凝聚力,强化学院管理,全面提升教育质量。在全体教职工的共同努力下,完成了上级各部门下达的各项任务,取得了一定的成绩。

一、人才培养

人才培养是学院工作的重中之重。学院在抓好教学组织、质量控制,以及完成省重点专业建设的中期检查的前提下,着重开展了以下探索,取得了优异成绩。

积极开展 DCL(Design Centered Learning,以设计为中心的学习)教学法的案例研讨课程。进一步推进卓越工程,成立了本专业卓越计划专家委员会,与深圳华大基因研究院、上海联影医疗、江苏鱼跃医疗等多家企业开展了卓越计划联合培养。

加强研究生招生宣传和招考方式的探索,提高生源质量。继续做好考核制博士的试点招生工作;组织导师主动到兄弟院校宣讲;举办第三次暑期学校,有来自985、211院校的60余应届毕业生参加了夏令营,其中21人成功推免我院2015年硕士研究生,2人成功申请直博;做好推免生工作,今年共接收推免生40名,为2015年的生源打好基础。

重视学生综合素质的培养。承办"TI杯"第一届全国大学生生物医学电子创新设计竞赛、2014年第一届东南大学大学生生物医学电子创新设计竞赛、东南大学第四届大学生学术报告会等。有近100人次在国家、部省级各类竞赛获奖。2人获省级优秀博士论文奖,2篇校级优秀硕士论文。1名本科生毕业论文被推荐省优;1个课题小组申报省优秀团队。

获江苏省教学成果二等奖、东南大学奖学成果一等奖各1项,编写《生物医学实验》教材并正式出版。

二、学科建设

立足内涵发展,集中资源重点支持团队建设和创新团队的发展,加强制度建设,规范项目管理。以一级学科评估、"985"三期建设规划以及省优势学科建设为契机,不断凝练学院发展方向及队伍,进一步推进学院全面发展。我院认真组织和部署,周密安排,紧密联系工作实际,多次召开各个层面的研讨会,广泛征求各方面的意见和建议;对学院"985"三期建设及江苏省优势学科建设进行规划。进一步理清发展思路,明确发展目标,提出措施途径,积极推进各项工作的落实。完成了"985"三期建设平台120万元的预算计划;完成了江苏省优势学科建设第二期项目的规划和2014年经费预算等工作;配合学校完成了江苏省优势学科一期经费的审计验收工作,撰写验收材料及审计报告,领军人才、科研工作等大部分成果均超原定指标,并以A等成绩通过验收。

出台优势学科建设项目实施细则,修订了青年教师资助计划等,进一步规范管理,从政策层面向领军人才、创新团队倾斜,如顾忠泽、顾宁、陈战等,关注和积极支持青年骨干的成长和发展,如青年千人刘宏、获得优青的李志勇等。

三、科学研究

积极组织本院教师(尤其是青年教师)申报各类国家和省部级科研项目,包括国家自然科学基金、博士点基金、青年教师基金、江苏省自然科学基金、江苏省支撑计划等,一批"973"等国家重点重大项目顺利推进。国家自然基金申报43项,获资助12项;江苏省自然科学基金申报9项,资助5项。全年科研经费到账总数6 700万元,同比增长149.67%,纵向经费数位列全校院系第二位;公开发表论文232篇,其中SCI论文177篇;申请专利93项,授权41项。论文和专利较上年均有增长。进一步完善科研基地体系,成立东南大学生物材料与医疗器械研究所。

加强国际国内交流和合作。重点参与了东南大学——蒙纳士大学相关的联合实验室的建设规划和国家层面上对国际联合实验室的建议;成功举办中日"集成分子/材料科学与工程国际论坛""第六届全国生物信息学与系统生物学学术大会""2014年生物电子学与生物光子学联合学术论坛""第三届全国纳米生物与医学博士生论坛"等大型会议;邀请了200多名国内著名专家前来讲学和报告;积极推动产学研合作,与安徽肿瘤医院建立转化生物医学合作研究中心等。

四、人才工程

创造条件加大年轻教师的扶持力度,进一步完善省优势学科青年人才支持计划,支持选派中青年教师赴境外研修,加大海外青年人才引进,积极招聘博士后。全年共引进海外博士4人,进站博士后14人(其中外籍5人),在站规模达到43人。

顾宁获江苏省第四期"333工程"科研项目资助,李志勇成功申报优秀青年基金,赵远锦成功申报江苏省杰出青年基金,谢卓颖获"青蓝工程"优秀青年骨干教师培养对象,刘宏获江苏省"六大人才高峰"第十一批高层次人才项目资助。

五、学生教育

学生教育工作有序开展,学生管理平稳运行。在生物医学工程教指委的指导下,顺利承办了第一届全国生物医学电子创新设计竞赛,竞赛共吸引了104所高校的1 219支队伍参赛;承办了2014年第三届全国纳米生物与医学博士生论坛,论坛共吸引了来自国内外二十余家科研院所的近百位专家学者以及博士生代表投稿参会。多个学生班团组织和个人获殊荣,111121团支部获东南大学"国旗团支部"荣誉称号;东南大学院系研究生会"文体活动优秀奖";校研究生辩论赛四强;博士生程瑶获宝钢教育基金优秀学生奖,1人次被评为江苏省三好学生。

六、三十周年院庆圆满结束

三十周年院庆圆满召开。在各级领导、各界朋友、老师、校友及同学们的大力支持下,各地校友会(筹备会)也在学院的支持下纷纷成立,各地校友、产学论坛也在紧锣密鼓地进行中。

为庆祝东大生物科学与医学工程学院30华诞,学院动员广大校友、师生收集历史老照片,回忆青春故事,已正式编辑出版了纪念文集《而立》和纪念画册《追梦》,举行了一系列特色学术活动,5月30日—31日,举行了"生物医学工程和医疗器械产业发展论坛""2014年生物医学工程高层论坛""2014年生物医学工程国际前沿论坛""校友创业论坛"等四场学术活动,有5位院士、32名国内外知名专家、创业成功校友等作了精彩报告,并举行了校友与母校师生联谊会。

学院于2014年6月1日圆满召开30周年华诞庆祝大会,弘扬"创业、创新、成长"的精神。国内外60余所高校同行院系领导和代表,与学院长期合作的政府部门、企事业单位代表、用人单位代表,学院各个历史发展时期的校友代表,校内兄弟院系及有关部门代表,生物科学与医学工程学院离退休老同志,曾在学院工作过的教职工代表,学院全体教职工,学生代表等1 400余人参加了大会。庆祝大会在大合唱《生命曙光》中结束,在激昂振奋的旋律中,生医人将谱写生命科学的新篇章,在下一个十年,生命曙光将更加绚烂。

七、综合管理

顺利完成学院行政班子换届工作,组成以顾忠泽教授为院长的新一届行政领导班子,配备了40岁以下年轻干部,优化了班子结构,增强了班子活力。加强学院治理,增设院务委员会、校友工作委员会等,调整了学术委员会、教学委员会、奖励评审委员会等专门委员会组成,充分调动教师参政议政的积极性,充分发扬民主治院、专家治院,积极推进院务公开。制定党政联席会议事规则、院务委员会章程等,健全制度,规范管理。

深入开展党风廉政和机关作风建设,促进学院事业持续健康发展。认真学习贯彻落实中央《中国共产党党员领导干部廉洁从政若干准则》,在学院领导班子中建立健全党风廉政责任制,杜绝任何违纪违规现象在本院发生。做好党风廉政建设的宣传教育工作,及时传达落实上级有关廉政建设的指示精神,组织教职工观看有关党风廉政建设的文件、影片,使广大干部职工思想上筑起反腐长城。实行机关行政人员的轮岗交流和境外培训学习,强化责任意识、奉献意识和服务意识,改进机关工作作风,提高行政效率。

(生物科学与医学工程学院 雷华威)

材料科学与工程学院

材料科学与工程学院共有教职工81人,其中专职教师55人。全院现有院士2人、教授26人、博士生导师34人、硕士生导师44人、全日制在读本科生445人,硕士研究生251,博士研究生110人,在站博士后15人。

学院由两位中国工程院院士领衔,以国家"千人计划"专家、"长江学者奖励计划"特聘教授、国家杰出青年基金获得者等34名博导为骨干,构成了一支实力雄厚的师资队伍。2014年学院发展迅速,在人才培养、科学研究、社会服务、国际化发展等方面均取得了突出的成绩。

一、大事记

1. 2014年12月6日,在九龙湖校区焦廷标馆举行了东南大学材料科学与工程学院建院30周年暨材料学科办学86周年庆祝大会。东南大学党委郭广银书记,林萍华副校长,丁辉总会计师,中国工程院孙伟院士、缪昌文院士等国内外知名专家及材料学院师生参加了庆祝大会,院庆庆典活动圆满成功。

2. 2014年11月材料学院院行政领导班子换届选举顺利完成。经院民主推荐,结合工作需要,校党委会研究决定:

(1) 任命薛烽同志为材料科学与工程学院院长,任期从 2014 年 11 月 21 日起算。

(2) 任命张亚梅、沈宝龙、储成林三位同志为材料科学与工程学院副院长,任期从 2014 年 11 月 27 日起算。

3. 2014 年学院成功验收材料学院 A 楼,全体师生于 2014 年 1 月 8 日正式搬入材料学院 A 楼办公。

4. 2014 年我院钱春香教授在北京人民大会堂参加 2013 年国家科学技术奖励大会,由她牵头完成的项目荣获国家科技进步奖二等奖。

5. 2014 年我院刘加平教授成功入选教育部"长江学者"特聘教授。

6. 2014 年 6 月我院大三学生张文博荣获江苏省"三好学生"荣誉称号。

7. 2014 年我院新增校友及学院老师资助的奖学金共 60 万元,包括:

(1) 大连化物所奖学金

(2) 何德坪奖学金

(3) 孙国雄奖学金

(4) 章春梅奖学金

二、人事工作

1. 人才引进

学院在 2014 年度引进了高云博士和黄珊硕士。

2. 教师职称晋升工作

按照学校、学院教师考核制度,经过严格审核,万克树老师被评为东南大学教授(带帽);张旭海、王瑞兴两位博士被评为东大副教授。

3. 获各级高层次人才计划

刘加平教授被评为教育部长江学者特聘教授,并入选国家"万人计划";钱春香教授获国务院颁发的政府特殊津贴;万克树教授与王增梅教授获得江苏省"六大人才高峰"资助。

三、科研工作

1. 科研经费

2014 年学院科研经费到款 3 007.78 万元,其中纵向科研经费 2 027.15 万元,横向科研经费 980.63 万元。

2. 积极申请各类科技项目

2014 年学院获得国家自然科学基金计划资助共 6 项,其中包括 1 项重点项目、1 项中英国际合作研究项目、2 项面上项目、2 项青年科研项目;成功牵头申报 973 项目 1 项,另承担或参与其他省部级项目若干项。

3. 科技成果的鉴定、奖励

2014年学院有多项科技成果通过鉴定，其中绝大多数达到国际先进水平，并获得国家、省部级科技进步奖3项。孙伟院士牵头完成的"超高性能混凝土抗爆材料成套制备技术、结构设计及其应用"项目获2014年度国家科技进步二等奖，钱春香教授参与完成的"高水压浅覆土复杂地形地质超大直径长江盾构隧道成套工程技术"项目获2014年度国家科技进步二等奖；涂益友副教授参加完成的"新型节能导线的研发及产业化"项目获江苏省科技进步二等奖。

4. 专利申请及授权，论文发表

2014年学院共获得国家发明专利授权22项、实用新型专利4项；申请国家发明专利90项、实用新型专利4项；发表论文被SCI收录90余篇。

四、教学工作

2014年起，材料学院面对2014级新生首次专设"学业导师"，由科研线老师在本科生大学4年学习生活中给予关心指导。由学院自主开设的第一门本科生全英文课程"材料分析技术"正式开课。在第三届全国大学生混凝土材料设计大赛中，我院学生荣获二等奖；在第三届全国大学生金相技能大赛，我院学生荣获一等奖和二等奖；在中国"华为杯"大学生新材料创新设计大赛中荣获三等奖。2014年学院获评省优秀本科毕业论文二等奖一篇，省优秀硕士论文一篇。学院参与编写的英文教材 Construction Materials 正式出版；省教改项目"开放性、探索性、创新性材料专业实验教学模式的构建与实践"顺利验收。

五、学科建设

2014年，材料学院学科建设得到进一步加强，主要工作情况如下：

1. "江苏省土木工程材料重点实验室"以及"江苏省先进金属材料高技术研究重点实验室"均通过考核验收，分别获得优秀与良好的成绩，后续分别获得300万元与200万元的建设经费支持。

2. 我院联合机械学院、化工学院和物理系申报获批"新材料及其应用"江苏省优势学科二期资助。

3. 我院总结了"十二五"规划实施以来在人才培养、科学研究、平台建设、队伍建设、学科建设以及国际交流与合作六个方面取得的成果，并顺利通过"十二五"规划中期检查。

六、学生工作

1. 招生规模

2014年学院招收本科生116名，硕士研究生103人，以及博士研究生25人。

2. 升学就业

应届本科毕业生103名，其中42人被录取为研究生，11人出国深造，毕业生就业率达98％以上。

应届硕士毕业生80名，博士毕业生11名。

3. 奖助学金

除国家奖学金、励志奖学金等之外，学院还设有欧级奖学金、苏博特奖助学金、缪昌文奖学金、章春梅奖学金、陈延年王劲松奖学金、焦廷标奖学金、金鼎奖学金、何德坪奖学金、光华奖学金等多项材料类专门奖学金，为学生的培养创造了良好的学习和发展空间。2014年，学院本科生共计218人次获得了各类奖助学金，研究生63人次获得各类奖助学金。

4. 学生党建

学院设有本科低年级党支部、硕士生学生党支部等10个学生党支部。2014年新发展中国共产党党员33名，转正党员36名。学院共计有50名同学参加了2014年第十五期联合党校学习。

2013级硕士研究生第二党支部组织的"遏制邪教精神毒品，关心身边挚爱亲人"党日活动，获得了最佳党日活动二等奖。

5. 学生活动

在学院团委的指导和带领下，学院以各类科技创新、文化体育、社会实践、志愿者服务等活动为载体，努力为青年学生营造良好的大学学习和生活的氛围，让学生们在各类活动中得到锻炼和成长，为广大青年学生的成长成才服务。

2014年学院开展了一系列群众喜闻乐见的活动，如在宁五所高校"材子联盟"、微电影大赛、"材暖东南"等，在全校乃至南京众多高校中产生了良好的影响，广受好评。

我院2013级何凌潇同学获得了第七届"中华赞"比赛一等奖，在学校层面展现了我院学子的风采；由我院学生组织的"圆梦爱心"支教团队，获得校级社会实践二等奖，团队中四位同学获得"优秀个人"称号；此外，我院三十余名同学作为青奥志愿者服务于青奥会，其中多人获得"优秀志愿者"和"NOC助理之星"称号。在2014年年度考评中，材料学院团委获得全校小院系第五名的良好成绩。

（材料科学与工程学院　丁静娴）

人 文 学 院

2014年，在学校党委、行政的领导下，东南大学人文学院以科学发展观为指导，围绕学院的中心工作,切实将学习实践科学发展观落到实处,全院师生员工齐心协力,克服困难,团结奋进,圆满完成了各项教学和科研任务,在既有成绩的基础上,促进了人文学院的发展。

一、学院概况

1. 学院规模

人文学院拥有优良的办学资源和优美的办学环境,人文学院文科大楼坐落在美丽的九龙湖畔,有8 000余平方米的办公场所,建有图书馆、学术报告厅、高级国际学术活动室、文科实验中心、语音室、即时实播论文答辩室、档案室、体育训练中心等一系列比较完备的教学及活动设施,学院图书馆面积近千平方米,藏书6万余册。

人文学院是一个充满生机活力、不断激发创造力的学院。自2006年至今,在学校战略发展过程中,人文学院根据学校需要一再分解,孵化出艺术学院、法学院、马克思主义学院等实体单位。

在发展中,人文学院以推动学校文科发展为己任,自强不息,不断推进自身的发展。目前,人文学院设有哲学与科学系、公共管理系、中文系、旅游学系、医学人文学系、社会学系以及MPA中心,有政治学与行政学、汉语言文学、旅游管理、社会学、哲学五个本科专业。人文学院同时承担了全校本科生和研究生公共政治理论课以及人文选修课的教学工作,先后为全校学生开设了百门人文社会科学类选修课程。

2. 师资队伍

(1) 师资队伍国际化的推进

本着建设一支结构合理、素质优良、高效精干的教师队伍的标准和作为我院改革与发展的一个重要任务,借助学校的招聘平台,我院通过全球招聘,并且向兄弟院校投寄书面招聘启事、他人引荐等途径,多方位引进高水平人才,在这个过程中,注重师资队伍的职称结构比例合理和引进来自海内外知名大学的优秀人才,以利于各学科教师整体知识结构的优化。至2014年年底,我院已引进3位教授,4位副教授,24位讲师。目前我院在职专任教师达82人,高级专业技术职务占老师比例61%,聘请外国专家兼职教授2人,具有海外博士学位的老师达20%。

(2) 高层次教学科研团队的建设

至2014年年末,我院拥有教育部长江学者特聘教授2名:樊和平、姚新中;国家高层次人才特殊支持计划(万人计划)1人;江苏省"333工程"第一层次1人,第三层次1人;教育部新世纪人才2人;江苏省"青蓝工程"人才1人。省级以上各类人才数6人,具有6个月以上海外研修经历者达到19%。

(3) 梯队建设与青年教师发展

在校领导的关心和支持下,近年来,学院梯队建设速度很快,博士化工程基本完成,博士化比例达到90%。有海外背景的教师比不断攀升,国际化程度最高的系达80%以上。

为使新进教师迅速获得成长和发展，学院把关心青年教师的发展作为工作重点，通过教师发展促进协会、海归联谊会、青年教师发展论坛、人文社会科学研究作坊、青年教师读书会、博士沙龙、"哲人席""新学衡"、公共管理论坛等构筑青年教师学术交流平台，营造良好学术氛围，促进专业交叉融合，探讨青年教师发展诉求。

二、科研成果

1. 获奖情况

（1）樊和平教授获批国家"万人计划"首批哲学社会科学领军人才

（2）樊和平教授当选江苏省社科联第八届理事会副主席；季玉群、林辉2位教师当选为理事

（3）江苏省第十三届哲学社会科学优秀成果奖3项

序号	等级	作者	成果名称	成果形式
1	二等奖	樊和平	当前我国伦理道德与意识形态互动规律的研究	决策咨询
2	三等奖	高广旭	意义批判的逻辑——马克思辩证法的存在论阐释	著作
3	三等奖	马 雷	论联合演算	著作

（4）第九届高校哲学社会科学研究优秀成果奖4项

序号	等级	作者	成果名称	成果形式
1	一等奖	许建良	先秦法家的道德世界	著作
2	二等奖	高广旭	意义批判的逻辑——马克思辩证法的存在论阐释	著作
3	三等奖	程国斌	人类基因干预技术伦理研究	著作
4	三等奖	何志宁	华人族群及与德国社会的整合	著作

2. 科研立项

序号	项目名称	基金来源	项目类别	负责人	经费(万元)
1	中宣部"四个一批"人才项目	中宣部		樊和平	50
2	文化强国视域下的传承和弘扬中华传统美德研究	国家社科	重大招标	许建良	80
3	科学问题的生成与进化机制研究	国家社科	一般项目	刘 敏	20
4	清代碑志义例的文学批评研究	国家社科	青年项目	许 丹	20
5	明清女性文学在东亚的接受与影响研究	国家社科	青年项目	乔玉钰	20
6	明清小说戏曲插图的文本接受	教育部	一般项目	乔光辉	10

(续 表)

序号	项目名称	基金来源	项目类别	负责人	经费(万元)
7	当代欧美电影疗法	教育部	一般项目	田兆耀	10
8	当代都市新移民的城市想象与文化认同	教育部	一般项目	李灵灵	10
9	文化治理的机制及评价研究	教育部	一般项目	季玉群	10
10	中国民间组织的社会治理功能研究	教育部	一般项目	郭 娜	10
11	品牌化视角下旅游地定位口号的沟通路径与评价标准研究	教育部	一般项目	曲 颖	10
12	当前我省社会群体的价值共识与大众意识形态发展趋势研究	省社科规划办	重大委托	樊和平	8
13	明清小说戏曲插图的文本接受	省社科规划办	一般项目	乔光辉	6
14	《史记》异文的类型特点与价值研究	省社科规划办	一般项目	王华宝	6
15	国家治理现代化进程中政府伦理建设研究	省社科规划办	一般项目	高晓红	6
16	江苏生态文明建设的制度创新研究	省社科规划办	一般项目	杨 煜	6
17	康德后期道德哲学研究	省社科规划办	一般项目	刘 作	6
18	生态文明建设中道德引领机制的调查研究	省社科联		高 娜	5
19	江苏宣传系统"五个一批"人才项目	省宣传部		乔光辉	3
20	现代新儒学伦理形态研究	省社科基地项目	一般项目	徐 嘉	5
21	马克思主义伦理学理论形态研究	省社科基地项目	一般项目	高广旭	5

3. 人文学院获批江苏高校协同创新中心"公民道德与社会风尚协同创新中心"

(苏政办发〔2014〕22号)

三、人才培养

人文学院除具有一般院系所承担的专业人才培养任务之外,在人才培养上还有着以下的特色和亮点。

1. 教学任务的繁重性和双重性

人文学院教学任务非常繁杂,除承担各专业、各层次学生的教学和指导工作外,学院还承担研究生公共课(全校博士、硕士政治理论课)、人文选修课及医学院医学人文方面的课程。其教学体现着繁重和双重性。

我院有本科专业5个;4个一级学科、10个二级学科硕士点;1个一级学科、4个二级学科博士点;三个专业学位点,哲学博士点按一级学科招生,中国语言文学和应用心理硕士点按一级学科招生。

全院年均课程356门(专业课+公共课),人均授课5门,承担课程最多的教师达到7门。

就本科生课程而言,除了为本院的5个专业本科生授课外,我院教师还为全校开设了46门通识选修课程、40门seminar课程。全英文课程、双语课程、研讨课程开设情况良好,第一批"三类"课程立项建设项目年度检查,我院的13门课程全部通过检查,有1门课程被评为优秀。其次,在教学质量方面,学生公共考试通过率为100%。全院学风良好,学习氛围较强。学生组织纪律性好,旷课、迟到现象少,课堂秩序规范有序。学生学习态度端正,学习热情较高,作业抽查情况良好。学院对课堂教学进行大规模抽查,出勤率良好。

就研究生课程而言,2014年度共设专业课99门,课时达4 392,学位课46门,非学位课53门,公共课60门,教授所带学位课36门,课时达1 530。

2. 教学成果的创新性和开拓性

人文学科的学科特征,使得人文学院的教师在教学过程中,更注重学生创新思维的培训和人文素质的培育,在这些方面也获得了优秀的教学成果。

学院进行教学改革,建立文科试验班,一年级不分专业,推进"六理"教学。本科毕业论文获四个校级优秀奖。学生开展课外研学的热情高,获得2项国创项目、4项省创项目、1项基于教师科研项目立项。

3. 教学质量的国际性和前沿性

人文学院近年来大力推进国际化战略,在课程设置、教育方法等方面与国际接轨,并且引进开设全英文课程、双语课程、研讨课程。在国际化推进中,我们的学生出国(境)交流比例大大提高。

四、学生工作

我院目前共有全日制本科生549名,研究生375名。一年来学生无违规违纪现象,无重大安全责任事故;2014年学院国家奖学金、国家励志奖学金、省级三好生、省级先进班级、校友奖学金等各类获奖数均多于往年。在"挑战杯"、创业创新大赛、各种体育赛事、文学活动、文艺活动、社会实践得奖率也均有提升。

1. 社会实践方面

人文学院"行者无疆"团队关于"少数民族'本民族文化教育'缺位型研究项目"获得了远洋之帆公益基金会举办的"探海者"第六届全国大学生社会实践奖项目一等奖(全国两个之一,这也是我校时隔三年再次捧回一等奖)。

2. 体育活动方面

在东南大学第六届全运会上,人文学院团体总分排名全校第一。

3. 组织建设方面

1个团支部被评为校国旗团支部(提名奖)。

人文学院团委荣获2014年东南大学先进团委。

4. 招生就业质量进一步提升

5. 扎实推进校园文化建设

院团委、学生会和科技创新协会成功举办了"中华赞"经典诵读活动、"传承节日文化、传递人文情怀"、毕业季系列活动等。在"新生杯""院系杯"篮球赛、排球赛、足球赛、校园啦啦操等，均取得了前三名(其中夺得三项集体项目冠军)的好成绩。

加大学生社会实践力度，加大学生创新能力培养。因工作突出，我院获得2014年社会实践优秀组织奖，彭丽获得推荐参评省级社会实践优秀指导教师。

6. 增强服务意识，促进学生全面发展

以奖、贷、校友捐赠助学，扎实做好贫困生帮扶工作。

7. 加强学生工作队伍建设，创新管理方式

因工作表现突出，人文学院团委荣获2014年东南大学先进团委。

(人文学院　韩　锐)

艺 术 学 院

一、学院概况

2014年，艺术学院共有学生575人，其中本科生344人、硕士生246人、博士生57人。学院教职工共63人，其中专任教师54人。3位教师晋升为教授，2位教师晋升为副教授。在教育部学位与研究生教育中心发布的学科评估结果中，我院艺术学理论学科位列全国第一，是江苏省高校在本次学科评估过程中获得的唯一的文科第一名；也是艺术学门类下属的5个一级学科中，北京之外的高校唯一排名第一的一级学科。

二、党建工作

艺术学院2014年全年共发展学生党员30名，其中研究生8名；为21名预备党员转正；举办了两期发展对象培训班，两次各输送24名入党积极分子参加培训班。艺术学院党总支根据学校开展教育实践活动的工作部署，2014年3月20日上午，在九龙湖艺术学院三楼会议室召开了艺术学院群众路线教育实践活动总结大会。王和平书记对自学校开展党的群众路线教育实践活动以来，艺术学院在校党委要求下，对教育实践活动各个环节的工作进行了认真总结，着重汇报了对查摆问题的整改分工和已经落实整改的情况；并请

参会者和教师学生代表对艺术学院领导班子及成员教育实践活动开展情况进行民主测评。学院还召开党政联席扩大会议,酝酿新形势下的改革思路。

三、学科建设与学术研究

2014年3月,我院讲师傅丽莉博士著述的《负重与飞越:安塞尔姆·基弗研究》由南京大学出版社出版,对研究安塞尔姆·基弗富有重要参考价值。

2014年3月,我院凌继尧教授撰述的《西方美学史》由学林出版社出版。为我国美学领域又提供了一个富有创意的文本,是我国西方美学史研究的最新成果。

2014年5月,我院设计系讲师曾伟博士的新著《西方艺术视角下的当代景观设计》一书由东南大学出版社出版,构建了景观艺术理论的新体系。

2014年5月8日,江苏省学科建设与研究生教育工作会议在南京召开。我院艺术学理论学科荣列优势学科当中,江苏省将在资金和政策上给予优势学科重点支持。

2014年5月8号下午,艺术学院与图书馆在九龙湖艺术学院会议室共同举办学科服务座谈会。

2014年6月6日,"'十二五'国家重点图书出版规划项目、长北著《〈髹饰录〉与东亚漆艺——传统髹饰工艺体系研究》首发暨长北治学特色研讨会"在东南大学榴园宾馆召开。来自全国各地的文化界领导、艺术学界理论家与漆艺理论家、漆艺家共计五十余人参加了会议。

2014年6月,江苏省高校哲学社会科学研究项目评审结果揭晓,我院张顺讲师申请的"基于SNS社交网络的艺术传播模式研究"、李花老师申请的"论美育对大学生思想政治教育的作用"获准立项。

2014年6月,国家社科基金项目评审结果揭晓,我院甘锋副教授申请的"西方当代文学传播理论的多维透视"获准立项。

2014年6月27日,我院在九龙湖校区院学术报告厅召开全院大会,宣布成立艺术理论系,并对各系人员进行微调。艺术理论系系主任李倍雷宣布了加入艺术理论系。艺术理论系由19位专职教师组成,其中教授9位、副教授7位、讲师3位。该系将在艺术学理论学科的教学和科研方面集中用力,推进高水平的成果和人才的涌现。

2014年7月,李倍雷教授、赫云讲师应上海交通大学出版社之约而撰写的《艺术色彩学》由上海交通大学出版社出版,该书为国家"十二五"规划教材。

2014年7月,赫云讲师主持的2011年度教育部课题的最终成果《乔伊斯流亡美学研究》由南京大学出版社出版,全书共计22万余字,打破了以往对西方文学和艺术作品一味盲目崇拜的研究框架。

2014年8月,郁火星副教授《现代西方艺术研究方法论》由东南大学出版社出版。

2014年7月,凌继尧教授的《美学十五讲》第2版于由北京大学出版社出版,该书为江苏高校优势学科建设工程资助项目。

赵天为副教授主讲的《传情绝调〈牡丹亭〉》课程成功入选教育部2014年精品视频公开课。

我院获首批江苏省非物质文化遗产研究基地命名。基地主要研究方向为传统艺术理论、传统美术、传统技艺与民俗。

2014年9月,省教育厅公布了江苏省第四届大学生艺术展演活动艺术教育科研论文评选结果,我院徐习文副教授撰写的论文《范式转型与路径创新:文化传承视域中的高校艺术教育》获一等奖,章旭清副教授撰写的论文《我国高校应用型艺术类人才培养模式的选择》获二等奖。在"绘画展"中,我院费靖苗同学的作品《荷》(指导教师:程万里)、林晨同学的作品《婴儿》(指导教师:李倍雷)分获一等奖。

2014年9月,章旭清副教授撰写的教材《动画企划》由东南大学出版社出版,专业性、系统性、实践性的三合一建构是其一大特色。

2014年8月9日下午,第二届青年奥林匹克运动会组织委员会专门为我院王廷信教授带领的团队为第二届青年奥林匹克运动会创意设计的官方礼品——茉莉香扇,举行了捐赠仪式和新闻发布会。

2014年9月9日上午,我院召开党政联席扩大会议,正式启动院庆工作。今年是我校艺术学科全面恢复办学20周年,也是学院建院8周年。

2014年9月12—13日,由我院与鲁迅美术学院、上海大学、首都师范大学、《艺术百家》杂志社、《社会科学辑刊》杂志社等单位联合主办,鲁迅美术学院承办的第十届全国艺术学年会暨"艺术学理论新视野新方法"研讨会在沈阳召开。本次大会吸引了来自北京大学、清华大学、北京师范大学、中国艺术研究院等五十余所高校和科研院所的180余名专家参加。

2014年9月16日上午10点30分,院庆系列展览——"翰墨流芳"中国画作品展在焦廷标馆二楼艺术展厅隆重举行。本次展览共展出70余幅中国画作品,包括花鸟画、人物画和山水画。这些作品的创作者是本院的研究生和本科生,此次展览拉开了我院院庆的序幕。

2014年9月18日,院庆系列展览之"青·彩"艺术学院2012级美术学班青岛考察油画写生汇报展在前工院展厅开幕。这次展出的作品是学生走出东大校园,前往青岛,感受不一样的色彩而创作出的作品。

2014年9月22日,院庆系列展览——"蜀道川行"2011级美术学及工设专业班级四川民俗风情考察写生摄影成果汇报展在焦廷标馆二楼艺术展厅隆重举行。本次展出作品是师生一行,西入蜀川,体察宗教文化与民俗民风所创作的200余幅摄影及绘画作品。

2014年9月23日上午,兰州理工大学设计艺术学院苏建宁院长、朱守会副院长一行五人来我院调研交流。双方参会人员围绕学科建设、人才培养、实践教学、教学质量评价、实验室建设、科学研究、创新能力培养、就业等方面的改革问题进行了深入的交流与探讨,并期望在日后的教学科研中能够有更多的交流。

2014年9月24日,江苏微电影联盟成立仪式在南京大学金陵学院举行。江苏微电影联盟是由我院与南京大学金陵学院传媒学院、南京大学文学院、南京艺术学院影视学院、南京师范大学新闻传播院、南京理工大学设计艺术与传媒学院、南广学院广电学院、江苏广电集团教育频道共同发起成立的。

2014年10月,江苏省第13届哲学社会科学优秀成果奖公布,我院汪小洋教授著述的《汉墓壁画的宗教信仰与图像表现》、陶思炎教授等人著述的《民俗艺术学》、倪进教授著述的《艺术策划学》三部著作分别获得一、二、三等奖。

章旭清副教授著述的《动画企划》获得2014年度中国高等教育影视研究教材类二等奖。《动画企划》由东南大学出版社出版，为国内首部系统探讨动画内容及周边产品策划营销的教材。

2014年10月17日在重庆召开的"中国高等教育学会美育专业委员会年会"上，我院张燕教授著作《传统艺术与文化传统》获得中国高等教育学会美育专业委员会第六届优秀美育著作一等奖。此届获得一等奖的著作共有两部。

2014年11月，学院汪小洋教授在《中国社会科学》刊文《地缘与血缘之间：构建中国宗族研究的本地理论》，文章指出，通过"宗族—国家"结构的阶段性划分，来明晰宗族和国家的关系对宗族发展的推动作用，进而梳理中国宗族发展的脉络，建立起中国宗族发展的本土理论体系。

2014年11月，甘锋副教授主持的国家社科基金项目成果《洛文塔尔文学传播理论研究》正式出版。该书全面系统地梳理了洛文塔尔的文学传播理论，勾勒了其文学传播研究范式的基本面貌和主要特点。

2014年11月8日上午，我院建院八周年暨艺术学科恢复二十周年的庆典序幕在九龙湖校区焦廷标馆音乐厅拉开。国务院艺术学学科评议组召集人、中国文艺评论家协会主席、中国传媒大学艺术研究院院长仲呈祥教授，国家广播电视电影总局电影审查委员会委员、中国艺术研究院副院长贾磊磊研究员，中国文艺评论家协会副主席、北京大学艺术学院院长王一川教授，国务院艺术学科评议组成员、北京师范大学艺术与传媒学院院长周星教授，中国马列文论学会副会长、中国人民大学张永青教授，中国傩戏学会副会长、中国传媒大学戏曲研究所所长周华斌教授，中国文联出版社社长兼总编辑朱庆，江苏省委宣传部常务副部长、省文联党组书记章剑华先生，江苏省社科联党组书记刘德海先生，中国书法家协会副主席言恭达先生等人与来自中国艺术研究院、北大、清华、北师大、人大、中传媒、南大、南师、南艺、南航、南邮、南财等全国各地40余所大学的艺术学院院长、知名学者以及东大艺术学院全院师生600余人共襄庆典。东大各部门负责人、院系负责人出席庆典。东南大学党委副书记、副校长刘波教授到会祝贺。中国文联出版社，中国书法家协会副主席言恭达先生，北京市书法家协会副主席刘守安、中国传媒大学书写文化研究中心主任教授，著名书画鉴定家、书画家，我院兼职教授萧平先生，南京财经大学教授、我院兼职教授闵祥德先生等人为学院赠送教学观摩作品。在庆典仪式上，校党委副书记刘波教授、院长王廷信教授分别致欢迎词。仲呈祥、王一川、樊和平以及我院院友代表、北京师范大学教授梁玖分别致辞祝贺。庆典结束后，东大艺术学院还在九龙湖宾馆举行了"国际视野下的艺术教育高峰论坛"。

我院李倍雷教授《以大文化思维方式构建中国当代艺术学理论批评模式》一文，获得"第九届中国文联文艺批评奖"文章类二等奖。

2014年11月，第九届中国文联文艺评论奖获奖名单揭晓，我院博士研究生楚小庆同学撰写的《艺术学理论的核心作用是引领当代中国文化发展方向》获一等奖。

江苏省文化厅为全省14家高校授予"非物质文化遗产研究基地"称号，我院被确立为首批非遗基地，并与省文化厅签订协议，省文化厅为我院授牌。王廷信院长出席了签字和授牌仪式。

由我院新进教师卢文超负责翻译的《艺术界》由译林出版社出版。该书是著名艺术社会学家霍华德·贝克尔的代表作,在国际上影响巨大。

2014年12月,江苏省第五届紫金山文学奖获奖名单揭晓,我院姜耕玉教授的著作《新诗与汉语智慧》获得该奖的文学评论奖。紫金山文学奖设于1999年,是江苏省最具权威的文学奖项,也是全国最有影响力的省级文学奖之一,被誉为"江苏省的鲁迅文学奖和茅盾文学奖"。

我院刘道广教授的新著《中西艺术文化背景比较》由江苏美术出版社出版。该著作对艺术学理论学科的基础理论研究富有重要参考价值。

四、交流合作

2014年1月20日,我院程万里副教授赴日出席了由东京中国文化中心、中国驻日本观光代表处等共同主办,"象外之意"——江南之春文化观光周中国优秀画家特别展。

2014年5月3日至31日,"光·私语·梦想"画展在美国德克萨斯州达拉斯展出,本次画展展出了来自中国、日本、韩国的六位女画家的新作,我院副教授郭建平博士的作品入选。

2014年8月8日我院李倍雷教授、赫云讲师赴日本东京参加"第九届东京国际书画艺术大展"。李倍雷教授荣获"中日艺术奖",并于8月12日晚在东京都美术馆参加了授奖仪式。

我院刘灿铭教授、张乾元教授、尹文教授、程万里副教授、薛扬讲师等五人的书法与国画作品在美国达拉斯德州大学(UTD)全球孔子学院建立10周年庆典日展出。张乾元教授现场泼墨进行书画演示,数十名学生参加学习和互动,并参加了一场生动有趣的书法比赛。

2014年11月22日,我院世界华文诗歌研究所在榴园宾馆举办"背离与回归:洛夫诗歌创作七十周年研讨会"。与会代表针对当代著名诗人洛夫的诗歌创作以及由此引起的诗歌创作的相关问题进行了专门研讨。

2014年12月5日,美国第41届总统、现年90岁的老布什偕夫人芭芭拉前往休斯敦中国领事馆做客。正在美国达拉斯大学担任孔子学院院长的我院张乾元教授,向老布什夫妇赠送了为他们夫妇所创作的传统水墨肖像,其惟妙惟肖的笔墨赢得了老布什夫妇的热情赞赏。

五、教学与人才培养

2014年1月,我院与美国纽约电影学院签署人才培养协议。双方议定,根据实际需要,我院邀请纽约电影学院专业教师任教课程、举办讲座、指导学生实践等,或聘请纽约电影学院签约教职的知名艺术家来华住校交流与创作,纽约电影学院接纳我院教师赴美进修、教学观摩和艺术实践,并提供相应便利条件。学历教育方面,我院与纽约电影学院将实施"4+1/2本硕学位直通车项目",该项目是指我院4年制本科学生,前四年在东大完成教学计划规定的全部课程学习,并具备取得学士学位的资格,然后接受纽约电影学院语言测试,无需托福和雅思成绩,通过测试者可直接就读美国纽约电影学院一年制文学硕士课程,或者就读美国纽约电影学院两年制艺术硕士课程。按本协议规定完成学业者,分别获得南京东南大学高等教育毕业证书、学士学位和美国纽约电影学院文学硕士学位(MA)/艺术硕士学位(MFA)。

2014年3月14日,美国艺术盟院国际招生部主管甘地先生、中国区经理李宇轩女士访问我院,就人才培养合作问题与我院院长王廷信、院长助理李轶南进行了会谈。美国艺术盟院于1921年在宾夕法尼亚州创立,目前已发展到拥有遍布北美的50所小区、8万人规模的大学,专业设置涵盖媒体、动漫、影视、时尚等多个领域。双方探讨了合作办学的可能性,并将通过进一步了解,在适当时机签署相关协议。

2014年3月,我院实验室建设初具规模,其中工业设计实验室、动画实验室、平面设计实验室、摄影棚、研究生设计实验室、MFA专业实验室共投资400余万元人民币,已能基本满足我院各专业实验所需。此外,我院还设立6个专业画室,面积达500余平方米,也可提供我院基础造型教学所用。我院将于今年继续加强实验场地建设,为教学与科研提供良好的条件。

2014年3月17日至3月28日,美国华盛顿大学 University of Washington 美术学院林志教授和 Annabelle Gould 教授来我院为本科生授课。并分别以 Zhi Lin's Recent Work: Examining Cultures / Histories 和 The University of Washington / Visual Communication Design 为题为全院师生作讲座。

2014年4月,IF设计奖揭晓,由我院设计系讲师李鹏博士指导的大四学生孔令轩在该奖中荣获概念设计奖。孔令轩同学已接收到该奖评奖委员会赴德国汉堡领奖的邀请。IF设计奖简称"IF",于1954年创立,由德国历史最悠久的工业设计机构——汉诺威工业设计论坛每年定期举办,是国际上最著名的设计奖之一,其中的概念设计奖面向全球设计专业学生开放。孔令轩是我院首位获此奖的同学。

2014年5月12日,东南大学艺术学院工业设计专业240121班级的"竹·作"作业展开幕。同学们以原竹作为原材料和主题,进行创作设计。

2014年5月21日,我院2014届本科毕业生作品展暨推介会在九龙湖校区焦廷标馆一楼报告厅隆重开幕。东南大学郑家茂副校长出席开幕式,并与大家一道参观了展览。本届同学的作品以"着陆"为主题,涉及工业设计、美术学、动画三个专业同学的作品受到了各位专家和企业代表的高度评价,毕业生也受到了企业的热情关注。

2014年6月公布的中国博士后特别资助第七批资助名单中,我院龙迪勇、王倩分别获得资助,此次我校人文社会科学博士后获得资助全部在我院。

2014年9月,省教育厅公布了江苏省第四届大学生艺术展演活动艺术教育科研论文评选结果,我院徐习文副教授撰写的论文《范式转型与路径创新:文化传承视域中的高校艺术教育》获一等奖,章旭清副教授撰写的论文《我国高校应用型艺术类人才培养模式的选择》获二等奖。在"绘画展"中,我院费靖苗同学的作品《荷》(指导教师:程万里)、林晨同学的作品《婴儿》(指导教师:李倍雷)分获一等奖。

我院博士后王忠林、刘永涛申报的项目最近获得中国博士后科学基金第56批面上资助(二等资助)。

我院美术学大四学生毕云天历时一年创作的漆画作品《乐园之二》，入选第十二届全国美展漆画展，并于2014年9月1日在福建福州第十二届全国美展（漆画展）主会场展出，成为我院首位获此殊荣的本科生。

我院史千南同学在2014第四届"芙蓉杯"国际工业设计创新大赛中，凭借"I see you 欧朋浏览器多屏互动交互方案"获得了创新设计金奖。

2014年11月，由我院与南京大学艺术研究院、南京艺术学院艺术学研究所联合发起的艺术学研究生论坛在南大鼓楼校区举行首次研讨活动。本次论坛吸引了来自我院和南大艺术研究院、南艺艺术学研究所3个单位的40余名博士生和硕士生参加。

第六届全国大学生广告设计大赛中，我院设计系学子在崔天剑、陈绘、许继峰、郑德东和王颖老师的悉心指导下积极参与比赛，最终在本届大赛评比中喜获佳绩，分别获得全国二等奖、三等奖及优秀奖30余项；获得江苏赛区一等奖、二等奖及三等奖等30余项，在全省参赛高校中名列前茅。我院本次比赛经过校内初评后共提交作品75件，是江苏省获奖数最多的院校。我院也获得优秀组织奖，崔天剑、陈绘和许继峰老师还获得优秀指导教师奖。

六、学生活动

由我院2012级研究生党支部和2011级研究生党支部联合主办的"绿色，我心中的色彩——保护生物多样性，低碳环保主题系列活动"获东南大学2012—2013学年"最佳党日活动"三等奖。

2014年3月31日到4月2日，东南大学艺术学院科技艺术节之艺术文化周系列活动的三场讲座在艺术学院报告厅圆满结束。讲座分别以《Photoshop软件的应用》《Adobe Premiere 视频制作与编辑》《论一个摄影师的技术修养》为主题，获得了前来参加的各个院系的同学们的一致好评。

2014年4月29日，艺术学院女子篮球队在2014年度东南大学院系杯篮球赛中获得季军。

2014年5月9日，我院邀请心理健康咨询中心的童伟老师为研究生开展了婚恋心理教育。活动引导同学们在追求婚恋浪漫的同时，理性对待婚恋行为，正确处理好婚恋与学业、婚恋与道德、婚恋与法律、婚恋与社会责任的关系。

2014年6月11日，由党委学工部、教务处、基建处主办，艺术学院承办的"我要上墙"主题艺术绘画竞赛活动颁奖仪式在九龙湖校区举行。党委书记郭广银，副校长浦跃朴，党委副书记兼副校长刘波，副校长黄大卫，以及机关党委、党委学工部、学生处、基建处、发展委员会等职能部门和相关院系负责人出席了本次颁奖仪式，南京理工大学、南京师范大学等兄弟院校师生代表也受邀参加。本次活动以向真、向善、向美、向上为主调，让学生以爱国、友善、诚信等社会主义核心价值观主要内容为主题，利用原本单调无味的九龙湖校区工地围墙，活跃思维、创意作画。本次活动共收到百余幅作品，经筛选37幅作品跃然墙上。通过评选，最终产生一等奖作品2幅、二等奖3幅、网络最具人气奖3幅及最佳参与奖2幅。竞赛作品由师生通过人人网、微信、QQ群等渠道迅速传播，在网上引起了热烈的反响。

在东南大学 2014 年最具影响力毕业生评选中,我院 2014 届工业艺术设计系学生李怀宇充分展现了艺术学院学生的精神风貌和综合素养,最终被评为东南大学 2014 届十大最具影响力毕业生。

2014 年秋季学期,我院迎来 80 位本科新生、50 位硕士生新生、5 位博士生新生。

2014 年 10 月 25 日下午,东南大学艺术学院 2014 年运动会在梅园体育场开幕,运动会上我院学生展现了积极向上的精神风貌。

2014 年 12 月 23 日,东南大学艺术学院一年一度的艺术之夜迎新晚会开幕,晚会以"闻艺复兴"为主题。全院同学积极参与,学院老师倾情出演。

(艺术学院　徐　进)

法 学 院

一、学科与师资队伍建设

按计划积极推进法学院"十二五"规划实施工作和"985 工程"建设工作,认真总结了我院法学一级学科评估结果,确定了学科进一步发展的重点。

在学科平台建设方面,与南京师范大学等单位共同设立的"区域法治发展协同创新中心"及与土木工程学院合作共建的"新型建筑工业化协同创新中心",获评为江苏省省级协同创新中心。积极推进两个协同创新中心工作,开展"县(区)域法治国情调查",承办"区域政府间合作法治原理与机制研讨会",对江苏法治发展进程中的重大现实问题、新型建筑工业化中出现的法律问题进行研究。我院牵头的"交通法治与发展研究中心"作为"江苏省交通运输行业政策与法规重点研究基地"开展多项有影响力的活动(如"缓解打车软件特殊群体使用问题"座谈会、与新华网江苏频道联合举办"打车软件"专题研讨会,如中心副主任顾大松参与南京市城市治理委员会制定《关于加强南京城市停车治理难题治理的决议》,在南京停车治理新政中发挥了高校科研机构的积极作用),发挥了基地作为科学研究、政策研究、立法建议、社会服务等平台的作用。

在师资队伍建设方面,引进国际法学科带头人肖冰教授、新进教师 2 人(徐珉川、叶泉);通过职称评定,晋升教授 1 人、副教授 1 人。全院现有专任教师 47 人,其中教授 12 人,副教授 20 人,讲师 15 人,高级职称教师比 70%,45 岁以下教师比 74%,博士比 98%,海外博士学位教师比 11%,具有六个月以上海外研修经历者占教师比 36.4%。周佑勇教授获评教育部"长江学者奖励计划"特聘教授,受聘为南京市政府第五届经济社会发展咨询委员会委员、上海市政府行政复议委员会委员,当选中国行为法学会行政执法研究会副会长、江苏省哲学社会科学界联合会第八届理事会常委理事;刘艳红教授荣获第七届"全国十大杰出青年法学家"称号,受聘为江苏省人民检察院专家咨询委员会委员,当选东南大学 2014 年度我最喜爱的研究生导师。刘建利副教授入选 2014 年东南大学优秀青年教师教学科研资助计划。聘请日本刑法学泰斗西元春夫先生、早稻田大学甲斐克则教授为东南大学客座教授,木乡三好先生为法学院客座教授,南京市秦淮区人民检察院朱赫检察长为兼职硕士生导师。

二、科研与对外学术交流

2014年,法学院共获得各类科研项目54项,立项经费达881.6万元,创历史最好成绩。其中,国家社科基金项目2项(含成果文库1项)、省部级项目12项、国家合作2项、厅级项目19项、横向课题7项,以及2011计划协同创新平台项目7项和校内中央基本科研业务费项目5项。

在研究成果方面,本年度被CSSCI收录的论文数64篇(含C刊集刊、扩展版),其中CLSCI论文26篇,本学科一级最高刊物《中国法学》《法学研究》共2篇。此外SCI源刊1篇,CSCD来源刊1篇。出版专著5部、参编著作教材5部。获得科研奖励10余项,其中江苏省政府第十三届哲学社会科学优秀成果奖5项(一等奖1项,二等奖1项,三等奖3项),获奖成果项目数创历史新高(排江苏第一),2人获得"江苏省社科应用研究精品工程奖"优秀成果二等奖,2人获得省教育厅哲学社会科学研究优秀成果三等奖。周佑勇教授科研成果《行政裁量基准研究》入选《国家哲学社会科学成果文库》。

积极举办、参加国内外重要学术会议,广泛开展对外学术交流。本年度我院成功举办首届海峡两岸暨中日医事法国际研讨会、"探索未决羁押人获得法律援助的新路径"研讨会、区域政府间合作法治原理与机制研讨会、"美国纽约法院全球移交令(Worldwide Turnover Order)及其对中国银行业的影响"研讨会,组织召开《江苏省行政程序规定(专家建议稿)》研讨会、"一国两制"理论与实践座谈会,承办主题为"司法微公开与司法公信力建设"的第一期"江苏青年法学沙龙"、江苏省法学会港澳台法律研究会2014年年会、江苏省法学会工程法学研究会2014年年会等学术会议,与江苏省高院共同举办2014年全省"行政程序与行政审判"高级培训班。全院教师参加各种国内外学术活动86人次,其中包括第五届两岸刑事法论坛、海峡两岸工程法学研讨会及东亚行政法学学术研讨会等会议。接待北京建筑工业大学、台湾铭传大学、澳门理工学院等多个单位来院交流,举办学术讲座23次,其中包括日本刑法学泰斗西元春夫先生、早稻田大学甲斐克则教授、岩志和一郎教授、高雄大学陈子平教授、台北大学郑逸哲教授、台湾铭传大学汪度村教授、清华大学法学院张明楷教授、四川大学法学院左卫民教授等境内外知名学者。

三、教学与人才培养

本年度,根据高水平应用型人才培养需要,通过调研国内清华大学、复旦大学、浙江大学、武汉大学、中南大学等8所学校,和英国、日本、德国等国家著名高校人才培养方案,修订硕士培养方案,制定"法本法硕"培养方案。

继续探索实施"卓越法律人才教育培养计划"。本科单设"工程法方向实验班",今年有28名学生选择进入该班学习。进一步推动"学校—实践部门共同培养"新模式,落实"双千计划",派出戴庆康副教授到徐州市中级人民法院挂职、李川副教授到省司法厅律管处挂职,接收江苏省人民法院三位法官、江苏省司法厅派无锡监狱法制办主任到我院挂职任教。与南京仲裁委员会签署合作协议合作共建"东南大学法学教育实践基地",不断完善"学校—实践部门共同培养"模式。

在教学质量工程建设方面,周佑勇主要参与的"现代工程管理人才'一体两翼'型专业核心能力培养的研究与实践"获国家级教学成果奖二等奖(排名第5)。周佑勇教授牵头的《工程与法律》入选2014年国家级视频公开课立项建设项目,刘艳红教授主编的"十二五"江苏省高等学校重点教材《刑法学》(上下)出版。新增获校级教学改革与研究立项1项。开设两期行政法律赋能诊所,32名大三学生接受系统法律实务训练,探讨建立一种以学生为中心,以参与式为主要特征的新型教学模式。法学专业通过江苏省重点建设专业中期检查。

本年度,我院本科生与研究生创新质量工程成绩显著。大学生创新实践项目立项9项,其中国家级创新型科研项目2项,校级项目7项,基于教师科研的SRTP项目2项。结项9项,其中省级项目3项,国家级项目5项,基于教师科研的SRTP项目1项。获得江苏省2014年度普通高校研究生科研创新计划项目8项,其中省立省助4项,省立校助4项。获校级优秀硕士论文1篇;1人获得第九届中国法学青年论坛二等奖。4位博士应邀参加第九届全国公法学博士生论坛,其中3位博士的论文被评为优秀论文。2位博士获省社科界学术大会优秀论文一等奖。研究生发表被CSSCI收录的论文14篇(含C刊扩展版)。

此外,本年度本科生国家英语四级考试通过率为74%、六级为55%。本年度共有117名同学通过国家司法考试,法学硕士、法律硕士、本科生通过率分别为81.4%、55%和30%,平均通过率为55.5%(全国司法考试通过率约为15%)。本年度派出13名本科生、2名研究生赴台湾交流学习。接收2名台湾学生到我院学习。

四、学生工作

在学生就业方面,学生就业率、就业质量情况好。2014届本科毕业生57人,截至11月底就业率为91.23%,其中有16人升学(武汉大学、南京大学、东南大学、英国伦敦大学、香港中文大学等);硕士毕业生75人,就业率为90.67%,其中2人升学。就业去向为政法机关、律师事务所、银行、地产集团等。就业质量高。博士毕业6人。

大学生参与科研和社会实践情况,积极组织学生参与科研和社会实践活动,组织研究生论坛2期,工程法论坛7期,30人次参加非本院主办的学术研讨会,80多人次参加多类型的专业实践活动。以法学专业同学为主体的"东南大学大学生法律援助中心",积极开展活动,锻炼自己、服务学校、贡献社会、履行法律人职责。18位学生入选青奥会志愿者,其中杜梦秋、陈卓被评为"东南大学青奥会优秀志愿者"。举办了"宪行天下"——首个国家宪法日系列宣传活动,"东南法律人'3·15'消法校园、社区行"系列活动。通过普法宣传活动,一方面为社会提供法律服务,倡导了法治精神;另一方面,为同学提供学以致用的平台,将理论与实践结合,形成我院学生工作的品牌。法学院团委主办了第三届"崇明杯"演讲比赛,被校团委评为品牌活动;250121团支部获得校甲级团支部称号;组织学生参加"仙林成才杯"模拟法庭大赛,2人获得优胜奖,参加首届西北政法五校辩论赛,获得团体季军,1人获"全程最佳辩手",1人获得"最佳辩手";获得首届南京四校法学院研究生辩论赛亚军,1人获得最佳辩手。1人获江苏省"青春飞扬 法治同行"大学生法治微创作大赛三等奖;8人获校"五四表彰"优秀团员,3人获得东南大学第四届本科生创新体验大赛优秀奖,1人东南大学英语听力竞赛二等奖;11人获得各类奖学金。积极组织学生参加各类体育活动,女篮荣获"院系杯"甲组亚军,男篮荣获"院系杯"乙组第四名,女排荣获"院系杯"乙组冠军,男排荣获"院系杯"乙组第五名,啦啦操入围决赛,吴博伦代表学校参加第14届全国大学生游泳锦标赛中获1枚银牌,在江苏省第十八届运动会高校部游泳比赛中获得4个第一,1个第二。获全国"行政法诊所第一届辩论赛"季军。获得校三好学生等各类奖励71人次。

在学生管理方面,学生无违纪情况,学生突发事件有预案,处理有效,无重大安全责任事故;学生各类评奖评优资助公平公正,无投诉;针对少数民族学生的困难,发放各类助学金36人。另外根据学生的突发困难给予临时困难补助,切实帮助少数民族学生解决了实际经济困难,为其学习生活提供便利,得到学生们的肯定和信任。

五、党务、学院管理与社会服务

深入学习贯彻党的十八届三中、四中全会精神,积极参与"中国梦""东大梦"等宣传教育和主题学习讨论活动,落实党的群众路线教育实践活动各项整改措施。学院领导班子在学院重大问题和重大决策上,政治立场坚定,自觉执行党的路线、方针、政策,遵守党的纪律,班子成员坚持党性原则,以身作则,真抓实干,分工协助,密切配合,形成"讲正气、讲团结、讲奉献"的工作作风。坚持民主集中制,坚决执行"三重一大"决策制度,规范重大事项决策机制和程序,完成"三重一大"制度实施情况自查和科研经费使用情况自查,符合规范,无违规行为。班子成员认真履行党风廉政建设责任,遵守党纪国法和领导干部廉洁从业若干规定,廉洁自律。

加强党支部建设,贯彻落实《关于加强和改进高校基层党支部建设的意见》,将党组织活动与日常业务工作紧密结合。完成党支部改选,对新任支部书记进行培训。积极组织各支部开展最佳党日活动、主题党日活动。行政管理人员支部被评为校先进党支部,刘艳红、赵华被评为校优秀共产党员。与文科院系党委一起组织两期党校,发展党员25人,确定入党积极分子48人。

顺利完成法学院行政领导班子换届工作,产生新一届行政领导班子:院长刘艳红,副院长欧阳本祺、李煜兴。招聘行政辅助人员1人,明确行政人员工作范围和职责,更好地为师生提供优良服务。建设了英文网站,及时更新信息,扩展宣传渠道。做好工会、校友工作,慰问退休、生病教师。法学院251991班和259991班设立奖助学金。发放第一批江苏东恒律师事务所在法学院设立工程法奖助学金。

积极参与社会服务活动,先后参与立法起草、论证与决策咨询20余项、接受各类法制培训与宣传以及兼职提供校内外法律服务与重大公益活动数十次。其中,周佑勇、刘艳红受聘担任江苏省十二届人大常委会立法咨询专家组副组长、成员,龚向和兼任南京市人大常委会立法咨询专家、苏州市政府立法咨询员,参与多部法规的起草、论证工作;周佑勇兼任江苏省法学会副会长、港商协会副会长及专家团团长、港澳台法律研究会会长等,为全省法学会工作及江苏省政府港澳台实务提供决策咨询服务;刘艳红、施建辉教授等兼任江苏省人民检察院及南京市、常州市等地法院、检察院专家咨询委员,多次参与重大案件咨询。周佑勇、刘艳红教授作为"百名法学家百场报告会"报告团成员,先后为各级政府、司法部门进行法制讲座 10 余次。周佑勇作为江苏省委理论宣讲专家,为全省宣讲党的十八届四中全会精神 10 余场。施建辉教授兼任东南大学法制办副主任,牵头法学院有关教师承担学校所有涉法事务,为学校各项事业的发展提供了良好的法制环境。东南大学交通法治与发展研究中心成为我国交通法治研究的主力。

2014 年我院教师在各类媒体亮相 30 余次,对学校媒体贡献度显著。特别是有四位教师在中央电视台亮相,极大提高了我院知名度。刘艳红教授作为第七届全国十大青年法学家接受中央领导接见。刘建利副教授亮相中央电视台综合频道的《新闻联播》栏目,发表对周永康一案的看法。顾大松副教授亮相中央电视台新闻频道的《新闻直播间》栏目,在专题"江苏南京:'专车'四方协议模式考验执法"节目中作为专家发表意见。施建辉教授作为专家亮相中央电视台新闻频道的《新闻直播间》栏目。

(法学院　张宁)

经济管理学院

2014 年,经管学院党政认真贯彻落实党的十八届三中全会精神,结合党的群众路线教育实践活动整改落实工作,紧紧围绕学院"十二五"规划的各项建设目标,继续开拓创新、争先进位,努力提升学科、科研、队伍和人才培养的质量,各项工作均取得了较好的成绩。

一、人才培养

1. 教学任务

认真完成 2014 级本科专业(9+1)教学计划的修订,为体现专业综合改革需要,研讨课程、全英文及双语课程明显增多;排课轮次增加。2013—2014 学年全院 121 名专任老师承担了 262 门课程约 10 712 学时的本科教学任务,教学工作量基本满足;全院教授 100% 为本科生上了专业的核心课。

顺利完成 2014 届 316 名毕业生的毕业设计、2013 级 351 名大类学生的专业分流、从 2011 级 330 名本科生中选拔出 69 名推免生等工作。本科各项教学工作有序推进、程序透明、公平公正,受到师生好评。

2. 教材、课程建设与教学改革

一年来,《供应链与物流管理》(赵林度、王海燕)和《会计学(第 3 版)》(陈菊花、陈良华)被列为 2014 年校荐国家级"十二五"规划教材;《会计学(第 3 版)》(陈菊花、陈良华)和《企业财务决策》(陈志斌)被列为 2014 年校荐江苏省高等学校重点教材。12 门校建三类课程全部顺利通过学校中期检查,其中朱涛老师承担的"欧美金融史"中期检查为优秀。江苏省省级重点专业类中期检查取得好成绩,"工商管理"省"十二五"重点专业类建设项目进展顺利,中期检查获评优秀。1 项省级教改项目已通过学校检查,报省验收中。

3. 本科生创新及竞赛

学院以大力提高课堂教学质量为重点,创新教育教学方法,着力培养提高学生的创新精神和实践能力。学院学生参与的创新项目数平衡增长,竞赛项目取得优秀成绩。2014年,获省级优秀本科论文一等奖1名;学生申请获得基于教师科研SRTP项目6项、省创项目5项、国创项目2项、校级SRTP项目71项,院级SRTP项目38项,学生撰写了多篇质量较高的研究论文/研究报告;在电商类专业"创新、创意、创业"三创赛中,获全国二等奖1项、江苏省特等奖、一等奖及二等奖各1项;赵宇同学获2014第四届校大学生学术报告会十佳报告。

4. 教学质量

教育教学水平稳步提升,受学生、学校好评。2014年,赵林度教授获得校奖教金一等奖,张颖、刘修岩、浦正宁、周璐璐等老师获得校奖教金二等奖。张颖老师获得2014校第10届"吾爱吾师:我最喜爱的十大老师"。

二、学科建设与研究生培养

1. 学科建设情况

认真做好"十二五"发展规划执行情况的中期检查,加强对已取得成果的绩效评估,及时总结经验、发现差距,明确下一阶段的发展目标,调整好工作进度。按时提交学院"十二五"发展规划中期检查报告。

组织全院师生开展世界一流大学创建路径专题大讨论。在深入了解世界一流大学最新发展变化的基础上,通过分析、比较、寻找差距、总结经验,认真提炼、研究创建世界一流大学的有效路径,推进办学思路创新。根据学校要求,学院提交了世界一流大学创建的研究报告。

2. 研究生培养

2014年度获评江苏省级和校级优秀博士学位论文各1篇,新增加国家级优秀博士学位论文提名1篇。据不完全统计,学院研究生发表SSCI检索论文2篇、SCI检索论文38篇、EI检索论文20篇。

学院完成了2014年建设高水平大学公派研究生项目,国家公派留学生5人,均为联合培养博士研究生。

全年招收博士生33人、学术型和专业型硕士181人、工商管理硕士135人、工程硕士52人。抓住教育部改革机遇,共录取111名推免生,均来自于985或211高校,数量和质量达历史最高水平。

2014年授予学位博士39人、学历硕士学位212人,MBA134人,工程硕士31人,在职工商管理硕士(单证)12人、高级管理人员工商管理硕士29人,硕士留学生(国际贸易)18人。

学院注重研究生课程建设和教学改革,取得明显成绩。2014年,研究生总课程数182门,其中博士生课程33门,硕士生课程149门(包括工程硕士课)。规划建设12门学位课程为研究型课程,双语教学课程10门,全英文教学课程10门;荣获江苏省优秀研究生课程1门、江苏省研究生教育教学改革研究与实践课题2项;获江苏省普通高校研究生科研创新计划项目省助8项、校助11项;新增江苏省企业研究生工作站4个;获得2014年优秀博士学位论文培育基金资助项目1项;获得2014年东南大学优秀博士学位论文培育对象候选人2人;新增博士生导师2人,总数达35人、新增硕士生导师2人,总数达79人。

三、科学研究

经过多年努力,学院已经形成良好的科研活动环境和氛围。2014年,科研活动有序进行,优秀人才不断涌现。以每周学术沙龙为基础,各系所为支撑,以青年学者论坛、名家讲座和系列学术研究报告为主要形式,邀请国内外著名学者和青年才俊到学院举办Seminar达到60场,做到每周有讲座,每月有名师,每季有系列报告。

1. 科研项目情况

国家省部级项目依然在文科学院保持领先,共获得9项国家基金项目(自然科学基金7项、社科基金2项)、江苏省社科重点项目2项、教育部项目6项和1项基地项目。据不完全统计,目前科研经费到账总额810万元。同时,严格按照学校有关规定加强科研经费的使用与管理。

2. 学术论文情况

经初步统计,一年来学院教师发表学术论文230篇,其中在国内本学科最高级刊物上发表论文23篇,在国际学术刊物上发表论文53篇;出版学术专著和教材8本。SCI收录论文49篇,EI收录论文25篇,SSCI收录论文8篇。

3. 科研成果

科研获奖达到学院有史以来最高峰,在2014年江苏省第十三届哲学和社会科学优秀成果奖评审中,我院获得一等奖1名、二等奖4名、三等奖4名。在江苏省高校哲学和社会科学研究优秀成果奖评审中,获得二、三等奖各4名。

四、师资队伍建设

人才队伍是核心,也是关键,学院一直在采取措施抓师资队伍建设。经过校内培养和校外引进,师资队伍在规模和层次上均有所突破,青年教师也逐渐崭露头角。

1. 高层次人才

2014年度,学院成功引进美国福特汉姆大学金融系主任颜安教授加盟我院,申报长江学者讲座教授并获得成功,实现了我院长江学者零的突破。一年来,徐盈之教授获评2014年度高校"青蓝工程"青年学术带头人培养对象;陈淑梅教授申报了2014年度第四期"333工程"科研项目资助经费的申请,并通过学校专家的评审后上报评审;刘修岩获评东南大学优秀青年教师教学科研资助计划。

2. 人员结构现状

学院现有在职教职工142人,专任教师121人,其中教授29人,副教授53人,高级专业技术职务占教师比例为67.8%;93名教师具有博士学位,占教师总数的76.9%;海外博士学位教师12人,约占教师总数的1%。博士教师比例进一步提高,高于学校平均水平。

3. 引进人才质量

继续采取有效措施做好人才引进工作,重点加强海外博士学位获得者的引进工作。引进的上岗副教授和海外博士来源地进一步优化,积极尝试用人制度改革,引进2名来自美国的实行双轨制聘任的副教授(上岗)。2014年,学院从海内外知名高校共引进了11名优秀青年博士,其中全职副教授2名,海外博士7人,师资结构明显改善,队伍实力进一步增强。这些新引进人员也是学院入选各类人才计划的主力军。

4. 教师培养

学院积极鼓励教师申报各类人才计划,顺利完成教育部千人计划、东南大学特聘教授和青年特聘教授、优秀青年教师教学科研资助计划等人才工程的选拔、推荐工作。继续做好2014年专业技术职务岗位的设岗分级工作,以及教职工年度考核和年终绩效津贴分配工作。积极引导和动员专任教师参加海外研修,36位教师具有六个月以上海外研修经历,占全院专任教师总数的29.8%。

五、学生教育管理

学院坚持"经管先锋"学生工作品牌建设和人才培养目标,切实提高学生管理和服务水平。

1. 学生培养

指导学生开展职业生涯规划,积极进行就业指导服务。2014届本科毕业生352人,已有345人成功就业,生均签约机会1.6个,75人进入研究生阶段学习,56人出境到36所世界名校深造。2014届,我院共有硕士毕业生212人,已有210人成功就业,生均签约机会2.21个,5人进入博士研究生阶段学习,1人出国深造。获评本科优秀毕业生17人、硕士优秀毕业生17人,王一云同学获评"东南大学最具影响力毕业生",顿珠同学获评"东南大学最具影响力毕业生"提名奖。毕业生受到用人单位广泛好评。

积极组织学生开展社会实践和志愿者服务活动,组织30余支暑期实践团队,青年志愿者协会4个固定社区实践项目吸引300余人次参与,近100名学生担任2014南京青奥会志愿者并获得"明星志愿者""最美志愿者""宣传文化之星""感动青奥人物"等各项荣誉,"先锋青年志愿者行动"入围学工部"社会主义核心价值观"主题围合建设项目。

2. 学生管理

学生突发事件有预案,处理有效,无重大安全责任事故。坚持开展安全稳定教育,设立突发事件应急预案,为学生提供全天候开机服务,及时给予学生突发生病求医帮助,全年无重大安全责任事故。

组织全体学生参与成长推进计划,指导其围绕职业生涯规划开展自我教育和管理。积极开展创优活动,119人获校友奖,145111班获得江苏省先进班集体,2012级硕士5班获江苏省研究生先进班集体和东南大学先进基层党组织,144112班被评为东南大学先进班集体,1人被评为江苏省优秀学生干部,3人被评为江苏省三好学生,1人被评为江苏省优秀研究生干部。切实开展贫困生、心理遇困学生、学习预警学生和少数民族学生工作,确保全体学生的安全稳定。没有学生因经济困难辍学或因成绩退学。

六、综合管理

1. 领导班子建设

认真贯彻党政联席会议事规则。严格按照"集体领导、民主集中、个别酝酿、会议决定"的程序,推进决策的科学化、民主化,充分调动和发挥班子成员的工作积极性和主观能动性。自觉执行"三重一大"决策制度,重大决策都有书面记录。没有因决策失误造成重大损失。定期召开领导班子民主生活会,党内民主生活制度得到切实落实。进一步完善党风廉政责任制建设,推动党员领导干部履行"一岗双责"。学院财务管理规范、有序,定期对财务收支情况进行公布,接受监督。

2. 加强党建和党员教育工作

按照党建发展"控制总量、优化结构、提高质量、发挥作用"的总体要求,积极稳妥地推进党员的发展工作。一年来,207名学生被确立为发展对象并参加了党校学习,发展入党134人,86名预备党员参加了预备党员培训班的学习。在2012—2013学年"最佳党日活动"评选中,获评二等奖、三等奖各1项。在东南大学庆祝建党93周年暨表彰大会上,学院7名优秀共产党员、1名优秀党务工作者、5个先进基层党组织荣获表彰,其中2012级硕士5班党支部作为全校唯一学生党支部拟推荐为"江苏省学校先进基层党组织"。

3. 群众路线教育实践活动整改落实情况

按照学校党委关于党的群众路线教育实践活动的整改与落实要求,学院采取了一系列措施进行了整改落实。从严控制会议数量、规模、会期和参加人员,简化会议程序,切实改进文风。在院机关中推广"效率首位、态度第一"的办事规则,改进机关作风建设。根据学校要求,对学院领导现有的办公用房进行整改。一年来,学院领导坚持看望身体不好、家庭困难老教师,给予慰问和补助。定期发放办公用品,报废了使用8年的旧电脑,改善教师备课条件。目前整改已经取得了明显的成效,得到了师生的充分肯定。

4. 顺利完成学院行政换届工作

根据学校统一部署,在学校巡视组的指导下,严格按照程序和标准,精心组织,保证了换届工作的顺利进行。通过民主推荐和测评,一批受到群众拥护、能团结人、有事业心和责任感、具有较高学术水平和组织领导能力的同志走上了领导岗位,为学院新一轮改革发展配强干部队伍。

七、多层次、多样化开展国际合作交流

国际学术交流与合作越来越频繁。以学术交流与合作为目的的外事接待几乎每周都有。国际化已成为我院提高人才培养质量、扩大师生视野,促进教学与科学研究和提升学院形象的重要抓手。

国际经济与贸易专业(全英文)项目实施三年半,进入第四轮,进展顺利,处于学校类似项目建设前列。初步完成了金融学专业与美国田纳西大学的2+2合作交流项目方案(CSC);着手准备管理科学类等相关本科专业与德州大学休斯敦卫生科学研究中心的3+2合作交流项目方案,已拟在2015年春实施。现全院累计建有30多门全英文/双语课程,基本覆盖全院本科专业的主要课程。全年有26名本科生出国出境交流,学生出国(境)交流比例为1.7%。

全英文授课国际贸易硕士项目继续稳步发展,留学生规模稳步扩大。已连续招收6届国际贸易专业的全英文硕士留学生100人以上,扩大了影响,该国际项目得到教育部国际司和江苏省教育厅的关注和好评。东南大学—蒙纳士大学国际商务双硕士专业已连续两年共招生63名学生,与法国雷恩一大经济学院联合培养的双学位硕士项目进展顺利,法方合作意愿很高。

MBA中心组织学员开展国际交流和游学活动取得进展。今年4位MBA同学赴Fordham University攻读国际金融硕士学位,现已学成归来。第四批深造学员的报名工作正在进行之中。

MBA生源充足,报名人数呈稳步增长的态势,生源质量好。2014年是上线淘汰率最高的一年,最终录取了135人。加强任课教师教学效果测评工作,严格教学管理工作,师资教学效果令人满意。全年有146位同学通过了MBA论文答辩,获得了工商管理硕士学位。通过组织MBA学员到江宁创业园、徐庄软件园、苏宁云商等企业参观学习,邀请知名企业家来校举办8次讲座,开设一些技能性选修课程等方式加强实践性环节教学。

学院EMBA项目起步较晚,但起点较高,重视培养质量,在社会上已初步建立良好声誉。学院坚持办学标准,招收培养了一大批层次高的企业家,许多学员为著名大企业的董事长、总经理。2014年招收EMBA学员29名。目前84名学员已完成学业并取得学位,14年组织开题2次,组织论文预答辩3次,论文答辩3次。完成了马鞍山科达机电和徐州盛和木业的企业内训项目。积极准备,认真整合相关材料,迎接EMBA评估。

(经管学院 王 云)

电气工程学院

电气工程学院的历史最早可以追溯到1923年成立的国立东南大学电机工程系,历经国立中央大学电机工程系、国立南京大学电机工程系、南京工学院电力工程系、南京工学院动力工程系、南京工学院电气工程系、东南大学电气工程系等发展时期,2006年9月正式成立电气工程学院。至今已走过90余年的办学历程。

学院设有电力工程系、电机与控制系、电力电子技术系三个系。设有"国家级工程实践教育中心""伺服控制技术教育部工程研究中心""江苏省智能电网技术与装备重点实验室""江苏省电力工程实验中心""江苏省伺服控制技术工程研究中心"等5个省部级重点实验室(中心)。

学院设有电气工程一级学科博士学位授权点和博士后流动站,设有电机与电器、电力系统及其自动化、高电压与绝缘技术、电力电子与电力传动、电工理论及新技术等二级学科。其中,电气工程一级学科为江苏省一级学科重点学科和江苏省一级学科国家重点学科培育建设点,电机与电器和电力系统及其自动化两个二级学科为江苏省"十一五"重点学科,自主设立的新能源发电和利用学科为江苏省优势学科。电气工程及其自动化本科专业为江苏省高等学校品牌专业,2008年被评为国家级特色专业建设点,2011年教育部首批卓越工程师教育培养计划入选专业,2012年入选江苏省高校重点专业类,2013年我国加入《华盛顿协议》之后,全国首批通过工程教育专业认证(2006年6月,全国首家接受教育部工程教育专业认证)。

一、学科建设

1. 平台建设

"江苏省智能电网技术与装备重点实验室"在全省重点实验室绩效评估中获良好评价。加强了现有"国家级工程实践教育中心""伺服控制技术教育部工程研究中心"等5个省部级重点实验室/中心的内涵建设。拓展与工业界的深度合作,国电南自捐赠300万元设备新建了智能变电站实验室,培养卓越电气工程人才。

2. 研究生培养

继续举办东南大学优秀大学生暑期夏令营,2014年共招收免试研究生92人,其中51人来自"985工程"高校,大幅提升免试研究生质量。全年共24位全日制博士研究生、144位全日制硕士研究生、24位在职研究生获得学位。获2014年度江苏高校研究生科研创新计划项目7项,创历史新高。获2014年度江苏省优秀硕士论文1篇、优秀专业学位硕士论文2篇。2013年度国务院学位办抽检博士学位论文1篇,江苏省学位办抽检博士学位论文1篇、硕士学位论文4篇,全部通过。派出5名研究生赴境外联合培养,参加国际学术会议15人次。开设了8门全英文课程,涵盖电气工程专业主要的学位课和选修课。

二、教学工作

1. 教学任务

紧抓课程教学质量,共开设本科生课程55门次,专任教师年度人均1.02门,教授、副教授均承担了1门以上本科生课程,所有核心课程均由教授领衔主讲。

2. 教学成果

在已有国家级精品课程"电机学"、江苏省精品课程"电力系统分析"的基础上,"电气工程及其自动化专业导论"2014年入选国家精品视频公开课。《电机学》《电力系统稳态分析》入选"十二五"国家级规划教材。承办了第一届全国高校电气类专业教学改革研讨会。

3. 本科生跨境学习

向美国派出5名本科生学习交流;招收台湾地区学生2人。1人从美国、2人从中国台湾地区知名大学交流学成回校。

三、科研工作

1. 科研项目

国家自然科学基金命中率继续超过30%。共立项国家自然科学基金9项,命中率43%,连续四年超过30%,首次突破40%。科研经费到款数4 778.25万元,其中纵向经费1 709.99万元,横向经费3 068.26万元,经费总量在全校排名第6,人均科研经费77万元,连续7年高速增长。纵横向项目均衡发展,新承担国家级科研项目12项,部省级科研项目12项,其他来自国家电网公司等企业项目共110项。

2. 学术论文

2014年,全院SCI收录论文63篇,人均达1篇,13篇SCI论文入选2013年度表现不俗论文;EI收录论文121篇。学院2012级硕士生魏巍荣获IEEE-CYBER 2014最佳学生论文奖,是中国内地学生首次获此奖项。

3. 科研成果

申请发明专利215项,超额完成全年150项的指标。发明专利授权33项,实现专利转让6项。获日内瓦国际发明银奖1项、省科学技术三等奖1项,省科学技术二等奖(参与)2项。

4. 学术交流

授予英国皇家工程院院士 Michael Sterling 教授东南大学客座教授,邀请西门子资深产品总监 Lemmer、美国田纳西大学 Leon M. Tolbert、中国钢研集团冶金自动化研究设计院李崇坚教授等到学院作学术报告。承办"第六届电工技术前沿问题学术论坛"。

四、师资队伍建设

1. 高层次人才

程明教授当选为 IEEE Fellow,是大陆地区电机领域首位 Fellow。2014 年新增人才支持计划资助 5 人,其中新增 1 名江苏省"333 高层次人才培养工程"培养对象、2 名江苏省高校"青蓝工程"培养对象、2 名江苏省"六大人才高峰"高层次人才项目资助。

2. 师资队伍结构

现有 61 位专任教师,72.1% 具有高级职称,60.7% 为 40 岁以下,88.5% 具有博士学位,6.6% 具有海外学位或双学位,具有半年及以上海外研修经历者占专任教师的 44.3%。

五、学生管理工作

1. 就业率

2014 届整体就业率:99.45%(364/366),其中,博士生就业率:100.00%(55/55);硕士生就业率:100.00%(120/120);本科生就业率:98.95%(189/191)。

2. 评奖评优

遵循公平公正公开的原则,全年学生评奖评优均按学校、学院相关规定进行,评选结果无异议,没有一起投诉。

3. 重要荣誉

由电气工程学院参与牵头的"蒲公英计划"获全国"三下乡"暑期社会实践优秀团队;电气工程学院"印记东南"暑期社会实践团队获江苏省暑期社会实践优秀团队。电气工程学院团委获"江苏省五四红旗团委";160121 团支部获"江苏省活力团支部"、东南大学国旗团支部。160112 班、硕士 121 班获江苏省先进班级;学院研会获东南大学优秀研会;160122 班、160134 班、硕士 131 班获东南大学先进班级。

六、综合管理及其他方面工作

1. 班子建设

召开党的群众路线教育实践活动总结大会,落实整改方案。学院坚持党政共同负责制,重大决策通过党政联席会讨论,修订完善学院党政联席会议议事决策规则。在学校领导下,顺利完成行政班子换届。学院认真落实党风廉政建设责任制,班子成员带头落实中央八项规定,无信访和违纪违规行为。

2. 管理服务

开展了机关管理服务人员作风测评,师生对学院管理服务总体评价良好。机关管理服务人员的年度考核综合评价均为优良。

3. 分配方案

完善奖励性岗位绩效津贴分配方案,广泛征求教职工意见建议,结合学院实际情况,经党政联席会反复研讨,制定《电气工程学院教职工考核及奖励性岗位绩效津贴分配方案》,公示后定稿。

4. 积极筹措发展基金

江苏一开电气有限公司2014年捐资200万元,主要用于设立"江苏一开奖学金、奖管金",捐资注入"电气工程学院发展基金"。

5. 国际交流合作

主办"中美智能电网研讨会",承办"2014无线电能传输技术与应用国际学术会议"。学院大力推动工程教育国际化合作,加强与美国田纳西大学、英国伯明翰大学等商谈联合办学事宜。

(电气工程学院 缪 江)

外国语学院

一、学院概况

外国语学院拥有教职工135人,其中专任教师119人;教授12人,副教授46人;博士生导师1名,硕士生导师33人,86%左右的教师具有博士和硕士学位。全日制本科生354人,硕士研究生112人。一年来,外国语学院党政密切配合,以"十二五发展规划"为蓝本,以学校"世界一流大学建设路径大讨论"为契机,上下一心,为外国语学院可持续发展尽全力,在学校世界一流大学建设中谋有为。

二、党建与思想政治工作

1. 班子及党风廉政建设

2014年下半年学院行政换届,院党委严格遵守党的纪律,确保换届工作圆满完成,确保新老班子平稳过渡。新班子成立后第一次党政联席会上讨论修订《东南大学外国语学院党政联席会议事规则》,进一步完善了学院的决策机制,强化监督检查措施。学院班子带头搞好政治理论学习,认真贯彻中央八项规定精神,坚决反对"四风",积极巩固教育实践活动成果,扎实推进整改任务落实。年底召开了以"深化作风建设,探索改革思路,开创学院发展新局面"为主题的新一届领导班子民主生活会,换届暨巡视检查组组长郑家茂副校长到会指导;郑家茂副校长对本次民主生活会进行了评价,认为这次领导班子民主生活会气氛很好,很有成效,新一届班子党政团结,广大教师对其认可度、满意度均有较大提高。在清理整改办公用房过程中,学院严格遵守学校规定,积极自查自纠,及时作出相应整改,并上报学校。

2. 思想和组织建设

根据校院两级党委统一部署,各党支部顺利完成换届选举工作:为了将基层党建与学科发展更好地结合,将原来的日语系及学院机关党支部、英语系及研究生外语教学部党支部进行调整,重组为日语系党支部、学院机关党支部、英语系党支部以及研究生外语教学部党支部,选举产生各党支部书记和委员。坚持每月一次的支部书记例会制度,通报情况,研究党支部工作的新思路。认真做好组织发展工作,全年发展学生党员31人,预备党员转正36人,其中教工党员转正1人;承办了第十期发展对象培训班,共235名入党积极分子参加了培训,我院学员64人;52名预备党员参加了校党委党校组织的预备党员培训班,进一步壮大了党员队伍。通过集体学习、党日活动、多媒体等多渠道加强党员教育。研究生党支部"节约、感恩、正直"系列党日活动荣获2013—2014学年研究生"最佳党日活动"二等奖;金晶老师被评为江苏省学校优秀共产党员,充分发挥了党员的先锋模范作用。2014年学院党委共缴纳党费25 469元,党费管理和使用合理透明。

三、学科及科研工作

1. 抓好英语重点专业建设,9月在教育厅组织的省重点专业建设中期检查中获评"良好"。

2. 科研项目有所突破:学院今年科研立项共15项,比去年增加5项,其中省部级以上项目9项;连续两年获得国家社科基金项目,连续两年获得省社科基金重点项目,今年省社科基金项目立项4项,在学校文科院系中名列第二,创历史新高(2013年1项);科研经费达81万元,比2013年同级项目总经费增长20万元。论文数量有所提升:截至11月月底,CSSCI收录论文28篇(2013年18篇),SSCI收录论文1篇,专著3本(2013年1本)。科研成果有所获奖:荣获江苏省人民政府第十三届社科优秀成果奖三等奖1项(实现了省政府科研奖项零的突破);荣获江苏高校第九届哲学社会科学研究优秀成果奖二等奖1项。

四、人才培养

教学任务重,培养质量优秀:本院教师在认真进行科研工作的同时,承担学校所有院系、各个年级、从本科生到博士生的外语教学工作以及东南大学—蒙纳士大学联合研究生院"英语桥"项目,始终坚持质量为生命线的教学宗旨,2014年完成36 000余课时授课(其中10 560课时的班级人数在45人以上)。英语专业八级一次通过率今年高达95.65%(2013年90.02%),超出全国普通高等院校和理工类高校平均通过率50个百分点;专业八级口试通过率连续三年达到100%;日语专业学生国际日语能力考试N1级(最高级)通过率超过95%(中国考区的通过率平均为40%);2名毕业生学位论文被评为东南大学优秀硕士学位论文;"英语桥"学生通过率为100%。

服务学校国际化进程:继续推进大学英语课程建设,本科设立托福班、雅思班,采用国际先进教育模式组织教学,"大学英语"继2013年获江苏省教学成果特等奖后,今年荣获国家教学成果二等奖(省唯一"大学英语")。选派14名教师前往澳大利亚蒙纳士大学进行研究生教学培训交流,研究生公共英语改革更加有实效。MTI教育中心自今年起与澳大利亚蒙纳士大学在苏州联合培养双学位硕士研究生;该中心获得全国翻译专业学位研究生教育研究重点项目4项。

第二课堂蓬勃开展:举办全国大学生英语竞赛等语言技能大赛12场,组织学生参加各类全国性英语竞赛,为全校学生提供了英语风采展示和提高的机会,同时检测和展示了过硬的教学质量。全国大学生英语竞赛中获特等奖8人,一、二、三等奖122人(2013年101人);我院学生荣获"外研社"杯英语写作大赛全国总决赛特等奖(张一楠)、江苏赛区特等、二等、三等奖,"21世纪"全国英语演讲比赛江苏赛区总冠军(赵启眉),海峡两岸口译大赛华东赛区二等奖等。

2014年11月7日—9日,我院承办的"第十一届全国模拟联合国大会",是首次在华东地区举行、历届规模最大的一次,共计500多名海内外高校师生代表参加。联合国秘书长潘基文、中国联合国协会、澳大利亚人权委员会分别发来感谢信,极大地提高了学校及学院在全国乃至国际上的影响力。

五、师资队伍建设

高水平人才队伍再扩大,青年教师培养有成效。引进教授2名(高圣兵、赵建红),海外博士2名(刘超、赵杨),晋升教授1名(马冬梅)。学院组织各类学术活动近20次,教师参与境内外各类学术会议20余人次;专任教师出国进修24人次,具有出国进修等经历的占全体专任教师的96.6%。获东南大学优秀青年教师资助计划1人(陆薇薇)。

六、学生工作

学院派出骨干教师协助学办到全国大多数外国语学校、著名大学进行招生宣传,努力提高学院本科及硕士生生源质量。2014年招收本科生84人,其中保送生31名,统考生53名;招收研究生68人,其中学术型硕士34人、专业硕士34人。

尽管文科就业形势非常严峻,外国语学院2014届研究生年终就业率为96.61%;本科毕业生年终就业率达100%,是全校九个就业率100%的院系中唯一文科类院系。其中,本科生读研升学18人,免研14人(东南大学、对外经贸大学、北京外国语大学),考研4人(东南大学、厦门大学、南京师范大学),出国出境30人(美国、日本、英国、澳大利亚及中国台湾和中国香港),工作51人。

做好文化传承,将新生家长开放日、华彩绽放话剧比赛、英语演讲比赛、迎新晚会、圣诞晚会、红白歌会、日语配音比赛、毕业酒会、外国文化艺术节、日语忘年会等传统项目发扬光大,打造外国语学院品牌活动。

外国语学院研究生吴婵获"省优秀学生干部"荣誉称号,是本年度全校五个获此殊荣的研究生干部之一;2011级本科生张可馨荣获"省三好学生"荣誉称号。外国语学院研究生会喜获校优秀研会荣誉称号,是唯一获此殊荣的小院系。

七、管理服务工作

严格执行"三重一大决策制度"以及"党政联席会议事规则"。制订了《外国语学院科研经费使用管理办法》,严格科研经费规范管理和使用,收到了良好效果。坚持推行党务、院务公开,坚持每两周一次党政联席会、每月一次支部书记例会、每月一次院务扩大会、每学期两次全体教职工大会。

应西藏民族学院要求,积极做好对口支援,确定双方在学生交流、外语专业建设、教学科研等方面工作重点,全力支持西藏民族学院的外语学科发展。同时陈美华教授受聘为西藏民族学院兼职教授。

在充分调研的基础上,编写了《世界一流大学建设路径讨论研究报告》。

附 外国语学院新一届行政班子成员名单:
院　　长　　陈美华
副院长　　马冬梅　刘克华　朱善华　汤顶华(兼)

(外语学院　石戴镕)

体 育 系

体育系有在职教职工77人,其中专任教师69人,行政及工勤人员8人。专任教师中有教授2人、副教授44人、讲师18人、助教5人;博士学位教师4人,硕士学位教师24

人,20余人修完或在读硕士课程。2014年退休1人(徐南强),胡济群同志继续借调教育部体育卫生与艺术教育司(2013年9月起)。

2014年"大学体育"作为全国高校公共体育唯一立项的国家精品资源共享课程,经过不断的建设、完善,已于12月18日正式上线,《定向越野与野外生存》教材获批全国教育科学"十二五"规划教材;《坚持实施早锻炼制度,助推学生身心健康全面发展》的经验介绍作为典型案例的首篇收录在2014年7月在上海举行的全国学校体育工作座谈会上的《全国学校体育改革发展经验选编》中;参加江苏省第十八届运动会,我校运动员以42块金牌、24块银牌和21块铜牌,共打破3项省大学生纪录获得校长杯突出贡献奖第三名、体育道德风尚奖;学生体质全面提升,《国家学生体质健康标准》合格率达95.3%。

一、党建工作

深入学习贯彻党的十八届三中、四中全会精神和习近平总书记系列重要讲话精神。加强组织领导,制定学习方案,及时组织中层干部认真学习、深刻领会习近平总书记系列重要讲话精神,保持党员干部同以习近平同志为总书记的党中央保持高度一致。继续抓好整改落实工作,不断巩固和拓展党的群众路线教育活动的成果,进一步完善各项规章制度,抓好原有规章制度的完善工作,做到制度切实科学、可行、管用。

顺利完成系行政领导班子换届工作。根据《关于做好院(系)行政领导班子换届暨巡视检查工作的通知》的精神,在换届暨巡视检查工作组的领导下,经过民主推荐、组织考察等环节,经常委会讨论,学校发文任命蔡晓波教授担任体育系系主任,金凯、沈辉、王青禾三位同志为系副主任。

贯彻落实中央八项规定精神,加强反腐倡廉建设,提升和谐发展的能力和水平。加强领导班子作风建设,高质量地开好民主生活会。

二、学科建设与师资队伍

2014年招收体育学一级学科硕士生4人:陶园青青、韦扬、汤晨浩、王慧,在校研究生10人;完成了第八届体育教学训练学和体育人文社会学3名硕士研究生(陈莹、袁兴志、郭剑平)的培养任务,在就业竞争激烈、形势紧张的环境下,3名硕士毕业生分别在机关和学校就业。体育系现有硕士生导师6人:蔡晓波、章迅、刘龙柱、陈东良、张惠红、韩军生。

师资队伍的整体素质得到优化,有2名教师晋升副教授职称:程冰、王立靖;有2名教师通过在职进修获得硕士学位:方云峰,葛炎。张文静老师经教育部组织的出国访问学者的外语培训并经考核通过赴美国作为期一年的学习(2014年9月至2015年8月)。

三、教学工作

"大学体育"作为全国高校公共体育唯一立项的国家精品资源共享课程,经过不断的建设、完善,已于2014年12月18日正式上线;张惠红教授领衔的《定向越野与野外生存》教材获批全国教育科学"十二五"规划教材。

开通了以传播体育文化、传递体育资讯、帮助体育网络学习（微课程）的东南大学体育系微信平台。

2014年上半年在省教育厅对全省高校体育课程随机督查中,我校教师严格的课堂常规、规范的教学过程、良好的教学效果、饱满的精神状态得到了专家组的一致好评和省教育厅的高度赞扬。

2013—2014-3学期,2014—2015-2学期,体育课程网上评教平均得分分别为91.07和93.26,继续保持在全校的前列。

四、群众体育

《坚持实施早锻炼制度,助推学生身心健康全面发展》的经验介绍作为典型案例的首篇收录在2014年7月在上海举行的全国学校体育工作座谈会上的《全国学校体育改革发展经验选编》中（全国仅收录了四所高校：东南大学、清华大学、南开大学、浙江大学）。

积极开展丰富多样的群众性体育活动,与校团委合作的"走下网络、走出宿舍、走向操场"课外体育锻炼主题活动在中央电视台新闻联播中播出。积极推进"三会六特色三层面"群体竞赛模式,开展丰富多彩的校园群众性体育竞赛,2014年全年共举办各级、各类群众性体育竞赛200余项次（不含学生自发组织的各类竞赛）、参赛人数近160万人次（不含学生早操和由教师组织的课外活动）。召开了校第56届学生田径运动会,吸引了逾万名学生参赛、表演、服务工作,有1队1人破2项校运动会纪录,分别是土木工程学院破男子10×100米迎面接力、成贤学院何洁破女子垒球纪录。

学生体育社团活动有所起色,由体育系负责业务指导和训练,并多次在中华龙舟大赛上获得佳绩的我校学生龙舟社团,凭借其丰富的活动经验、专业的体育素养、强大的团队凝聚力从全国高校众多优秀社团中脱颖而出,跻身由团中央学校部、全国学联秘书处主办的"全国百佳体育公益社团"。

继续强化管理坚持了近四十年的学生早操制度,加强了对早操不合格学生过程管理的预警工作;积极探索开展三、四年级学生的课外体育活动和辅导,形成了一、二年级学生早锻炼,三、四年级学生课外活动的学生课外体育新体系,为落实每天锻炼一小时提供了保障。

五、运动竞赛

2014年有田径、游泳、龙舟、跆拳道、定向、女子足球、沙滩排球、排球、羽毛球10支代表队参加江苏省第十八届运动会,我校运动员以42块金牌、24块银牌和21块铜牌,共打破3项省大学生纪录获得校长杯突出贡献奖第三名、体育道德风尚奖,同时以承办沙滩排球和定向越野比赛获得组织竞赛最佳赛区。

我校男女排球、乒乓球、游泳、定向越野、田径等高水平运动队参加省和全国大学生锦标赛,均取得不俗的成绩,在普通学生层面上我们组队参加了南京市大学生篮球、足球等项目比赛也取得了优异成绩。

六、科研与学生体质

作为全国学生体质监测点,2014年组织抽样了2 500余名来自不同年龄、不同性别、不同城乡学生的体质测试,每人测试数据达14个,共计35 000余个。

学生体质全面提高。2014年组织了全校16 000余学生的《国家学生体质健康标准》的测试,每人测试数据为10项。为提高我校执行《国家学生体质健康标准》的力度,在2012年首次将《国家学生体质健康标准》纳入到学生评奖评优体系的基础上,进行了不断的完善。全校学生《国家学生体质健康标准》合格率首次超过90%(2013年是88.88%),达到95.3%,全面实施三、四年级学生有学分保障的课外活动,成效显著。

2014年共计公开发表论文13篇,其中2篇EI、4篇核心(均为CSSCI或CSCD),其余为省级刊物。申请立项省级课题1项,完成教育部委托江苏省教育厅"高中学生体育学业水平测试适用方案研究"重大课题分课题"高校自主招生体质测试分析"的研究。

七、行政与后勤保障

东南大学九龙湖体育馆于2014年9月建成并开始试运行,九龙湖体育馆建筑占地面积56 265平方米,建筑面积约2.27万平方米,包括一个体育馆和4个训练馆。体育馆为单层,局部三层建筑,建筑面积约9 000平方米,可用于国内一般比赛和学校大型演出、活动,固定座位2 996个,活动座位1 480个;训练馆为单层,局部两层建筑,建筑面积约13 000平方米,主要用于日常体育教学、训练和师生课余运动,包括篮排球、武术、健身、乒乓球等运动场地。

科学制定、合理安排2014年度中央财政修购基金和体育系经费预算,完成了九龙湖体育馆器材设施专项经费的招标和器材安装工作,确保了体育馆按时使用,完成了四牌楼体育馆的修缮工作、丁家桥和小营田径场的改造工作。

完成了体育馆使用后体育设施的功能布局,改善了体育系教师在九龙湖校区的工作条件。

八、其他工作

积极配合和承担省教育厅及相关部门开展的服务社会的活动,2014年先后组织了:
江苏省高校第29届体育论文报告会的论文评审工作;
全省《国家学生体质健康标准》测试动员和培训工作会议;
教育部督查江苏省《国家学生体质健康标准》的动员及检查工作会议;
南京市普通大学生的篮球比赛;
南京市高校体育教师网球比赛;
江苏省高校健身气功培训班及比赛;
江苏省大一新生身体素质测试及全省督查工作会议;
全国第六次体育场地普查江苏省的普查工作会议;
江苏省学生体质健康促进工作会议。

东南大学体育系国际级、国家级裁判员名录

田　径	陆建明	国际级	张建宁	国际级
	江　菊	国家级	刘龙柱	国家级
	王　勤	国家级	方　元	国家级
	沈　辉	国家级	丁　亮	国家级
游　泳	倪小焰	国家级		
排　球	钱景虹	国家级		
沙滩排球	赵　衡	国家级		
乒乓球	蔡晓波	国际级	张学山	国际级
	方　志	国家级		
定向越野	方信荣	国家级	尹红松	国家级
武　术	徐红旗	国家级		

2014年高水平运动队参加校外体育比赛成绩一览表

大项	小项	比赛名称	姓名	名次	地点
游泳	100米蝶	第14届全国大学生游泳锦标赛	王育青	四	成都
	200米自	第14届全国大学生游泳锦标赛	王育青	三	成都
	200米混	第14届全国大学生游泳锦标赛	陈晓君	二	成都
	200米蛙	第14届全国大学生游泳锦标赛	陈晓君	五	成都
	400米混	第14届全国大学生游泳锦标赛	陈晓君	一	成都
	50米蛙	第14届全国大学生游泳锦标赛	王　畅	一	成都
	400米混	第14届全国大学生游泳锦标赛	孙　岩	一	成都
	200米仰	第14届全国大学生游泳锦标赛	孙　岩	六	成都
	100米仰	第14届全国大学生游泳锦标赛	杨　壮	七	成都
	400米混	第14届全国大学生游泳锦标赛	王　冉	六	成都
游泳	50米自	第14届全国大学生游泳锦标赛	吴博伦	四	成都
	50米仰	第14届全国大学生游泳锦标赛	吴博伦	二	成都
	50米自	第14届全国大学生游泳锦标赛	王博远	一	成都
	100米自	第14届全国大学生游泳锦标赛	王博远	一	成都
定向越野	M接力赛	全国定向公开赛 溧阳分站赛	邢　超	五	溧阳
	M接力赛	全国定向公开赛 溧阳分站赛	彭谦敏	五	溧阳
	M中距离	全国定向公开赛 溧阳分站赛	彭谦敏	四	溧阳
	M百米定向	全国定向公开赛 溧阳分站赛	彭谦敏	五	溧阳
	M短距离	省第十二届测绘杯定向锦标赛	彭谦敏	一	溧阳
	M接力赛	省第十二届测绘杯定向锦标赛	彭谦敏	三	溧阳
	M百米定向	省第十二届测绘杯定向锦标赛	彭谦敏	一	溧阳
	M中距离	省第十二届测绘杯定向锦标赛	彭谦敏	一	溧阳

(续 表)

大项	小项	比赛名称	姓名	名次	地点
乒乓球	男子团体	江苏大学生乒乓球锦标赛		一	南京
	女子团体	第19届全国大学生乒乓锦标赛		五	潍坊
	男子双打	第19届全国大学生乒乓锦标赛	杨 亮	三	潍坊
	男子双打	第19届全国大学生乒乓锦标赛	范无忌	三	潍坊
	混合双打	第19届全国大学生乒乓锦标赛	夏 冬	五	潍坊
	混合双打	第19届全国大学生乒乓锦标赛	贺佳婴	五	潍坊
田径	400米	江苏省大学生田径锦标赛	张 亮	一	南京
	跳高	江苏省大学生田径锦标赛	丁 天	二	南京
排球	女子	中国大学生排球联赛B组		三	湖南
		中国大学生排球锦标赛		八	山东
排球	男子	全国大学生第七届沙排锦标赛		三	青岛
		中国大学生排球联赛C组		二	湖南
射击	气步枪	2011年全国大学生射击锦标赛	男 团	三	杭州
	气步枪	2014年全国大学生射击锦标赛	总团体	三	上海
	气步枪	2014年全国大学生射击锦标赛	男 团	一	上海
	气步枪	2014年全国大学生射击锦标赛	孙 浩	二	上海
	气步枪	2014年全国大学生射击锦标赛	刘易鑫	四	上海
	气步枪	2014年全国大学生射击锦标赛	王 佩	五	上海

(体育系 蔡晓波)

化学化工学院

一、学院概况

2014年化学化工学院在学校党政领导和有关部门的关心支持下,通过全院教职员工的不懈努力,在人才培养、学科及队伍建设、科学研究、党务及学生工作、综合管理等各方面工作都取得了一定的成绩。

2014年年底,化工学院现有教职工107人,包含专任教师82人(其中教授32人,副教授36人),实验技术17人,机关管理8人。教工中有教育部长江学者特聘教授1名,中组部青年千人计划专家1名,国家杰出青年科学基金获得者1名,国家优秀青年科学基金获得者2名,国家青年"973"项目首席科学家1名,教育部新世纪优秀人才6名,江苏省"333"工程、"六大人才高峰"6名。

化学化工学院组织结构及研究机构

化学化工学院党委组织结构									
学院党委	党委书记	党委副书记	党委委员			党委秘书/人事秘书(兼)			
负责人	肖健	陆娟	周钰明	马全红		钱鹰	徐兆飞		
教工各党支部、工会	化学党支部	化工党支部		机关党支部		退休党支部			工会主席
支部书记	马全红	潘晓梅		徐兆飞		乔冠儒			周建成
负责人	林保平	周钰明	刘松琴	肖国民	熊仁根	王国力	骆培成	杨洪	蒋伟	代云茜

化学化工学院各系		
名称	化学系	化学工程系
系主任	孙柏旺	周建成

二、教学工作

1. 根据学校工科特点及化学化工学院三个本科专业的特色,对 2014 级本科生培养方案进行了更加合理的修订,并修订了教学大纲。同时,学院还鼓励为本科生开设系列研讨课程及双语课程,增进师生交流互动,激发了学生的学习热情。

2. 推进研究型教学模式改革,提升人才培养质量,扩大英语教学所涉专业范围,我院三个专业共申请开设全英文课程 7 门,双语课程 24 门,新生研讨课程 4 门,系列研讨课程 28 门。本年度同时申请立项了两项校级教改课题。

3. 重视本科生实践教学,积极创造条件支持本科生的科研能力培养,推进本科生"导师制"。本年度共申请校级 SRTP 项目 15 项,中期检查后,其中 5 项升级为国家级创新项目,4 项升级为省级创新项目。另外还申请立项了 7 项基于教师科研项目。

4. 重视学生实践基地建设和实验室建设。约 2 000 平方米的大型仪器综合实验平台全面为本科生教学开放,同时完成学校投资 400 万元建设了 300 平方米的实训中心,为本科生实习实践服务。结合现代科技,装备电化教学设施和实验可视化设备,添置一定数量的大型仪器,建立综合实验装置,优化了教学和实验条件。

三、研究生培养

注重对研究生培养过程的管理,严格执行研究生导师的遴选制度、教学督导评估制度,不断探索和提高研究生教育的管理创新机制。通过学科带头人负责制的切实推行,抓好优秀学科带头人的培养和教学、学术梯队建设,强化导师梯队的团结和协作,在一定程度上改变了研究生培养由传统的"单一导师制"培养模式,初步实现了"集体指导制"。正是这些制度和创新机制的长期、高效执行,使得学院在研究生培养中硕果累累。学院在省部级硕士、博士论文抽检中,4 篇硕士、博士论文抽检的成绩均在优良以上。2014 年校优秀论文评选中,我院有 2 篇入选(1 篇博士、1 篇硕士)。全年公派了 6 名博士生到国外大学学习。

四、学科建设及人才工作

1. 学院"化学"学科在世界 ESI 排名的前 1%,由 2010 年的第 745 位显著上升至第 434 位(共 1 076 位),排名提高了 300 多位。

2. 2014 年学院获批设立"化学工程与技术"博士后科研流动站。

3. 加强交叉学科建设,联合学校有关院系申报的江苏省优势学科"新材料及其应用"通过验收的基础上继续获得了 2014—2017 年间的经费支持。

4. 共引进 3 名高水平人员(含 1 名上岗研究员),积极、多途径选派教师出国进修、参加国际学术交流和国际合作科研项目,不断提高其学术水平与科研水平。1 人获江苏省"青蓝工程"资助。

五、科学研究

1. 2014 年全院承担国家自然科学基金、国家"973"子项目、省工业支撑计划、境外合作和企业等各类科研项目 48 项。其中,国家基金 9 项(5 项面上,2 项青年,1 项优秀青年基金,1 项重大仪器专项)、973 子项目 1 项、其他省部级 10 余项(省杰出青年基金 1 项、省重大成果转化基金 3 项、省产学研前瞻性项目 2 项和省自然科学基金面上 4 项)。

2. 截至 2014 年 12 月初,科研经费到账约 2 087.52 万元,其中纵向经费 1 633.27 万元、横向经费 454.25 万元。

3. 2014 年全院发表 SCI 论文 365 篇(含合作发表),SCI 论文数量首次突破 300 篇,处于学校第一,全院在 *J. Am. Chem. Soc.*、*Angew. Chem. Int.* 等国际顶尖杂志上发表多篇高水平学术论文,总体论文质量大幅提高,处于学校领先水平。

4. 2014 年发明专利授权 59 件,申请专利 139 件,转化发明专利 6 件。

六、党建工作

1. 2014 年度,学院发展党员 39 名。加强基层党支部建设,在各基层党支部开展各类党日活动。同时学院团委积极开展各方面工作和组织各种形式的文体活动,1 个项目参加学校挑战杯赛并入围校赛。学生工作获校级集体荣誉奖 4 项。学生日常管理方面无突发和违规违纪事件发生,安全有序。

2. 建立党员信息库,强化党员信息化管理。

3. 根据学校党委和组织部的工作布置,基本完成了学院行政领导班子换届工作,保证了相关工作平稳过渡。

4. 加强制度化建设。结合学院工作实际,在改进调查研究,精简会议安排,加强督促检查等方面提出了具体措施,通过整章建制,梳理了历年学院的文件,废止了两份过时文件,修订了四项规章制度,并根据学院的发展需求,制定了新的规章制度,如《化学化工学院保密工作基本制度》《化学化工学院关于公房配置及管理的若干规定》《化学化工学院奖励性岗位绩效津贴分配方案》等,形成了重大问题广泛听取群众意见的工作机制。学校督

七、学生工作

1. 2014年化学化工学院学生在籍本科生301人,研究生569人。本科生就业率达到100%,其中有55%升学为硕士研究生,研究生总就业率达到97%,主要去向为国家事业单位、高校和化工类企业。

2. 学院学生积极参与校内外各项科研和社会实践活动,学院配有和各企业联合创办的大学生社会实践基地。

3. 学生工作从细节做起,学生招录、奖助学金评定等工作有序、稳定开展。侧重关心少数民族学生和贫困学生生活和思想动态,同时搭建勤工助学的平台,为学生提供资助工作。

(化学化工学院　徐兆飞)

交 通 学 院

一、学院概况

交通学院以二级学科为基本建设单元开展工作,在学科内实现教学、科研、科技产业服务的一体化。交通学院以二级学科为单位设置机构,原则上一个二级学科设一个系、一个研究所,并实行系所合一的体制。交通学院目前设有八个系,即道路工程系、交通工程系、桥梁工程系、地下工程系、运输与物流工程系、港航工程系、测绘工程系、地理信息工程系。交通学院目前设有八个研究所,三个研究中心:道路与铁道工程研究所、交通工程研究所、岩土工程研究所、桥梁与隧道工程研究所、载运工具运用工程研究所、港口航道与水利工程研究所、测绘工程研究所、地理信息工程研究所、国家道路交通管理工程技术研究中心东南大学分中心、东南大学城市地下空间研究中心、东南大学物联网交通应用研究中心。交通学院设有交通实验中心(以服务于各学科为主,兼顾科技服务)、交通规划与管理江苏省重点实验室、城市智能交通江苏省重点实验室、交通基础设施安全风险管理交通部重点实验室、城市地下工程与环境安全江苏省重点实验室、道路交通工程国家实验教学示范中心、道路养护技术江苏省工程技术中心、交通规划设计研究院、南京北极测绘研究院有限公司。

交通学院目前有教职工258人(不含ITS,ITS人事单列),在编教职工200人,人事代理及聘用人员58人。专任教师163人,其中,中国工程院院士1人、国家教学名师1人、"千人计划"专家3人、长江学者特聘教授3人、博士生导师52人,教授42人,副教授71人;有博士学位的教师118人,有硕士学位的教师29人。

二、学科建设

交通学院一直秉承"重播种、抓收获、促发展"的发展思路,以"学科建设上层次,科学研究上水平,人才培养抓质量""建立创新基地、提出创新成果、传播创新知识"为工作思路及工作目标,通过建立同一个平台、同一支队伍、同一个基地,实现高水准队伍建设、高素质人才培养、高水平科学研究、高层次学科建设的一体化与无缝连接。2014年取得的成绩主要在以下几个方面。

1. 在国家自然科学基金"十三五"规划战略研究中,东南大学交通学院作为牵头单位,联合同济大学、浙江大学等高校承担了交通工程领域战略规划研究工作。规划研究的主要目的是为了厘清我国交通工程学科发展战略定位、核心内涵与研究主题,征求交通工程学科研究主题在国家基金委不同学科部的分布建议,并提交交通工程学科发展地貌图和战略报告。在项目负责人王炜教授的领导下,课题组针对我国交通工程领域基础研究投入与产出、基础科研竞争力、交通工程学科发展的战略高地、战略洼地、学科前沿、学科边缘等问题展开了深入细致的调研,提出了"十三五"期间交通工程领域的优先资助方向和对交通类课题在自然科学基金委各学科部的分布建议,圆满完成了战略规划研究工作。迄今为止,我院已连续四届牵头承担国家自然科学基金委交通工程学科发展战略报告的编制工作。在教育部最近启动的"十三五"国家重点研发计划战略研究中,交通学院作为牵头单位(东南大学唯一牵头单位)负责承担交通领域战略规划研究工作。学院联合了27所国内知名高校和相关行业部门组成了由王炜教授担任组长的交通领域专家组和工作组,涵盖了交通领域的主要高校和行业力量。经过讨论,计划围绕"现代综合交通运输系统"这一国家重大需求,在城市交通、综合交通体系、道路交通安全、交通基础设施四个方向凝炼基础理论和共性关键技术,提出重点专项设置建议。目前项目组已组织召开了多次专家研讨会,计划在2015年1月初步完成研究报告撰写工作。以上工作的顺利实施对进一步提升东南大学交通运输学科在中国交通行业的学科声誉和行业影响力具有十分重要的意义,为"十三五"期间交通学院承担更多高层次国家级科研项目奠定了坚实的基础。

2. 在全院的共同努力下,"交通基础设施安全风险管理"交通行业重点实验室通过了交通运输部的审批,成为我院首个交通运输部重点实验室。实验室旨在结合交通部加快发展"四个交通"的科技发展战略,解决我国交通基础设施安全风险管理关键问题,通过在"交通基础设施风险识别与评估""交通基础设施病害预警与处治""交通基础设施破坏仿真""交通运输应急辅助决策与风险管理"等方向的科研创新与工程应用,提升我国公路、桥梁、地下及海上基础设施的安全风险管理水平,增强相关领域的国际竞争力。"城市地下工程与环境安全江苏省重点实验室"通过江苏省教育厅审批。实验室针对我国城市地下工程和轨道交通建设与管理面临的关键技术问题,立足江苏地质环境特点,开展地下空间开发相关的综合技术研究,形成拥有自主知识产权、引领行业发展的地质环境测试、地下工程施工和监控等关键技术产品,带动轨道交通、地下空间开发、环境灾害治理产业的升级换代,为突破地下空间开发对我国城市化进程的制约,构建与发展现代、安全、智能、环保的现代城市地下空间提供理论基础与技术支持。该实验室的建设,对提高我国地下空间开发利用的技术水平,保证我省地下工程施工和运营的安全具有重大意义。

3. 由我院黄晓明教授牵头、道路学科为第一单位完成的"公路沥青路面高效再生利用关键技术与装备"获教育部技术发明一等奖。项目针对我国沥青路面养护维修产生的废旧沥青混凝土再利用过程中再生利用率低、再生混合料性能差和能耗大等技术难题,历时十余年研究,形成了系列发明成果:发明了改性沥青路面高效再生技术,突破了改性沥青再生利用的关键技术瓶颈,首次实现了 SBS 改性沥青的再生利用;提出了高性能再生沥青混合料配合比设计理论,提升了再生沥青混合料的整体性能,成功实现了高旧料掺量(旧料掺量 40%)的再生利用;研发了沥青路面高效就地热再生机组,实现了关键技术装备的国产化和效能提升,有效降低了就地热再生施工过程中的有害气体排放;发明了由无烟无焰加热机、热铣刨集料机和再生复拌机组成的高效就地热再生机组。项目建立了系列改性再生剂的专用生产线,改进了配合比设计方法和热再生设备,研发和生产了高性能就地热再生列车,建立了多个再生技术基地,提出了完整的质量评价体系。研究成果在江苏、河南、山东、浙江等省已完成 1000 余公里的沥青路面再生养护,直接节约工程成本 10%—30%,减少新集料开采 20%—80%,取得了巨大的社会经济和环境效益。

队伍建设是学科建设的主体。交通学院一贯高度重视队伍建设工作,基于引进与培育并重的原则积极建设高水平学术队伍,着力推进学术队伍的年轻化、国际化。本年度交通学院新增教师 7 名,全部具有海外留学经历,其中部分教师毕业于英国帝国理工大学、美国威斯康星麦迪逊大学、日本名古屋大学等国际知名高校,新进教师国际化程度大大提高。目前交通学院已形成一支在国际上有影响、在我国交通领域有举足轻重话语权的高水平学术梯队。教师队伍不断扩大,结构趋于合理。拥有博士学位教师比例大幅度提升,其中交通运输工程一级学科专任教师博士比例达到 95%。

4. 本年度美国普渡大学的 Andrew Tarko 教授、美国伊利诺伊大学芝加哥分校的 Krishna Reddy 教授、英国纽卡斯尔大学的 Phil Blythe 教授、荷兰埃因霍温大学的 Harry Timmermans 教授、美国密西根大学的李志辉教授等一批国内外知名学者受邀为我院本科生、研究生授课,引起热烈反响,对拓展学生国际视野、提升我院国际化办学水平具有重要意义。

6 月 26 日上午,荷兰代尔夫特理工大学交通运输与规划系交通管理方向的首席教授 Serge Paul Hoogendoorn 受聘为我校客座教授。Hoogendoorn 教授长期致力于交通流理论、交通网络建模、动态交通分配、出行行为分析等领域的研究,是交通流和交通网络分析方面的专家,在国际上享有很高的声誉。受聘仪式结束后 Hoogendoorn 教授作了题为"Why traffic management works and why coordinated traffic management will work even better"的精彩学术报告。

此外本年度学院邀请了包括中国工程院缪昌文院士在内的多名国内外著名学者来我院访问和讲学,同时继续与英国南安普顿大学交通研究所、德国波鸿鲁尔大学交通研究所、德国亚琛工业大学、美国德州农工大学、荷兰代尔夫特理工大学交通运输研究中心、美国威斯康星大学麦迪逊分校、美国伊利诺伊大学香槟分校等国外学术机构保持着密切的学术联系,互派人员往来。全年共邀请境外专家来学院作讲座 30 多人次,出境访问讲学的教师 50 多人次,40 多人次参加国际会议并宣读论文。

三、科研工作

2014 年,交通学院围绕"十二五"科研规划和本年度的科研工作,开展了全面深入的科研工作,取得了显著成绩。经过全体教师的共同努力,全院 2014 年获得省部级科研奖励各类科技进步奖9项,其中省部级一等奖2项,二等奖4项。学院获得国家自然科学基金共计13项896万元。全年在研科研项目280多项,科研经费到款达1.1392亿元,其中纵向经费近2 200万元,重点学科纵向科研经费比例稳定、科研水平获得较大提升。

继续参与国家重大工程项目建设与科学研究。我院继续担任全国城市交通"畅通工程"专家组组长单位,并在"沿海大通道"等国家重大工程中以及"国家道路交通安全科技行动计划"等国家重大科学研究计划中承担相关科技攻关与技术服务工作。2014年共获发明专利、软件著作权授权52项,主编出版教材、专著31部,发表论文300余篇。

四、教学工作

2014年,继续面向国家对交通人才培养的要求,探索并逐渐形成了"一个体系"(与现代化交通建设需求相适应的道路交通类人才培养的知识结构与课程体系)、"三个支撑"(高水准的教师队伍,强支撑的学科平台,高度集成化的资源平台)为主要内容的基于高层次学科平台的道路交通类高素质人才培养模式,实现了高素质人才培养、高水平科学研究、高层次学科建设的一体化有机融合。

2014年10月,以陈道蓄教授为大组长的教育部全国工程教育专业认证专家对我院交通工程和交通运输2个专业进行了专业认证现场考查。我校今年共有4个专业接受专业认证,我院占其一半,体现了我院通过工程教育专业认证来促进各专业建设的认识和决心。这项工作将对提高我院的人才培养质量产生极大的推动作用。

王炜教授领衔的"现代道路交通类人才专业知识构建和核心能力提升的改革与实践"获2014年国家级教学成果二等奖;由黄晓明、李昶、马涛主编的《路基路面工程(第2版)》和王炜、过秀成主编的《交通工程学(第2版)》教材入选第二批"十二五"普通高等教育本科国家级规划教材;程建川教授获得2014年度宝钢优秀教师奖;1人获得东南大学教学奖一等奖,3人获得二等奖。

五、研究生工作

2014年交通学院共招收硕士研究生223名,博士研究生57名。重点加强研究生培养过程的国际化建设。继2012年启动东南大学与澳大利亚蒙纳士大学联合培养交通运输工程硕士研究生项目后,2014年基本完成了首届研究生的培养工作,陆续进入论文答辩工作阶段;实施了专用教室和专业实验室的工程建设,为该专业的建设奠定了基础;2014年继续选拔了31名优秀学生进入该项目。该专业2012级班级,被评为江苏省省级先进班集体,是迄今为止东南大学—蒙纳士大学苏州联合研究生院唯一获此荣誉的班集体。学院大力积极推动全英文授课、双语授课;重视公派留学人选的遴选,本年度19人入选国家公派研究生项目(18人联合培养,1人攻读学位),入选人数居全校首位。

我院积极组织江苏省企业研究生工作站的申报与建设工作,2014年新增江苏省企业研究生工作站8个,共获得江苏省优秀研究生课程1门,江苏省普通高校研究生科研创新计划项目36项,入选东南大学优秀博士学位论文培育对象1人、优秀博士学位论文基金6人,入选人数比往年大幅度提升,研究生培养质量不断提升。获得江苏省优秀博士学位论文1篇、优秀硕士学位论文4篇,校级优秀博士学位论文2篇、优秀硕士学位论文5篇。

六、学生工作

我院在 2014 年的本科招生报到人数为 330 人,其中,117 名女生,213 名男生;省内 74 人,省外 256 人(台湾 1 人)。交通运输类 279 人,测绘类 51 人。2014 年研究生招生情况:硕士研究生 226 名,其中学术型硕士 121 名,专业型硕士 105 名(包含 31 名东南大学—蒙纳士联合培养班专业型硕士);博士研究生 61 名,其中春季入学 21 名,秋季入学 40 名(包括 5 名外籍学生)。圆满完成 2014 年学校浙江地区和镇江的自主招生、招生宣传及招生录取任务。

学院积极搭建大学生实践创新平台,营造大学生科创氛围。2014 年本科生 97 人参与院级 SRTP 项目 22 项,247 人参与校级 SRTP 项目 58 项,39 人参与省创项目 11 项,55 人参与国创项目 16 项,46 人参与教师科研项目 13 项。学院已经连续举办五届东南大学交通科技大赛,并代表学校在第九届全国交通科技大赛中,获得一等奖 1 项、二等奖 1 项。另外,获得大学生国际级竞赛奖 1 人次,国家级竞赛奖 24 人次,省级竞赛奖 22 人次。

2014 年在院团委组织的大学生社会实践活动中,组建院级重点团队 56 个,参加人数 321 人;校级重点团队 4 个,参加人数 26 人。学生通过各种方式积极开展了政策宣讲、国情省情考察、文化宣传、教育帮扶、创新创业等实践活动。

七、交通学院 2014 年大事记

1. 2014 年 1 月

1 月 12 日至 16 日,以王炜院长为领队的东南大学交通学院学术代表团一行 30 余人参加在美国华盛顿召开的第 93 届 TRB 会议。TRB 会议是国际交通领域最负盛名的国际学术会议,交通学院有 50 多人次在本次 TRB 会议作学术演讲,在国际交通界引起强烈反响。

道路与铁道工程学科与南京市公路管理处公路科学研究所签署产学研合作框架协议,双方确定进行全面合作。

2. 2014 年 2 月

蔡国军博士获第十四届青年地质科技奖银锤奖。

3. 2014 年 4 月

胡伍生教授被江苏省科学技术协会聘为"江苏省首席科技传播专家"。

4. 2014 年 5 月

5 月 22 日,东南大学交通学院青年教师发展委员会年会在四牌楼校区隆重召开。缪昌文院士出席并作精彩报告。交通学院领导与全体青年教师出席了大会。

东南大学交通运输工程学科在江苏高校优势学科建设工程一期项目中考核 A 等并顺利入选二期项目。

5月23日至24日,交通学院第二届党支部书记工作研讨会召开,学院在职教工支部书记和部分学生支部书记代表参加会议并进行研讨。

我院本科生参加第九届全国大学生交通科技大赛,获得一等奖1项,二等奖1项。我院已连续三届获得一等奖。

2010级茅以升班被评为"全国五四红旗团支部",2011级茅以升班被评为"东南大学国旗团支部"(每个校区1个);217112班、2011级茅以升班、苏州联合研究生院2012级交通运输工程班分别获得"江苏省先进班集体"等荣誉。

5. 2014年6月

交通学院党委被评为江苏省学校先进基层党组织。

6月13日,交通学院召开学科发展战略研讨会,王保平副校长出席会议并作重要讲话。交通学院全体教授、院领导、学科领导及全体青年教师参加会议。本次研讨会围绕《东南大学院(系)综合改革试点方案》及东南大学建设世界一流高水平大学的目标,就交通学院的人才培养模式、科学研究水平提升、研究生招生制度、师资队伍建设与高层次人才引进等分组进行深入讨论,以期为交通学院未来可持续良性发展奠定良好的基础。

省教育厅公布了2014年江苏省研究生培养创新工程评审结果,我院获得江苏省优秀博士学位论文1篇、优秀硕士学位论文4篇,新增江苏省优秀研究生课程1门,获得江苏省普通高校研究生科研创新计划项目36项,新增江苏省企业研究生工作站8个,各项指标在东南大学各院系中名列前茅。

道路与铁道工程学科国家"千人计划"专家李志辉教授作为召集人,东南大学主办、清华大学与香港科技大学协办,于6月23日在南京组织召开了第一届ECC科学技术及应用研讨会。

6月26日,我校举行仪式,聘请荷兰代尔夫特理工大学Serge Paul Hoogendoorn为东南大学客座教授。会后Serge Paul Hoogendoorn教授与交通运输规划与管理学科教师开展了广泛的学术研讨。

交通学院研究生会获得"东南大学优秀院系研究生会",硕士12级第二党支部获得"东南大学先进基层党支部"等荣誉称号。

6. 2014年7月

由岩土工程学科牵头申报的"城市地下工程与环境安全"实验室获批2014年江苏省重点实验室。

7. 2014年8月

本年度学院新增国家自然科学基金项目13项。

由道路与铁道工程学科协办、德国亚琛工业大学主办的第三届中欧功能性路面学术研讨会于2014年8月5日至8日在德国召开,程建川教授等7位专任教师组成代表团参加本次会议。

由江苏省交通科学研究院负责、东南大学等单位参加的"先进道路养护材料协同创新平台"召开首届理事大会。

8月18日,江苏省教育厅专家组对"江苏省城市地下工程与环境安全重点实验室"的建设计划进行了可行性论证。

8. 2014年9月

交通学院被国家教育部授予"2014年全国教育系统先进集体"荣誉称号。

"现代道路交通类人才专业知识构建和核心能力提升的改革与实践"获国家教学成果二等奖。

《路基路面工程(第2版)》和《交通工程学(第2版)》入选第二批"十二五"普通高等教育本科国家级规划教材。

东南大学—蒙纳士大学苏州联合研究生院2014级开学典礼在东南大学苏州研究院隆重举行,本年度共选拔31名优秀学生进入交通运输工程专业学习。

9月2日,南京青奥会组委会安保部向东南大学发来感谢信,对东南大学为南京青奥会交通组织保障工作所作的突出贡献表示感谢。交通学院陆建副院长课题组在承担《南京市青奥会交通组织研究项目》过程中,为青奥会各项交通组织方案的制订提供了极为重要的技术支撑。

9月10日,召集召开国家自然科学基金委交通工程学科发展战略制定研讨会。来自全国相关高校交通工程领域50多位知名专家学者出席了会议。会议主要目的是配合由我院交通运输规划与管理学科牵头承担的国家自然科学基金委第四轮学科部发展战略报告的编制工作,厘清我国交通工程学科发展战略定位、核心内涵与研究主题,征求交通工程学科研究主题在国家基金委不同学科部的分布建议。

由公路养护技术国家工程研究中心负责、东南大学等单位参加的"公路网智能养护技术及系统协同创新平台"召开首届理事大会,黄晓明教授任专家咨询委员会主任。

由新疆交通建设(集团)有限责任公司负责、东南大学等单位参加的"西部地区特殊环境下公路养护技术协同创新平台"召开首届理事大会,黄晓明教授任副理事长。

蔡国军博士荣获2014年第八届中国岩石力学与工程学会青年科技奖金奖。交通设计院与深圳前海管理局签订7号景观桥设计合同,标志交通设计院参与前海桥梁国际招标进入实施阶段。

9. 2014年10月

交通学院"交通工程"和"交通运输"两个专业接受了教育部全国工程教育专业认证专家的专业认证现场考查,将对我院各专业的建设、发展与管理产生进一步的推动作用。

道路与铁道工程学科钱振东教授牵头申报的"交通基础设施安全风险管理交通行业重点实验室"获交通运输部批准。

杜延军教授的污染土修复研究获得2015年度国际埃尼奖(Eni Award 2015)科学委员会的提名,成为该奖项2015年度候选人。

交通设计院中标南京栖霞山隧道设计。

获得东南大学第六届全运会总冠军。这也是我院四年前获得第五届全运会冠军后再一次蝉联全运会冠军。

陶涛同学获"江苏最美人物"(最美青奥志愿者)荣誉称号;李方卫同学荣获"2014 江苏好青年"百人榜之"最善创新好青年"荣誉称号。

10. 2014 年 11 月

11 月 3 日,高校科技"十三五"规划战略研究重大课题"国家重点研发计划战略研究"项目启动会在浙江大学召开。会议明确由东南大学交通学院牵头承担交通领域战略研究工作,我院王炜教授担任交通领域课题组责任专家、课题负责人,校科研院任刚主任担任课题组行政负责人,刘攀教授担任交通领域课题组秘书长。

11 月 11 日,法国路桥大学校长 De la Bourdonnaye 一行访问我院,重点讨论法国路桥大学与东南大学在城市交通方向的合作。东南大学浦跃朴副校长参与了会见,双方对两校合作事宜进行了深入的探讨。

11 月 11 日,国家道路交通管理工程技术研究中心 2014 年度工作会议在我院召开。会议通报了工程中心本年度主要工作情况,在加强协同创新,推进工程中心团队建设等方面的合作机制和措施达成了新的共识。

11 月 16 日,教育部"十三五"国家重点研发计划交通领域战略研究项目启动会在南京召开。来自东南大学、同济大学等交通领域优势高校以及交通运输部、公安部、住建部等交通行业权威院所的 25 家单位、40 余名专家参加了会议。会议确定了"十三五"交通领域战略规划领域专家组成员,讨论并产生了专题设置方向、牵头单位和责任专家。

程建川教授获得 2014 年度宝钢优秀教师奖。

测绘科学与技术(0816)一级学科硕士点接受江苏省教育厅学位办公室组织的评估,评估成绩为优秀。

何杰教授入选为 2014 年度江苏省高校"青蓝工程"中青年学术带头人培养对象;章定文副教授入选高校"青蓝工程"优秀青年骨干教师培养对象。

邓永锋、吴文清两位老师入选江苏省"六大人才高峰"项目资助计划。

11. 2014 年 12 月

黄晓明教授牵头、道路学科为第一单位完成的"公路沥青路面高效再生利用关键技术与装备"获教育部技术发明一等奖。

交通运输规划与管理国家重点学科王炜教授再次当选国务院学位委员会交通运输工程学科评议组成员。

交通学院行政换届工作顺利完成。经校党委常委会研究决定刘攀教授任交通学院新一届院长。

刘松玉教授获得"全国优秀科技工作者"光荣称号。

我院九龙湖科研楼主体封顶,完成年初计划,为我院整体搬迁打下基础。苏州市市长周乃翔主持专题会议，听取交通设计院苏州城北路（312国道）城市化改建方案汇报，苏州市常务副市长周伟强、副市长徐惠民及相关部门领导、专家共同听取了汇报。东南大学交通设计院设计团队从项目的功能定位、技术标准、实施方案等多个方面作了详细的汇报，获得与会领导与专家的高度评价。

13级硕士研究生第三党支部的党日活动"志愿服务活动之曦与夕"获得2013—2014学年东南大学最佳党日活动一等奖。

(交通学院 陈 悦)

仪器科学与工程学院

一、学院概况

1. 学院历史沿革

仪器科学与工程学院所属学科专业创建于1960年，原名"陀螺仪及导航仪器"，于1961年开始招收研究生。1981年和1984年被国务院学位委员会先后批准设立"精密仪器及机械"和"测试计量技术及仪器"两个硕士学位授权点。1990年被批准设立"精密仪器及机械"博士学位授权点。

1992年5月为了适应学科发展需要，从自动控制系分出成立了仪器科学与工程系。2006年9月成立仪器科学与工程学院。

2. 学院机构设置

（1）教学、科研机构

学院现设有七个研究所，一个教学实验研究中心。即：先进导航技术研究所、微惯性系统及器件研究所、信息导航与智能测控研究所、伽利略系统欧亚教育与应用开发中心、机器人传感与控制技术研究所、汽车安全技术与虚拟现实研究所、智能网络及测控系统研究所、测控技术教学实验研究中心。

（2）平台建设

学院现有"微惯性仪表与先进导航技术"教育部重点实验室、"远程测控技术"江苏省重点实验室和"土地实地调查监测技术"国土资源部重点实验室。参与建设"火电机组振动国家工程中心"。与欧盟联合建设"伽利略系统欧亚（中国）教育与应用开发中心"。

3. 学院学科设置

目前，学院已拥有1个博士后流动站、1个一级学科博士点，4个二级学科博士点。

学科分布		学科性质	本科专业名称
一级学科名称	二级学科名称	博士点	
仪器科学与技术(一级学科博士点、博士后流动站、一级学科江苏省重点学科)	精密仪器及机械	博士点	测控技术及仪器
	测试计量技术及仪器	博士点	
	导航、制导与控制	博士点	
	微系统与测控技术	博士点	

4. 学院人员配置

(1) 人员结构现状

学院现有教职工 69 人，其中专任教师 55 人，管理人员 10 人，实验技术人员 4 人。专任教师队伍中，教授 22 人(含重大项目岗教授 2 人)、副教授 26 人，讲师 7 人。具有国内外博士学位教师 50 人，占专任教师的 90%。博士生导师(含兼职) 26 人，硕士生导师(含兼职) 57 人。新增教授 1 人(黄丽斌)，副教授 2 人(吴剑锋，曾洪)。

(2) 高层次人才

教育部长江学者特聘教授 1 人、国家杰出青年基金获得者 1 人、国家万人计划首批"科技领军人才" 1 人、"新世纪百千万人才工程"国家级人选 1 人、教育部"新世纪人才" 3 人、江苏省特聘教授 1 人、江苏省"333 工程"学术带头人 5 人、江苏省"青蓝工程"学术带头人 3 人、江苏省"六大高峰人才" 8 人。

二、党政工作

1. 有力落实教育实践活动整改任务。结合学校开展的"世界一流大学建设路径"大讨论，以教育实践活动整改任务落实为抓手，完成学院制度建设 16 项。

2. 圆满完成学院行政换届工作。学院新领导集体将以学科建设为龙头，以师资队伍建设为核心，以教学、科研、基地建设为基础，大力培养高素质人才和培育高水平的科技成果，争先进位，开创一流。

3. 加强党员队伍及基层党支部建设。组织广大党员深入学习党的十八大精神和习近平总书记系列重要讲话读本，着力增强党员党性，提高党员素质。同时，以支部为单位开展党日活动，切实提高基层党支部的凝聚力和战斗力。

三、学科建设

参与自动化学院申报的"控制科学与工程"江苏省优势学科一期工程在检查验收中获得"优"；参与自动化学院申报的"控制科学与工程"江苏省优势学科二期工程获得立项。

四、科研工作

1. 基础研究平稳推进

2014 年，全院获批国家自然科学基金项目 5 项(其中面上基金 3 项、青年基金 2 项)、江苏省青年基金项目1项、总装预研基金项目1项、中船重工集团预研基金1项。获批江苏省科技支撑计划重点项目1项、面上项目1项。截至12月月底,全院科研经费到款3 646.45万元。

2. 论文、专利成果丰硕

全院发表SCI论文59篇,发表EI论文56篇,申报国家发明专利111项,获发明专利授权50项,获实用新型专利授权5项。

五、教学工作

1. 2014年本科生工作概况

学院先后颁布了《仪器科学与工程学院卓越工程师计划管理办法》《仪器科学与工程学院"测控技术与仪器"专业本科生毕业设计(论文)管理规定》《仪器科学与工程学院"测控技术与仪器"专业本科生学生赴校外做毕业设计安全责任书》。

建立中科院南京天文光学研究所"东南大学测控技术与仪器专业实习基地"。

获得江苏省省级优秀毕业设计1项、获得校级优秀毕业设计3项,发表教改论文3篇,承担学校2014年度虚拟实验教改项目5项。

2014年度,学院共有4名本科学生出国交流,交流比例为1%。

2. 2014年研究生工作概况

加强研究生培养过程的国际化建设,积极推动全英文授课,组织完成了研究生英文培养计划,为共同培养本学科领域的国际研究生做好准备。

修订了博士学位论文成果考核办法,提高了对成果的考核要求。从2014年入学的博士研究生开始,申请博士学位的基本条件为2篇SCI,1篇EI。

2014年,我院获得江苏省普通高校研究生科研创新计划项目4项;获得江苏省优秀博士学位论文1篇、东南大学优秀硕士论文1篇。

成功举办了优秀大学生夏令营,报名124人,入选46人,历时3天,评出优秀营员30人。研究生招生生源质量明显提高,录取2015年度免试研究生44名,其中本校10名,外校34名。

企业导师申报合计新增27名。

新增博士生导师3名(张涛、杨波、王立辉),新增硕士生导师3名(吴剑锋、曾洪、林国余)。

授予博士学位17人,工学硕士58人,专业硕士学位25人。

六、学生工作

1. 2014年仪科学院招生、就业情况

我院在2014年本科生报到人数为104人,其中省内13人,省外91人。5名同学通过选拔进入吴健雄学院就学。2014级本科新生共计100人,男生74人,女生26人,男女比例约3∶1。我院2014级本科新生共接收国家贫困专项计划22人,占比21.15%;国家筑梦计划6人,占比5.77%;艺术特长生2人,自主招生6人。

2014年研究生招生情况:硕士研究生97名,其中学术型硕士59名,专业硕士38名;博士研究生18名(春季入学5名,秋季入学13名)。

截止到2014年12月月底,2014届本科生就业率达97.12%,硕士及博士均达100%,学生就业率高,就业质量好。我院2014届本科毕业生102人,升学26人,出国留学10人。

2. 学生党建工作

截至2014年12月月底,学院现共有学生支部13个,学生党员298人,其中本科生35人,硕士生204人,博士59人。2014年度发展学生党员31人,转正学生党员53人。完成预备党员培训32人,发展对象培训39人。毕业生党组织转出91人,2014年转入党员64人。

七、在校学生情况一览表

生源\年级	11级	12级	13级	14级	合计	总人数
本科生	85	98	106	106	395	
硕士生	1	95	100	97	293	796
博士生	50(11级前)	23	17	18	108	

(仪器科学与工程学院 郭向阳)

医 学 院

医学院设有6个专业:拔尖创新人才试点班(8—10年制)、临床医学(7年制)、临床医学(5年制)、医学影像、医学检验、医学护理,在校本科生1 400人,研究生656人,留学生675人。共有一级学科博士点2个(临床医学、生物学),二级学科博士点9个(内科学、外科学、免疫学、妇产科学、神经病学、肿瘤学、儿科学、影像医学与核医学、临床检验诊断学),一级学科硕士点4个(基础医学、临床医学、生物学、护理学),一级学科专业学位硕士授权点2个(临床医学、护理学),博士后流动站2个(临床医学、生物学)。

一、学科建设

1. ESI排名:我院临床医学ESI排名2011年进入世界科研机构的前1%(目前位置为2 020位(总计3 895),提升1 780位,较2012年年底提升1 200位。在东南大学7个进入ESI排名的学科中位列第5,较前一年度提升1位。

2. 医学院排名及全国百强医院:医学院2013年度排名24位(武书连排名),较2012

年度提升8位,附属中大医院首次晋级全国百强医院,排名89位,放射科排名20位,获得最佳专科提名。(因服从学校统一安排,医学院的重要材料支持生物科学与医学工程学院的学科评估,故未参加教育部的学科评估与排名)

3. 国家级临床重点专科:2014年度有望增加一个江苏省临床研究中心。2013年度新增医学影像科,新增1个省临床研究中心。

4. 学科评估:无。

5. 重点学科:无。

6. 优势学科建设:2014年度完成江苏省优势学科一期验收评估及经费审计,医学技术顺利通过验收及省、校级经费审计,考核成绩优秀。申报优势学科二期建设项目——医学技术,并通过评审成为江苏省优势学科二期建设学科,获得资助经费1 000万元,已经完成计划任务书制定,2014年度经费250万元已经到位,项目经费正在按照预算计划执行。

7. 平台建设:2014年度优势学科一期结余经费、临床医学重点学科经费及部分教学经费用于改造医学院电镜楼、科研实验室及教学实验室,总计1 200余平方米,目前所有工程审计完成,经费结算完成,实验室投入使用,运转良好。

二、科学研究

1. 科研项目

获国家自然科学基金32项(医学院11项,拨款260.1万元;中大医院21项,拨款613.15万元);获江苏省自然基金10项(医学院5项,拨款70万元;中大医院5项,拨款60万元)。省支撑项目:医学院、中大医院均无。总计科研经费到款(截至2014年1月)1 003.25万元(医学院330.1万元,中大医院673.15万元)。

2. 论文与专著

共发表SCI收录论文53篇,EI 1篇,其中影响因子(医学院10分以上2篇,5—10分10篇,3—5分论文18篇)。高水平论文逐年上升。出版教材及专著等4部。2013年发表的论文中"表现不俗"为11篇。申请专利4项。

三、师资队伍建设

2014年新增江苏"六大人才高峰"2名,共引进新教师7名,其中4名教师有海外经历,3名教师申报学校高级职称获批准(1名正高,2名副高)。1名教师正在申报学校高级职称。2014年度新增硕士生导师3人、博士生导师4人、兼职硕士生导师100人。

目前医学院有国家杰出青年基金获得者2名,"973"首席科学家2名,江苏省特聘教授2名,"新世纪百千万人才工程"国家级人选1人,国家"千人计划"1人(2012,第七批企业千人),江苏省"333工程"中青年科技领军人才4人。目前,医学院教授有博士学位者占87%,有六个月以上海外研修经历者占教师比例32%。2013年度优势学科经费选拔优秀青年教师赴海外进修14名(教学、科研及临床)。

四、人才培养

1. 教学任务

本年度,我院完成各专业本科教学工作量共计 24 000 余学时,留学生教学工作量 3 500 余学时。全年新完成 PBL 案例 24 个,组织培训 TUTOR 120 人,新开创新型实验研讨课 2 门(感染与免疫、病理解剖与事故鉴定),开设全英文课程 11 门。目前,医学院共开设全英文课程 54 门,双语课程 15 门。全院学生 SRTP 申报校级项目 68 项,省级学生创新型实验项目 5 项,国家级学生创新型实验项目 8 项,基于教师科研的学生创新型实验项目 9 项。2014 年首次参加"第三届全国大学生基础医学创新论坛暨实验设计大赛",获得一等奖(最高奖)1 项,二等奖 3 项,三等奖 2 项,优胜奖 2 项。

2. 教学成果

2014 年获得国家精品资源共享课(网络共享课程)病理学。

2014 年以提升执业能力为核心的医学影像学人才培养研究与实践国家级教学成果二等奖。

2014 年医学免疫学江苏省留学生全英文授课品牌课程立项。

3. 教学质量

我院高度注重教学质量,坚持全体教授必须为本科生授课,其中基础医学教授为本科生授课平均 68 学时。在提高师资水平的同时,本年度共组织教学督导组成员听课 525 人次,起到了良好的教学监督作用。本年度,我院还顺利接受了教育部组织的针对留学生教育质量的 MBBS 教学水平评估。

4. 教学平台建设

获得国家质量工程实践基地建设项目:临床技能综合训练中心。

5. 研究生培养

2014 年招收硕士研究生 229 人(含 7 年制 106 人),博士生 47 人;开设 76 门研究生课程(含全英文课程 5 门),承担 3 083 个课时的教学任务;举办医学前沿类讲座 14 次;2014 年授予硕士学位 168 人,博士学位 28 人,论文抽检合格率 100%。

2014 年医学院的教学改革项目与成果:江苏省研究生教育教学改革研究与实践课题(校助)1 项,江苏省普通高校研究生科研创新计划项目(省助)6 项,江苏省普通高校研究生实践创新计划项目(省助)3 项,江苏省普通高校研究生科研创新计划项目(校助)12 项,江苏省普通高校研究生实践创新计划项目(校助)3 项;获校级优秀博士学位论文 1 项,优秀硕士学位论文 1 项。

海外交流项目:攻读博士学位 9 人,联合培养博士 3 人,博士生参加国际医学磁共振大会、欧洲糖尿病学会年会、美国血液病学等国际会议交流 20 余人次。

6. 获奖突破

获得2013年全国大学生"挑战杯"特等奖（哲社类）——中国慢性病防治"四位一体"管理模式的探究，实现东南大学在哲学与社会科学类特等奖的突破，这也是本年度东南大学获得的唯一特等奖。

五、国际合作与交流

本学科积极开展国内外学术交流，与德国汉堡大学医学院、德国乌尔姆大学医学院、加拿大麦吉尔大学医学院、英国利物浦大学医学院、日本北海道大学医学院等国际著名大学医学院在人才培养及科学研究开展合作交流，2014年度医学教师派出到国外学习交流3个月至2年交流教师16人次，同时通过国家留学基金委高水平大学公派研究生出国进行联合培养或攻读博士学位12人，东南大学研究生院专项基金资助研究生出国参加国际会议或短期科研培养11人次。邀请海外专家全英文授课9人次，讲学32人次。2014年暑期，我院向德国乌尔姆大学、德国汉堡大学及加拿大麦吉尔大学三个院校共计派出14名学生参与1—3个月时长的国际交流活动，在学校国际化发展的背景下率先为学生搭建了国际交流平台。

六、实习基地建设

临床实习是医学教育诸环节中极其重要的一环，对此，医学院努力开拓新的实习基地，继2012年增加四川大学华西医院（全国排名第二）作为实习基地的基础上，2013年又增加了浙江大学第二医院和南京军区南京总医院2个高水平的临床实习基地。这不仅提升学生的教学质量，而且对学生的就业、扩展医学院影响力及医学院的学科建设具有重要的意义。

七、学生教育管理

2014年度我院重视招生宣传工作，在淮安当地中学举办了"感知东南"系列"牵手中学"活动，很好地完成了省内外招生工作。积极拓展就业市场，做好就业指导工作，2014届各专业本科生就业率为100%，研究生就业率为100%。

我院重视学生管理工作，对各类突发事件有相应预案，处理及时有效，无重大安全责任事故。学生各类评奖评优、困难资助公开公平公正，起到了很好的榜样表彰和资助育人作用。积极做好学生党员教育和党校工作，重视社会主义核心价值观教育，开展丰富的党日活动，2012级研究生党支部荣获"东南大学优秀基层党组织"称号。

我院积极组织并指导了300余名同学完成社会实践及青奥志愿活动，并获得校级特等奖一项，省级社会实践优秀个人一名。此外，我院还结合医学特色，组织了包括志友服务团、清明公祭志友、鼓楼区红十字会"博爱家园"——生命安全体验馆志愿活动、天福园社区义诊、"大爱无声·志情至深"大型公益晚会等一系列志愿公益活动。

2014年度，我院获国家级学生集体奖2项（"创青春"全国大学生创业大赛银奖，第三届全国大学生基础医学创新论坛暨实验设计大赛一等奖1项、二等奖3项、三等奖2项、优胜奖2项),获国家奖学金等国家级学生个人奖86人次,获省级学生集体奖1项,省三好学生等省级学生个人奖3人次,校级学生集体奖2项。此外,我院还获得2014年度校运动会总成绩第三,"院系杯""新生杯"女子篮球赛获得冠军。我院学生王三妹同学荣获"东南大学2014届最具影响力毕业生"称号,她的励志故事在全校甚至省内其他高校引起了很大的反响。

八、综合管理

1. 领导班子建设

坚持党政联席会议事规则和"三重一大"决策制度,强化监督,健全预算管理,变事后监督为事前、事中监督,把财务风险控制在最低程度。每周召开党政联席会,每次党政联席会议均有记录。

配合学校工作组,完成医学院行政领导班子换届暨党风廉政建设责任制检查工作。按照换届工作程序,认真做好各环节工作。

完成全院各学系主任换届工作,各学系负责人年龄结构与学历层次得到进一步优化。

2. 党风廉政建设

认真落实党风廉政建设责任制。在工程改造、仪器设备招标采购、招生、科研经费使用、对外业务交往中严格按政策法规办事。科研经费管理有效,班子成员无信访和违纪违规行为。财务管理规范有序,不设小金库。

坚持落实中央八项规定和学校的九项贯彻要求。在公务活动中严格控制接待标准和陪餐人数,禁止院内部门之间以各种名义相互宴请。精简会议活动,控制会议规模和人数,提高会议实效,降低会议成本。确因工作需要召开的大型会议以及在校外召开的会议,须事先在学院党政联席会议讨论通过。明确规定院内各种会议、活动,一律不摆放鲜花、水果,校内邀请一律不使用纸质请柬。

3. 管理服务情况

对于教育实践活动中的热点问题,进一步整改落实,领导班子成员进行了任务认领,提出了相应的整改措施,并在工作实践中边学边改,边查边改,对暂时不能解决的问题也制定了详细的计划。

每月出一期《院情通报》,向全院职工通报学院最新动态和政策导向。通过全院职工大会、支部书记、学系主任会、教职工代表大会等方式通报校情、院情。

院工会、退协积极组织各种文体活动,既使广大教职工锻炼了身体、愉悦了心情,又达到了凝聚人心、建设和谐校园的目的。关爱职工,开展健身舞培训,每周训练两次。坚持送温暖,对重大疾病、困难职工,90岁以上高寿的专家开展慰问活动。

(医学院 李金虎)

公共卫生学院

学院建于1976年,前身为南京铁道医学院卫生系,隶属于原铁道部,主要担负为全国铁路系统培养卫生专门人才,2000年南京铁道医学院与东南大学合并,学院成为东南大学二级学院,为学院发展带来了新的契机。学院坚持走"医工结合"与多学科交叉发展之路,成为特色并取得明显成效,2012年,在教育部全国一级学科整体水平评估排名中名列第七,进入强势学科之列。

学院有教职工56名。教师队伍中,教授17名(其中博士生导师14名)、副教授19名、讲师13名。具有博士学位的教师占教师总数的85%以上,有一半的教师有海外留学或研修的背景。

学院有两个本科专业:五年制的预防医学和四年制的医疗保险。设有劳动卫生与环境卫生学、营养与食品卫生学、流行病与卫生统计学、医疗保险等4个学科系(群),涵盖了公共卫生和医疗保险专业的主要二级学科。学院在校生720名,其中研究生人数占50%以上。

一、教学与科研

全年完成教学工作量7 885学时。学院提倡教授讲授本科生课程,有16位教授参加了核心课程的授课,其中营养与食品卫生学孙桂菊教授讲授的《合理膳食与视频安全》视频课,通过了教育部精品视频公开课评审,年内将上线。学院参编国家规划教材5部,主编教材2部,在校学生的英语四级考试通过率约85%。

毕业实习是学生在校学习的重要环节,是理论与实践相结合有效途径。实习基地是实习教学工作的载体,为拓展和完善实习基地建设,学院新增加了常熟市疾控中心、宜兴市疾控中心、苏州市吴江区疾控中心作为学院教学实习基地,已分别举行了挂牌仪式。在和拉萨市疾控中心建立教学基地的同时,又和乌鲁木齐市疾控中心建立了教学实习基地,为民族生实习和就业提供了便利条件。教学实习基地的建设也得到了地方政府的大力支持,在与吴江区疾控中心签订共建协议时,区委常委、组织部部长李铭主持了仪式,在与常熟市疾控中心签订共建协议时,市卫生局副局长顾雪坤参加了仪式。

学院科研紧紧围绕年度国家自然基金项目申报开展工作,动员、策划等准备开展得早、开展得踏实。早在年初,学院邀请校领导、科研院领导来院,听取学院自然基金课题申报准备情况,同时邀请了医学院、附属中大医院、生命科学研究院等院系共同讨论项目申报,做到有的放矢,心中有数。从网上公布的评审结果来看,中标形势喜人:学院共获得5项国家自然科学基金项目、1项青年基金项目,共计6项,经费总额398万元。加上前两年获得的国家自然科学基金题,学院获得该项基金已超过20项,项目获得和经费资助均维持在较高的水平。除此之外,学院其他科研项目立项达到24个。到11月月底,学院科研经费到款总数700.8万元,同期增长率为35%。

与此同时,学院科研获奖也令人较为满意:由江苏省预防医学会主办的首届江苏省预防医学科技奖评选结果揭晓,流行病学科系主任王蓓教授、梁戈玉教授科研获二等奖、刘冉教授、卫平民教授科研获三等奖；王蓓教授获得中国流行病学会颁发的"中国流行病学优秀奖"；由浦跃朴教授任指导教师的博士学位学术论文《多壁碳纳米管的免疫毒理作用与机制》、孙桂菊教授任指导教师的博士学位学术论文《膳食因素与食管癌关系的meta分析及菊花中主要生物活性物对人食管癌Eca109细胞作用的研究》，双双获得东南大学本年度优秀学位学术论文奖。另外，浦跃朴教授本年度荣获中国科协全国委员会常委会颁发的"全国优秀科技工作者"称号。

学院有5篇论文被EI收录，SCI、SSCI收录论文62篇，被SCI、EI、Medline收录的代表性论文他引次数58次，获部委科研成果奖二等奖1项，申请专利18项，授权专利4项。

二、重点人才建设

学院注重学科人才建设，积极谋划人才引进工作。劳动卫生与环境卫生学系陈瑞教授，是学院成功引进的海归重点人才，被江苏省政府评聘为"江苏特聘教授"，同时入选中组部人才局第十一批"千人计划"之中。目前，陈瑞教授担任学院"环境医学工程教育部重点实验室"学科带头人，也是东南大学青年特聘教授之一。

三、党建及学生工作

在学校党委领导下，学院党委以"十八大"和十三届四中全会精神为指导，以开展党的群众路线教育实践活动为动力，结合学院的实际，开拓进取，为学院各项工作取得新成绩提供组织保障。

党委开展群众路线教育实践活动，把落实整改和建立长效机制有机结合起来，使活动有条不紊地进行。按照学校党委的统一部署，针对群众路线教育实践活动中群众提出的整改意见，党委认真分析，研究整改措施，并按照分工抓好落实。经过努力，群众路线教育实践活动中征集到的师生反映的七个方面主要问题，基本上得到了整改落实，得到了师生的肯定。党委还从健全长效机制出发，加强和完善了群众路线教育、转变作风等有关制度的建设。

配合行政做好"十二五"规划落实情况的中期检查，是党委的重要工作之一。对照学院制定的规划目标，逐项具体分解指标，掌握规划目标任务的落实情况，找出薄弱环节，加大措施力度。从对照检查的情况来看，学院"十二五"规划执行情况完成较好，主要的目标任务基本上按进度完成。

党委重视宣传舆论工作，营造良好的发展氛围。组织全院师生围绕"世界一流大学建设路径"，开展了专题讨论。并召开2次全院师生代表参加的座谈会，遴选6名教师作了重点发言，加深了对世界一流大学的认识，增强建设世界一流大学的信心。党委重视学院网站建设，加强信息更新，增加网站英文页面介绍，提高了学院网站的点击率。为适应新媒体时代宣传教育方式的变化，利用学院门厅显示屏、学院教职工QQ群，加强师生的思想政治教育，积极宣传中国梦以及学校党政的重要部署。注重学院文化建设，策划并组织了学院教职工业余摄影大赛，遴选出的部分优秀摄影作品予以展出，美化育人环境，陶冶师生情操。

党委贯彻执行中央八项规定，加强党风廉政建设工作。定期召开党委会和党支部书记例会,贯彻学校党委的工作部署,并结合学院的实际,研究落实措施。认真学习贯彻中央八项规定,自觉抵制官僚主义、形式主义和奢靡之风。积极开展清理小金库、购物卡等专项整治活动。配合行政,加强了科研经费使用管理和自查检查工作。认真执行教育部关于开展领导干部办公用房清理的要求,对照标准,逐一整改,现已全部调整整改到位,领导班子成员中,没有超标准使用办公用房的情况。召开了以党风廉政为主要内容的领导班子民主生活会,开展了领导班子述职述廉和群众测评,通报了执行领导干部重大事项报告制度的有关情况。

党委注重学生教育管理工作,首先从人员配备入手,加强年级辅导员队伍建设。学院原有两名专职辅导员,一位面临退休,给学院跨两校区办学学生教育管理工作带来一定困难。党委积极争取学校学生处的支持,选配了一名流动助教协助做好学生辅导员工作,"一老带一新",辅导员工作很快步入正常。

针对一、二年级新生中普遍存在专业思想不稳的问题,提倡并落实课堂教育和第二课堂活动结合,对学生进行专业思想教育,帮助学生了解学院、热爱专业、端正学习态度,增强学习动力。

为丰富在校大学生的校园生活,学院党委牵头组织策划了一系列有益活动。上半年,在学校教务处的支持下,学院承办了"东南大学大学生健康素养知识竞赛",来自机械、土木、电气、交通、医学、生医等11个代表队参加了比赛,最终,医学院代表队、机械学院代表队、土木学院代表队分获前三名。这次健康素养知识竞赛活动,在师生中反映强烈,从预赛到决赛,全校共有1 300多名大学生组成750个小组参赛。下半年,中国CDC性病艾滋病预防控制中心副主任汪宁教授、江苏省CDC性病艾滋病防治所所长还锡萍主任医师,应邀来院分别举行学术讲座,主题为"从恐惧、歧视、淡漠到关爱——中国艾滋病疫情及医学生艾滋观"和"艾滋病与大学生——江苏省青年学生HIV感染现况及防控对策"讲座,同样在大学生中得到共鸣,两位专家深入浅出的讲解,普及了专业知识,这些专业知识的储备,对医学生来说是不可或缺的。

学院鼓励学生自我管理,学生之间相互关心、相互帮助。各个年级相继成立了学习小组、生活帮扶小组,并积极开展活动。学院的本科生学习、生活在两个校区:大一新生在九龙湖校区,大二以后回丁家桥校区,面对这种特殊情况,学生会建立了"九桥线"帮扶小组,每一名高年级同学和一名低年级同学结对,形成一对一的帮扶。藏族新生格桑卓玛入学刚报到,就因为急性肾盂肾炎住院治疗,高年级同学轮流在病房里陪护,格桑卓玛同学为此深受感动。

对学生线上各类奖学金和荣誉称号的评选,学院党委制定了相应的规则:《公共卫生学院学生专项奖学金评定暂行办法》《公共卫生学院学生荣誉称号评定暂行办法》等,这些规则的出台,使评优评奖有据可依,学生清楚评优评奖条件,消除了各种猜忌和顾虑,真正做到了公平、公正、公开。

党委重视毕业生就业情况,动员全院老师参与到这项工作中去,逢会必讲,提醒老师们做有心人,把关心学生的就业作为一件大事来对待。据统计,学院本科生就业率为98.15%、硕士研究生就业率97.87%、博士研究生就业率100%,在就业的学生中有50%以上学生进入事业单位,就业质量较高。

党员发展工作是党委日常工作,也是重要工作之一,学院党委严格把握质量关,按照发展程序,成熟一个发展一个,新党员综合素质较高。从用人单位反馈的信息来看,党员在单位政治素质高、业务能力强,不少人已成为单位的骨干力量,有的还走上了领导岗位。

党委在下半年举办了第十一期业余党校,有 80 名入党积极分子参加了党校学习,并通过了考试。此外,有 50 名学生光荣加入了党组织。

四、学术交流与外事工作

本年度学院学术交流与外事活动较多,也反映了学院在同行中影响力在提高,比较重要的活动有:加拿大曼尼托巴大学公共卫生学系蒋德鹏教授应邀来我院进行为期 6 个月的访问和研究。蒋德鹏教授是学校首位获得教育部"春晖计划"项目资助的海外留学人员,他在学院期间还将参与研究生的教学工作。

四月,院长尹立红教授、院长助理金辉副教授应邀赴西藏民族学院交流。西藏民族学院位于陕西咸阳,是西藏自治区与国家民委共建的高校,也是东南大学对口援助的高校。尹立红院长、金辉院长助理与该校领导、学术骨干进行了座谈、交流,尹立红院长重点介绍了学院在公共卫生人才培养模式及课程建设方面的特色。会后,院长助理金辉副教授为该院师生作了"循证医学实践与研究进展"的主题报告,受到师生的欢迎。

十月,美国乔治城大学医学中心主任 Dr. Robert Clarke、生物统计及生物信息生物数学系主任 Dr. Ming Tan 一行四人来院参观访问及学术交流。院长尹立红教授代表学院对美国客人来院表示欢迎,刘沛教授陪同客人参观了教研室,学院相关学科的教师与美国客人进行了学术交流。

(公共卫生学院　孔房祥)

马克思主义学院

2014 年,我院按照"教学为本、科研为基、立德为先、争创一流"的建院理念,在校党政领导与支持下,扎实开展各项工作,在思想政治理论课教学改革与建设、学科建设与科学研究等方面取得了多项历史性突破,实现了建院之初提出的"三年初见成效"的预期目标。

一、以社会主义核心价值观为引领扎实推进教育教学改革

1. 教学工作量饱满、教学质效稳步提升

我院承担了 4 门思想政治理论课的本科教学工作,平均每位教师承担 4 个教学大班的本科教学任务,另有 14 位老师开设了 22 门研究生课程。全年无教学事故,以社会主义核心价值观为引领的教学改革持续推进,教学秩序井然,教学效果进一步提升。

我院绝大部分教师超额完成本科教学工作量。2014 年,我院承担并开设了全校本科生"中国近现代史纲要"(32 课时)、"毛泽东思想与中国特色社会主义理论体系概论"(48 课时)、"马克思主义基本原理概论"(48 课时)、"思想道德修养与法律基础"(48 课时),其中"中国近现代史纲要"总课时数 1 312,教学大班 41 个,平均每班 97 人,9 位教师平均每位教师上 146 课时;"毛泽东思想与中国特色社会主义理论体系概论"总课时数 1 584,教

学大班 33 个,平均每班 119 人,9 位教师平均每位教师上 176 课时;"马克思主义基本原理概论"总课时数 1 872,教学大班 39 个,平均每班 115 人,平均每位教师上 144 课时;"思想道德修养与法律基础"课程我院有 4 位专职教师承担教学任务,总课时数 672,教学大班 14 个,平均每班 78 人,平均每位教师上 168 课时。

2. 省级"示范点"建设顺利通过项目中检

目前,四门课程的教学内容改革方案设计主体工程已基本完成并进入实施,高水平价值研究、专题式研究型教学、网络自主研学、实践体验的"四位一体"式大学生核心价值观教育模式已基本形成。已有 8 位教师开展示范课教学。2014 年 10 月,项目进展得到评审专家和兄弟院校的高度评价和认可,顺利通过中期检查,明年准备以"优秀"等级结题。

3. 建立 3 个社会主义核心价值观实践教学基地

2014 年思想政治理论课实践教学模式取得实质性进展,在秦淮区人民政府瑞金路办事处、建邺区人民政府南苑办事处和江宁区紫金科技创业特别社区管理委员会建立"东南大学社会主义核心价值观实践教育基地",校教务处领导出席基地揭牌仪式并给予高度评价,指出该基地建设是东南大学文科院系本科实践教学的创新之举。

4. "核心价值观及其教育教学"社会影响力持续攀升

2014 年 4 月,在"山西省高校'马克思主义基本原理概论'教师高级研修班"上,"山西省高校思想政治教育师资培训基地"在我校落成;6 月"东南大学马克思主义学院教学科研基地"在宿迁市委党校挂牌成立;7 月成功举办"宿迁市党校系统马克思主义理论研修班";11 月,由江苏省委宣传部干部理论教育讲师团主办的"江苏省高级政工师研修班"在我院顺利举行。

5. 一位教师被评为"全国高校思想政治理论课教学能手"

2014 年 5 月,在全国高校思想政治理论课教学指导委员会和《思想理论教育导刊》编辑部主办的"高校思想政治理论课教师 2013 年度影响力人物"评选活动中,袁久红教授被评为"2013 年度高校思想政治理论课教师百名影响力提名人物";11 月,在全国高校思想政治理论课教学指导委员会开展的"社会主义核心价值观教学展示活动"中,袁久红教授被评为"全国高校思想政治理论课教学能手"。我院教师刘波撰写的论文《大学生社会主义核心价值观教育生活化的路向与机制》,喜获全国高校"思想道德修养与法律基础"课教学研究百题(第二期)征文"优秀奖"。

二、学科建设与科学研究成效显著

1. 举办"第五届中国特色社会主义论坛",成立东南大学"中国特色社会主义研究中心"

10 月 31 日—11 月 1 日,由求是杂志社《红旗文稿》编辑部、教育部《思想理论教育导刊》编辑部和我校主办,马克思主义学院承办的"第五届中国特色社会主义论坛"成功举办。本次研讨会以"依法治国与实现国家治理体系和治理能力现代化"为主题,汇聚了全国120多位专家学者,求是网全程网上文字直播,光明网、中国社会科学网、江苏卫视公共频道等媒体进行了报道,取得了强烈的政治影响和社会影响。

此次论坛上还举行了"东南大学中国特色社会主义研究中心"成立揭牌仪式,学院还以该中心为基础申请了江苏省中国特色社会主义理论体系研究基地。

2. 马克思主义基本原理专业博士后流动站获批设立

在学校领导和人事处的大力支持下,今年马克思主义理论学科建设获得了新的突破,该专业经人力资源社会保障部(人社部发〔2014〕60号)批准设立博士后流动站,成为我校30个博士后科研流动站之一。

3. 科研立项19项,出版专著12部,发表论文75篇

新立项各类项目计19项,其中教育部课题立项1项,省级重点课题2项,省级规划课题2项,厅局级项目8项,校级6项,科研立项经费95.1万元。出版专著12部,包括《社会主义核心价值观研究——自由篇》《科学发展观的价值维度》《马克思主义原理中的价值议程》《建构社会主义核心价值认同的历史记忆维度》等。发表论文共计75篇,其中CSSCI论文54篇,一般期刊论文21篇,部分论文在《马克思主义与现实》《宗教学研究》《思想理论教育导刊》等权威期刊发表。

4. 荣获10项科研成果奖,其中省部级一等奖1项

袁久红著作《社会主义核心价值体系的中国灵根》获得江苏省第十三届哲学社会科学优秀成果一等奖,袁健红老师的专著和刘波(男)老师的专著分别获得三等奖。我院4位老师的研究成果获江苏省第九届高校哲学社会科学优秀成果奖,其中一等奖1项;2位老师的论文分别获得全国思想政治教育研究会纪念思想政治教育学科设立30周年优秀成果二等奖、三等奖;叶海涛牵头申报的项目获得省"社科应用研究精品工程"优秀成果二等奖。

5. 举办"生态价值观与后现代中国发展"学术沙龙

由东南大学社会科学处主办、江苏省自然辩证法研究会合办,东南大学马克思主义学院和中国特色社会主义与建设性后现代研究中心承办的"生态价值观与后现代中国发展"学术沙龙于12月12日成功举行。该沙龙汇聚了中国社科院、南京大学、东南大学、南京农业大学等省内外十几所高校和研究机构的专家学者,此次沙龙讨论观点鲜明,思想交锋激烈,专家点评抓住问题核心,是一次非常成功的研讨会。

6. 举办系列讲座"思想的力量""我们的价值观"共13期

本学年举办了6期"思想的力量"系列讲座,分别邀请了南开大学王南湜教授、南京大学张亮教授、最高人民法院胡云腾教授、中国人民大学杨耕教授、南开大学逄锦聚教授、凤凰出版集团马渭源教授等学者作主题发言。"我们的价值观"系列讲座则举办了7期,分别邀请了中国社会科学院肖显静教授、宿迁市委党校常务副校长张惠春教授、江苏师范大学陈延斌教授、西藏民族学院杨维周教授等作学术报告。

三、着力加强研究生培养与管理

1. 毕业博士 10 人,硕士 16 人,招收博士 11 人,硕士 20 人,3 位博士生获"江苏省研究生培养创新工程"项目

我院朱蕾和文苑仲分别以项目"从认知到体验——探析生态文明教育的实践路径"和"当代国外马克思主义美学思潮"入选江苏省 2014 年度普通高校研究生科研创新计划项目(省立省助),杨文燮凭借项目"制度创业视阈下高校创业教育模式的构建路径探究"入选江苏省 2014 年度普通高校研究生科研创新计划项目(省立校助)。另外,本年度 13 名博士研究生顺利完成毕业论文答辩工作。

2. 新建 1 个"江苏省人文社科研究生工作站"

我院与省委宣传部干部理论教育讲师团合作设立了"江苏省人文社科研究生工作站",并签署了人才培养、课题研究、全省政工师培训等全面合作协议。这是继张家港市委宣传部之后的第二个省级研究生工作站。2014 年选派 3 名马克思主义理论和政治学专业优秀硕士生驻站,并围绕马克思主义大众化等理论课题开展研究工作,为全省讲师团系统开展好理论宣讲工作提供理论支撑。

3. 牵头举办"社会主义核心价值观"系列宣传月活动

由我院牵头,与校研会宣传部、材料学院、艺术学院等联合举办"社会主义核心价值观"系列宣传月活动。经院研会倡议成立"湖思读书会",自 11 月成立至今已举办 6 期读书会。

四、稳步推进队伍建设与学院管理

1. 引进 3 名人才,加大培训力度

本年度引进了 3 名博士到我院工作,已有 2 名教师完成了入职报到,还有 1 名预计 2015 年初入职报到。累计派出 13 人次参与各类培训,如教育部新修订教材培训、2014 年全国思想政治教育学术研讨会、2014 全省高校哲社科骨干研修之第 40 期思政课专任教师研修班、2014 省教育厅组织高校思政课教师暑期培训。特别值得一提的是叶海涛、杨洋两位老师经过选拔参与了东南大学教师教学发展中心组织的东南大学—里海大学新生研讨课交流,有助于教师更广泛地学习经验改善教学。

2. 实施绩效考核办法,加强制度化建设

对照执行《马克思主义学院教师综合考核及奖励性绩效津贴分配办法》,加强日常考勤,严格工作纪律,学院风正气清,走上了制度化发展的"新常态"。

3. 促进学院"软硬件"更新,提高综合管理水平

依据校通知做好院行政领导班子换届,在巡视检查工作组指导下,经过民主选举产生新一届领导班子,袁久红担任院长,盛凌振担任副院长。新一届领导班子给学院带来新鲜血液,将为学院增添希望,带领师生共同应对挑战、书写辉煌。

推进群众路线教育实践活动,积极整改落实活动中排查出的问题。致力解决两大问题:学院图书资料室的整理开放;各教研部办公室调配和办公设备配置。硬件条件改善,为师生学习和研究创造了一个基本条件。

(马克思主义学院　沈晓婷)

吴健雄学院

截至2014年年底,吴健雄学院现有学生484人,电子信息类强化班278人,机械动力类强化班88人,高等理工实验班118人。吴健雄学院在学校各级党政领导的关心和指导下,深刻领会贯彻十八大精神,落实群众路线教育实践活动的各项整改措施,着眼于新形势下拔尖创新人才的培养任务,加快推进内涵式发展,全面提高人才培养质量。

一、党建与思想政治工作

学院积极落实群众路线教育实践活动的整改措施,认真学习贯彻党的十八大和十八大历次全会精神,完善人才培养的各项举措。学院党总支认真贯彻执行《中国共产党普通高等学校基层组织工作条例》,遵循"控制总量、优化结构、提高质量、发挥作用"的十六字方针,不断加强基层党组织建设,立足于教育和培养,做到"成熟一位发展一位"的原则,努力做好党员发展工作。在学院党总支的统筹安排下,共组织71名入党积极分子参加了学院第十一期发展对象培训班;37名预备党员参加了学校第十七、十八期预备党员以及新生党员培训班;共发展预备党员26名,转正32名。第二学生党支部组织开展的主题为"志愿服务,践行社会主义核心价值观"的活动荣获校最佳党日活动三等奖。

二、行政管理与教学工作

2014年3月,在学校相关部门多轮研讨的基础上,颁布了校发〔2014〕62号文《关于加强吴健雄学院人才培养工作的若干意见》,对加强领导、新生遴选、学生培养与管理、授课教师遴选、国际交流等方面给出了指导性意见,对学院的人才培养工作给予政策上的保障。

按照学校的部署,在学校巡视督导组的指导下,顺利完成学院行政领导班子的换届工作,李爱群同志任吴健雄学院常务副院长、况迎辉同志任吴健雄学院副院长。

拓展人才培养模式,构建生命科学拔尖人才计划。联合我校生命科学研究院、生物科学与医学工程学院、化学化工学院、医学院等单位,在2014级新生中首次实施"生命科学拔尖人才计划",依托高等理工实验班个性化培养模式,进一步以精英化、国际化、研究型为特色,探索交叉学科拔尖人才培养。

成立"机械动力类人才培养工作组",共同关注和引导机械动力类强化班改革与建设。

加强与任课教师沟通交流,提升课程教学质量。分别组织了新任课教师交流会、任课教师教学改革交流会及特色人文课教师项目实施交流会。

及时跟踪项目进展,推进教学改革。进行了数学、物理、思政系列课建设项目的结题验收。

加强交流研讨,促进学习型管理团队建设。本年度先后赴上海交大致远学院、创业学院,上海交大—巴黎高科卓越工程师学院,西安交大拔尖人才培养办,西北工业大学教育实验学院等单位调研学习;积极探索"拔尖创新人才领导力培养平台"和"国际化培养平台"的建设。

三、导师制与课外研学工作

借助导师制平台,2014年学生立项国创、省创、基于教师科研的SRTP项目(简称三类项目)20项;立项校、院级SRTP 33项;结题验收三类项目18项,优良率66.7%(优5、良7、通过6),校院级SRTP 32项,优良率43.8%(优5、良9、通过18);发表各级学术论文28篇,申请发明专利6项,获得省级以上学科竞赛65项127人次,较去年有大幅度增长。

四、国际化工作

新增香港科技大学电子与计算机系博士优先录取项目、吴健雄学院—悉尼大学电子与信息工程学院3+2联合培养项目以及欧盟INTACT本科生交换学习项目,截至2014年年底我院签署的国际交流项目增至5项。

于10月分别聘请法国雷恩一大和德国慕尼黑大学教授开设2门工程研讨课。

本年度共有33名学生赴外游学,其中10名同学参加学术年会,20名同学交换学习,3名学生暑期游学;接纳华盛顿州立大学荣誉学院1名学生来我校建筑学院交换学习。

五、学生工作

2014年在学生工作方面重点倡导"奉献、友爱、互助、进步"的志愿服务精神。在首个国家公祭日前夕,学院组织志愿者到南京民间抗日战争博物馆开展了以"铭记抗战历史,弘扬爱国精神"为主题的义务讲解,并进行青年志愿服务基地授牌仪式;与雨花台区铁心桥街道定坊社区进行志愿者服务基地的共建结对工作;学院有二十多名同学参加了青奥会志愿服务工作;参加学校"社会主义核心价值观主题围合建设",承担校内"志愿者之家"的建设工作。

此外,学院在第56届校田径运动会上蝉联乙组团体总分第1名,获体育道德风尚奖。在校第六届全运会上获得乙组团体总分第一名,并获得优秀组织奖和群众体育先进院系等荣誉。在2014年校心理工作总结评选中被评为校优秀心理工作单位,在"助学·筑梦·铸人"的征文活动中获优秀组织奖。

全年共有132人次获得各级各类荣誉称号,85人次获得各类奖学金,38人次获得国家及社会的资助,其中省级及以上荣誉称号2项。

六、招生与毕业

继续沿袭2013年的体验夏令营的新生选拔模式,并新增英语写作、体能测试、心智测试等环节考察学生综合素质,体现了人才培养对学生全方位、多角度发展的重视。共选拔新生140人,其中少年生20人,少年生独立编班并配备专职班主任全面管理。

2014届毕业生就业率98.65%,继续深造比例为75.42%,其中国内读研62人,出国24人,就业27人,继续深造比例稳步在75%左右,出国深造比例首次突破20%;2014届获评优秀毕业生8名,最具影响力毕业生1名,提名奖1名。

(吴健雄学院 李 媛)

海外教育学院

2014年,海外教育学院以学校国际化发展"稳定规模、提高质量、树立品牌"的总体战略为目标,以"整章建制,建立内控制度,全流程管理"为工作思路,将"质量控制"这一指导思想贯穿学院工作,坚持改革创新,继续使我校的留学生教育工作保持稳定发展。

一、招生工作

截至2014年12月,在校学习的来华留学生人数达到1 656人。其中学位留学生1 219人,占总人数的73.6%,在江苏省排名第一;留学研究生从上年的330人增至414人,增25.5%,占学历生比例上升到34%,在全国高校中名列前茅;在校学习的非学历生83人,短期团组100人。2014年,医学院、经济管理学院、建筑学院的留学生新生人数仍保持显著增长,研究生新生增长人数排列在前的学院是医学院、经济管理学院、建筑学院、人文学院、交通学院和土木工程学院。

2014年我院参加了印度尼西亚、泰国和捷克三国教育展,参加了美国两所孔子学院教育推广。

配合国家留学基金委的工作,及时处理奖学金生的申请材料;上报自主招收研究生招生的情况和信息;持续推进巴西"科学家无国界项目";充分发挥江苏省茉莉花奖学金、南京市政府奖学金和校长奖学金在招生中的作用。

加强与优质中介的合作,优化在线申请系统,实现了所有自费生在线申请。

2014年我校交流生/学分生为50人,比2013年有所增加。继续加强与学校国际合作处、有关院系和国外友好院校的合作,规范交流生的申请流程、及时录取。

2014年短期团组达100人,生源来自德国、白俄罗斯、日本、西班牙和澳大利亚等国家。

二、教学教务工作

2014年度共有103名留学生顺利完成学业,获得专业学位。其中获得学士学位69人,硕士学位29人,博士学位5人。

2014年,海外教育学院会同医学院对即将进入临床医院实习的本科英文班和中文班留学生进行了临床实习要求和规定教育,明确其实习目标;会同校教务处、研究生院,就我校外国留学学历生(本、硕、博)已有的学位授予办法,结合实际情况作出必要的补充和建议,提出补充意见,提交校学位委员会审议。

2014年12月,会同校教务处和我校14个院系,举办了"2014东南大学来华留学本科生学籍与教务管理工作研讨会",讨论了中文授课本科留学生的报到、选课、转专业、学籍预警、毕业审核及学位上报流程,交流生的成绩单出具及离校流程等事项。

2014年12月,联合校图书馆针对我校250多名硕、博学历留学研究生举办了首届"如何利用图书馆资源及服务"专题讲座。

三、留学生管理工作

建章立制,完善管理。编制了"东南大学来华留学示范基地中长期发展规划"并上报教育部;将《留学生生活指南》和《留学生管理规定》进一步修订和完善。

完成了2014年高等教育事业基层数据统计工作;配合学校财务处,完成了教育部"来华留学经费管理专项检查"工作。

完成了各类奖学金评选、审核管理和发放工作。为鼓励留学生积极参加校园活动和社会公益活动,设立并颁发了"2014年度东南大学留学生单项奖"。

协助国家留学基金委,承办了"2014年CSC奖学金博士生联谊活动"。

为配合2014年"青奥会"的召开,协助"青奥组委"完成了青奥火炬网上传递为主题的留学生视频采录工作;协助"青奥组委"和"浦口中专团委",进行了"同心结"系列活动。组织留学生参加了"东南大学建校112周年庆祝大会";10月前后,先后组织学生参加了"金陵图书馆艺术节"和"同乐金陵"活动。

参加了3月份南京市玄武区外管工作会议,获得了"玄武区外管工作先进单位"的荣誉。

四、对外汉语教学和科研工作

2014年,学院汉语中心开设了31个班级和32门课程,为全校硕士和博士留学生开设了"科技汉语""中国概况"2门必修课程。

发表学术专著1部,学术论文5篇。

获得科研基金立项7个。江苏省社会科学基金重点项目1项;国家社科基金1项;教育部人文社科项目1项;其他4项。

举办了"全球化中的教育、经济与文化融合国际研讨会"。

五、孔子学院工作

2014年,学院以《孔子学院发展规划(2012—2020年)》的重要发展指标为导向,工作取得了显著的进步。

12月7日至8日,第九届孔子学院大会在福建厦门国际会议中心举行,由我校与美国达拉斯德州大学合作共建的达拉斯德州大学孔子学院在本届大会上荣获了"2014年度先进孔子学院"称号。

庆祝孔子学院日暨十周年活动

2014年9月27日全球孔子学院建立十周年暨首个全球"孔子学院日"来临之际,由东南大学孔子学院工作办公室组织举办的孔子学院十周年纪念——"东南大学中外学生青奥村文化交流行"活动成功举办。23名来自美国、白俄罗斯等10个国家的孔子学院奖学金生及20多名中国学生参加了此次活动。

2014年3月26日,田纳西大学校长特别代表Lee Riedinger教授访问了我校。我校浦跃朴副校长会见了Lee Riedinger教授。我校交通学院副院长黄晓明、能源与环境学院副院长陈晓平、电气学院副院长高山与Lee Riedinger教授进行了深入的交流,并就两校联合培养博士生达成了初步意向。

2014年4月,浦跃朴副校长、国际合作处、外语学院、海外教育学院等单位负责人到访美国田纳西大学与美国达拉斯德州大学。双方举行了正式会谈,就未来全面合作交流事宜进行了探讨,回顾并展望了孔子学院的成果与未来。

2014年10月27日,美国田纳西大学教务长Susan Martin教授一行8人参观访问了我校东南大学—蒙纳士大学苏州联合研究生院。浦跃朴副校长以及国际合作处、教务处、海外教育学院等单位负责人参加了会见。浦跃朴副校长与Susan Martin教务长听取了田纳西大学"孔子学院"近期的情况汇报,双方对"孔子学院"2014年的工作表示肯定,对2015的工作进行了安排。

孔子学院建设工作

2014年2月,我校艺术学院张乾元教授,由孔子学院总部派遣,赴达拉斯德州大学孔子学院担任中方院长,外语学院研究生卢绪梅、郑听雨赴白俄罗斯明斯克国立语言大学担任志愿者教师。

2014年4月,白俄罗斯明斯克国立语言大学孔子学院外方院长Larysa Tryhubava一行9人到访东南大学。我校副校长浦跃朴与来访客人就双方的长期合作与发展进行了座谈交流,希望两校能再接再厉,选派更多的白俄罗斯学生来到东南大学攻读汉语语言课程和学位课程。我校海外教育学院院长邱斌与孔子学院外方院长Larysa教授进行了深入的探讨,就孔子学院的中长期发展方案提出了系列建议。

2014年7月25日至8月6日,国家汉办第三期白俄罗斯明斯克国立语言大学孔子学院夏令营在东南大学举行。

2014年12月7日由美国达拉斯德州大学孔子学院汉语教师王晨女士率领的达拉斯教育工作者代表团一行9人来访。代表团在华期间访问参观了北京孔子学院总部/国家汉办、南京师范大学附属中学江宁分校和南京市第一中学。

2014年10月,我校外语学院副教授盛雪梅老师,赴田纳西大学孔子学院执教,人文学院硕士研究生朱琳同学续任于美国田纳西大学孔子学院PSCC孔子课堂。

2014年10月,外语学院吕琴老师赴美国达拉斯德州大学孔子学院执教。

(海外学院　张小平)

东南大学无锡分校

2014年无锡分校继续紧紧围绕"三高一平台"的发展定位,积极和地方政府及相关企业紧密联系,努力推进各项工作。

一、人才培养工作

1. 本科生培养

(1) 修订完成了2014级无锡分校本科人才培养方案,对专业课程的教学内容和组织形式进行了适当调整与完善。

(2) 积极开展"科研与工程实践"教学活动,依托无锡地区集成电路产业发展得天独厚的特色优势,提高了学生的工程实践认识和提升了他们对IC专业方向理论课程的学习兴趣。

(3) 常规工作井然有序。精心组织了2014级学生的毕业设计工作,公开、公平、公正地完成了推荐免试研究生工作。

2. 研究生培养

(1) 进一步加强校企结合的力度,围绕课程体系、实践体系两块内容进行改革,新增4门企业课程。

(2) 重视论文的规范和质量。组织了2012级校庆论文报告会,同时还组织了针对12级研究生的论文撰写规范宣讲。

(3) 日常教学规范运行,在实践环节计划、专业外语考核、开题与中期检查、论文答辩等实践环节中积极配合学院做好通知、检查和材料梳理工作。

3. 继续教育培养

开设了社会急需的电子科学与技术、电子信息工程、土木工程、工程管理4个成人专升本专业。本年度共有在册学生179名。14级有58名新生注册报到,12级有58名同学顺利毕业。

4. 加强国际交流

积极鼓励师生参加国际交流。凌明同志在加拿大做访问学者;资助4名学生(3名本科生,1名研究生)参加了"2014年早稻田IPS学院研讨会"。

5. 营造良好校园氛围

(1) 开展多种形式的校园文化活动,定期邀请企业家、科研专家、教授等开设讲座,年度累计讲座14场次。

(2) 组织开展多种文体活动,"新生杯"篮球比赛、羽毛球比赛、第四届"何乐不为"乐在东大系列活动,第三届"无线电寻宝比赛"等活动。

(3) 扩展学生的学术视野,以"崇尚学术探索追求科学真知"为主题举办学术节,在3个多月的时间里举行了2个竞赛、研究生学术报告会和4场学术讲座。

(4) 组织学生进入华润上华和微软无锡技术中心等生产科研第一线参观学习等内容丰富的学术科研和实践活动。

6. 重视就业工作

(1) 聘请专家和校友来校讲座,帮助同学们了解专业现状和就业形势,做好应聘准备。

(2) 毕业生工作有序进行,截至2014年11月份,分校12级研究生就业率达95%,11级本科生为25%(其中未就业的有37人准备考研或出国)。

二、科研与科技成果转化工作

1. 积极组织项目申报

申报国家"863"前沿引导性项目"低功耗近阈集成关键技术"并获批;组织申报江苏省自然基金面上项目10项,获批省自然基金项目4项;与江苏智联天地科技有限公司联合申报江苏省成果转化项目1项;申报无锡市海智示范项目1项;组织验收了江苏省自然基金项目1项。

2. 加强基地建设与管理

(1) 积极配合江苏产业技术研究院专用集成电路研究所建设工作。

(2) 完成了无锡市科技局、财政局组织对"东南大学无锡分校产学研合作专项"和"东南大学传感网技术研究中心"的相关检查。

(3) 开展"无锡太湖水环境工程中心"结题验收工作和"东南大学传感网技术研究中心"验收工作等。

3. 促进校企合作交流

(1) 与江苏振发新能源科技有限公司商谈建立校企联合中心有关事宜;与晶源微电子、思瑞德科技、振发新能源、国动网络等建立产学研合作关系。

(2) 与江苏省特种设备安全监督检验研究院无锡分院等单位进行合作交流。

(3) 与以色列国家技术转移中心等国外专家交流合作项目。

4. 积极组织专利申报与资助申请

协助科研平台进行专利申请工作,根据"无锡市专利资助经费管理办法"完成市、区级资助申报,共有专利217件,发明授权49件,实用新型授权3件,发明161件,实用新型4件,总计申请各类资助63.05万元。

5. 进一步完善设备与资产管理

（1）严格按照学校规范，设备及工程管理方面采取先审批、后购置的方案。

（2）协助各科研平台完成设备的招投标及采购、验收、建账流程，大大缩短了设备建账及报销的流转时间。

三、党建与行政管理工作

1. 重视党建工作

积极营造重视学习、崇尚学习的浓厚氛围，加强党员的教育管理，增强了党支部的凝聚力、战斗力和创造力。本年度分校共发展新党员14名，预备党员转正18名，发展积极分子35人。

2. 重视宣传工作

充分拓展对外宣传渠道，有7篇新闻采访分别被中央教育电视台、无锡市教育电视台播出，并被刊登在学校网站主页上；围绕着"社会主义核心价值观"等主题出好展板，做好内宣；注重强化网络、微博等新媒体的宣传以及图片新闻的影响力，及时更新内容，并做好网络监管。

3. 完善分校基础设施建设

完成了图书馆电子阅览室、楼宇光纤互通等工程；完成了校园监控的安装工程；完成了录播教室的建设工程以及实验室成果展厅建设；协助相关科研平台完成了电力增容改造工程、实验室水电改造工程、办公室改造工程等。

4. 重视支撑保障工作

分校重视图书馆建设，目前馆藏图书达到37 430册。重视后勤保障工作，督促餐饮企业保证食品质量和花色品种；改善了分校及科研平台教师的住宿环境；改造了学生和教工活动中心。积极开展摄影大赛、羽毛球比赛等丰富多彩的职工活动。

（无锡分校　江　璐）

东南大学成贤学院

一、概况

全院教职工总计746人，其中，专任教师555人，行政人员152人，教辅人员36人，工勤人员3人。另外，聘请校外兼职教师38人。专任教师中，具有正高级职称的72人，副高级职称的233人，中级职称的217人，初级职称的33人。

全院共设有6个党政管理部门：党政办公室、组织人事部、教学部、学生工作部、财务与资产管理部、后勤管理部;7个直属单位:教育技术中心、图书档案馆、电工电子实验中心、高等教育研究室、保卫办、招生与就业办公室、教师发展中心;8个系和1个部:计算机工程系、电气工程系、电子工程系、土木工程系、经济管理系、机械工程系、建筑与艺术系、化工与制药工程系和基础部。开设专业31个,在校生9 865名。

二、党建工作

1. 党的组织建设

组织全院师生深入贯彻党的十八届三中、四中全会精神,掀起学习习近平总书记重要讲话精神新高潮。制定《东南大学成贤学院学习日制度》,确定每月的第二个星期三下午为全院学习日,全面提升广大教职工的思想素质和业务能力。在学院基层党组织中实行主题教育"最佳党日活动"长效制度。学院1个党支部获得东南大学2012—2013学年"最佳党日活动"三等奖,11人被授予东南大学优秀共产党员称号,6个基层党支部被授予东南大学先进基层党组织称号。

2. 党的思想政治建设

在东南大学党委的领导下,更加扎实有效地开展党的群众路线教育实践活动整改落实工作。认真加强作风建设,落实党员领导干部联系(部)工作制度,完善科学民主决策等制度及相关议事规则。召开以"严格党内生活、严守党的纪律、深化作风建设"为主题的院、系两级领导班子民主生活会,深入探讨院、系建设和改革与发展思路。

3. 党员队伍建设

召开党建工作座谈会,着力建设一支素质优良、结构合理、规模适度、作用突出的大学生党员队伍。认真做好新形势下党员发展与管理工作,始终把好发展党员的质量关。全年发展党员300名,预备党员转正320名,4名预备党员被延长预备期,3名不合格党员被取消预备党员资格。举办入党积极分子培训班2期,预备党员培训班1期。加强组织机构和干部队伍建设,做好11个中层干部职位的试用期考核、任命工作。

4. 完善纪检监察工作

根据新时期、新形势、新任务对纪检监察工作的要求,做好纪检监察工作和反腐倡廉建设。严格执行中央"八项规定",杜绝"四风",厉行勤俭节约,严格执行廉洁从政各项规定。完善信访工作,及时办理、回复院长信箱来信326条。

5. 加强宣传阵地建设

保持良好的对外宣传势头,积极探索对外宣传的新形式。学院全年对外宣传发稿50余篇。以《成贤报》《成贤快讯》和校园网作为宣传窗口,进一步增强信息透明度和公开化。全年共刊发《成贤报》7期、《成贤快讯》37期。启动筹备学院官方微信的前期工作。

6. 工会工作

学院工会围绕学院中心工作,履行工会职能,团结广大教职工,积极开展各种有益于教职工身心健康的活动。做好学院党委密切联系教职工的桥梁纽带,热情为全体教职工服务。广泛征集学院一届五次教代会提案,切实了解教职工普遍关心的问题。

7. 共青团工作

院团委始终坚持以党建带团建,加强团组织建设。做好"团内推优"工作,推出593名积极分子参加党校培训。开展以"分享青春,共筑中国梦"为主题的团日活动、以"为祖国勤学修德、以实践明辨笃实"为主题的社会实践活动等系列活动。学院团委以优异表现荣获第二届夏季青年奥林匹克运动会先进集体称号。

三、行政工作

1. 完成2014年事业单位、教育发展基金会和民办高校等年检工作,完成教育部高等教育事业统计报表、全省教育现代化建设监测工作数据上报工作。
2. 召开东南大学成贤学院第二届董事会第十三次会议。
3. 修订《东南大学成贤学院教职工考核办法(试行)》。在2013—2014学年考核中,25位同志获考核优秀,238位同志获考核合格。
4. 1名骨干教师被确定为2014年度高校"青蓝工程"优秀青年骨干教师培养对象,2名教师被确定为2014年度高校"青蓝工程"中青年学术带头人培养对象。1名教师晋升为教授,1名教师晋升为副教授,26名教职工通过中级专业技术职务任职资格评审认定。9位管理人员由二级职员晋升为三级职员。
5. 健全教学督导专家队伍,督导专家组累计听课269次。选拔5名优秀青年教师作为访问学者到东南大学访学培训。组织教学沙龙10期,以教学沙龙为载体,搭建教师互动交流平台。注重教师工程实践培养,40名教师暑期赴企业参加工程实践。
6. 截止到2014年12月31日,全院共有全职人员335人,2014年新进人员22人。
7. 完成了全院人事代理人员的社会保险及住房公积金的转移、缴纳、基数调整及公积金提取等相关工作。
8. 数字化校园一期工程建设基本完成,建成标准化考场25套。

四、教学工作

1. 在江苏省独立学院专业抽检评估中,环境设计专业最终以20个二级指标全部为A的优异成绩位列全省第一。
2. 建筑学专业顺利通过省学位办的学士学位授予权评审。
3. 1部教材获批江苏省高等学校重点建设教材。
4. 全院教学研究与改革项目39项,立项数历年最高。
5. 成功申报国家自然科学基金1项、省教育厅高校自然科学研究项目3项,获批2014年度高校哲学社会科学研究基金、江苏省社科应用研究精品工程课题、江苏省现代教育技术研究课题、东南大学基本科研业务费基金人文社科基础扶持项目立项共17项。

6. 确定江苏省高等学校大学生实践创新训练计划项目立项30项,院级立项40项。

7. 积极推进专业综合改革,拟先行试点的专业材料准备基本完成。

8. 完善各项规章制度,制定《东南大学成贤学院考务相关工作规定》《东南大学成贤学院实验与实验室管理条例汇编》《东南大学成贤学院教师评学办法》等。

9. 在东南大学化学化工学院的大力支持下,成立了化工过程研究所、制药工程研究所、化工新材料研究所和东大成贤—江海科技联合研发中心,并已正式运行。

10. 推进现有"3+1"校企合作办学项目以及专业共建校企合作项目,新增校外实习实训基地9个,目前学院校外实习实训基地总数已达143个。

11. 与杭州地铁签订校企合作联合培养协议,组建订单班2个。

12. 首次开设 MOOC 课程,开启了素质教育类课程教学方式和管理新模式的改革尝试。

13. 再次选拔22名学生到东南大学学习一年。

14. 2014届毕业生中,共有21个专业2 189名学生获得学士学位。

15. 3篇毕业设计(论文)获优秀毕业设计(论文)三等奖,1个团队获优秀毕业设计(论文)团队。

16. 学生在国家和省级竞赛中获得国家一等奖4个、国家二等奖3个,获奖220人次,获奖团队31个。

五、学生工作

1. 录取"专转本"考生340人,其中4个专业分数位居全省同批次专业第一。录取"高起本"考生共2 500人,学院在江苏省文理科专业全部列入本二批次招生,理科录取分数线超本二省控线9分、文科超本二省控线6分。学院荣获江苏省教育考试院网上咨询宣传优秀单位称号,并再次被评为"最受欢迎的本二院校"。

2. 在江苏省教育厅就业检查中获得好评成绩。成立东南大学成贤学院大学生就业、创业指导站。有263名同学被国内外著名高校录取为硕士研究生,其中28名同学考入东南大学攻读硕士学位,考研率达11%,年终就业率96.39%,一大批毕业生被中煤科工集团南京设计研究院、中铁十四局集团、长江南京航道局、中国工商银行等大型企业录用。南京、杭州、合肥地铁录用我院毕业生93人。

3. 荣获江苏省先进集体4个、优秀学生干部4名、三好学生5名,评出国家奖学金4名、国家励志奖学金150名。

4. 2013—2014学年门诊医疗费用报销共计1 719人,占参保总人数的18%,全年共计报销费用为28.74万元。

5. 心理咨询室共计接待来访学生272人,学生家长13人,心理危机干预3人。

6. 2014年用于资助家庭经济困难的学生费用约306.9万元,其中发放国家助学金231.9万元,发放励志奖学金75万元,校内解决勤工助学岗位281个,勤工助学资助经费44.8万元。学生资助工作获江苏省学生资助管理中心高校学生资助绩效考核良好等级。

7. 荣获东南大学运动会男子、女子和团体总分三项第一名的骄人成绩,连续三届蝉联本项赛事冠军。

六、其他工作

1. 开展财务检查工作,通过国家税务局采购国产设备享受增值税退税的资格认定。进一步完善对财务票据、基建等款项支付的要求,新增和修订了固定资产及低值耐用品的相关管理规定。

2. 在学生、教工宿舍和教室新装空调583台,完成一食堂装修升级,启动桃园九舍改造,启用新式开水炉。新植高杆女贞等苗木共计440余株,重点改造绿化华罗庚馆后山。加大力度优化办学条件和环境,为师生提供满意服务。

3. 图书档案馆共完成1.46万种3.24万册图书的预订,以及3.08万册图书的采购、加工、典藏入库图书工作。举办第二届读书节,完成接待读者45.22万人次,借还书量7.97万册。

4. 切实做好政保、治安安全、防火安全、交通安全、学生户籍等各项工作,建立健全安全保卫工作责任制。开展消防安全知识竞赛1场和消防灭火演练2场。全年共接报治安案件18起,协助公安机关破获12起。完成监控四期审计,新增探头31个。加强交通管理,完成学院西大门广场交通改造。

东南大学成贤学院专业设置一览表

系名称	专业代码及名称	学科类别	学制(年)
计算机工程系	080901 计算机科学与技术	工学	4
	080902 软件工程	工学	4
电子工程系	080801 自动化	工学	4
	080702 电子科学与技术	工学	4
	080701 电子信息工程	工学	4
电气工程系	080601 电气工程及其自动化(电力系统方向)	工学	4
	080601 电气工程及其自动化(继电保护方向)	工学	4
	080601 电气工程及其自动化(输配电工程方向)	工学	4
土木工程系	081001 土木工程(建筑工程方向)	工学	4
	081001 土木工程(道路与桥梁方向)	工学	4
	120103 工程管理	管理学	4
	081801 交通运输	工学	4
	120105 工程造价	工学	4

（续　表）

系名称	专业代码及名称	学科类别	学制(年)
经济管理系	020401 国际经济与贸易	经济学	4
	120601 物流管理	管理学	4
	120801 电子商务	管理学	4
	120202 市场营销	管理学	4
	120203K 会计学	管理学	4
	020202 税收学	经济学	4
	120204 财务管理	管理学	4
机械工程系	080202 机械设计制造及其自动化(机电一体化方向)	工学	4
	080202 机械设计制造及其自动化(汽车工程方向)	工学	4
	080201 机械工程	工学	4
建筑与艺术系	130503 环境设计	艺术学	4
	130310 动画	艺术学	4
	082801 建筑学	工学	4
	082803 风景园林	工学	4
化工与制药工程系	081301 化学工程与工艺	工学	4
	081302 制药工程	工学	4
	100704T 药事管理	理学	4

东南大学成贤学院在籍学生人数统计　　　　　（单位：人）

	毕业生数	招生数	在校生数	毕业班学生数
总数	2 290	2 647	9 865	2 545
本科生	2 290	2 647	9 865	2 545

（成贤学院　周伟荣）

东南大学苏州研究院

一、重视思想政治建设，扎实开展党建工作

1. 加强政治思想建设

按照学校部署和要求，组织师生以深入学习贯彻落实党的十八大，十八届三中、四中全会精神和领导人重要讲话精神。积极宣传和参与学校全面深化综合改革精神及相关工作，贯彻落实学校党政的各项决定、部署和任务。

2. 重视宣传战地建设

研究院网站进行了重建和维护，有效性和安全性得到提升，指导研会承办的《东南苏韵》出版2期，积极参与学校"世界一流大学建设路径大讨论"活动，获得2014年度苏州独墅湖科教创新区宣传工作评优评先奖励。

3. 推进教育实践活动的整改落实

坚持求真务实，坚持与中心工作和事业发展紧密结合，切实推进教育实践活动的整改落实。全面梳理研究院自成立以来制定的所有规章制度，有效地促进工作进一步规范和提升。坚决贯彻落实中央"八项规定"，强化艰苦朴素精神，倡导勤俭办学。

4. 加强党员教育管理和组织建设

切实抓好对入党积极分子、党员的培养教育和管理，全年发展党员49人、预备党员转正39人。坚持党委委员联系学生党支部制度，加强对支部委员的党务知识培训和工作能力指导。1项党日活动获得学校"2013—2014年度最佳党日活动"三等奖。1名学生评为"苏州市2014年度大学生科普志愿者科技传播行动十佳优秀志愿者"，1个党支部获学校先进基层党组织，2人荣获优秀共产党员，1人荣获优秀党务工作者光荣称号。

二、凝心聚力开拓创新，推进改革发展和校地共建新局面

1. 谋划"十二五"中后期发展规划

研究院结合学校对"十二五"规划中期检查的要求，对照"十二五"发展规划和执行情况，重点从自身职能出发，对后半期的发展目标和重点任务提出了补充规划。

2. 进一步深化校地共建

积极开拓校地联动和推进校地共建，学校与苏州工业园区签署了新一轮合作共建协议，明确了今后共建重点。

三、狠抓科技服务，探索科技发展新思路

1. 积极做好项目申报和管理服务工作

组织好各级各类科技计划项目申报，全年共组织申报各类科技计划项目35项（其中，国家科技部项目2项、省级项目3项）；共立项13项，其中国家级1项、部级计划1项。纵向项目经费合同金额1 900万元左右，到款1 500万元左右。科研基地申请知识产权104件，其中发明专利95件。配合做好苏州市科技计划中期检查和各级结题验收工作，去年立项的11个苏州市项目均通过了中期检查，组织结题验收6个江苏省项目、6个苏州市项目。

2. 产学研协同发展

依托科研基地优势和学校科研力量,与苏州市科技局等通力协作,积极开展区域(行业)科技对接、产学研交流活动,共参加对接活动15场次,与200多家企业以及太仓市、吴江开发区开展交流合作。东南大学国家技术转移(苏州)中心工作初见成效,签订了东南大学—米谷网络科技有限公司(大数据)联合研发中心(合同金额300万)、申报苏州市高新区企业研究生工作站1个。

四、"以学生为本"做好各项学生事务

顺利完成了软件学院(苏州)、联合研究生院的迎新工作,做好驻苏实验室学生服务管理工作,协助实习基地建设、就业、学业奖学金评定等工作。丰富校园文化生活,关注学生心理健康发展,排查心理隐患学生,给予重点关注。以设置勤工助学岗位、奖助学金等方式,帮助经济困难学生。

1. 提升资产管理水平

制定了《苏州研究院仪器设备管理办法》,进一步明晰资产管理的责任,规范流程,强化执行力。完成2014年度资产统计,新增固定资产登记入册、编订工作,以及资产清查工作;完成2007—2014年苏州研究院所有新增固定资产台账与财务部门的核对工作。完成软件学院(苏州)、实验室、大学科技园、公共用房等公房使用面积统计工作。做好调整公用房的资产清查、统计、安置等工作,为资源统筹、资产管理提供保障。

2. 积极做好安保维稳工作

创造良好的公共环境,保障研究院各项工作顺利开展。做好水电设备设施、监控消防设备设施、电梯、房屋等的相关维保工作,坚持安全自查和每月集中检查制度,督促各单位机构、物业自查自纠,及时督促整改发现的问题。加强与学校保卫部门、地方公安、消防、交通等部门沟通联系,及时掌握和通报相关信息。联合开展宿舍安全检查、消防演习等多种形式活动,全方位开展安全教育,提高学生安全防范意识。

3. 加强校友会工作

做好东大苏州校友会的常规事务工作,走访苏州校友会下属各校友分会,了解分会发展现状。成功组织举办校友年会活动、校友交流分享活动。走访兄弟院校校友会,加强交流学习。及时推送校友会官方微博信息、微信信息,为广大校友打造及时了解母校的新平台。

(苏州研究院 顾 芳)

东南大学建筑研究所

建筑研究所是高层次教学、科研、建筑设计人才荟萃之地,研究方向主要分为建筑设

计、城市规划、风景园林、建筑历史等。现有教师 8 人，调往厦门理工大学 1 人，博士研究生 14 人，硕士研究生 18 人。多项设计作品获国家及省部级大奖。

一、科研方面

1. 积极进行国家自然科学基金申报。
2. 获江苏省文物局项目一项。

二、教学方面

参加建筑学院建筑学一、二年级建筑设计初步和建筑设计课。

三、招生方面

招收博士研究生 2 名，硕士研究生 9 名。

四、工程设计方面

1. 完成南京工业大学新校区规划。
2. 开展南通大学附属医院门诊楼项目设计。
3. 开展南通建工集团总部大厦项目设计。
4. 完成江苏省测绘局办公楼概念性方案设计。
5. 开展浙江天台文化艺术村项目调研设计。
6. 开展厦门四明建筑设计与研发产业园设计。
7. 开展浙江义乌崇山和平公园项目设计。

（建筑研究所　林　挺）

学习科学研究中心

本年度标志性成果：
1. 获得"973"一级子课题（2015CB351704）1 项；
2. 国家社科教育学项目 1 项（我校历史上第一项）；
3. 江苏省第十三届哲学社会科学优秀成果二等奖 1 项；
4. 中心牵头创建了教育学一级学科硕士点；
5. 举办国际会议"儿童早期发展前沿研究国际研讨会"。

学习科学研究中心是东南大学直属单位，中心在职教职工 28 人，其中专任教师 24 人，行政管理 1 人，实验专技 2 人，工勤 1 人。目前中心在读学生人数为 187 人，其中本科生 64 人，研究生 123 人（硕士生 79 人，博士生 44 人）。

一、科学研究

2014 年中心在研及新立项的科研项目达 27 项，其中"973 计划"一级子课题 1 项，

"863 计划"子课题 1 项,国家自然基金重点项目 1 项,国家自然基金 12 项,国家社科教育学项目 1 项(我校历史上首次获得资助)等。在研项目到款经费 1 006.5 万元,人均科研项目经费 44 万元。由韦钰院士领衔的教育部和中国工程院人文社科重大专项"基础教育阶段技术与设计教育的国际比较研究"成果丰富,符合免鉴条件,批准结项,这在东南大学承担的人文社科类项目中尚属首次。

经过学校认定 2014 年学习科学研究中心师生发表的 SCI、SSCI、EI、CSSCI 等论文 32 篇,比去年增加 14 篇,其中 SCI 论文 13 篇、SSCI 1 篇、EI 4 篇,表现不俗论文 8 篇。新增专利受理 10 项,新增专利授权 1 项,共申请专利 25 项,获得专利授权 11 项。

二、教学任务

2014 年中心为本院系的本科生开设课程 34 门,其中副高及以上职称的教师开课 18 门,占全部课程数的 53%;高级职称教师开课 5 门,占全部课程数的 15%。

2014 年中心为本院系的研究生开设课程 23 门,副高及以上职称的教师开设课程 19 门,占全部课程数的 82.6%,高级职称教师开课 8 门,占全部课程数的 35%。

三、学科建设

今年中心牵头创建了教育学一级学科硕士点,包括教育技术学、高等教育学、职业技术教育、国防教育 4 个二级学科。

学习科学研究中心目前有设备 997 台件,比去年增加了 50 台件,设备价值总额达到 2 000 余万元。

四、人才培养与学术交流

学习中心今年 1 名晋升为教授;1 名晋升为副教授且获得了一项全国教育科学规划国家级青年基金资助(这是我校历史上首次获得全国教育与科学规划基金资助),以及江苏省第十三届哲学社会科学优秀成果二等奖、江苏省心理学 2014 年学术年会优秀论文一等奖;1 名副教授和 1 名讲师(博士)作为学术骨干承担了国家"973"一级课题(2015CB351704)的科研任务;青年教师夏小俊获得"2014 年东南大学我最喜爱的十大老师"称号。

2014 年本科生获得校级 SRTP 项目 2 项,硕士生、博士生获得江苏省创新计划资助 4 项。中心有 5 位博士生出国交流,8 人参加国内举办的国际会议和国内学术会议。1 名博士生的论文获得 2014 首尔应用科学和工程国际会议大会"最佳论文奖";1 名硕士生在江苏省心理学 2014 年学术年会上撰写的论文获得了大会"优秀论文一等奖"。

主办了"儿童早期发展前沿研究国际研讨会"国际会议。哈佛大学教育研究院前院长、"国际心智、脑与教育学会"创始人之一 Kurt W. Fischer 教授为大会主席,中国工程院韦钰院士为大会副主席。受邀的专家还包括中国工程院外籍院士、日本科学技术振兴会"脑科学与教育"研究总课题组组长小泉英明教授,"国际心智、脑与教育学会"现任主席 Marc Schwartz 教授,马里兰大学儿童发展实验室主任 Nathan A. Fox 教授等一大批国内外著名学者专家。会议收录论文 70 篇,会议论文集将于 2015 年初正式出版。

五、师资队伍建设

中心现有专任教师 24 人,新进教师 1 人。具有博士学位的教师 21 人,占专任教师人数的 87.5%。高级专业技术职务 17 人,占专任教师人数的 70.8%。新增博士生导师 1 人,新增硕士生导师 1 人,新增东南大学名誉教授 1 人,东南大学客座教授 2 人。

六、学生教育管理

2014 年中心有 9 名本科生分别获得国家奖学金、国家励志奖学金、校长奖学金、文化素质教育优秀奖、课程奖等。有 6 名研究生分别获得国家奖学金,东南大学三好学生、优秀研究生干部、突出成果奖励等。1 名硕士研究生获得全国数模竞赛二等奖(排名第二),3 名硕士研究生获得全国数模竞赛成功参赛奖。

李晓萌同学还三次夺得了学校组织的"中大杯""博士生杯"羽毛球赛女单冠军。

中心 5 名同学作为第二届夏季青年奥林匹克运动会志愿者,因其在服务中的卓越表现分别获得了国际奥委会和共青团南京市委颁发的荣誉证书。

七、社会服务

"做中学"科学教育改革实验项目教学中心(东南大学)承办了教育部国家级培训计划"示范性集中培训项目之培训团队研修项目"和"一线优秀教师培训技能提升研修项目小学科学教师"2 个培训项目,来自 32 个省市自治区的 142 位学员分别进行了为期 10 天的集中培训。教学中心还要为各级"做中学"科学教师进行培训,受训人数超过 200 人。2014 年承担的中国科协青少年科技辅导员培训共 12 场次,培训期 3—4 天不等,受训人数达到 2392 人。

学习科学研究中心多名教师合作完成了 2014 年度民盟江苏省委合作调研课题:"基于人体生物信息的儿童青少年心理健康调查研究"。研究成果"江苏省内流动儿童社会适应的现状和对策"呈报给江苏省民盟后,被民盟领导采纳为在省相关会议的发言稿。

(学习科学研究中心 金 怡)

智能运输系统(ITS)研究中心

一、概况

东南大学智能运输系统(ITS)研究中心是直属于东南大学的二级科研机构,建有教育部智能运输系统工程研究中心,是东南大学为了适应国民经济的飞速发展及我国综合交通运输体系的建设和管理信息化需求而成立的,也是我国最早成立的智能运输系统科研机构之一,在国家一级重点学科交通运输工程下设有"交通信息工程与控制"和"道路与铁道工程"两个二级学科,具有博士和硕士学位授予权。中心组建了跨专业、多学科的综合科研队伍,集中了智能交通、道路工程、桥梁工程、轨道交通、电子电工、工业控制等多方向研究人员,团结协作从事中心的科研与教学工作。当前中心有专职教师15人,拥有中国工程院院士1人,长江学者特聘教授1人,江苏省"333工程"首批中青年科技领军人才1人,教育部"新世纪科技领军人才"1人,东南大学青年特聘教授1人,教授4人,副教授8人,博士生导师6人,全部教师都具有博士学位,80%的教师具有在国外科研机构从事科研工作的经历,中心主任由中国工程院黄卫院士担任。

二、学科建设和科研

东南大学智能运输系统研究中心属于一级国家重点学科交通运输工程,包括"交通信息工程与控制"和"道路与铁道工程"两个二级学科。交通信息工程与控制是智能运输系统最重要的研究领域之一,是一门多学科交叉的新兴学科,通过多年努力,中心在该学科方向有了很快的发展。"211工程"二期建设项目投入近100万购置视频交通检测系统、TransCAD软件、动态称重等设备和软件;"985工程"二期建设项目投入200多万购置交通虚拟现实仿真系统、智能公交信息交互系统、三维空间跟踪定位系统、智能交通IC卡开发系统、智能交通车载平台等设备,建成了完备的科研支撑环境,并在基础研究和工程应用领域取得了一系列的研究成果,涵盖交通信息采集技术、道路交通智能管理和控制、轨道交通运营与管理、3S/汽车检测技术等方向;同时,在交通工程专业开设了交通信息工程与控制本科专业方向。道路与铁道工程是国家重点二级学科,在路基路面结构设计理论与方法、路面结构新材料与新工艺的研究与开发、道路排水技术等方面处于国内领先地位,特别是钢桥面铺装技术已达国际领先水准。中心建立了道桥创新材料开发实验室,配置了整套的国产环氧沥青试验仪器设备。

纵向科研是提升中心研究水平的重要支撑。在纵向科研方向,中心承接了国家自然科学基金项目10余项,承接"973项目"1项;国家科技支撑计划课题1项;"863计划"研究项目2项,其他省部级纵向科研课题20余项。

中心积极参与产学研相结合的协作研究,推动基础理论研究成果的产业化转化。近年来,中心参与了多项国家级重点、重大工程,其中,中心的大跨径钢桥面铺装研究成果在我国80%的跨长江和黄河大跨径钢桥面铺装工程中得到了应用。

中心通过团体协作,主持或参与获得国家科技进步奖4项,交通部科技进步特等奖1项,教育部技术发明奖一等奖1项,教育部自然科学一等奖2项,江苏省科技进步二等奖4项,主编中华人民共和国国家标准1项,发明专利10余项。

三、教学与学生培养管理

研究生的招生和培养教育是中心的重要与核心工作之一。在研究生招生方面,在严格遵守东南大学研究生招生制度的同时,加大中心招生的宣传力度,充分调动各方面的积极性,2014年招收博士、硕士研究生36人,为中心建设高水平的科研机构奠定了基础。

在研究生培养方面,充分依托中心承接的国家和省部级纵向科研课题研究以及国家重点工程建设项目,充分实现课堂教学和科研实践的结合,理论联系实际,在提高研究生基础理论水平的同时,提升研究生参与工程实践、解决实际工程问题的能力;同时,为了培养具有国际视野的高水平科研人才,中心充分重视研究生培养教育的国际化,2014年,中心共派出4位博士研究生到美国高等学校联合培养。

在研究生培养的考核方面,在统一制定中心的研究生培养计划和管理制度的同时,充分发挥和调动中心指导教师的作用,以博导和硕导为核心,落实中心的研究生教育工作,按时完成学校规定的研究生培养环节考核。2014年,中心组织完成了2012级博士、硕士研究生的开题报告工作,2011级硕士研究生以及博士研究生的毕业答辩工作。

四、师资培养

师资培养,特别是青年教师的培养是稳定中心科研队伍、创建可持续发展的高水平科研机构的基础,是中心一直以来的关键工作之一。在教学能力培养方面,中心鼓励教师积极申请或参与学校或其他机构的教学改革项目,参加教学竞赛,撰写教改论文,全面提升中心教师的教学水平和视野。同时,一支稳定的研究生导师队伍是维持中心高水平科研和教学工作的保障,中心积极支持并鼓励中心教师出国进修或再深造。

2014年,中心有1名教师获得东南大学教学竞赛三等奖。

五、国际合作与交流

充分的国际合作和交流对培养具有国际视野的高水平研究队伍和研究生具有重要的、不可替代的作用。长期以来,中心和国外的相关科研机构保持了密切的联系和合作,有关高校和研究机构有美国国家沥青技术试验中心、美国加利福尼亚大学伯克利分校、美国弗吉尼亚大学、美国德克萨斯大学奥斯汀分校、美国北卡罗来纳州立大学、美国肯塔基大学、日本茨城大学、瑞士苏黎世高工、日本OMRON公司等。同时中心积极参与相关领域的国际会议,增强国际交流力度。

2014年,中心组织参加了在美国华盛顿举办的美国交通运输协会年会,交流会议论文5篇;邀请并接待来访国际交流学者4人次,派出国际联合培养博士生2名。

(智能运输系统研究中心　郭建华)

生命科学研究院

一、基本概况

2014年全年调离技术和管理人员2名,引进海内外专业人员8名。至2014年年底,研究院有全职研究、管理人员31名;在读学生共计193名,其中博士在读71名;2014年共招收硕士生42名,博士14名;毕业硕士20人,博士11人。

二、创新决策机制,完善规章制度

根据学校对研究院学术特区的定位以及研究院现有人员结构的状况,在坚持党政联席会议决策的基础上,继续实行党政领导与课题组长联席会议制度,讨论研究研究院发展的重大事项,强化民主决策与专家治理。实行行政人员例会制度,该例会制度是与联席会议制度相配套的一种执行机制,研究院及实验室行政人员每两周一次例会,布置落实具体行政事项,为研究院的运行特别是科研工作的正常开展提供保障。

三、学科建设与科技工作成效显著

学科建设的核心是人才。生命科学研究院密切配合学校人事制度的改革,推进了机制创新,加强人才引进的力度和人才培养的力度。采取的主要措施有:试行研究院高层次人才的全球招聘和聘用管理制度;完善和优化考核制度,推行多形式的考核办法;完善人才工作领导机制和工作机制,营造良好的工作氛围。通过这些举措,使学科整体水平有了很大的提高,生物学一级学科硕士点、博士点和博士后流动站得到了充实。

2014年生命科学研究院在科学研究领域中取得丰硕成果。学院共申报国家自然基金11项,立项7项,申报成功率为63.6%,其中包括一项国家自然基金重点1项,计划科研经费达1 100余万元。发表SCI论文15篇,包括韩俊海教授作为通讯作者在国际神经科学著名期刊 *Journal of Neuroscience* 上发表论文1篇;谢维教授与陆巍教授在国际著名生物化学杂志 *JBC* 上共发表论文2篇,其中,谢维课题组在 *JBC* 上发表的论文被选为当期的亮点论文(*Paper of the Week*,前2%)进行介绍,并配发编者按和第一作者简介;陈礼明教授作为通讯作者在国际著名生物信息学杂志 *Bioinformatics* 上发表论文1篇和国际著名肿瘤学杂志 *Oncotarget* 上发表论文1篇。专利申请3项。科研人员参加国、内外学术会议20余人次。

国际交流与合作是研究院科研工作的重要组成部分,2014年度邀请了包括美国科学院院士、中科院神经所所长蒲慕明教授,加拿大皇家科学院院士、英属哥伦比亚大学的王玉田教授,美国哈佛大学医学院何志刚教授等国内外著名专家进行讲学、合作研究,并建立良好的伙伴关系。

基于东南大学—蒙纳士大学苏州联合研究院,生命科学研究院相关专家前往澳大利亚蒙纳士大学,就科研方向对接、人才培养等与该校领导进行了深入交流,为今后进一步合作奠定了良好基础。

四、人才工作及队伍建设进展顺利

大力引进海内外高素质人才。人才工作是事关研究院发展的首要工作,研究院高度重视海外杰出青年人才的引进。全年面试海内外专业人员近50人、到岗或签约专职教师8人,博士后3人。申报国家外专局全职千人2名,"青年千人"6名,申报教育部长江学者2名。新增"青年千人"1名,聘请海外客座教授1人。

除面向海外引进高水平人员外,研究院非常重视青年骨干教师的培养,鼓励青年教师赴国外一流大学进行学术交流访问。2014年在国外访学的青年教师有多名,包括青年教师史兴娟赴加拿大开展短期进修,孙明宽在美国约翰·霍普金斯大学访学。目前研究院的高层次人才总体数量和质量相比成立之初已经得到了极大的提高,大大加强了师资队伍整体竞争力。

五、高素质人才培养工作有序推进

加强研究生招生宣传。制作招生宣传册,加强网上宣传,组织专家教授分头赴西北、华中、华东地区著名高校宣讲,邀请安徽师范大学领导和应届本科毕业生来院访问,等等,吸引免研生或优秀学生加盟东大生科院。

加正平教授继续在研究院为研究生开设全英文分子神经生物学课程。

2014年我院博士生邢广林、甘光明等的研究论文,被国际知名生物化学杂志 The Journal of Biological Chemistry 选为"本周亮点论文"发表,并配发了第一作者简介;李倍同学在"第4届暨第三届世界膜生物学大会"上获得"最佳研究成果海报奖"。2014年共有5人获得国家奖学金,其中博士生2人、硕士3人。

六、积极组织学生活动,扎实做好党建工作

2014年院直属党支部进一步完善了生命科学研究院研究生综合考评细则,发展党员程序,党建考评表,班干部产生细则,团委、研会改选细则,生命科学研究院研究生国家奖学金实施细则。同时,研究生管理重点是抓好党建工作,通过党建带动团建和班级建设,通过培养,6位积极分子进行了党校培训,2位预备党员进行了预备党员党校培训,有20位同学吸收为入党积极分子,2位同学发展为中共预备党员,2位同学及时转正为中共正式党员。及时组织各党支部开展了两会学习汇报活动,学习习近平总书记"五四"讲话精神,在第二次群众路线教育实践活动总结大会上的讲话和十八届四中全会的学习汇报活动。清明期间组织全体党员去雨花台烈士纪念馆举行瞻仰烈士党日活动,坚定了大家对社会主义的信念。团委及研会通过策划各种活动,积极开展了新老生座谈。院研究生轻运动会、迎新联欢活动、各种学术讲座、厨艺大赛、雅舍之星等同学喜闻乐见的活动,活跃了研究生业余文化生活,让更多的研究生内心充满阳光。

七、加强党风廉政建设,完善后勤保障工作

院直属党支部十分重视党风廉政建设工作,利用每月举行的党政联席会议和党政联席扩大会议、专题民主生活会、政治理论学习等形式开展廉政教育,规范各类科研经费使用管理。对研究院干部及相关人员严格要求,努力把院领导班子建成廉洁高效、团结协调的领导集体。

为确保研究院日常工作的有效开展,研究院行政办公室本着为科研教学服务的宗旨,认真做好全院教职工和研究生的后勤保障工作,规范办公室财务管理制度,积极为新职工解决日常生活和工作中的困难,积极高效地为研究生提供服务。根据研究院发展的要求和学校人事管理的要求,通过反复修改,完善了"生命科学研究院教职工绩效考评细则",制定了"生命科学研究院办公科研用房管理规定"。

(生命科学研究院　许峰)

奖励与表彰

2014年获上级表彰的先进集体、先进个人名单

先 进 集 体

教育部"2014年度50所全国毕业生就业典型经验高校"
  东南大学
2013年度高校"最佳党日活动"优胜奖
  东南大学后勤集团机关党支部、学生公寓服务管理中心党支部
2014年江苏省工人先锋号
  东南大学建筑学院建筑系
2013年度江苏省信息工作先进单位
  东南大学
2013年江苏省学生资助绩效评估优秀
  东南大学
首批江苏省国防教育示范学校
  东南大学
2013年"江苏省五四红旗团委"
  东南大学电气工程学院团委
2013年江苏省社会实践先进单位
  共青团东南大学委员会
2013年江苏省教育纪检监察先进集体
  东南大学纪委监察处
2013年民盟江苏省委"活力基层组织建设年先进基层组织"
  民盟东南大学委员会

2014年民建江苏省委先进基层组织
  民建东南大学总支部
2014年民建江苏省直工委先进基层组织
  民建东南大学总支部
2013年度民进江苏省直工委先进基层组织
  民进东南大学委员会
2013年度农工党江苏省委五星支部
  农工东南大学中大医院支部
2013年度九三学社江苏省委先进集体
  九三学社东南大学委员会
2013年度全省老干部工作部门信息工作先进集体
  东南大学老干部处
江苏省第四届大学生艺术展演活动优秀组织奖
  东南大学艺术指导中心
2014年"全民阅读示范基地"
  东南大学图书馆
2014年"教育部科技查新工作先进集体"
  东南大学图书馆
2013年全国勘察设计协会"创新型优秀企业"
  东南大学建筑设计研究院有限公司
2013年优秀工程设计奖（建筑设计）一等奖
  获奖项目：上饶市龙潭湖综合整治项目 东南大学建筑设计研究院有限公司
2013年优秀工程设计奖（市政公用工程设计）一等奖
  获奖项目：江苏省104国道江宁段改扩建工程 东南大学建筑设计研究院有限公司
2013年优秀工程设计奖（规划设计）一等奖
  获奖项目：南京钟山风景名胜区博爱园修建性详细规划 东南大学建筑设计研究院有限公司
2014年公路交通优质工程奖二等奖
  获奖项目：京福高速公路徐州绕城西段 江苏东南交通工程咨询监理有限公司
2013年中国图书世界影响力出版100强
  东南大学出版社

先 进 个 人

2013年教育部创新团队
  罗立民团队 王炜团队
2013年国家基金委优秀青年科学基金
  黄永明 倪振华 李志勇 付大伟

2013年教育部"新世纪优秀人才支持计划"入选教师
　　柏　峰　蔡国军　范吉阳　冯若强　付大伟　黄亚继　李四杰　刘　冉　欧阳本祺
　　孙剑飞　万亚坤　王　浩　吴在军　张敏灵　赵远锦
第七届"全国十大杰出青年法学家"
　　刘艳红
2013年江苏省创新创业人才奖
　　刘松玉
2013年江苏省双创人才
　　张　建
2013年江苏省双创团队
　　冉斌团队
2013年江苏省特聘教授
　　宋爱国　钟文琪
2013年江苏省"六大人才高峰"入选人员
　　石　邢　许飞云　苏　春　韩　良　李舒宏　郑　军　冯若强　郭　力　丁幼亮
　　李必信　王红兵　薛　鹏　赵远锦　王继刚　肖华锋　陈　武　杨　军　任　刚
　　宋光明　梁戈玉　柴人杰　李　玲　陈　明　芮云峰
2014年江苏省"青蓝工程"入选人员
　　科技创新团队：舒华忠团队　孙伟锋团队
中青年学术带头人
　　徐盈之　崔天剑　李铁香　吕　准　杨　洪　徐青山　耿　新　周　臻　何　杰
优秀青年骨干教师
　　宣国富　段伦博　董正高　王　政　刘　楠　章定文　谢卓颖
中国侨联第五届中国侨界贡献奖
　　王志功　吕晓迎
2014年江苏省教育系统先进工作者
　　樊和平
2014年江苏省高校优秀共产党员
　　李国宏　吴　刚　金　晶
2014年江苏省高校优秀党务工作者
　　时巨涛　陆卓谟
2013年全国教科文卫体系统优秀工会工作者
　　顾灿美
2014年江苏省五一巾帼标兵
　　吴映红
2014年江苏省侨联"江苏侨界之星"
　　王志功　李先宁　梁金玲

2013年民盟江苏省委"活力基层组织建设年先进个人"
  魏家泰 王 秋 严何平
2014年民建江苏省委"优秀会员"
  李启明
2014年民建江苏省直工委"优秀会员"
  李启明 周革利
2013年度民进江苏省直工委先进个人
  郭 菲 孙 瑾 吴国新
2013年度九三学社江苏省委先进个人
  王修信 祁争健 程科萍
2013年度教育部报送信息先进个人
  凤启龙
第十三届"挑战杯"全国大学生课外学术科技作品竞赛
特等奖指导教师
  孙子林 谢 波
二等奖指导教师
  孙立涛 王志功 吕晓迎 宋爱国 崔建伟 李会军 吴 涓
三等奖指导教师
  王 昊
2014年大学生数学建模竞赛国际级特等奖指导教师
  大学生数学建模竞赛国际级特等奖指导团队陈恩水等
2013年全国大学生电子设计竞赛国家级一等奖指导教师
  全国大学生电子设计竞赛国家级一等奖指导团队堵国樑等
2013年中国教育机器人大赛国家级特等奖指导教师
  中国教育机器人大赛国家级特等奖指导团队张文锦等
第九届全国周培源大学生力学竞赛国家级特等奖指导教师
  全国周培源大学生力学竞赛国家级特等奖指导团队董萼良等
2014年全国大学生英语竞赛国家级特等奖指导教师
  全国大学生英语竞赛国家级特等奖指导团队陈美华等
第九届全国交通科技大赛国家级一等奖指导教师
  全国交通科技大赛国家级一等奖指导团队陈峻等
第六届中国大学生计算机设计大赛国家级一等奖指导教师
  中国大学生计算机设计大赛国家级一等奖指导团队陈伟等
第二届全国大学生金相技能大赛国家级特等奖指导教师
  全国大学生金相技能大赛国家级特等奖指导团队梅建平等
2014年全国大学生射击比赛集体一等奖指导教师
  陆 军

江苏省第四届大学生艺术展演活动优秀指导教师
洪海军　王世平　方　方　曹菲菲　何　晶
2011—2013年中国图书馆学会优秀会员
李爱国
2013年全国勘察设计协会"优秀企业家"
葛爱荣
第三届中国大学出版社高校出版人物奖
张新建

东南大学校级荣誉名单

2014年获上级表彰的先进集体、先进个人名单

东南大学2012—2013年度教书育人、管理育人、服务育人积极分子名单

（以姓氏笔画为序）

于　虹	马根山	尹南南	方云峰	王玉玲	王　兵	王栓宏	王桂梅	冯国强	
任蔚蔚	刘丽勤	刘培高	刘　攀	吕卉卉	吕建华	孙志宏	孙志海	孙美娟	
孙贵宁	孙蓓蓓	曲　钢	朱　青	吴广谋	吴　岚	宋健刚	张小玉	张小松	
张丽华	张志强	张炽敏	张　莺	张福保	李玉宇	李　伟	李昭昊	李　哲	
李晓智	李　爽	李新德	杨茂霞	杨　洪	杨晓辉	杨爱军	肖太桃	邱志琴	
陆伟民	陆薇薇	陈卫红	陈　绘	陈　钢	陈晓东	陈　锋	单平基	宛　敏	
罗　涛	范　晖	侯西春	冒明山	宣国良	胡向阳	胡爱群	赵伶玲	徐向群	
袁勇贵	袁舒强	郭玉珍	郭学军	钱卫平	钱怡君	顾忠泽	高永星	戚　戎	
董　榕	蒋维洲	谢　晨	韩苏闽	樊路嘉	潮小李				

2014年科研成果获奖情况

2014年国家科技进步奖
一等奖
现代预应力混凝土结构关键技术创新与应用
吕志涛(1)　孟少平(6)　贺志启(10)　王景全(12)　刘　钊(13)　郭正兴(14)
冯　健(15)

2014年国家自然科学奖
二等奖
新型人工电磁媒质对电磁波的调控研究
崔铁军(1)　马慧锋(2)　蒋卫祥(3)　程　强(4)

2014年国家技术发明奖
二等奖
高稳定高耗散减振材料制备关键技术与装置开发及工程应用
徐赵东(1)　韩玉林(3)　费树岷(4)　杨建刚(5)

2014年国家科技进步奖
二等奖
服务三农的安全可信金融电子交易关键技术和应用
时龙兴(1)　杨　军(2)　李　杰(3)　王　超(4)　卜爱国(5)　曹　鹏(6)
胡　晨(7)　单伟伟(9)　刘新宁(10)
超高性能混凝土抗爆材料成套制备技术、结构设计及其应用
孙　伟(1)　刘加平(3)　张云升(4)　戎志丹(6)　秦鸿根(9)　陈惠苏(10)
高水压浅覆土复杂地形地质超大直径长江盾构隧道成套工程技术
钱春香(7)

2014年江苏省科学技术奖
突出贡献奖
齐　康
一等奖
分布式组网与协作传输理论及应用
尤肖虎(1)　高西奇(2)　金　石(3)　王东明(4)　陈　明(5)　许　威(6)
江　彬(7)　李　潇(8)　潘志文(9)　赵春明(10)　赵新胜(11)
人机交互力反馈遥操作机器人关键技术及应用
宋爱国(1)　宋光明(2)　李会军(3)　崔建伟(5)　徐宝国(7)　吴　涓(8)
高性能长寿命光纤传感技术及其结构健康监测理论和系统创新
吴智深(1)　杨才千(2)　孙　安(4)　张　建(6)　万春风(11)
燃煤烟气SCR脱硝关键技术研发与工程应用
金保昇(1)　仲兆平(2)　黄亚继(4)　张亚平(5)　张　勇(6)　沈　凯(7)
老年性痴呆早期预警、诊断与干预研究
张志珺(1)　袁勇贵(4)　柏　峰(5)　谢春明(7)　王少华(9)　闫福岭(10)
任庆国(11)
二等奖
基于资源可控的高速网络测量技术及其产业化应用
程　光(1)　丁　伟(3)　吴　桦(5)　杨　望(6)　吴剑章(7)　龚　俭(9)

功能磁共振新技术的研究及其在脑疾病中的应用
滕皋军(1)　居胜红(2)　焦 蕴(4)　杨 明(7)　刘 斌(8)
慢性肾脏病心血管病变基础与临床研究
马坤岭(1)　刘必成(2)　汤日宁(3)　刘 宏(5)　伍 敏(6)　吕林莉(7)
高 民(8)

三等奖

量子群的构造及其在计算机科学 P 问题 NP 问题与量子杨-Baxter 方程求解中的应用基础研究
王栓宏(1)　刘国华(2)
电机系统混沌行为的基础理论研究
王 政(1)　邹国棠(2)　程 明(3)

2014 年教育部自然科学奖
一等奖
严酷环境下硫酸盐-氯盐在混凝土中跨尺度传输理论及交互作用机制
孙 伟(1)　蒋金洋(3)
二等奖
微纳米结构氧化锌的回音壁模紫外激光研究
徐春祥(1)　石增良(5)
宽带无线通信中的多域多点协同传输理论研究
杨绿溪(1)　黄永明(2)　金 石(3)　李春国(4)
质量需求驱动的软件演化管理和故障侦探方法
李必信(1)
抗干扰控制基础理论与关键技术研究
李世华(1)　杨 俊(2)　陈夕松(5)　费树岷(6)　王翔宇(7)

2014 年教育部技术发明奖
一等奖
公路沥青路面高效再生利用关键技术与装备
黄晓明(1)　赵永利(2)　马 涛(4)
二等奖
高速精密机床电主轴关键技术及应用
蒋书运(1)　徐春冬(3)　李全超(6)

2014 年教育部科技进步奖
二等奖
基于磁性纳米颗粒的生物和医学新技术
何农跃(1)　刘洪娜(6)　邓 燕(7)　王志飞(9)

历史城区建成环境综合优化的适应性技术及应用
段　进(1)　　石　邢(2)　　吴　晓(3)　　刘博敏(4)　　邵润青(5)　　张　麒(6)
季　松(7)　　陈晓东(9)　　薛　松(10)　　朱彦东(11)　　刘红杰(12)　　何舒炜(13)
高精度卫星定位地基增强关键技术与系统应用
王　庆(1)　　潘树国(2)　　高成发(3)　　喻国荣(4)　　汪登辉(5)

江苏省高校第九届哲学社会科学研究优秀成果奖
一等奖
《企业创新能力研究——基于江苏省工业企业创新调查结果分析》　袁健红
《先秦法家的道德世界》　许建良
二等奖
《我国公立医院医疗服务收益管理体系构建——理论与对策》　江其玟
《意义批判的逻辑——马克思辩证法的存在论阐释》　高广旭
《中国英语学习者口语产出语言及心理过程特征》　马冬梅
《中国古代造物艺术思想在现代艺术设计中的应用研究》　李轶南
《新时期服务业集聚研究——机理、影响及发展规划》　管驰明
《出口专业化、出口多样化与地区经济增长——来自中国省级面板数据的实证研究》
　　刘修岩
《中外高等工程教育课程研究》　崔　军
三等奖
《现代服务业区域协调发展研究》　陈伟达
《企业战略并购财务风险管理研究》　韩　静
《社会主义核心价值体系的中国灵根——中华民族精神新论》　袁久红
《人类基因干预技术伦理研究》　程国斌
《财富分配正义——当代社会财富分配伦理研究》　孙迎联
《论抽象的人性理论何以可能和为何必要》　孙志海
《可持续发展：制度、政策与管理》　毛传新
《论中国政府会计概念框架的选择》　陈志斌
《与江苏两个率先相适应的江苏金融发展的政策建议报告》　刘晓星
《环境管制标准在侵权法上的效力解释》　宋亚辉
《行政处罚上的空白要件及其补充规则》　熊樟林
《华人族群及与德国社会的整合》　何志宁

2014年教学成果获奖情况

2013年国家级精品视频公开课
　现代绿色交通　黄晓明

2014 年国家级实验教学示范中心
　　机电综合虚拟仿真实验教学中心
2013 年全国优秀博士学位论文指导教师
　　王建国　崔铁军　高西奇　金保昇
2013 年全国优秀博士学位论文提名论文指导教师
　　徐君祥　何建敏　张志珺
2013 年江苏省优秀博士学位论文指导教师
　　赵长遂　张　军　仲兆平　冯　健　吕志涛　雷　威　徐春祥　肖忠党　程　明
　　孙岳明　刘松琴　刘必成　谢　维
2013 年江苏省优秀硕士学位论文指导教师
　　王兴平　韩冬青　盛昌栋　崔铁军　吴乐南　漆桂林　王雪梅　刘云虹　田海平
　　赵林度　郑建勇　高成发　宋爱国　周佑勇　居胜红
2013 年江苏省本科优秀毕业设计(论文)一等奖指导教师
　　张　宇　许　威　马新建　汪　鹏
2013 年江苏省教学成果奖
特等奖
现代工程管理人才"一体两翼"型专业核心能力培养的研究与实践
　　李启明　成　虎　沈　杰　郭正兴　周佑勇　杜　静　陆惠民　黄有亮　刘家彬
　　陆　彦
基于工程创新能力培养的电气工程专业教学改革探索与实践
　　黄学良　李　扬　张炎平　林明耀　蒋玉俊　张　靖
大学英语研究型教学模式探索与实践
　　李霄翔　陈美华　朱善华　郑玉琪　吴之昕　郭锋萍　刘　蓉　杨茂霞　邹长征
　　石　玲
创新体系、精选内容、优化模式,突出自主研学的电工电子实践课程改革
　　胡仁杰　堵国樑　黄慧春　管秋梅　顾玉军　王风华　傅淑霞　顾晓洁　赵　扬
一等奖
电子电气基础课程改革与实践
　　王志功　孟　桥　冯　军　黄学良　李文渊　汤勇明　赵鑫泰
土木工程专业工程创新能力培养实现途径的探索与实践
　　邱洪兴　童小东　舒赣平　郭正兴　黄跃平　陆金钰　陈　镭　周　臻　吴　京
　　李爱群　叶继红　吴　刚
大学公共数学课程内容体系和教学模式的改革与实践
　　刘继军　陈文彦　王栓宏　陈建龙　关秀翠　周建华　黄　骏　潮小李　李慧玲
　　徐　亮
基于中国情境理念的经管专业国际留学生培养模式的创建与实践
　　徐康宁　黄　凯　张玉林　朱志坚　陈淑梅　邱　斌　陈良华　任凤慧　李　东
　　邵　军

新形势下道路交通类创新型专业人才培养的改革与实践
　　王　炜　黄晓明　陈　峻　程建川　陈学武　陈　怡　胡伍生　陆　建　黄　侨
　　高　英　张　航
基于优质资源的综合性大学医学影像学人才培养研究与实践
　　滕皋军　杨小庆　刘　斌　邓　钢　谢波居　胜　红　杨　明　靳激扬　王慧萍
　　张俊琴
工程拔尖人才培养模式的探索与实践
　　李爱群　朱明钟　辉　况　迎辉　孙小菡　王志功　李久贤　熊宏齐
二等奖
以培养建筑类卓越人才为目标的立体化教学平台构建与实践
　　齐　康　龚　恺　王建国　阳建强　张　彤　陈　薇　成玉宁　鲍　莉　王兴平
　　李向锋
多学科融合机电实践教学平台建设的探索与实践
　　张远明　贾民平　张文锦　许映秋　钱瑞明　郁建平　汤文成　祝学云　马天河
芯片和软件协同的嵌入式系统系列课程建设与实践
　　时龙兴　凌　明　汤勇明　朱　为　杨　军
引导学生自主学习、积极探究、勇于实践——工科大学物理课程教学改革与实践
　　杨永宏　钱　锋　叶善专　戴玉蓉　解希顺　马文蔚　董　科　张玉萍　陈　乾
　　张　勇
"立足研究，着眼创新"生物医学工程专业高层次人才培养模式探索及实践
　　顾　宁　汪　丰　陆祖宏　万遂人　张　宇　王进科　黄　雷　吕晓迎　钱卫平
　　林海音
复合型、应用型法律人才培养的创新与实践
　　周佑勇　孟鸿志　孟红过　秀成成　虎叶树　理高歌　陆　璐
江苏省本科高校青年教师教学竞赛
二等奖
　　费庆国

2014 年东南大学教学奖
特等奖
　　李启明　黄骏程　建　川　陈美华
一等奖
　　沈　旸　鲍　莉　戴　敏　幸　研　周克毅　张圣清　范圣刚　吴建辉　薛星美
　　马旭东　魏海坤　杨全胜　邓建明　王　进　龚彦晓　黄　雷　赵林度　林明耀
　　张燕军　杨　洪　杨　敏　周晓晶　孙桂菊　樊　红　袁久红　吴　金

东南大学第 21 届青年教师授课竞赛
一等奖
　　沈　旸　费庆国
二等奖
　　吴　霞　李　凯　徐晓燕　卢　青

2014 年本科教学奖励金获奖名单

一、个人奖

特等奖 4 人

李启明　黄　骏　程建川　陈美华

一等奖 26 人

沈　旸	鲍　莉	戴敏幸	研　周	克　毅	张圣清	范圣刚	吴建辉	薛星美
马旭东	魏海坤	杨全胜	邓建明	王　进	龚彦晓	黄　雷	赵林度	林明耀
张燕军	杨　洪	杨　敏	周晓晶	孙桂菊	樊　红	袁久红	吴　金	

二等奖 66 人

易　鑫	朱　渊	王鸿翔	何红媛	张雨飞	朱小良	宋宇波	仲　文	陈金春
徐　明	高海鹰	洪　俊	顾　兵	黄　成	王小六	曹婉容	李元庆	杨人子
李骏扬	王　征	章品正	倪巍伟	陈小喜	张玉萍	庞侯荣	王　珏	杨　煜
张晓青	陈钢华	张　颖	浦正宁	周路路	刘修岩	卢　毅	陈　中	范　雁
王　婷	万国瑞	季　月	张豫浦	惠　红	任晓菊	郭剑平	周子华	徐南强
丁　亮	赵联庆	江　萍	祁争健	刘志彬	柴　干	吴文清	周　渝	高　歌
梁宗保	陈　洪	赵　蕾	靳激扬	孔　璐	尹利平	童　伟	潘　石	沈荣桂
杨　鹏	夏小俊	刘　波						

二、专项奖

1. 教学督导组　　　　　　　　　　　　　　　　　　　　20 000 元
2. 各类学科竞赛
（1）大学生数学建模竞赛国际级特等奖指导团队　　　　10 000 元
（2）全国大学生电子设计竞赛国家级一等奖指导团队　　5 000 元
（3）中国教育机器人大赛国家级特等奖指导团队　　　　5 000 元
（4）全国周培源大学生力学竞赛国家级特等奖指导团队　5 000 元
（5）全国大学生英语竞赛国家级特等奖指导团队　　　　5 000 元
（6）全国交通科技大赛国家级一等奖指导团队　　　　　5 000 元
（7）中国大学生计算机设计大赛国家级一等奖指导团队　5 000 元
（8）全国大学生金相技能大赛国家级特等奖指导团队　　5 000 元

2013—2014学年本科生各类学科竞赛获奖名单

一、2014美国大学生数学建模竞赛(MCM/ICM)

国际级特等奖

王　晨　龚　宓　李　臻　董　元　付亚涛　王宇阳

国际级一等奖

徐略钧　李　越　李　享　方良骥　唐云柯　朱思宇　周林峰　陈　倩　吉相冰
许　冀　杨　奕　郑凌晨　张雅淋　张伟旗　陈巧云　刘海波　吴伏宝　王志远
杨　江　戴张印　冯奕佳　马志伟　扈　霁　刘松岩

国际级二等奖

杨雪旗　张晓燕　崔佳威　曹　健　朱　航　丁相程　刘泽恒　何冰冰　张　楠
刘　翔　邓榆钦　林　波　徐媛媛　管孟文　张明慧　丁　翠　王　辰　段　然
陆天翼　谢晨伟　吴晟琦　葛鹏飞　张大旭　许　涵　许　乐　施嘉察　阚宇翔
马一华　裴　璐　包天罡　杨慧文　张驰远　佘烨超　李天一　徐晴雯　朱秋瑜
顾星煜　赵玉豪　王梓丞　乔　洁　庄尚芸　张宇智　黄泽宇　范　傲　张楚凡
吴　浩　张炜森　陶　鹏　周培根　牟吉宁　杜立寰　仲哲卿　杨海峰　罗　平
汪政扬　张亦然　王文佳　文思杰　张成秋　邵天一　代　伦　丁丰盛　楼宝梁
罗斯达　岳　阳　罗天铭　陈同广　宋　卉　杨　超　周宸楠　叶占伟　潘城屹
路　畅　郭明皓　陈鹏飞

二、2013 RoboCup机器人国际比赛

国际级一等奖

刘　垚　高海丹

三、2013第38届ACM国际大学生程序设计竞赛(ACM/ICPC)亚洲区预选赛

国际级一等奖

朱铖恺　高绮文

国际级三等奖

解曙方　崔致瀚　潘　宇

国际级优秀奖

赵隐达　李天宇

四、"苏博特"杯第三届全国大学生混凝土材料设计大赛

国家级二等奖

张　浩　赵勇强　尤南乔　王　凯

国家级三等奖

李　源　张　影

五、第九届全国交通科技大赛

国家级一等奖

张佳运　童天志　邹　晨　郭易木　刘慧杰

国家级二等奖

高　航　吕　方　陈　全　孔思力　周思岙

六、第十三届"挑战杯"全国大学生课外学术作品竞赛

国家级特等奖

高圆圆　胡越兰　张福侠　胥新平　李　颖　沈　刚　马晓燕　周晓宇

国家级二等奖

朱碧玉　李　敏　黄丹丹　黄安杰　梁佳琪　张　哲　李　松　孙佳惟　彭富林
郭立勇

国家级三等奖

刘善文　郑云壮　段淞耀　李方卫　李　宸　姜冬雪　李　烨　董长印

省(部、地区)级三等奖

张祯楠　丁智霞　沈轲飓　尤雨婷

七、第七届全国大学生结构设计竞赛

国家级优秀奖

陈芳婷　林逸超

八、2013 中国机器人大赛暨 RoboCup 公开赛

国家级一等奖

刘　垚　吴　浩　张炜森　李天宇

国家级二等奖

蔡　爽　蔺　蓓　潘晓青

九、2013 中国教育机器人大赛

国家级特等奖

洪一豪　李　昂　徐　成　陶　毅　薛　琰　蔡　爽　许婉怡　肖逸熙　胡玉波　袁博文　郭东东

十、2013 年（第 6 届）中国大学生计算机设计大赛

国家级一等奖

王　辰　吕永涛　庞司坦

国家级二等奖

李　昂　王鑫龙　刘崇尧　薛　琰

国家级三等奖

沈　飞　张哲惠　允　邓昊洋　谢嘉宇　刘雅丽

十一、"艾默生创新杯"第二届全国大学生金相技能大赛

国家级特等奖

张　浩

国家级一等奖

高旭东

国家级优秀奖

李　想　顾腾飞

十二、第八届"飞思卡尔"杯全国大学生智能汽车竞赛总决赛

国家级一等奖

黄剑冰　阳　赛　夏厚燃　徐晴雯

国家级二等奖

徐乃阳　于　亮　张　琪　黄　朔　黄泽宇

十三、第九届全国周培源大学生力学竞赛"基础力学实验"团体赛

国家级三等奖

鲁　冰　陈鹤鸣　魏孝胜

十四、第九届全国周培源大学生力学竞赛"理论设计与操作"团体赛

国家级优秀奖

姚　浩　刘　吉　蒋　超

十五、第七届"三菱电机自动化杯"全国大学生自动化大赛暨自动化创新设计竞赛

国家级一等奖

袁　宸　周宇盛　吴苏晨

国家级二等奖

刘煜东　孙　朝　何成洋

十六、2013年全国大学生电子设计竞赛

国家级一等奖

彭富林　梁振楠　吴　丹　廖振星　周　鑫　沈　兵　刘先钊　王嘉频　邱旻翔
郝志强　杨争辉　王伟康　金弘晟　胡　航　屠晨峰　吴　凯　顾立新　冯文华
付宇鹏　李　易　曹言佳　俞　熠　邵安成　姜　舒　高海丹　黄健翔　冯　源

国家级二等奖

喻翔昊　周景锦　乔　丹　林君豪　郑祥杰　谢家昊　吴晓锋　胡子炎　赵保付
刘兆栋　林桂石　邱明轩　黄　俊　苏　畅　李鹏佳

十七、第六届节能减排社会实践与科技创新竞赛

国家级一等奖

吕金其　陆佳佳　王　辉　叶日平　潘　池　林伽毅　陈晓波　王善超　魏宏阳

国家级三等奖

潘　祥　武小冕　杨　涛　贾小超　邵　壮　朱梦瑞　褚军涛　薛昊天　郭思奇
陈　婷　阮　浩　文天依

十八、第三届全国大学生工程训练综合能力竞赛

国家级二等奖

刘金肖　何秋熟　常　文

十九、2014年全国大学生英语竞赛

国家级特等奖

段　然　张浣雯　邱健荣　徐孟晖　张一楠　胡志远　赵远之　郑锦波

国家级一等奖

施乃扬　余玉卿　杨　杨　周　丹

国家级二等奖

赵　阳　董开兴　帅静茹　陶苏朦　徐　筝　高曼婧　王锐虹　杨泽宇　邓金凌
李梦雅　赵楠楠　关　蕾　朱　旭　邹思茗　鲍梦蓉　王华玮　赵启眉　李　茵
王靖雯　黄路遥　陈奕璠　高文沁　陈　璐　陈怡帆　戴轩奥　许　珊　王　弢
徐子涵　薛　亮

国家级三等奖

刘　睿　杨　易　冯程程　华　杰　陈涛涛　陈　决　钟　宁　张梦娇　李晓兴
吴天骄　江　平　孙雨昕　唐　琦　刘嘉琪　赵　越　贾　玥　崔丹钰　刘子姝
郑镠铮　王宇鹏　张　璐　李　青　刘芳硕　曲昕怡　邱怡箐　王晓羽　孙铭阳
胡静洁　陈斯雨　钟天辰　韩俊伦　郑　添　王　颖　周　昊　莫忠道　王文宇
廖　丹　陆书恒　周宇池　沈怡青　康诗佳　肖诗蕾　顾　熠　景雅茜　杨　雪
胡文溪　陈逸云　王静怡　龚稼琦　牟吉宁　李元雪　张容晟　姜　勖　戴中豪
殷大泉　王立宁　黄家晖　肖　宏　王　茜　严梦蕊　魏震楠　陈　瑾　郑苏茜
邹　悦　杨　江　蔡雨君　郭亚森　吴剑桥　冯可欣

二十、2013 年全国大学生数学建模竞赛

国家级一等奖

周宸楠　潘城屹　叶占伟

国家级二等奖

郭明皓	路　畅	陈枭煜	刘　翔	邓榆钦	林　波	郑先臣	朱梦瑞	丁一帆
谢雨蒙	尹哲浩	徐　军	王李荣	文思杰	王　川	王禹欣	叶建宇	申　畅
贺正然	朱　锐	赵　越	张雅淋	张伟旗	张雯露	曹　健	朱　航	丁相程

二十一、2014 年"北斗杯"全国青少年科技创新大赛

国家级一等奖

弓　静　刘保帅　孙　彤　赵正扬

国家级三等奖

陈　超　王语海　雷　秀　付亚涛　任　敏

国家级优秀奖

董　元　黄华龙　徐楚雯　史　铨　余玉卿　吴　昊

二十二、"矿大杯"第八届江苏省大学生力学竞赛"基础力学实验"团体赛

省(部、地区)级特等奖

鲁　冰　陈鹤鸣　魏孝胜

二十三、2013 年江苏省大学生数学建模竞赛

省(部、地区)级一等奖

刘海波	仇常慧	吴伏宝	顾星煜	王梓丞	李　博	马一华	裴　璐	包天罡
仲哲卿	罗　平	杨海峰	马纯威	李已晴	方思远	崔文凤	李　悟	校颖浩

省(部、地区)级二等奖

龚　宓	王　晨	蒋　程	杨　江	戴张印	冯奕佳	黄华龙	潘倩倩	刘石劼
马志伟	扈　霁	刘松岩	范　毅	沈　壁	韩　瑱	徐媛媛	管孟文	张明慧

省(部、地区)级三等奖

杨慧文　马　立　周　桓　徐略钧　李度洋　游雁天　汪政扬　禹若涵　王文佳

黄亚澎	仝政霖	傅元元	杨雪旗	徐丽娜	乔　洁	郎逸菲	陈心怡	许　琦
顾喆旭	杨　超	武展妮	吴曼丽	杨　力	蔡　瑞	张成秋	陈　璐	金伟潼

二十四、2013年江苏省大学生电子设计竞赛

省(部、地区)级一等奖

吴展鹏	张　驰	孔向晖	叶日平	周模量	赵　远	吴爱东	华　超	孔路平
薛春林	杨　雷	张逸驰	张云昊	孙天慧	韩晓青	秦恺华	周慕菁	何粮宇
黄华龙	刘石劭	董　元	田中源	朱庆明	何文剑	林　波	徐颖群	倪路遥
马一华	姚　艳	周晶莹	周晓慧	强　勇	郭爱文	傅玮烽	白　石	卢欣桐
张来团	袁　鸣	崔洪博	董子瑜	丁远哲	沙小仕	张凤玲	曾胜澜	莫　丹
黄志超	彭志刚	李隆胜	张师斌	杨　力	王辅强			

省(部、地区)级二等奖

熊　健	黄永升	袁　婕	桂一鸣	林　哲	蔡虹宇	刘　畅	吴　蕾	尹　鹏
熊宽晨	查海强	刘念泽	武华阳	张　鹿	吴天一	陈敏华	甘　琦	俞佳宝
张建飞	杜　翠	翟邦昭	张　行	张　珊	王　瑶	冯士睿	孔　源	邢月秀

二十五、2014年江苏省高等学校第十二届高等数学竞赛

省(部、地区)级一等奖

夏康立	刘　明	金玉龙	周　睿	丁润民	苏　强	刘　兴	夏　浩	陈垚鑫
周杨浩	胡啸天	卢长胜	顾　鹏	郑　良	殷宇翔	鞠　丹	魏笑尘	李建宇
巩鑫瑞	朱熔清							

省(部、地区)级二等奖

谢　天	侯国睿	邱嘉伟	陈　赟	荆　鑫	黄　堃	于佳阳	林　娟	雷　蕾
徐明浩	顾晨骁	顾　博	沈星欣	孙文杰	王旭祥	景树森	王文宇	陈　实
朱佳庆	周　婕	徐威鸿	陈　功	张妍雅	董智杰	陈炜珩	乔　焜	谢　天
周　达	华一唯	王　媛	贺东娇					

省(部、地区)级三等奖

黄灵莹	张息壤	沈　浩	陈　熹	凌　晨	段　浩	胡　阳	顾奇耘	徐　璐
黄艺荣	陈守一	杨振宇	肖春晖	张　欢	江春源	陈　开	廖聿宸	万逸铭
于　怡	袁　瑞	赵　毅						

二十六、2013年江苏省土木工程大学生结构创新竞赛

省（部、地区）级二等奖

俞　江　李泽熙　施天龙

省（部、地区）级三等奖

陆瀚洲　夏泓泉　林　煜

二十七、"算友杯"首届江苏省大学生工程管理创新、创业与实践竞赛

省（部、地区）级一等奖

吴　昊　金　玲　王苗苗　王柳英　孙文捷　蔡小兰

省（部、地区）级二等奖

舒　瑞　李　好　傅冠琼　吴　进　钟　鑫　刘廷宇　唐　罂　徐　纬　赵明扬
何雪英　姜　茜　翁浩平　吴　梵　向林凯　宗　晗　朱　钰　陈娇娇

省（部、地区）级三等奖

朱文辉

二十八、第十九届中国日报社"21世纪·可口可乐杯"全国英语演讲比赛江苏赛区比赛

省（部、地区）级一等奖

郑洪影

二十九、2013年"外研社杯"全国英语演讲大赛江苏赛区比赛

省（部、地区）级一等奖

赵启眉

省（部、地区）级二等奖

陈项南

省（部、地区）级三等奖

李鑫迪

三十、"外研社杯"全国英语写作大赛江苏赛区复赛

省(部、地区)级一等奖

李梅清　张一楠

省(部、地区)级二等奖

潘　影

三十一、2014 年(第 7 届)中国大学生计算机设计大赛江苏省级赛

省(部、地区)级特等奖

王子峣　卢长胜　韩　杰　王　量　欧列川　曹文龙

省(部、地区)级一等奖

邵　帅　郭耿瑞　文　轶　徐　湘　蓝　翔　张　睿　程天石　吕家乐

省(部、地区)级二等奖

董　翔　吴姝悦　邓　翎

三十二、第四届"浩辰杯"华东区大学生 CAD 应用技能竞赛

省(部、地区)级一等奖

吕剑乔　李晓奇　童天志　何崇伟　陈春水　李　颖　卓可凡　周　双

省(部、地区)级二等奖

王　历　苏世勇　汪　晨　刘　鑫　郭东东　张梦飞

三十三、2014 年(第十一届)华东地区高校结构设计邀请赛

省(部、地区)级一等奖

俞　江　施天龙　刘雅凡　杨　轩　夏定风　付晓丹

三十四、第五届江苏省大学生机械创新设计大赛

省(部、地区)级一等奖

徐　辉　殷　超　胡玉波　张经辉　唐雯珍　谢许宁　李悠扬　姜　充　周　昊
王　超　吴　景　耿垭洲

省（部、地区）级二等奖

史昀珂　蒋祖贵　季　凡

省（部、地区）级三等奖

刘宗涛　解正康　张　诚　胡剑雄　陈　鑫

三十五、第八届"飞思卡尔"杯全国大学生智能汽车竞赛华东赛区

省（部、地区）级一等奖

吴展鹏　夏厚燃　徐晴雯　阳　赛　王　雷　赵　蓉　张逸驰　刘兆栋　周景锦

省（部、地区）级二等奖

吕　巍　殷智慧　杨争辉　黄剑冰　黄泽宇　罗鸿飞

省（部、地区）级优秀奖

徐乃阳　陈伟伦　智向阳

三十六、2013年中国教育机器人大赛江苏省赛区赛

省（部、地区）级特等奖

李　昂　陶　毅　薛　琰　许婉怡　袁博文　徐　成　肖逸熙　洪一豪　郭东东　胡玉波

省（部、地区）级一等奖

蔡　爽

三十七、江苏省高校第十届本科生物理及实验科技作品创新竞赛

省（部、地区）级一等奖

陶伟伟　刘　波　郑宇迪　徐乔汝　刘　洋

省（部、地区）级二等奖

陆　骏　惠允弓　静　史　铨　郑凌晨　李名舒　丁远哲　管孟文　郭明皓　刘　彻　路　畅　陈　静

省（部、地区）级三等奖

崔粟晋　丁　晟　董　元　夏彭仁　马文海　杨　龙　时　鹏　刘石勋　张国瑞

吴泰洋　罗　怡　滕　达　沈仕卿　李　昂　罗　怡　褚军涛　姜伟海　杨　苗
赵　突　徐永康　秦媛媛　常　成

三十八、2013年东南大学第五届"华彩绽放"英语话剧竞赛（见校机教〔2013〕158号）

省（部、地区）级一等奖

  校级一等奖　　　　林双双　等15人
  校级二等奖　　　　刘亚茹　等23人
  校级三等奖　　　　黄逸飞　等11人
  校级优秀奖　　　　吴　琴　等26人

三十九、东南大学第三届测绘实践技能竞赛（见校机教〔2013〕196号）

省（部、地区）级一等奖

  校级一等奖　　　　杨雪晴　等4人
  校级二等奖　　　　李建邺　等8人
  校级三等奖　　　　李　冰　等8人
  校级优秀奖　　　　刘　琪　等12人

四十、东南大学第六届大学英语研究型课程（PBL）十佳团队竞赛（见校机教〔2013〕197号）

  校级一等奖　　　　徐钰蓉　等6人
  校级二等奖　　　　罗诗然　等10人
  校级三等奖　　　　宋　莹　等31人

四十一、东南大学第六届中华赞经典诵读竞赛（见校机教〔2013〕198号）

  校级一等奖　　　　张智捷　等12人
  校级二等奖　　　　陈佳婧　等20人
  校级三等奖　　　　张天宇　等33人
  校级优秀奖　　　　周依婷　等48人

四十二、东南大学第十届RoboCup机器人竞赛（见校机教〔2013〕199号）

  校级一等奖　　　　郑亚君　等18人
  校级二等奖　　　　李学宁　等27人
  校级三等奖　　　　杨　云　等41人
  校级优秀奖　　　　张雯豪　等54人

四十三、东南大学第七届PLD设计竞赛（见校机教〔2013〕200号）

  校级一等奖　　　　鲁悦顺　等14人

校级二等奖	丁元哲	等 16 人
校级三等奖	侍海峰	等 21 人
校级优秀奖	李盈达	等 45 人

四十四、2014 年东南大学高等数学竞赛（见校机教〔2014〕5 号）

校级一等奖	华一唯	等 15 人
校级二等奖	乔 焜	等 40 人
校级三等奖	曾 加	等 122 人

四十五、东南大学第六届节能减排社会实践与科技创新竞赛（见校机教〔2014〕33 号）

校级特等奖	杨斯涵	等 1 人
校级一等奖	张建飞	等 9 人
校级二等奖	王 凯	等 18 人
校级三等奖	季巳辰	等 27 人
校级优秀奖	弓 静	等 34 人

四十六、东南大学第四届本科生创新体验竞赛（见校机教〔2014〕34 号）

校级一等奖	傅瑞盈	等 48 人
校级二等奖	张 钰	等 103 人
校级三等奖	程俊杰	等 152 人
校级优秀奖	王 麟	等 196 人

四十七、东南大学首届电子商务创意、创新及创业挑战赛（见校机教〔2014〕43 号）

校级一等奖	张 睿	等 8 人
校级二等奖	方柏超	等 13 人
校级优秀奖	郁振生	等 19 人

四十八、东南大学第四届交通科技竞赛（见校机教〔2014〕45 号）

校级一等奖	赵惠丹	等 9 人
校级二等奖	高 航	等 19 人
校级三等奖	罗斯达	等 31 人
校级优秀奖	肖雨晨	等 33 人

四十九、东南大学第八届智能车竞赛（见校机教〔2014〕46 号）

校级一等奖	朱梦瑞	等 18 人
校级二等奖	彭志刚	等 33 人
校级三等奖	杨雪旗	等 51 人
校级优秀奖	扈 霁	等 56 人

五十、东南大学第十二届机械创新设计竞赛（见校机教〔2014〕65号）

　　校级一等奖　　　　　　王　超　　等8人
　　校级二等奖　　　　　　张　钰　　等9人
　　校级三等奖　　　　　　苏世勇　　等8人
　　校级优秀奖　　　　　　宋　睿　　等12人

五十一、东南大学2014年第十六届电子设计竞赛（见校机教〔2014〕70号）

　　校级一等奖　　　　　　王武森　　等33人
　　校级二等奖　　　　　　梁　霄　　等51人
　　校级三等奖　　　　　　马志伟　　等75人
　　校级优秀奖　　　　　　闫　明　　等51人

五十二、东南大学第八届数学建模竞赛（见校机教〔2014〕73号）

　　校级一等奖　　　　　　李　越　　等63人
　　校级二等奖　　　　　　刘艺璇　　等123人
　　校级优秀奖　　　　　　李瀚堂　　等183人

五十三、东南大学第十三届结构创新竞赛（见校机教〔2014〕74号）

　　校级一等奖　　　　　　刘文博　　等51人
　　校级二等奖　　　　　　刘国安　　等102人
　　校级三等奖　　　　　　叶景植　　等153人
　　校级优秀奖　　　　　　胡钰明　　等201人

五十四、东南大学2014年第七届嵌入式系统设计竞赛（见校机教〔2014〕75号）

　　校级一等奖　　　　　　戴张印　　等6人
　　校级二等奖　　　　　　颜静韬　　等10人
　　校级三等奖　　　　　　贾杰伦　　等12人
　　校级优秀奖　　　　　　周施成　　等9人

五十五、东南大学'华彩绽放'第六届英语话剧竞赛（见校机教〔2014〕79号）

　　校级一等奖　　　　　　林双双　　等15人
　　校级二等奖　　　　　　范孟华　　等23人
　　校级三等奖　　　　　　杨佳琪　　等40人

五十六、东南大学第一届'向经典致敬'诵读竞赛（见校机教〔2014〕80号）

　　校级一等奖　　　　　　胡　暄　　等9人
　　校级二等奖　　　　　　薛红叶　　等20人

校级三等奖　　　　　　廖小娴　等33人
校级优秀奖　　　　　　胡　迪　等42人

五十七、东南大学第四届信息安全竞赛（见校机教〔2014〕81号）

校级一等奖　　　　　　于超凡　等6人
校级二等奖　　　　　　翟邦昭　等13人
校级三等奖　　　　　　张　珊　等4人
校级优秀奖　　　　　　程天石　等6人

五十八、东南大学第十一届视觉制导机器人竞赛（见校机教〔2014〕89号）

校级一等奖　　　　　　徐华鹏　等11人
校级二等奖　　　　　　印明亮　等24人
校级三等奖　　　　　　田奥克　等35人
校级优秀奖　　　　　　张韶文　等82人

五十九、东南大学第七届IEEE电脑鼠走迷宫竞赛（见校机教〔2014〕90号）

校级一等奖　　　　　　赵　毅　等12人
校级二等奖　　　　　　颜　帅　等33人
校级三等奖　　　　　　陈　正　等52人
校级优秀奖　　　　　　王　晨　等69人

六十、东南大学第十届大学生程序设计竞赛（见校机教〔2014〕91号）

校级一等奖　　　　　　钱　威　等9人
校级二等奖　　　　　　蔡国超　等14人
校级三等奖　　　　　　黄　凯　等23人
校级优秀奖　　　　　　郭建珠　等40人

六十一、东南大学第六届英语演讲竞赛（见校机教〔2014〕113号）

校级一等奖　　　　　　高雅雯　等2人
校级二等奖　　　　　　孙雨昕　等3人
校级三等奖　　　　　　李小璇　等9人

六十二、2014东南大学大学生英语竞赛（见校机教〔2014〕114号）

B类（英语专业组）

校级一等奖　　　　　　张　波　等1人
校级二等奖　　　　　　李小璇　等2人
校级三等奖　　　　　　刘浪宇　等5人

C 类(非英语专业组)

  校级一等奖   韩　笑   等 24 人
  校级二等奖   扈　霁   等 46 人
  校级三等奖   武展妮   等 62 人

六十三、第二届东南大学本科生混凝土知识竞赛(见校机教〔2014〕116 号)

  校级特等奖   尤南乔   等 1 人
  校级一等奖   王　凯   等 3 人
  校级二等奖   张　浩   等 5 人
  校级三等奖   李天宇   等 8 人
  校级优秀奖   龚来凯   等 8 人

六十四、东南大学第四届可编程序控制器设计竞赛(见校机教〔2014〕119 号)

  校级一等奖   褚军涛   等 1 人
  校级二等奖   邵恩泽   等 1 人
  校级三等奖   吴振龙   等 2 人

六十五、东南大学第六届大学生计算机设计竞赛(见校机教〔2014〕120 号)

  校级一等奖   邵　帅   等 9 人
  校级二等奖   杜惠民   等 12 人
  校级三等奖   谢翔宇   等 15 人
  校级优秀奖   黄文婷   等 15 人

六十六、东南大学第十届本科生物理实验研究论文竞赛(见校机教〔2014〕125 号)

  校级一等奖   张意祥   等 6 人
  校级二等奖   王怡心   等 14 人
  校级三等奖   李　想   等 22 人
  校级优秀奖   刘佳宁   等 49 人

六十七、东南大学第二届金相实验技能竞赛(见校机教〔2014〕126 号)

  校级特等奖   高旭东   等 1 人
  校级一等奖   张　浩   等 3 人
  校级二等奖   郝建霞   等 8 人
  校级三等奖   钱自杰   等 8 人
  校级优秀奖   洪一豪   等 11 人

六十八、东南大学第五届本科生广告艺术竞赛(见校机教〔2014〕128号)

校级一等奖	朱乐文	等3人
校级二等奖	林双哲	等10人
校级三等奖	赵 鑫	等14人
校级优秀奖	焦经纬	等13人

六十九、东南大学第四届大学生CAD技术应用竞赛(见校机教〔2014〕130号)

校级一等奖	陈春水	等15人
校级二等奖	李 颖	等29人
校级三等奖	徐 尧	等44人
校级优秀奖	沈涵瑕	等58人

七十、东南大学第三届化学化工实验竞赛(见校机教〔2014〕131号)

校级一等奖	孙献峰	等4人
校级二等奖	胡 暄	等6人
校级三等奖	周 婵	等13人
校级优秀奖	赵思奇	等17人

七十一、东南大学第一届大学生健康素养竞赛(见校机教〔2014〕132号)

校级一等奖	洪 阳	等32人
校级二等奖	金 鑫	等58人
校级三等奖	季振军	等88人
校级优秀奖	张晓东	等127人

七十二、第九届"至善杯"东南大学大学生创业计划竞赛

校级一等奖	李骐瑞	等19人
校级二等奖	宋心悦	等42人
校级三等奖	韩 笑	等37人

七十三、东南大学首届软件创新竞赛暨第七届"英特尔杯"全国大学生软件创新大赛选拔赛

院(系)级一等奖	杨启凡	等4人
院(系)级二等奖	杜惠民	等4人

七十四、东南大学第一届校园艺术创新竞赛

院(系)级一等奖	吴屹凡	等6人
院(系)级二等奖	张秀铭	等8人

七十五、东南大学第四届医学生临床技能竞赛

院(系)级一等奖　　　程　莹　　　等4人
院(系)级二等奖　　　葛路遥　　　等4人

七十六、2014年东南大学英语写作竞赛

院(系)级一等奖　　　吕秋晨　　　等21人
院(系)级二等奖　　　张翌晨　　　等22人

七十七、东南大学第三届"北斗杯"青少年科技创新竞赛

院(系)级一等奖　　　梁佳琪　　　等4人

七十八、第二届东南大学医学院本科生科研设计大赛

院(系)级一等奖　　　刘雪婷　　　等15人
院(系)级二等奖　　　龚文斌　　　等13人

七十九、制弓竞赛——设计制作反曲层压弓

院(系)级一等奖　　　顾代杰　　　等40人
院(系)级二等奖　　　韦保靖　　　等76人

2014年度学习优秀生名单

建筑学院

王街哲　袁宗月　沈　忱　沈　鑫　张皓翔

机械工程学院

苏世勇　刘　歌　江　平　金珊珊　徐　辉

能源与环境学院

陈　功　刘　明　戴中豪　马昕宇

信息科学与工程学院

王志远　陈　颖　郭明皓　沈　浩　徐　昊　白　石　赵　越　徐倩怡　徐锦丹
杨丽娟　印友进　王　苏　李晓兴

土木工程学院

黄贤斌　强翰霖　黄瑞瑞　陈娇娇　王凤范　王　康　张　蓓　夏烨楠　谢小东

刘婉莹

电子科学与工程学院

胡子炎　金弘晟　翟　悦　徐媛媛　胡静洁　张　澄　吴念尘

数学系

金臻涛　陈　旋　江天舒

自动化学院

陶　鹏　陈晓涛　扈　霁

计算机科学与工程学院

张雯露　张雅淋　王　瑶　高绮文

物理系

黄子文　李　缘

生物科学与医学工程学院

于云雷　陈卓钥　蒋　雯　马纯威　李已晴　李　媛

材料科学与工程学院

叶少雄　董恒迪

人文学院

李烨婧

经济管理学院

徐雪飞　龚晓菲　金晓月　李苏南　陈梦赟　张　睿

电气工程学院

崔文琪　丁一阳

外国语学院

邢　晨　邵韵芸

化学化工学院

王　芳

交通学院

罗斯达　付　旻　任可心　邹　晨　吴姝悦　陈宏燕　陈怡林

仪器科学与工程学院

方良骥

艺术学院

钱雨婕

法学院

赵雪颖　张思嘉　赵文华

公共卫生学院

洪　翔

医学院

孟祥盼　刘清香　冒晨昱　宋斐斐　徐晓敏　王娅敏　笪美红　王　倩

吴健雄学院

陈　倩　王建飞　王　敏　田中源　罗　平　丁相程　何文剑　朱秋瑜　朱荣华
李天一　丁　翠　梁　霄　朱　航　翟邦昭　杨新逸　李隆胜　李　臻　徐晴雯
朱庆明　褚军涛　黄志超　王　辰　王小柳　吴晨月　赵　亮　严予均　朱梦瑞
陈凌蛟　李　阳　卢丽慧　曹正庭　朱思宇　熊宽晨　许　阳　王禹欣　刘念泽
吉张鹤轩　王文杰　吕　涛　陈　琼　沈泽阳　程　聪　林俊浩　蒋　励　陆倩云
洪梦姣　唐卓人　林　彤　王凯旋　薛弘毅　万　意　周于浩　虞正平　白　岚
徐宇辉

软件学院

蓝　翔　黄　凯　郭大魁　王　量

预选学习优秀生名单

建筑学院

曹蔚祎　曹兰淳　杨浩辰　余梓梁　朱梦然　秦　添　刘　艺　陈明辉　冷先强
徐菁菁

机械工程学院

钱逸程　彭泽坤　许国树　李小锐　冯　超　张　恒　何　旺　李宇峰　陈春水
王幼真　郑晶莹　刘韵晗

能源与环境学院

柯希玮　李蓓蓓　董方宇　葛　浩　车泽南　陈博闻　张　艺　曹硕硕　徐文亮
成赛凤　叶　蓉　乔静宜

信息科学与工程学院

李　享　陆　琪　王华玮　廖如天　王　媛　阮　梦　钟天辰　涂　欣　蔡雨君
班　浩　巩鑫瑞　沈星欣　韩碧莹

土木工程学院

刘　兴　朱熔清　盛　伟　王仲衡　孟　畅　夏　浩　廖聿辰　韩　兆　张　梦
华一唯　冯　晶　凌锦峰　刘　杨　吴宣泽　龚来凯　唐美玲　李　峥

电子科学与工程学院

姜程程　武　斌　王　沁　钱进优　谭羽婷　曾鹏源　周　丹　陈垚鑫　周杨浩
马可悦　朱媛媛

数学系

沈佳妮　曾　程　幸云晨　刘国成

自动化学院

胡啸天　王子峣　陈泽森　陈　峥　丁　刚　储颖君

计算机科学与工程学院

张　辉　王凯健　郭春生　张莹莹　孙清伟　周　婕　徐威鸿　吴明优　谭春阳

物理系

陈　瑶　章烨晖　倪琳郁

生物科学与医学工程学院

金　静　陈　怡　何明杰　戴　兵

材料科学与工程学院

崔丹钰　刘主豪　朱传瑞　尹　蕾　邹思茗　傅　聪

人文学院

蔡 倡　袁 晓　黄晓萍　赵一燊　李周玉萌　祝 晓

经济管理学院

马思佳　沙拉·努尔哈米提　刘诗雯　张申宏　孟 鹏　贾 钥　张 潇　潘文青
韩静静　黄毅菱　徐玉秋　张嘉润　倪方君　朱 磊　史泽宇　金 婕　王雨竹
王 睿　宋 璇　李 涛

电气工程学院

李梦雅　余开亮　许 珊　詹惠瑜　程天石　陆 迪　林明明　徐 筝　杨 硕
吕家乐

外国语学院

郑奕贤　潘佳惠　吕秋晨　赵启眉

化学化工学院

陈金财　黄天宇　庆婷婷　白婧恬　董洪霜

交通学院

马懿元　吴运腾　王心怡　钟敏儿　王 茹　刘凯丽　殷宇翔　钟雨果　王 冰
端木祥永　叶美锡　蔡韵雯　吴丽霞　李雪琪　董夏鑫　张瑞成　王嘉玲　刘子洋
姚琳怡　张孟环

仪器科学与工程学院

姚晨雨　张 琦　陈 宓　胡肃芸　张仕超　惠文珊

艺术学院

周 凝　李兴建　江雪婷　张 真　过烨玲

法学院

吴 茜　杨宇航

学习科学中心

权梦娅　李梦怡

医学院

徐梦游　马 楠　喻曦子　吉晓凤　滕莉红　周 铨　张 莹　胡昕滢　宋志颖

曹晨睿　刘佳宁　陶金园　袁本银　王永芳　曹　蓉　徐　睿　杨洁凤

公共卫生学院

陈剑双　林晨昊　纪双斌　赵心语　董　钥　王照光

吴健雄学院

陈雨萌　申怡飞　杨文超　沈　圣　王文宇　曹梦迪　林兴源　周　睿　陈石开
徐　乐　李子园　陈　旭　鞠炜煜　朱宇潇　杨　逍　孙宇涵　段尚甫　杨杰能
李雅然　金泽坤　廖　孜　刘映辰　王　益　夏康立　宋雨遥　金玉龙　刘　正
凌　晨　王　锴　付明月　王　贺　李彦博　黄灵莹　蒋　伟　王　茜　徐孝宇
华　杰　刘必扬　张凯恒　文君涵　薛　烨

软件学院

沈　多　杨启凡　徐子涵　姚逸云　张妍雅　汤　豪　赵　莹　邹　悦　谢　楠

2015届推荐免试攻读硕士学位研究生名单

建筑学院

唐时月　闫景月　蔚　风　陈　乐　温子申　胡雪倩　刘海芊　于　炯　吴　迪
李哲健　包宇喆　徐肖薇　练玲玲　马　驰　谢　亚　陈　杰　陈　卓　顾祎敏
沈　宓　孙心莹　李　晋　虞　菲　刘曦文　李梦柯　孙　柏　蒋　祎　仇婧妍
奚月林　张　璐　吉倩妘　陈子健　倪佳佳　顾兰雨　侯姝彧

机械工程学院

苏世勇　刘　鑫　张　钰　王　超　吴瀛东　张国飞　李梦芝　施嘉察　胡玉波
吴　景　耿垭洲　王俊楠　雷鹏坤　顾益庆　曹铭聪　徐　辉　李晓奇　张梦飞
殷　超　蔡　爽　刘　歌　江　平　何　苗　程龙飞　何崇伟　王先根　李　桃
史昀珂　朱峰冰　但堂超　周　双　吴志勇　李延辉　姜晓文　何品尧

能源与环境学院

许　扬　黄源烽　戴楠楠　钱　燕　于　吉　吕　玥　张　咪　邵恩泽　叶　瑾
雷丽君　景亚杰　付心迪　吴振龙　林江帆　康　达　邹丹丹　马　泉　王楚俏
邵亚丽　李　萍　李欣怡　夏文青　潘　晗　熊振峰　吴　磊　朱静文　常　岩
蔡蕤蕤　王瑜祥　罗跃建　赵　阳　张　楠　王　琪　杨小宇　季巳辰　史晓蕊
熊　尾　单楠楠　杨予琪　廖先伟

信息科学与工程学院

郭明皓　杨　普　高　强　王　晨　褚炜雯　徐　婧　卢欣桐　冯奕佳　王　畑

龚 宓　杨慧文　郎　纾　倪路遥　顾喆旭　徐永康　邓榆钦　许　涵　张驰远
杜立寰　刘　彻　吴曼丽　林　波　张　珊　陈愈杰　张大旭　刘　翔　赵　突
赵　越　张　行　姜振豪　葛鹏飞　樊　浩　张　歆　陈　静　蔡韫奇　孙霁含
张方宇　潘倩倩　庄　莹　徐锦丹　陈　璐　徐颖群　杨丽娟　张　如　王旭哲
许　龑　杨雅涵　蔡媛媛　周培根　贺正然　刘　奥　沈　浩　傅玮烽　李晓兴
吴文谦

土木工程学院

强翰霖　杨　杨　周圣华　何冰冰　崔常慧　陈娇娇　黄贤斌　梅　方　王柳英
蒋丛笑　陆　晨　舒　瑞　张　影　穆发利　骆　娟　曹徐阳　陈志鹏　贾斯佳
韩　磊　臧芃乔　毕慕超　徐施婧　赵　柔　沈思思　夏天阳　王蔓亚　周文韬
顾大伟　朱　楠　李　好　康魏峰　朱　峰　朱　钰　林　煜　徐梓栋　金　玲
张昭雯　宋志新　黄慧敏　魏孝胜　王正昌　黄瑞瑞　杜永浩　王　谆　韩宜丹
李志昂　王馨玉　唐一萌　施路遥　张良尘　孟　斌　马明宇　聂　斐　徐向阳
孙凯奇　张　颖　杨　轩　伍　艺　陈福平　陈鹤鸣　戴轩奥　张楚楚　陶　楠
张祯楠　叶　帅　蒋　咏　陶　赟　娄　凡　常　成　包敦风　吴　丹　夏正昊　相慧明
李　贺　汤育春　　　　　李小凡　徐红燕　钱晶明

电子科学与工程学院

陆天翼　黄泽宇　胡子炎　徐媛媛　张　蓉　郑凌晨　刘泽恒　李蔓影　陈　晨
顾星煜　严　晖　管孟文　屠晨峰　杨　丹　张玉浩　张楚凡　黄鑫鹏　黄新锐
张师斌　罗雨帆　戴张印　范　傲　邓苏晓　胡静洁　谢晨伟　丁远哲　费嘉远
赵玉豪　胡　航

数学系

江天舒　李　悟　张　亮　王李荣　胡　坤　朱　瑶　沈　壁　闫建璐　白苗君
李雅光　林方正　楼宝梁　王　川　范　毅

自动化学院

陶　鹏　张炜森　刘松岩　张晓燕　潘城屹　万潇月　扈　霁　胡　悦　丁思娴
吴长虹　蔡　敏　李志清　阙宇翔　智向阳　杨雪旗　吴　浩　汪　野　刘安国
马志伟　许　乐　冯逸霏　崔佳威　徐丽娜

计算机科学与工程学院

时　鹏　陈泽隆　司马强　张雅淋　石　珺　杨　云　王　瑶　张宋扬　黄亚澎
杨海峰　吴昊天　何展鹏　陈巧云　霍增炜　钟　芳　王一多　胡　静　盛亮亮
陈后锦　孙坚运　戴树唯　姚育华　李　林　宋光旋

软件学院

徐　湘　王　敬　蓝　翔　曹文龙　吕佳祺　董　翔　欧列川　洪　沿　张　睿
黄　凯　范子琨　王　量　王　飞　崔　毅　韩春楠　花　琪　李京昊　刘　瑶
岑　超　王　力

物理系

欧阳艺昕　张国瑞　胡吏奇　张立涵　杨　龙　颜　鹏　张新知
王琪琪　顾强强　郑鹏飞

生物科学与医学工程学院

李已晴　仝政霖　郝政宇　李　媛　张明月　周　晶　吴子谦　傅元元

材料科学与工程学院

安　顺　尤南乔　柴胤光　张　浩　王　健　夏晓燕　赵梦杰　唐云逸　武和平
郝建霞　梁程瑶　严　宇　张小龙　王　凯　黄艾婧　锁晓静　王立萍
汤倩玉　李　俊

人文学院

刘振琳　徐　笑　张欣亭　江　晨　傅莞乔　金　钰　张　欢　陈　敏　杨　帆
陈佳婧　杨　珊　费　蝶　徐　航　徐　徐　艾安蓓　李　婧　戚晓萌　吕文静
李姝峥　蒋烨琳　曹思华　张钧沛

经济管理学院

沈怡青　何媛媛　和　兰　宓梦丹　徐雪飞　许丽婷　柏露露　吴　敏　金晓月
唐　琦　赵异娜　周梦姣　李丹丹　李　晓　张梦欣　王　弢　陈雪雁　慕文珺
曾萧寒　潘　恬　宋小琪　黄苏雨　包琼颖　黄镜蓉　陈　晨　薛　亮　盛　艳
章　月　陈　莹　杨家庆　朱莎莉　林　璐　严春蕾　黄佳惠　郑　添　姜黛青
安梦丹　潘　晴　原　薇　李　杰　林　艳　邵金安　徐晓彤　张礼乐　拜小霞
应　珊　刘欢欢　孟素蕊　刘　捷　顾诚嘉　欧阳娇　王利敏　杨　婷　孙　策
刘玲希　陈思奥　李晟旭　张　雯　吴之悦　丁　赛　戴麒麟　戴巍巍　陈羽南
蒲云峤　许佳馨　郑锦波　黄　骏　邱　夏　张　霓　张　莹　胡秋菊　庄洋洋

电气工程学院

丁一阳　徐　静　王雨薇　林君豪　张星宇　阚沁怡　徐小涵　盛奕达　范栋琛
杨　瑾　曹　戈　谭广颖　朱振宇　邵　雷　焦　阳　宋　杉　张有为　徐　沛
谢　畅　钱正国　汤静怡　冯志翔　周晓薇　郭少雄　郑祥杰　范子恺　胡靖宜
郎伊紫禾　邵雨薇　李　琦

外国语学院

张　波　侯春硕　刘亚茹　王静怡　吴　杨　赵令君　曹嘉璐　马梦茜　张可馨
王　颖　林秦怡　赵艺纹　王　璐

化学化工学院

符婉琳　陈　勇　崔文俊　沈权豪　蔡志岚　胡　暄　杨怡然　霍萌萌　黄　迎
郭皓月　冯民昌　陈奕炫　冯恩铎

交通学院

陈　沁　闫雪彤　陈　乐　张嘉明　杨　璐　吕俊秀　谌　越　廖源铭　周　昊
邵孜科　尚　睿　孟　琳　韩　笑　陈文娇　廖　辉　朱婉秋　姜钧陶　唐　旭
周　洁　胡惠卿　贾鸿源　付　旻　王西地　邹　晨　黄　蓉　杨雪晴　曹青青
钟　宁　薛　原　刘慧杰　罗天铭　柳成林　郭易木　邱健荣　范丽婵　吴　凡
林　早　朱星桦　童天志　李居宸　夏　峰　岳　阳　丁　微　毛剑东　孙潇昊
陈奕璠　陈梅君　杨清浩　黎淘宁　周钰笛　陈　田　沈涵瑕　胡卓良　张佳运
叶　文　钱天陆　任　政　张慧琳　谭凤雷　颜丽波　张梦可　杨　鹏　姜严旭
冯　晓　庄棱凯　陈婷婷　米　阳　刘嵘沁　蔡　星　杨宛钰　顾素恩

仪器科学与工程学院

尹哲浩　吴　昊　乔　楠　余玉卿　刘海波　杜凯颖　姜　舒　朱铖恺　孔德博
张　琪　孙　彤　毕校伟　刘保帅　赵正扬　弓　静　付亚涛

艺术学院

周　蔚　胡　蝶　汤舒逸　奚　柯　赵斗斗　王　妤　陆逸鸣　瞿嘉文

法学院

赵雪颖　于　琪　顾泽慧　徐　华　景　逸　王　倩　吴沈洁　林颢楠

学习科学研究中心

张于亚楠　杨筱苑

医学院

陈　欣　董思岐　黄靖凯　潘柯莉　杨　旎　陈玉潇　郭　靖　胡敏杰　张慧欣
宋斐斐　沈　肖　舒钊彻　曹国瑞　黄　宇　刘雯雯　徐鸿博　林丽华　黄　芳
顾大川　吴伟君　胡秀秀　朱舟婷　王宇铖　陈泓颖　李小钊　徐晓敏　曹小彤
王健鑫　栾　颖　王草源

公共卫生学院

殷玥琪　王崇旭　常　胜　董淑楠　刘梦歆　胡晓茜　张　颖　姚轶男　张锐芝
宋　玥　曹卫鑫　陶慧文　朱柯蕙　王　挺

吴健雄学院

李润泽　罗　平　彭志刚　查海强　李　臻　罗俊鹏　卢丽慧　吴　迪　丁相程
曹正庭　朱　航　段　然　吴艳飞　翟邦昭　都之夏　吴　瀚　刘　畅　李文桢
张　恭　徐晴雯　王文正　许轩臻　李天一　丁　翠　陶轩洁　丁一帆　邹辉辉
李建宇　李隆胜　王　辰　沙　奔　朱吉喆　朱梦瑞　陈　晓　黄志超　褚军涛
潘　登　王一波　赵　亮　梁　霄　朱庆明　顾希雯　朱荣华　陈斯雨　王小柳
陈　倩　杨　奕　吴晨月　王　敏　朱秋瑜　丁奕文

无锡分校

姚　艳　王晓羽　马士杰　马一华　陶思文　吉　昊　夏子琪　周　延　胡威漪
杨　江　金弘晟

2010级七年制生物医学工程专业本硕连读学生名单

唐淑颖　吴华珍　张凤玲　郭刘洋　史旭莲　黄筱筱　王　钰　王文捷　李　晟
廖俊龙　鲁　娜　孟凡坤　孟泓旭　孙　翌　黄建福　田　磊　王　鹏　陈中思
王烨明　江　洋　王月成　徐乔舒　陈雷峰　张盟易　谢宏梅　曾胜澜　开思琪
莫　丹　管　锐　李艳娜　谢　成　刘修贤　赵大地　陈　烁　王少炫　白志雄
陈晓斌　王　侃　李　波　王　欢　卞非卡　顾　涛　孙新晨　杨文韬　李明熹
程福东　张晓东　黄　宇　朱统晶

2009级七年制临床医学专业本硕连读学生名单

李　琛　唐羽裳　马　钰　裴　颖　王徐溢　支朦朦　李彦楠　叶果馨　程　莹
胡　玲　李梦晴　陈润哲　程子芸　张萌萌　王三妹　郑　曦　耿冬雪　缪成成
董　健　沙　翔　汤　浩　周海峰　马剑波　毛　幸　邱　晨　张志恒　赵谊宁
李淑子　赵旻雯　吴海红　朱　珠　罗嘉莉　刘诗阳　朱　越　卢　清　虞大凡
朱　琳　杨益莲　姜　焱　谭芷英　田　甜　赵　琼　朱梓瑜　冯烨军　熊　轶
朱亚军　钱　益　张　程　陈　彬　徐未民　张云鹏　胡志凯　张　钊　郝滋辰
陈梦珠　余　苗　朱　蓉　徐　慧　韩晓清　崔　晶　康树敏　刘　宇　朱丽玲
罗　诺　董　雪　张　丽　王玉连　缪　健　薛松林　杨　辉　周　培　张海荣
葛增乐　程天宇　谷　珈　邵成杰　王成龙　陈　成　卢　程　倪清涛

2014年江苏省本科优秀毕业设计(论文)评选获奖情况

序号	院(系)名称	毕业设计(论文)题目	学生姓名	指导教师姓名	奖项
1	生物科学与医学工程学院	多功能金纳米簇的制备及其在癌症诊疗上的应用	张晓东	吴富根	一等奖
2	物理系	多铁氟化合物的第一性原理计算研究	徐乔汝	董帅	一等奖
3	土木工程学院	合金材料疲劳性能的实验研究与分析	陶佳跃	费庆国	一等奖
4	计算机科学与工程学院	机会网络链路预测技术研究及应用	黄迪	张三峰	一等奖
5	信息科学与工程学院	基于中继的终端直通传输技术研究	乔丹	金石	一等奖
6	仪器科学与工程学院	GPS L2C中频信号模拟与采集以及信号处理方法研究	杨阳	祝雪芬	二等奖
7	交通学院	基于前两车信息的多车道交通流微观动力学模型及仿真	李烨	王昊	二等奖
8	交通学院	沥青混合料细观结构初始特征研究	颜川奇	杨军	二等奖
9	电子科学与工程学院	面向电网业务的光数据流交换网节点设计与研制	郑宇	孙小菡	二等奖
10	信息科学与工程学院	全双工无线双向中继系统中的物理层网络编码技术	沙小仕	姜明	二等奖
11	材料科学与工程学院	燃料电池用高活性纳米催化剂的制备与性能优化	张军娜	曾宇乔	二等奖
12	建筑学院	淀东水利枢纽泵闸改扩建工程	邹建国	沈迪	三等奖
13	建筑学院	2013—2014年度城市规划专业六校联合毕业设计总报告	李琳 王方亮 王乐楠 熊恩锐 颜雯倩 杨兵 袁俊林 张涵昱	易鑫 王承慧 孙世界	团队优秀毕业设计(论文)
14	建筑学院	滨水大都市的城市空间和基础设施更新设计——以上海南外滩滨水区城市复兴及防洪水利枢纽改扩建工程为例	顾婷婷 孙丽君 肖严航 赵超楠 邹建国	沈迪 冷嘉伟 杨明 汪晓茜	团队优秀毕业设计(论文)
15	建筑学院	建筑学专业城镇化背景下乡村人居环境保护与发展研究	Chan Yook Vince Shin 曹佳情 邰大宁 郭丰绪 郭梓峰 何了 何骁颖 季云竹 姜淮 梁源 邵星宇 施天越 孙慧中 陶崇亮 王献娉 徐皓田 仲文洲	李飚 夏兵 朱渊 仲德崑	团队优秀毕业设计(论文)

2014届校级优秀毕业设计(论文)名单

序号	专业	学号	学生姓名	课题名称	指导教师姓名
1	科学教育	26110118	汪菊霞	头发前处理对头发皮质醇LC-ESI-MS/MS检测的影响	邓慧华
2	建筑学	01109109	肖严航	上海南外滩区域城市设计背景研究及复兴地块城市综合体设计	汪晓茜
3		01109125	邹建国	淀东水利枢纽泵闸改扩建工程	沈 迪
4		01109227	郭梓峰	建构——黟县际村村落改造与建筑设计	李 飚
5		01109401	邵星宇	建构——黟县际村村落改造与建筑设计	夏 兵
6	城市规划	01209133	熊恩锐	城市规划专业六校联合毕业设计	易 鑫
7	机械工程及自动化	02010114	欧阳焜	翻转魔方机器人设计与实现	戴 敏
8		02010318	解正康	桡骨远端骨折复位器设计	田梦倩
9		02010325	王泽江	四轮独立驱动电动汽车控制算法研究	王荣蓉
10		02010403	朱智勇	基于机器人的有骨架缠绕技术及其实现	王兴松
11		02010417	何秋熟	5自由度机械手结构改进设计与控制实现	张志胜
12		02010425	谢许宁	智能清扫机器人结构与运动控制系统设计	贾 方
13	热能与动力工程	03010008	汤红健	碳管法烟气汞形态浓度取样装置研制	段钰锋
14		03010012	袁 宸	微热管内毛细流动换热特性研究	吴嘉峰
15		03010109	刘润加	流化床中非均匀结构(气泡和颗粒团)的数值模拟研究	肖 睿
16		03010123	陈晓波	1000MW超临界电站锅炉过热器炉管壁温分析计算	王明春
17		03010406	吴苏晨	T型微通道内液液两相流动特性研究	张程宾
18	建筑环境与设备工程	03110604	唐圆晨	分体式制冷与热管换热循环耦合装置理论设计与分析	杜 垲
19	环境工程	03210703	许锐伟	农林废弃物热解制油实验研究	仲兆平
20	信息工程	04010001	赵映红	多模多频频综中双模预分频器设计	樊祥宁
21		04010017	郭爱文	315MHz高灵敏度超再生无线接收机设计	徐 建

(续 表)

序号	专业	学号	学生姓名	课题名称	指导教师姓名
22	信息工程	04010022	沙小仕	全双工无线双向中继系统中的物理层网络编码技术	姜 明
23		04010033	金天晨	面部特征点标定算法的设计	陆 建
24		04010330	董启宏	基于心跳的身份认证系统	宋宇波
25		04010439	乔 丹	基于中继的终端直通传输技术研究	金 石
26		04010441	崔宇柯	大规模天线及异构网络系统干扰研究	许 威
27		04010516	韩东洪	有源集成接收天线设计	汤红军
28		04010546	顾立新	卫星移动通信系统多波束联合处理技术研究	江 彬
29		04010601	傅新星	基于混沌映射的数字水印算法	张毅锋
30		61310109	俞佳宝	基于北斗定位授时模块的高精度时钟源发生器	胡爱群
31	土木工程	05110101	崔浩然	民乐驿都国际大酒店方案1结构设计	吴 刚
32		05110102	王 勇	东郊花园二期混凝土框架结构设计	吕令毅
33		05110203	刘 震	莘庄科技产业园孵化器及加速器项目孵化器及研发中心1#-1(C3轴线与B5轴线之间)	舒赣平
34		05110326	何雅雯	绿地南京南站G83-5号地块商业项目2-1#楼结构设计	邱洪兴
35		05110504	孙丞江	冲刷作用下基于p-y曲线法桩基水平承载特性研究	戴国亮
36		05110519	李玉祺	某上跨京津高铁的转体施工预应力混凝土T构桥结构设计与施工方案	王景全
37	工程管理	05210117	刘欣书	淮阴卫校1号实训楼招标工程量清单和招标控制价编制	杜 静
38		05210203	沈楷程	东南大学土木大楼项目基于BIM的日照节能分析	李德智
39	工程力学	05310124	陶佳跃	合金材料疲劳性能的实验研究与分析	费庆国
40	电子科学与技术	06010206	杜锦华	水溶性白光量子点在LED领域的应用研究	徐淑宏
41		06010437	张益之	基于SERS技术的农药检测研究	崔一平
42		06010516	孙 彬	基于FPGA的视频信号处理硬件系统设计	汤勇明
43		06010527	郑 宇	面向电网业务的光数据流交换网节点设计与研制	孙小菡
44		06010535	陈廷欢	压缩感知辅助的非合作多信号调制参数估计算法设计	张 萌

（续　表）

序号	专业	学号	学生姓名	课题名称	指导教师姓名
45	数学与应用数学	07110118	黄昊兮	根系以及若干C型低秩不可约根系的构造	周建华
46	数学与应用数学	07110126	孙丁茜	随机非线性系统的有限时间控制	刘淑君
47	统计学	07310104	居　晟	社会网络的社团划分和演化机理研究	曹进德
48	自动化	08010135	冯　源	植入式神经刺激器装置研究	符影杰
49	自动化	08010223	黄剑冰	小型四旋翼飞行机器人研究——自稳定视觉系统	谈英姿
50	自动化	08010316	崔宏宇	DC-DC变换器系统抗干扰控制分析、设计与实现	杨　俊
51	自动化	08010423	熊　健	交通视频中的异常事件检测方法	夏思宇
52	计算机科学与技术	09010107	付蒙川	一个基于计算智能方法的股票走势预测系统的设计与实现	翟玉庆
53	计算机科学与技术	09010126	李健豪	基于DeepLearning的英文共指消解研究	李慧颖
54	计算机科学与技术	09010210	张　驰	具有掩码防护密码电路的旁路分析研究	仲新宇
55	计算机科学与技术	09010222	李晓东	社会网络下典型环境中任务分配方法的实现与对比研究	蒋嶷川
56	物理学类	10310107	徐乔汝	多铁氟化合物的第一性原理计算研究	董　帅
57	应用物理学	10110119	张　娇	一维半导体纳米结构的光电性质研究	洪昆权
58	生物医学工程	11210227	张晓东	多功能金纳米簇的制备及其在癌症诊疗上的应用	吴富根
59	生物医学工程（本硕连读）	11210102	吴华珍	小动物CT呼吸和心跳门控技术研究	罗守华
60	生物医学工程（本硕连读）	11210118	田　磊	蜂窝状有序微结构的制备及表征	朱　存
61	材料科学与工程	12010206	吴喆敏	聚乳酸及其复合材料的制备加工与性能研究	白　晶
62	材料科学与工程	12010308	张军娜	燃料电池用高稳定性纳米催化剂的制备与性能优化	曾宇乔
63	材料科学与工程	12010323	杨　涛	Mg-Ni系储氢合金电极的制备、结构与电化学性能	张　耀
64	政治学与行政学	13110125	李　优	空间政治学视角下的城市空间规划研究	高晓红
65	旅游管理	13310127	张丹丹	度假旅游目的地的康复性功能评价：游客感知的视角	陈钢华
66	汉语言文学	13410115	陈光祖	《四库全书总目》学术异同研究——以朱子为例	王华宝

(续 表)

序号	专业	学号	学生姓名	课题名称	指导教师姓名
67	信息管理与信息系统	14110101	姚云露	宜兴聚瑞贸易有限公司电子商务网站设计与实现	张玉林
68	国际经济与贸易	14210145	顾 惠	南京都市圈高校师资学术网络对区域创新的影响及机制研究	管驰明
69	工商管理	14310134	戴晶晶	基于心理契约的顾客忠诚度影响因素研究	孙晓林
70	会计学	14410109	王一云	我国能源行业上市公司股权结构与股利政策关系研究	陈良华
71		14410227	苏 歆	企业研发支出锦标行为的实证研究	吴 斌
72	金融学	14510222	张冰灵	竞争战略、资本结构与公司绩效——以科技型上市公司为例	董 斌
73		14510243	喻 婷	PE/VC,资本结构与科技型企业成长	黄晓红
74	物流管理	14810122	姚苏楠	南京市江宁区公共自行车站点设置及容量优化研究	王海燕
75	经济学类	14510113	王玄玄	网上商品拍卖价格的影响因素分析:以京东夺宝岛为例	高彦彦
76	电气工程及其自动化	16010013	冯士睿	分布式新能源并网无功功率调控技术研究	蒋 平
77		16010107	王克羿	分数槽集中绕组极槽选取软件设计	林鹤云
78		16010112	李 泽	特高压互联电网复杂动态行为	万秋兰
79		16010421	骆仁松	分数槽绕组对感应电机性能影响分析	程 明
80		16010621	刘 瀚	导轨式电力交通工具无线供电的研究	黄学良
81		61310113	李 峰	电网多种状态信息交互协调的切负荷方法研究	汤 奕
82	英语	17110202	钮佳琦	全球化背景下英语专业学生英语学习动机的研究	郑玉琪
83		17110304	刘逸楠	从功能对等视角看《红楼梦》两个英译本中的诗歌翻译	袁晓宁
84	日语	17210214	顾宇炜	高齢化社会における日本の看護保険	周 琛
85	化学工程与工艺	19110101	施燕琼	导电聚合物阵列材料的电化学电容性能研究	谢一兵
86	化学	19310114	严小璇	新型苝二酰亚胺罗丹明树形分子的合成与荧光性质	钱 鹰
87	交通工程(茅以升)	21010127	丁 剑	快速公交站点停靠时间预测及预感应优先控制方法	杨 敏
88		21010128	李 烨	基于前两车信息的多车道交通流微观动力学模型及仿真	王 昊

(续表)

序号	专业	学号	学生姓名	课题名称	指导教师姓名
89	交通工程	21110214	张晓田	城市步行接驳轨道交通空阈值研究以南京地铁一号线为例	过秀成
90	测绘工程	21310118	邓家栋	基于北斗二代的相位平滑伪距差分定位研究	高成发
91	港口航道与海岸工程	21410130	施文杰	中石化江苏滨江油库码头改扩建工程设计	陈一梅
92	地理信息系统	21510104	杨弘越	南京市道路网络构建技术方法	蔡先华
93	道路桥梁与渡河工程	21710126	陈若男	中承式梁拱组合连续钢拱桥设计与分析	黄侨
94	道路桥梁与渡河工程（茅以升）	21010229	颜川奇	沥青混合料细观结构初始特征研究	杨军
95		21010240	闫天昊	沥青混合料疲劳试验有限元模拟	马涛
96	测控技术与仪器	22010218	崔粟晋	室内多移动机器人协同编队视觉测量设计与实践	梁金星
97		22010315	朱弘宇	基于 Measurement Studio 的肌电信号采集系统设计	徐宝国
98		22010322	杨阳	GPSL2C 中频信号模拟与采集以及信号处理方法研究	祝雪芬
99	工业艺术设计	24010118	贾卜宇	多用途地形突击救援车设计	崔天剑
100	美术学	24110101	沈婷	高淳五猖面具研究	程万里
101	动画	24210118	季晨宇	现实与虚幻——动画短片《查房》的角色及故事设定	张宏
102	预防医学	42109209	程阳	农村居民慢性非传染性疾病现况及危险因素研究	张徐军
103	劳动与社会保障	42210108	方帅	糖尿病患者饮食干预效果的 meta 分析	巢健茜
104	软件工程	71110112	黄迪	动态网络链路预测技术研究及应用	张三峰
105		71110230	莫文凯	基于迁移学习的通用本体学习方法研究	汪鹏
106		71110426	温韵清	嵌套时间自动机的可达性算法设计和实现	沈卓炜
107	信息工程	04210706	孙天慧	无线传感网频综中高速低功耗双模预分频器设计	樊祥宁
108		04210729	郑超	基于 FPGA 的 ROIC 系统电路验证和测试平台设计	郑丽霞
109	生物工程	41110105	瞿安琪	磁性微纳基底对 NK 细胞功能影响的研究	刘璇

2013—2014学年三好研究生、优秀研究生干部、单项奖和先进班集体名单

三好研究生名单

建筑学院

宫汝勃	毕懋阳	孙 嬿	周子杰	丁 锋	李佳静	丁心慧	王国栋	黄慧妍
修雨琛	何永乐	汤楚荻	韩雨晨	艾智靖	唐大舟	焦李欣	刘 哲	郑 重
林 岩	晁 阳	孔静雅	钱轶懿	吕一明	邵 冰	孙铭泽	张锦松	原 雯
张思敏	朱鹏程	秦 淼	谷亚兰	曲 冰

机械工程学院

程亚龙	陈 平	姜双杰	张子锋	吴青聪	储雨奕	王 猛	郭亚杰	沈 涛
蔡鹏鹏	丁 豪	杜方辉	蔡兆文	陈小飞	吴 杰	张兴文	李江湖	钮 伟
陈晓杰	吕永健	施杨梅	黄 强	刘江华	王晓林	梅仁友	李成龙	明 添
唐文来

能源与环境学院

章斐然	马 强	吴 畏	张 帅	邓梓龙	许 尧	姚 露	杨 康	张 恺
韩朝兵	余 帆	陈谢磊	姜小峰	丁佐榕	赵赛男	张晓蒙	陈飞翔	姚一思
田 锃	周 驰	韩璐瑶	李姗姗	裴海鹏	周晓莉	蔡 葵	王 超	解李杨
董承健	王泽宇	赵佳骏	盛 波	刘雪娇	韩致旭	王松鹤	刘长奇	王 威
程启坤	卜昌盛	刘劲权	李 颖	王晓佳	王肖祎	张 波	孙文静	张 栋

信息科学与工程学院

张 凯	郑心如	李双龙	吴 雄	林圣超	项 楠	王亚文	刘宇民	杨 帆
程国枭	韩 瑜	张陈梅	罗 汀	陈 静	郑文君	梁 伟	虞 玲	刘 淼
马 力	朱超越	魏 浩	褚颖颖	朱 骏	郭 杨	葛程瀚	张 军	王加锋
王 科	罗向丽	王雅芳	戈 硕	张 骏	杨建伟	诸葛骏川	陈叶蓉	李奇峰
帅 胜	王金元	刘梦雅	廖 臻	张 雷	黄禹淇	陈天一	吴 琼	张 旭
丁文其	彭天亮	何玉娇	刘艳青	张海洋	赖婷婷	徐 俊	范 利	李峰灯
朱月月	李 媚	孙 裕	窦江玲	凌昕彤	阳 析	史 俊	王亚青	倪广源
沈雅娟	吴 宪	陈 翘	万 飞	张 俊	王何浚	吴华月	赵锦程	顾何平
郁美霜	李元稳	樊子娟

土木工程学院

陈艳超	付帅锋	耿方方	刘 辉	何佶轩	孙虎跃	肖全东	陶天友	徐 超
胡邹恒	王孝洋	冯 波	马 睿	魏程峰	刘凌锋	刘梦洁	陈 诚	祁永成
谈雨婷	陈 红	汪 逊	王效容	王海峰	王 俊	陈恺文	祖 峤	殷 茹
范 洁	袁林婷	张慧娟	杨一帆	陈 光	张涌泉	张亚开	刘中祥	章玉婷
周 洲	丁一凡	于 宙	钱 露	李大强	徐启智	李奎鹏	尤方宸	孙崇芳
汪 璇	费雅俊	徐伟杰	曹芝腑	付光来	史健喆	耿臻岑	廖亚新	杨 原

电子科学与工程学院

吴庆楠	朱婉瑜	肖哲飞	彭辉辉	张文通	张 聪	周明杰	赵 超	易真翔
宋自力	张致彬	章丽昕	郭 娜	朱长峰	周丽莎	蒋卫锋	王 辉	周 娟
贺亚光	姚广修	林 军	李炳菊	林志伦	袁泽嵘	李运荣	姚红燕	周 婷
刘硕硕	严嘉彬	许丹凤	王东鹏	黄 慧	陈宏博	戴 晨		

数学系

钟 杰	时欣利	段凤君	何新燕	刘亚亚	王雪莲	佟振光	李 宁	纪翠翠

自动化学院

安 冬	陈 林	谢 可	刘 成	张 强	尤卫卫	王 庆	贺国睿	虞金花
谷 伟	刘春雪	吴 静	吴 斌	高 菊	武文静	李金文	鲁小雨	叶 浪
程光敏	刘洪振	黄 荣	胡建强	李 多	陈洪骏	王碧波		

计算机科学与工程学院

陈 鑫	张俊峰	章彬彬	吴 琴	李碧草	张成新	李晶晶	蔡凯臻	严 峥
陈笑梅	陈 琪	朱良梅	郭 晨	钱 唯	陆 彬	董 羿	温 潇	程文耀
胡 迪	吴一娜	刘晶洁	白浚楼	杨丹榕	相增辉	梁大桥	张骏雪	姜 峰
倪诗梦	倪振宇	吴雪松	陈修圣					

物理系

邢相灼	边志浩	陶伟伟	吴其胜

生物科学与医学工程学院

倪石磊	李 杨	贾正阳	梁慧筠	赵国栋	马孚骁	邱 爽	卢文卜	乔子晏
马丹丹	方 巧	徐令仪	谷鹏阳	李 玲	刘凌洁	李 馥	马超龙	张壮壮
周冰聪	许天姝	陈艳华	朱云飞	王 乐	王婉洁	曹凯迪	王雨荷	

材料科学与工程学院

李晓松	杨凌艳	张玉玲	刘宝良	吕昌略	李赛鹏	王楚妍	陆　冶	王丹芊
黄羚惠	邵　怡	左文强	张望成	吴　雨	刘　杰	陈　宇		

人文学院

张浩鹏	高　阳	金　莹	杨海哨	冯洋洋	刘　渊	杨　忆	陈骏峰	张明波
王美臣	郭　俊	汪楚红	高　松	石　城	李东阳	王　骋	赵聪妹	

经济管理学院

吴军建	卞海丽	黄莉娟	马保雨	时　娇	周　洁	邵明丽	高　飞	朱晓红
吕兴家	王　琳	蔡梦航	丁雨佳	王璞玉	潘　苗	马　燕	金　刚	姜凯心
夏　丹	孙　琨	孟　石	夏　霁	杨方方	祖雅菲	谢婷婷	朱　莹	周秀丽
朱　璋	王　维	杨英超	王志杰	高　敏	许　耀	张哲华	徐　琴	金伊婷
刘　冰	赵　炯	王　迪	闫志俊	董月霞				

电气工程学院

顾玲玲	高　蕾	张　臻	管永高	韩俊林	吴子睿	刘　巍	王文帝	苗振林
陆婷婷	殷慧兰	姜　淼	苏　玮	于　乐	杨乔乔	李　然	郑维高	陈维舟
孙振作	范文超	丁小叶	李义荣	骆　钊	吴小刚	王　亚	韩海腾	祝卫霞
包宇庆	林克曼	刘　欢	蔡霁霖	曹敏健				

外国语学院

马星城	赵　娜	林瑞雪	宋彬彬	张诗卉	卢步云	李　静	张怡菲

体育系

於晓慧

化学化工学院

卢　倩	陈　嘉	吴　俊	卜小海	严晓露	陈东华	崔冬梅	赵正柏	田庆文
吴艳芳	凌　洋	王杰杰	李赫楠	彭　静	汪　俊	李　丹	张兆杭	肖为引
马　昀	王　维	陈　浩	王同振	丁木生	付晓琴	高春燕	李　强	刘青玲
况桂芝	向三明	谢海姣	耿　斌	孔尚尚				

交通学院

李培庆	王　拓	杨　靓	郑敦勇	刘玲慧	刘秋阳	高　磊	李家斌	邢　力
程　龙	高柳依	周建涛	展凤萍	罗旭江	万世成	汪　圆	何　鹏	谢　洋
刘长波	张思俊	崇殿兵	马蓉蓉	张文珺	马耀鲁	唐俊玮	郑　元	吴　碍

朱腾阔　钱　芳　姚梦佳　胡晨媛　张洪娟　周贻鑫　孟凡奇　孙佳然　曹菁菁
牛　哲　吴义阳　李苗华　朱海洋　李　伟　王　乔　俞　力　许　敏　王飓奇
夏　雪

仪器科学与工程学院

邹海军　饶昌平　李程程　金博楠　张　颖　冯李航　韩晔珍　邵思羽　纪　鹏
胡海桦　曹　宇　朱静然　万雪音　鞠玲玲　张俪园　庞　成　吕才平　朱碧玉
张鸿翼　刘　伟　臧　昊

艺术学院

汪媛媛　周亦珩　许　纳　聂自超　焦瑞雯　唐　卫　赵　杨　蒋琳琳　郭婧文
李务娟　王宏琳　李林俐

法学院

汪晓露　于　静　夏　伟　杜巧莉　李奕廷　李秀武　宋　佳　洪逸涵　林冰冰
张　航　郭　蒙　任　玲

公共卫生学院

杨碧漪　庞媛媛　赵敏娴　詹庆玲　杨　天　周　洋　赵云利　李喜艳　闫　丽

医学院

陈　颖　何砚如　董　杰　徐　华　李　伟　侯洪伟　于　淼　韩熙琼　蔡　峰
程　峰　吴春华　王志鹏　刘宏翔　刘怡然　段颖慧　吴　娱　夏文清　董丽婷
孙宇宁　曲青蓉　刘　芸　刘　娜　陈　敏　王婷婷　丁丽红　张世军　崔佳瞿
宋志霞　柏盈盈　潘晓雨　曹　婧

高等教育研究所

狄晶晶　吕　哲

情报所

杜开敏

集成电路学院

薛金炜　陈凯煜　孟　楠　王超凡　田红瑞　王　军　于　花　曹志强　姚克奇
张玉楠　朱阿娟　许其罗　崔　月　周　全　陆扬扬　董海玲　杜益成　卢致鹏
周　超　倪丹丹　娄庆庆　刘　炎　吴承恩　喻　慧　陈东海　王科迪　周志琪
郭义龙　徐　寅　张龙飞　任　文

苏州联合研究生院

沈广倩　蒋达利　朱　庭　洪　昀　胡一非　杨宝玲　薛军锋　顾子渊　孙雯倩
马　颖　黄　迪　刘鲁军　余倩倩　徐广超

学习科学中心

李 璇　张叶欣　朱婧宇　姜 宁　张秋月　杨 情

生命科学研究院

朱 敏　彭亚琴　付 波　童华威　龚 雪　王 洁　严俊荣　诸 萍　母亚雯

马克思主义学院

吕卫丽　沈银平　贾苗苗

经济管理学院MBA中心

陈 薇　张 昊　马靖坤　陈月强　张 燕　施 露　季小康　周静妮　王 芳
刘 颢　朱 敬　王念祖　盛 烨　洪唯钟　修宇昆　王 娟　李飞龙　张小云
吴 静　李金剑　张燕萍　曾 婷　罗嘉程

软件学院

杜晓黎　张雅青　肖 芸　刘锡仑　朱燕燕　朱倩婧　张添玉　张 琪　徐李荔
吕一珂　吴 升　冯 雪　徐祝庆　郑永坤　夏 骏　王心洁　赵彩红　郑晓萌
黄 箭　曹寅翔

优秀研究生干部名单

建筑学院

陈 亮　郝辰杰　周予希　董 剑　郝凌佳　陈颖洁　徐 磊　孔 斌　黄卿云
孙昱晨　王里漾　何 雅　安 桢　汪 艳

机械工程学院

戴 卿　戴苏亚　李长林　徐楠楠　张俊卿　王震宇　吴 丹　赵 扬　弥 甜
李 倩　刘晨晗　陈 晨　严 岩

能源与环境学院

高 宇　张清凤　曾骥敏　韦思超　郑卫东　陈 胜　王德鹏　樊 双　何文强
姜文秀　蒋 川　郑志豪　魏昌淼　邢甜媛　戴智超　张友超　谢 俊　宋祖威
柴保桐　王程遥　戴喆秦　吴梁玉　朱 纯

信息科学与工程学院

祁 磊　张小龙　周翠翠　浦钰铃　费 驰　刘 文　唐小芳　刘亦辰　刘 淼
贾成伟　袁 颖　汤茂海　颉宇川　胡一苗　李 恒　石 逾　李正波　李 夏
顾晓凤　陈 飞　万望桃　董云扬　曹 磊　赵安晓　孟 凡　贾子昱　孔瑞溪
汉 敏　欧阳星辰　束佳明　张新帅　苏 菲　朱筱赟　张 宾　杨 昆

土木工程学院

严林飞　申会谦　孙　岩　方隆祥　徐一谦　万鉴霄　贾若愚　许德旺　吴　涛
李　淼　钟丽娜　邢　拓　葛天媛　陈项南　朱松松　桂鹤阳　颜江华　冯　宇
兰晶晶　徐智敏　赵　颖　王默晗　张　蝶　马　增　周宇凌　李芮秋　李兴华

电子科学与工程学院

王　浩　朱　丹　张　璐　杨　阳　杨鲤源　王　飞　徐志丽　谢　震　瞿　晓
王婕妤　阚诗璇　康志强　田行辉　唐　丹　高晓峰　邱俊华　冯学梅　李曼青
户玎岚　王海冬　沈学可

数学系

赵晓凡　谢　杰　俞维嘉　祝　云　孟　琪

自动化学院

居　奔　黄洲荣　程　亮　朱德政　黄飞燕　丁亚宁　戴鲜强　陈　静　陈含思
王小龙　李晓琴

计算机科学与工程学院

缪丽华　陈　浤　曹　岑　丁　玎　刘悦晨　钱雪娇　王笑笑　魏敏娜　王　润
陈高君　吴自勉　史　亮　赵　扬　凌妙根　赵　磊

物理系

王英华　李　娜　朱钟湖

生物科学与医学工程学院

钱晓婷　康　淼　曹晓鹏　薛　莹　革　伟　尤　其　孙丹丹　徐涵聪　袁骏杰
赵文远　刘欣冉　胡松涛　赵春秋

材料科学与工程学院

章　雯　余　晴　曾从远　何　菲　陈　婧　安　栋　任立夫　王燕清　睦世玉

经济管理学院

周　成　崔少东　施　瑶　王明贤　张青青　黄昊泽　张思嘉　刘子怡　胡姚雨
刘俐妤　王时杰　沈　杰　吕夏梦　郭　进　王　辉　汪文洁　李晓玉　白明明
伍万坤　李申伟　王高宇

电气工程学院

莫　熙　诸晓骏　倪玉玲　宋梦晨　唐　楠　夏子朋　车　倩　曾艾东　袁　飞
徐陈成　徐　妲　张良杰　丁继为　周　磊　张松波　李秋谣　黄冬冬

外国语学院

宋园园　唐　莉　张宏伟　马晶晶　石佳星

体育系

许　琼

化学化工学院

徐　威　靳永昌　吴　欣　孙贻白　刘俊秀　李　聪　杨晓青　赵芬利　盛俊峰
罗洋辉　谢　旭　郭威威　梁　静

交通学院

俞　灏　焦云涛　宋　涵　丁浩洋　崔　莹　李立业　李铉国　雷　聪　周　旭
赵　晨　赵　倩　张　弛　张　勐　李沛丰　霍　敏　张　垚　王晓春　王晓怡
赵晓晓　许　翔　宁　丹　杨万波　沈孔健

仪器科学与工程学院

李　锦　乔贵方　喻　伟　胡　杰　钱宇宁　黄丹丹　霍元正　李　桢　李　娜
蒋　勇　丁来平　蔡志鹏

法学院

陈　婧　陈　垚　杭憨燕　高　洁　安　宁

生命科学研究院

董　茗　张菁云　韩潇宁　屠仁军　蔡秀秀

公共卫生学院

李夏君　李文超　孟　醒

医学院

闻　毅　李子惠　马战胜　周　敏　丁蓉蓉　顾雪芹　严雪娇　宋　鹏　周　晶
黄　蓉　刘大闯　周兆明　赵纪益　刘春辉　陈旭辉

马克思主义学院

丁媛静　金盈盈

人文学院

卜俊兰　丁　磊　王漫漫　李静文　徐冠男　沈铖贤　强大双　陈　辉　王　岚
孙爱琪

艺术学院

张乃恒　朱艾琪　田　清　王子乔　马　睿　吴彦颐

苏州联合研究生院

汪林珊　郭　莹　花云程　田　渊　李亚明　丁雨蕾　方祥俊

高等教育研究所

艾景娟

情报所

王　鑫

学习科学中心

徐　燕

经济管理学院 MBA 中心

黄学武　张　茹　茅志浩　蒋天静　顾爱峰　王　冠　乔　振　蓝　波　张　雪
王政涛　刘敏颂　杭东霞

软件学院

张　岩　尹徐珊　孟谨谨　魏志强　谭建锋　秦　洋　李　密

继续教育学院

王鹏飞

集成电路学院

蔡　伟　张明灏　孙金周　张　远　李　玲　朱志青　张雪强　齐静瑞　顾春德
杨　全　杨　帆　谭燕林　徐情生　倪　蕤　张彬彬　研　会　梅　林　杨　凯
洪　李　蔡文舒　平　娜　李　果　王育亮　李婷婷　李静文　杨庆胜　焦系泽
倪　筠　王雨晴　陈　萍　隋婷婷　陈云卿　陈岱琳　马晓栋　金晓飞　吴炳辰
李　洋　崔　鹏　李　旸　谢宁祥

单项奖名单

建筑学院

王润栋　董　剑　朱鹏程　孙铭泽　刘　哲　王晨杨　周予希

机械工程学院

倪　俊　陈　晨　崔　政　刘晨曦　李长林　王晓林　司　伟　刘江华

能源与环境学院

高 宇　王 伟　郑志豪　杨 康　吕 进　陈 伟　丁佐榕　赵赛男　蔡 森
曹 政　周 伟　刘 瑞　杨 洋　解李杨　屈会力

信息科学与工程学院

姜 军　刘子涛　包佳敏　吴 笑　刘 青　曹 磊　赵 越　郑迎春　杨 昆
贾成伟　蓝 骥　周翠翠　颉宇川　陈文阳　王加锋　顾潇腾

土木工程学院

陈艳超　杨一帆　刘中祥　刘 辉　邱作舟　葛李强　谢政民　朱智荣

电子科学与工程学院

周明杰　王海冬　胡 琳　冯艳梅　瞿 晓　薛 洁

数学系

成 飞　崔文标　郝宗艳　王 和

自动化学院

贺国睿　黄飞燕　李晓琴　鲁小雨　李 多　黄 荣

计算机科学与工程学院

丁 玎　陈 琪　曹 岑　胡 迪　张骏雪　钱雪娇　陈高君

生物科学与医学工程学院

薛 莹　孙丹丹　赵国栋　倪石磊　曹凯迪　周冰聪

材料科学与工程学院

圣兆兴　蔡中兰　周立初　赵宇飞

经济管理学院

梁小艳　杨琛珠　郭章翠　卢 建　郭加凤　高嘉颖　谢婷婷　白 洁

电气工程学院

章 桢　孔龙涛　张 喆　周 涛　叶 飞　王广江

外国语学院

李维舜　罗妙宝　岳 颖

化学化工学院

吴艳芳　高春燕　郭　庆　顾　清　孔丽慧　向三明　邵秀丹　彭　静

交通学院

刘　阳　辛光照　何　帆　刘　灿　王峥嵘　李志朋　王　征　方　伟　杨　祥
王昊鹏　许跃如

仪器科学与工程学院

汤传业　冯李航　凌　云

法学院

刘莹莹　王传国　曾文珏

生命科学研究院

王平艳　吴静琳　王玉芝

公共卫生学院

杨　天　王雨晴

医学院

李晓娥　周碧云　潘晓雨　黄　蓉

马克思主义学院

陈梦甜　柳　奇

人文学院

李有军　张锦虹　沈　静　平　娜

艺术学院

董甜甜　王　春　杨项讷　费婧苗

苏州联合研究生院

李安妮　梁　旺　赵方文　史瑶瑶

建筑研究所

盛启寰　王　洲

高等教育研究所

王 慧

学习科学中心

邱金丽　刘枳杉　陈鸿雁

软件学院

杨彭林　朱爱娟　鹿纯祯　缪雨润　周 凯

集成电路学院

林晓娟　高建银　倪丹丹　韩婷婷　傅胡叶　许浩博

研究生先进班级名单

建筑学院	13级建筑1班
能源与环境学院	13级硕士1班
信息科学与工程学院	13级硕士电路班
土木工程学院	13级研究生1班
电子科学与工程学院	13级硕士ASIC班
计算机科学与工程学院	13级硕士1班
经济管理学院	13级硕士4班
电气工程学院	13级硕士1班
交通学院	13级硕士2班
仪器科学与工程学院	13级硕士1班

2014届第一批优秀硕士毕业生名单

建筑学院

金 欣　汪妍泽

机械工程学院

江 彬　袁东明

能源与环境学院

林 丽

信息科学与工程学院

陆嘉峰　唐万恺　曹丽娜　曹　行　薛宗林　应钱诚　郁　娟　陈　军　汪　莹
朱冠亚　杨　龙　蔡菁菁　邓祝明　李　过　许金玲　胡　强

土木工程学院

鲁　娜　杨思思　杨新德　梁止水　龚文娟　管东芝　史　浩

电子科学与工程学院

朱佳燕　胡红梅　王雪峰

数学系

金凤屏　许文盈　李秀萍

计算机科学与工程学院

张泽西　蒋　锟

物理系

孟　红

生物科学与医学工程学院

常智敏　薛江阳　李林亮　王尚君　刘　玮　苏　林

材料科学与工程学院

杨春雷

经济管理学院

张语心　郑　征　周海波　倪菊华　钦单萍　陈百硕　王明亮　狄子良　杜　娟
杜国鹏　王婷婷　卫晓星

电气工程学院

刘　宇　王云洁

外国语学院

刘振勇　石戴镕

化学化工学院

刘　青

交通学院

朱善平　吴海涛　张　鑫　赵静瑶　杜　龙

仪器科学与工程学院

马　荃

马克思主义学院

王鉴颖　徐潇琪

人文学院

蒋艳艳　徐小多　徐真真　杨玲玲　董雨晴　左孝如

高等教育研究所

石爱珍

软件学院

王　旭　史跃珍　赵郁炜

集成电路学院

包华贵　彭　波　赵茜茹　孟令杰

2014 届第二批优秀硕士毕业生名单

建筑学院

朱　杭　翟明彦　李　智　马　骏　李迎成　张一凡　吴子培　强欢欢　李志刚
余　嘉　顾　蓉　王　暄　朱昇凡

机械工程学院

游栖霞

能源与环境学院

张世东　侯少宇　郭　嘉　吕士武　陈义波　瞿如敏

信息科学与工程学院

顾青瑶　项在华　刘立超　赵　顺　张　珺　陆　平　王晓钰　孙晓燕

土木工程学院

徐 燕　吴若阳　盛惠琴　谭福颖　陈 达　刘元春　冯 丹　冒丽娜　吕 巍
曾 鹏　周 雅　刘 巍　杨晶文　贺星新　陆 韬

电子科学与工程学院

黄建凡　朱 铖　唐路平　孙曹钧　韩才霞　方云龙

自动化学院

沈 博　周 潞　冒建亮

计算机科学与工程学院

彭 莹　叶 飞　董 丹　马 旭　施 洵　杨鹏伟　袁飞飞　张 毅　祁 骏
刘 莹　徐 莹　陈 苗　张宇歆

生物科学与医学工程学院

齐 旆

材料科学与工程学院

孙晶晶　丁 滔　黄 珊

经济管理学院

王 刚　陆珺花　王 欢　尤 晟　孙皇城

电气工程学院

何星晔　李 享　任旭超　刘述军　王李东　张庆华　顾天畏　韩少华　熊良根
罗李子

外国语学院

秦小青　吴 婵　罗晶晶　韦舒英

化学化工学院

鲍奇龙　陈剑飞　詹 侃　王 军　杨 帆

交通学院

龚明辉　赵琳娜　舒 蕾　段 荟　樊 蓉　韩竹斌　范礼彬　汪登辉　李明鸿
聂文锋　茹 毅

仪器科学与工程学院

许　诺　王雅利　蒋燕飞　彭凤丽　张　宁

法学院

莫　静　方亚琴　刘　青　葛菊莲　聂宝宝　路　芸

生命科学研究院

曹　枫　卓　娅

公共卫生学院

曹　阳　乙楠楠　蒋　森　陈奕娟　周远龙

医学院

唐　浩　张明辉　徐　敏　程正源　万　兴　沈彦婷　潘　红　王　欢　潘　涛
何　灿　任　龙

人文学院

陈晓莹　朱　琳　王　云

艺术学院

吴荣微　陈　烨　朱道远　卞晓丹

建筑研究所

李　菲

经济管理学院MBA中心

陈欢欢　戴蓓蓓　邓光明　蒋　妍　李　霞　陆剑峰　陆中杰　宋剑锋　苏　晶
王　斌　吴建伟　赵桂珺　周雄鹰　朱学滨

软件学院

薛　超　郭蒙蒙　梁荣伟　陈　玲　杨赋庚　杨澄思　王晓龙　宫　宸　王一翔

继续教育学院

朱　婧

集成电路学院

张益涛　李　菲　徐晓伟　吴逸凡　万旭莉　黄婷婷　朱元钊　王立超　梁　浩
苑冰泉

2013—2014学年江苏省级三好学生、优秀学生干部和先进班集体名单

江苏省三好学生

殷　超　许　扬　佘烨超　顾大伟　曹徐阳　金弘晟　陈巧云　王　洁　张文博
顾　惠　林　璐　赵异娜　丁一阳　张可馨　胡　暄　陈　田　邹　晨　尹哲浩
周蔚杲　沈　洁　封　晔　沈　肖　田中源　张　于　亚　楠

江苏省优秀学生干部

李欣叶　付心迪　卢欣桐　白　石　姜　勖　徐丽娜　李雅琴　张楚钟　宁项莲
宋　玥　刘佳萱　熊宽晨　黄　凯

江苏省先进班集体

机械工程学院

020113班

信息科学与工程学院

040114班　040112班

土木工程学院

051113班

电子科学与工程学院

06A115班

数学系

070113班

计算机科学与工程学院、软件学院

090121班　711114班

人文学院

134111 班

经济管理学院

145111 班

电气工程学院

160112 班

交通学院

217112 班　210111 班

公共卫生学院

421111 班

医学院

432121 班

2013—2014学年东南大学先进班集体、三好学生标兵、优秀学生干部、三好学生名单

先进班集体

012121 班　019121 班　020125 班　030124 班　040122 班　042127 班　051136 班
051126 班　062136 班　06A124 班　070121 班　090131 班　111121 班　120123 班
134121 班　144112 班　160134 班　160122 班　171121 班　432115 班　43Y121 班
613131 班　2012级茅以升班

三好学生标兵

建筑学院

曾兰淳　王衔哲

机械工程学院

陈春水

能源与环境学院

柯希伟　刘　明

信息科学与工程学院

裴　璐　曹　凡

土木工程学院

王嘉昌　龚来凯

电子科学与工程学院

马可悦　胡静洁

数学系

陈　旋

自动化学院

王子峣

计算机科学与工程学院、软件学院

张　辉　蓝　翔

物理系

郑　顺

生物科学与医学工程学院

陈卓玥

材料科学与工程学院

叶少雄

人文学院

吕玉洁

经济管理学院

刘欢欢　李牧原

电气工程学院

崔文琪

外国语学院

黄　敏

化学化工学院

王　芳

交通学院

张孟环　马懿元

仪器科学与工程学院

方良骥

艺术学院

严慧芳

法学院

刘　荣

公共卫生学院

赵心语

医学院

赵　涛　景　丹

吴健雄学院

许　阳　黄灵莹

优秀学生干部

建筑学院

唐　松　周心怡　钱　鑫　马　琳　张　文　孙世浩　张浩然

机械工程学院

郑晶莹　程龙飞　徐瑞君　徐静芳　张　恒　杨　磊　沈竹琦

能源与环境学院

戴中豪　柳　帅　成赛凤　钱　燕　董皓月　王瑜祥　吴　磊

信息科学与工程学院

肖 迪　褚炜雯　柳贺冬靓　甘翔宇　齐浩政　王 晨　秦顾正

土木工程学院

孟 畅　杜 利　肖 雅　尚 元　唐 诗　陈 达　魏笑尘　夏烨楠　李 坤　向若兰　王晶宇

电子科学与工程学院

熊雨薇　周珊珊　张若兰　李晓敏　郭 钰　丁远哲

数学系

董亦涵　温雅静　尹海安

自动化学院

赵广涵　聂云聪　戴 忱　陈晓涛

计算机科学与工程学院、软件学院

罗 骞　李 娜　吴 璇　王嘉时　陈静雯　梁 界　王 烁　邹 悦

物理系

刘志鑫　徐 峰

生物科学与医学工程学院

戴 兵　吴子谦　李思雨

材料科学与工程学院

孙 超　杨果瑞　吴屹凡

人文学院

夏 颖　熊 杰　杨万里　韦东丽

经济管理学院

张雅雯　朱媛媛　袁晓楠　卢思奇　刘玲希　焦竹晗　王 丹　陈宗琴　张 健　间 凯　李泽晨

三峡学院交流生

陈敏琴

电气工程学院

吴泽庆　刘亚斐　张一清　樊安洁

外国语学院

隋　尧　李红村　吴雪莹

化学化工学院

王　婧　黄天宇　陈睿怡

交通学院

吕俊秀　王嘉玲　徐姝祺　陈　豪　武嘉斌　谢金丞　叶　文　陈　全　李东帅
贾鸿源　王　冰

仪器科学与工程学院

万杭州　邓　睿　李欣怡　孙　磊

艺术学院

庄婉仪　李文心　张浩田

法学院

张凤勤　王颖灵

学习科学研究中心

权梦娅

公共卫生学院

王　雪　邵一珺　王照光

医学院

单世豪　施林领　吕海宁　赵立丁　王健鑫　武俊杰　刘清香　成心锟　黄思佳
殷婷婷　邱　钰　沈　刚

吴健雄学院

郭若鸿　张凌翔　文　轶　杨振宇

三 好 学 生

建筑学院

张维一	施俊婕	隋明明	李梦柯	龚稼琦	徐武剑	郭宜仪	曹 喆	谢 亚	
李泳笛	傅瑞盈	曹 迪	罗文博	肖 芳	唐 蓉	卓百会	傅文武	沈 忱	
蒋 祎	丁金铭	花薛苊	胡 蝶	张 立	倪佳佳	缪筱凡	仇婧妍	郑天乐	
蔡陈翼	包宇喆	任文静	包 捷	吉倩妘	丁 岩	虞 菲	陈一川	吴晓涵	
王 浩	徐慕蓉	姚严奇	宗袁月	姚 炜	王 伟	张韩清	马俊威	王奕阳	
吴 韵	刘海芊	冷先强	梁 爽	车雨阳	李伊格	赵楠楠	张劼然	边 博	
张雅楠	李文玥	武 峪	索佳妮	华 玥	金 千	余梓梁	郑振婷		

机械工程学院

冯 超	金珊珊	郑 宇	李宇峰	李树森	陈 开	刘韵晗	朱峰冰	谌虹静	
何 旺	张 乐	王 雅	陆 萍	吕 雪	肖 岳	刘桐辛	汪 晨	王 超	
王 兮	李小妹	杨易嘉	华海涛	严佳园	杨宇恒	赵子卿	徐 欢	徐晨琦	
蔡 爽	闵 剑	滕佳栋	王幼真	赵周健	郭东东	余文斌	鲁秀楠	黄冬鸣	
张 钰	黄林新	郭喜庆	陈睿敏	吕 晨	陈斯祺	吕 鹏	田志强	成 城	
王先根	叶逢雨	徐 辉	花日馨	朱国振	汪 洋	王 昶	张道富	彭泽坤	
方振伍	张赢杰	耿 闯	陈雪莲	许国树					

能源与环境学院

顾秋子	巩超宇	赵圆圆	刘宗鑫	闫 珂	唐海宇	张 倩	熊铭杰	奚小童	
毛瑞鑫	蒲咏梅	余 禾	吕 玥	李欣怡	吴云龙	何俊良	范 镒	张 咪	
李 晨	陈玉婷	洪一豪	罗跃建	廖先伟	高 磊	吴 杰	田永清	陈 功	
葛 浩	黄静依	马昕宇	陈博闻	邹丹丹	许 扬	杨斯涵	崔 蕾	盛 溢	
黄怡婷	黄源烽	孙 益	杜浩然	吕 浩	李 通	张新开	卢雅林	董方宇	
曹琳琳	宋 鑫	王昌朔	张 艺	乔静宜	康 达	闫景春	张 将	程笑宇	
鲍梦蓉	查 戎	许志康	单楠楠	张梦妍	叶 蓉	曹硕硕	范芳苏	郑丹伟	
宋雅梅	周 娣								

信息科学与工程学院

孙雅文	张 珊	李骁敏	马文钰	杨 苗	庄 莹	陈 静	杨远益	黄谢田	
陆 旺	林岳鹏	黄华龙	徐春梅	李天助	王志远	陈嘉忱	徐 婧	徐颖群	
杨慧文	牟吉宁	张 歆	倪路遥	许瑞宁	谢欣宜	李焕波	朱 珂	李 越	
卞 慧	阮 梦	钟天辰	陶 禹	徐倩怡	汤慧赟	邓春燕	蔡雨君	黄文欢	
孙佳琛	刘延栋	孟 帆	陈炜珩	陈旻枫	李 享	涂 欣	林宇星	刘 明	

曾雨旻　叶梦宇　常天羽　张　欢　陈　阳　宋依欣　徐　昊　王　媛　许婉怡
肖　彤　陆　琪　陶　雷　凌森银　郭启炜　谢炜如　周　延　张　如　李晶琪
庞宏俐　吕　钱　王旭悦　曹育海

土木工程学院

唐美玲　王君娴　张开源　郁美琪　王　康　诸　霖　陶　楠　潘　杰　郭　策
刘　欢　方　超　金　玲　陶　赟　邵飓峤　王博臣　谭　焜　詹　兰　蔺志一
谢鹏飞　曹渐寒　赵　柔　王怡心　高一民　姚程渊　董逸轩　崔常慧　聂文伟
邹　洋　王俊桦　董雅坤　聂　涛　穆发利　杨　璐　陈志鹏　施路遥　徐红燕
曾　强　刘骅德　鲁红艳　卢　干　唐伟祥　刘凯旋　刘　兴　胡文松　韦保靖
陈洪淋　梁乘嘉　罗保宏　杨心怡　张　希　潘梦馨　赖光书　李宇晗　林　津
王　凯　陈进臻　何冰冰　黄中泽　王浩琛　肖天琦　刘晓睿　李姝玮　吕海晨
徐向阳　李璟瑜　陈皓霖　张　颖　孟　斌　汤育春　娄　凡　陈浩杰　蒋行涛
姜　煜　宗　越　王卫昌　冯程程　沈　翀　陆维杰　张　磊　鞠　丹　周　警
陈　淳　倪佳歆　朱熔清　韦　明　石亚文　唐　瑞　俞　江　樊舒舒　张　蓓
陈嘉睿

三峡学院交流生

查京京　王水林　侯　煜

电子科学与工程学院

刘　缘　王　璐　朱麒文　范英辉　曾鹏源　杨希梅　杨　坤　王甫锋　陈春妃
王　越　陈垚鑫　龚志鹏　杨婷婷　周　丹　车永越　王黎明　李　帅　李烨寰
陆天翼　胡正雷　叶景植　郭姿桂　梁　琦　王　旭　王俊轶　俞　苗　侯冠男
谭羽婷　顾　博　陈逾璋　徐焱飞　严客雨　章　坚　翟　悦　石晶晶　徐　睿
黄晓煜　王　鹏　王思源　邱凌云　许华尧　王　莹　张　帅　武　斌　赵　易
闫隆鑫　李　帅　石　琦

数学系

王朝阳　张　岸　张向向　李　根　潘冯超　陈志强　王李荣　吴　格　田方正
丁嘉沼　孙雨禾　孙　丽　杨斌斌　沈嘉琪　刘洪喆　沈佳妮　胡　坤　江天舒
马雪晴　陈泓舟　刘国成　张　亮

自动化学院

肖春晖　李思亮　金　田　周　敏　丁　刚　宋雨欣　王　伟　汤桂璇　王　东
宋正强　梅　俊　陈单商　刘玉卿　莫瑜夫　宋　尧　凌孝儒　卢长胜　方艳文
缪　洋　沈子莹　刘昌鑫　朱启扬　邱望彦　陈　涛　黄志亮　杨天阳　储颖君
周　源　汪玉杰　李　艺　刘燊燊　刘亚楠　王兆嘉　贾　凯　沈需霖

计算机科学与工程学院、软件学院

邵瑞枫	任杰文	袁 浯	陈元婧	杨海峰	陈后锦	陈 晨	柯 昊	吴明优
顾灵童	张莹莹	时 鹏	刘智伟	宋光旋	高 正	郭春生	江小焱	周佳欢
陆馨杭	吴 俣	汪文涛	陈 婧	孙清伟	胡慧婷	刘金晶	王凯健	吴天然
王 瑶	司马强	尚文杰	叶华健	赵娴雅	谭春阳	黄亚澎	徐威鸿	刘一鸣
黄 歆	张湛秋	周 翀	荣学益	张欢欢	钱 舟	钱 威	高飞飞	蒋志远
李 丞	缪海飞	汤 豪	王苏振	王炳超	余 俊	沈 多	傅惟一	高子豪
张妍雅	金 睿	杨启凡	谢 楠	王 敬	温 婧	陈 成	周芙蓉	谢金晶
马 黎	陆 逸	刘 瑶	孙佳明	郭文斌	袁 萍	黄伟聪	宁静珲	孙照月
郭大魁	浦楚楠	王麒栋						

物理系

王琪琪	孙 超	涂 鉴	张贺岩	杨 楚	蒋崇春	胡坤运	陈 瑶	朱美程
甘庆雨	徐光照	潘智华	章烨晖	倪琳郁	赵中华	刘 奇	谷文星	郝佩佩
苏凝钢	曾宗顺							

生物科学与医学工程学院

郝政宇	张艺馨	付光彬	黄梦婷	刘羽霄	孙炜航	辛丽斐	孙晓梦	常 宁
郭育新	余筠如	仝政霖	邹 昕	周雯婷	鞠 安	顾晓卉	闪紫阳	郑 良
金 静	水恒涛	丁晨静	李 媛	刘凌泽	于云雷	高 歌		

材料科学与工程学院

王泽曦	尤南乔	党林林	彭 沛	谭 爽	王 凯	周 莉	刘新来	郑志鹏
朱玉晗	杨紫嫣	王 英	彭 飞	诸钧政	王 宇	潘 超	赵梦杰	董恒迪
卞 仙	朱传瑞	梁程瑶	孙玉鑫	李 青	李 俊	楼浩然	陈友明	聂乐文
汤倩玉	夏晓燕	刘 晗	朱 玉	董承浩				

人文学院

蔡 倡	毕占方	周美辰	刘育行	蒋悟澄	李卓凡	石 可	李周玉萌	秦小红
胡志远	杜静宇	王旭丹	胡若冰	巫慧敏	祝金怡	桑晴晴	潘 颖	陈丽君
徐 笑	黄晓萍	陈 泱	孙雨昕	许彧澜	刘 慧	谢一丹	夏怡婷	王大旭
朱啸宇	毛辰忻	李烨婧	吴秋怡	赵一燊	王 慧	黄 磊	王 怡	吴 为

经济管理学院

张 力	王亮平	陈越异	张 源	李苏南	陈梦赟	王雨嘉	孙筱霞	吴 迪
张嘉润	贾 玥	孙诗瑶	顾译尹	杨 静	张 飞	徐 康	汪 鹏	李 涛
何雨寒	刘政伟	陈 城	张昕怡	王礼巧	安梦丹	史泽宇	于涵璐	刘 慧

杨佳益	慕文珺	李世忠	李　杰	王泽莹	李雪莹	张一凡	雷　蕾	王　英
汪梦丽	沈　月	符译升	张宗煦	张　钒	岳　炜	周　米	王　姗	薛　亮
陈静然	夏新凯	刘　捷	段君雅	祁嘉敏	陈思奥	张兰婷	高　琦	王雨竹
苏煜霖	柏露鹏	曾萧寒	梁焕用	吴英吉	马思佳	林文璟	李俊雄	章羽茜
张　潇	孟　鹏	房婧颖	胡凤娇	周梦姣	贺雅人	曹苏文	张梦欣	费　鸿
沈　欣	张　雯	金晓月	丁　静	陈　莹	高　欣	柳　瑾	王　怡	王璐瑶
金　婕	胡晓翠	步佳莹	贾　茹	仝甜甜	刘诗雯	张　璐	徐玉秋	费　斐
郭文丹	胡　迪	黄紫新	朱　磊	陈　琪	王蓓蓓	潘文青	夏旻越	罗翊廷
徐晨晨								

三峡学院交流生

荣　莹　陈星宇

电气工程学院

张博望	邢任之	赵子义	郭亚森	王志宇	杨　宽	王宇辰	曹　智	王　文
丁一阳	陶前程	王　彪	杨　硕	洪灏灏	王小虎	李婷婷	段　然	陆　迪
吕家乐	陈　鹏	刘梦佳	徐　沛	张纬怡	马　越	张星宇	沙金龙	徐　静
谢翱羽	刘鹏程	陈富扬	林明明	游　帅	李　晖	胡铭觐	曲俊先	黎　蕙
何　伟	王华臻	邵　雷	夏泽川	廖顶安				

外国语学院

任乐燚	吴　杨	夏　雨	孙婉琳	侯春硕	李芳悦	王晓丽	张心仪	伍　青
赵启眉	许梦迪	姚舒之	蒋晓露	陈　玲	杨　雪	张　懿	潘佳惠	张之葳
韩雨轩	田　元	倪小燕	许　悦	朱　煜	王　斐	张一楠		

化学化工学院

叶康伟	汪　洋	庆婷婷	程　品	郑紫瑶	安佩景	杨冲亚	庄雪松	赵万隆
吕晓晨	黄诚谦	姬中祥	陈　勇	严　景	丁　婷	杨红美	王若柳	高　真
隗乃书	冯民昌	陈金财						

交通学院

周　昊	张月明	钱天陆	陶天琪	郑启康	徐录铸	夏怀谷	陈　忠	王家豪
袁诗琳	董夏鑫	潘薇薇	李国强	卢桂林	陈启强	朱雯青	姚泽恒	梁孝东
苏　强	季一羽	蔡韵雯	殷宇翔	陈　坦	孙树文	张瑞成	邓涵宇	薛思洁
张　垚	邱梳梳	陈文娇	王　硕	黄海燕	刘雍翡	唐　旭	刘迪一	刘　菲
李雪琪	马新雨	杨佳慧	白　洋	孙国鼎	吴丽霞	刘政卿	刘子洋	张宇丰
张福群	王西地	王鹏飞	王　坤	陈　波	朱云鹏	卢慕洁	李雯婷	王　方
田　天	毛剑东	刘　娟	邓万霞	郑友红	易秋阳	林　园	付建康	刘凯丽

龙　振	柯泽冕	李建邺	伍　锦	柳成林	曹先琦	李虹姗	韦培源	秦　依
练焱坚	刘欣楠	覃悦涵	涂珊珊	刘子妹	钟雨果	柯　兴	马　康	丁永富
林云辉	林子豪	林　早	徐　刚	程玉琨	孟祥成	陈怡林	赵鑫玮	赵佳曼
綦　聪	田青云	赵丹阳	张正协	赵梦迪	王呈呈	王　茹	刘梦琦	刘广发
钟敏儿	徐冠豪	肖雨晨	史昕慧	任　政				

仪器科学与工程学院

吴　昊	张　勋	陈自祁	陈菁云	李　钒	段雪薇	翁铖铖	徐楚雯	姜　舒
叶　菁	许奇梦	姚晨雨	华文奇	咸思雨	曾　欣	袁昌旺	胡素芸	张　姜
郑冰清	许广富	张　琪	周思雨	王晓彬	闫　晰	支康仪	张仕超	乔　楠
管　闯								

艺术学院

罗　兰	刘芯驿	张子欣	何婷婷	蒋谨如	吴瑞卿	张秀铭	胡　蝶	缪　泉
邵倩文	赵斗斗	袁　盈	林家葳	柳　菁	王少文	林双喆	陆佳毅	陈阿曼
过烨铃	谈丽娜	纪宁珏	张暄苒	王佳丽				

法学院

| 陈　卓 | 吴　茜 | 曾　浩 | 魏婧婷 | 项会云 | 唐佳俊 | 王　祺 | 王书愉 | 黄　菊 |
| 张思嘉 | 宋子耕 | 赵文华 | 刘康乐 | 马文博 | 李沁原 | 于佳鑫 | 王春七 | |

学习科学研究中心

| 王伟涛 | 朱郭纯 | 李超龙 | 赵先哲 | 李梦怡 | | | | |

公共卫生学院

杨　姣	张锐芝	金霄霄	罗丹阳	谢　意	刘　扬	覃　远	林晨昊	陈剑双
王格格	张耀匀	魏　超	姚　瑶	蒋　楠	郑　祎	方能圆	倪　倩	薛芳静
潘俊霞	沈雯婕	李佳琳	朱显明	杨柳青	朱俊超	蔡孟蓉	施乃扬	常新蕾
高翔宇								

医学院

顾　冲	卓一洲	李雪莹	胡慧祯	林祝丞	崔静谊	曹　旭	徐沁梅	朱以鹏
于　月	王艺锦	汪晓晨	谢　添	沈　甜	范赡文	嵇婷婷	周　铨	陈珊珊
王永芳	季振军	郭光猛	马　楠	吴梦滢	高文韬	史天一	张田利	宋佳磊
宋　慧	黄金健	谈　香	周奕杉	刘雪婷	徐　睿	于　谦	李基健	郭悦彤
陶金园	翟修文	唐小欢	王娅敏	刘红丽	金志成	杨墨丹	胡富进	杨洁凤
高圆圆	祝如愿	徐鸿波	管文婷	喻　傲	罗安邦	马俊怡	吴逸璐	王中旺
张小芬	雷　毅	幸　琳	刘智鹏	康子一	张　梅	张业鹏	查明明	王　浩

轩文彬 喻曦子 孟祥盼 徐玉柱 刘正乾 周佳莹 张昕恬 翟 玉 金 雯
汪沭源 周兰兰 许心怡 芦琛琛 朱华琛 沈燕珏 徐梦游 顾 楠 潘高健
唐雪梅 蒋桂亚 张田心子 黄靖凯 臧丽丹 章亚男 王静静 王履月 陈圣妮
黄 宇 张 娟 笪美红 窦 婷 唐慧荣 朱舟婷 陆 婷 刘 燕 杨 林
林 敏 胡秀秀 潘天帆 郁媛媛 胡昕滢 刘佳宁 谢丹丹

吴健雄学院

李子园 付明月 申 畅 张从越 李文桢 褚军涛 朱吉喆 张建飞 吴艳飞
黄志超 朱梦瑞 吕 涛 高 阳 唐炜洁 周 睿 汤海波 潘维鑫 孙宇涵
汤宁兴 周于浩 高 越 张凯恒 陆倩云 施祎辰 王文杰 沈 圣 宋 昌
叶建宇 王宇鹏 陆 鼎 虞正平 徐孝宇 史博文 王 贺 徐 乐 吴旭东
赵富邦 王禹欣 王凯旋 陈 旭 蒋 励 陈 琼 万 意 林兴源 杨 湛
洪梦姣 蒋 伟 凌 晨 方琳静 赵 亮 邹辉辉 陈 倩 曹正庭 陈石开
陆书恒 杨宇尘 高 峥 孙一唯 薛 烨 朱 航 熊宽晨 张 恭 都之夏
罗 平 杨新逸 朱庆明 王一波 朱宇潇 李彦博 程 聪 王 益 林俊浩
彭 涵 徐青蓝 李雅然 沈泽阳 吴远兮 杨彦钊 岳晨涛 李建宇 陈雨萌
王 锴 翟邦昭 刘映辰 宋雨遥 杨文超 姜 琦 曹梦迪 李 浩 田中源
刘必扬 陈 刚 文君涵 卢丽慧 徐晴雯 吴 迪 朱秋瑜 王小柳 王 敏
丁奕文 李天一 梁 霄 吴 瀚 陶轩洁 郑夏雯 王 茜

2014届优秀本科毕业生名单

建筑学院

颜芳丽 王倩妮 肖严航 张溪芮 郑诗茵 邹建国 邵星宇 杨 兵

机械工程学院

陶 毅 邵灵芝 杨冬萍 王泽江 李岩峻 朱智勇 琚安建 何秋熟 党瑞明

能源与环境学院

陈 婷 陈小龙 陈晓波 盛 洁 姜懿纯 朱明娟 何成洋 唐圆晨 蒋志立

信息科学与工程学院

崔宇柯 王安懿 何粮宇 叶日平 刘志成 王红蕊 吴 凯 顾正洋 徐乃阳
乔 丹 袁 鸣 赵立成

土木工程学院

陶佳跃 郭 睿 卢 杨 李瑞琪 尹 航 何雅雯 魏一豪 陈 凯 丁智霞

卞　军　方根深　洪　曼　崔浩然　刘　震　沈楷程　黄　珺

电子科学与工程学院

陈怀昊　廖振星　孙　轶　彭富林　祁　杰　叶子超　郑　宇　林　哲

数学系

孙丁茜　刘　兵

自动化学院

刘　历　陈　超　杨　曌　杨争辉　熊　健　崔宏宇　冯　源

计算机科学与工程学院、软件学院

李健豪　张　弛　潘培龙　何博伟　黄　迪　莫文凯　季云竹　王　辰　朱王彪
薛　琰

物理系

刘　奇　陈　桢　刘继龙

生物科学与医学工程学院

吴华珍　马永豪

材料科学与工程学院

邓　川　吴喆敏

人文学院

俞烨彬　李　优　娄　琦　张天舒　申一蕾

经济管理学院

姚苏楠　孙　婕　王　悦　张冰灵　董　颖　王一云　范玉瑶　罗先敏　寇聪姗
董　瑶　顾　惠　朱　琳　何　璐　苏　歆　杨　琴　姚叙含

电气工程学院

宗鹏鹏　孙玲玲　陈　明　李　泽　刘　源　黄新星　刘博辰　王煜奇　徐敏姣

外国语学院

夏　萌　蒋含韵　黄春阳　高君实

化学化工学院

党　珂　卢大鹏　凌丹丹

交通学院

蒋 超 郑 冬 张小梦 丁 剑 李 烨 杨弘越 蒋继望 唐 皓 尤 佺
巫诚诚 孔 庄 陈若男 张晓赫 叶 娇 张 倩 闫天昊 姜济扬

仪器科学与工程学院

杨 阳 刘 全 崔粟晋 沈仕卿 吴泰洋

艺术学院

孙 梦 沈 婷 褚钰祺 曹嫣然

法学院

顾谭思 杜梦秋

学习科学研究中心

汪菊霞

公共卫生学院

程 阳 方 帅 陈明珠

医学院

王艳杰 赵峰峰 卢莹莹 封 晔 高丽娟 李 坦 陈 辉 卢 清 罗嘉莉
王三妹 赵谊宁 张志恒

吴健雄学院

郭爱文 汤红健 金天晨 冯士睿 沙小仕 张益之 袁 宸 俞佳宝

无锡分校

周景锦 孙天慧 姜 彬

2014届国防生表彰名单

土木工程学院

赵天辉 文永逸 陶 松 孙 谋 邱文白 缪 超 马岳川 李 杨 纪 常
何长林 董懿虎 邓 伟 崔 雨

经济管理学院

郑洪彬 赵一先 张永进 杨冠楠 杨 阳 徐仕明 熊 洲 王远强 王旭升

汪文琪　陆天一　李　畅　雷　创　贾　煜　曹　哲

外国语学院

郝世凯

2013—2014 学年东南大学获国家奖学金学生名单

建筑学院

罗　西　车雨阳　顾祎敏　陈　卓　刘海滨　张劭然　乔炯辰　钱　鑫　徐慕蓉
冷先强　杨浩辰　曹蔚祎　张博涵　秦　添

机械工程学院

宋　睿　程龙飞　李树森　徐瑞君　郑晶莹　王幼真　陈春水　金珊珊　杨周宇
何　旺　李小锐　彭泽坤

能源与环境学院

张馨月　王　琪　钱　燕　夏文青　董方宇　陈　功　刘　明　李蓓蓓　乔静宜
曹硕硕　葛　浩　成赛凤　叶　蓉

信息科学与工程学院

朱　锐　王宇阳　龚　宓　杜立寰　王志远　游雁天　李　享　印友进　李骁敏
张　宇　陆　琪　曹　凡　蔡雨君　王　媛

土木工程学院

徐红燕　何冰冰　张　影　毕慕超　王　蕊　杜　利　王　康　王嘉昌　唐美玲
王　风　范李峥　刘　兴　魏笑尘　鞠　丹　陈　实　蔺志一　孟　畅　张　梦

电子科学与工程学院

吴晟琦　侍海峰　王　越　姜程程　王黎明　翟　悦　武　斌　龚志鹏　陈垚鑫
马可悦

数学系

陈　旋　温雅静　幸云晨　董亦涵

自动化学院

沈霈霖　宋　潇　李晨曦　陈泽森　储颖君　陶思羽　王子峣

计算机科学与工程学院、软件学院

马　卓　吴　璇　杨骏逸　王凯健　张　辉　张莹莹　孙清伟　沈　多　李延东
杨启凡　田　润　谢　楠　汤　豪　张妍雅　徐子涵

物理系

曾宗顺　李　缘　涂　鉴　陈　瑶

生物科学与医学工程学院

李　媛　陈卓玥　崔梦瑶　金　静　戴　兵

材料科学与工程学院

梁程瑶　张　浩　凌　灏　叶少雄　董恒迪　潘　超

人文学院

杨　俊　柳　飔　冯　叶　巫慧敏　蔡　倡　孙雨昕　赵一燊　唐佳奇

经济管理学院

戴麒麟　曾萧寒　唐　琦　柳　瑾　金晓月　陈思奥　陈静然　王悦迪　李牧原
严梦蕊　石　煜　张一凡　王　睿　步佳莹　马思佳　胡　迪　贾　玥　潘文青
张　璐　张晓伟

电气工程学院

杨济如　许　珊　李梦雅　崔文琪　游　帅　詹惠瑜　洪灏灏　余开亮

外国语学院

赵启眉　刘诗文　黄　敏　潘佳惠　许　悦

化学化工学院

胡　暄　夏　琳　庆婷婷　黄天宇

交通学院

张瑞成　姚琳怡　蔡韵雯　徐　杰　姚泽恒　吴悄然　洪　阳　王　方　侯梦琳
王梦颖　王呈呈　王　冲　王伟立　钟雨果　马懿元　王心怡　王　茹　赵梦迪
端木祥永

仪器科学与工程学院

方良骥　袁昌旺　李欣怡　张仕超　郭晓艺

艺术学院

李桂杰　钱　晨　赵斗斗　钱雨婕　孙艺玮

法学院

唐佳俊　刘康乐　吴　茜

学习科学研究中心

权梦娅

公共卫生学院

张　丹　胡晓茜　洪　翔　纪双斌　赵心语

医学院

林祝丞　董思岐　沈燕珏　窦　婷　贾贝贝　陈泓颖　金　雯　秦雨晗　胡瑞玮
桂玉琪　蒋桂亚　刘清香　王娅敏　王　浩　徐梦游　王永芳　刘佳宁　嵇婷婷
马　楠　杨洁凤

吴健雄学院

吕　涛　蒋　励　许　阳　蒋　伟　林兴源　黄灵莹　曹梦迪　宋雨遥

2013—2014学年奖教金、奖学金获奖名单

1. **顾冠群、章玉琴奖助学金**(顾冠群、章玉琴家属设立)　基金17万元
   张远威　赵　磊　赵　毅　李　娜　吴艳飞
2. **齐康基金**(齐康院士设立)　奖金总额1.4万元
   陈晓东
   以上获奖者为建筑学院教师
   原　满　杨浥葳　冷先强
   以上获奖者为学生
3. **吕志涛院士奖励金**(吕志涛院士、江苏苏尚工程技术有限公司设立)　基金10万元
   宗周红　郭应征
   以上获奖者为土木工程学院教师
   谢　炼　郭双林　钟儒勉　邵文城　华一唯
   以上获奖者为学生
4. **何振亚、王孝书奖学金**(何振亚、王孝书设立)　基金12万元
   高　歌

5. 缪昌文奖学金(缪昌文院士设立)　基金20万元
   邓嘉骏　谢　超　吴继礼　白明成　杨果瑞　董承浩　倪凯翔　陈　涛
6. 顾毓琇、王婉靖奖学金(顾毓琇、王婉靖设立)　基金3万元
   华君叶
7. 东南大学建筑设计与理论研究中心——程泰宁奖励基金(程泰宁院士设立)　基金65万元
   宋　鹏　黄卿云　周亚盛　郑钰达　唐时月　隋明明　方浩宇　孙世浩　陈子健
   乔炯辰　张博涵　陈　乐　冯硕静
8. 孙伟院士奖学基金(孙伟院士设立)　基金50万元
   朱志刚　姚　瑶　李　果　陈　琳　祁　兵　朱瑞雯　圣兆兴　罗　丹　刘欣博
   彭　飞　刘主豪　郭灵菲　梁　斐　傅　聪　楼浩然　薛　桦　张旻罂　叶少雄
   潘　超　郑　延　霍柏如　陈友明　王泽曦　张军娜　王　宇　彭　沛　陈希宇
   王　睿　白旭东　林玲玲　孙　超　张孙名言
9. 朱斐、孙绎奖助学金(朱斐、孙绎设立)　基金20万元
   张子锋　王　猛　尹　丹　吴　杰　周　双　李树森　陈斯祺　谌虹静　吕　鹏
10. 陆氏学生奖学金(陆新达、石卫平设立)　基金2万元
    孟　欣
11. 周鹗奖学金(周鹗教授设立)　基金8万元
    宋梦晨　杜晓舟　邵良友　阚沁怡　沈天骄　张承习　戴思琪　谌伊竺
12. 冯宇樵奖学金(冯绥安先生设立)　奖金总额2 500元
    陶定坤
13. 陈圣勋奖学金(陈圣勋先生设立)　奖金总额2 000元
    李雪莹　徐　璐
14. 陈延年、王劲松奖学金(陈延年、王劲松设立)　基金20万元
    刘国建　惠　龙　于英俊　戴国胜　邱　锐
15. 李元坤奖学金(徐元善先生设立)　奖金总额2 000元
    焦竹晗
16. 陈达锋土木工程奖教金(陈达锋先生设立)　基金10万元
    韩苏闽　土木学院　戴玉蓉　物理系
17. 韦博成奖学金(韦博成教授部分海内外学生设立)　奖金总额1万元
    一等奖
    孙旭峥　刘蔚南
    二等奖
    俞维嘉　崔文凤
18. 张秋交通工程奖学金(张秋先生设立)　基金3.7万元
    王晓春　黄驿惠
19. 金宝桢奖教金、奖学金(南京栖霞建设股份有限公司设立)　基金50万元
    蔡建国(土木工程学院)　王建梅(土木工程学院)　王玉玲(土木工程学院)
    毛惠西(党委宣传部)
    以上获奖者为教工

张馨尹　张翌欣　杜吉顺　葛文浩　马斯文　张　希　贺　遥　王佳宁　杨　俊
徐大成　钱希婕　朱思宇　崔　毅　刘　埸
以上获奖者为学生

20. 丁大钧教育基金奖助学金（丁大钧教育基金会设立）　基金96万元
　　焦海霞　高小慧　祖　峤　章玉婷　季　旸　樊　刚　黄丽媛　魏笑尘
21. 蒋永生奖学金（蒋永生教授家属及学生设立）　基金20万元
　　段斐然　袁　冶
22. 丁德泮医学教育基金（丁德泮医学教育基金委员会设立）　基金6 861美元和3.7万元人民币
　　张文举
　　以上获奖者为公共卫生学院教师
23. 陈荣生教授创新奖学金（陈荣生教授的学生设立）　基金10万元
　　唐宗鑫　刘兆鹏　周　旭
24. 维俊奖教金（南京盘龙广告传媒集团设立）　基金5万元
　　谢宏伟　王婷婷　严　青　华苏永　张长秀
　　以上获奖者为图书馆员工
25. 洪范五奖教金、奖学金（南京盘龙广告传媒集团设立）　基金10万元
　　李爱国　钱　鹏　李紫萍　袁曦临
　　以上获奖者为图书馆员工
　　吴媚
　　以上获奖者为学生
26. 郝英立奖学基金（高嵩同志及沈锦华、郭金林、沙敏等校友设立）　基金19.2万元
　　吴　烨　史济源
27. 言恭达奖教金、奖学金（言恭达先生设立）　基金50万元
　　李倍雷　周　渝　郁火星　宋　备　徐　进　赫　云　季　欣　陈　绘　周　缨
　　刘江
　　以上获奖者为艺术学院教师
　　戴　卓　王子乔　侯　力　吴彦颐　戴芷宣　周　凝　刘佳倩　赵斗斗　纪宁珏
　　吴瑞卿
　　以上获奖者为学生
28. "张克恭"土力学奖学金（东南大学交通学院岩土工程研究所设立）　基金3万元
　　陈奕璠　罗斯达　黄贤斌
29. 朱庆麻奖助学金（朱世平校友设立）　基金10万元
　　王肖祎　王　历　吴　瀚
30. 高金衡奖助学金（高明女士设立）　基金10万元
　　王　川　赵滨业　代　伦　林方正　李　悟　景　璇　江天舒　李　宸　郎逸菲
　　范敏洁

31. 轩铭奖学金(杨轩铭同学设立)　奖金3 000元
    李　冰
32. 恽瑛奖助学金(恽瑛教授设立)　基金18万元
    李安琪　李　阳　李徐钰　刘浩然　王宇鹏　张　松
34. 程文瀼教授奖助学基金(程文瀼教授及其弟子设立)　基金30万元
    王雅琼　李亚坤　冯　波　唐　嫈　刘凯旋　丁　玾　栾利影　李　响
35. 红光奖助学金(曹红光校友设立)　基金30万元
    周海峰　徐　颖　闵淑丹　沈尤婧　缪　健　丁　艺　王梦溪　汤海霞　顾晨曦
    刘雯雯　宋　慧　王雨瑶　刘从兴　谈　畅　符　顺　陈雅萍　杨照宇　杨　洁
    赵怡欣　杨　龙
36. 何德坪奖学金(何德坪教授家属设立)　基金10万元
    汤倩玉
37. 徐南荣奖学金(桂莲基金会设立)　基金50万元
    王明亮　赵　军
38. 孟非奖助学金(江苏星亚文化发展有限公司、南京龙瑞装饰设计工程公司、潘群、姜新设立)　基金100万元
    陈　静　刘亚斌　王　申　马　驰　柳　成　杨红美　胡兆泉　谢旭东　左永辉
    孙承栋　刘峻铭　李志伟　郑嘉男　李　好　梁佳琪　吴　杰　赵保付　王　磊
    袁　鹏　欧阳博强　周　倩　谭　曦　王李荣　朱　益　贾丰宇　万莹莹
    吉木梅妹　金　钰　乔　洁　于　琪　汪梦丽　杨天阳　彭晓辉　李甜甜　程婷婷
    古再丽努尔·图尔贡　王世雄　尚文杰　胡尔西丹·吐尔地　范炳龙　李雅琴
    巨少龙　蔡　燕　杨靖雯　刘　健　刘　萍　郝政宇　王　琦　高　歌　陈静雯
    王宇婷　张　哲　魏　莉　王　锴　李　伟　周宇池　张丹丹　王　益　谢　畅
    杨　兵　黄　磊　杨靖雯　王甫锋　应　媛　胡志远　蒋崇春　方龙宇　徐录铮
    王子阳　袁勇奋　曾鹏源　曹苏文　张妍雅　王　莹　梁锡祥　闫　凯　张凤玲
    齐浩政　覃　远　刘　慧　王　鹏　宋国强　苑国龙　李　丹　王朝阳　张　姜
    刘桐辛　刘　娟　秦福溶　贾超伟　陆　萍　孟敬军　宋梦颖　魏　军　吴成博
    李　晨　林秦怡　田士勇　王小宁　钟宛芸
39. 焦廷标奖学基金(南京华新有色金属有限公司设立)　基金500万元
    孙蓓蓓(机械工程学院)　张永康(机械工程学院)　张　萍(材料科学与工程学院)
    晏井利(材料科学与工程学院)　李　玫(人文学院)　靳　力(人文学院)
    以上获奖者为教师
    高文科　张　吉　孙利坤　王卓琼　王丛丛　王珊珊　刘　晗　顾益庆　蒋烨琳
    陈诗婷　王紫岳　杜静宇　朱传瑞　张　恒　许彧澜
    以上获奖者为学生
40. 亿利达刘永龄奖学金(亿利达工业发展集团有限公司设立)　奖金总额2.5万元
    龚　宓　贾杰伦　宗晓琳　刘　明　陈凌蛟

41. 许尚龙奖教金(许尚龙先生设立)　基金100万元
　　吴　婷(外国语学院)　汤　斌(外国语学院)　李　涛(外国语学院)
　　郑小翔(外国语学院)　戴秀珍(外国语学院)　韩　磊(电子科学与工程学院)
　　胡　艳(体育系)　黄　喆(法学院)　陈炳为(公共卫生学院)
　　高照明(马克思主义学院)

42. 许尚龙光彩事业贫困学生奖助学金(南京21世纪投资集团设立)　基金50万元
　　邢　雪　赵圆元　洪梦姣　罗　昕　袁晶晶　赵　涛　帕孜莱提·司来曼　许锐伟
　　权梦娅　俞　城　张　虹　冷明鑫　胡慧婷　陈彦松　薛丹丹　靳炜钰　包　镇
　　孙文旭　支朦朦　王苏玉

43. 隈利实国际奖助学金(国际科学技术文化振兴会设立)　奖金总额10万元
　　佟光勋　赵　杰　李维舜　张雪红　黄　强　宋　杰　刘　辰　申桂贤　邢　强
　　杨文超　唐　莉　魏　想　沈　涛　卢雅睿　吴丽荣　甘　萍　张意祥　李梅清
　　姜雅雯　冯　超　何俊良　张伊佳　李芳悦　王　瑶　杨　肖

44. 唐仲英德育奖学金[唐仲英基金会(中国)设立]　奖金总额12万元
　　顾　鹏　刘江明　轩文彬　谢吉程　王宇辰　刘苗苗　周　娣　吕秋晨　李秀娟
　　王　茹　左恺仙　张凯恒　蔡孟蓉　刘梦琦　白雨璇　张贺岩　杨冲亚　张嘉润
　　李　双　曹　凡　李小恒　王　姗　张　璇　谢　天　郭喜庆　王成晨　吴　格
　　刘　毅　马文昊　过烨铃

45. 叶晶奖学金(叶晶、刘芳夫妇设立)　奖金总额6万元
　　董云扬　袁文龙　高　元　张　祎　贾子昱　王同罕　樊明春　柏婷婷　杨　昆
　　吴　越　杨云飞　陈　莹　赵安晓　陈　滨　鲍冉冉　曹晓鹏　顾潇腾　刘西林
　　商珞然　袁骏杰　赵春秋　朱　珠　张　峰　李　昊　周　银　吴　双　黄琰亭

46. 大连东岗奖教金、奖学金(大连信恒康医药科技有限公司设立)　基金100万元
　　赵枫姝(医学院)　黄　涛(医学院)　刘　斌(医学院)　张　晓(公共卫生学院)
　　林　陵(医学院)
　　以上获奖者为教师
　　崔梦晶　闻　毅　宋　鹏　张　琴　李子惠　潘　红　胡一珉　韩晓清　潘　涛
　　朱柯蕙　李　娜　焦　娇　魏　超　韦　琼　张伟韬　马　晗　黄　芳　康子一
　　韩鲜艳　许安迪　冉　娇　崔静谊　谢佳敏　蔡杰瑞　马依拉·托合提
　　以上获奖者为学生

47. 杨志峰奖助学金(江苏港峰科技集团设立)　奖金总额10万元
　　李　林　陶诗文　王广江　曹　戈　张家奇　张　亮　晏子文　王佳龙　席　阳
　　孙树闯　王静怡　仝世杰　顾腾飞　吴英吉　潘　晶

48. 刘肖娟奖学金(刘肖娟校友设立)　基金10万元
　　庄　园　于斌斌　李　春　王芳芳　张小路　赵　宇　杨雨杭　周　米　段君雅
　　周梓茜

49. 张志伟奖助学金(张志伟校友设立)　奖金总额30万元
　　朱　玉　郭　佳　邵恩泽　杜　翠　修　政　吴　迪　陆俊文　吕　涛　李婷婷

董夏鑫　黄　琰　章烨晖　陈　斯　岳　炜　吕　青　刘志鑫　陈春妃　张　健
沈　多　祖俊婕　王颖灵　王　睿　吴子谦　王伟涛　王格格　周　榴　李思雨
朱铖恺　施乃扬　朱晓城　丁丰盛　石　珂　缪智辉　胡阳波　向若兰　李　文
吴继超　季　聪　魏　瑶　刘燊燊

50. 龙昌明奖教金(龙昌明校友设立)　　基金10万元
张宗庆　张晓玲　唐　亮　武　忠
以上获奖者为经济管理学院教师

51. 东南大学"苏州工业园区奖学金"(苏州工业园区设立)　　奖金总额15万元
邵　峰　戴　亚　朱德政　赵国栋　李江湖　朱漫莉　吴　静　左沛元　陈文汐
沈　龙　何亚波　狄　鹏　刘　淼　乔　威　查叶飞　张　杏　纪沿光　杨仲盼
曹凯迪　沈昊骢　徐佳乐　李乔宇　吕永涛　於　恒　陆　骏　何展鹏　王　量
赵立成　屠晨峰　盛亮亮　黄　朔　徐　婧　张楚凡　罗　西　邹　昕　扈　霁
陈　峰　虞思靓　王　渊　邓昊洋

52. 太仓科教新城创新创业奖学金(太仓市科教新城管委会设立)　　基金11万元
许　夔　陈雨晨　张成秋　周培根　庄　莹　谢欣宜　张方宇　刘芳硕　金伟潼
周　延

53. 社会团体(华藏)奖学金(新加坡净宗学会设立)　　奖金总额1.5万元
郑紫瑢　熊　杰　陈思雨　范　毅　李泽浩　王　慧　丁　婕　李　缘　陆珈怡
贾　凡　杨万里　甘庆雨　吕文静　石　可　蒋憘澄

54. 东南大学教育基金会奖学金、奖教金、奖管金(东南大学教育基金会设立)　　奖金总额16万元
邱　峰(电子科学与工程学院)　程全新(数学系)　汪红霞(数学系)
徐明祥(物理系)　喻小强(物理系)　谢建明(生物科学与医学工程学院)
陈凯媛(生物科学与医学工程学院)　胡爱江(化学化工学院)　姚　芳(化学化工学院)
李　花(艺术学院)　许　燕(党委组织部)　张明杰(纪委办公室(监察处))
以上获奖者为教工
杨高强　许海玲　陈梦甜　姚萌萌　龙开琳　陈　菊　李有军　纪　静　吴炳辰
张　烨　陈睿怡　巫慧敏　孙婉琳　张　烁　王俊杰　楼宝梁　张一楠　张国瑞
徐　航　邵天一　杜博 DUBOVIK, VALIANTSIN(白俄罗斯)
陈玉战 TRAN NGOC, CHIEN(越南)　阿山 SANAI MOHAMMED AHSAN(印度)
郑敏丽 MINDY THE(印度尼西亚)　韩义 KAN AKI(日本)
以上获奖者为学生

55. 宝钢教育奖(宝钢教育基金会设立)　　奖金总额18.5万元
宝钢优秀教师特等奖
王志功(信息科学与工程学院)
宝钢优秀教师奖
黄学良(电气工程学院)
阳建强(建筑学院)

周志红（土木工程学院）

宝钢优秀学生特等奖

曹瑞武

宝钢优秀学生奖

何春龙　陈华俊　毕丽艳　徐　璇　崔粟晋　苏　阳　周景锦　林伽毅　丁　剑

56. **光华奖学金**（光华教育基金会设立）　奖金总额40万元

严林飞　王忍涵　颜江华　王　科　艾洪新　魏少林　胡理鹏　钱　唤　胡邹恒
李海建　徐智敏　张德忠　周亚东　谭林波　杨　超　郭　飞　徐方舟　谢　辉
董志强　吴春晓　谈雨婷　孙雪帅　芮　棽　巨　佳　史佳媛　秦晓川　郭岩岩
陈　宇　钱　露　申会谦　刘健鹏　顾苏楠　张　华　陈　红　张海燕　杨凌艳
徐　珂　田　伟　吴玉娜　丁俊勇　张书兵　徐一谦　吴晓琴　吁卫燕　焦友进
陈　光　肖海军　王　欣　崔王洪　钟丽娜　张丽辉　李小帅　李毓龙　罗永磊
郭前刚　林　忱　朱佳斌　朱冠霖　洪凤龙　李　艳　杨元清　徐向阳　石亚文
冯子荣　董懿虎　卞一凡　周　警　吕　凯　钟　华　孙求知　谢小东　何心月
孙丞江　戴子祥　沈　翀　杨　娴　吴瑞启　韩　磊　沈旭昱　葛智凯　张　超
杨　杨　陈进臻　张晗耘　龚春玉　杨　帆　李宇晗　王　鑫　黄庆涵　朱　峰
林　津　王立萍　吕婷玉　钱晶明　王　凯　李天宇　赵明扬　夏正昊　姚志霖
王　凯　宋正华　姚思良　叶　璇　李建阳　韩　皓　陶　赟　张远友　李晓晨
俞　乐　朱　楠　曾向鹏　夏晓燕　宋松涛　张艺达　邵飓峤　曹瑞桦　蔡天明
刘婉莹　李　峥　汤倩玉　陈　东　陈鹤鸣　李　群　黄艾婧　顾大众　梁乘嘉
蒋　俊　陈沙然　沈　凯　赖煜川　何齐齐　曹霄宇　方　兴　王　蕊　张　越
王　健　陈宇申　姚　迪　沈昊峰　陈　高　禹浩然　邹　洋　文若曦　崔国健
徐梓栋　周　达　詹乐宇　唐诗浩　陈志鹏　陈浩杰　吴嘉琪　赵梦杰　穆发利
韦语涵　徐　笑　孙玉鑫　陈　邵　谢枝苋　谢志强　董恒迪

57. **国盛奖学金**（江苏省科学技术协会设立）　奖金总额6万元

蒋　健　黄　荣　孟祥虎　徐陈成　吴念尘　李济多　杨博涵　周宸楠　罗　骞
柯翔宇

58. **南京安徽商会·同曦集团东南大学奖助学金**（江苏同曦集团有限公司，南京安徽商会设立）　奖金总额20万元

A级奖助学金

黄博浩　吕玉洁　张　志　张欢欢　王　昶　张　飞　蒋永茂　叶华健　李　臻
唐　威

B级奖助学金

唐　蓉　彭　翔　杨　如　李月月　叶逢雨　王小满　丁妍乔　郭一凡　曹玉全
张博威　褚　扬　沈仕卿　李　想　段梦沁　齐　军　李小龙　邢月秀　丁晨静
范怡然　陈静雯　王　康　吴　越　焦　阳　杨冰洁　吴　丹　陈　敏　李　瑶
周从根　吴　强　黄　敏

59. 金鼎奖学金(严志隆教授设立)　基金6万元
　　张文潇　诸钧政
60. "交运之星"奖教金、奖学金(王炜教授设立)　奖金总额1万元
　　彭　龙　潘国锋
　　以上获奖者为交通学院教师
　　雷心悦　李国强　欧阳鹏瑛
　　以上获奖者为学生
61. "自动化工程师"奖学金(戴先中教授设立)　基金10万元
　　黄健翔　高海丹　罗鸿飞　张国熙　夏　辛
62. 外语英才奖学金(李霄翔教授设立)　基金10万元
　　马晶晶　张淑华　马梦茜　韩雨轩
63. 文教羽翼奖学金(孙淼校友设立)　基金6 000元
　　庄　潇
64. 铭恩奖助学金(李翼成校友设立)　基金10万元
　　刘　令　胡　轲　王崇旭　方能圆　朱柯蕙　如孜古丽·麦麦提艾力
　　阿衣奴尔·牙合甫　麦尔哈巴·麦合木提　马　月　刘振琳
65. 文枢奖学金(刘锴同学设立)　奖金总额1万元
　　朱　猛　张恒宇
66. 16287奖学金(东南大学16287班设立)　基金11万元
　　刘永鹏　章　飞　廖顶安　葛海涛　韩一鸣　范子恺　李索娅　马亚林　覃　爽
　　王　灿
67. 686奖助学金(电子科学与工程学院86级校友设立)　基金8万元
　　席维唯　丁　强　陈逾璋　车永越　顾星煜　朱嘉儒　周　丹　李晓敏
68. 5187级奖学金(5187级校友设立)　基金11万元
　　一等奖
　　高立忻　二等奖　吴赵依　赵　超
69. 71871奖教金(71871级校友设立)　基金13万元
　　一等奖
　　乔会杰　张东峰
　　二等奖
　　陈金兵　贺传富　江　风　李慧玲　阮琳琳　王　靖
　　以上获奖者为数学系教师
70. 东南大学5184奖学金(东南大学5184同学会设立)　基金3.3万元
　　刘　蔚　吴吉光　周　正
71. 5281奖助学金(江苏东南交通工程咨询监理有限公司设立)　基金10万元
　　赵　龑　石路遥　刘志广　杨溢军　钱晓婷　徐涵聪　朱　娜　张照俊　薛　莹
　　徐令仪　张洪娟　房增耀　钟雨果　刘雍翡　谢　成　鞠　安　徐玺蕴　綦　聪
　　辛丽斐　谢静怡　乔润泽　端木祥永　付光彬　戴　兵

72. **常州校友会龙城奖助学金、奖教金（东南大学常州校友会设立）** 基金 30 万元

梁彩华（能源与环境学院） 李舒宏（能源与环境学院）
鲍旭东（计算机科学与工程学院、软件学院） 赵剑锋（电气工程学院）
崔建伟（仪器科学与工程学院）
以上获奖者为教师

陈 静 谢 琰 唐豪杰 薛 耀 陈 浩 李烨寰 贾 玥 陈霞雯 杨 江
王凯健 周 艺 陈丽君 谈丽娜 严青洲 朱亮颖 吴可书 倪弘沣 陈 沁
吴 顺 姚舒之
以上获奖者为学生

73. **无线电系七八级同学奖教金、奖学金（无线电系七八级同学设立）** 基金 500 万元

顾震弘（建筑学院） 殷国栋（机械工程学院） 赵伶玲（能源与环境学院）
赵嘉宁（信息科学与工程学院） 王 欢（信息科学与工程学院）
周 琳（信息科学与工程学院） 张 源（信息科学与工程学院） 陈 鹏（信息科学与工程学院） 陈立全（信息科学与工程学院） 费庆国（土木工程学院）
夏 军（电子科学与工程学院、IC学院） 吴 霞（数学系） 王晓俊（自动化学院）
东 方（计算机科学与工程学院、软件学院） 薛 鹏（物理系） 夏柱红（物理系）
熊 非（生物科学与医学工程学院） 陈 坚（材料科学与工程学院）
许 丹（人文学院） 花 为（电气工程学院） 陈峥嵘（外国语学院）
鲁明易（外国语学院） 方云峰（体育系） 王 昊（交通学院） 严如强（仪器科学与工程学院） 许继峰（艺术学院） 朱新建（医学院） 王晓英（公共卫生学院） 王少康（公共卫生学院） 黄慧春（电工电子实验中心）
以上获奖者为教师

孙铭泽 羌 波 刘欣冉 钱宇宁 刘江华 袁 颖 卢 建 吴如彬 程 清
荆舒晟 李晓玉 龙运杰 朱 纯 许德旺 章 桢 欧阳拳均 张 波 朱雁青
罗李子 张小龙 石艳玲 蔡 蕾 邓 川 张 钰 王 烁 徐 湘 陆 迪
吴嘉楠 马永豪 贾 逊 赵子义 杨骏逸 朱 瑶 喻翔昊 黄泽宇 王玲平
杜永浩 李 易 胡 航 俞 俊 王 井 郁翀宇 王黎明 林 艳 田中源
董 元 于佳鑫 封 晔 朱荣华 欧妍曼 焦 蒙 戴中豪 陈 倩 周 源
谭鄂川 杨 帆 熊宽晨
以上获奖者为学生

74. **仪科校友奖学（教）金（仪器科学与工程学院校友设立）** 基金 5 万元

莫凌飞 朱 青
以上获奖者为仪器科学与工程学院教师
霍元正 吴泰洋
以上获奖者为学生

75. **广西校友会奖助学金（东南大学广西校友会设立）** 基金 13.5 万元

黎 蕙 莫 文 覃光强 岳建良 周 韵 蒋才健 何少梅 周峻羽 许 俊
陈泽志 覃冠华 段雪薇 黄 康 伍当冠雄 戴诗曌

76. 徐州校友会奖助学金(东南大学徐州校友会设立) 基金9万元
张 亚 袁冬冬 张铎迈 黎淘宁 张福侠 杨 璐 周 月 卢思奇 张永强
王杰杰 李哲健 孙文爽

77. 盐城校友会奖助学金(东南大学盐城校友会设立) 基金8万元
高 宇 王益健 钱雪成 旭 张 璐 邵海磊 陶思文 王嘉玲 程 莹
董 旭

78. 天之交子奖助学金(东南大学交通学院21098级校友设立) 基金3万元
潘雨诗 邓 豪 贺智江 褚浩伦 姚琳怡

79. 无线电系77、78级校友奖学基金(信息科学与工程学院77、78级校友设立) 奖金总额1.5万元
施晓阳 杨 亮 唐 洋 周 琳 王昶阳 黄 博 许海云 郭 杨 魏 娟
黄 进 郑茂宗 汤茂海 刘子涛 潘云强 吴 兰

80. 广东校友会奖助学基金(东南大学广东校友会设立) 奖金总额3.5万元
汪文涛 马泽彬 李雯君 王文正 余建阳 周美辰 邢 晨 俱子研 张敏勤
袁正阳

81. 143991班校友奖学金(143991班校友设立) 基金3万元
杨 琴 陈静然 张 力 顾雪恒 黄 骏

82. 东南大学六系79级校友奖助学金(东南大学六系79级校友设立) 基金16.8万元
黄建凡 杨鲤源 谢宇飞 薛 洁 杨 阳 卜昕阳 周 婷 陈晓晴 陈翠琳
闫隆鑫 王晓晗 黄鑫鹏 郑凌晨 方天琦

83. 251991奖助学金(东南大学法学院251991班) 基金5万元
景 逸 姜洋凯

84. 259991奖助学金(东南大学法学院259991班) 基金5万元
徐 华 马路遥

85. 菲利浦奖教金、奖学金(LG.荷兰菲利浦显示公司设立) 奖金总额2.1万元
张 彤(电子科学与工程学院) 徐 申(电子科学与工程学院) 沈翠南(外国语学院)
以上获奖者为教师
卢 帆 郭润楠 范 傲 王 越
以上获奖者为学生

86. 现代设计集团奖学金、现代杯方案设计大赛奖(上海现代建筑设计集团有限公司设立) 奖金总额12万元
现代设计集团奖学金
焦李欣 朱鹏程 周 凯 李芮秋 何永乐 郝凌佳 任宏峰 于 宙 丁宇飞
周政冕 吴梧鸿 乔 梁 梅佳欢 张陆桓 鞠 丹 何昕昊 张维一 王俊桦
马岳川 林 炼
现代杯方案设计大赛奖
一等奖
王国栋 李 昂
二等奖

季　欣　黎德圆

三等奖

寿　焘　黄永辉　李竹汀

87. 南瑞继保奖教金、奖学金（南京南瑞继保电气有限公司设立） 奖金总额6.1万元

司凤琪（能源与环境学院）　万秋兰（电气工程学院）

以上获奖者为教师

马　琳　王　婷　王　珂　孙毅超　黄永锋　朱　超　刘　铮　陆婷婷　周　谞
黄家晖　谭广颖　钱正国　赵圣霖　吕幽兰

以上获奖者为学生

88. "东大设计院"奖教金、奖管金、奖学金（东南大学建筑设计研究院设立） 奖金总额15万元

张　旭（建筑学院）　成　虎（土木工程学院）　韩晓峰（建筑学院）
黄有亮（土木工程学院）　张　蕾（建筑学院）　赵学亮（土木工程学院）
李新建（建筑学院）　徐伟炜（土木工程学院）　王海华（建筑学院）
刘　焱（土木工程学院）　张　帆（图书馆）　马　青（图书馆）
张　乐（图书馆）　江正浩（图书馆）　李慧芳（图书馆）　张莲香（图书馆）
王艳秋（图书馆）　郭　勇（图书馆）　张红娟（图书馆）　陶　玲（东南大学幼儿园）
张　宏（东南大学幼儿园）　徐晓红（东南大学幼儿园）　王成联（东南大学幼儿园）
史慰萍（东南大学幼儿园）　宋红珍（东南大学幼儿园）　陈育勤（东南大学幼儿园）
王　玲（东南大学幼儿园）　钱　莉（东南大学幼儿园）　杨竹慧（东南大学幼儿园）
孙冬卉（东南大学幼儿园）　梁　洁（东南大学幼儿园）　汤慧芳（东南大学幼儿园）
陈　娟（东南大学幼儿园）　陈继英（东南大学幼儿园）　沈洪洁（东南大学幼儿园）
张　萍（东南大学幼儿园）　刘　田（东南大学幼儿园）　吴　岚（东南大学幼儿园）
胡　敏（东南大学幼儿园）

以上获奖者为教工

王润栋　孙　嬿　范芷若　俎相杰　翟　炼　周予希　刘　丰　谷　雨　安　桢
原　雯　李柯燃　王高新　姜　欢　何　雅　李旭光　徐伟杰　陆　熹　于　炯
郭　凯　任　普　郑诗茵　刘海滨　范予哲　刘馨忆　蔚　风　沈　宓　韦　明
余　芳

以上获奖者为学生

89. 栖霞建设奖教金、奖学金（南京栖霞建设股份有限公司设立） 奖金总额6万元

周　臻　刘　钊　张　蓓　洪声望　徐　照

以上获奖者为土木工程学院教师

严　晨　崔　鹏　陶天友　蒲德才　卢　硕　陈立栋　郑晓龙　周　力　胡佳佳
张　宇　卢一鸣　雷清凤　舒　瑞　刘熙源　闵　威　王帅男　刘佳璐　姜哲南
魏一豪　钱昱涛　禹志康　周　荃

以上获奖者为学生

90. **鼎泰奖学金**（江苏鼎泰工程材料有限公司设立） 基金2万元
郁倩倩

91. **东南大学—英达奖学金**（英达热再生有限公司设立） 奖金总额3万元
一等奖
陈昊若
二等奖
马蓉蓉　赵丹阳
三等奖
刘　灿　高　昂　张　垚　王　征　张　勍　郑　涛　司马鑫　韩　峰　王　冲

92. **东南大学交通设计院奖学（教）金**（东南大学建筑设计研究院交通分院设立） 基金50万元
戚浩平　许映泉　陈大伟　罗　磊
以上获奖者为交通学院教师
宫维佳　张建同　钱　静　陈　果　王海峰　王玉玲　曹雪柠　邵　娟　刘琦齐
于丰泉　钱琳琳　莫洪韵　金晓飞　乌　达　吴义阳　张　纯　杨东南　张云柯
卿学文　刘廷宇　陈　乐　戈悦淳　王　天　杨　轩　马新雨　方　钊　马懿元
赵　柔　张慧琳　胡惠卿　戴　冰　王晓枫　张家瑞　陈梅君　杨慕然
以上获奖者为学生

93. **CASC公益奖学金**（中国航天科技集团公司设立） 奖金总额5万元
一等奖
张　源　包　宽　何粮宇
二等奖
郝风吉　杭晓晨　王　宇　居　晟　胡　赛
三等奖
李　洁　张　露　张春伟　吴　靖　王　孜　樊继豪　刘雨露　冯　源　陈晓波
宋皓雪

94. **金智奖教金、奖学金**（江苏金智科技股份有限公司设立） 奖金总额8万元
刘肖凡（计算机科学与工程学院、软件学院）　李　扬（电气工程学院）
李　凯（计算机科学与工程学院、软件学院）　张　靖（电气工程学院）
姜　浩（计算机科学与工程学院、软件学院）　张小玉（电气工程学院）
王　伟（计算机科学与工程学院、软件学院）　杨　燕（电气工程学院）
以上获奖者为教师
吉顺慧　孙福林　顾玲玲　谭凤雷　胡靖宜　欧阳宇宏　江小焱　陈　婧　邢任之
马　越　李馥杉　顾灵童
以上获奖者为学生

95. **江苏电力奖助学金**（江苏省电力集团设立） 基金100万元
郜　骅　黄飞燕　陈江波　周远龙　苏继程　虞金花　陈　婕　袁　磊　连腾腾
薛晓乐　张青青　李慧敏　王　彤　陈笑梅　陈洁琳　王丽根　温　闻　王　宁

杨庆胜　胡建兵　毛文娟　项学海　朱辉辉　刘　珣　董　茗　郑祥杰　李凌天
顾晓卉　曾宗顺　戴张印　许修竹　刘诗文　李梦怡　刘雨晨　王徐溢　杨　奕
孔德博　王　安　陈梦晗　叶建宇　蒋梅玲　安舒扬　邹　悦　方琳静　李周洋

96. 中浩地产人才发展奖教金、奖学金（江苏中浩房地产有限公司设立）　奖金总额3万元
张　艳　沙菁挈　毕可东　徐　江　贾　方　陈　南　周怡君　程　洁
以上获奖者为机械工程学院教师
王震宇　杜方辉　郭金鑫　储雨奕　王　燕
以上获奖者为学生

97. 联创国际奖学金（上海创联建筑设计有限公司）　奖金总额1万美元
巫文超　孙铭泽

98. BSH奖学金[博西家用电器（中国）有限公司设立]　奖金总额4.8万元
王先根　李星迪　邵亚丽　何崇伟　朱峰冰　于涵璐　司　强　倪震鸣　汤静怡

99. 雷克奖学金、奖教金（庄昆杰、范国平伉俪设立）　奖金总额4万元
赵鑫泰　刘　楠　徐琴珍　黄　杰　宋　喆　赵　岚　李久贤　吴兆青
以上获奖者为信息科学与工程学院教师
吴　笑　陈　鹏　谈冬晖　王加锋　林铭洲　周晶莹　秦顾正　钟天辰
以上获奖者为学生

100. "微软小学者"奖学金[微软（中国）有限公司亚洲研究院设立]　奖金总额1.5万元
谢宏祥　于海磊　徐　晶

101. 国微电子奖学金（深圳市国微电子股份有限公司设立）　奖金总额20万元
　一等奖
黄　丹　杨泽华　陈凯煜　杨志红　傅胡叶　杨　帆　李　霞　李雪雪　黄伟星
张明灏
　二等奖
徐　银　祝　靖　陈　蓓　周　杰　王　雷　闫　浩　刘　敏　郭义龙　陈友鹏
戴伟楠　纪　跃　季柯丞　李　峄　张允武　于朝辉　王显芬

102. 日照钢铁奖教金、奖学金（日照钢铁控股集团有限公司设立）　基金80万元
崔之进　傅丽莉　薛　扬　崔天剑　魏　彬　尹　文　章孔畅　李　鹏　李永春
马民华
以上获奖者为艺术学院教师
周亦珩　田　清　唐　卫　胡馨菱　李怀宇　吴柳笛　缪　泉　周雪辉　毕云天
何婷婷
以上获奖者为学生

103. 百纳奖学金（江苏百纳集团公司设立）　奖金总额3万元
张骏彧　熊江磊　林徐达

104. 会丰奖助学金（厦门会丰拍卖有限责任公司设立）　奖金总额2万元
熊雨薇　李京昊　顾希雯　王宇成　顾诚嘉　孙佳明　唐卓人　袁博文　张冠年
刘亚茹

105. 三菱电机奖学金[三菱电机机电(上海)有限公司设立]　奖金总额5万元
　　宋　丹　黄　进　张　宏　庞渊源　金　哲　包佳敏　沈雅娟　何　刚　袁　庄
　　马颖龙　王安懿　张国亮　吴景慈　王韵霞　宋文婷　成茵瑛　陈　璐　陶　雷

106. 威立雅水务奖学金(南京瀚略商贸有限公司设立)　奖金总额1万元
　　夏铭谦

107. 中国路桥奖学金(中国路桥工程有限责任公司设立)　奖金总额20万元
　　陈芳婷　褚　攀　邱健荣　侯梦琳　鲁　冰　王其昊　叶　文　陈宏燕　周昱卉
　　张良尘　蔡　星　胡卓良　王　恺　张　颖　谌偲翔　吴悄然　张渝文　董雅坤
　　洪　阳　臧宏阳　谈佳伟　伊　超　张宇丰　押书凯　顾嘉恒　陈昕媛　陈　忠
　　唐　旭　陆瀚洲　张　席　王　硕　易秋阳　付晓丹　刘心涯　周　洁　李　姣
　　张楚楚　沈　宇　朱晓艳　马静雯　李志昂　谷少博　曹　政　邓　欢　刘振坤
　　王晶宇　张瑞成　杨　岩　张昭雯　唐一萌　夏舒豪　蔡　均　孙凯奇　匡　也
　　周伟康　魏轩辰　夏天阳　顾朝阳　白一冰　孙铭阳

108. 东南大学中泰国立奖教金(江苏中泰集团有限公司设立)　奖金总额30万元
　　一等奖
　　　王建国(建筑学院)　邱洪兴(土木工程学院)　田海平(人文学院)
　　二等奖
　　　倪中华(机械工程学院)　杨　军(电子科学与工程学院)　徐君祥(数学系)
　　　李世华(自动化学院)　倪振华(物理系)　王永忠(人文学院)
　　　王海燕(经济管理学院)　郭玲香(化学化工学院)　陈　峻(交通学院)
　　　孙子林(医学院)
　　三等奖
　　　朱小良(能源与环境学院)　朱　利(电子科学与工程学院)　张　勇(物理系)
　　　孔祥翔(物理系)　何农跃(生物科学与医学工程学院)
　　　付德刚(生物科学与医学工程学院)　张旭海(材料科学与工程学院)
　　　梁卫霞(人文学院)　张永宏(体育系)　黄镜怡(化学化工学院)
　　　吴东方(化学化工学院)　黄丽斌(仪器科学与工程学院)
　　　王慧青(仪器科学与工程学院)　单平基(法学院)　孙志海(马克思主义学院)
　　四等奖
　　　刘西陲(能源与环境学院)　陈　翰(电子科学与工程学院)　朱蔚萍(自动化学院)
　　　张　娟(人文学院)　曹育珍(外国语学院)　宋亚辉(法学院)　方　志(体育系)

109. 坚朗奖学金(广东坚朗五金制品股份有限公司设立)　奖金总额5万元
　　一等奖
　　　吴亚琦　李佳静　胡雪倩　吴泽宇　包　捷　罗文博
　　二等奖
　　　黄慧妍　张　曼　许闻博　陈　杰　谢菡亭　袁　帅　施晓梅　虞　菲　曹　迪
　　　于雪娟　徐肖薇　谢　亚　钟奕芬　徐雯雯

110. 锦华装饰奖教金、奖学金(江苏锦华建筑装饰设计工程股份有限公司设立)　基金35万元

张　星　田文菊　赵　军　郭恒宁　林　岚
以上获奖者为土木工程学院教师
李　茜　朱　然　郭立行　郑绪蓬　程怀宇　陈一鸣　王丰陵　刘雪松　王浩霖
姜　韦　吴洪樾　宗　越　张岁寒　曾懋睿　陆慧闽
以上获奖者为学生

111. 聚立科技奖教金、奖学金、奖管金(南京聚立工程技术公司设立)　基金30万元
高赐威(电气工程学院)　秦申蓓(电气工程学院)　金　龙(电气工程学院)
钱　程(电气工程学院)　凌继尧(艺术学院)　张斯琦(艺术学院)
陶思炎(艺术学院)　陈学建(成贤学院)　郑德东(艺术学院)　陆伟民(成贤学院)
高　珺(党委办公室)　彭志越(党委发展规划部)　桑贤鑫(保卫处)
陆　华(党委武装部)　李建梅(社会科学处)
以上获奖者为教工
周福举　丁　楠　姜　淼　于浩然　王慧懿　张浣雯　李和丰　孙　烨　李　琦
以上获奖者为学生

112. 龙腾奖学金(江苏龙腾工程设计有限公司设立)　奖金总额3万元
周晓薇　汪　洋　曹小敏　刘骅德　张博闻　车雨阳　郑诗阳　缪宏伟　彭　浪
张浩然

113. 东方威思顿奖教金、奖学金(烟台东方威思顿电气有限公司设立)　基金10万元
王玉荣　黄允凯　黄　磊　王宝安　蒋　莉
以上获奖者为电气工程学院教师
易桂平　黄思奇　陶丽媛　曹　蕾
以上获奖者为学生

114. 光一科技奖教金、奖学金(光一科技股份有限公司设立)　基金10万元
陈歆技　林明耀　高丙团　陈　武　孟美娟
以上获奖者为电气工程学院教师
孙　元　徐梦琦　章守宇　郭少雄
以上获奖者为学生

115. 阿尔斯通奖学金(阿尔斯通电网技术中心有限公司设立)　奖金总额8.2万元
何星晔　刘　巍　邹志翔　刘春元　臧海祥　鲁针针　霍雨舯　张　淦　车　倩
柏晶晶　冯　双　刘莛文　孙　帅　仲宙宇　刘逸楠　张静页　张剑楠　郑嘉琪
孙玲玲

116. 深圳中天装饰奖学金(深圳中天装饰工程有限公司设立)　奖金总额12万元
贾斯佳　王　鑫　黄　樊　张开源　詹　兰　娄　凡　杨　睿　董茂举　陆　晨
沈思思　齐向群　俞　江　刘汐宇　伍　艺　王博臣　潘梦馨　张文博　李小凡
臧一鹏　尉迟彬　张祯楠　夏定风　肖天琦　姚程渊　徐红燕　林逸超　刘　颖
严琳希　陆泉栋　蒋毓瑶　胡　宽　王　闻　李贵锋　吴　凡　邹仲钦　刘远之
金　玲　吴心怡　陈　淳　卢　干

117. **南京长江都市奖助学金**(南京长江都市建筑设计股份有限公司设立) 奖金总额2.4万元
   罗加腾 徐绰然 徐 健 李兴华 相慧明 谷一弘 张 磊 黄 宇 桑 栋
   刘业伟

118. **东大智能奖励金**(南京东大智能化系统有限公司设立) 基金30万元
   朱广宇 徐习文 李轶南 赵天为 张志贤
   以上获奖者为艺术学院教师
   陈 思 宋艳玉 吴庆烨 张 真
   以上获奖者为学生

119. **日正华瑞教学奖教金**(北京日正华瑞科技发展有限公司设立) 奖金总额6 600元
   王 伟 钟 英 陈 慧
   以上获奖者为医学院教师

120. **浙江永利奖教金、奖学金**(浙江永利实业集团有限公司设立) 基金20万元
   倪 进 程万里 张 顺 沈亚丹 羊笑亲 苏景姣
   以上获奖者为艺术学院教师
   朱艾琪 王 春 杨柳燕 罗友斌 江雪婷 李文心
   以上获奖者为学生

121. **55所电科奖学金**(中国电子科技集团公司第五十五研究所设立) 奖金总额20万元
   一等奖
   刘冠宇 蒋松奇 张玲玲 徐情生 杨 军 杨璐纯
   二等奖
   浦钰铃 唐路平 唐 丹 周 超 吴 雄 王 力 赵 超 刘 炎 张 宾
   赵 健 万 树 汪 婷 万 飞 严 静 施晨燕 朱圣清 王书昶 匡文剑
   王 超 李若舟 蒋富贵
   三等奖
   周明杰 张月平 贺亚光 王叶轩 赵 翀 王 雁 陆锦程 吕聪生 曾振华

122. **亚东奖学金**(南京亚东建设发展集团有限公司设立) 基金10万元
   吕一明 邵 冰 李泽宁 王里漾 刘中祥 张溪芮 周 霈 周心怡 张麟昊
   唐秋萍 钱 鑫 包敦风 缪梦伊 孙丽君 徐菁菁 夏泓泉 姚思羽 朱 宁
   商琪然 徐宁悦

123. **科远自动化奖学金**(南京科远自动化集团股份有限公司设立) 奖金总额5万元
   一等奖
   凌 云
   二等奖
   王永贞 安 冬
   三等奖
   马俊青 江楚遥 吕江昭 杭 俊 伏启让 徐俊超 陈 林 储 凯 蒋伟莉
   陈良辉 姚乔兵

本科生

黄源烽　乔　楠　张晓燕　田永清　刘海波　马志伟

124. 斯迪克奖学金（苏州斯迪克电子胶粘材料有限公司设立）　基金10万元

张　涛　靳永昌　吴　俊　陈　浩　叶沐阳　车军强　王虎传　马帅帅　梁　静
彭　静

125. 海拉奖学金、奖教金[海拉（上海）汽车工业服务有限责任公司设立]　奖金总额13万元

闫　焱（机械工程学院）　吴在军（电气工程学院）　赵松立（研究生院）
罗　斌（研究生院）　邱文教（教务处）　孙　珩（教务处）

以上获奖者为教师

付　翔　娄　宁　阙诗璇　刘洪振　张　钢　王海冬　王婕妤　饶　立　朱士伟
黄　宇　雷鹏坤　丁远哲　马士杰　常　安　唐　涛　唐云柯　张晓威　王辅强
季　凡　张玉浩

以上获奖者为学生

126. 东南大学博世奖学金[博世（中国）投资有限公司设立]　奖金总额12.5万元

吴琦斌　王　颖　郭　婷　王嘉源　罗　黎　陈华成　陆　炎　张　聪　明　添
尹群耀　韦舒英　袁亚云　牛淼淼　张艳芳　钱俊飞　邵凌云　杨争辉　杨照辉
强　勇　沙小仕　张　阳　林生津　许　扬　吴晓锋　徐静芳

127. 金昇奖励基金（江苏金昇实业股份有限公司设立）　奖金总额50万元

成玉宁（建筑学院）　陈云飞（机械工程学院）　殷勇高（能源与环境学院）
王　桥（信息科学与工程学院）　陈建龙（数学系）　董　帅（物理系）
钱卫平（生物科学与医学工程学院）　程　明（电气工程学院）　姜耕玉（艺术学院）
胡仁杰（电工电子实验中心）

以上获奖者为教师

伍　鹏　黎秋航　汪仁杰　王晓兰　洪亚光　孙丹丹　高　磊　魏方卉　宋祖威
陈　尧　胡晨媛　龚　能　范湉湉　陈培架　陆力文　沃亚威　李　茂　吕兴家
曹慧亮　孙大鹰　李　恒　刘碧玉　胡海桦　郭浩杰　赵凯凯　金　刚　倪得晶
葛晓鹏　柳　伟　吴晓菁　徐　沛　高小涵　翟邦昭　陈　瑶　傅腾历　张　塬
朱秋瑜　吴小宁　魏婧婷　郑　曦　曹正庭　汪菊霞　赵心语　黄　洁　林俊浩
姜　舒　王雨曼　袁子林　蒋　励　钱　晨　徐瑞君　姚逸云　许　阳　冯逸霏
解曙方　张明月　薛弘毅　张劭然　吴　杨　裴敏强

以上获奖者为学生

128. 创能电力奖学金、奖教金（南京创能电力科技开发有限公司设立）　基金10万元

邵应娟

以上获奖者为能源与环境学院教师

杜中玲　严玉朋　胡会涛　邵志伟　孙友源　陆琳辉　洪一豪　庄沁宇

以上获奖者为学生

129. 苏博特基金(江苏苏博特新材料股份有限公司设立)　奖金总额35万元
郭丽萍
以上获奖者为材料科学与工程学院教师
陈项南　范礼彬　欧阳建　任立夫　章　雯　徐　琼　王明明　戴世娟　刘　凯
徐静静　尤其林　凌　灏　闫建璐　周　莉　项　莲　杨　波　袁　硕　张　浩
徐　刚　孙安龙　黄艺荣　李　俊　陈　旭　崔志强　陈瑞兴　刘粒祥　田　博
以上获奖者为学生

130. 中交一公院奖学金(中交第一公路勘察设计研究院有限公司设立)　基金20万元
徐　茜　阚　吉　焦丽亚　程群群　钱　芳　何　帆　夏　雪　沈孔健　罗　航
袁明波　傅　松　王伟健　陈婷婷　黄思琪　伍莉莉　陈　尧　周　扬　李正秋
樊梦月　野诗琪

131. 苏交科奖学金(江苏省交通科学研究院股份有限公司设立)　基金50万元
陈　月　邵财泉　焦云涛　魏　薇　孙　健　聂文峰　蔡　俊　冯　岑　庄棱凯
曹鹏程

132. 江苏交通院奖学(教)金(江苏省交通规划设计院股份有限公司设立)　基金50万元
李　哲(建筑学院)　朱志铎(交通学院)　杨　敏(交通学院)
以上获奖者为教师
巫文超　黄　潇　于姗姗　谢恩怡　郑　重　孟凡奇　尤雨婷　曹菁菁　陈颖洁
陈　凝　梁　源　唐　滢　王　冰　朱雯青　汤晓骏　王伟立　殷宇翔　王心怡
顾婷婷　武嘉斌　袁诗琳　吴运腾　于　涵　吴丽霞　陆　阳　张正协　王　伟
何　珂
以上获奖者为学生

133. 三联奖教金、奖学金(江苏三联生物工程有限公司)　奖金总额1万元
李懿萍　盛　蓁
以上获奖者为医学院教师
黄天添　顾　冲　刘胜楠
以上获奖者为学生

134. 至善奖学金(东南大学后勤服务集团设立)　基金10万元
柴胤光　王昕彤　徐静晨　李　静　凌　灏　王颖灵　李　坤　姜　舒　王梓丞
陆晓琳　伍　青　纪宁珏

135. 雨润奖教金,祝义材奖助学金(雨润控股集团有限公司设立)　奖金总额50万元
陆金钰　张培伟　范圣刚　黄　镇
以上获奖者为土木工程学院教师
宋志峰　邓会元　吴常铖　李珍珍　谢　静　王桃红　朱静然　杨树强　周香香
李　杰　方　豪　李　敏　陈　伟　王时杰　乙楠楠　路　璐　杨建伟　李申伟
资海荣　王雅丽　易选志　陈　兵　杨　康　李　皓　王志鹏　王　英　吴昊天
孙梦琪　张书朋　范栋琛　谢贤彬　王　秀　李欣怡　武　斌　刘凯丽　金　静
严慧芳　王　倩　孟　鹏　胡　坤　左胜亭　倪　倩　张志恒　沈梦杭　郭皓月

金萧萧　徐晴雯　闫赛赛　杨小宇　徐　峰
以上获奖者为学生

136. 海联讯奖学金(深圳海联讯科技股份有限公司设立)　基金10万元
祁　磊　李枭雄　张艳秋　陈　飞　尹浩浩　张大旭　班　浩　卢亚迪　张少卿

137. 汉桑奖学金[汉桑(南京)科技有限公司设立]　奖金总额2万元
姜　军　刘亦辰　陈　鹏　李　阳　汉　敏　张　军　刘　文　李　夏　陈进松
牟吉宁　黄文欢　吕　钱　刘　佩　袁楠奇　常天羽　寿徐凯　蒋晓宁　卢增全
蒋　鹏　范莹莹

138. 谷歌优秀奖学金[谷歌信息技术(中国)有限公司设立]　奖金总额7.4万元
罗龙润　刘文菊　董　丹　李健豪　黄　迪　张　驰　蓝　翔　张雅淋

139. 汇鸿股份奖教金、奖学金(江苏汇鸿股份有限公司设立)　奖金总额10万元
林宏志　朱卫民　陈吉凤　张　颖　顾　欣
以上获奖者为经济管理学院教师
杨　琳　俞　鑫　周甜甜　黄昊泽　李　爽　周文君　徐　琴　郭　莹　闫志俊
王　琳　李　杰　王龙龙　黄婉莹　袁晓楠　祁嘉敏　贾　茹　步佳莹　汤若冰
周梦姣　史泽宇
以上获奖者为学生

140. "团结普瑞玛英才班"奖学金(上海团结普瑞玛激光设备有限公司设立)　基金10万元
吴国银　丁　豪　吕永健　朱立中　裘英华　张子玄　汪　晨　王　雅　华海涛
傅祎旭　温蒙蒙　陈春阳　王幼真　刘宗涛　李泽辉　郑晶莹　陈春水　尹奇峰
耿垭洲　沈竹琦

141. 江苏大秦奖学金(江苏大秦电气集团设立)　基金20万元
李铉国　李家斌　李立业　霍　敏　李　娣　郑　元　宋　林　高煦明　许　新
李沛丰　练焱坚　刘　晗　张引玉　赵　庆　季欣凯　程会云　卢慕洁　杜则行健
吕　方　黄励强

142. 金陵物流奖学金(江苏金陵交运集团有限公司设立)　基金15万元
王新槐　高　欣　曹佳敏　姚佳英　赵俊晨　潘屹帆　陆　晖　李嘉雯　马　雪
徐琴雯　严梦蕊　申飞阳　冯珺仪　张　钒　陈宗琴

143. 宝供物流奖学金(宝供物流企业集团有限公司设立)　奖金总额6 000元
王新平　吕　斌

144. 蓝风国际奖学金、奖教金(江苏蓝风国际投资发展有限公司设立)　奖金总额10万元
张　嵩(建筑学院)　孙世界(建筑学院)　董萼良(土木工程学院)
董　斌(经济管理学院)　熊艳艳(经济管理学院)　潘　洁(医学院)
王　艳(医学院)
以上获奖者为教师
颜芳丽　王一云　刘嘉琪　刘国安　张宏宇　徐　璨　曲黎莎　高文沁　赵　洋
许　月

以上获奖者为学生

145. 欧级奖助学金（江苏欧级节能科技有限公司设立）　奖金总额 10 万元

尹利影　周　宁　蔡中兰　宋园园　陈燕娟　谢德擘　蔡亚菱　李　楠　董　陈
刘佩佩　费　蓉　尤南乔　崔桢俊　张曼玉　孙　权　叶瑾雯　严　宇　梁程瑶
杨秋蔓　吴屹凡

146. 泰宁雨水奖助学金（北京泰宁科创雨水利用技术股份有限公司设立）　奖金总额 5 万元

研究生一等奖

李　辉

研究生二等奖

周　洲　王　肖　刘靖文　路建恒　王尊胜　吴佳骏　杨玉立

本科生

陆　磊　杨　璐　高　琦　姚叶鹏　吴嘉国

147. 中交路桥建设奖学金、奖教金（中交路桥建设有限公司设立）　奖金总额 20 万元

马　涛　熊　文

以上获奖者为交通学院教师

祝谭雍　蒋咏寒　朱荷欢　李丽苹　张文珺　王　乔　孙丹阳　贾鸿源　唐　爽
唐志伟　张馨岚　陈　浩　章悦涵　陈启强　李珂璐　马　羊　章一钒　林云辉
李　峥　顾素恩　赵佳曼　马　康　杨　帆　季　予　潘薇薇　何　峰　王西地
陶亚欣　刘　睿　谢金丞　姜严旭　王鹏飞　徐冠豪　李雪琪　朱星桦　翟泰然

以上获奖者为学生

148. 江苏金陵科技集团公司奖教金、研究生奖学金（江苏金陵科技集团公司设立）　奖金总额 1 万元

罗　澍　倪庆剑

以上获奖者为计算机科学与工程学院、软件学院教师

许　伟　钱雪娇

以上获奖者为学生

149. 创远微波奖学金（上海创远仪器技术股份有限公司设立）　奖金总额 10 万元

汤之昊　李希同　吴德俊　虞舜华　陈　玲　刘　青　王　科　岳　寅　魏　娟
朱从众　张小伟　盖　川　姜　梅　施丽慧　王彦勋　赵　丽　刘　泊　阚晓航
杨　梅　马　亮　刘子涛　张　巍　周　浩

150. 科雄奖学金（南京科雄科技有限公司设立）　基金 10 万元

戴蓓蓓　王　斌　黄学武　王政涛　陆剑峰　赵　一　蒋天静

151. 罗德与施瓦茨研究生奖学金（罗德与施瓦茨公司设立）　奖金总额 10 万元

陈书文　江　梅　高　平　黄　博　孙冬全　孙引进　石　逾　郑迎春　周　晓
李　明　顾晓凤　戈　硕　周　科　陈　燕　王学亮　诸葛骏川　黄维辰　王昶阳
赵晟帅　胜梁文丰　盖国朕　葛程瀚

152. 丹阳市飓风物流奖助学基金（丹阳市飓风物流有限公司设立） 奖金总额 12 万元

刘　健　沈　杰　于　谦　王峥嵘　张晓东　蒋常嘉　邵金安　汤美薇　杨　璐
李虹姗　原　薇　李　涛

153. 正保教育奖学金（北京东大正保科技有限公司设立） 奖金总额 10 万元

一等奖

王　沁　吉张鹤轩　徐乃阳　王志远　王小柳　乔　丹　郭明皓　张琪　杨新逸
冯文华

二等奖

李名舒　陈　琼　黄逸玮　施鳕凇　吴　宏　李子园　杨慧文　陈炜珩　罗　平
黄灵莹　谢炜如　涂　欣　丁相程　云　凡　冯奕佳　刘石劭　李天一　王宇轩
孙霁含　丁一帆　孙　瑶　吴浩然　杨振宇　邱旻翔　林宇星

154. 东南大学建筑设计与理论研究中心、杭州中联筑境建筑设计有限公司基金（杭州中联筑境建筑设计有限公司设立） 基金 20 万元

一等奖

桂汪洋　李雯雯

二等奖

梁超凡　戚卫娟　张栩然　钟　柳

155. 东南大学同策奖学（教）金（同策房产咨询股份有限公司设立） 基金 10 万元

陈　镭　李德智
以上获奖者为土木工程学院教师

刘　贵　兰晶晶　向林凯　毕慕超　唐　诗　崔东浩　周文韬　陈皓霖　唐美玲
韩　兆
以上获奖者为学生

156. 英泰立奖教金（南京英泰立软件开发有限公司设立） 基金 5 万元

获奖名单

姚绍莲（医学院）　杨晓梅（研究生院）　陈　桂（研究生院）　马卫兵（教务处）
蒋　艳（教务处）

157. 菲尼克斯电气—东南大学奖励金（菲尼克斯电气中国公司设立） 奖金总额 12 万元

一等奖

魏海坤　陈夕松

二等奖

杨俊　曾桃生　费树岷　袁晓辉
以上获奖者为自动化学院教师

刘　成　王　祎　陈　萍　吴　超　王　庆　方长青　张　芸　吴　祥　祁　慧
李亚玮　潘城屹　李丹婷　段　煜　夏　雪　刘安国　张冰洁　郑先臣　金　田
陆鹏宇　谢嘉宇　沈　壁　柳佳男　卢凯悦　向映蓉　崔洪博　陈　枫　王　东
黄剑冰　张炜森　陈单商
以上获奖者为学生

158. 苏州中诚奖学金,奖教金(苏州市中诚工程建设造价事务所有限公司设立) 奖金总额30万元

陆 彦 秦卫红

以上获奖者为土木工程学院教师

获奖学生

张 衡 许俊杰 张亚开 陈兵兵 欧阳润东 吴若阳 尤方宸 张 健 黄慧敏
周圣华 臧芃乔 黄家豪 徐 纬 吴 进 张永正 张云翔

159. 新蓝天钢结构奖学金(江苏新蓝天钢结构有限公司设立) 奖金总额6万元

吕 晓 石志响 刘承亮 钟儒勉 周宇凌 董 磊 姜禹丞 尚 元 花逸扬
林 煜 丁 菡 徐施婧

160. 禾创集团奖学金、奖教金(江苏禾创电力集团设立) 奖金总额14.5万元

张 华

以上获奖者为土木工程学院教师

翟 帅 钱帅宇 肖文超 高一民 许鸿盛 华 雷 施天龙 杨心怡 刘 志
杨明川 刘 宇 蔡伟民

以上获奖者为学生

161. 中南集团奖学金、奖教金(中南控股集团有限公司设立) 奖金总额40万元

史永高(建筑学院) 尹凌峰(土木工程学院) 袁竞峰(土木工程学院)
沈 杰(土木工程学院) 穆保刚(土木工程学院) 黄跃平(土木工程学院)
叶继红(土木工程学院) 廖东斌(土木工程学院) 陈锦祥(土木工程学院)
秦庆东(土木工程学院) 吕清芳(土木工程学院) 潮小李(数学系)
李必信(计算机科学与工程学院、软件学院) 杨全胜(计算机科学与工程学院、软件学院)
钱 锋(物理系) 李四杰(经济管理学院) 王文武(经济管理学院)
娄永兵(化学化工学院) 刘莉洁(医学院) 杨兵全(医学院)

以上获奖者为教师

马 睿 周宇凌 李大强 朱松松 诸德律 朱智荣 孙 岩 王默晗 谢国瑞
王 希 孟 哲 希尔扎提·阿尼娃 韩 煦 侯 迪 何乔祎 王君娴 于 鹏
王旭祥 申浩雷 谈逸仙 郑逸轩 仲 春 王 谆 吕海晨 曹渐寒 唐逸韬
陈 浩 李雪晨 汤育春 施彦博 朱坦迪 常 成 王屿松 马 壮 李 贺
尹方舟 孟 畅 谭 煜 姜 煜 朱世聪

以上获奖者为学生

162. 东南大学森德兰舍奖学金(上海兰舍空气技术有限公司设立) 奖金总额8万元

温天笑 蒋志立 李 昂 张 楠 张宝琪 刘 燮 史晓蕊 单楠楠 蒋吕啸
王瑜祥 戴楠楠 夏文青 刘润加 邵 壮 吕 玥 杨予琪 钱 琨 魏宏阳
宋伟嘉 廖先伟 叶 鹏 梅振远 刘宇丹 雷 强

163. 金智教育奖教金(江苏金智教育信息技术有限公司设立) 奖金总额2.5万元

沈建化(建筑学院) 李晓燕(机械工程学院) 蒲安建(研究生院)
蒋春露(教务处) 汪文棣(教务处)

164. 东大电子—德州仪器奖学金[德州仪器半导体技术(上海)有限公司设立] 奖金总额12.5万元

李晓兴　印友进　陶　暄　王雨薇　沈　浩　赵婧梅　耿佳辉　冯志翔　方晗婧
李　享　何　磊　周珊珊　蔡韬奇　姜　勖　阙宇翔　何煜坤　杨丽娟　张　蓉
张有为　游雁天　陈　晨　张星宇　李　越　方艳文　沙金龙

165. 江苏一开奖学金、奖管金(江苏一开电气有限公司设立) 奖金总额20万元

田宇行(校长办公室)　张　璐(团委)　车一刚(党委老干部处)　殷振球(人事处)
冀　民(审计处)　季俊烽(研究生院)　宇业力(学生处)　徐读山(国际合作处)　李建清(科研院)　黄　莺(教务处)　倪海红(财务处)　张春英(财务处)
孟正大(实验室与设备管理处)　管　云(基本建设处)　冯国强(总务处)
谷洪良(保卫处)　闻一鸣(资产经营管理处)　胡　焱(发展委员会)
胡汉辉(工会)　刘培高(丁家桥校区管理委员会)
以上获奖者为教工

李　坚　费　鸿　刘赜深　沈　圣　巩　悦　刘玲希　桑晴晴　赛　娜　张宋扬
卓华威　马　黎　吴伏宝　赵超楠　严　弢　段　然　高　洁
以上获奖者为学生

166. 特高压奖学金(国家电网公益基金会设立) 奖金总额10万元

林生津　吕幽兰　刘梦佳　樊安洁　谭广颖　钱正国　朱　妍　曹　智　夏泽川
王佩珩

大 事 记

1月2日 美国伊利诺伊大学香槟分校高聪忠教授受聘我校客座教授仪式暨两位高铁专家学术报告会在四牌楼校区榴园宾馆新华厅举行。

1月3日 我校附属中大医院医学影像科（放射科）入选国家临床重点专科。这是中大医院继重症医学科成为国家临床重点专科之后的第二个国家级临床重点专科。

1月5日 全国统战部长会议在北京举行。中共中央政治局常委、全国政协主席俞正声出席会议并讲话。我校党委常务副书记刘京南参加了会议。由我校党委统战部提交的"依托数字化校园构建统战管理信息系统"成果获得"2013年度全国统战工作实践创新成果"奖。我校是全国唯一获此殊荣的高校。

1月7日 我校首次申报的"机电综合虚拟仿真实验教学中心"顺利通过形式审核、网络评审和会议评审，成为国家级虚拟仿真实验教学中心。

1月8日 我校在四牌楼校区举行仪式，聘请中国土木工程学会原秘书长、建华管桩集团副总裁张雁研究员为东南大学兼职教授。

东南大学无党派知识分子联谊会成立大会在四牌楼校区礼东二楼报告厅举行。校党委常务副书记刘京南、省委统战部党外知识分子工作处处长陈京出席会议并讲话。

1月14日 江苏省全民国防教育委员会办公室、江苏省教育厅联合命名了"首批江苏省国防教育示范学校"，我校成为"首批江苏省国防教育示范学校"。

我校刘松玉教授等10人获得第五届"江苏创新创业人才奖"荣誉称号。我校校友，南京三宝科技集团有限公司董事长、总裁沙敏也同时获此殊荣。

1月16日 江苏省国家大学科技园促进区域经济转型升级对接会暨江苏省大学科技园联盟成立大会在我校四牌楼校区举行。东南大学国家大学科技园当选首届江苏省大学科技园联盟秘书长单位。

1月22日 我校附属中大医院肾脏病研究所所长、博士生导师刘必成教授团队的研究成果获得了教育部2013年度自然科学一等奖。

2月3日 国家文物局正式发文公布了第五批国家文物局重点科研基地认定名单,我校"传统木构建筑营造技艺研究"国家文物局重点科研基地获得认定。

2月17日 东南大学扬州研究院、东南大学国家大学科技园扬州园区、东南大学国家技术转移中心广陵分中心揭牌仪式暨产学研对接活动在扬州市广陵新城信息大厦举行。

2月20日 美国工程院院士、卡耐基梅隆大学(CMU)土木与环境工程系主任 David Adam Dzombak 教授到我校访问。我校土木工程学院院长吴刚教授等会见了 David 院士。

2月21日 我校法学院刘艳红教授被评为"全国十大杰出青年法学家",刘艳红教授也成为我国刑法学界历届获得该称号的入选者中唯一一位女性学者。

2月25日 我校赵春杰教授课题组在神经科学领域国际知名学术刊物 *The Journal of Neuroscience* 发表研究成果。

东南大学出版社重点项目《中国古代金属建筑研究》获得国家出版基金资助。

2月28日 全国工程勘察设计大师、中国电子工程设计院副院长兼总工程师、我校校友娄宇受聘我校兼职教授仪式暨学术报告会在四牌楼校区举行。

3月7日 江苏教育系统党建研究会高校统战研究分会常务理事会议在我校举行。我校党委常务副书记刘京南出席会议并讲话。

3月14日 我校电子科学与工程学院重点学科平台申报的 Olivier Bonnaud 教授和 Didier Pribat 教授入选国家"外专千人计划"。截至目前东南大学已有5位专家入选了国家"外专千人计划",另外3位专家分别是:以电子科学与工程学院重点学科平台申报的 Arokia Nathan 教授(英国剑桥大学),以交通学院重点学科平台申报的 Said Easa 教授(加拿大瑞尔森大学),以土木工程学院重点学科平台申报的 Rodrigo Salgado 教授(美国普渡大学)。

我校在群贤楼三楼报告厅召开传达全国"两会"精神大会。全国人大代表易红校长、崔铁军教授,全国政协委员洪伟教授先后在会上进行了传达。

3月17日 江苏省教育厅发文表彰了全省高校学生教育管理工作创新成果。我校获得教育管理"创新奖"一等奖。

3月19日 我校学生科技节开幕式暨"蛟龙号"副总设计师胡震专场讲座在四牌楼校区群贤楼三楼报告厅举行。开幕式后,"蛟龙号"副总设计师胡震作了题为《"蛟龙号"载人潜水器研制与应用》的主题报告。

中国卫星导航系统管理办公室(国家北斗办)副主任、总师蔡兰波与北斗应用与产业化专家组成员北京理工大学张国军教授和国防科技大学陈磊教授到我校调研。

德国马勒集团代表团到我校海外教育学院访问交流。海外教育学院院长邱斌、机械学院院长助理殷国栋等会见了代表团一行。

3月24日 中南集团—东南大学捐赠签约仪式暨校企合作深度交流会在四牌楼校区老图书馆会议室举行。浦跃朴副校长与曹永忠副总裁共同签署了捐赠协议。

3月25日 教育部发展规划司高校后勤工作调研组到我校考察调研。我校副校长黄大卫在九龙湖校区接待了葛华副巡视员一行。

4月8日　我校与南京军区总医院签署了全面合作协议。我校校长易红、副校长浦跃朴、南京军区总医院院长史兆荣等人参加了签约仪式。

我校马克思主义学院党总支书记、常务副院长袁久红教授到东南大学对口支援的西藏民族学院作学术报告。西藏民族学院党委副书记、院长洛松德青出席了报告会。

4月10日　东南大学—江苏省交通科学研究院股份有限公司企业研究生工作站暨卓越工程师计划在苏交科江宁科学园研发基地揭牌。

4月8日至11日　中国联合国协会副会长兼总干事刘志贤一行到我校进行考察。东南大学副校长郑家茂、校党委副书记兼副校长刘波亲切会见了刘志贤副会长一行。

首届"江苏（栖霞）—北欧新能源技术论坛"在我校举行。

4月14日　我校举行仪式聘请中国电力科学研究院信息通信研究所副所长郭经红为我校兼职教授。

东南大学在四牌楼校区举行仪式，聘请英国皇家工程院院士麦克·斯德林爵士为学校客座教授。

4月15日　我校医学院/附属中大医院滕皋军教授课题组在医学领域顶尖学术刊物"柳叶刀·肿瘤学（Lancet Oncology）"发表研究成果。

江苏高校区域法治发展协同创新中心工作会议在南京举行。江苏省委常委、政法委书记李小敏，省法学会会长林祥国出席会议并讲话，省人大常委会副主任、协同创新中心主任公丕祥主持会议。我校党委书记郭广银、省教育厅厅长沈健、省委政法委副书记侍鹏、南京师范大学校长宋永忠和省有关部门、高校负责同志出席会议。

4月19日　中国（江苏）高校传媒联盟年会在我校举行。来自全省48所高校的69家校园媒体的100多位代表参加了会议。

4月21日　"山西省高校思想政治教育师资培训基地"揭牌仪式暨山西省高校《马克思主义基本原理概论》教师高级研修班开班仪式在我校四牌楼校区举行。

4月25日　我校数学系刘继军教授课题组2013年发表的两篇学术论文入选 *Inverse Problems* 杂志2013年亮点论文。

4月28日　由我校牵头组建的无线通信技术协同创新中心在北京举行专家研讨会。我校易红校长致欢迎辞，胡敏强常务副校长主持研讨会。

4月29日　我校在"知识产权研究——2012全球发明共享（中国部分）"榜单中位列第8，在全国高校中紧随浙江大学、清华大学、上海交通大学排名第4位。

5月4日　我校法学院校友"五四"青年节设立奖助学金。

第七届"全国十大杰出青年法学家"颁奖仪式在北京隆重举行，中央领导同志接见我校法学院院长刘艳红等第七届"全国十大杰出青年法学家"获得者。

5月5日　我校党委书记郭广银、副校长浦跃朴等人拜访了新加坡爱国华侨、慈善家、江苏慈善总会名誉会长陶欣伯先生。

我校马克思主义学院袁久红教授被评为高校思想政治理论课教师2013年度影响力人物。

5月7日 第四届江苏省及全国大学生艺术展演工作会议暨志愿者动员大会在我校九龙湖校区大学生活动中心举行。

江苏省教育纪检监察学会东南大学分会成立会议暨首次研讨会在我校四牌楼校区举行。我校党委常务副书记、纪委书记刘京南主持会议。省教育纪检监察学会副会长、秘书长张亚平出席会议并讲话。

5月8日 江苏省纪委到我校召开江苏省部分高校纪检监察工作调研会议。我校党委书记郭广银亲切会见了调研组一行。

江苏省哲学社会科学界联合会党组书记、常务副主席刘德海一行到东南大学调研省社科联所属决策咨询研究基地运行情况。

5月9日 白俄罗斯明斯克国立语言大学孔子学院代表团访问我校,我校副校长浦跃朴与来访客人就双方的长期合作与发展进行了座谈交流。

由我校数学系2003届毕业生于敦德领衔创立的企业——"途牛旅游网"在美国纳斯达克正式挂牌上市,成为继"江苏金智科技股份有限公司"后,我校国家大学科技园孵化与培育的第二家上市企业。

苏州市吴江区"感知吴江"启动仪式暨东南大学—吴江区深化合作签约仪式在我校九龙湖校区举行。我校校长易红、常务副校长胡敏强、党委副书记兼副校长刘波出席仪式。

5月12日 日本东北大学前校长、日本学士院院士、美国工程院外籍院士井上明久教授应邀到我校访问交流。我校林萍华副校长、浦跃朴副校长等陪同参观了东大四牌楼及九龙湖校区。

5月13日 我校易红校长、浦跃朴副校长拜访美籍华人、慈善家、实业家唐仲英先生。唐仲英基金会董事长唐仲英、唐仲英基金会执行董事徐小春以及唐仲英基金会中国办事处主任孙幼帆会见了易红校长一行。

5月17日 "心血管疾病与易损斑块生物力学国际研讨会"在我校举行,开幕式由我校生物科学与医学工程学院院长顾宁主持,东南大学校长助理、附属中大医院院长刘乃丰致欢迎辞。

美国哈佛大学库特·费舍尔教授、马里兰大学奈森·福克斯教授受聘为我校"客座教授"。

5月18日 我校人文学院董群教授受聘兼任金陵图书馆馆长,我校党委书记郭广银,南京市领导徐金万、陈刚等出席仪式。

"东南大学—江南石墨烯研究院先进碳材料联合研发中心"在常州的江南石墨烯研究院举行揭牌仪式。常州市市委常委、秘书长蔡骏,我校科研院副院长黄培林等领导和专家出席了活动。

5月22日 第五届中国"知识产权进高校"活动启动仪式暨2014年东南大学学生科技节闭幕式在我校四牌楼校区举行。

5月24日 我校法学院和东大—东南司法鉴定联合研究中心主办的"首届海峡两岸暨中日医事法国际研讨会"在我校九龙湖宾馆举行。

5月31日 我校聘请国家"千人计划"专家、兰州大学信息科学与工程学院院长胡斌,长江学者奖励计划特聘教授、常州大学生物医学工程与健康科学研究院院长邓林红为东南大学兼职教授。

6月3日 "2014年生物医学工程高层论坛"在我校举行。原教育部副部长、中国工程院院士韦钰,我校副校长郑家茂等人出席此次论坛。

6月6日 我校在四牌楼校区大礼堂隆重召开建校112周年庆祝大会。

6月8日 我校图书馆被中国图书馆学会授予"全民阅读示范基地"荣誉称号,成为本年度江苏省唯一获得该荣誉的高校图书馆。

6月9日 中国运载火箭技术研究院谭志勇研究员受聘我校兼职教授。

6月11日 我校在九龙湖校区举行孔子像揭幕仪式。

6月12日 南京市委副书记、市长缪瑞林一行走访了我校。我校党委书记郭广银、校长易红接待了缪瑞林市长一行。

6月17日 江苏省教育厅检查组一行等人到东南大学国家大学科技园江宁园区就"江苏省大学生创业示范基地"建设工作进行检查。我校党委副书记兼副校长刘波、江宁经济技术开发区科技人才局局长张宾等人出席汇报会。

6月18日 日本京都大学Susumu Kitagawa教授受聘我校客座教授。

6月20日至21日 "科技助推苏北产业发展对接活动"在我校举行。江苏省副省长徐鸣、我校校长易红,常务副校长胡敏强出席了20日举行的科技创新促进产业发展大会。

6月23日 我校获12项国家社科基金规划项目立项。

我校曹进德、梁金玲、虞文武教授入选"2014年高引用科学家"。

我校与中国(南京)软件谷合作共建国家工程研究中心。东南大学校长易红,常务副校长胡敏强,南京市雨花台区区委书记、软件谷工委书记张一新,雨花台区区长、软件谷管委会主任李世峰等领导和专家出席了活动。

6月24日 我校肾脏病研究所获批江苏省肾脏病临床研究中心。

6月27日 东南大学—蒙纳士大学苏州联合研究生院首届研究生毕业典礼暨学位授予仪式在我校苏州研究院举行。

我校副校长浦跃朴等人赴香港拜访著名慈善家方润华先生,并授予方润华先生为我校名誉董事。

7月1日 国家"973"项目首席科学家、中国科学院广州能源所马隆龙研究员受聘我校兼职教授。

2014年土木工程国际知名专家系列讲座暨第五届全国土木工程暑期学校在我校举行。

黑龙江工程学院党委书记申林一行到我校调研。

7月9日 我校与柳州欧维姆机械股份有限公司科技合作框架协议签约暨"东大—欧维姆预应力工程技术联合研究中心"揭牌仪式在我校四牌楼校区举行。

7月10日至11日 鲁迅文化基金会秘书长、鲁迅先生的长孙周令飞先生一行来我校访问交流。我校党委副书记兼副校长刘波会见了周令飞先生一行。

7月18日 我校荣膺2014年度全国毕业生就业典型经验50强高校。我校党委副书记兼副校长刘波在学生处副处长张晓坚的陪同下参加了会议并代表学校接受了教育部授牌。

7月21日 "东大—证大国际建筑设计研究论坛"启动仪式在南京图书馆隆重举行。

7月24日 中南集团董事局主席、总裁陈锦石受聘东南大学兼职教授。

7月29日 我校领导在国际合作处处长史兰新等的陪同下到国家外国专家局访问交流。

7月31日 东南大学—中南集团实践教学基地揭牌仪式在中南集团总部举行。

8月8日 我校举行"江苏省太阳能技术重点实验室"专家论证会。

8月15日 国际奥委会主席托马斯·巴赫在南京青奥村村长、南京市委副书记靳道强的陪同下前往青奥村看望各国运动员和志愿者,并与我校青奥志愿者亲切交流。

8月26日 由德国亚琛工业大学主办,我校协办的第三届功能性路面中欧学术研讨会在德国亚琛成功举办。

东南大学国家技术转移中心吴江分中心揭牌仪式举行,我校国家技术转移中心吴江分中心揭牌暨项目合作签约仪式在苏州市吴江区举行。我校副校长沈炯、吴江区副区长夏晓阳等出席该项活动。

8月27日 世界哲学团体联合会秘书长卢卡·斯卡兰迪诺教授访问我校并作学术报告。我校人文学院田海平教授主持了报告会。

8月28日 国务院总理李克强亲切接见我校青奥志愿者师生代表。

东南大学科技园当选国家大学科技园研究会副会长单位。我校资产经营管理处处长、科技园总经理江汉当选为副会长。

8月30日 我校汪昕副教授当选国际土木工程FRP学会(IIFC)理事。IIFC学会是唯一致力于在土建交通基础设施领域研究和应用FRP的国际专业组织,其成员代表遍及学术和工业界六大洲34个国家。IIFC学会每年轮换主办两个官方会议,分别为CICE和APFIS。

2014年首届全国生物医学电子创新设计竞赛颁奖典礼暨获奖作品展示在我校举行。

9月2日 乌克兰РЕЗЮМЕСНЕЖКИНАЮрияФедоровича院士受聘我校客座教授,并作了主题为"高效节能热泵技术的现状与前景"的演讲。

中央电视台《新闻联播》关注我校开展"三走"活动情况。

9月5日 我校15支团队入选暑期"三下乡"全国及省级重点团队。

9月9日 我校吴刚教授的论文被ASCE期刊JCC评为最新一期研究亮点论文。

我校7门课程入选2014年国家级视频公开课立项建设项目。

总装备部科技委陶平副秘书长一行到我校调研。调研会由王保平副校长主持。

9月10日 澳大利亚教育部部长兼众议院领袖克里斯托弗·佩恩先生一行到东南大学—蒙纳士大学苏州联合研究生院访问。

9月11日 我校2014国防文化季系列活动之一——"我与将军面对面"活动在九龙湖校区体育馆举行。黄培义将军为东南大学全体新生作形势政策报告。

"南京安徽商会·同曦助学基金"颁发仪式在我校九龙湖校区人文学院报告厅举行。

9月12日 湖南大学代表团来我校调研交流。我校副校长郑家茂亲切会见了代表团一行。

9月15日 我校国家大学科技园栖霞园区获得科技企业孵化器省级认定。

我校土木工程学院博士生熊江磊的论文在膜科学最高级别期刊 *Journal of Membrane Science* 上发表。

9月16日 我校任丽丽副教授在 *Angew. Chew. Int. Ed.* 上发表重要研究成果并被评为VIP论文。

瑞士驻上海总领事Heinrich Schellenberg率领瑞士企业界考察团到我校访问。我校副校长浦跃朴亲切会见了来访客人。

9月17日 新疆伊犁州伊宁市委书记李宁平等一行在南京市委常委、秘书长项雪龙的陪同下到我校访问。我校副校长林萍华在四牌楼校区亲切会见了来访嘉宾，继续教育学院负责同志参加了会见。

9月23日 我校新增2个博士后科研流动站，包括马克思主义原理、化学工程与技术2个博士后科研流动站。至此，东南大学博士后科研流动站设站总数达到30个，基本覆盖了全校各博士点。

9月24日 云南楚雄州代表团到我校国家大学科技园考察调研。

9月25日 我校校友李宗平获第二届全国"做出突出贡献的工程硕士学位获得者"称号。

9月26日 日本工程院院士中岛正爱受聘我校客座教授。

9月29日 我校3篇论文入选"2013年中国百篇最具影响国际学术论文"。3篇论文分别是：生物科学与医学工程学院何农跃教授作为第一作者完成的"Chemiluminesence Analysis for HBV—DNA Hybridization Detection with Magnetic Nanoparticles Based DNA Extraction from Positive Whole Blood Samples"；生物科学与医学工程学院博士生唐勇军作为第一作者（通讯作者何农跃教授）完成的"Preparation of Functional Magnetic Nanoparticles Mediated with PEG—4000 and Application in Pseudomonas Aeruginosa Rapid Detection"；自动化学院杨俊副教授作为第一作者完成的"Sliding—Mode Control for Systems with Mismatched Uncertainties via a Disturbance Observer"。

9月30日 由东南大学与美国田纳西大学（UT）合作共建的孔子学院任命Paige Scrivener（中文名：石佩）为2014—2015年学生大使。

10月1日 我校新增4个硕士专业学位授权点，分别是汉语国际教育、护理、社会工作、应用心理学。

我校2014年度江苏省社科基金立项总数跃居全省第二。

10月6日 中国文联副主席、全国政协委员杨承志到我校人文学院调研并受聘中文系名誉系主任。

10月8日 第二届国际结构健康监测与完整性管理会议(ICSHMIM 2014)在我校逸夫科技馆报告厅举行。

10月10日 我校获批全国大学英语四六级口语考试(CET-SET)考点。

10月14日 我校孙立涛教授团队研究成果以封面文章刊登于 *Nature Materials*。

天津大学党委副书记、纪委书记汪曣一行到我校调研。我校党委常务副书记刘京南亲切会见了代表团一行。

诺贝尔奖获得者、我校名誉教授丁肇中来校演讲"AMS最新研究进展"。

10月11日 我校举行仪式聘请日本国立横滨大学教授、东京大学名誉教授 Yozo Fujino 博士，美国马里兰大学教授 Alison Flatau 博士，美国密歇根大学教授 Jerome P. Lynch 博士为客座教授。东南大学土木工程学院院长吴刚主持仪式。

10月12日 日本原早稻田大学校长西原春夫教授受聘我校客座教授，并为我校师生带来了一场主题为"日本刑法学说的历史"的学术报告。

10月21日 我校力魔车队在"2014第五届中国大学生方程式汽车大赛"中勇破世界纪录。

10月22日 我校喜获27项省政府社科优秀成果奖，获奖成果项数再创历史新高。

我校领衔的"无线通信技术协同创新中心"入选"2011计划"。第一次入选"2011计划"，标志着该领域正式拥有了支撑我国移动通信技术和产业在5G时代引领世界发展的跨越目标的"国家队"。

10月27日 我校数学系三位教授荣获首届汤森路透中国引文桂冠奖"高被引科学家奖"。分别是数学系曹进德、梁金玲、虞文武三位教授。

美国田纳西大学代表团访问我校，我校副校长浦跃朴，国际合作处、教务处、海外教育学院等有关单位负责人参加了会见。

10月31日 "第五届中国特色社会主义论坛"高层研讨会在我校举行。开幕式上，我校党委书记郭广银致欢迎辞。

11月1日至3日 "集成分子/材料科学与工程国际研讨会"在我校举行。会议主席、东南大学生物电子学国家重点实验室主任顾忠泽教授主持了会议开幕式，东京工业大学 TomokazuIyoda 教授致开幕词。

11月3日 我校工程学与计算机科学双双跻身全球50强。在其公布的2015年全球大学工程专业排行榜(Best Global Universities for Engineering)中，美国麻省理工学院拔得头筹，东南大学以总分73.3的成绩位列全球第31位。

11月6日 我校举行仪式聘请中国工程院院士、中国科学院数学与系统科学院计算数学与科学工程计算研究所崔俊芝研究员为兼职教授。我校校长易红、中国工程院院士吕志涛、缪昌文等参加了仪式。

11月6日至8日 中国环境诱变剂学会第十六次学术大会在我校四牌楼校区逸夫科技馆报告厅举行。

11月7日 山东理工大学党委书记都光珍一行访问我校。我校校长易红、党委常务副书记刘京南亲切会见了代表团一行。

"JALIS学科服务云平台开通仪式暨馆长论坛"在我校举行。东南大学、南京航空航天大学、南京农业大学、南京林业大学、南京医科大学、江南大学、江苏大学等十多位江苏省高校图书馆馆长参加了平台开通仪式,并共同研讨、探索JALIS学科服务实践与发展方向。

11月7日至9日 第十一届中国模拟联合国大会在我校四牌楼校区举行。联合国秘书长潘基文、中国联合国协会、澳大利亚驻华大使等分别发来贺信。大会开幕式在我校四牌楼校区大礼堂举行。

11月18日至19日 台湾联意制作股份有限公司(TVBS)董事长、台湾艾森豪奖金协会董事长张孝威先生,著名水利工程专家、台湾大学土木系水利组李鸿源教授一行到我校访问。我校党委副书记兼副校长刘波亲切会见了张孝威先生一行。

11月21日 无线电能传输技术与应用国际学术会议在我校举行。

11月24日 第十六届海峡两岸信息技术(CSIT2014)研讨会在我校举行。我校校长易红、台湾"中央大学"校长周景扬出席研讨会开幕式并致辞。

11月26日 我校电气工程学院程明教授被美国电气电子工程师学会(The Institution of Electrical and Electronic Engineers,简称IEEE)增选为会士(Fellow)。

11月28日 苏丹高教和科研部部长苏梅娅·艾布卡什瓦女士率代表团到我校访问。我校浦跃朴副校长会见了代表团一行,并向代表团成员介绍了我校的基本情况。

11月30日至12月1日 全球化中的教育、经济与文化融合国际研讨会在我校举行。

12月5日 我校开展纪念南京大屠杀死难者国家公祭日系列活动。南京民间抗日博物馆馆长吴先斌先生应邀为东大学子讲述了有关南京大屠杀的悲壮历史。

井上明久院士受聘我校客座教授。

12月7日至8日 第九届孔子学院大会在厦门国际会议中心举行。国务院副总理、孔子学院总部理事会主席刘延东出席大会并为全球孔子学院先进个人和先进单位颁奖。东南大学—达拉斯德州大学孔子学院荣获"2014年度先进孔子学院"称号。

12月8日 《东南大学学报(自然科学版)》喜获中国高校精品科技期刊奖和"中国精品科技期刊"称号。

我校举行2014年度"国信助学基金"签约暨颁发仪式。

我校材料科学与工程学院庆祝建院30周年暨材料学科办学86周年。

12月10日 财政部驻江苏专员办监察专员蔡润受聘我校兼职教授并为东大学子作主题演讲。

我校新增5位"长江学者奖励计划"特聘教授、讲座教授,分别是机械工程学院陈云飞教授、材料科学与工程学院刘加平教授、法学院周佑勇教授、国立新加坡大学陈志宁教授以及美国Fordham大学颜安教授。

12月13日 无锡市市长汪泉一行访问我校。我校校长易红、副校长黄大卫亲切会见汪泉市长一行,校长办公室、科研院、无锡分校等单位负责人参加了会见。

12月15日 中科院计算所副总工程师、"千人计划"专家张立新受聘我校兼职教授。

12月23日 科技部火炬中心领导到东南大学国家大学科技园调研。

我校团队获"远洋探海者"第六届全国大学生社会实践奖一等奖。

12月26日 我校专用集成电路技术研究所牵头申报成功江苏省产业技术研究院集成创新项目。

我校获2014年"三下乡"全国先进单位和优秀实践团队。我校研究生支教团申报的"蒲公英圆梦计划"项目团队荣获"全国优秀团队"。

我校移动通信国家重点实验室一篇学术论文获IEEE国际通信大会最佳论文奖。

12月29日 首届全国高校云计算应用创新大赛在我校正式启动。

12月30日 我校13位教授入选国务院学位委员会第七届学科评议组。

我校教育基金会第二届理事会第九次会议在四牌楼校区举行。会议由郭广银理事长主持。